변호사·로스쿨·법무사·파산관재인·회생위원·법학교수·일반인용 전문서적

[제3판]

실무이론 및 사례중심

신 개인파산·회생 실무

법학박사 **장 종 운** 저

■ 채무자 구제 일반

■ 상속재산 파산제도

■ 개인파산 이론·사례

■ 개인회생 이론·사례

■ 부 록

진 원 사

제3판 머리말

초판과 제2판에서 보여준 독자 여러분들의 열렬한 성원에 진심으로 감사드립니다. 개인파산과 개인회생절차는 개인채무자의 회생을 위한 쌍두마차의 절차로서 그동안 많은 채무자들의 재기를 위해 유용한 제도로서 활용되어왔고 사랑받아왔습니다. 물론 그 이면에는 수많은 채권자들의 고통과 희생이 뒤따랐을 것입니다. 따라서 개인파산을 통해서 또는 개인회생절차를 통로로 삼아 재기에 성공한 채무자들이나 장차 본서를 통해 도산절차를 밟아 회생을 모색하게 될 채무자들께서는 채권자들의 눈물겨운 희생을 발판 삼아 재기한 것인 만큼 이 나라와 우리 사회를 위해서 많은 기여를 해야겠다는 그래서 조그마한 보답이라도 해야겠다는 마음가짐으로 성실히 살아가야 할 것입니다. 그렇다고 해서 우리 채무자들이 죄인은 아니기 때문에 마음의 상처를 받을 필요는 없으며 열심히 재기해서 힘차게 경제활동을 해나가는 것 그 자체가 채권자들을 위한 길이라 생각하면서 앞으로 나아가야 할 것입니다. 본서를 통해 재기에 성공한 채무자들께서는 장차 큰돈도 벌고 알찬 회사도 재건하게 될 것이어서 그 발판이 되었던 채권자들에게 일정 부분 경제적 보상도 해줄 수 있는 기회의 날이 찾아올 것이고 그리된다면 여느 때와 비교할 수 없는 희열과 보람을 느끼게 될 것입니다. 인생의 행복감도 만끽할 것입니다. 그렇습니다. 본서를 통해 재기한 우리 채무자들께서는 반드시 그날이 찾아올 것이라 믿어 의심치 않습니다.

제3판에서는 2020년 이후 제·개정된 통합도산법 등 관련 법령과 새로 나온 개인파산·회생 관련 판례들을 모두 반영했습니다. 또한 최근 회생법원에서 도입했거나 추진하고 있는 새로운 제도들도 일정 부분 반영했습니다. 최신 예규 또한 반영해 놓았음은 물론입니다. 본서가 나올 수 있도록 애써 주신 진원사의 양진수 사장님을 비롯하여 편집과 교정에 힘써 주신 편집부 관계자분들께 고맙다는 말씀을 전해드리고 싶습니다.

아무쪼록 본서를 통해서 아직도 많은 부채를 안고 낙담하며 어렵게 살아가시는 채무자분들이나 이러한 분들을 위해 노심초사 상담을 해주고 실무절차를 밟아주실 변호사·법무사 등 자격자 대리인이나 로스쿨생 등 예비법조인들께 조그마한 도움이라도 되었으면 하는 마음 간절히 바랍니다.

2023년 3월

저자 **장 종 운** 드림

제2판 머 리 말

본서가 나온지 수년이 지났는데도 여전히 본서를 아껴주시고 성원해 주신 독자여러분께 진심으로 감사드립니다. 본서는 개인파산에 관하여 2006년 펴낸 '개인파산사건 처리실무'의 초·개정판을 토대로 2013년 개인회생 부분을 추가하여 출간한 '신 개인파산·회생실무'의 개정판이라고 할 수 있어 실질적으로는 제4판이라고 할 수 있습니다.

본 개정판에서는 알기 쉽고 이해의 편의를 도모하기 위해 전체의 구성체계를 획기적으로 바꿔 일신하였고, 상속재산의 청산과 관련하여 부동산 등의 환가대상 재산이 많고 복잡·다단한 경우 한정승인자가 처리하기 어려운 점에 대한 대안으로 최근 각광을 받고 있는 상속재산파산제도에 관하여 상세히 설명해 놓았습니다.

또한 사례부분에서도 개인파산의 절차비용이 인상됨에 따라 그 부분을 반영하였고, 개인회생의 변제기간이 종전의 5년에서 3년으로 단축됨에 따라 그에 대한 설명 및 변경된 변제계획안에 관하여 사례와 더불어 비교적 자세히 설명해 놓았습니다.

아울러 최신 바뀌거나 추가된 판례와 실무 예규 등을 반영하였고, 그동안 수차례에 걸쳐 개정된 통합도산법의 내용을 추가했으며, 개인파산신청서나 개인회생신청서 등 각종 서식도 최근의 경향에 맞추어 수정해 놓았습니다.

본 개정판이 나올 수 있도록 애써 주신 진원사의 양진수 사장님을 비롯하여 편집과 교정에 힘써 주신 편집부 관계자분들께 고맙다는 말씀을 전해드리고 싶습니다.

아무쪼록 본서를 통하여 각종 채무로 어려움을 겪고 계신 채무자분들이나 이러한 분들의 일처리를 위해 고생하고 계신 많은 실무가분들께 조그마한 도움이라도 되었으면 하는 마음 간절히 바라는 바입니다.

2020년 2월

저자 **장 종 운** 드림

머 리 말

도산절차를 대상 기준으로 분류해 보면 법인·기업이 도산하는 경우와 자연인인 개인이 도산하는 경우로 구분할 수 있습니다. 법인 또는 기업부분의 도산절차로는 법인파산과 법인회생(기업회생)절차가 있고, 자연인의 도산절차에는 개인파산과 개인회생, 그리고 고액 채무자의 회생절차인 일반회생 절차가 있습니다. 본서는 이 중 자연인인 개인의 도산절차 전반에 대하여 다루고자 합니다.

주위를 돌아다보면 사치·낭비·투기·도박 등 도덕적 해이로 감당이 되지 않은 많은 부채를 지고 있는 악덕채무자도 많지만 사업실패나 생활비 조달, 병원비·학비, 채권자의 폭리로 인한 이자부담 등 부득이한 사정으로 과다한 채무를 지게 되어 어려운 처지에 놓이게 된 선한 채무자도 많습니다. 요즘 언론보도를 보면 신용불량자가 약 400만명에 달한다고 하는데, 이 중 선한 채무자는 대략 50~60%에 달하지 않나 싶습니다. 이러한 선한 채무자를 구제하기 위한 법률이 2005. 3. 31. 제정되어 2006. 4. 1.부터 시행되고 있는 「채무자 회생 및 파산에 관한 법률」(약칭 통합도산법)입니다. 이 제도를 통하여 그 동안 많은 채무자들이 개인파산이나 개인회생 또는 일반회생 절차를 통하여 구제를 받아왔습니다. 다만 통합도산법 시행 초기에는 사회·경제적인 여러 정책적인 고려 때문에 개인파산이나 개인회생에 있어서 인용율의 남발이 적지 않게 있어왔고, 이로 인한 부작용 때문에 채무자들의 도덕적 해이도 날로 심해지는 폐단이 있었던 게 사실입니다. 따라서 최근에는 법원에서도 도산절차에 대한 실무운영상 심사요건과 인용절차를 엄격히 함으로써 선한 채무자와 악덕채무자를 세세히 가려내어 선별적으로 구제를 해 주고 있는 움직임이 있습니다. 특히 2012년 2월부터는 파산선고절차와 면책절차를 동시에 진행하고 원칙적으로 모든 개인파산사건에서 파산관재인을 선임하도록 하며, 파산 및 면책 기간을 단축하는 내용 등을 골자로 한 '새로운 개인파산절차'를 도입하여 시행하고 있습니다.

본서에서도 이러한 움직임에 발맞추어 개인채무자의 도산절차 전반에 대하여 최신 이론과 실부 사례를 곁들여 다루었고, 개인파산절차에 있어서의 '새로운 개인파산절차'에 대하여도 일정부분 할애하여 서술하였습니다.

본서는 다음과 같이 구성되어 있습니다.

제1편 「개인파산」 편에서는 제1장 「채무자에 대한 구제대책」, 제2장 「통합도산법의 파산제도」, 제3장 「개인파산」, 제4장 「개인파산 상담사례」, 제5장 「개인파산 및 면책신청 작성 사례」를

두어 개인파산에 관한 전반적인 실무이론 및 신청절차와 다양한 개인파산 작성사례를 실어 놓았고, 제2편「개인채무자의 회생절차」편에서는 제1장「개인회생절차 개요」를 두어 개인회생절차에 대한 전반적인 흐름과 실무 작성례를 소개하였으며, 제2장「개인회생신청서 및 변제계획안 작성방법」에서는 개인회생신청방법과 변제계획안 작성방법에 대한 상세한 설명을, 제3장「개인회생신청서 작성사례」에서는 분야별 작성사례를 충분히 실어 놓았습니다.

「부록」편에서는 개인파산 및 개인회생절차와 관련된 필수적인 근거법령을 실어 놓았습니다.

끝으로 본서와 같이 좋은 책이 나올 수 있도록 애써 주신 진원사의 양진수 사장님을 비롯하여 필자의 원고를 세심하게 편집하고 교정하여 주신 편집부 관계자분께도 고맙다는 말씀을 전해드리고 싶습니다. 아울러 음으로 양으로 많은 격려를 하여 주신 광주동신고등학교 류춘호 교장선생님, 유선 교감선생님, 광주의 유능한 변호사 나재호 후배님, 전남대법대의 실력파 양기창 후배님, 화순송원총동창회 권정아 총무님께도 이 자리를 빌어 감사하다는 말씀을 전해 드리고 싶습니다.

본서를 마무리 하고 나니 여러 아쉬운 점이 남습니다. 부족한 점과 미흡한 부분은 다음 판에 보완해 드릴 것을 약속드리며, 독자 여러분의 많은 지도편달과 애정 어린 관심을 부탁드립니다. 아무쪼록 본서를 구입하신 모든 독자 분들께 행운이 함께 하시고, 본서로 인하여 개인파산 및 회생에 조그마한 도움이라도 되었으면 하는 마음 간절히 바라는 바입니다.

2013년 3월

저자 **장 종 운** 드림

참고 및 인용자료

서울회생법원, 제6판 개인파산·회생실무, 박영사, 2022.
서울회생법원, 제6판 회생사건실무(상)·(하), 박영사, 2022.
서울회생법원, 제6판 법인파산실무, 박영사, 2022.
서울회생법원, 제5판 개인파산·회생실무, 박영사, 2019.
서울회생법원, 제5판 회생사건실무(상)·(하), 박영사, 2019.
서울회생법원, 제5판 법인파산실무, 박영사, 2019.
서울중앙지방법원, 제4판 개인파산·회생실무, 박영사, 2015.
서울중앙지방법원, 제4판 회생사건실무(상)·(하), 박영사, 2015.
서울중앙지방법원, 제4판 법인파산실무, 박영사, 2015.
서울중앙지방법원, 도산절차와 소송 및 집행절차, 박영사, 2011.
서울중앙지방법원, 개인회생사건 유형별 사례집, 2004.
서울중앙지방법원, 개인채무자회생실무, 2004.
사법연수원, 도산처리법, 사법연수원출판부, 2011.
법무부, 채무자 회생 및 파산에 관한 법률 해설, 2006.
대한변호사협회, 제37기 특별연수 통합도산법, 2006.
법원도서관, 회생위원 직무 편람, 2012.
법원행정처, 법원실무제요 민사집행 (Ⅰ)·(Ⅱ)·(Ⅲ)·(Ⅳ), 2014.
법원공무원교육원, 파산·개인회생실무, 2009.
법원행정처, 부동산등기실무 Ⅲ, 2007.
법원도서관, 회생위원 직무 편람, 2012.
한국도산법학회, 회생과 파산, 사법발전재단, 2012.
한국사법행정학회, 도산관계소송, 재판실무연구(5), 2009.
법무부, 채무자 회생 및 파산에 관한 법률 해설, 2006.
오수근, 도산법의 이해, 이화여자대학교출판부, 2008.
오수근·한민·김성용·정영진, 도산법, 한국사법행정학회, 2012.
이건화, 최신 사례로 본 개인회생실무, 법률정보센타, 2009.
임치용, 파산법연구 1·2·3·4, 박영사, 2010·2015.
전병서, 제3판 도산법, 법문사, 2014.
장종운·김상승, 신 일반회생 실무, 진원사, 2017.

8 참고 및 인용자료

장종운, 개인도산개론, 진원사, 2016.

장종운, 신 부인권 실무, 진원사, 2017.

지원림, 제14판 민법강의, 홍문사, 2016.

김준호, 제20판 민법강의, 법문사, 2014.

노영보, 도산법 강의, 박영사, 2018.

최준규, 계약법과 도산법, 경인문화사, 2021.

(사)도산법연구회, 도산판례백선, 박영사, 2021.

전대규, 제7판 채무자회생법, 법문사, 2023.

목 차

제1편 채무자 구제제도와 통합도산법

제1장 채무자 구제제도 개요 / 3

제 2 편 개인파산

제 1 장 개인파산 총론 / 75

제 2 장 개인파산 각론 / 449

제 3 장 개인파산 및 면책신청 작성 사례 / 672

제3편 개인회생

제 1 장 개인회생 총론 / 927

제 2 장 개인회생 각론 / 1082

제 3 장 개인회생신청서 작성 사례 / 1179

부 록 / 1505

제 1 편

채무자 구제제도와 통합도산법

제1장 채무자 구제제도 개요

제1절 적극적 구제제도

[I]
각종 채무자 구제제도

1. 사적 구제제도(사적 채무조정제도)

가. 신용회복위원회와 신용회복지원제도

신용회복위원회는 2002년 신용불량자의 급증에 대한 대책의 일환으로 이들의 조속한 경제적 재기를 지원하기 위해 「금융기관 간 신용회복지원협약」에 기초하여 출범한 후 2013년 금융위원회의 허가를 받아 설립된 비영리 사단법인으로서 채무불이행자의 경제적 재기를 지원하고 가계파산을 예방하는 등 신용회복지원업무를 수행하고 있다. 신용회복지원제도는 각 금융기관에서도 개별적으로 시행하고 있기는 하지만 다른 금융기관에서 채무를 조정해 주지 않으면 실익이 거의 없기 때문에 다수 금융기관의 채무를 한꺼번에 조정하는 제도가 필요한데 이러한 역할을 하는 것이 신용회복위원회이다. 신용회복위원회에는 현재 3,653개의 금융기관과 협약이 체결되어 있다. 신용회복위원회에서 시행하고 있는 신용회복지원제도에는 개인워크아웃제도와 프리워크아웃제도가 있다.

1) 개인워크아웃제도[1]

개인워크아웃은[1]신용회복위원회와 협약이 체결되어 있는 금융기관 중 1개 이상의 금융

---

1) 기업 등 법인의 도산의 경우에는 그 막대한 사회적인 파장을 고려하여 특례를 마련하고자 종전의 「금융기관의 합병 및 전환에 관한 법률」을 전부 개정하여 1999. 1. 13. 「금융산업의 구조개선에 관한 법률」, 이른바 '금산법'을 제정함으로서 기업워크아웃을 가능하게 하였고, 이와 별도로 기업워크아웃보다 구조조정을 보다 신속하고 원활하게 추진하기 위해 한시법인 「기업구조조정촉진법」을 제정하였다(2001. 8. 14, 2007. 8. 3, 2011. 5. 19, 2014. 1. 1, 2016. 3. 18, 2018. 3. 18, 2018. 10. 16. 등 7차례 제정). 「기업구조조정촉진법」에서는 '관리절차'라는 새로운 도산절차를 두었는 바, 이는 채무자와 채권자간의 사적 합의에 의한 채무조정절차라는 점에서 기본적으로는 기업워크아웃의 성격을 가지고 있어서 채권금융기관의 주도하에 기존 경영자가 사업을 계속하는 내용의

기관에 대하여 신용카드대금이나 대출원리금이 일정액 이하이고, 일정기간 이상 연체되어 있으며, 최저생계비 이상의 소득이 있는 등 채무상환이 가능하다고 인정된 경우에 채무감면이나 상환기간 연장·유예, 이자율 조정, 금융채무불이행정보 해제 등을 통하여 채무자의 재기를 지원하는 제도이다. 즉 개인워크아웃은 연체기간이 90일 이상 경과된 금융채무불이행자[2]로서 총채무액이 15억원(담보부채무 10억원, 무담보채무 5억원) 이하인 자를 지원대상으로 하여, ① 이자 및 연체이자의 전액 감면, ② 원금은 채무성격에 따라 최대 50% 감면, 사회소외계층인 경우 최대 70%까지 감면, ③ 최장 10년 이내에서 장기분할상환 등의 지원을 내용으로 하고 있다.[3] 개인워크아웃의 장점은 신청 즉시 채권금융회사의 모든 추심활동이 중단되고, 신청비용 5만원 외에는 별도의 비용이 소요되지 않으며, 신용회복지원협약에 가입된 금융회사의 모든 채무를 통합하여 한꺼번에 조정할 수 있다는 것인데, 협약가입기관에는 은행·신협·새마을금고 등 제도권 금융회사뿐만 아니라 대부업체, 자산관리회사 등도 포함되어 있어서 협약의 대상 범위가 넓은데다 협약가입기관과의 협의를 통한 사적조정이므로 신속한 결정이 가능하고 금융회사의 동의율도 98%로 비교적 높다는 것이다.

나아가 신용회복지원이 확정되고 그 변제계획에 따라 채무자가 정상적으로 이행절차를 밟고 있는 동안은 보증인 등에게도 채권추심을 하거나 담보권 실행 등 추심행위를 하지 못할 뿐만 아니라 채무자가 신용회복지원계획에 따라 감면된 채무를 전부 변제한 경우에는 보증인도 나머지의 채무를 면책받는다는데 큰 장점이 있는 것이다.[4] 특히 채무자가 부동산을 소유하고 있는 경우에는 개인회생이나 개인파산은 담보가치가 없다고 하더라도 매우 까다롭고 오랜 기간이 소요되기 때문에 개인워크아웃의 실익이 있다고 본다. 다만 개인워크아웃은 금융채무불이행자로 전락한 채무자만 이용이 가능하고, 금융기관의 채무만을 대상으로 하고 있어서 개인 간의 채무는 그 대상이 되지 않으며, 주채무자만 이용이 가능하고 보증인은 이용

기업워크아웃이라 할 수 있다. 이에 기업회생에 있어서는 「기업구조조정촉진법」상의 기업워크아웃과 「채무자회생 및 파산에 관한 법률」(이하 '통합도산법')상의 기업회생이 양대축이라 할 수 있는데, 기업구조조정특별법이 통합도산법에 우선하여 적용하도록 되어 있는 것은 아니지만(기업구조조정특별법 3조) 「기업구조조정촉진법」상의 기업워크아웃이 통합도산법상의 법인회생에 비하여 국내 금융권으로부터의 신규차입 및 신용거래가 가능하고, 절차도 신속하고 효율적으로 진행된다는 점에서 실무상 법인회생에 앞서 우선적으로 고려되고 있다.

2) 금융채무불이행자란 한국신용정보원에게 '연체등'의 신용거래정보가 등록된 채무자로서 종전의 '신용불량자'와 유사한 지위를 가지는 채무자를 말한다.

3) 신용회복위원회 홈페이지(http://www.ccrs.or.kr) 참고

4) 신용회복지원협약 제19조(면책) "1. 채무자가 신용회복지원 조건에 따른 변제를 완료한 경우 해당 채무자의 채권기관에 대한 채무는 소멸하는 것으로 한다. 2. 채무자가 신용회복지원 조건에 따른 변제를 완료하지 못하는 경우라도, 채무자에게 귀책사유가 없고 이미 75% 이상 변제계획에 따른 채무의 이행을 완료한 경우에는 심의위원회가 의결하여 제9조 제3항의 규정에 의한 채권기관의 동의를 얻은 경우 채무자는 면책된 것으로 한다. 3. 제1항 및 제2항에 의해 채무자의 면책이 이루어지는 경우에는 보증인 등에 대해서도 그 효력이 있다."

할 수 없다는 한계가 있다. 개인워크아웃은 2002년부터 시작하여 현재에 이르기까지 시행되고 있는 제도이다.

2) 프리워크아웃(Pre-workout)제도

프리워크아웃제도는 신용회복위원회와 협약이 체결되어 있는 금융기관 중 2개 이상의 금융기관에 대한 신용카드대금이나 대출원리금이 과중하여 일시적으로 상환불능에 처하였지만 아직 금융채무불이행자로 전락하기 전의 개인채무자에 대하여 선제적으로 상환기간 연장, 이자율 인하 등의 지원을 통하여 금융채무불이행자로 전락하는 것을 방지하기 위해 마련된 제도이다. 즉 프리워크아웃은 연체기간이 30일 초과 90일 미만인 단기 연체 채무자로서 총채무액이 15억원(담보부채무 10억원, 무담보채무 5억원) 이하인 개인채무자를 대상으로 하여 무담보채무는 최장 10년, 담보부채무는 최장 35년 이내의 분할상환과 이자율 30~70%까지의 인하를 지원내용으로 하고 있다. 원금 감면은 원칙적으로 없다.

프리워크아웃은 개인워크아웃과 같이 협약가입금융기관의 모든 추심활동 중단, 5만원의 저렴한 신청비용, 협약가입금융기관의 채무 모두의 통합·조정, 채무자의 면책에 따른 보증인 등의 면책 등의 장점이 있다. 프리워크아웃은 2009년부터 한시적으로 시행되어온 제도인데 최근까지 연장하여 시행하고 있다.

나. 한국자산관리공사(KAMCO)의 한시적 신용회복지원기구 운영

한국자산관리공사는 「금융회사 부실자산 등의 효율적 처리 및 한국자산관리공사의 설립에 관한 법률」에 따라 1997년 설립되어[5] 금융회사의 부실채권의 인수·정리 및 기업구조조정사업, 금융소외자의 신용회복지원업무, 국유재산관리 및 체납조세정리업무를 수행하고 있는 준정부기관이다. 한국자산관리공사에서는 카드대란 등 경제위기나 IMF 외환위기와 같은 금융불안 등 사회국가적 위기상황에서 금융채무불이행자 및 서민계층에 대한 신용회복지원사업을 운영해 오고 있다. 그 대표적인 것이 2004년 620여개 금융기관을 대상으로 한 한마음금융, 30여개 금융기관을 대상으로 한 희망모아 등 제1·2차 배드뱅크,[6] 2008년의 신용회복기금 설치, 그리고 2013년의 국민행복기금설치 등이다. 이들은 채권자인 금융기관들을 대상으로 하여 금융소외자에 대한 채무감면, 기간유예 등 신용회복수단을 통하여 개인채무자에 대한 회생을 도모할 수 있도록 지원하기 위한 한시적 신용회복지원기구들이다.

---

5) 한국자산관리공사의 전신은 한국산업은행법에 따라 1962. 4. 6. 설립된 성업공사이다.

6) 배드뱅크(bad bank)란 금융기관의 채권을 부실채권과 우량채권으로 구분하고 이 중 부실채권을 따로 떼어낸 다음 이를 처분하거나 회수하는 일을 하는 은행을 말한다.

2. 공적 구제제도

가. 개인파산제도

통합도산법[7]상 개인파산제도는 지급불상태에 빠진 채무자가 파산선고 당시 가진 자신의 재산을 처분하여 이를 공정하게 채권자들에게 배당한 후 잔여 채무를 면책받아 경제적 재기와 갱생의 기회를 도모하는 절차로서, 공직 취임이 제한되고 일정한 사업자등록 등의 결격사유가 되는 반면, 개인회생과 같이 일정기간 동안 채무의 전부 또는 일부를 변제해야 하는 과정 없이 거의 모든 채무를 면책받을 수 있는 제도이다. 면책의 대상이 되는 채무는 금융기관의 채무뿐만 아니라 사인간의 채무도 포함된다. 다만 보증인의 책임은 감면되거나 면책되지 않는다.

나. 개인회생제도

통합도산법상 개인회생제도는 채무자의 재산이나 직업을 그대로 유지하면서 채무의 전부 또는 일부를 최장 3년간에 걸쳐서 나누어 갚고, 나머지의 채무를 면책받는 절차이다. 따라서 개인회생제도는 직장인이나 자영업자 등과 같이 계속적 소득이 있는 채무자만 이용이 가능하다. 또한 총채무액의 한도도 정해져 있는데, 담보부채무 15억원, 무담보채무 10억원 이하의 채무를 부담하고 있는 채무자만 이용이 가능한 것이다(579조 1호). 다만 개인회생제도는 금융기관의 채무뿐만 아니라 사인간의 채무도 그 대상에 포함되므로 개별 금융기관이 자체협약에 따라 실시하는 개인워크아웃보다 혜택 범위가 넓다. 한편 채무자가 잔여채무에 대하여 면책을 받는다고 하더라도 보증인의 책임이 감면되지 않음은 개인파산의 경우와 같다.

다. 일반회생제도

통합도산법상 일반회생제도는 채무자가 장래의 일정한 소득에 의해 총채무액 중 전부

---

7) '통합도산법'이란 새로 제정된 「채무자 회생 및 파산에 관한 법률」을 약칭하여 부르는 용어인데, 「채무자 회생 및 파산에 관한 법률」이 법인파산, 개인파산, 법인회생, 일반회생, 개인회생, 국제도산 등 모든 도산에 관한 절차를 통합적으로 규율해 놓은 법이라는 차원에서 실무상 관행적으로 사용되고 있는 용어이다(법무부, 채무자 회생 및 파산에 관한 법률 해설, 17면). 법제처의 국가법령정보센터에서는 「채무자 회생 및 파산에 관한 법률」의 약칭으로 '채무자회생법'이라는 용어를 사용하고 있지만, 이는 구법인 '개인채무자회생법'과 혼동의 소지가 있고, 「채무자 회생 및 파산에 관한 법률」에는 법인파산과 같이 채무자의 회생을 도모하지 않는 절차도 규율하고 있으므로 적절치 않는 약칭이라고 보이는 바, 본서에서는 「채무자 회생 및 파산에 관한 법률」의 속성 및 실무상 관행대로 '통합도산법'이라는 용어를 사용하기로 한다. 이하 본서에서 '법'이란 '통합도산법'을, '시행령'이란 '통합도산법 시행령'을, '규칙'이란 '통합도산법 시행규칙'을 약칭하는 의미로 사용하기로 하며, 그밖의 다른 법령상의 법조문을 표시할 때에는 해당 법령과 함께 표시하기로 하되, 통합도산법상의 법조문을 표시할 때에는 통합도산법'의 표시 없이 법조문만 표시하기로 한다.

또는 일부를 변제한다는 점에서 개인회생과 공통하지만, 개인회생과는 달리 총채무액의 제한 없이 이용이 가능하고, 개인회생이 별도의 면책신청에 따른 면책결정이 있어야 면책받는 것과 달리 회생계획의 인가에 의해 권리자체가 변경되고 그 범위에서 면책의 효력이 발생하게 된다. 다만 일반회생제도는 주로 기업형 채무자의 재건을 도모하는 절차이므로 비용이 많이 들고 절차가 복잡한 측면이 있다. 그럼에도 불구하고 회생을 도모하고자 하는 개인채무자가 담보부채무 15억원, 무담보채무 10억원을 초과한 채무를 부담하고 있어서 개인회생제도를 이용할 수 없는 경우에는 부득이 일반회생제도를 통하여 구제받는 수밖에 없을 것이다(579조 1호). 일반회생제도와 관련해서는 2014. 12. 30. 통합도산법의 개정으로 회생절차개시의 신청 당시 회생채권 및 회생담보권의 총액이 50억원(2020. 6. 2.부터 종전 대비 20억원 증액)[8] 이하인 채무를 부담하는 소액영업소득자를 대상으로 통상의 절차보다 간소한 절차에 의해 회생을 도모할 수 있도록 하는 간이회생절차가 도입되었다(2편 9장).

라. 국제도산제도

통합도산법상 국제도산이란 도산채무자나 도산채권자 또는 도산재단과의 관계에서 섭외적 요소를 포함하고 있는 도산사건을 말한다.[9] 최근 국제간의 재화와 용역의 이동 등 상거래 활동이 증가하면서 국제화가 촉진되고 특정 국가에서의 채무자의 도산은 세계 각국에 지대한 파급효과를 미칠 수 있게 되었는데, 이는 상당한 수준의 자본을 가진 개인이 외국에 투자하다가 도산한 경우에도 마찬가지의 문제가 발생할 수 있는 것이다.[10] 국제도산에 관하여는 통합도산법 제5편(국제도산)에서 규율하고 있다. 그런데 통합도산법상 국제도산편(5편)의 적용범위와 관련하여 다수의 학설은 국제도산 사건 모두를 국제도산편에 의해 해결해야 한다는 하고 있지만, 판례는 국제도산편에 규정한 외국도산절차의 승인(631조, 632조)은 외국도산절차의 지원결정(636조)을 하기 위한 적격을 갖추고 있음을 확인하는데 지나지 않고, 지원결정 역시 외국도산절차의 대표자가 외국도산절차에 필요한 배당·변제재원을 국내에서 보전·확보하고 이를 기초로 배당 또는 변제계획을 수립하거나 그 계획을 수행할 수 있도록 절차적인 지원을 하는

---

8) 통합도산법 시행령이 2020. 6. 2. 개정·시행됨에 따라 종전에는 간이회생절차개시신청을 할 수 있는 소액영업소득자의 범위가 회생절차개시신청 당시 회생채권 및 회생담보권의 총액이 30억원 이하인 채무를 부담하는 영업소득자였던 것이 2020. 6. 2.부터는 50억원 이하인 채무를 부담하는 영업소득자로 확대하여 보다 많은 중소기업 및 경영자가 적은 비용으로 신속히 간이회생절차개시신청을 할 수 있도록 개정한 것이다(시행령 15조의3).

9) 전병서, 제2판 도산법, 536p.

10) 예컨대 최근 중국인이 한국의 제주도에 거대한 자본을 가지고 부동산에 투자한다든지 한국인이 중국이나 동남아 주식시장에 대량으로 투자하는 행태가 빈번히 일어나고 있는데, 그 과정에서 개인채무자가 도산할 수 있는 것이다.

것일 뿐이라고 하면서 그밖의 문제는 개별적으로 해결해야 한다는 입장을 취하고 있다.[11)]

이러한 판례에 의할 경우 통합도산법상의 국제도산절차는 주로 회사 등 기업과 관련하여 큰 의미가 있는 것이지만 개인채무자와 관련하여 가장 중요시되는 외국면책재판의 국내적 효력의 인정 문제는 그 적용대상이 아니라는 것이어서 개인채무자에게 있어서는 그리 큰 의미를 가지는 것이라고 할 수 없고, 오히려 민사소송법상의 외국판결의 승인 규정(민사소송법 217조)이 보다 중요한 의미를 가지는 것이라고 할 수 있을 것이다. 즉 외국도산절차에서 개인채무자가 면책재판을 받은 경우에 그 면책재판의 국내적 효력의 문제는 민사소송법상 외국재판의 승인절차에 의해야 할 것이고 승인이 이루어지면 외국면책재판의 효력이 인정된다고 보는 것이 판례의 태도인 것이다.[12)]

3. 사적 구제제도의 한계와 구제기관간의 연계

가. 사적 구제제도의 한계

신용회복위원회 등을 통한 사적 구제제도는 채무자와 채권자 사이에 채무감면 등에 관한 사적 조정 또는 합의에 의해 채무자를 구제하는 제도이다.[13)] 즉 채무 감면 등이 이루어지는 효력의 근거는 기본적으로 신용회복위원회의 '신용복지협약' 등과 같은 당사자 간의 합의인 것이다.[14)] 이러한 당사자 간의 합의 또는 협약의 체결은 사적 채무조정 기관 내부에서 가입회원간의 협약에 의해 어느 정도 강제될 수 있을 것이지만 결국 채권자와 채무자 상호간의 이해가 맞아 떨어져야 가능한 구조로 되어 있다. 또한 협약의 대상이 되는 채권자의 범위도 모든 채권자를 대상으로 하는 것이 아니라 금융기관에 해당되는 채권자만을 대상으로 하는 것이므로 금융기관 이외의 채권자에 대해서는 적용되지 못하는 한계가 있다. 이 점에서 통합도산법에 의해 법적인 구속력이 가해지고 금융기관을 포함한 모든 채권자를 대상으로 하는 개인파산이나 개인회생 또는 일반회생과 구별되는 것이다.

나. 각 구제기간간의 연계

최근에는 신용회복위원회나 한국자산관리공사 등의 사적 구제기관과 대한법률구조공단

11) 대판 2010.3.25.자 2009마1600

12) 대판 2010.3.25.자 2009마1600

13) 서울중앙지방법원, 제4판 개인파산·회생실무, 355p.

14) 신용회복위원회의 워크아웃제도에서는 채무자가 감면된 채무를 전부 이행할 경우에는 보증인도 채무를 면책받을 수 있게 되는데 그 근거는 채무자와 채권자간에 체결된 신용회복지원협약 제19조 제3항이라고 할 수 있을 것이다.

이나 법원 등 공적 구제기관 간의 업무협약에 의해 연계가 이루어지고 있다. 즉 신용회복위원회의 개인워크아웃이나 한국자산관리공사의 국민행복기금 등 사적 채무조정만으로는 회생이 어려운 채무자들에게 개인회생·파산면책 등의 공적 채무조정을 도모해 주기 위해 대한법률구조공단 및 법원과 연계·지원하는 협업체계를 구축하고 2013. 5. 15.부터 시행해 오고 있는 것이다.[15)]

연계절차를 보면 신용회복위원회나 한국자산관리공사의 국민행복기금 등 사적 채무조정 기관에서 그 업무 추진 중에 신용회복지원의 부적격자로 판정되거나 신용회복지원이 실효된 채무자에 대하여 개인회생이나 파산면책 등 공적 채무조정이 필요하다고 판단되는 경우에는 이를 공적 지원대상으로 추천하고 채무자의 소득 및 재산정보와 채권신고 내용 등의 채무정보가 담긴 신용상담보고서를 채무자에게 발급해 주면, 그 추천을 받은 대한법률구조공단에서는 채무자를 무료로 대리하여 개인회생신청이나 개인파산신청 등 법률서비스를 제공하되 그에 소요되는 비용을 추천기관으로부터 지원받으며, 법원에서는 신용회복위원회나 한국자산관리공사의 국민행복기금 등을 경유한 사건에 대해서는 추천기관 작성의 부채상담보고서를 부채증명서로 인정하고, 첨부서류의 생략, 재산 및 소득조사 간소화 등 각종 절차상의 인센티브를 제공하며 재판도 신속하게 진행하도록 하자는 것으로서, 궁극적으로는 간이한 도산절차의 진행, 소요시간의 단축, 비용 절감 등을 도모하자는 것이다. 다만 아직까지 그 실적이 미미한 바, 3기관간의 협의체 구성과 정기적 회합 등을 통한 유기적 시스템의 구축이 필요하지 않나 싶다.

한편 최근에는 서울시와 서울중앙지방법원 등 공적 기관 간의 연계제도도 시범적으로 운영되고 있다.[16)] 바람직한 정책이라고 보인다. 서울회생법원에서는 파산 및 회생에 관한 무료 상담센터인 'New Start 상담센터'도 운영하고 있다.[17)]

---

15) 신용회복위원회 및 한국자산관리공사(캠코)의 인터넷 홈페이지 '신용회복지원제도 등' 참조; 신용회복위원회에서는 이러한 연계제도를 '개인회생·파산 신속처리절차(Fast Track)'라고 하고 있다.

16) 즉 2014. 1. 21. 서울시와 서울중앙지방법원간에 '서울중앙지방법원과 서울시가 연계한 개인파산 및 개인회생 신속처리절차'에 관한 협약을 체결하고 이를 시범운영하기로 한 바, 서울시 소속 서울금융상담센터에서 상담을 받은 채무자들이 대한법률구조공단이나 소송구조지정변호사를 통하여 개인파산 및 개인회생을 신청하는 경우에는 서울중앙지방법원 전담재판부에서 간이·신속하게 도산절차를 진행하도록 하는 것을 내용으로 하고 있다 (서울특별시청 홈페이지 참고).

17) 서울회생법원, 제5판 개인파산·회생실무, 33p.

[2]
채무자별 도산제도 선택의 포인트

1. 선택의 원리

채무자에게 있어서 도산절차의 선택의 문제는 결국 각 도산절차 내지 도산제도의 특성이나 장단점과 연관되어 있는 것이기 때문에 개별적 도산절차에 대한 전문적인 지식이 필요한 것이고, 그 점이 본서에서 각 도산절차에 대하여 실무적인 측면에서 심도 있게 논의한 이유 중의 하나가 되는 것이다. 특히 개인채무자가 도산절차를 이용하는 궁극적인 목적이 면책받는 데에 있다고 볼 때 도산절차의 선택의 문제는 면책 또는 인가단계에서의 면책기각사유나 면책불허가사유 또는 비면책사유와 밀접한 관계가 있지 않나 싶다. 또한 도산절차의 선택의 문제는 도산신청 당시의 법원의 각 도산제도 운영에 대한 태도와도 관련되어 있다고 본다. 즉 도산신청 당시의 정부시책이나 경제상황에 따라 법원에서 어떤 도산절차를 탄력적으로 운영하는지 또는 각 도산절차에서의 면책인가율이 어떤 통계를 보이고 있는지 여부도 관건이 되는 것이다.

한편 개인채무자로서는 통합도산법상의 도산제도 외에 자신의 여건에 보다 적합한 사적 도산제도가 있다면 그 제도를 우선적으로 고려하고 있는 것이 실무에서 자주 보인다. 이는 의기소침해 있는 개인채무자가 막연히 법원을 기피하는 성향과도 연관되어 있고 채권자와의 친소관계에 따라 법 외적인 해결을 선호하는 경향이 작용하지 않나 싶다. 따라서 여기에서는 통합도산법상의 도산제도 외에 통합도산법 밖의 도산제도도 함께 고려하여 판단하고자 한다. 결국 지급불능 내지 지급곤란 상태에 빠진 채무자로서는 각종 채무자의 구제제도 중 어느 것이 자신의 처지에 가장 적합한 제도인지를 선택하여 회생을 도모해야 할 것이며, 이는 현재의 도산시스템하에서 오로지 채무자의 몫인 것이다. 아래에서는 각 제도의 핵심적 특장점을 요약하여 도산제도 이용에 관한 채무자의 선택에 있어 하나의 방향을 제시하고자 한다.

2. 사적 구제제도를 선택해야 할 경우

가. 각 사적 구제기관의 특징

사적 구제제도 내지 사적 채무조정의 대표적인 기관은 전국망을 가지고 있는 신용회복위원회라고 할 수 있다. 신용회복위원회는 2002년 출범 이래 많은 채무자들을 신용회복지원제도를 통하여 구제해 왔는데, 현재 2,653개의 금융기관이 가입되어 있고, 그 가입된 금융기관과 신용회복위원회 간의 신용회복지원협약에 기초하여 금융기관에 대한 채무자를 대상으로 채무조정을 통한 구제활동을 하고 있고 한편으로는 채권회수도 도모하고 있는 상시적인 조직이라고 할 수 있다. 신용회복위원회에서 운영하고 있는 프로그램은 개인워크아웃제도와 프리워크아웃제도가 있다. 전자는 연체자(금융채무불이행자)를 대상으로 하는 제도이고, 후자는 연체자로 전락되기 전의 단기 연체 채무자를 대상으로 하는 제도이다.[18]

지원 내용을 보면 채무의 일부 감면, 이자 및 연체이자 전액 감면, 상환기간 유예 또는 장기분할상환, 채무자에 대한 추심활동 중단, 보증인 등에 대한 추심행위 금지 및 보증인의 면책 등이다.[19] 보증인 등에 대한 감면 혜택 등으로 부동산을 소유하고 있는 경우에도 개인파산이나 개인회생에 비하여 이용의 실익이 클 수 있고 지원결정도 보다 쉽게 나올 수 있는 장점이 있다. 다만 총채무액 15억원(담보부채무 10억원, 무담보채무 5억원) 이하의 채무자만 이용할 수 있는 이용한도의 제한이 있고, 금융기관에 대한 채무자만 이용이 가능하며, 주채무자만 이용이 가능할 뿐 보증인은 이용할 수 없다는 한계가 있다.

신용회복위원회 이외의 사적 구제기관은 거의 한시적인 기관이다. 즉 갑작스런 경제위기나 사회적인 이슈가 발생하였을 때 정부에서 한국자산관리공사 등에 지원하여 그때그때 한시적으로 설치하여 운영하는 기구들인 것이다. 2004년 한마음금융과 희망모아 등의 제1차·2차 배드뱅크, 2008년 신용회복기금설치, 2013년 국민행복기금설치 등이 그것이다. 이들 한시적인 기구들의 지원내용도 금융기관들의 채무자를 대상으로 하며, 채무감면, 기간유예 등을 주요 내용으로 하고 있다.

나. 이용검토

채무자가 보유하고 있는 채무가 주로 금융기관에 대한 채무인 경우에는 먼저 신용회복위원회 등 사적 채무조정기관의 이용을 검토해 볼 필요가 있다. 특히 금융기관에 대한 채무는 대부분 보증을 요구하고 있어서 보증인이 없는 채무는 거의 없을 것이므로 보증인에 대하여도 추심활동이 금지되고 주채무의 감면에 따라 보증인도 채무감면의 혜택을 받을 수 있는 신용회복위원회의 워크아웃제도는 이용 실익이 클 것이다. 다만 변제기간이 8년으로 비교적

18) 개인워크아웃은 연체기간이 90일 이상 연체된 금융채무불이행자를 대상으로 하고 있고, 프리워크아웃은 연체기간이 30일 초과 90일 미만의 단기 연체 채무자를 대상으로 하고 있다(신용회복위원회 인터넷 홈페이지 참고).

19) 다만 프리워크아웃에서는 원칙적으로 채무 감면은 없고, 이자율 일부 인하, 장기분할상환이 지원의 주요 내용으로 되어 있다(신용회복위원회 인터넷 홈페이지 참고).

장기간 변제해야 하고, 월변제금액이 개인회생에 비하여 다소 높다는 한계가 있다. 또한 채무자가 부동산을 소유하고 있는 경우에도 설령 그 부동산에 많은 저당권 등이 설정되어 있어서 담보가치가 없는 경우라 할지라도 개인파산이나 개인회생을 이용함에 있어서는 절차가 까다롭고 인용도 잘 나오지 않는 경향이 있으므로 신용회복위원회의 이용을 검토해 볼 필요가 있을 것이다.

한편 경제상황에 따라 정부가 지원하여 한시적으로 설치·운영하는 기구들이 있는데, 채무자로서는 그러한 기구들의 지원 내용과 특장점을 파악하여 이용해 봄직도 하다. 또한 최근에는 성남시 등 일부 지방자치단체에서 빚탕감프로젝트인 '주빌리은행' 등을 설치하여 운영하고 있는 경우도 있는데, 채무자들로서는 이러한 채무자 구제제도에 대한 정보와 그 이용대상 및 절차 등을 습득하여 구제받는 것도 고려해 볼만하다고 본다.

요컨대 금융기관의 채무가 주류를 이루고 있고 외면할 수 없는 보증인 등이 있어서 그들에게 피해를 주고 싶지 않은 경우에는 사적 구제제도 내지 사적 채무조정기관을 이용하는 것이 현명하다. 사적 구제제도 중에서도 이미 금융채무불이행자 상태로 전락한 후에는 신용회복위원회의 개인워크아웃을, 아직 그 단계에 이르지 않은 경우에는 신용회복위원회의 프리워크아웃을 이용할 것이로되, 구제가 필요할 당시 한국자산관리공사의 희망모아나 국민행복기금 등과 같이 국가정책상 위기상황에서 한시적으로 정부나 지방자치단체에서 운영하는 사적 채무조정제도가 있다면 아울러 검토하여 그 시점에서 가장 적절한 제도를 선택하는 것이 현명할 것으로 보인다.

3. 법원을 통한 구제제도를 선택해야 할 경우

가. 의 의

개인채무자가 아직 연체자로 되어 있지 않는 등으로 사적 채무조정기관을 이용하기 곤란하거나[20] 금융기관보다 사인에 대한 채무가 많아서 사적 채무조정기관을 이용하는 것이 실익이 없을 경우 또는 사적 채무조정기관을 이용하던 중 그 수행에 실패하여 더 이상 사적 채무조정기관을 이용할 수 없는 경우에는 부득이 법원을 통한 구제제도를 이용하는 수밖에 없을 것이다. 법원을 통한 구제는 통합도산법상의 제도를 이용하는 것을 말하는데, 여기에는 개인파산, 개인회생, 일반회생의 3가지가 있다. 위 3가지의 절차는 그 접수에 있어서 우선

20) 신용회복위원회의 개인워크아웃 등 사적 구제제도는 일부 예외적인 경우가 있기는 하지만 주로 연체자만 이용이 가능한 반면 개인파산이나 개인회생·일반회생은 연체자가 아니더라도 이용이 가능하다.

순위[21]가 규정되어 있는 것은 아니므로 채무자로서는 각각의 특장점을 파악하여 자신의 상황에 가장 적합한 도산절차를 선택해야 하는 것이다.

나. 개인파산·개인회생·일반회생의 특장점

1) 개인파산과 개인회생의 비교

개인채무자가 통합도산법상의 도산절차를 밟으려 할 때 가장 먼저 검토하는 제도가 개인파산과 개인회생이다. 일반회생은 개인회생과 같이 회생절차에 해당되기는 하지만 개인회생이 보다 용이한 제도이므로 개인회생요건에 해당되지 않은 채무자가 부득이 이용하는 제도인 성격이 크다. 채무자의 상황으로 보아 개인파산과 개인회생 중 어느 것을 이용할지 확연히 판단되는 경우에는 별다른 고민 없이 그 절차를 밟으면 될 것이다. 문제는 채무자가 처한 상황이 두 제도 사이의 경계에 놓여 있는 경우일 것이다. 여기에 개인파산과 개인회생의 각각의 특성을 잘 파악해 두는 것이 중요한 이유인 것이다. 두 제도의 특성에 관한 몇 가지의 포인트를 요약해 보자. 첫째, 개인파산은 채무자의 보유 재산을 청산하여 이를 변제재원으로 하여 채권자들에게 공평하게 분배한 후 잔여 채무에 대한 면책을 받아 재기·갱생하는 절차이므로 채무자가 파산선고 당시 보유하고 있는 재산의 청산이 중요하게 되고 따라서 채무자가 부동산 등 재산을 보유하고 있는 경우에는 그 청산 및 배분절차를 거치지 않고는 면책절차로 나아가기 힘든 제도로 되어 있는 반면, 개인회생은 채무자의 장래의 가용소득을 변제재원으로 하여 일정기간 동안 변제하는 것을 내용으로 하는 것이므로 채무자가 보유하고 있는 재산의 청산은 그다지 중요한 의미를 차지하고 있지 않다. 둘째, 개인파산은 소득이나 재산이 없을수록 용이한데 반하여, 개인회생은 채무자가 장차 정기적인 수입을 얻기 곤란하거나 가용소득이 확보되어 있지 않으면 그 이용이 곤란하게 된다.[22] 개인회생은 원칙적으로 3년간에 걸쳐 매월 일정 금액씩 회생위원의 구좌에 납부해야 하기 때문이다. 물론 3년간에 걸쳐 변제하는 총 변제액의 현재가치는 절차개시결정 당시의 채무자의 재산을 청산하였을 때보다 높아야 하는 청산가치보장의 요건도 충족되어야 함은 물론이다. 셋째, 개인파산을 통한 면책은 파산선고를 통하지 않고는 이루어질 수 없으므로 필연적으로 파산자라는 신분을 가져야만 면책절차를 밟게 되는 것이어서 파산자로서의 공직 취임이나 개별 법률에 따른 직업·영업상의 제한 등 불이익과 불명예가 따르게 되지만, 개인회생은 이러한 신분상·직업상의 불이익이

21) 이와 같이 접수 단계에서의 우선 순위는 정하여져 있지 않지만 위 절차들이 중복되어 법원에 계속 중인 경우에는 개인회생, 일반회생, 개인파산의 순으로 진행 순위가 정하여져 있음은 물론이다(600조 1항, 58조 1항 1호, 2항 1호).

22) 서울중앙지방법원, 제4판, 개인파산·회생실무, 5p.

따르지 않는다. 넷째, 개인파산은 채무액수가 아무리 많아도 신청이 가능하고 오히려 채무금액이 많을수록 면책인용율이 높은 경우가 많은데 반하여 개인회생은 채무액수가 일정금액, 즉 담보부채무 15억원, 무담보채무 10억원을 초과하면 이용할 수 없는 제한이 있다. 다섯째, 개인파산에서는 면책불허가사유의 하나로 '채무자의 과다한 낭비·도박 그밖의 사행행위'를 들고 있지만(564조 1항 5호), 개인회생에서는 이를 면책불허가사유로 규정하고 있지 않으므로 채무자의 채무가 낭비성 또는 사행성 채무이거나 도박성 채무이고 그 액수가 큰 경우에는 개인회생의 이용이 보다 유리할 것이다. 여섯째, 비면책사유는 개인파산과 개인회생 둘 다 대부분 유사하게 되어 있고, 다만 크게 차이가 나는 부분은 채권자목록에 기재하지 않은 채권과 관련하여 개인파산에서는 악의로 누락시킨 채권이 아니라면 원칙적으로 면책의 대상이 되는데 반하여, 개인회생에서는 면책의 대상에서 아예 제외하게 되어 있다는 점이다. 일곱째, 개인파산의 진행 중에도 개인회생을 신청할 수 있는데, 이때는 개인회생이 개인파산보다 우선하는 절차이어서 개인회생절차가 개시되면 진행 중이던 개인파산절차가 중지되도록 되어 있다(600조 1항 1호). 반대로 개인회생의 진행 중에는 개인회생이 개인파산보다 우선하는 절차인 관계로 개인파산을 신청할 수 없도록 되어 있고 따라서 개인회생의 진행 중에 개인파산을 신청하려면 개인회생절차가 폐지되는 등으로 개인회생절차가 종료되어야 하는 것이다.[23)]

2) 개인회생과 일반회생의 비교

개인채무자가 개인파산의 요건을 갖추지 못하고 있거나 개인파산을 피하고 싶은 경우에는 개인회생과 일반회생 중 어느 하나를 선택하여 회생을 신청해야 한다. 여기에 두 제도의 특장점을 파악할 필요가 있는 것이며, 아래에서 핵심적인 내용만 살펴보기로 한다. 첫째, 개인회생은 채무액수의 최고한도의 제한, 즉 담보부채무 15억원, 무담보채무 10억원을 초과하면 이용할 수 없는 제한이 있는 반면,[24)] 일반회생은 채무액수의 다과에 불문하고 이용할 수 있다. 둘째, 개인회생은 통합도산법에서 제4편을 두어 규율하고 있는 반면, 일반회생은 제2편에서 법인회생과 함께 규율하고 있어서 결의절차가 요구되는 등 개인회생에 비하여 절차가 복잡하고 비용도 많이 들며 시간도 오래 소요된다. 따라서 개인회생을 이용할 수

---

23) 통합도산법상 개인회생절차가 폐지되었다고 하여 필요적 또는 임의적으로 파산선고가 이루어지는 것은 아닌바, 파산원인이 인정된 경우에는 파산절차로 이행할 수 있는 견련파산 제도의 도입이 필요하다고 보되(서울회생법원, 제5판 개인파산·회생실무, 672p), 파산선고는 채무자의 신분에 변화를 가져오는 것이므로 채무자의 신청이 있는 경우에만 이행할 수 있도록 하는 것이 바람직할 것으로 보인다.

24) 종전에는 개인회생신청대상자의 채무액수의 최고한도가 담보부채무 10억원, 무담보채무 5억원 이하였으나, 통합도산법이 2021. 4. 20. 개정·시행됨에 따라 그 대상자가 확대되어 담보부채무 15억원, 무담보채무 10억원 이하의 채무자라면 개인회생신청대상자가 되도록 하였다.

있는 채무자도 일반회생을 이용할 수 있을 것이지만 그 이용 실익이 거의 없을 것이므로 일반회생은 개인회생을 이용할 수 있는 채무액의 한도를 초과한 채무자가 어쩔 수 없이 이용하는 제도라고 할 수 있다. 셋째, 개인회생에서는 담보권은 별제권으로 취급되어 인가결정 후에는 그 실행을 저지할 수 없지만, 일반회생에서는 담보권에 대해서도 권리변경이 가해질 수 있고 그밖의 담보권은 실효·소멸의 대상이 되도록 하고 있다(252조 1항, 251조, 256조 1항). 넷째, 절차 진행의 순서상 개인회생이 일반회생보다 우선하는 것이므로(600조 1항 1호) 일반회생이 진행하던 중에 개인회생의 신청은 가능하지만 반대로 개인회생이 진행하던 중에 일반회생을 신청하려면 개인회생절차가 폐지되는 등으로 개인회생절차가 종료되어야 할 것이다.

다. 각 도산절차별 이용 검토

1) 개인파산

채무자의 채무의 규모[25]가 크고 장차 소득 능력이 없을 경우에는 개인파산을 신청하는 것이 타당하다. 이에 채무자가 고령·노후, 질병, 장애 등으로 취업이나 사업 등이 곤란하여 소득을 얻을 가능성이 없는 경우에는 가장 먼저 개인파산을 고려해야 하는 것이다. 개인파산은 그 신청부터 면책까지 수개월 내지 1년 정도의 기간만 소요되고, 면책이 이루어지면 채무 전부를 한꺼번에 면책받을 수 있을 뿐만 아니라 파산자의 신분에서도 벗어나 복권이 이루어짐으로써 정상적인 일상에 복귀할 수 있는 큰 장점이 있기 때문이다. 다만 개인파산에서의 면책은 파산자를 전제로 하는 것이므로 파산자의 신분이라는 사회적인 불명예가 따를 수 있어 명예감정을 중시하는 성향을 가진 채무자로서는 파산제도의 이용에 거부감이 느껴지는 경우가 있을 수 있고, 파산자로서 취임 또는 직위유지가 곤란할 수 있는 공무원 등 공직에 종사하는 채무자[26] 또는 파산자가 종사할 수 없는 직업·영업을 시작하려고 하거나 현재 그 직업·영업에 종사하고 있는 채무자는 개인파산의 위험부담이 클 것이므로 가급적 피하는 것이 현명하다고 본다.

또한 개인파산은 채무자의 재산을 모두 청산한 후 면책으로 나아가는 절차이므로 재산을

25) 파산요건(305조)과 관련하여 어느 정도의 채무가 있어야 지급불능 상태에 있는 것으로 볼 수 있느냐 여부가 문제되는데, 이는 채무자의 연령, 질병, 고령, 부양가족, 소득 등 제반사정이 고려되어야 할 것이지만, 실무상 특별한 경우가 아닌 한 적어도 이자·지연손해를 포함하여 2~3천만원 이상은 되어야 파산선고의 인용가능성이 있지 않나 싶다.

26) 물론 법 개정으로 2015. 11. 19.부터는 공무원으로 재직 중인 채무자가 파산선고를 받더라도 면책결정을 받은 경우에는 그 면책이 취소되지 않는 한 당연퇴직사유에서 제외되어 공무원신분을 유지할 수 있게 되어 있지만(국가공무원법 69조 1호, 지방공무원법 61조 1호), 그럼에도 불구하고 면책이 이루어지지 않을 가능성이 있으므로 개인파산은 위험부담이 큰 것이다.

어느 정도 보유하고 있는 경우에는 파산신청이 어렵거나 실익이 없을 수 있으므로 다른 도산절차를 고려해 볼 필요가 있다고 본다. 즉 채무자가 부동산이나 선박 등과 같은 등기·등록의 대상이 되는 재산을 보유하고 있는 경우에는 설령 담보가치가 없다고 하더라도 처분이 이루어져야 할 대상이어서 위 부동산 등을 보유하고 싶은 경우에는 개인회생이나 일반회생을 고려해야 하는 것이다. 물론 부동산 등을 소유하고 있다고 해서 개인파산이 불가능한 것은 아니므로 담보가치가 거의 없는 경우에는 개인파산을 신청해 볼 수 있을 것이지만 어차피 법원에서 해당 부동산 등에 대한 청산절차가 거쳐져야 할 것이고 기간도 일반 경매절차에 비하여 훨씬 많이 소요될 수 있으므로 부동산 등을 소유하고 있는 채무자로서 개인파산을 이용하고 싶다면 오히려 파산신청 전에 저당권자 등으로 하여금 경매절차를 빨리 밟도록 독촉하여 경매가 이루어진 후에 파산신청을 하는 것이 보다 용이할 것으로 보인다. 개인파산에서는 채무자가 최선을 다하여 채권자를 찾았으나 부득이 찾지 못하여 해당 채권자를 누락한 경우에도 면책이 가능한 장점이 있다. 반면 개인파산에서는 재단채권이나 조세 등 비면책채권은 면책받을 수 없고, 보증인도 채무자의 면책에 불구하고 면책의 대상이 되지 않으며, 저당권자 등 별제권자의 담보권 실행을 막을 수 없는 한계가 있다.

2) 개인회생

개인파산의 이용이 곤란하거나 실익이 없는 개인채무자는 부득이 회생제도를 통하여 재기·갱생해야 할 것이고, 회생제도도 개인회생과 일반회생의 두 제도가 있으므로 그중 어느 하나를 선택해야 할 것인데, 그 기준은 주로 채무액의 크기에 의존하는 것이 보통이다. 즉 채무액이 담보부채무 15억원, 무담보채무 10억원을 초과한 경우에는 개인회생제도를 이용할 수 없으니 부득이 일반회생절차를 이용하는 수밖에 없을 것이로되, 그밖의 경우에는 일반회생에 비하여 절차도 간소하고 비용이 적게 들며 소요기간도 비교적 짧은 개인회생을 우선적으로 고려하는 것이 통상적인 것이다(579조 1호). 실무상 어떤 경우에 개인회생을 이용하고 있는가? 파탄상태에 직면한 개인채무자가 우선적으로 고려하는 제도가 개인파산인데, 앞서 본 바와 같이 개인파산이 곤란하거나 개인파산을 피하고 싶은 경우에 있어서 그 다음 절차로 이용하는 제도가 개인회생으로 보인다. 즉 채무자가 공직 등에 취임하려고 하거나 현재 재직하고 있는 경우 또는 파산자의 신분으로 종사할 수 없는 사업·영업을 하려고 하거나 파산자의 신분을 얻게 되면 사업자등록 등이 말소·취소될 수밖에 없는 업종에 종사하고 있는 경우에는 개인회생을 통하여 재기해야 하는 것이다. 또한 부동산 등과 같은 등기·등록의 대상이 되는 재산을 보유하고 있는 경우에는 파산면책을 받기가 비교적 까다롭고 어려우므로 실무상 개인회생을 많이 이용하고 있다.[27] 특히 채무자가 묘토나 선산 등과 같이 처분되어서는 안될 부동산 등을 소유하고 있는 경우에는 개인파산보다는 개인회생의 이용을 검토할 필요가 있을 것이다. 개인회생은 변제계획에 따라 통상적으로 3년간에 걸쳐 소득 중 일정 금액만 매월 변제한 후[28] 잔여 채무를 면책신청을 통하여 면책받을 수 있고, 변제기간 동안 채권자들로부터 채권추심을 당하지 않으며, 개인파산과 같은 공·사적 신분상의 불이익도 받지 않는 장점이 있다. 그러나 개인회생은 일정한 채무 규모 이하의 채무자, 즉 담보부채무 15억원 이하, 무담보채무 10억원 이하의 채무자만 이용이 가능하다는 한계와 누락채권에 대해서는 면책의 효력이 미치지 않는 관계로 누락이 발생하지 않도록 철저히 채권을 파악하여 신청해야 하는 부담이 있다. 또한 개인회생을 통하여 면책을 받는다고 하더라도 개인회생재단채권이나 조세 등 비면책채권은 면책되지 않으며, 채무자의 보증인은 면책의 대상이 되지 않고, 저당권자 등 별제권자의 담보권의 실행도 막을 수 없다는 한계가 있다.

3) 일반회생

일반회생은 개인채무자가 개인파산을 이용하는 것이 불가하거나 곤란할 뿐만 아니라 채무액이 많아서 개인회생도 이용할 수 없는 경우, 즉 담보부채무 15억원, 무담보채무 10억원을 초과하여 개인회생을 이용할 수 없는 경우에 최후 수단으로 재기·갱생을 위해 이용하는 제도이다(579조 1호). 실무상으로는 주로 의사, 한의사, 변호사, 개인사업자, 법인의 대표이사, 연예인[29] 등이 큰 채무를 지고 있는 경우가 많아 일반회생을 이용하고 있다. 한편 일반회생은 개인회생과 달리 저당권 등 담보권도 권리변경 및 그 실효·소멸의 대상이 되는 것이므로(252조 1항, 251조, 256조 1항) 개인회생을 이용할 수 있는 채무자라도 주택이나 전답 등 등기·등록의 대상이 되는 재산을 소유하고 있고 그 재산에 저당권 등 담보권이 설정되어 있는 경우에는 그 실행을 막기 위해 일반회생을 이용하는 경우가 많다.[30] 다만 일반회생은 비용이 많이

27) 개인워크아웃과 개인회생만을 놓고 보면 채무자의 소득이 일정 수준에 달하고 채무가 비교적 적으면 개인워크아웃이 유리할 것이고, 소득은 적은데 비하여 채무가 상당한 경우에는 개인회생이 나을 것이다. 부동산을 소유하고 있고 이를 보유하려는 의지와 담보대출의 계속적 상환 가능성이 높다면 개인워크아웃을 선택하는 것이 유리할 수도 있다.

28) 다만 실무상 채무자의 소득이 아무리 적고 부양가족이 많다고 하더라도 법원에서는 월 변제금액의 최소치를 고려하고 있는 것으로 보이는 바, 적어도 매월 30~40만원 이상 변제하는 내용으로 변제계획을 짜야 인가가 이루어지고 있는 것으로 보이며, 그 이하로는 매우 특별한 경우가 아닌 한 인가가 나오지 않는 경향이 있다고 본다.

29) 부인의 대출금에 대한 연대보증으로 200억원대의 보증채무를 부담하게 된 S모 가수도 2013. 6. 17. 일반회생을 신청하여 2014. 3. 17. 회생계획의 인가를 받고, 현재 회생계획을 수행하고 있는 중이다(머니투데이 2014. 3. 22.자. 기사 참고).

30) 채무자의 주택 및 대지에 저당권이 설정되어 있는 경우에 일반회생에서는 개인파산이나 개인회생과 달리 회생계획에 따라 그 주택 및 대지를 종전처럼 소유하고 거주하면서 회생계획을 수행함으로써 재기·갱생할 수 있다는데 큰 장점이 있는 것이다.

소요되고, 절차가 복잡하고 까다로워 그 인가를 받기가 쉽지 않으며, 변제기간도 10년으로 비교적 길고, 공익채권이나 조세 등 비면책채권은 면책의 대상이 되지 않으며, 채무자의 보증인에 대해서는 면책의 효력이 미치지 않는 한계가 있고, 무엇보다도 가장 큰 난관은 관계인집회에서의 회생담보권자 및 회생채권자들의 가결이 필요하므로 채권자들을 설득하고 우호적인 세력으로 만들어야 하는 어려운 점이 있을 것이다.

4. 본서의 논의 영역

앞서 본 바와 같이 개인채무자의 재기회생을 도모하기 위한 제도에는 사적·공적 구제제도 등 다양하게 있지만 그중에서도 실무상 가장 이용빈도가 많고 중요한 제도는 뭐니 뭐니 해도 개인파산과 개인회생이다. 따라서 본서에서는 개인파산과 개인회생에 국한해서 저술하고자 한다.

제2절 방어적 구제제도

[I]
가압류·가처분이 들어 온 경우의 대응

가압류나 가처분은 채무자에게 말할 기회도 주지 않고 채권자가 제출한 소명자료에 의해 이루어지기 때문에, 이로 인하여 재산권의 행사에 제한을 받은 채무자로서는 황당한 일이 아닐 수 없다. 막상 가압류나 가처분이 들어왔을 경우에 채무자가 대응할 수 있는 방법에는 어떠한 것이 있을까? 이를 크게 나누어 보면 ① 가압류·가처분결정 자체에 대한 이의신청제도 및 취소신청제도, ② 가압류·가처분결정에 근거하여 실시된 가압류·가처분집행에 대한 집행취소(해제)신청제도, 그리고 ③ 부당한 가압류·가처분에 대한 손해배상청구제도가 있다. 예를 들면, 가압류결정이 이루어지고 이에 근거하여 채무자 소유의 부동산에 대하여 가압류집행이 이루어진 경우에, 채무자로서는 가압류결정에 대한 이의(또는 취소)신청을 하여 가압류의 효력을 소멸시킨 후, 부동산등기부에 기입된 가압류등기를 말소시키기 위해 가압류집행취소(해제)신청을 해야 하는 것이다(다만, "가압류결정취소 및 가압류집행해제신청"과 같이 이를 동시에 신청하는 것이 실무임).

1. 가압류·가처분결정에 대한 이의신청

가압류·가처분에 대한 이의신청제도란 가압류·가처분결정이 변론없이 결정의 형식으로 이루어짐으로써 채무자가 이에 전혀 관여하지 못한 채 결정이 난 것이기 때문에(민사집행법 281조 1항), 변론이나 심문기일을 열어 가압류결정에 대하여 재심사해 달라고 신청하는 것을 말한다. 쉽게 말하면, 가압류·가처분결정 자체를 다시 심사해 달라고 신청함으로써 그 취소나 변경을 구하는 것을 말한다. 이의신청에 대한 재판은 결정의 형식으로 이루어진다. 다만 가등기가처분은 부동산등기법상의 권리로서 민사집행법이 적용되지 않으므로 이에 대한 이의신청은 허용되지 않는다.

2. 가압류·가처분결정에 대한 취소신청

가압류·가처분결정에 대한 취소신청이란 보전처분이 정당하게 이루어졌는지 어떠한지 그 당시의 일은 일단 덮어두고, 현재의 여러 가지 사정을 고려하여 앞으로 해당 가압류·가처분을 유지하는 것이 부적당하다는 사유를 들어 가압류·가처분결정을 취소해 달라고 요청하는 것을 말한다. 이러한 취소신청에는 그 사유에 따라 다음과 같은 것들이 있다.

① 본안의 제소명령에 따른 제소기간 내에 채권자가 소제기를 하지 않음으로 인한 취소신청(민사집행법 287조)

② 사정변경(피보전권리의 변제 등)에 따른 취소신청(민사집행법 288조 1항 1호)

③ 가압류·가처분 집행 후 3년간 본안의 소를 제기하지 않는 때의 취소신청(민사집행법 288조 1항 3호)

④ 담보제공으로 인한 취소신청(민사집행법 288조 1항 2호)

⑤ 가처분에 있어 특별한 사정이 있는 경우의 가처분취소신청(민사집행법 307조)

3. 가압류·가처분집행에 대한 해제신청

가압류·가처분결정에 대한 이의신청 및 취소신청과 이에 근거하여 실시된 가압류·가처분집행에 대한 해제신청(또는 취소신청)과는 구별되어야 한다. 전자는 가압류·가처분결정 자체의 효력을 소멸시키는 제도임에 반하여, 후자는 가압류·가처분결정에 근거하여 이루어진 집행행위를 실효(예, 부동산등기부등본상의 가압류등기 말소)시키기 위한 제도이기 때문이다. 집행처분에 대한 해제는 채권자나 채무자의 신청 또는 법원의 직권으로 행하여진다. 집행해제신청을 하려면 해당 시·군·구청에 등록세 및 교육세를 납부해야 하고, 증지대, 송달료도 납부해야 한다.

가. 채무자의 집행해제신청

가압류·가처분신청이 취하되었거나 취하간주되었을 경우에, 채무자는 취하증명서를 첨부하여 집행기관(법원 또는 집행관)에 집행해제신청을 할 수 있다. 또한 「가압류·가처분결정에 대한 이의신청」이나 「가압류·가처분결정에 대한 취소신청」사건에서, 가압류·가처분을 취소하라는 결정이 나오게 되면 채무자는 그 재판정본을 첨부하여 집행해제신청을 할 수 있다.

나. 가압류해방공탁에 의한 가압류집행해제신청

채무자가 가압류명령에 기재된 해방금액을 공탁하였을 때에는 법원은 집행한 가압류를 취소(해제)해야 한다(민사집행법 299조 1항). 가압류해방금액은 금전에 의한 공탁만이 허용된다.

다. 채권자의 집행해제신청

채권자에 의한 가압류·가처분집행의 해제는, 채무자에게는 불이익이 되지 않으므로, 채무자의 동의 없이도 가능하다. 채권자의 집행해제신청은 집행기관에 대하여 하는 것이므로 채권가압류나 부동산가압류 또는 부동산처분금지가처분의 집행을 해제하려면 집행법원에 그 신청서를 제출해야 하고, 유체동산가압류나 부동산점유이전금지가처분 등의 집행을 해제하려면 집행관에게 집행해제신청서를 제출해야 한다.

4. 손해배상청구

가압류·가처분집행 후 채권자가 본안소송에서 패소한 경우에, 채무자는 채권자에 대하여 부당한 가압류·가처분의 집행으로 인한 손해배상을 청구할 수 있다(대판 2002.9.24. 2000다46184). 문제는 얼마나 청구할 수 있느냐는 것인데, 이에 대한 판례를 살펴보면, "가압류의 경우에 가압류청구금액을 공탁(예, 해방공탁)하였다면, 그 공탁금에 대한 연 5% 상당의 이자에서 공탁금의 이자를 공제한 정도의 손해배상을 청구할 수 있다."라는 판례(대판 1995.12.12. 95다34095)가 있고, 또한 채무자 소유의 부동산을 채권자의 부당한 가처분으로 인하여 처분하지 못하게 된 결과 발생한 손해액에 대하여는 "그 부동산의 처분대금에 대한 연 5% 상당의 이자 정도가 통상 발생할 수 있는 손해"라고 판시하고 있다(대판 2001.11.13. 2001다26774). 얼마 되지 않는다는 얘기이다.

[2]
민사소송이 들어온 경우의 대응

1. 답변서의 제출

채권자(이하 원고)가 채무자(이하 피고)를 상대로 하여 소장을 제출한 경우에, 피고가 이에 반박하기 위해 원고의 본안의 신청을 배척하는 취지를 기재하여 법원에 제출하는 최초의 서면을 답변서라고 한다. 피고가 법원으로부터 소장부본을 송달받은 경우에, 그 내용에 대하여 다툴 의사가 있으면 그 소장부본을 송달받은 날로부터 30일 이내에 답변서를 제출해야 하며(민사소송법 256조 1항), 그렇지 않는 경우에는 청구의 원인이 된 사실을 자백한 것으로 보고 변론 없이 원고 승소판결이 내려질 수 있다(민사소송법 257조 1항).

다만 원고의 주장이 모두 다 맞아 다툴 소지가 없는 경우에는 구태여 답변서를 제출할 필요가 있다고는 보이지 않으며(어차피 패소할 것이므로), 답변서는 결국 원고의 주장내용이 사실과 다르다거나 이를 다툴 소지가 있는 경우에 한하여 원고의 주장 하나하나에 대하여 반박하는 내용을 기재하여 제출하면 된다.

2. 반소의 제기

원고의 건물명도청구소송에 대하여 건물매수청구를 주장한다거나, 원고(수급인)의 공사대금청구에 대하여 완성된 건물의 하자로 인한 하자보수 및 손해배상을 청구할 필요성이 있는 경우와 같이, 원고의 주장에 대하여 피고도 할 말이 있는 경우에는, 이를 별소로 제기할 수도 있으나 해당 소송절차 내에서 반소를 제기함으로써 절차의 번거로움도 막고 소기의 목적도 달성할 수 있는데, 이 경우에 제출하는 소장을 반소장이라고 한다. 반소는 본소의 변론이 종결되기 전까지 본소가 계속된 법원에 제기하면 된다(민사소송법 269조 1항).

반소장도 일종의 소이므로 일반 소제기와 동일한 방식으로 제기하면 된다. 다만 반소장에 본소의 사건번호를 명기해 주어야 하는 점이나, 당사자의 호칭(반소원고, 반소피고) 정도가 다를 뿐이다. 인지대와 송달료도 동일하다.

[서식 1] 답 변 서

답 변 서

사 건 20○○가소 99986호 대여금

원 고 장 몽 룡 (111111 - 1234567)

피 고 문 춘 향 (222222 - 2345678)

위 사건에 관하여 피고는 다음과 같이 답변합니다.

청구취지에 대한 답변

1. 원고의 청구는 이를 기각한다.
2. 소송비용은 원고가 부담한다.

라는 판결을 구합니다.

청구원인에 대한 답변

1. 피고는 원고주장과 같이 본건 청구의 금원을 차용한 사실이 있습니다.
2. 그러나 피고는 20○○. ○. ○. 소외 원고의 처인 김서희를 통하여 모두 변제한 사실이 있습니다. 따라서 본건 청구에 응할 수 없습니다.

첨 부 서 류

1. 을 제1호증 영수증 사본 1통
1. 을 제2호증 소장부본 1통

20○○. ○. ○.

위 피고 문 춘 향 (인)

○○지방법원 귀중

[서식 2] 반 소 장

반 소 장

사 건(본소) 20○○가소14844 건물등 철거

반소원고(피고) ○ ○ ○ (123456 - 1234567)
광주 서구 ○○로 123 (T.010-0000-0000)

반소피고(원고) ○ ○ ○ (123456 - 1234568)
광주 광산구 ○○로 12

위 사건에 관하여, 반소원고(피고)는 다음과 같이 반소를 제기합니다.

건물매수청구의 소

반소청구취지

1. 반소피고(원고)는 반소원고(피고)에게 금 15,000,000원을 지급하라.
2. 반소로 인한 소송비용은 반소피고(원고)가 부담한다.
3. 제1항은 가집행할 수 있다.

라는 판결을 구합니다.

반소청구원인

1. 반소원고(피고)는 20○○. ○. ○. 반소피고(원고) 소유의 광주 북구 ○○로 234 대 300㎡에 대하여, 기간 3년, 월 임차료 금 300,000원으로 하는 임대차계약을 체결하였고, 이후 반소피고(원고)의 동의하에 단층주택을 건축하여 가족들과 함께 거주해 오고 있습니다.
2. 반소원고(피고)는 위 임대차기간의 만료일이 다가오자 반소피고(원고)에게 위 임대차기간을 3년 더 연장하여 달라고 사정하였습니다. 그러나 반소피고(원고)는 더 이상 연장해 줄 수 없다며, 20○○. ○. ○. 위 주택을 철거하고 건물을 명도하라는 소송을 제기하였습니다.
3. 현재 반소원고(피고)가 건축하여 거주하고 있는 별지목록 기재의 단층주택은 시가 15,000,000원 상당에 이르고 있으며, 위와 같은 사정으로 인하여 반소원고(피고)는 부득이 반소피고(원고)에게 내용증명을 발송하여 건물을 매수할 것을 청구하였습니다.

4. 따라서 반소원고(피고)는 반소피고(원고)로부터 별지목록 기재의 주택에 대한 매매대금 금 15,000,000원을 지급받기 위해 이 사건 반소에 이르게 된 것입니다.

입 증 방 법

1. 을제1호증 내용증명우편
1. 을제2호증 등기부등본

첨 부 서 류

1. 위 입증방법 각 2통
1. 반소장 부본 1통
1. 별지목록 본 1통
1. 납부서 1통

20○○. ○. ○.

위 반소원고(피고) ○ ○ ○ (인)

○○지방법원 귀중

[3]
강제집행이 들어온 경우의 대응

채무자가 채권자로부터 강제집행을 당한 경우에, 이에 대응하는 방법에는 무엇이 있을까? 강제집행에 대하여 민사집행법에서 정하고 있는 불복절차는 다음과 같다.

1. 강제집행개시 전 단계에서의 불복절차

판결 등 집행권원을 작성하는 기관(재판법원)과 집행기관(집행법원, 집행관) 간의 다리역할을 해주는 것이 집행문인데, 법원의 이러한 집행문부여행위에 대하여 채권자와 채무자는 이해관계가 서로 상충하게 된다. 즉, 채권자의 입장에서는 법원에서 집행문을 부여해 주지 않는 경우에 이를 문제삼을 것이고, 반면, 채무자의 입장에서는 왜 집행문을 부여해 주었느냐고 문제삼을 것이기 때문이다. 집행문부여와 관련하여 민사집행법은 채무자에게 불복하는 제도를 마련해 주었는데, 다음과 같은 제도, 즉 ① 집행문부여에 대한 이의신청(민사집행법 34조), ② 집행문부여에 대한 이의의 소(민사집행법 45조)가 그것이다.

2. 강제집행절차 단계에서의 「절차상의 위법」을 이유로 한 불복절차

가. 즉시항고(민사집행법 15조)

즉시항고는, 집행절차에 관한 집행법원의 재판 중 항고법원에 의한 판단을 요하는 것에 관하여, 법에 특별히 규정을 두어 불복할 수 있게 한 제도이다. 따라서 즉시항고는 법에 특별히 규정을 두고 있는 경우에만 가능하다. 채무자가 집행절차의 하자를 다투고 싶지만 법에 이에 관한 특별규정이 없는 경우에는 즉시항고를 제기할 수 없고 집행에 관한 이의신청을 해야 한다. 즉시항고는 재판의 고지를 받은 날로부터 1주일 이내에 항고장을 원심법원에 제출함으로써 한다.

나. 집행에 관한 이의신청(민사집행법 16조)

집행에 관한 이의신청은 ① 집행관의 집행처분 그밖에 집행관이 지켜야 할 집행절차에 대한 하자를 다투고 싶은 경우로서, ② 즉시항고를 할 수 없는 것에 대하여 불복하는 절차이다. 집행에 관한 이의신청에 대하여 한 법원의 재판에 대하여는 원칙적으로 다시 불복할 수 없다.

3. 강제집행절차 단계에서의 「실체적 권리의 하자」를 이유로 한 불복절차(청구이의의 소)

청구이의의 소는 채무자가 변론이 종결된 후(또는 판결이 선고된 후)에, 채권자에게 변제를 하였거나 공탁을 함으로써 채권자의 실체상의 권리가 소멸하였다고 주장하는 방법으로 확정판결의 집행력을 배제하여 강제집행을 더 이상 진행시키지 못하도록 하는 제도이다(민사집행법 44조).

4. 배당절차 단계에서의 불복절차(배당이의의 소)

이는 매수인이 납부한 매각대금에 대하여 배당을 실시하는 단계에서, 배당채권이나 그 순위에 관련된 실체적 권리를 다투기 위한 절차이다(민사집행법 156조). 즉, 배당이 잘못되었다고 주장하는 소를 말한다.

필수 법률상식

강제집행에 대한 불복방법 요약

1. 채무자의 불복방법
   ① 집행문부여에 대한 이의신청
   ② 집행문부여에 대한 이의의 소
   ③ 집행에 관한 이의 및 즉시항고
   ④ 청구이의의 소
2. 채권자의 불복방법
   ① 집행문부여 거부처분에 대한 이의신청
   ② 집행문부여의 소
   ③ 집행에 관한 이의 및 즉시항고
3. 제3자의 불복방법
   ① 집행에 관한 이의 및 즉시항고
   ② 제3자이의의 소

[4]
채권자의 불법적 독촉행위에 대한 대응

다급할 경우에는 채무자가 채권자나 사채업자로부터 고리로 급전을 쓰는 경우가 더러 있다. 나중에 보면 원금보다 이자를 더 갚는 경우도 비일비재하다. 주위에는 선량한 채권자도 많지만 간혹 악독 채권자나 사채업자에게 잘못 걸려 시도 때도 없이 불법적인 채무추심행위에 시달리는 경우도 있다. 채무자가 돈을 빌리는 채권자를 구분해 보면 일반채권자인 경우와 대부업자인 경우로 구분할 수 있는데, 각 채권자별로 이자율의 최고 한도 등 규제 범위에 있어 차이가 있다.

1. 채권자가 개인인 경우

가. 개인 채권자가 받을 수 있는 이자율의 최고 한도

개인간 대차관계에서의 이자율의 최고 한도	
기　　간	최고 이자율
1962. 01. 15 ~ 1965. 09. 23	연 20%
1965. 09. 24 ~ 1972. 08. 02	연 36.5%
1972. 08. 03 ~ 1980. 01. 11	연 25%
1980. 01. 12 ~ 1983. 12. 15	연 40%
1983. 12. 16 ~ 1997. 12. 21	연 25%
1997. 12. 22 ~ 1998. 01. 12	연 40%
1998. 01. 13 ~ 2007. 06. 29	제한 없음
2007. 06. 30 ~ 2014. 07. 14	연 30%
2014. 07. 15 ~ 2018. 02. 07	연 25%
2018. 02. 08 ~ 2021. 07. 06	연 24%
2021. 07. 07 ~ 현재까지	연 20%

注) 다만 이자율의 최고 한도의 제한은 대차원금이 10만원 이상일 경우에만 적용되는 것으로 10만원 미만의 경우에는 적용되지 않는 바, 10만원 미만의 경우에는 제한 초과 이자율도 무방하다(이자제한법 2조 5항).

나. 이자율의 최고 한도를 초과 지급한 경우의 구제

이자율의 약정이 위 이자제한법상의 최고이자율을 초과하는 경우에는 그 초과 부분은 무효로 되고, 채무자가 최고이자율을 초과하는 이자를 임의로 지급한 경우에는 초과 지급된 이자 상당금액은 원본에 충당되며, 원본이 소멸한 때는 그 반환을 청구할 수 있다(이자제한법 2조 3항, 4항).

2. 채권자가 대부업자인 경우

가. 대부업자(미등록 사채업자 포함)에 대한 관리 강화

대부업의 등록과 감독 및 이들의 불법적인 채권추심행위 등을 규제하기 위한 법률이 「대부업 등의 등록 및 금융이용자 보호에 관한 법률」(이하 '대부업법')인데, 이 법은 미등록 대부업자의 불법적인 영업형태 및 부당한 채권추심행위를 근절한다는 취지로 2005. 5. 31. 개정되어, 2005. 9. 1.부터 시행된 이래 2022. 1. 4. 개정 법률(2022. 7. 5. 시행)에 이르기까지 수차례에 걸쳐 일부 조항들이 개정되어 현재에 이르고 있다. 특히 2009. 2. 6. 개정 법률에서는 채권추심자의 권리남용과 불법적인 채권추심행위로부터 채무자와 그 관계인을 보호하여 공정한 채권추심의 풍토를 조성할 목적으로 불법추심과 이에 대한 처벌 부분을 따로 떼어 내어 2009. 2. 6. 「채권의 공정한 추심에 관한 법률」(이하 '채권추심법')을 제정(2009. 8. 7. 시행)하여 불법추심에 대한 처벌을 강화하도록 하였다.

대부업이란 금전의 대부(어음할인·양도담보, 그밖에 이와 비슷한 방법을 통한 금전의 교부 포함)를 업으로 하거나, 대부업의 등록을 한 자(이하 '대부업자') 또는 여신금융기관으로부터 대부계약에 따른 채권을 양도받아 이를 추심하는 것을 업으로 하는 것을 말한다.[31]

다만, 대부의 성격 등을 고려하여 대통령령으로 정하는 경우, 즉 사업자가 그 종업원에게 대부하는 경우, 「노동조합 및 노동관계조정법」에 따라 설립된 노동조합이 그 구성원에게 대부하는 경우, 국가 또는 지방자치단체가 대부하는 경우, 민법이나 그밖의 법률에 따라 설립된 비영리법인이 정관에서 정한 목적의 범위에서 대부하는 경우에는 제외한다(대부업법 시행령 2조).

---

31) 종전에는 금전대부를 업으로 하는 자 중 월평균 대출금액이 5,000만원을 초과하거나, 거래상대방이 20인을 초과한 경우에만 대부업자로 보았으나, 2005. 9. 1.부터는 시행령이 개정되어 이러한 제한이 없어졌으며, 따라서 금전대부를 업으로 하는 자 모두가 대부업자에 해당되도록 하였다(대부업법 2조 1호).

나. 대부업자가 받을 수 있는 이자율의 최고 한도

대부업자와 대차관계에서 이자율의 최고 한도	
기 간	최고 이자율
2002. 10. 28 ~ 2007. 10. 03	연 66%
2007. 10. 04 ~ 2010. 07. 20	연 49%
2010. 07. 21 ~ 2011. 06. 26	연 44%
2011. 06. 27 ~ 2017. 07. 25.	연 39%
2017. 07. 26 ~ 2017. 08. 28.	연 34.9%
2017. 08. 29 ~ 2018. 02. 07	연 27.9%
2018. 02. 08 ~ 2021. 07. 06	연 24%
2021. 07. 07 ~현재까지	연 20%

대부업자와 이러한 최고이자율(연체이자율도 해당, 대부업법 시행령 5조 2항)을 초과하는 대부약정을 체결하는 경우에는 그 초과 부분에 대한 이자계약은 무효로 하며, 채무자가 대부업자에게 최고이자율을 초과하는 이자를 지급한 경우에는 그 초과 지급된 이자 상당금액은 원본에 충당되고, 원본에 충당되고 남은 금액이 있으면 그 반환을 청구할 수 있다(대부업법 8조 3항, 4항, 5항). 그리고 대부업자가 선이자를 사전에 공제하는 경우가 있는데, 이러한 경우에는 그 공제액을 제외하고 채무자가 실제로 받은 금액을 원본으로 해서 최고이자율을 산정하게 된다(대부업법 8조 6항).

또한 이러한 제한을 초과하여 계약한 대부업자에 대해서는 형사적으로도 3년 이하의 징역 또는 3,000만원 이하의 벌금에 처해지게 된다(대부업법 19조 2항 3호).

다. 대부업자(미등록 사채업자 포함)가 할 수 없는 행위

대부업자, 대부중개업자, 대부업의 등록을 하지 않고 사실상 대부업을 영위하는 자, 여신금융기관 및 이들로부터 대부계약에 따른 채권을 양도받거나 재양도 받은 자, 그 외의 금전대여 채권자 및 그로부터 채권을 양도받거나 재양도받은 자, 금전이나 그밖의 경제적 이익을 대가로 받거나 받기로 약속하고 타인의 채권을 추심하는 자(채권추심 목적의 채권의 가장양수자 포함), 위에 언급된 자들을 위해 고용, 도급, 위임 등 원인을 불문하고 채권추심을 하는 자는 채권을 추심함에 있어 다음과 같은 행위를 해서는 안되며, 이에 위반하면 형사처벌을 받게 된다(채권추심법 9조~12조, 15조, 17조). 즉,

① 채무자 또는 관계인을 폭행·협박·체포 또는 감금하거나 그에게 위계나 위력을 사용하는 행위(5년 이하의 징역 또는 5,000만원 이하의 벌금)

② 정당한 사유 없이 반복적으로 또는 야간(오후 9시 이후부터 다음날 오전 8시까지)에 채무자나 관계인을 방문함으로써 공포심이나 불안감을 유발하여 사생활 또는 업무의 평온을 심하게 해치는 행위(3년 이하의 징역 또는 3,000만원 이하의 벌금)

③ 정당한 사유 없이 반복적으로 또는 야간에 전화하는 등 말·글·음향·영상 또는 물건을 채무자나 관계인에게 도달하게 함으로써 공포심이나 불안감을 유발하여 사생활 또는 업무의 평온을 심하게 해치는 행위(3년 이하의 징역 또는 3,000만원 이하의 벌금)

④ 채무자 외의 사람(보증인 포함)에게 채무에 관한 거짓 사실을 알리는 행위(3년 이하의 징역 또는 3,000만원 이하의 벌금)

⑤ 채무자 또는 관계인에게 금전의 차용이나 그밖의 이와 유사한 방법으로 채무의 변제자금을 마련할 것을 강요함으로써 공포심이나 불안감을 유발하여 사생활 또는 업무의 평온을 심하게 해치는 행위(3년 이하의 징역 또는 3,000만원 이하의 벌금)

⑥ 채무를 변제할 법률상 의무가 없는 채무자 외의 사람에게 채무자를 대신하여 채무를 변제할 것을 반복적으로 요구함으로써 공포심이나 불안감을 유발하여 사생활 또는 업무의 평온을 심하게 해치는 행위(3년 이하의 징역 또는 3,000만원 이하의 벌금)

⑦ 채무자 또는 관계인에게 무효이거나 존재하지 않는 채권을 추심하는 의사를 표시하는 행위(3년 이하의 징역 또는 3,000만원 이하의 벌금)

⑧ 채무자 또는 관계인에게 법원, 검찰청, 그밖의 국가기관에 의한 행위로 오인할 수 있는 말·글·음향·영상·물건, 그밖의 표지를 사용하는 행위(1년 이하의 징역 또는 1,000만원 이하의 벌금)

⑨ 채무자 또는 관계인에게 채권추심에 관한 법률적 권한이나 지위를 거짓으로 표시하는 행위(2,000만원 이하의 과태료)

⑩ 채권추심에 관한 민사상 또는 형사상 법적 절차가 진행되고 있지 않음에도 그러한 절차가 진행되고 있다고 거짓으로 표시하는 행위(2,000만원 이하의 과태료)

⑪ 채권추심을 위해 다른 사람이나 단체의 명칭을 무단으로 사용하는 행위(2,000만원 이하의 과태료)

⑫ 혼인, 장례 등 채무자가 채권추심에 응하기 곤란한 사정을 이용하여 채무자 또는 관계인에게 채권추심의 의사를 공개적으로 표시하는 행위(2,000만원 이하의 과태료)

⑬ 채무자의 연락두절 등 소재파악이 곤란한 경우가 아님에도 채무자의 관계인에게 채무자

의 소재, 연락처 또는 소재를 알 수 있는 방법 등을 문의하는 행위(2,000만원 이하의 과태료)

⑭ 정당한 사유 없이 수화자부담전화료 등 통신비용을 채무자에게 발생하게 하는 행위(500만원 이하의 과태료)

⑮ 통합도산법에 따른 회생절차, 파산절차 또는 개인회생절차에 따라 전부 또는 일부 면책되었음을 알면서 법령으로 정한 절차 외에서 반복적으로 채무변제를 요구하는 행위(500만원 이하의 과태료)

⑯ 엽서에 의한 채무변제 요구 등 채무자 외의 자가 채무사실을 알 수 있게 하는 행위(500만원 이하의 과태료)

⑰ 채권발생이나 채권추심과 관련하여 알게 된 채무자 또는 관계인의 신용정보나 개인정보를 누설하거나 채권추심의 목적 외로 이용하는 행위(3년 이하의 징역 또는 3,000만원 이하의 벌금)

[5]
악덕채권자에 대한 접근금지가처분

악덕채권자가 시도 때도 없이 채무자의 주거지나 영업장소에 나타나 폭행, 협박 또는 기물파손행위를 일삼으며 채무를 독촉하거나, 전화 또는 핸드폰 문자메시지 등을 통하여 밤이고 낮이고 온갖 폭언, 욕설 등을 일삼아 도저히 정상적인 생활이 불가능한 경우가 더러 있다. 경우에 따라서는 포악한 남편이나 부인으로부터 가정폭력을 당하거나, 이혼 후 전남편이나 전부인이 거주지에 수시로 찾아와 상습적으로 폭행을 일삼는 경우도 있을 것이다. 이러한 경우에 활용할 수 있는 요긴한 제도가 접근금지명령 내지 접근금지가처분신청 제도이다.

1. 가정폭력자에 대한 접근금지명령·접근금지가처분신청과 악덕채권자에 대한 접근금지가처분신청

접근금지를 명하는 방법으로는 「가정폭력범죄의 처벌 등에 관한 특례법」(이하 '가정폭력법')에 의한 임시조치 또는 보호처분에 의한 접근금지명령과 가사소송법·민사집행법에 의한 접근금지가처분신청에 의한 접근금지가처분결정이 있다.

가정폭력으로 입건된 가해자에 대하여 법원은 직권이나 검사 또는 사법경찰관의 신청에 의해 임시조치로 피해자에 대한 100미터 이내의 접근금지를 명할 수 있고, 보호처분결정의 하나로 접근금지명령을 내릴 수 있다(가정폭력법 8조, 29조, 40조). 다만 가정폭력피해자는 법원에 대하여 직접 이러한 접근금지명령을 신청할 수 없으며, 검사나 사법경찰관에 대하여 100미터 이내 접근금지의 임시조치를 법원에 신청해 달라고 의견을 개진함으로써 접근금지결정을 받아낼 수 있을 것이다(가정폭력법 8조 3항). 이러한 검사나 사법경찰관을 통한 임시조치 외에도 가정폭력피해자는 이혼 등 가사소송을 전제로 하는 경우에는 가사소송법에 의한 접근금지가처분신청을, 기타의 경우에는 민사집행법에 의한 접근금지가처분신청을 통하여 접근금지의 목적을 달성할 수도 있다.

다음으로 악덕채권자의 접근으로 인하여 괴로움을 당하고 있는 채무자는 민사집행법에 의한 접근금지가처분신청을 통하여 악덕채권자로 하여금 가까이 접근할 수 없도록 할 수 있다.

2. 접근금지명령·접근금지가처분신청의 방법

가. 가정폭력자에 대한 접근금지명령·접근금지가처분신청

가정폭력이란 배우자, 배우자이었던 자, 자기 또는 배우자의 직계존·비속, 계모자, 적모서자, 동거친족 사이의 폭행·상해 등을 말하는데, 이러한 가정폭력을 당한 피해자는 경찰서나 검찰청에 고소장을 제출하면서, 담당 검사나 사법경찰관에게 가해자로 하여금 100미터 이내에 접근하지 못하도록 하는 임시조치를 법원에 신청해 달라고 진술함으로써 이들의 신청을 통하여 법원의 접근금지명령을 받아내거나, 법원(가정법원 또는 민사지방법원)에 직접 접근금지가처분신청서를 제출함으로써 그 결정을 받아낼 수 있다(가사소송법 63조, 민사집행법 300조 이하). 접근금지가처분신청에 대하여는 주로 변론을 거쳐 그 결정이 이루어진다.

나. 악덕채권자에 대한 접근금지가처분신청

악덕채권자가 수시로 채무자의 주택이나 영업장소에 나타나 폭행이나 협박을 일삼은 경우 또는 시도 때도 없이 전화나 핸드폰 문자메시지로 괴롭힌 경우 등 악덕채권자의 접근·출입으로 인하여 피해를 본 채무자는 접근금지가처분신청을 통하여 악덕채권자의 접근을 막을 수 있다. 판례도 상대방의 의사에 반하여 끊임없이 면담을 강요하거나 접근하는 행위 등에 대하여 인격권에 기한 침해금지의 청구를 인정하고 있다(대판 1996.4.12. 93다40614, 40621). 이러한 접근금지가처분을 신청하려면 우선 접근금지가처분신청서를 작성하고, 여기에 악덕채권자의 악덕행위에 대한 소명자료(진단서, 고소장, 목격자진술서 등)를 첨부하여 가처분신청의 관할법원(본안의 관할법원 또는 다툼의 대상이 있는 곳의 관할법원), 즉 채무자의 주택이나 영업장소 등을 관할하는 민사지방법원에 제출하면 된다(민사집행법 303조 이하). 또한 신청서에는 위반행위 1회당 금 얼마씩의 지급을 구한다는 부분도 기재하는 것이 좋다. 이러한 접근금지가처분신청에 대하여는 주로 변론을 거쳐 그 결정이 이루어지므로 악덕채권자의 접근을 금지시킬 수밖에 없는 부득이한 사유와 그에 대한 소명자료를 미리 잘 챙겨두는 것이 바람직할 것이다.

3. 접근금지가처분명령을 위반한 경우의 제재

접근금지가처분명령의 집행은 채무자에게 그 가처분을 고지함으로써 실시하며 별도의 집행행위라는 것이 없으므로, 이러한 접근금지명령을 받은 자가 그 명령에 위반하여 접근한다 하더라도 민사상의 손해배상만을 청구할 수 있을 뿐 형사처벌은 힘들다고 본다. 다만 가정폭력으로 입건된 사건에서 판사가 보호처분의 결정으로 접근금지를 명하였는데, 이에 위반하여 접근행위를 한 경우에는 보호처분의 불이행죄에 해당하여 2년 이하의 징역이나 2천만원 이하의 벌금 또는 구류에 처해지게 된다(가정폭력법 63조).

[서식 3] 접근금지가처분신청서

접근금지가처분신청

신 청 인 김 한 심 (123456-2561831)
○○시 ○○구 ○○로 123

피 신 청 인 정 길 상 (123456-1627523)
○○시 ○○구 ○○로 234

피보전권리 : 인격권에 기하여 평온한 사생활을 추구할 권리

신 청 취 지

1. 피신청인은 신청인의 의사에 반하여 신청인에게 100미터 이내에 접근해서는 아니된다.
2. 피신청인은 신청인에 대하여 면담을 강요하거나, 신청인의 평온한 생활을 침해할 수 있는 내용의 전화를 걸거나, 이메일 또는 핸드폰문자메시지를 보내는 등의 방법으로 그 평온한 생활 및 업무를 방해해서는 아니된다.
3. 위 명령을 위반할 경우에는 피신청인은 위반행위 1회당 금 500,000원씩을 신청인에게 지급하라.

라는 재판을 구합니다.

신 청 원 인

1. 신청인과 피신청인은 19○○. 6. 19. 혼인하여 그 사이에 자 2명(정소녀, 정미나)을 두었으나, 피신청인의 상습적인 폭행과 의처증으로 인하여 20○○. 10. 10. 재판상이혼을 하게 되었으며(자에 대한 친권자는 신청인으로 지정됨), 현재 신청인은 대전 ○○구 ○○로 123 소재 임차주택에서 자 2명과 함께 거주해 오고 있습니다.
2. 그런데 피신청인은 수시로 신청인의 주택에 찾아와 온갖 폭언과 폭행을 일삼으며, 시도 때도 없이 전화를 걸어 욕설을 하고, 핸드폰 문자메시지를 통하여 욕설을 남기는 등 상습적으로 괴롭히고 있으며, 심지어 20○○. 11. 1.에는 술에 취한 상태로 찾아와서 부엌칼을 휘두르며 유리창을 깨뜨리는 등 도저히 무서워서 살 수 없는 지경에 이르렀습니다.
3. 이에 신청인은 더 이상 참을 수 없어 인격권에 기한 평온한 사생활을 누리기 위해 본건 접근금지가처분신청을 하기에 이른 것입니다.
4. 신청인은 가난한 모자가정이므로, 본건 접근금지가처분명령의 손해담보에 대한 담보

제공은 민사집행법 제19조 제3항, 민사소송법 제122조에 의해 보증보험주식회사와 지급보증위탁계약을 체결한 문서를 제출하는 방법으로 하여 주실 것을 간절히 바라는 바입니다.

소 명 방 법

1. 소갑제1호증	고소장
1. 소갑제2호증	진단서
1. 소갑제3호증	가족관계증명서
1. 소갑제4호증	모자가정증명서

첨 부 서 류

1. 위 소명방법	각 1통
1. 납부서	1통

20○○. 12. .

위 신청인 김 한 심 (인)

○○지방법원 귀중

[6]
신용불량등록정보의 해제요청

1. 일반신용정보의 해제기간

신용정보란 금융거래 등 상거래에서 거래 상대방의 신용을 판단할 때 필요한 정보를 말하는데, 신용정보회사, 본인신용정보관리회사, 채권추심회사, 신용정보집중기관 및 신용정보제공·이용자가 이러한 신용정보를 수집하고 처리할 수 있도록 하고 있다. 다만 신용정보제공·이용자가 개인신용정보를 개인신용평가회사, 개인사업자신용평가회사, 기업신용조회회사 및 신용정보집중기관에 제공하여 그 업무에 이용하게 한 때에는 「신용정보의 이용 및 보호에 관한 법률」(이하 '법')에 의거, 개인채무자 등 신용정보주체 본인에게 통지해야 한다(법 35조의3 1항). 개인채무자 등 신용정보주체는 금융거래 등 상거래관계가 종료되고 일정 기간이 경과한 경우 은행 등 신용정보제공·이용자에게 본인의 개인신용정보의 삭제를 요구할 수 있다(법 38조의3 1항).

신용정보 중 연체 등 정보는 등록사유발생일로부터 7년이 경과하면 본인이 연체금 등을 상환하지 않더라도 자동적으로 위 신용정보가 해제된다. 다만 해당 기록의 삭제는 일반신용정보의 해제 후 일정기간 동안 보존·관리된 후 삭제된다. 여기에서 보존·관리기간은 연체·대위변제·대지급·부도로 인한 경우는 1년, 금융질서문란자의 경우는 5년, 개인파산은 면책결정일부터 5년, 개인회생의 경우에는 변제계획인가결정일부터 5년 등이다.

그러나 채무자가 실제 연체금액을 상환하거나 파산면책채권을 변제한 경우, 개인회생에서 변제계획에 따른 변제완료 등과 같은 경우 및 신용정보의 해제와 동시에 즉시 삭제되는 항목의 경우에는 예외적으로 일정기간의 경과 없이 즉시 해당 기록이 삭제된다.

개인의 신용정보에 관한 일반적인 사항이나 정보는 한국신용정보원의 인터넷 홈페이지(http://www.kcredit.or.kr)를 이용하면 요긴하다.

2. 일반신용정보의 열람·정정·시정

가. 일반신용정보의 열람

본인의 신용정보를 열람하고자 하는 경우에는 거래 금융기관 또는 한국신용정보원 민원서비스팀으로 직접 방문하여 본인임을 확인할 수 있는 증표를 제시하고 본인에 관한 신용정보의 열람을 요청하면 열람할 수 있다. 그러나 본인이 아닌 다른 사람에 관한 신용정보는 열람할 수 없으며, 본인이더라도 본인임을 객관적으로 확인할 수 있는 시스템이 갖추어지지 않은 전화 또는 인터넷상으로는 신용정보의 내용을 알려주지 않는다. 금융기관은 반드시 본인임을 확인한 후에 열람요청에 응해야 하기 때문이다. 이와는 별도로 신용정보회사를 직접 방문하거나 해당 신용정보회사의 홈페이지에 접속하여 본인의 신용정보를 확인할 수도 있으나 일부의 경우 조회서비스 이용료를 부담해야 하는 경우도 있다. 신용정보회사별 인터넷 조회시스템 주소는 아래와 같다.

한국기업데이터 : http://www.cretop.co.kr

한국신용평가정보 : http://www.creditbank.co.kr

한국신용정보 : http://www.mycredit.co.kr

SCI평가정보 : http://www.siren24.com

코리아크레딧뷰로 : http://www.allcredit.co.kr

나. 일반신용정보의 정정청구

본인의 신용정보 등록내용이 사실과 다르게 관리되고 있는 경우에는 사실 여부의 확인에 필요한 최소한의 증빙자료를 갖추어 등록한 금융기관 등에 서면으로 정정을 요청할 수 있다. 제시된 증빙자료에 의해 등록된 신용정보가 사실과 다름을 확인한 등록 금융기관 등은 해당 신용정보를 즉시 정정 처리하고 그 처리결과를 요청받은 날로부터 7일 이내에 정정청구자에게 통보해야 한다. 다만 사실 확인 등에 상당한 시일이 소요될 것으로 예상되어 7일 이내에 처리할 수 없는 경우에는 우선 처리경과를 통보하고 정정처리가 완료된 날로부터 7일 이내에 그 처리결과를 통보해야 한다.

다. 일반신용정보의 시정요청

한편 본인이 요청한 처리 결과에 이의가 있을 경우에는 「신용정보의 이용 및 보호에 관한 법률 시행령」 33조에서 정하는 바에 의해 금융위원회에 그 시정을 요청할 수 있다. 이러한 시정요청을 하려는 경우에는 처리결과의 통지를 받은 날(통지가 없는 때에는 정정청구를 하고 7영업일이 지난 날)부터 15일 이내에 정정청구서면, 통지받은 서류, 시정요청의 근거자료 등을 금융위원회에 제출해야 한다.

제2장 통합도산법의 체계

제1절 제정체계와 도입·개선 내역

[I]
통합도산법의 제정체계

1. 통합도산법의 제정 내역

가. 제정배경

우리나라의 도산법 체계는 1997년 IMF 외환위기를 계기로 일대 변혁이 이루어졌다고 할 수 있다. 즉 IMF 외환 위기로 인하여 1990년대 말부터 2000년대 초반까지 물가상승, 고금리, 임금삭감 등의 경제적 위기와 이에 따른 수많은 기업의 부도 발생 및 대량 해고에 따른 실업자 발생 등이 큰 사회적 문제가 되었는 바, 그 대책으로 내수경기를 진작한다는 차원에서 정부의 신용카드사용 장려 정책과 이에 따른 각 금융기관들의 무분별한 신용카드의 발급이 또 다른 재앙인 2003년의 카드대란으로 이어져 대량의 신용불량자를 양산하게 되었고, 이를 조속히 타개하라는 사회적 요구와 그 일환으로 「채무자 회생 및 파산에 관한 법률」이 탄생하게 된 것으로 보인다. 이 법은 2005년 3월 31일 법률 제7428호로 제정되어 2006. 4. 1.부터 시행되고 있는데, 실무 관행상 이를 '통합도산법'이라고 함은 앞서 본 바와 같다.

나. 통합방식

통합도산법은 종전의 파산법[32]과 화의법,[33] 회사정리법,[34] 개인채무자회생법[35]을 하나

---

32) 파산법은 1962. 1. 20. 법률 제998호로 제정되어 같은 날부터 시행되어왔던 법률로서 제정 이래 내용상 3차례의 개정이 있었고(1991년, 1998년, 2000년), 법인 및 개인의 파산절차에 관하여 규율하고 있었다.

33) 화의법은 1962. 1. 20. 법률 제997호로 제정되어 같은 날부터 시행되어왔던 법률로서 제정 이래 내용상 2차례의 개정(1998년, 2000년)이 있었고, 법인 및 개인의 회생을 규율하고 있었다. 이와 같이 화의법에서도 화의절차를 통한 개인채무자의 회생이 가능하기는 하였지만 화의절차는 주로 중소기업 등을 대상으로 하고 있어서 개인채

의 법률로 통합하고 국제도산 등 일부 분야를 추가하여 제정한 법이다. 즉 통합도산법은 종전에 도산절차에 관하여 규율하고 있었던 법률이 회사정리법·화의법 및 파산법으로 분산되어 있는데다 각 법률마다 적용대상이 다르고 특히 회생절차의 경우에는 회사정리절차와 화의절차로 이원화되어 있어서 그 효율성이 떨어져 상시적인 채무자의 회생·퇴출체계로는 부족하다는 지적이 있었던 것을 회사정리법·화의법 및 파산법을 하나의 법률로 통합해서 도산법의 체계를 일원화시켰고, 기존의 회생절차 중 화의절차를 폐지하고 회사정리절차를 보다 개선·보완하였으며, 정기적 수입이 있는 개인채무자에 대하여 파산선고로 인한 사회적·경제적 불이익을 방지하고 그 회생을 도모할 필요성에서 종전의 개인채무자회생법도 통합하였고, 국제화시대에 부응하여 국제도산절차에 관한 규정도 신설한 법이라 할 수 있는 것이다. 이에 본론으로 들어가기 전에 통합도산법의 체계와 중요 조문에 관하여 개관해 봄으로써 이해도를 높일 필요가 있다고 본다. 통합도산법은 총 5편, 660개조로 구성되어 있다.

2. 통합도산법의 체계

가. 통합도산법의 편제

① 제1편 총칙(1조~33조)

② 제2편 회생절차(34조~293조의8)

㉠ 제1장 회생절차의 개시, ㉡ 제2장 회생절차의 기관, ㉢ 제3장 채무자재산의 조사 및 확보, ㉣ 제4장 회생채권자·회생담보권자 등, ㉤ 제5장 관계인집회, ㉥ 제6장 회생계획, ㉦ 제7장 회생계획인가 후의 절차, ㉧ 제8장 회생절차의 폐지, ㉨ 제9장 소액영업소득자에 대한 간이회생절차

무자가 이용하기에는 적절치 않은 점이 많았다.

34) 회사정리법은 1962. 12. 12. 법률 제1214호로 제정되어 1963. 1. 1.부터 시행되어 왔던 법률로서 제정 이래 내용상 6차례의 개정이 있었고(1981년, 1996년, 1998. 1월, 1998. 2월, 1999년, 2001년), 주식회사의 회생절차를 규율하고 있었다. 앞서 본 화의법이나 여기의 회사정리법은 모두 회생을 목적으로 하는 법이지만, 화의법상의 화의절차는 개인이나 중소기업을 주된 대상으로 그 파산의 예방에 목적을 둔 소극적인 절차이어서 기존 경영자의 경영권이 보장된 반면, 회사정리법상의 회사정리절차는 주식회사를 대상으로 그 갱생에 목적을 둔 적극적인 절차이어서 기존 경영자의 경영권이 배제된 관계로 회사의 갱생을 보다 강력히 추진할 수 있어서 회사정리절차가 화의절차보다 우선시되었다(회사정리법 37조 1항, 67조 1항).

35) 개인채무자회생법은 2004. 3. 22. 법률 제7198호로 제정되어 2004. 9. 23.부터 시행되어 왔던 법률로서 IMF 외환위기와 이에 이은 카드대란 사태 이후 양산된 개인채무자의 회생을 위해 통합도산법의 제정에 앞서 급하게 제정된 법이다.

③ 제3편 파산절차(294~578조의17)

㉠ 제1장 파산절차의 개시 등, ㉡ 제2장 파산절차의 기관, ㉢ 제3장 파산재단의 구성 및 확정, ㉣ 제4장 파산채권 및 재단채권, ㉤ 제5장 파산재단의 관리·환가 및 배당, ㉥ 제6장 파산폐지, ㉦ 제7장 간이파산, ㉧ 제8장 면책 및 복권, ㉨ 제9장 유한책임신탁재산의 파산에 관한 특칙

④ 제4편 개인회생절차(579조~627조)

㉠ 제1장 통칙, ㉡ 제2장 개인회생절차의 개시, ㉢ 제3장 회생위원, ㉣ 제4장 개인회생채권의 확정, ㉤ 제5장 변제계획, ㉥ 제6장 폐지 및 면책

⑤ 제5편 국제도산(628조~642조)

⑥ 제6편 벌칙(643조~660조)

[표 1] 통합도산법의 구성

구 성		조 문	대 상
제1편 총 칙		1~33	공통
제2편 회생절차	제1장 회생절차의 개시	34~73	개인·법인
	제2장 회생절차의 기관	74~88	
	제3장 채무자재산의 조사 및 확보	89~117	
	제4장 회생채권자·회생담보권자 등	118~181	
	제5장 관계인집회	182~192	
	제6장 회생계획	193~256	
	제7장 회생계획인가 후의 절차	257~284	
	제8장 회생절차의 폐지	285~293	
	제9장 소액영업소득자에 대한 간이회생절차	293조의2~293조의8	
제3편 파산절차	제1장 파산절차의 개시 등	294~354	개인·법인
	제2장 파산절차의 기관	355~381	
	제3장 파산재단의 구성 및 확정	382~422	
	제4장 파산채권 및 재단채권	423~478	
	제5장 파산재단의 관리·환가 및 배당	479~537	
	제6장 파산폐지	538~548	
	제7장 간이파산	549~555	
	제8장 면책 및 복권	556~578	
	제9장 유한책임신탁재산의 파산에 관한 특칙	578조의2~578조의17	

구 성		조 문	대 상
제4편 개인회생절차	제1장 통칙	579~587	개인
	제2장 개인회생절차의 개시	588~600	
	제3장 회생위원	601~602	
	제4장 개인회생채권의 확정	603~609조의2	
	제5장 변제계획	610~619	
	제6장 폐지 및 면책	620~627	
제5편 국제도산		628~642	공통
제6편 벌 칙		643~660	공통
부 칙			공통

나. 각 도산절차별 중요 조문 및 제도

1) 제1편 총칙

가) 중요 조문

통합도산법 총칙에는 목적(1조), 외국인 및 외국법인의 지위(2조), 재판관할(3조), 회생절차폐지 등에 따른 파산선고(6조), 송달(8조), 공고(9조), 즉시항고(13조), 관리위원회의 설치(16조), 채권자협의회의 구성(20조), 법인에 관한 등기의 촉탁(23조), 등기된 권리에 관한 등기 등의 촉탁(24조), 부인의 등기(26조), 사건기록의 열람 등(28조), 채무자의 재산 등에 관한 조회(29조), 시효의 중단(32조), 민사소송법 및 민사집행법의 준용(33조) 등이 규정되어 있고, 통합도산법 제2편~제5편까지 공통적으로 적용되는 부분이다. 총칙 부분 중 중요 사항에 관하여 몇 가지를 살펴보면 다음과 같다.

나) 중요 제도

(1) 송 달

통합도산법상의 재판은 직권으로 송달해야 한다(8조 1항). 회사인 채무자의 사채권자 또는 주주·지분권자에 대한 송달은 사채권자 또는 주주·지분권자가 주소를 신고한 때에는 그 주소에, 주소를 신고하지 않은 때에는 사채원부·주주명부·사원명부 또는 등기부에 기재된 주소 또는 그 자가 회사인 채무자에 통지한 주소에 서류를 우편으로 발송하여 할 수 있고, 등기된 담보권을 가진 담보권자에 대한 송달은 그 담보권자가 주소를 신고한 때에는 그 주소에, 주소를 신고하지 않은 때에는 등기부에 기재된 주소에 서류를 우편으로 발송하여 할 수 있는 바, 서류를 우편으로 발송한 때에는 그 우편물이 보통 도달할 수 있는 때에 송달된 것으로 본다(8조 2항, 3항, 4항). 한편 통합도산법의 규정에 의해 송달을 해야 하는 경우에 송달장소를 알기 어렵거나 대법원규칙이 정하는 사유가 있는 때에는, 통합도산법상 특별한 규정이 없는 한, 공고로써 송달에 갈음할 수 있도록 하고 있다(10조 1항, 8조 6항, 10조 2항). 통합도산법에서 공고 외에 송달까지 모두 하도록 되어 있는 경우 송달은 서류를 우편으로 발송하여 할 수 있고, 그 공고는 모든 관계인에 대하여 송달의 효력이 인정된다(11조 1항, 2항).

(2) 공 고

통합도산법의 규정에 의한 공고는 관보에의 게재 또는 대법원규칙이 정하는 방법(일간신문 게재, 대법원홈페이지 등 전자통신매체 공고, 적당한 방법에 의한 공고사항 요지만의 공시)에 의해 행하고, 공고는 관보에 게재된 날의 다음날 또는 대법원규칙이 정하는 방법에 의한 공고가 있은 날의 다음날에 그 효력이 생긴다(9조 1항, 2항). 재판의 공고가 있는 때에는, 통합도산법에 특별한 정함이 있는 때를 제외하고는, 모든 관계인에 대하여 재판의 고지가 있는 것으로 본다(9조 3항). 통합도산법에서 공고 외에 송달까지 모두 하도록 되어 있는 경우 송달은 서류를 우편으로 발송하여 할 수 있고, 그 공고는 모든 관계인에 대하여 송달의 효력이 인정된다는 점은 앞서 본 바와 같다(11조 1항, 2항).

(3) 즉시항고

통합도산법의 규정에 의한 재판에 대하여 이해관계인를 가지는 자는 통합도산법에 따로 규정이 있는 때에 한하여 즉시항고를 할 수 있다(13조 1항). 즉시항고장은 원결정을 한 법원에 제출해야 한다. 즉시항고 기간은 재판의 공고가 있는 때에는 그 공고가 있은 날부터 14일 이내이고, 재판의 공고를 하지 않는 때에는 재판의 고지를 받은 날로부터 1주 이내이다(13조 2항, 33조, 민사소송법 444조 1항).

즉시항고에는, 통합도산법상 특별한 규정이 없는 한, 집행정지의 효력이 인정된다(13조 3항). 즉시항고가 제기된 경우 원재판을 한 법원은 항고가 이유 있다고 인정되는 경우에는 재도의 고안에 의해 재판을 경정해야 하고(33조, 민사소송법 446조), 항고가 이유 없다고 인정되는 경우에는 기록을 항고법원으로 송부해야 한다(33조, 민사소송법 443조 1항, 400조).

(4) 법인에 관한 등기의 촉탁

통합도산법에서는 법인이 파산한 경우 법인등기부에만 파산선고 등의 사실을 등록하도록 하고 법인의 개별재산에 대하여는 등기·등록 촉탁제도를 폐지하였다. 따라서 채무자가 법인인 경우에는 법인등기부에만 파산선고 등의 사실이 공시되고 개별 부동산등기부 등에는 공시되지 않는다. 이 점이 개인채무자가 파산선고 등을 받은 경우 개인채무자의 개별 재산 중 등기·등록된 권리에 관한 촉탁제도(24조 3항, 27조)가 계속 유지되고 있는 것과 구별되는 점이다.

(5) 사건기록의 열람·복사

이해관계인은 법원에 파산사건 등 기록의 열람·복사, 재판서·조서의 정본·등본이나 초본의 교부 또는 사건에 관한 증명서의 교부를 청구할 수 있다(28조 1항). 사건기록 중 녹음테이프 또는 비디오테이프에 관하여는 변개가 가능하고 그 성질상 열람·복사의 대상이 되지 않으므로 이해관계인의 신청이 있는 때에만 법원이 그 복제를 허용할 수 있다(28조 2항).

(6) 재산조회

법원은 필요한 경우 파산관재인 그밖의 이해관계인의 신청에 의하거나 직권으로 채무자의 재산 및 신용에 관한 전산망을 관리하는 공공기관·금융기관·단체 등에 채무자 명의의 재산에 관하여 조회할 수 있다(29조 1항). 재산조회절차에 관하여는 민사집행법상의 재산조회 규정이 준용된다(29조 3항, 민사집행법 74조 3항, 4항, 75조).

2) 제2편 회생절차

가) 중요 조문

통합도산법 제2편에서는 회생절차개시신청(34조), 가압류·가처분 그밖의 기각사유(43조), 다른 절차의 중지명령 등(44조), 회생채권 또는 회생담보권에 기한 강제집행 등의 포괄적 금지명령(45조), 회생절차개시의 결정(49조), 회생절차개시신청에 관한 재판에 대한 즉시항고(53조), 다른 절차의 중지 등(58조), 영업 등의 양도(62조), 환취권(70조), 관리인의 선임(74조), 재산가액의 평가(90조), 관리인보고를 위한 관계인집회(98조), 부인할 수 있는 행위(100조), 법인의 이사 등의 재산에 대한 보전처분(114조), 손해배상청구 등의 조사확정재판(115조), 이의의 소(116조), 회생채권(118조), 회생채권의 변제허가(132조), 회생담보권자의 권리(141조), 상계권(144조), 회생채권자·회생담보권자·주주·지분권자의 목록(147조), 회생채권의 신고(148조), 회생담보권의 신고(149조), 회생채권자표·회생담보권자표와 주주·지분권자표(158조), 회생채권 및 회생담보권 등의 확정(166조), 회생채권 및 회생담보권 조사확정의 재판(170조), 채권조사확정재판에 대한 이의의 소(171조), 공익채권이 되는 청구권(179조), 관계인집회 기일의 통지(182조), 회생계획의 내용(193조), 회사의 흡수합병(210조), 회사의 신설합병(211조), 주식회사의 분할(212조), 주식회사의 분할합병(213조), 주식회사의 물적분할(214조), 주식회사 또는 유한회사의 신회사 설립(215조), 회생계획안의 제출(220조), 회생계획안의 결의의 방법과 회생채권자 등의 분류(236조), 회생계획의 인가여부(242조), 회생계획인가의 요건(243조), 회생계획의 수행(257조), 회생계획인가 전의 폐지(286조), 신청에 의한 폐지(287조), 회생계획인가 후의 폐지(288조) 등을 규정해 놓고 있다.

나) 회생절차의 연혁 및 이력

통합도산법 제2편 회생절차는 종전의 회사정리법(파탄에 직면한 주식회사의 재건을 도모하기 위한 법으로서 기존 경영자의 경영권이 배제됨)과 화의법(파산을 예방하기 위해 하는 강제화의에 대하여 규정한 법으로서 기존 경영자의 경영권은 보장되나, 대기업은 그 이용이 곤란함)을 통합하여 놓은 것인데(통합이라고는 하지만 화의법이 사실상 폐기된 것임), 거의 대부분 회사정리법상의 회사정리절차를 기본 틀로 하고 있다. 다만 회사정리법은 주식회사만이 이용할 수 있었으나 통합도산법상의 회생절차는 주식회사 외의 다른 회사나 비법인사단·재단도 이용할 수 있고 개인도 이용할 수 있는 등 그 이용주체에 특별한 제한이 없고, 회생절차의 관리인으로 기존 경영진이 임명될 수 있는 등 화의절차의 일부 요소가 가미되어 있다.

다) 중요 제도(기존경영자 관리인 제도)

통합도산법상의 회생절차는 거의 대부분 종전의 회사정리법상의 회사정리절차를 기본 골격으로 하고 있는 반면, 화의법의 색채가 짙은 「기존 경영자 관리인제도」를 도입하였다. 즉 법원은 특별한 경우를 제외하고는 기존의 경영자(개인인 채무자 또는 법인의 대표자 등)를 관리인으로 선임해야 하고(74조 2항), 특히 채무자가 개인이거나 중소기업 등인 경우에는 관리인을 선임하지 않을 수 있으되, 관리인이 선임되지 않는 경우에는 채무자(개인 또는 법인의 대표자)가 관리인으로 간주된다고 규정함으로써(74조 3항, 4항) 회생절차에 있어서 기존 경영자의 경영권을 보장하고 있는 것이다.

3) 제3편 파산절차

가) 중요 조문

제3편 파산절차는 법인 및 개인의 파산절차에 관하여 규정하고 있는데, 파산신청(1장 1절), 파산선고 등(1장 2절), 법률행위에 관한 파산의 효력(1장 3절), 법인의 이사 등의 책임(1장 4절), 파산관재인(2장 1절), 채권자집회(2장 제2절), 감사위원(2장 3절), 파산재단의 구성(3장 1절), 부인권(3장 2절), 환취권(3장 3절), 별제권(3장 3절), 주택임차인 등의 우선변제권(415조), 임금채권자 등의 우선변제권(415조의2), 상계권(3장 5절), 파산채권(4장 1절), 파산채권의 신고 및 조사(4장 2절), 재단채권(4장 3절), 파산재단의 관리 및 환가(5장 1절), 배당(5장 1절), 파산폐지(6장),

간이파산(7장), 면책(8장 1절), 복권(8장 2절) 등으로 구성되어 있다.

나) 견련파산

견련파산이란 우선적으로 진행되는 회생절차가 도중에 실패한 경우 법원이 필수적 또는 임의적으로 신청에 의하거나 직권으로 파산을 선고함으로써 파산절차로 이행시키는 것을 말한다. 견련파산 제도는 회생에 실패한 채무자를 퇴출시켜 신속히 구조조정을 실현시키기 위한 제도이다.

파산선고를 받지 않은 채무자에 대하여 회생계획인가결정 후에 있어서 회생절차폐지의 결정이 확정된 경우, 법원은 그 채무자에게 파산의 원인되는 사실이 있다고 인정하는 때에는 직권으로 파산을 선고해야 한다(6조 1항, 필수적 파산선고). 이 경우 파산선고 전에 지급정지 또는 파산신청이 없는 때에는 회생절차개시의 신청 또는 사기파산죄(650조)에 해당하는 법인채무자의 이사(업무집행사원 그밖에 이에 준하는 자 포함)의 행위 중 어느 하나에 해당하는 행위를 지급정지 또는 파산신청으로 본다(6조 3항). 이때 회생절차에서의 공익채권은 파산절차에서 재단채권으로 취급된다(6조 4항). 또한 파산선고를 받은 채무자에 대한 회생계획인가결정으로 파산절차가 효력을 잃은 후 회생절차폐지결정이 확정된 때에도 법원은 직권으로 파산선고를 해야 한다(6조 8항, 필수적 파산선고).[36] 이 경우에는 회생계획인가결정으로 효력을 잃은 파산절차에서의 파산신청이 있은 때에 파산신청이 있는 것으로 보며, 회생절차에서의 공익채권은 파산절차에서 재단채권으로 취급된다(6조 9항).

한편 파산선고를 받지 않은 채무자에 대하여 회생절차개시신청의 기각결정, 회생계획인가 전 회생설자폐지결정, 회생계획불인가결정 중 어느 하나에 해당하는 결정이 확정된 경우, 법원은 그 채무자에게 파산의 원인이 되는 사실이 있다고 인정하는 때에는 채무자 또는 관리인의 신청에 의하거나 직권으로 파산을 선고할 수 있다(6조 2항, 임의적 파산선고). 즉 회생계획인가결정 후의 폐지가 아닌 위와 같은 경우에는 파산선고가 임의적인 것이다. 이 경우 파산선고 전에 지급정지 또는 파산신청이 없는 때에는 회생절차개시의 신청 또는 사기파산죄(650조)에 해당하는 법인채무자의 이사(업무집행사원 그밖에 이에 준하는 자 포함)의 행위 중 어느 하나에 해당하는 행위를 지급정지 또는 파산신청으로 본다(6조 3항). 이때 회생절차에서의 공익채권은 파산절차에서 재단채권으로 취급되고(6조 4항), 회생계획인가결정 전에 이와 같은 파산선고가 있는 경우 회생채권의 신고, 이의와 조사 또는 확정은 파산절차에서 행하

36) 이와 같이 회생계획인가결정 후 폐지결정이 확정된 경우와는 달리 회생절차개시신청의 기각결정, 회생계획인가 전 폐지결정 또는 회생계획불인가결정이 확정된 경우에는 중지되었던 파산절차가 당연히 속행되기 때문에 새로이 파산선고를 할 필요가 없다(7조 1항).

여진 파산채권의 신고, 이의와 조사 또는 확정으로 본다(6조 5항).

파산선고를 받은 채무자에 대하여 회생절차개시신청 등으로 그 절차가 정지된 후(44조 1항 1호) 회생절차개시신청의 기각결정, 회생계획인가 전 회생절차폐지결정, 회생계획불인가결정 중 어느 하나에 해당하는 결정이 확정되어 파산절차가 속행되는 때에는 공익채권은 재단채권으로 하며(7조 1항), 회생계획인가결정 전에 위와 같은 파산절차의 속행이 이루어진 경우 회생채권의 신고, 이의와 조사 또는 확정은 파산절차에서 행하여진 파산채권의 신고, 이의와 조사 또는 확정으로 본다(7조 2항, 6조 5항).

4) 제4편 개인회생절차

가) 중요 조문

통합도산법 제4편에서는 용어의 정의(579조), 개인회생재단(580조), 개인회생채권(581조), 개인회생재단채권(583조), 부인권(584조), 환취권(585조), 별제권(586조), 상계권(587조), 개인회생절차개시의 신청권자(588조), 개인회생절차개시신청서(589조), 중지명령(593조), 개인회생절차개시신청의 기각사유(595조), 개인회생절차의 개시결정(596조), 다른 절차의 중지 등(600조), 회생위원 선임 및 해임(601조), 개인회생채권의 확정(603조), 개인회생채권조사확정재판(604조), 개인회생채권조사확정재판에 대한 이의의 소(605조), 변제계획안의 제출 및 수정(610조), 개인회생채권자집회(613조), 변제계획의 인부(614조), 변제의 수행(617조), 변제계획 인부결정에 대한 즉시항고(618조), 면책결정(624조), 면책의 취소(626조) 등 개인회생과 관련된 규정을 두고 있다.

나) 개인회생절차의 이력과 일반회생절차와의 구별

제4편 개인회생절차는 종전의 개인채무자회생법상의 개인회생절차를 흡수하고, 일부 개정하여 재편한 것이다. 그리고 제2편 회생절차는 법인이나 개인 모두 이용할 수 있는 절차임에 반하여 제4편 개인회생절차는 법인은 이용할 수 없고 개인만이 이용할 수 있는 절차이다. 다만 회생절차는 기업형 채무자의 재건을 도모하는 절차이기 때문에 비용도 많이 들고 그 절차가 복잡하며 난해한 측면이 있으므로 개인의 회생을 위해 이용하기에는 한계가 있을 것으로 보이고 따라서 개인채무자의 대부분은 개인회생절차를 이용하고 있다. 그러나 개인회생절차는 담보부채무 15억원, 무담보채무 10억원 이하의 채무자만이 이용할 수 있고 여기에 해당되지 않는 채무자는 개인회생절차를 이용할 수 없는 한계가 있다. 따라서 위 채무액수를 초과한 개인채무자가 회생을 도모하려면 부득이 법인회생의 경우와 같이 제2편 회생절차를 통해야 할 것이다. 이와 같이 고액의 개인채무자가 제2편 회생절차를

통하여 회생을 도모하는 절차를 실무상 일반회생절차[37]라고 한다.

개인회생절차에서는 저당권 등 담보권자는 별제권자로 인정되어 개인회생절차와 무관하게 그 담보권을 행사할 수 있게 되지만 회생절차에서는 담보권도 회생계획에 따라 권리변경이 가해질 수 있고 회생절차가 진행하는 동안에는 담보권의 행사가 제한될 수 있는 장점이 있으므로 개인회생절차를 이용할 수 있는 개인채무자라도 영업에 필수적인 재산에 저당권 등 담보권이 설정되어 있어 해당 담보권의 실행을 저지할 필요성이 있는 경우에는 회생절차를 이용할 실익이 있을 것이다.

5) 제5편 국제도산

통합도산법 제5편은 정의(628조), 관할(630조), 외국도산절차의 승인신청(631조), 국제도산관리인(637조), 국내도산절차와 외국도산절차의 동시진행(638조), 공조(641조) 등으로 구성되어 있다. 국제도산이란 파산채무자나 파산채권자 또는 파산재단의 관계에 있어서 섭외적 요소를 포함하는 파산사건을 의미한다. 통합도산법은 외국인에 대하여 종전 파산법상의 상호주의를 폐지하고 내외국인 완전평등주의로 규정하였으며(2조), 국제도산에 있어서도 속지주의를 폐지함으로써 채무자의 국외재산도 파산재단에 속하게 하여 관리인의 관리처분권이 미치도록 하였으며, 국내파산절차의 대외적 효력 및 외국도산절차의 대내적 효력이 모두 인정되도록 하였다.

6) 제6편 벌칙

통합도산법 제6편은 통합도산법상의 위반행위에 대한 벌칙을 규정하고 있는데, 사기회생죄(643조), 제3자의 사기회생죄(644조), 회생수뢰죄(645조), 회생증뢰죄(646조), 경영참여금지위반죄(647조), 무허가행위 등의 죄(648조), 보고와 검사거절의 죄(649조), 사기파산죄(650조), 과태파산죄(651조), 일정한 지위에 있는 자의 사기파산 및 과태파산죄(652조), 구인불응죄(653조), 제3자의 사기파산죄(654조), 파산수뢰죄(655조), 파산증뢰죄(656조), 재산조회결과의 목적외 사용죄(657조), 설명의무위반죄(658조), 국외범(659조), 과태료(660조) 등으로 구성되어 있다.

7) 부 칙

제정 통합도산법의 부칙에서는 통합도산법이 공포(2005. 3. 31)된 후 1년이 경과한 날(2006.

---

37) 일반회생절차란 법률상의 용어는 아니며 법인회생절차나 개인회생절차와 구분하기 위해 실무상 사용하는 용어이다. 통합도산법 제2편 「회생절차」는 법인회생절차와 일반회생절차를 모두 규율하는 절차인데, 일반회생절차는 개인채무자가 위 통합도산법 제2편 「회생절차」 중 개인채무자에 해당되는 조항만 적용하여 회생을 도모하는 절차이다. 따라서 본서 중 '회생절차' 또는 '회생'이라는 용어를 사용하는 경우에도 문맥상 '일반회생절차' 또는 '일반회생'을 의미하는 경우가 있으며 이는 용어를 단축하여 간결하게 표현하기 위한 것임을 밝혀 둔다.

4. 1)부터 시행되고(1조), 통합도산법의 제정으로 종전의 회사정리법, 화의법, 파산법, 개인채무자회생법이 폐지되며(2조), 통합도산법 시행 당시 종전의 회사정리법에 의해 정리절차개시신청을 한 정리사건, 종전의 화의법에 의해 화의개시신청을 한 화의사건, 종전의 파산법에 의해 파산신청을 한 파산사건, 종전의 개인회생채무자법에 의해 개인회생절차개시신청을 한 개인회생사건은 각각 종전의 회사정리법, 화의법, 파산법, 개인채무자회생법을 적용하고(3조), 통합도산법 시행 전의 행위에 대한 벌칙의 적용에 있어서는 종전의 규정에 의하며, 1개의 죄가 이 법 시행 전후에 걸쳐 행하여진 때에는 통합도산법 시행 전에 범한 것으로 본다는 내용 등이 규정되어 있었다(4조).

다. 각 절차간의 관계

통합도산법상 제2편의 회생절차, 제3편의 파산절차, 제4편의 개인회생절차는 법인 또는 개인채무자가 동시 또는 이시에 신청하는 경우도 있을 수 있다. 따라서 이러한 경우에는 각 절차간의 조정이 필요한데, 통합도산법상 적용의 우선순위를 따져 보면 3개의 절차 중 개인회생절차(개인회생)가 가장 우선하며, 다음이 회생절차(일반회생·법인회생), 마지막이 파산절차(개인파산·법인파산)가 된다. 이에 선순위의 절차가 진행되면 후순위의 절차는 금지 또는 중지되도록 하고 있다. 즉 개인회생절차가 신청되면 회생절차나 파산절차가 중지 또는 금지되고(593조), 회생절차개시결정이 있게 되면 종전에 진행되고 있는 파산절차는 중지되며 새로운 파산신청도 할 수 없게 되는 것이다(58조).

[2]
통합도산법상 도입·개선 내용

통합도산법이 2005. 3. 31. 제정되어 2006. 4. 1.부터 시행된 후 2022. 12. 28. 현재까지 그 동안 38차례의 개정이 있어 왔다. 물론 38차례의 개정이라고는 하지만 내용상의 개정은 14차례 뿐이고 나머지는 모두 타법 개정에 따른 법 명칭 등의 변경에 불과한 것이다. 이에 도산절차 부분에서 새로 제정된 통합도산법과 종전의 도산법 간에 어떠한 차이가 있는지 또한 통합도산법이 제정된 후 그 동안 수차례의 개정 법률에서 어떠한 내용들이 반영되었는지 알아 볼 필요가 있을 것이다.

1. 개인파산 부문

가. 총칙상 신설 또는 반영 내용

1) 파산자 용어 폐지

종전의 파산법에서는 파산자라는 용어를 사용하였으나, 통합도산법에서는 파산자라는 용어를 사용하지 않고 모두 채무자라는 용어로 통일하여 파산을 신청하는 자의 이미지를 제고하도록 하였다(예, 파산선고를 받은 채무자, 법인인 채무자 등).

2) 파산사건 관할법원의 확대

① 종전의 파산법에서는 영업자 파산사건과 영업자 아닌 파산사건(소비자파산)을 구별하여 전자는 합의부관할, 후자는 단독판사의 관할로 하였고(파산법 96조), 따라서 영업자파산과 대비되는 소비자파산이라는 용어가 보편적으로 사용되었으나, 통합도산법에서는 개인이냐 법인이냐 또는 영업소가 존재하느냐 존재하지 않느냐의 구별 없이 원칙적으로 채무자의 보통재판적이나 주된 사무소·영업소 또는 근무하는 사무소·영업소 소재지의 회생법원[38] 합의부에서 관할하도록 하고 있다(3조 1항, 5항).

---

38) 우리나라에서는 2017. 3. 1. 최초로 도산전문법원인 서울회생법원이 설치되었다. 따라서 서울지역이 관할인 도산사건은 모두 서울회생법원에서 관할하게 된다. 다만 그밖의 지역은 아직까지 회생법원이 설치되어 있지 않은 관계로 종전처럼 여전히 각 지방법원에서 관할하게 되는데(2016. 12. 27. 개정 통합도산법 부칙 2조), 향후 예산 등이 뒷받침되면 각 지역에서도 지방법원과 별도로 도산전문법원인 회생법원이 설치되어 도산사건을 전문적으로 관할할 것으로 보인다.

② 통합도산법에서는 채무자가 사무소·영업소를 가지고 있는 경우에는 채무자의 주된 사무소·영업소의 소재지 관할 회생법원 뿐만 아니라, 주된 사무소·영업소를 관할하는 고등법원 소재지의 회생법원도 관할법원이 되도록 하였다(3조 2항).

③ 통합도산법에서는 주채무자와 보증인 사이, 채무자 및 그와 함께 채무를 부담하는 자 사이, 부부 사이 중 어느 일방에 대한 회생사건이나 파산사건 또는 개인회생사건이 계속되어 있는 경우 타방에 대한 파산신청은 그 회생사건이나 파산사건 또는 개인회생사건이 계속되어 있는 회생법원에도 신청할 수 있도록 하는 견련 관할제도를 채택하였다(3조 3항 3호).

④ 채권자수가 300인 이상으로서 500억원 이상의 채무를 부담하는 법인에 대한 파산사건은 서울회생법원에도 신청할 수 있도록 하였다(3조 4항, 시행령 1조의2).

⑤ 유한책임신탁재산에 관한 파산사건은 수탁자의 보통재판적 소재지 관할 회생법원의 관할에 전속하도록 하고 있고, 이에 따른 관할이 없는 경우에는 유한책임신탁재산의 소재지 관할 회생법원의 관할에 전속하도록 하였다(7조, 8조).

⑥ 개인회생신청의 대상이 되는 개인채무자의 보통재판적 소재지가 강릉시·동해시·삼척시·속초시·양양군·고성군인 경우에 그 개인채무자에 대한 파산선고 또는 개인회생절차개시의 신청은 춘천지방법원 강릉지원에도 할 수 있도록 하였다(단, 2014. 5. 20. 신설).

3) 공고방법의 개정

종전의 파산법에서는 공고를 관보 및 법원이 지정하는 일간신문에 하도록 하였으나(파산법 105조), 통합도산법에서는 관보 또는 대법원규칙이 정하는 방법에 의해 행하도록 함으로써(9조), 개인회생사건의 경우와 같이, 대법원 홈페이지의 인터넷 공고가 가능하도록 하였으며, 따라서 종전의 관보게재료 및 신문공고료(서울 기준 270,900원)가 절감될 수 있게 되었다(2006. 4. 1.부터 시행).

4) 이해관계인의 파산사건기록 열람·복사규정 신설

통합도산법에서는 이해관계인이 법원에 파산사건기록의 열람·복사, 재판서 등의 정본·등본 또는 초본의 교부를 청구할 수 있도록 하는 규정을 신설하였다(28조). 종전의 파산법에는 이에 관한 명문의 규정이 없었고, 다만 민사소송법의 준용규정(파산법 99조)에 의해 파산사건기록의 열람·복사, 재판서 등의 정본·등본 또는 초본의 교부를 청구할 수 있을 뿐이었다(민사소송법 162조).

5) 채무자의 재산조회규정 신설

통합도산법에서는 민사집행법상의 재산조회제도(민사집행법 74조, 75조)를 도입하여 파산관재인 등 이해관계인의 신청 또는 법원의 직권으로 채무자의 재산 및 신용에 관한 전산망을 관리하는 공공기관, 금융기관, 단체 등에 채무자명의의 재산을 조회할 수 있도록 하는 규정을 신설하였다(29조).

6) 법인채무자의 개별재산 중 등기·등록된 권리에 관한 기입등기의 촉탁제도 폐지

종전의 파산법에서는 법인에 대한 파산선고결정이나 파산취소, 파산폐지 결정이 확정된 경우 또는 파산종결 결정이 있는 경우에는 그 각 기입등기를 상업등기소에 촉탁하여 상업등기부에 기입하도록 함과 아울러 해당 법인의 재산 중 등기·등록된 권리에 관하여도 그 기입등기·등록을 촉탁하도록 되어 있었으나(파산법 109조, 110조), 통합도산법에서는 상업등기소에만 촉탁하여 상업등기부에 기입하도록 할 뿐, 법인의 개별재산 중 등기·등록된 권리에 관한 기입등기에 대하여는 그 촉탁제도를 폐지하였다(24조 3항).

이와 같이 개별재산에 대한 등기촉탁제도를 폐지한 이유는 개별재산에 대한 파산선고 등의 등기는 제3자에 대하여 경고적 효력밖에 없을 뿐만 아니라, 재산의 수가 많은 경우 그 등기나 말소등기에 막대한 비용과 시간이 소요되며, 또한 법인과 거래하려는 제3자에 대하여는 법인등기부의 열람·교부를 통하여 해당 법인에 대한 파산사실 등을 알 수 있게 되어 있는 등의 장치가 마련되어 있다는 점에 그 취지가 있다고 본다. 참고로 개인채무자가 파산한 경우에는 개별 재산 중 등기·등록뒤 궈리에 대한 촉탁제도가 종전의 파산법과 같이 여진히 유지하고 있다(24조 3항).

나. 각칙상 신설 또는 반영 내용

1) 간이파산의 범위 확대

종전의 파산법에서는 파산재단에 속하는 재산액이 2억원 미만이라고 인정하는 때에만 법원이 파산선고와 동시에 소파산의 결정을 하도록 하였으나(330조 1항), 통합도산법에서는 '소파산'이라는 용어를 '간이파산'으로 바꾸고, 그 한도액도 5억원 미만으로 상향조정하였다(549조 1항). 파산법상의 소파산을 하게 되는 가장 큰 실익은 소파산의 경우에는 관보에만 게재하면 되고 일간신문에는 공고하지 않아도 되기 때문에 공고료의 부담을 절감할 수 있다는데 있었으나(파산법 338조), 통합도산법에서는 모든 파산신청 사건의 공고를 관보 또는 대법원규칙이 정하는 방법(예, 대법원 인터넷홈페이지 공고)에 의해 할 수 있도록 함으로써 간이파산의 실익이 거의 없게 되었다. 다만 간이파산의 경우에는 채권자집회기일과 채권조사기일을 병합하여 처리하고(552조), 감사위원을 두지 않으며, 배당은 1회만으로 이루어진다는 점에서 아직까지도 실익이 있다고 본다(555조).

2) 임대인 파산시 주택·상가건물임차인의 보호 강화

통합도산법에서는 임대인이 파산선고를 받은 경우 임차인을 보호하기 위해 대항력을 갖춘 주택·상가건물임차인에 대하여는 「쌍방미이행 쌍무계약에 관한 선택(335조)」의 규정을 적용하지 않도록 함으로써 임대인 및 임차인 모두 아직 이행을 완료하지 않은 임대차계약에 대하여 파산관재인이 일방적으로 해제·해지하지 못하도록 하였다(340조). 또한 대항력을 갖춘 주택·상가건물임차인에 대하여는 소액임차인의 최우선변제권이 인정되고, 대항력과 확정일자를 갖춘 주택·상가건물임차인에 대하여는 우선변제권이 인정되도록 하는 명문의 규정을 두었다(415조). 참고로 2014. 12. 30. 개정 법률에서는 근로자의 최종 3개월분의 임금과 최종 3년분의 퇴직급여채권에 대해서도 마찬가지로 우선변제권을 인정하는 규정을 신설하였다(415조의2).

채무자 회생 및 파산에 관한 법률

제340조(임대차계약) ① 임대인이 파산선고를 받은 때에는 차임의 선급 또는 차임채권의 처분은 파산선고시의 당기 및 차기에 관한 것을 제외하고는 파산채권자에게 대항할 수 없다.
② 제1항의 규정에 의해 파산채권자에게 대항할 수 없음으로 인하여 손해를 받은 자는 그 손해배상에 관하여 파산채권자로서 권리를 행사할 수 있다.
③ 제1항 및 제2항의 규정은 지상권에 관하여 준용한다.
④ 임대인이 파산선고를 받은 경우 임차인이 다음 각호의 어느 하나에 해당하는 때에는 제335조의 규정을 적용하지 않는다.
1. 주택임대차보호법 제3조(대항력 등)제1항의 대항요건을 갖춘 때
2. 상가건물임대차보호법 제3조(대항력 등)의 대항요건을 갖춘 때

제415조(주택임차인 등) ① 주택임대차보호법 제3조(대항력 등) 제1항의 규정에 의한 대항요건을 갖추고 임대차계약증서상의 확정일자를 받은 임차인은 파산재단에 속하는 주택(대지를 포함한다)의 환가대금에서 후순위권리자 그밖의 채권자보다 우선하여 보증금을 변제받을 권리가 있다.
② 주택임대차보호법 제8조(보증금중 일정액의 보호)의 규정에 의한 임차인은 같은 조의 규정에 의한 보증금을 파산재단에 속하는 주택(대지를 포함한다)의 환가대금에서 다른 담보물권자보다 우선하여 변제받을 권리가 있다. 이 경우 임차인은 파산신청일까지 주택임대차보호법 제3조(대항력 등) 제1항의 규정에 의한 대항요건을 갖추어야 한다.
③ 제1항 및 제2항의 규정은 상가건물임대차보호법 제3조(대항력 등)의 규정에 의한 대항요건을 갖추고 임대차계약증서상의 확정일자를 받은 임차인과 같은 법 제14조(보증금중 일정액의 보호)의 규정에 의한 임차인에 관하여 준용한다.

3) 파산선고 후의 체납처분 금지규정 신설

종전의 파산법에서는 파산선고 전에 체납처분을 한 경우 파산선고는 그 처분의 속행을 방해하지 않는다는 규정만 있어 논란의 여지가 있었고 판례는 파산선고 후 국세에 기한 새로운 체납처분이 불가능하다고 판시한 바 있었다(대판 2003.3.28. 2001두9486). 이에 통합도산법에서는 파산선고 후에는 파산재단에 속하는 재산에 대하여 국세징수법·지방세법에 의해 징수할 수 있는 청구권 및 국세징수의 예에 의해 징수할 수 있는 청구권에 기한 체납처분을 할 수 없도록 명문화하였다(349조 2항).

4) 검사에 대한 파산선고 사실의 임의적 통지화

종전의 파산법에서는 법원이 파산선고를 하게 되면 반드시 그 사실을 검사에게 통지하도록 되어 있었으나(파산법 134조), 통합도산법에서는 법원이 필요하다고 인정할 경우에만 통지할 수 있는 것으로 임의화시켰다(315조).

5) 파산채권조사확정재판제도 신설

종전의 파산법에서는 이의가 진술된 채권에 대하여는 채권자로 하여금 채권확정의 소를 제기하도록 하고 있었는데(파산법 217조), 통합도산법에서는 일반 소송보다 간이한 결정절차인 채권조사확정재판을 먼저 신청한 후 그 결과에 불복이 있는 경우에만 채권조사확정재판에 대한 이의의 소를 제기하도록 하고 있다(462조, 463조).

6) 특수관계인을 상대방으로 한 행위에 대한 특칙

통합노산법은 채무자와 친족 등 특수관계인[39] 사이의 행위에 대하여는 파산관재인이 보다 쉽게 부인권을 행사할 수 있도록 하였다(392조). 또한 특수관계인을 상대방으로 하는 행위는 통합도산법 제391조(부인할 수 있는 행위)상의 비본지행위에 대한 위기부인(지급정지·파산신청 후 또는 그 전 60일 내에 한 담보제공, 채무소멸에 관한 행위로서 채무자의 의무에 속하지 않거나, 그 방법 또는 시기가 채무자의 의무에 속하지 않는 행위)의 경우, 위 60일을 1년으로 범위를 확대하고, 무상부인(지급정지·파산신청 후 또는 그 전 6월 내에 한 무상행위 및 이와 동일시 할 수 있는 유상행위)의 경우에도 위 6월을 1년으로 확대하였다.

39) 여기에서 특수관계인이란 개인채무자의 경우에는 배우자, 8촌 이내의 혈족, 4촌 이내의 인척, 생계유지자·생계공동자 등을 말하고, 법인채무자의 경우에는 임원, 계열회사 및 임원, 채무자에게 100분의 30 이상을 출자하거나 임원의 임면 등으로 영향력을 행사하고 있는 자 등을 의미한다(시행령 4조).

◉ 채무자 회생 및 파산에 관한 법률

제392조(특수관계인을 상대방으로 한 행위에 대한 특칙) ① 제391조 제2호 단서의 규정을 적용하는 경우 이익을 받는 자가 채무자와 대통령령이 정하는 범위의 특수관계에 있는 자(이하 이 조에서 "특수관계인"이라 한다)인 때에는 그 특수관계인이 행위 당시 지급정지 또는 파산신청이 있은 것을 알고 있었던 것으로 추정한다.

② 제391조 제3호의 규정을 적용하는 경우 특수관계인을 상대방으로 하는 행위에 대하여는 같은 호 본문에 규정된 "60일"을 "1년"으로 하고, 같은 호 단서를 적용하는 경우에는 그 특수관계인이 그 행위 당시 지급정지 또는 파산신청이 있은 것과 파산채권자를 해하는 사실을 알고 있었던 것으로 추정한다.

③ 제391조제4호의 규정을 적용하는 경우 특수관계인을 상대방으로 하는 행위인 때에는 같은 호에 규정된 "6월"을 "1년"으로 한다.

시행령 제4조(특수관계인) 법 제101조 제1항, 법 제218조 제2항 각호 및 법 제392조 제1항에서 "대통령령이 정하는 범위의 특수관계에 있는 자"라 함은 다음 각호의 어느 하나에 해당하는 자를 말한다.

1. 본인이 개인인 경우에는 다음 각 목의 어느 하나에 해당하는 자
   가. 배우자(사실상의 혼인관계에 있는 자를 포함한다. 이하 같다)
   나. 8촌 이내의 혈족이거나 4촌 이내의 인척
   다. 본인의 금전 그밖의 재산에 의해 생계를 유지하는 자이거나 본인과 생계를 함께 하는 자
   라. 본인이 단독으로 또는 그와 가목 내지 다목의 관계에 있는 자와 합하여 100분의 30이상을 출자하거나 임원의 임면 등의 방법으로 법인 그밖의 단체의 주요 경영사항에 대하여 사실상 영향력을 행사하고 있는 경우에는 해당 법인 그밖의 단체와 그 임원
   마. 본인이 단독으로 또는 그와 가목 내지 라목의 관계에 있는 자와 합하여 100분의 30이상을 출자하거나 임원의 임면 등의 방법으로 법인 그밖의 단체의 주요 경영사항에 대하여 사실상 영향력을 행사하고 있는 경우에는 해당 법인 그밖의 단체와 그 임원
2. 본인이 법인 그밖의 단체인 경우에는 다음 각 목의 어느 하나에 해당하는 자
   가. 임원
   나. 계열회사(「독점규제 및 공정거래에 관한 법률」제2조 제3호에 따른 계열회사를 말한다) 및 그 임원
   다. 단독으로 또는 제1호 각 목의 관계에 있는 자와 합하여 본인에게 100분의 30이상을 출자하거나 임원의 임면 등의 방법으로 본인의 주요 경영사항에 대하여 사실상 영향력을 행사하고 있는 개인 및 그와 제1호 각 목의 관계에 있는 자와 법인 그밖의 단체(계열회사를 제외한다. 이하 이 호에서 같다) 및 그 임원
   라. 본인이 단독으로 또는 그와 가목 내지 다목의 관계에 있는 자와 합하여 100분의 30이상을 출자하거나 임원의 임면 등의 방법으로 단체의 주요 경영사항에 대하여 사실상 영향력을 행사하고 있는 경우에는 해당 법인 그밖의 단체 및 그 임원

7) 즉시항고를 할 수 있는 재판의 한정

종전의 파산법에서는 법률에서 불복할 수 없다는 규정이 없는 한 원칙적으로 이해관계인은 파산의 모든 절차에 대하여 즉시항고를 할 수 있도록 하고 있었으나(파산법 103조), 통합도산법에서는 즉시항고의 대상이 되는 재판을 한정하여 법률에 특별히 즉시항고할 수 있다는 규정이 있는 경우에만 즉시항고가 가능하도록 하였다(13조 1항). 즉시항고 기간은 재판의 공고가 있는 경우에는 공고가 있은 날로부터 14일 이내이고(13조 2항), 공고가 없는 경우에는 재판의 고지를 받은 날로부터 1주일 이내이다. 초일은 산입하지 않는다. 통합도산법상의 즉시항

고에는 집행정지의 효력이 인정된다(13조 3항).

8) 필요적 파산제도의 축소

종전의 회사정리법에서는 회생계획인가 후 회생절차폐지의 결정이 확정된 경우 뿐만 아니라 그밖의 회생절차 종료사유인 개시신청기각결정, 불인가결정, 인가 전 폐지결정의 경우에도 필요적 파산선고제도를 채택하였으나(회사정리법 23조), 통합도산법에서는 회생계획인가 후 회생절차폐지의 결정이 확정된 경우에만 필요적으로 파산을 선고하도록 하고, 나머지의 경우에는 임의적으로 채무자 또는 관리인의 신청에 의하거나 법원의 직권으로 파산선고를 할 수 있도록 하였다(6조 1항, 2항).

9) 외국법인·외국인에 대한 상호주의 폐지

종전의 파산법은 외국법인이나 외국인에 대하여는 상호주의의 원칙에 따라 한정적으로 그 대상이 되도록 하였으나(파산법 2조 단서), 통합도산법에서는 상호주의를 폐지하여 외국법인이나 외국인에 대하여도 내국법인이나 내국인과 동등하게 통합도산법에 의한 파산신청을 할 수 있도록 하였다(2조).

10) 지급결제제도에 관한 특칙 신설

금융거래 중에는 예컨대 은행공동망, 어음교환제도, 신용카드결제제도, 유가증권시장결제제도, 코스닥시장결제제도 등과 같이 일정한 결제체계 아래에서 그 내부적인 규칙에 따라 청산과 지급이 이루어지는 것이 있는데, 이러한 결제체계 내에서 거래하는 당사자 중 일부가 피신한 경우에도 통상적인 파산절차에 따라 이를 규율하게 되면 권리행사의 중지, 부인권 행사, 미이행 쌍무계약의 선택 등 통합도산법상의 특별규정들이 적용되어 해당 결제체계 자체가 붕괴될 위험이 있다. 그런데 종전의 파산법에서는 이를 특별히 다루는 규정을 두고 있지 않은 관계로 금융거래에 있어서 국제신인도에 좋지 않은 영향을 끼쳤다.

이에 통합도산법에서는 한국은행의 「지급결제제도(120조 1항)」와 증권·파생금융거래의 청산결제제도(120조 2항), 기본 계약에 입각하여 이루어지는 적격금융거래(장외금융상품거래, 120조 3항)에 대하여는 일반의 파산절차가 적용되지 않도록 하는 금융거래에 관한 특칙을 마련하였다(120조, 336조). 이 특칙의 적용대상이 되는 경우로서 이미 결제가 이루어진 경우에는 그 해제나 해지, 취소 또는 부인의 대상이 되지 않는다.

채무자 회생 및 파산에 관한 법률

제120조 (지급결제제도 등에 대한 특칙) ① 지급결제의 완결성을 위해 한국은행총재가 금융위원회와 협의해 지정한 지급결제제도(이 항에서 "지급결제제도"라고 한다)의 참가자에 대하여 회생절차가 개시된 경우, 그 참가자에 관련된 이체지시 또는 지급 및 이와 관련된 이행, 정산, 차감, 증거금 등 담보의 제공·처분·충당 그밖의 결제에 관하여는 이 법의 규정에 불구하고 그 지급결제제도를 운영하는 자가 정한 바에 따라 효력이 발생하며 해제, 해지, 취소 및 부인의 대상이 되지 않는다. 지급결제제도의 지정에 관하여 필요한 구체적인 사항은 대통령령으로 정한다.

② 「자본시장과 금융투자업에 관한 법률」, 그밖의 법령에 따라 증권·파생금융거래의 청산결제업무를 수행하는 자 그밖에 대통령령에서 정하는 자가 운영하는 청산결제제도의 참가자에 대하여 회생절차가 개시된 경우 그 참가자와 관련된 채무의 인수, 정산, 차감, 증거금 그밖의 담보의 제공·처분·충당 그밖의 청산결제에 관하여는 이 법의 규정에 불구하고 그 청산결제제도를 운영하는 자가 정한 바에 따라 효력이 발생하며 해제, 해지, 취소 및 부인의 대상이 되지 않는다.

③ 일정한 금융거래에 관한 기본적 사항을 정한 하나의 계약(이 항에서 "기본계약"이라 한다)에 근거하여 다음 각호의 거래(이 항에서 "적격금융거래"라고 한다)를 행하는 당사자 일방에 대하여 회생절차가 개시된 경우 적격금융거래의 종료 및 정산에 관하여는 이 법의 규정에 불구하고 기본계약에서 당사자가 정한 바에 따라 효력이 발생하고 해제, 해지, 취소 및 부인의 대상이 되지 아니하며, 제4호의 거래는 중지명령 및 포괄적 금지명령의 대상이 되지 않는다. 다만 채무자가 상대방과 공모하여 회생채권자 또는 회생담보권자를 해할 목적으로 적격금융거래를 행한 경우에는 그렇지 않다.

1. 통화, 유가증권, 출자지분, 일반상품, 신용위험, 에너지, 날씨, 운임, 주파수, 환경 등의 가격 또는 이자율이나 이를 기초로 하는 지수 및 그밖의 지표를 대상으로 하는 선도, 옵션, 스왑 등 파생금융거래로서 대통령령이 정하는 거래
2. 현물환거래, 유가증권의 환매거래, 유가증권의 대차거래 및 담보콜거래
3. 제1호 내지 제2호의 거래가 혼합된 거래
4. 제1호 내지 제3호의 거래에 수반되는 담보의 제공·처분·충당

제336조 (지급결제제도 등에 대한 특칙) 제120조의 규정은 같은 조에서 정한 지급결제제도 또는 청산결제제도의 참가자 또는 적격금융거래의 당사자 일방에 대하여 파산선고가 있는 경우 이를 준용한다. 이 경우 제120조 제1항 내지 제3항의 "회생절차가 개시된 경우"는 "파산선고가 있는 경우"로 보고, 제120조 제3항 단서의 "회생채권자 또는 회생담보권자"는 "파산채권자 또는 별제권자"로 본다.

11) 채권자협의회제도 신설

통합도산법에서는 종전의 회사정리절차에만 있었던 채권자협의회 제도를 파산절차에 도입하였다. 즉 관리위원회(설치되어 있지 않은 경우에는 법원)는 파산신청이 있은 후 채무자의 주요 채권자를 구성원으로 하는 채권자협의회를 구성해야 하는 것이다(20조 1항). 다만 중소기업(중소기업기본법 2조 1항)의 파산의 경우에는 채권자협의회를 구성하지 않을 수 있도록 하고 있는바(20조 1항 단서), 법인파산 사건의 대부분이 중소기업인 점에 비추어 보면 법인파산 사건의 경우에 있어서 실제로 채권자협의회가 구성되는 경우는 드물 것으로 보인다. 채권자협의회는 10인 이내로 구성된다.

◉ 채무자 회생 및 파산에 관한 법률

제20조(채권자협의회의 구성) ① 관리위원회(관리위원회가 설치되지 않은 때에는 법원을 말한다. 이하 이 조에서 같다)는 회생절차개시신청·간이회생절차개시신청 또는 파산신청이 있은 후 채무자의 주요채권자를 구성원으로 하는 채권자협의회를 구성해야 한다. 다만 채무자가 개인 또는 중소기업기본법 제2조 제1항의 규정에 의한 중소기업자(이하 "중소기업자"라 한다)인 때에는 채권자협의회를 구성하지 않을 수 있다.

② 채권자협의회는 10인 이내로 구성한다.

③ 관리위원회는 필요하다고 인정하는 때에는 소액채권자를 채권자협의회의 구성원으로 참여하게 할 수 있다.

④ 제1항의 경우 채무자의 주요채권자는 관리위원회에 채권자협의회 구성에 관한 의견을 제시할 수 있다.

제21조(채권자협의회의 기능 등) ① 채권자협의회는 채권자간의 의견을 조정하여 다음 각호의 행위를 할 수 있다.

1. 회생절차 및 파산절차에 관한 의견의 제시
2. 관리인·파산관재인 및 보전관리인의 선임 또는 해임에 관한 의견의 제시
3. 법인인 채무자의 감사(상법 제415조의2의 규정에 의한 감사위원회의 위원을 포함한다. 이하 같다) 선임에 대한 의견의 제시
4. 회생계획인가 후 회사의 경영상태에 관한 실사의 청구
5. 그밖에 법원이 요구하는 회생절차 및 파산절차에 관한 사항
6. 그밖에 대통령령이 정하는 행위

② 채권자협의회의 의사는 출석한 구성원 과반수의 찬성으로 결정한다.

③ 법원은 결정으로 채권자협의회의 활동에 필요한 비용을 채무자에게 부담시킬 수 있다.

④ 채권자협의회의 구성 및 운영에 관하여 필요한 사항은 대법원규칙으로 정한다.

⑤ 채권자협의회가 구성되어 있지 않은 때에는 제50조제1항·제62조제2항·제132조제3항·제203조제4항·제259조·제287조제3항 및 제288조제2항 중 채권자협의회에 관한 사항은 적용하지 않는다.

제22조(채권자협의회에 대한 자료제공) ① 법원은 회생절차 또는 파산절차의 신청에 관한 서류·결정서·감사보고서 그밖에 대법원규칙이 정하는 주요자료의 사본을 채권자협의회에 제공해야 한다.

② 관리인 또는 파산관재인은 법원에 대한 보고서류 중 법원이 지정하는 주요서류를 채권자협의회에 분기별로 제출해야 한다.

③ 채권자협의회는 대법원규칙이 정하는 바에 따라 관리인 또는 파산관재인에게 필요한 자료의 제공을 청구할 수 있다.

④ 제3항의 규정에 의해 자료제공을 요청받은 자는 대법원규칙이 정하는 바에 따라 자료를 제공해야 한다.

⑤ 채권자협의회에 속하지 않는 채권자의 요청이 있는 때에는 채권자협의회는 제1항 내지 제3항의 규정에 의해 제공받은 자료를 제공해야 한다.

12) 강제화의제도 폐지(법인파산)

종전의 파산법에서는 파산된 법인이 정상 법인으로 재생할 수 있는 방법으로서 강제화의제도(파산법 9장)와 동의에 의한 파산폐지제도(파산법 319조)를 두었으나, 통합도산법에서는 강제화의제도를 폐지하고 동의폐지제도만 남겨두었다(538조).

13) 법인의 이사에 대한 책임 규정 신설

종전의 파산법에서는 (구)회사정리법에 규정되어 있었던 법인의 발기인, 이사, 감사, 검사

인 또는 청산인에 대한 주금납입청구권 또는 그 책임에 기한 손해배상청구권을 실행하기 위한 사정절차, 사정재판에 대한 이의의 소, 이사 등의 책임재산 보전을 위한 보전처분 등(회사정리법 72조, 73조, 74조, 75조)의 규정을 두고 있지 않았는데, 통합도산법에서는 법인의 이사 등의 재산에 대한 보전처분(351조), 손해배상청구권 등의 조사확정재판(352조), 조사확정재판에 대한 이의의 소(353조) 등의 규정을 신설하여 파산한 법인의 이사 등에 대한 책임추궁을 한층 강화시켰다. 법인이 파산한 경우에 있어서 법인의 이사 등에게 파산에 이르게 된 데에 중대한 책임이 있는지 여부는 파산관재인이 제1회 채권자집회에 보고할 사항으로 되어 있다(488조).

◉ 채무자 회생 및 파산에 관한 법률

제351조(법인의 이사 등의 재산에 대한 보전처분) ① 법원은 법인인 채무자에 대하여 파산선고가 있는 경우 필요하다고 인정하는 때에는 파산관재인의 신청에 의하거나 직권으로 채무자의 발기인·이사(상법 제401조의2 제1항의 규정에 의해 이사로 보는 자를 포함한다), 감사·검사인 또는 청산인(이하 이 조 내지 제353조에서 "이사 등"이라 한다)에 대한 출자이행청구권 또는 이사 등의 책임에 기한 손해배상청구권을 보전하기 위해 이사 등의 재산에 대한 보전처분을 할 수 있다.

② 파산관재인은 제1항의 규정에 의한 청구권이 있음을 알게 된 때에는 법원에 제1항의 규정에 의한 보전처분을 신청해야 한다.

③ 법원은 긴급한 필요가 있다고 인정하는 때에는 파산선고 전이라도 채무자의 신청에 의하거나 직권으로 제1항의 규정에 의한 보전처분을 할 수 있다.

④ 법원은 관리위원회의 의견을 들어 제1항 또는 제3항의 규정에 의한 보전처분을 변경하거나 취소할 수 있다.

⑤ 제1항 또는 제3항의 규정에 의한 보전처분과 제4항의 규정에 의한 결정에 대하여는 즉시항고를 할 수 있다.

⑥ 제5항의 즉시항고는 집행정지의 효력이 없다.

⑦ 제1항 또는 제3항의 규정에 의한 보전처분이나 제4항의 규정에 의한 결정과 이에 대한 즉시항고에 대한 재판이 있는 때에는 그 결정서를 당사자에게 송달해야 한다.

제352조(손해배상청구권 등의 조사확정재판) ① 법원은 법인인 채무자에 대하여 파산선고가 있는 경우 필요하다고 인정하는 때에는 파산관재인의 신청에 의하거나 직권으로 이사 등에 대한 출자이행청구권이나 이사 등의 책임에 기한 손해배상청구권의 존부와 그 내용을 조사확정하는 재판을 할 수 있다.

② 파산관재인은 제1항의 규정에 의한 청구권이 있음을 알게 된 때에는 법원에 제1항의 규정에 의한 재판을 신청해야 한다.

③ 파산관재인은 제1항의 규정에 의한 신청을 하는 때에는 그 원인되는 사실을 소명해야 한다.

④ 법원은 직권으로 조사확정절차를 개시하는 때에는 그 취지의 결정을 해야 한다.

⑤ 제1항의 규정에 의한 신청이 있거나 제4항의 규정에 의한 조사확정절차개시결정이 있은 때에는 시효의 중단에 관하여는 재판상의 청구가 있은 것으로 본다.

⑥ 제1항의 규정에 의한 조사확정의 재판과 조사확정의 신청을 기각하는 재판은 이유를 붙인 결정으로 해야 한다.

⑦ 법원은 제6항의 규정에 의한 결정을 하는 때에는 미리 이해관계인을 심문해야 한다.

⑧ 조사확정절차(조사확정결정이 있은 후의 것을 제외한다)는 파산절차가 종료한 때에는 종료한다.

⑨ 조사확정결정이 있은 때에는 그 결정서를 당사자에게 송달해야 한다.

제353조(이의의 소) ① 제352조 제1항의 규정에 의한 조사확정의 재판에 불복이 있는 자는 결정을 송달받은 날부터 1월 이내에 이의의 소를 제기할 수 있다.

② 제1항의 규정에 의한 기간은 불변기간으로 한다.

③ 제1항의 소는 이를 제기하는 자가 이사 등인 때에는 파산관재인을, 파산관재인인 때에는 이사 등을 각각 피고로 해야 한다.

④ 제1항의 소는 파산계속법원(파산사건이 계속되어 있는 회생법원을 말한다. 이하 같다)의 관할에 전속하고, 변론은 결정을 송달받은 날부터 1월의 기간을 경과한 후가 아니면 개시할 수 없다.

⑤ 여러 개의 소가 동시에 계속되어 있는 때에는 법원은 변론을 병합해야 한다.

⑥ 제1항의 규정에 의한 소에 대한 판결에서는 같은 항의 결정을 인가·변경 또는 취소한다. 다만 소를 부적법한 것으로 각하하는 때에는 그렇지 않다.

⑦ 조사확정의 결정을 인가하거나 변경하는 판결은 강제집행에 관하여는 이행을 명한 판결과 동일한 효력이 있다.

제354조(조사확정재판의 효력) 제353조 제1항의 규정에 의한 소가 같은 항의 기간 안에 제기되지 않거나 취하된 때 또는 각하된 때에는 조사확정재판은 이행을 명한 확정판결과 동일한 효력이 있다.

14) 파산재단에서 제외되는 압류금지 재산의 확대

종전의 파산법에서는 압류금지재산 중 민사집행법 제195조(압류가 금지되는 물건) 4호(농업기구)·5호(어업기구)·6호(전문직 도구) 및 제246조(압류금지채권) 제1항 각호의 물건·채권(급여·퇴직금의 1/2 등)에 대하여도 이를 파산재단에 속하는 것으로 규정하여 파산채권자들에게 배당되도록 하였으나(파산법 6조 3항), 통합도산법에서는 이러한 예외규정을 삭제하여 압류금지재산 모두를 파산재단에 속하지 않도록 함으로써 파산채권자에게 배당되지 않고 파산채무자에게 남겨질 수 있도록 개정하였다(383조 1항).

15) 파산신청 기각사유 규정

통합도산법에서는 파산신청이 파산절차의 남용에 해당한다고 인정되는 때를 파산신청의 기각사유로 추가하였다(309조 2항).

채무자 회생 및 파산에 관한 법률

제309조(기각사유) ① 법원은 다음 각호의 어느 하나에 해당하는 때에는 파산신청을 기각할 수 있다.

1. 신청인이 절차의 비용을 미리 납부하지 않은 때
2. 법원에 회생절차 또는 개인회생절차가 계속되어 있고 그 절차에 의함이 채권자 일반의 이익에 부합하는 때
3. 채무자에게 파산원인이 존재하지 않은 때
4. 신청인이 소재불명인 때
5. 그밖에 신청이 성실하지 않은 때

② 법원은 채무자에게 파산원인이 존재하는 경우에도 파산신청이 파산절차의 남용에 해당한다고 인정되는 때에는 심문을 거쳐 파산신청을 기각할 수 있다.

2. 개인회생 부문

종전의 파산법과 개인채무자회생법을 비롯한 회사정리법, 화의법은 2005. 3. 31. 제정된 「채무자 회생 및 파산에 관한 법률」(이하 통합도산법)로 통폐합되어 2006. 4. 1.부터 시행되고 있다(2011. 5. 19.까지 18차 개정). 따라서 개인회생절차에 관하여 종전의 개인채무자회생법과 새로 제정된 통합도산법간에 어떠한 차이가 있는지 알아 볼 필요가 있다.

가. 포괄적 금지명령제도의 신설

개인회생절차개시의 신청이 있으면 법원은 이해관계인의 신청 또는 직권으로 개인회생절차 개시신청에 대한 결정시까지 채무자에 대한 회생절차(제2편)·파산절차(제3편), 개인회생채권에 기하여 채무자의 업무 및 재산에 대하여 한 강제집행 또는 가압류·가처분, 채무자의 업무 및 재산에 대한 담보권설정 또는 담보권실행 등을 위한 경매, 개인회생채권의 변제요구 또는 변제받는 행위(소송행위 제외), 체납처분 또는 조세채무 담보 목적으로 제공된 물건처분 등의 절차나 행위 등에 대하여 중지 또는 금지명령을 내릴 수 있지만(593조), 이러한 중지 또는 금지명령에 의하여는 개인회생절차의 목적을 충분히 달성하지 못할 우려가 있는 특별한 사정이 있는 때에는 법원은 이해관계인의 신청 또는 직권으로 개인회생절차개시의 신청에 대한 결정이 있을 때까지 모든 개인회생채권자 및 개인회생담보권자에 대하여 개인회생채권 또는 개인회생담보권에 기한 강제집행, 가압류·가처분, 담보권실행을 위한 경매의 금지명령을 내릴 수 있다(593조 5항, 준용 45조, 46조, 47조).

이러한 포괄적 금지명령이 내려지면 개인회생채무자의 재산에 대하여 이미 실행된 강제집행 등도 중지된다(45조 3항). 그리고 여기의 포괄적 금지명령에 의해 금지되거나 중지되는 회생담보권에 기한 강제집행 등에는 양도담보권의 실행행위도 포함된다고 해석된다(대판 2011.5.26. 2009다90146).[40)]

나. 변제계획인가시 최저변제액 제공 원칙 도입

통합도산법에서는 개인회생채무자가 제출한 변제계획에 대하여 개인회생채권자 또는 회

---

40) 채무자 회생 및 파산에 관한 법률 제141조 제1항은 양도담보권도 회생담보권에 포함되는 것으로 규정하고 있으므로, 회생절차개시결정의 효력을 규정하고 있는 같은 법 제58조 제2항 제2호의 '회생담보권에 기한 강제집행 등'에는 양도담보권 실행행위도 포함되고, 같은 법 제45조 제1항, 제3항에 의한 포괄적 금지명령은 회생절차개시 신청에 대한 결정이 있을 때까지 모든 회생채권자 및 회생담보권자에게 회생채권 및 회생담보권에 기한 강제집행 등의 금지를 명하는 것이므로, 포괄적 금지명령에 의해 금지되거나 중지되는 '회생담보권에 기한 강제집행 등'에는 양도담보권 실행행위도 포함된다고 해석해야 한다(대판 2011.5.26. 2009다90146).

생위원이 이의를 진술한 때에는 최저변제액을 제공해야만 변제계획에 대한 인가결정을 할 수 있도록 하였다(614조 2항). 즉, 변제계획인가결정일을 기준으로 평가한 개인회생채권의 총금액이 5,000만원 미만인 경우에는 총금액의 5%(단, 3,000만원이 상한선), 5,000만원 이상인 경우에는 총금액의 3%에 100만원을 더한 금액(단, 3,000만원이 상한선) 이상의 변제계획의 내용을 담은 변제계획안이어야만 변제계획인가결정을 할 수 있다는 것이다. 예컨대, 변제계획인가결정일을 기준으로 하여 개인회생채권의 총금액이 5,000만원이라 할 경우에, 변제계획인가결정일을 기준으로 산정된 개인회생채무자의 총 변제예정액의 현재가치가 250만원 이상이 되어야만 변제계획인가결정을 할 수 있다는 것이다.

다. 개인회생재단에 속하는 재산범위의 축소

종전의 개인채무자회생법에서는 민사집행법 제246조(압류금지채권) 제1항 제4호의 채권 즉, 급료·연금·봉급·상여금·퇴직연금·기타 이와 유사한 급여채권의 1/2(단, 생계비에 따른 대통령령에 의한 상한·하한의 제한이 있음)과 제5호의 채권, 즉 퇴직금 기타 이와 유사한 급여채권의 1/2에 대하여는 민사집행법상의 압류금지채권인데도 불구하고 이를 모두 개인회생재단에 속하는 것으로 함으로써 월급 및 퇴직금 등 급여채권의 전액이 개인회생재단에 속하였으나(개인채무자회생법 25조 1항 단서), 통합도산법에서는 압류금지채권 모두를 개인회생재단에서 제외하도록 하여 개인회생채무자를 보호하고 있다(580조 3항, 383조).

따라서 민사집행법상 압류금지의 대상인 급여채권의 1/2(단 185만원 이하 부분은 전액 압류금지대상)이나 근로자의 퇴직연금제도에 의한 급여채권 전액[41]과 그밖의 퇴직금 및 명예퇴직수당의 1/2 부분은 개인회생재단에서 제외되는 것이다.

라. 전부명령에 대한 특칙 제정

통합도산법에서는 개인회생절차 개시 전에 확정된 채무자의 급료·연금·봉급·상여금·기타 이와 유사한 급여채권에 대한 전부명령은 변제계획인가결정 후의 노무로 인한 부분에

---

41) 근로자의 퇴직급여제도의 설정 및 운영에 필요한 사항을 정함으로써 근로자의 안정적인 노후생활 보장에 이바지함을 목적으로 2005. 1. 27. 법률 제7379호로 '근로자퇴직급여보장법'(이하 '퇴직급여법')이 제정되면서 그 제7조에서 퇴직연금제도의 급여를 받을 권리에 대하여 양도를 금지하고 있으므로 위 양도금지 규정은 강행법규에 해당한다고 볼 것이다. 따라서 퇴직연금제도의 급여를 받을 권리에 대한 압류명령은 실체법상 무효이고, 제3채무자는 그 압류채권의 추심금 청구에 대하여 위 무효를 들어 지급을 거절할 수 있다. 한편 민사집행법은 제246조 제1항 제4호에서 퇴직연금 그밖에 이와 비슷한 성질을 가진 급여채권은 그 1/2에 해당하는 금액만 압류하지 못하는 것으로 규정하고 있으나, 이는 위 퇴직급여법상의 양도금지 규정과의 사이에서 일반법과 특별법의 관계에 있으므로, 퇴직급여법상의 퇴직연금채권은 그 전액에 관하여 압류가 금지된다고 보아야 한다(대판 2014.1.23. 2013다71180).

대하여는 그 효력이 상실되도록 하였으며(616조 1항), 다만 이러한 변제계획인가결정으로 인하여 전부채권자가 변제받지 못하게 되는 채권액은 개인회생채권이 되도록 하였다(616조 2항).

한편 통합도산법에서는 채권압류 및 전부명령이 개인회생절차개시 후에 신청되었거나,[42] 개인회생절차개시 전에 신청하였지만 개인회생절차개시 후에 이르러 확정된 경우에는 해당 개인회생개시결정의 효력으로 압류명령이 중지되고(600조 1항 2호), 그 중지된 압류명령은 변제계획인가결정으로 효력이 상실되며(615조 3항), 압류명령의 효력이 상실됨에 따라 전부명령도 효력이 상실될 것이므로 전부명령이 개인회생절차개시 후에 확정된 경우에 관하여는 굳이 특별한 규정을 두고 있지 않은 것으로 보인다. 물론 전부명령이 제3채무자 및 채무자에게 송달된 후에 개인회생절차가 개시된 경우에 있어서는 채무자는 즉시항고 기간이 아직 도과되지 않았다면 즉시항고의 제기가 가능함은 물론이다.[43]

그리고 개인회생재단에 속하는 채권에 대하여 내려진 압류 및 전부명령이 아직 확정되지 않은 상태에서, 채무자에 대하여 개인회생절차가 개시되고 이를 이유로 위 압류 및 전부명령에 대하여 즉시항고가 제기되었다면, 항고법원은 항고에 관한 재판을 정지하였다가 변제계획이 인가된 경우 압류 및 전부명령이 효력이 발생하지 않게 되었거나 그 효력이 상실되었음을 이유로 압류 및 전부명령을 취소하고 압류 및 전부명령신청을 기각해야 할 것이다(대판 2009.9.24. 2009마1300,[44] 2011.4.20. 2011마3[45]). 또한 애초에 신청한 개인회생절차가 채무자의 개인

---

42) 개인회생절차가 개시된 후에 채권압류 및 전부명령이 내려진 경우에는 해당 채권압류 및 전부명령은 무효로 되고, 따라서 집행법원은 이를 채무자나 제3채무자에게 송달해서는 안되며, 설령 집행법원이 개인회생절차 개시 사실을 간과하고 채권압류 및 전부명령을 채무자 및 제3채무자에게 송달함으로써 즉시항고 기간이 도과되었다고 하더라도 그 효력을 발생할 수 없게 된다.

43) 도산절차와 소송 및 집행절차, 서울중앙지방법원파산부, 143p; 압류 및 전부명령이 제3채무자 및 채무자에게 송달된 후에 개인회생절차가 개시된 경우에는 해당 개인회생절차개시결정의 효력으로 압류의 효력이 중지되기는 하지만, 중지의 효력이 항고기간의 진행을 정지시키는 것이 아니어서 전부명령의 확정을 차단할 수 없으므로 즉시항고를 제기할 실익이 있는 것이다.

44) 채권자목록에 기재된 개인회생채권에 기하여 개인회생재단에 속하는 재산에 대하여 이미 계속 중인 강제집행, 가압류 또는 가처분절차는 개인회생절차가 개시되면 일시적으로 중지되었다가, 변제계획이 인가되면 변제계획 또는 변제계획인가결정에서 다르게 정하지 않는 한 그 효력을 잃는다. 따라서 채권자목록에 기재된 개인회생채권에 기하여 개인회생재단에 속하는 채권에 대하여 내려진 압류 및 전부명령이 아직 확정되지 않은 상태에서, 채무자에 대하여 개인회생절차가 개시되고 이를 이유로 위 압류 및 전부명령에 대하여 즉시항고가 제기되었다면, 항고법원은 다른 이유로 압류 및 전부명령을 취소하는 경우를 제외하고는 항고에 관한 재판을 정지하였다가 변제계획이 인가된 경우 압류 및 전부명령이 효력이 발생하지 않게 되었거나 그 효력이 상실되었음을 이유로 압류 및 전부명령을 취소하고 압류 및 전부명령신청을 기각해야 한다(대판 2008.1.31. 2007마1679 참조). 그리고 애초에 신청한 개인회생절차가 채무자의 개인회생신청 취하 등을 이유로 폐지되었다고 하더라도, 그 압류 및 전부명령에 대한 항고재판 진행 중에 채무자가 새롭게 신청한 개인회생절차가 다시 개시되었다면 변제계획의 인가시까지 그 항고재판을 정지해야 하는 것은 마찬가지이다(대판 2009.9.24. 2009마1300).

45) 채권자목록에 기재된 개인회생채권에 기하여 개인회생재단에 속하는 재산에 대하여 이미 계속 중인 강제집행, 가압류 또는 가처분절차는 개인회생절차가 개시되면 일시적으로 중지되었다가, 변제계획이 인가되면 변제계

회생신청 취하 등을 이유로 폐지되었다고 하더라도, 그 압류 및 전부명령에 대한 항고재판 진행 중에 채무자가 새롭게 신청한 개인회생절차가 다시 개시되었다면 변제계획이 인가시까지 그 항고재판을 정지해야 하는 것은 마찬가지이다(대판 2009.9.24. 2009마1300, 2011.9.29. 2010마1076).

마. 개인회생절차개시신청에 대하여 기각·폐지결정을 받은 후에도 재신청이 가능하도록 개정

종전의 개인채무자회생법에서는 채무자가 신청일 전 5년 이내에 개인회생절차 개시신청이 기각되거나 개인회생절차의 폐지결정을 받은 사실이 있는 때에는 개인회생절차개시신청을 기각할 수 있도록 되어 있었으나(개인채무자회생법 55조 5호), 통합도산법에서는 이러한 규정을 삭제하였다. 따라서 개인회생절차 개시신청이 기각되거나 개인회생절차가 폐지된 경우라도 재신청의 기간 제한이나 횟수 제한 없이 얼마든지 다시 개인회생신청을 할 수 있다. 다만 기각 또는 폐지 사유를 치유하지 않거나 사정변경이 없음에도 불구하고 다시 그대로 재신청한 경우에는 또다시 기각되거나 폐지될 가능성이 클 것이다.

바. 면책받은 후 재신청할 수 없는 기간을 10년에서 5년으로 단축

종전의 개인채무자회생법에서는 채무자가 신청일전 10년 이내에 면책(파산면책 포함)을 받

획 또는 변제계획인가결정에서 다르게 정하지 않는 한 그 효력을 잃는다. 따라서 채권자목록에 기재된 개인회생채권에 기하여 개인회생재단에 속하는 채권에 대하여 내려진 압류 및 전부명령이 이에 대한 즉시항고가 제기되어 아직 확정되지 않은 상태에서 채무자에 대하여 개인회생절차가 개시되었다면, 항고법원은 다른 이유로 압류 및 전부명령을 취소하는 경우를 제외하고는 항고에 관한 재판을 정지하였다가 변제계획이 인가된 경우 압류 및 전부명령이 효력이 발생하지 않게 되었거나 그 효력이 상실되었음을 이유로 압류 및 전부명령을 취소하고 압류 및 전부명령신청을 기각해야 한다(대판 2008.1.31. 2007마1679 참조). 그리고 채무자는 채권압류 및 전부명령 확정 전까지 민사집행법 제49조 제2호의 서류를 제출할 수 있으므로(대판 1999.8.27. 99마117·118 참조), 재항고심 계속 중 채무자가 「채무자 회생 및 파산에 관한 법률」 제593조 제1항 소정의 중지명령을 받은 경우, 재항고법원으로서는 채권압류 및 전부명령의 청구채권이 개인회생절차의 채권자목록에 기재된 개인회생채권에 해당하는지 여부 등을 심리하게 하기 위해 원심재판을 파기환송할 수 있다고 봄이 상당하다. 기록에 의하면, 채권자는 재항고인에 대한 집행력 있는 약속어음 공정증서 정본에 기하여 수원지법 여주지원 2010타채3271호로 이 사건 채권압류 및 전부명령을 신청하였고, 제1심법원의 사법보좌관은 2010. 10. 6. 위 신청을 인용하였는데, 채무자가 위 결정에 대하여 즉시항고를 제기하자 제1심법원은 2010. 11. 18. 위 사법보좌관의 처분을 인가하였고, 원심은 2010. 12. 6. 재항고인의 항고를 기각한 사실, 재항고인은 위 항고기각 결정에 대하여 재항고를 제기하는 한편 2010. 12. 14. 수원지법 2010개회45204호 개인회생 사건에 관하여 이 사건 채권압류 및 전부명령 절차를 중지하는 결정을 받은 사실을 알 수 있다. 위와 같은 사실관계에서 법원이 이 사건 채권압류 및 전부명령을 취소하고 압류 및 전부명령신청을 기각할 것인지 여부를 판단하기 위해서는 그에 앞서 이 사건 채권압류 및 전부명령의 청구채권이 재항고인에 대한 위 개인회생절차의 채권자목록에 기재된 개인회생채권에 해당하는지 여부 등에 대한 심리가 필요하다고 인정된다. 그러므로 원심결정을 파기하고, 사건을 다시 심리·판단하게 하기 위해 원심법원에 환송하기로 한다(대판 2011.4.20. 2011마3).

은 사실이 있는 때에는 개인회생절차개시신청을 기각할 수 있도록 하였으나(개인채무자회생법 55조 6호), 통합도산법에서는 그 기간을 5년으로 단축하여 5년 이내에 면책받은 사실이 없으면 개인회생신청을 할 수 있도록 하였다(595조 5호).

사. 변제기간의 단축

통합도산법 제정 초기에는 종전의 개인채무자회생법에서는 변제계획에서 정하는 변제기간이 변제개시일로부터 8년을 초과하지 않도록 하였으나(개인채무자회생법 71조 5항), 통합도산법에서는 변제기간의 최장기간을 5년으로 단축하였다(611조 5항). 다만 그 후 채무자의 조속한 사회복귀를 위해 2017. 12. 12. 개정 및 2018. 3. 13. 시행된 통합도산법에서는 변제기간을 더욱 줄여 3년으로 단축하였다(611조 5항 개정 및 단서 신설).

아. 개인회생절차에서 면책받은 채무자에 대한 추심행위금지 규정 도입

통합도산법에서는 개인회생절차에서 면책을 받은 개인채무자에 대하여 그 면책된 사실을 알면서도 면책된 채권에 기하여 강제집행이나 가압류·가처분의 방법으로 추심행위를 한 자에 대하여 500만원 이하의 과태료에 처하도록 함으로써 면책을 받은 채무자에 대한 추심행위를 금지하고 있다(660조 3항).

자. 개인회생절차 중 취업의 제한 또는 해고 등 불이익한 처우금지

통합도산법에서는 채무자가 개인회생절차 중에 있다는 이유로 정당한 사유 없이 취업의 제한 또는 해고 등 불이익한 처우를 받지 않도록 하는 규정을 신설하였다(32조의2).

제2절 통합도산법상 최근 개정 내역

1. 개정개요

통합도산법은 2005. 3. 31. 제정 이래 2017. 12. 12.까지 총 27차례의 개정이 있었다. 다만 내용상 개정은 9차례뿐이고 나머지는 모두 타법 개정에 따른 법 명칭 등의 변경에 불과한 것이다. 따라서 이하에서는 실질적 개정이 이루어진 경우만 살펴보기로 한다.

2. 구체적 개정내용

가. 제1차 개정(2006. 3. 24. 개정, 동년 4. 1. 시행)

도산절차를 밟고 있는 채무자의 재기·갱생과 생활의 안정을 도모하기 위해 채무자가 도산절차 중에 있다는 이유만으로 취업이나 해고 등에 있어서 불이익을 당하지 않도록 차별적 취급의 금지 규정(32조의2)을 신설함으로서 누구든지 회생절차·파산절차 또는 개인회생절차 중에 있다는 이유로 정당한 사유 없이 취업의 제한 또는 해고 등 불이익한 처우를 받지 않도록 하였다.

나. 제2차 개정(2009. 10. 21. 개정·시행)

종선에는 회생절차 중에 있는 채무자의 신규자금에 대하여 이를 공익채권으로 취급하도록 하였으나 공익채권 사이에 우선순위를 인정하지 않고 있어서 채무자의 회생에 필요한 자금의 원활한 조달에 한계가 있었는데, 개정법에서 채무자의 회생에 필요한 운영자금을 원활하게 조달할 수 있도록 회생절차개시 후의 자금차입이나 회생절차개시신청 후 개시 전의 자금차입을 허가함에 있어 법원은 이해관계인의 의견을 듣도록 하되(179조 2항 신설), 채무자의 사업을 계속하기 위해 법원의 허가를 받아 차입한 자금에 관한 공익채권은 다른 공익채권보다 우선적으로 변제받을 수 있도록 하였다(180조 7항 개정).

다. 제3차 개정(2013. 5. 28. 개정·시행)[46]

신탁법에 따라 설정된 유한책임신탁에 속하는 재산에 관한 파산제도가 도입됨에 따라

46) 한편 2013. 5. 28.에는 통합도산법 시행령 제16조를 개정하여 국민 소득·지출 수준, 물가상승률 등 경제상황의

그 파산사건에서의 재판관할, 신탁행위의 부인, 환취권 등에 관한 규정을 신설하였고, 이에 따라 관련 규정인 제3조, 제113조의2 및 제406조의2, 제578조의3, 제578조의4, 제578조의6, 제578조의8 및 제578조의9, 제578조의11, 제578조의12, 제578조의16, 제650조 제2항 및 제651조 제2항, 제653조 및 제658조를 신설 또는 개정하였다. 즉 2011. 7. 25. 개정되어 2012. 7. 25.부터 시행하게 된 개정 신탁법에서는 유한책임신탁 제도를 신설하여(신탁법 114~139조) 수탁자가 신탁재산에 속하는 채무에 대하여 신탁재산만으로 책임을 지도록 하고, 청산 중인 신탁재산의 총액이 그 채무를 완제하기에 부족한 것이 명백하게 된 때에는 신탁재산에 대하여 파산을 신청하도록 하였는 바, 이에 따라 금번 통합도산법의 개정에서 유한책임신탁재산의 파산에 관한 특칙을 신설한 것이다(578조의2~578조의17).

라. 제4차 개정(2014. 5. 20. 개정, 동년 11. 21. 시행)

근로자나 사업자의 편의를 위해 채무자의 근무지나 사무소 등을 관할하는 회생법원에도 개인회생절차의 재판관할을 인정하고, 개인채무자의 보통재판적 소재지가 강릉시·동해시·삼척시·속초시·양양군·고성군인 경우에는 파산사건 또는 개인회생사건의 관할권을 춘천지방법원 강릉지원에도 부여하도록 한 바, 이에 따라 관련 규정인 제3조 및 제3조 제9항, 제4조, 제62조, 제261조, 제271조 및 제272조, 제119조 및 제335조, 제179조 및 제473조, 제205조, 제589조 및 제589조의2, 제609조의2 등을 신설 또는 개정하였다.

마. 제5차 개정(2014. 10. 15. 개정, 2015. 1. 16. 시행)

회생절차개시의 원인에 중대한 책임이 있는 회사의 경영자가 회생절차를 통하여 채무를 감면 받고 정상화된 회사를 다시 인수하여 경영권을 회복하는 것을 방지하기 위해 회생절차를 남용한 경우의 회생계획불인가결정의 근거를 마련할 목적으로 제231조의2, 제243조의2, 제644조의2, 제649조 제4호의2 및 제4호의3을 신설하였다. 이는 2014. 4. 16. 발생한 세월호사건의 선주인 청해진해운의 경영자가 회생절차를 남용하여 경영권을 회복했던 회생절차남용사건을 계기로 그 재발방지 차원에서 개정한 것이다.

바. 제6차 개정(2014. 12. 30. 개정, 2015. 7. 1. 시행)

사용자가 채무자인 파산절차에서 근로자의 최종 3개월분의 임금과 재해보상금 및 최종

변동을 반영하여 개인파산사건의 파산재단에서 면제할 수 있는 임차보증금반환청구권의 범위를 주택임대차보호법에 따라 우선변제권이 있는 금액으로 상향 조정하고(시행령 16조 1항 개정), 개인파산사건의 파산재단에서 면제할 수 있는 6개월간의 생계비도 종전의 720만원에서 900만원으로 상향 조정하였다(시행령 16조 1항 개정).

3년분의 퇴직금 채권을 두텁게 보장하기 위해 최우선변제권을 인정하고, 회생절차의 지연을 방지하기 위해 제1회 관계인집회를 법원의 재량으로 개최할 수 있도록 변경하며, 중소기업 등 소액영업소득자의 회생절차에 대한 접근성을 제고하기 위해 총액 50억원 이하의 범위에서 대통령령으로 정하는 금액 이하의 채무를 부담하는 영업소득자를 위한 간이회생절차를 신설함에 따라 제50조, 제99조 및 제98조의2, 제238조, 제293조의2~제293조의8을 신설 또는 개정하였다.

채무자 회생 및 파산에 관한 법률

제415조의2(임금채권자 등) 근로기준법 제38조 제2항 각호에 따른 채권과 근로자퇴직급여보장법 제12조 제2항에 따른 최종 3년간의 퇴직급여 등 채권의 채권자는 해당 채권을 파산재단에 속하는 재산에 대한 별제권 행사 또는 제349조 제1항의 체납처분에 따른 환가대금에서 다른 담보물권자보다 우선하여 변제받을 권리가 있다. 다만 임금채권보장법 제8조에 따라 해당 채권을 대위하는 경우에는 그러하지 아니하다.

사. 제7차 개정(2016. 5. 29. 개정, 동년 8. 30. 시행)

공정하고 효율적인 구조조정을 도모하기 위해 회생절차에 대한 부분을 일부 개선하였다. 즉 회생절차에서 채무자가 신규자금을 원활하게 확보할 수 있도록 신규자금을 대여한 채권자의 권한을 강화하였고(22조의2 신설), 상거래채권자들에 대한 보호를 강화함으로써 채무자로 하여금 계속적인 상거래를 통하여 자금을 확보하고 영업의 지속을 가능하도록 하였으며(179조 1항 8의2호 신설), 회생절차의 활용도를 높이기 위해 채무자에게도 사전계획안의 제출권을 인정하는 등 한국형 프리패키지제도[47]를 도입하였고(223조 1항), 서면결의에서 동의간주 등의 특칙을 마련하였으며(223조 8항 신설), 채권자협의회의 구성에 관한 의견 제시 권한 등 채권자의 절차참여권을 강화하는 등의 개정을 하였다(20조 4항 및 74조 7항 신설).

아. 제8차 개정(2016. 12. 27. 개정, 2017. 3. 1. 시행)

법원조직법의 개정으로 회생법원이 신설됨에 따라 회생사건, 파산사건, 개인회생사건 또는 국제도산사건을 회생법원에서 관할하도록 관련 규정을 개성하였다. 이에 따라 종전의 관할법원으로 되어 있는 지방법원본원을 회생법원으로 대체하고(3조 1항~8항), 회생법원에 관리위원회 설치 근거 규정을 마련하였으며(15조), 외국도산절차의 승인 및 지원에 관한 사건을

---

47) 프리패키지제도(pre-package)란 채무자가 회생절차개시신청 전에 인가에 필요한 채권자의 동의를 확보한 경우 사전계획안의 제출 자격을 부여함으로써 사전계획안 제출에 의한 회생절차의 신속한 진행을 도모하도록 한 제도를 말하는데, 실무상 이를 프리패키지라고 하며, 사적 구조조정 절차의 장점과 법정 구조조정 절차의 장점을 합친 제도라고 할 수 있다.

서울회생법원의 전속관할로 하였다(630조).

자. 제9차 개정(2017. 12. 12. 개정, 2018. 3. 13. 시행)

채무자의 조속한 사회복귀를 위해 개인회생부분에 대한 개정이 있었다. 즉 종전에는 변제기간이 원칙적으로 5년 이내로 되어 있었으나 개정법에서는 원칙적으로 3년 이내로 단축하였고(611조 5항 개정 및 단서 신설), 채권자를 위한 공탁뿐만 아니라 채무자를 위한 공탁도 가능하도록 하였다(617조의2 신설).

차. 제10차 개정(2020. 2. 4. 개정, 2020. 2. 4. 시행)

기업회생절차에서의 신규자금 유입을 활성화하기 위해 채무자의 업무 및 재산에 관하여 관리인이 회생절차개시 후에 한 자금의 차입 그밖의 행위로 인하여 생긴 청구권과 채무자 또는 보전관리인이 회생절차개시신청 후 그 개시 전에 법원의 허가를 받아 행한 자금의 차입, 자재의 구입 그밖에 채무자의 사업을 계속하는 데에 불가결한 행위로 인하여 생긴 청구권 중에서 채무자의 사업을 계속하기 위해 법원의 허가를 받아 차입한 자금이 있는 때에는 신규차입자금에 관한 채권과 근로자의 임금 등의 재단채권은 다른 재단채권에 우선하도록 개정하였다(477조 3항 신설).

타. 제11차 개정(2020. 3. 24. 개정, 2020. 3. 24. 시행)

종전 통합도산법 개정 법률(2017. 12. 12. 개정, 2018. 6. 13. 시행)에 의거, 개인회생절차에서 변제기간을 종전에는 5년으로 하였던 것을 3년으로 단축하였으나 그 적용대상이 법 시행 후 최초로 신청하는 채무자로 한정되었던 관계로 형평성의 문제가 제기되었는 바, 이를 개선하기 위해 2020. 3. 24. 금번 통합도산법 개정 법률이 시행되기 전에 변제계획인가결정을 받은 채무자가 2020. 3. 24. 법 시행일 현재 이미 변제계획안에 따라 3년 이상 변제계획을 수행한 경우에는 당사자의 신청 또는 직권으로 이해관계인의 의견을 들은 후 면책결정을 할 수 있도록 개정하였다(부칙 신설).

파. 제12차 개정(2020. 6. 9. 개정, 2020. 6. 9. 시행)

종전에는 개인회생신청대상자로서 개인채무자가 파산의 원인인 사실이 있거나 그러한 사실이 생길 염려가 있는 자로서 일정한 금액 이하의 채무를 부담하는 급여소득자 또는 영업소득자로 정의하고 있었을 뿐 채무총액을 산정하는 기준시점을 규정하고 있지 않았고 다만 판례에서 개인회생절차의 개시결정일을 채무총액 산정기준시점으로 판단하고 있었다. 이러한 이유로 개인회생절차개시신청 당시에는 통합도산법에서 정한 채무총액의 범위였으나, 이후 이자나 지연손해금으로 인한 채무총액 변동으로 신청자격을 상실하게 되는 사례가 발생하고 있었다. 이러한 문제점을 개선하기 위해 통합도산법 579조 1호를 개정하여 개인채무자의 채무총액 산정기준시점을 개인회생절차개시의 신청 당시로 명확히 규정하였다(579조 1호 개정).

하. 제12차 개정(2021. 4. 20. 개정, 2021. 4. 20. 시행)

종전에는 개인회생을 신청할 수 있는 개인채무자의 대상자에 대하여 파산의 원인인 사실이 있거나 그러한 사실이 생길 염려가 있는 자로서 개인회생절차개시의 신청 당시 담보권·전세권·우선특권으로 담보된 개인회생채권은 10억원 이하, 그 외의 개인회생채권은 5억원 이하인 경우의 급여소득자 또는 영업소득자만 해당되도록 있었는데, 이러한 개인채무자의 금액기준이 정해진 이후 15년 이상 경과됨에 따라 화폐가치 감소분 등을 감안하여 이를 현실화할 필요가 있다는 주장이 제기되었다.

이에 이를 반영하기 위해 개인회생을 신청할 수 있는 개인채무자의 금액기준을 담보권 등으로 담보된 개인회생채권의 경우에는 종전 10억원 이하에서 15억원 이하로, 그 외의 개인회생채권의 경우에는 종전 5억원 이하에서 10억원 이하로 상향하였다(579조). 이와 같이 한도액을 상향하면 종전에 채무액이 개인회생 한도액인 담보부채무 10억원, 무담보부채무 5억원을 초과한 경우 일반회생을 신청하는 수밖에 없었고 이때 일반회생의 요건인 채권자들로부터 필요한 만큼의 동의를 얻지 못하여 회생절차를 밟지 못한 경우도 많았고 또한 개인회생의 채무 한도액이 너무 낮은 탓에 아예 도산절차를 신청하지 못하고 있었던 채무자도 상당수 존재했었는데, 이제는 이러한 채무자들도 담보부채무 15억원, 무담보부채무 10억원 이하의 채무를 가지고 있는 경우에는 개인회생절차를 밟을 수 있을 것으로 예상된다.

거. 제13차 개정(2021. 12. 27. 개정, 2023. 3. 1. 시행)

울산광역시나 경상남도에 채무자가 거주하거나 주된 사무소 등을 둔 경우 부산회생법원에도 회생사건, 간이회생사건, 파산사건 또는 개인회생사건을 신청할 수 있도록 중복관할을 허용하였다(3조 11항 신설).

너. 제14차 개정(2021. 12. 28. 개정, 2022. 1. 1. 시행)

국세청 통계에 따르면 취업 후 학자금 상환 대상자 18만 5천명 중 약 1만 7천명이 2018년 기준으로 취업한 후에도 학자금 대출을 갚지 못하고 있으며 체납액은 206억원에 이르는 것으로 나타났다. 이에 20대 청년의 파산신청 건수도 증가하고 있는데 종전에는 청년채무자가 파산하더라도 취업 후 상환 학자금대출원리금에 대한 책임이 면제되지 않아 파산한 청년채무자에게 새로운 도전을 할 기회가 박탈된다는 지적이 있어왔다.

이에 위 문제점을 개선하기 위해 종전의 통합도산법에서 비면책채권 중 하나로 규정하고 있었던 「취업 후 상환 학자금대출 원리금 청구권」을 금번 통합도산법 일부 개정 법률을 통하여 비면책채권의 대상으로부터 제외시키도록 해당 규정을 삭제했다. 이에 따라 면책을 받은 청년채무자가 학자금대출의 상환책임에서 벗어날 수 있게 됨으로써 청년층에게 학자금대출에 대한 부담을 덜어주고 경제적 자립의 기회를 제공할 수 있을 것으로 기대된다(566조 9호 삭제).

제 2 편

개인파산

제1장 개인파산 총론

제1절 파산의 개념과 중요기관·기구

[I]
파산과 개인파산의 개념

1. 파산의 의의

가. 파산과 개인파산

파산제도란 채무자(자연인, 법인, 비법인 사단 등)가 과도한 채무를 부담하고 있어 자신의 능력으로는 도저히 그 채무를 변제하기 어려운 지급불능상태 또는 채무초과상태에 있는 경우에, 채권자나 채무자가 도산법(단, 2006. 4. 1.부터는 통합도산법으로 통합됨)이 정하는 절차에 따라, 법원에 신청하여, 채무자의 모든 재산을 금전으로 환가하여 채권자들에게 평등하게 배당하도록 하는 제도를 말한다. 파산신청은 채권자나 채무자(자연인, 법인, 비법인사단 등)가 신청할 수 있는데, 그중에서 특히 자연인인 채무자가 소비자로서 또는 영입자로서 발생한 채무를 도저히 감당할 수 없어 하게 되는 파산을 개인파산이라고 한다.

종전에 이러한 개인파산 중 비영업자인 급여생활자, 주부, 학생 등 개인소비자들이 하게 되는 파산을 영업자파산에 대비하여 소비자파산이라고 불렀는데, 소비자파산이라는 단어는 법률용어도 아니고 특별히 법에 규정되어 있는 것도 아니지만 파산신청의 대부분이 자연인인 개인소비자인 점을 고려하여 개인소비자가 파산신청을 한 경우를 상정하고 이에 따른 일련의 파산절차를 정형적으로 설명할 필요가 있어 특히 소비자파산이라는 관용적인 개념을 도입하지 않았나 하는 생각이 든다.

참고로 2006. 4. 1. 이전까지는 파산절차는 파산법이, 개인회생절차는 개인채무자회생법이 적용되지만, 그 이후부터는 종전의 파산법·개인채무자회생법·화의법·회사정리법이 통폐합되어 제정된 「채무자 회생 및 파산에 관한 법률」(일명 '통합도산법')이 파산절차나 개인회생절차를 규율하게 되었음은 앞서 본 바와 같다.

나. 파산의 유형

1) 자기파산과 비자발적 파산

파산은 채무자와 채권자가 신청할 수 있는데, 실무상 채무자가 스스로 자기 자신을 대상으로 하여 파산신청하는 경우를 자기파산 또는 자발적 파산, 채권자가 채무자를 대상으로 파산신청하는 경우를 비자발적 파산이라고 한다.

2) 개인파산과 법인파산

파산은 자연인인 개인이 신청하는 경우와 법인 또는 비법인 사단 등이 신청하는 경우가 있는데, 전자를 개인파산, 후자를 법인파산이라 한다.

개인파산도 비영업자의 파산인 소비자파산과 영업자의 파산인 영업자파산으로 구분할 수 있다. 다만 개인파산의 대부분은 소비자파산이 차지하고 있다고 할 것이다.

3) 소비자파산과 영업자파산

비영업자인 급여생활자, 주부, 학생 등 소비자가 소비활동 중에 발생한 채무를 감당할 수 없어 파산하는 것을 소비자파산, 영업자(사업자)가 영업활동 중에 발생한 채무를 감당할 수 없어 파산하는 것을 영업자파산이라 한다.

다. 개인파산의 특징과 최근 실무 경향 및 채무자의 관심

1) 개인파산의 궁극적인 목표로서의 면책

개인파산에 있어서는 채무자가 개인파산을 신청하는 주된 목적이 면책결정을 받는데 있는 것이지 파산선고를 받아 파산자로만 남게 되는 데에 있는 것이 아니므로 항시 면책절차에 그 초점이 맞추어져 있다는 특징이 있다. 즉, 개인파산의 경우에는 파산신청의 시초부터 면책결정까지 시종일관 면책결정이라는 목표에 일관되어 있고, 따라서 파산신문 단계부터 면책허가 여부의 가능성까지 함께 검토하여 파산선고 여부를 결정해야 하는 점이 중요한 포인트라고 할 수 있다.

2) 동시폐지방식으로부터 파산관재인 선임방식으로 전환

법인파산과 같은 통상적인 파산절차나 개인파산절차는 모두 통합도산법의 규정에 따라 규율되지만, 청산 후 채무자의 소멸을 주된 목적으로 하는 통상적인 파산절차와는 달리 청산

후 채무자의 재기·회생을 주된 목적으로 하는 개인파산의 경우에는 다음과 같은 절차상의 특징이 있다. 즉 통상적인 파산절차는 채무자 또는 채권자의 신청에 의해 개시되고, 파산관재인이 선임되며, 그 선임된 파산관재인이 채무자의 모든 재산을 조사하여 이를 현금화한 후, 이를 채권자들에게 배당하는 절차를 거친 후 소멸하게 되는 것이 보통이지만, 개인파산절차에서는 주로 채무자의 신청에 의해 개시되고, 현금화할 채무자의 재산이 거의 없을 것이므로 채무자의 재산을 현금화하여 배당하는 절차가 간소화되거나 생략되며, 따라서 파산선고와 동시에 파산절차를 종료시키는 동시폐지결정이 이루어짐으로써 파산관재인의 선임, 채권자 등에 대한 통지, 채권자집회, 파산채권의 조사·확정, 파산재단의 관리·환가, 배당 등의 절차가 진행되지 않는 것이 통합도산법 시행 초기의 일반적인 모습이었다.

다만 개인파산에 있어서도 IMF 사태를 벗어나기 시작한 2007년부터는 법원의 조직 정비와 채무자의 도덕적 해이를 방지한다는 차원에서 파산심문을 강화하기 시작하여 법인파산의 방식인 파산관재인 선임방식이 점차 도입되기 시작하여 종전의 동시폐지방식과 파산관재인 선임방식을 혼용하는 단계를 거쳐 2012년부터는 거의 모든 개인파산 사건에서 파산관재인을 선임하는 방식, 소위 '새로운 개인파산절차'를 원칙적인 파산절차의 진행 방식으로 시행하기에 이르렀다는 점은 별도로 살펴보기로 한다.

3) 개인파산신청의 효력으로서 채권자의 독촉행위 등에 대한 차단 여부

실무상 채무자가 개인파산을 하게 된 가장 큰 이유는 채무를 털고 새로운 출발을 하고 싶은 것이 가장 큰 사유일 것이지만 한편으로는 채권자들로부터 끈질기고 계속된 독촉을 피하기 위한 측면도 있다.

채권자들의 주기적인 전화독촉이나 독촉장, 방문 위협 등에 의해 채무자들은 심리적으로 무척 위축되어 있고 따라서 정작 빚을 터는 것보다는 오히려 이런 부차적인 채권자들의 독촉에 대한 부담을 피하기 위한 방편으로 개인파산 내지 개인회생을 이용한 경우가 많다.

그러나 안다깝게도 파산신청을 하였든, 파산절차가 진행 중이든, 심지어 면책결정을 받은 경우라 하더라도 이러한 독촉을 막을 길은 없다. 즉 파산신청 후 파산폐지 또는 면책을 신청한 경우에는 채무자의 재산에 대하여 가압류나 압류가 들어오는 것을 피할 수 있고, 이후 면책결정을 받은 경우에는 더 이상 채무를 갚을 의무가 없어지지만 채무 자체가 사라진 것이 아니므로, 즉 자연채무 상태로 남을 뿐 채무 자체는 그대로 존속되므로 파산절차 진행 중이든 면책결정을 받은 이후이든 채무자가 임의로 변제하면 유효한 변제가 되는 것이며, 따라서 이를 노리는 파산채권자들의 독촉을 원천적으로 막을 수는 없는 것이다.

따라서 채무자로서는 파산채권자들의 전화독촉에 대하여는 스팸으로 막아 놓고, 독촉장은 반송처리하거나 무시하면 될 것이지 이로 인하여 굳이 스트레스를 받을 필요는 없을 것이다.

면책받은 이후에는 면책결정문 사본을 팩스나 등기우편 또는 내용증명 등을 통하여 파산채권자에게 면책사실을 알림으로써 면책 이후의 독촉을 피하는 방법도 강구할 필요가 있을 것이다(➡「면책결정 사실 통지 및 변제독촉행위 금지요청서」 참고).

한편 파산채권자가 면책받은 사실을 알면서도 이러한 독촉정도를 벗어나 면책된 채권에 기하여 강제집행을 하거나 가압류 또는 가처분의 방법으로 추심행위를 한 경우에는 500만원 이하의 과태료에 처해진다(660조 3항).

[2]
파산절차상 중요 기관·기구

1. 파산관재인

가. 파산관재인의 의의와 선임

1) 파산관재인의 의의

파산관재인이란 채무자에게 파산선고가 내려진 경우 파산선고와 동시에 법원으로부터 선임되어 파산재단의 관리, 처분, 환가, 배당 등의 권한과 의무를 가진 자를 말한다.

2) 파산관재인의 선임

파산관재인은 관리위원회의 의견을 들어 법원이 선임하며(355조 1항), 실무상 변호사의 자격이 있는 자로 선임하는 것이 통례이다. 법인(예, 법무법인)도 파산관재인이 될 수 있으며, 이 경우 해당 법인은 이사 중에서 파산관재인의 직무를 행할 자를 지명하고 법원에 신고해야 한다(355조 2항). 파산관재인은 1인을 원칙으로 하되 수인이 선임될 수 있는데(356조), 수인이 선임된 경우 그 직무집행은 공동으로 해야 하고(360조 1항 전단), 법원에 대한 허가서 역시 공동으로 제출해야 한다.[48] 다만 법원은 필요하다고 판단되는 경우 직무분장을 허가할 수 있다(360조 1항 후단). 파산관재인이 수인인 때에 제3자가 의사표시를 함에는 그 1인에 대하여 하면 족하다(360조 2항).

3) 파산관재인의 지위

파산관재인은 법원의 감독을 받으며, 파산재단에 관한 소송에서는 파산관재인이 당사자가 된다(358조, 359조). 파산관재인은 파산채무자의 포괄승계인과 같은 지위를 가지는 한편 파산채권자 전체의 공동의 이익을 위해 선량한 관리자의 주의로써 그 직무를 행하므로 파산채무자와 독립한 제3자로서의 지위도 가지게 된다.[49] 따라서 민법상 통정허위표시(민법 108조)나

48) 실무상 금융기관 파산시 변호사, 금융전문가 또는 예금보험공사 직원 1인을 공동파산관재인으로 선임하여 그들 사이에 직무분장을 결정하는 사례가 있다.

49) 파산채권자는 (구)파산법(2005. 3. 31. 법률 제7428호 채무자 회생 및 파산에 관한 법률 부칙 제2조로 폐지) 제15조에 의해 파산절차에 의하지 않은 개별적인 권리행사가 금지됨에 비추어 볼 때, 같은 법 제46조 제1항 본문에서 파산선고 후에 한 부동산 또는 선박에 관한 등기·가등기로써 '파산채권자'에게 대항할 수 없다고 함은 파산채권자 전체의 공동의 이익을 위해 선량한 관리자의 주의로써 그 직무를 수행하는 '파산관재인'에게

사기·강박에 의한 의사표시(민법 110조)에 있어서는 제3자에 해당되고, 선의·악의의 판단 여부도 총파산채권자 모두가 악의가 되지 않는 한 파산관재인을 악의자라고 할 수 없다(대판 2006.11.10. 2004다10299).

또한 파산선고 전에 부동산에 대한 점유취득시효가 완성되었으나 파산선고시까지 이를 원인으로 한 소유권이전등기를 마치지 않은 자는 파산재단에 속하는 해당 부동산에 관하여 이해관계를 갖는 제3자의 지위에 있는 파산관재인을 상대로 파산선고 전의 점유취득시효 완성을 원인으로 한 소유권이전등기절차의 이행을 청구할 수 없다(대판 2008.2.1. 2006다32187).[50)]

나. 파산관재인의 권한

1) 권한 일반

파산관재인은 취임 직후 파산재단 소속 재산에 대한 점유를 시작으로 적극·소극재산의 관리, 채권자집회에 관한 권한, 파산재단의 환가 및 배당에 관한 권한 등 파산의 목적 달성을 위해 필요한 일체의 행위를 할 권한을 가진다. 이를 구체적으로 살펴보면 아래와 같다.

① 파산재단에 속하는 재산에 대한 봉인(480조)

② 재산가액의 평가(482조)

③ 재산목록 및 대차대조표의 작성(483조)

④ 중단된 소송의 수계(347조)

⑤ 쌍방미이행 쌍무계약에 관한 선택 등 장래의 법률관계의 처리(335조~344조)

대항할 수 없음을 뜻하고, 이는 파산관재인이 단순히 파산자의 포괄승계인으로서 파산자의 부동산 또는 선박에 관한 등기·가등기의무를 그대로 승계한 지위에 있는 것이 아니라, 파산선고와 동시에 파산자와 독립하여 파산재단에 속하는 재산에 관하여 이해관계를 가지게 된 제3자로서의 지위를 가지고 있음을 전제로 하여 파산선고 후에 한 부동산 또는 선박에 관한 등기·가등기를 파산관재인에게 대항할 수 없도록 한 것이라고 해석된다(대판 2008.2.1. 2006다32187).

50) 파산선고 전에 부동산에 대한 점유취득시효가 완성되었으나 파산선고시까지 이를 원인으로 한 소유권이전등기를 마치지 않은 자는, 그 부동산의 소유자에 대한 파산선고와 동시에 파산채권자 전체의 공동의 이익을 위해 파산재단에 속하는 그 부동산에 관하여 이해관계를 갖는 제3자의 지위에 있는 파산관재인이 선임된 이상, 파산관재인을 상대로 파산선고 전의 점유취득시효 완성을 원인으로 한 소유권이전등기절차의 이행을 청구할 수 없다. 또한, 그 부동산의 관리처분권을 상실한 파산자가 파산선고를 전후하여 그 부동산의 법률상 소유자로 남아 있음을 이유로 점유취득시효의 기산점을 임의로 선택하여 파산선고 후에 점유취득시효가 완성된 것으로 주장하여 파산관재인에게 소유권이전등기절차의 이행을 청구할 수도 없다. 이 경우 법률적 성질이 채권적 청구권인 점유취득시효 완성을 원인으로 한 소유권이전등기청구권은 (구)파산법 제14조(2005. 3. 31. 법률 제7428호 채무자 회생 및 파산에 관한 법률 부칙 제2조로 폐지)가 규정하는 파산자에 대하여 파산선고 전의 원인으로 생긴 재산상의 청구권으로서 파산채권에 해당하므로 파산절차에 의해서만 그 권리를 행사할 수 있다(대판 2008.2.1. 2006다32187).

⑥ 환취권·상계권·별제권의 처리(407조~422조)
⑦ 채권의 추심 및 소의 제기(384조, 359조)
⑧ 재단의 환가(491조, 492조, 496조, 497조)
⑨ 부인권의 행사(391조~406조)
⑩ 재단채권의 변제(473조~478조)
⑪ 신고채권의 조사와 이의(452조~422조)
⑫ 파산채권확정소송에 대한 소의 제기 및 응소(462조~466조)
⑬ 배당허가 및 동의의 신청(506조, 520조)
⑭ 배당표의 작성·제출·경정(507조, 508조, 513조, 527조)
⑮ 배당액의 공고(509조)
⑯ 배당액의 결정·통지(515조, 522조)
⑰ 추가배당(531조, 532조)
⑱ 채권자집회소집신청(367조)
⑲ 제1회 채권자집회에서의 파산경과 보고(488조)
⑳ 채권자집회에의 출석·보고·설명·의견진술(365조, 499조)

2) 파산재단에 관한 소송 권한

파산재단에 관한 소송은 파산관재인이 직접 수행하는 것이 원칙이다. 다만 원격지 법원에 소송이 계속되어 있는 사건이나 파산관재인이 직접 소송을 수행하는 것이 부적절한 경우에는 다른 소송대리인을 선임할 수 있다.

3) 파산관재인 대리와 보조인의 활용

파산관재인은 법원의 허가를 얻어 자기의 책임으로 대리인을 선임할 수 있다(362조 1항, 2항). 이를 상시대리인이라고 한다. 상시대리인은 변호사로 선임하는 것이 원칙이지만 채무자의 보조인을 상시대리인으로 선임할 수도 있다. 이에 관하여 법원의 허가가 있는 때에는 법원사무관 등은 직권으로 지체 없이 촉탁서에 결정서 등본을 첨부하여 대리인의 선임에 관한 등기를 촉탁해야 하며, 대리인의 선임에 관한 허가가 변경·취소된 때에도 마찬가지이다(362조 1항, 2항). 대리인은 파산관재인에 갈음하여 재판상 또는 재판 외의 모든 행위를 할 수 있다(362조 3항).

한편 파산관재인은 파산관재업무의 보조를 위해 보조인을 고용할 수 있다. 통상 파산관재인이 개인적으로 물색하거나 법인채무자 소속 직원 중에서 선임하고 있다. 보조인을 고용할 경우 파산관재인은 미리 보조인의 성명과 연령, 업무내용, 고용기간, 급여의 예정액을 명시한 고용계약체결허가신청서를 작성하여 법원에 제출해야 한다.

다. 파산관재인의 의무

1) 선량한 관리자의 주의의무

파산관재인은 선량한 관리자의 주의로써 그 직무를 수행해야 한다(361조 1항). 파산관재인이 선량한 관리자의 주의를 게을리한 때에는 이해관계인에 대하여 손해배상책임을 지며, 주의를 게을리한 파산관재인이 수인인 때에는 연대책임을 부담하게 된다(361조 2항). 파산관재인의 손해배상책임은 한편으로는 재단채권에도 해당되는 바, 파산관재인 개인의 책임과 파산재단의 책임은 부진정연대채무의 관계에 있다고 본다. 선량한 관리자의 주의의무를 게을리한 사례로는, 예컨대 재단에 속한 추심가능한 매출금채권에 관하여 소의 제기 등 시효중단조치를 취하지 않음으로써 시효완성으로 회수불능하게 된 경우, 하자있는 배당표를 작성한 경우, 채무자의 자유재산을 처분한 경우 등이 있을 것이다.

2) 채권자집회 및 법원에의 보고의무

파산관재인은 파산선고에 이르게 된 사정과 채무자 및 파산재단에 관한 경과 및 현상에 관하여 제1회 채권자집회에 보고해야 한다(488조). 실무상으로는 파산관재인보고서에 재산목록과 대차대조표를 첨부하여 제출하고 있다. 또한 파산관재인은 채권자집회가 정하는 바에 따라 채권자집회 또는 감사위원에게 파산재단의 상황을 보고해야 하며(499조), 그 임무가 종료한 때에는 지체 없이 채권자집회에 계산보고를 해야 한다(365조 1항). 한편 감사위원이 설치된 경우에는 각 감사위원은 언제든지 파산관재인에게 파산재단에 관한 보고를 요구하거나 파산재단의 상황을 조사할 수 있다(379조 2항).

법원도 파산관재인에 대한 일반적 감독권이 있으므로 파산관재인에게 정기보고 기타 형식으로 파산관재업무의 수행상황에 관하여 보고를 명할 수 있다. 파산관재인이 의무를 게을리한 때에는 해임사유가 되며(364조 1항), 의무위반으로 인하여 이해관계인에게 손해를 끼친 경우에는 파산관재인 개인의 손해배상책임과 함께 파산재단이 재단채권(473조 4호)으로서 부진정연대채무를 지게 된다(대판 2014.11.20. 2013다64908 전원합의체판결).

라. 파산관재인의 구체적 직무 수행

1) 취임 직후 수행 업무

① 법인채무자의 사무소 답사 및 채무자의 상황에 대한 설명 청취
② 파산관재인에 대한 채무자와 직원들의 태도 파악
③ 고가품 보관장소의 지정신청 및 채무자로부터 현금, 고가품, 법인인감, 어음용지, 수표대장, 등기권리증, 예금통장을 인도받는 조치
④ 금고의 내용물 확인과 시정장치의 교체
⑤ 해고되지 않은 직원에 대한 해고예고 여부 확인
⑥ 파산재단 소속 재산에 대한 소송, 강제집행, 가압류·가처분의 계속 상황 파악
⑦ 부인권 행사를 위한 가처분의 필요성 검토
⑧ 파산선고일 기준 대차대조표 및 손익계산서, 청산 재산목록 및 청산대차대조표의 작성 준비
⑨ 부임한지 10일 경과 후 파산선고 당일부터 행한 파산관재인의 주요 내용에 대한 법원에의 서면 보고

2) 쌍방미이행 쌍무계약에 관한 선택

가) 미이행 쌍무계약 일반

쌍무계약에 관하여 채무자 및 그 상대방이 모두 파산선고 당시 아직 이행을 완료하지 않은 때에는 파산관재인은 계약을 해제 또는 해지하거나 채무자의 채무를 이행하고 상대방의 채무이행을 청구할 수 있다(335조 1항). 여기에서 미이행의 정도나 미이행의 원인은 묻지 않는 바, 전부 불이행이든 일부 미이행 또는 불완전이행이든, 기한 미도래 내지 이행지체로 인한 경우든, 동시이행항변권 또는 이행불능으로 인한 경우든 모두 포함된다.

파산관재인이 이행을 선택한 경우에는 상대방의 반대채권은 재단채권이 되고(473조 7호), 해제를 선택한 경우에는 상대방의 손해배상청구권은 파산채권에 해당된다(337조 1항). 다만 파산선고 전에 상대방이 채무의 일부를 이행한 경우에는 그 급부물이 파산재단에 현존한 경우에는 환취권으로서, 현존하지 않는 경우에는 그 가액에 대하여 재단채권으로서 권리를 행사할 수 있다(337조 2항). 파산관재인이 이행을 선택한 경우에는 원칙적으로 계약의 전부에 대하여 해야 하며 일부만의 이행의 선택은 허용되지 않는다.

상대방은 파산관재인에 대하여 상당한 기간을 정하여 그 기간 내에 계약의 해제 또는

해지나 이행 여부를 확답할 것을 최고할 수 있고, 파산관재인이 그 기간 내에 확답을 하지 않는 때에는 계약을 해제 또는 해지한 것으로 보게 된다(335조 2항). 한편 상대방으로서는 파산을 이유로 한 해제권은 인정되지 않으며, 다만 파산관재인이 이행을 선택하였음에도 불구하고 이를 이행하지 않는 경우 이를 이유로 계약을 해제할 수 있을 뿐이다.

나) 사안별 검토

(1) 매매계약

(가) 매도인이 파산한 경우

매매계약 체결 후 매도인이 파산한 경우가 있다. 매도인에 대한 파산선고 당시의 이행의 정도에 따라 경우를 나누어서 살펴보자. ① 매도인의 인도의무 및 매수인의 대금지급의무가 모두 미이행의 상태에 있는 경우가 있다. 이 경우에는 쌍방 미이행 쌍무계약에 해당되므로 파산관재인은 채무의 이행 또는 계약해제를 선택할 수 있고, 이행을 선택한 경우에는 매수인의 청구권은 재단채권이 되고, 해제를 선택한 경우에는 매수인의 손해배상청구권은 파산채권으로 된다(335조 1항, 473조 7호, 337조). ② 매도인의 인도의무는 미이행이고 매수인의 대금지급의무는 이행된 상태에 있는 경우가 있다.

이때 매수인의 대금지급의 정도가 전액 이루어져 있는 경우에는 쌍방 미이행이 아니므로 매수인은 목적물인도청구권을 금전채권으로 환산하여 파산채권자로서 배당을 통하여 만족을 얻는 수밖에 없을 것이로되, 매수인의 대금지급의 정도가 일부만 이루어지고 일부는 지체된 상태에 있는 경우에는 쌍방 미이행이 되므로 매수인은 매매대금반환청구권(파산관재인이 해제를 선택한 경우) 또는 목적물 인도청구권(파산관재인이 이행을 선택한 경우)을 재단채권으로서 행사할 수 있을 것이다(473조 7호, 337조 2항). ③ 매도인의 인도의무는 완료되었지만 매수인의 대금지급의무가 미이행인 경우가 있다. 이 경우에는 매도인이 가지는 매매대금채권은 파산재단에 귀속되어 파산관재인이 매수인에 대하여 매매대금의 지급을 청구할 수 있을 것이다.

(나) 매수인이 파산한 경우

매매계약 체결 후 매수인이 파산한 경우가 있다. 이 경우에도 파산선고 당시의 이행의 정도에 따라 구분하여, ① 매도인의 인도의무와 매수인의 대금지급의무가 모두 미이행 상태인 경우에는 쌍방 미이행 쌍무계약에 해당되므로 파산관재인은 채무의 이행 또는 계약해제를 선택할 수 있을 것이고(335조), ② 매도인의 인도의무는 미이행이지만 매수인의 대금지급의무는 모두 이행된 경우에는 매수인이 가지는 목적물 인도청구권은 파산재단에 귀속하여 파산관재인이 매도인에 대하여 이행을 청구할 수 있을 것이며, ③ 매도인의 인도의무가 완료되었지만 매수인의 대금지급의무가 미이행 상태인 경우에는 매도인의 매매대금채권은 파산채권에 해당되고 따라서 매도인으로서는 파산절차에 따라 배당을 받는 등으로 만족해야 할 것이다.

(2) 계속적 공급계약

전기, 가스, 수도 등 계속적 공급계약도 쌍무계약에 해당되고 따라서 당사자의 일방이 파산선고를 받은 경우에는 쌍방 미이행의 법리가 적용된다. 공급을 받는 자가 파산하였고 파산관재인이 이행을 선택한 경우라면 급부부분에 대한 대금채권이 어떠한 성질을 가지는지 문제된다. 파산선고 후에 제공한 급부부분에 대한 대금채권은 당연히 재단채권으로 될 것이다. 그러나 파산선고 전의 급부부분에 대한 대금채권에 대하여는 재단채권설과 파산채권설로 나누어지는데, 파산관재인이 이행을 선택할 때에는 계약의 전부에 대하여 해야 한다는 입장이 실무이므로 역시 재단채권으로 된다고 본다. 한편 파산관재인이 이행을 선택하지 않은 때에는 파산신청 후 파산선고 전까지의 미지급채권은 파산채권으로 취급될 것이다.

계속적 공급계약에 있어서 공급자가 동시이행항변권을 행사하여 공급받는 자의 종전의 사용료 미납을 이유로 장래의 지급을 거절할 수 있는지 문제된다. 실무상 회생절차에서는 "채무자에 대하여 계속적 공급의무를 부담하는 쌍무계약의 상대방은 회생절차개시신청 전의 공급으로 발생한 회생채권 또는 회생담보권을 변제하지 않음을 이유로 회생절차개시신청 후 그 의무의 이행을 거부할 수 없다(122조 1항)."라는 특별규정을 두고 있는데 반하여[51] 파산절차에서는 이러한 특별규정을 두고 있지 않는 점을 들어 상대방이 공급을 거절할 수 있는 것으로 처리하고 있다.

(3) 소유권유보부매매

소유권유보부매매 중 동산의 경우에는 인도와 함께 이행행위가 완료되므로 미이행 쌍무계약 규정(335조)의 적용은 없다. 그러나 부동산, 중기, 자동차, 건설기계 등 등기·등록을 요하는 경우에는 등기·등록이 이루어지기 전까지는 여전히 매도인의 등기·등록의 의무와 매수인의 할부대금지급채무가 남아 있으므로 미이행 쌍무계약 규정(335조)이 적용

51) 이와 관련된 판례로는 대판 2010.2.11. 2009마1930이 있다.

된다고 할 것이다.

(4) 임대차계약

임대차계약은 쌍무계약이기 때문에 원칙적으로 미이행 쌍무계약 규정(335조)이 적용된다. 다만 임차인 보호를 위해 민법이나 주택·상가건물임대차보호법에서 이러한 원칙이 수정되는 경우가 있다. 경우를 나누어서 살펴보자.

먼저 임대인이 파산한 경우이다. 이때에는 주택·상가건물임대차보호법상 대항력 있는 주택임차인 또는 대항력 있는 상가건물임차인에 대하여는 미이행 쌍무계약 규정(335조)이 적용되지 않는다(340조 4항). 즉 임차인의 보호를 위해 파산관재인에 의한 계약해지권의 행사가 배제되는 것이다. 물론 임차인에게 차임연체 등 채무불이행 사유가 있어 파산관재인이 임대차계약을 해지하는 것은 별개의 문제로되, 이 경우에는 임대차계약 해지의 효력은 일정기간 경과 후 발생하는 것이 아니라 즉시 발생한다(민법 637조).

그리고 파산절차의 원활한 진행을 위해 파산관재인은 임차보증금 상당액을 퇴거비용으로 지급하는 내용의 화해계약을 체결하고 그 퇴거비용을 재단채권으로 지급하는 것도 가능하다(473조 4호). 한편 주택·상가건물임대차보호법상 대항요건을 갖추고 확정일자를 갖춘 임차인은 파산재단에 속하는 주택 또는 상가건물의 환가대금에서 후순위권리자 그 밖의 채권자보다 우선하여 보증금을 변제받을 권리가 있고, 파산신청일까지 대항요건을 갖춘 최우선변제금액(주택임대차보호법 8조, 상가건물임대차보호법 14조)에 대하여는 파산재단에 속하는 주택 또는 상가건물의 환가대금에서 다른 담보물권자보다 최우선적으로 변제받을 권리가 인정된다(415조 1항, 2항, 3항).

다만 임차인이 차임을 선급하였거나 차임채권을 처분한 경우라도 파산선고시의 당기 및 차기에 관한 것을 제외하고는 파산채권자에게 대항할 수 없으되, 파산채권자에게 대항할 수 없음으로 인하여 손해를 받은 임차인 또는 채권양수인으로서는 그 손해배상채권을 가지고 파산채권자로서 배당에 참가하여 배당을 받을 수 있을 것이다(340조 2항).

다음으로 임차인이 파산한 경우이다. 이때에는 통합도산법상의 미이행 쌍무계약 규정(335조)보다 민법 제637조(임차인의 파산과 해지통고)가 특칙으로 적용되므로 파산관재인뿐만 아니라 임대인도 임대차계약을 해지할 수 있다. 이 경우 임대차계약은 임대인이 해지통고를 한 날로부터 토지·건물·기타 공작물은 6월, 동산은 5일이 경과하면 종료되고, 이로 인한 손해에 대하여는 상대방에게 그 배상을 청구할 수 없도록 하고 있다(민법 635조 2항, 637조 2항).

이와 같이 임차인이 파산한 경우에 있어서의 계약해지에 관하여는 민법이 주택·상가건물임대차보호법보다 우선적으로 적용되는 관계로 주택·상가건물임대차보호법상의 임대차 기간에 관한 강행규정에도 불구하고 민법상의 임대인의 해지권이 제한되지 않는 것이다.

(5) 리스계약

리스계약에도 미이행 쌍무계약에 관한 규정(335조)이 적용되느냐 여부에 관하여는 논란이 있으나 실무상으로는 리스물건의 사용과 월사용료의 지급사이에 대가관계를 인정하지 않으므로 부정설을 취하고 있다.[52]

(6) 도급계약

도급계약도 쌍무계약이므로 미이행 쌍무계약에 관한 규정(335조)이 적용된다.

먼저 도급인이 파산한 경우에는 민법 제674조(도급인의 파산과 해제권)가 통합도산법 제335조(쌍방미이행 쌍무계약에 관한 선택)에 대한 특칙이 되므로 파산관재인이나 수급인 어느 쪽도 계약해제가 가능하다고 본다(민법 674조 1항 전단).

계약이 해제된 때에는 기성부분에 대한 수급인의 보수 및 비용청구권은 파산채권이 되고, 완성된 결과물은 파산재단에 귀속된다. 계약이 해제된 경우 각 당사자는 상대방에 대하여 계약해제로 인한 손해의 배상을 청구하지 못한다(민법 674조 2항).

다음으로 수급인이 파산한 경우에는 민법에 특별 규정이 없으므로 통합도산법 제335조(쌍방미이행 쌍무계약에 관한 선택)가 그대로 적용되어 파산관재인에게 계약의 해제 또는 이행의 선택권이 인정된다. 다만 수급인이 도급계약에 의해 일을 완성해야 할 의무가 있는 때에는 파산관재인은 필요한 재료를 제공하여 수급인으로 하여금 그 일을 하게 할 수 있고, 그 일이 수급인 스스로 할 필요가 없는 경우에는 제3자로 하여금 이를 하게 할 수 있다(341조 1항). 이에 따라 수급인이 도급인인 상대방으로부터 지급받아야 할 일의 완성에 대한 보수청구권은 파산재단에 속하게 될 것이다(341조 2항).

52) 서울회생법원, 제5판, 법인파산실무, 209p.

(7) 위임계약

위임은 당사자 한쪽의 파산으로 종료되고(민법 690조 1항), 장래에 향하여 위임의 효력이 상실된다(대판 2002.8.27. 2001다13624). 위임자가 파산선고를 받았음에도 불구하고 수임자가 파산선고의 통지를 받지 못하고 파산선고의 사실도 알지 못한 채 위임사무를 처리한 때에는 이로 인하여 생긴 채권에 관하여 수임자는 파산채권자로서 권리를 행사할 수 있다(342조). 이러한 원리는 수임자가 파산한 경우에도 마찬가지이다(민법 691조 전단).

(8) 고용계약

사용자가 파산선고를 받은 경우에는 고용기간의 약정이 있는 때에도 근로자 또는 파산관재인은 계약을 해지할 수 있고(민법 663조 1항), 이 경우 각 당사자는 계약해지로 인한 손해배상을 청구하지 못하게 되어 있다(민법 663조 2항).

사용자가 파산선고를 받은 경우에 있어서의 근로자에 대한 파산관재인의 해고는 정리해고가 아닌 통상해고에 해당되고, 단체협약에 다른 약정이 있는 경우에도 파산관재인은 이에 구속되지 않는다(대판 2001.11.13. 2001다27975).

해고의 방법으로는 통상 해고예고에 의하게 되는데, 해고예고기간 중의 임금이나 해고예고수당은 재단채권으로 된다(473조 8호). 파산한 사용자로부터 고용된 근로자의 임금·퇴직금 및 재해보상금은 그 발생시기가 파선선고 전후인지 여부를 불문하고 재단채권에 해당된다(473조 10호). 파산선고 전의 원인으로 생긴 근로자의 임치금 및 신원보증금의 반환청구권도 마찬가지이다(473조 11호). 사용자가 파산한 경우 파산관재인은 단체협약을 해제할 수 있다. 사용자의 파산은 노동조합의 해산사유에 해당되지 않지만,[53] 그렇다고 파산관재인이 단체교섭에 응할 의무가 있는 것은 아니라고 본다.[54]

(9) 조합계약

조합원이 파산하게 되면 조합에서 당연히 탈퇴하게 된다(민법 717조 2호). 따라서 조합원이 파산선고를 받은 경우에는 파산관재인은 해당 조합원을 조합으로부터 탈퇴시키고 그 지분을 변제에 충당하도록 하는 것이 원칙이다. 다만 조합원들이 조합계약 당시 조합원 중에 파산하는 자가 발생하더라도 조합에서 탈퇴하지 않기로 약정하였고, 해당 조합원이 제3자와 공동사업을 계속하기 위해 그 조합에 잔류하는 것이 채권자들에게 불리하지 않아 그 채권자들의 동의를 받아 파산관재인이 조합에 잔류할 것을 선택한 경우에는 해당

53) 노동조합 및 노동관계조정법 28조.
54) 서울회생법원, 제5판 법인파산실무, 221p.

조합원이 파산하여도 조합으로부터 탈퇴하지 않는다고 하는 조합원들 사이의 탈퇴금지의 약정은 무효가 아니라고 할 것이다(대판 2004.9.13. 2003다26020).

같은 원리로 공동수급체의 구성원 중 1인이 파산하였으나 파산관재인이 법원의 허가와 파산채권자의 동의를 얻어 파산 이후에도 계속적으로 공동사업을 수행하여 왔다면 입찰참가자격제한조치를 받기 전까지는 탈퇴할 수 없다고 하는 탈퇴금지의 약정은 채권자의 이익을 해하지 않으므로 유효하다고 보아야 할 것이다(대판 2004.9.13. 2003다26020).

마. 파산관재인의 비용선급청구권

파산관재인은 파산관재업무를 수행하기 위해 필요한 각종 비용을 선급받을 수 있다(30조 1항). 여기에서 선급받을 수 있는 비용에는 사무실의 유지·관리비용으로서 차임, 관리비, 창고사용료, 경비용역비, 전기·가스·수도료 등과 자동차보험료·화재보험료 등 각종 보험료, 감정료·매각수수료·등기비용 등 매각수수료, 인지·송달료 등 소송비용, 보조인 급료·통신비·여비·숙박비·공고료·조세·공과금 등 각종 사무처리비용 등이 포함될 것이다.

바. 파산관재인의 보수

파산관재인은 법원의 보수결정에 따라 일정한 보수 및 특별보상금을 지급받을 수 있다(30조 1항). 파산관재인의 보수는 서울회생법원 실무준칙 제371호 「개인 파산관재인의 보수」에 의거하여 산정·지급하고 있다. 보수의 지급시기는 이시폐지결정시 최후보수를 한 번 지급함이 원칙이로되, 환가·배당의 대상이 있는 사건은 제1회 채권자집회 종료 후 또는 채권조사기일 종료 직후 우선보수를 지급한다(위 준칙 2조 1항, 2항). 파산관재인의 보수는 배당시까지 총수집액의 정도에 따라 기준보수를 산정하고, 여기에 위 기준보수의 50%의 범위 내에서 적정한 금액을 가감하여 정하고 있다.

[표 2] 파산관재인 보수산정표

수 집 액	기 준 보 수
600만원 이하	30만원 + (수집액 × 20%)
600만원 초과 ~ 1천만원 이하	130만원 + (수집액 − 600만원) × 10%
1,000만원 초과 ~ 6,000만원 이하	180만원 + (수집액 − 1,000만원) × 8%
6,000만원 초과 ~ 1억원 이하	600만원 + (수집액 − 6,000만원) × 6%
1억원 초과 ~ 6억원 이하	760만원 + (수집액 − 1억원) × 2%
6억원 초과 ~ 10억원 이하	1,660만원 + (수집액 − 6억원) × 1%
10억원 초과 ~ 60억원 이하	2,060만원 + (수집액 − 10억원) × 0.2%
60억원 초과	2,860만원 + (수집액 − 60억원) × 0.1%

주) 수집액이란 파산관재인이 환가하여 금전화한 것을 말하며, 파산선고 당시 이미 현금이나 현금 등가물과 같이 현금화되어 있거나 즉시 현금화가 가능한 것은 제외된다.

그밖에 파산관재인은 대부분 변호사의 자격이 있기 때문에 자신이 직접 소송을 수행한 경우에는 「변호사보수의 소송비용 산입에 관한 규칙」에 따라 산정한 보수도 지급받을 수 있을 것이다. 더 나아가 파산관재인이 수행한 소송이 부인의 소나 부인의 청구 등이고 위 소송에서 승소함으로써 파산재단이 특별한 이익을 얻은 경우에는 그 얻은 이익의 20% 범위 내에서 특별환가로 인한 특별보수로서 지급받을 수 있을 것이다(위 준칙 5조).

한편 파산관재인이 개업변호사인 경우에도 업무의 성질상 부가가치세가 면세되는 용역의 공급에 해당된다고 보아 파산관재인 보수에 부가가치세 상당액을 가산하지 않고 지급하는 실무이며, 파산관재인은 이러한 보수를 파산재단으로부터 직접 지급받은 후 소득세를 자진 신고납부해야 할 것이다.[55]

사. 파산관재인 사임·해임

파산관재인은 정당한 사유가 있는 때에는 법원의 허가를 받아 사임할 수 있고(363조), 법원은 채권자집회의 결의나 감사위원의 신청 또는 직권으로 파산관재인을 심문한 후 해임할 수 있다(364조 1항). 이러한 해임결정에 대하여 파산관재인은 즉시항고를 할 수 있으되, 즉시항고에는 집행정지의 효력이 없다(364조 2항, 3항). 파산관재인의 임무가 종료한 때에는 파산관재인이나 그 상속인은 지체 없이 채권자집회에 계산의 보고를 해야 한다(365조 1항).

55) 서울회생법원, 제5판 법인파산실무, 481p.

이에 관하여 채무자나 파산채권자 또는 후임의 파산관재인이 채권자집회에서 이의를 진술하지 않은 때에는 이를 승인한 것으로 보게 된다(365조 2항). 파산관재인은 이해관계인의 열람을 위해 계산보고서와 이에 관한 감사위원의 의견서를 채권자집회일 3일 전까지 법원에 제출해야 한다(365조 3항). 파산관재인의 임무가 종료한 때에도 급박한 사정이 있는 경우에는 파산관재인이나 그 상속인은 후임의 파산관재인 또는 채무자가 재산을 관리할 수 있게 될 때까지 필요한 처분을 해야 할 의무가 있다(366조).

2. 감사위원

가. 감사위원의 의의와 지위

1) 의 의

감사위원이란 파산채권자 전체의 권리를 보호하기 위해 채권자집회에서 선임되어 파산관재인의 직무집행을 감시하고 보조하는 것을 임무로 하는 합의제 기관을 말한다.

2) 감사위원의 선임과 실무상 운영실태

가) 감사위원 선임의 임의성

감사위원은 제1회 채권자집회에서 설치할 필요가 있다는 제안이 있는 경우에 한하여 채권자집회에서 선임하되(377조 1항), 선임에 대한 결의는 법원의 인가를 받아야 한다(377조 3항). 제안은 파산관재인뿐만 아니라 채권자도 할 수 있다. 제1회 채권자집회에서 감사위원에 대한 설치의 제안이 가결되면 감사위원의 수 및 감사위원으로 될 자에 대하여 결의를 해야 한다. 감사위원의 수에는 제한이 없다. 감사위원은 법률이나 경영에 관한 전문가로서 파산절차에 이해관계가 없는 자로 선임해야 한다(377조 2항). 감사위원의 설치에 대한 결의는 그 후의 채권자집회에서 변경이 가능하다(376조).

나) 감사위원의 운영실태

실무상 감사위원의 설치는 임의적인데다 감사위원의 보수지급 문제, 감사위원의 동의를 받기 위한 절차로 인한 파산절차의 지연 초래, 감사위원의 설치로 인한 파산관재인에 대한 법원의 감독권의 제한, 감사위원의 특정채권자에 대한 이익 대변의 폐단, 감사위원과 파산관재인의 유착 우려, 감사위원의 권한 남용 등의 문제로 원칙적으로 감사위원을 설치하지 않고 있다.[56]

---

56) 서울중앙지방법원, 제4판 법인파산실무, 113p.

나. 감사위원의 권한과 의무 및 직무수행

1) 감사위원의 권한과 직무

감사위원은 파산관재인의 직무집행을 감사한다(379조 1항). 이를 위해 각 감사위원은 언제든지 파산관재인에게 파산재단에 관한 보고를 요구하거나 파산재단의 상황을 조사할 수 있고, 파산채권자에게 현저히 손해를 미치는 사실을 발견한 때에는 지체 없이 법원 또는 채권자집회에 보고해야 한다(379조 2항, 3항). 감사위원은 파산관재인의 계산보고서에 관한 의견서를 제출하고, 파산관재인에 대한 해임신청도 할 수 있다(365조 3항, 364조).

감사위원은 파산관재인이 법원의 허가를 받아야 하는 행위(492조)에 대한 법원의 허가에 갈음하여 동의권을 가지며 파산관재인의 배당에 대한 동의권도 가지고 있다. 또한 감사위원은 채무자 및 그 대리인이나 이사 또는 지배인에 대하여 채무자의 파산에 관한 설명요구권(321조), 채권자집회소집 신청권(367조), 채권자집회에 있어서 결의의 집행금지신청권(375조) 등도 가지고 있다.

2) 감사위원의 의무

감사위원은 선량한 관리자의 주의로써 직무를 수행해야 한다(381조, 361조 1항). 감사위원이 이러한 선량한 관리자의 주의를 게을리한 때에는 이해관계인에게 손해배상책임이 있고, 주의를 게을리한 감사위원이 수인 있는 때에는 연대책임을 부담하게 된다(381조, 361조 2항, 3항).

3) 직무집행의 방법

감사위원이 3명 이상 있는 경우에 감사위원의 직무집행은 그 과반수의 찬성으로 결정한다(378조 1항). 특별한 이해관계가 있는 감사위원은 이러한 표결에 참가할 수 없다(378조 2항).

다. 감사위원의 사임·해임

감사위원은 파산관재인과 달리 언제든지 사임할 수 있고, 법원에 사임서를 제출함으로써 사임의 효력이 발생한다. 또한 감사위원은 언제든지 채권자집회의 결의로 해임될 수 있고(380조 1항), 법원도 상당한 이유가 있는 때에는 이해관계인의 신청에 의해 감사위원을 해임할 수 있다(380조 1항, 2항). 이러한 감사위원의 해임에 관한 재판에 대하여는 즉시항고를 할 수 있으되, 즉시항고에는 집행정지의 효력이 인정되지 않는다(380조 3항, 4항).

3. 채권자협의회

가. 채권자협의회의 의의와 지위

1) 채권자협의회의 의의

파산절차에서는 채권자들의 의사가 각자 개별적으로 표출되는 것보다는 채권자들의 의사를 결집하고 이를 파산절차에 반영할 수 있도록 하는 것이 채권자들 자신의 권리를 보호하고 나아가 파산절차에도 효율적으로 참여할 수 있는 것이므로 주요 채권채권들을 구성원으로 하는 단체가 필요하다고 할 수 있는데, 그러한 채권자들의 구성단체를 채권자협의회라고 한다.

2) 채권자협의회의 구성 여부

통합도산법에서는 관리위원회 또는 법원(단, 관리위원회가 설치되지 않은 경우)으로 하여금 채권자협의회를 필수적으로 구성하도록 하고 있다(20조 1항 본문). 다만 채무자가 개인이거나 중소기업인 경우에는 채권자협의회를 구성하지 않을 수 있도록 예외를 인정하고 있고, 이에 따라 실무에서도 개인파산이나 중소기업의 파산에 있어서는 대부분 채권자협의회를 구성하지 않고 있다(20조 1항 단서). 개인파산이나 중소기업의 파산에 있어서는 파산재단에 속하는 재산이 거의 없는 관계로 배당의 정도도 미미하여 채권자들이 채권자협의회에 참가하려는 의지나 동기가 부족하고 채권자협의회를 억지로 구성한다고 하더라도 그 역할이나 기능을 기대하는 것이 곤란한 점도 채권자협의회를 구성하지 않고 있는 실무의 경향에 일조를 하는 것이 아닌가 싶다.

나. 채권자협의회의 구성 및 운영

관리위원회 또는 법원(관리위원회가 설치되지 않은 경우)은 파산신청이 있은 후 채무자의 주요 채권자들을 구성원으로 하는 채권자협의회를 구성해야 한다(20조 1항 본문). 다만 채무자가 개인이거나 중소기업인 경우에는 채권자협의회의 구성이 임의적이다(20조 1항 단서, 중소기업기본법 2조 1항). 채권자협의회는 10인 이내로 구성되며, 관리위원회는 필요하다고 인정하는 때에는 소액채권자들도 채권자협의회의 구성원으로 참여하게 할 수 있다(20조 2항, 3항). 법원은 결정으로 채권자협의회의 활동에 필요한 비용을 채무자에게 부담시킬 수 있다(21조 3항). 채권자협의회의 구성 및 운영에 관하여는 대법원규칙으로 정하도록 되어 있는데(21조 4항), 서울중앙지방법원에서는 "채권자협의회의 운영에 관한 준칙"을 제정하여 시행하고 있다.

다. 채권자협의회의 기능

채권자협의회는 채권자들간의 의견을 조정하여 다음과 같은 행위를 할 수 있다(21조 1항). 즉,

① 파산절차에 관한 의견 제시
② 파산관재인의 선임 또는 해임에 관한 의견 제시
③ 채무자의 감사(상법 415조의2의 규정에 의한 감사위원회의 위원 포함) 선임에 대한 의견 제시
④ 파산선고 후 회사의 경영상태에 관한 실사 청구
⑤ 법원이 요구하는 파산절차에 관한 사항
⑥ 그밖에 대통령령이 정하는 행위

라. 채권자협의회의 결정

채권자협의회의 의사는 출석한 구성원 과반수의 찬성으로 결정한다(21조 2항). 채권자협의회의 구성원이 아닌 채권자도 관리위원회의 허가를 얻어 채권자협의회의 회의에 참석하여 발언할 수 있으나 의결권은 인정되지 않는다(규칙 36조 3항).

마. 채권자협의회에 대한 자료제공

법원은 파산절차의 신청에 관한 서류·결정서·감사보고서 그밖에 대법원규칙이 정하는 주요 자료의 사본을 채권자협의회에 제공해야 하고, 파산관재인도 법원에 대한 보고서류 중 법원이 지정하는 주요 서류를 채권자협의회에 분기별로 제출해야 한다(22조 1항, 2항). 채권자협의회는 파산관재인에게 필요한 자료의 제공을 청구할 수 있고, 이에 따라 자료제공을 요청받은 자는 대법원규칙이 정하는 바에 따라 자료를 제공해야 한다(22조 3항, 4항). 채권자협의회에 속하지 않은 채권자의 요청이 있는 때에는 채권자협의회는 제공받은 자료를 제공해야 한다(22조 5항).

4. 채권자집회

가. 채권자집회의 의의

채권자집회란 파산절차에서 채권자들의 의견을 반영하기 위해 법원이 소집·개최하는 채권자들의 집회를 말하며, 파산절차에 있어서 필수적인 기구에 해당된다. 채권자집회에서는 통합도산법에서 정한 사항을 결의하고, 파산관재인이나 채무자 또는 이에 준하는 자로부터 보고 및 설명을 받는 등의 권한이 주어져 있다.

나. 채권자집회의 종류

1) 법률상 소집이 규정되어 있는 집회

① 제1회 채권자집회(312조 1항 2호)

② 감사위원의 동의에 갈음하는 결의를 위한 집회(374조 1항)

③ 파산관재인의 임무종료에 의한 계산보고집회(365조 1항)

④ 재단부족에 의한 폐지의 의견을 듣기 위한 집회(545조 1항)

2) 그밖의 집회

① 파산관재인이나 감사위원 또는 신고한 총채권액에 대한 법원평가액의 1/5 이상에 해당하는 파산채권자의 신청에 의해 소집된 집회(367조)

② 법원이 직권으로 소집한 집회

다. 채권자집회의 권한

① 파산관재인의 해임(364조)

② 감사위원의 설치·선임·해임(376조, 377조, 380조 1항)

③ 감사위원의 동의에 갈음하는 결정(374조 1항, 500조 1항)

④ 영업의 폐지·계속, 고가품의 보관방법 결정(489조)

⑤ 환가되지 못한 재산 처분에 관한 결의(529조)

⑥ 채무자나 그 대리인으로부터 필요한 설명을 들을 권리(321조 1항)

⑦ 파산관재인으로부터 파산에 이르게 된 사정, 채무자 및 파산재단에 관한 경과와 현상 등에 대하여 보고를 받을 권리(489조)

⑧ 파산관재인의 임무가 종료된 경우 파산관재인 또는 그 상속인으로부터 계산보고를 받을 권한(365조 1항)

⑨ 재단부족에 의한 파산폐지에 관하여 의견을 표명할 권한(545조 1항)

라. 소집절차 및 공고·송달과 지휘

제1회 채권자집회의 기일은 파산선고와 동시에 법원이 정하게 되는데(312조 1항 2호), 통합도산법에서는 파산선고를 한 날로부터 4월 이내의 날로 정하도록 되어 있지만 이는 훈시규정에 해당하므로 이와 달리 정할 수 있다. 채권조사기일과 관련하여, 채권자집회를 먼저 열고 채권조사기일을 별도로 여는 방법도 있지만, 비용과 시간의 낭비를 막고 미확정의 채권에 대하여 의결권을 부여하는 것은 타당하지 않는다는 차원에서 실무상 제1회 채권자집회와 채권조사기일을 병합하여 열고 있는 것이 실무이다.

법원은 파산관재인 또는 감사위원의 신청에 의하거나 직권으로 채권자집회를 소집하게 되며(367조 전단), 채권신고를 한 총채권에 관하여 법원이 평가한 액의 1/5 이상에 해당하는 파산채권자의 신청이 있는 때에도 채권자집회를 소집하게 된다(367조 후단). 법원은 채권자집회를 소집할 때에는 집회기일과 회의의 목적사항을 공고해야 한다(368조 1항).

결의 사항은 법정되어 있지만 실무에서는 이해관계인이 편의를 위해 목적사항도 일시 및 장소와 함께 공고하고 있다. 다만 채권자집회에 대한 연기 또는 속행의 선고가 있는 때에는 송달 또는 공고를 하지 않을 수 있다(368조 2항). 법원은 제1회 채권자집회에 있어서는 파산관재인이나 채무자 또는 알고 있는 파산채권자에 대하여 소정의 사항을 기재한 서면을 송달해야 하되(313조 1항, 2항), 기타의 집회에 관하여는 발송송달 등 적당한 방법으로 통지하면 된다.

마. 채권자집회를 위한 사전준비

파산관재인은 제1회 채권자집회 전에 파산관재인보고서, 파산채권조사결과표, 제안서, 이의통지서 초안을 준비하되, 늦어도 집회 5일 전까지 이러한 서류들을 법원에 제출하는 것이 권장되고 있다. 파산관재인보고서는 파산선고에 이르게 된 사정과 채무자 및 파산재단에 관한 경과 및 현상에 관하여 파산관재인이 조사한 내용을 기재하는 서면으로서(488조), 비교대차대조표, 파산대차대조표, 대차대조표의 평가기준 및 평가조정사항, 재산목록 등을 첨부한 서류를 말한다(483조 2항). 파산관재인보고서에 기재해야 할 구체적인 사항으로는 ① 채무자의 개요, ② 채무자의 영업상태, ③ 파산선고에 이르게 된 사정, ④ 파산선고와 그 시점에서의 재단의 상황, ⑤ 파산재단의 경과 및 현상, ⑥ 종업원에 대한 조치, ⑦ 조세 및 공과금의 유무와 내용, 기타 재단채권의 개요, ⑧ 계속 중인 소송의 상황, ⑨ 신고채권의 개요, ⑩ 예금의 보관방법, ⑪ 채권자집회 이후의 관재 방침, ⑫ 배당의 전망 등이다.

그리고 파산채권조사결과표는 실무상 '시·부인표'라고도 하는데, 접수번호의 순서대로 파산채권자의 채권신고액, 시인액, 이의액, 이의사유 등을 기재한 표로서, 파산관재인은 실무상 모든 파산채권이 기재되어 있는 총괄 인부표와 각 파산채권자마다 조사결과를 기재한 개별 인부표로 구분하여 작성해서 제출하는 것이 실무이다. 제안서는 파산관재인이 영업의 폐지나 계속, 고가품의 보관방법 등에 관하여 제안하는 경우에 그 제안과 제안의 이유에 대하여 간략히 설명을 덧붙여 놓은 서류이다.

파산관재인은 미리 채권자들에게 파산관재인보고서나 채권 '시·부인표' 등을 요약한 서류들을 배포하여 집회를 준비하고, 출석상황표 및 의결표를 미리 작성하여 법원에 제출해 두어야 한다.

바. 채권자집회의 결의

1) 집회의 지휘 및 결의

채권자집회는 법원이 지휘한다(369조). 의결권 있는 채권자가 1인만 출석하여도 개회 및 결의는 가능하다. 채권자집회는 구두변론절차가 아니므로 공개할 필요가 없지만 실무상으로는 제1회 채권자집회는 공개로 진행하고 있다.

2) 채권자집회의 의결권

가) 의결권자 및 의견권의 행사

채권자집회에서의 의결권은 파산채권자 중에서 파산관재인 또는 파산채권자가 채권조사절차에서 그 의결권에 관하여 이의를 제기하지 않은 자에 대하여 인정된다. 파산채권자는 의결권을 통일하지 않고 행사할 수 있는데, 이 경우 채권자집회 7일 전까지 법원에 그 취지를 서면으로 신고해야 한다(371조 1항, 2항). 파산채권자는 대리권을 증명하는 서면을 제출함으로써 대리인에 의해 그 의결권을 행사할 수 있다(372조 1항, 2항).

파산채권자의 의결권은 확정채권액에 따라 행사하는 것이 원칙이고, 따라서 미확정채권, 정지조건부채권, 장래의 청구권 또는 별제권의 행사에 의해 변제를 받을 수 없는 채권액에 관하여는 파산관재인 또는 파산채권자가 이의를 제기한 때에는 법원은 의결권을 행사하게 할 것인지의 여부와 의결권을 행사할 금액을 결정해야 한다(373조 1항, 2항).

이에 관한 법원의 결정에 대하여는 이해관계인의 신청에 의해 언제든지 변경할 수 있다(373조 3항). 파산채권자라도 후순위 파산채권(446조)에 대하여는 의결권이 인정되지 않는다(373조 5항).

나) 결의의 성립

채권자집회의 결의에는 의결권을 행사할 수 있는 출석 파산채권자의 총채권액의 1/2을 초과하는 채권을 가진 자의 동의가 있어야 한다(370조 1항). 채권자집회의 결의에 관하여 특별한 이해관계를 가진 자는 의결권을 행사할 수 없다(370조 2항).

다) 결의의 효력

결의가 유효하게 성립하면 그 결의에 출석하지 않은 채권자나 동의하지 않은 채권자 또는 파산관재인을 모두 구속하게 된다. 다만 유효한 결의가 성립된 경우라고 하더라도 채권자집회의 결의가 파산채권자 일반의 이익에 반하는 때에는 법원은 파산관재인·감사위원 또는 파산채권자의 신청이나 직권으로 결의의 집행을 금지할 수 있다(375조 1항).

[기재례 1] 파산관재인 추천의뢰(예금보험공사)

○○지방법원
제○파산부

우) 12345 ○○구 ○○로 1701-1 / ☎ 530-○○○○ / 팩스 594-○○○○ / 주심: ○○○ 판사

시행일자 20○○. ○. ○.
수 신 예금보험공사 대표자 사장 ○○○
참 조 청산관리부장 ○○○(전화 / 팩스)
제 목 파산관재인 선임 심리자료 요청

---

1. ○○생명보험에 대한 이 법원 20○○하단○○호 파산선고 신청사건 관련 내용입니다.
2. 예금자보호법 제35조의8에 따른 파산관재인의 선임여부를 결정하는데 필요하오니 20○○. ○. ○.까지 다음의 자료를 제출하여 주시기 바랍니다.

◇ 다 음 ◇

(1) ○○생명보험 주식회사에 투입된 공적자금의 효율적인 회수의 필요성이 있다는 자료.
(2) 파산관재인 후보에 관한 자료(예금보험공사와 예금보험공사 임직원을 복수로 추천하여 주시고, 예금보험공사 임직원의 경우 이력서, 취임승낙서, 주민등록등본 기타 파산관재인으로서 적격을 심사할 수 있는 자료가 필요합니다.)
(3) 위 기간 내에 회신이 없는 경우 예금자보호법 제35조의8이 정한 요건을 갖추지 못하였다고 보아 법원이 직권으로 예금보험공사 또는 그 임직원 외의 사람을 파산관재인으로 선임할 수 있습니다.

재판장 판사 ○○○

[기재례 2] 파산관재인 선임증(자격증명서)

20○○하단○○ 파산선고

선 임 증

성 명 ○ ○ ○(주민등록번호)

주 소 ○○시 ○○구 ○○로 ○○

위 사람은 주식회사 ○○의 파산관재인으로 선임되었음을 증명함.

20○○. ○. ○.

○○지방법원 제○○파산부

주) 개인파산·회생실무, 서울회생법원, 서식 참고 및 인용

[기재례 3] 관재인보수 우선지급결정

○○지방법원
제○○파산부
결 정

사 건 20○○하단○○ 파산선고

채 무 자 ○○증권 주식회사
○○시 ○○구 ○○로 ○○

파산관재인 ○○○

주 문

파산관재인의 우선지급 보수를 1,000만원으로 정한다.

이 유

채무자 회생 및 파산에 관한 법률 제30조를 적용하여 주문과 같이 결정한다.

20○○. ○. ○.

재판장 판사 ○○○
판사 ○○○
판사 ○○○

注) 개인파산·회생실무, 서울회생법원, 서식 참고 및 인용

[기재례 4] 파산관재인 추가선임결정

○○ 지 방 법 원
제○○파산부
결 정

사 건	20○○하단○○ 파산선고
채 무 자	○○산업 주식회사 ○○시 ○○구 ○○로 ○○
파산관재인	변호사 ○○○

주 문

변호사 ○○○(주민등록번호, 사무소)을 파산관재인으로 선임한다.

이 유

파산관재인을 추가로 선임할 필요가 있으므로 채무자 회생 및 파산에 관한 법률 제356조 단서, 제355조 제1항에 의해 주문과 같이 결정한다.

20○○. ○. ○.

재 판 장 판 사 ○○○
판 사 ○○○
판 사 ○○○

주) 개인파산·회생실무, 서울회생법원, 서식 참고 및 인용

[기재례 5] 파산관재인 사임허가결정

○○ 지 방 법 원
제○○파산부
결 정

사 건 20○○하단○○ 파산선고

채 무 자 주식회사 ○○
○○시 ○○구 ○○로 ○○

주 문

파산관재인 ○○○의 사임신청을 허가하고, 변호사 ◇◇◇(주민등록번호, 사무소)을 파산관재인으로 선임한다.

이 유

파산관재인 ○○○이 20○○. ○. ○.자로 사임신청을 하고 있는 바, 그 사임신청은 정당한 사유가 있으므로 채무자 회생 및 파산에 관한 법률 제363조를 적용하여 이를 허가하고, 후임 파산관재인으로 변호사 ◇◇◇을 같은 법 제355조 제1항을 적용하여 선임한다.

20○○. ○. ○.

재 판 장 판 사 ○○○
판 사 ○○○
판 사 ○○○

注) 개인파산·회생실무, 서울회생법원, 서식 참고 및 인용

[기재례 6] 파산관재인 해임결정

○○지 방 법 원
제○파산부
결　　　정

사　　건　　20○○하단○○　파산선고
채 무 자　　주식회사 ○○
　　　　　　○○시 ○○구 ○○로 ○○

주　　　문

파산관재인 ○○○을 해임한다.

이　　　유

감사위원의 신청에 의해(또는 20○○. ○. ○. 채권자집회의 결의에 의해, 또는 직권으로) 채무자 회생 및 파산에 관한 법률 제364조를 적용하여 주문과 같이 결정한다.

20○○. ○. ○.

재 판 장　　판 사 ○○○
　　　　　　판 사 ○○○
　　　　　　판 사 ○○○

주) 개인파산·회생실무, 서울회생법원, 서식 참고 및 인용

[기재례 7] 파산관재인 변경공고

파산관재인 변경공고

사　　건　　20○○하단○○　파산선고

채 무 자　　주식회사 ○○

○○시 ○○구 ○○로 100의 1

위 사건에 관하여 다음과 같이 파산관재인이 변경되었으므로 채무자 회생 및 파산에 관한 법률 제313조 제3항, 제1항 제2호에 의해 이를 공고합니다.

다　　음

파산관재인 ○○○의 사임 신청을 허가하고, 20○○. ○. ○. 변호사 ○○○(주민등록번호, 사무소)을 위 사건의 후임 파산관재인으로 선임하였음.

20○○.　○.　○.

○○지방법원　제○○파산부

재 판 장　　판 사 ○○○

판 사 ○○○

판 사 ○○○

注) 개인파산·회생실무, 서울회생법원, 서식 참고 및 인용

[기재례 8] 파산관재인 변경등기 촉탁

○○ 지 방 법 원
제○파산부
등기촉탁서

○○지방법원 상업등기소장 귀하

사　　건　　20○○하단○○ 파산선고

채 무 자　　주식회사 ○○
　　　　　　○○시 ○○구 ○○로 1001의 1

위 사건에 관하여 다음과 같이 파산관재인 변경등기를 촉탁합니다.

등기원인과 그 연월일

20○○. ○. ○. 파산관재인 ○○○의 사임신청을 허가하고 ○○○(서울 ○○구 ○○로 ○○)를 파산관재인으로 선임한 결정

등 기 목 적

파산관재인 사임등기 및 선임등기 등록세, 교육세 및 채무자 회생 및 파산에 관한 법률 제25조 제4항, 등기부등·등기촉탁수수료 초본 등 수수료 규칙 제5조의3 제2항 제1호에 의해 면제

붙임 1. 파산관재인 사임신청허가결정 등본 1통
　　 2. 파산관재인 선임결정 등본 1통
　　 3. 인감신고서 1통
　　 4. 촉탁서 부본 1통

20○○. ○. ○.

재 판 장　　판 사 ○○○

주) 개인파산·회생실무, 서울회생법원, 서식 참고 및 인용

[기재례 9] 배달촉탁 변경

○○ 지 방 법 원
제○파산부
촉 탁 서

○○우체국장 귀하

사　　건　　20○○하단○○　파산선고

채 무 자　　주식회사 ○○
　　　　　　○○시 ○○구 ○○로 100의 1

위 사건에 관하여 채무자 회생 및 파산에 관한 법률 제484조에 의해 다음과 같이 촉탁합니다.

다　　　음

채무자 주식회사 ○○에게 보내는 우편물 또는 전보는 이 법원 및 파산관재인이 발송한 것을 제외하고 파산관재인 ○○○(사무실 소재지 : 서울 ○○구 ○○로 1000의 1 ○○빌딩 202호)에게 배달하여 주시기 바랍니다. 끝.

붙임 1. 파산관재인선임결정 등본　1통
　　 2. 촉탁서 부본　　　　　　　1통

20○○. ○. ○.

재 판 장　　판 사 ○○○

注) 개인파산·회생실무, 서울회생법원, 서식 참고 및 인용

[기재례 10] 파산관재인의 대리인 선임 인가결정

○○ 지 방 법 원
제○파산부
결 정

사 건 20○○하단○○ 파산선고
채 무 자 ○○증권 주식회사
○○시 ○○구 ○○로 ○○
파산관재인 ○○○

주 문

파산관재인이 ○○○(주민등록번호, 주소)을 대리인으로 선임함을 인가한다.

이 유

채무자 회생 및 파산에 관한 법률 제362조 제2항을 적용하여 주문과 같이 결정한다.

20○○. ○. ○.

재 판 장 판 사 ○○○
판 사 ○○○
판 사 ○○○

주) 개인파산·회생실무, 서울회생법원, 서식 참고 및 인용

[기재례 11] 관리위원회 의견조회

○○지방법원
제○파산부

우) 12345 ○○구 ○○로 1701-1 / ☎ 530-○○○○ / 팩스 594-○○○○ / 주심: ○○○ 판사

시행일자 20○○. ○. ○.
수 신 ○○지방법원 관리위원회
참 조 관리위원 ○○○
제 목 파산관재인선임 의견조회

1. ○○신용금고 주식회사에 대한 이 법원 20○○하단○○호 파산선고 신청사건과 관련된 내용입니다.
2. 채무자 회생 및 파산에 관한 법률 제355조 제1항에 의해 다음 사항에 대한 의견을 조회하니, 20○○. ○. ○.까지 회신하여 주시기 바랍니다.

◇ 다 음 ◇

위 회사의 파산관재인으로 변호사 ○○○을 선임함에 관한 의견

※ 첨부 : 이력서 1통. 끝.

재판장 판사 ○○○

....

의 견 서

○○지방법원 제○○파산부 귀중

의 견 :

20○○. ○. ○.

○○지방법원 관리위원회 위원장○○○

주) 개인파산·회생실무, 서울회생법원, 서식 참고 및 인용

[기재례 12] 감사위원 선임인가결정

○○ 지 방 법 원
제○파산부
결　　　정

사　　건　　20○○하단○○　파산선고

채 무 자　　○○종합금융 주식회사
　　　　　　○○시 ○○구 ○○로 ○○

파산관재인　　○○○

주　　　문

20○○. ○. ○. 채무자의 제1회 채권자집회에서 감사위원으로 ○○○(440000-1000000), ○○○(530000-1000000), ○○○(600000-1000000) 3인을 선임한 결의는 이를 인가한다.

이　　　유

20○○. ○. ○. 채무자의 제1회 채권자집회에서 감사위원으로 ○○○(440000-1000000), ○○○(530000-1000000), ○○○(600000-1000000) 3인을 선임한 결의는 적정하다고 인정되므로, 채무자 회생 및 파산에 관한 법률 제377조 제3항에 의해 이를 인가하기로 하여 주문과 같이 결정한다.

20○○. ○. ○.

재 판 장　　판 사 ○○○
　　　　　　판 사 ○○○
　　　　　　판 사 ○○○

주) 개인파산·회생실무, 서울회생법원, 서식 참고 및 인용

[기재례 13] 감사위원에 대한 주의사항

감사위원의 권한과 책임

1. 직무권한

감사위원은 파산관재인을 지휘·지시하는 권한을 가지는 것이 아니라, 법에서 정한 바에 따라 파산관재인을 감시·보조하는 권한을 가진다.

(1) 파산관재 업무의 감시

- 감사위원의 주된 직무이다. 감사위원은 각자 언제라도 파산관재인에 대하여 파산재단에 관한 보고를 구하거나 파산재단의 상황을 조사할 수 있다. 감사위원은 파산채권자에게 현저하게 손해를 미칠 사실을 발견한 때에는 지체 없이 법원 또는 채권자집회에 보고해야 한다(채무자 회생 및 파산에 관한 법률 제379조, 제499조).
- 합의에 의해 파산관재인의 계산보고서에 관하여 의견서를 제출하고(제365조 ③), 파산관재인의 해임신청을 할 수 있다(제364조 ①).

(2) 파산관재 업무의 보조 (동의권)

- 감사위원은 일반채권 조사 전에 파산재단에 속하는 재산의 긴급환가(제491조), 파산재단 중 부동산 기타 중요 자산의 매각, 영업양도, 소의 제기, 권리포기, 재단채권의 승인 등(제492조), 임치 고가품의 반환청구(제500조 ①), 배당 및 배당률의 결정(제506조, 제515조 ②)에 관하여 동의권을 가진다.

(3) 고유권한

채무자 등에 대하여 파산에 관하여 필요한 설명의 요구(제321조), 채권자집회소집의 신청(제367조), 채권자집회에서의 결의의 집행금지신청(제375조 ①)의 권한을 가진다.

2. 직무상 의무

감사위원은 파산관재인과 마찬가지로 선량한 관리자의 주의로 직무를 집행할 의무를 가지고, 이를 태만히 한 경우에는 연대하여 손해배상책임을 진다(제381조, 제361조).

3. 직무집행의 방법

감사위원이 3인 이상 있는 경우, 직무집행은 그 과반수의 찬성으로 결정한다(제378조 ①). 특별한 이해관계를 가지는 자는 표결에 참가할 수 없다(제378조 ②). 만약 모든 감사위원이 특별 이해관계인인 경우에는 감사위원이 없는 경우에 해당하여 법원의 허가를 받아야 할 것이다.

4. **직무종료**

감사위원은 언제든지 사임할 수 있으며, 채권자집회의 결의로 해임하거나, 파산관재인 등 이해관계인의 신청에 의해 법원이 해임할 수 있다(제380조 ①, ②).

주) 개인파산·회생실무, 서울회생법원, 서식 참고 및 인용

[기재례 14] 감사위원 보수결정

○○ 지 방 법 원
제○파산부
결 정

사 건 20○○하단○○ 파산선고
채 무 자 ○○ 종합금융 주식회사
○○시 ○○구 ○○로 ○○
파산관재인 변호사 ○○○
감 사 위 원 ○○○, ○○○, ○○○

주 문

20○○. ○. ○. 이후의 감사위원 ○○○의 보수를 월 금 900,000원으로 정한다.

이 유

채무자 회생 및 파산에 관한 법률 제381조, 제30조 제1항에 의해 주문과 같이 결정한다.

20○○. ○. ○.

재 판 장 판 사 ○○○
판 사 ○○○
판 사 ○○○

주) 개인파산·회생실무(서울중앙지방법원), 서식 참고 및 인용

[기재례 15] 임치금보관장소에 대한 통지

○○ 지 방 법 원
제○파산부
의 뢰 서

수　　신　　수신처 참조

사　　건　　20○○하단○○ 파산선고

채 무 자　　○○종합금융 주식회사

파산관재인　　변호사 ○○○

위 사건에 관하여 20○○. ○. ○. 채무자의 제1회 채권자집회에서 감사위원으로 ○○○(○○○, 440000-1000000), ○○○(○○○, 530000-1000000), ○○○(○○○, 600000-1000000)이 선임되었으므로, 파산관재인 명의 예금의 지급절차 등에 관하여 다음과 같은 사항을 의뢰합니다.

다　　　음

1. 파산관재인으로부터 그 명의 예금의 지급·해약청구, 타 구좌로의 이체의뢰, 자동계좌 이체의뢰 등이 있는 때에는, 감사위원의 동의서의 제시를 요구하고, 이를 확인한 다음 지급 등에 응하여 주십시오.
2. 위 예금구좌에 관하여는 현금카드가 발행되지 않도록 하여 주십시오.
3. 파산관재인이 위 예금을 담보로 융자를 신청하는 경우에는 감사위원의 차재에 대한 동의서의 제시를 요구하고 이를 확인한 다음 응하시기 바랍니다. 끝.

20○○. ○. ○.

재 판 장　　판 사 ○○○

수신처 : ○○은행 테헤란로지점, ○○은행 역삼동지점. 끝.

주) 개인파산·회생실무, 서울회생법원, 서식 참고 및 인용

[기재례 16] 결의집행금지결정

○○ 지 방 법 원

제○파산부

결 정

사 건 20○○하단○○ 파산선고

채 무 자 주식회사 ○○

○○시 ○○구 ○○로 ○○

파산관재인 ○○○

주 문

20○○. ○. ○. 15:00 채무자의 제1회 채권자집회에서 가결된 별지 기재결의의 집행을 금지한다.

이 유

주문 기재 채권자 집회에서 별지 기재와 같이 감사위원을 설치·선임하는 결의가 가결되었다. 그러나 위 결의에서 선임된 감사위원 중 ○○○은 채무자의 단일 주주이자 다액채권자인 ○○의 직원으로서 감사위원이 되기에 부적절한 점, 채무자의 자산과 부채의 상황, 채권자의 수, 파산재단에 속하는 재산의 규모, 권리관계의 복잡성의 정도, 파산재단의 평가 및 환가의 난이도 등 이 파산사건에 관한 모든 사정을 참작하면 위 결의는 파산채권자 일반의 이익에 반하므로, 채무자 회생 및 파산에 관한 법률 제375조 제1항에 의해 직권으로 그 집행을 금지하기로 하여 주문과 같이 결정한다.

20○○. ○. ○.

재 판 장 판 사 ○○○

판 사 ○○○

판 사 ○○○

〈별지〉

결 의 사 항

1. 감사위원을 설치한다.
2. 감사위원은 3인으로 한다.
3. 감사위원으로는 ○○○(○○○), ○○○(○○○), ○○○(○○○)을 선임한다. 끝.

주) 개인파산·회생실무, 서울회생법원, 서식 참고 및 인용

제2절 파산절차

[I]
파산신청절차

1. 파산신청권자

가. 채무자와 채권자

파산신청은 채무자뿐만 아니라 채권자도 신청할 수 있다. 여기의 채권자에는 자연인(외국인 포함)뿐만 아니라 법인이나 비법인 사단·재단도 포함된다(294조, 2조). 상속재산파산의 경우에는 상속채권자·수유자·상속인·상속재산관리인 및 유언집행자가 상속재산의 분리를 청구할 수 있는 기간(상속개시된 날로부터 3월 이내) 내에 파산신청을 할 수 있는데(300조, 민법 1045조), 상속재산관리인·유언집행자·한정승인 또는 재산분리가 있는 경우의 상속인은 상속재산으로 상속채권자 및 수유자에 대한 채무를 완제할 수 없는 것을 발견한 때에는 지체 없이 상속재산에 대한 파산신청을 해야 한다(299조 2항).

나. 채권의 존재 및 파산원인의 소명

채권자가 파산신청을 하는 때에는 그 채권의 존재 및 파산의 원인인 사실을 소명해야 한다(294조 2항). 여기에서 채권의 존재는 판결문 등의 집행권원인이 해당될 것이고, 파산의 원인인 사실은 주로 재산명시절차에서의 채무자의 재산목록이 될 것이다(대결 2017.12.5. 2017마5687). 파산절차는 기본적으로 채무자 재산의 환가와 배당을 통하여 채권자의 권리를 공평하게 실현하는 것을 목적으로 하는 절차이다.

채무자에게 파산원인이 있는 경우에 채권자는 파산절차를 통하여 자신의 권리를 실현하는 것이 원칙이다. 파산신청을 채무자에게만 맡겨 둔다면 파산원인이 있는데도 채무자가 파산을 신청하지 않아 파산절차에 따른 채권자의 잠재적 이익이 상실될 수 있다. 그리하여 채권자 스스로 적당한 시점에서 파산절차를 개시할 수 있도록 채권자도 파산신청을 할 수 있다는 명시적 규정을 둔 것으로 보인다.

그러나 한편 파산절차의 신청이 권리의 남용에 해당되는 때에는 파산신청의 기각사유에 해당된다(309조 2항). 이때 파산신청이 '파산절차의 남용'에 해당하는지는 파산절차로 말미암아 채권자와 채무자를 비롯한 이해관계인에게 생기는 이익과 불이익 등 여러 사정을 종합적으로 고려하여 판단해야 한다. 가령 채권자가 파산절차를 통하여 배당받을 가능성이 전혀 없거나 배당액이 극히 미미할 것이 예상되는 상황에서 부당한 이익을 얻기 위해 채무자에 대한 위협의 수단으로 파산신청을 하는 경우에는 채권자가 파산절차를 남용한 것에 해당될 것이다.

이처럼 파산절차에 따른 정당한 이익이 없는데도 파산신청을 하는 것은 파산제도의 목적이나 기능을 벗어난 것으로 파산절차를 남용한 것으로 인정될 것이다.

이 경우 채권자에게 파산절차에 따른 정당한 이익이 있는지를 판단하는 데에는 파산신청을 한 채권자가 보유하고 있는 채권의 성질과 액수, 전체 채권자들 중에서 파산신청을 한 채권자가 차지하는 비중, 채무자의 재산상황 등을 고려하되, 채무자에 대하여 파산절차가 개시되면 파산관재인에 의한 부인권 행사, 채무자의 이사 등에 대한 책임추궁 등을 통하여 파산재단이 증가할 수 있다는 사정도 감안해야 한다.

이와 함께 채권자가 파산신청을 통해 궁극적으로 달성하고자 하는 목적 역시 중요한 고려 요소가 될 수 있을 것이다(대판 2017.12.5. 2017마5687).

2. 파산신청서의 작성방법

가. 파산신청서의 기재사항(302조)

① 신청인 및 법정대리인의 성명 및 주소

② 채무자가 개인인 경우에는 채무자의 성명·주민등록번호·주소

③ 채무자가 개인이 아닌 경우에는 채무자의 상호, 주된 사무소 또는 영업소의 소재지, 대표자의 성명

④ 신청취지(파산선고와 동시에 파산폐지를 구하는 경우에는 그 취지도 함께 기재하고, 파산재단에 속하는 재산액이 5억원 미만인 경우에는 간이파산을 구하는 취지도 함께 기재)

⑤ 신청원인

⑥ 채무자의 사업목적과 업무의 상황

⑦ 채무자의 발행주식 또는 출자지분의 총수, 자본의 액과 자산, 부채 그밖의 재산상태

⑧ 채무자의 재산에 관한 다른 절차 또는 처분으로서 신청인이 알고 있는 것

⑨ 채권자가 파산신청을 하는 때에는 그가 가진 채권의 액과 원인

⑩ 주주·지분권자가 파산신청을 하는 때에는 그가 가진 채권의 액과 원인

나. 파산신청서 첨부서면

① 채권자목록
② 재산목록
③ 채무자의 수입 및 지출에 관한 목록
④ 그밖의 대법원규칙에서 정하는 사항

3. 파산신청의 관할법원

가. 원칙적 관할

개인채무자의 파산신청은 파산신청시를 기준으로 채무자의 보통재판적 소재지를 관할하는 회생법원 또는 채무자가 계속하여 근무하는 사무소나 영업소가 있는 곳을 관할하는 회생법원의 관할에 전속하며(3조 1항 1호, 2호), 이러한 관할법원이 없는 때에는 채무자의 재산소재지(채권의 경우에는 재판상의 청구를 할 수 있는 곳)를 관할하는 회생법원의 관할에 전속한다(3조 1항 3호).

한편 상속재산에 관한 파산사건은 상속개시지를 관할하는 회생법원의 관할에 전속하며(3조 8항), 사물관할은 단독판사의 관할에 속한다.[57]

나. 경합적 관할

통합도산법은 개인파산절차 이용의 편의를 위해 위와 같은 원칙적 관할 이외에도 일정한 법원에 대하여 경합적 관할권을 인정하고 있다. 즉 ① 개인파산은 채무자의 주된 사무소 또는 영업소의 소재지를 관할하는 고등법원 소재지의 회생법원에도 신청할 수 있고(3조 2항), ② 법인의 대표자 개인에 대한 개인파산은 법인에 대한 회생사건 또는 파산사건이 계속되어 있는 회생법원에도 신청할 수 있으며(제3조 3항 제2호), ③ 주채무자 및 그 보증인 또는 채무자 및 그와 함께 동일한 채무를 부담하는 자 또는 부부 중에서 각각 어느 하나에 해당하는 자에 대한 회생사건, 파산사건, 개인회생사건이 계속되어 있는 때에는 그 다른 자에 대한 개인파산의 신청은 그 회생사건이나 파산사건 또는 개인회생사건이 계속되어 있는 회생법원에도 신청할 수 있는 것이다(3조 3항 3호). ④ 담보부채무 15억원 이하, 무담보채무 10억원 이하인 개인채

57) 서울회생법원, 제5판 개인파산·회생실무, 249p.

무자의 보통재판적 소재지가 강릉시·동해시·삼척시·속초시·양양군·고성군인 경우에는 춘천지방법원 강릉지원에도 파산신청을 할 수 있다(3조 10항, 579조 1호). 다만 위에서 정해진 관할지가 울산광역시나 경상남도인 경우에는 부산회생법원에도 개인회생을 신청할 수 있다(3조 11항).

다. 이 송

개인파산사건의 관할은 전속관할이므로 합의관할이나 변론관할은 인정되지 않으며 따라서 조사결과 관할이 없다고 인정되면 법원은 직권으로 관할법원으로 이송해야 한다(33조, 민사소송법 34조 1항, 2항, 3항). 즉 관할을 위반하여 파산신청서가 제출되었다고 하더라도 바로 각하되지는 않으므로 그리 큰 문제가 생기지는 않을 것이지만 그만큼 절차의 진행이 늦어질 수 있으므로 관할법원에 제출하는 것이 현명할 것이다.

한편 관할이 인정되더라도 법원은 현저한 손해 또는 지연을 피하기 위해 필요하다고 인정하는 때에는 직권으로 개인파산 사건을 다른 회생법원으로 이송할 수 있다(4조). 이러한 이송결정에 대하여는 즉시항고할 수 없다(13조 1항). 한편 사물관할과 관련하여 개인파산사건은 법인파산사건과 달리 단독판사의 관할에 속한다(3조 5항).

4. 파산기록의 전자문서화

「민사소송 등에서의 전자문서 이용 등에 관한 법률」과 「민사소송 등에서의 전자문서 이용 등에 관한 업무처리지침」에 따라 2018. 1. 1. 이후부터는 종이문서로 신청한 개인파산이나 개인회생기록은 모두 전자문서화하도록 규정하고 있다.[58]

58) 서울회생법원, 제5판 개인파산·회생실무 56p.

[기재례 17] 파산 및 면책신청서(채무자의 신청)

파산 및 면책신청서

신청인(채무자) ○ ○ ○(주민등록번호 : 123456 - 1234567)
주 소 : 인천 ○○구 ○○대로 ○○번길 ○○-○○(우편번호 : 55666)
거 소 : 위와 같음 (우편번호 :)
송달장소 : 위와 같음 송달영수인 : (우편번호 :)
등록기준지 : ○○시 ○○대로 ○○번길 ○○-○○
연락처 : 010-2222-3333, e-mail( )

신 청 취 지

1. 신청인에 대하여 파산을 선고한다.
2. 이 사건 파산절차를 폐지한다(또는 파산관재인 선임을 희망한다).
3. 채무자를 면책한다.

라는 결정을 구합니다.

신 청 이 유

1. 신청인에게는 별첨한 진술서 기재와 같이 지급해야 할 채무가 존재합니다.
2. 그런데 위 진술서 기재와 같은 신청인의 현재 자산, 수입의 상황하에서는 채무를 지급할 수 없는 상태에 있습니다. (또한 파산재단을 구성할 만한 재산이 거의 없어 파산절차비용에 충당하기에 부족합니다.)
3. 따라서 신청인에 대하여 파산을 선고(하고, 이 사건 파산절차를 폐지)하며, 채무자를 면책한다. 라는 결정을 구합니다.

첨 부 서 류

1. 가족관계증명서, 혼인관계증명서 각 1부
   (단 혼인관계증명서는 최근 2년 이내 이혼한 경우)
2. 주소변동내역이 포함된 주민등록등본 1부
3. 진술서 1부
   (채권자목록, 재산목록, 현재의 생활 상황, 수입 및 지출에 관한 목록 포함)
4. 신청서 및 첨부서류 일체의 부본 1부

휴대전화를 통한 정보수신 신청서

위 사건에 관한 파산선고결정, 면책결정 등 정보를 예납의무자가 납부한 송달료 잔액 범위 내에서 휴대전화를 통하여 알려주실 것을 신청합니다.

▣ 휴대전화 번호 :

신청인 채무자 ○○○ (날인 또는 서명)

※ 파산선고 및 이의기간지정 결정(또는 면책심문기일 결정), 면책결정이 있으면 신속하게 위 휴대전화로 문자메시지가 발송됩니다. 문자메시지 서비스 이용금액은 메시지 1건당 17원씩 납부된 송달료에서 지급됩니다(송달료가 부족하면 문자메시지가 발송되지 않습니다). 추후 서비스 대상 정보, 이용금액 등이 변동될 수 있습니다.

법원외 타기관을 통한 개인파산 신청에 대한 지원 여부(해당사항 있을시 기재)

1. 지원기관 (1. 2.) (예) 신용회복위원회, 서울시복지재단, 대한법률구조공단 등
2. 지원내역과 지원금액(1. 2.)
   (예) 신청서 작성 지원, 변호사 수임료 지원, 송달료 지원, 파산관재인 보수 지원 등
   서울시복지재단 – 파산관재인 보수 지원(30만원)

20○○. ○. ○.

신 청 인 ○○○ ㊞

파산사건번호	
면책사건번호	
배당순위번호	
재 판 부	제 단독

○○지방법원 귀중

주) 개인채무자가 파산신청을 하는 자기파산신청 사건의 경우에는 파산신청과 면책신청을 따로 신청할 수도 있고 함께 신청할 수도 있을 것이지만, 채무자가 자기파산을 신청하는 궁극적인 목적이 면책을 받는데 있는 것이므로 굳이 파산신청만을 따로 하거나 면책신청만을 나중에 할 이유가 실익이 거의 없을 것이어서 채무자의 자기파산신청 사건의 경우에는 본 서식과 같이 신청서 하나에 파산 및 면책신청을 함께 하는 것이 실무이다.

[서식 4] 파산신청서(채권자의 신청)

파산선고신청

신 청 인　　박 길 동 (123456-1234567)
　　　　　　충남 논산시 ○○읍 233-96 (전화 : 010-0000-0000)

채 무 자　　정 길 상 (123457-1234568)
　　　　　　주소 및 본적 : ○○시 ○○읍 ○○리 443-29

신 청 취 지

채무자 정길상을 파산자로 한다.
라는 결정을 구합니다.

신 청 이 유

1. 채무자에게는 첨부서류 1 '차용증'과 같이 채무가 존재합니다.
2. 그런데 첨부서류 2 '재산관계명시조서'와 같이 채무자의 현재 자산, 수입의 상황하에서는 채무를 지급할 수 없는 상태에 있습니다.
3. 따라서 채무자를 파산자로 만들기 위해 본건 신청을 하는 바입니다.

첨 부 서 류

1. 채권의 증명서류(차용증)　　1통
1. 재산관계명시조서　　1통
1. 가족관계증명서(채무자)　　1통
1. 주민등록초본(채무자)　　1통

20○○. ○. ○.

위 신청인 박 길 동 (인)

○○지방법원 귀중

주) 본 서식은 면책신청을 제외하고 파산신청만을 별도로 할 경우에 대한 서식이다. 채무자가 파산신청을 하는 자기파산신청 사건의 경우에는 굳이 면책신청을 따로 할 이유나 실익이 거의 없을 것이므로 본 서식과 같이 파산신청만을 따로 신청하는 경우란 채권자가 채무자를 파산자로 만들기 위할 때 쓰는 양식이라고 보면 된다. 채권자가 채무자에 대하여 파산신청을 하는 것은 채무자를 파산자로 만들어 괴롭힐 목적만 있을 뿐 채무자가 면책까지 받는데 전혀 그 목적이 있지 않기 때문이다. 이와 같이 채권자가 파산신청만을 한 경우에는 이를 통지받은 채무자로서 면책을 받기 위해서는 별도로 면책신청을 해야만 할 것이다.

[서식 5] 휴대전화를 통한 알림서비스 신청서

휴대전화를 통한 알림서비스(문자메시지) 신청서

[담당재판부 : 제○○민사부(단독)]

사 건 20○○가합○○○ 대여금
원 고 ○○○
피 고 ○○○

▣ 휴대전화 번호 : 010-0000-0000

이 사건에 관한 재판기일 정보 등과 종국결과(민사, 조정, 신청, 가사, 행정, 비송), 파산선고 및 이의기간지정 결정, 면책결정 등(개인파산 사건), 개시결정, 폐지결정, 면책결정, 월 변제액 3개월분 연체 등(개인회생 사건) 정보를 휴대전화(예납의무자가 납부한 송달료 잔액 범위 내에서만 가능)를 통하여 알려주시기 바랍니다.

20○○. ○○. ○○.

원고(또는 신청인) ○○○ (인)

○○지방법원 (○○지원) 제 ○민사부(단독) 귀중

◇ 유의사항 ◇

① 종이기록에서 사건 유형별로 위에서 신청한 정보가 법원재판사무시스템에 입력되는 당일 문자메시지로 발송됩니다(전자기록사건은 전자소송홈페이지에서 전자소송 동의 후 알림서비스를 신청할 수 있음).
② 문자메시지 이용금액은 1건당 17원씩 송달료에서 지급됩니다(송달료가 부족하면 문자메시지가 발송되지 않습니다).
③ 추후 서비스 대상 정보, 이용금액 등이 변동될 수 있습니다.
④ 휴대전화를 통한 알림서비스(문자메시지)는 원칙적으로 법적인 효력이 없으니 참고자료로만 활용하시기 바랍니다.

[2]
파산선고 전의 보전처분

법원은 파산신청 후 심리 중에 채무자가 도주, 재산은닉, 편파변제, 재산의 양도, 담보의 제공 등의 행위를 하는 것과 일부채권자의 강제집행 등 개별적인 추심을 방지하기 위해 파산선고 전이라도 이해관계인의 신청에 의하거나 직권으로 채무자(개인채무자, 법인채무자 등)의 재산에 관하여 가압류·가처분 등 필요한 보전처분을 명할 수 있고, 그 보전처분을 변경하거나 취소할 수 있다(323조 1항, 2항).

1. 신청절차

가. 관할법원

가압류·가처분 등과 같은 필요한 보전처분이나 그 변경, 취소 사건에 관하여는 파산법원의 전속관할에 속하므로 파산절차가 진행되고 있는 법원에 신청하면 된다.

나. 신청권자

보전처분의 신청권자는 주로 파산채권자 등 이해관계인이 될 것이지만, 법원도 직권으로 보전처분을 명하거나 그 변경·취소를 명할 수 있다(323조 1항).

다. 보천처분의 내용

채무자의 재산에 대한 가압류, 가처분 그밖의 처분(변제금지, 차재금지, 점유이전금지가처분, 처분금지가처분, 채권가압류, 채무자의 상업장부를 집행관에게 보관시키는 가처분 등)을 명하는 것이다(323조 1항).

라. 불복방법

보전처분에 대한 재판이나 보전처분의 변경·취소재판에 대하여는 즉시항고로 불복할 수 있다(323조 4항). 다만 이러한 즉시항고에는 집행정지의 효력이 없다(323조 5항).

2. 접수방법

신청서는 문건으로 접수하고 사건번호는 부여하지 않으며 파산사건기록에 가철한다. 이해관계인이 신청할 경우 신청서에 2,000원의 인지를 첨부해야 한다(민사접수 서류에 붙일 인지액 그 편철방법 등에 관한 예규 2조).

3. 보전처분 등기·등록의 촉탁

가. 촉탁의 주체

보전처분에 관한 등기·등록은 법원의 결정에 의거, 법원사무관 등의 촉탁에 따라 관할등기소 등에서 등기·등록을 함으로써 이루어진다(24조).

나. 촉탁비용

보전처분의 등기·등록의 촉탁과 관련해서는 등록세, 교육세, 등기촉탁수수료 등의 비용은 모두 면제된다(25조, 등기부등초본수수료 규칙 5조의2).

다. 촉탁 내용 및 그 절차

법원사무관 등은 채무자의 부동산 등 등기된 권리에 관하여 보전처분이 있는 때에는 직권으로 지체 없이 촉탁서에 결정서의 등본 또는 초본을 첨부하여 관할 등기소 등에 보전처분의 등기를 촉탁해야 한다(규칙 10조 1항, 2항). 보전처분 기입등기 등의 촉탁서에는 등기의 목적을 "보전처분"으로, 등기의 원인을 "○○지방법원의 재산보전처분"으로, 그 일자는 "보전처분 등의 결정을 한 연월일"로, 보전처분 등의 결정을 한 법원을 각 기재하고, 결정서의 등본 또는 초본과 촉탁서 부본을 첨부해야 한다(규칙 10조).[59]

법원사무관 등은 보전처분이 변경 또는 취소되거나, 보전처분 이후 파산신청의 기각결정, 취하 또는 취하허가 기타 사유로 보전처분이 그 효력을 상실한 경우, 결정문의 등본(또는 초본)이나 취하서 등의 소명자료를 첨부하여 관할 등기소 등에 보전처분 등기·등록을 변경 또는 말소 촉탁해야 한다.[60]

---

59) 채무자 회생 및 파산에 관한 법률에 따른 부동산 등의 등기사무처리지침 8조 2항.
60) 채무자 회생 및 파산에 관한 법률에 따른 부동산의 등기사무처리지침 10조 1항, 2항.

4. 책임제한절차의 정지명령

법원은 파산신청이 있는 경우 필요하다고 인정하는 때에는 이해관계인의 신청 또는 직권으로 파산신청에 대한 결정이 있을 때까지 상법 제5편(해상) 및 「선박소유자 등의 책임제한절차에 관한 법률」에 의한 책임제한절차의 정지를 명할 수 있다(324조 1항 본문). 다만, 법원은 이러한 정지결정을 취소할 수 있고, 책임제한절차개시의 결정이 있는 때에는 책임제한절차의 정지를 명할 수 없다(324조 1항 단서, 2항).

파산선고를 받은 채무자를 위해 개시한 책임제한절차의 폐지결정이 있는 때에는 그 결정이 확정될 때까지 파산절차를 정지한다(326조).

[서식 6] 파산선고 전 보전처분신청서(부동산)

파산선고 전 보전처분신청서

신청인 겸 채권자　　○ ○ ○
　　○○시 ○○구 ○○로 ○○
　　소송대리인 법무법인 ○○
　　담당변호사 ○○○
　　○○시 ○○구 ○○로 ○○

피신청인 겸 채무자　　○ ○ ○
　　○○시 ○○구 ○○로 ○○

신 청 취 지

1. 채무자 소유의 별지 목록 기재물건과 권리에 관하여 소유권을 양도하거나, 저당권·전세권 등 담보권의 설정, 임대 등 일체의 처분을 해서는 아니된다.
2. 채무자는 보전명령 이전의 원인에 기하여 발생한 금전채무를 변제해서는 아니된다(다만, 고용관계로 발생한 임금은 예외).
3. 채무자는 명목 여하를 불문하고 차재(借財)를 해서는 아니된다.

라는 결정을 구합니다.

신 청 원 인

1. 신청인 겸 채권자는 파산신청 중인 피신청인 겸 채무자에 대하여 공사대금 채권 금 5억원을 가지고 있고, 또한 채무자에 대한 파산신청자입니다. 채무자는 ○○○○이라는 상호로 전자부품회사를 운용하던 중 많은 부채를 지고 채무초과상태에 있는 자입니다.
2. 이와 같이 채무자는 채무초과상태에 이른 것이나, 채무자가 현재 운영하고 있는 개인사업체인 ○○○○의 현재 영업상황이나 능력으로 보아 채무를 상환하거나 변제할 능력이나 가능성은 전혀 없습니다. 이에 신청인 겸 채권자는 채무자 회사에 대하여 20○○. ○. ○. 귀원에 파산신청을 하여, 현재 파산절차 진행 중에 있습니다(○○지방법원 20○○하단○○○).
3. 그런데 채무자는 그 소유의 유일한 부동산인 ○○시 ○○군 ○○읍 ○○로 ○○ 임야를 허위의 차용증서 등을 작출하여 신청외 ○○○와 가장의 근저당권설정을 하려 하

고 있습니다.

4. 이에 신청인 겸 채권자는 파산신청에 대한 재판이 있을 때까지 재산의 일탈을 방지하여 파산선고가 있을 때에 원활한 파산절차가 이루어지도록 하기 위해 채무자 회생 및 파산에 관한 법률 제323조에 의거, 신청취지와 같은 결정을 받고자 이 건 신청에 이르게 된 것입니다.

20○○. ○. ○.

신청인 겸 채권자의 소송대리인
법무법인 ○○
담당변호사 ○○○ (인)

○○지방법원 파산부 귀중

[서식 7] 파산선고 전 보전처분신청서(유체동산)

파산선고 전 보전처분신청서

신 청 인　　○ ○ ○
　　　　　　○○시 ○○구 ○○로 ○○
　　　　　　소송대리인 법무법인 ○○
　　　　　　담당변호사 ○○○
　　　　　　○○시 ○○구 ○○로 ○○

피신청인　　○ ○ ○
　　　　　　○○시 ○○구 ○○로 ○○

신 청 취 지

1. 피신청인이 현재 소유하고 있는 일체의 동산은 이를 가압류한다.
2. 집행관은 위 가압류를 명시하기 위해 적당한 조치를 해야 한다.

라는 결정을 구합니다.

신 청 원 인

1. 신청인은 신청외 채권자 ○○○, △△△, □□□와 함께 합계 금 ○○억원의 물품대금 등 청구채권에 기하여 20○○. ○. ○.에 피신청인에 대하여 귀원에 파산신청을 하여 현재 20○○하단 ○○호 파산사건으로 심리 중에 있습니다.
2. 그런데 신청인 등 채권자들은 피신청인의 요청에 의해 20○○. ○. ○.에 ○○시 ○○구 ○○로 ○○ ○○빌딩에 집합하여 향후 변제방법에 대하여 결정한 채권자회의를 개최하고 채권자회의 의사록과 같은 협의를 한 사실이 있습니다.
3. 그러나 피신청인은 위 합의사항을 이행하지 않을 뿐만 아니라 채권자회의 의사록에 표시된 대차대조표상의 재고상품과 피신청인 소유의 ○○시 ○○구 ○○로 ○○ 소재 ○○ 건물 내에 있는 컨테이너 등 유체동산을 임의로 처분하려 하고 있습니다.
4. 위와 같은 사정으로 인하여 후일 피신청인이 파산선고를 받아도 배당금에 충당할 것이 거의 남아있지 못하게 될 실정이어서 파산선고가 있을 때까지 재산의 일탈을 방지하여 파산선고가 있을 때에 원활한 파산절차가 이루어지도록 하기 위해 채무자 회생 및 파산에 관한 법률 제323조에 의거, 신청인은 신청취지와 같은 결정을 받고자 이 건 신청에 이르게 된 것입니다.

소 명 방 법

1. 채권자회의 의사록
1. 파산신청 접수증

첨 부 서 류

1. 위 소명방법 각 1통
1. 위임장 1통

20○○. ○. ○.

신청인 ○○○
소송대리인 법무법인 ○○
담당변호사 ○○○ (인)

○○지방법원 귀중

[3]
파산선고와 그 후의 절차

1. 파산선고절차

가. 파산원인

파산원인은 지급불능상태 또는 지급정지상태(개인채무자 및 법인의 파산원인, 305조), 채무초과상태(합명회사·합자회사 이외의 법인의 파산원인, 306조), 상속재산으로 상속재산 및 수유자에 대한 채무를 완제할 수 없을 때(상속재산의 파산원인, 307조)이다. 파산원인이 존재하지 않음에도 불구하고 파산을 신청하는 때에는 파산신청이 기각될 것이므로 파산을 신청하려는 자는 사전에 파산원인이 존재하는지 여부에 관한 세심한 검토가 필요할 것이다(309조 1항 3호).

나. 파산신청의 각하·기각사유

1) 파산신청의 각하사유

신청권자 아닌 자에 의한 파산신청이나 회생절차개시결정 또는 개인회생절차개시결정이 이루어졌음에도 불구하고 그 폐지 전에 파산신청을 한 경우, 파산신청 후 채무자의 사망에도 불구하고 상속인들이 속행신청을 하지 않은 경우,[61] 면책기각 또는 불허가 후 동일한 파산원인에 기한 재도의 파산신청 등은 각하를 면지 못할 것이다.

2) 파산신청의 기각사유

통합도산법에서는 6가지의 파산신청의 기각사유를 규정하면서 여기에 해당되면 법원의 재량으로 파산신청을 기각할 수 있도록 하고 있다(309조 1항). 대부분 심문절차 없이 기각할 수 있으나 파산신청의 남용을 이유로 기각하려면 반드시 심문절차를 거치도록 하고 있다(309

61) 이와 같이 파산신청 또는 파산선고가 있은 후에 채무자가 사망하여 상속이 개시된 때에는 파산절차는 상속재산에 대하여 속행이 이루어져야 할 것이지만(308조), 실무에서는 경우를 나누어 파산신청 후 파산선고 전에 채무자가 사망하여 상속이 개시된 때에는 아직 파산관재인이 선임되기 전이어서 파산절차를 속행할 자는 상속인들밖에 없을 것이므로 법원에서는 먼저 상속인들에게 파산절차의 속행을 신청하도록 명하고 속행신청이 없는 때에는 파산신청을 각하처리하고 있고, 반면 파산선고 후에 채무자가 사망한 때에는 파산절차의 속행이 불필요한 동시폐지의 경우를 제외하고는 파산선고와 동시에 파산관재인이 선임되어 있을 것이므로 파산절차는 상속재산에 대하여 속행을 하고 있는 것으로 보인다(서울회생법원, 제5판 개인파산·회생실무, 253p). 물론 후자의 경우에도 동시폐지사건이 아님에도 불구하고 파산관재인이 선임되지 않은 경우에는 전자의 파산신청 후 파산선고 전에 채무자가 사망한 경우와 마찬가지의 절차에 의해 처리될 것으로 보인다.

조 2항). 파산기각사유는 아래와 같다. 즉,

가) 신청인이 절차비용을 미리 납부하지 않은 때(309조 1항 1호)

여기의 절차비용에는 송달료도 포함된다. 이는 신청자가 채무자이든 채권자이든 마찬가지이다.

나) 법원에 회생절차 또는 개인회생절차가 계속되어 있고, 그 절차에 의함이 채권자 일반의 이익에 부합하는 때(309조 1항 2호)

동일한 채무자에 대하여 법원에 회생절차(제2편) 또는 개인회생절차(통합도산법 제4편)가 계속되어 있고, 그 절차에 의함이 채권자 일반의 이익에 부합하는 때에는 파산신청을 기각할 수 있도록 한 것이다. 같은 취지로 회생절차나 개인회생절차가 개시되기 이전이라도 채무자가 상당기간 근로 또는 사업을 하여 향후 정기적인 소득이 예상되는 경우에는 법원은 파산을 기각할 수 있다.

다) 채무자에게 파산원인이 존재하지 않은 때(309조 1항 3호)

여기에는 파산원인에 대한 소명이 부족한 경우, 채무자가 적법한 소환을 받고도 2회 이상 심문기일에 출석하지 않고 보정명령에도 응하지 않는 경우, 채무액이 약 1,000만원 이하이고 채무자가 젊고 노동능력이 인정되거나 채무액 이상의 재산이 자기 또는 친족명의로 되어 있는 경우 등이 해당할 것이다.

라) 신청인이 소재불명인 때(309조 1항 4호)

파산신청 이후 신청인의 연락두절로 다음 절차를 진행할 수 없는 경우 등이 여기에 해당된다.

마) 그밖에 신청이 성실하지 않은 때[62](309조 1항 5호)

여기에는 파산 및 면책신청서의 각 기재사항에 대한 소명이 없거나 부실한 경우 또는

62) 채무자 회생 및 파산에 관한 법률 제309조 제1항 제5호에서 파산신청의 기각사유로 규정하고 있는 '신청이 성실하지 않은 때'라 함은 채무자가 위 법률 제302조 제1항에 정한 신청서의 기재사항을 누락하였거나 위 법률 제302조 제2항 및 '채무자 회생 및 파산에 관한 규칙' 제72조에 정한 첨부서류를 제출하지 않았고, 이에 대하여 법원이 보정을 촉구하였음에도 채무자가 정당한 사유 없이 응하지 않은 경우를 말한다. 따라서 법원이 보정을 명한 사항이 이와 같이 법령상 요구되지 않는 내용에 관한 것이라면 채무자가 그 사항을 이행하지 못하였다 하더라도 이를 이유로 파산신청을 기각하는 것은 허용되지 않고, 또한 채무자가 법원의 보정 요구에 일단 응한 경우에는 그 내용이 법원의 요구사항을 충족시키지 못하였다 하더라도 법원이 추가적인 보정 요구나 심문 등을 통하여 이를 시정할 기회를 제공하지 않은 채 곧바로 파산신청을 기각하는 것은 허용되지 않는다(대판 2008.9.25. 2008마1070).

허위의 소명자료를 제출한 경우, 보정명령에 불응한 경우, 2회 이상 심문기일에 불응한 경우 등이 해당될 것이다.

바) 파산신청이 파산절차의 남용으로 인정되는 때(309조 2항)

법원은 채무자에게 파산원인이 존재하는 경우에도 파산신청이 파산절차의 남용에 해당한다고 인정되는 때에는 심문을 거쳐 파산신청을 기각할 수 있다.

여기에는 채권자가 파산선고로 인하여 자격을 상실하게 되는 지위에 있는 채무자(예, 공무원, 의사, 사업자등록채무자 등)에 대하여 변제의 압박수단으로 파산신청을 한 경우, 채무자가 면책불허가사유가 의심됨에도 파산신청을 한 경우, 채무자가 생계비를 초과하는 장래의 정기적인 수입이 예상되는 근로자 또는 사업자의 경우임에도 파산신청을 한 경우(서울중앙지법 2007.6.27. 2006하단41061, 2008.1.17. 2007하단35987) 등이 해당될 것이다.

다. 파산채권자의 의견청취

법원은 채무자에게 재산이 없고 파산관재인도 선임할 필요가 없다고 판단되는 사건의 경우에는 채무자심문 전후에 직권조사권발동의 일환으로 채권자목록에 기재된 모든 채권자에게 의견청취서를 발송하여 채무자의 재산 및 부채상태, 부인대상행위의 존재여부 등 동시폐지의 요건에 대한 정보를 수집한다. 이러한 채권자의 의견청취절차는 법상 규정된 제도가 아니고 법원의 직권으로 발송하는 제도인데, 이는 채무자의 일방적 파산신청에 기하여 절차를 진행하는데 따른 문제점을 해소하고 채권자에게 절차참여의 기회를 부여하자는데 그 취지가 있다. 의견청취서는 채권의 원인 및 액수, 채무자의 자산, 부인행위, 면책불허가사유, 동시폐지에 대한 이의의 유무 등에 의견을 기재할 수 있도록 정형화되어 있다. 의견청취서는 파산심문기일지정과 동시에 송달하고, 그 확답기간은 채무자에 대한 심문기일 이전으로 정하고 있다.

라. 파산심문

법원은 파산신청 기록을 검토하여 채무자를 심문할 필요가 있다고 판단되는 사건의 경우에는 채무자에 대한 심문기일을 정한다. 심문기일에는 채무자에게 심문기일결정 등본을 송달하는 방법으로 채무자를 소환한다. 채무자를 심문하는 과정에서 면책불허가 사유가 명백히 예상되는 경우에는 면책을 허가받지 못할 수 있는 점 등을 고지하여 파산신청의 취하를 유도하는 경우도 있다. 한편 심문기일에 대하여는 채권자에게 따로 출석통지를 하지 않고 채무자 심문기일을 기재한 의견청취서를 송달함으로써 심문기일을 고지해 주고 있다. 채무자가 정당한 이유없이 심문기일에 출석하지 않은 경우에는 심문기일을 연기하여 다시 출석할 기회를 부여하되, 연기된 심문기일에 또다시 출석하지 않은 경우에는 파산원인의 소명 부족을 이유로 파산신청을 기각할 수 있다.

마. 파산선고와 동시폐지 여부의 결정

법원은 특별한 사정이 없는 한 파산신청일부터 30일 이내에 파산선고 여부를 결정해야 한다(개인파산 및 면책신청 사건의 처리에 관한 예규 3조 1항). 따라서 법원은 파산기각사유가 있으면 파산기각결정을 하되, 파산기각사유가 없는 경우에는 파산선고결정을 하고, 이를 공고해야 하며, 채권자, 채무자, 재산소지자, 법인의 주무관청에 대하여 파산선고내용을 기재한 서면을 송달해야 한다(313조 2항, 314조). 또한 법원은 필요하다고 판단되는 경우 검사에게도 파산선고 사실을 통지할 수 있으며(315조), 파산선고로 인하여 자격이 상실·정지되거나 등록이 취소되는 경우에는 해당 관청에도 통지하게 된다. 파산은 그 선고를 한 때로부터 효력이 발생하며(311조), 따라서 파산결정서에는 파산선고의 연·월·일·시를 기재하게 되어 있다(310조).

한편 법원은 파산선고를 할 때에 파산재단으로 파산절차의 비용을 충당하기에도 부족하다고 인정하는 때에는 파산선고와 동시에 파산폐지의 결정을 하게 되고(317조 1항. 예, 개인파산의 일부),63) 반면 파산절차비용을 충당할 수 있거나 파산절차비용을 충당하기에 충분한 금액을 미리 납부한 때에는 파산선고와 동시에 파산관재인을 선임하고, ① 채권신고기간(단, 파산선고를 한 날부터 2주 이상 3월 이하일 것), ② 제1회 채권자집회기일(단, 파산선고를 한 날부터 4월 이내일 것), ③ 채권조사기일(단, 이 기일과 채권신고기간의 말일과의 사이에는 1주 이상 1월 이하의 기간이 있을 것)을 정하게 된다(312조).

바. 파산선고의 공고·송달 및 통지

법원은 파산선고를 한 경우 이를 공고해야 한다. 이 경우 공고해야 할 사항은 ① 파산결정의 주문, ② 파산관재인의 성명 및 주소 또는 사무소, ③ 제312조(파산선고와 동시에 정해야 하는 사항)의 규정에 의한 기간 및 기일, ④ 파산선고를 받은 채무자의 채무자와 파산재단에 속하는 재산의 소유자는 파산선고를 받은 채무자에게 변제를 하거나 그 재산을 교부해서는 안된다는 뜻의 명령, ⑤ 파산선고를 받은 채무자의 채무자와 파산재단에 속하는 재산의 소유

63) 실무상 채무자에게 부동산이 있는 경우, 채무자가 부인대상행위를 한 경우, 채무자에게 환가할 재산이 있는 경우, 채무자 또는 그 가족에게 상당한 재산·수입이 있거나 예상되는 경우, 채무자가 개인사업자인 경우에는 동시폐지를 하지 않고 파산관재인을 선임하여 청산절차를 밟도록 하고 있다.

자에 대하여 ⓐ 채무를 부담하고 있다는 것, ⓑ 재산을 소지하고 있다는 것, ⓒ 소지자가 별제권을 가지고 있는 때에는 그 채권을 가지고 있다는 것을 일정한 기간 안에 파산관재인에게 신고해야 한다는 뜻의 명령 등이다(313조). 실무상 공고는 비용 절감 및 신속한 절차 진행을 위해 대법원인터넷 홈페이지의 법원공고란에 하고 있다.

한편 파산선고 시점에 알고 있는 채권자, 채무자, 파산재단에 속하는 재산의 소유자에게는 공고사항과 동일한 사항을 송달해야 하는데, 이는 등기우편에 의한 발송송달로 처리하고 있다.

또한 법원은 파산선고를 한 경우 법원이 알고 있는 채권자, 채무자, 재산소지자에게 그 사실을 서면으로 송달해야 하고, 필요하다고 판단되는 경우 검사에게도 파산선고 사실을 통지할 수 있다(313조 2항, 315조).

특히 법인에 대하여 파산선고를 한 경우 법원은 그 법인의 설립이나 목적인 사업에 관하여 행정청의 허가가 있는 때에는(예, 학교법인, 의료법인 등) 파산선고 있음을 주무관청에 통지해야 하는데, 이는 확정된 파산폐지결정, 파산종결결정이 있는 경우에도 마찬가지이다(314조 1항, 2항).

파산선고 사실은 법원에 의해 신원증명업무를 관장하는 등록기준지의 시·구·읍·면의 장에도 통보된다.[64]

법원사무관 등은 파산선고를 받은 채무자에 관한 등기·등록이 있는 것을 안 때 또는 파산재단에 속하는 권리로서 등기·등록된 것이 있음을 안 때에는 직권으로 지체 없이 촉탁서에 파산결정서의 등본을 첨부하여 파산등기를 촉탁해야 한다(24조 3항, 27조). 법원사무관 등은 파산관재인이 파산등기가 되어 있는 권리를 파산재단으로부터 포기하고 그 등기촉탁의 신청을 하는 경우에는 촉탁서에 권리포기허가서의 등본을 첨부하여 권리포기의 등기를 촉탁해야 한다(24조 4항). 보전처분등기는 파산절차종결시에 파산종결결정촉탁과 동시에 말소촉탁된다.

2. 파산선고의 효과

가. 파산관재인의 선임

법원은 파산선고와 동시에 파산폐지결정을 하지 않는 한 파산선고와 동시에 관리위원회

64) 다만, 파산선고가 확정되더라도 면책신청이 각하·기각되거나 면책불허가결정이 내려진 때 또는 면책취소결정이 확정된 때에 한하여 통보된다(개인파산 및 면책신청사건의 처리에 관한 예규 6조 1항 1호 단서). 면책결정이 확정되거나 면책취소결정이 확정된 경우에는 그 사실이 한국신용정보원장에게 통보된다(개인파산 및 면책신청사건의 처리에 관한 예규 5조 1항).

의 의견을 들어 1인 또는 수인의 파산관재인을 선임할 수 있다(312조 1항, 335조, 356조). 법인파산과 달리 개인파산 사건에 있어서는 파산관재인의 선임 여부는 법원의 재량인 바, 통합도산법 시행 초기에는 개인파산 사건의 대부분에 대하여 동시폐지결정을 내림으로써 파산관재인을 선임하지 않았지만 최근 들어 도입된 '새로운 개인파산절차'에 있어서는 동시폐지사건이 사라지고 오히려 대부분의 개인파산 사건에서 파산관재인을 선임하고 있는 경향에 있다.

파산관재인의 선임을 위해 법원에서는 파산선고 전에 파산관재인 선임비용[65]에 대한 예납명령을 내리고 비용예납 여부를 확인한 후 파산관재인의 선정에 착수하게 된다. 파산관재인의 자격에 대해서는 아무런 제한이 없으며 법인도 파산관재인이 될 수 있다. 다만, 법원은 파산절차의 공정한 운영과 복잡한 법률문제에 적절히 대응하기 위해 통상 변호사를 파산관재인으로 선임하고 있는 것으로 보인다.

파산관재인은 취임 후 즉시 파산재단에 속하는 재산에 대한 점유 및 관리(공고문 부착, 봉인, 장부 폐쇄, 시효중단, 매출채권 회수 등)에 착수하고, 파산재단에 대한 관리·처분권을 행사할 수 있으며(예, 기존계약의 처리, 진행 중인 소송·보전처분·강제집행의 처리, 재단채권의 수시변제, 부인권의 행사 등), 파산재단에 속하는 모든 재산의 파산선고 당시의 가액 평가(평가결과는 제1회 채권자집회에 보고), 파산선고에 이르게 된 사정과 파산재단에 관한 경과 및 현상에 관한 제1회 채권자집회에의 보고, 파산재단의 환가(실무상 부동산의 환가는 대부분 임의매각에 의함), 배당실시 등의 권한을 행사하며, 이러한 업무에 대한 법원의 감독을 받는다(358조). 파산관재인은 파산관재업무에 필요한 비용인 재단환가비용, 소송비용, 사무처리비용 등의 비용과 법원의 결정에 따른 소정의 보수를 지급받는다.

나. 관리처분권의 이전

파산선고로 인하여 채무자는 파산재단을 구성하는 재산에 관한 관리처분권을 상실하고, 파산관재인에게 관리처분권이 전속하며(384조), 파산관재인이 파산재단에 관한 소송에 관하여 당사자(원고 또는 피고)로서 소송행위를 하게 된다(359조). 따라서 파산선고를 받은 채무자가

---

65) 개인파산관재인을 선임할 사건이라고 판단되는 경우 법원은 파산신청인에게 상당한 금액을 파산절차 비용으로 납부할 것을 명해야 하고, 파산신청인이 예납명령에 응하지 않을 경우에는 파산신청을 기각할 수 있다(303조, 309조 1항 1호). 예납금은 동시폐지의 경우가 아니라면 파산재단의 규모, 부인권 대상 행위의 존부와 수, 파산절차의 예상 소요기간, 재단수집의 난이도, 채권자의 수 등을 고려하여 정할 수 있으되, 특별한 사정이 없는 한 500만원을 넘을 수 없도록 하고 있다(개인파산 및 면책신청사건의 처리에 관한 예규 제2조의4 별표 1). 다만 '새로운 개인파산절차'에서는 위 개인파산 예납기준과 상관없이 예납금을 원칙적으로 30만원으로 하되, 채무자의 부채총액, 파산재단의 규모, 채권자의 수, 채무자의 소득·직업·건강 등을 고려하여 적절하게 가감하고 있다.

파산선고를 받은 후에 파산재단에 속하는 재산에 관하여 한 법률행위는 파산채권자에게 대항할 수 없다(329조 1항).

파산선고 후에 파산재단에 속하는 재산에 관하여 채무자의 법률행위에 의하지 않고 권리를 취득한 경우에도 그 취득은 파산채권자에게 대항할 수 없다(330조).

부동산에 관하여 파산선고 전에 생긴 채무의 이행으로서 파산선고 후에 한 등기 또는 가등기는 파산채권자에게 대항할 수 없다(332조 1항). 다만, 등기권리자가 파산선고의 사실을 알지 못하고 한 등기에 관하여는 파산채권자에게 대항할 수 있다(332조 1항 단서). 파산선고 후에 그 사실을 알지 못하고 채무자에게 한 변제는 파산채권자에게 대항할 수 있고, 파산선고 후에 그 사실을 알고 채무자에게 한 변제는 파산재단이 받은 이익의 한도 내에서만 파산채권자에게 대항할 수 있다(332조).

다. 파산채권자의 개별집행의 금지

채무자에 대한 파산선고가 이루어지면 파산채권자는 개별적인 권리행사를 할 수 없다.[66] 이미 개시되어 있던 강제집행 가압류·가처분도 실효된다(348조 1항 전단).[67] 이때 압류나 가압류등기 또는 처분금지가처분등기는 채무자 등 이해관계인의 신청에 의한 집행법원의 말소촉탁에 의해 말소될 것이다.

다만 강제집행이나 보전처분은 파산재단에 대한 관계에 있어서만 상대적으로 무효가 되는 것이므로 별제권에 선행하는 가압류는 별제권자와의 관계에서 실효되지 않을 것이고, 따라서 별제권에 기한 경매가 진행될 경우 집행법원은 선행가압류채권자와 별제권에 대한 안분배당 후 가압류채권자에 대한 배당금은 공탁해야 할 것이다.[68]

그렇다고 하더라도 가압류채권자는 파산채권자표 등본 등의 제출을 통하여 파산절차에 의해서만 위 공탁금을 수령할 수 있을 것이다. 물론 가압류채권자가 승소확정판결을 받은 후에 비로소 채무자가 파산선고를 받은 때에는 위 공탁금은 가압류채권자에게 귀속될 것이다(대판 2018.7.26. 2017다234019).[69]

---

66) 소의 제기는 가능하되, 채무자는 파산선고로 인하여 그의 재산에 대한 관리처분권이 상실되고 파산관재인에게 전속되므로(384조) 파산재단에 관한 소송에 관하여는 파산관재인이 당사자(원고 또는 피고)로서 소송행위를 하게 된다(359조).

67) 다만, 파산관재인은 파산재단을 위해 강제집행절차를 속행할 수 있는데, 이때의 비용은 재단채권으로 하고, 강제집행에 대한 제3자의 이의의 소에서는 파산관재인을 피고로 한다(348조 1항 후단, 2항).

68) 서울회생법원, 제5판 개인파산·회생실무, 384p.

따라서 파산채권자는 파산절차에 참가하여 배당 등을 통하여 만족을 얻는 수밖에 없다(424조). 즉 파산채권자는 일정 기간 내에 파산채권을 신고한 후 그 채권에 대한 채권조사기일에서의 조사를 거쳐 확정된 채권액 및 순위에 따라 배당을 받는 절차로 채권의 만족을 얻을 수 있는 것이다. 채무자의 자유재산에 대하여도 강제집행은 금지된다.[70]

한편 채무자의 파산은 보증인나 물상보증인에 대하여는 그 효력이 미치지 않으므로 이들에 대한 민사소송 및 강제집행에는 아무런 영향이 없다.

라. 채무자의 파산과 계속 중인 소송에 대한 효과

1) 소송의 중단

소송계속 중에 당사자 일방이 파산선고를 받은 경우에는 파산재단에 관한 소송절차는 중단되며(민사소송법 239조), 민사소송과는 달리 소송대리인이 있는 경우에도 중단된다(민사소송법 238조). 따라서 소송절차 중단 중에 한 당사자나 법원의 소송행위는 원칙적으로 무효이지만, 상대방의 이의권 상실로 유효하게 될 수 있고, 추인하면 유효로 되는 것이며, 중단사유를 간과한 종국판결은 당연무효가 아니라 대리권의 흠결로 보아 상소 또는 재심에 의해 취소를 구할 수 있을 것이다(대판 2014.1.29. 2013다65222, 2015.11.12. 2014다228587, 2018.4.24. 2017다287587[71]).

---

69) 배당법원은 부동산에 대한 경매절차에서 배당을 실시할 때 가압류채권자를 위해 배당금을 공탁해야 하고, 그 후 채권자 승소의 본안판결이 확정되는 등으로 공탁사유가 소멸한 때에는 가압류채권자에게 그 공탁금을 지급해야 한다. 본안의 확정판결에서 지급을 명한 가압류채권자의 채권은 특별한 사정이 없는 한 이와 같이 공탁된 배당액으로 충당되는 범위에서 본안판결의 확정시에 소멸한다. 본안판결 확정 이후 채무자에 대하여 파산이 선고되어 파산재단을 처분하는 권한이 파산관재인에게 속하게 되더라도 이미 발생한 채권 소멸의 효력은 그대로 유지된다. 따라서 가압류채권자가 본안의 승소판결 확정 이후 공탁금을 수령하지 않고 있는 동안, 채무자의 파산관재인이 채무자에 대하여 파산선고가 있었다는 이유로 공탁금을 출급하였더라도 파산관재인은 본안판결이 확정된 가압류채권자에게 부당이득으로 이를 반환해야 한다(대판 2018.7.26. 2017다234019).

70) 서울중앙지방법원, 제4판 개인파산·회생실무 109p.

71) 당사자가 파산선고를 받은 때에 파산재단에 관한 소송절차는 중단되고(민사소송법 239조), 채무자에 대하여 파산선고 전의 원인으로 생긴 재산상의 청구권인 파산채권은 파산절차에 의하지 않고는 행사할 수 없다(423조, 424조). 따라서 파산채권에 관한 소송이 계속하는 도중에 채무자에 대한 파산선고가 있게 되면 소송절차는 중단되고, 파산채권자는 파산사건의 관할법원에 통합도산법이 정한 바에 따라 채권신고를 해야 한다. 채권조사절차에서 파산채권에 대한 이의가 없어 채권이 신고한 내용대로 확정되면 계속 중이던 소송은 부적법하게 되고, 채권조사절차에서 파산채권에 대한 이의가 있어 파산채권자가 권리의 확정을 구하고자 하는 때에는 이의자 전원을 소송의 상대방으로 하여 계속 중이던 소송을 수계하고 청구취지 등을 채권확정소송으로 변경해야 한다. 그리고 소송 계속 중 일방 당사자에 대하여 파산선고가 있었는데, 법원이 파산선고 사실을 알지 못한 채 파산관재인이나 상대방의 소송수계가 이루어지지 않은 상태 그대로 소송절차를 진행하여 판결을 선고하였다면, 그 판결은 소송에 관여할 수 있는 적법한 소송수계인이 법률상 소송행위를 할 수 없는 상태에서 심리되어 선고된 것이어서, 마치 대리인에 의해 적법하게 대리되지 않았던 경우와 마찬가지로 위법하다. 파산

그리고 파산재단에 관한 소송에서는 파산관재인이 당사자가 되므로 원칙적으로 파산관재인이 소송을 수계하게 된다(359조). 파산재단에 관한 소송이란 「파산재단에 속하는 재산에 관한 소송」과 「파산채권에 관한 소송」이 포함된다. 한편 자유재산은 파산재단과 무관하고 채무자에게 그 관리·처분권이 있기 때문에 자유재산에 관한 소송은 중단되지 않는다.

또한 파산채권자가 제기한 채권자취소소송(사해행위취소소송)이 파산선고 당시 법원에 계속되어 있는 경우에는 그 소송절차는 수계 또는 파산절차가 종료될 때까지 중단되고 중단된 소송은 파산선고를 받은 채무자의 파산관재인 또는 상대방의 수계신청에 의해 파산관재인이 취소채권자를 수계하게 된다(대판 2008.4.24. 2006다57001[72], 2006.8.25. 2004다24144[73]). 사해행위취소소송은 채무자가 피고는 아니지만 그 소송의 결과가 파산재단에 직접적인 영향을 미치고, 이를 부인소송으로 변경하여 통일적으로 수행할 필요가 있기 때문이다. 파산채권자가 파산선고 후에 제기한 채권자취소의 소가 부적법하더라도 파산관재인은 이러한 소송을 수계한 다음 청구변경의 방법으로 부인권을 행사할 수 있다고 보아야 한다(대판 2018.6.15. 2017다265129). 이 경우 법원은 파산관재인이 수계한 소송이 부적법한 것이었다는 이유만으로 소송수계 후 교환적으로 변경된 부인의 소마저 부적법하다고 볼 것은 아니다(대판 2018.6.15. 2017다265129).

채권자대위권에 의한 대위소송도 채권자취소소송의 경우를 유추, 적용하여 채무자의 파산에 의해 소송절차는 중단되고 파산관재인이 수계한다고 본다. 파산재단에 속하는 재산에 관

선고 당시 파산채권에 관한 소송이 계속 중인 경우 파산채권자는 파산사건의 관할법원에 채권신고를 해야 하고, 채권조사절차에서 이의가 없어 파산채권이 신고한 내용대로 확정되면 계속 중이던 소송은 부적법하게 된다. 만일 채권조사절차에서 이의가 제기되면 파산채권자가 이의자 전원을 소송 상대방으로 하여 소송절차를 수계해야 하나(464조), 집행권원이 있는 이의채권의 경우에는 이의자가 파산채권자를 상대방으로 하여 소송절차를 수계해야 한다(466조). 이처럼 파산선고 당시 계속 중이던 파산채권에 관한 소송은 파산관재인이 당연히 수계하는 것이 아니라 파산채권자의 채권신고와 그에 대한 채권조사의 결과에 따라 처리되므로, 당사자는 파산채권이 이의채권이 되지 않은 상태에서 미리 소송수계신청을 할 수 없고, 이와 같은 소송수계신청은 부적법하다(대판 2018.4.24. 2017다287587).

72) 파산자의 채권에 기한 사해행위취소의 소에서 채무자의 사해행위를 알았는지 여부는 파산자를 기준으로 판단해야 하나, 파산자가 사해행위의 취소 원인을 알지 못한 상태에서 파산관재인이 선임되었다면, 그 후로는 민법 제406조 제2항에 정한 채권자가 채무자의 사해행위를 알았는지 여부는 파산관재인을 기준으로 판단해야 한다(대판 2008.4.24. 2006다57001). 예금보험공사가 파산자 갑의 파산관재인으로서 채무자 을의 증여행위에 대한 사해행위취소권을 피보전권리로 하여 처분금지가처분결정을 받은 후 을의 또다른 채권자인 파산자 병의 파산관재인으로도 선임된 경우, 예금보험공사가 위 가처분결정을 받음으로써 을의 증여행위가 병에 대하여도 사해행위가 된다는 사실을 알았다고 볼 수 없다(대판 2008.4.24. 2006다57001).

73) 채권자가 사해행위의 취소원인을 알게 되어 채권자취소소송의 제척기간이 진행되던 도중 채권자가 파산하여 파산관재인이 선임된 경우라도 그 제척기간은 파산관재인이 사해행위의 취소원인을 안 때부터 새로 진행되어야 하는 것은 아니다(대판 2006.8.25. 2004다24144).

하여 파산선고 당시에 행정청에 계속되어 있는 사건이 있는 때에는 그 절차는 수계 또는 파산절차의 종료가 있을 때까지 중단된다(350조).

2) 소송의 수계

파산재단에 속하는 재산 그 자체에 관한 소송이나 재단채권에 관한 소송은 파산관재인이 수계한다. 수계신청은 파산관재인이나 상대방이 할 수 있다. 다만 파산채권에 관한 소송은 파산관재인이 당연히 해야 하는 것이 아니라 상대방의 채권신고 여부 및 그에 대한 조사결과에 따라 달라진다. 상대방이 채권신고를 하였고 그에 대한 파산관재인 또는 다른 파산채권자의 이의가 진술되지 않은 경우에는 파산채권은 확정되므로 중단되어 있는 소송은 수계할 필요 없이 각하되어야 할 것이다.

만약 파산관재인 또는 다른 채권자가 이의를 진술한 경우에는 중단된 소송은 채권확정소송으로 변경되어 속행해야 할 것이다. 이 경우 수계는 파산채권자가 이의자를 상대방으로 하여 수계하되, 집행권원이 있는 채권인 경우에는 이의자가 파산채권자를 상대방으로 하여 수계해야 할 것이다. 그러나 파산선고 전에 채무자가 채권자를 상대로 소가 제기되었으나 소장 부본이 송달되기 전에 채무자에 대하여 파산선고가 이루어진 경우에는 그 소는 당사자 적격이 없는 자를 상대로 한 소송이어서 부적법하게 되며 따라서 파산관재인의 소송수계신청도 허용되지 않을 것이다(대판 2018.6.15. 2017다289828).

파산선고 전에 파산재단에 관하여 진행 중인 채권자대위소송이나 채권자취소소송도 중단되고 파산관재인이나 상대방이 이를 수계해야 할 것이다(대판 2019.3.6. 2017마5292, 2013.3.28. 2012다100746, 2016.4.28. 2016다200705, 대결 2019.3.6. 2017마5292). 채권자대위소송이나 사해행위취소소송이 중단된 경우에는 파산관재인은 원고측을 수계한다(대판 2013.3.28. 2012다100746, 2018.6.15. 2017다265129).[74]

---

74) 채무자가 채권자에 대한 사해행위를 한 경우에 채권자는 민법 제406조에 따라 채권자취소권을 행사할 수 있다. 그러나 채무자에 대한 파산선고 후에는 파산관재인이 파산재단을 위해 부인권을 행사할 수 있다(채무자 회생 및 파산에 관한 법률 제391조, 제396조). 파산절차가 채무를 채권자들에게 평등하고 공정하게 변제하기 위한 집단적·포괄적 채무처리절차라는 점을 고려하여 파산선고 후에는 파산채권자가 아닌 파산관재인으로 하여금 부인권을 행사하도록 한 것이다. 따라서 파산선고 후에는 파산관재인이 총 채권자에 대한 평등변제를 목적으로 하는 부인권을 행사해야 하고, 파산절차에 의하지 않고는 파산채권을 행사할 수 없는 파산채권자가 개별적 강제집행을 전제로 개별 채권에 대한 책임재산을 보전하기 위한 채권자취소의 소를 제기할 수 없다. 파산채권자가 파산선고 후에 제기한 채권자취소의 소가 부적법하더라도 파산관재인은 이러한 소송을 수계한 다음 청구변경의 방법으로 부인권을 행사할 수 있다고 보아야 한다. 이 경우 법원은 파산관재인이 수계한 소송이 부적법한 것이었다는 이유만으로 소송수계 후 교환적으로 변경된 부인의 소마저 부적법하다고 볼

3) 강제집행 및 가압류·가처분에 대한 효과

파산선고가 이루어지면 파산채권자에게는 개별적인 권리행사가 금지되고, 파산선고 전에 파산채권에 기하여 파산재단에 속하는 재산에 대하여 행하여진 강제집행, 가압류·가처분도 파산재단에 대하여는 그 효력이 상실된다(348조 1항). 임금채권 등 재단채권에 기하여 파산선고 전에 강제집행이 이루어진 경우에도 마찬가지로 그 효력이 상실된다(대결 2008.6.27. 2006마260,[75] 2014.12.11. 2014다210159). 따라서 파산관재인은 기존의 강제집행절차를 무시하고 파산재단 소속재산을 법원의 허가를 받아 자유로이 처분할 수 있다. 이 경우 파산관재인은 집행처분의 외관을 제거하기 위해 별도의 소송절차 없이 집행기관에 대하여 파산선고결정 등본을 취소원인으로 소명하여 강제집행이나 가압류·가처분의 집행취소신청을 해야 한다.

다만, 파산관재인은 파산재단을 위해 강제집행절차를 속행할 수 있다. 이 경우 파산관재인은 집행기관에 대하여 채무자가 파산선고를 받음과 동시에 파산관재인이 선임된 사실을 알리고 소명자료를 첨부하여 강제집행절차를 속행하겠다는 신청을 해야 한다. 강제집행에 대한 제3자의 이의의 소는 파산관재인을 피고로 한다.

부동산에 대한 경매절차에서 배당법원은 배당을 실시할 때에 가압류채권자의 채권에 대하여는 그에 대한 배당액을 공탁해야 하고, 그 후 그 채권에 관하여 채권자 승소의 본안판결이 확정됨에 따라 공탁의 사유가 소멸한 때에는 가압류채권자에게 공탁금을 지급해야 하므로(민

것은 아니다(대판 2018.6.15. 2017다265129).

75) (구)파산법 제61조 제1항 본문에서는 "파산채권에 관하여 파산재단에 속하는 재산에 대하여 한 강제집행, 가압류 또는 가처분은 파산재단에 대하여는 그 효력을 잃는다."고 규정하고 있고, 제62조에서는 "파산재단에 속하는 재산에 대하여 국세징수법 또는 국세징수의 예에 의한 체납처분을 한 경우에는 파산선고는 그 처분의 속행을 방해하지 않는다."고 규정하고 있을 뿐, 체납처분 있는 조세채권에 관한 제62조의 규정을 제외하고는 재단채권에 기하여 파산선고 전에 이루어진 강제집행 등의 효력에 관하여는 (구)파산법에 아무런 규정이 없다. 그러나 파산관재인의 파산재단에 관한 관리처분권이 개별집행에 의해 제약을 받는 것을 방지함으로써 파산절차의 원만한 진행을 확보함과 동시에, 재단채권 간의 우선순위에 따른 변제 및 동순위 재단채권 간의 평등한 변제를 확보할 필요성이 있는 점, 파산선고 후 재단채권에 기하여 파산재단에 속하는 재산에 대한 별도의 강제집행은 허용되지 않는 점, 강제집행의 속행을 허용한다고 하더라도 재단채권에 대한 배당액에 관하여는 재단채권자가 직접 수령하지 못하고 파산관재인이 수령하여 이를 재단채권자들에 대한 변제자원 등으로 사용하게 되므로(대판 2003.8.22. 2003다3768 참조), 재단채권자로서는 단지 강제집행의 대상이 된 파산재산의 신속한 처분을 도모한다는 측면 외에는 강제집행을 유지할 실익이 없을 뿐 아니라, 파산관재인이 강제경매절차에 의한 파산재산의 처분을 선택하지 않는 한 강제집행절차에 의한 파산재산의 처분은 매매 등의 통상적인 환가방법에 비하여 그 환가액의 측면에서 일반적으로 파산재단이나 재단채권자에게 모두 불리한 결과를 낳게 되므로, 강제집행을 불허하고 다른 파산재산과 마찬가지로 파산관재인이 환가하도록 함이 상당하다고 인정되는 점 등을 고려할 때, 임금채권 등 재단채권에 기하여 파산선고 전에 강제집행이 이루어진 경우에도, 그 강제집행은 파산선고로 인하여 그 효력을 잃는다고 보아야 할 것이다(대판 2008.6.27. 2006마260).

사집행법 160조 1항 2호, 161조 1항) 특별한 사정이 없는 한 본안의 확정판결에서 지급을 명한 가압류채권자의 채권은 이와 같이 공탁된 배당액으로 충당되는 범위에서 본안판결의 확정시에 소멸되는 바, 이러한 법리는 본안판결 확정 이후에 채무자에 대하여 파산이 선고되었다 하더라도 마찬가지로 적용되므로, 본안판결 확정시 이미 발생한 채권 소멸의 효력은 그대로 유지된다고 보아야 할 것이다.

이러한 경우에 가압류채권자가 공탁된 배당금을 채무자의 파산선고 후에 수령하더라도 이는 본안판결 확정시에 이미 가압류채권의 소멸에 충당된 공탁금에 관하여 단지 수령만이 본안판결 확정 이후의 별도의 시점에 이루어지는 것에 지나지 않으므로 가압류채권자가 이와 같이 수령한 공탁금은 파산관재인과의 관계에서 민법상의 부당이득에 해당하지 않는다고 보아야 한다(대판 2018.7.24. 2016다227014, 2018.7.26. 2017다234019).

한편 파산채권에 기하지 않은 강제집행이나 가압류·가처분(예, 소유권에 기한 명도청구의 집행 또는 그 보전처분으로서 가처분) 등은 파산선고로 인하여 실효되지 않으며, 파산재단에 속하는 재산을 대상으로 하는 경우에는 파산관재인에 대한 승계집행문을 부여받아 속행할 수 있다. 그리고 파산선고 후에 파산채권이 아닌 저당권 등 별제권에 기하여 이루어진 강제집행은 파산선고 당시에 착수되어 있던 경우라도 파산선고에 의해 실효되지 않는다. 파산선고 전에 이미 집행이 완료된 경우에는 실효의 문제는 생길 여지가 없고 부인권의 문제만 남게 된다.

4) 체납처분에 대한 효과

파산선고 전에 파산재단에 속하는 재산에 대하여 국세징수법 또는 지방세법에 의해 징수할 수 있는 청구권에 기한 체납처분을 한 때에는 파산선고는 그 처분의 속행을 방해하지 않는다. 그러나 파산선고 후에는 파산재단에 속하는 재산에 대하여 국세징수법 또는 지방세법에 의해 징수할 수 있는 청구권에 기한 체납처분을 할 수 없다(349조).

5) 임대인 또는 임차인 파산시의 임대차 관계

임대인이나 임차인이 파산선고를 받은 경우 쌍무계약에 관하여 채무자 및 그 상대방이 모두 파산선고 당시 아직 이행을 완료하지 않은 때에는 파산관재인은 계약을 해제 또는 해지하거나 채무자의 채무를 이행하고 상대방의 채무이행을 청구할 수 있다(335조). 임대인이 파산선고를 받은 때에는 차임의 선급 또는 차임채권의 처분은 파산선고시의 당기(當期) 및 차기(次期)에 관한 것을 제외하고는 파산채권자에게 대항할 수 없고, 파산채권자에게 대항할 수 없음으로 인하여 손해를 받은 자는 그 손해배상에 관하여 파산채권자로서 권리를 행사할 수 있다

(제340조 1항, 2항). 임차인이 파산선고를 받은 경우에는 계약기간이 정하여져 있는 경우라도 임대인 또는 파산관재인은 파산을 이유로 계약을 해지할 수 있다(민법 635조, 637조 1항).

그런데 주택·상가건물임대인이 파산한 경우에 있어서는 임차인의 보호를 위해 특별규정이 마련되어 있다. 즉 대항력을 갖춘 주택·상가건물임차인에 대하여는 해지권을 행사할 수 없고 (340조 4항),[76] 주택임대차인이나 상가건물임차인은 대항요건을 갖추고 임대차계약증서상의 확정일자를 받은 경우 우선변제권이 인정되도록 한 것이다(415조 1항, 2항, 3항). 우선변제권과 관련하여 더 살펴보면 임차인이 파산신청일까지 주택임대차보호법상의 대항요건을 갖추고 임대차계약증서상의 확정일자를 받은 임차인은 파산재단에 속하는 주택(대지 포함)의 환가대금에서 후순위권리자 그밖의 채권자보다 우선하여 보증금을 변제받을 권리가 있고, 특히 소액임차인은 보증금 중 일정액을 파산재단에 속하는 주택(대지 포함)의 환가대금에서 다른 담보물권자보다 우선하여 변제받을 권리가 있는 것이다(415조 1항, 2항). 이러한 원리는 상가건물임대차보호법의 규정에 의한 대항요건과 확정일자를 갖춘 임차인과 소액임차인의 경우에도 마찬가지로 준용된다(415조 3항).

주의할 점은 주택임대차보호법이나 상가건물임대차보호법과는 달리 경매신청등기일이 아니라 파산신청일 전까지 대항요건을 갖추어야만 우선변제권이 인정되며, 그 이후에 대항요건을 갖춘 경우에는 우선변제권이 인정되지 않고 따라서 집행법원은 해당 배당액을 파산관재인에게 배당해야 하는 것이다.

6) 상속재산에 대한 파산선고와 한정승인·재산분리

상속인이나 상속재산에 대한 파산선고는 한정승인 또는 재산분리에 영향을 미치지 않는다. 다만, 파산취소 또는 파산폐지의 결정이 확정되거나 파산종결의 결정이 있을 때까지 그 절차가 중지된다(346조). 상속재산에 대한 파산[77]과 관련하여 민법상 상속의 한정승인제도가

---

76) 민법상으로는 임차인이 파산선고를 받은 경우에는 임대차기간의 약정이 있는 때에도 임대인 또는 파산관재인은 계약해지의 통고를 할 수 있도록 하고 있다(민법 637조). 그러나 임대인이 파산선고를 받은 경우에 관하여는 민법상 규정이 없으므로 결국 통합도산법에 의해야 한다. 따라서 대항요건을 갖추지 못한 임차인의 임대차계약이 쌍방미이행 쌍무계약에 해당하는 경우이거나 임차인의 2기의 차임 연체 등 채무불이행 사유가 있는 경우에는 파산관재인이 임대차계약을 해지할 수 있을 것이다(2010 개인파산관재인 업무편람 35p). 한편 주택·상가건물임대인이 파산한 경우에는 특별규정을 두어 대항력 있는 주택·상가건물임차인에 대하여는 제335조(쌍방미이행 쌍무계약에 관한 선택)의 규정의 적용을 배제하도록 함으로써 해지할 수 없도록 하고 있다(340조 4항).

77) 상속재산에 대한 파산이란 상속재산만으로는 상속채권자 및 수유자에 대한 채무를 모두 변제할 수 없는 경우에 상속채권자 및 수유자와 상속인의 고유채권자의 이익을 조정할 목적으로 상속재산과 상속인 고유재산을 분리함으로써 상속재산에 대하여 청산을 목적으로 하는 파산절차를 말한다. 상속재산에 대하여 파산선고가 있는

있음에도 불구하고 상속재산에 대한 파산신청이 의미가 있는 것은 상속재산에 대한 파산제도가 한정승인에 비하여 채권자들에게 공평한 재산의 분배기능이 가능하다는 것이다.

즉, 한정승인제도에는 관리인이 존재하지 않고, 채권자집회도 개최되지 않으며, 부인권제도도 없고, 상계제한과 같은 규정도 존재하지 않아 상속채권자들에게 상속재산에 대한 공평한 분배기능을 기대하기 곤란한데, 상속재산에 대한 파산절차에서는 상속채권자는 파산원인을 소명할 필요가 없고, 파산관재인에 의한 상속재산의 효과적인 환가 및 공평한 변제를 도모할 수 있는 바, 여기에 상속재산에 대한 파산제도의 실익이 있다고 본다.[78] 따라서 채무자의 상속인보다는 상속채권자가 이 제도를 이용할 실익이 크다고 보이는데,[79] 아직까지 위 제도가 많이 알려져 있지 않고 실무상 절차나 실익도 검증되지 않아 아직까지는 거의 이용되고 있지 않으나 향후 활성화 가능성이 주목된다 할 것이다.

7) 조합원의 파산시 조합과의 관계

조합원이 파산하더라도 조합에서 탈퇴하지 않기로 한 약정은 무효이지만, 파산관재인이 파산한 조합원에 대한 채권자들의 동의를 얻어 조합에 잔류할 것을 선택한 경우에 있어서 해당 탈퇴금지의 약정은 무효로 되지 않는다(대판 2004.9.13. 2003다26020).

8) 근로자 또는 회사의 파산과 근로관계

근로자가 파산절차 중에 있다는 이유로 누구든지 정당한 사유 없이 취업의 제한 또는 해고 등 불이익한 처우를 해서는 안된다(32조의2). 근로자가 파산선고를 받은 경우에도 근로기준법상의 해고사유는 아니며 또한 쌍방미이행 쌍무계약에 관한 선택(335조)의 규정도 적용되지 않아 파산관재인이 일방적으로 근로계약을 해지할 수 없다고 본다. 회사의 사규나 취업규칙에 파산선고를 당연퇴직사유로 정한 경우에도 마찬가지라고 본다(서울중앙지법 2008.6.19. 2007가합43592).

사용자가 파산선고를 받은 경우에는 고용기간의 약정이 있는 경우에도 근로자 또는 파산관재인은 계약을 해지할 수 있다(민법 663조 1항). 기업이 파산선고를 받아 사업의 폐지를 위해

때에는 한정승인한 것으로 본다(389조 3항).

78) 2006 도산법, 전병서, 34p.

79) 상속재산에 대한 파산절차에서 상속인이 있는 경우에 상속인의 면책신청이 가능한지 여부가 문제되는데, 상속재산에 대한 파산절차에서는 파산선고를 받은 자란 상속재산 자체를 의미하고 상속인은 파산선고를 받은 채무자가 아니므로 상속인에게는 면책신청권이 없다고 보이며, 따라서 상속인이 한 면책신청은 기각 또는 부적법각하(서울중앙지법 2005.9.1. 2005하면4831)를 면치 못할 것이다(서울회생법원, 제5판 개인파산·회생실무, 243p).

그 청산과정에서 근로자를 해고하는 것은 위장폐업이 아닌 한 기업경영의 자유에 속하는 것으로서 파산관재인이 파산선고로 인하여 파산자 회사가 해산한 후에 사업의 폐지를 위해 행하는 해고는 정리해고가 아니라 통상해고에 해당하는 것이어서, 정리해고에 관한 근로기준법 규정이 적용될 여지가 없고, 또한 파산관재인의 근로계약 해지는 해고만을 목적으로 한 위장파산이나 노동조합의 단결권 등을 방해하기 위한 위장폐업이 아닌 한 원칙적으로 부당노동행위에 해당하지 않는다(대판 2004.2.27. 2003두902). 이는 개인파산의 문제는 아니지만 이러한 사례가 많아 참고로 언급해 본 것이다.

근로자들의 퇴사일로부터 14일이 경과한 날 이전에 회사가 '파산선고'를 받은 경우, 그 회사의 대표이사는 임금 등 체불로 인한 근로기준법 제109조(벌칙) 제1항의 죄책을 지지 않는다(대판 2010.5.27. 2009도7722).[80]

9) 파산신청의 취하 불가

파산신청 후에 파산신청을 취하하려면 파산선고 전에 해야 한다. 따라서 파산선고가 이루어지면 집단적 처리절차인 특성상 파산선고가 확정되기 전이라도 파산신청을 취하할 수 없다. 이는 모든 이해관계인이 동의하더라도 마찬가지이다.[81] 파산선고 전에 파산신청이 취

---

80) 근로기준법 제36조는 사용자는 근로자가 사망 또는 퇴직한 경우에는 그 지급사유가 발생한 때부터 14일 이내에 임금, 보상금 기타 일체의 금품을 지급하도록 규정함으로써, 퇴직근로자 등의 생활안정을 도모하기 위해 법률관계를 조기에 청산하도록 강제하는 한편, 사용자측에 대하여 그 청산에 소요되는 기간을 유예하여 주고 있으므로, 위 퇴직금 등 체불로 인한 근로기준법 제109조 제1항 위반죄는 지급사유 발생일로부터 14일이 경과하는 때에 성립하고, 따라서 사업주가 법인일 경우에는 위 14일이 경과할 당시에 퇴직금 등의 지급권한을 갖는 대표자가 그 체불로 인한 죄책을 짐이 원칙이며, 14일이 경과하기 전에 그 지급권한을 상실하게 된 대표자는 특별한 사정이 없는 한 그 죄책을 지지 않는다(대판 1995.11.10. 94도1477, 2002.11. 26. 2002도5044 참조). 여기서 퇴직금 등의 지급권한 상실의 원인에는 해임, 사임 등 법인과의 고용계약 종료에 기한 것은 물론 법령에 의한 지급권한 상실 또한 포함된다. 원심은, 채무자가 파산선고 당시에 가진 모든 재산은 파산재단에 속하게 되고(채무자 회생 및 파산에 관한 법률 382조 1항), 파산선고에 의해 채무자는 파산재단을 구성하는 재산에 관한 관리처분권을 잃고, 이 관리처분권은 파산관재인에게 전속하게 되며(같은 법 제384조), 채무자의 근로자의 임금·퇴직금 및 재해보상금은 그 발생시기가 파산선고 전후인지 여부를 불문하고 모두 재단채권이 되고(같은 법 제473조 제10호), 재단채권은 파산절차에 의하지 않고 파산관재인이 수시로 변제해야 하는 바(같은 법 제475조), 위와 같은 채무자 회생 및 파산에 관한 법률의 규정들을 종합하면, 주식회사인 채무자가 파산선고를 받게 되면 채무자 회사의 대표이사는 그때부터 재단채권인 임금, 퇴직금 등의 지급권한을 상실하게 되고 파산관재인에게 그 권한이 전속한다고 전제한 다음, 이 사건 공소사실 중 일부 근로기준법 위반의 점에서 근로자들의 퇴사일은 2008. 4. 5., 2008. 4. 6. 또는 2008. 4. 9.로 그로부터 14일이 경과한 날은 모두 이 공소외 주식회사가 파산선고를 받음으로써 위 회사의 대표이사였던 피고인이 퇴직금 등의 지급권한을 상실한 2008. 4. 18. 이후의 날이므로, 그 전에 이미 지급권한을 상실한 피고인에게 근로기준법 제109조 제1항의 죄책을 물을 수는 없고, 달리 이 부분 공소사실에 있어 근로자들의 퇴사일로부터 14일이 경과한 날 피고인에게 임금, 퇴직금 등의 지급권한이 있었다는 점을 인정할 만한 증거가 없다고 하여 이 부분 공소사실을 무죄로 판단한 제1심판결을 유지하였다. 앞서 본 법리 및 기록에 비추어 원심판결을 살펴보면, 원심의 위와 같은 판단은 정당한 것으로 수긍할 수 있다(대판 2010.5.27. 2009도7722).

하되면 파산절차는 개시되지 않고 당연히 종료되며, 미사용 예납금은 반환해준다.

3. 파산선고 후의 절차

가. 채권자집회

제1회채권자집회 기일은 법원이 파산선고와 동시에 파산선고일로부터 4월 이내의 날로 정하게 된다. 기타의 채권자집회는 법원이 파산관재인, 감사위원, 신고한 총채권에 관하여 법원이 평가한 액의 1/5 이상에 해당하는 파산채권자의 신청 또는 직권으로 소집하게 된다(367조). 채권자집회의 결의에는 의결권을 행사할 수 있는 출석 파산채권자의 총 채권액의 1/2을 초과하는 채권을 가진 자의 동의가 있어야 하며, 결의에 관하여 특별한 이해관계를 가진 자는 의결권을 행사할 수 없다(370조).

제1회 채권자집회에서는 파산관재인이 파산선고에 이르게 된 사정과 채무자 및 파산재단에 관한 경과·현상에 관하여 보고하고(499조), 영업의 폐지 또는 계속, 고가품의 보관방법 등을 결의한다(489조).

채권자집회의 결의가 파산채권자 일반의 이익에 반하는 때에는 법원은 파산관재인, 감사위원 또는 파산채권자의 신청에 의하거나 직권으로 그 결의의 집행을 금지할 수 있다(375조 1항). 또한 제1회 채권자집회에서 파산관재인의 직무집행을 감사하기 위해 감사위원의 설치가 필요하다는 제안이 있는 경우에는 그 설치 여부 및 감사위원의 수를 의결할 수 있다(376조). 다만, 제1회 후의 채권자집회에서 그 결의를 변경할 수 있다.

나. 파산채권의 조사·환가·배당

법원은 채권조사기일에 신고한 각 채권을 조사하게 된다(450조). 채권조사기일에는 채무자, 신고한 파산채권자 또는 그 대리인이 출석하여 의견을 진술할 수 있다(451조). 채권의 조사는 파산관재인이 출석하지 않으면 할 수 없다(452조). 신고기간 후에 신고한 채권에 관하여는 파산관재인 및 파산채권자의 이의가 있는 때를 제외하고는 채권조사의 일반기일에 그 조사를 할 수 있다(453조 1항). 파산관재인 또는 파산채권자의 이의가 있는 때에는 법원은 특별기일을 정하여 조사하게 된다(453조 2항). 채권조사가 종결되면 법원사무관 등은 그 결과를 파산채권자표에 기재하는데, 확정채권에 관하여 파산채권자표에 기재된 것은 파산채권자 전원에 대하

81) 서울회생법원, 제5판 개인파산·회생실무 57p.

여 확정판결과 동일한 효력이 인정된다(460조).

파산관재인은 파산채권조사기일이 종료되면 파산재단에 속한 재산을 환가할 수 있다. 환가하는 방법은 민사집행법이 정한 바에 따라 하게 되지만, 법원의 허가를 받아 영업양도 등 다른 방법으로 환가할 수도 있다(496조). 다만, 파산관재인은 파산재단에 속해 있는 모든 재산을 환가해야 하는 것이 아니며, 환가가 불가능하거나 환가의 실익이 거의 없는 경우 또는 환가로 인하여 파산절차가 지연되는 등의 사유가 있는 경우에는 채권자집회의 결의(529조) 또는 법원의 허가를 얻어 해당 재산을 파산재단으로부터 포기할 수 있다. 포기된 재산에 대한 관리·처분권은 채무자에게 귀속되며, 조세 역시 채무자가 부담하게 된다.

파산관재인은 채권조사기일이 종료된 후에는 배당하기에 적당한 금전이 있을 때마다 법원의 허가를 얻어 지체 없이 배당을 해야 한다(505조). 이를 위해 파산관재인은 배당표를 작성하고, 배당에 참가시킬 채권의 총액과 배당할 수 있는 금액을 공고한다(배당공고, 507조, 509조).

다. 파산종결·폐지

법원은 파산재단에 대한 계산보고를 위해 채권자집회를 소집하는데, 이 채권자집회에서는 파산관재인이 가치 없다고 인정하여 환가하지 않은 재산의 처분에 관한 결의를 해야 한다(529조). 채권자집회가 종결된 때에는 법원은 파산종결의 결정을 하고 그 주문 및 이유의 요지를 공고해야 한다(530조). 법원은 파산선고시 파산재단으로 파산절차 비용을 충당할 수 없다고 인정하는 때에는 파산선고와 동시에 파산폐지결정을 하게 된다(317조).

또한 법원은 파산선고 후에도 파산채권자의 동의 등이 있는 경우에는 채무자의 신청에 의해(단, 법인의 경우에는 이사 전원의 합의가 필요하며, 이 경우에 법인은 존속됨) 파산폐지결정을 할 수 있고(538조), 파산절차비용의 부족이 인정되는 때에도 파산관재인의 신청 또는 직권으로 파산폐지결정을 할 수 있다(545조). 법원이 파산폐지결정을 한 때에는 그 주문 및 이유의 요지를 공고해야 한다(546조). 참고로 법인파산의 경우에는 파산절차가 종결되면 법인은 소멸된다. 다만, 법인이 파산채권자 전원의 동의 또는 담보의 제공으로 파산폐지신청을 하고, 이에 의해 파산폐지결정이 이루어진 때에는 법인은 그 존속절차를 거쳐 존속하게 된다(540조, 538조).

4. 면책절차

가. 면책심문기일 및 이의신청기간 지정

개인파산 및 면책신청이 동시에 이루어진 동시신청 사건의 경우 법원은 파산선고 결정을 하면서 특별한 사정이 없는 한 파산선고와 동시에 파산선고 결정일로부터 60일 이내의 날짜로 면책심문기일을 지정하거나, 면책심문기일을 지정하지 않을 경우에는 면책신청에 대한 이의신청기간을 정하는 결정을 하게 된다.[82)]

나. 면책심문

면책심문 절차에서 법원은 면책불허가사유(564조 1항 각호)의 유무에 대하여 심사하고, 이의신청 기간 내에 채권자의 이의신청이 있는 경우에는 채권자 및 채무자 쌍방의 의견을 듣는다(563조).

다. 면책결정

법원은 채권자의 이의신청 기간이 종료되면 원칙적으로 14일 이내에 면책허부결정을 하게 된다.[83)]

82) 개인파산 및 면책신청사건의 처리에 관한 예규 3조 2항.
83) 개인파산 및 면책신청사건의 처리에 관한 예규 4조.

[기재례 18] 파산선고 및 동시폐지결정(면책심문기일 지정시)

○○지방법원
결 정

사 건	20○○하단○○○○ 파산선고 20○○하면○○○○ 면책
신청인 겸 채무자	○ ○ ○ (123456 - 1234567) 주소 ○○시 ○○구 ○○로 ○○○ 등록기준지 충북 ○○군 ○○면 ○○리 281

주 문

1. 채무자에 대하여 파산을 선고한다.
2. 이 사건 파산을 폐지한다.
3. 채무자에 대한 면책심문기일 및 장소를 20○○.○.○. 11:00. ○○법원종합청사별관 제○호 법정(남관 제○○○호)으로 한다.
4. 송달해야 하는 장소를 알기 어려운 파산채권자에 대한 송달은 공고로써 갈음한다.

이 유

이 사건 기록에 의하면 채무자는 지급불능 상태에 있고, 또한 파산재단으로 파산절차의 비용을 충당하기에 부족하다. 그렇다면, 이 사건 파산신청은 이유 있으므로 채무자 회생 및 파산에 관한 법률 제305조, 제317조 제1항, 제558조 제1항 및 제10조에 의해 주문과 같이 결정한다.

20○○. ○. ○. 10:00

판 사 ○ ○ ○

[기재례 19] 파산선고 및 동시폐지결정(면책이의신청기간 지정시)

○○지방법원
결 정

사 건	20○○하단○○○○ 파산선고 20○○하면○○○○ 면책
신청인 겸 채무자	박 ○ ○ (123456 - 1234567) 주소 ○○시 ○○구 ○○로 ○○○ 본적 충북 ○○군 ○○면 ○○길 ○○○

주 문

1. 채무자에 대하여 파산을 선고한다.
2. 이 사건 파산을 폐지한다.
3. 위 면책사건에 관하여 면책신청에 대한 이의신청기간을 20○○. ○. ○까지로 한다.
4. 송달해야 하는 장소를 알기 어려운 파산채권자에 대한 송달은 공고로써 갈음한다.

이 유

이 사건 기록에 의하면 채무자는 지급불능 상태에 있고, 또한 파산재단으로 파산절차의 비용을 충당하기에 부족하다. 그렇다면, 채무자의 이 사건 파산신청은 이유 있으므로 채무자 회생 및 파산에 관한 법률 제305조, 제317조 제1항, 제562조 제1항 및 제10조에 의해 주문과 같이 결정한다.

20○○. ○. ○. 10:00

판 사 ○ ○ ○

[기재례 20] 파산선고 및 파산폐지결정 공고

파산선고 및 파산폐지결정 공고

사 건 20○○하단○○○○ 파산선고

신청인 겸 채무자 ○ ○ ○ (123456 - 1234567)
주소 ○○시 ○○구 ○○로 ○○○

1. 결정연월일시
20○○. ○. ○. 10:00

2. 파산선고·파산폐지결정 주문
채무자에 대하여 파산을 선고한다.
이 사건 파산을 소파산으로 한다.
이 사건 파산을 폐지한다.

3. 이유의 요지
채무자가 지급불능상태에 있고, 파산재단으로 파산절차비용을 충당하기에 부족하다.

20○○. ○. ○.

○○지방법원

판 사 ○ ○ ○

[기재례 21] 파산선고·파산폐지결정 및 면책심문기일 공고

파산선고·파산폐지결정 및 면책심문기일 공고

사　　　건　20○○하단○○○○ 파산선고
　　　　　　20○○하면○○○○ 면책

신청인 겸 채무자　○ ○ ○ (123456-1234567)
　　　　　　주소 ○○시 ○○구 ○○로 ○○○

1. 결정연월일시
20○○. ○. ○. 10:00

2. 파산선고·파산폐지결정 주문
채무자에 대하여 파산을 선고한다.
이 사건 파산을 폐지한다.

3. 이유의 요지
채무자가 지급불능상태에 있고, 파산재단으로 파산절차비용을 충당하기에 부족하다.

4. 면책심문기일
심문일시 : 20○○. ○. ○. 11:00
심문장소 : ○○지방법원 청사 별관 제2호 법정(남관 제○○○호)

20○○. ○. ○.

○○지방법원

판 사 ○ ○ ○

[기재례 22] 파산선고·파산폐지결정 및 이의신청기간 공고

파산선고·파산폐지결정 및 이의신청기간 공고

사　　　건　　20○○하단○○○○　파산선고
　　　　　　　20○○하면○○○○　면책
신청인 겸 채무자　○　○　○ (123456 - 1234567)
　　　　　　　주소　○○시 ○○구 ○○로 ○○○

1. 결정연월일시
   20○○. ○. ○. 10:00

2. 파산선고·파산폐지결정 주문
   채무자에 대하여 파산을 선고한다.
   이 사건 파산을 폐지한다.

3. 이유의 요지
   채무자가 지급불능상태에 있고, 파산재단으로 파산절차비용을 충당하기에 부족하다.

4. 면책신청에 대한 파산채권자의 이의신청기간 및 방법
   가. 이의신청기간 : 20○○. ○. ○.까지
   나. 이의신청방법
   면책신청에 대하여 이의를 제기하려는 파산채권자는 위 이의신청기간까지 면책불허가사유에 대한 구체적 주장을 기재하고, 이에 대한 소명자료를 첨부한 원본 및 부본 각 1부를 ○○지방법원 파산○단독에 제출바랍니다.

20○○. ○. ○.

○○지방법원

판 사 ○ ○ ○

[기재례 23] 파산신청 기각결정

○○지방법원
결 정

사 건 20○○하단○○ 파산선고

신청인 겸 채무자 ○ ○ ○(123456 - 1234567)
○○시 ○○구 ○○로 ○○

주 문

이 사건 신청을 기각한다.

이 유

이 사건 기록(이 법원의 심문 결과)에 의하면 신청인은 합계 약 550만원 상당의 채무를 부담하고 있으나, 한편 신청인 소유 자산으로는 주거지의 임차보증금 중 연체차임을 공제한 약 600만원이 있고, 신청인은 32세의 남성으로서 노동능력이 충분하다고 보이는 점 등에 비추어 보면 신청인에게 파산원인 사실이 있다고 인정하기에 부족하다. 따라서 채무자 회생 및 파산에 관한 법률 제309조 제1항 제3호에 의해 주문과 같이 결정한다.

20○○. ○. ○.

판 사 ○ ○ ○

[기재례 24] 채무자에 대한 면책신청 안내문

면책신청에 대한 안내문

채무자의 신청으로 파산선고를 받더라도 채무가 당연히 소멸되는 것은 아니고 변제책임을 면하기 위해는 반드시 면책신청을 하고, 면책절차를 통해 면책결정을 받아야 합니다. 특히 면책신청은 제한기간이 있으므로 신청기간을 명심하십시오.

1. 면책절차
   면책절차는 채무자의 채무에 관하여 그 변제책임을 면제시킴으로써 채무자의 경제적 갱생을 도모하는 절차입니다.
2. 면책신청을 할 수 있는 시기(신청기간)
   산신청일부터 파산선고가 확정된 날(공고된 날부터 2주 경과일) 이후 1개월 이내
3. 면책신청의 방법
   법원에 비치되어 있는 면책신청서 또는 대법원 홈페이지(http://www.scourt.go.kr)에서 기재례를 다운받아 작성하여 신청서에 정부수입인지 1,000원과 은행에 송달료[(기본송달료 52,000원)+(채권자수×5,200×3)]를 납부한 후 받은 송달료 납부서를 함께 붙여 제출하면 됩니다.
4. 면책신청 후의 절차
   법원이 채무자를 심문하거나 이의신청기간을 지정하여 채권자에세 통지하고, 이의신청이 있을 경우 채무자와 이의신청인의 의견을 듣습니다.
5. 면책의 효력
   ① 면책허가결정이 확정되면, 파산채권자에 대한 채무의 전부에 대하여 그 변제책임이 면제됩니다.
   ② 그러나 다음 채무는 면책되지 않습니다.
      ㉮ 조세
      ㉯ 벌금, 과료, 형사소송비용, 과징금, 과태료
      ㉰ 채무자가 고의로 가한 불법행위로 인한 손해배상채무
      ㉱ 채무자가 중대한 과실로 타인의 생명 또는 신체를 침해한 불법행위로 인하여 발생한 손해배상채무
      ㉲ 채무자의 근로자의 임금·퇴직금 및 재해보상금
      ㉳ 채무자의 근로자의 임치금 및 신원보증금

㉶ 채무자가 악의로 채권자목록에 기재하지 않은 청구권
㉷ 채무자가 양육자 또는 부양의무자로서 부담해야 하는 비용

③ 면책허가결정은 채무자의 채무에 대하여 보증을 하거나 담보를 제공한 사람에게는 아무런 영향을 미치지 않습니다. 따라서 채무자의 보증인 또는 물상보증인은 그 책임을 이행하여야 합니다.

6. 면책결정의 취소
면책허가결정을 받은 후에도 사기파산죄로 유죄의 판결이 확정되거나, 부정(不正)한 방법으로 면책을 얻은 경우에는 파산채권자의 신청 등에 의해 면책이 취소될 수 있습니다.

무료법률상담 : 대한법률구조공단(국번없이 132), 서울지방변호사회(02-3476-0986), 서울지방법무사회(02-530-1078)
담당재판부 : 파산 ○단독(530-○○○○, ○○시 ○○구 ○○로 111 ○○지방법원 파산과)

○○지방법원 파산 ○단독

[기재례 25] (검사에 대한) 파산선고 및 파산폐지결정 통지서

○○지방법원
통 지 서

수 신 ○○지방검찰청 검사장

사 건 20○○하단○○ 파산선고

채 무 자 ○ ○ ○ (123456 - 1234567)

주소 ○○시 ○○구 ○○로 ○○

본적 ○○시 ○○구 ○○로 ○○

위 채무자에 대하여 20○○. ○. ○. 10:00 파산이 선고되고 동시에 파산폐지결정이 내려졌음을 통지합니다.

20○○. ○. ○.

판 사 ○ ○ ○

[기재례 26] (검사에 대한) 파산 및 면책불허가 통지서

○○지방법원
통 지 서

수 신 ○○지방검찰청 검사장

사 건 20○○하단○○ 면책
20○○하면○○ 파산선고

채 무 자 ○ ○ ○ (123456 - 1234567)
○○시 ○○구 ○○로 ○○

이 법원은 파산범죄 등에 대한 수사의 단서 제공 등의 사유로 검사에 대한 통지가 필요하다고 인정하였으므로 채무자 회생 및 파산에 관한 법률 제315조에 의해 다음과 같은 사실을 통지합니다.

다 음

1. 위 채무자에 대하여 파산이 선고되어 20○○. ○. ○. 확정되었습니다.
2. 이 법원은 20○○. ○. ○. 위 채무자에 대하여 채무자 회생 및 파산에 관한 법률 제650조 제1호, 제651조 제2호가 정하는 사기파산죄 내지 과태파산죄에 해당하는 사유가 있음을 이유로 위 법 제564조 제1항 제1호에 따라 면책불허가 결정을 하였습니다.

첨 부 서 류

1. 파산선고결정 등본 1부
2. 면책불허가결정 등본 1부

20○○. ○. ○.

판 사 ○ ○ ○

[기재례 27] (등록기준지에 대한) 파산결정확정 통지서

○○지방법원
파산결정확정통지

○○구청장 귀하

사　　건　　20○○하단○○　파산선고

채 무 자　　○　○　○ (123456 - 1234567)

주　　　소　○○시 ○○구 ○○로 ○○

등록기준지　○○시 ○○구 ○○로 ○○

위 채무자에 대하여 20○○. ○. ○. 10:00 파산결정이 선고되고 그 결정이 20○○. ○. ○. 확정되었음을 통지합니다.

20○○.　○.　○.

법원사무관　○　○　○

참조 : 신원조회업무처리지침 행정자치부예규 제756호

[기재례 28] (주무관청에 대한) 파산결정확정 통지서

○○지방법원
통 지 서

수 신 관세청장

사 건 20○○하단○○ 파산선고

채 무 자 ○ ○ ○ (123456 - 1234567)
주 소 ○○시 ○○구 ○○로 ○○
등록기준지 ○○시 ○○구 ○○로 ○○

관세사인 위 ○○○에 대하여 20○○. ○. ○. 10:00 파산선고 결정이 내려지고 위 결정이 20○○. ○. ○. 확정되었음을 통지합니다(관세사법 제8조 제1항 제1호에 의해 파산신고를 받은 채무자로서 복권되지 않은 자에 대하여는 관세청장이 그 등록을 취소하여야 함).

20○○. ○. ○.

판 사 ○ ○ ○

[기재례 29] 파산기각결정에 대한 재도의 고안

○○지방법원
결 정

사 건 20○○하단○○○○ 파산선고

신 청 인 ○ ○ ○ (123456 - 1234567)

(채무자) 주 소 ○○시 ○○구 ○○로 ○○

등록기준지 ○○시 ○○군 ○○면 ○○리 ○○

선 고 일 시 20○○. ○. ○. 10:00

원 결 정 일 자 20○○. ○. ○.

주 문

1. 원결정을 취소한다.
2. 채무자에 대하여 파산을 선고한다.
3. ○○○(생년월일, ○○시 ○○구 ○○로 ○○)을 파산관재인으로 선임한다.
4. 채권신고기간을 20○○. ○. ○.까지로 한다.
5. 제1회 채권자집회와 채권조사의 기일 및 장소를 20○○. ○. ○. 14:00 ○○지방법원 청사 별관(구 사법연수원) 제2호 법정으로 한다.
6. 이 사건 파산을 간이파산으로 한다.
7. 송달해야 하는 장소를 알기 어려운 파산채권자에 대한 송달은 공고로써 갈음한다.

이 유

채무자가 이 법원의 예납명령에 응하지 않아 이 법원이 20○○. ○. ○. 파산신청 기각의 결정(이하 원결정이라 한다)을 하였으나, 이 사건 기록 및 항고이유서에 의하면 위 예납명령에 불응한 데 대하여 참작할만한 사유가 있고, 채무자가 미납한 절차비용을 납부하였으며, 한편 채무자는 지급불능 상태에 있고, 또한 파산재단으로써 그 파산절차의 비용을 충당하기에 부족한 사실이 인정된다.

따라서 채무자 회생 및 파산에 관한 법률 제305조, 제317조 제1항, 제562조, 제10조, 제33조, 민사소송법 제446조에 의해 원결정을 취소하고 채무자의 파산신청을 받아들여 주문과 같이 결정한다.

판 사 ○ ○ ○

주) 개인파산·회생실무, 서울회생법원, 양식편 인용 및 참고

[기재례 30] (재산내역에 대한) 보정명령

○○지방법원
보정명령

사　　건 : 20○○하단○○　파산선고

수　　신 : 신청인(채무자) ○○○

신청인(채무자)은 20○○. ○. ○.까지 다음 자료를 법원에 제출하시기 바랍니다. 이 명령에 응하지 않을 경우 절차가 진행되지 않거나 지연될 수 있습니다.

다　　　음

1. 가족관계증명서(이혼사실이 기재된 것)
2. 신청인 소유 아파트의 등기부등본, 시가 증명 자료
3. 신청인 소유 자동차의 자동차등록증 사본, 시가 증명 자료
4. 신청인이 수령한 퇴직금의 액수를 알 수 있는 자료(사용자 작성의 증명서)
5. 가계수지표(법원 양식)
6. 재직증명서
7. 신청인의 20○○년부터 20○○년까지의 소득을 증명할 수 있는 자료(근로소득세 원천징수 영수증)

20○○. ○. ○.

판 사 ○○○

[서식 7] (수입·지출내역에 대한) 보정명령

○○지방법원
보정명령

사 건 20○○하단○○○○ 파산선고

신 청 인 ○ ○ ○

신청인은 다음 사항을 20○○. ○. ○.까지 보정하기 바랍니다. 보정에 응하지 않거나 허위의 진술 또는 자료제출이 있는 경우 파산 및 면책단계에서 불이익한 처분을 받을 수 있습니다.

다 음

1. 20○○년부터 20○○년까지 각 연도별 월평균 수입·지출, 수입·지출총액, 매년말의 채무총액, 각 연도별로 매월 지급해야 할 이자 및 이자로 지불한 총액은 얼마였는지 밝히십시오.

	월평균 수입	연수입 총액	월평균 지출	연지출 총액	년도말채무 총액	월평균이자 지불액	년이자지불 총액	비고
20○○								
20○○								
20○○								
20○○								
20○○								
20○○								

- 위 표를 이용하십시오.
- 채무변제에 필요한 금원은 지출에서 제외하여야 합니다.
- 만약 월평균 수입과 지출 또는 이자지불액이 어느 연도의 중간에 급격히 변화된 경우에는 기간을 적절히 구분하여 표시하고, 비고란에 필요한 설명을 하십시오.
- 20○○년의 월평균 수입, 월평균 지출, 월평균 이자지불액은 신청일 현재까지의 평균을 기재하시고, 20○○년의 연수입 총액, 연지출 총액, 년도말 채무총액, 년이자 지불총액은 신청일 현재의 또는 신청일까지의 수치를 기재하십시오.

2. 신청인의 수입으로 부채의 이자 및 월카드결제대금 조차 갚지 못하게 된 시점을 밝히

고, 그때 당시의 경제상태(총채무금액, 월이자불입액, 월수입액, 월카드결제대금 등)를 구체적으로 밝히십시오.

3. 현재 자신의 명의 또는 타인의 명의로 소유하고 있는 부동산 등 자산이 있으면 이를 기재하십시오.
4. 신청일로부터 3년 안에 자기 명의 또는 타인의 명의로 소유한 적이 있는 부동산 등 자산의 내역을 기재하고, 그 자산 중 부채 때문에 제3자에게 처분하거나 또는 경매로 낙찰되어버린 것이 있는 경우, 이를 명기하십시오.
5. 카드할인(카드깡)을 하거나 카드대납업자를 이용한 사실이 있는 경우 그 내역을 일자 순으로 기재하고, 그와 아울러 그 대강에 관하여 다음 표의 해당란에 기재하십시오.

카드할인을 행한 기간		월 평균 액수	총 합계액	비고
시기	종기			
부터	까지	약 만원	합계 만원	

6. 사채(은행, 카드회사 외의 상호저축은행, 각종 크레디트 등의 명칭을 사용하는 대부회사와 개인사채업자 등으로부터 차용금)를 사용한 내역을 다음 표에 따라서 기재하십시오(칸이 부족한 경우 추가로 표를 작성하여 기재하시고, 일수로 빌린 경우나 선이자 등을 지급한 경우는 비고란에 표시하고, 이자율은 환산하여 기재하십시오).

일시	대여자	금액	기간	이자율(월 몇%)	비고
합 계			╳	╳	╳

7. 신청일부터 3개월 전부터 신청일까지 사이에 현금서비스를 사용한 내역을 다음 표에 따라서 기재하고, 증빙자료(카드사용내역서 등을 신청서에 제출하였더라도 별도로 제출하고 해당부분을 형광펜으로 명기)를 제출하십시오.(칸이 부족한 경우 추가로 표를 작성하여 기재)

일시	카드회사	금액	사용처	비고

합 계				

8. 주민등록 초본을 제출하고, 신청일부터 3년 전부터 신청일까지 사이에 주소가 변경된 경우 거주한 순서에 따라 다음 표에 주거상황을 밝히십시오. 또한 증빙자료로서 관련 임대차계약서 및 임대차보증금이 임차명의인으로부터 지급되었음을 인정할 수 있는 금융자료(통장사본 등)를 첨부하십시오(해당 부분을 형광펜으로 명기).

주소	살기 시작한 시점	자기소유, 임차, 무상거주의 구분	거주주택, 방의 소유자 및 관계(본인, 친척, 무관계 등 표시)	임차인(임대차계약서의 명의자) 및 임대차 보증금액
		□소유, □임차, □무상		
		□소유, □임차, □무상		
		□소유, □임차, □무상		
		□소유, □임차, □무상		
		□소유, □임차, □무상		

20○○. ○. ○.

판 사 ○ ○ ○

주) 개인파산·회생실무, 서울회생법원, 양식편 인용 및 참고

[기재례 31] (배우자 명의의 소득 등에 대한) 보정명령

○○ 지 방 법 원
보 정 명 령

사　　건　　20○○하단○○○　파산선고
　　　　　　20○○하면○○○　면책

신 청 인　　○ ○ ○
(채무자)

신청인은 이 명령이 송달된 날로부터 14일 안에 다음 사항에 대한 답변을 제출바랍니다.

이를 지연할 경우 파산절차가 진행되지 않거나 파산신청이 기각될 수 있습니다.

다　　음

1. 신청인의 현재 경제활동 및 월소득에 관하여 자료와 함께 설명하시기 바랍니다.
2. 신청인의 배우자 명의의 ○○ ○○구 ○○로 ○○ 111동 222호에 관하여 그 매수대금 마련내역을 금융자료 등 객관적 자료와 함께 상세히 설명히시기 바랍니다.

20○○. ○. ○.

판 사 ○ ○ ○

注) 개인파산·회생실무, 서울회생법원, 양식편 인용 및 참고

[기재례 32] 채권자 의견청취서

○○지방법원
의견청취서

사 건 20○○하단 ○○○ 파산선고

채 무 자 ○ ○ ○ (123456 - 1234567)

수 신 수신처 참조

1. 위 채무자가 파산신청을 하여 이 법원은 채무자의 자산 및 부채 관계 등을 조사하고 있습니다.
2. 이 법원은 채권자인 귀하의 의견을 들어 심리자료로 삼고자 하오니 별지 〈채권자 의견〉 사항에 관하여 알고 있는 범위 안에서 기재하여 20○○. ○. ○.까지 서면 또는 팩시밀리(팩시밀리번호 : 02-530-○○○○) 전송의 방법으로 제출하여 주십시오.
3. 참고로 20○○. ○. ○. 14:00 ○○청사 별관 제2호 법정 (206호)에서 채무자에 대한 파산원인사실의 유무를 심리할 예정임을 알려드립니다.

20○○. ○. ○.

판 사 ○ ○ ○

참고 : 우편물을 보내실 곳
(우편물을 보내실 때에는 사건번호를 명시하여 주시기 바랍니다.)

○○시 ○○구 ○○로 1701-1 ○○지방법원 파산 ○단독 담당자 앞

수신처 : 신청인 제출 채권자목록 참조.

주) 개인파산·회생실무, 서울회생법원, 양식편 인용 및 참고

[별지] 채권자 의견

채권자 의견
(20○○하단○○○ 채무자 ○○○)

1. 귀하의 채권
   - ■ 채권의 내용
     □ 대여금 □ 물품대금 □ 기타 :
   - ■ 채권이 발생한 연월일 :
   - ■ 채권잔액(20○○. . .현재) : 원금 원, 이자 원

2. 채무자에게는, 자산이
   □ 없다. □ 있는지 여부를 잘 모른다.
   □ 있다(자산의 종류, 수량, 평가액, 소재장소 등을 아래 채권자기입란에 기재 바람)

3. 채무자의 파산원인에 대하여
   □ 모른다.
   □ 알고 있다(알고 있는 파산원인을 아래 채권자기입란에 기재 바람)

4. 동시파산폐지(채무자 회생 및 파산에 관한 법률 제317조에 의해 채무자의 자산이 부족하여 파산절차비용에 충당할 수 없기 때문에 파산선고와 동시에 파산절차를 종료시키는 것)를
   □ 하여도 좋다.
   □ 하지 않고 파산절차를 진행하기를 바란다.

5. 파산절차를 진행하는 경우 절차비용이 부족하면 그 비용을
   □ 채권자로서 예납한다. □ 예납하고 싶지 않다.

6. 이 서면을 수령하기 6개월 이내에 또는 수령한 이후에 채무자로부터 변제를 받거나 기타 자산을 양도받은 사실이
   □ 없다.
   □ 있다(있다면 그 연월일을 아래 채권자기입란에 기재 바람)

7. 채무자가 사기적 행위, 낭비(채무자의 사회적 지위, 자산 등에 비추어 매우 부적합한 비용을 지출하는 행위), 도박 및 이에 유사한 행위 또는 다른 채권자에 대한 불공평한 변제가 있었는지 여부, 기타 의견이 있으면 아래 채권자기입란에 기재하여 주십시오.

20○○. ○. ○.

채권자 ㉑

주소 및 전화번호

채권자기입란 :

주) 개인파산·회생실무, 서울회생법원, 양식편 인용 및 참고

[기재례 33] 채무자심문결정

○○ 지 방 법 원

결 정

사 건 20○○하단○○○ 파산선고
20○○하면○○○ 면책

신 청 인 ○ ○ ○ (123456 - 1234567)
(채무자) ○○시 ○○로 ○○○
신청대리인 변호사 ○○○

위 사건에 관하여 다음과 같이 채무자 심문을 시행한다.

다 음

1. 심문일시 : 20○○. ○. ○. 15:00
2. 심문장소 : ○호법정

20○○. ○. ○.

판 사 ○ ○ ○

[기재례 34] 파산심문기일 결정

○○ 지 방 법 원
결 정

사 건 20○○하단 ○○○ 파산선고
신청인 겸 채무자 ○ ○ ○ (123456 - 1234567)
주소 ○○시 ○○구 ○○로 ○○○
본적 ○○시 ○○면 ○○길 ○○○

위 사건에 관하여 다음과 같이 채무자 심문을 시행한다.

다 음

1. 심문일시 : 20○○. ○. ○. 14:00
2. 심문장소 : ○○지방법원 청사 별관 제○호 법정 (○○○호)

20○○. ○. ○.

판 사 ○ ○ ○

[기재례 35] 채무자 파산심문기일 조서

○○지방법원
채무자심문조서

1차
사 건 : 20○○하단○○○ 파산선고
일 시 : 20○○. ○. ○. 14:00
판 사 : ○ ○ ○
장 소 : 별관 제○호 법정
공개여부 : 비공개
법원사무관 ○ ○ ○
사건과 당사자를 호명
신청인 겸 채무자 ○ ○ ○
출석

판사
채무자 ○○○에 대한 심문을 시작하겠다고 선언
채무자에게 파산신청에 이르게 된 경위, 자산 및 부채의 상황에 대하여 심문

채무자
20○○. ○. ○.자 파산신청서 빛 별점 진술서 기재와 같으며, 현재 채무자 소유였던 ○○군 ○○리 ○○○ 부동산에 대한 경매절차가 20○○. ○. ○. 종결되었으며 그 외에 다른 부동산은 없다고 진술

심문종결

법원사무관 ○ ○ ○

판 사 ○ ○ ○

[기재례 36] 보정명령

○○ 지 방 법 원
보 정 명 령

사　　건　　20○○하단○○○　파산선고
　　　　　　20○○하면○○○　면책

신 청 인　　○ ○ ○
(채무자)

신청인은 이 명령이 송달된 날로부터 14일 안에 다음 사항에 대한 답변을 제출바랍니다.

이를 지연할 경우 파산절차가 진행되지 않거나 파산신청이 기각될 수 있습니다.

다　　　　음

신청인의 처가 ○○ ○○구 ○○로 소재 아파트를 매수함에 있어 신청인이 처에게 증여한 아파트의 매도자금이 투입되었다고 보아야 하고, 당시 신청인은 이미 채무를 부담하고 있었는 바, 그 가액 상당액을 채권자들에게 안분변제할 의사가 있는지 밝히시기 바랍니다.

20○○. ○. ○.

판 사 ○ ○ ○

※ 이 명령에 응하지 않을 경우에는 채무자 회생 및 파산에 관한 법률 309조 1항 5호에 해당하여 신청이 기각될 것입니다.

주) 개인파산·회생실무, 서울회생법원, 양식편 인용 및 참고

[기재례 37] 파산기각결정

○○ 지 방 법 원
결 정

사 건 20○○하단○○○ 파산선고

채 무 자 ○ ○ ○ (123456 - 1234567)

(신청인) 주 소 ○○시 ○○로 ○○○
등록기준지 ○○남도 ○○군 ○○읍 ○○길 ○○○
신청대리인 변호사 ○○○

주 문

이 사건 파산신청을 기각한다.

이 유

1. 인정사실

이 사건 기록 및 이 법원의 심문결과에 의하면 다음과 같은 사실이 인정된다.

가. 신청인은 20○○.경부터 '○○조경'이라는 상호로 조경회사를, 20○○.경부터 주식회사 ○○'이라는 상호철물 전문 건설업 회사를 ○○○, ○○○ 등 자신의 형제들과 함께 운영하였는데, 그 과정에서 20○○. 5.경부터 20○○. 3.경까지 회사 운영자금을 제출받음에 있어서 연대보증하여 약 20억 9,500만원 가량의 채무를 부담하고 있었다.

나. 그런데 위 회사들은 IMF 국제금융사태 및 무리한 회사 확장 등으로 20○○. 12. 8. 최종 부도를 내었고, 신청인은 지급불능에 이르렀다.

다. 한편 신청인은 20○○. 10.경 ○○시 ○○동 소재 ○○아파트를 60,000,000원에 그 명의로 분양받아 소유하고 있던 중 20○○. 6.경 위 아파트를 처인 ○○○에게 증여하였다가, 20○○. 10. 17.경 위 ○○아파트를 처분하여 전세보증금을 반환하고 남은 40,000,000원으로 ○○시 ○○구 ○○로 소재 ○○주공아파트 111동 222호를 ○○○ 명의로 임차하였다.

이후 신청인과 ○○○는 20○○. 4. 1. 위 전세보증금 40,000,000원 등으로 위 ○○주공아파트 111동 222호를 매매대금 50,000,000원에 ○○○ 명의로 매수하여

20○○. 4. 20. ○○○ 앞으로 소유권이전등기를 마쳤다.

라. 위 ○○주공아파트는 현재 시가 120,000,000원 상당이고, 근저당권이나 전세권 등이 설정되어 있지 않다.

2. 판 단

신청인 스스로도 ○○○는 20○○.경부터 학습지 교사로 일해 왔다고 진술하고 있고, 신청인이 당초 분양받은 ○○아파트의 분양자금을 마련함에 있어서 ○○○가 특별히 기여하였다는 점을 인정할 자료가 없는 점에 비추어 보면, 신청인 명의로 분양받은 ○○아파트는 신청인의 노력과 수입으로 취득한 것이라고 할 것인데, 신청인은 20○○. 경부터 형제들과 공동으로 운영하고 있는 회사의 연대보증의무를 부담하고 있는 상태에서 그 명의로 분양받아 소유하고 있던 ○○아파트를 20○○. 6.경 처인 ○○○에게 증여하였고, 또한 공동 운영하고 있는 회사가 최종 부도에 이르기 직전으로서 지급불능에 이르렀을 무렵인 20○○. 10.경 ○○○에게 증여한 아파트의 처분대금으로 ○○시 ○○구 ○○로 소재 ○○주공아파트를 ○○○ 명의로 임대차계약을 체결하였으며, 나아가 20○○. 4.경 위 ○○주공아파트의 임대차보증금으로 같은 아파트를 매수하였는 바, 신청인의 위와 같은 행위는 채무자 회생 및 파산에 관한 법률 제564조 제1항 제1호, 제650조 제1호 소정의 면책불허가 사유인 '채권자를 해할 목적으로 파산재단에 속하는 재산을 은닉하는 행위'에 해당하고, 위 면책불허가사유의 중대성, 은닉 재산의 현재 시가, 이 사건 파산신청의 경위, 그밖에 신청인이 위 ○○○주공아파트의 가액 상당액을 채권자들에게 안분변제할 의사가 없음을 밝힌 점 등 제반사정에 비추어 보면 신청인의 경우 재량에 의해 면책을 허가하는 것 역시 상당하지 않다.

따라서 이 사건 파산 신청은 파산절차를 남용하는 경우에 해당한다고 판단되므로, 채무자 회생 및 파산에 관한 법률 제309조 제2항에 따라 주문과 같이 결정한다.

20○○. ○. ○.

판 사 ○ ○ ○

주) 개인파산·회생실무, 서울회생법원, 양식편 인용 및 참고

[기재례 38] 파산선고결정(채권신고기간 및 조사기일의 즉시 지정)

○○지방법원
결 정

사 건 20○○하단○○ 파산선고

신청인(채무자) ○ ○ ○ (123456 - 1234567)
주 소 ○○시 ○○구 ○○로 ○○
등록기준지 ○○시 ○○구 ○○로 ○○
선고 일시 20○○. ○. ○. 10:00

주 문

1. 채무자에 대하여 파산을 선고한다.
2. ○○○(생년월일, ○○시 ○○구 ○○로 ○○)을 파산관재인으로 선임한다.
3. 채권신고기간을 20○○. ○. ○.까지로 한다.
4. 제1회 채권자집회와 채권조사의 기일 및 장소를 20○○. ○. ○. 11:00 ○○지방법원 별관 제○호 법정으로 한다.
5. 이 사건 파산을 간이파산으로 한다.
6. 송달해야 하는 장소를 알기 어려운 파산채권자에 대한 송달은 공고로써 갈음한다.

이 유

이 사건 기록에 첨부된 소명자료와 채무자에 대한 심문결과를 종합하면, 채무자는 지급불능 상태에 있고, 그 파산재단에 속하는 재산가액 합계가 금 5억원 미만인 사실이 소명되므로, 채무자 회생 및 파산에 관한 법률 제305조, 제549조 제1항을 적용하여 채무자에 대하여 파산을 선고함에 동시에 간이파산의 결정을 하기로 하고, 같은 법 제355조에 의해 변호사 ○○○을 파산관재인으로 선임하기로 하며, 같은 법 제312조, 제313조 제2항, 제10조를 적용하여 주문과 같이 결정한다.

판 사 ○ ○ ○

[기재례 39] 파산선고결정(채권신고기간 및 조사기일의 추후지정)

서울회생법원
결 정

사 건 20○○하단○○ 파산선고

신청인(채무자) ○ ○ ○ (123456 - 1234567)
주 소 ○○시 ○○구 ○○로 ○○
등록기준지 ○○시 ○○구 ○○로 ○○
선고일시 20○○. ○. ○. 10:00

주 문

1. 채무자에 대하여 파산을 선고한다.
2. ○○○(생년월일, ○○시 ○○구 ○○로 ○○)을 파산관재인으로 선임한다.
3. 채권신고기간 및 채권조사기일은 추후 지정한다.
4. 제1회 채권자집회(파산폐지에 관한 의견청취집회·파산관재인의 임무종료에 따른 계산보고집회 포함) 및 면책심문기일의 각 기일 및 장소를 20○○. ○. ○. 14:00 ○○지방법원 제○호 법정으로 한다.
5. 이 사건 파산을 간이파산으로 한다.
6. 송달해야 하는 장소를 알기 어려운 파산채권자에 대한 송달은 공고로써 갈음한다.

이 유

이 사건 기록에 첨부된 소명자료와 채무자에 대한 심문결과를 종합하면, 채무자는 지급불능 상태에 있고, 그 파산재단에 속하는 재산가액 합계가 금 5억원 미만인 사실이 소명되므로, 채무자 회생 및 파산에 관한 법률 제305조, 제549조 제1항을 적용하여 채무자에 대하여 파산을 선고함과 동시에 간이파산의 결정을 하기로 하고, 같은 법 제355조에 의해 변호사 ○○○을 파산관재인으로 선임하기로 하며, 같은 법 제312조, 제313조 제2항, 제10조, 제545조, 제365조, 제367조, 제558를 적용하여 주문과 같이 결정한다.

판 사 ○ ○ ○

[기재례 40] 파산선고를 받은 채무자에 대한 주의사항

파산선고를 받은 채무자에 대한 주의사항

1. 채무자는 파산절차 종료시까지, 파산선고시에 가지는 모든 재산(파산재단)의 관리처분권을 상실하고, 위 권리는 파산관재인에게 전속합니다(제384조). 파산선고 후에 채무자가 재단소속 재산에 관하여 행하는 법률행위는 파산채권자에게 대항할 수 없습니다(제329조 제1항). 다만, 파산선고 후 새로 취득한 재산 및 압류금지재산에 대한 관리처분은 가능합니다.

2. 채무자는 채무자 회생 및 파산에 관한 법률에 의해 복권될 때까지
 1) 사법상 후견인(민법 제937조 제3호), 유언집행자(민법 제1098조), 수탁자(신탁법 제10조)가 될 수 없습니다. 다만, 권리능력, 행위능력 및 소송능력은 제한받지 아니합니다.
 2) 공법상 공무원(국가공무원법 제33조 제2호, 지방공무원법 제31조 제2호, 군인사법 제10조 제2항 제3호), 변호사(변호사법 제5조 제9호), 공인회계사(공인회계사법 제4조 제5호), 변리사(변리사법 제4조 제4호), 공증인(공증인법 제13조 제2호), 사립학교교원(사립학교법 제52조) 등이 될 수 없습니다. 다만, 대통령, 국회의원, 지방의회의원, 지방자치단체장의 선거권 및 피선거권은 계속 보유합니다.
 3) 상법상 합명회사·합자회사 사원의 퇴사 원인이 되고, 주식회사·유한회사와 위임관계에 있는 이사의 경우 그 위임관계가 파산선고로 종료되어 당연퇴임하게 됩니다.

3. 채무자 또는 이에 준하는 자(법정대리인, 채무자의 대표자, 이사, 지배인)는,
 1) 파산관재인, 채권자집회의 요청이 있으면 파산에 관하여 필요한 설명을 할 의무가 있습니다(제321조). 이유 없이 설명을 하지 않거나 허위의 설명을 하는 때에는 형사처벌의 대상이 되고(제658조), 면책불허가사유에 해당됩니다(제564조 제1항 제1호).
 2) 파산관재인에 대한 설명에 응하지 않거나, 법원의 심문을 위한 소환에 응하지 않는 경우에는 구인되 수 있고(제319조, 제320조), 위반하면 형사처벌의 대상이 되며(제653조), 면책불허가사유에 해당됩니다(제564조 제1항 제1호).
 3) 파산재단에 속하는 재산을 은닉, 손괴 또는 채권자에게 불이익하게 처분하거나, 파산재단의 부담을 허위로 증가시키는 행위를 하거나, 상업장부를 작성하지 않거나 부실한 기재를 하는 경우에는 사기파산죄로 처벌을 받게 됩니다(제650조, 제652조).

주) 개인파산·회생실무, 서울회생법원, 양식편 인용 및 참고

[기재례 41] 파산선고 결정공고

파산선고 결정공고

사　　건　　20○○하단○○ 파산선고

채 무 자　　○ ○ ○ (123456 - 1234567)
주　　소 ○○시 ○○구 ○○로 ○○
등록기준지 ○○시 ○○구 ○○로 ○○

위 사건에 관하여 이 법원은 20○○. ○. ○. 10:00 파산선고를 하였으므로, 채무자 회생 및 파산에 관한 법률 제313조 제1항에 의해 다음과 같이 공고합니다.

다　　음

1. 파산결정의 주문
채무자에 대하여 파산을 선고한다.

2. 파산관재인의 성명 및 사무실 소재지
변호사 ○○○(생년월일), ○○시 ○○구 ○○로 ○○

3. 채권신고기간 및 채권자집회·채권조사 기일
① 채권신고기간 및 장소 : 20○○. ○. ○.까지 ○○지방법원 파산과
② 채권자집회·채권조사 기일 및 장소 : 20○○. ○. ○. 11:00 ○○지방법원 제○호 법정
③ 채권자집회는 파산폐지에 관한 의견청취, 파산관재인의 임무종료에 따른 계산보고가 이루어질 수 있음

4. 간이파산의 결정
이 사건 파산을 간이파산으로 한다.

5. 유의사항
파산선고를 받은 자의 채무자 및 파산재단에 속하는 재산의 소유자는 파산선고를 받은 자에게 채무를 변제하거나 그 재산을 교부해서는 아니됩니다. 또한 채무를 부담하는 사실 및 그 재산을 소지하는 사실(소지자가 별제권을 가지고 있는 경우에는 그 채권을 가지고 있다는 사실)을 20○○. ○. ○.까지 파산관재인에게 신고하여야 합니다.

20○○. ○. ○.

○○지방법원 판 사 ○ ○ ○

주) 개인파산·회생실무, 서울회생법원, 양식편 인용 및 참고

[기재례 42] 파산선고에 따른 통지서

파산선고에 따른 통지서

채무자 ○○○에 대한 이 법원 20○○하단○○ 파산선고 사건에 관하여, 이 법원은 20○○. ○. ○. 10:00 파산선고를 하였으므로, 채무자 회생 및 파산에 관한 법률 제313조 제2항, 제549조 제2항에 의해 다음과 같은 사항을 통지합니다.

다 음

1. 파산결정의 주문
   채무자 ○○○ (123456 - 1234567)을 파산자로 한다.
2. 파산관재인의 성명 및 사무실 소재지
   변호사 ○○○ (생년월일), ○○시 ○○구 ○○로 ○○
3. 채권신고기간 및 채권자집회·채권조사 기일
   ① 채권신고기간 및 장소 : 20○○. ○. ○.까지 ○○지방법원 파산과
   ② 채권자집회·채권조사 기일 및 장소 : 20○○. ○. ○. 11:00 ○○지방법원 제○호 법정
   ③ 채권자집회는 고가품의 보관방법에 대한 의결, 파산폐지에 관한 의견청취, 파산관재인의 임무종료에 따른 계산보고가 이루어질 수 있음
4. 간이파산의 결정
   이 사건 파산을 간이파산으로 한다.
5. 유의사항
   파산선고를 받은 자의 채무자 및 파산재단에 속하는 재산의 소유자는 파산선고를 받은 자에게 채무를 변제하거나 그 재산을 교부해서는 아니됩니다. 또한 채무를 부담하는 사실 및 그 재산을 소지하는 사실(소지자가 별제권을 가지고 있는 경우에는 그 채권을 가지고 있다는 사실)을 20○○. ○. ○.까지 파산관재인에게 신고하여야 합니다.

20○○. ○. ○.

○○지방법원

판 사 ○ ○ ○

주) 개인파산·회생실무, 서울회생법원, 양식편 인용 및 참고

[기재례 43] 촉 탁 서

○○지방법원
촉 탁 서

○○우체국장 귀하

사 건 20○○하단○○ 파산선고

채 무 자 ○ ○ ○ (123456 - 1234567)

주 소 ○○시 ○○구 ○○로 ○○

등록기준지 ○○시 ○○구 ○○로 ○○

위 사건에 관하여 채무자 회생 및 파산에 관한 법률 제484조에 의해 다음과 같이 촉탁합니다.

다 음

파산선고를 받은 ○○○에게 보내는 우편물 또는 전보는 이 법원 및 파산관재인이 발송한 것을 제외하고 파산관재인 변호사 ○○○(생년월일, ○○시 ○○구 ○○로 ○○)에게 배달하여 주시기 바랍니다. -끝-

- 덧붙임 -

1. 파산선고결정 등본 1통
2. 촉탁서 부본 1통

20○○. ○. ○.

판 사 ○ ○ ○

[기재례 44] 선 임 증

20○○하단 ○○ 파산선고

선 임 증

성 명 ○ ○ ○ (생년월일)

사 무 소 ○○시 ○○구 ○○로 ○○

위 사람은 파산선고 받은 채무자 ○○○의 파산관재인으로 선임되었음을 증명함.

20○○. ○. ○.

○○지방법원

[기재례 45] 파산선고 기입등기촉탁

○○지방법원
제○파산 단독
등기(등록)촉탁서

수　　신　　수신처 참조

사　　건　　20○○하단○○　파산선고

채 무 자　　○　○　○ (123456 - 1234567)
○○시 ○○구 ○○로 ○○

위 사건에 관하여 다음과 같이 파산선고 기입등기(등록)을 촉탁합니다.

부동산의 표시 별지와 같음
등기원인과 그 연월일 20○○. ○. ○. 10:00 파산선고 결정

등기목적 파산선고결정 기입등기
등록세, 교육세 및 등기촉탁수수료
채무자 회생 및 파산에 관한 법률 제25조 제4항, 등기부등·초본등수수료규칙 제5조의2 제2항 제3호에 의해 면제

붙 임 1. 파산선고결정 등본　　　1통
2. 촉탁서 부본　　　1통

20○○. ○. ○.

법원주사 ○ ○ ○

수신처 : ○○지방법원 ○○등기소, ○○지방법원 ○○등기소

[기재례 46] 즉시항고장

즉시항고장

항고인 겸 채권자　　○ ○ ○
　　　　　　　　　　○○시 ○○구 ○○로 ○○○
　　　　　　　　　　소송대리인 법무법인 ○○
　　　　　　　　　　담당변호사 ○○○

항고의 대상인 결정

○○지방법원 20○○하단○○ 파산사건에 관하여 같은 법원이 20○○. ○. ○.자로 한 파산기각결정

항고의 취지

1. 원 결정을 취소한다.
2. 이 사건을 ○○지방법원으로 환송한다.

라는 결정을 구합니다.

항고의 이유

1. 파산신청과 그 기각결정
항고인 겸 채권자는 20○○. ○. ○. ○○지방법원에 파산신청을 하였고, 원심법원은 20○○하단○○호로 이를 접수하여 심리를 마친 후 20○○. ○. ○.자로 기각결정을 하였으며, 항고인 겸 채권자는 이 결정을 20○○. ○. ○.에 송달받았습니다.

2. 원 결정의 부당성
원결정이 채무자에 대한 파산신청을 기각한 이유는 채권자의 파산신청이 이유 없다는 것인 바, 이는 부당하다고 사료됩니다. 즉,
(1) 채무자의 파산 원인의 존재
채무자는 채무자 회생 및 파산에 관한 법률 제306조에 의한 파산원인이 존재합니다(구체적으로 서술).
(2) 파산기각사유의 부존재
채권자의 파산신청에 있어서는 채무자 회생 및 파산에 관한 법률 제306조에 의한

파산기각사유가 존재하지 않습니다(구체적으로 서술).

3. 결 론

따라서 이 사건 파산신청은 인용되어야 함에도 불구하고 원심법원은 파산신청기각결정을 하였으므로 신청인 겸 채권자는 신청취지와 같은 결정을 받고자 이 사건 항고에 이르게 된 것입니다.

20○○. ○. ○.

신청인 겸 채권자의 소송대리인
법무법인 ○○
담당변호사 ○○○ (인)

○○지방법원 귀중

[4] 파산종결절차

1. 파산종결의 결정

계산보고를 위한 채권자집회가 종결된 때에는 법원은 파산종결의 결정을 하고 그 주문 및 이유의 요지를 공고하게 된다(530조).

2. 파산종결의 효과

파산종결결정이 공고되면 공고가 있은 때로부터 파산종결의 효과가 발생한다.

파산종결 결정의 공고되면 파산관재인이나 감사위원, 채권자집회의 임무도 파산채권조사확정재판이나 이의소송의 계속 또는 추가배당의 예외적인 경우를 제외하고는 모두 종료된다. 이와 같이 파산이 종결되면 파산관재인의 임무는 종료되며, 따라서 파산종결 후의 청산사무는 파산관재인이 아니라 청산인이 하게 되는 것이다.

다만 파산관재인은 파산종결 후에도 긴급한 사정이 있는 경우의 채무자의 재산에 대한 긴급처분(366조), 최후배당의 배당액 통지 후 배당에 충당할 재산이 생긴 때의 추가배당 실시(531조) 등의 잔존업무를 처리해야 한다.

또한 파산이 종결되면 채무자는 파산재단에 속하는 재산에 대한 관리처분권을 회복하며, 따라서 파산관재인이 환가하지 않거나 포기한 재산에 대하여는 자유로이 처분할 수 있게 된다.

파산이 종결되면 채권자도 원칙적으로 자유로이 그 권리를 행사할 수 있게 되나, 개인파산의 경우에는 거의 대부분 채무면책을 전제로 하는 것이므로 이러한 채무자의 면책신청에 의해 파산채권자가 채무자를 상대로 권리를 행사할 기회란 거의 없게 되는 것이다. 다만 면책신청이 기각되거나 불허가되는 경우에만 파산채권자표의 기재에 의해 채무자에 대한 강제집행을 할 수 있을 뿐이다(548조 1항, 535조).

파산종결의 결정에 대하여는 불복할 수 없으며, 파산관재인의 행위로 손해를 입은 경우에도 이는 파산관재인에 대한 개별적인 소송으로 해결되어야 할 문제이다.

[기재례 47] 파산종결결정

○○지방법원
결 정

사 건 20○○하단○○ 파산선고

채 무 자 ○ ○ ○ (123456 - 1234567)
○○시 ○○구 ○○로 ○○
파산관재인 변호사 ○○○

주 문

이 사건 파산을 종결한다.

이 유

이 사건 파산절차에 관하여 최후배당이 종료되었고, 파산관재인의 임무종료에 따른 계산보고를 위해 20○○. ○. ○. 소집된 채권자집회에서 파산관재인의 계산을 승인하고 채권자집회가 종결되었으므로, 채무자 회생 및 파산에 관한 법률 제530조를 적용하여 주문과 같이 결정한다.

20○○. ○. ○.

판 사 ○ ○ ○

[기재례 48] 파산종결 공고

채무자 ○○○ 파산종결 공고

사　　건　　20○○하단○○ 파산선고

채 무 자　　○ ○ ○ (생년월일)
○○시 ○○구 ○○로 ○○
파산관재인 변호사 ○ ○ ○

채무자 회생 및 파산에 관한 법률 제530조에 의해 다음과 같이 공고합니다.

다　　음

1. 주문 : 이 사건 파산을 종결한다.
2. 이유의 요지 : 최후배당이 종료되었고, 채권자집회에서 파산관재인의 임무종료에 따른 계산을 승인하고 종결되었다.

20○○. ○. ○.

○○지방법원 제○파산단독

판 사 ○ ○ ○

[5]
파산폐지·파산취소절차

1. 동시폐지와 이시폐지

개인에 대한 파산선고 후에 개인재산의 환가, 배당이라는 절차를 거치지 않은 채 파산절차를 장래에 향하여 중지하는 것을 파산폐지라고 한다.

법원은 파산선고시 파산재단으로 파산절차 비용을 충당할 수 없다고 인정하는 때에는(개인파산의 일부) 파산선고와 동시에 파산폐지결정을 하게 된다(동시폐지)(317조). 다만, 개인파산과 달리 법인파산의 경우에는 자산을 파악하기가 힘들고 부인대상 행위의 유무에 대하여도 확인이 곤란하며 더군다나 동시폐지 후 법인재산이 발견될 경우 청산인의 선임과 청산절차가 복잡해지고 청산비용도 많이 소요되어 이해관계인에게 중대한 영향을 미치게 되므로 실무상 동시폐지 결정이 되는 경우는 매우 드물다.

개인 소유의 부동산이 있는 경우에는 실무상 동시폐지결정이 거의 불가능하다고 보아야 한다. 다만, 예외적으로 부동산에 저당권 등 담보권이 설정되어 있고, 그 피담보채권이 담보부동산의 가액을 현저히 초과하여 환가하더라도 파산재단에 편입될 잉여가 없음이 명백한 경우에는 실무상 동시폐지를 하는 경우가 있고, 또한 담보부동산의 가액이 피담보채권의 잔액을 초과하더라도 그 초과하는 금액이 절차비용 등을 고려하여 파산채권자에게 배당이 될 정도에 이르지 않는다면 역시 예외적으로 동시폐지를 하는 경우가 있다.[84]

또한 실무상 채무자 소유의 부동산이 경매진행 중에 있는 경우에는 채무자의 비용부담을 고려하여 파산절차로 환가하지 않고 배당이 완료되기를 기다렸다가 그 절차가 완료된 후 동시폐지를 하는 경우도 있다.

그리고 채무자가 파탄상태에 빠진 이후 부인대상 행위, 즉 친인척에게 재산을 가장양도한 경우, 이혼배우자에게 위자료 등 명목으로 재산 전부를 증여한 경우, 일부의 채권자에게만 담보설정 또는 변제행위를 한 경우에는 파산관재인만이 부인권 행사를 할 수 있으므로 원칙적으로 동시폐지를 하지 않는다.[85] 개인사업자의 경우에도 채권자들이 많고, 영업용 자산과 거래처로

84) 서울회생법원, 제5판 개인파산·회생실무, 76p.

85) 부인권행사는 부인의 소 전단계인 부인의 청구의 방법으로 할 수도 있고, 부인의 소를 제기하거나 이미 계속 중인 소송에서 항변으로 부인권을 주장하는 방법으로 할 수도 있다(396조 1항).

부터의 매출금채권의 환가가능성 등 조사할 사항들이 많기 때문에, 영업폐지를 한 후 상당한 기간이 경과하여 파산재단이 형성될 가능성이 전혀 없지 않는 한, 동시폐지를 하지 않는 것이 실무이다.

파산선고가 이루어지면 파산채권에 기하여 파산재단에 속하는 재산에 대하여 행하여진 강제집행·가압류 또는 가처분은 파산재단에 대한 관계에서 그 효력이 상실될 것이지만 동시폐지의 경우에는 파산재단 자체가 처음부터 존재하지 않으므로 파산선고 전에 채무자 소유의 재산에 대하여 진행 중이던 강제집행이나 가압류, 가처분절차는 실효되지 않을 것이고, 파산선고 당시 채무자와 관련하여 진행 중이던 소송절차도 중단되지 않을 것이다(347조, 348조). 다만 면책신청이 있는 경우에는 동시폐지 후 면책결정이 확정될 때까지 채무자에게 속하는 재산에 대하여 강제집행이나 가압류·가처분이 금지되고, 파산선고 이전에 이루어진 강제집행이나 가압류·가처분절차는 중지될 것이며, 그 후 면책결정이 확정된 때에는 그 중지된 강제집행이나 가압류·가처분은 효력이 상실될 것이다(557조 1항, 2항).

한편 이시폐지의 경우에는 나중에 파산폐지결정이 확정되었다고 하더라도 여기에 소급효가 인정되는 것은 아니므로 파산선고로 실효된 강제집행이나 가압류, 가처분의 효력이 부활되지는 않게 된다(대판 2014.12.11. 2014다210159).

법원은 파산선고 후 파산절차 진행 중에도 파산절차비용이 부족하다고 인정되고 아무도 그 비용을 예납하지 않은 경우에는 파산관재인의 신청 또는 직권으로 파산폐지결정을 해야 한다(이시폐지[86]·비용부족으로 인한 폐지)(545조). 다만, 파산폐지결정에는 소급효가 없으므로 파산관재인이 파산절차 진행 중에 행한 행위는 유효하게 된다.

또한 법원은 파산선고 후에도 파산채권자의 동의 또는 담보를 제공한 채무자의 신청에 의해 파산폐지결정을 할 수 있다(동의폐지)(538조).

법원이 파산폐지결정을 한 때에는 그 주문 및 이유의 요지를 공고해야 한다(546조). 다만, 동시폐지사건에서는 채무자의 재산에 대한 등기·등록의 촉탁이나 우편물의 배달촉탁은 필요하지 않다.

파산폐지결정이 확정된 때에는 파산관재인은 재단채권을 변제해야 하고, 이의가 있는 것에 관하여는 채권자를 위해 공탁해야 한다(547조).

---

86) 이시폐지의 경우 파산관재인이 파산폐지를 신청하면 법원은 채권자집회기일을 결정하고 채권자에게 적당한 방법으로 기일을 통지해야 하며, 또한 면책심문기일도 함께 하는 경우에는 기일결정 정본을 파산채권자들에게 발송송달해야 한다. 채권자집회에서는 먼저 채권자에게 파산폐지에 관한 의견진술의 기회를 부여하고, 그 다음에 계산보고를 위한 채권자집회를 진행하게 되는데, 이때 파산채권자가 이의를 진술하지 않은 경우에는 파산관재인의 계산보고를 승인한 것으로 간주하고 법원은 이시폐지결정을 한 후 그 주문 및 이유의 요지를 공고하게 된다.

확정채권에 대하여 채무자가 채권조사기일에 이의를 진술하지 않은 경우 파산채권자표의 기재는 파산폐지결정을 받은 채무자에 대하여 확정판결과 동일한 효력을 가진다(548조 1항, 535조).

채권자는 파산폐지결정 후에 파산채권자표의 기재에 의해 강제집행을 할 수 있고, 이 경우 민사집행법 제2조(집행실시자) 내지 제18조(집행비용의 예납 등), 제20조(공공기관의 원조) 및 제28조(집행력 있는 정본) 내지 제55조(외국에서 할 집행)의 규정이 준용된다(548조 2항, 567조).

2. 파산취소(파산선고에 대한 즉시항고)

파산취소는 파산결정에 대한 불복신청에 의해 파산선고가 취소되는 것을 말한다. 즉, 파산선고에 대하여 이해관계인은 그 공고가 있는 날부터 14일 이내에 즉시항고[87]를 할 수 있고(316조 1항, 13조 2항), 그에 따라 항고심 재판에서 파산결정을 취소하는 경우가 있다[88]. 즉, 항고법원은 즉시항고가 이유있다고 인정하는 때에는 원래의 결정을 취소하고 사건을 원심법원에 환송해야 한다(316조 5항). 또한 즉시항고를 계기로 그 항고심의 전 단계에서 파산법원이 재도의 고안에 의해 스스로 파산결정을 취소하는 경우도 있다(2006 도산법, 전병서, 73p).

파산선고에 대하여 즉시항고가 제기된 경우 파산선고의 당부는 항고심의 심문종결시를 기준으로 하여 판단하므로 원심 당시에 파산원인이 없어도 항고심 당시에 파산원인이 인정되면 파산선고가 되고, 반대로 원심 당시에 파산원인이 존재하여도 항고심 당시에 파산원인이 인정되지 않으면 파산선고는 취소된다(서울고등법원 2002.1.28. 2001라224).

파산선고가 취소되면 파산선고는 소급적으로 효력을 상실하고 따라서 채무자 및 파산채권자에 대한 제한 및 파산관재인의 권한은 모두 소멸한다. 또한 파산선고 전에 개시된 파산재단

87) 다만, 즉시항고는 집행정지의 효력은 없다(316조 3항).

88) 실무상 파산취소신청의 실익이 무엇인지 궁금할 것이다. 채무자의 입장에서 보면 채무자가 파산 및 면책신청을 하였는데 파산선고만 이루어지고 동시에 면책신청은 각하 또는 기각되어 파산자로만 남게 된 경우일 것이다. 채무자가 파산신청을 하여 파산선고를 받게 되는 주된 이유는 오로지 면책결정를 받기 위함이 거의 대부분일 것인데, 면책요건을 갖추지 못하여 면책신청이 받아들여지지 않고 따라서 파산선고로 파산자로서의 신분상의 불이익만 남게 된다면 이는 채무자가 파산신청을 한 원래의 의도가 아닐 것이다. 실무상 파산선고 기각결정과 면책신청 기각결정이 동시에 이루어지는 경우가 많으나, 파산선고와 면책신청 각하·기각결정이 동시에 이루어질 수 있는 경우를 배제할 수는 없다. 다음으로 채권자의 입장에서 보면 채권자가 파산선고를 취소할 실익은 그리 많지 않지만, 파산선고가 취소되면 파산채권자에 대한 제한이 없어지고, 또한 파산선고에 의해 효력을 상실한 파산선고 전에 개시된 파산재단 소속 재산에 대한 강제집행이나 가압류·가처분의 효력이 회복되어 절차를 속행할 수 있게 되는 실익이 있는 것이다. 또한 채무자가 파산선고의 요건도 갖추고 있지 않으면서도 오로지 채무를 면책받을 요량으로 파산신청을 하여 요행히 파산선고를 받은 경우 면책을 받지 못하게 하는 전제로서 파산선고를 취소시킬 실익도 있을 것이다.

소속 재산에 대한 강제집행이나 가압류·가처분으로서 파산선고에 의해 효력을 상실한 것은 대상 재산이 채무자에게 환원된 경우 선고시의 상태를 기준으로 효력을 회복하고 절차를 속행할 수 있게 된다.

또한 채무자의 공·사법상의 자격도 상실되지 않은 것으로 되며, 파산선고에 의해 발생한 법률상의 효과도 소급하여 소멸하므로 파산선고 전의 상태로 복귀한다. 재산의 관리처분권도 부활된다.

법원은 파산취소 결정이 확정된 때에는 그 주문을 공고하고, 알고 있는 채권자·채무자 및 재산소지자에게는 파산취소 결정 사항을 기재한 서면을 송달해야 한다(325조 1항, 325조 2항, 313조 2항).

법원은 필요하다고 인정하는 경우에는 파산취소 사실을 검사에게 통지할 수 있다(325조 2항, 315조). 또한 감수명령의 집행취소, 주무관청에 통지, 우편물배달촉탁의 취소 등을 하고, 법원사무관 등은 파산취소결정의 등기·등록의 촉탁을 해야 한다(23조, 24조, 27조).

파산취소 결정이 확정된 때에는 파산관재인은 재단채권의 변제를 해야 하며, 이의가 있는 것에 관하여는 채권자를 위해 공탁을 해야 한다(325조, 547조).

[기재례 49] 이시폐지의 의견청취를 위한 채권자집회소집 및 면책심문기일결정

○○지방법원
결 정

사 건 20○○하단 파산선고
20○○하면○○ 면책

채 무 자 ○ ○ ○ (123456 - 1234567)
○○시 ○○구 ○○로 ○○

주 문

1. 이 사건에 관하여 파산폐지에 관한 의견을 청취하고, 파산관재인의 임무종료에 따른 계산보고를 위한 채권자집회와 면책심문의 기일 및 장소를 20○○. ○. ○. 11:00 ○○지방법원 제○호 법정으로 한다.
2. 송달해야 하는 장소를 알기 어려운 파산채권자에 대한 송달은 공고로써 갈음한다.

이 유

파산관재인으로부터 파산폐지의 신청이 있으므로 채무자 회생 및 파산에 관한 법률 제545조 제1항, 제365조, 제367조를 적용하여 채권자집회를 소집하기로 하고, 아울러 채무자의 면책신청에 대하여는 같은 법 제558조, 제10조에 의해 심문기일을 지정하기로 하여 주문과 같이 결정한다.

20○○. ○. ○.

판 사 ○ ○ ○

注) 개인파산·회생실무, 서울회생법원, 양식편 인용 및 참고

[기재례 50] 이시폐지의 의견청취를 위한 채권자집회소집 및 면책심문기일공고

채무자 ○○○ 채권자집회소집 및 면책심문기일 공고

사　　건　　20○○하단○○　파산선고
　　　　　　20○○하면○○　면책

채 무 자　　○　○　○ (생년월일)
　　　　　　○○시 ○○구 ○○로 ○○
　　　　　　파산관재인 변호사 ○○○

채무자 회생 및 파산에 관한 법률 제545조, 제365조, 제367조, 제368조, 제558조에 의해 다음과 같이 공고합니다.

다　　　음

1. 채권자집회와 면책심문 기일 및 장소 : 20○○. ○. ○. 11:00 ○○지방법원 제○호 법정
2. 채권자집회 회의 목적사항 :
   가. 파산폐지에 관한 의견청취
   나. 파산관재인의 임무종료에 의한 계산보고

20○○. ○. ○.

○○지방법원

판 사 ○ ○ ○

注) 개인파산·회생실무, 서울회생법원, 양식편 인용 및 참고

[기재례 51] 이시폐지 의견청취집회, 계산보고집회, 면책심문기일조서

○○지방법원
제○회 채권자집회 및 면책심문기일 조서

20○○하단○○ 파산선고
기일 : 20○○. ○. ○. 11:00

20○○하면○○ 면책
장 소 : ○○지방법원 제○호 법정
판 사 : ○ ○ ○
공개여부 : 비공개
법원 사무관 ○ ○ ○
사건과 당사자를 호명

파산관재인 변호사 ○ ○ ○
출석

채무자 ○ ○ ○
출석

파산채권자의 출석상황은 [별첨 1. 채권자 출석상황 및 의결권표] 기재와 같음

판사
1. 지금부터 20○○하단○○ 채무자 ○○○에 대한 제○회 채권자집회 및 면책심문기일을 개최하겠다고 선언
2. 먼저, 제○회 채권자집회를 개최하겠다고 선언
3. 이 집회는 파산관재인이 20○○. ○. ○. 파산선고 후에 파산재단으로써 파산절차의 비용을 충당하기에 부족하는 이유로 파산폐지의 신청을 한 데 대하여 채권자의 의견을 듣고, 특별한 의견이 없으면 파산관재인의 임무종료를 위한 계산보고를 받고 이를 승인하기 위한 집회라고 설명
4. 파산관재인은 파산폐지 신청의 사유를 설명하라고 명

파산관재인
[별첨 2. 파산폐지 신청서]에 의해 파산폐지 신청에 이르게 된 사정을 진술

판사
채무자·파산채권자(또는 그 대리인)들 중 파산폐지에 관하여 의견이 있는지 묻다.

파산채권자·채무자
의견을 진술하지 아니하다.

판사
1. 파산폐지에 관한 의견청취를 인한 채권자집회를 종료한다고 선언
2. 파산관재인은 채무자 회생 및 파산에 관한 법률 제365조에 의해 파산관재인의 임무종료에 따른 계산보고를 할 것을 명

파산관재인
[별첨 3. 파산관재인 보고서]에 의해 임무종료에 따른 계산보고를 진술

판사
채무자, 파산채권자(또는 그 대리인)들 중 파산관재의 계산보고에 대하여 이의가 있는지 여부를 묻다.

파산채권자 등
이의를 진술하지 아니하다.

판사
1. 채무자, 파사채권자 등의 이의가 없으므로 채무자 회생 및 파산에 관한 법률 제365조 제2항에 의해 파사관재인의 임무종료에 따른 계산을 승인한 것으로 본다고 선언
2. 파산관재인의 임무종료에 따른 계산보고를 위한 채권자집회를 종료한다고 선언
3. 별지 결정서에 의해 이 사건 파산에 관하여 파산폐지 결정을 하였음을 고지
4. 채무자에 대하여 면책심문기일을 진행하겠다고 선언
5. 먼저, 파산관재인에게 면책불허가사유 조사에 대한 보고를 할 것을 명

파산관재인
[별첨 4. 파산관재인 보고서]에 의해 면책불허가사유 조사에 대한 보고를 진술

판사
채권자에게 채무자의 면책신청에 대한 의견진술 기회 부여

파산채권자 등
별다른 의견을 진술하지 아니하다.

판사
제○회 채권자집회 및 면책심문기일을 마치겠다고 선언

〈집회종료〉

법원 주사 ○ ○ ○

판 사 ○ ○ ○

주) 개인파산·회생실무, 서울회생법원, 양식편 인용 및 참고

[기재례 52] 이시폐지 결정

○○지방법원
결 정

사 건 20○○하단○○ 파산선고

채 무 자 ○ ○ ○ (123456 - 1234567)
○○시 ○○구 ○○로 ○○
파산관재인 변호사 ○○○

주 문

이 사건 파산을 폐지한다.

이 유

파산재단으로써 파산절차의 비용을 충당하기에도 부족하다고 인정되므로, 채무자 회생 및 파산에 관한 법률 제545조 제1항을 적용하여 주문과 같이 결정한다.

20○○. ○. ○.

판 사 ○ ○ ○

주) 개인파산·회생실무, 서울회생법원, 양식편 인용 및 참고

[기재례 53] 이시폐지 공고

파산폐지 공고

사　　건　　20○○하단○○ 파산선고

채 무 자　　○ ○ ○ (생년월일)
○○시 ○○구 ○○로 ○○

채무자 회생 및 파산에 관한 법률 제546조, 제545조에 의해 다음과 같이 공고한다.

다　　　음

1. 주문 : 이 사건 파산을 폐지한다.
2. 이유의 요지 : 파산재단으로써 파산절차의 비용을 충당하기에 부족하다.

20○○. ○. ○.

○○지방법원 제○파산단독

판 사 ○ ○ ○

주) 개인파산·회생실무, 서울회생법원, 양식편 인용 및 참고

[6] 복권절차

1. 복권의 의미

복권이란 파산자가 파산선고를 받기 전의 상태로 돌아가서(즉, 파산자가 아닌 상태로 돌아감), 파산자로서의 불이익이 없어지는 것을 의미한다. 복권에는 일정한 사유가 발생하면 자동적으로 복권되는 당연복권과 채무자의 신청에 대한 재판으로 복권되는 신청복권이 있다(574조, 575조).

2. 당연복권

파산선고를 받은 채무자는 ① 면책결정이 확정된 때, ② 파산선고 후 채권자의 동의 등에 의한 파산폐지(538조)의 결정이 확정된 때,[89] ③ 파산선고를 받은 채무자가 파산선고 후 사기파산(650조)으로 유죄의 확정판결을 받음이 없이 10년이 경과한 때에는 당연히 복권된다(574조).

3. 신청복권

당연복권 규정(574조)에 의해 복권의 대상이 되지 못한 파산채무자가 변제나 그밖의 방법, 즉 대물변제, 공탁, 상계, 경개, 면제, 혼동, 소멸시효 등으로 파산채권자에 대한 채무의 전부에 관하여 그 책임을 면한 때에는 파산법원에 복권을 신청할 수 있다.

신청인은 복권신청서에 1,000원의 인지를 붙이고, 10회분의 송달료와 채권자 수에 따른 3회분 송달료{(52,000원 + (채권자 수 × 5,200원 × 3)}를 납부해야 한다.

법원은 이러한 복권신청이 있은 때에는 그 뜻을 공고하고, 이해관계인이 열람할 수 있도록 그 신청에 관한 서류를 법원에 비치해야 한다. 파산채권자는 복권신청의 공고가 있은 날부터 3월 이내에 복권의 신청에 관하여 법원에 이의를 신청할 수 있다.

법원은 파산채권자의 이의신청이 이유있다고 인정되면 복권불허가결정을, 이의신청이 이유없다고 인정되거나 공고가 있은 날부터 3월의 기간 내에 이의신청이 없는 때에는 복권결정을

89) 이 경우 복권되는 것은 채무자에 대한 공·사법상의 신분상의 제한이므로, 잔존채무에 대하여는 여전히 채무자에게 변제책임이 있다.

해야 한다(575조). 이러한 복권결정에 대하여는 즉시항고할 수 있다.

복권결정은 확정된 후부터 그 효력이 발생한다(578조). 복권결정이 확정되면 법원사무관 등은 채무자의 등록기준지 시·구·읍·면장에게 그 취지를 통지하여 신원증명사항에서 복권자에 대한 파산선고사실을 삭제하게 한다.

[서식 8] 복권신청서

복 권 신 청 서

인 지
1000원

신 청 인(채 무 자) : ○ ○ ○ (주민등록번호 : 123456 - 1234567)

주　　소 : ○○시 ○구 ○○로 ○○○ (우편번호 : 12345)

거　　소 :

송달장소 : ○○시 ○구 ○○로 ○○○ (우편번호 : 12345)

본　　적 : ○○시 ○구 ○○로 ○○○

연 락 처 : 휴대전화(010-222-3333), 집전화(000-2222-3333)

소송대리인 변호사 ○○○

(송달장소) ○○시 ○구 ○○로 ○○○

신 청 취 지

'채무자를 복권한다.'라는 결정을 구합니다.

신 청 이 유

1. 신청인은 ○○지방법원 20○○. ○. ○.자 20○○하단○○○○ 결정으로 파산선고를 받고, 같은 법원 20○○. ○. ○.자 20○○하면○○○○ 결정으로 일부면책(또는 면책불허가)결정을 받았습니다.
2. 신청인은 그 후 파산채권자에 대한 잔존 채무를 모두 변제하였습니다.
3. 따라서 '채무자를 복권한다.'라는 결정을 구합니다.

첨 부 서 류

1. 가족관계증명서 및 주민등록등본 각 1부
2. 파산선고결정등본 및 일부면책(면책불허가)결정등본 각 1부
3. 파산선고 당시 채권자에 대한 채무변제 등으로 변제책임이 소멸되었다는 자료

20○○. ○. ○.

신 청 인 ○ ○ ○ ㊞

복권사건번호	
배당순위번호	
재 판 부	제 단독

○○지방법원 귀중

[7]
개인파산 관련 벌칙

1. 사기파산죄[90)]

채무자가 파산선고의 전후를 불문하고 자기 또는 타인의 이익을 도모하거나 채권자를 해할 목적으로 다음 각호의 어느 하나에 해당하는 행위를 하고, 그 파산선고가 확정된 때에는 10년 이하의 징역 또는 1억원 이하의 벌금에 처해진다(650조).

① 파산재단에 속하는 재산을 은닉 또는 손괴하거나 채권자에게 불이익하게 처분하는 행위
여기의 '재산의 은닉'이란 재산의 발견을 불가능하게 하거나 곤란하게 만드는 것을 말하고, 재산의 소재를 불명하게 하는 경우뿐만 아니라 재산의 소유관계를 불명하게 하는 경우도 포함한다고 할 것이지만, 채무자가 법원에 파산신청을 하면서 단순히 소극적으로 자신의 재산상황을 제대로 기재하지 않은 재산목록 등을 제출하는 행위는 '재산의 은닉'에 해당한다고 할 수 없다(대판 2009.1.30. 2008도6950).
따라서 채무자가 상속재산이 있음에도 상속등기를 마치지 않은 채 파산신청을 하면서 상속재산이 없다는 허위 내용의 진술서를 첨부하여 제출한 것은 '재산의 은닉'에 해당하지 않으며, 사기파산죄가 성립되지 않는다(대판 2009.7.9. 2009도4008).[91)]

② 파산재단의 부담을 허위로 증가시키는 행위

③ 법률의 규정에 의해 작성해야 하는 상업장부를 작성하지 않거나, 그 상업장부에 재산의

---

90) 차용금 사기죄로 기소된 피고인이 파산신청을 하여 면책허가결정이 확정된 경우에 있어서 피고인이 파산신청 2년 전부터 불과 40여 일 전까지 여러 사람들로부터 돈을 빌려서 채무변제와 생활비 등으로 사용한 것은 사기죄를 구성한다(대판 2007.11.29. 2007도8549).

91) (구)파산법 366조 1항 소정의 사기파산죄에서 말하는 '재산의 은닉'은 재산의 발견을 불가능하게 하거나 곤란하게 만드는 것을 말하고, 재산의 소재를 불명하게 하는 경우뿐만 아니라 재산의 소유관계를 불명하게 하는 경우도 포함한다고 할 것이지만, 채무자가 법원에 파산신청을 하면서 단순히 소극적으로 자신의 재산상황을 제대로 기재하지 않은 재산목록 등을 제출하는 행위는 위 죄에서 말하는 '재산의 은닉'에 해당한다고 할 수 없다(대판 2009.1.30. 2008도6950 참조). 원심은, 피고인이 상속재산이 있음에도 상속에 기한 소유권이전등기를 경료하지 않은 채로 파산신청을 하면서 상속재산이 없다는 허위 내용의 진술서를 첨부하여 제출한 행위가 사기파산죄의 '재산의 은닉'에 해당하는 것으로 판단하여 그에 대하여 유죄를 인정한 제1심을 유지하였으나, 앞서 본 법리에 의하면 피고인의 위와 같은 행위를 '재산의 은닉'으로 볼 수는 없으므로 이를 사기파산죄에 해당한다고 본 원심의 판단에는 '재산의 은닉' 내지 사기파산죄의 성립에 관한 법리오해의 위법이 있고, 이는 판결 결과에 영향을 미쳤음이 분명하다. 이 점을 지적하는 상고이유의 주장은 이유 있다(대판 2009.7.9. 2009도4008).

현황을 알 수 있는 정도의 기재를 하지 않거나, 그 상업장부에 부실한 기재를 하거나, 그 상업장부를 은닉 또는 손괴하는 행위

④ 제481조(재산장부의 폐쇄)의 규정에 의해 법원사무관 등이 폐쇄한 장부에 변경을 가하거나 이를 은닉 또는 손괴하는 행위

2. 과태파산죄

채무자가 파산선고의 전후를 불문하고 다음 각호의 어느 하나에 해당하는 행위를 하고, 그 파산선고가 확정된 경우 그 채무자는 5년 이하의 징역 또는 5천만원 이하의 벌금에 처해진다(651조).

① 파산선고를 지연시킬 목적으로 신용거래로 상품을 구입하여 현저히 불이익한 조건으로 이를 처분하는 행위

② 파산의 원인인 사실이 있음을 알면서 어느 채권자에게 특별한 이익을 줄 목적으로 한 담보의 제공이나 채무의 소멸에 관한 행위로서 채무자의 의무에 속하지 않거나 그 방법 또는 시기가 채무자의 의무에 속하지 않는 행위

③ 법률의 규정에 의해 작성해야 하는 상업장부를 작성하지 않거나, 그 상업장부에 재산의 현황을 알 수 있는 정도의 기재를 하지 않거나, 그 상업장부에 부정의 기재를 하거나, 그 상업장부를 은닉 또는 손괴하는 행위

④ 제481조(재산장부의 폐쇄)의 규정에 의해 법원사무관 등이 폐쇄한 장부에 변경을 가하거나 이를 은닉 또는 손괴하는 행위

3. 일정한 지위에 있는 자의 사기파산 및 과태파산죄

채무자의 법정대리인, 채무자의 지배인이 사기파산죄(650조) 및 과태파산죄(651조)를 범하고 채무자에 대한 파산선고가 확정된 때에는 사기파산죄 및 과태파산죄의 예에 의한다(652조).

4. 구인불응죄

구인명령을 받은 자(319조, 320조, 322조)가 그 사실을 알면서도 파산절차를 지연시키거나 구인의 집행을 회피할 목적으로 도주한 때에는 1년 이하의 징역 또는 1천만원 이하의 벌금에 처해진다.

5. 제3자의 사기파산죄

채무자 및 채무자의 법정대리인·채무자의 지배인이 아닌 자가 파산선고의 전후를 불문하고 자기 또는 타인의 이익을 도모하거나 채권자를 해할 목적으로 사기파산죄(650조)에 해당하는 행위를 하거나 자기나 타인을 이롭게 할 목적으로 파산채권자로서 허위의 권리를 행사하고, 채무자에 대한 파산선고가 확정된 경우 그 행위를 한 자는 10년 이하의 징역 또는 1억원 이하의 벌금에 처해진다(654조).[92)]

6. 파산수뢰죄

파산관재인 또는 감사위원이 그 직무에 관하여 뇌물을 수수·요구 또는 약속한 경우에는 5년 이하의 징역 또는 5천만원 이하의 벌금에 처해진다.

파산관재인, 파산채권자의 대리인, 파산채권자의 이사가 채권자집회의 결의에 관하여 뇌물을 수수·요구 또는 약속한 때에도 5년 이하의 징역 또는 5천만원 이하의 벌금에 처해진다(655조).

7. 파산증뢰죄

파산관재인, 감사위원, 파산채권자, 파산채권자의 대리인, 파산채권자의 이사에게 뇌물을 약속 또는 공여하거나 공여의 의사를 표시한 자는 3년 이하의 징역 또는 3천만원 이하의 벌금에 처해진다(656조).

8. 재산조회결과의 목적외 사용죄

재산조회(29조 1항) 결과를 파산절차를 위한 채무자의 재산상황조사 외의 목적으로 사용한 자는 2년 이하의 징역 또는 2천만원 이하의 벌금에 처해진다(657조).

---

92) (구)개인채무자회생법(2005. 3. 31. 법률 제7428호 채무자 회생 및 파산에 관한 법률 부칙 제2조로 폐지) 제87조 제1호 사기개인회생죄에서 말하는 '재산의 은닉'은 재산의 발견을 불가능하게 하거나 곤란하게 만드는 것을 말하고, 재산의 소재를 불명하게 하는 경우뿐만 아니라 재산의 소유관계를 불명하게 하는 경우도 포함한다. 다만, 채무자가 법원에 개인회생절차개시신청을 하면서 단순히 소극적으로 자신의 재산 및 수입 상황을 제대로 기재하지 않은 재산목록 등을 제출하는 행위는 위 죄에서 말하는 '재산의 은닉'에 해당한다고 할 수 없다(대판 2009.1.30. 2008도6950).

9. 설명의무위반죄

설명의 의무가 있는 자(321조)가 정당한 사유 없이 설명을 하지 않거나 허위의 설명을 한 때에는 1년 이하의 징역 또는 1천만원 이하의 벌금에 처해진다(658조).

10. 과 태 료

① 채무자의 재산 등에 대한 조회(29조 1항)를 받은 공공기관·금융기관·단체 등의 장이 정당한 사유 없이 자료제출을 거부하거나 허위의 자료를 제출한 자는 500만원 이하의 과태료에 처해진다(660조 1항).

② 파산면책(제566조)을 받은 개인인 채무자에 대하여 면책된 사실을 알면서 면책된 채권에 기하여 강제집행·가압류 또는 가처분의 방법으로 추심행위를 한 자는 500만원 이하의 과태료에 처해진다(660조 3항).

제3절 파산재단의 환가·배당절차

[1]
파산재단

1. 파산재단의 의미

파산재단이란 채무자가 파산선고 당시에 가진 재산으로서, 파산선고 후 법원에 의해 선임된 파산관재인에 의해 관리되고, 환가되어 종국적으로 파산채권자에게 배당이 이루어질 운명에 놓여져 있는 채무자의 재산을 말한다.

2. 파산재단의 구성

파산재단은 채무자가 파산선고 당시에 가진 모든 재산 및 채무자가 파산선고 전에 생긴 원인으로 장래에 행사할 청구권 중에서 아래의 압류금지재산과 면제재산을 제외하고, 파산관재인의 부인권행사에 의해 파산재단으로 회복될 재산 등을 포함시키는 것으로 구성된다(382조, 383조, 397조 1항). 파산자가 파산선고 전에 상대방과 통정한 허위의 의사표시를 통하여 가장채권을 보유하고 있다가 파산이 선고된 경우, 파산관재인은 민법 제108조 제2항의 제3자에 해당하므로 상대방은 파산관재인에게 통정허위표시임을 들어 해당 가장채권의 무효를 주장할 수 없다(대판 2005.5.12. 2004다68366).

수탁자가 신탁사무를 처리하는 과정에서 수익자 외의 제3자에게 채무를 부담하는 경우 그 이행책임은 신탁재산의 한도 내로 제한되는 것이 아니라 수탁자의 고유재산에 대하여도 미치며, 신탁법 제21조는 수탁자의 일반채권자에 대하여 신탁재산에 대한 강제집행을 금지하는 한편 신탁사무의 처리상 발생한 채권을 가지고 있는 채권자는 수탁자의 고유재산뿐 아니라 신탁재산에 대하여도 강제집행을 할 수 있다는 취지이므로, 수탁자에 대하여 신탁사무의 처리상 발생한 채권을 가진 채권자는 수탁자가 파산할 경우 파산선고 당시의 채권 전액에 관하여 파산재단에 대하여 파산채권자로서 권리를 행사할 수 있다.[93] 파산재단에 속하지 않은 재산을 자유재산이

---

93) 수탁자가 신탁사무를 처리하는 과정에서 수익자 외의 제3자에게 채무를 부담하는 경우 그 이행책임은 신탁재

라고 한다. 파산선고 후에 채무자가 취득한 재산을 신득재산이라고 하는데, 이는 채무자가 파산선고 당시에 가진 재산 및 파산선고 전에 생긴 원인으로 장래에 행사할 청구권에 해당되지 않으므로 파산재단에 속하지 않는다(382조).

따라서 신득재산에 대하서는 채무자의 자유처분이 가능한데, 이러한 신득재산에 대하여 파산채권자에 의한 강제집행이 가능한지 문제된다. 통합도산법상 면책신청에 의해 금지되는 강제집행이나 가압류·가처분(557조 1항 전단, 556조 1항, 3항)은 파산재단에 속한 채무자의 재산에 한정할 것이 아니라고 보며, 채무자의 재기·갱생을 위한 파산제도의 취지로 볼 때 강제집행 등을 부정하는 것이 타당하다고 보며, 실무도 마찬가지이다.[94] 채무자가 파산선고 후 취득한 신득재산에 대하여는 파산선고 전에 이루어진 강제집행의 정지나 실효(348조 1항 본문, 557조 1항 후단)와 같은 문제는 논의의 대상이 되지 않을 것이다.

3. 파산재단에 속하지 않는 재산

가. 압류금지재산

압류할 수 없는 재산은 모두 파산재단에 속하지 않는다(383조 1항). 압류할 수 없는 재산이란 민사집행법(195조, 246조) 및 개별 법률에서 압류할 수 없는 것으로 규정되어 있는 재산을 말한다.

나. 파산선고 후 취득한 새로운 재산

파산재단은 파산선고 당시에 가진 모든 재산 및 채무자가 파산선고 전에 생긴 원인으로 장래에 행사할 청구권으로 구성되므로 파산선고 후에 채무자가 새로이 취득한 재산은 파산재단에 포함되지 않는다.

다. 면제재산

법원은 개인인 채무자의 신청에 의해 ① 채무자 또는 그 피부양자의 주거용으로 사용되고 있는 건물에 관한 임차보증금반환청구권으로서 주택임대차보호법 제8조(보증금중 일정액의

산의 한도 내로 제한되는 것이 아니라 수탁자의 고유재산에 대하여도 미친다. 신탁법 제21조는 수탁자의 일반채권자에 대하여 신탁재산에 대한 강제집행을 금지하는 한편, 신탁사무의 처리상 발생한 채권을 가지고 있는 채권자는 수탁자의 고유재산뿐 아니라 신탁재산에 대하여도 강제집행을 할 수 있다는 취지이므로, 수탁자에 대하여 신탁사무의 처리상 발생한 채권을 가진 채권자는 수탁자가 파산할 경우 파산선고 당시의 채권 전액에 관하여 파산재단에 대하여 파산채권자로서 권리를 행사할 수 있다(대판 2006.11.23. 2004다3925).

94) 서울회생법원, 제5판 개인파산·회생실무, 381~382p.

보호)의 규정에 의해 우선변제를 받을 수 있는 금액의 범위 안에서 대통령령이 정하는 금액을 초과하지 않는 부분과, ② 채무자 및 그 피부양자의 생활에 필요한 6월간의 생계비에 사용할 특정한 재산으로서 대통령령이 정하는 금액을 초과하지 않는 부분 중 어느 하나에 해당되는 재산에 대하여 파산재단에서 면제하는 결정을 할 수 있다(383조 2항). 법문언 및 실무상 위 둘을 중복해서 인정하는 것은 허용되고 있지 않는 듯하다. 이를 면제재산제도라고 한다.

여기에서 위 ①항의 대통령령이 정하는 금액이란 주택가격의 1/2을 초과하지 않은 범위 안에서 서울은 5,000만원까지, 과밀억제권역·세종시·용인시·화성시·김포시는 4,300만원까지, 광역시(과밀억제권역 및 군지역 제외)·안산시·광주시(경기도)·파주시·이천시·평택시는 2,300만원까지, 그밖의 지역은 2,000만원까지이고, 위 ②항의 대통령령이 정하는 금액은 1,110만원이다(통합도산법 시행령 16조).[95]

위에서 소액임차인에게 보장되는 정도의 최우선변제금액을 면제재산으로 인정받기 위해서는 주택임대차보호법상의 각종 요건, 예컨대, '경매신청등기 전의 주택인도 및 주민등록'이라는 대항요건을 구비해야 하는지 여부나 임차보증금의 상한선, 즉 서울 1억 5,000천만원 이하, 과밀억제권역·세종시·용인시·화성시·김포시 1억원 3천만원 이하, 광역시(과밀억제권역 및 군지역 제외)·안산시·광주시(경기도)·파주시·이천시·평택시 7천만원 이하, 그밖의 지역 6천만원 이하라는 요건이 충족되어야 하는지 문제되고, 견해의 대립도 있지만, 면제재산제도의 취지가 채무자에게 최소한도의 주거권 및 생계보장을 위한 제도인 점에서 '우선변제를 받을 수 있는 금액의 범위 안에서 대통령령이 정하는 금액을 초과하지 않는 부분'에 방점이 있다고 보아 주택인도 및 주민등록이라는 대항요건의 충족 여부나 임차보증금의 액수 크기와 무관하게 소액임차인의 최우선변제금 정도는 면제재산으로서 인정되는 것이라고 보는 것이 타당하다고 본다.[96]

---

95) 통합도산법 제383조(파산재단에 속하지 않는 재산) "② 법원은 개인인 채무자의 신청에 의해 다음 각호의 어느 하나에 해당하는 재산을 파산재단에서 면제할 수 있다.
  1. 채무자 또는 그 피부양자의 주거용으로 사용되고 있는 건물에 관한 임차보증금반환청구권으로서 주택임대차보호법 제8조(보증금중 일정액의 보호)의 규정에 의해 우선변제를 받을 수 있는 금액의 범위 안에서 대통령령이 정하는 금액을 초과하지 않는 부분
  2. 채무자 및 그 피부양자의 생활에 필요한 6월간의 생계비에 사용할 특정한 재산으로서 대통령령이 정하는 금액을 초과하지 않는 부분"

96) 서울회생법원, 제5판 개인파산·회생실무, 123p; 실무에서는 면제재산제도에 관한 주택임대차보호법상의 요건 구비를 전제로 하는지 여부에 관한 견해의 대립에도 불구하고 임차보증금을 환가함에 있어서 면제재산제도의 취지를 감안하고 있어 견해에 따른 실질적인 차이가 적다고 한다(서울회생법원, 제5판 개인파산·회생실무, 123p, 223p).

개인채무자가 이러한 면제재산을 인정받으려면 파산신청일부터 파산선고 후 14일 이내까지 면제재산목록 및 소명자료를 첨부하여 서면으로 신청해야 한다(383조 4항). 법원은 파산선고 전에 면제신청이 있는 때에는 파산선고와 동시에, 파산선고 후에 면제신청이 있는 때에는 신청일로부터 14일 이내에 면제여부 및 면제범위를 결정해야 하고, 이러한 결정이 있는 때에는 법원은 채무자 및 알고 있는 채권자에게 그 결정서를 송달해야 한다. 면제여부결정에 대하여는 즉시항고할 수 있다.

법원은 파산선고 전에 면제신청이 있는 경우에는 채무자의 신청 또는 직권으로 파산선고가 있을 때까지 면제재산에 대하여 파산채권에 기한 강제집행, 가압류 또는 가처분의 중지 또는 금지를 명할 수 있다(383조 8항).

4. 상속재산에 대한 파산의 경우의 파산재단

상속재산에 대한 파산은 상속재산으로 상속채권자 및 수유자에 대하여 그 모든 채무를 변제하기에 부족한 경우 상속재산과 상속인 고유재산을 분리하여 상속재산에 대한 청산을 하는 파산절차를 말한다. 이는 상속채권자 및 수유자와 상속인의 채권자의 이익을 조정할 목적으로 행하여진다.

상속재산에 대한 파산과 관련하여 민법상 상속의 한정승인제도가 있음에도 불구하고 상속재산에 대한 파산신청이 의미가 있는 것은 상속재산에 대한 파산제도가 한정승인에 비하여 채권자들에게 공평한 재산의 분배기능이 가능하다는 것이다. 즉, 한정승인제도에는 관리인이 존재하지 않고, 채권자집회도 개최되지 않으며, 부인권 제도도 없고, 상계제한과 같은 규정도 존재하지 않아 상속채권자들에게 상속재산에 대한 공평한 분배기능을 기대하기 곤란한데, 여기에 상속재산에 대한 파산제도의 실익이 있다고 보인다.[97] 아직까지 위 제도가 많이 알려져 있지 않으나 향후 활성화가 주목된다.

상속인이 상속재산에 대한 파산신청을 할 실익이 있을까? 상속재산이 거의 없거나 현금성 재산인 관계로 청산절차가 비교적 단순한 경우에는 그리 큰 실익이 있다고 보이지 않을 것이지만, 상속재산의 규모가 크고 부동산 등의 재산이 많아 환가에 어려움이 따르거나 장시간 소요되는 등과 같이 상속재산관계가 복잡하며, 채권자나 상속인의 수가 다수이고, 그중 소재파악이 곤란한 자가 포함되어 있는 경우와 같이 한정승인자가 직접 상속재산을 청산해 주기가 험난하고 번거롭고 감당하기에 벅찬 경우에 있어 법원에서 이러한 모든 청산절차를 대행해 주는 상속

97) 2006 도산법, 전병서, 34p.

재산파산제도를 이용할 실익이 있을 것이다.

상속재산에 대하여 파산선고가 있는 때에는 이에 속하는 모든 재산이 파산재단으로 된다(389조 1항). 상속재산에 대하여 파산선고가 있는 때에는 상속인은 한정승인을 한 것으로 본다(389조 3항). 상속인이 상속재산의 전부 또는 일부를 처분한 후 상속재산에 대하여 파산선고가 있는 때에는 상속인이 반대급부에 관하여 가지는 권리는 파산재단에 속한다(390조 1항). 이 경우 상속인이 이미 반대급부를 받은 때에는 이를 파산재단에 반환해야 한다. 다만, 그 반대급부를 받은 때에 상속인이 파산의 원인인 사실 또는 파산신청이 있은 것을 알지 못한 때에는 그 이익이 현존하는 한도 안에서 반환하면 된다(390조 2항).

문제는 상속재산에 대한 파산과 관련하여 그 파산절차가 종결된 경우 상속인이 면책되는가이다. 상속재산에 대한 파산에 있어서는 상속재산 자체가 파산자로 되는 것일 뿐 상속인이 파산자가 되는 것은 아니므로 면책신청권이 없다고 보인다.[98] 따라서 상속재산에 대한 파산이 있다 하더라도 상속인은 별도로 상속포기나 상속의 한정승인절차를 밟아야 상속채무의 승계를 차단하거나 그 책임을 면제받을 수 있을 것이다.[99]

5. 파산재단의 효력

파산선고에 의해 채무자는 파산재단을 구성하는 재산에 관한 관리처분권을 상실하고 그 관리처분권은 파산관재인에게 전속한다. 파산채권에 기하여 파산재단에 속하는 재산에 대하여 행하여진 강제집행·가압류 또는 가처분도 파산재단에 대하여는 그 효력이 상실되고, 다만 파산관재인이 파산재단을 위해 강제집행절차를 속행할 수는 있다(348조 1항). 따라서 파산채권에 기하여 파산재단에 속하는 재산에 대한 별도의 강제집행은 원칙적으로 허용되지 않는다(대판 2010.7.28. 2010마862).

6. 파산재단에 대한 권리의 순위

파산재단에 속하는 재산에 대하여 가지는 권리 또는 배당의 우선순위를 개략적으로 살펴보면, ① 주택·상가건물임차인의 최우선변제금액(주택임대차보호법 8조, 상가건물임대차보호법 14조) 및

98) 서울회생법원, 제5판 개인파산·회생실무, 243p.

99) 다만 통합도산법에서는 상속재산에 대하여 파산선고가 있는 때에는 상속인으로 하여금 한정승인을 한 것으로 간주함으로써 한정승인을 하지 않은 상속의 단순승인자를 보호하고 있기는 하다(389조 3항 본문).

최종 3개월분의 임금채권·최종 3년분의 퇴직금(근로기준법 38조 2항, 근로자퇴직급여보장법 12조 2항)의 청구채권(415조, 415조의2), ② 별제권(411조), 주택·상가건물임차인의 우선변제금액(주택임대차보호법 3조, 상가건물임대차보호법 3조), ③ 재단채권(473조), ④ 파산채권 중 우선권 있는 파산채권(441조), ⑤ 파산채권 중 일반파산채권, ⑥ 파산채권 중 후순위파산채권(446조)의 순으로 행사 또는 변제된다고 보인다. 반면 별제권자는 파산절차에 의하지 않고 그 권리를 행사할 수 있고, 재단채권도 파산절차에 의하지 않고 수시로 변제된다(412조, 476조).

여기에서 별제권자란 파산재단에 속하는 재산에 대하여 유치권, 질권, 저당권, 전세권을 가진 자를 의미하며(411조), 재단채권이란 파산채권자의 재판비용, 국세·지방세·국세징수의 예에 의해 징수할 수 있는 청구권으로서 일반파산채권보다 우선하는 것, 파산재단의 관리·환가 및 배당비용, 파산재단에 관하여 파산관재인이 한 행위로 인한 청구권, 사무관리 또는 부당이득으로 인하여 파산선고 후 파산재단에 대하여 생긴 청구권, 위임의 종료 또는 대리권의 소멸 후에 긴급필요에 의해 한 행위로 인하여 파산재단에 대하여 생긴 청구권, 쌍방미이행 쌍무계약(335조 1항)에 관하여 파산관재인이 채무를 이행하는 경우에 상대방이 가지는 청구권, 파산선고로 인하여 쌍무계약이 해지된 경우 그때까지 생긴 청구권, 채무자 및 그 부양을 받는 자의 부조료, 채무자의 근로자의 임금·퇴직금 및 재해보상금, 파산선고 전의 원인으로 생긴 채무자의 근로자의 임치금 및 신원보증금의 반환청구권 등을 말한다(473조).

[2]
파산채권

1. 파산채권의 의미

파산채권이란 파산선고 전의 원인으로 파산채무자에 대하여 가지는 재산상의 청구권을 말하고(422조), 이러한 청구권을 가진 자를 파산채권자라 한다.

파산채권이 된다는 의미는 채권자일람표(채권자명부)에 기재된 채권은 파산절차에 의하지 않고는 변제를 받지 못하고, 파산재단에 속하는 재산에 대하여 개별적인 강제집행 등을 실행할 수 없게 되며(348조), 파산자의 면책신청으로 그 채권의 회수가 불가능하게 될 수 있는 운명에 놓여져 있다는 것을 말한다.

2. 파산채권자의 권리행사

파산채권자는 파산절차에 의해서만 그 채권을 행사할 수 있고, 변제받을 수 있을 뿐이다(424). 즉, 파산채권자는 개별적으로 강제집행을 통하여 그 채권을 회수할 수는 없으며, 다만 파산절차에 따라 파산재단(파산재단=파산선고 당시의 채무자의 모든재산-압류금지재산-면제재산+부인권행사로 회복될 재산)으로부터 배당 등을 통하여만 채권을 회수할 수 있는 것이다. 이는 재단채권에 기한 강제집행에 있어서도 마찬가지로서 재단채권자의 정당한 변제요구에 대하여 파산관재인이 응하지 않으면 재단채권자는 법원에 대하여 감독권 발동을 촉구하든지, 파산관재인을 상대로 불법행위로 인한 손해배상청구를 하는 등의 별도의 조치를 취할 수는 있을 것이나, 그 채권의 만족을 위해 파산재단에 대하여 개별적 강제집행에 나아가는 것은 허용되지 않는다.[100] 이 점이 개인회생재단채권(임금·퇴직금·재해보상금 등)의 경우에 채무자의 재산에 대한 개별적 강제집행이 가능한 점과 구별되는 것이다.

---

100) 파산절차는 파산자에 대한 포괄적인 강제집행절차로서 이와 별도의 강제집행절차는 원칙적으로 필요하지 않는 것인 바, (구)파산법(2005. 3. 31. 법률 제7428호 채무자 회생 및 파산에 관한 법률 부칙 제2조로 폐지)에 강제집행을 허용하는 특별한 규정이 있다거나 (구)파산법의 해석상 강제집행을 허용해야 할 특별한 사정이 있다고 인정되지 않는 한 파산재단에 속하는 재산에 대한 별도의 강제집행은 허용되지 않고, 이는 재단채권에 기한 강제집행에 있어서도 마찬가지로서 재단채권자의 정당한 변제요구에 대하여 파산관재인이 응하지 않으면 재단채권자는 법원에 대하여 (구)파산법 제151조, 제157조에 기한 감독권 발동을 촉구하든지, 파산관재인을 상대로 불법행위 손해배상청구를 하는 등의 별도의 조치를 취할 수는 있을 것이나, 그 채권 만족을 위해 파산재단에 대하여 개별적 강제집행에 나아가는 것은 (구)파산법상 허용되지 않는다(대판 2007.7.12. 2006마1277).

파산채권자가 얼마나 배당을 받을 수 있는지는 별제권자나 주택·상가건물임차인의 존재여부, 재단채권의 존재여부와 그 크기, 해당 파산채권이 우선권 있는 파산채권·일반의 파산채권·후순위 파산채권 중 어느 것에 해당되는지의 여부 등에 따라 달라진다. 별제권자도 그 별제권의 행사에 의해 변제받을 수 없는 채권액이나 별제권을 포기한 채권액에 관하여는 파산채권자로서 그 권리를 행사할 수 있으며, 파산재단에 속하지 않은 채무자의 재산상에 질권 또는 저당권을 가진 자, 즉 준별제권자도 그 권리의 행사에 의해 변제받을 수 없는 채권액에 관하여는 파산채권자로서 권리를 행사할 수 있다(413조, 414조). 수탁자가 파산한 경우, 신탁사무의 처리상 발생한 채권을 가진 채권자는 파산재단에 대하여 파산채권자로서 권리를 행사할 수 있다(대판 2004.10.15. 2004다31883, 31890). 그러나 파산채권자가 파산자에 대한 채권을 보전하기 위해 파산재단에 관하여 파산관재인에 속하는 권리를 대위하여 행사할 수는 없다(대판 2000.12.22. 2000다39780).

파산선고 후에 파산재단에 속하는 재산에 관하여 채무자의 법률행위에 의하지 않고 권리를 취득한 경우에도 그 취득은 파산채권자에게 대항할 수 없다. 또한 부동산 또는 선박에 관하여 파산선고 전에 생긴 채무의 이행으로서 파산선고 후에 한 등기·등록 또는 가등기·가등록은, 그 권리자가 파산선고의 사실을 알지 못하고 한 경우가 아닌 한, 파산채권자에게 대항할 수 없다(330조 1항, 331조, 대판 2008.2.1. 2006다32187). 파산선고 후에 그 사실을 알지 못하고 채무자에게 한 변제는 이로써 파산채권자에게 대항할 수 있다(332조 1항). 다만, 파산선고 후에 그 사실을 알고 채무자에게 한 변제는 파산재단이 받은 이익의 한도 안에서만 파산채권자에게 대항할 수 있다(332조 2항).

3. 파산채권액의 산정

기한부채권은 파산선고시에 변제기에 이른 것으로 보며(425조), 채권의 목적이 금전이 아니거나 그 액이 불확정한 때 또는 외국의 통화로 정하여진 때, 정기금채권의 금액 또는 존속기간이 확정되지 않은 때에는 파산선고시의 평가액을 파산채권액으로 한다(426조). 조건부채권이나 채무자에 대한 장래의 청구권은 그 전액을 파산채권액으로 한다(427조). 다만, 여기에서 기한부채권이 파산선고시에 변제기에 이른 것으로 보게 되는 것은 채무자에 대한 관계에서만 해당되며 보증인에 대하여는 적용되지 않는다고 본다(대판 2006.4.28. 2004다70260).

여러 채무자가 각각 전부의 채무를 이행해야 하는 경우 그 채무자의 전원 또는 일부가 파산선고를 받은 때에는 채권자는 파산선고시에 가진 채권의 전액에 관하여 각 파산재단에 대하여 파산채권자로서 권리를 행사할 수 있다(428조). 보증인이 파산선고를 받은 때에는 채권자는 파산선고시에 가진 채권의 전액에 관하여 파산채권자로서 그 권리를 행사할 수 있다(429조).

여럿의 채무자가 각각 전부의 채무를 이행해야 하는 경우(예, 연대채무, 연대보증채무, 부진정연대채무, 어음·수표 등의 합동채무) 그 채무자의 전원 또는 일부가 파산선고를 받은 때에는 그 채무자에 대하여 장래의 구상권을 가진 자는 그 전액에 관하여 각 파산재단에 대하여 파산채권자로서 그 권리를 행사할 수 있다(430조). 다만, 채권자가 그 채권의 전액에 관하여 파산채권자로서 권리를 행사한 때에는 장래의 구상권자가 파산채권자로서의 권리를 행사할 수 없게 되는데, 이 경우에 구상권을 가진 자가 채권자에게 변제를 한 때에는 그 변제의 비율에 따라 채권자의 권리를 취득한다(430조 1항 단서, 3항). 파산선고 후 파산채권자가 다른 채무자로부터 일부 변제 등을 받더라도 채권자는 파산선고시의 채권 전액으로써 파산절차에 참가할 수 있다(대판 2002.12.24. 2002다24379).

법인의 채무에 관하여 무한책임을 지는 사원이 파산선고를 받은 때에는 법인의 채권자는 파산선고시에 가진 채권의 전액에 관하여 그 파산재단에 대하여 파산채권자로서 권리를 행사할 수 있으되(432조), 법인의 채무에 관하여 유한책임을 지는 사원 또는 그 법인이 파산선고를 받은 때에는 법인의 채권자는 유한책임을 지는 사원에 대하여 그 권리를 행사할 수 없다(433조).

상속인이 파산선고를 받은 경우에는 재산의 분리가 있는 때에도 상속채권자 및 수유자는 그 채권의 전액에 관하여 파산재단에 대하여 파산채권자로서 그 권리를 행사할 수 있고(434조), 상속재산 및 상속인에 대하여 모두 파산선고가 있는 때에는 상속채권자 및 수유자는 그 채권의 전액에 관하여 각 파산재단에 대하여 파산채권자로서 권리를 행사할 수 있다(434조). 파산절차 참가의 비용은 파산채권(단, 후순위파산채권)에 속한다(439조).

4. 파산채권의 순위

가. 우선권 있는 파산채권

파산재단에 속하는 재산에 대하여 일반 파산채권보다 우선권이 있는 파산채권은 일반 파산채권에 우선하여 변제된다(441조). 이때 동순위로 변제해야 하는 채권 간에는 각각 그 채권액의 비율에 따라 평등하게 변제된다(440조).

나. 일반 파산채권

일반 파산채권은 우선권 있는 파산채권보다는 후순위로, 후순위파산채권보다는 선순위로 변제된다(446조). 이때 동순위로 변제해야 하는 채권 간에는 각각 그 채권액의 비율에 따라 평등하게 변제된다(440조).

다. 후순위파산채권

후순위 파산채권은 일반 파산채권보다 후순위로서 가장 저순위로 변제를 받게 된다(446조). 파산절차에서 채무자와 채권자 간의 약정 후순위채권도 일반 파산채권보다 후순위로 변제된다(446조 2항). 이때 동순위로 변제해야 하는 채권 간에는 각각 그 채권액의 비율에 따라 평등하게 변제된다(440조).

후순위파산채권이란 ① 파산선고 후의 이자, ② 파산선고 후의 불이행으로 인한 손해배상액 및 위약금, ③ 파산절차의 참가비용, ④ 벌금·과료·형사소송비용·추징금 및 과태료, ⑤ 기한이 파산선고 후에 도래하는 이자 없는 채권의 경우 파산선고가 있은 때부터 그 기한에 이르기까지의 법정이율에 의한 원리의 합계액이 채권액이 될 계산에 의해 산출되는 이자의 액에 상당하는 부분, ⑥ 기한이 불확정한 이자 없는 채권의 경우 그 채권액과 파산선고 당시의 평가액과의 차액에 상당하는 부분, ⑦ 채권액 및 존속기간이 확정된 정기금채권인 경우 각 정기금에 관하여 위 ⑤호의 규정에 준하여 산출되는 이자의 액의 합계액에 상당하는 부분과 각 정기금에 관하여 같은 호의 규정에 준하여 산출되는 원본의 액의 합계액이 법정이율에 의해 그 정기금에 상당하는 이자가 생길 원본액을 초과하는 때에는 그 초과액에 상당하는 부분을 말한다(446조).

5. 파산채권의 신고 및 파산채권자표의 작성

파산채권자는 법원이 정하는 기간(이하 신고기간) 안에 ① 채권액 및 원인, ② 일반의 우선권이 있는 때에는 그 권리, ④ 후순위파산채권(446조 1항 각호)의 어느 하나에 해당하는 청구권을 포함하는 때에는 그 구분을 법원에 신고하고, 증거서류 또는 그 등본이나 초본을 제출해야 한다(447조 1항).

별제권자는 파산절차 외에서 별제권을 행사하여 채권의 완전한 만족을 얻을 수 있으면 신고할 필요가 없고, 다만 별제권의 목적물의 평가액이 피담보채권의 원리금의 합계에 미치지 않은 경우 또는 별제권의 존재나 범위, 피담보채권액에 대하여 파산관재인 또는 다른 채권자들이 다툴 우려가 있는 경우에 신고하면 된다. 별제권자가 신고할 경우에는 별제권자는 이러한 사항 외에 별제권의 목적과 그 행사에 의해 변제받을 수 없는 채권액을 신고해야 한다(447조 2항). 파산채권자는 이러한 채권신고에 의해 비로소 파산절차상의 파산채권자가 되고, 파산재단으로부터 배당을 받을 수 있는 기회가 부여되는 것이다. 파산채권의 신고는 소멸시효 중단의 효력이 있다(32조 2호).

채권신고는 법원에 비치된 정형화된 채권신고서에 의해 하면 되며, 채권신고서 및 첨부서류 부본 2부를 제출해야 한다.

법원사무관 등은 이러한 채권신고를 토대로 하여 파산채권자표를 작성하는데, 파산채권자표에는 ① 채권자의 성명 및 주소, ② 채권액 및 원인, ③ 일반의 우선권이 있는 때에는 그 권리, ④ 후순위파산채권(제446조 1항 각호)의 어느 하나에 해당하는 청구권을 포함하는 때에는 그 구분, ⑤ 별제권자가 신고한 채권액 등이 기재된다(448조). 법원사무관 등은 이러한 파산채권자표의 등본을 파산관재인에게 교부하며 또한 법원은 이해관계인이 열람할 수 있도록 파산채권자표를 법원에 비치하게 된다(448조 2항, 449조 1항).

파산절차에서 파산채권으로 확정되어 채권표에 기재되면 그 채권표의 기재는 파산자에 대하여 확정판결과 동일한 효력을 가진다. 따라서 파산채권으로 확정된 후에는 파산자가 채권표에 기재된 채권에 관하여 이의를 하려면 청구이의의 소를 제기할 수 있으나 그 이의사유는 파산채권이 확정된 뒤에 그 채권의 존부나 범위 등을 다툴 수 있는 실체적인 사유가 생겼음을 이유로 해야 한다.

다만, 확정판결과 동일한 효력이라 함은 기판력이 아닌 확인적 효력을 가지고 불가쟁의 효력이 있다는 의미에 지나지 않고(대판 1991.12.10. 91마4096), 이미 소멸된 채권이 이의 없이 확정되어 채권표에 기재되어 있더라도 이로 인하여 채권이 있는 것으로 확정되는 것이 아니므로 이것이 명백한 오류인 경우에는 파산법원의 경정결정에 의해 이를 바로잡을 수 있고 그렇지 않은 경우에는 무효확인의 판결을 얻어 이를 바로잡을 수 있다고 할 것이나, 채권조사기일 당시 유효하게 존재하였던 채권에 대하여 파산관재인 등으로부터의 이의가 없는 채로 채권표가 확정되어 그에 대하여 불가쟁의 효력이 발생한 경우에는 파산관재인으로서는 더 이상 부인권을 행사하여 그 채권의 존재를 다툴 수 없게 되었다고 할 것이며, 나아가 파산관재인이 사후에 한 그러한 부인권 행사의 적법성을 용인하는 전제에서 파산채권으로 이미 확정된 채권표 기재의 효력을 다투어 그 무효확인을 구하는 것 역시 허용될 수 없는 것이다(대판 2006.7.6. 2004다17436, 2003.5.30. 2003다18685).

그런데 파산절차에서 확정된 채권표의 기재가 확정판결과 동일한 효력을 갖는다고 하더라도 채권자는 파산절차가 종결된 후에 이르러서야 비로소 채권표의 기재에 의거하여 강제집행을 할 수 있을 뿐이고, 파산절차가 계속 중인 경우에는 모든 파산채권자는 파산절차를 통해서만 파산자에 대한 권리를 행사해야 하며, 파산절차에서는 확정된 채권표의 기재에 따라 파산관재인이 배당절차를 주재하고 파산채권자에 의한 별도의 집행개시나 배당요구 등의 제도가 없으므로, 확정된 채권표의 기재는 파산절차가 종결되기 전까지는 파산채권자들 사이에 배당액을 산정하기 위한 배당률을 정하는 기준이 되는 금액일 뿐이고 배당과 관련해서는 집행권원으로서 아무런 작용을 하는 것이 아니다.[101] 따라서 파산절차에서 채권자가 중간배당을 받았다고 하더라도 그 때문에 채권표에 기재된 채권액을 수정할 필요가 없으며, 그러한 사정은 파산자가 파산채권으로 확정된 채권표의 기재에 관하여 그 채권의 존부나 범위를 다투기 위한 청구이의의 소의 사유로도 삼을 수 없는 것이다.[102]

파산절차에 참가하면 시효중단의 효력이 생기며(민법 168조, 171조), 채권조사기일에 파산관재인이 신고채권에 대하여 이의를 제기하거나 채권자가 법정기간 내에 파산채권확정의 소를 제기하지 않아 배당에서 제척되었다 하더라도 파산절차참가로 인한 시효중단의 효력은 파산절차가 종결될 때까지 존속한다(대판 2005.10.28. 2005다28273).

6. 파산채권의 조사

법원은 채권조사기일에 신고한 각 채권을 조사한다(450조). 채권의 조사는 파산관재인이 출석하지 않으면 진행할 수 없으며(452조), 채권조사기일에는 채무자, 신고한 파산채권자 또는 그 대리인이 출석하여 의견을 진술할 수 있다(451조). 신고기간 후에 신고한 채권에 관하여는 파산관재인 및 파산채권자의 이의가 있는 때를 제외하고는 채권조사의 일반기일에 그 조사를 할

101) 파산절차에서 파산채권으로 확정되어 채권표에 기재되면 그 채권표의 기재는 (구)파산법(2005. 3. 31. 법률 제7428호 채무자 회생 및 파산에 관한 법률 부칙 제2조로 폐지) 제259조 제1항의 규정에 의해 파산자에 대하여 확정판결과 동일한 효력을 가진다. 따라서 파산채권으로 확정된 후에는 파산자가 채권표에 기재된 채권에 관하여 이의를 하려면 청구이의의 소를 제기할 수 있으나 그 이의사유는 파산채권이 확정된 뒤에 그 채권의 존부나 범위 등을 다툴 수 있는 실체적인 사유가 생겼음을 이유로 해야 한다(대판 2007.10.11. 2005다45544·45551).

102) 파산절차에서 확정된 채권표의 기재가 확정판결과 동일한 효력을 갖는다고는 하더라도 채권자는 파산절차가 종결된 후에 이르러서야 비로소 (구)파산법(2005. 3. 31. 법률 제7428호 채무자 회생 및 파산에 관한 법률 부칙 제2조로 폐지) 제259조 제2항에 의해 채권표의 기재에 의거하여 강제집행을 할 수 있을 뿐이고, 파산절차가 계속 중인 경우에는 모든 파산채권자는 파산절차를 통해서만 파산자에 대한 권리를 행사해야 하며, 파산절차에서는 확정된 채권표의 기재에 따라 파산관재인이 배당절차를 주재하고 파산채권자에 의한 별도의 집행개시나 배당요구 등의 제도가 없으므로, 확정된 채권표의 기재는 파산절차가 종결되기 전까지는 파산채권자들 사이에 배당액을 산정하기 위한 배당률을 정하는 기준이 되는 금액일 뿐이고 배당과 관련해서는 집행권원으로서 아무런 작용을 하는 것이 아니다. 그렇다면 파산절차에서 채권자가 중간배당을 받았다고 하더라도 그 때문에 채권표에 기재된 채권액을 수정할 필요가 없어, 그러한 사정은 파산자가 파산채권으로 확정된 채권표의 기재에 관하여 그 채권의 존부나 범위를 다투기 위한 청구이의의 소의 사유로 삼을 수 없다(대판 2007.10.11. 2005다45544·45551).

수 있다(453조 1항). 파산관재인 또는 파산채권자의 이의가 있는 때에는 법원은 특별기일을 정하여 조사하게 되며(453조 2항), 파산채권자가 채권조사의 일반기일 후에 채권을 신고한 경우에도 마찬가지로 특별기일을 정하여 조사하게 된다(455조).

그리고 파산채권 등에 대한 신고 및 조사는 파산채권의 존재와 그 채권액, 우선권 등을 확정함으로써 채권자가 파산절차에 참여하여 채권자집회에서 의결권을 행사하고 채권의 순위, 채권액에 따라 배당을 수령할 수 있도록 하기 위한 것이므로, 그 절차의 진행과정에서 파산관재인이 시부인을 한 것에 대하여 미이행쌍무계약의 해제의 의사표시를 한 것으로 보거나, 채권자가 채권신고를 통하여 매매계약 해제의 의사표시를 한 것으로 보려면 채권자가 채권신고에 이르게 된 동기 및 경위, 채권신고서에 기재된 채권의 내용 및 원인, 파산관재인의 시부인 경위 등을 종합적으로 고려하여 볼 때 계약해제의 의사를 표시한 것으로 추단할만한 객관적 사정이 인정되어야 한다(대판 2010.2.25. 2007다85980).

7. 파산채권확정 및 파산채권확정에 관한 소송

채권조사기일에 파산관재인 및 파산채권자의 이의가 없는 때에는 채권액, 우선권, 후순위파산채권(446조 1항)의 어느 하나에 해당하는 청구권의 구분이 확정된다(458조). 법원사무관 등은 채권조사의 결과와 채무자가 진술한 이의를 파산채권자표에 기재하게 되는데, 확정채권에 관하여 파산채권자표에 기재된 때에는 파산채권자 전원에 대하여 확정판결과 동일한 효력이 있고, 채권자는 파산종결 후에 파산채권자표의 기재에 의해 강제집행을 실시할 수 있다(459조, 460조, 535조). 확정 후 파산채권자표에 기재된 채권을 다투려면, 기재의 잘못 등은 판결경정에 준하여 경정할 수 있지만, 실체적 사항에 대하여는 각 해당사유 여부에 따라 재심의 소, 청구이의의 소, 파산채권자표 기재 무효확인의 소(대판 2006.7.6. 2004다17436) 등에 의하는 수밖에 없다.

파산채권의 조사에서 신고한 파산채권의 내용에 대하여 파산관재인 또는 파산채권자가 이의를 한 때에는 그 파산채권을 보유한 파산채권자는 그 내용의 확정을 위해 이의자 전원을 상대방으로 하여, 이의가 있는 파산채권에 관한 조사를 위한 일반조사기일 또는 특별조사기일로부터 1월 이내에,[103] 법원에 채권조사확정재판을 신청할 수 있다(462조, 파산채권조사확정재판). 다만 이의채권에 대하여 파산선고 당시 이미 소송계속 중인 경우에는 채권자가 이의자 전원을 상대방으로 하여 소송을 수계해야 하고, 집행력 있는 집행권원 또는 종국판결있는 채권에 대하여는

103) 만약 위 신청기간이 경과한 후 채권조사확정재판을 신청하는 경우에는 부적법각하 결정을 하게 된다.

이의자가 청구이의의 소·재심의 소·상소 등의 소를 제기해야 할 것이다(462조 1항 단서, 464조, 466조 1항).

채권조사확정재판에 있어서 소가는 배당예정액을 기준으로 하여 파산법원이 정한다(470조). 따라서 소제기 전에 미리 소가를 알 수 없으므로 실무상 소제기자가 소액의 인지(1,000원)을 첨부하여 소제기를 한 후 해당 소송의 사건번호를 명시하여 소가결정신청을 하고, 소가결정을 받아 인지를 보정하고 있다. 채권조사확정재판에 있어서는 송달료(당자자수 × 4 × 5,200원)도 납부해야 한다.

채권조사확정재판은 해당 파산사건을 담당하는 재판부의 관할이며, 필요적으로 이의자를 심문해야 하되, 판결절차가 아닌 간이, 신속한 결정절차에 의한다. 조사확정재판의 조서는 재판장이 작성을 명한 경우 이외에는 별도로 작성을 요하지 않는다(규칙 5조).

이러한 채권조사확정재판에 불복하는 자는 그 결정서의 송달을 받은 날부터 1월 이내에 파산법원에 이의의 소를 제기할 수 있다(463조, 채권조사확정재판에 대한 이의의 소). 이의의 소의 판결은 부적법 각하하는 경우를 제외하고는 채권조사확정재판의 결정을 인가하거나 변경하는 판결을 해야 한다.

또한 이의채권에 관하여 파산선고 당시 소송이 계속되어 있는 경우 채권자가 그 권리의 확정을 구하고자 하는 때에는 이의자 전원을 그 소송의 상대방으로 하여 소송을 수계해야 한다(464조, 이의채권에 관한 소송의 수계).

다만, 파산채권자가 채권조사확정재판을 신청하거나 채권조사확정재판에 대한 이의의 소를 제기하는 경우 또는 이의채권에 관한 소송을 수계할 수 있는 것은 파산채권자표에 기재한 사항에 한하는 것이며(465조),[104] 파산채권확정을 구하는 소에서 파산채권신고 여부는 소송요건으로

104) 파산채권자는 채권표에 기재한 사항에 관하여서만 채권확정의 소를 제기하거나 파산 당시에 이미 계속되어 있는 소송을 수계할 수 있으므로[(구)파산법(2005. 3. 31. 법률 제7428호 채무자 회생 및 파산에 관한 법률 부칙 제2조로 폐지) 제220조], 채권조사기일까지 신고하지 않은 채권을 새로이 주장하거나 채권표에 기재된 것보다 다액의 채권액이나 새롭게 우선권을 주장할 수는 없고, 따라서 채권표에 기재되지 않은 권리, 액, 우선권의 유무 등의 확정을 구하는 파산채권확정의 소 또는 채권표에 기재되지 않은 권리에 관하여 소송이 계속되어 있는 경우의 그 수계신청 등은 모두 부적법하다(대판 2007.4.12. 2004다51542). 파산채권확정소송절차에서 당초의 신고채권과 발생원인 사실부터 별개의 채권으로 보이는 것의 확정을 구하는 것은 허용되지 않지만, 파산채권자표에 기재되어 있는 권리와 급부의 내용이나 수액에 있어서 같고 청구의 기초가 동일하지만 그 발생원인을 달리 하는 다른 권리의 확정을 구하는 경우와 같이 비록 법률상의 성격은 다르더라도 사회경제적으로 동일한 채권으로 평가되는 권리로서 그 채권의 확정을 구하는 것이 파산관재인이나 다른 채권자 등의 이의권을 실질적으로 침해하는 것이 아니라면 그러한 채권의 확정을 구하는 것은 허용된다(대판 2007.4.12. 2004다51542).

서 직권조사사항이다.[105]

그리고 집행력 있는 집행권원이나 종국판결 있는 채권에 관하여 이의가 있는 자는 채무자가 할 수 있는 소송절차에 의해만 이의를 주장할 수 있다(466조)(집행력 있는 집행권원 또는 종국판결 있는 파산채권 등의 확정소송). 즉, 집행력 있는 집행권원이 있는 채권은 강제집행에 착수할 수 있는 지위에 있는 채권이고, 종국판결이 있는 채권도 권리의 존재에 대하여 고도의 추정력이 인정되는 채권의 지위에 있는 경우이므로 일반의 파산채권 등에 비하여 달리 규정할 필요가 있으며, 따라서 이의자는 채무자가 할 수 있는 소송절차, 예컨대, 집행권원에 대하여는 재심의 소나 청구이의의 소 등으로써, 미확정의 종국판결의 경우에는 상소로써만 이의를 주장할 수 있는 것이다. 집행력 있는 집행권원이나 종국판결 있는 파산채권에 관하여 파산선고 당시 이미 법원에 소송이 계속되어 있는 경우 이의자가 이의를 주장하고자 하는 때에는, 이의자는 그 파산채권을 보유한 파산채권자를 상대로 소송절차를 수계해야 한다(466조 2항). 파산채권의 확정에 관한 소송의 목적의 가액은 배당예정액을 표준으로 하여 파산법원이 정한다(470조).

파산채권의 확정에 관한 소송에 대한 판결은 파산채권자 전원에 대하여 효력이 있다(468조 1항). 파산채권확정의 소의 판결 주문에서는 우선권 있는 파산채권이나 후순위 파산채권을 일반 파산채권과 구분해서 표시해야 한다.[106]

105) 파산채권자는 채권표에 기재한 사항에 관하여만 채권확정의 소를 제기하거나 파산 당시에 이미 계속되어 있는 소송을 수계한 후 채권확정의 소로 변경할 수 있으므로, 채권조사기일까지 신고하지 않은 채권을 새로이 주장하거나 채권표에 기재된 것보다 다액의 채권액을 주장할 수 없다. 따라서 파산채권을 신고하지 않아 채권표에 기재되지 않은 권리에 대한 채권확정의 소는 부적법하므로, 파산채권확정을 구하는 소에서 파산채권신고 여부는 소송요건으로서 직권조사사항이다(대판 2006.11.23. 2004다3925).

106) (구)파산법(2005. 3. 31. 법률 제7428호 채무자 회생 및 파산에 관한 법률 부칙 제2조로 폐지)은 의결권의 유무나 배당의 순위에 있어 일반 파산채권과 구별되는 우선권 있는 파산채권과 후순위 파산채권이라는 개념을 마련하고, 우선권 있는 파산채권이나 후순위 파산채권이 포함되어 있는 경우 파산채권자의 채권신고, 채권조사, 파산관재인의 인부, 채권표 작성 등 파산채권확정에 필요한 일련의 절차에서 모두 그 구분을 반드시 표시하도록 요구하고 있으므로, 파산관재인 등의 이의가 있어 파산채권확정의 소를 통하여 채권이 확정되는 경우에도 우선권 있는 파산채권이나 후순위 파산채권이 포함된 때에는 그 구분 또한 파산채권확정의 소에 있어 확정의 대상이 되므로 판결 주문에서 그 구분을 명확히 표시해 주어야 한다(대판 2006.11.23. 2004다3925).

[기재례 54] 파산채권신고에 관한 주의사항

파산채권신고에 관한 주의사항

채권신고용지 및 채권목록용지를 보내드리니, 다음 주의사항을 잘 읽어보시고 정확하게 기재한 다음, 필요 제출서류와 함께 신고기간 내에 이 재판부에 제출 또는 우송하여 주십시오(우송하는 경우에는 봉투 표면에 "채무자 ○○○의 채권신고서 재중"이라고 적어주십시오).

○○시 ○○구 ○○로 111 (우. ○○○○○)
○○지방법원 제○파산단독(☎ ○○○○○)

채권신고시 제출서류

① 채권신고서·채권목록
② 증거서류
③ 파산채권이 집행력 있는 집행권원 또는 종국 판결이 있는 것일 때에는 그 사본
④ 채권자의 주민등록등본 또는 법인등기부등본
⑤ [대리인 신고] 위임장(인감증명첨부)

채권신고시 유의사항

1. 위 제출서류는 그 부본 2통도 함께 제출하여야 합니다.
2. 채권신고를 하지 않은 파산채권자는 채권자집회에 출석할 수 없고 배당청구권을 상실합니다.
3. 허위채권을 신고하면 형사처벌의 대상이 될 수 있습니다.
4. 어음수표금 신고시에는 반드시 증거서류로 어음·수표의 앞, 뒷면 모두 사본하여 제출하여야 합니다.

채권신고서·채권목록 작성요령

1. 신고할 채권이 2개 이상인 경우(예: 약속어음 여러 장에 의한 신고 등)에도 반드시 1개의 채권신고서로 신고해야 한다. 이 경우에는 여러 채권의 합계금액을 채권신고서 〈채권액〉란에 기재한다.
2. 이자약정이 있는 경우, 또는 어음의 지급제시를 하여 만기후 법정이자를 청구하는

경우 등에는 파산선고 전일까지 발생한 이자를 "이자채권"으로서 〈채권목록〉에 기재한다.

3. 법률에 의해 일반적으로 우선변제권이 인정되어 있는 채권의 경우에는 〈우선권이 있는 경우 그 권리〉란에 그 내용·금액을 기재한다.
4. 별제권자(저당권, 질권, 양도담보 등의 담보권자)는 채권신고를 할 필요가 없다(파산선고후에도 개별적으로 담보권실행 가능함). 그러나 예컨대 피담보채권(대여금채권)은 2억원인데 담보가치는 1억 5,000만원인 경우 〈별제권···〉란에 담보목적물을 특정하여 기재하고, 부족채권액으로 5,000만원을 기재한다.
5. 채권목록 기재례

〈어음수표금 채권용 채권목록〉

순번	채권액(원)	채권의 종류	발행일	액 면(원)	만기	발행지	지급지	지급 장소	발행인	배서인	소지인
1	10,000,000	약속 어음	20.3.3	10,000,000	22.6.3	서울	서울	국민은행 성동지점	채무자	甲 乙	신고인

〈기타 채권용 채권목록〉

순번	채권액(원)	채권의 종류	채권의 내용 및 원인
1	10,000,000	대여금채권	22. 5. 30.에 금10,000,000원, 변제기 7. 30, 이자 월 2%로 한 금전소비대차계약에 기한 원금
2	2,300,000	이자채권	위 제1항에 대한 5.30.부터 파산선고전일까지 0개월 0일간의 이자
3	30,000,000	매매대금채권	22. 6. 20.부터 8. 20.까지 상품○○(단가 100만원, 수량 50개)의 납입대금 5,000만원 중 잔대금(금 2,000만원은 이미 수령함)

주) 개인파산·회생실무, 서울회생법원, 양식편 인용 및 참고

[기재례 55] **파산채권자표(표지)**

파산채권자표

사　　건　　20○ ○하단○ ○

채 무 자

이 파산채권자표는 각 채권자별 파산채권자표와 일체를 이루는 것입니다.

○ ○지방법원 제○파산단독

법원주사　　　　작성

채권조사에 관한 사항				
조사기일	사무관날인	재판장확인	조사대상의 파산채권자표번호	채권조사의 결과
20 . . .				각 채권자별 파산채권자표 및 채권인부표(별첨)기재 와 같음
20 . . .				
20 . . .				
20 . . .				

파산채권의 확정에 관한 소송의 결과				
파산채권자표 번호	신고채권액	확정액	사무관날인	재판장확인

[기재례 56] 파산채권자표(A면)

(A면)···채권자는 기재하지 마십시오.

파산채권자표

채권자표 번호	

사건번호, 채무자의 성명, 신고연월일, 채권자의 성명 및 주소, 채권액 및 원인, 우선권 또는 후순위 파산채권의 유무 및 내용, 별제권의 목적 및 별제권 행사에 의해 변제받을 수 없는 예정부족채권액은 뒷면의 채권신고서 기재와 같음.

① 채권신고접수일 작성 ○○지방법원 법원사무관 등 ㊞

② (채권조사전의 변동) 20○○. . . 금 ______________원 취하
신고액 금 ____________원 으로 변동
법원사무관 등 ㊞

〈채권조사의 결과〉		
③조사기일 20○○. . . 법원사무관 등 ㊞		
④ 관재인 인부	전액 시인 ( ) 전액 이의 ( ) 일부 이의 (이의금액 원) * 구체적 인부의 내용은 별지 채권인부표 기재와 같음	
	별제권 행사로 변제받지 못할 채권액 시인액 (금 원)	
⑤ 채권자 이의		
⑥ 채무자 이의		
⑦ 이의철회	일시 . . . 법원사무관 등 ㊞ (일부철회인 경우 금액 원)	
⑦ 신고취하	일시 . . . 법원사무관 등 ㊞ (일부취하인 경우 금액 원)	
⑧ 채권확정 소송결과	법원사무관 등 ㊞	
⑨ 채권자명의변경	있음( ). 내역은 아래와 같음(상세는 별지 명의변경신고서 기재와 같음)	
⑩ 확정파산채권액	금 원	법원사무관 등 ㊞

⑪ 〈배당의 결과〉				
배당회수	배당일시	배당금액	배당후잔존채권액	관재인 기명날인
1	20 . . .	원	원	
2	20 . . .	원	원	
3	20 . . .	원	원	
4	20 . . .	원	원	
⑫ 면책결정 확정일				

주) 파산채권자표의 B면은 「파산채권신고서」의 서식이 기재되어 있다.

[참고] 파산채권자표 작성기준

파산채권자표 작성기준

※ 일반적 기준

- 파산채권자표의 작성은 법원사무관 등의 고유한 권한으로서의 공증행위이므로 기명날인, 정정인 등을 하는 점은 조서 작성의 경우와 동일하다.
- 채무자 회생 및 파산에 관한 법률이 적용되는 경우 파산채권자표 표지는 작성하지 않는다.
- 채권신고서가 접수되는 즉시 파산채권자표의 '채권신고접수일 작성'란에 기명날인한다.
- 채권조사기일에서 한 채권조사결과를 기재하고 '조사기일'란에 기명날인한다.
- 파산관재인의 이의철회나 채권자의 신고취하, 명의변경이 있는 경우 및 파산채권의 확정에 관한 소송의 결과에 관한 기재신청이 있는 경우 즉시 채권자표에 기재하고 각 해당란에 기명날인한다.
- 파산절차 종료(폐지, 종결)시 누락된 사항이 없는지 확인한 후 별도 영구보존한다.

※ 구체적 작성요령

① 채권신고서가 접수되는 즉시 법원사무관 등은 채권신고서 이면에 있는 파산채권자표의 '채권신고접수일 작성'란에 기명날인한다.

② 채권자가 채권신고 후 채권조사기일 이전에 채권시고를 취하하거나 채권금액변경신청을 한 경우 이를 기재하고 기명날인한다.

③ 채권조사기일[107] 일시를 기재하고 기명날인한다.

④ 채권조사기일 직후 파산관재인으로부터 친권인부표를 제출받아 파산채권자표철 맨 앞에 편철한 다음 이를 기준으로 하여 채권조사 결과를 기재한다. 만약 '별제권으로 인한 부인'이 된 경우 '부인'으로 기재한다.[108]

⑤ 채권조사기일에서 채권자의 다른 채권자에 대한 이의가 있어 재판장이 인정한 경우 그 내용을 기재한다.

⑥ 채무자가 이의한 경우 그 내용을 기재한다.

⑦ 파산관재인의 이의철회나 채권자의 신고취하가 있는 경우 기재하고 기명날인한다. 이때 일부 철회나 일부 취하의 경우는 그 금액까지 기재한다.

⑧ 채권조사확정재판(하확) 등 파산채권 확정에 관한 소송의 결과에 관하여 파산관재인 또는 파산채권자의 신청이 있는 경우 그 결과를 기재하고 기명날인한다.

⑨ 채권양도, 대위변제 등 채권자 명의변경이 있는 경우 '있음'란에 표기하고 그 내역을 기재한다. 이때 명의변경신고서는 파산채권자표 뒤에 편철한다. 다만, 각 명의변경시마다 기재하고 않고 추후 일괄 기재하여도 무방하다. 이때는 일괄 기재 당시의 법원사무관 등의 명의로 기명날인한다.

⑩ 확정된 파산채권액을 기재하고 기명날인한다.

- 전액 시인된 경우 : 채권조사시 즉시 확정된다. 이 경우 조사기일란에는 따로 날인하지 않을 수 있다.
- 일부 이의, 전액 이의된 경우 : 파산관재인의 이의철회 또는 이의된 부분에 대한 채권자의 신고취하나 채권조사확정재판 등의 소송결과에 따라 확정 파산채권액이 정해지는 경우에는 최종 확정 파산채권액을 기재한다. 해당 이의철회나 신고취하, 채권조사확정재판 등에 따라 파산채권이 확정되는 경우라면 해당 이의철회나 신고취하, 채권확정소송결과란에는 따로 날인하지 않을 수 있다.

⑪ 배당 후 즉시 파산관재인으로 하여금 그 결과를 채권자표에 기재하고 기명날인하도록 한다.

⑫ 면책결정이 확정된 경우 그 면책확정일을 기재한다. 만약 그 후 면책취소의 결정이 확정되면 그 내역 및 확정일을 우측에 기재한다.

주) 개인파산·회생실무, 서울회생법원, 양식편 인용 및 참고

107) 통상 제1회 채권자집회와 같은 날에 개최하는 것이 실무이다.

108) 별제권으로 인한 부인대상은 해당 채권자가 배당종결 저에 우선적으로 별제권 행사가 가능하므로 일단 부인되고, 채권자의 별제권 행사(경매배당 등) 후 별제권행사로도 변제받지 못한 채권액이 최종파산채권액이 된다.

[기재례 57] 파산채권자표(B면) – 파산채권신고서

(B면)···채권자가 기재하십시오.

파산채권신고서

신고연월일 20○○년 월 일

채무자 ○○○에 대한 20○○하단○○호 파산사건에 관하여 다음과 같이 채권을 신고합니다(증거서류 첨부).

채권자 성 명(상호, 대표자) ____________________ (인)

주 소 ____________________

통지·송달받을 장소 ____________________

전화번호 ____________ 팩시밀리 ____________

전자우편주소 ____________________

대리인 성 명(상호, 대표자) ____________________ (인)

주 소 ____________________

○○지방법원 제○파산단독 귀중

<table>
<tr><td rowspan="3">채권액</td><td>원금</td><td>\</td><td rowspan="3">채권의
종류</td><td rowspan="3">별지
채권목록과
같음</td></tr>
<tr><td>이자손해금</td><td>\</td></tr>
<tr><td>합 계</td><td>\</td></tr>
<tr><td colspan="2">채권의 내용 및 원인</td><td colspan="3">별지 채권목록과 같음</td></tr>
<tr><td colspan="2">우선권이 있는 경우
그 권리</td><td colspan="3"></td></tr>
<tr><td colspan="2">후순위 파산채권을
포함하는 경우 그 구분</td><td colspan="3"></td></tr>
<tr><td colspan="2">후순위 파산채권을
포함하는 경우 그 구분</td><td colspan="3"></td></tr>
<tr><td colspan="2">별제권의 목적 및 별제권
행사로 변제받을 수 없는
부족채권액</td><td colspan="3">(목적의 표시) : 별지 목록과 같음
(부족채권액) :</td></tr>
<tr><td colspan="2">채권에 관하여 계속 중인
소송(법원/당사자/사건명/
사건번호)</td><td colspan="3"></td></tr>
<tr><td colspan="2">집행력 있는 집행권원
또는 종국판결이 있는
경우 그 내용</td><td colspan="3"></td></tr>
</table>

(주의) 채권신고시 아래 서류 및 그 부본 2통을 함께 제출해야 합니다.

① 채권신고서·채권목록
② 증거서류
③ 파산채권이 집행력 있는 집행권원 또는 종국판결이 있는 것일 때에는 그 사본
④ 채권자의 주민등록등본 또는 법인등기부등본
⑤ [대리인 신고] 위임장(인감증명첨부)

[별지] 채권목록

채권목록

〈어음금·수표금 채권용〉

순번	채권액(원)	채권의종류	발행일	액면(원)	만기	발행지	지급지	지급 장소	발행인	배서인	소지인

〈대여금, 매매대금, 기타 채권용〉

순번	채권액(원)	채권의 종류	채권의 내용 및 원인

주) 개인파산·회생실무, 서울회생법원, 양식편 인용 및 참고

[기재례 58] 채권조사 기준

파산채권 시·부인 기준

1. 공통사항

가. 신고채권 중 증빙지료 미비로 채무자의 채무임을 확인할 수 없는 신고채권은 이의함

나. 제출된 자료도 신고채권자가 진정한 채권자임을 확인할 수 없는 신고채권은 이의함

다. 첨부된 증빙자료의 내용과 일치하지 않는 신고채권은 이의함

라. 채권자가 일방적으로 조건을 변경한 신고채권은 이의함

마. 계약의 하자 또는 불공정이 인정되는 신고채권은 이의함

바. 이자에 대한 기간의 계산은 초일 불산입, 말일 산입을 기준으로 함

2. 특정사항

가. 이자채권

(1) 이자의 약정이 있는 경우에는 그 약정에 의하고, 약정이 없는 경우에는 민사 또는 상사법정이율(연 5% 또는 6%) 초과 부분은 이의함

(2) 사채의 이자채권의 경우 이표(또는 이권)에 의한 이자계산 방식에 의해 이표약정에 따라 그 지급일까지의 약정금리를 적용하고 그 이후의 이자는 이의함

(3) 이자에 대한 연체이자는 이의함

나. 외화표시채권
원화 환산에 있어서는 파산선고일 현재의 매매기준율(1USD=000원)을 적용함

다. 변제기 미도래 채권
파산선고일 현재 변제기가 도래하지 않은 채권은 채무자 회생 및 파산에 관한 법률 제446조에 의해 파산선고일로부터 만기일까지의 중간이자를 공제함

[기재례 59] 파산관재인 보고서

○○지방법원
제○파산 단독

사건번호 20○○하단○○호

채 무 자 ○ ○ ○

파산관재인 변호사 ○○○

파산관재인 보고서

1. 채무자가 파산에 이르게 된 경위 및 채무자의 상황

채무자는 20○○. ○.경 금 ○○만원을 대출받아 ○○시 ○○구 ○○로 ○○에서 ○○라는 상호로 식당을 운영하다가, 영업부진, 대출금 이자부담의 증가, 질병으로 인하여 20○○. ○. 위 식당 영업을 그만두고 일용직으로 일하면서 위 대출금등 채무를 변제하려고 하였으나, 그 수입이 70만원을 넘지 못하는 등의 이유로 그 이자조차 변제하지 못하여 20○○. ○. ○. ○○지방법원에 파산신청을 하였고, 법원은 이를 받아들여 같은 해 ○○파산선고 결정을 하면서 파산관재인으로 변호사 ○○○를 선임하였습니다.

2. 채무자의 자산 및 부채 현황

가. 자산 현황

채무자는 현재 ○○시 ○○구 ○○로 ○○ 전 300㎡를 소유하고 있고, 법원이 면제재산으로 결정한 파산신청인의 현재 주거지인 ○○시 ○○구 ○○로 ○○에 대한 임차보증금 14,000,000원 외에는 적극재산이 없습니다.

나. 부채 현황

채무자는 파산채권자에 대한 채무로 주식회사 ○○은행에 원리금 51,483,032원, ○○카드 주식회사에 원리금 31,138,○○○원, 채권자 ○○○에 대한 원리금 3,301,161원 합계 85,923,162원의 채무를 부담하고 있습니다.

3. 매각 가능한 자산의 평가 및 배당 전망

가. 파산재단의 환가 상황

채무자 소유의 ○○시 ○○구 ○○로 ○○ 전 300㎡에 대하여 파산선고 이후 인

근 부동산중개업자를 통하여 원매자를 구하고 있으나, 위 부동산의 위치, 현재 이용상황 등으로 인하여 적정한 가격으로 매수를 희망하는 자가 아직은 나타나지 않고 있습니다.

나. 매각 가능한 자산의 평가

위 부동산에 대한 파산심문시 채무자가 제출한 인근 부동산 중개업자의 시가확인서 등에 의하면 그 시가가 대략 20,000,000원입니다.

다. 배당 전망

현재 상황에서 회수가능 자산가액은 20,000,000원이고, 총채무액은 85,923,162원이고, 한편 조세 등 재단채권은 3,780,000원이므로 특별한 사정이 없는 한, 파산채권자에 대하여 배당가능한 금액은 16,220,000원이고, 배당률은 대략 18.8%정도로 예상됩니다.

4. 향후 절차에 대하여

가. 처분 가능한 자산의 매각

현재 매각의 어려움으로 실제 예상 매매가격은 낮아질 전망이지만 다각도로 방법을 모색하여 적정가격에 조속히 매각될 수 있도록 최선을 다하겠습니다.

나. 배당의 실시

위 부동산이 환가되는 대로 조속한 배당이 가능할 것으로 판단됩니다.

5. 맺음말

파산관재인은 위에서 설명드린 바와 같이 파산재단의 조속한 환가를 하여 파산채권자들에게 빠른 시일 내 공평한 금전 배당을 제공하고 본 사건을 조기에 종료할 수 있도록 최대한의 노력을 다하겠습니다.

붙임 1. 재단채권목록

注) 개인파산·회생실무, 서울회생법원, 양식편 인용 및 참고

[기재례 60] 채권조사결과표

○ 파산채권 시·부인 집계표

구분	건수	신고금액	시인액	이의액
파산채권	7	184,711,350	165,905,936	18,805,414

○ 파산채권인부표

접수번호	채권자명	채권의 종류	신고 채권액	시인액			이의액	비고
				우선 채권	일반채권	후순위 채권		
1	○○○	임금	500,000				500,000	재단채권이므로 이의
2	(주)○○ 실업	매매 대금	1,500,000		1,450,000	50,000		파산선고 후의 이자는 후순위채군으로 시인
3	(주)○○	어음	10,000,000				10,000,000	채권없음
4	(주)○○ 은행	대여금	5,000,000				5,000,000	별제권 예정 부족액 소명없음
5	한○○	어음	10,000,000				10,000,000	어음요건 불비
6	(주)○○상호신용금고	대여금	5,000,000				5,000,000	증거 불충분
7	이○○	어음	10,000,000				10,000,000	상계예정
합 계								

注) 개인파산·회생실무, 서울회생법원, 양식편 인용 및 참고

[기재례 61] 출석상황 및 의결표

출석상황 및 의결표

접수번호	채권자명	채권신고액	시인액			부인액	출석현황				의결내용		
			우선	일반	후순위		본인	날인	대리인	날인	1안	2안	3안

주) 개인파산·회생실무, 서울회생법원, 양식편 인용 및 참고

[기재례 62] 제1회 채권자집회 및 조사기일 조서

○○지방법원
제1회 채권자집회 및 채권조사기일 조서

20○○하단○○ 파산선고

기 일 : 20○○. ○. ○. 10:00
판사 ○ ○ ○
장 소 : ○○지방법원 별관 제○호 법정
공개여부 : 비공개

법원 사무관 ○ ○ ○
사건과 당사자를 호명

파산관재인 변호사 ○ ○ ○ 출석
채 무 자 ○ ○ ○ 출석

파산채권자의 출석상황은 [별첨 1. 채권자 출석상황 및 의결권표] 기재와 같음

판사

1. 지금부터 20○○하단○○ 채무자 ○○○에 대한 제1회 채권자집회 및 채권조사기일을 병합하여 개최하겠다고 선언
2. 먼저 제1회 채권자집회기일을 개최한다고 선언. 이 채권자집회는 20○○. ○. ○. 파산선고된 채무자 ○○○의 재산상황 등에 관한 정보를 파산채권자들에게 제공하고, 채무자 회생 및 파산에 관한 법률이 정한 사항을 결의하기 위한 집회라고 설명.
3. 채무자의 파산관재인으로 선임된 변호사 ○○○은 채무자 ○○○나 그 채권자와 아무런 이해관계가 없는 자로서 법원이 파산선고와 동시에 직권으로 선임한 자라고 설명
4. 먼저 파산관재인은 채무자 회생 및 파산에 관한 법률 제488조에 의해
   (1) 파산에 이르게 된 사정
   (2) 파산재단의 현상 및 부채의 상황
   (3) 파산재단에 속하는 재산의 환가상황 및 소송의 계속상황
   (4) 파산절차의 전망(소요기간 및 배당예상)에 대하여 보고할 것을 명함

파산관재인

[별첨 2. 파산관재인 보고서]에 의해 보고

판사

신고한 파산채권자(또는 그 대리인)들 중 (1)파산관재인의 보고사항과 관련한 의문사항. (2)파산관재인의 업무수행과 관련한 건의사항 기타 의견 또는 질문이 있으면 진술하여 달라고 요구

파산채권자

의견을 진술하지 아니하다.

판사

1. (더 이상) 의견이 없으면 채권조사기일을 개최하겠다고 선언
2. 파산관재인 및 출석한 파산채권자들에 대하여 채권신고기간 마감 후 신고된 파산채권을 이 조사기일에 함께 조사함에 관하여 이의가 있는지 여부를 묻다(제453조 제2항). [만일 이의가 있으면 추완신고된 파산채권은 추후에 특별기일을 열어 조사하겠다고 고지]

파산관재인 및 파산채권자들

이의를 하지 아니하다.

판사

1. 이의가 없으면 채권신고기간 마감 후 추완신고된 파산채권도 이 조사기일에서 함께 조사한다고 선언
2. 이 조사기일에서 이의가 진술되지 아니하였거나, 이 조사기일에서 이의가 진술되었으나 추후에 그 이의가 철회되면 신고된 파산채권의 내용이 확정되고, 이를 파산채권자표에 기재함으로써 확정판결과 동일한 효력이 인정된다고 설명(제458조, 제460조).
3. 먼저 파산관재인에 대하여 신고된 파산채권에 대한 조사결과 및 시·부인내용을 진술할 것을 명함

파산관재인

[별첨 3 파산채권 시부인기준 및 파산채권인부표]에 의해 조사결과 진술

판사

출석한 채권자들은 파산관재인의 위 조사결과에 관하여 의문이 있으면 의견을 진술할

것 요구

파산채권자 신고번호 ○○번

판사

파산관재인에게 답변할 것을 지시하다.

파산관재인

나머지 파산채권자들

의견을 진술하지 아니하다.

판사

신고한 파산채권자 또는 그 대리인 중에서 다른 파산채권에 대하여 이의가 있으면 의견을 진술할 것 요구

파산채권자

이의를 진술하지 아니하다.

판사

1. 신고된 파산채권에 관하여 파산관재인 또는 다른 파산채권자로부터 이의가 진술된 경우에는 채무자 회생 및 파산에 관한 법률 제462조가 정한 바에 따라 본 기일로부터 1월 이내에 이의자 전원을 상대로 이 법원에 채권조사확정재판을 제기하여 채권확정을 받지 않으면 배당에서 제외된다고 설명. 다만, 이의가 철회된 경우에는 신고한 내용대로 확정된다고 설명
2. 이상으로 채권조사기일을 종료하고, 다음으로 제1회 채권자집회를 속행하여 파산관재인 또는 파산채권자들 중 채권자집회에서 결의할 사항에 대한 제안이 있는지 여부를 묻다.

(제안이 없는 경우)

파산관재인은 환가절차를 신속하게 수행해 줄 것을 당부하고, 채권들은 파산관재인의 관리 및 환가 업무에 적극적으로 협력하여 배당이 이루어질 수 있도록 노력해 줄 것을 요청

제1회 채권자집회기일을 종료한다고 선언

집회종료

(제안이 있는 경우)
파산관재인 또는 파산채권자 (신고번호 번)

(임의적 결의사항인 감사위원 설치여부, 영업의 폐지 또는 계속, 또는 고가품의 보관방법에 관하여)[109] 별첨 제안서와 같이 제안하다.

판사
위 제안에 대하여 심리, 의결하겠으니 이에 관하여 의견이 있으면 진술할 것 요구

파산관재인 또는 파산채권자들
의견을 진술

판사
1. 위 안건에 대한 심리를 마치고 결의에 들어가겠다고 고지.
2. 원칙적으로 오늘 조사기일에서 확정된 파산채권액(후순위 파산채권 제외)만큼 의결권을 부여하되, 채무자 회생 및 파산에 관한 법률 제373 제2항에서 규정하는 미확정채권 등에 대하여는 파산관재인 또는 파산채권자의 이의가 있는 경우 행사할의결권을 법원이 정하겠다고 설명.
3. 파산관재인 또는 파산채권자들에게 미확정채권 등의 의결권에 대하여 이의가 있는가를 묻다.

파산관재인
조사결과 부인한 부분은 현재 미확정상태이므로 파산채권자로서의 의결권에 관하여 이의를 제기한다고 진술

판사
파산관재인으로부터 이의를 제기당한 파산채권자들에게 의견이 있는가를 묻다.
이의를 제기당한 파산채권자 의견을 진술하지 아니하다.

판사
1. 파산관재인이 진술한 의결권에 관한 이의를 받아들여 의결권이 이의된 파산채권자에 대하여 의결권을 주지 아니하기로 한다는 결정 고지
2. 그러면 파산관재인이(또는 파산채권자 ○○○가) 제안한 내용에 따라 위 제안에 관한 찬부를 묻겠다고 고지. 결의에는 의결권을 행사할 수 있는 출석 파산채권자의 총채권

액의 2분의 1을 초과하는 채권을 가진 자의 동의가 있어야 한다고 설명.
3. 위 제안에 대하여 찬성하는 출석채권자는 기립할 것 지시

〈휴정 및 집계〉

판사
1. 집계결과
위 안건에 관하여,
의결권을 행사할 수 있는 출석 파산채권자의 총채권액은 000원인데, 동의한 출석 파산채권자의 채권액은 합계 000원이다.
2. 따라서 위 제안에 대한 결의는 채무자 회생 및 파산에 관한 법률 제370조 제1항 소정의 요건을 구비하였으니 가결되었음을 선언
3. 파산관재인은 환가절차를 신속하게 수행해 줄 것을 당부하고, 채권자들은 파산관재인의 관리 및 환가 업무에 적극적으로 협력하여 하루빨리 배당이 이루어질 수 있도록 노력해 줄 것을 요청
4, 제1회 채권자집회기일을 종료한다고 선언

〈집회종료〉

법원 주사 ○ ○ ○

판 사 ○ ○ ○

주) 개인파산·회생실무, 서울회생법원, 양식편 인용 및 참고

109) (구)파산법 제184조는 이와 같은 사항들을 필요적 결의사항으로 정하고 있었으나 통합도산법 제489조는 이를 임의적 결의사항으로 변경하였으므로 이미 법원의 허가나 결정을 받은 경우 굳이 같은 내용의 결의를 할 필요는 없을 것이다. 따라서 이러한 경우 파산관재인은 법원의 허가나 결정을 받아 위 각 사항을 시행한 결과를 보고만 하고, 이에 이의가 있는 채권자의 다른 제안이 있으면 이에 대하여 결의하고 이의가 없으면 별도의 결의절차는 거치지 않는 방법으로 집회를 진행하는 것이 간명할 것이다.

[기재례 63] 제1회 채권자집회, 이시폐지 의견청취 및 계산보고 집회 및 면책심문기일 조서

○○지방법원
제○회 채권자집회 및 면책심문기일 조서

20○○하단○○ 파산선고

기일 : 20○○. ○. ○. 11:00
20○○하면○○ 면책
장소 : ○○지방법원 별관 제○호 법정
판사 ○ ○ ○
공개여부 : 비공개
법원 사무관 ○ ○ ○
사건과 당사자를 호명

파산관재인 변호사 ○ ○ ○
출석

채무자 ○ ○ ○
출석

파산채권자의 출석상황은 [별첨 1. 채권자 출석상황 및 의결권표]기재와 같음

판사
1. 지금부터 20○○하단○○ 채무자 ○○○에 대한 제1회 채권자집회, 이시폐지 의견청취 및 계산보고를 위한 집회, 면책심문기일을 병합하여 개최한다고 선언
2. 먼저 제1회 채권자집회기일을 개최한다고 선언. 이 채권자집회는 20○○. ○. ○. 파산선고된 채무자 ○○○의 재산상황 등에 관한 정보를 파산채권자들에게 제공하기 위한 집회라고 설명
3. 채무자의 파산관재인으로 선임된 변호사 ○○○은 채무자 ○○○나 그 채권자와 아무런 이해관계가 없는 자로서 법원이 파산선고와 동시에 직권으로 선임한 자라고 설명
4. 먼저 파산관재인은 채무자 회생 및 파산에 관한 법률 제488조에 의해
(1) 파산에 이르게 된 사정
(2) 파산재단의 형상 및 부채의 상황

(3) 파산재단에 속하는 재산의 환가상황 및 소송의 계속상황
(4) 파산절차의 진행경과에 대하여 보고할 것을 명함

파산관재인
[별첨 2. 파산관재인 보고서]에 의해 보고

판사
신고한 파산채권자(또는 그 대리인)들 중 (1) 파산관재인의 보고사항과 관련한 의문사항, (2) 파산관재인의 업무수행과 관련한 건의사항 기타 의견 또는 질문이 있으면 진술하여 달라고 요구

파산채권자
의견을 진술하지 아니하다.

제1회 채권자집회기일을 종료한다고 선언

판사
1. 다음은 파산폐지를 위한 의견청취 및 계산보고를 위한 집회를 개최하겠다고 선언
2. 이 집회는 파산관재인이 20○○. ○. ○. 파산선고 후에 파산재단으로써 파산절차의 비용을 충당하기에 부족하다는 이유로 파산폐지의 신청을 한 데 대하여 채권자의 의견을 듣고, 특별한 의견이 없으면 파산관재인의 임무종료를 위한 계산보고를 받고 이를 승인하기 위한 집회라고 설명함
3. 파산관재인은 파산폐지 신청의 사유를 설명하라고 명함

파산관재인
[별첨 3. 파산폐지 신청서]에 의해 파산폐지 신청에 이르게 된 사정을 진술

판사
채무자·파산채권자(또는 그 대리인)들 중 파산폐지에 관하여 의견이 있는지 묻다.

파산채권자·채무자
의견을 진술하지 아니하다.

판사
1. 파산폐지에 관한 의견청취를 위한 채권자집회를 종료한다고 선언
2. 파산관재인은 채무자 회생 및 파산에 관한 법률 제365조에 의해 파산관재인의 임무종료에 따른 계산보고를 할 것을 명함

파산관재인

[별첨 4. 파산관재인 보고서]에 의해 임무종료에 따른 계산보고를 진술

판사

채무자, 파산채권자(또는 그 대리인)들 중 파산관재의 계산보고에 대하여 이의가 있는지 여부를 묻다.

파산채권자 등

이의를 진술하지 아니하다.

판사

1. 채무자, 파산채권자 등의 이의가 없으므로 채무자 회생 및 파산에 관한 법률 제365조 제2항에 의해 파산관재인의 임무종료에 따른 계산을 승인한 것으로 본다고 선언
2. 파산관재인의 임무종료에 따른 계산보고를 위한 채권자집회를 종료한다고 선언
3. 별지 결정서에 의해 이 사건 파산에 관하여 파산폐지 결정을 하였음을 고지
4. 채무자에 대하여 면책심문기일을 진행하겠다고 선언
5. 먼저, 파산관재인에게 면책불허가사유 조사에 대한 보고를 할 것을 명함

파산관재인

[별첨 5. 파산관재인 보고서]에 의해 면책불허가사유 조사에 대한 보고를 진술

판사

재권자에게 채무자의 면책신청에 대한 의견진술 기회 부여

파산채권자 등

별다른 의견을 진술하지 아니하다.

판사

제○회 채권자집회 및 면책심문기일을 마치겠다고 선언

〈집회종료〉

법원 주사 ○ ○ ○

판 사 ○ ○ ○

注) 개인파산·회생실무, 서울회생법원, 양식편 인용 및 참고

[기재례 64] 채권조사기일에서 신고한 권리에 대한 이의통지서

○○지방법원
제○파산단독
이의통지서

사 건 20○○하단○○ 파산선고

채 무 자 ○ ○ ○ (123456 - 1234567)
○○시 ○○구 ○○로 ○○
파산관재인 변호사 ○○○
파산채권신고인 ○○○
○○시 ○○구 ○○로 1가 111

위 사건에 관하여 20○○. ○. ○. 11:00 개최된 채권조사기일에서 귀하가 신고한 권리에 관하여 다음과 같은 이의가 있었으므로 채무자 회생 및 파산에 관한 법률 제461조에 의해 이를 통지합니다.

위 채권조사기일로부터 1월 이내에 이의자 전원을 상대방으로 하여 이 법원에 채권조사확정재판을 신청하여 채권의 확정을 받지 않으면 이의가 있었던 부분에 관하여는 채무자 회생 및 파산에 관한 법률상의 배당절차에 참가할 수 없게 됨을 유의하시기 바랍니다.

다 음

1. 이의자 : 파산관재인 변호사 ○ ○ ○ (또는 파산채권자 ○ ○ ○)
2. 이의 있는 채권

신고번호	채권의 내용	신고채권액	이의액	이의사유
	합 계			

20○○. ○. ○.

판 사 ○ ○ ○

주) 개인파산·회생실무, 서울회생법원, 양식편 인용 및 참고

[기재례 65] 파산채권조사확정재판 결정례

○○지방법원
결 정

사 건 20○○하확○○ 파산채권조사확정

신 청 인 주식회사 △△△
○○시 ○○구 ○○로 ○○
대표이사 △△△

상대방 채무자 ○○○ (123456 - 1234567)의 파산관재인 ○○○

주 문

신청인의 채무자 ○○○에 대한 파산채권은 금 5,000,000원임을 확정한다.

신 청 취 지

신청인의 채무자 ○○○에 대한 파산채권은 금 10,000,000원임을 확정한다.

이 유

1. 신고한 파산채권
20○○. 1. 5자 대여금 30,000,000원

2. 이의채권의 범위
신고한 파산채권 중 금 10,000,000원

3. 이의사유
채무자 ○○○가 20○○. 7. 4.에 한 금 10,000,000원의 변제

4. 이 법원의 판단
채무자 ○○○가 20○○. 7. 4. 신청인에게 금 5,000,000원을 변제한 사실은 인정되나, 나아가 금 5,000,000원을 변제한 사실은 소명되지 아니한다.

5. 결론
따라서, 신청인의 채무자 ○○○에 대한 이의채권은 파산채권 5,000,000원이라 할

것이므로, 채무자 회생 및 파산에 관한 법률 제462조 제2항에 의해 주문과 같이 결정한다.

20○○. ○. ○.

판 사 ○ ○ ○

주) 개인파산·회생실무, 서울회생법원, 양식편 인용 및 참고

[기재례 66] 배 당 표

배 당 표

사 건 20○○하단○○ 파산선고

채 무 자 ○ ○ ○ (123456 - 1234567)
○○시 ○○구 ○○로 ○○

위 사건의 배당에 관하여 파산관재인은 별지와 같이 배당표를 작성하여 제출합니다.

20○○. ○. ○.

파산관재인 ○ ○ ○

[별지]

일 반 채 권

순번	채권표 번호	배당에 참가시킬 채권자		배당에 참가시킬 채권액(원)	배당할 수 있는 금액(원)	비고
		성명	주소			
1	1	○○○		10,082,200	1,512,330	
2	2	○○○		21,966,027	3,294,904	
3	4	○○○		20,000,000	3,000,000	
합 계				114,568,215	17,185,234	

[기재례 67] 배당공고

배 당 공 고

사 건 20○○하단○○ 파산선고

채 무 자 ○ ○ ○ (생년월일)
○○시 ○○구 ○○로 ○○

위 사건의 배당에 관하여 다음과 같이 공고합니다. 이 공고 내용은 추후 변경될 수 있습니다.

1. 배당에 참가시킬 채권의 총액 : 금 114,568,215원
   일반채권 금 114,568,215원
2. 배당할 수 있는 금액 : 금 17,185,234원
   일반채권 금 17,185,234원

20○○. ○. ○.

파산관재인 ○ ○ ○

주) 개인파산·회생실무, 서울회생법원, 양식편 인용 및 참고

[기재례 68] 최후배당의 제외기간 결정

○○지방법원
결 정

사 건 20○○하단○○ 파산선고

채 무 자 ○ ○ ○ (123456 - 1234567)
○○시 ○○구 ○○로 ○○
파산관재인 변호사 ○○○

주 문

최후배당에 관한 배당제외기간을 20○○. ○. ○.까지로 정한다.

이 유

채무자 회생 및 파산에 관한 법률 제521조를 적용하여 주문과 같이 결정한다.

20○○. ○. ○.

판 사 ○ ○ ○

注) 개인파산·회생실무, 서울회생법원, 양식편 인용 및 참고

[기재례 69] 최후배당 제외기간 공고

채무자 ○○○최후배당 제외기간 공고

사 건 20○○하단○○ 파산선고

채 무 자 ○ ○ ○ (생년월일)
○○시 ○○구 ○○로 ○○
파산관재인 변호사 ○○○

채무자 회생 및 파산에 관한 법률 제8조 제1항, 제10조 제1항에 의해 다음과 같이 공고합니다.

다 음

최후배당에 관한 배당제외기간을 20○○. ○. ○.까지로 정한다.

20○○. ○. ○.

○○지방법원 제○파산단독

판 사 ○ ○ ○

주) 개인파산·회생실무, 서울회생법원, 양식편 인용 및 참고

[기재례 70] 배당통지서

사 건 20○○하단○○ 파산선고

수 신 채권자 주식회사 ○○은행

최후배당 실시 및 배당률 통지

위 파산사건에 관하여 최후배당을 다음과 같이 실시하게 되었음을 알려드립니다.

1. 배당률 : 12%(일반채권자)
2. 위 채권자에 대한 배당금액 : 금 원
3. 배당금 수령 일시 : 20○○. ○. ○. 오전 10시부터 오후 4시까지
4. 배당금 수령 장소 : 파산관재인 사무실(○○시 ○○구 ○○로 ○○)
5. 주의할 점
   가. 배당금을 은행 계좌로 수령하기를 원하는 분은 동봉한 송금의뢰서와 영수증의 빈칸을 기재한 후 채권증서(어음, 수표금 채권의 경우에는 그 원본)와 함께 파산관재인 사무실로 보내 주시면 배당일에 송금수수료를 공제한 잔액을 입금하여 드립니다.
   나. 배당금을 직접 수령하고자 원하는 분은 채권증서, 인감도장(채권신고서 또는 채권신고 위임장의 인감과 동일한 것), 이 통지서에 동봉한 영수증을 지참하시고 위 일시에 파산관재인 사무실로 오시기 바랍니다(별지 약도 참조).
   다. 우송 또는 지참하신 서류에 미비한 점이 있으면 배당금을 수령할 수 없으니 주의하시기 바랍니다.
   라. 문의하실 사항이 있으면 파산관재인 사무실(전화 000-0000, 팩스 000-0000)로 연락해 주시기 바랍니다.

20○○. ○. ○.

채무자 ○○○

파산관재인 변호사 ○ ○ ○

注) 개인파산·회생실무, 서울회생법원, 양식편 인용 및 참고

[기재례 71] 계산보고집회소집 및 면책심문기일 결정

○○지방법원

결 정

사 건 20○○하단○○ 파산선고
20○○하면○○ 면책

채 무 자 ○ ○ ○ (123456 - 1234567)
○○시 ○○구 ○○로 ○○
파산관재인 변호사 ○○○

주 문

1. 파산관재인의 임무종료에 따른 계산보고를 위한 채권자집회와 면책심문기일 및 장소를 20○○. ○. ○. 14:00 ○○지방법원 제5호 법정으로 한다.
2. 송달해야 하는 장소를 알기 어려운 파산채권자에 대한 송달은 공고로써 갈음한다.

이 유

채무자 회생 및 파산에 관한 법률 제365조, 제367조를 적용하여 채권자집회를 소집하기로 하고, 아울러 채무자의 면책신청에 대하여는 같은 법 제558조, 제10조에 의해 심문기일을 지정하기로 하여 주문과 같이 결정한다.

20○○. ○. ○.

판 사 ○ ○ ○

주) 개인파산·회생실무, 서울회생법원, 양식편 인용 및 참고

[기재례 72] 계산보고집회소집 및 면책심문기일 공고

채무자 ○○○ 채권자집회소집 및 면책심문기일 공고

사　　건　　20○○하단○○　파산선고
　　　　　　20○○하면○○　면책

채 무 자　　○　○　○ (123456 - 1234567)
　　　　　　○○시 ○○구 ○○로 ○○
　　　　　　파산관재인 변호사 ○○○

채무자 회생 및 파산에 관한 법률 제365조, 제367조, 제368조, 제558조에 의해 다음과 같이 공고합니다.

다　　음

1. 채권자집회와 면책심문 기일 및 장소 : 20○○. ○. ○. 14:00 ○○지방법원 제5호 법정
2. 채권자집회 회의 목적사항 : 파산관재인의 임무종료에 의한 계산보고

20○○. ○. ○.

○○지방법원 제○파산단독

판 사 ○ ○ ○

주) 개인파산·회생실무, 서울회생법원, 양식편 인용 및 참고

[기재례 73] 계산보고를 위한 채권자집회 및 면책심문기일 조서

○○지방법원
제○회 채권자집회 및 면책심문기일 조서

20○○하단○○ 파산선고
기일 : 20○○. ○. ○. 14:00

20○○하면○○ 면책
장 소 : ○○지방법원 제○호 법정
판 사 : ○ ○ ○
공개여부 : 비공개
법원 사무관 ○ ○ ○
사건과 당사자를 호명

파산관재인 변호사 ○○○
출석

채무자 ○○○ 출석

파산채권자의 출석상황은 [별첨 1. 채권자 출석상황 및 의결권표] 기재와 같음

판사
1. 지금부터 20○○하단○○ 채무자 ○○○에 대한 제0회 채권자집회 및 면책심문기일을 개최하겠다고 선언
2. 먼저, 파산관재인은 채무자 회생 및 파산에 관한 법률 제365조에 의해 파산관재인의 임무종료에 따른 계산보고를 할 것을 명함

파산관재인
[별첨 2. 파산관재인 보고서]에 의해 임무종료에 따른 계산보고를 진술

판사
채무자, 파산채권자(또는 그 대리인)들 중 파산관재인의 계산보고에 대하여 이의가 있

는지 여부를 묻다.

파산채권자 등
이의를 진술하지 아니하다.

판사
1. 채무자, 파산채권자 등의 이의가 없으므로 채무자 회생 및 파산에 관한 법률 제365조 제2항에 의해 파산관재인의 임무종료에 따른 계산을 승인한 것으로 본다고 선언
2. 파산관재인의 임무종료에 따른 계산보고를 위한 채권자집회를 종료한다고 선언
3. 별지 결정서에 의해 이 사건 파산에 관하여 파산종결 결정을 하였음을 고지
4. 채무자에 대하여 면책심문기일을 진행하겠다고 선언
5. 먼저, 파산관재인에게 면책불허가사유 조사에 대한 보고를 할 것을 명함

파산관재인
[별첨 3. 면책불허가 사유 조사보고서]에 의해 면책불허가사유 조사에 대한 보고를 진술

판사
채권자에게 채무자의 면책신청에 대한 의견진술 기회 부여

파산채권자 등
별다른 의견을 진술하지 아니하다.

판사
제○회 채권자집회 및 면책심문기일을 마치겠다고 선언

〈집회종료〉

법원 주사 ○ ○ ○

판 사 ○ ○ ○

주) 개인파산·회생실무, 서울회생법원, 양식편 인용 및 참고

[서식 9] 파산채권신고서

채권신고서

사 건 ○○하단○○○○호 파산선고

채 권 자 ○○ 주식회사
대표이사 ○○○
주 소 ○○시 ○○구 ○○로 ○○○

파산자 ○○ 주식회사의 귀원 ○○하단○○○○호 파산선고 신청사건에 대하여 채권자는 별지와 같이 증빙서류를 갖추어 채권을 신고합니다.

첨 부 서 류

1. ○○○○ 1통
1. ○○○○ 1통
1. ○○○○ 1통

20○○. ○. ○.

위 채권자 ○○ 주식회사
대표이사 ○○○ (인)

○○지방법원 귀중

[별지] 채 권 액

1. 채권액

- 원 금 : ○○,○○○,○○○원
- 이 자 : ○,○○○,○○○원
  (20○○. ○. ○.부터 20○○. ○. ○.까지 ○월 ○일분)
- 합 계 : ○○,○○○,○○○원

– 아래 사항 중 해당부분이 있을 때에는 그 표시 –

1. 위 채권에 대하여 우선권이 있는 경우에는 그 권리를 표시
1. 별제권이 있는 때에는 그 별제권의 표시
1. 별제권 행사로 변제를 받지 못하게 될 예정부족채권액 표시
1. 채무자 회생 및 파산에 관한 법률 제446조의 후순위청구권이 포함되어 있을 때에는 그 구분의 표시
1. 채권의 발생원인
1. 소송계속 중일 때에는 법원, 사건번호, 당사자표시, 집행력 있는 집행권원이나 종국판결이 있는 때에는 그 표시

[서식 10] 파산채권확정의 소장

소　　　장

원　　고　　○○ 주식회사
　　　　　　대표이사 ○○○
　　　　　　주　　소 ○○시 ○○구 ○○로 ○○○

피　　고　　○ ○ ○
　　　　　　파산관재인 ○○○
　　　　　　주　　소 ○○시 ○○구 ○○로 ○○○

파산채권확정의 소

청 구 취 지

1. 원고는 파산자 ○○○에 대하여 금 10,000,000원의 파산채권이 존재함을 확인한다.
2. 소송비용은 피고의 부담으로 한다.

라는 재판을 구합니다.

청 구 원 인

1. 원고는 피고에 대한 채권이 있은 후 피고가 청산절차가 진행되어 20○○. ○. ○. 이 사건 채권을 청산채권으로 신고하였는 바, 피고는 20○○. ○. ○. 제1회 채권자집회 기일에 원고가 신고한 위 채권을 부인하였습니다.
2. 따라서 원고는 파산자 ○○에 대하여 원고에 대한 파산채권이 금 10,000,000원이라는 확인을 구하기 위해 이 건 소에 이른 것입니다.

입 증 방 법

1. 갑 제1호증 생략
1. 기타 필요에 따라 제출하겠습니다.

첨 부 서 류

1. 입증방법　　　　　　　　　　　　각 1통

1. 소장부본 1통
1. 송달료 납부서 1통
1. 법인등기부등본 1통

20○○. ○. ○.

위 원고 ○○ 주식회사
대표이사 ○○○

○○지방법원 귀중

[기재례 74] 소송절차수계신청서(파산관재인)

소송절차수계신청서

사 건 20○○가단○○○○ 청구이의

신청인(원고) ○○○

피신청인(피고 파산자 ◇◇◇의 파산관재인)

1. 김◈◈
   ○○시 ○○구 ○○로 ○○(우편번호○○○-○○○)
2. 이◈◈
   ○○시 ○○구 ○○로 ○○(우편번호○○○-○○○)

신 청 취 지

신청인(원고)과 피고 파산자 ◇◇◇ 사이의 귀원 20○○가단○○○○청구이의사건에 관하여, 피신청인들은 피고 파산자 ◇◇◇의 소송절차를 수계한다.
라는 재판을 구합니다.

신 청 이 유

1. 원고와 피고 사이에 귀원 20○○가단○○○○ 청구이의 사건이 계류 중인 바, 소송계속 도중에 20○○. ○. ○. 피고에 대한 ○○지방법원의 파산선고가 있었습니다.
2. 또한 같은 날 같은 법원에 의해 피고의 파산관재인으로 김◈◈, 이◈◈가 선임되었습니다.
3. 따라서 원고는 피고의 파산관재인들인 김◈◈, 이◈◈를 피고 파산자 ◇◇◇의 소송수계인으로 정하는 재판을 신청하는 바입니다.

첨 부 서 류

1. 법인등기부등본	1통
1. 신청서부본	2통
1. 송달료납부서	1통

20○○. ○. ○.

위 신청인(원고) ○○○ (인)

○○지방법원 ○○지원 제○민사단독 귀중

[3]
재단채권

1. 재단채권의 의미

재단채권이란 파산절차의 수행에 필요한 비용 또는 채무자의 이익을 위해 파산채권보다 먼저 수시로 변제되어야 하는 비용으로서 아래에 해당하는 채권을 말한다(473조 1호~11호). 즉,

① 파산채권자의 공동의 이익을 위한 재판상 비용에 대한 청구권
파산신청비용, 공고비용, 채권자집회소집비용, 배당비용, 파산종결에 관한 재판비용 등이 여기에 해당된다.

② 국세징수법 또는 지방세법에 의해 징수할 수 있는 청구권(국민건강보험료 등과 같이 국세징수의 예에 의해 징수할 수 있는 청구권으로서 그 징수우선순위가 일반 파산채권보다 우선하는 것[110]을 포함하되, 446조의 후순위파산채권은 제외).

다만, 파산선고 후의 원인으로 인한 청구권은 파산재단에 관하여 생긴 것에 한한다.[111]

여기에서 파산선고 전의 원인으로 인한 조세채권으로 재단채권에 해당하는지 여부는 파산선고 전에 법률에 정한 과세요건이 충족되어 그 조세채권이 성립되었는가 여부를 기준으로 하여 결정된다(대판 2005. 6.9. 2004다71904). 파산선고 전의 원인으로 인한 국세나 지방세에 기하여 파산선고 후에 발생한 가산금·중가산금은 재단채권에 해당되지 않는다(대판 2017.11.29. 2015다216444). 참고로 재단채권이나 파산채권에 해당하는 조세채권의 납세의무자는 파산관재인이로되 파산선고 후에 발생한 조세채권 중 재단채권에 해당하지 않는 조세채권의 납세의무자는 파산채무자라고 할 것이다(대판 2017.11.29. 2015다216444).

③ 파산재단의 관리·환가 및 배당에 관한 비용
파산관재인 보수, 매각수수료, 재산목록·대차대조표 작성비용 등이 여기에 해당된다.

---

110) 여기에 해당되는 것은 건강보험료(국민건강보험법 73조), 국민연금보험료(국민연금법 81조), 산업재해보상보험료(고용보험 및 산업재해보상보험의 보험료징수 등에 관한 법률 30조) 등이다. 국유재산법상의 사용료·대부료·변상금채권은 여기에 해당되지 않는다.

111) 여기에 해당되는 것은 파산재단에 관하여 발생한 종합토지세, 재산세, 자동차세, 등록세, 면허세, 인지세, 균등할주민세 등이다.

④ 파산재단에 관하여 파산관재인이 한 행위로 인하여 생긴 청구권

파산관재인이 한 소비대차, 위임, 도급, 임대차, 화해 등에 의해 상대방이 취득한 채권이나 파산관재인의 불법행위로 인하여 상대방이 취득한 손해배상청구권 등이 여기에 해당된다. 입주자대표회의의 특별수선충당금 지급청구권은 파산관재인이 한 파산재단인 임대아파트의 관리·환가에 관한 업무의 수행으로 인하여 생긴 것으로서 여기에 해당되어 재단채권으로 된다(대판 2015.6.24. 2014다29704). 또한 파산관재인은 직무상 재단채권인 근로자의 임금·퇴직금 및 재해보상금을 수시로 변제할 의무가 있다고 할 것이므로 파산관재인이 파산선고 후에 이와 같은 의무의 이행을 지체하여 생긴 근로자의 손해배상청구권도 역시 여기에 해당되어 재단채권으로 될 것이다(대판 2014.11.20. 2013다64908 전원합의체).

⑤ 사무관리 또는 부당이득으로 인하여 파산선고 후 파산재단에 대하여 생긴 청구권

⑥ 위임의 종료 또는 대리권의 소멸 후에 긴급한 필요에 의해 한 행위로 인하여 파산재단에 대하여 생긴 청구권

⑦ 쌍방미이행 쌍무계약[112](335조 1항)에 관하여 파산관재인이 채무를 이행하는 경우에 상대방이 가지는 청구권

쌍방 미행의 쌍무계약에 관하여는 파산관재인에게 계약의 해지·해제와 채무이행의 선택권이 있는데(335조), 이 경우 파산관재인이 채무이행을 선택하면 상대방의 채무이행으로 파산재단이 이익을 얻게 되는 바, 이에 상응하여 상대방의 반대급부채권도 재단채권으로 한 것이다.

⑧ 파산선고로 인하여 쌍무계약이 해지된 경우 그때까지 생긴 청구권

임대차나 고용 등 쌍무계약의 경우에는 파산선고가 있는 경우 파산을 이유로 해지통보가 인정되고(민법 637조, 663조), 이때 바로 계약이 해지되는 것이 아니라 해지통보 후 일정기간이 경과되어야 해지·해제의 효력이 발생하는 바(민법 635조, 근로기준법 32조), 파산선고 후 계약종료시까지 생긴 청구권을 재단채권으로 한 것이다.

⑨ 채무자 및 그 부양을 받는 자의 부조료

⑩ 채무자의 근로자의 임금·퇴직금 및 재해보상금

채무자의 근로자의 임금·퇴직금은 파산선고 전의 것이라도 재단채권으로 보호된다. 재해

112) (구)회사정리법(2005. 3. 31. 법률 제7428호 채무자 회생 및 파산에 관한 법률 부칙 제2조로 폐지) 제103조 제1항 소정의 쌍무계약이라 함은 쌍방 당사자가 상호 대등한 대가관계에 있는 채무를 부담하는 계약으로서, 본래적으로 쌍방의 채무 사이에 성립·이행·존속상 법률적·경제적으로 견련성을 갖고 있어서 서로 담보로서 기능하는 것을 가리키는 것이고, 이와 같은 법률적·경제적 견련관계가 없는데도 당사자 사이의 특약으로 쌍방의 채무를 상환 이행하기로 한 경우는 여기서 말하는 쌍무계약이라고 할 수 없다(대판 2007.3.29. 2005다35851).

보상금은 근로기준법에서 정한 한도 내에서만 재단채권으로 인정되고, 이를 초과한 부분은 일반 손해배상채권으로서 파산채권에 해당될 뿐이다. 파산관재인이 파산선고 후에 임금·퇴직금 및 재해보상금의 지급을 지체하여 생긴 근로자의 손해배상청구권은 재단채권에 해당됨은 앞서 본 바와 같다(대판 2014.11.20. 2013다64908 전원합의체). 근로복지공단이 임금채권보장법에 따라 근로자에게 최우선변제권이 있는 임금과 퇴직금 중 일부를 체당금으로 지급하고 그에 해당하는 근로자의 임금 등 채권을 배당절차에서 대위행사하는 경우, 그 우선변제권은 근로복지공단이 대위하는 채권에 존속한다고 보므로 그것이 파산선고 전후에 지급되었는지 여부와 무관하게 재단채권에 해당되어 아직 체당금을 지급받지 않은 다른 근로자의 최우선변제권이 있는 임금 등 채권과의 관계에서는 동순위로 배당받는다고 할 것이다(대판 2015.11.27. 2014다208378). 이러한 원리는 체당금으로 지급한 경우가 아니더라도 임금채권의 대위변제자가 대위변제에 의해 취득한 채권도 마찬가지라고 본다(대판 1996.2.23. 94다21160).

한편 통합도산법이 2014. 12. 30. 개정되어 시행되는 2015. 7. 1.부터는 근로기준법 또는 근로자퇴직급여보장법에 따른 최종 3개월분의 임금·재해보상금 및 최종 3년간의 퇴직급여채권을 가진 근로자에 대해서는 파산재단에 속하는 재산에 대한 별제권 행사나 체납처분에 따른 환가대금으로부터 다른 담보물권자보다 우선적 변제권을 인정함으로써(415조의2) 파산절차에 의하지 않고도 다른 절차로부터 우선변제를 받을 수 있도록 하고 있다.

⑪ 파산선고 전의 원인으로 생긴 채무자의 근로자의 임치금 및 신원보증금의 반환청구권

⑫ 파산관재인이 쌍무계약을 해제·해지한 경우에 채무자가 받은 반대급부가 파산재단 중에 현존하지 않은 때의 가액의 청구권(337조 2항)

⑬ 파산재단에 속하는 재산에 관하여 파산선고 당시 계속하는 소송을 파산관재인이 수계한 경우의 상대방의 소송비용청구권(347조 2항)

⑭ 파산관재인이 부담 있는 유증의 이행을 받은 때에는 부담의 이익을 받을 청구권은 유증목적의 가액을 초과하지 않는 한도 안에서 재단채권으로 한다(474조).

⑮ 본래의 납세의무자의 파산으로 과세관청에 의해 제2차 납세의무자로 지정된 자가 그 납세의무를 이행함으로써 취득한 구상금채권도 부당이득으로 인하여 파산재단에 생긴 청구권에 해당하므로 재단채권에 해당한다(대판 2005.8.19. 2003다36904).

2. 재단채권의 변제

가. 재단채권의 수시·우선 변제

재단채권은 파산절차에 의하지 않고 수시로 변제되고, 파산채권보다 먼저 변제된다(475조, 476조). 즉, 파산재단이 재단채권보다 많은 경우에는 재단채권 전액이 먼저 변제되고 나서 파산채권의 변제가 이루어져야 한다는 의미이다. 파산관재인은 법원에 재단채권의 승인 및 임치금반한 허가서를 제출하여 허가를 받은 후 그 허가서 등본을 첨부하여 임치금 보관장소에서 금전을 인출하여 재단채권을 변제하게 된다(492조 13호).

재단채권을 파산채권으로 신고하여 파산채권으로서 배당받은 금원을 재단채권에 대한 변제에 충당할 수 있다.[113)]

나. 재단부족의 경우의 처리

파산재단이 재단채권의 총액을 변제하기에 부족한 것이 분명하게 된 때에는 다음과 같은 원칙과 순위에 따라 변제된다(477조 1항 본문).

1) 재단채권간의 우선순위

① 재단채권에 관하여 존재하는 유치권·질권·저당권·「동산·채권 등의 담보에 관한 법률」에 따른 담보권 및 전세권이 1순위로 변제된다(477조 1항 단서).

② 재단채권 중 신규차입자금에 관한 채권과 채무자의 근로자의 임금·퇴직금 및 재해보상금이 2순위로 변제된다(477조 3항, 473조 10호).

③ 재단채권 중 재판상 비용에 대한 청구권, 조세채권(국세징수의 예에 의해 징수할 수 있는 청구권 포함), 파산재단의 관리·환가·배당비용, 파산관재인의 행위로 인한 청구권, 사무관리·부당이득으로 인하여 파산선고 후 파산재단에 대하여 생긴 청구권, 위임종료·대리권소멸 후의 긴급행위로 인하여 파산재단에 대하여 생긴 청구권, 쌍방미이행 쌍무계약에서 파산관재인이 채무를 이행하는 경우에 상대방이 가지는 청구권이 3순위로 변제된다(477조 2항, 473조 1호~7호).

④ 그밖의 재단채권 중 파산선고로 인하여 쌍무계약이 해지된 경우 그때까지 생긴 청구권, 채무자 및 그 부양을 받는 자의 부양료, 파산선고 전의 원인으로 생긴 채무자의 근로자

---

113) 재단채권은 파산절차에 의하지 않고 수시로 변제하되, 파산채권보다 먼저 변제해야 하고, 재단채권이 파산채권으로 신고되어 파산채권으로 확정되고 배당을 받았다고 하더라도 채권의 성질이 당연히 파산채권으로 변하는 것은 아니므로, 그 배당받은 금원을 재단채권에 충당할 수 있다(대판 2008.5.29. 2005다6297).

의 임치금 및 신원보증금의 반환청구권 등은 4순위로 변제된다(477조 2항).

2) 동순위의 재단채권 간의 변제

동순위의 재단채권 사이에는 다른 법령이 규정하는 우선권에 불구하고 아직 변제하지 않은 채권액의 비율에 따라 변제한다(477조 1항). 따라서 파산관재인은 당해세 우선(국세기본법 35조 1항 3호, 지방세기본법 71조 1항 3호), 압류선착주의(국세기본법 36조 1항, 지방세기본법 73조 1항), 국세와 지방세 또는 국세 상호간의 구분 없이 또한 최종 3개월분의 임금이나 최종 3년분의 퇴직금 등의 우선순위에 관한 원칙을 무시하고 동순위의 재단채권과 함께 아직 변제하지 않은 채권액의 비율에 따라 안분하여 평등하게 변제한다. 다만 최종 3개월분의 임금과 최종 3년분의 퇴직금에 대해서는 통합도산법에서 별도의 규정을 두어 파산재단에 속하는 재산에 대한 별제권 행사 또는 체납처분에 따른 환가대금에서 다른 담보물권자보다 우선적으로 변제받을 수 있도록 하고 있으므로 별제권의 행사절차나 체납처분절차에서는 최종 3개월분의 임금과 최종 3년분의 퇴직금은 저당권 등 담보물권자보다 우선적으로 변제받게 될 것이로되,[114] 별제권의 행사절차나 체납처분절차 외의 절차(예, 파산관재인의 임의매각)에서는 이들 채권 역시 그 우선권에 불구하고 아직 변제하지 않은 채권액의 비율에 따라 다른 재단채권과 동순위로 변제를 받게 될 것이다(477조 1항).

3. 재단채권에 기한 개별적 강제집행 가능 여부

파산절차는 파산자에 대한 포괄적인 강제집행절차로서 이와 별도의 강제집행절차는 원칙적으로 필요하지 않는 것인 바, 통합도산법상 강제집행을 허용하는 특별한 규정이 있다거나 해석상 강제집행을 허용해야 할 특별한 사정이 있다고 인정되지 않는 한 파산재단에 속하는 재산에 대한 별도의 강제집행은 허용되지 않고, 이는 재단채권에 기한 강제집행에 있어서도 마찬가지로서 재단채권자의 정당한 변제요구에 대하여 파산관재인이 응하지 않으면 재단채권자는 법원에 대하여 감독권 발동을 촉구하든지, 파산관재인을 상대로 불법행위로 인한 손해배상청구를 하는 등의 별도의 조치를 취할 수는 있을 것이나, 그 채권 만족을 위해 파산재단에 대하여 개별적 강제집행으로 나아가는 것은 허용되지 않는다(대결 2007.7.12. 2006마1277). 이 점이 개인회생절차에서 채무자의 재산에 대하여 재단채권에 기한 강제집행 또는 가압류가 가능한 것과 구별되는 점이다(593조 1항 2호의 반대해석상 근거). 파산선고 전에 재단채권에 기하여 이루어진 강제집행도

114) 다만 근로복지공단이 근로자에게 최종 3개월분의 임금과 최종 3년분의 퇴직금을 체당금으로 대위변제하여 발생한 구상금 채권은 이러한 우선변제권이 인정되지 않을 것이다(415조의2 단서).

파산선고로 인하여 그 효력이 상실된다(대결 2008.6.27. 2006마260). 이는 임금채권 등 재단채권에 기하여 파산선고 전에 강제집행이 이루어진 경우에도 마찬가지이다.[115] 다만 파산선고 전에 파산재단에 속하는 재산에 대하여 국세징수법 또는 지방세기본법에 의해 징수할 수 있는 청구권(국세징수의 예에 의해 징수할 수 있는 청구권으로서 그 징수우선순위가 일반 파산채권보다 우선하는 것 포함)에 기한 체납처분을 한 때에는 파산선고는 그 처분의 속행을 방해하지 않는다(473조 2호, 349조 1항).

4. 재단채권과 파산채권 및 별제권과의 구별

파산채권은 파산절차에 의하지 않고는 개별적인 강제집행 등을 통하여 그 채권을 회수할 수 없다(424조). 그러나 재단채권은 파산절차에 의하지 않고 본래의 변제기에 따라 수시로 변제되어야 하며 파산채권보다 우선적으로 변제되어야 한다(475조, 476조). 파산관재인이 그 변제를 해태한 때에는 재단채권에 기한 강제집행은 허용되지 않지만(대결 2007.7.12. 2006마1277), 재단채권자의 정당한 변제요구에 대하여 파산관재인이 응하지 않으면 법원에 대하여 감독권 발동을 촉구하든가 아니면 파산관재인을 상대로 불법행위로 인한 손해배상청구를 하는 등 별도의 조치를 취할 수 있다고 본다.[116]

여기에서 우선적으로 변제된다는 의미는 파산재단에 속한 채무자의 재산 중 별제권에 의해 담보된 재산(단, 피담보채권의 범위 내)을 제외한 재산 일반으로부터 파산채권보다 우선적으로 변제받는다는 것을 말한다.

또한 파산채무자가 면책허가결정을 받은 경우에는 파산채권에 대하여 그 면책의 효력이 미치게 되므로 파산채권자로서는 파산절차 내에서 배당을 받는 것 이외에는 채무자에 대하여 별도로 그 채권을 회수할 길이 없게 되지만, 재단채권에 대하여는 파산채권에 대한 면책의 효력이 미치지 않으므로 채무자가 면책허가결정을 받았다고 하더라도 이에 대한 변제책임이 면제되지는 않는다. 이러한 원리는 별제권자가 별제권의 행사에 의해 변제를 받을 수 있는 채권액(목적물 가액을 한도로 하는 피담보채권액)에 대하여도 마찬가지인데, 이는 저당권 등 별제권의 성질에서 기인한 당연한 것이다. 이와 같이 재단채권이나 별제권은 파산절차에 의하지 않고 변제받거나 행사할 수 있다는 점에서 유사하나(412조, 475조), 재단채권은 파산재단에 속한 재산 일반으로부터 우선변제를 받는데 대하여 별제권은 그 담보된 특정재산으로부터만 우선변제를 받게 된다는 점에서 차이가 있다.

---

115) 서울회생법원, 제5판 개인파산·회생실무, 146p, 주석 56) 후문.

116) 서울회생법원, 제5판 개인파산·회생실무, 145p.

[4]
파산관재인의 부인권

1. 부인권의 의미

파산절차에서의 부인권이란 파산관재인이 채무자의 일정한 행위, 즉 파산채권자를 해하는 것을 알고 한 행위, 담보의 제공 또는 채무소멸에 관한 행위, 무상행위 및 이와 동일시할 수 있는 유상행위 등을 부인함으로써 그 일탈된 재산을 파산재단에 회복시키기 위해 행사하는 권리를 말한다. 참고로 개인회생절차에서는 채무자가 이러한 부인권을 행사한다(584조 2항).

파산절차상의 부인권은 민법상의 사해행위취소권(민법 406조)과 그 취지를 같이한다. 다만 사해행위취소권은 개별적으로 채권자에게 인정된 권리이고, 취소대상 행위도 채무초과 상태에서 이루어져야 하며, 취소의 방법 또한 원물반환 내지 가액배상 등 매우 제한되어 있는 반면, 부인권은 집단적인 채무처리절차를 전제로 하고 있고, 행사권한도 채권자가 아닌 파산관재인에게 전속되어 강력하며, 부인의 대상행위도 채무초과 상태에서 이루어짐을 요하지 않고 행사방법 또한 대단히 완화되어 있다는 점에서 차이가 있다.

2. 부인권행사의 대상

가. 채무자의 행위

부인권의 대상이 되는 행위는 채무자의 행위 또는 이와 동일시되는 행위, 즉 채무자와 통모하는 등으로 채권자 또는 제3자의 행위를 채무자의 행위와 동일시할 수 있는 경우에 한한다(대판 2004.2.12. 2007다29119).

나. 부인권의 대상이 되는 채무자의 행위

파산관재인은 파산재단을 위해 다음에 해당하는 행위를 부인할 수 있다(391조). 즉,

1) 채무자가 파산채권자를 해하는 것을 알고 한 행위(고의부인)

채무자가 파산채권자를 해하는 것을 알고 한 행위는 부인의 대상이 된다(391조 1호 본문). 다만 이로 인하여 이익을 받은 자가 그 행위 당시 파산채권자를 해하게 되는 사실을 알지 못한 경우에는 제외된다(391조 1호 단서). 즉 채무자와 관련해서는 객관적으로 채무자의 사해행

위가 있어야 하고, 주관적으로 채무자의 사해의사가 있어야 하며, 수익자와 관련하여서도 수익자에게 채권자를 해한다는 인식이 있어야 한다는 것이다. 채무자의 사해행위 및 사해의사에 대한 입증책임은 파산관재인이 부담하고, 수익자의 선의는 수익자가 입증책임을 부담한다.

여기에서 부인권의 대상이 되는 파산채권자를 해하는 행위에는 파산자의 일반재산을 절대적으로 감소시키는 이른바 사해행위뿐만 아니라, 특정한 채권자에 대한 변제나 담보제공과 같은 편파행위도 포함된다(대판 2005.11.10. 2003다271, 2005.11. 10. 2003다2345). 한편, 어음지급의 경우에는 부인권행사가 제한되는 바, 채무자로부터 어음의 지급을 받은 자가 그 지급을 받지 않으면 채무자의 1인 또는 여럿에 대한 어음상의 권리를 상실하게 되었을 경우에는 부인권의 행사를 할 수 없고, 이 경우 최종의 상환의무자 또는 어음의 발행을 위탁한 자가 그 발행 당시에 지급정지 또는 파산신청이 있었음을 알았거나 또는 과실로 인하여 이를 알지 못한 때에는 파산관재인은 그로 하여금 채무자가 지급한 금액을 상환하게 할 수 있다(393조).

2) 채무자가 지급정지 또는 파산신청이 있은 후에 한 파산채권자를 해하는 행위와 담보의 제공 또는 채무소멸에 관한 행위(본지행위에 대한 위기부인)

이러한 본지행위에 대하여는 이로 인하여 이익을 받은 자, 즉 수익자가 그 행위 당시 지급정지 또는 파산신청이 있은 것을 알고 있은 때에 한하여 부인의 대상이 되도록 하고 있다(391조 2호). 채무자의 사해의사의 존부와는 무관하다. 이 경우 수익자의 악의에 대한 입증책임은 파산관재인에게 있다. 한편, 어음지급의 경우에는 부인권행사가 제한되는 점은 앞서 본 위기부인의 경우와 같다(393조).

3) 채무자가 지급정지나 파산신청이 있은 후 또는 그 전 60일 이내에 한 담보의 제공 또는 채무소멸에 관한 행위로서 채무자의 의무에 속하지 않거나 그 방법 또는 시기가 채무자의 의무에 속하지 않는 것(비본지행위에 대한 위기부인)

다만 이러한 비본지행위에 대하여는 채권자(수익자)가 그 행위 당시 채무자에게 지급정지나 파산신청이 있는 것 또는 파산채권자를 해하게 되는 사실을 알지 못한 경우에는 부인권을 행사할 수 없다. 이 경우 수익자의 선의에 대한 입증책임은 수익자가 부담한다. 한편, 어음지급의 경우에는 부인권행사가 제한되는 점은 앞서 본 위기부인의 경우와 같다(393조).

4) 채무자가 지급정지 또는 파산신청이 있은 후 또는 그 전 6월 이내에 한 무상행위 및 이와 동일시할 수 있는 유상행위(391조 4호, 무상부인)

여기에서 무상행위란 채무자가 대가 없이 적극재산을 감소시키는 행위 또는 소극재산을 증가시키는 행위를 하는 것을 말한다. 이러한 행위에 대하여는 수익자의 악의도 요건으로 하지 않는다. 한편, 어음지급의 경우에는 부인권행사가 제한되는 점은 앞서 본 위기부인의 경우와 같다(393조).

5) 권리변동의 성립요건 또는 대항요건의 부인

지급정지 또는 파산신청이 있은 후에 권리의 설정·이전 또는 변경의 효력을 생기게 하는 등기 또는 등록이 행하여진 경우, 그 등기 또는 등록이 그 원인인 채무부담행위가 있은 날부터 15일을 경과한 후에 지급정지 또는 파산신청이 있음을 알고 행한 것인 때에는 이를 부인할 수 있다(394조 1항 본문). 다만, 가등기 또는 가등록을 한 후 이에 의해 본등기 또는 본등록을 한 때에는 그렇지 않다(394조 1항 단서). 또한 지급정지 또는 파산신청이 있은 후에 권리의 설정·이전 또는 변경을 제3자에게 대항하기 위해 필요한 행위를 한 경우에도 그 행위가 권리의 설정·이전 또는 변경이 있은 날부터 15일을 경과한 후에 지급정지 또는 파산신청이 있음을 알고 행한 것인 때에는 역시 부인권을 행사할 수 있다(394조 2항).

반면, 파산자의 행위의 대상이 되는 재산이 애초부터 파산재단에 속하지 않는 경우에는 부인의 대상이 되지 않으며, 따라서 퇴직보험에 따라 발생하는 보험금청구권 등은 파산재단에 속하는 재산이 아니므로 파산 전 회사가 피보험자의 퇴직금 중간정산에 동의한 행위는 부인권 행사의 대상이 될 수 없다(대판 2010.3.11. 2007다71271).[117)]

6) 집행행위의 부인

부인권은 부인하고자 하는 행위에 관하여 집행력 있는 집행권원이 있는 때 또는 그 행위가 집행행위에 의한 것인 때에도 행사할 수 있다(395조). 여기의 집행행위란 집행권원에 의한 채권의 만족적 실현을 직접 목적으로 하는 행위를 말하므로 담보권의 취득이나 설정을 위한 행위는 여기에 포함되지 않는다.[118)]

---

117) (구)파산법(2005. 3. 31. 법률 제7428호 채무자 회생 및 파산에 관한 법률 부칙 제2조로 폐지) 제64조 제1호에 정한 부인의 대상이 되는 행위인 '파산자가 파산채권자를 해함을 알고 한 행위'는 파산자가 총채권자의 공동담보가 되는 파산자의 일반재산을 절대적으로 감소시키는 사해행위를 의미하고, 이는 파산관재인이 파산재단을 위해 파산자의 사해행위를 부인함으로써 파산재단으로부터 일탈한 재산을 파산재단에 회복시키고 파산재단의 충실을 도모하여 파산채권자에 대한 배당을 증가시키고자 하는 취지의 제도이므로, 파산자의 행위의 대상이 되는 재산이 애초부터 파산재단에 속하지 않아 파산관재인이 부인권을 행사하더라도 그 재산을 파산재단으로 회복할 수 없는 경우에는 파산자가 총채권자의 공동담보가 되는 일반재산을 절대적으로 감소시키는 사해행위를 하였다고 볼 수 없어 부인의 대상이 될 수 없다. 따라서 퇴직보험에 따라 발생하는 보험금청구권 등은 파산재단에 속하는 재산이 아니므로 파산 전 회사가 피보험자의 퇴직금 중간정산에 동의한 행위는 총채권자의 공동담보가 되는 일반재산을 절대적으로 감소시키는 행위라고 할 수 없어 부인권 행사의 대상이 될 수 없다(대판 2010.3.11. 2007다71271).

118) 서울회생법원, 제5판 개인파산·회생실무, 200p.

집행행위를 부인함에는 반드시 채무자의 행위와 같이 볼 만한 특별한 사정이 있을 것을 요하지 않는다고 볼 것이나 집행행위를 부인할 때에도 행위주체의 점을 제외하고는 다른 부인권 행사의 각 요건을 갖추어야 하므로 채무자의 주관적 요건을 필요로 하는 고의부인의 성질상 채무자가 파산채권자들을 해함을 알면서도 채권자의 집행행위를 적극적으로 유도하는 등 그 집행행위가 '채무자가 파산채권자들을 해함을 알면서도 변제한 것'과 사실상 동일하다고 볼 수 있는 특별한 사정이 요구된다고 할 것이다(대판 2018.7.24. 2018다204008).

다. 부인의 대상행위

부인의 대상이 되는 행위는 부동산·동산의 매각 또는 증여행위, 채권양도, 채무면제 등 법률행위뿐만 아니라 변제, 채무승인, 법정추인, 채권양도의 통지·승낙, 등기·등록, 동산의 인도 등과 같은 법률효과를 발생시키는 일체의 행위가 포함된다. 또한 부인의 대상은 이러한 사법상의 행위뿐만 아니라 재판상 자백, 청구의 포기·인낙, 재판상 화해, 소·상소의 취하, 상소권의 포기, 공정증서 작성 등과 같은 소송법상의 행위나 공법상의 행위도 대상이 된다. 그리고 부인의 대상은 유효한 법률행위뿐만 아니라 무효·취소의 사유가 있는 법률행위, 예컨대 허위표시, 착오, 반사회질서의 법률행위 등과 같은 행위도 포함된다. 채무자의 불법원인급여 행위에 대하여도 파산관재인은 부인권을 행사하고 그 반환을 청구할 수 있다.

한편 변제행위와 관련하여 본지변제행위도 위기시에 이루어진 경우에는 부인의 대상이 될 수 있다(대판 2006.6.15. 2004다46519, 2005.11.10. 2003다271). 다만 채무자가 제3자로부터 자금을 차입하여 변제 등 특정 채무를 소멸시키는 경우, 제3자와 채무자가 차입금을 특정 채무를 소멸시키는 데에 사용하기로 명시적·묵시적으로 약정하고, 실제 그와 같은 약정에 따라 특정 채무에 대한 변제 등이 이루어졌으며, 차입과 변제 등이 이루어진 시기와 경위, 방법 등 제반 사정에 비추어 실질적으로 특정 채무의 변제 등이 해당 차입금에 의해 이루어진 것이라고 볼 수 있고, 이자, 변제기, 담보제공 여부 등 차입 조건이나 차입금을 제공하는 제3자와 채무자의 관계 등에 비추어 차입 이전과 비교할 때 변제 등 채무소멸이 이루어진 이후에 채무자 재산이 감소되지 않은 것으로 평가될 수 있다면, 해당 변제 등 채무소멸행위는 전체적으로 보아 부인의 대상이 되지 않는다고 할 것이다(대판 2018.4.12. 2016다247209, 2011.5.13. 2009다75291). 별제권자인 담보권자에 대한 변제는 원칙적으로 부인의 대상이 되지 않는다.

담보권 설정행위는 원칙적으로 부인의 대상이 될 수 있는데, 다만 채무자가 지급불능 상태에서 특정 채권자에게 담보를 제공한 행위가 신규차입과 동시에 교환적으로 행하여졌고, 차

입금과 담보 목적물의 가격 사이에 합리적인 균형을 인정할 수 있으며, 차입금의 은닉 또는 증여 등 파산채권자를 해하는 처분을 할 우려를 생기게 하는 것이 아닌 경우에는 담보제공행위는 부인권의 대상이 되지 않을 것이다(대판 2017.9.21. 2015다240447).

대물변제의 경우에는 피담보채권과 목적물의 가액을 비교하여 목적물 가액이 피담보채권액을 초과한 경우 그 초과 부분에 대하여만 부인권을 행사할 수 있다. 재산분할의 경우에도 청산 또는 부양에 필요한 상당한 범위의 금액을 초과하는 경우에만 그 초과 부분에 대하여 부인권을 행사할 수 있다(대판 2006.9.14. 2006다33258, 2005.1.28. 2004다58963, 2007.7.26. 2007다29119).

이혼에 따른 재산분할행위는 그것이 상당한 정도를 벗어나 채무자에게 과소하게 분할된 경우에만 그 상당한 정도를 벗어난 부분에 한하여 부인권의 대상이 될 것이고(대판 2000.7.28. 2000다14101), 재산분할권 자체를 포기한 행위는 구체화되지 않는 권리를 포기하는 행위이므로 부인권의 대상이 되지 않는다(대판 2013.10.11. 2013다7936). 상속재산분할행위도 그것이 상당한 정도를 벗어나 채무자에게 과소하게 협의분할된 경우에만 그 상당한 범위를 벗어난 부분에 한하여 부인권의 대상이 된다고 할 것이고(대판 2001.2.9. 2000다51797), 상속 자체를 포기한 행위는 재산권에 관한 법률행위에 해당되지 않으므로 부인권의 대상이 되지 않는다고 할 것이다(대판 2011.6.9. 2011다29307).

3. 부인권행사의 방법

부인권은 파산관재인만 행사할 수 있다(396조). 따라서 파산채권자는 부인권을 대위행사할 수 없고, 다만 법원에 대하여 파산관재인이 부인권을 행사하도록 명하는 신청을 할 수 있을 뿐이다(396조). 파산관재인이 부인권을 행사하려면 그 원인사실을 소명하여 파산법원에 신청해야 한다(396조, 106조). 부인의 청구를 인용하는 결정에 대하여 불복하는 자는 그 송달을 받은 날로부터 1월 이내에 파산법원에 이의의 소를 제기할 수 있다(107조 1항).

부인권은 부인하고자 하는 행위에 관하여 집행력 있는 집행권원이 있는 때 또는 그 행위가 집행행위에 의한 것인 때에도 행사할 수 있다(395조). 부인권은 소, 부인의 청구[119] 또는 항변의 방법으로 파산관재인이 행사하며 파산법원이 전속관할한다(396조). 제1심법원에 채권자취소소송이 계속 중에 채무자가 파산선고를 받음으로써 파산관재인이 해당 소송을 수계하여 부인의 소로 변경한 경우 해당 법원이 파산계속법원이 아니라면 그 법원은 관할법원인 파산계속법원에 사건

119) 부인의 청구 신청서에는 1,000원의 인지를 첨부하고, 사건부호는 "하기"로 부여된다.

을 이송해야 한다(대판 2018.6.15. 2017다265129 판결). 그러나 파산채권자가 제기한 채권자취소소송이 항소심에 계속된 후에는 파산관재인이 소송을 수계하여 부인권을 행사하더라도 항소심법원이 소송을 계속 심리·판단할 권한을 가진다(대판 2018.6.15. 2017다265129, 2017.5.30. 2017다205073).

파산관재인이 여럿인 경우에는 법원의 허가를 얻어 직무를 분장하였다는 등의 특별한 사정이 없는 한 그 여럿의 파산관재인 전원이 파산재단의 관리처분권을 갖고 있기 때문에 파산관재인 전원이 소송당사자가 되어야 하므로 그 소송은 필수적 공동소송에 해당한다. 다만, 여러 선정당사자 가운데 죽거나 그 자격을 잃은 사람이 있는 경우에는 다른 당사자가 모두를 위해 소송행위를 한다고 규정하고 있음에 비추어 볼 때, 공동파산관재인 중 일부가 파산관재인의 자격을 상실한 때에는 남아 있는 파산관재인에게 관리처분권이 귀속되고 소송절차는 중단되지 않으므로, 남아 있는 파산관재인은 자격을 상실한 파산관재인을 수계하기 위한 절차를 따로 거칠 필요가 없이 혼자서 소송행위를 할 수 있다.[120)]

4. 부인권행사의 효과

부인권의 행사는 파산재단을 원상으로 회복시킨다(397조 1항). 다만, 채무자가 지급정지 또는 파산신청이 있은 후 또는 그 전 6월 이내에 한 무상행위 및 이와 동일시할 수 있는 유상행위가 부인된 경우 상대방이 그 행위 당시 선의인 때에는 이익이 현존하는 한도 안에서 상환하면 된다(397조 2항). 채무자의 행위가 부인된 경우 그가 받은 반대급부가 파산재단 중에 현존하는 때에는 상대방은 그 반환을 청구할 수 있고, 반대급부로 인하여 생긴 이익이 현존하는 때에는 그 이익의 한도 안에서 재단채권자로서 그 권리를 행사할 수 있다. 채무자의 행위가 부인된 경우 반대급부로 인하여 생긴 이익이 현존하지 않는 때에는 상대방은 그 가액의 상환에 관하여 파산채권자로서 권리를 행사할 수 있다(398조 1항). 반대급부의 가액이 현존하는 이익보다 큰 경우 그 차액에 관하여도 또한 같다(398조 2항). 채무자의 행위가 부인된 경우 상대방이 그가 받은 급부를 반환하

120) (구)파산법(2005. 3. 31. 법률 제7428호 채무자 회생 및 파산에 관한 법률 부칙 제2조로 폐지) 제7조에 의하면 파산재단에 속하는 재산의 관리처분권은 파산자로부터 이탈하여 파산관재인에게 전속하게 되고, 같은 법 제152조에 의하면 파산재단에 관한 소송에 있어서는 파산관재인이 원고 또는 피고가 되므로, 파산관재인이 여럿인 경우에는 법원의 허가를 얻어 직무를 분장하였다는 등의 특별한 사정이 없는 한 그 여럿의 파산관재인 전원이 파산재단의 관리처분권을 갖고 있기 때문에 파산관재인 전원이 소송당사자가 되어야 하므로 그 소송은 필수적 공동소송에 해당한다. 다만, 민사소송법 제54조가 여러 선정당사자 가운데 죽거나 그 자격을 잃은 사람이 있는 경우에는 다른 당사자가 모두를 위해 소송행위를 한다고 규정하고 있음에 비추어 볼 때, 공동파산관재인 중 일부가 파산관재인의 자격을 상실한 때에는 남아 있는 파산관재인에게 관리처분권이 귀속되고 소송절차는 중단되지 않으므로, 남아 있는 파산관재인은 자격을 상실한 파산관재인을 수계하기 위한 절차를 따로 거칠 필요가 없이 혼자서 소송행위를 할 수 있다(대판 2008.4.24. 2006다14363).

거나 그 가액을 상환한 때에는 상대방의 채권은 원상으로 회복된다(399조).

부인권은 파산채권자의 공동담보인 파산자의 일반재산을 파산재단에 원상회복시키기 위해 인정되는 제도로서, 파산관재인이 부인권을 행사하면 그 부인권행사의 효과는 파산재단과 상대방과의 사이에서 상대적으로 발생할 뿐이고 제3자에 대하여는 그 효력이 미치지 않는다(대판 2005.12. 22. 2003다55059). 부인의 등기와 관련하여 판결의 주문은 부인등기절차를 명하는 형태가 될 것이다.[121]

채무자의 채권자에 대한 변제행위가 부인된 결과 채권자가 변제받은 금액을 반환하는 경우 변제받은 날부터 발생한 법정이자 역시 과실로서 함께 반환되어야 하는 바, 소로써 부인권을 행사함과 아울러 원상회복으로 금전의 반환을 구하는 경우 채무자는 그 소장 부본을 송달받은 다음날부터 반환의무의 이행지체로 인한 지체책임을 지게 되고 가집행선고도 가능할 것이므로(대판 2014.9.25. 2014다214885), 이러한 경우 통상 청구취지는 "피고는 원고에게 예금인출일부터 적어도 원심판결 선고일까지는 민법이 정한 연 5%의, 그 다음날부터는 다 갚는 날까지는 소송촉진 등에 관한 특례법이 정한 연 15%의 각 비율로 계산한 이자 및 지연손해금을 지급하라."와 같이 기재하는 것이 실무이다. 부인의 청구의 경우에도 마찬가지이며 소송촉진 등에 관한 특례법이 적용된다(대판 2018.6.15. 2018다213804).

가액배상시 배상액산정의 기준시점은 부인권 행사의 효력발생시기이며, 그 효력발생일 다음날부터 지연배상금의 지급도 청구할 수 있을 것이다(대판 2014.9.25. 2014다214885).

5. 전득자에 대한 부인권의 행사

파산관재인은 다음의 경우에는 전득자(轉得者)에 대하여도 부인권을 행사할 수 있다(403조). 즉, ① 전득자가 전득 당시 각각 그 전자(前者)에 대한 부인의 원인이 있음을 안 때, ② 전득자가 채무자와 특수관계인인 때(단, 전득 당시 각각 그 전자에 대한 부인의 원인이 있음을 알지 못한 때에는 제외), ③ 전득자가 무상행위 또는 이와 동일시할 수 있는 유상행위로 인하여 전득한 경우 각각 그 전자(前者)에 대하여 부인의 원인이 있는 때에는 전득자에 대하여도 부인권을 행사할 수 있는 것이다. 다만, 위 ③의 경우에 전득자가 그 행위 당시 선의인 때에는 이익이 현존하는 한도 내에서 상환하면 된다(403조 2항, 397조 2항).

121) 판결주문의 형태는 "근저당권설정등기의 부인의 등기절차를 이행하라." 등이 될 것이다(서울고등법원 2002. 11.28. 선고 2001나9955 판결).

6. 부인권행사의 기간과 제한

부인권은 파산선고가 있은 날부터 2년이 경과한 때에는 행사할 수 없으며, 부인할 수 있는 행위(391조 각호)를 한 날부터 10년이 경과한 때에도 행사할 수 없다(405조).

또한 파산선고가 있은 날부터 1년 전에 한 행위는 지급정지의 사실을 안 것을 이유로 한 부인, 즉 위기부인(391조 2호, 3호)을 할 수 없다(404조).

이는 지급정지로부터 1년 이상 경과한 후 파산선고가 되었다면 지급정지와 파산선고 사이에 인과관계가 있다고 보기 어렵고 수익자의 지위를 장기간 불안정한 상태에 방치하는 것은 부당하다는 취지에서 둔 규정인 바, 개인회생절차 등으로 인하여 법률상 파산선고를 할 수 없는 기간을 위기부인의 행사기간에 산입하는 것은 형평의 원칙에 반한다는 점 등을 고려하면, 지급정지 후에 개인회생절차 등의 선행 도산절차를 거쳐 파산선고가 된 경우에는 특별한 사정이 없는 한 위기부인의 행사기간에 개인회생절차 등으로 인하여 소요된 기간은 산입되지 않는다고 해야 할 것이다(대판 2019.1.31. 2015다240041).

[서식 11] 원인행위 부인권행사 청구의 소

원인행위 부인권행사 청구의 소

원　　고　　○○○ 파산관재인 ○○○
○○시 ○○구 ○○로 ○○
(송달장소 : ○○시 ○○구 ○○로 ○○)

피　　고　　○ ○ ○
○○시 ○○구 ○○로 ○○
(송달장소 : ○○시 ○○구 ○○로 ○○)

청 구 취 지

1. 피고 ○○○은 원고 ○○○에 대하여 별지목록 기재의 건물에 관하여 ○○ 지방법원 ○○ 등기소에 접수한 저당권설정등기는 원인행위가 부인된 취지의 등기이다.
2. 소송비용은 피고의 부담으로 한다.

라는 판결을 결정을 구합니다.

청 구 원 인

1. 소외 ○○○은 20○○. ○. ○. 파산신청을 받아 20○○. ○. ○. ○○ 지방법원에서 파산선고를 받았으며, 원고는 위 파산회사의 파산관재인으로 선임된 자입니다.

2. 그런데 피고는 위와 같은 사실을 알고 있음에도 불구하고 자신의 공사대금 채권을 보전하기 위해 20○○. ○. ○. 파산자 ○○○와 사이에 파산자 ○○○ 소유인 별지목록 기재의 건물에 대하여 채권액 ○○,○○○,○○○원, 지급일 20○○. ○○. ○○, 지연이자 연 ○○%로 하는 저당권설정계약을 체결하고, 위 저당권설정계약 일자를 20○○. ○. ○.로 소급하여 작성한 후 같은 날 청구취지와 같은 저당권설정등기를 경료한 사실이 있습니다.

3. 이는 채무자 회생 및 파산에 관한 법률 제391조 제1호, 제2호에 의해 파산관재인인 원고가 부인할 수 있는 행위에 해당함이 명백하다 할 것입니다.

4. 따라서 원고는 피고에 대하여 위 저당권설정계약을 부인하고자 저당권설정등기 원인행위 부인의 등기절차를 구하기 위해 이 사건 소에 이르게 된 것입니다.

입 증 방 법

1. 부동산등기부등본(저당권설정내역)

첨 부 서 류

1. 위 증명방법 각 1통
1. 피신청인 주민등록초본 1통

20○○. ○. ○.

위 원고 ○○○
파산관재인 ○○○ (인)

○○지방법원 귀중

[기재례 75] 부인청구에 대한 결정

○○지방법원
결 정

사 건 20○○하기○○ 부인의 청구
청구인 채무자 ○○○의 파산관재인 ○○○
상 대 방 ○ ○ ○ (123456 - 1234567)
○○시 ○○구 ○○로 ○○

주 문

1. 상대방은 청구인에게 ○○시 ○○구 ○○로 ○○에 관하여 ○○지방법원 ○○등기소 20○○. ○. ○. 접수 제○○○○○호로 마친 소유권이전등기의 부인등기 절차를 이행하라.
2. 신청비용은 상대방의 부담으로 한다.

신 청 취 지

주문과 같다.

이 유

1. 이 사건 기록 및 심문결과에 의하면 다음과 같은 사실이 인정된다.
   가. 채무자는 20○○.부터 ○○라는 상호로 음식점을 영위하던 중 사업자금 용도로 상대방으로부터 20○○. 1.부터 20○○. 11.까지 6회에 걸쳐 총 1억원을, 채권자 B로부터 20○○. 3.부터 20○○. 5.까지 총 9,500만원을 각 차용하였으나, 계속되는 영업부진으로 위 채권자들에게 이자조차 지급하지 못하였다.
   나. 채무자는 이와 같이 다액의 채무를 부담한 채 제대로 채무변제를 하지 못하는 상황이었고, 채무자의 재산으로는 ○○시 ○○구 ○○로 ○○(이하 '이 사건 부동산'이라 한다)를 제외하고는 위 음식점의 임대보증금 3천만원밖에 없었다.
   다. 채무자는 위 음식점의 임료조차 제대로 지급하지 못할 정도로 사업수지가 계속 악화되면서 결국 20○○. 4 사업운영을 중단하였고, 그 후 이 사건 부동산에 관하여 상대방에게 ○○지방법원 ○○등기소 20○○. ○. ○. 접수 제○○○○○○호로 소유권이전등기를 경료해 주었다.

라. 채무자는 20○○. ○. ○. 이 법원에 채무총액 350,000,000원의 채권자일람표를 제출하면서 파산 및 면책신청을 하여 20○○. ○. ○. 10:00 파산을 선고받았고, 파산관재인으로 청구인이 선임되었다.

2. 판 단

위 인정사실과 같이, 채무자가 계속되는 영업부진으로 수 명의 채권자들에 대하여 다액의 채무를 지고 이를 변제하지 못하는 상태에서, 채권자 중 1인인 상대방에게 채무자가 보유한 거의 유일한 재산인 이 사건 부동산에 관하여 소유권을 이전해 준 행위는 다른 파산채권자를 해하는 사해행위에 해당하고, 채무자의 사해의사도 충분히 추인할 수 있다. 한편, 이 사건 상대방의 선의를 인정할 아무런 증거가 없다.

따라서 채무자의 상대방에 대한 소유권이전행위는 채무자 회생 및 파산에 관한 법률 제391조 제1항 제1호 소정의 부인권의 행사대상으로서 부인되어야 하고, 그에 따라 상대방은 청구인에게 이 사건 부동산에 관하여 ○○지방법원 ○○등기소 20○○. ○. ○. 접수 제○○○○○○호로 마친 소유권이전등기의 부인등기절차를 이행할 의무가 있다.

그렇다면, 청구인의 이 사건 청구는 이유 있으므로 주문과 같이 결정한다.

20○○. ○. ○.

주) 개인파산·회생실무, 서울회생법원, 양식편 인용 및 참고

[5]
환취권·별제권·상계권

1. 환 취 권

가. 환취권의 의의

환취권이란 파산재단에 속하지 않은 제3자의 특정재산이 파산재단에 편입되어 관리되고 있을 때 그 재산의 실제 소유자인 제3자가 그 반환이나 인도를 구하는 권리를 의미한다. 재산의 실제 소유자인 제3자는 채무자가 파산선고를 받았다고 하더라도 채무자에 속하지 않는 재산을 파산재단으로부터 환취하는 권리를 행사하는데 지장이 없는 것이다.

나. 구체적인 환취권의 행사

① 매도인이 매매의 목적인 물건을 매수인에게 발송하였으나 매수인이 그 대금의 전액을 변제하지 않고 도달지에서 그 물건을 수령하지 않은 상태에서 매수인이 파산선고를 받은 때에는 매도인은 그 물건을 환취할 수 있다(408조 운송 중인 매도물의 환취. 단, 파산관재인이 대금전액을 지급하고 그 물건의 인도를 청구한 때에는 예외).
이 경우에 매수인 및 매도인이 모두 파산선고당시에 아직 이행을 완료하지 않은 때에는 파산관재인은 계약을 해제 또는 해지하거나 매수인의 채무를 이행하고 매도인의 채무이행을 청구할 수 있다(408조 2항, 335조).

② 물품매수의 위탁을 받은 위탁매매인이 그 물품을 위탁자에게 발송하였으나 위탁자가 그 대금의 전액을 변제하지 않고 도달지에서 그 물건을 수령하지 않은 상태에서 위탁자가 파산선고를 받은 때에는 위탁매매인은 그 물건을 환취할 수 있다(409조. 위탁매매인의 환취권. 단, 파산관재인이 대금전액을 지급하고 그 물건의 인도를 청구한 때에는 예외). 이 경우에 위탁매매인 및 위탁자 모두 파산선고당시에 아직 이행을 완료하지 않은 때에는 파산관재인은 계약을 해제 또는 해지하거나 위탁자의 채무를 이행하고 위탁매매인의 채무이행을 청구할 수 있다(409조, 335조).

③ 채무자가 파산선고 전에 환취권의 목적인 재산을 양도한 때에는 환취권자는 반대급부의 이행청구권의 이전을 청구할 수 있다(410조 1항, 대체적환취권). 파산관재인이 환취권의 목적인 재산을 양도한 때에도 또한 같다. 이 경우에 파산관재인이 반대급부의 이행을 받은

때에는 환취권자는 파산관재인이 반대급부로 받은 재산의 반환을 청구할 수 있다(410조 2항).

④ 위탁매매인이 위탁자로부터 받은 물건 또는 유가증권이나 위탁매매로 인하여 취득한 물건, 유가증권 또는 채권은 위탁자와 위탁매매인 또는 위탁매매인의 채권자 간의 관계에서는 이를 위탁자의 소유 또는 채권으로 보므로(상법 103조), 위탁매매인이 위탁자로부터 물건 또는 유가증권을 받은 후 파산한 경우에는 위탁자는 위 물건 또는 유가증권을 환취할 권리가 있고, 위탁매매의 반대급부로 위탁매매인이 취득한 물건, 유가증권 또는 채권에 대하여는 대상적 환취권(대체적 환취권)으로 그 이전을 구할 수 있다.[122]

⑤ 외국 정부가 국내법원에서 파산선고를 받은 위탁매매인에 대한 세금청구권에 기하여 위탁자의 대상적 환취권의 목적이 되는 물건, 유가증권 또는 채권을 강제징수한 경우, 그로 인해 위탁매매인의 세금채무가 소멸하여 위탁매매인의 파산재단은 동액 상당의 부당이득을 얻은 것이 되며, 이 경우 위탁자는 위탁매매인의 파산재단에 대하여 부당이득반환청구권을 가지게 되는데, 이는 재단채권이다.[123]

2. 별 제 권

가. 별제권의 의의

파산재단에 속하는 재산에 대하여 유치권·질권·저당권 또는 전세권을 가진 자를 별제권자라고 하고, 이러한 별제권자가 그 목적인 재산에 관하여 파산절차와는 무관하게 자기의 권리를 행사하여 채권의 만족을 얻을 수 있는 권리를 별제권이라고 한다. 양도담보권자도 별제권자에 해당한다고 본다(대판 1996.12.10. 96다19840, 2010.1.14. 2006다17201).[124]

---

122) 위탁매매인이 위탁자로부터 받은 물건 또는 유가증권이나 위탁매매로 인하여 취득한 물건, 유가증권 또는 채권은 위탁자와 위탁매매인 또는 위탁매매인의 채권자 간의 관계에서는 이를 위탁자의 소유 또는 채권으로 보므로(상법 제103조), 위탁매매인이 위탁자로부터 물건 또는 유가증권을 받은 후 파산한 경우에는 위탁자는 (구)파산법(2005. 3. 31. 법률 제7428호 채무자 회생 및 파산에 관한 법률 부칙 제2조로 폐지) 제79조에 의해 위 물건 또는 유가증권을 환취할 권리가 있고, 위탁매매의 반대급부로 위탁매매인이 취득한 물건, 유가증권 또는 채권에 대하여는 (구)파산법 제83조 제1항에 의해 대상적 환취권(대체적 환취권)으로 그 이전을 구할 수 있다(대판 2008.5.29. 선고 2005다6297).

123) 외국 정부가 국내법원에서 파산선고를 받은 위탁매매인에 대한 세금청구권에 기하여 위탁자의 대상적 환취권의 목적이 되는 물건, 유가증권 또는 채권을 강제징수한 경우, 그로 인해 위탁매매인의 세금채무가 소멸하여 위탁매매인의 파산재단은 동액 상당의 부당이득을 얻은 것이 되며, 이 경우 위탁자는 위탁매매인의 파산재단에 대하여 부당이득반환청구권을 가지게 되는데, 이는 (구)파산법(2005. 3. 31. 법률 제7428호 채무자 회생 및 파산에 관한 법률 부칙 제2조로 폐지) 제38조 제5호의 재단채권이다(대판 2008.5.29. 2005다6297).

124) (구)파산법(2005. 3. 31. 법률 제7428호 채무자 회생 및 파산에 관한 법률 부칙 제2조로 폐지) 제84조는 유치권,

나. 별제권자의 지위

별제권자는 피담보채권의 채권자이고, 파산채무자는 피담보채권의 채무자인 경우도 있고 물상보증인인 경우도 있다. 파산채무자가 피담보채권의 채무자인 경우에는 별제권자는 파산채권자의 지위를 겸하게 되지만, 파산채무자가 물상보증인인 경우에는 파산재단에 속하는 그 특정재산에 대하여 별제권 행사를 할 수 있을 뿐 파산채권자의 지위에 있지는 않다. 다만, 전자의 경우와 같이 별제권자가 파산채권자의 지위를 겸유한다 하더라도 별제권자는 그 별제권 행사에 의해 변제받을 수 없는 채권액에 관해서만 파산채권자로서 그 권리를 행사할 수 있을 것이다(413조 본문). 물론 별제권을 포기한 경우에는 그 포기한 채권액에 관하여 파산채권자로서 권리를 행사할 수 있다(413조 단서).

다. 별제권의 행사

별제권자는 파산재단에 속하는 재산에 관하여 파산절차와는 무관하게 유치권·질권·저당권 또는 전세권을 행사하여 자기의 채권을 회수할 수 있다(411조). 다만, 파산관재인은 민사집행법에 의해 별제권의 목적인 재산을 환가할 수 있는데, 이에 대하여는 별제권자도 거절할 수 없다(497조 1항). 별제권은, 파산채권과는 달리, 반드시 신고·조사절차를 거쳐 확정되어야만 행사할 수 있는 것은 아니다(대판 1996. 12.10. 96다19840). 별제권의 실행으로 인한 경매절차에서 과세관청이 한 교부청구에 대한 배당금은 과세관청이 아니라 파산관재인에게 교부해야 한다(대판 2003.6.24. 2002다70129).

라. 별제권자의 파산채권자로서의 권리행사

별제권자는 별제권의 행사에 의해 변제를 받을 수 없는 채권액에 관하여는 파산채권자로서 권리를 행사할 수 있다(413조 본문). 또한 별제권을 포기한 채권액에 관하여도 파산채권자로서 권리를 행사할 수 있다(413조 단서). 한편 통합도산법에서는 별제권자가 채무자에 대하여 가지는 파산채권을 면책에서 제외되는 청구권으로 규정하고 있지 않으므로 면책결정의 효력은 별제권자의 파산채권에도 미친다고 할 것이므로(564조, 566조, 564조), 별제권자가 별제권을 행사하지 않은 상태에서 파산절차가 폐지되었다고 하더라도, 면책결정이 확정된 이상, 별제

질권, 저당권 또는 전세권을 가진 자는 그 목적인 재산에 관하여 별제권을 가진다고 규정하고 있는 바, 어음의 양도담보권자는 채무자의 어음 발행인에 대한 어음상 청구권에 대하여 담보권을 갖는다는 점에서 별제권을 가지는 것으로 열거된 유치권자나 질권자 등과 다름이 없으므로 (구)파산법상 별제권을 행사할 수 있는 권리를 가지는 자로 봄이 상당하고, 그 어음 발행인을 채무자와 함께 채무를 부담하는 자로 볼 수는 없다(대판 2010.1.14. 2006다17201).

권자였던 자로서는 담보권을 실행할 수 있을 뿐 채무자를 상대로 종전 파산채권의 이행을 소구할 수는 없다고 해야 할 것이다(대판 2011.11.10. 2011다27219).

마. 준별제권

파산재단에 속하지 않는 채무자의 재산상에 질권 또는 저당권을 가진 채권을 준별제권이라고 하고 그러한 준별제권을 가진 자를 준별제권자라고 하는데(414조 1항), 준별제권에 관하여는 별제권에 관한 규정이 준용된다(414조 2항). 그밖에 통합도산법에서는 주택·상가건물임대차보호법상 우선변제금액 및 최우선변제금액과 최종 3개월분의 임금 및 최종 3년분의 퇴직급여에 대하여도 준별제권을 인정하고 있다(415조, 415조의2).

준별제권도 별제권부 채권과 유사한 성격을 가지므로 별제권에 준하여 취급될 것이지만 별제권과는 달리 준별제권자에게는 담보권실행을 위한 경매신청권이 인정되지 않으며, 설령 준별제권부 채권에 관하여 확정판결을 받아 놓았다고 하더라도 강제집행을 실행할 수도 없다(348조 1항). 준별제권자도 그 권리의 행사에 의해 변제를 받을 수 없는 채권액에 한해서는 파산채권자로서 권리를 행사할 수 있다(414조 1항).

3. 상 계 권

파산채권자가 파산선고 당시 채무자에 대하여 채무를 부담하는 때에는 파산절차에 의하지 않고 상계할 수 있다(416조). 파산채권자의 채권이 파산선고시에 기한부 또는 해제조건부이거나 비금전채권, 그 액이 불확정인 때, 정기금 채권의 금액·존속기간이 확정하지 않은 때에도 상계할 수 있다. 채무가 기한부나 조건부인 때 또는 장래의 청구권에 관한 것인 때에도 마찬가지로 상계할 수 있다(417조). 따라서 수동채권의 조건이 파산선고 후에 성취된 경우에도 파산채권자는 이에 대하여 상계할 수 있다(대판 2002.11.26. 2001다833).

파산채권자가 임차인인 때에는 파산선고시의 당기(當期) 및 차기(次期)의 차임에 관하여 상계할 수 있다(421조 1항). 보증금이 있는 경우 그 후의 차임에 관하여도 또한 같다. 다만 ① 파산채권자가 파산신고 후에 파산재단에 대하여 채무를 부담한 때(단, 여기의 채무란 채무 자체가 파산선고 후에 발생한 경우는 물론 파산선고 전에 발생한 제3자의 파산재단에 대한 채무를 파산선고 후에 인수한 경우도 포함되며, 그 인수는 포괄승계로 인한 경우에도 해당됨. 대판 2003.12.26. 2003다35918), ② 파산채권자가 지급정지 또는 파산신청이 있었음을 알고 채무자에 대하여 채무를 부담한 때(단, 그 부담이 법정의 원인에 의한 때, 파산채권자가 지급정지나 파산신청이 있었음을 알기 전에 생긴 원인에 의한 때, 파산선고가 있은 날부터 1년 전에 생긴 원인에 의한 때에는 예외), ③ 파산선고를 받은 채무자의 채무자가 파산선고 후에 타인의 파산채권을 취득한 때, ④ 파산선고를 받은 채무자의 채무자가 지급정지 또는 파산신청이 있었음을 알고 파산채권을 취득한 때 등의 경우에는 상계할 수 없다(422조).[125)]

그리고 파산자의 보증인이 파산선고 후 보증채무를 전부 이행함으로써 구상권을 취득한 경우에는 그 구상권을 자동채권으로 하여 파산채무자에 대한 채무와 상계할 수 있지만, 파산자의 보증인이 파산선고 후 채권자에게 그 보증채무의 일부를 변제하여 그 출재액을 한도로 파산자에 대하여 구상권을 취득하였다 하더라도 채권자가 파산선고시의 채권 전액을 파산채권으로 신고한 이상 보증인으로서는 파산자에 대하여 그 구상권을 파산채권으로 행사할 수 없어 이를 자동채권으로 하여 파산자에 대한 채무와 상계할 수 없다.[126)] 파산선고 전에 발생한 제3자의 파산채권자에 대한 채권을 파산선고 후에 파산관재인이 양수함에 따라 파산채권자가 파산재단에 대하여 채무를 부담하는 경우 이는 상계를 금지한 파산채권자가 파산선고 후에 파산재단에 대하여 채무를 부담한 때(422조 1호)에 해당되므로 상계가 허용되지 않는다(대판 2014.11.27. 2012다80231).

---

125) (구)회사정리법(2005. 3. 31. 법률 제7428호 채무자 회생 및 파산에 관한 법률 부칙 제2조로 폐지) 제162조 제1항 등에 의해 상계를 제한하는 취지는, 정리채권자들의 무분별한 상계권행사가 회사정리를 위한 노력을 곤란하게 하고 정리계획의 작성 등 절차 진행에 지장을 초래하는 것을 방지함으로써 기업의 재건이라는 (구)회사정리법의 목적을 실현하려는 데 있다. 그와 같은 입법 취지나 회사정리절차가 종결된 경우 정리계획에서 달리 정함이 없는 한 정리채권자들의 개별적인 권리행사가 가능해지는 점 등을 고려하여 보면, (구)회사정리법상의 정리절차가 종결된 때에는 상계에 대한 위와 같은 제약도 해소된다고 해석해야 한다(대판 2009.1.30. 2008다49707).

126) 파산자의 보증인이 파산선고 후 보증채무를 전부 이행함으로써 구상권을 취득한 경우, 그 구상권은 파산선고 당시 이미 장래의 구상권으로서 파산채권으로 존재하고 있었다고 보아야 하는 점, 파산절차에서는 장래의 청구권을 자동채권으로 한 상계가 허용되는 점, 정지조건부채권 또는 장래의 청구권을 가진 자가 그 채무를 변제하는 경우에는 후일 상계를 하기 위해 그 채권액의 한도에서 변제액의 임치를 청구할 수 있는 점 등에 비추어, 그 구상권을 자동채권으로 하여 파산채무자에 대한 채무와 상계할 수 있다고 봄이 상당하다. 그런데 파산선고 후 파산채권자가 다른 채무자로부터 일부 변제를 받거나 다른 채무자에 대한 회사정리절차 내지 파산절차에 참가하여 변제 또는 배당을 받았다고 하더라도 그에 의해 채권자가 채권 전액에 대하여 만족을 얻은 것이 아닌 한 파산채권액에 감소를 가져오는 것은 아니어서, 채권자는 여전히 파산선고시의 채권 전액으로써 계속하여 파산절차에 참가할 수 있고, 채권의 일부에 대한 대위변제를 한 구상권자가 자신이 변제한 가액에 비례하여 채권자와 함께 파산채권자로서 권리를 행사할 수 있는 것은 아니다. 따라서 파산자의 보증인이 파산선고 후 채권자에게 그 보증채무의 일부를 변제하여 그 출재액을 한도로 파산자에 대하여 구상권을 취득하였다 하더라도 채권자가 파산선고시의 채권 전액을 파산채권으로 신고한 이상 보증인으로서는 파산자에 대하여 그 구상권을 파산채권으로 행사할 수 없어 이를 자동채권으로 하여 파산자에 대한 채무와 상계할 수도 없다(대판 2008.8.21. 2007다37752).

[6]
파산재단의 재산평가·환가

1. 파산재단의 관리·재산평가

파산관재인은 취임 후 즉시 파산재단에 속하는 재산의 점유 및 관리에 착수한 후 지체 없이 파산재단에 속하는 모든 재산의 파산선고 당시의 가액을 평가하고, 재산목록 및 대차대조표를 작성해야 한다(479조, 482조, 483조 1항).

또한 파산관재인은 법원의 허가를 받아 채무자의 영업을 계속할 수 있다(486조). 화폐, 유가증권 그밖의 고가품의 보관방법은 법원이 정한다(487조).

2. 파산재단의 평가

파산관재인은 지체 없이 파산재단에 속하는 모든 재산의 파산선고 당시의 가액을 평가하고, 재산목록 및 대차대조표를 작성해야 한다(482조, 483조 1항). 파산관재인은 재산목록 및 대차대조표의 등본에 기명날인하고 이를 법원에 제출해야 한다(483조 2항). 이해관계인은 이러한 서류의 열람을 청구할 수 있다(483조 3항).

3. 파산재단의 재산 환가

파산관재인은 채권조사기일이 종료되면 파산재단에 속한 재산을 환가할 수 있으며, 파산채권조사기일이 종료되기 전에도 감사위원의 동의 또는 법원의 허가를 얻어 파산재단에 속하는 재산을 환가할 수 있다(491조). 환가하는 방법은 민사집행법이 정한 바에 따라 하게 되지만, 법원의 허가를 받아 영업양도 등 다른 방법으로 환가할 수도 있다(496조). 실무상 거의 대부분은 법원의 허가를 얻어 임의 매각하는 방법으로 환가하고 있다. 이 경우 파산관재인은 부동산중개업자 등에게 의뢰하는 방법으로 매수희망자를 모집하고 매수희망자가 경합하는 경우에는 최고가매수희망자와 법원의 허가를 조건으로 하는 매매계약을 체결하되, 매수희망자가 없는 경우에는 별제권자, 임차인 등 이해관계인, 채무자의 친족 등에게 매수의사를 타진하는 방법도 취하고 있다.

또한 파산관재인은 별제권자에 대하여 별제권의 목적인 재산의 제시를 요구할 수 있고, 그 제시된 별제권의 목적인 재산을 민사집행법에 의해 환가할 수 있으며, 이에 대하여 별제권자는 그 환가를 거절할 수 없다(490조, 497조 1항). 이 경우에 별제권자가 받을 금액이 아직 확정되지 않은 때에는 파산관재인은 대금을 따로 임치해야 하며, 별제권은 그 대금 위에 존재한다(497조 2항). 별제권자가 법률에 정한 방법에 의하지 않고 별제권의 목적을 처분하는 권리를 가지는 때에는 법원은 파산관재인의 신청에 의해 별제권자가 그 처분을 해야 하는 기간을 정하게 되는데, 별제권자가 그 기간 안에 처분을 하지 않는 때에는 이러한 권리 잃게 된다(498조). 대항력 있는 임차인이 있는 부동산을 매각할 경우에는 파산관재인이 임의로 임대차계약을 해지할 수 없으므로 임차인과 합의하여 임차인에게 임차보증금 상당액의 퇴거비용을 지급하는 취지의 화해를 하고 그 퇴거비용을 재단채권으로 지급하는 방법으로 하는 것이 실무이다.

파산선고 이후의 파산재단 관련 등기는 파산관재인의 신청에 의해야 하므로 부동산의 임의매각의 경우에도 파산관재인과 매수인이 공동으로 소유권이전등기를 신청해야 한다. 이때 파산관재인의 신청에 따라 법원사무관 등은 관할등기소의 등기관에게 매각을 원인으로 파산선고 등기의 말소를 촉탁해야 하고, 해당 등기관은 이를 수리해야 한다.[127]

4. 환가 포기

파산관재인은 또한 파산재단 소속의 재산에 대하여 환가가 불가능하거나 환가비용을 공제하고 나면 남는 것이 없다고 인정되는 경우에는 법원의 허가를 얻어 그 재산을 파산재단으로부터 포기할 수 있다(492조 12호). 소재불명인 차량, 매수희망자가 없는 동산, 회수불가한 채권 등도 마찬가지이다. 다만 파산관재인이 파산절차에서 파산채권자의 후순위파산채권 중 일부에 관하여 한 소멸시효이익 포기는 권리의 포기에 해당하지 않아 법원의 허가사항이라고 볼 수 없을 것이다(대판 2014.1.23. 2012다44785, 2014.1.29. 2012다109507).

127) 2007 부동산등기실무 Ⅲ, 법원행정처, 368p.

[7]
파산재단의 배당

1. 파산재단[128]의 배당

가. 배당실시 시기 및 법원의 허가

채권조사기일이 종료된 후에는 파산관재인은 배당하기에 적당한 금전이 있을 때마다 감사위원의 동의(단, 감사위원인 선임된 경우) 및 법원의 허가를 받아 지체 없이 배당을 실시해야 한다(505조, 506조).[129]

나. 배당표의 작성 및 제출·공고

배당실시를 위해 파산관재인은 배당에 참가시킬 채권자의 성명 및 주소, 배당에 참가시킬 채권액, 배당금액이 기재된 배당표를 작성한 후(507조), 이해관계인의 열람을 위해 배당표를 법원에 제출하고(508조), 배당에 참가시킬 채권의 총액과 배당할 수 있는 금액을 공고해야 한다(배당표 작성 및 배당공고, 509조).

다. 배당표에 대한 이의

채권자는 배당표에 대하여 배당제외기간(배당공고가 있은 날부터 14일) 경과 후 7일 이내에 한하여 법원에 이의를 신청할 수 있고, 이의신청에 대한 결정에 대하여는 즉시항고할 수 있다(514조 1항, 3항).

라. 배당표의 경정

파산관재인은 ① 파산채권자표를 경정해야 하는 사유가 배당제외기간 안에 생긴 때, ② 배당이의 절차를 통하여 그 증명 또는 소명이 있는 때, ③ 별제권자가 배당제외기간 안에 파산관재인에 대하여 그 권리포기의 의사를 표시하거나 그 권리의 행사에 의해 변제를 받을

128) 파산재단이란 채무자가 파산선고 당시에 가진 모든 재산 및 채무자가 파산선고 전에 생긴 원인으로 장래에 행사할 청구권 중 압류금지재산과 면제재산을 공제하고, 여기에 파산관재인의 부인권 행사에 의해 파산재단에 회복될 재산 등이 포함되는 것으로 구성된다(382조, 383조, 397조 1항).

129) 물론 파산관재인은 법원에 배당허가를 신청하기에 앞서 예납금의 재단편입, 환가를 마치지 않은 재산 유무의 확인, 환가불능 재산의 포기, 미변제 재단채권의 처리 등의 절차를 완료해야 할 것이다.

수 없었던 채권액을 증명한 때에는 즉시 배당표를 경정해야 한다(513조, 512조).

마. 배당액 통지 및 배당실시

파산관재인은 배당표에 대하여 이의가 없는 경우에는 이의신청기간 경과 후 지체 없이, 이의신청이 있는 경우에는 그에 대한 결정이 확정된 후 각 채권자에 대하여 배당액의 통지를 해야 한다(522조). 배당액 통지에 의해 배당액은 확정되고, 그 변경은 허용되지 않는다. 배당금의 지급은 원칙적으로 파산채권자가 파산관재인의 사무소에 와서 수령해야 하지만, 계좌입금의 방법에 의해도 가능하다. 파산채권자가 수령하지 않거나 소재불명인 경우에는 배당금을 공탁하게 된다.

바. 이의 있는 채권자 및 별제권자의 배당 제외

이의 있는 채권에 대하여는 채권자가 배당공고가 있은 날로부터 14일 이내에 파산관재인에 대하여 채권조사확정재판(462조)을 신청하거나 채권조사확정재판에 대한 이의의 소(463조) 또는 소송수계를 증명하지 않으면 그 배당으로부터 제외되며, 별제권자가 배당제외기간(배당공고가 있은 날로부터 14일) 내에 파산관재인에 대하여 그 권리 목적의 처분에 착수한 것을 증명하고, 그 처분에 의해 변제를 받을 수 없는 채권액을 소명하지 않으면 역시 배당에서 제외된다(512조).

다만, 이러한 배당제외자가 그 후의 배당에 관한 배당제외기간 내에 그 증명 또는 소명을 한 때에는 동순위의 다른 채권자에 우선하여 전의 배당에서 받을 수 있었던 액을 배당받을 수 있다(518조).

사. 최후배당의 실시

파산관재인이 최후의 배당을 하는 경우에는 법원의 허가를 받아야 한다(520조). 최후의 배당에 관한 배당제외기간은 배당의 공고가 있은 날부터 14일 이상 30일 이내에서 법원이 정한다(521조). 최후배당에서 파산관재인은 배당표에 대한 이의가 종결된 후 지체 없이 각 채권자에 대한 배당액을 정하여 그 통지를 해야 한다(522조).

정지조건부채권 또는 장래의 청구권이 최후의 배당에 관한 배당제외기간 안에 이를 행사할 수 없게 된 때에는 그 채권자는 배당에서 제외된다(523조). 해제조건부채권의 조건이 최후의 배당에 관한 배당제외기간 안에 성취되지 못한 때에는 배당을 받지 못하거나 배당을 받지 못한 것과 같은 결과가 되고 만다(524조).

별제권자가 최후의 배당에 관한 배당제외기간 안에 파산관재인에 대하여 그 권리포기의 의사를 표시하지 않거나 그 권리의 행사에 의해 변제를 받을 수 없었던 채권액을 증명하지 않은 때에는 배당에서 제외된다(525조). 파산관재인의 파산채권자에 대한 배당금지급채무의 법적 성질은 민사채무이며(즉, 지연손해금은 연 5%), 파산관재인의 배당금지급과 동시에 파산채권자가 채권증서 자체를 교부해 주어야 할 의무는 없다(대판 2005.8.19. 2003다22042).

2. 계산보고의 채권자집회

파산관재인은 배당이 완료된 후 법원에 임무종료에 따른 계산보고집회 소집신청을 하고, 수지계산보고서를 법원에 제출한다(365조).

법원은 파산관재인의 신청 또는 직권에 따라 계산보고를 위해 채권자집회 기일을 결정하고 회의의 목적사항을 공고한 후 채권자집회를 소집하는데, 이 채권자집회에서는 파산관재인은 채권자들에게 수지계산서와 최종업무보고서를 배포하고 그 내용을 설명해야 하며, 법원은 이 보고에 대하여 이의할 기회를 주게 된다. 계산에 대한 채권자의 승인이나 이의는 기일에서 구두로 진술해야 한다. 이의를 진술하지 않거나 기일에 출석하지 않은 경우에는 파산관재인의 계산보고를 승인한 것으로 간주한다(365조 2항).

또한 이 기일에서는 파산관재인이 가치 없다고 인정하여 환가하지 않은 재산의 처분에 관한 결의를 하여야 된다(529조). 다만, 파산관재인이 가치 없다고 인정한 재산에 대하여도 채권자집회에서 가치 있다고 보고 환가를 결의한 경우에는 파산관재인은 이 결의에 따라야 하고 속행기일에서 환가의 결과를 보고해야 한다. 채권자집회기일이 면책심문기일도 겸하게 되는 경우에는 기일결정등본을 파산채권자들에게도 발송송달해야 한다(558조 2항).

채권자집회가 종결된 때에는 법원은 파산종결의 결정을 하고 그 주문 및 이유의 요지를 공고해야 한다(530조).

제4절 특별파산제도

[1] 간이파산제도

1. 간이파산의 의의

간이파산은 종전 파산법의 소파산의 용어를 개정한 것이다. 파산재단에 속하는 재산액이 5억원 미만이라고 인정되는 때에는 법원은 파산선고와 동시에 간이파산의 결정을 하게 된다(549조). 이 경우에 법원은 파산선고를 하는 때에 간이파산결정의 주문도 함께 공고한다(549조 2항).

2. 간이파산절차

간이파산절차의 경우 제1회 채권자집회의 기일과 채권조사의 기일은 부득이한 사유가 있는 때를 제외하고는 이를 병합하며, 감사위원은 두지 않는다(552조, 553조). 또한 간이파산절차의 경우 제1회 채권자집회의 결의와 채권조사 및 계산보고를 위한 채권자집회의 결의를 제외하고는 법원의 결정으로 채권자집회의 결의에 갈음한다(554). 간이파산절차의 경우 배당은 1회로 하고, 최후의 배당에 관한 규정에 의하되, 추가배당을 할 수 있다(555조).

파산법상의 소파산을 하게 되는 가장 큰 실익은 관보에만 게재하면 되고 일간신문에는 공고하지 않아도 되기 때문에(파산법 338조) 공고료의 부담을 절감할 수 있다는데 있었으나, 통합도산법에서는 모든 파산신청 사건의 공고를 관보 또는 대법원규칙이 정하는 방법(예, 대법원 인터넷홈페이지 공고)에 의해 할 수 있도록 함으로써 간이파산의 실익은 그다지 크다고 할 수 없게 되었다.

3. 간이파산의 효과

간이파산은 파산재단의 크기가 작다는 점을 고려하여 파산절차의 특칙으로 그 절차만 간소화되어 있을 뿐 일반 파산절차와 다름없으므로 그 효과는 일반 파산선고의 경우와 동일하다고 할 것이다.

[서식 12] 파산신청서(채무자신청)

파산 및 동시폐지신청서

신청인 (채무자)

성 명 : 박 길 동 (朴 吉 東) (주민등록번호 : 123456-1234567)
주 소 : ○○○도 ○○시 ○○동 233-961
본 적 : 위와 같음

신 청 취 지

1. 신청인을 파산자로 한다.
2. 이 사건 파산을 간이파산으로 한다.
3. 이 사건 파산절차를 폐지한다.

라는 결정을 구합니다.

신 청 이 유

1. 신청인에게는 첨부서류 2 '채권자일람표'에서 보는 바와 같이, 지급해야 할 채무가 존재합니다.
2. 그런데, 신청인은 첨부서류 1 '진술서'에 기재한 바와 같이 현재의 자산이나 수입으로는 위 채무를 지급할 수 없는 상태에 있습니다.
3. 따라서 신청인을 파산자로 하고, 이 사건 파산절차를 폐지한다.

라는 결정을 구합니다.

첨 부 서 류

1. 진술서 1통
1. 채권자일람표 1통
1. 채권자주소 1통
1. 재산목록 1통
1. 현재의 생활상황 1통
1. 가계수지표 1통

1. 가족관계증명서 1통
1. 주민등록등본 1통

20○○. ○. ○.

신청인 박 길 동 (인)

○○지방법원 귀중

注) 위의 서식은 면책신청은 나중에 따로 하기로 하고 먼저 파산신청만 먼저할 경우에 대한 서식이며, 그중에서도 파산재단에 속하는 재산액이 5억원 미만인 경우에 가능한 간이파산을 신청하려는 경우의 예시이다. 그러나 채무자가 굳이 면책신청을 나중에 별도로 신청하기로 하고 먼저 파산신청만 단독으로 할 이유나 실익은 거의 없을 것이므로 실무에서는 간이파산신청의 경우에도 '(간이)파산 및 면책신청서'의 형식으로 작성하여 제출하는 것이 일반적이다.

[2]
상속재산파산제도

1. 의 의

가. 상속재산파산의 의미

상속재산파산이란 상속재산에 대하여 독립된 파산능력을 인정하여 파산절차를 이용할 수 있도록 함으로써 한편으로는 상속재산과 상속인의 고유재산을 엄격히 분리하여 상속재산으로부터 상속채권자 등 각 이해관계인들이 공평한 분배를 받을 수 있도록 하고 다른 한편으로는 상속재산청산에 대한 상속인들의 업무부담을 경감시키고자 통합도산법에서 도입한 제도를 말한다. 즉 통합도산법상 파산절차, 특히 그중에서도 청산을 주목적으로 하는 법인파산의 각종 절차와 제도적 이점(利點)을 상속재산의 청산에 활용함으로써 공평·타당한 상속재산의 분배와 청산절차의 간이·신속화를 도모할 수 있도록 하자는데 그 취지가 있는 제도라고 할 수 있을 것이다.

나. 상속재산 파산원인

상속재산 파산원인은 상속재산으로 상속채권자 및 수유자에 대한 채무를 완제할 수 없는 때이다(307조). 즉 채무초과 상태에 있으면 그 신청이 가능한 것이다.[130] 상속재산은 장차 채무자의 노력이나 신용에 의해 증가되는 것이 불가하고 피상속인의 사망시로 고정되어 있다는 점을 고려하여 통합도산법에서는 지급불능을 상속재산파산원인에서 고려하지 않는 것으로 보인다. 상속인이나 상속재산관리인 또는 유언집행자가 상속재산파산을 신청할 때에는 이러한 파산원인 사실을 소명해야 한다(299조 3항).

이는 상속인이 수인인 경우 공동으로 신청하든 각자 신청하든 마찬가지이다. 그밖의 상속재산파산신청권자, 예컨대 상속채권자 등은 채무초과라는 파산원인에 대한 소명의무는 없다. 이들은 상속인이나 상속재산관리인 또는 유언집행자와 달리 개인정보보호법상 상속재산과 부채에 대한 상세내역의 파악이 용이치 않아 채무초과상태 여부를 소명하는 것이 곤란하기

---

130) 상속재산파산신청의 원인은 채무초과 상태가 유일한 파산원인으로서 개인파산이 지급불능이 원인인 점(305조 1항), 법인파산원인이 지급불능 외에 채무초과 상태(단, 합명·합자회사 제외)도 원인인 점(306조)과 구별된다.

때문에 통합도산법에서는 파산원인에 대한 소명의무를 부여하고 있지 않는 것으로 보인다.[131] 주의할 점은 이들에게 파산원인에 대한 소명의무가 없다는 것이지 파산원인 자체가 애당초 존재하지 않는 경우에는 파산신청이 기각될 것임은 물론이다(309조 1항 3호).

한편 개인채무자에 대한 파산신청이 이루어진 후 또는 파산선고까지 이루어진 후에 개인채무자가 사망한 경우에는 어떻게 될 것인가? 이러한 경우에는 파산절차는 상속재산에 대하여 속행이 이루어질 것이다(308조). 상속재산에 대하여 파산절차가 속행되도록 하는 입법취지는 파산절차에서의 채무자를 종전의 개인채무자에서 상속재산으로 변경한다는 의미로 보아 상속재산에 대한 파산선고(389조)가 이루어진 후의 절차에 의해 처리하도록 하려는 것이 아닌가 싶다.

다만 파산신청 후 파산선고 전에 개인채무자가 사망한 경우에는 절차의 속행자가 상속인밖에 없을 것이므로 실무상 법원에서는 먼저 상속인에게 파산절차를 속행하도록 명하되(다만 속행명령에 대한 근거는 없으므로 절차참여에 대한 고지 정도의 의미만 있다고 봄), 그럼에도 불구하고 상속인이 속행신청을 하지 않는 때에는 속행자가 없음으로 인하여 더 이상 속행절차를 진행할 수 없을 것이므로 파산신청을 각하하고 있는 것으로 보인다.[132]

결국 파산신청 후 채무자의 사망으로 속행이 이루어진다는 의미는 파산선고 후 채무자가 사망하였고 속행자인 파산관재인이 선임되었을 때 파산절차가 속행된다는 것을 말하는 것이라고 보아야 할 것이다.[133] 상속재산에 대하여 속행이 이루어질 경우에는 채무자를 종전의 망 피상속인에서 "피상속인 망 홍길동의 상속재산"으로 표시해야 할 것이고, 이후 통합도산법상의 상속재산파산절차에 따라 파산절차가 진행될 것이다.

한편 상속재산파산과 관련하여 파산선고 후 채무자가 사망한 경우에 있어서는 채무자의 자유재산이나 신득재산이 생길 수 있는 관계로 파산재단과 상속재산 간에 불일치가 발생할 수 있는데, 이러한 경우에도 파산재단에 속하는 재산만 상속재산파산절차로 속행되어야 할지 아니면 종래의 파산재단을 확장하여 파산재단에 속하지 않는 재산까지 포함시켜 모두 상속재

---

131) 상속채권자 등과 달리 상속인 등은 금융감독원의 '상속인 금융거래 조회 서비스'나 피상속인 사망 후 6개월 이내에 시·구·읍·면·동사무소에서 '안심 상속 원스톱 서비스' 등을 이용하여 상속재산이나 상속채무의 구체적인 내역을 손쉽게 파악할 수 있다.

132) 서울회생법원, 제5판 개인파산·회생실무, 253p.

133) 파산관재인이 선임되지 않는 동시폐지 사건의 경우에는 청산할만한 상속재산이 없다는 의미이고 동시폐지결정으로 파산절차가 종료되는 것이므로 파산절차의 속행문제는 발생하지 않을 것이다(서울회생법원, 제5판 개인파산·회생실무, 253p).

산파산절차로서 속행되어야 할지 문제되는데, 후자의 입장이 타당하다고 본다.[134] 이러한 해석이 통합도산법 제308조에서 파산신청 또는 파산선고가 있은 후에 상속이 개시된 때에는 파산절차는 '파산재단'이 아니라 '상속재산'에 대하여 속행된다는 문언에 충실한 해석이고 또한 상속재산파산절차가 상속재산 일체에 대하여 상속채권자 등 이해관계인에 있어서는 간이·공평한 청산을 도모하고 아울러 상속인에 대해서는 청산절차의 부담을 덜어주기 위한 제도라는 취지에 부합하는 것이 아닌가 싶다.[135]

파산선고 후 면책절차 진행 중에 개인채무자가 사망한 경우에는 해당 면책권이 일신전속권인 관계상 면책절차는 종료되고 상속인에 대한 승계의 문제는 발생하지 않는다고 보아야 한다.[136]

다. 한정승인제도과 상속재산파산제도

1) 두 제도의 구별

상속인의 입장에서는 상속의 한정승인(이하 '한정승인')이든 상속재산파산이든 모두 상속인에게 그 실익이 있어야 의미가 있는 것이고 이용가치가 있을 것이다. 피상속인의 적극재산에 비하여 채무 등 소극재산이 워낙 커서 상속의 실익이 없다고 판단될 경우에는 상속을 포기할 것이므로 애당초 이런 논의의 대상이 되지 못할 것이고 반대로 적극재산이 소극재산에 비하여 현저히 큰 경우에는 상속의 단순승인을 할 것이므로 역시 논의의 대상이 되지 못한다.

---

134) 이와 같이 파산신청 또는 파산선고가 있은 후에 채무자가 사망하여 상속이 개시된 때에는 파산절차는 상속재산에 대하여 속행이 이루어져야 할 것이지만(308조), 실무에서는 경우를 나누어 파산신청 후 파산선고 전에 채무자가 사망하여 상속이 개시된 때에는 아직 파산관재인이 선임되기 전이어서 파산절차를 속행할 자가 상속인밖에 없을 것이므로 법원에서는 먼저 상속인에게 파산절차의 속행을 신청하도록 명하되 속행신청이 없는 때에는 속행절차를 진행할 자가 없음으로 인하여 속행이 불가한 관계로 파산신청을 각하처리하고 있고, 반면 파산선고 후에 채무자가 사망한 때에는 파산절차의 속행이 불필요한 동시폐지의 경우를 제외하고는 파산선고와 동시에 파산관재인이 선임되어 있을 것이므로 파산절차는 상속재산에 대하여 속행이 이루어지게 된다는 점은 앞서 본 바와 같다(서울회생법원, 제5판 개인파산·회생실무, 253p). 다만 파산선고 후 사망한 후자의 경우에도 동시폐지 사건인 경우나 동시폐지 사건이 아니지만 파산관재인이 선임되지 않은 사건인 경우에는 실무상 전자의 파산신청 후 파산선고 전에 채무자가 사망한 경우와 마찬가지의 절차에 의해 처리될 것으로 보인다.

135) 서울회생법원, 제5판 개인파산·회생실무, 254p에서는 "고정주의(파산선고시를 기준으로 하여 파산재단의 범위를 고정하는 원칙)와의 관계에서 속행절차는 종래의 파산재단에 대해서 속행된다고 보고, 자유재산이나 신득재산은 파산선고 후에 새로이 등장하는 채무자의 채권에 대한 책임재산을 구성한다고 봄이 타당하다."라고 하고 있으나, 이는 통합도산법 제308조 "파산신청 또는 파산선고가 있은 후에 상속이 개시된 때에는 파산절차는 '상속재산'에 대하여 속행된다."라고 규정한 바와 같이 '상속재산'에 대하여 속행한다는 문언의 취지에 반하는 해석일 뿐만 아니라 상속재산파산신청의 주된 원인은 상속재산을 간이·공평하게 일괄적·일률적으로 청산하는데 있다는 점을 반영하지 못한 해석이 아닌가 싶다.

136) 서울회생법원, 제5판 개인파산·회생실무, 254p.

적극재산의 크기와 소극재산의 크기가 불분명하되 적극재산이 보다 크다고 판단될 경우라거나 상속포기로써 후순위 상속인들에게 상속순위가 넘어감으로써 피해가 가는 것을 차단하기 위한 차원에서 단독상속인 또는 수인의 상속인 중 일부가 한정승인을 하지 않으면 안되는 상황에 처했을 때 장차 밟아주어야 할 청산절차와 관련해서 상속의 한정승인과 상속재산파산 중 어떤 절차를 밟아야 할지를 고민하는 것이다.

즉 상속인으로서는 피상속인의 사망시 한정승인을 하지 않으면 안되는 상황이 전제되어 있을 때 청산절차로써 한정승인과 상속재산파산이라는 두 제도 중 어느 제도를 선택하는 것이 자신에게 유리할지 여부를 판단해서 신청하게 된다는 것이다.

한편 상속채권자의 입장에서 볼 때에는 한정승인자에게 청산절차가 맡겨져 있음으로 인하여 청산절차가 지연·장기화되고 공평한 분배가 도모되지 않을 염려가 있는 경우를 대비하여 청산절차가 간소화되어 있고 공평한 분배가 도모될 수 있는 상속재산파산절차가 유리할 수 있기 때문에 상속인에 비하여 상속재산파산제도를 이용할 실익이 보다 크다고 할 수 있는 바, 이런 점에서 상속채권자의 신청에 의한 상속재산파산절차가 이루어질 소지가 크다고 본다.

2) 두 제도의 관계

상속인이 상속재산파산을 신청한다고 해서 그 자체만으로써 상속채무가 면책되지는 않는다. 상속재산파산절차에서 채무자의 지위는 상속인이 아니라 상속재산의 집단 자체에 부여되는 것이기 때문이다. 또한 상속인은 상속재산파산절차에서 파산선고를 받은 자가 아니기 때문에 파산선고를 받은 개인채무자를 전제로 한 면책신청도 인정되지 않는 관계로 설령 상속인이 별도로 면책신청을 한다고 하더라도 기각을 면치 못할 것이다(559조 1항 1호). 따라서 통합도산법에서는 상속재산파산만 신청하고 한정승인을 하지 않은 상속인을 보호할 필요가 있다고 판단하여 상속재산에 대하여 파산선고가 있는 때에는 상속인이 한정승인을 한 것으로 간주되도록 하는 규정을 두고 있다(389조 3항 본문).

라. 상속재산파산제도의 운영 실무

한정승인제도와 상속재산파산제도는 상속재산에 관한 청산을 도모한다는 점에서 같은 취지의 제도라고 할 수 있는데, 그동안 한정승인은 신청서 하나만 제출하면 되는 비교적 간단한 절차로 결정을 받을 수 있는데 비하여 상속재산파산절차는 생소하고 파산절차라는 복잡한 신청절차를 거쳐야 한다는 점에서 그 이용률이 저조했던 게 사실이다. 그러나 한정승인도 법원으로부터 결정서를 받는 절차로써 마무리되는 것이 아니고 그 후 채권자에 대한 공고·최고, 경매·환가, 배당이라는 청산절차를 밟아주어야 하기 때문에 청산절차 단계에 이르러서는 상속재산파산과 같은 복잡한 절차가 기다리고 있다. 즉 신청단계에서는 한정승인신청이 상속재산파산신청보다 간단할지 모르지만 청산단계에 이르러서는 상속재산파산절차보다 오히려 복잡하고 어려움이 따르게 되어 있다.

따라서 법원에서는 상속인의 입장에서는 청산부담이 경감되고 상속채권자의 입장에서는 공평·엄격·간소한 절차로써 채권회수가 가능하다는 점에서 상속재산파산제도를 활성화시키고자 적극 노력하고 있다. 그 일환으로 서울회생법원에서는 2017. 7월부터 서울가정법원과 연계하여 가정법원에서 한정승인신고에 대한 심판을 하는 경우에는 상속인에게 상속재산파산제도에 대한 절차와 장점 등을 담은 안내문을 발송하기 시작함으로써 상속재산파산신청을 유도하였고, 그 결과로서 상속재산파산신청의 접수건수가 갈수록 증가하고 있다고 한다.[137]

2. 상속재산파산제도의 실익

가. 상속재산의 규모·종류와 한정승인절차와의 관계에 따른 실익

상속재산파산제도의 실익은 한정승인과의 비교 관계에서 찾아야 할 것이다. 즉 두 제도는 모두 상속인이 신청하는 경우가 대부분일 것인데, 피상속인의 사망시 상속재산을 처분하여 상속채권자들에게 공평한 분배 내지 배당을 해주어야 하는 절차와 관련되는 것이고, 그중 상속재산파산을 신청하는 이해관계인에게 이익이 될 것인지 여부에 따라 한성승인반으로 그치냐 나아가 상속재산파산까지 신청할 것이냐가 좌우될 것이기 때문이다. 또한 이들 제도는 상속재산의 규모가 비교적 크고 상속재산 중 부동산이나 매각절차가 어려운 특허권 등과 같은 지적재산권 또는 비상장주식 등과 같은 환가가 어려운 재산이 많은 경우에 큰 의미가 있을 것이다.

나. 이해관계인별 실익 검토

1) 상속인의 입장

상속재산파산신청을 하는 자로는 상속인과 상속채권자가 대표적일 것이다. 먼저 상속인의 입장에서는 상속재산과 상속채권자나 수유자 등 이해관계인들을 직접 찾고 상속재산을

137) 서울회생법원의 경우 상속재산파산사건은 2015. 8월부터 2020. 12월까지 총 599건이 접수되어 처리되고 있다 (서울회생법원, 제6판 개인파산·회생실무, 269p).

형식적 경매 등을 통해 환가·배당한 후 이들에게 공평한 배당을 해주어야 하는 어려움이 따를 것이므로 상속재산의 규모가 크고 상속재산의 구성이 복잡하며 부동산·특허권·비상장 주식 등과 같이 환가가 어려운 재산들이 다수 포함되어 있는 경우에는 상속재산파산절차를 통하는 경우 상속인이 스스로 이해관계인들을 찾고 상속재산의 환가를 통해 상속채무를 변제하는 등 복잡한 청산절차를 이행해야 하는 어려움을 해소할 수 있는데다 상속에 따른 법률관계를 일거에 정리하여 이해관계인들의 개별적인 청구 및 집행에 따른 불안함과 번거로움을 최소화할 수 있을 것이어서 상속재산파산신청의 실익이 있을 것이다.

그리고 상속재산파산제도는 상속인이 아니라 상속재산 자체가 채무자가 되고 파산선고의 대상이 되는 것이므로 상속재산에 대하여 파산선고가 이루어진다고 해서 상속인에게 어떤 경제적 신용도에 영향을 미치는 것이 아니라는 점도 이점(利點)이 있을 것이다.

2) 상속채권자의 입장

다음으로 상속채권자의 입장에서는 한정승인을 한 상속인의 처분에 맡겨도 상속재산에 대한 신속하고 공평한 배분이 기대되는 경우에는 굳이 사서 고생해 가면서 상속재산파산을 신청할 실익이 없을 것이지만 현실은 비전문가가 대부분인 한정승인자에게 신속·공평한 배분을 기대한다는 것이 곤란할 것이고 미덥지 않을 것이므로 상속재산파산을 신청할 실익은 상속인의 경우보다 크다고 할 수 있을 것이다.

또한 상속인을 찾기 어렵거나 상속인 중 일부가 외국에 거주한 경우 또는 선순위의 상속인이 상속을 포기함으로써 누가 진정한 상속인인지 확인하기 곤란한 경우에도 실익이 있을 것이다. 한정승인한 상속인의 처지로 보아 문맹이거나 신용불량자 등이어서 상속재산의 청산에 관한 신속한 절차의 이행을 기대할 수 없는 경우에도 상속재산파산신청의 실익이 있을 것이다. 또한 상속재산파산절차에서는 통합도산법상 각종 파산절차상의 제도, 예컨대 파산관재인제도와 같은 중립적인 청산기관이나 부인권과 같은 상속재산보전 내지 회수제도 등을 이용할 수 있는 장점도 있을 것이다.

3. 상속재산파산의 신청과 절차 진행

가. 상속재산파산신청 절차

1) 신청권자와 채무자

상속재산파산은 주로 상속인(민법 1000조, 1001조, 1003조, 1003조)이 신청하게 될 것이지만,

상속채권자나 수유자 또는 상속재산관리인(민법 1023조, 1040조, 1047조, 1053조)이나 유언집행자(민법 1093조, 1095조, 1096조)도 신청할 수 있다(299조 1항). 상속재산파산을 신청할 수 있는 상속인은 상속결격자가 아니어야 하며 상속인이 수인인 경우에는 공동으로 신청할 수도 있고 각자 신청할 수도 있다. 그러나 상속포기자는 처음부터 상속인 아닌 자로 간주되므로 신청권이 없다. 그리고 상속채권자에게만 신청권이 인정될 뿐 상속인의 채권자는 신청권이 없으며, 상속인의 채권자는 파산재단에 대하여도 파산채권자로서 권리를 행사할 수 없고(438조), 다만 상속재산과 상속인의 고유재산 간의 분리를 신청할 수 있을 뿐이다(민법 1045조).

한정승인자와 재산분리가 있는 경우의 상속인 또는 상속재산관리인이나 유언집행자는 상속재산으로 상속채권자 및 수유자에 대한 채무를 완제할 수 없는 것을 발견한 때에는 지체 없이 상속재산파산을 신청해야 할 의무가 주어져 있다(299조 2항). 다만 신청의무를 이행하지 않았다고 해서 벌칙규정이 존재하지 않으므로 처벌을 받지 않는 바, 상속재산파산신청의무의 부여는 단순히 상속재산파산절차의 이용을 촉진하는 의미가 있는데 불과하다고 할 것이다.

한편 통합도산법에서는 상속재산 자체에 대하여 파산능력을 부여하고 있으므로 상속재산에 대한 파산절차에 있어서 채무자의 지위는 상속재산의 집단 그 자체에 부여되어 있다고 해야 할 것이다. 이는 통합도산법에서 상속재산파산과 별도로 상속인의 파산[138]을 규정하고 있는데다(434조, 435조), 사망한 피상속인을 채무자로 볼 수도 없어 달리 채무자라고 특정할 수 있는 법인격의 주체가 존재하지 않으므로 상속재산의 집단 자체를 비법인재단처럼 취급하여 여기에 채무자로서의 지위를 부여하는 것이 타당하다고 보기 때문이다. 따라서 상속재산 파산신청서상 채무자의 표시는 "피상속인 망 홍길동의 상속재산"이라고 표시하면 될 것이나.

이 점에서 법인격이 부여된 자에게 채무자의 지위가 주어지는 법인파산이나 개인파산과 구별되는 것이다.

2) 관할법원

상속재산파산 사건은 상속개시지를 관할하는 회생법원의 관할에 전속하며, 단독판사의 사물관할에 속한다(3조 5항, 6항). 여기에서 상속개시지란 피상속인의 사망 당시의 주민등록상의 최후 주소지를 말한다. 상속재산파산 사건의 관할은 전속관할이므로 관할법원 아닌 법원

---

138) 상속인이 파산선고를 받은 경우에는 상속채권자 및 수유자는 그 채권의 전액에 관하여 파산재단에 대하여 파산채권자로서 그 권리를 행사할 수 있고(434조, 435조), 파산선고를 받은 상속인이 한정승인을 한 때에는 상속채권자와 수유자는 그 상속인의 고유재산에 대하여 파산채권자로서 권리를 행사할 수 없도록 하고 있다(436조). 한편 상속재산파산과 상속인에 대한 파산선고가 함께 이루어진 때에는 상속인의 채권자의 채권은 상속인의 고유재산에 대하여 상속채권자 및 수유자의 채권에 우선하게 될 것이고, 상속채권자 및 수유자의 채권은 상속재산에 대하여 상속인의 채권자의 채권에 우선하게 될 것이다(444조, 445조).

에 신청서가 접수되면 관할법원으로 이송하여 처리될 것이다(33조, 민사소송법 34조 1항).

나. 상속재산파산의 신청기간

상속재산파산은 피상속인의 재산과 상속인의 고유재산과의 혼합이 이루어지기 전에 신속히 진행되어야만 소기의 목적을 달성할 수 있기 때문에 통합도산법에서는 법인파산이나 개인파산과 달리 신청기간에 제한을 두고 있다. 이는 상속재산의 청산절차라는 공통점을 고려하여 한정승인 또는 재산분리의 기간과 균형을 맞추기 위한 것으로 보인다. 즉 민법상 상속재산의 분리청구를 할 수 있는 기간(민법 1045조) 내에 신청해야 하는 것이다(300조 전단).

따라서 상속재산파산신청은 원칙적으로 상속이 개시된 날로부터 3개월 내에 신청해야 하되, 상속인이 상속포기를 하거나 한정승인 또는 단순승인(단순승인 간주 포함)을 하지 않는 동안은 상속인이 상속개시 있음을 안 날로부터 3개월까지 신청기간이 연장된다. 나아가 상속재산파산신청 기간 중에 한정승인이 이루어졌거나 재산분리가 이루어진 경우라면, 상속채권자 및 수유자에 대한 변제가 아직 종료되지 않는 한, 신청기간의 제한 없이 언제든지 상속재산파산을 신청할 수 있을 것이다(300조 후단).

특별한정승인을 받은 경우에는 이러한 상속재산파산신청기간에 불구하고 파산신청이 가능한지 문제되는데, 특별한정승인은 상속채무가 상속재산을 초과한 사실을 중대한 과실 없이 알지 못하는 한 상속개시된 날로부터 심지어 수년이 경과된 후에도 신청이 가능한 것이어서 이때는 이미 상속재산과 상속인의 고유재산이 혼합되어 그 분리가 불가할 것으로 보이므로 상속재산과 상속인의 고유재산 간의 분리를 전제로 한 상속재산파산신청은 받아들여지기 곤란할 것으로 보인다.

다만 상속개시 있음을 안 날로부터 3개월이 경과되었다고 하더라도 그로부터 수개월이 경과되지 않아 상속재산과 상속인의 고유재산 간의 분리가 용이하게 가능한 경우에는 상속재산파산신청을 받아들이는 것이 타당할 것으로 보이지만 현재의 통합도산법상 규정(300조)의 문언 해석상으로는 도입이 곤란할 것으로 보이며, 향후 법 개정시 반영이 필요한 부분이라고 사료된다. 신청기간이 경과되어 신청된 상속재산파산신청은 각하를 면치 못할 것이다.[139]

다. 상속재산파산의 절차비용

상속재산파산신청서에 첨부할 인지대는 신청자에 따라 상속인, 상속재산관리인, 유언집

139) 서울회생법원, 제5판 개인파산·회생실무, 248p.

행자가 신청할 때에는 1,000원을, 채권자나 수유자가 신청할 때에는 30,000원(전자소송시에는 27,000원)을 납부해야 한다.[140] 그밖에 송달료, 파산관재인 선임예납비용, 공고료 등은 개인파산신청의 경우와 같다. 다만 상속재산파산신청에서는 면책신청절차가 없으므로 면책신청과 관련된 비용은 별도로 납부할 필요가 없을 것이다.

라. 상속재산파산에 대한 동의폐지

상속재산파산절차가 진행 중에도 상속인 전원의 합의가 있으면 동의에 의한 파산폐지신청이 가능하다(539조 2항).

마. 상속재산의 조사 및 환가·배당

1) 상속인 등의 설명의무

상속재산에 대하여 파산선고가 이루어진 경우에는 상속인, 그 대리인, 상속재산관리인 및 유언집행자와 종전에 이러한 자격을 가졌던 자(예, 상속포기자)는 파산관재인과 감사위원 또는 채권자집회의 요청이 있는 경우 파산에 관하여 필요한 설명을 할 의무가 있다(321조 1항 4호, 2항). 상속재산에 대한 파산신청이 있는 경우 법원은 필요하다고 인정되는 때에는 파산선고 전후에 걸쳐 상속인과 그 법정대리인 및 지배인의 구인을 명할 수 있고, 구인을 명령받은 자가 도주한 때에는 1년 이하의 징역 또는 1천만원 이하의 벌금에 처해질 수 있다(319조 2항, 3항, 320조 4호, 322조 1항, 320조 4호, 633조).

2) 일반 파산절치에 의한 환가·배당

상속재산에 대한 파산절차에서도 상속재산에 대한 환가·배당은 법인파산절차나 개인파산철차처럼 상속재산에 대한 환가·배당의 특성을 고려하여 통합도산법상 해당 파산절차 규정을 적용하거나 유추적용하여 환가·배당절차를 진행하게 된다.

상속재산파산절차에서는 법인파산절차에서처럼 주로 상속재산의 청산·소멸을 도모하는 것이지만 한편으로는 개인파산절차에서처럼 채무자는 아니지만 상속인의 생계를 일정 부분 고려되는 방향으로 진행되어야 한다는 점에서 법인파산절차와 개인파산절차의 중간 영역에 속하는 절차라고 할 수 있을 것이다.

이와 같이 상속재산파산절차에서도 통상의 파산절차가 적용되는 것이므로 채권신고 기간 내에 채권신고를 한 채권자만이 배당에 참가할 수 있다. 다만 상속재산파산절차에서는 그

---

140) 민사소송 등 인지법 9조 1항 3호, 16조 1항.

특성을 고려하고 한정승인절차와의 균형을 맞추기 위해 통합도산법에서는 채권신고 등을 제때 하지 못함으로 인하여 배당에서 제외된 상속채권자와 수유자로 하여금 잔여재산으로부터 그 권리를 행사하여 분배를 받을 수 있도록 하고 있다(537조, 민법 1039조).

4. 상속재산에 대한 파산선고와 그 효과

가. 상속재산에 대한 파산선고

상속재산파산신청이 있으면 법원에서는, 엄격한 파산심문을 거칠 것으로 요구하는 개인파산절차와 달리, 서면심리만에 의해 파산선고를 하는 것이 원칙적인 모습이라고 할 수 있다. 주로 채무자에 의해 이루어진 개인파산신청은 파산선고 및 파산재단의 청산이 주목적이 아니라 면책을 통한 개인채무자의 재기·회생이 주목적인데 반하여, 상속재산파산은 법인파산과 같이 청산·소멸이 주목적인 것으로서 상속재산의 신속·공평한 청산에 초점이 맞추어져 있기 때문이다.

나. 상속재산에 대한 파산선고의 효과

1) 파산재단 성립

상속재산에 대한 파산선고가 이루어지면 상속재산에 속한 모든 재산은 파산재단으로 된다(389조 1항). 파산재단은 상속재산으로 구성되므로 주로 피상속인의 일신에 전속하는 권리를 제외한 상속재산 중 적극재산으로 구성될 것이다. 따라서 법원은 직권 또는 파산관재인의 촉탁신청에 의해 파산재단 중 부동산이나 자동차·중기 또는 무체재산권 등 등기·등록된 권리가 있다면 파산선고의 등기·등록을 촉탁해야 할 것이다(24조 3항, 27조). 피상속인의 재산적 손해배상청구권이나 위자료청구권도 파산재단에 속한다고 볼 것이다.

피상속인이 피보험자 겸 보험계약자로 된 생명보험계약의 경우 보험해약환급금은 파산재단에 속할 것이로되, 생명보험금청구권은 보험수익자가 누구인지에 따라 피상속인 자신이 보험수익자로 되어 있는 경우에는 파산재단에 속할 것이지만, 보험수익자를 상속인으로 지정하거나 공동상속인 중 특정인으로 지정한 경우 또는 보험수익자를 지정하지 않은 경우에는 보험수익자 내지 상속인의 고유재산으로 되어 파산재단에 속하지 않을 것이다. 피보험자가 피상속인이 아닌 제3자로 지정된 경우에도 파산재단에 속하지 않을 것이다.

피상속인의 사망으로 인한 조의금·부의금은 장례비용 내지 상속인의 고유재산으로 보이므로 파산재단에 속하지 않을 것이다. 피상속인이 상속인에 대하여 가지는 각종 권리는 파산재단에 속하게 된다(389조 2항). 피상속인 명의의 임차보증금반환청구권에 관하여는 그것이 주택임대차보호법의 적용을 받느냐 그렇지 않느냐에 따라 적용을 받는 경우에는 사실혼관계자나 상속인 등 승계인의 고유재산으로 보아 파산재단에 속하지 않는 것으로 볼 여지가 있을 것이지만(주택임대차보호법 9조 2항), 그밖의 경우에는 피상속인의 재산으로서 파산재단에 포함될 것이다.

피상속인에 의해 명의신탁된 부동산의 경우에는 그 유형에 따라 계약명의신탁의 경우에는 피상속인이 명의수탁자에게 지급한 매수자금에 대한 부당이득반환청구권이 파산재단을 구성할 것이고, 2자간 명의신탁의 경우에는 해당 부동산 자체가 파산재단에 속할 것이며, 3자간 명의신탁의 경우에는 해당 부동산에 대한 등기청구권이 파산재단을 구성할 것으로 보인다.[141)]

상속재산파산에 있어서는 채무자가 피상속인 내지 상속인이 아니라 상속재산 자체이므로 개인파산절차에서 개인채무자에게 인정되는 면제재산제도(383조 2항)는 인정될 여지가 없을 것이다. 그런데 압류금지채권이나 압류금지물건과 같은 압류금지재산의 경우에도 이와 같은 원리를 적용해야 하는지 문제된다.

생각건대 압류금지재산제도는 원칙적으로 채무자의 생계보장을 위한 것이지만 아울러 채무자와 생계를 같이하는 부양가족 내지 동거가족의 생계를 보장해 준다는 취지도 포함되어 있다고 보이므로 압류금지재산 중 적어도 상속인의 생계유지와 관련된 재산만큼은 이를 파산재단에 편입시키지 않고 상속인의 고유재산으로 남겨놓는 것이 타당하다고 본다.[142)] 이는 파산관재인과 법원의 판단 몫일 것이다.

2) 파산재단에 대한 권리행사

가) 파산채권자 등 이해관계인의 권리행사

(1) 상속재산에 대한 파산선고만 있는 경우

상속재산에 대한 파산선고가 있는 경우에는 상속채권자 및 수유자만이 파산채권자로서 권리를 행사할 수 있고 상속인의 고유채권자는 파산채권자에 해당되지 않으므로 파산

141) 김주미, "상속재산파산의 실무상 쟁점 연구-파산재단과 자유재산, 상속비용과 재단채권, 민사소송과의 관계 등을 중심으로-", 법조, 2019. 2(Vol. 733).

142) 김주미, "상속재산파산의 실무상 쟁점 연구-파산재단과 자유재산, 상속비용과 재단채권, 민사소송과의 관계 등을 중심으로-", 법조, 2019. 2(Vol. 733).

재단에 대하여 그 권리를 행사할 수 없다.

한편 상속재산에 대하여 파산선고가 이루어진 경우라도 상속인이 피상속인에 대하여 가지는 권리나 피상속인이 상속인에 대하여 가지는 권리는 소멸하지 않으므로 상속인은 상속채권자와 동일한 자격에서 파산재단에 대하여 파산채권자로서 또는 재단채권자로서 그 권리를 행사할 수 있으며, 상속인이 피상속인에 대하여 가지는 채권이나 피상속인의 채무소멸을 위해 한 출연에 관하여는 상속채권자와 동일한 권리를 가진다(437조).

또한 상속인이 피상속인 소유의 부동산에 저당권을 설정해 놓은 경우에는 해당 부동산이 파산재단에 속한다고 할지라도 저당권을 실행하여 피담보채권의 만족을 얻을 수도 있다.

(2) 상속인에 대한 파산선고만 있는 경우

상속재산에 대한 파산신청기간 안에 상속인에 대한 파산선고가 있는 때에는 재산분리가 없는 때에도 상속인의 채권자의 채권은 그 고유재산에 대하여 상속채권자 및 수유자의 채권에 우선하고, 상속채권자 및 수유자의 채권은 상속재산에 대하여 상속인의 채권자의 채권에 우선하게 된다(444조).

(3) 상속재산에 대한 파산선고와 상속인에 대한 파산선고가 함께 이루어진 경우

상속재산에 대한 파산선고와 상속인에 대한 파산선고가 함께 이루어진 경우에는 어떠한가? 먼저 상속인이 단순승인한 자인 경우에는 상속인이 피상속인의 권리의무를 승계하게 되므로 상속채권자 및 수유자는 각각의 파산선고시를 기준으로 한 채권의 전액에 관하여 각 파산재단에 대하여 파산채권자로서 권리를 행사할 수 있을 것이로되(435조), 상속채권자의 채권은 수유자의 채권에 우선하게 된다(438조).

다만 이 경우 상속인의 파산재단에 있어서는 상속인의 고유채권자의 채권이 상속채권자 및 수유자의 채권보다 우선하게 될 것이다(445조, 민법 1052조). 상속인이 한정승인을 하거나 한정승인으로 간주된 경우(385조,[143] 386조 1항)에는 상속인은 피상속인의 권리의무를 상속재산의 한도 내에서만 책임을 지게 되어 있는 관계로 상속채권자 및 수유자는 상속인의 고유재산으로 구성된 파산재단에 대하여는 파산채권자로서 권리를 행사할 수

143) 개인채무자에 대하여 상속이 개시된 후 위 개인채무자가 파산선고를 받고 그 후에 위 개인채무자가 상속의 단순승인(단순승인으로 간주되는 경우 포함)이나 상속포기를 한 경우에는 파산재판과의 관계에 있어서는 상속의 단순승인이나 상속포기가 아니라 한정승인으로서의 효력만 인정될 것이다(385조, 386조). 이는 상속재산과 상속인의 고유재산을 구별함으로써 파산재단의 충실을 기하고 각각의 이해관계인들의 공평을 도모하고자 하는데 그 취지가 있다고 본다.

없게 될 것이고, 반대로 상속인의 고유채권자도 상속재산에 대한 파산재단에 대하여는 역시 파산채권자로서 참여할 수 없게 될 것이다(436조, 438조).

나) 재단채권자의 권리행사

상속재산에 대한 파산절차에서도 파산재단의 관리·환가 및 배당비용 등 재단채권에 대한 수시·우선변제의 원리(473조, 475조, 476조)는 그대로 적용된다. 따라서 상속재산에 대한 파산선고 후에 지출된 상속재산에 대한 관리·환가비용은 상속비용으로서 재단채권이 됨은 물론이다(473조 3호). 상속비용으로 인정받는다면 그 비용은 상속재산 중에서 지급하도록 한 민법(민법 998조의2)의 취지와 균형을 맞추고자 한 취지로 보인다. 상속비용으로 인정받지 못한 비용에 대해서는 상속인이 상속포기를 하거나 한정승인을 하더라도 이를 피상속인의 재산 내지 상속재산 중에서 지급하지 못하고 상속포기자나 한정승인자의 고유재산으로부터 책임을 져야 할 것이다.

상속과 관련하여 부과된 각종 조세는 단순승인자나 한정승인자가 책임을 부담하게 될 것인데, 이를 상속비용으로 보아 상속재산으로부터 공제 내지 지급받을 수 있는지 문제되는 바, 주로 한정승인과 관련해서 논의되는 문제이다. 상속재산파산에 있어서도 상속비용으로 인정되는 비용은 재단채권으로 취급될 수 있을 것이다. 이와 관련하여 상속으로 인해 발생하는 각종 조세 중 재산세나 상속세는 상속비용에 속한다고 할 수 있을 것이나,[144)]

한정승인자가 상속재산을 취득하고 처분하는 과정에서 발생하는 취득세나 등록세 등에 관하여는 판례가 이를 상속비용으로 보지 않고 한정승인자의 고유채무에 해당한다고 보아[145)] 상속재산에서 공제되지 못하고 한정승인자의 고유재산으로부터 책임을 져야 한다는

144) 대판 2015.5.14. 2012다21720, 2002.11.26. 2002므398, 2015.3.5. 2013스195, 2013.6.24. 2013스33

145) 이와 관련하여 한정승인이 상속재산을 한도로 한정승인자의 책임을 제한한 제도인 취지로 볼 때 상속재산을 환가·배당하기 위해 그 과정에서 필수적으로 발생하게 되는 이러한 각종 세금들을 한정승인자의 고유채무라고 해야 하는지는 그것이 조세확보를 위한 차원인지 몰라도 납득하기 어렵다고 본다. 차제에 세법 개정이나 판례 변경 등을 통해 이 부분에 대한 제도적 개선 내지 해결이 도모되었으면 한다. 한정승인과 관련된 이러한 취득세 등 각종 세금을 한정승인자의 고유채무로 보고 있는 관계로 상속재산 중에 부동산이 많은 경우에는 무조건 상속포기를 검토할 뿐 한정승인을 하는 것을 꺼리게 되는데, 이러한 문제는 한정승인을 한 것으로 간주되는 상속재산파산절차에서도 마찬가지이다(민유숙, "2012년 민사(친족, 상속법) 중요 판례", 인권과 정의, 2013. 3). 생각건대 한정승인과 관련하여 발생하는 각종 세금에 대하여 이를 한정승인자의 고유채무라고 하는 종래의 입장은 상속재산의 취득이 목적이 아니라 상속재산에 대한 청산을 주목적으로 하는 상속재산파산절차에서는 더욱 달리 판단되어야 하지 않을까 싶다. 차제에 법 개정시 상속재산파산절차에서 상속재산 중 부동산 등에 대한 청산·배당을 위해 필수적으로 거쳐야 하는 상속등기·등록이나 그 처분을 위한 이전등기·등록 등과 관련하여 발생한 각종 등기·등록비용이나 취득세·등록세·양도소득세·재산세 등은 파산선고 전후를 불문하고 모두 한정승인자 내지 한정승인간주자의 고유채무가 아니라 상속재산으로부터만 변제받을

입장을 취하고 있다(대결 2014.11.25. 2012스156·157, 대판 1983.8.24. 93다12, 2007.4.12. 2005두9491).[146] 양도소득세와 관련해서는 이를 상속비용으로 본 판례(대판 2012.9.13. 2010두13630)와 상속비용으로 보지 않는 판례(대판 1993.8.24. 93다12)로 견해가 나뉘고 있다.

물론 상속개시 전에 피상속인 명의의 재산과 관련해서 발생한 비용은 상속채권에 불과할 뿐 상속재산의 유지·관리와 관련된 비용이 아니므로 재단채권에 해당되지 않을 것이다.

문제는 피상속인의 사망 후 상속재산파산선고 전에 상속재산 관리에 소요되거나 필요한 상속비용, 예컨대 재산세 등과 같은 조세 기타 공과금, 상속재산의 보존·관리를 위한 소송비용, 재산목록작성비용, 관리비, 수선비·필요비 또는 화재보험료, 장례비용·묘지구입비(단 부조금·부의금으로 충당하고 부족한 부분에 대하여 상속인의 고유재산에서 지출한 경우) 등과 같은 상속비용도 파산재단의 관리·환가비용 등에 포함되어 재단채권으로 볼 수 있는지 여부이다.

생각건대 재단채권으로 인정되고 있는 파산재단의 관리·환가비용이란 파산재단이 성립된 후의 관리·환가비용만 포함되는 것으로 해석할 것이 아니라 장차 파산재단에 편입될 재산에 대한 사전·사후의 모든 관리·환가비용이 포함되는 것으로 확대·해석하는 것이 한정승인시 상속비용을 상속재산 중에서 지급하도록 한 취지(민법 998조의2)나 상속인의 청산부담을 줄여주고자 하는 상속재산파산제도의 도입 취지로 보아 타당하다고 본다. 만약 이와 같이 해석하지 않는다면 상속비용이 과다하게 지출되어 있는 경우 한정승인자가 구태여 한정승인절차에 의한 청산보다 더 불리한 상속재산파산을 신청할 실익이 없을 것이고, 이와 달리 해석하는 것은 한정승인제도보다 상속재산파산제도를 더욱 활성화시켜 보다 간소하고 공평하게 상속재산을 청산하도록 하자는 회생법원의 노력에 찬물을 끼얹는 결과가 될 것이다.

이에 관한 법원실무가 아직 정착되어 있지 않지만 장차 이러한 방향으로 운영되어야 하지 않을까 싶다.

상속재산파산신청과 관련하여 소요되는 인지대·송달료 등 소송비용은 파산채권자의 공동의 이익을 위한 재판상 비용에 대한 청구권(473조 1호)으로 보아 재산채권에 해당된다고 본다.

수 있는 성질의 것이라고 해야 할 것이고, 그 대신 납부한 구상채권도 재단채권이라고 함으로써 한정승인자 내지 한정승인간주자에게 부담이 가지 않도록 하는 제도적 개선이 요구된다고 본다. 이에 실무상으로도 어떻게 반영할지 모르므로 한정승인자나 한정승인간주자가 취득세나 양도소득세 등의 세금을 납부한 경우에는 상속재산파산절차에서도 이를 재단채권으로 신고하거나 의견서를 제출해 볼 필요가 있다고 본다.

146) 서울회생법원, 제5판 개인파산·회생실무, 270p.

다) 상속인에 대한 한정승인 간주 효력 부여

상속재산파산신청은 주로 상속인이 한정승인을 한 후에 신청하는 경우가 대부분일 것이지만 한정승인을 하지 않은 채 상속재산파산을 신청하는 경우도 있을 것이다. 그런데 상속재산파산신청을 한다고 해서 상속인이 피상속인의 채무를 상속재산의 한도 내에서만 책임을 지는 것으로 되는 것이 아니기 때문에 자칫 상속인이 상속재산파산신청만 해놓는 것으로 한정승인의 효과가 있다고 오해하여 불의의 피해를 입는 경우가 있을 수 있다. 이에 통합도산법에서는 이러한 불상사를 방지하기 위해 상속재산에 대하여 파산선고가 있는 때에는 한정승인한 것으로 간주되도록 하고 있다(389조 3항 본문).

요컨대 상속재산에 대한 파산선고가 이루어지면 상속인은, 상속포기자와 단순승인으로 간주되는 자(민법 1026조 3호)를 제외하고는, 한정승인자의 신분을 가지게 되며 상속의 한정승인자로서의 권리와 의무가 주어지는 것이다.[147] 이와 같이 한정승인이 간주된 경우에는 상속인은 상속인의 지위를 소급적으로 상실시키는 상속포기를 할 수 없게 된다. 따라서 취득세 등의 세금부담이 큰 경우에는 상속인으로서는 한정승인이나 상속재산파산선고에 이르기 전까지 상속포기 여부를 신중히 검토해야 할 것이다.

다만 이와 같이 한정승인으로 간주된다고 하더라도 그 후 상속재산을 은닉하거나 부정소비 또는 고의로 재산목록에 기입하지 않은 때에는 단순승인으로 간주됨으로써 한정승인 간주의 효과가 소멸된다는 점은 일반 한정승인의 경우와 같은 이치라고 할 수 있다(389조 3항 단서, 민법 1026조 3호).

개인채무자가 파산신청 또는 파산선고를 받은 후에 사망함으로써 상속이 개시된 때에는 해당 파산절차는 상속재산에 대하여 속행되도록 하고 있는데(308조), 이 경우에는 상속재산에 대한 파산선고가 이루어진 경우는 아니지만 상속재산에 대하여 속행되도록 한 입법취지에 비추어 상속재산에 대한 파산선고가 이루어진 경우와 같다고 보아 상속재산파산절차에 의해 규율되는 것이라고 보는 것이 타당하다고 본다.

다만 이 경우에는 직접 상속재산에 대한 파산선고가 이루어진 경우가 아니기 때문에 상속재산에 대한 파산선고를 전제로 한 한정승인 간주 규정(389조 3항 본문)은 유추·적용되지 않는다고 보아야 할 것이다. 생각건대 한정승인의 간주가 상속인에게 유리한 측면이 있는

147) 다만 이와 같이 상속재산파산선고에 한정승인 간주의 효력이 부여되어 있다고 하더라도 상속인으로서는 먼저 한정승인의 절차를 밟은 후 상속재산파산신청을 할 것을 권하고 싶다.

반면 한정승인 간주 후에는 상속포기를 할 수 없는 불이익이 따를 수 있으므로 명문의 규정이 없는 이상 실무적으로 한정승인 간주 규정을 유추·적용하는 것은 문제일 것이지만, 차제에 법 개정시 이러한 상속인의 이익을 해치지 않도록 상속포기나 단순승인에 대한 의사 여부를 확인하는 절차를 거친 후 그러한 의사가 없는 경우에는 상속재산에 대하여 속행된 파산절차에서도 한정승인 간주 규정이 준용될 수 있도록 반영하는 것이 바람직할 것으로 보인다.[148]

라) 상속재산파산과 한정승인·재산분리

상속재산에 대한 파산선고나 상속인에 대한 파산선고는 한정승인 또는 재산분리에 영향을 미치지 않는다(346조 본문). 다만 파산절차가 우선적으로 취급되므로 파산취소 또는 파산폐지결정이 확정되거나 파산종결결정이 있을 때까지 한정승인 또는 재산분리절차는 중지될 것이다(346조 단서).

5. 상속인·수유자의 파산과 상속재산의 관계

가. 상속인의 파산과 이해관계인의 권리행사

상속인이 파산선고를 받은 이후 피상속인의 사망으로 상속이 개시된 경우에는 이미 파산선고시를 기준으로 파산재단이 성립되어 있을 것이고 그 파산재단을 중심으로 청산·배당절차가 진행될 것이므로 상속재산은 신득재산으로 되어 파산절차와 무관한 대상으로 되어 상속인의 고유재산으로 남게 될 것이다. 피상속인의 사망으로 상속이 개시되어 상속인이 상속을 포기하거나 단순승인 또는 한정승인한 상태에서 상속인이 파산선고를 받은 경우에는 파산선고시를 기준으로 파산재단이 확정되어 파산절차가 진행될 것이다.

다만 상속채권자와 상속인의 채권자 간의 우열문제가 발생할 수 있어 이에 대한 조정절차가 필요할 것이다. 경우를 나누어서 살펴보기로 하자. 먼저 상속재산에 대한 파산신청기간 내(상속개시 있음을 안 날로부터 3개월 내)에 상속인에 대한 파산선고가 있는 때에는 재산분리가 없는 때에도 재산분리(민법 1052조)가 있는 경우와 마찬가지로 상속인의 채권자의 채권은 상속인의 고유재산에 대하여 상속채권자 및 수유자의 채권에 우선하게 되는 반면, 상속채권자 및 수유자의 채권은 상속재산에 대하여 상속인의 채권자의 채권에 우선하게 될 것이다(444조).

148) 김주미, “상속재산파산의 실무상 쟁점 연구-파산재단과 자유재산, 상속비용과 재단채권, 민사소송과의 관계 등을 중심으로-”, 법조, 2019. 2(Vol. 733).

다음으로 상속재산에 대한 파산신청기간이 지난 후에 상속인에 대한 파산선고가 있는 경우이다. 이때에도 경우를 나누어 상속인이 단순승인한 경우에는 상속채권자나 수유자 모두 상속인의 채권자와 우열관계 없이 권리행사를 할 수 있으되, 재산분리가 이루어진 경우에는 파산재단에 속하는 재산 중 상속재산에 대하여는 상속채권자 및 수유자가, 상속인의 고유재산에 대하여는 상속인의 채권자가 우선적으로 변제를 받을 수 있는데 반하여(434조, 민법 1052조), 상속인이 한정승인을 한 경우에는 한정승인의 속성상 상속채권자 및 수유자는 파산재단 중 상속재산에 대하여만 파산채권자로서 권리를 행사할 수 있을 뿐 상속인의 고유재산에 대해서는 그 권리를 행사할 수 없을 것이로되 상속인의 채권자는 상속인의 고유재산 외에 상속재산 중 상속채권자 및 수유자에 대한 배당변제 후 상속인에게 귀속된 잔여재산에 대하여도 그 권리를 행사할 수 있을 것이다.

피상속인의 사망으로 상속이 개시된 후 상속인에 대한 파산선고가 이루어지고 그 후에 상속인이 상속포기나 단순승인을 한 경우에는 한정승인으로서의 효력만 인정된다(385조, 386조 1항). 파산선고 후에는 파산재단에 속하는 재산에 대한 관리·처분권은 파산관재인에게 전속할 뿐더러 파산선고 후에 상속인의 행위에 의해 파산재단에 영향을 미치게 하는 것은 파산제도의 취지상 제한할 필요가 있기 때문이다. 따라서 이 경우에는 한정승인의 효력에 의해 상속채권자 및 수유자는 파산재단 중 상속재산에 대해서만 파산채권자로서 권리를 행사할 수 있을 뿐 상속인의 고유재산에 대하서는 그 권리를 행사할 수 없게 될 것이다(385조, 386조 1항, 436조).

다만 파산관재인은 상속인이 파산선고를 받은 후에 상속을 포기함으로써 한정승인으로 간주된다고 하더라도 파산법원의 허가를 받아 상속인이 한 상속포기의 효력을 그대로 인정할 수 있는데, 이 경우 파산관재인은 가정법원에 포기가 있은 것을 안 날부터 3월 이내에 그 뜻을 신고해야 할 것이다(386조 2항).

상속재산에 대한 파산선고와 상속인에 대한 파산선고가 함께 이루어진 경우에 관하여는 앞서 설명한 바와 같다.

나. 상속인의 파산과 한정승인·재산분리와의 관계

상속인에 대한 파산선고나 상속재산에 대한 파산선고는 한정승인 또는 재산분리에 영향을 미치지 않는다(436조 본문). 따라서 상속인에 대한 파산선고나 상속재산에 대한 파산선고가 이루어진 경우라도 그 전후에 걸쳐 별도로 한정승인을 하거나 재산분리를 신청하는 것은 가능하다.[149] 다만 파산절차가 우선하게 되므로 파산취소 또는 파산폐지결정이 확정되거나 파산종결결정이 있을 때까지는 한정승인절차나 재산분리절차는 중지되게 될 것이다(436조 단서).

상속인이 파산선고를 받은 후에 한정승인을 하거나 재산분리가 있을 때에는 상속재산의 처분은 파산관재인이 해야 하는 바, 이는 한정승인 또는 재산분리가 있은 후에 상속인이 파산선고를 받은 때에도 마찬가지이다(503조 1항). 이러한 원리는 포괄적 수유자가 파산선고를 받은 경우에도 마찬가지로 적용된다(503조 3항).

상속인이나 상속재산에 대한 파산선고는 한정승인 또는 재산분리에 영향을 미치지 않는 관계로 상속재산파산절차가 종료된 후 상속채권자가 상속인을 상대로 하여 상속채무이행청구의 소를 제기한 경우에는 상속재산을 한도로 전부이행판결을 내리게 될 것이다.[150] 파산선고 전에 채무자를 위해 상속개시가 있는 경우에 있어 채무자가 파산선고 후에 한 상속포기나 단순승인은 한정승인으로서의 효력만 인정되기 때문이다(385조, 386조 1항).

다. 수유자의 파산

포괄적 수유자가 파산선고를 받은 경우에는 상속인에 대한 파산선고절차가 준용된다(387조, 385조, 386조, 503조 1항, 2항, 3항). 특정수증자는 유언자의 사망 후 언제든지 수증을 승인하거나 포기할 수 있는데, 파산선고 전에 채무자인 수증자를 위해 특정유증이 있는 경우 수증자인 채무자가 파산선고 당시 승인 또는 포기를 하지 않은 때에는 파산관재인이 수증자인 채무자에 갈음하여 그 승인 또는 포기를 할 수 있다(388조 1항).

---

149) 그러나 상속재산파산선고 전에 채무자를 위하여 상속개시가 있는 경우 채무자가 상속재산파산선고 후에 한 상속포기는 파산재단에 대하여는 한정승인의 효력이 인정되므로, 파산관재인이 임의로 상속포기의 효력을 인정해 주지 않는 한, 상속포기를 할 수 없는 결과로 될 것이다(386조 1항, 2항).

150) 서울중앙지법 2017.11.29. 2017가단37759, 2017.11.29. 2016가소430768, 인천지법 2018.5.2. 2017가소88806, 광주지법 2018.11.2. 2018가단509722, 대구지법 2018.11.29. 2018가합1487.

[서식 13] 상속재산에 대한 파산신청서(상속인의 신청)

상속재산 파산신청서

신청인(상속인)
성　명 : 이○○ (주민등록번호 : 123456-1234567)
주　소 : 서울 서초구 서초대로 ○○○, 303호(서초동) (우편번호 : 12345)
송달장소 : 서울 서초구 서초대로 ○○○, 303호(서초동) (우편번호 : 12345)
송달영수인 : 김○○
연락처 : 휴대전화(010-1234-1234), 집전화(02-530-1234), e-mail(star@scourt.go.kr)

채무자
성　명 : 피상속인 망 이○○의 상속재산 (주민등록번호 : 123456-7891011)
피상속인의 최후주소 : 서울 서초구 서초대로 ○○○, 303호(서초동)
(우편번호 : 12345)
등록기준지 : 경남 ○○시 ○○대로 34

대리인
성　명 : 변호사 ○○○
사무실주소 : 서울 서초구 서초대로 ○○, 7호(서초동) (우편번호 : 77777)
연락처 : T. 02-123-1234, Fax 02-530-8888, e-메일 moon@naver.co

신 청 취 지

1. 망 이○○ 의 상속재산에 대하여 파산을 선고한다.
2. 이 사건 파산절차에 파산관재인을 선임한다.

라는 결정을 구합니다.

신 청 이 유

1. 망 이○○은 20○○. ○. ○.사망하였는데, 상속인으로 배우자 ○○○, 자 ○○○(이 사건 신청인), 자 ○○○가 있습니다.
2. 망 이○○의 사망 당시 상속재산은 약 50,000,000원이나, 상속채무는 약 100,000,000원에 달하여 망 이○○의 상속재산으로는 상속채권자들에 대한 채무를 완제할 수 없는 상태에 있습니다.

3. 이에 망 이○○의 상속인 ○○○은 ○○가정(지방)법원 20○○느단 ○○○호로 상속 한정승인신고를 하여 20○○.○○.○○. 한정승인신고가 수리되었는 바, 채무자 회생 및 파산에 관한 법률 제299조 제1항 및 제2항, 동법 제307조에 따라 망 ○○○ 의 상속 재산에 대하여 파산을 신청하오니 신청취지와 같은 결정을 내려주시기 바랍니다.

첨 부 서 류

1. 피상속인의 기본증명서, 가족관계증명서, 말소자 초본
2. 상속인의 가족관계증명서, 상속인의 인감증명서
3. 채권자 목록, 채권자 주소, 재산목록

휴대전화를 통한 정보수신 신청서
위 사건에 관한 파산선고결정 정보를 예납의무자가 납부한 송달료 잔액 범위 내에서 휴대전화를 통하여 알려주실 것을 신청합니다. ▣ **휴대전화 번호** : 010-1234-1234 신청인 이 ○ ○ (인) ※ 파산선고결정이 있으면 신속하게 위 휴대전화로 문자메시지가 발송됩니다. ※ 문자메시지 서비스 이용금액은 메시지 1건당 17원씩 납부된 송달료에서 지급됩니다(송달료가 부족하면 문자메시지가 발송되지 않습니다). 추후 서비스 대상 정보, 이용금액 등이 변동될 수 있습니다.

20○○. ○. ○.

신청인 ○ ○ ○ (인)

○○회생(지방)법원 귀중

[별지 1] 채권자 목록

채권자 목록

순번	채권자명	차용 또는 구입일자	발생원인	최초 채권액	사용처	보증인	잔존 채권액	
							잔존 원금	잔존 이자·지연손해금
1	신한은행	20○○.1.7. ~ 20○○.2.20	①	10,000,000	생활비		6,000,000	10,000
2	우리은행	20○○.1.7. ~ 20○○.2.20	①	10,000,000	생활비		3,000,000	2,000
3	김○○	20○○.3.15	②	10,000,000	생활비		4,000,000	5,000
4	이○○	20○○.1.21.	②	10,000,000	치료비		5,000,000	15,000
※ 채권의 '발생원인'란에는 아래 해당번호를 기재함 ① 금원차용(은행대출, 사채 포함), ② 물품구입(신용카드에 의한 구입 포함), ③ 보증(피보증인 기재), ④ 기타					합 계		잔존 원금	잔존 이자·지연손해금
					40,000,000		18,000,000	32,000

[별지 2] 채권자 주소

채권자 주소

1. 채권자의 주소는 신청일 당시의 주소로 번지까지 정확하게 기재하고, 채무자를 위해 보증을 해 준 사람이 있으면 그 보증인의 주소까지 정확히 기재하여야 합니다.
2. 채권자가 금융기관이나 기타 법인인 경우에는 본점 소재지 또는 거래지점의 소재지를 정확하게 기재하여야 합니다.

순번	채권자명	주소	전화번호	팩스	비고 (우편번호)
1	신한은행	서울 중구 세종대로9길 20 대경빌딩	02-000-0000	02-000-0000	05431
2	우리은행	서울 중구 소공로 51	02-000-0000	02-000-0000	07777
3	김○○	서울 강남구 강남대로 ○○	02-000-0000	02-000-0000	02222
4	이○○	서울 영등포구 영등포대로 ○○	02-000-0000	02-000-0000	01111

[별지 3] 재산목록

재 산 목 록

※ 먼저, 다음 재산목록 요약표에 해당재산이 있는지 ✓하고, 「□ 있음」에 ✓한 경우에는 아래 해당 항목에서 자세히 기재바랍니다. 이 양식을 파일형태로 이용할 경우 아래 표 중 에 「□ 있음」에 ✓한 부분만 출력하여 제출하여도 됩니다. 따라서 모두 「□ 없음」에 ✓한 경우에는 아래 표 다음 부분을 생략할 수 있습니다 (실제로는 재산 처분이 있었음에도 불구하고, '지급불가능 시점의 1년 이전부터 ~ 현재까지 재산 처분 여부'의 '없음'에 ✓해 놓고는 부동산등기부등본 등 소명자료를 뒷부분에 편철해 놓는 경우가 있는데, 이와 같이 재산목록 요약표와 소명자료 또는 진술서의 기재내용이 서로 불일치한 경우에는 허위진술 내지 불성실한 신청으로 간주되어 불이익한 처분을 받을 수 있습니다).

재산목록 요약표

1. 현금	☑있음 □없음	6. 매출금	□있음 □없음	11. 지급불가능 시점의 1년 이전부터 현재까지 재산 처분 여부	□있음 □없음
2. 예금	☑있음 □없음	7. 퇴직금	□있음 □없음	12. 최근 2년간 받은 임차보증금	□있음 □없음
3. 보험	□있음 □없음	8. 부동산	□있음 □없음	13. 이혼재산분할	□있음 □없음
4. 임차보증금	□있음 □없음	9. 자동차·오토바이	☑있음 □없음	14. 상속재산	□있음 □없음
5. 대여금	□있음 □없음	10. 기타 재산(주식, 특허권, 귀금속 등)	□있음 □없음	15. 친족의 재산	□있음 □없음
파산관재인 선임 희망 여부		□희망 □불희망			

1.1.1. 현금 : 금액 (1,000,000 원)

1.1.2. 예금

금융기관명(신한은행) 계좌번호(123-15-234567) 잔고 (10,000 원)

금융기관명( ) 계좌번호( ) 잔고 (원)

금융기관명( ) 계좌번호( ) 잔고 (원)

금융기관명( ) 계좌번호( ) 잔고 (원)

☆ 은행 이외의 금융기관에 대한 것도 포함합니다.

☆ 예금잔고가 소액이라도 반드시 기재하고 파산신청시의 잔고(정기예금분을 포함)와 최종 금융거래일로부터 과거 6개월간의 입출금이 기장된 통장 사본 또는 예금거래내역서를 첨부하여 주십시오.

1.1.3. 보험(생명보험, 화재보험, 자동차보험 등)

보험회사명(흥국화재) 증권번호(264-26-12478) 해약반환금 (300,000 원)

보험회사명( ) 증권번호( ) 해약반환금 (원)
보험회사명( ) 증권번호( ) 해약반환금 (원)

☆ 파산신청 당시에 가입하고 있는 보험은 해약반환금이 없는 경우에도 반드시 전부 기재하여 주십시오.
☆ 보험증권사본과 파산신청시의 해약반환금 예상액(없는 경우에는 없다는 사실)을 기재한 보험회사 작성의 증명서를 첨부하여 주십시오.

1.1.4. 임차보증금

임차물건( ), 임차보증금 (원), 반환예상금 (원)

☆ 반환예상금란에는 채무자가 파산신청일을 기준으로 임대인에게 임차물건을 명도할 경우 임대인으로부터 반환 받을 수 있는 임차보증금의 예상액을 기재하여 주십시오.
☆ 임대차계약서의 사본 등 임차보증금 중 반환예상액을 알 수 있는 자료를 첨부하여 주십시오.
☆ 상가 임대차의 경우에는 권리금이 있으면 반드시 권리금 액수를 기재해 주시기 바랍니다.

1.1.5. 대여금 · 구상금 · 손해배상금 · 계금 등

채무자명( ) 채권금액 ( ) 회수가능금액 (원)
채무자명( ) 채권금액 ( ) 회수가능금액 (원)

☆ 계약서의 사본 등 대여금 등을 알 수 있는 자료를 첨부하고, 변제 받는 것이 어려운 경우에는 그 사유를 기재한 진술서 및 소명자료를 첨부하여 주십시오(회수가 어렵다고 하더라도 반드시 기재하시고, 대여금뿐만 아니라 구상금, 손해배상금, 계금 등 어떠한 명목으로라도 제3자로부터 받아야 할 돈이 있으면 기재하시기 바랍니다).

1.1.6. 매출금(개인사업을 경영한 사실이 있는 분은 현재까지 회수하지 못한 매출금 채권)

채무자명( ) 채권금액 (원) 회수가능금액 (원)
채무자명( ) 채권금액 (원) 회수가능금액 (원)

☆ 영업장부의 사본 등 매출금을 알 수 있는 자료를 첨부하고, 변제 받는 것이 곤란한 경우에는 그 사유를 기재한 진술서 및 소명자료를 첨부하여 주십시오.

1.1.7. 퇴직금

근무처명( ) 퇴직금예상액 (원)

☆ 파산신청시에 퇴직하는 경우에 지급 받을 수 있는 퇴직금예상액(퇴직금이 없는 경우에는 그 취지)을 기재한 사용자 작성의 증명서를 첨부하여 주십시오. 만일 퇴직금채권을 담보로 하여 돈을 차용하였기 때문에 취업규칙상의 퇴직금보다 적은 액수를 지급 받게 되는 경우에는 차용에 관한 자료를 첨부하여 주십시오.

1.1.8. 부동산(토지와 건물)

종류(토지·건물) 소재지 ( )
시 가 (원) 등기된 담보권의 피담보채권 잔액(원)
종류(토지·건물) 소재지 ( )
시 가 (원) 등기된 담보권의 피담보채권 잔액(원)

☆ 등기부등본 등과 재산세과세증명서, 인근 중개업소나 인터넷에서 확인한 적어도 2곳 이상의 시가확인서 등 시가증명자료를 첨부하여 주십시오.
☆ 저당권 등 등기된 담보권에 대하여는 은행 등 담보권자가 작성한 피담보채권의 잔액증명서 등의 증명자료를 첨부하여 주십시오(가압류나 압류는 등기된 담보권이 아니므로 그 가액을 표시할 때는 가압류나 압류임을 명시하여 주시기 바랍니다).

☆ 경매진행 중일 경우에는 경매절차의 진행상태를 알 수 있는 자료를, 배당이 완료된 경우에는 배당표를 제출하여 주십시오.

1.1.9. 자동차(오토바이를 포함)

차종 및 연식(소나타, 2005년)　등록번호(○○러2134)　시가 (1,000,000원)

등록된 담보권의 피담보채권 잔액(3,000,000원)

☆ 자동차등록원부와 시가 증명자료를 첨부하여 주십시오.

1.1.10. 기타 재산적 가치가 있는 중요 재산권(주식, 회원권, 특허권, 귀금속, 미술품 등)

품목명(　　　　　　　　　　)　시가 (　　　　　　　원)

품목명(　　　　　　　　　　)　시가 (　　　　　　　원)

1.1.11. 진술서 4.(3) 기재 지급 불가능 시점의 1년 이전부터 현재까지 사이에 처분한 <u>1,000만원 이상의 재산</u>(다만, 여러 재산을 처분한 경우 그 합계액이 1,000만원 이상이면 모두 기재해야 하고, 부동산은 1,000만원 미만이라도 기재해야 한다.)

____

____

____

☆ 처분의 시기, 대가 및 대가의 사용처를 상세히 기재하여 주시기 바랍니다. 그리고 여기서 말하는 재산의 처분에는 보험의 해약, 정기예금 등의 해약, 퇴직에 따른 퇴직금수령 등도 포함합니다. 주거이전에 따른 임차보증금의 수령에 관하여는 다음의 12항에 기재하여 주시기 바랍니다.

☆ 특히 부동산이나 하나의 재산의 가액이 1,000만원 이상의 재산을 처분한 경우에는 처분시기와 대가를 증명할 수 있는 등기부등본, 계약서사본, 영수증사본과 처분대가의 사용처를 증명할 수 있는 자료를 첨부하시기 바랍니다(경매로 처분된 경우에는 배당표를 제출하여 주십시오).

1.1.12. 최근 2년 이내에 주거이전에 따른 임차보증금을 수령한 사실

____

____

____

☆ 임대차계약서사본과 수령한 임차보증금의 사용처를 증명할 수 있는 자료를 첨부하시기 바랍니다.

1.1.13. 최근 2년 이내에 이혼에 따라 재산분여(할)한 사실

____

____

____

☆ 분여한 재산과 그 시기를 기재하여 주십시오. 그리고 분여한 재산의 가치를 나타내는 자료를 첨부하여 주시기 바랍니다(이혼 당시 배우자의 보유 재산이 어느 정도인지 아래 15.항의 양식을 참조하여 기재하여 주십시오).

1.1.14. 친족의 사망에 따라 상속한 사실

년 월 일 부·모____________의 사망에 의한 상속

상속상황

㉠ 상속재산이 전혀 없었음

㉡ 신청인의 상속포기 또는 상속재산 분할에 의해 다른 상속인이 모두 취득하였음

㉢ 신청인이 전부 또는 일부를 상속하였음

주된 상속재산과 그 처분의 경과

____

____

____

____

☆ ㉡ 또는 ㉢항을 선택한 분은 주된 상속재산을 기재하여 주시기 바랍니다.

☆ ㉡항을 선택한 분은 다른 상속인이 주된 상속재산을 취득하였다는 사실을 증명하는 자료를 첨부하여 주십시오. 부동산인 경우에는 다른 상속인이 소유자로 되어 있는 등기부등본을 첨부하여 주십시오.

☆ ㉢항을 선택한 분으로 상속한 주된 재산을 이미 처분한 분은 그 처분의 경과와 대가의 사용처를 상세히 기재하고, 그 사실을 증명하는 자료를 첨부하여 주십시오.

1.1.15. 배우자, 부모, 자녀 명의의 1,000만원 이상의 재산(1인 명의 재산이 1,000만원 이상일 때)

① **배우자 ○○○**

재산의 종류 (경기 화성시 동탄면 ○○길 ○○ 토지)

재산의 명의자 (○○○), 채무자와의 관계 (배우자)

재산의 시가 (10,000,000원), 재산에 관한 피담보채무 (20,000,000원)

재산 취득 시기(2010.○.○)

재산 취득 자금 마련 경위 (급여 및 대출)

② **자 ○○○**

재산의 종류 (아반떼 2017년식)

재산의 명의자 (○ ○ ○), 채무자와의 관계 (자)

재산의 시가 (50,000,000원), 재산에 관한 피담보채무 (70,000,000원)

재산 취득 시기(2011.○.○)

재산 취득 자금 마련 경위 (급여)

☆ 재산이 부동산인 경우에는 등기부등본 등과 재산세과세증명서, 인근 중개업소나 인터넷에서 확인한 적어도 2곳 이상의 시가확인서 등 시가증명자료를 첨부하여 주십시오.

☆ 재산 취득시기가 지급이 불가능하게 된 시점으로부터 2년 이내인 경우에는 재산 취득 자금 마련 경위에 관한 소명자료(예를 들어 재산 명의자의 취득 자금에 관한 금융 거래 명세 등)를 첨부하여 주십시오.

[서식 14] 상속패산에 대한 파산신청서(상속채권자의 신청)

상속재산 파산신청서

신청인(상속채권자 등)
성　명 : ○○○ (주민등록번호 :123456-12345676)
주　소 : ○○시 ○구 ○○로 ○○
송달장소 : 위와 같음
송달영수인 : ○○○
연락처 : 휴대전화(010-0000-0000), 집전화(02-000-0000)

채무자
성　명 : 피상속인 망 ○○○(주민등록번호 :123456-1234568)의 상속재산
피상속인의 최후주소 : ○○시 ○구 ○○로 ○○
등록기준지 : 위와 같음

상속인
성　명 : ○○○(주민등록번호 : 모름)
주　소 : ○○시 ○구 ○○로 ○○
송달장소 : 위와 같음
송달영수인 : ○○○
연락처 : 휴대전화(모름), 집전화(모름)

신 청 취 지

1. 망 ○○○의 상속재산에 대하여 파산을 선고한다.
2. 이 사건 파산절차에 파산관재인을 선임한다.
라는 결정을 구합니다.

신 청 이 유

1. 신청인은 망 ○○○에 대하여 별첨 소명자료와 같은 금 5천만원의 채권이 있습니다.
2. 이하 채무자의 지급불능 상태에 대한 자세한 진술을 기재하기 바랍니다.

첨 부 서 류

1. 채무자에 대한 채권 소명자료
2. 채무자의 지급불능상태 소명자료(재산명시조서 등)

휴대전화를 통한 정보수신 신청서

위 사건에 관한 파산선고결정 정보를 예납의무자가 납부한 송달료 잔액 범위 내에서 휴대전화를 통하여 알려주실 것을 신청합니다.

▣ **휴대전화 번호 :** 010-0000-0000

신청인 채권자 ○○○ (날인 또는 서명)

※ 파산선고결정이 있으면 신속하게 위 휴대전화로 문자메시지가 발송됩니다.
※ 문자메시지 서비스 이용금액은 메시지 1건당 17원씩 납부된 송달료에서 지급됩니다(송달료가 부족하면 문자메시지가 발송되지 않습니다). 추후 서비스 대상 정보, 이용금액 등이 변동될 수 있습니다.

20○○. ○. ○.

신청인 ○○○ ㊞

파산사건번호	
배당순위번호	
재 판 부	제 단독

○○회생(지방)법원 귀중

[기재례 76] 상속재산파산제도 안내(대법원)

상속재산 파산제도 안내

1. 상속재산 파산절차

채무초과 상태의 채무자가 사망한 경우, 파산한 채무자의 재산(상속재산)에 대하여 법원에 파산신청을 하여 법원이 선임한 파산관재인을 통하여 상속채무를 정리할 수 있습니다.

– 이 제도는 망인의 상속재산 및 상속채무를 정리하는 절차이므로, 상속인의 경제적 신용도에는 아무런 영향을 미치지 않습니다.

2. 신청권자

1) 상속채권자, 유증을 받은 자, 상속인, 상속재산관리인 및 유언집행자는 상속재산에 대하여 파산신청을 할 수 있습니다(통합도산법 제299조 제1항).

2) 상속재산관리인, 유언집행자 또는 한정승인이나 재산분리가 있은 경우의 상속인은 상속재산으로 상속채권자 및 유증을 받은 자에 대한 채무를 완제할 수 없는 것을 발견할 때에는 지체 없이 파산신청을 해야 한다고 규정하고 있습니다(통합도산법 제299조 제2항).

3. 신청기간 및 관할

1) 상속이 개시된 날로부터 3월 이내 또는 위 기간이 경과하여도 상속인이 상속의 승인이나 포기를 하지 않는 동안 상속개시지를 관할하는 회생법원에 상속재산에 대한 파산신청을 할 수 있습니다(통합도산법 제3조).

2) 또한 상속이 개시된 날로부터 3월이 경과한 후에도 한정승인 또는 재산분리에 기한 청산절차가 진행되는 중에는 상속재산에 대한 파산신청을 할 수 있습니다(통합도산법 제300조, 민법 제1045조).

4. 상속재산 파산제도의 장점

1) 파산관재인에 의한 상속재산의 효과적인 환가 및 채권자에 대한 공평한 변제가 이루어질 수 있습니다.

2) 한정승인을 한 상속인이 스스로 상속채권자를 파악하고 상속재산의 환가를 통하여 상속채무를 변제하는 등 복잡한 청산절차를 이행해야 하는 어려움이 발생할 수 있는데 이를 상속재산 파산제도를 통해 해소 가능합니다.

3) 상속인이 상속포기를 하는 경우에는 채권자가 직접 상속재산 파산신청을 함으로써 상속재산 파산제도를 통해 보다 쉽게 채권회수가 가능합니다.

[기재례 77] 상속재산파산제도 안내(서울가정법원·서울회생법원)

상속재산 파산제도 안내

◎ 한정승인심판 청구인은 상속재산 파산제도를 이용하면 유익합니다.

– 채무초과 상태의 채무자가 사망한 경우, 그 상속인은 상속재산 자체에 대하여 회생법원에 파산신청을 하여 법원이 선임한 파산관재인을 통하여 상속채무를 정리할 수 있습니다. 이것을 '상속재산 파산제도'라고 합니다.

– 상속재산 파산제도를 이용하면 상속인은 스스로 상속채권자를 파악하고 상속재산의 환가를 통하여 상속채무를 변제하는 등 복잡한 청산절차를 이행해야 하는 어려움을 해소할 수 있고, 상속에 따른 법률관계를 일거에 정리하여 상속채권자들의 개별적인 청구 및 집행에 따른 불안함과 불변을 최소화할 수 있습니다.

– 이 제도는 망인의 상속재산 및 상속채무를 정리하는 절차이므로, 상속인의 경제적 신용도에는 아무런 영향이 미치지 않습니다.

◎ 한편 **한정승인신고 심판청구가 수리된 상속인**은 상속재산으로 망인의 채권자에 대한 채무를 전부 변제할 수 없을 것을 발견한 경우에는 **그 상속재산에 대하여 지체 없이 회생법원에 파산신청을 하여야 합니다**(채무자 회생 및 파산에 관한 법률 제299조 제2항, 제3조 제6항).

◎ 아울러 **한정승인신고 심판청구가 수리되지 않은 상속인**도 상속포기를 하지 않은 경우라면 망인의 **상속재산에 대하여 회생법원에 파산신청을 할 수 있습니다**(채무자 회생 및 파산에 관한 법률 제299조 제1항).

※ 서울회생법원에 있는 'NEW START 상담센터'에서 파산신청에 대하여 자세한 사항을 안내받을 수 있습니다.

〈서울회생법원 NEW START 상담센터〉

- 이용시간 : 평일 오전 10시부터 오후 6시까지(12시~2시 제외)
- 장소 : 서울 서초구 사초중앙로 157 서울법원종합청사 3별관 1층
- 문의전화 : 02-530-1114
- 서울회생법원 홈페이지 : slb.scourt.go.kr

서울가정법원·서울회생법원

주) 서울회생법원, 제5판 개인파산·회생실무, 서울회생법원, 양식편 인용 및 참고

[서식 15] **채권자목록 변경신고서**

채권자목록 변경 신고서

사　　　건　　20○○하단○○○　파산선고

신청인(채무자)　　○ ○ ○

신청인(채무자)은 다음과 같은 사유로 20○○. ○. ○. 제출한 채권자목록을 별지와 같이 수정하고자 합니다.

다　　　음

1. 채무자가 채권자 목록을 귀원에 제출한 후, 채무자가 책임질 수 없는 사유(소명자료 별첨)로 인하여 그 목록에 누락하거나 잘못 기재된 사항이 발견되어 이를 별지와 같이 수정하고자 합니다.

2. 수정사항의 요지

☑ 누락된 채권의 추가　　　☐ 채권자 이름, 주소 수정
☐ 기존 채권금액의 증가　　　☐ 기존 채권금액의 감소
☐ 기존 채권의 소멸로 인한 삭제　　　☐ 채권양도나 대위변제
☐ 누락된 장래의 구상권(채무자의 보증인)의 추가
☐ 기타 (　　　　　　　　　　　　　　　　)

20○○. ○. ○.

신청인(채무자) ○ ○ ○ (인)

○○회생(지방)법원 귀중

※ '신청서'를 제출한 경우, 법원 홈페이지 '나의 사건검색'에서 그 반영 여부를 확인할 수 있습니다.

[별지] 채권자 목록 및 채권자 주소

채권자 목록

※ 기재요령 ※

기존에 제출한 채권자 목록과 채권자 순서를 일치해주시고, 추가하는 경우에는 기존 채권자를 모두 기재하고 아래에 추가해주시기 바랍니다.

1. 채권내역

순번	채권자명	차용 또는 구입일자	발생원인	최초 채권액	사용처	보증인	잔존 채권액	
							잔존 원금	잔존 이자·지연손해금
1	○○카드(주)	20○○.07.26	2	13,212,992	물품구입		13,212,992	13,174,220
2	○○주택 금융공사	20○.04.29	1	5,141,640	금원차용		5,141,640	2,415,865
3	(주)○○상호 저축은행	20○○.08.31	1	1,391,310	금원차용 (국민2차)		1,391,310	1,200,754
4	(주)○○상호 저축은행	20○○.08.31	1	565,169	금원차용 (국민2차)		565,169	445,279
5	(주)○○상호 저축은행	20○○.01.31	1	18,769,493	금원차용 (삼성2006)		18,769,493	13,520,722
6	○○중앙회	20○○.06.27	1	2,537,000	금원차용		2,537,000	2,215,498
7	○○저축은행	20○○.07.04	1	3,597,998	금원차용 (조흥은행)		3,597,998	2,418,242
8	○○ 제5차 유동화전문(유)	20○○.07.16	1	2,000,000	금원차용 (하나은행)		2,000,000	1,744,313
9	○○캐피탈 주식회사	20○○.04.28	1	1,800,000	금원차용		921,820	1,280,058
10	○○캐피탈 주식회사	20○○.11.19	1	100,000	금원차용		100,000	93,900
11	○○파이낸셜	20○○.11.15	1	1,990,700	금원차용 (외환은행)		1,990,700	2,023,037
※ 채권의 '발생원인'란에는 아래 해당번호를 기재함 ① 금원차용(은행대출,사채 포함), ② 물품구입(신용카드에 의한 구입 포함), ③ 보증(피보증인 기재), ④ 기타						합 계	잔존 원금	잔존 이자·지연손해금
						86,746,273원	50,228,122원	40,531,888원

2. 채권자 주소

순번	채권자명	주소	전화번호	팩스	비고 (우편번호)
1	○○카드(주)	서울 중구 ○○○로 5가 111	○○○- ○○○○		111-222
2	○○주택 금융공사	서울 중구 ○○○로 5가 222	○○○- ○○○○		222-111
3	(주)○○상호 저축은행	서울 중구 ○○동 111-1	○○○- ○○○○		
4	(주)○○상호 저축은행	○○시 동구 ○○동11-2	○○○- ○○○○		
5	(주)○○상호 저축은행	서울 강남구 ○○동 111-3	○○○- ○○○○		
6	○○중앙회	서울 종로구 ○○동 111 영풍빌딩 22	○○○- ○○○○		110-111
7	○○저축은행	서울 영등포구 ○○○동 11-1	○○○- ○○○○		110-222
8	○○ 제5차 유동화전문(유)	○○시 ○○구 ○○로 111-11	○○○- ○○○○		
9	○○캐피탈 주식회사	○○시 ○○구 ○○로 222-22	○○○- ○○○○		
10	○○캐피탈 주식회사	○○시 ○○구 ○○로 333-33	○○○- ○○○○		
11	○○파이낸셜	○○시 ○○구 ○○로 555-55	○○○- ○○○○		

[기재례 78] 상속재산의 파산신청에 대한 결정

○○지방법원
결 정

사 건 20○○하단○○ 파산선고

신 청 인 1. ○ ○ ○ (123456 - 1234567)
2. △ △ △ (123456 - 1234568)
신청인들 주소 ○○시 ○○구 ○○로 ○○

채 무 자 피상속인 망 □□□(123456 - 1234569)의 상속재산
최후주소 ○○시 ○○구 ○○로 ○○

선고일시 20○○. ○. ○. 10:00

주 문

1. 채무자 피상속인 망 □□□의 상속재산을 파산자로 한다.
2. 변호사 ◎◎◎(주민등록번호, ○○시 ○○구 ○○로 ○○)을 파산관재인으로 선임한다.
3. 채권신고기간을 20○○. ○. ○.까지로 한다.
4. 제1회 채권자집회와 채권조사의 기일 및 장소를 20○○. ○. ○. 17:00 ○○법원청사 제2호 법정(제○○○호)으로 한다.

이 유

1. 인정사실

이 사건 기록 및 신청인들에 대한 심문결과를 종합하면 다음과 같은 사실이 인정된다.

(1) 피상속인 망 □□□은 20○○. ○. ○. 사망하였고, 상속인으로는 처 ◇◇◇(123456 - 2345678)와 자 ○○○, △△△(이 사건 신청인들)이 있다.
망 □□□은 사망 당시 ○○시 ○○구 ○○로 등 20개의 부동산을 보유하고 있었고, 그 가액은 공시지가 기준으로 1,354,095,664원 정도인 반면에 망 □□□의 사망 당시 채무는 약 50억원이었다.

(2) 신청인들은 ○○가정법원 20○○느단○○호로 상속한 정승인신고를 하여 20○○. ○. ○. 한정승인신고가 수리되었으며, 상속채권자에 대한 변제가 종료하지 않은

동안인 20○○. ○. ○. 한정승인신고가 수리되었으며, 상속채권자에 대한 변제가 종료하지 않은 동안인 20○○. ○. ○. 이 사건 신청을 하였다.

(3) 현재 망 □□□의 상속재산 중 일부는 경매로 처분되거나, 상속인 ◇◇◇에 의해 매매로 처분된 상태이다.

2. 판 단

위 인정사실에 의하면 상속재산으로써 상속채권자에 대한 채무를 완제할 수 없으므로, 채무자 회생 및 파산에 관한 법률 제307조를 적용하여 망 □□□의 상속재산에 대하여 채무자로서 파산을 선고하고, 파산관재인의 선임에 관하여는 위 법 제355조, 채권신고기간·제1회 채권자집회 기일 및 채권조사의 기일에 관하여는 위 법 제312조를 각 적용하여 주문과 같이 결정한다.

판 사 ○ ○ ○

주) 개인파산·회생실무, 서울회생법원, 양식편 인용 및 참고

제5절 면책절차

[1]
면책신청

1. 면책신청의 의의

면책신청이란 파산신청한 개인채무자 또는 법원의 파산결정에 의해 파산자로 된 개인채무자가 파산절차에서 배당이나 변제되지 않은 잔여채무에 관하여 그 변제책임을 면제해 달라고 신청하는 것을 말한다. 면책결정을 받게 되면 개인채무자로서는 해당 채무에 대한 책임을 면하게 되며, 그 채무는 소구력이 인정되지 않는 자연채무의 상태로 남게 된다.

2. 면책신청권자와 관할법원

면책신청은 개인인 채무자만 그 신청이 가능하므로(556조 1항), 법인이 면책신청을 한 경우에는 기각될 수 있다. 상속재산파산사건에서도 채무자는 상속인이 아니라 상속재산 자체이므로 상속인의 면책신청은 불가하다.

면책신청은 파산을 관할하는 법원, 즉, 해당 파산사건에 대하여 파산선고를 하거나 파산선고를 한 법원에 신청해야 한다(556조 1항). 개인채무자가 파산선고 후 파산채권자 전원의 동의 또는 동의를 얻지 못한 채권자에 대한 담보의 제공에 의해 통합도산법 제538조의 동의에 의한 파산폐지의 신청이 있는 때에는 그 기각의 결정이 확정되지 않으면 면책신청을 할 수 없다(556조 5항).

3. 면책신청 방법 및 신청기간

면책신청 방법은 동시신청방법과 이시신청방법이 있다. 동시신청방법이란 파산신청시 면책신청까지 동시에 신청하는 것을 말하고, 이시신청방법이란 동시신청 이외의 모든 면책신청을 말한다. 실무상 채무자가 파산을 신청하는 경우에는 면책이 주된 목적인 관계상 거의 대부분 동시신청방법이고, 이시신청방법은 채권자가 채무자에 대하여 신청하는 파산신청의 경우에 주로 이용되고 있다.

면책신청은 파산신청일부터 파산선고가 확정된 날 이후 1월 이내에 할 수 있으며, 채무자가 책임 없는 사유로 인하여 이 기간 내에 면책신청을 하지 못한 때에는 그 사유가 종료된 후 30일 이내에 한하여 면책신청을 할 수 있다(면책신청의 추후보완, 556조 1항, 2항).[151] 다만, 채무자가 파산신청을 한 경우에는, 채무자가 반대의 의사표시를 한 경우를 제외하고는, 해당 파산신청과 동시에 면책신청을 한 것으로 본다(간주면책신청 제도, 556조 3항). 따라서 법을 잘 몰라 별도로 면책신청을 하지 않았다고 하더라도 면책결정을 받을 수 있는 길이 열리게 된 것이다. 간주면책신청의 효과는 채권자가 신청한 파산신청사건에서는 적용되지 않는다. 면책신청을 할 때에는 채권자목록을 첨부해야 하지만, 채무자의 파산신청으로 면책신청이 있는 것으로 보게 되는 경우(즉, 간주면책신청의 경우)에는 파산신청시 제출한 채권자목록을 면책신청시의 채권자목록으로 보게 된다.

4. 면책신청의 효력

면책신청을 하는 때에는 통합도산법 제538조의 채권자의 동의 등에 의한 파산폐지신청을 할 수 없으며, 이미 이 규정에 의한 파산폐지의 신청을 한 때에는 그 기각결정이 확정된 후가 아니면 면책신청을 할 수 없다(556조 4항, 5항). 이는 동의폐지제도가 채무자의 자금융통 능력을 감안하여 파산원인을 해소할 수 있다는 전제에서 채권자의 동의를 얻어 하는 것이므로 면책과 모순되기 때문이다. 확정된 동의폐지결정은 당연복권 사유이다(574조 1항 2호).

면책신청[152]이 있고, 파산폐지결정의 확정[153] 또는 파산종결결정이 있는 때에는 면책신청에 관한 재판이 확정될 때까지 채무자의 재산에 대하여 파산채권에 기한 강제집행·가압류 또는 가처분을 할 수 없고, 채무자의 재산에 대하여 파산선고 전에 이미 행하여지고 있던 강제집행·가압류 또는 가처분은 중지되며(557조 1항), 면책결정이 확정된 때에는 그 중지한 절차는 효력이 상실된다(557조 2항). 면책신청이 각하·기각되거나 면책불허가결정이 확정된 때에는 재차 강제집행 등이 가능하고 중지된 강제집행 등은 속행될 것이다.[154] 만약 집행법원이 위와 같은 면책절

151) 채무자가 자기의 책임 없는 사유로 면책신청 기간 내에 면책신청을 할 수 없었던 경우에는 그 사유가 종료된 후 30일 이내에 면책신청을 추완할 수 있다(556조 2항). 여기에서 자기의 책임 없는 사유란 예컨대 파산선고 및 동시폐지결정 정본의 송달이 공고보다 지체되었거나 송달불능 후 발송송달 또는 공시송달로 인하여 채무자가 파산선고 사실을 사실상 알 수 없는 상태에서 면책신청 기간을 도과한 경우는 이에 해당되나, 공고료 비용을 마련하기 위해 신청기간을 도과한 경우는 이에 해당되지 않는다(서울중앙지법 2005.2.25. 2004하면3981).

152) 면책절차 중의 강제집행 등의 금지 및 중지(557조 1항)는 명시적인 면책신청 뿐만 아니라 간주면책신청의 경우에도 적용된다(서울회생법원, 제5판 개인파산·회생실무, 388p).

153) 여기의 파산폐지결정의 확정이란 동시폐지결정이나 이시폐지결정에 한하고, 동의폐지결정은 해당되지 않는다. 면책신청을 하는 경우에는 동의폐지신청을 할 수 없기 때문이다(556조 4항).

154) 서울회생법원, 제5판 개인파산·회생실무, 388p.

차 중의 집행신청임을 간과하고 강제집행을 개시한 다음 이를 발견한 때에는 이미 한 집행절차를 직권으로 취소해야 할 것이며, 이는 그 후 면책불허가결정이 확정되었다고 하더라도 마찬가지라고 할 것이다(대판 2013.7.16. 2013마967).

한편 판결 등 집행권원이 있는 채권에 대하여는 면책결정의 확정으로 당연히 그 집행력 자체가 상실되거나 그 후 이루어진 집행력 있는 집행권원 정본에 기한 채권압류 및 추심명령에 대한 적법한 항고사유로도 되지 않으므로(대결 2013.9.16. 2013마1438), 면책결정이 확정된 후에는 청구이의의 소로써 면책결정의 확정 사실을 실체상의 사유로 삼아 집행력을 배제하도록 해야 할 것이다(대판 2013.9.16. 2013마1438).[155]

5. 채무자의 심문 및 면책신청에 대한 이의

가. 면책심문 여부의 결정 및 공고·송달

면책을 신청한 자에 대하여 파산선고가 있는 때에는 법원은 기일을 정하여 채무자를 심문할 수 있다. 다만 법원이 면책심문기일을 지정할 것인지 여부는 재량에 맡겨져 있다(558조 1항). 채무액도 소액이고 별다른 면책불허가사유가 발견되지 않는 경우라면 굳이 면책심문기일을 지정할 필요가 없을 것이다. 면책심문기일을 지정하지 않는 경우 법원은 파산선고와 동시에 30일 이상의 기간으로 이의신청기간을 결정하여 채권자에게 교부송달하게 된다.

한편 법원이 면책심문기일을 정하는 결정을 한 때에는 이를 공고하고[156], 파산관재인과 면책의 효력을 받을 파산채권자로서 법원이 알고 있는 파산채권자에게 송달해야 한다(558조 1항, 2항). 면책심문기일은 공고 및 송달을 해야 하는 경우이므로 그 송달은 발송송달로 할 수 있다(11조 1항). 다만, 실무상으로는 채권자의 절차적 참여권을 보장하기 위해 채권자목록

155) 채권압류 및 추심명령에 대한 즉시항고는 집행력 있는 정본의 유무와 그 송달 여부, 집행개시요건의 존부, 집행장애사유의 존부 등과 같이 채권압류 및 추심명령을 할 때 집행법원이 조사하여 준수할 사항에 관한 흠을 이유로 할 수 있을 뿐이고, 집행채권의 소멸 등과 같은 실체상의 사유는 이에 대한 적법한 항고이유가 되지 않는다. 그런데 채무자 회생 및 파산에 관한 법률에 의한 면책결정이 확정되어 채무자의 채무를 변제할 책임이 면제되었다고 하더라도, 이는 면책된 채무에 관한 집행권원의 효력을 당연히 상실시키는 사유는 되지 않고 다만 청구이의의 소를 통하여 그 집행권원의 집행력을 배제시킬 수 있는 실체상의 사유에 불과하며, 한편 면책결정의 확정은 면책된 채무에 관한 집행력 있는 집행권원 정본에 기하여 그 확정 후 비로소 개시된 강제집행의 집행장애사유가 되지 않는다. 따라서 채무자 회생 및 파산에 관한 법률에 의한 면책결정이 확정되어 채무자의 채무를 변제할 책임이 면제되었다는 것은 면책된 채무에 관한 집행력 있는 집행권원 정본에 기하여 그 확정 후 신청되어 발령된 채권압류 및 추심명령에 대한 적법한 항고이유가 되지 않는다(대판 2013.9.16. 2013마1438).

156) 채무자에 대한 면책심문을 실시하기로 하여 그 기일을 정한 때에는 이를 공고해야 하는데, 공고방법은 실무상 대법원홈페이지의 「법원공고란」에 게시하는 방법으로 공고함을 원칙으로 하고 있다.

에 기재된 모든 채권자에게 면책심문기일 결정등본과 함께 면책신청이 있음을 알리고 면책불허가사유와 이의신청의 기간 및 방법에 대한 내용이 담긴 채권자안내문을 교부송달하고 있고, 송달불능된 경우에는 심문기일에 출석한 채무자에게 채권자의 주소보정을 명하여 보정된 주소로 채권자안내문을 재차 송달하며, 이후에도 계속 송달이 되지 않을 뿐만 아니라 달리 그 주소를 파악할 수 없는 경우에는 공고로써 송달에 갈음하고 있다(10조).

실무상 면책심문기일은 통상 파산선고일부터 1개월 정도 후 2개월 이내의 날짜로 지정한다(개인파산 및 면책신청사건의 처리에 관한 예규 3조 2항). 파산관재인이 있는 사건의 면책심문기일은 채권자집회기일이나 채권조사기일과 병합하여 진행할 수 있다(558조 5항).

나. 채무자의 출석 및 불출석한 경우의 처리

채무자가 면책심문기일에 출석하지 않은 경우에는 면책불허가사유(564조 1항 5호) 또는 면책신청기각사유(559조 2항)에 해당될 수 있다. 채무자가 면책기각결정을 받은 경우에는 면책신청을 다시 할 수 없는 제약이 있으므로 반드시 면책심문기일에 출석해야 하며, 부득이 출석할 수 없는 사정이 있는 경우에는 진단서 등 소명자료를 제출하여 심문기일을 연기하도록 해야 할 것이다.[157] 다만 실무상 1회의 불출석만으로 면책신청 자체를 기각하기보다는 심문기일을 연기하고 다시 소환하는 경우가 많다.

다. 면책신청에 대한 이의

채무자의 면책신청에 대하여 검사·파산관재인 또는 면책의 효력을 받을 파산채권자는 심문기일부터 30일 이내에 면책신청에 관하여 법원에 이의신청을 할 수 있다. 면책심문기일을 정하지 않은 경우에는 법원은 파산선고와 동시에 채권자들이 이의신청할 수 있는 기간을 지정하는 결정을 하여 파산관재인[158]과 면책의 효력을 받는 채권자에게 이를 송달하며, 이때 채권자의 절차적 참여권을 보장하기 위해 교부송달을 하고 있다(562조 1항 본문, 8조). 별제권자, 환취권자, 면책의 효력을 받지 않는 채권자 등은 면책신청에 대하여 이해관계가 없으므로 이의신청권이 있는지 여부에 관하여는 논란이 있는데 면책절차에서 별제권, 환취권, 비면책채권 여부를 판단하기 곤란하고 면책불허가 사유는 법원의 직권조사사항에 해당하므로 이의신청권이 있다고 본다.[159]

157) 면책심문기일은 변경, 연기, 속행이 가능하며, 기일의 변경, 연기, 속행을 기일에 선고하면 따로 공고나 송달을 요하지 않는다(558조 4항, 457조 단서).

158) 다만, 동시폐지 사건의 경우에는 파산관재인이 선임되지 않으므로 파산관재인에 대한 송달은 필요하지 않다.

159) 서울회생법원, 제5판 개인파산·회생실무, 291p.

면책신청에 대한 이의사유는 면책불허가사유이다(562조 2항, 564조 1항 각호). 따라서 이의신청인은 면책불허가사유에 해당하는 구체적인 사실을 주장하고 이에 대한 소명자료를 제출해야 한다.

면책신청에 대한 이의신청이 있는 때에는 법원은 채무자 및 이의신청인의 의견을 들어야 한다(563조). 의견청취절차는 이의신청과는 별도로 요구되는 절차이므로, 이의신청서에 이의신청의 이유가 기재되어 있더라도 이의신청인에게 의견을 진술할 기회를 주어야 한다(대판 2010.2.11. 2009마2147).[160] 면책신청에 대한 이의신청권은 법원의 직권발동을 촉구하는 것에 불과하므로 이의신청의 경우에 인지를 첨부할 필요가 없고, 별도로 사건번호를 부여할 필요도 없으며, 법원에서도 이의신청에 대하여 따로 재판할 필요가 없이[161] 면책신청 자체에 대한 재판을 하면 된다.

라. 면책신청서류에 대한 열람·복사

법원은 이해관계인이 열람할 수 있도록 면책신청에 관한 서류, 파산관재인의 보고서류를 법원에 비치해야 한다(561조). 이해관계인은 이러한 서류에 대하여 법원의 허가를 얻어 열람·복사할 수 있다(28조, 33조, 민사소송법 162조).

마. 면책심문 종결 후 그 결정 전의 추가채권자 신고

면책심문 종결 후에도 면책결정 전에는 채무자는 누락된 채권자를 추가로 신고할 수 있는데, 이 경우 다시 면책심문기일을 지정하여 누락된 경위 및 추가하게 된 경위를 심문하는 것이 원칙이지만 면책심문기일을 다시 열지 않고 추가된 채권자에 대한 이의신청기간을 지정하는 결정을 한 후 이를 추가된 채권자에게 송달하는 방법으로 보완하는 것도 가능할 것이다.[162]

---

160) 채무자 회생 및 파산에 관한 법률(이하 '법'이라 한다) 제563조에 의하면, "법원은 법 제562조 제1항의 규정에 의해 이의신청이 있는 때에는 채무자 및 이의신청인의 의견을 들어야 한다."고 규정하고 있으므로, 최소한 이의신청인과 채무자에게 의견을 진술할 기회를 주어야 한다. 이는 이의신청과는 별도로 요구되는 절차이므로, 이의신청서에 이의신청의 이유가 기재되어 있다고 하여 위와 같은 절차를 생략할 수는 없다 할 것이다(대판 2010.2.11. 2009마2147).

161) 따라서 면책신청에 대한 이의신청이 부적법하더라도 이를 각하하는 재판을 할 필요가 없다.

162) 서울회생법원, 제5판 개인파산·회생실무, 286p.

6. 면책신청에 대한 재판

가. 면책신청재판의 종류

면책신청에 대한 법원의 재판은 각하결정, 기각결정, 면책허가결정, 면책불허가결정으로 구분된다. 즉, 면책신청기간을 도과하여 신청한 경우나 일부면책신청의 경우에는 부적법 각하결정을, 파산신청이 기각되거나 절차비용을 예납하지 않은 때 등의 경우에는 기각결정을 하게 된다. 각하사유나 기각사유에 해당되지 않은 경우에는 면책불허가사유(564조 1항)에 해당되면 면책불허가결정을, 이에 해당되지 않으면 면책허가결정을 하게 되는 것이다.

면책불허가사유는 모두 파산범죄에 해당하는 행위를 대상으로 하고 있고, 그 사유의 존부를 판단하는 데 채무자가 반드시 파산범죄로 기소되거나 유죄판결을 받아야 하는 것은 아니지만, 경우에 따라 형사처벌의 대상이 될 수도 있음을 감안하여 위 사유에 해당하는지에 관해서는 더욱 엄격하고 신중하게 판단해야 하고, 법원으로서는 채무자가 제출한 자료 및 면책신청에 대하여 이의를 신청한 채권자 등이 제출한 자료 외에도 채무자가 주장하는 사유를 소명하는 데 필요하다고 판단되는 자료의 제출을 적극적으로 명하는 등의 방법으로 채무자의 행위가 면책불허가사유에 해당하는지를 심리·판단해야 할 것이다(대결 2016.8.31. 2016마899).

1) 각하결정

면책신청기간을 도과하여 면책신청을 한 경우[163] 내지 일부면책신청을 한 경우에는 부적법 각하된다. 각하결정은 결정정본을 채무자에게 송달한다(8조 1항). 결정 전에 이미 채무자가 송달불능인 경우에는 결정정본을 공시송달한다.

2) 기각결정

면책신청은 다음과 같은 사유, 즉 ① 채무자가 신청권자의 자격을 갖추지 않은 때,[164] ② 채무자에 대한 파산절차의 신청이 기각된 때, ③ 채무자가 절차의 비용을 예납하지 않은 때, ④ 그밖에 신청이 성실하지 않은 때(예컨대, 채무자가 면책심문기일 또는 의견청취기일에 불출석하거나 정당한 이유없이 진술거부한 경우 등)에 기각될 수 있다(559조). 이러한 기각결정에 대하여는 즉시항고할 수 있다(559조 3항). 면책신청이 기각된 채무자는 동일한 파산에 관하여 다시 면책신청을 할 수 없다(559조 2항).

---

163) 다만 통합도산법상 채무자가 파산신청을 한 경우에는 채무자의 반대의 의사표시가 없는 한 해당 신청과 동시에 면책신청을 한 것으로 간주되므로(556조 3항), 이러한 경우는 거의 없을 것이다.

164) 예컨대, 법인이 면책신청을 하는 경우, 상속재산 파산사건에서 상속인이 한 면책신청, 동의파산폐지신청의 기각결정이 확정되기 전에 한 채무자의 면책신청 등이 이에 해당된다.

기각결정은 결정정본을 채무자에게 송달한다(8조 1항). 결정 전에 이미 채무자가 송달불능인 경우에는 결정정본을 공시송달한다.

3) 면책불허가 결정

면책불허가 사유가 있고 재량면책을 할 사정도 없는 경우에는 법원은 면책불허가 결정을 하게 된다. 면책불허가 사유는 다음과 같다(564조).

① 채무자가 사기파산죄(650조)·과태파산죄(651조)·구인불응죄(653조)·파산증뢰죄(656조) 또는 설명의무위반죄(658조)의 죄에 해당하는 행위가 있다고 인정하는 때(1호)
② 채무자가 파산선고 전 1년 이내에 파산의 원인인 사실이 있음에도 불구하고 그 사실이 없는 것으로 믿게 하기 위해 그 사실을 속이거나 감추고 신용거래로 재산을 취득한 사실이 있는 때(2호)
③ 채무자가 허위의 채권자목록 그밖의 신청서류를 제출하거나 법원에 대하여 그 재산상태에 관하여 허위의 진술을 한 때(3호)[165]
④ 채무자가 면책의 신청 전에 파산면책(564조)을 받은 경우에는 그 면책허가결정의 확정일부터 7년이 경과되지 않은 때, 개인회생면책(624조)을 받은 경우에는 그 면책확정일부터 5년이 경과되지 않은 때(4호)
⑤ 채무자가 통합도산법에 정하는 채무자의 의무를 위반한 때(5호)
⑥ 채무자가 과다한 낭비·도박 그밖의 사행행위를 하여 현저히 재산을 감소시키거나 과대한 채무를 부담한 사실이 있는 때(6호)

면책불허가결정이 있는 경우 법원은 채무자에게 결정정본을 송달하고, 이의신청 채권자에게는 결정정본을 발송송달하며, 그 외의 채권자에게는 송달하지 않는다.

4) 면책허가결정

면책신청이 있는 경우 법원은 각하사유나 기각사유에 해당되지 않고, 통합도산법 제564조 제1항의 6가지 면책불허가사유에 해당되지 않으면 면책허가결정을 한다. 면책불허가사유에 해당되는 경우에도 재량면책을 하는 경우에는 면책허가결정을 할 수 있다. 면책허가결정

165) 채무자 회생 및 파산에 관한 법률(이하 '법'이라 한다) 제564조 제1항 제3호는 "채무자가 허위의 채권자목록 그밖의 신청서류를 제출하거나 법원에 대하여 그 재산상태에 관하여 허위의 진술을 한 때"를 면책불허가사유로 규정하고 있는 바, 위 규정은 채무자가 '고의로' 허위 신청서류를 제출하거나 허위의 진술을 한 경우에 한정되어 적용되는 것일 뿐, 채무자가 '과실로' 허위 신청서류를 제출하거나 허위의 진술을 한 경우에는 적용되지 않는다고 보아야 한다(대판 2008.12.29. 2008마1656).

은 실무상 채무자에게 결정정본을 교부송달하고, 이의신청 채권자에게는 그 결정등본을 발송송달하며, 그 외의 이해관계인에게는 송달하지 않는다.

나. 면책신청재판에 대한 불복

면책신청에 대한 재판에 대하여 이해관계를 가지는 자는 즉시항고할 수 있으며, 따라서 각하, 기각, 면책불허가결정에 대하여는 채무자가, 면책허가결정에 대하여는 면책결정의 효력을 받는 파산채권자, 파산관재인, 검사가 각각 즉시항고할 수 있다(559조 3항, 564조 4항). 면책허가결정에 대하여 그 효력이 미치지 않은 파산채권자나 별제권자, 재단채권자 등은 즉시항고를 제기할 수 없다.

즉시항고는 항고제기기간 내에 한하여 즉시항고장을 원심법원에 제출해야 하며, 이때 인지액은 2,000원, 송달료는 5회분(5,200원 × 5 = 26,000원)을 납부해야 한다. 여기의 즉시항고기간은 면책허가결정에 대하여는 공고가 있은 날의 다음날부터 기산하여 14일이고, 면책신청각하결정, 면책신청기각결정, 면책불허가결정은 채무자가 각 그 결정정본을 송달받은 날부터 1주일이다(33조, 민사소송법 444조). 즉시항고 기간이 도과된 경우에는 항고장을 각하한다.

즉시항고 기간의 도과로 확정된 경우에는 동일한 파산에 대하여 다시 면책신청을 할 수 없다(559조 2항, 3항).

즉시항고가 제기된 경우 원심법원은 항고가 정당하다고 인정된 경우에는 그 재판을 경정해야 하고[166](33조, 민사소송법 446조), 항고가 이유없다고 인정된 경우에는 사건기록을 항고법원에 송부해야 한다. 항고법원에서는 즉시항고가 이유 없는 경우에는 기각결정을, 이유 있는 경우에는 원결정을 취소하고 자판하게 된다.

7. 면책허가결정과 그 효력

가. 면책허가결정의 구분

1) 전부면책결정

법원은 면책신청자가 면책불허가사유(564조 1항 각호)에 해당하는 때를 제외하고는 면책을 허가해야 한다(564조 1항). 또한 면책불허가사유가 있는 경우라도 파산에 이르게 된 경위, 그밖의 사정을 고려하여 상당하다고 인정하는 경우에는 면책을 허가할 수 있다(재량면책, 564조 2항). 법원이 면책허가결정을 한 때에는 그 주문과 이유의 요지를 공고해야 한다.

---

166) 이를 재도의 고안이라고 한다.

이 경우 송달은 하지 않을 수 있다. 면책여부에 관한 결정에 대하여 이해관계인은 공고가 있은 날로부터 14일 이내에 즉시항고할 수 있다(13조 2항). 이 기간 내에 즉시항고가 없으면 면책허가결정은 확정된다.

2) 재량면책결정(일부면책)

종전의 파산법에서도 면책불허가사유에 해당한 경우에는 "면책불허가 결정을 할 수 있다"라는 규정(파산법 346조)에 근거하여 실무상 재량면책이 실시되기는 하였으나, 통합파산법에서는 "면책불허가사유가 있는 경우에도 파산에 이르게 된 경위, 그밖의 사정을 고려하여 상당하다고 인정되는 경우에는 면책을 허가할 수 있다."라고 규정하여 재량면책에 대한 구체적인 근거규정을 마련하였다(564조 2항).

재량면책은 전부면책도 가능하고(서울중앙지법 2002.1.11. 2001라4634, 2001.12.26. 2001라4057, 2001.4.3. 2000라4518, 2001.4.3. 2000라4517, 2001.2.7. 2000라3529), 일부면책도 가능하다. 일부면책의 방법으로는 ① 모든 채권자에게 공통적으로 채무의 일정비율 만큼 면책대상에서 제외하는 방법, ② 채무자의 특정재산을 파산재단에서 제외하는 방법, ③ 채권자의 특정채권을 면책대상에서 제외하는 방법 등이 있는데, 실무에서는 이들의 방법을 혼용하고 있다.

재량면책을 함에 있어서는 불허가사유의 경중이나 채무자의 경제적 여건 등 제반 사정을 고려하여 예외적으로 채무액의 일부만을 면책하는 소위 일부면책을 할 수도 있으나, 채무자의 경제적 갱생을 도모하려는 것이 개인파산제도의 근본 목적이라는 점을 감안할 때 채무자가 일정한 수입을 계속적으로 얻을 가능성이 있다는 등의 사정이 있어 잔존채무로 인하여 다시 파탄에 빠지지 않으리라는 점이 소명된 경우에 한하여 그러한 일부면책이 허용된다(대판 2006.9.22. 2006마600, 서울중앙지법 2007.9.14. 2007라395).

일부면책받은 채무자가 아직 5년이 경과되지 않은 경우에도 개인회생신청을 할 수 있는지 문제된다. 이에 대하여는 실무상 긍정설과 부정설이 있는데, 서울중앙지방법원은 부정설의 입장을 취하고 있다(서울중앙지법 2006.12.26. 2006라604).

■ 일부면책의 기재례(서울회생법원)

1. 채무자가 이 사건 면책신청서에 첨부하여 제출한 채권자목록 기재의 채권 중 다음 부분에 관하여 채무자를 면책한다.
   가. 이 사건 면책결정 확정시의 원금·이자·지연손해금 합계액 중에서 이자·지연손해금 전액 및 원금의 ○○%에 해당하는 금원
   나. 이 사건 면책결정 확정시의 원금의 ○○%에 대하여 이 사건 면책결정 확정일 다음날부터 ○년을 경과하는 날까지의 지연손해금

2. 제1항의 채권 부분을 제외한 나머지에 관하여 채무자의 면책을 허가하지 않는다.

나. 면책허가결정의 효력

1) 책임의 면제

면책허가결정은 확정되어야 그 효력이 발생하고,[167] 면책허가결정이 확정되면 채무자는 그 책임을 면하게 된다(565조 본문). 이러한 면책의 효력은 파산채권에 대하여 미치는 것이며, 소유권에 기한 반환청구권 등의 환취권이나 별제권 등에는 미치지 않는다.[168] 파산선고 후의 원인에 기한 청구권도 파산채권이 아니므로 면책의 효력이 미치지 않는다. 파산채권이 아닌 재단채권에도 면책의 효력이 미치지 않는다고 본다. 재단채권은 파산절차에 의하지 않고 수시로 변제되고, 파산채권보다 우선하여 변제되기 때문이다(475조, 476조).

이와 같이 면책결정을 받은 채무자는 파산절차에 의한 배당을 제외하고는 파산채권자에 대한 채무의 전부에 관하여 그 책임이 면제되는데(566조 본문), 여기에서 책임이 면제된다는 의미에 관하여는 채무는 소멸되지 않고 소제기의 권능과 집행력이 상실된 자연채무의 상태로 남게 되고(대판 2001.7.24. 2001다3122), 따라서 채무자가 임의로 변제하면[169] 이는 유효한 변제가 되고 부당이득반환문제는 발생하지 않는다고 보는 것이 통설이고,[170] 실무이다.[171]

그러나 파산면책제도의 기본 취지는 재기불능의 채무자로 하여금 채무로부터 완전히 벗어나 경제활동에 원만히 복귀시키는 것이라고 보이며, 실무상 또는 현실적으로 채무자의 가장 큰 고통 내지 애로사항의 하나는 파산 전후를 통하여 파산채권자로부터의 사실상의 변제독촉이라고 볼 때 채무소멸설이 타당하다고 본다(저자 입장).

즉, 현행법상 파산면책사실을 알면서 강제집행이나 가압류·가처분의 방법으로 추심행위를 한 경우에만 처벌규정이 있고, 그것도 500만원 이하의 과태료 정도로만 처벌하게 되어 있는

---

167) 면책허가결정은 형성적 효과가 인정되고 소급효는 인정되지 않는다.

168) 이와 관련하여 통합도산법 제2편(회생절차)이 적용되는 회생절차에서는 담보권도 목록에 기재되지 않거나 신고되지 않은 경우에는 회생계획의 인가에 의해 실권되는 점을 주의해야 한다.

169) 여기의 임의의 변제란 자발성을 전제로 하며, 채권자의 독촉에 의한 변제의 경우 그것이 자발적이었느냐 비자발적이었느냐 여부는 변제를 하게 된 경위 등을 종합하여 객관적으로 결정될 문제라고 보인다.

170) 면책결정의 효력에 관하여는 채무소멸설과 책임소멸설(자연채무설), 주체소멸설 등이 있는데, 채무자 회생 및 파산에 관한 법률 제566조 본문에서 "책임이 면제된다."라고 규정하고 있고, 면책의 효력이 보증인에게는 미치지 않음에 비추어 채무 자체는 존속하고 책임만 물을 수 없다는 자연채무설이 통설이다(서울회생법원, 제5판 개인파산·회생실무, 354p). 그러나 채무소멸설도 유력하다.

171) 서울회생법원, 제5판 개인파산·회생실무, 355p.

데(660조 3항), 과연 면책받은 채무자를 상대로 이러한 법적인 절차를 통하여 채무를 추심하려는 어리석은 파산채권자가 현실적으로 얼마나 있는지 의심이 가며, 파산채무자의 거의 대부분은 이러한 법적 수단이 아니라 전화독촉이나 독촉장, 문자메시지 등 사적인 변제독촉 수단을 통하여 사실상 면책채무자에게 압박을 가하는 것이 태반이고, 또한 책임소멸설에 의할 경우에는 책임만 면제될 뿐 채무는 그대로 존재하는 것이기 때문에 파산채권자의 이러한 독촉행위들은, 형사문제로 되지 않을 정도이면, 정당화될 수 있는 것이므로 여전히 면책채무자는 이러한 고통에서 벗어나지 못하고 정상적인 경제활동에 제약을 받게 되는 원인이 될 수 있는 것이다.

채무소멸설에 의하더라도 면책채무자의 임의의 변제는 채무없음을 알고 변제한 비채변제(민법 742조) 또는 도의관념에 적합한 비채변제(민법 744조)의 문제로 보아 해결하면 족하고 따라서 그 반환청구를 할 수 없다고 보면 되며, 면책의 효력이 보증인이나 그밖에 채무자와 더불어 채무를 부담하는 자에 대하여 영향을 미치지 않는 문제도 보증채무의 부종성의 원리가 법에서 명문의 규정이 두어 입법적으로 그 예외를 인정한 경우라고 해석하면 해결될 문제라고 보인다.

요컨대 통합도산법의 기본취지가 면책채무자로 하여금 부채에서 벗어나 정상적인 경제활동에 복귀시키는 것이라면 채무소멸설이 책임소멸설보다 현실에 보다 더 충실한 이론이라고 보인다. 이론이라는 것은 생명력이 있어야 하며 항시 그때그때의 사회 현실을 반영하여 변경될 수 있어야 한다고 본다. 그런 관점에서 볼 때 실무상으로나 채무독촉에 시달려 정상적인 경제활동을 하지 못하고 있는 신용불량자 400만명 시대의 현실로 볼 때 적어도 현재로서는 채무소멸설이 타당하지 않나 싶지만, 책임소멸설이 통설, 실무임은 앞서 본 바와 같다.

면책결정은 소제기 권능을 상실시키므로 면책결정 후 파산채권자가 면책채무자를 상대로 이행청구의 소를 제기한 경우 채무자는 면책항변을 할 수 있는 바, 이 경우 법원은 청구를 기각[172]하거나 소를 각하[173]하고 있다(대판 2015.9.10. 2015다28173). 파산채권자가 면책사실을 알면서 면책된 채권에 기하여 강제집행, 가압류·가처분의 방법으로 추심행위를 한 자는 500만원 이하의 과태료에 처해진다(660조 3항). 강제집행, 가압류·가처분 이외의 방법에 의한 파산채권자의 추심행위에 대하여는 따로 제재가 따르지 않는다.

그리고 채무자의 면책은 보증인, 기타 채무자와 공동으로 채무를 부담하는 공동채무자,

---

172) 서울고등법원 2003.10.24. 선고 2003나14173 판결 등 다수의 하급심 판결이 이 견해를 취한다.

173) 서울고등법원 2005.11.8. 선고 2005다32106 판결

중첩적 채무인수인 등의 변제책임과 물상보증인이 제공한 담보에 아무런 영향을 미치지 않는다(567조). 보증인은 채무자에 대하여 구상권을 행사할 수 없으며, 채권자의 보증인에 대한 보증책임이행청구소송에서 채무자의 소멸시효를 원용할 수도 없다.

면책된 파산채권을 피보전권리로 한 채권자취소소송이나 채권자대위소송은 허용되지 않는다. 면책결정의 효력은 집행권원에 대한 집행력도 배제할 수 있는 것이므로 파산채권자가 집행권원에 기하여 강제집행을 실행한 경우 채무자는 청구이의의 소를 통하여 집행력을 배제할 수 있을 것이다.[174]

2) 비면책채권

채무자가 면책결정을 받았다고 하더라도 다음 각호에 해당되는 채무에 대하여는 그 책임이 면제되지 않으며 채무자가 면책결정을 받았다고 하더라도 변제해야 하는 것이다(566조). 다음 각호의 경우가 이에 해당된다.[175]

가) 조세(1호)

조세란 국가 또는 지방자치단체가 필요한 경비로 사용하기 위해 국민이나 주민으로부터 그 과세권에 의거하여 부과·징수하는 과징금을 말하며, 과세권자에 따라 국세와 지방세로 구분할 수 있고, 국세징수법 또는 지방세법에 의해 징수한다. 이러한 조세는 본호에 의해 비면책채권이 된다. 조세를 비면책채권으로 하는 것은 국고의 수입확보라는 정책적인 요구에 따른 것이다. 그런데 통합도산법에서는 조세를 재단채권으로 하고 있고 재단채권은 파산절차에 의하지 않고 수시로 변제되며 파산채권에 우선하여 변제되기 때문에 본호가 없더라도 비면책채권에 해당되며, 따라서 본호에 의해 조세를 비면책채권으로 하는 의미는 없다고 본다.

한편 국세징수법 또는 국세징수의 예에 의해 징수할 수 있는 청구권은 조세는 아니지만 통합도산법에서는 국세징수법 또는 국세징수의 예에 의해 징수할 수 있는 청구권으로서 징수우선순위가 일반 파산채권보다 우선하는 것(후순위파산채권 제외)[176]에 대해서는 이를 재

---

174) 서울회생법원, 제5판 개인파산·회생실무, 368p.

175) 종전에는 통합도산법 566조 9호를 두어 비면책채권 대상 중 하나로「취업 후 학자금 상환 특별법」에 따른 취업 후 상환 학자금대출 원리금을 규정하고 있었으나, 청년채무자의 파산신청이 증가추세에 있고 이러한 청년이 파산하더라도 상환 학자금대출원리금에 대한 책임이 면제되지 않아 재기·회생이 곤란하게 된다는 지적에 따라 2021. 12. 28. 통합도산법 일부 개정으로 위 566조 9호를 삭제함으로써 2022. 1. 1.부터는 취업 후 상환 학자금대출 원리금도 면책대상채권으로 편입시켰다.

176) 따라서 여기에 해당되는 건강보험료(국민건강보험법 81조 3항, 85조), 국연금보험료(국민연금법 95조), 고용

단채권으로 규정하여(473조 2호) 비면책채권으로 하고 있지만 이는 본호에 의해서가 아니라 재단채권에 해당되기 때문이다. 국세징수의 예에 의해 징수할 수 있는 청구권으로서 일반 파산채권보다 우선하지 않은 청구권, 예컨대 국유재산대부료·사용료, 변상금 채권 등은 조세도 아니고 재단채권에도 해당되는 것이 아니므로 면책의 대상이 되는 채권에 해당된다.

나) 벌금·과료·형사소송비용·추징금 및 과태료(2호)

이들은 후순위파산채권(통합도산법 446조 4호)에 해당되지만, 형벌·질서벌의 성질상 그 집행이 요구되므로 비면책채권으로 한 것이다.

다) 채무자가 고의로 가한 불법행위로 인한 손해배상(3호)

고의의 불법행위만 비면책채권에 해당되므로, 과실에 의한 불법행위나 피용자의 고의의 불법행위에 대하여 책임을 지는 사용자책임(민법 756조, 피용자의 선임·감독상의 과실책임)은 여기에 해당되지 않고 면책채무에 해당된다. 불법행위로 인한 손해배상채무만 면책되지 않으므로 계약위반으로 인한 손해배상채무나 채무불이행으로 인한 손해배상채무는 면책채권에 해당된다.

주의할 것은 중대한 과실로 타인의 생명·신체를 침해한 불법행위로 인한 손해배상청구권은 아래에서 보는 바와 같이 통합도산법 제566조 제4호에 해당되어 비면책채권에 해당된다.

라) 채무자가 중대한 과실로 타인의 생명 또는 신체를 침해한 불법행위로 인하여 발생한 손해배상(4호)

불법행위로 인한 손해배상청구권의 경우 고의가 아닌 단순한 과실로 인한 경우에는 모두 면책채무에 해당된다(통합도산법 566조 3호). 다만, 예외적으로 중대한 과실로 인하여 타인의 생명이나 신체를 침해하여 손해배상책임이 발생한 경우에는 본호에 의해 비면책채권에 해당한다. 여기에서 '중대한 과실'이라 함은, 채무자가 어떠한 행위를 함에 있어서 조금만 주의를 기울였다면 생명 또는 신체 침해의 결과가 발생하리라는 것을 쉽게 예견할 수 있음에도 그러한 행위를 만연히 계속 하거나 조금만 주의를 기울여 어떠한 행위를 하였더라면 생명 또는 신체 침해의 결과를 쉽게 회피할 수 있음에도 그러한 행위를 하지 않는 등 일반인에게 요구되는 주의의무에 현저히 위반하는 것을 말한다(대판 2010.3. 25. 2009다91330, 2010.5.13. 2010다3353).[177]

보험료·산업재해보상보험료(고용보험 및 산업재해보상보험의 보험료징수 등에 관한 법률 28조 1항, 30조) 등은 재단채권으로서 면책허가결정이 이루어진 경우에도 면책되지 않는다.

판례는, 벌점 누적으로 운전면허가 취소된 자가 차량을 운전하고 가던 중 졸음운전으로 진행방향 우측 도로변에 주차되어 있던 차량의 뒷부분을 들이받아 동승한 피해자에게 상해를 입힌 사안에서, 벌점 누적으로 운전면허가 취소된 것이라면 도로교통법상의 무면허운전이 위 사고의 직접 원인으로 작용하였다고 보기 어렵고 전방주시를 태만히 한 상태에서 졸음운전을 하였다는 점만으로 주의의무를 현저히 위반하는 중대한 과실이 있다고 어렵다는 이유를 들어 그로 인한 손해배상채권은 비면책채권(566조 제4호)에 해당하지 않아 면책된다고 판시하고 있다(대판 2010.5.13. 2010다3353).[178]

또한 판례는, 중앙선이 설치된 편도 1차로의 국도를 주행하던 승용차가 눈길에 미끄러지면서 중앙선을 넘어가 반대차로에서 제설작업 중이던 피해자를 충격하여 사망에 이르게 한 사안에서도, 교통사고 발생 당시의 상황 등 여러 사정에 비추어 가해자가 약간의 주의만으로도 손쉽게 피해자의 생명 또는 신체 침해의 결과를 예견할 수 있는 경우임에도 주의의무에 현저히 위반하여 위 교통사고를 야기하였다고 보기 어렵다는 이유로, 그로 인한 손해배상채권도 비면책채권(566조 4호)에 해당하지 않아 역시 면책된다고 판시하고 있다(대판 2010.3.25. 2009다91330).[179]

---

177) 파산제도의 주된 목적은 모든 채권자가 평등하게 채권을 변제받도록 보장함과 동시에 채무자에게 면책절차를 통하여 남아 있는 채무에 대한 변제 책임을 면제하여 경제적으로 재기·갱생할 수 있는 기회를 부여하는 것이라는 점, (구)파산법(2005. 3. 31. 법률 제7428호로 폐지된 것) 제349조에서 비면책채권의 하나로 "파산자가 악의로 가한 불법행위로 인한 손해배상(제3호)"을 규정하였다가 2005. 3. 31. 법률 제7428호로 채무자 회생 및 파산에 관한 법률이 제정되면서 제566조에서 "채무자가 고의로 가한 불법행위로 인한 손해배상(제3호)"과 더불어 "채무자가 중대한 과실로 타인의 생명 또는 신체를 침해한 불법행위로 인하여 발생한 손해배상(제4호)"을 규정하기에 이른 점, 현행 채무자 회생 및 파산에 관한 법률은 일성한 불허가사유에 해당하는 때를 제외하고는 면책을 허가하도록 하는(564조 1항) 한편, 면책불허가사유가 있는 경우라도 파산에 이르게 된 경위, 그밖의 사정을 고려하여 상당하다고 인정되는 경우에는 이른바 재량면책을 허가할 수 있도록 규정하고(같은 조 2항), (구)파산법하에서는 가능하던 면책절차 중의 강제집행 등을 금지·중지(법 제557조)함으로써 채무자의 경제적 재기를 뒷받침하고 있는 점 등에 비추어 볼 때, 채무자 회생 및 파산에 관한 법률 제566조 제4호에서 규정하는 '중대한 과실'이라 함은, 채무자가 어떠한 행위를 함에 있어서 조금만 주의를 기울였다면 생명 또는 신체 침해의 결과가 발생하리라는 것을 쉽게 예견할 수 있음에도 그러한 행위를 만연히 계속하거나 조금만 주의를 기울여 어떠한 행위를 하였더라면 생명 또는 신체 침해의 결과를 쉽게 회피할 수 있음에도 그러한 행위를 하지 않는 등 일반인에게 요구되는 주의의무에 현저히 위반하는 것을 말한다(대판 2010.3.25. 2009다91330, 2010.5.13. 2010다3353).

178) 벌점 누적으로 운전면허가 취소된 자가 차량을 운전하고 가던 중 졸음운전으로 진행방향 우측 도로변에 주차되어 있던 차량의 뒷부분을 들이받아 동승한 피해자에게 상해를 입힌 사안에서, 벌점 누적으로 운전면허가 취소된 것이라면 도로교통법상의 무면허운전이 위 사고의 직접 원인으로 작용하였다고 보기 어렵고 전방주시를 태만히 한 상태에서 졸음운전을 하였다는 점만으로 주의의무를 현저히 위반하는 중대한 과실이 있다고 어렵다는 이유로, 그로 인한 손해배상채권이 채무자 회생 및 파산에 관한 법률 제566조 제4호에 정한 비면책채권에 해당하지 않는다(대판 2010.5.13. 2010다3353).

179) 중앙선이 설치된 편도 1차로의 국도를 주행하던 승용차가 눈길에 미끄러지면서 중앙선을 넘어가 반대차로에서 제설작업 중이던 피해자를 충격하여 사망에 이르게 한 사안에서, 교통사고 발생 당시의 상황 등 여러

중대한 과실로 인하여 타인의 생명이나 신체를 침해한 경우란 음주운전이나 금지약물 복용상태에서의 운전 중 교통사고를 일으켜 대인손해배상책임을 지는 경우 등이 이에 해당될 것이다. 여기에서 중대한 과실에 해당되느냐 단순과실에 해당되느냐의 문제는 면책제도의 취지를 고려하되, 중대한 과실의 인정은 엄격한 해석이 요한다고 보인다.

요컨대 불법행위로 인한 손해배상청구권의 경우에는 고의로 인한 생명·신체·재산에 대한 침해의 경우와 중대한 과실로 인한 생명·신체에 대한 침해의 경우에만 비면책채권에 해당되고, 단순 과실로 인한 생명·신체·재산에 대한 침해의 경우와 중대한 과실로 인한 재산침해의 경우에는 면책채권에 해당되는 것이다.

마) 채무자의 근로자의 임금·퇴직금 및 재해보상금(5호)

본호에 의해 근로자의 임금·퇴직금 및 재해보상금은 전액 비면책채권에 해당된다. 이는 근로자의 보호라는 사회정책적인 이유에서 비면책채권으로 규정한 것이다. 다만 통합도산법에서는 근로자의 임금·퇴직금 및 재해보상금에 대하여 그 전액을 재단채권으로 규정하고 있으므로(473조 10호) 굳이 본호가 아니더라도 파산채권에 대한 면책결정의 효력이 미치지 않아 본호는 그리 큰 의미가 있지는 않다.

바) 채무자의 근로자의 임치금 및 신원보증금(6호)

본호에 의해 근로자의 임치금 및 신원보증금은 전액 비면책채권에 해당된다. 다만, 파산선고 전의 원인으로 생긴 채무자의 근로자의 임치금 및 신원보증금은 재단채권(473조 11호)에 해당되어 본호가 아니더라도 파산채권에 대한 면책결정의 효력이 미치지 않아 비면책채권으로 되므로 본호는 파산선고 후의 원인으로 생긴 채무자의 근로자의 임치금 및 신원보증금에 대하여 본호가 적용되어 비면책채권으로 된다는데 그 의미가 있다고 할 것이다.

사) 채무자가 악의로 채권자목록에 기재하지 않은 청구권(단, 채권자가 파산선고가 있음을 안 때에는 예외)(7호)

통합도산법 제566조 제7호에서는 「채무자가 악의로 채권자목록에 기재하지 않은 청구권(단, 채권자가 파산선고가 있음을 안 때에는 예외)」을 비면책채권의 하나로 규정하고 있다. 이

사정에 비추어 가해자가 약간의 주의만으로도 손쉽게 피해자의 생명 또는 신체 침해의 결과를 예견할 수 있는 경우임에도 주의의무에 현저히 위반하여 위 교통사고를 야기하였다고 보기 어렵다는 이유로, 그로 인한 손해배상채권이 채무자 회생 및 파산에 관한 법률 제566조 제4호에 정한 비면책채권에 해당하지 않는다(대판 2010.3.25. 2009다91330).

문제는 실무상 상당히 많이 대두되고 있고 채무자나 채권자 입장에서도 이해가 첨예하게 대립되고 있는 부분이기도 하다. 실제로 누락채권자는 면책까지 받은 채무자를 상대로 이행청구소송을 제기하는 사례가 많고 채무자도 패소한 사례가 많아 자칫 채무자의 회생·재건을 목적으로 하는 통합파산법의 입법 취지에 역행할 소지도 많은 것이 현실이다.

따라서 이러한 소송을 담당하는 법원으로서는 신중한 접근이 필요하다고 본다. 여기에서 '채무자가 악의로 채권자목록에 기재하지 않은 청구권'이란 채무자가 면책결정 이전에 파산채권자에 대한 채무의 존재 사실을 알면서도 이를 채권자목록에 기재하지 않은 경우를 뜻하고, 이 경우 채무자가 채무의 존재 사실을 알지 못한 때에는 비록 그와 같이 알지 못한 데 대하여 과실이 있더라도 면책채권에 해당한다(대판 2007.1.11. 2005다76500). 그러나 채무자가 채무의 존재를 알고 있었다면 과실로 채권자목록에 이를 기재하지 못하였다 하더라도 면책채권에 해당하지 않는다(대판 2010.10.14. 2010다49083).[180]

이와 같이 채권자목록에 기재하지 않은 청구권을 면책대상에서 제외한 이유는, 채권자목록에 기재되지 않은 채권자가 있을 경우 그 채권자로서는 면책절차 내에서 면책신청에 대한 이의 등을 신청할 기회를 박탈당하게 될 뿐만 아니라 면책불허가사유에 대한 객관적 검증도 없이 면책이 허가·확정되면 원칙적으로 채무자가 채무를 변제할 책임에서 벗어나게 되므로, 절차 참여의 기회를 갖지 못한 채 불이익을 받게 되는 채권자를 보호하기 위한 것이다(대판 2010.10.14. 2010다49083). 그러나 채무자의 악의 여부에 대하여는 신중하고 철저하게 심리해야 할 것이다(대결 2011.7.14. 2011마235).

따라서 채권자목록의 작성에 관한 채무자의 악의 여부는 누락된 채권의 내역과 채무자와

180) 채무자 회생 및 파산에 관한 법률(이하 '법'이라 한다) 제566조 제7호에서 말하는 '채무자가 악의로 채권자목록에 기재하지 않은 청구권'이라고 함은 채무자가 면책결정 이전에 파산채권자에 대한 채무의 존재 사실을 알면서도 이를 채권자목록에 기재하지 않은 경우를 뜻하므로, 채무자가 채무의 존재 사실을 알지 못한 때에는 비록 그와 같이 알지 못한 데에 과실이 있더라도 위 법조항에 정한 비면책채권에 해당하지 않지만(대판 2007.1.11. 2005다76500 참조), 이와 달리 채무자가 채무의 존재를 알고 있었다면 과실로 채권자목록에 이를 기재하지 못하였다고 하더라도 위 법조항에서 정하는 비면책채권에 해당한다. 이와 같이 채권자목록에 기재하지 않은 청구권을 면책대상에서 제외한 이유는, 채권자목록에 기재되지 않은 채권자가 있을 경우 그 채권자로서는 면책절차 내에서 면책신청에 대한 이의 등을 신청할 기회를 박탈당하게 될 뿐만 아니라 그에 따라 법 제564조에서 정한 면책불허가사유에 대한 객관적 검증도 없이 면책이 허가, 확정되면 원칙적으로 채무자가 채무를 변제할 책임에서 벗어나게 되므로, 위와 같은 절차 참여의 기회를 갖지 못한 채 불이익을 받게 되는 채권자를 보호하기 위한 것이다. 따라서 사실과 맞지 않는 채권자목록의 작성에 관한 채무자의 악의 여부는 위에서 본 법 제566조 제7호의 규정 취지를 충분히 감안하여, 누락된 채권의 내역과 채무자와의 견련성, 그 채권자와 채무자의 관계, 누락의 경위에 관한 채무자의 소명과 객관적 자료와의 부합 여부 등 여러 사정을 종합하여 판단해야 하고, 단순히 채무자가 제출한 자료만으로는 면책불허가 사유가 보이지 않는다는 등의 점만을 들어 채무자의 선의를 쉽게 인정해서는 안된다(대판 2009.3.30. 2009마225, 2010.10.14. 2010다49083).

의 견련성, 그 채권자와 채무자의 관계, 누락의 경위에 관한 채무자의 소명과 객관적 자료와의 부합 여부 등 여러 사정을 종합하여 판단해야 하고, 단순히 채무자가 제출한 자료만으로는 면책불허가 사유가 보이지 않는다는 등의 점만을 들어 채무자의 선의를 쉽게 인정해서는 안될 것이다(대판 2010.10.14. 2010다49083). 채권자목록에 원본채권만 기재하고 이자 등 부수적 채권을 따로 기재하지 않았다고 하더라도 이는 채무자가 악의로 채권자목록에 기재하지 않은 비면책채권으로 되지는 않는다(대판 2016.4.29. 2015다71177).

한편 채권자목록에 기재되지 않은 채권에 대하여 채무자가 그 존재여부를 알았는지 여부가 불명한 경우에는 어떻게 할 것인지 문제된다. 개인적인 생각으로는 해당 누락된 채권이 채무자 회생 및 파산에 관한 법률 제564조의 각호에 해당하거나 이와 유사한 경우이어서 이를 채권자목록에 기재할 경우 면책불허가 사유로 될 것이 예상되는 경우에는 누락시킨 파산채무자의 악의가 추정된다고 보아 비면책채권으로 보는 것이 타당하다고 보이고, 그밖의 경우에는 이를 파산채무자가 악의로 채권자목록에 누락시킬 하등의 이유가 없다고 보이므로 채무자에게 유리하게 면책채권으로 보는 것이 타당하다고 사료된다.

이에 대하여는 별도로 살펴보기로 한다.

아) 채무자가 양육자 또는 부양의무자로서 부담해야 하는 비용(8호)

부부간의 부양의무(민법 826조 1항), 이혼에 따른 자의 양육책임(민법 837조), 직계혈족 및 그 배우자간의 부양의무(민법 974조 1호), 생계를 같이하는 친족간의 부양의무(민법 974조 3호) 등이 이에 해당되며, 본호에 의해 비면책채권에 해당된다.

면책결정은 파산채권자가 채무자의 보증인 그밖에 채무자와 더불어 채무를 부담하는 자에 대하여 가지는 권리와 파산채권자를 위해 제공한 담보에 영향을 미치지 않는다(567조).

그리고 파산채무자가 면책허가결정을 받은 경우에는 파산채권에 대하여만 그 면책의 효력이 미치게 되므로 재단채권(473조)에 대하여는 파산채권에 대한 면책의 효력이 미치지 않으며, 또한 별제권자가 별제권의 행사에 의해 변제를 받을 수 있는 채권액(목적물가액을 한도로 하는 피담보채권액)에 대하여도 마찬가지로 면책의 효력이 미치지 않는다. 이는 저당권 등 별제권의 성질에서 기인한 당연한 것으로 보인다. 다만, 별제권 행사 후 남은 채권은 파산채권으로서 이에 대하여는 면책결정의 효력이 미치며, 면책받은 채무자는 그 남은 채권을 변제할 책임이 없다.

또한 면책결정의 효력은 파산채권에 대하여 미치는 것이므로 파산선고 후의 원인에 기하여 발생한 청구권은 파산채권이 아니어서 면책의 효력이 미치지 않는다. 따라서 채무자가 파산선고 후 파산채권자의 독촉이나 자발적인 의사에 의해 준소비대차나 경개 등 채무변제 약정을 하여 별개 원인에 의한 채무로 인정될 경우 면책의 효력이 미치지 않은 별개의 채권으로 될 소지가 있으므로 주의해야 한다.[181)]

3) 면책결정과 관련된 기타의 효력 여부

가) 채무자의 보증인에 대한 효력

채무자가 면책결정을 받았다고 하더라도 그 보증인, 공동채무자, 중첩적 채무인수인 등은 아무런 영향을 받지 않고 그대로 변제책임을 지게 된다(567조). 물상보증인이 제공한 담보도 마찬가지이다. 보증인이 채무자에 대하여 구상권을 취득하였다 하더라도 면책받은 채무자에 대하여는 행사할 수 없다. 그리고 면책결정이 확정된 후 채권자가 보증인에 대하여 보증채무의 이행을 청구한 경우 있어서 보증인은 보증채무 자체의 소멸시효를 주장하는 것은 별론 주채무의 소멸시효를 원용할 수는 없다.[182)]

나) 면책된 채무에 대한 지급약속 등의 효력

파산선고 후 면책결정 확정 전에 채무자가 파산채권자와 경개, 준소비대차 등의 계약을 체결하고 파산채권의 지급을 약속한 경우가 있다. 실무상으로도 채무자가 보증인이 있는 채무인 경우 또는 채권자가 채무자와 이웃, 친구, 가족관계 등인 경우에는 파산신청 전후에 해당 채권자와 별도로 우선 파산신청을 하되 나중에 면책결정을 받더라도 변제하겠다고 약정한 경우가 많다. 파산 및 면책제도의 취지에 비추어 이러한 약속이나 약정에 따른 채권에 대하여도 면책의 효력이 미친다고 본다.[183)] 즉 변제하지 않아도 된다는 것이다.

면책허가결정 후에 파산채권자와 한 합의도 채무자에게 새로운 이익을 위한 것이 아니라 그것이 종전의 파산채권에 기하여 채권자의 강요에 의해 이루어지는 등 채무자에게 아무런

181) 파산선고 후 면책허가결정 확정 전에 파산채무자와 파산채권자 사이에 기존 채무에 대하여 별개의 경개, 준소비대차 등의 약정·계약을 체결하거나 면책허가결정확정 후에 합의를 한 경우에도 그러한 약정 등은 면책제도의 취지에 비추어 무효로 되거나 면책의 효력이 미친다는 견해도 있으나(서울회생법원, 제5판 개인파산·회생실무, 366p), 아직 이에 대한 판례가 나와 있지 않으므로 단정적으로 말할 수 없으며, 오히려 채무자가 채권자와의 관계, 예컨대, 채권자가 채무자와 가족이나 친구인 경우, 채권자가 생활보호대상자 등 채무자보다 더 어려운 처지에 있는 경우, 채권자와 향후 계속 영업상 거래를 해야 하는 관계인 경우, 채권자로부터 향후 자금융통 등 기존 채무에 대한 면책의 이익보다 향후 채무자에게 보다 큰 이익이 되는 경우(예, 소액의 면책채권보다 보다 큰 금원 차용의 이익) 등 여러 가지 입장을 감안하여 채무자가 자발적으로 한 약정이나 합의 또는 계약까지 면책의 효력이 미친다고는 보지 않는다. 물론 채권자의 강요나 협박에 의해 이루어진 약정 등은 이와 달리 보아야 할 것이다.

182) 서울회생법원, 제5판 개인파산·회생실무, 365p.

183) 서울회생법원, 제5판 개인파산·회생실무, 366p.

이익이 없는 내용의 것인 경우에는 무효라고 본다.

다) 별제권 행사 후의 잔여채무에 대한 면책 여부

채무자에 대한 면책결정은 별제권자의 파산채권에도 미친다. 즉 별제권자가 별제권을 행사하지 않은 상태에서 면책결정이 확정된 이상 별제권자였던 자로서는 그 담보권을 실행할 수 있을 뿐 채무자를 상대로 종전 파산채권의 이행을 소구할 수는 없다고 할 것이다(대판 2011.11.10. 2011다27219).[184)]

요컨대 채무자가 면책결정을 받은 경우에는 채무자의 재산에 대한 저당권, 전세권, 질권, 유치권 등의 별제권자는 그 재산에 대하여 임의경매 등 별제권을 행사할 수 있으되, 이를 행사한 후 남은 채권은 파산채권에 지나지 않으므로 면책결정의 효력이 미치게 되는 것이고, 별제권으로 담보된 부분에 대하여도 면책결정의 효력이 미치게 되는 결과 이를 별소로 제기하여 이행판결을 받을 수 없을 뿐만 아니라 어떤 이유로 저당권 등이 적법하게 말소되거나 해제된 경우에는 임의경매 등 별제권의 행사도 하지 못하게 되며 결국 별제권으로 담보되어 있었던 피담보채권 전액이 면책되는 효과가 인정되는 것이다.

라) 파산채권자의 상계권 행사의 가부

실무상 파산채권자가 채무자에 대하여 면책의 효력을 받을 채권을 가지고 있고, 아울러 채무자에 대하여 채무도 부담하고 있는 경우도 있다. 파산절차에서 상계권의 행사시기에 대한 법률상의 제한이 없으므로 이러한 경우 파산채권자로서는 채무자에 대한 채무가 면책허가결정 확정 전에 상계적상에 이른 경우라면 면책된 파산채권을 자동채권으로 하여 상계할 수 있다. 다만 면책결정 확정 후에 채무자에 대하여 채무를 부담한 경우에는 면책된 파산채권을 자동채권으로 하는 상계는 허용되지 않는다.

마) 채권자취소권 및 채권자대위권 행사 여부

면책된 파산채권을 피보전권리로 하여 채권자취소권이나 채권자대위권을 행사할 수 있는지 문제된다. 양 제도는 집행력을 본질로 하는 것이므로 면책결정에 의해 집행력이

---

184) 채무자 회생 및 파산에 관한 법률 제566조는 "면책을 받은 채무자는 파산절차에 의한 배당을 제외하고는 파산채권자에 대한 채무의 전부에 관하여 그 책임이 면제된다. 다만 다음 각호의 청구권에 대하여는 책임이 면제되지 않는다."고 규정하면서 같은 법 제411조의 별제권자가 채무자에 대하여 가지는 파산채권을 면책에서 제외되는 청구권으로 규정하고 있지 않으므로, 같은 법 제564조에 의한 면책결정의 효력은 별제권자의 파산채권에도 미친다. 따라서 별제권자가 별제권을 행사하지 않은 상태에서 파산절차가 폐지되었다고 하더라도, 같은 법 제564조에 의한 면책결정이 확정된 이상, 별제권자였던 자로서는 담보권을 실행할 수 있을 뿐 채무자를 상대로 종전 파산채권의 이행을 소구할 수는 없다(대판 2011.11.10. 2011다27219).

상실된 채권을 보전하기 위한 채권자취소권이나 채권자대위권은 행사할 수 없다고 본다(대판 2008.6.26. 2008다25978, 2009.6.23. 2009다13156).

다. 면책허가결정 확정 후의 절차

1) 파산채권자표의 기재

면책허가결정이 확정된 경우 법원사무관 등은 파산채권자표가 있는 경우에는 파산채권자표에 면책결정의 확정사실을 기재해야 한다(568조).

2) 등록기준지·한국신용정보원장에 대한 통지

등록기준지에 대한 파산선고 확정 사실의 통지는 면책신청이 각하·기각되거나 면책불허가결정이 내려진 경우 내지 면책취소결정이 확정된 경우에 한하여 실시되므로 이러한 사실이 없어 등록기준지에 파산선고확정 사실이 통지되지 않은 경우에는 면책결정이 확정된 경우에도 별도로 통지할 필요가 없을 것이다. 금융기관이 채권자인 면책신청사건에서 면책결정이 확정된 경우 법원사무관 등은 그 사실을 한국신용정보원장에게 사건번호, 채무자의 성명, 주민등록번호, 면책결정일 및 그 확정일을 기재한 서면으로 통보해야 한다.[185]

3) 신용불량등록 해제 및 은행거래 여부

실무상 채무자가 파산 및 면책신청을 한 이후 면책기각사유가 없고 면책불허가 사유에 해당되지 않은 경우 통상 6개월~12개월 정도 경과되면 면책허가결정을 받게 되는데, 그 이후의 절차, 즉 면책허가결정 이후에도 채권자가 계속 독촉행위를 한 경우의 채무자의 대응절차나, 신용불량등록 해제 및 은행거래 여부 등에 대하여 궁금해 하는 채무자가 많다. 이에 대하여는 항을 바꾸어 별도로 살펴보기로 한다.

4) 가압류 등 집행의 외관 제거절차

면책결정이 나오게 되면 채권자가 받아 놓은 민사판결 등은 채무자에 대하여 그 효력을 발휘하지 못하게 되고, 채무자의 재산에 가압류 등이 되어 있는 경우에는 이러한 면책결정문을 첨부하여 집행해제신청을 함으로써 말소시킬 수도 있는 것이다. 즉 면책결정이 내려졌다 하더라도 가압류·압류 등의 외형이 자동으로 말소되는 것은 아니며, 그 외형을 말소시키려면 별도의 집행해제신청을 해야 하는 것이다. 파산채권으로 인하여 채무불이행자로 등재된 경우에는 면책결정 이후 '채무불이행자명부등재의 말소신청' 절차를 통하여 그 외관을 제거해

185) 개인파산 및 면책신청사건의 처리에 관한 예규 5조.

야 할 것이다.

5) 파산채권자들에 대한 통지

법원이 채무자에 대하여 파산선고를 내린 경우에는 파산선고 사실을 공고하고(313조 1항), 채권자목록에 기재된 채권자들에게 개별적으로 파산선고 사항을 기재한 서면을 송달해야 하므로(313조 2항), 파산채권자들은 채무자가 파산신청을 하였다는 사실은 알게 되지만 이후에 채무자가 면책결정을 받은 사실까지는 알지 못한다.[186] 따라서 면책결정을 받은 채무자로서는 면책사실을 모르고 계속 독촉행위를 하는 경우를 막기 위해서라도 파산채권자들에게 해당 면책결정문 사본을 팩스나 등기우편으로 송달할 필요가 있을 것이다.

라. 면책취소

채무자가 사기파산죄(650조)로 유죄의 확정판결을 받은 때에는 법원은 파산채권자[187]의 신청에 의하거나 직권으로 면책취소결정을 할 수 있다(569조 1항 전단).[188] 취소신청의 기간에는 제한이 없다.

또한 채무자가 부정한 방법으로 면책을 받은 경우에도 파산채권자는 면책의 취소를 신청할 수 있는데, 이는 면책 후 1년 이내에 신청해야 한다(569조 1항 후단). 면책 후 1년 이내란 면책결정확정일부터 1년 이내를 의미한다.

채무자가 사기파산죄로 유죄의 확정판결을 받은 경우에만 독립된 면책취소사유가 되는 것이며, 사기파산죄 외의 파산범죄행위는 독립된 면책취소사유가 아니다. 또한 여기의 부정한 방법이란 파산채권자 또는 파산관재인 등에 대하여 뇌물공여, 기망행위, 협박, 공갈 등의 수단을 동원하여 면책을 받은 경우이다. 또한 허위의 채권자목록을 제출하거나 재산상태에 관하여 허위의 진술을 한 경우[189] 등 면책불허가사유가 있음에도 불구하고 그 행위가 면책절차에서 노출되지 않아 면책결정을 받은 경우에도 부정한 방법으로 면책을 받은 경우에 해당

---

186) 법원이 채무자에 대하여 면책허가결정을 한 경우에는 주문과 이유를 공고하게 되어 있지만(564조 3항), 개별 채권자들에게는 송달을 하지 않은 관계로 파산채권자들이 면책사실을 모르는 경우가 태반이다.

187) 통합도산법 569조 1항에서는 면책취소신청권자에 대하여 단순히 '파산채권자'라고 규정하고 있으나, 모든 파산채권자가 아니라 면책에 대하여 이해관계를 가진 채권자, 즉 면책의 효력을 받은 파산채권자에 한정한다고 해석하는 것이 타당하다.

188) 사기파산행위가 있으면 유죄의 여부와 무관하게 면책불허가사유가 되는 것과 달리 면책취소를 위해서는 사기파산으로 유죄의 확정판결이 있어야 한다는 점을 구별해야 한다.

189) 실무상 대표적인 경우가 대여금 채권 등 적극 재산이 있음에도 불구하고 이러한 적극 재산의 노출로 파산선고 또는 면책에 지장이 있을 것을 염려하여 고의로 누락시킨 경우이다. 이러한 사유는 면책불허가 사유에 해당되는데, 그 행위가 면책절차에서 밝혀지지 않은 채 면책결정을 받은 경우에는 면책취소사유가 되는 것이다.

되어 면책이 취소될 수 있다(서울중앙지법 2017.1.26. 2017라62).

면책취소신청서에는 1,000원의 인지를 첨부하고, 송달료 4회분(5,200원 × 4회 = 20,800)을 은행에 납부한 후 송달료영수증을 첨부해야 한다. 법원은 면책취소의 재판을 하기 전에 채무자 및 신청인의 의견을 들어야 한다(570조). 법원은 의견청취결과 면책취소사유가 인정되면 면책취소결정을 할 수 있다(569조). 면책취소결정에 대하여는 즉시항고할 수 있다(569조 2항).

면책취소의 결정은 확정된 후부터 그 효력이 발생한다. 면책의 취소가 있은 때에는 면책 후 취소에 이르기까지의 사이에 생긴 원인으로 인하여 채권을 가지게 된 자는 다른 채권자에 우선하여 변제를 받을 권리를 가진다(572조). 다만 여기에서 우선한다는 의미가 면책취소 전후를 불문하고 질권, 저당권, 유치권과 같은 물권보다 우선한다는 것이 아님을 주의해야 한다. 면책취소결정이 확정되면 복권은 장래에 향하여만 그 효력을 상실하게 된다(574조). 면책취소결정이 확정되면 채무자의 등록기준지에 파산선고의 확정사실이 통보되고, 한국신용정보원장에게도 면책취소사실이 서면으로 통지된다.

[서식 16] 면책신청서(면책신청만 따로 한 경우)

면책신청서

인 지 2000원

신 청 인(채 무 자) : ○ ○ ○ (주민등록번호 : 123456 - 1234567)
주 소 : ○○시 ○구 ○○로 ○○○ (우편번호 : 12345)
거 소 :
송달장소 : ○○시 ○구 ○○로 ○○○ (우편번호 : 12345)
본 적 : ○○시 ○구 ○○로 ○○
연 락 처 : 휴대전화(010-222-3333), 집전화(000-2222-3333)

소송대리인 변호사 ○○○
(송달장소) ○○시 ○구 ○○로 ○○

신 청 취 지

채무자를 면책한다.
라는 결정을 구합니다.

신 청 이 유

신청인은 귀원 20○○하단○○○호 파산선고 사건에서 20○○. ○. ○. 파산선고결정을 받고 면책결정을 받기 위해 이 사건 신청에 이르렀습니다.

첨 부 서 류

1. 진술서 1부
2. 채권자목록 1부

휴대전화를 통한 정보수신 신청서

위 사건에 관한 파산선고결정, 면책결정 등 정보를 예납의무자가 납부한 송달료 잔액 범위 내에서 휴대전화를 통하여 알려주실 것을 신청합니다.

▣ **휴대전화 번호** : 010-2222-3333

20○○. ○. ○.
신청인 채무자 : ○○○ (날인 또는 서명)

※ 파산선고 및 이의기간지정 결정(또는 면책심문기일 결정), 면책결정이 있으면 신속하게 위 휴대전화로 문자메시지가 발송됩니다.
※ 문자메시지 서비스 이용금액은 메시지 1건당 17원씩 납부된 송달료에서 지급됩니다(송달료가 부족하면 문자메시지가 발송되지 않습니다). 추후 서비스 대상 정보, 이용금액 등이 변동될 수 있습니다.

20○○. ○. ○.

위 소송대리인 ○○○ (인)

파산사건번호	
면책사건번호	
배당순위번호	
재 판 부	제 단독

○○지방법원 귀중

注) 면책신청은 파산신청과 동시에 해고 되고, 따로 신청해도 된다. 다만 채무자가 굳이 따로 신청할 이유나 실익은 있지 않을 것이므로 면책신청만을 따로 한 경우란 주로 채권자에 의해 파산만 신청된 경우에 있어 후에 채무자가 면책을 받고자 할 때 필요할 것이나. 면책신청서의 첨부서류 중 '채권자명부'의 양식은 파산신청서의 '채권자 일람표'와 동일하며, '채권자 주소'의 양식도 파산신청서와 동일하므로 파산신청서를 참고하여 작성하면 될 것이다.

[첨부서류] 채무자의 진술서

진 술 서

○○지방법원 귀중

신청인(채무자) ○○○ (인)

신청인은 귀원 20○○하면○○호 면책사건에 관하여 다음과 같이 사실대로 진술합니다.
(다음 각 항 중 ㉠, ㉡ 중에서 해당하는 항목에 ○표를 하고 필요한 사항을 간략하게 개략적인 기재를 하여 주십시오)

제1 채무를 전부 변제하는 것이 불확실하다고 생각되기 시작한 시기와 그 이유
(상세하게 쓰시기 바랍니다. 별지를 사용하여도 됩니다.)

제2 파산선고를 받게 된 사정
㉠ 파산사건 심리시에 제출한 서류의 기재 및 법원에서의 진술과 같다.
㉡ 위 서류의 기재 및 진술에 부가 또는 정정할 것이 있다.

제3 파산선고를 받기까지 채무자의 채무변제를 위한 노력 내용
(상세하게 쓰시기 바랍니다. 별지를 사용하여도 됩니다.)

제4 파산종결 후의 경과
(1) 현재의 직업(근무처 및 직종)
(2) 월수입( )
(3) 파산종결 후 채무변제의 유무
㉠ 있음(누구에게 얼마를 변제하였는지 여부를 구체적으로 기재하시기 바랍니다)
㉡ 없음

제5 현재까지의 생활 상황 등(가족 포함)
(본인은 물론 가족들의 생활 상황을 상세히 기재하여 주십시오. 별지를 사용하여도 됩니다.)

☆ 이 진술서는 채무자 본인(면책신청인)이 직접 기재하고 날인한 후 법원에 제출하여 주시기 바랍니다.

[기재례 79] 면책여부 결정 위한 이해관관계인에 대한 의견조회서

○○지방법원
의견조회서

사　　건　　20○○하단 ○○○○　파산선고

채 무 자　　○　○　○ (123456 - 1234567)

이 법원은 위 채무자에 대한 파산, 면책 여부의 결정에 앞서 귀하의 의견을 듣고 심리자료로 삼고자 하오니 귀하의 의견을 기재하여 받은 날로부터 14일 이내에 서면으로 제출하여 주시기 바랍니다.

20○○. ○. ○.

판 사 ○ ○ ○

주) 개인파산·회생실무, 서울회생법원, 양식편 인용 및 참고

[기재례 80] 면책심문기일 결정

○○지방법원

결 정

사 건 20○○하면○○(20○○하단○○) 면책

채 무 자 ○ ○ ○ (123456 - 1234567)

주 소 ○○시 ○○구 ○○로 ○○

주 문

1. 채무자에 대한 면책심문기일 및 장소를 20○○. ○. ○. 14:00 ○○지방법원청사 제○호 법정(제○○○호)으로 한다.

2. 송달해야 하는 장소를 알기 어려운 파산채권자에 대한 송달은 공고로써 갈음한다.

이 유

채무자 회생 및 파산에 관한 법률 제558조, 제10조를 적용하여 주문과 같이 결정한다.

20○○. ○. ○.

판 사 ○ ○ ○

[기재례 81] 면책심문기일 공고

채무자 면책심문기일 공고

사　　건　　20○○하면○○(20○○하단○○) 면책

채 무 자　　○　○　○ (생년월일)
주소 ○○시 ○○구 ○○로 ○○

1. 심문일시 : 20○○. ○. ○. 14:00

2. 심문장소 : ○○지방법원 청사 제○○○호 법정

20○○. ○. ○.

○○지방법원

판 사 ○ ○ ○

[기재례 82] 면책심문기일 조서

○○지방법원
면책심문조서

1차

사　　건 : 20○○하면○○(20○○하단○○) 면책
일　　시 : 20○○. ○. ○. 14:00
판　　사 : ○ ○ ○
장　　소 : 별관 제2호 법정
공개여부 : 비공개
법원사무관 : ○ ○ ○
사건과 당사자를 호명
채 무 자 ○ ○ ○ 출석

판사

채무자 ○○○에 대한 심문을 시작하겠다고 선언
채무자에게 채무자 회생 및 파산에 관한 법률 제564조 제1항 각호 소정의 면책불허가 사유가 있는지를 심문

채무자

20○○. ○. ○.자 면책신청서 진술
파산선고를 받게 된 사정은 파산사건 심리시에 제출한 서류의 기재(및 법원에서의 진술과)와 같다.

심문종결

법원사무관 ○ ○ ○

판 사 ○ ○ ○

주) 개인파산·회생실무, 서울회생법원, 양식편 인용 및 참고

[기재례 83] 서면에 의한 면책심문서

○○지방법원
심 문 서

사　　건　　20○○하면○○○(20○○하단○○○) 면책

채 무 자　　○ ○ ○

채무자에게는 신병을 이유로 불가피하게 면책심문기일에 출석할 수 없는 사정이 있어 서면심문으로 갈음하니 다음 사항을 진술한 서면을 이 심문서 등본 수령일부터 10일 이내에 이 법원에 제출바랍니다.

심문사항

채무자는 아래와 같은 사유가 있는지에 대하여 각 항목별로 답변바랍니다.

1. 자기 재산을 숨기거나 다른 사람 명의로 바꾸거나 헐값에 팔아버린 적이 있는지
2. 채무를 허위로 증가시킨 적이 있는지
3. 과다한 낭비 또는 도박 등을 하여 현저히 재산을 감소시키거나 과대한 채무를 부담한 적이 있는지
4. 신용거래로 구입한 상품을 현저히 불리한 조건으로 처분한 적이 있는지
5. 의무에 속하지 않는데도 일부 채권자에게만 변제하거나 담보를 제공한 적이 있는지 (즉, 변제기가 도래하지 않은 채권을 변제하거나 대물변제 약정이 없는데도 대물변제한 적이 있는지)
6. 허위의 채권자목록을 제출하거나 법원에 대하여 재산상태에 관하여 허위의 진술을 한 적이 있는지
7. 사술을 써서 신용거래로 인하여 재산을 취득한 적이 있는지
8. 7년 내에 개인파산면책 또는 5년 이내에 개인회생면책을 받은 일이 있는지

20○○. ○. ○.

판 사 ○ ○ ○

[기재례 84] 면책신청에 대한 이의신청기간 결정

○○지방법원
결 정

사 건 20○○하면○○(20○○하단○○) 면책

채 무 자 ○ ○ ○ (123456 - 1234567)
주소 ○○시 ○○구 ○○로 ○○

주 문

1. 위 면책사건에 대하여 면책신청에 대한 이의신청기간을 20○○. ○. ○.까지로 정한다.
2. 송달해야 하는 장소를 알기 어려운 파산채권자에 대한 송달은 공고로써 갈음한다.

이 유

채무자 회생 및 파산에 관한 법률 제562조, 제10조를 적용하여 주문과 같이 결정한다.

20○○. ○. ○.

판 사 ○ ○ ○

[기재례 85] 면책신청에 대한 이의신청 기간 결정 공고

면책신청 이의신청기간 결정 공고

사　　건　　20○○하면○○(20○○하단○○) 면책

채 무 자　　○ ○ ○(생년월일)
주소 ○○시 ○○구 ○○로 ○○

위 면책사건에 관하여 면책신청에 대한 이의신청기간을 20○○. ○. ○.까지로 정한다.

20○○. ○. ○.

○○지방법원

판 사 ○ ○ ○

[기재례 86] 면책이의 신청에 따른 의견청취기일 결정

○○지방법원
결 정

사 건 20○○하면○○(20○○하단○○) 면책

채 무 자 ○ ○ ○
주소 ○○시 ○○구 ○○로 ○○

주 문

채무자에 대한 의견청취기일 및 장소를 20○○. ○. ○. 15:00 ○○지방법원 청사 제○호 법정으로 한다.

이 유

채무자 회생 및 파산에 관한 법률 제563조를 적용하여 주문과 같이 결정한다.

20○○. ○. ○.

판 사 ○ ○ ○

[기재례 87] 채무자에 대한 의견청취기일 통지

○ ○ 지 방 법 원
통　　지　　서

수　　신　　수신처 참조

사　　건　　20○○하면○○(20○○하단○○) 면책

채 무 자　　○ ○ ○

위 사건에 관하여 채권자로부터 면책신청에 대한 이의신청이 있으므로 이의신청인 및 채무자의 의견을 청취하기 위해 다음과 같이 의견청취기일을 지정하였으니, 출석하여 의견을 진술하여 주시기 바랍니다.

1. 일시 20○○. ○. ○. 15:00
2. 장소 ○○지방법원 청사 제○○○호

20○○. ○. ○.

판　사 ○ ○ ○

수신처 : 채무자, 이의신청인 주식회사 ○○은행. 끝.

注) 개인파산·회생실무, 서울회생법원, 양식편 인용 및 참고

[기재례 88] 채무자에 대한 의견청취기일 조서

○○지방법원
의견청취기일조서

사 건 : 20○○하면○○(20○○하단○○) 면책
일 시 : 20○○. ○. ○. 15:00
판 사 ○ ○ ○
장 소 : 별관 제○호 법정
공개여부 : 비공개
법원사무관 ○ ○ ○
사건과 당사자를 호명
채무자 ○ ○ ○ 출석
채권자 (주)○○은행 대리인 ○ ○ ○ 출석

판사
채무자 ○○○에 대한 의견청취기일을 시작하겠다고 선언

채권자 대리인
20○○. ○. ○.자 이의신청서 진술 (간주)

채무자
20○○. ○. ○.자 답변서 진술하고,
채무자는 20○○. 6. 신용카드를 이용하여 불법할인을 받은 바 있다.

심문종결

법원사무관 ○ ○ ○

판 사 ○ ○ ○

주) 개인파산·회생실무, 서울회생법원, 양식편 인용 및 참고

[기재례 89] 면책이의 신청에 대한 서면의견청취

○○지방법원
의견청취서

사　　건　　20○○하면○○(20○○하단○○)　면책

채 무 자　　○ ○ ○

1. 채무자의 면책신청에 대하여 채권자들의 이의신청기간을 20○○. ○. ○.까지로 정한 바 있습니다.
2. 파산채권자 중 주식회사 ○○은행이 20○○. ○. ○. 면책신청에 대한 이의신청을 하였습니다.
3. 채무자는 본 의견청취서를 송달받은 날부터 2주일 이내에 이의신청에 대한 답변서를 이 법원에 제출하기 바랍니다(면책절차가 지연되지 않도록 위 기간을 반드시 지켜 주시기 바랍니다).

20○○. ○. ○.

판 사 ○ ○ ○

注) 개인파산·회생실무, 서울회생법원, 양식편 인용 및 참고

[기재례 90] 면책신청 각하결정

○○지방법원
결　　정

사　　건　　20○○하면○○○(20○○하단○○○) 면책

채 무 자　　○ ○ ○
주소 ○○시 ○○구 ○○로 ○○

주　　　문

이 사건 면책신청을 각하한다.

이　　　유

기록에 의하면 채무자에 대한 파산결정이 20○○. ○. ○. 10:00 선고되어, 그 결정이 20○○. ○. ○. 확정되었음에도 채무자는 채무자 회생 및 파산에 관한 법률 제556조 제1항 소정의 면책신청 제기기간이 1월이 경과하였음이 역수상 명백한 20○○. ○. ○.에서야 이 사건 면책신청을 하였고, 면책신청의 추완사유도 인정되지 않아 위 면책신청은 부적법하므로 주문과 같이 결정한다.

20○○. ○. ○.

판 사 ○ ○ ○

注) 개인파산·회생실무, 서울회생법원, 양식편 인용 및 참고

[기재례 91] 면책신청 기각결정

○ ○ 지 방 법 원

결 정

사 건 20○○하면○○○(20○○하단○○○) 면책

채 무 자 ○ ○ ○ (123456 - 1234567)
(신청인) 주 소 ○○시 ○○로 ○○○

등록기준지 ○○남도 ○○군 ○○읍 ○○길 ○○○
신청대리인 변호사 ○○○

주 문

이 사건 면책신청을 기각한다.

이 유

채무자에 대한 파산절차의 신청이 기각되었으므로, 채무자 회생 및 파산에 관한 법률 제559조 제1항 제2호에 따라 주문과 같이 결정한다.

20○○. ○. ○.

판 사 ○ ○ ○

[서식 17] 면책신청기각결정에 대한 즉시항고장

즉 시 항 고 장

항고인 겸 채무자	○ ○ ○ (123456 - 1234567)
주소	○○시 ○○구 ○○로 ○○
등록기준지	○○시 ○○구 ○○로 ○○
신청대리인	변호사 ○○○

항고의 대상인 결정

○○지방법원 20○○하단○○○ 파산사건 및 20○○하면○○○ 면책사건에 관하여 같은 법원이 20○○. 4. 24.자로 한 파산 및 면책기각결정

항고의 취지

1. 원결정을 취소한다.
2. 이 사건을 ○○지방법원으로 환송한다.

라는 결정을 구합니다.

항고의 이유

1. 파산 및 면책신청과 기각결정

항고인 겸 채무자는 20○○. 3. 20. ○○지방법원에 파산 및 면책신청을 하였고, 원심법원은 20○○하단○○○ 파산사건 및 20○○하면○○○ 면책사건으로 이를 접수하여 심리를 마친 후 20○○. 4. 24.자로 파산 및 면책신청에 대하여 기각결정을 하였으며, 항고인 겸 채무자는 이 결정을 20○○. 4. 28. 송달받았습니다.

2. 원결정의 부당성

(1) 원결정에서 채무자에 대한 파산 및 면책신청을 기각한 이유는, 항고인 겸 채무자의 처 ○○○ 명의로 되어 있는 ○○시 서구 ○○동 소재 ○○주공아파트 104동 103호를 20○○. 4. 20.자로 매수할 당시 그 매매대금 중 일부인 금 40,000,000원이 항고인 겸 채무자 소유이었다가 19○○. 6월경 위 ○○○에게 증여한 금 60,000,000원 상당의 ○○시 ○○동 소재 ○○아파트의 처분한 자금 중 일부이었고 따라서

위 금원은 항고인 겸 채무자 소유의 자금이 흘러들어갔다는 것입니다.

(2) 그러나 항고인 겸 채무자가 위 ○○시 ○○동 소재 ○○아파트를 위 ○○○에게 증여한 시점은 19○○. 6월경으로 그 당시에는 항고인 겸 채무자에게 부채가 없었고 따라서 금번 파산신청한 원인이 된 파산채권이 없었던 시점이었으며, 위 아파트를 증여한 이유는 당시 처인 위 ○○○가 어린 자식이 둘(당시 아들 11세, 딸 9세)을 키우면서 시어머니(당시 65세)를 모시고 살면서 생활에 너무 힘들어 하였고, 성격차이 및 미래에 대한 막연한 불안 때문에 항고인 겸 채무자에게 증여해 주기를 강제하다시피 하여 부득이 증여해 준 것입니다. 또한 항고인 겸 채무자와 처 ○○○는 19○○년 2월 16일 결혼하여 그 동안 처가 기여한 몫에 대한 재산분할의 의미도 있었습니다.

(3) 이후 항고인 겸 채무자와 처인 위 ○○○는 잦은 부부 갈등과 싸움으로 더 이상 혼인생활을 유지하기 힘들어 20○○년초부터 별거에 들어갔으며(항고인 겸 채무자가 처와 자식들을 두고 집에서 나와 서울 등 각지의 건축현장에서 거주함), 항고인 겸 채무자와는 연락이 두절되어 처의 경제활동 등에 전혀 관여할 수 있는 처지에 놓여있지 아니하였으며, 그런 상태에서 처 ○○○가 20○○. 4. 20. 경 처가에서 자금을 일부 융통하고 전세자금을 빼 내어 ○○시 ○○구 ○○로 소재 ○○아파트 111동 222호를 구입한 것 같습니다. 따라서 위 아파트를 처가 구입한 것에 대하여 항고인 겸 채무자가 전혀 관여하거나 개입할 여지가 없었으며 이는 오로지 처 ○○○의 노력에 의해 구입된 듯합니다.

결국 이러한 사유 등으로 말미암아 처 ○○○ 명의의 위 아파트에 대하여는 항고인 겸 채무자가 이를 처분하거나 환가하여 다른 채권자들에게 배분해 줄 입장에 놓여있지 아니하며 또한 항고인 겸 채무자에게 처 ○○○에 대하여 이를 요구할 권한이나 지위에 전혀 있지 못함을 헤아려 주시기 바랍니다(즉, 항고인 겸 채무자가 위 처 ○○○에게 어떤 요구를 한다 하더라도 현재와 같이 부부간의 갈등으로 인한 별거 및 이혼직전에 있는 관계상 이에 전혀 응하지 않을 것이며, 그럴 경우 항고인 겸 채무자가 할 수 있는 일은 아무것도 없습니다).

(4) 처 ○○○는 20○○년경부터 계속 항고인 겸 채무자에게 이혼을 요구하였고 현재는 전화통화도 잘 안되고 잘 만나주지도 아니합니다. 따라서 항고인 겸 채무자도 더 이상 이혼요구를 거절할 수 없어 조만간 이혼을 해 줄 계획에 있습니다. 따라서 설령 처 ○○○의 아파트 구입자금에 일부 항고인 겸 채무자가 기여하였다 하더라도 이는 이혼시의 재산분할 및 아이들에 대한 양육비로 감안이 될 소지가 있으며 이점을 감안하여 주시면 고맙겠습니다.

3. 결 론

따라서 이 사건 파산 및 면책신청은 인용되어야 할 것임에도 불구하고 원심법원은 파산 및 면책기각결정을 하였으므로 항고인 겸 채무자는 신청취지와 같은 결정을 받고자 이 사건 항고에 이르게 된 것입니다.

입 증 방 법

1. 소갑 제1호증 가족관계증명서 1통
1. 소갑 제2호증 혼인관계증명서 1통
1. 소갑 제3호증 주민등록등본 2통

그밖의 것은 차후 수시로 제출하겠습니다.

첨 부 서 류

1. 위 입증방법 각 1통
1. 신청서부본 1통

20○○. ○. ○.

항고인 겸 채무자의 소송대리인
변호사 ○ ○ ○ (인)

○○지방법원 귀중

[기재례 92] 면책불허가결정

○○지방법원
결 정

사 건 20○○하면○○(20○○하단○○) 면책

채 무 자 ○ ○ ○ (123456 - 1234567)
주소 ○○시 ○○구 ○○로 ○○
본적 ○○시 ○○구 ○○로 ○○

주 문

이 사건 면책을 허가하지 아니한다.

이 유

이 사건 기록에 의하면, 채무자는 지급불능상태에서 자신이 소유하던 다세대주택을 며느리에게 명의를 이전한 사실을 인정할 수 있다.

채무자의 위와 같은 행위는 자기의 이익을 도모할 목적으로 파산재산에 속하는 재산을 은닉하는 경우로서 채무자 회생 및 파산에 관한 법률 제564조 제1항 제1호, 제650조 제1호 소정의 면책불허가사유에 해당한다. 따라서 이 사건 면책신청을 허가하지 아니한다.

20○○. ○. ○.

판 사 ○ ○ ○

注) 개인파산·회생실무, 서울회생법원, 양식편 인용 및 참고

[기재례 93] 파산관재인에 대한 면책불허가사유 조사보고명령

○○지방법원
결　　정

사　　건　20○○하면○○(20○○하단○○) 면책

채 무 자　○ ○ ○

파산 관재인　○ ○ ○

주　　　문

파산관재인은 위 면책신청사건에 대하여 채무자에 대한 면책불허가사유 유무를 조사하여 20○○. ○. ○.까지 조사보고서를 제출하고, 20○○. ○. ○. 11:00 면책심문기일(○○지방법원 청사 별관 제2호 법정)에 출석하여 그 결과를 보고해야 한다.

이　　　유

채무자 회생 및 파산에 관한 법률 제560조를 적용하여 주문과 같이 명한다.

20○○. ○. ○.

판 사 ○ ○ ○

주) 개인파산·회생실무, 서울회생법원, 양식편 인용 및 참고

[기재례 94] 파산관재인의 면책불허가사유 조사보고서(1)

면책불허가 사유조사보고서

사　　건　　20○○하면○○(20○○하단○○) 면책
채 무 자　　○ ○ ○

위 면책사건에 관하여 파산관재인은 다음과 같이 채무자에 대한 면책불허가사유 조사보고서를 제출합니다.

1. 면책불허가 사유의 유무　　　유 □　　　무 □
2. 면책불허가 사유 (해당란에 ✓하고, 그 사유를 별지에 구체적으로 기재하고 소명자료를 첨부바랍니다.)
   □ 채무자가 자기 재산을 숨기거나 다른 사람 명의로 바꾸거나 헐값에 팔아버린 행위
   □ 채무자가 채무를 허위로 증가시켜 파산채권을 증가시키는 행위
   □ 채무자가 과다한 낭비 또는 도박 등을 하여 현저히 재산을 감소시키거나 과대한 채무를 부담하는 행위
   □ 채무자가 신용거래로 구입한 상품을 현저히 불리한 조건으로 처분하는 행위
   □ 채무자가 채무자의 의무에 속하지 않거나 그 방법 또는 시기가 채무자의 의무에 속하지 않는데도 일부 채권자에게만 변제하거나 담보를 제공하는 행위(아직 변제기가 도래하지 않은 일부 채권자에게만 변제하거나 원래 대물변제 약정이 없는데도 일부 채권자에게만 대물변제를 한 행위를 포함)
   □ 채무자가 허위의 채권자목록을 제출하거나 법원에 대하여 그 재산 상태에 관하여 허위의 진술을 하는 행위
   □ 기타 (　　　　　　)
3. 재량면책에 대한 의견　　　가 □　　　부 □
   재량면책사유를 간략히 기재 바랍니다.
   (　　　　　　　　　　　　)

20○○. ○. ○.

채무자 ○○○의 파산관재인 ○○○

붙임 : 소명자료

[기재례 95] 파산관재인의 면책불허가사유 조사보고서(2)

면책불허가사유 조사보고서

사 건 20○○하단○○ 파산
20○○하면○○ 면책

채 무 자 ○○○

위 면책 사건에 관하여 파산관재인은 다음과 같이 채무자에 대하여 면책불허가사유 조사보고서를 제출합니다.

1. 면책불허가 사유 유무 유 ☑ 무 □

2. 면책불허가 사유 해당 여부에 대하여

☑ 재산의 은닉·손괴 또는 불이익한 처분행위(법 제564조 제1항 제1호, 제650조 제1호)
채무자는 이미 채무초과의 상태에 빠져 있음에도 2010. ○. ○○.경 자신 소유의 시가 2억 상당의 ○○시 ○○동 ○○아파트 ○○동 ○○호를 처형 ○○○에게 1억 상당에 매각함.

□ 파산재단의 부담을 허위로 증가시키는 행위(법 제564조 제1항 제1호, 제650조 제2호)
해당사항 없음

□ 상업장부의 부작성, 부실기재, 은닉, 손괴 행위 등(법 제564조 제1항 제1호, 제650조 제3, 4호, 제651조 제3, 4항)
해당사항 없음

□ 신용거래 구입상품의 현저한 불이익 조건 처분(법 제564조 제1항 제1호, 제651조 제1호)
해당사항 없음

□ 파산의 원인이 있음을 알면서 한 비본지행위(법 제564조 제1항 제1호, 제651조 제2호)
해당사항 없음

□ 구인불응 행위(제564조 제1항 제1호, 제653조)
해당사항 없음

□ 뇌물약속·공여·공여의사표시(제564조 제1항 제1호, 제656조)
해당사항 없음

□ 파산관재인에게 파산에 관하여 필요한 설명을 하지 않은 경우(제564조 제1항 제1호, 제658조)

해당사항 없음

□ 파산선고 전 1년 내에 파산원인 사실을 속이거나 감추고 한 신용거래 행위(제564조 제1항 제2호)

해당사항 없음

□ 허위의 채권자목록 등의 제출 또는 재산 상태에 관한 허위의 진술행위(제564조 제1항 제3호)

해당사항 없음

□ 법원에 재산상태 이외의 부분에 대하여 허위진술을 한 경우(제564조 제1항 제5호)

해당사항 없음

□ 법원의 파산에 이르게 된 경위 및 재산상황 등에 대한 설명 및 자료제출 요구에 응하지 않은 경우(제564조 제1항 제5호)

해당사항 없음

□ 심문기일에 정당한 이유 없이 출석하지 않거나, 진술을 거부하는 경우(제564조 제1항 제5호)

해당사항 없음

□ 과다한 낭비·도박 기타 사해행위(제564조 제1항 제6호)

해당사항 없음.

3. 재량면책에 대한 의견

해당 사항 없음.

붙 임 : 소명자료

20○○. ○. ○.

채무자 ○○○의

파산관재인 변호사 ○○○

[기재례 96] 면책불허가결정에 대한 항고장 각하명령

○○지방법원
명 령

사 건 20○○하단○○(20○○하단○○) 면책

항고인(채무자) ○ ○ ○
주소 ○○시 ○○구 ○○로 ○○

주 문

이 사건 항고장을 각하한다.

이 유

항고인은 20○○. ○. ○. 면책불허가 결정 정본을 송달받았으면서도 적법한 즉시항고 제기기간 1주일이 20○○. ○. ○. 이 사건 항고장을 제출하였다. 따라서 채무자 회생 및 파산에 관한 법률 제33조, 민사소송법 제444조 제1항, 제399조 제2항을 적용하여 주문과 같이 명령한다.

20○○. ○. ○.

판 사 ○ ○ ○

주) 개인파산·회생실무, 서울회생법원, 양식편 인용 및 참고

[서식 18] 면책불허가결정에 대한 즉시항고

면책불허가결정에 대한 즉시항고

사 건 20○○하면○○(20○○하단○○) 면책

항고인(파산자) ○ ○ ○ (123456 - 1234567)
○○시 ○○구 ○○로 ○○

항고인은 위 면책사건에 관하여 ○○지방법원으로부터 20○○. ○. ○. 면책불허가결정을 받았는 바, 항고인은 동 결정에 대하여 불복이므로 아래와 같이 항고를 제기하는 바입니다.

항 고 취 지

1. 원결정을 취소한다.
2. 파산자를 면책한다.

라는 결정을 구합니다.

항 고 이 유

추후 제출하겠습니다.

첨 부 서 류

1. ○○○○ 1통

20○○. ○. ○.

항고인(파산자) ○ ○ ○ (인)

○○지방법원 파산부 귀중

[기재례 97] 면책허가결정

○○지방법원

결 정

사 건 20○○하면○○(20○○하단○○) 면책

채 무 자 ○ ○ ○ (123456 - 1234567)
주 소 ○○시 ○○구 ○○로 ○○
본 적 ○○시 ○○구 ○○로 ○○

주 문

채무자를 면책한다.

이 유

이 사건 기록(및 이 법원의 채무자에 대한 심문결과)에 의하면, 채무자에게 채무자 회생 및 파산에 관한 법률 제564조 제1항에서 정한 면책불허가사유에 해당하는 사실이 인정되지 않으므로 주문과 같이 결정한다.

20○○. ○. ○.

판 사 ○ ○ ○

[기재례 98] 면책허가결정 공고

면책결정 공고

사　　건　　20○○하면○○(20○○하단○○) 면책

채 무 자　　○　○　○ (생년월일)
주소 ○○시 ○○구 ○○로 ○○

주 문　　채무자를 면책한다.

이유의 요지　채무자에게 면책불허가사유에 해당하는 사실이 인정되지 아니한다.

20○○. ○. ○.

○○지방법원

판 사 ○ ○ ○

[기재례 99] 면책결정확정통지(한국신용정보원장)

○○지방법원
면책결정확정통지

한국신용정보원장 귀하

사 건 20○○하면○○(20○○하단○○) 면책

채 무 자 ○ ○ ○ (123456 - 1234567)
주소 ○○시 ○○구 ○○로 ○○

위 채무자에 대하여 20○○. ○. ○. 면책허가결정이 선고되어 위 결정이 20○○. ○. ○. 확정되었음을 통지합니다.

20○○. ○. ○.

법원사무관 ○ ○ ○

注) 개인파산·회생실무, 서울회생법원, 양식편 인용 및 참고

[기재례 100] 항고심의 원심파기 및 재량면책 허가결정

○○지방법원
제11파산부
결 정

사 건 20○○라○○ 면책
항고인(채무자) ○ ○ ○ (123456 - 1234567)
주소 ○○시 ○○구 ○○로 ○○
본적 ○○시 ○○구 ○○로 ○○

원심결정 ○○지방법원 20○○. ○. ○.자 20○○하면○○(20○○하단○○) 결정

주 문

1. 원심결정을 취소한다.
2. 항고인(채무자) ○○○를 면책한다.

이 유

1. 면책불허가사유의 존재 여부

가. 이 사건 기록 등에 의하년 나음 사실을 인정할 수 있다.

(1) 항고인은 20○○년경 외삼촌의 채무를 보증하면서 채무를 지게 된 이래 20○○년경 무주택자로서 ○○시 ○○구 ○○로 ○○ ○○아파트 19평형 1세대를 분양받고 분양대금의 납입을 위해 신용카드로 3,600만원을 대출받으면서 다액의 채무가 발생하였다.

(2) 이후 항고인은 영업용택시, 시내버스 등의 운전기사로 일하며 채무의 변제를 시도하였으나, 이자마저도 해결하지 못하였고 채무가 오히려 지속적으로 증가하였다. 이에 항고인은 다수의 신용카드를 발급받아 신용카드로 물건을 매수함과 동시에 저가로 처분하여 그 대금을 수령하는 방법으로 변제기만 연장하였다.

(3) 그 결과 항고인의 채무는 더욱 증가하였고, 항고인이 20○○. ○. ○. 이 법원에 파산신청을 할 당시 ○○농업협동조합 등 16명의 채권자에 대하여 약 1억

6천만원의 채무를 부담하게 되었다.

나. 위 인정사실에 의하면, 채무자가 신용카드로 물건을 매수함과 동시에 할인하여 처분한 행위는 면책불허가사유를 규정한 채무자 회생 및 파산에 관한 법률 제564조 제1항 제1호, 제651조 제1호 소정의 "신용거래로 인하여 상품을 구입하여 현저히 불이익한 조건으로 이를 처분한 행위"에 해당한다고 판단된다.

2. 재량면책의 허가여부

항고인에게 위와 같은 면책불허가사유가 있기는 하나, 이 사건 기록 등에 의하면, 항고인이 채무를 부담하게 된 주된 원인이 외삼촌의 채무를 보증했던 것과 이와 같이 자신의 아파트를 구입하면서 비롯된 것인 점, 대출금의 주된 사용처가 기존의 채무를 변제하는데 사용된 점, 항고인이 자신 소유의 부동산을 처분하여 채무를 변제하려 하였으나 그 부동산에 관하여 타인과 소송이 생기면서 적기에 처분하지 못하여 채무증가의 한 원인이 된 사정, 항고인이 소유하고 있던 위 소형 아파트와 부동산 1필지가 경매로 처분되어 채무변제에 활용된 사정, 항고인이 현재 하반신 마비의 노모와 직업이 없는 처, 학생인 자녀를 책임지는 한 가족의 가장인 점, 그밖에 항고인의 재산 및 수입상태, 생활정도 및 가족관계, 이 사건 기록에 나타난 여러 사정을 참작할 때, 항고인에 대하여 위에서 인정한 면책불허가사유가 있음에도 불구하고 면책을 허가함이 상당하다고 판단된다.

3. 결 론

그렇다면 이와 결론을 달리한 원심결정은 부당하므로 취소하고 항고인에 대하여 채무자 회생 및 파산에 관한 법률 제564조 제2항에 의해 면책을 허가하기로 하여 주문과 같이 결정한다.

20○○. ○. ○.

재판장 판 사 ○ ○ ○
판 사 ○ ○ ○
판 사 ○ ○ ○

[기재례 101] (전부)면책허가결정서

○○지방법원
결 정

사 건 20○○하면○○○○ 면책
20○○하단○○○○ 파산선고

채 무 자 ○ ○ ○ (123456 - 1234567)
○○시 ○○동 ○○-○○
송달장소 ○○시 ○○구 ○○로 □□아파트 ○○동 ○○호

주 문

채무자를 면책한다.

이 유

채무자 회생 및 파산에 관한 법률 제564조 제1항에서 정한 면책불허가사유에 해당하는 사실이 인정되지 않으므로, 주문과 같이 결정한다.

채권자 ○○○에 대한 채무(사기죄로 유죄 확정판결 받음)는 채무자 회생 및 파산에 관한 법률 제566조 제3호의 비면책채무('채무자가 고의로 가한 불법행위로 인한 손해배상 채무')에 해당할 수 있으나, 채무자가 이를 채권자목록에 기재하였다는 사유만으로는 이 사건에서 채무자의 면책을 불허할 사유가 되지는 아니한다.

20○○. ○. ○.

판 사 ○ ○ ○

[기재례 102] 일부면책허가결정서

○○지방법원
결 정

사 건 20○○하면○○(20○○하단○○) 면책

채 무 자 ○ ○ ○ (123456 - 1234567)
주소 ○○시 ○○구 ○○로 ○○
본적 ○○시 ○○구 ○○로 ○○

주 문

1. 채무자가 이 사건 면책신청서에 첨부하여 제출한 채권자목록 기재의 채권 중 다음 부분에 관하여 채무자를 면책한다.
   가. 이 사건 면책결정 확정시의 원금·이자·지연손해금 합계액 중에서 이자·지연손해금 전액 및 원금의 80%에 해당하는 금원
   나. 이 사건 면책결정 확정시의 원금의 20%에 대하여 이 사건 면책결정 확정일 다음날부터 ○년을 경과하는 날까지의 지연손해금
2. 제1항의 채권부분을 제외한 나머지에 관하여 채무자의 면책을 허가하지 않는다.

이 유

1. 면책불허가 사유의 존재
   (1) 이 사건 기록에 의하면, 채무자가 20○○년 말경 이미 5,000만원 상당의 채무가 있음에도 불구하고, ① 20○○. ○. ○. 채권자 ○○○에게 ○○시 ○○면 ○○리 64 임야 985㎡를, ② 20○○. ○. ○. 채권자 ○○○에게 대구 ○○군 ○○면 ○○리 산 231 임야 32,729㎡를 대물변제하여 준 사실을 인정할 수 있다.
   (2) 위 소명사실에 의하면, 채무자의 위와 같은 행위는 파산의 원인인 사실이 있음을 알면서 어느 채권자에게 특별한 이익을 줄 목적으로 한 채무의 소멸에 관한 행위로서 채무자의 의무에 속하지 않는 것 등으로서 채무자 회생 및 파산에 관한 법률 제564조 제1항 제1호, 제651조 제2호 소정의 면책불허가사유에 해당한다.

2. 재량면책의 여부

그러나 채무자가 파산에 이르게 된 경위, 신용카드로 대출받은 횟수와 금액, 계속적으로 일부 채무를 갚아 온 사정, 채무자의 현재 수입과 생활정도, 채권의 내용, 가족관계 등 제반 사정을 참작할 때 위 법률 제564조 제2항에 의해, 채무자가 이 사건 면책신청서에 첨부하여 제출한 채권자목록 기재 채권 중 이 사건 면책허가결정 확정시의 이자·지연손해금 전액 및 원금의 80%에 해당하는 금원에 대하여 면책을 허가하고, 나머지 원금 20%에 대하여는 이 사건 면책확정일 다음날부터 ○년을 경과하는 날까지 발생하는 지연손해금에 대하여 면책을 허가하는 것이 상당하고, 위 채권부분을 제외한 나머지에 관하여는 면책을 허가하지 않음이 상당하다고 판단된다. 따라서 주문과 같이 결정한다.

20○○. ○. ○.

판 사 ○ ○ ○

주) 개인파산·회생실무, 서울회생법원, 양식편 인용 및 참고

[서식 19] 채무불이행자명부등재 말소신청서

채무불이행자명부등재의 말소신청서

사　　건　　20○○카명○○○○ 채무불이행자명부등재
신 청 인　　○ ○ ○ (123456 - 1234567)
(채무자)　　○○시 ○○구 ○○로 ○○
피 신청인　　○○보험 주식회사 (123456 - 1234568)
(채 권 자)　　○○시 ○○구 ○○로 ○○
　　　　　　대표이사 ○○○

신 청 취 지

귀원 20○○. ○. ○. 결정한 20○카명○○○○ 채무불이행자명부등재 결정은 이를 취소하고, 동 채무불이행자명부에서 말소해 주시기를 바랍니다.

신 청 이 유

1. 신청인(채무자)는 피신청인(피신청인)에게 채무가 있어 피신청인이 이를 위해 지급명령(○○지방법원 20○○차○○○○)신청을 하여 20○○. ○. ○. 신청인에게 송달되었고 이를 근거로 채무불이행자명부등재(귀원 20○○카명○○○○)신청하였습니다.

2. 그러나, 신청인은 피신청인을 비롯한 여러 채권자들에게 채무가 많아 도저히 이를 변제할 능력이 되지 않아 창원지방법원에 파산 및 면책신청(창원지방법원 20○○하면○○○○ 면책, 20○○하단○○○○ 파산선고)을 하여 20○○. ○. ○. 최종적으로 면책결정이 되었고 이는 20○○. ○. ○.면책결정이 확정되었습니다.

3. '채무자 회생 및 파산에 관한 법률' 제566조에 의해 면책을 받은 채무자는 채무의 전부에 관하여 그 책임이 면제되며, 같은 법 제557조 제2항에 의하며 면책결정이 확정되면 파산선고 전에 이미 행하여지고 있던 강제집행, 가압류 또는 가처분은 그 효력을 잃게 됩니다.

4. 따라서 피신청인(채권자) ○○해상화재보험 주식회사에 대한 채무가 면제되었으며, 현대해상화재보험 주식회사가 신청한 20○○카명○○○○ 채무불이행자명부등재결정은 그 효력을 잃게 되었으므로 귀원에서 결정한 20○○카명○○○○ 채무불이행자명

부등재 결정은 피보전권리인 불이행 금전채무가 소멸된 것으로 마땅히 취소되어야 할 것이며, 동 명부에서 말소를 신청하기 위해 이 사건 신청을 하게 되었습니다.

첨 부 서 류

1. 면책결정문 1통
1. 채권자목록 1통
1. 위 확정증명원 1통
1. 채무불이행자등재신청서 1통
1. 등기사항증명서 1통

20○○. ○. ○.

위 신청인의 소송대리인

변 호 사 ○○○ (인)

○○ 지방법원 귀중

[서식 20] 채권압류 및 추심명령 집행취소신청서

채권압류 및 추심명령 집행취소신청서

사 건 20○○타채○○○○ 채권압류 및 추심명령
신 청 인 ○ ○ ○ (123456 - 1234567)
(채 무 자) ○○시 ○○구 ○○로 ○○
위 신청대리인 변호사 ○○○
○○시 ○○구 ○○로 ○○
피신청인(채권자) ○○○
○○시 ○○구 ○○로 ○○
제3채무자 ○○생명보험 주식회사
○○시 ○○구 ○○로 1가 ○○○

신 청 취 지

위 당사자 사이의 귀원 20○○타채○○○○호 채권압류 및 추심명령 사건에 관하여 귀원이 20○○. ○. ○.자로 결정한 채권압류 및 추심명령은 그 집행을 취소한다.
라는 재판을 구합니다.

신 청 이 유

1. 피신청인(채권자)이 신청인(채무자)에 대하여 가지는 ○○지방법원 20○○가소○○○○ 대여금 사건의 집행력 있는 확정판결 정본에 기하여 신청인의 제3채무자 ○○생명보험 주식회사에 대한 예금 및 보험채권 등을 피압류채권으로 한 ○○지방법원 20○○타채○○○○호 채권압류 및 추심명령이 20○○. ○. ○. 결정되었습니다.

2. 채무자는 20○○. ○. ○○. ○○지방법원 20○○하단○○○○, 같은 법원 20○○하면○○○○ 파산 및 면책 신청하여 20○○. ○. ○○. 파산선고 와 파산폐지결정을 받았고, 면책사건이 진행 중에 있습니다.

3. 채무자 회생 및 파산에 관한 법률 제348조 1항에 의해 파산선고로 인하여 파산채권에 기하여 파산재단에 속하는 재산에 대하여 행하여진 강제집행, 가압류 및 보전처분은

효력을 잃게 되고 또한 파산채권에 기하여 파산재단에 속하는 재산에 대하여 새로운 강제집행 및 보전처분을 할 수 없습니다.

4. 그러나 피신청인(채권자) 파산재단인 신청인(채무자)의 보험채권 및 해약환급금에 파산선고후인 20○○. ○. ○. 채권압류 및 추심결정을 받았습니다.

5. 따라서 이 사건 피신청인(채권자)의 압류 및 추심명령결정은 파산선고 후에 결정된 것이므로 당연히 취소되어야 하므로 이 사건 신청에 이르게 되었습니다.

첨 부 서 류

1. 채권압류 및 추심명령결정문 사본 1통
1. 파산선고결정문 1통
1. 파산폐지결정 확정증명원 1통
1. 보험증권및 해약환급금증명서 1통
1. 위임장 1통

20○○. ○. ○.

위 채무자의 소송대리인
변호사 ○ ○ ○ (인)

○○지방법원 귀중

[서식 21] 면책결정 사실 통지 및 변제독촉행위 금지요청서

내 용 증 명 우 편

수 신 인 : ○○은행
　　　　　○○시 ○○군 ○○구 ○○로 ○○
발 신 인 : ○○○
　　　　　○○시 ○○군 ○○구 ○○로 ○○

제 목 : 채무전액 면책결정 사실 통지 및 변제독촉행위 금지 요청

1. 귀하의 무궁한 발전을 기원합니다.
2. 발신인은 ○○지방법원에 개인파산 및 면책을 신청하여 20○○. 10. 18. ○○지방법원 20○○하면○○○○ 면책(20○○하단○○○○ 파산선고) 사건에서 모든 채무에 대하여 전부 면책받은 사실이 있습니다.
3. 위 면책결정에 의해 발신인이 종전에 귀하에 대하여 부담하고 있는 채무는 그 전액이 면책되어 향후 변제할 책임이 전혀 없어지게 되었습니다.
4. 따라서 향후 귀하께서는 더 이상 발신인에 대하여 독촉장 발송 등 채무변제를 독촉하는 행위를 하지 마시기 부탁드립니다.

※ **참고로 귀하께서 발신인이 면책받은 사실을 알면서도 면책된 채권에 기하여 강제집행을 하거나 가압류 또는 가처분의 방법으로 추심행위를 한 경우에는 '채무자 회생 및 파산에 관한 법률' 제660조 제3항에 의거, 500만원 이하의 과태료에 처해지게 됨을 유의하시기 바랍니다.**

20○○. ○○. ○○.

위 발신인(통지인) ○○○ (인)

*붙 임 : 면책결정문 사본(채권자목록 첨부) 1통

○○은행 귀하

[기재례 103] (채무자에 대한) 면책사건절차 안내문

면책사건절차안내

1. 면책사건의 절차는 다음과 같이 진행됩니다.

가. 면책심문기일이 지정된 경우는 심문을 마친 날부터 30일 이내에, 면책심문기일이 지정되지 않은 경우에는 법원의 결정으로 채권자들에게 이의신청기간이 주어집니다.

(채권자들에게 면책결정 여부에 대한 의견진술의 기회를 주어야 하기 때문입니다.)

나. 만일 위 이의신청기간 동안 채권자들 중 아무도 이의신청을 제출하지 않는다면, 법원은 이의신청기간이 지나기를 기다렸다가 기록을 검토한 후 면책여부(허가 또는 불허가)를 결정합니다.

이의신청기간이 만료된 날부터 면책여부의 결정(허가 또는 불허가)일 및 그 결정문의 송달까지는 약 4주 정도가 걸립니다.

다. 그러나 위 이의신청기간 동안 채권자가 법원에 이의신청을 제출하게 되면, 법원은 "채권자의견청취기일"을 정하여 다시 채무자와 채권자를 법원에 출석시켜 면책여부에 대한 채권자의 의견과 그에 대한 채무자의 입장을 들을 수도 있습니다. 따라서 채무자는 법원으로부터 기일통지서를 받으면 그 통지된 날짜에 법원에 다시 출석하여야 합니다.

법원은 채권자의견청위기일에 채무자와 채권자의 의견을 듣고 나서 기록을 검토한 후 면책여부(허가 또는 불허가)를 결정하게 됩니다.

채권자의견청위기일 진행 후 면책여부의 결정(허가 또는 불허가) 및 그 결정문의 송달일 까지는 약 4주 정도가 걸립니다.

2. 면책의 효력은 면책결정이 공고되어 2주가 경과됨으로써 확정되어야 생깁니다. 면책신청에 관한 재판이 확정될 때까지 채무자의 재산에 대하여 파산채권에 기한 강제집행, 가압류 또는 가처분은 금지 또는 중지되고(법 제557조 제1항), 면책결정이 확정된 이후 파산채권자가 면책된 사실을 알면서 채무자의 재산에 대하여 강제집행, 가압류 또는 가처분을 한 경우에는 채권자를 금 500만원 이하의 과태료에 처할 수 있습니다.

제○○파산 단독

[기재례 104] (채권자에 대한) 면책사건절차 안내문

≪면책절차와 관련한 채권자 안내문≫

채권자 여러분에게 빚을 지고 있는 채무자가 이 법원에 파산 및 면책절차를 신청하여 이 법원은 파산선고결정을 하고 면책절차를 심리하고자 합니다. 법률상, 채무자가 향후 이 법원으로부터 면책을 허가받게 되면 채무자는 채권자에게 지고 있는 빚을 갚지 않아도 되게 됩니다. 채무자의 면책신청에 이의가 있는 채권자는 지정된 면책심문기일 30일 이내 또는 면책이의신청기간 내(필요한 경우 이의신청기간 연장신청을 할 수 있습니다)에 채무자 회생 및 파산에 관한 법률에 정해진 아래의 면책불허가사유를 구체적으로 기재하고 그와 관련된 소명자료를 첨부한 이의신청서 원본 및 부본 각 1부를 이 법원에 제출하여 주시기 바랍니다.

1. 법에 정해진 면책 불허가 사유

① 채무자가 자기 재산을 숨기거나 다른 사람 명의로 바꾸거나 헐값에 팔아버린 행위
② 채무자가 채무를 허위로 증가시키는 행위
③ 채무자가 과다한 낭비 또는 도박 등을 하여 현저히 재산을 감소시키거나 과대한 채무를 부담하는 행위
④ 채무자가 신용거래로 구입한 상품을 현저히 불리한 조건으로 처분하는 행위
⑤ 채무자가 채무자의 의무에 속하지 않거나 그 방법 또는 시기가 채무자의 의무에 속하지 않는데도 일부 채권자에게만 변제하거나 담보를 제공하는 행위(아직 변제기가 도래하지 않은 일부 채권자에게만 변제하거나 원래 대물변제 약정이 없는데도 일부 채권자에게만 대물변제를 한 행위를 포함)
⑥ 채무자가 허위의 채권자목록을 제출하거나 법원에 대하여 그 재산 상태에 관하여 허위의 진술을 하는 행위

2. 기타 재판에 참고가 될 사항

① 채무자와 사이에 채무의 변제에 관하여 협상한 사실이 있는지 여부
② 채무자가 파산에 이르게 된 경위, 채무자의 재산 상태에 관하여 알고 있는 사항
③ 채무자가 보증인인 경우 주채무자의 성명, 주채무의 내용(금액 및 변제기), 주채무자의 자력 등에 관하여 알고 있는 사항

문의 : ○○지방법원 파산 ○○단독 전화 02-000-0000, 팩스 02-000-0000

※ 면책신청에 관한 재판이 확정될 때까지 채무자의 재산에 대하여 파산채권에 기한 강제집행, 가압류 또는 가처분은 금지 또는 중지되고(법 제557조 제1항), 면책결정이 확정된 이후 파산채권자가 면책된 사실을 알면서 채무자의 재산에 대하여 강제집행, 가압류 또는 가처분을 한 경우에는 채권자를 금 500만원 이하의 과태료에 처할 수 있습니다(법 제660조).

[2]
누락채권의 면책여부

1. 채권자목록상 누락된 채권의 면책 여부

파산신청서에 첨부하게 되어 있는 채권자목록에 대하여는 그 기재 사항을 한 가지라도 기재하지 않았거나 허위 또는 부정확하게 기재한 경우 파산·면책절차가 지연되거나 면책결정을 받지 못할 수도 있으므로 채무자로서는 자신이 알고 있는 채권을 누락시키는 일이 없도록 세심하게 작성해야 한다. 여기의 채권자에는 보증인도 포함된다.

그런데 통합도산법 제566조(면책의 효력) 제7호에서는 「채무자가 악의로 채권자목록에 기재하지 않은 청구권(단, 채권자가 파산선고가 있음을 안 때에는 예외)」을 비면책채권의 하나로 규정하고 있다. 이 규정의 의미와 관련하여 실무상 논란이 많이 되고 있다.

누락채권은 진정으로 채무자가 채권자의 존재를 알지 못하고 누락시킨 경우도 있고 채무자가 친척 등 지인이나 껄끄러운 채권자와 개인적으로 합의한 후 누락시키는 경우도 있는 등 그 원인은 채무자의 사정에 따라 다양하다. 실무에서는 주로 추심회사인 신용정보회사의 양수채권이나 보증인 등의 채권자를 누락시킨 경우가 많다. 따라서 이에 대하여 자세히 살펴보기로 하자.

먼저 채무자가 악의로 채권자목록에 채권을 기재하지 않은 경우에는, 채권자가 채무자의 파산선고 사실을 안 경우를 제외하고는, 설령 면책결정을 받았다고 하더라도 여기에 면책의 효력이 미치지 않게 됨은 법 규정상 명백하다(566조 7호 본문). 다만, 누락 채권자가 채무자의 파산선고 사실을 알았을 경우에는 면책절차에서 이의를 제기하는 등으로 그 구제절차가 마련되어 있기 때문에 설령 채무자가 악의로 채권자목록에 기재하지 않았다고 하더라도 면책의 효력을 주장할 수 있다(566조 7호 단서).

여기에서 악의로 채권을 기재하지 않은 경우란 채무자가 어떤 식으로든 채권의 존재를 알고 있었음에도 불구하고 채권자목록에 기재하지 않은 경우를 의미한다. 따라서 채무자로서는 파산신청서를 작성할 경우 기왕에 알고 있는 채권자를 누락시키는 일이 없도록 해야 하고, 파산신청서 제출 후 나중에 실수로 누락시킨 채권자를 발견한 경우에는 채권자목록을 수정하여 제출하거나 파산선고받은 사실을 내용증명 등을 통하여 그 누락된 채권자에게 알려 주어야만 누락채권에 대한 면책을 받을 수 있을 것이다. 그리고 채무자가 알고 있는 채권자를 채권자목록에 기재하지 않은 경우에 면책을 받지 못하는 것이므로, 채무자가 도저히 알 수 없었던 채권, 예컨대 인감을 도용당하였거나 명의를 도용당하는 등으로 그 채권의 존재 사실을 알지 못한 경우에는 설령 채권자목록에 이를 기재하지 않았다고 하더라도 면책을 받을 수 있을 것이다.

최근의 판례에 의하면, "파산채권은 그것이 면책신청의 채권자목록에 기재되지 않았다고 하더라도 통합도산법 제566조 단서의 각호에 해당하지 않는 한 면책의 효력으로 그 책임이 면제된다."라고 판시하고 있다(대판 2010.5.13. 2010다3353).[190] 문제는 ① 채권의 존재 사실을 과실로 알지 못한 경우 또는 ② 채권의 존재 사실을 알았지만 과실로 채권자목록에 기재하지 않은 경우일 것이다. 경우를 나누어서 살펴보기로 하자.

먼저 채무자가 채권의 존재 사실을 알지 못한 경우에 관하여 살펴보면, 판례는 "파산자가 악의로 채권자명부에 기재하지 않은 청구권이라 함은 파산자가 면책결정 이전에 채권의 존재 사실을 알면서도 이를 채권자명부에 기재하지 않은 경우를 뜻하므로, 채권자명부에 기재하지 않은 데에 과실이 있는지 여부를 불문하고 파산자가 채권의 존재 사실을 알지 못한 때에는 여기에 해당하지 않는다."라고 판시하고 있고(대판 2007.1.11. 2005다76500,[191] 2010.10.14. 2010다49083[192])

---

190) 채무자 회생 및 파산에 관한 법률 제423조에 "채무자에 대하여 파산선고 전의 원인으로 생긴 재산상의 청구권은 파산채권으로 한다." 제566조에 "면책을 받은 채무자는 파산절차에 의한 배당을 제외하고는 파산채권자에 대한 채무의 전부에 관하여 그 책임이 면제된다. 다만, 다음 각호의 청구권에 대하여는 책임이 면제되지 않는다."고 규정하고 있으므로, 파산채권은 그것이 면책신청의 채권자목록에 기재되지 않았다고 하더라도 위 법률 제566조 단서의 각호에 해당하지 않는 한 면책의 효력으로 그 책임이 면제된다(대판 2010.5.13. 2010다3353).

191) (구)파산법(2005. 3. 31. 법률 제7428호로 폐지되기 전의 것) 제349조 제6호에서 말하는 '파산자가 악의로 채권자명부에 기재하지 않은 청구권'이라 함은 파산자가 면책결정 이전에 채권의 존재사실을 알면서도 이를 채권자명부에 기재하지 않은 경우를 뜻하므로, 채권자명부에 기재하지 않은 데에 과실이 있는지 여부를 불문하고 파산자가 채권의 존재사실을 알지 못한 때에는 여기에 해당하지 않는다. 기록에 의하면, 피고들은 피고2 ○○아파트에 대한 임의경매절차에서 원고의 근저당권 피담보채권 상당액 등에 대한 배당이 실시된 후 파산신청 당시 제출한 채권자명부에서 원고에 신용카드이용대금채무는 그대로 남겨두면서도 이 사건 대출채권은 위 배당에 의해 모두 변제완료된 것으로 생각하여 이와 관련된 항목은 삭제하는 내용의 보정서를 파산법원에 제출하였고, 면책신청을 하면서 제출한 채권자명수에도 위 신용카드애용대금채무는 기재하면서 이 사건 대출채권은 기재하지 않았음을 알 수 있고, 여기에다 피고들에게 면책불허가사유가 있다고 할 수 없는 이 사건에서 피고들이 이 사건 대출채권의 존재를 알면서 채권자명부에 이를 기재하지 않을 이유가 없는 점 등을 종합하여 보면, 피고들이 이 사건 대출채권의 존재를 알지 못한 데에 과실이 있을지언정 이를 알면서 채권자명부에 기재하지 않았다고 볼 수는 없다 할 것이고, 이는 피고들이 면책결정 전에 이 사건 소장 부△을 송달받았다고 하더라도 달리 보기 어렵다. 비록 원심판결의 이유에 일부 부적절한 설시가 있으나, 원심이 같은 취지에서 이 사건 채권이 (구)파산법 제349조 제6호의 비면책권에 해당하지 않는다고 판단한 것은 정당하다(대판 2007.1.11. 2005다76500).

192) 채무자 회생 및 파산에 관한 법률(이하 '법'이라 한다) 제566조 제7호에서 말하는 '채무자가 악의로 채권자목록에 기재하지 않은 청구권'이라고 함은 채무자가 면책결정 이전에 파산채권자에 대한 채무의 존재 사실을 알면서도 이를 채권자목록에 기재하지 않은 경우를 뜻하므로, 채무자가 채무의 존재 사실을 알지 못한 때에는 비록 그와 같이 알지 못한 데에 과실이 있더라도 위 법조항에 정한 비면책채권에 해당하지 않지만(대판

또한 위 판례는 "대출채권의 존재를 알지 못한 데에 과실이 있는 경우"를 전제로 하고 있음에 비추어 채권의 존재 사실을 알지 못한 경우에는 설령 그 모른데 대하여 과실이 있는 경우라 하더라도 면책이 된다는 해석이 가능하다.

다음으로 채무자가 채권의 존재 사실을 알았지만 과실로 채권자목록에 기재하지 않은 경우에 관하여 살펴보면, 판례는 "채무자가 채무의 존재를 알고 있었다면 비록 과실로 채권자목록에 이를 기재하지 못하였다고 하더라도 면책채권에 해당하지 않는다."라고 판시하고 있다(대판 2010.10.14. 2010다49083). 채권자목록에 기재하지 않은 청구권을 면책대상에서 제외한 이유는, 채권자목록에 기재되지 않은 채권자가 있을 경우 그 채권자로서는 면책절차 내에서 면책신청에 대한 이의 등을 신청할 기회를 박탈당하게 될 뿐만 아니라 면책불허가사유에 대한 객관적 검증도 없이 면책이 허가·확정되면 원칙적으로 채무자가 채무를 변제할 책임에서 벗어나게 되므로, 절차 참여의 기회를 갖지 못한 채 불이익을 받게 되는 채권자를 보호하기 위한 것이다(대판 2010.10.14. 2010다49083). 하급심판결도 마찬가지이다(청주지법 2012. 9.18. 2011나5081).[193]

따라서 채권자목록의 작성에 관한 채무자의 악의 여부는 누락된 채권의 내역과 채무자와의 견련성, 그 채권자와 채무자의 관계, 누락의 경위에 관한 채무자의 소명과 객관적 자료와의 부합 여부 등 여러 사정을 종합하여 판단해야 하고, 단순히 채무자가 제출한 자료만으로는 면책불허가 사유가 보이지 않는다는 등의 점만을 들어 채무자의 선의를 쉽게 인정해서는 안된다(대판

2007.1.11. 2005다76500 참조), 이와 달리 채무자가 채무의 존재를 알고 있었다면 과실로 채권자목록에 이를 기재하지 못하였다고 하더라도 위 법조항에서 정하는 비면책채권에 해당한다. 이와 같이 채권자목록에 기재하지 않은 청구권을 면책대상에서 제외한 이유는, 채권자목록에 기재되지 않은 채권자가 있을 경우 그 채권자로서는 면책절차 내에서 면책신청에 대한 이의 등을 신청할 기회를 박탈당하게 될 뿐만 아니라 그에 따라 법 제564조에서 정한 면책불허가사유에 대한 객관적 검증도 없이 면책이 허가, 확정되면 원칙적으로 채무자가 채무를 변제할 책임에서 벗어나게 되므로, 위와 같은 절차 참여의 기회를 갖지 못한 채 불이익을 받게 되는 채권자를 보호하기 위한 것이다. 따라서 사실과 맞지 않는 채권자목록의 작성에 관한 채무자의 악의 여부는 위에서 본 법 제566조 제7호의 규정 취지를 충분히 감안하여, 누락된 채권의 내역과 채무자와의 견련성, 그 채권자와 채무자의 관계, 누락의 경위에 관한 채무자의 소명과 객관적 자료와의 부합 여부 등 여러 사정을 종합하여 판단해야 하고, 단순히 채무자가 제출한 자료만으로는 면책불허가 사유가 보이지 않는다는 등의 점만을 들어 채무자의 선의를 쉽게 인정해서는 안된다(대판 2009.3.30. 2009마225, 2010.10.14. 2010다49083).

193) 면책신청 이전부터 존재를 알고 있었던 채무라면 실수로 채권자 목록에 기재하지 않았더라도 빚을 갚아야 한다는 판결이 나왔다. 즉, 청주지법 2012.9.18. 2011나5081에 의하면, "A씨는 2005년에 B카드사로부터 카드빚 지급명령을 송달받았고, 이후에도 여러 차례 채무를 변제하라는 독촉을 받아 채무의 존재를 알고 있었다고 보인다"며 "A씨가 채무의 존재를 알면서도 과실로 채권자목록에 이를 기재하지 못하였다면 면책받지 못한다"고 밝혔다. 재판부는 "면책이 허가되면 원칙적으로 채무자가 변제 책임에서 벗어나게 되므로, 채권자 목록에 기재되지 않은 채권자는 이의 신청의 기회도 없이 불이익을 받을 수 있다"며 "채무자가 채권자 목록을 작성하며 채무를 알고 있었는지를 엄격히 판단해야 한다"고 설명하였다. 통합도산법은 과실로 채권자 목록에 기재하지 않았더라도 사전에 알지 못했던 채무에 대해서는 면책 효과를 주도록 정하고 있다.

2010.10.14. 2010다49083).

한편 채권자목록에 기재되지 않은 채권에 대하여 채무자가 그 존재여부를 알았는지 여부가 불명한 경우에는 어떻게 할 것인지 문세된다. 개인적인 생각으로는 해당 누락된 채권이 통합도산법 제564조의 각호에 해당하거나 이와 유사한 경우이어서 이를 채권자목록에 기재할 경우 면책불허가 사유로 될 것이 예상되는 경우에는 누락시킨 파산채무자의 악의가 추정된다고 보아 비면책채권으로 보는 것이 타당하다고 보이고, 그밖의 경우에는 이를 파산채무자가 악의로 채권자목록에 누락시킬 하등의 이유가 없다고 보이므로 채무자에게 유리하게 면책채권으로 보는 것이 합리적이라고 사료된다.

2. 면책결정 후 누락된 채권이 발견된 경우 채무자의 대응

채무자가 면책결정을 받은 이후 누락된 채권을 발견한 경우에는 어떻게 대응할 것인가? 채무자가 누락채권의 존재 사실을 알지 못하여 채권자목록에 기재하지 않은 경우에는 사안에 따라 다음과 같이 대응해야 할 것이다. 즉, 아직 누락 채권에 대한 소송이 이루어지기 전이라면 먼저 누락채권자를 상대로 면책확인의 소 내지 책임부존재확인의 소[194]를 제기하여 다툴 수 있을 것이고(대판 2017.10.12. 2017다17771), 누락채권자가 먼저 이행청구의 소를 제기하여 현재 소송 중에 있는 경우라면 변론절차에서 면책항변을 주장할 것이며, 이미 판결이 확정되는 등 집행권원이 성립된 후라면 청구이의의 소를 통하여 대응해야 할 것이다. 판결 등 집행권원을 가지고 있는 파산채권자에 대한 면책확인의 소는 종국적인 해결방법이 아니어서 확인의 이익의 부존재로 부적법 각하를 면치 못할 것이다(대판 2017.10.12. 2017다17771).[195]

한편 채무자에 대한 면책결정 후 채권자가 제기한 이행청구소송에서 면책사실을 주장하지 않았다고 하더라도 청구이의의 소의 제기는 가능하다고 할 것이다(광주지법 2017.7.5. 2017가단1870).

그런데, 여기의 악의의 입증책임을 누가 부담하게 되는가? 실무에서는 누락채권자가 제기한

194) 면책결정의 효력에 관하여는 채무소멸설, 책임면제설(자연채무설), 주체소멸설 등이 주장되고 있고, 그중 책임면제설이 통설이다.

195) 파산채무자에 대한 면책결정의 확정에도 불구하고 어떠한 채권이 비면책채권에 해당하는지 여부 등이 다투어지는 경우에 채무자는 면책확인의 소를 제기함으로써 권리 또는 법률상 지위에 현존하는 불안·위험을 제거할 수 있다. 그러나 면책된 채무에 관한 집행권원을 가지고 있는 채권자에 대한 관계에서 채무자는 청구이의의 소를 제기하여 면책의 효력에 기한 집행력의 배제를 구하는 것이 법률상 지위에 현존하는 불안·위험을 제거하는 유효적절한 수단이 된다. 따라서 이러한 경우에도 면책확인을 구하는 것은 분쟁의 종국적인 해결 방법이 아니므로 확인의 이익이 없어 부적법하다(대판 2017.10.12. 2017다17771).

이행청구소송에서 파산채무자의 면책항변과 누락채권자의 비면책 재항변의 형식으로 면책여부에 대한 심리가 행하여지고 있는 것 같은데,[196] 이는 누락된 채권의 내역과 채무자와의 견련성, 그 채권자와 채무자의 관계, 누락의 경위에 관한 채무자의 소명과 객관적 자료와의 부합여부 등 여러 사정을 종합하여 그 채권의 누락에 관한 채무자의 악의여부를 판단해야 할 것으로 보이고, 채무자의 악의에 관한 입증책임은 이를 주장하는 자, 즉 채권자에게 있다고 보인다(수원지법 2010.6.17. 2009나34426).[197]

---

196) 제3판 개인파산·회생실무, 213p.

197) 원고는 부산지법 2007하단0000, 2007하면0000호로 파산 및 면책을 신청하여 위 법원으로부터 2008. 6. 11. 파산선고를 받고, 2008. 11. 21. 면책결정을 받았으며, 위 면책결정은 2008. 12. 11. 확정되었는데 원고가 제출한 채권자명부에 피고는 누락되어 있다. 이에 대하여 피고는, 원고가 위 파산 및 면책 신청 당시 위 각 채무의 존재를 알고 있었음에도 악의로 이를 채권자목록에서 누락시켰으므로, 피고의 원고에 대한 위 각 채권은 면책대상에서 제외된다는 취지로 주장한다. 살피건대, 채무자 회생 및 파산에 관한 법률(이하 '법'이라고 한다) 제566조제7호에서 말하는 '채무자가 악의로 채권자목록에 기재하지 않은 청구권'이라고 함은 채무자가 면책결정 이전에 채권의 존재 사실을 알면서도 이를 채권자목록에 기재하지 않은 경우를 뜻하므로, 채권자명부에 기재하지 않은 데에 과실이 있는지 여부를 불문하고 파산자가 채권의 존재 사실을 알지 못한 때에는 여기에 해당하지 않는다고 할 것인 바[대판 2007.1.11. 2005다76500 참조, 위 판결은 (구)파산법(2005. 3. 31. 법률 제7428호 채무자 회생 및 파산에 관한 법률 부칙 제2조로 폐지) 제349조 제6호에 관한 판결이나, 위 구법은 '파산자가 악의로 채권자명부에 기대하지 않은 청구권'을 비면책채권으로 정하고 있었고, 이는 현재 법 규정과 동일하다], 이와 같이 채권자목록에 기재하지 않은 청구권을 면책대상에서 제외한 이유는 누락된 대상 채권자가 면책절차 내에서 면책에 대한 이의 등을 함으로써 면책절차의 공정성을 도모할 수 있는 기회를 박탈당하게 될 뿐만 아니라 그에 따라 법 제564조에서 정한 면책불허가사유에 대한 객관적 검증절차 없이 면책이 허가, 확정되면 원칙적으로 채무자가 채무를 변제할 책임에서 벗어나게 되는 관계로 그와 같은 절차적 참여의 기회를 갖지 못한 채 불이익을 받게 되는 채권자에게 주어진 법적 권리라 할 것이므로, 누락된 채권자나 채권액이 소수 혹은 소액이라거나 채무자가 제출한 자료만으로는 면책불허가사유가 보이지 않는다는 등의 점만을 들어 사실과 맞지 않는 채권자목록의 작성에 관한 채무자의 선의를 쉽게 인정할 수는 없다 할 것이고, 누락된 채권의 내역과 채무자와의 견련성, 그 채권자와 채무자의 관계, 누락의 경위에 관한 채무자의 소명과 객관적 자료와의 부합 여부 등 여러 사정을 종합하여 그 채권의 누락에 관한 채무자의 악의 여부를 판단해야 할 것이고, 채무자의 악의에 관한 입증책임은 이를 주장하는 자에게 있다고 할 것이다. 이 사건의 경우, 원고가 악의로 위 각 채권을 누락시켰는지 여부에 관하여 보면 을 제3 내지 7, 12, 13호증의 각 기재 또는 영상(가지번호가 있는 경우 각 가지번호 포함), 피고 본인신문결과만으로는 이를 인정하기에 부족하고, 달리 이를 인정할 증거가 없는 반면, 위 인정사실 및 변론 전체의 취지에 의해 알 수 있는 다음과 같은 사정, 즉 ① 1993년경 원고 운영의 금형제조업체가 부도나면서 원고의 채무 역시 증대되었는데, 피고를 비롯한 대부분의 채권자에 대한 채무가 그 무렵 발생한 점, ② 피고를 제외하고도 채권자가 13명이나 되는 점, ③ 피고가 원고를 상대로 제기한 위 2건의 대여금 청구소송은 모두 공시송달로 진행되어 원고로서는 피고의 소제기 사실 등을 인지하기 어려웠을 것으로 보이는 점, ④ 위 파산사건에서 '파산재단으로써 파산절차비용을 충당하기에 부족하다'는 이유로 파산선고와 동시에 파산폐지 결정을 하였는 바, 원고가 일부 채권자에 대한 편파 변제 등의 목적으로 피고의 위 각 채권을 채권자목록에서 누락시켰다고 보기도 어려운 점, ⑤ 원고가 피고의 위 각 채권을 신고하였다고 하더라도 원고에 대한 면책결정의 허부가 달라졌을 것이라고는 보이지 않으므로, 원고가 피고의 위 각 채권의 존재를 알면서도 채권자목록에 이를 기재하지 않을 이유 또한 없어 보이는 점 등에 비추어보면, 원고가 위 파산 및 면책신청 당시 피고의 위 각 채권의 존재를 알면서도 악의로 채권자목록에 기재하지 않았다고 보기 어려워, 피고의 위 주장은 받아들일 수 없다(수원지법 2010.6.17. 2009나34426).

3. 재도의 파산·면책신청

가. 재파산신청과 재도의 파산신청 허용 여부

1) 구별 개념

재파산신청이란 널리 파산신청 후에 파산신청이 각하·기각되거나[198] 파산신청이 취하된 후 재차 파산신청을 하거나, 파산선고가 이루어진 후에 면책신청이 각하·기각되거나 면책불허가결정이 된 후 또는 면책신청이 취하된 후에 다시 면책결정을 받을 목적으로 재차 파산신청을 하는 것을 말한다.

여기에서 파산신청 자체가 각하 또는 기각된 경우 등과 같이 파산선고 자체가 이루어지지 않은 상태에서 재차 파산신청을 하는 것은 종전의 결정에 재소금지의 효력이나 기판력[199]이 인정되어 있는 것이 아니므로 허용될 것이고, 파산선고 여부는 파산선고 당시 파산원인이 존재하는지 여부에 따라 결정될 것이다. 문제는 파산선고가 이루어진 후에 다시 파산신청을 하는 경우이다.

파산선고가 이루어진 후의 재파산신청은 다시 경우를 나누어 종전의 파산원인과 '동일한 파산원인'으로 재차 파산신청을 하는 이른바 재도의 파산신청과 종전의 파산원인과 '다른 파산원인'에 의해 재파산신청하는 경우로 구분할 수 있는데, 각각의 경우에 재파산신청이 가능한지 여부를 살펴볼 필요가 있다.

2) 논란의 배경

개인파산사건에서 재파산신청이 논의되는 가장 큰 이유는 법인파산과 다른 개인파산만의 독특한 특성에 있다고 본다. 즉 법인채무자의 파산은 청산이 주목적이고 청산 후 소멸하는 것이 원칙이지만, 개인채무자의 파산은 청산 후에도 인격이 그대로 존속하고 면책을 통한 재기·갱생이 주목적인 관계로[200] 파산은 면책을 위한 필수적인 전제로 되어 반드시 거쳐야 하는 징검다리에 해당하는데 파산선고라는 징검다리를 건넜지만 면책결정을 받지 못하게 되면 또다시 파산선고라는 징검다리를 건너야 면책의 문을 두드릴 수 있기 때문에 재파산신

---

198) 이와 같이 파산신청 자체가 각하 또는 기각되었음에도 불구하고 재파산신청에 의한 파산선고 없이 면책신청을 하는 경우에는 면책신청기각사유에 해당된다(559조 1항 1호, 2호).

199) 기판력이란 후소법원에 대하여 전소의 확정판결과 모순되는 판단을 금지시키는 내용적 구속력을 의미한다(대판 1989.6.27. 87다카2478).

200) 개인채무자가 신청한 개인파산에서 청산을 목적으로 하는 경우는 거의 없을 것이고, 청산을 목적으로 하는 개인파산은 채권자가 신청한 경우가 대부분을 차지할 것이다.

청의 가능 여부가 문제되는 것이다.

여기에서 면책결정을 받지 못하게 된 이유로는 채권자에 의한 파산신청에 대하여 채무자가 면책신청 자체를 하지 않은 경우, 면책신청 기간의 도과 등으로 면책신청이 각하된 경우,[201] 면책신청이 기각된 경우, 면책절차 중 면책신청을 취하한 경우, 면책불허가결정을 받은 경우 등이 있을 것이다. 이때 채무자가 다시 면책결정을 받고자 하면 재면책신청을 하든지 아니면 처음부터 다시 파산절차를 밟아야 하는데, 재면책신청이 가능하다면 굳이 재파산신청 여부를 고민할 필요가 없겠지만 재면책신청 단계에서는 이미 면책신청기간이 도과되었거나 법에서 정한 면책기각사유에 해당되어(556조 1항, 2항, 559조 2항) 재면책신청이 불가할 것이어서 면책결정을 받기 위해서는 재차 파산신청을 하는 수밖에 달리 방법이 없다는 것이 재파산신청 여부에 대한 논의의 배경이 되는 것이다.

고의로 채권자목록에 누락시킨 채권으로 말미암아 면책불허가결정을 받은 경우(564조 1항 3호)[202]도 마찬가지이다. 이들의 논의는 실무상 재도의 파산신청이라고 하여 논의되고 있다. 한편 면책결정을 받지 못한 채무자의 재파산신청이라는 재도의 파산신청의 개념과 다소 차이가 있는 문제이기는 하지만 면책결정을 받았지만 누락채권이 비면책채권에 해당될 소지가 있는 경우 또는 채무부존재 등 소송에서 비면책채권으로 확정된 경우에도 해당 채권을 면책받기 위한 재파산신청 여부의 문제가 발생하게 된다.

이 경우도 이론상으로는 널리 재도의 파산신청의 문제로 논의되고 있기는 하지만 실무상으로는 재도의 파산신청의 개념과 구별하여 이는 통합도산법 566조 7호의 '채무자가 악의로 채권자목록에 기재하지 아니한 청구권'의 문제로 해결하면 족하다고 하고 있다.[203]

생각건대 누락된 채권은 종전의 파산선고 후 새로이 발생한 채권이 아니라 종전의 파산선고 당시 이미 존재했던 채권이고, 종전의 파산선고 전에 이미 존재했던 채권을 대상으로 이를 면책받기 위해 재파산신청을 할 수 있느냐의 문제이므로 이러한 경우에도 널리 재도의 파산신청의 개념에 포함시키는 것이 타당하다고 본다. 또한 위 통합도산법 566조 7호의 '채무자가

201) 다만 면책신청기간은 파산선고가 확정된 날 이후 1월 이내이고, 추완기간은 추완사유 종료 후 30일 이내이지만, 파산법에서와 달리 통합도산법에서는 채무자가 파산신청을 한 경우에는 그 반대의 의사표시가 없는 한 면책간주가 이루어지므로 면책신청기간 도과로 면책신청이 각하된 경우는 거의 없을 것이고(556조 1항, 2항, 3항), 이와 같이 면책신청기간의 도과로 각하된 경우는 채권자가 신청한 개인파산에서 일어날 수 있는 문제일 것이다.

202) 서울중앙지법 2010.7.13. 2010라197, 2008.4.30. 2007라851, 2013.4.16. 2011라1089.

203) 서울회생법원, 제5판 개인파산·회생실무 96p.

악의로 채권자목록에 기재하지 아니한 청구권'의 문제로 해결하면 족하다는 견해로는 채무자가 채권자의 존재를 알았지만 과실로 누락시킨 채권에 대해서는 사각지대에 놓여 해결이 곤란하다는 문제점이 있다.

도산절차는 이론적인 정교함보다는 어차피 개인채무자의 재기·회생이라는 도산절차의 궁극적인 목표에 초점이 맞추어져야하기 때문이다. 이는 또한 청산을 목적으로 한 법인파산과 개인채무자의 재기·회생이라는 개인파산절차는 같은 파산절차라도 그 목표하는 바가 근본적으로 다르기 때문에 법인파산에서의 논리를 그대로 개인파산에서 적용하는 것은 무리가 따른다고 보기 때문이기도 하다.

3) 종전의 파산원인과 '동일한 파산원인'에 의한 재도의 파산신청 허용 여부

재도의 파산신청이란 파산선고결정이 이루어진 후 면책결정을 받지 못한 채무자가 면책결정을 받기 위해 종전과 '동일한 파산원인'으로 재차 파산신청을 하는 것을 말한다. 이러한 재도의 파산신청이 허용되는지 여부에 관해서는 실무상 많은 논란이 있다. 파산원인이 동일한지 여부는 종전의 파산선고 후 채무자의 재산상황의 변동 등으로 새로운 파산원인이 발생하였는지 여부에 따라 판단되어야 할 것이지만 여기에서는 새로운 파산원인이 발생하지 않아 종전과 '동일한 파산원인'으로 재파산신청하는 것을 전제로 하는 것이다.

재도의 파산신청을 긍정할 것이냐 여부에 대하여는 ① 긍정설, ② 부정설[204]의 대립이 있다. 긍정설은 재도의 파산신청을 금지하는 규정이 없고 파산신청의 궁극적인 목적이 면책에 있으므로 면책을 법률상 이익으로 하는 재파산신청을 긍정해야 한다는 견해이고, 부정설은 파산제도의 목적이 청산에 있는 만큼 한번 파산선고를 받은 이상 재파산신청은 신청의 이익이 없고 재도의 파산신청을 허용하면 면책신청 기간 또는 면책신청 추완 규정(556조 2항)을 둔 취지에 반하므로 부정해야 한다고 하고 있다.[205] 판례는 재도의 파산신청에 대하여 원칙적으로 부정적인 입장을 취하고 있고,[206] 실무의 입장도 마찬가지로 부정설을 취하고 있는 것으로 보인다.[207]

다만 이에 대해서는 부적법 각하사유에 해당된다는 보는 것이 대법원의 입장이나,[208] 하급

204) 남성민, "통합도산법하에서의 개인파산절차", 대한변호사협회, 제37기 특별연수 통합도산법, 194면.

205) 서울회생법원, 제5판 개인파산·회생실무, 350~351p.

206) 대판 2006.12.21. 2006마877(면책신청기간 도과로 면책신청이 각하된 채무자의 재도의 파산신청 각하), 2009.11.6. 2009마1583(면책기각결정을 받은 채무자의 재도의 파산신청 각하), 2011.8.16. 2011마1071(면책불허가결정을 받은 채무자의 재도의 파산신청 각하).

207) 서울회생법원, 제5판 개인파산·회생실무, 351p.

208) 서울회생법원, 제5판 개인파산·회생실무 96p.

심 중에서는 예외 없이 각하할 것이 아니라 재파산신청의 경위, 의도, 기간 경과 등을 종합하여 파산절차의 남용에 해당되는 경우에만 기각하면 족하다고 판단한 경우도 있는 바,[209] 바람직한 파산절차의 운용방식이라고 생각된다.

생각건대 종전과 '동일한 파산원인'을 이유로 한 재도의 파산신청을 허용할 것이냐의 문제는 재도의 파산신청이 받아들여져 면책신청을 하였을 경우에 종전과 달리 면책결정을 받을 가능성이 있느냐 여부와 관련되어 있다고 본다. 즉 종전의 파산선고와 나중의 파산선고가 '동일한 파산원인'에 의해 이루어졌지만 면책여부의 결정은 달리 나올 수 있겠느냐 여부에 달려 있다고 보는 것이다. 만약 재파산신청이 받아들여져 파산선고를 받았다고 한들 어차피 면책결정을 받지 못할 상황에 놓인 경우에는 재파산신청이 무익하기 때문이다.

따라서 이러한 논의를 전제로 재도의 파산신청이 허용될 것인지 여부를 판단하여야 할 것인 바, 종전의 파산절차에서 면책결정을 받지 못한 원인이 무엇이냐에 따라 재도의 파산신청에 의해 파산선고를 받은 후 면책신청을 하게 되면 전후의 면책절차 사이에 기간의 경과(예, 10년 이상의 경과)나 신청서의 재작성 등으로 종전에 면책받지 못한 사유가 치유되어 면책을 받을 수 있게 된다면 재도의 파산신청을 허용해야 할 것으로 보이고,[210] 그렇지 못한 경우에는 재도의 파산신청을 허용할 이익이나 필요가 없다고 보는 것이 타당하다고 본다.

이때 재도의 파산신청을 허용할 이익이 있느냐 여부는 재도의 파산신청에 대한 재판시 법원에서 종전의 파산절차에서 면책결정을 받지 못하게 된 원인을 따져 결정하면 될 것으로 보인다.

재도의 파산신청에 대한 부정설의 논거를 보면 파산제도가 총채권자를 위한 청산에 목적이 있으므로 재도의 파산신청의 실익이 없다는 점과 재도의 파산신청을 쉽게 허용하면 면책신청 기간을 정한 취지에 반한다는 점 등을 들고 있으나, 전자의 논거는 법인파산[211]에만

209) 서울회생법원 2020.4.17.자 2018라467

210) 예컨대 절차비용을 예납하지 않아 면책신청이 기각되거나(559조 1항 3호), 허위의 채권자목록의 제출 또는 재산상태에 관한 허위의 진술로 면책불허가결정을 받은 경우(564조 1항 3호), 파산선고 전 1년 이내에 파산원인인 사실을 숨기고 한 신용거래로 면책불허가결정을 받은 경우(564조 1항 2호), 종전의 면책 후 일정기간 미경과로 면책불허가결정을 받은 경우(564조 1항 4호) 등은 나중의 파산절차에서 비용을 납부하는 등으로 하자를 치유할 수 있는 것일 수도 있고 나아가 10년 이상의 기간 경과 등으로 종전의 파산절차나 면책절차와 연관관계가 희석되거나 단절된 것으로 평가될 수 있는 경우 장차 면책허가결정이 이루어질 수 있을 것이므로, 재도의 파산신청이 파산절차의 남용에 해당한다고 인정되는 경우가 아닌 한, 재도의 파산신청을 허용하는 것이 타당하다고 본다.

211) 청산을 목적으로 하고 청산 후 법인격이 소멸되는 법인파산의 경우에는 재도의 파산이 허용되지 않는 것이

해당되는 것으로 개인파산의 주목적이 청산 이외에 면책을 통한 채무자의 재기·갱생에 있다는 점을 간과한 것이라고 보이고, 후자의 논거는 면책신청 기간의 제한이 면책을 제한하는 원리로 작동한 (구)파산법하에서만 일면 타당한 논리로 통합도산법에서는 제556조 제3항에서 간주면책신청제도를 도입함으로써 제556조 제1항 및 제2항의 면책신청 기간 제한 규정이 큰 의미를 가지지 못하게 됨에 따라 그 근거를 상실하였다고 본다.

한편 법원의 실무 운영상 현재처럼 종전과 '동일한 파산원인'으로 인한 재도의 파산신청을 허용하지 않는다고 하더라도 개인채무자가 파산절차를 밟는 궁극적인 목적이 면책을 받는데 있다고 볼 때 종전의 '파산원인'을 가급적 좁게 해석함으로써 나중의 파산과 '동일한 파산원인'에 해당하는 범위를 줄이는 등으로 '동일한 파산원인'의 개념을 탄력적으로 판단함으로써 재파산신청의 허용 범위를 넓히는 쪽으로 파산실무를 운용하는 것이 타당하다고 본다.[212] 즉 종전의 파산원인과 비교하여 10년 이상 상당한 기간이 경과되었고 새로운 채무도 증가하는 등으로 추가적인 변수가 발생한 경우에는 가급적 종전의 파산원인과 '다른 파산원인'에 해당하는 것으로 해석하여 종전의 채무도 포함한 재파산신청을 받아주는 것이 바람직하다는 것이다. 공평을 이상으로 하는 민사소송에서의 동일성의 개념과 채무자의 재기·갱생을 이상으로 하는 개인도산절차에서의 동일성의 개념은 이를 달리 해석하는 것이 타당하다고 보며, 이와 같이 해석하는 것은 민사소송절차에서와 달리 도산절차에서는 기판력이나 재소금지가 원칙적으로 적용되지 않는다는 점에서 뒷받침되고 있다고 본다.

'동일한 파산원인'의 개념을 넓게 해석하여 재파산신청을 제한하려고 하는 것은 오로지 면책이라는 목표를 향해서 파산자라는 위험도 감수하면서 달려온 개인채무자로 하여금 계속 파산자라는 오명만 눌러 쓴 채 살아가도록 하는 것이 되어 가혹하게 되며, 면책이 주목적인 개인파산을 같은 파산이라고 하여 청산이 주목적인 법인파산과 하나의 틀 속에서 동렬로 놓아 해석함으로써 개인파산 고유의 목적을 달성할 수 없도록 하는 부당한 결과가 될 것이다.

4) 종전의 파산원인과 '다른 파산원인'에 의한 재파산신청 허용 여부

종진의 파산원인과 '다른 파산원인'에 기하여 재차 파산신청을 하는 것은 허용된다고 본다. 따라서 파산선고를 받은 후 새로운 채무를 부담하여 그 신채무에 대하여 파산을 신청하는 것은 종전의 파산원인과 '다른 파산원인'에 의해 파산을 신청하는 것으로 재파산신청이 가능

합리적일 것이다.

212) 재도의 파산신청이란 종전과 '동일한 파산'의 신청을 다시 할 수 없다는 것이므로 재도의 파산신청이 금지되는 '동일한 파산'의 개념을 좁게 해석함으로써 재파산신청이 가능한 범위를 확대해야 한다는 견해가 있는데(김태준, "2013 서울중앙지방법원 파산부 WORKSHOP 자료집", 126면 이하), 같은 맥락이라고 본다.

하다고 본다(서울중앙지법 2003.12.9. 2003하단995 결정).

그런데 신채무와 종전의 파산선고 당시의 채무를 함께 대상으로 하는 재파산신청이 가능한지 문제된다. 생각건대 신채무만으로도 독립하여 파산원인이 된 상태에서 종전의 채무도 함께 대상으로 한 파산신청은 당연히 '다른 파산원인'에 해당되어 가능하다고 본다. 그러나 신채무만으로는 독립하여 파산원인이 되지 못한 상태에서 종전의 채무를 함께 대상으로 한 파산신청은 종전과 '동일한 파산원인'에 의한 재파산신청의 문제로 되어 재도의 파산신청에서와 같은 논의가 그대로 적용된다고 본다.

5) 종전의 파산절차에서 누락시킨 채권과 면책결정 후 재파산신청의 관계

가) 누락채권의 분류와 재파산신청 여부

실무상 종전의 파산선고절차에서 고의 또는 과실로 채권자목록에 기재하지 않고 파산신청을 한 관계로 면책결정을 받았으나 누락된 채권에 대하여 면책여부가 불투명한 경우가 많다. 누락된 채권에 대해서는 다시 경우를 나누어 ① 애당초 채권의 존재 자체를 몰라 누락시킨 경우도 있고, ② 채권의 존재 자체는 알았지만 과실로 누락시킨 경우도 있으며, ③ 채권의 존재 자체를 알고 있으면서 이를 고의로 누락시킨 경우도 있다. 위 ①의 경우에는 채권자목록에 기재하지 못한 데에 과실이 있는지 여부와 무관하게 면책결정의 효력이 미치게 될 것이므로 큰 문제는 없을 것이다(대판 2007.1.11. 2005다76500, 2010.10.14. 2010다49083). 문제는 위 ②, ③의 경우인데, 판례는 두 경우 모두 비면책채권으로 판단하고 있는 것으로 보인다(대판 2010.10.14. 2010다49083). 이와 같이 면책결정이 이루어진 후 위 누락채권에 대하여 면책받을 목적으로 재차 파산신청을 하는 것이 가능한지 여부가 문제되는 것이다. 물론 위 ①의 경우에도 누락채권에 대한 책임부존재확인 등 소송에서 패소하여 비면책채권으로 된 경우에는 같은 문제가 생긴다.

이때 누락채권을 면책받을 목적으로 종전의 면책결정 후 7년 이내에 재파산신청 및 면책신청을 하는 것은 재량면책은 별론 면책불허가사유인 면책 후 7년 이내의 면책신청에 해당되어(564조 1항 4호, 2항) 그 실익이 거의 없을 것이므로[213] 위 문제는 면책결정 후 7년 이상 경과한 상태에서 재파산신청 및 면책신청을 한 경우에 실익이 있는 논의일 것이다. 이에 관하여 종전의 실무에서는 누락채권을 대상으로 한 재파산신청에 대하여 원칙적으로 허용할 수 없다는 입장을 취하고 있는 것으로 보인다.[214][215]

---

213) 비면책채권으로 확정된 누락채권에 대해서도 7년이라는 면책신청의 제한 기간이 경과되기 전에 재량면책(564조 2항)을 받을 목적으로 한 재파산신청을 검토해볼 수는 있으나 그 인용가능성이 거의 없을 것이므로 실익이 없다고 본다.

생각건대 먼저 위 누락채권만을 대상으로 한 재파산신청의 허용 여부는 재도의 파산신청의 허용 여부와 같은 논의가 그대로 적용될 것으로 보인다. 문제는 누락채권과 함께 파산선고 후에 생긴 신채무를 대상으로 한 재파산신청일 것이다. 이 경우에는 앞서 본 바와 같이 신채무만으로 독립하여 파산원인이 된 상태에서 누락채권도 함께 대상으로 한 파산신청은 당연히 '다른 파산원인'에 해당되어 가능하다고 보일 것이나, 신채무만으로는 독립하여 파산원인이 되지 못한 상태에서 누락채권도 함께 대상으로 하여 신청한 파산은 종전과 '동일한 파산원인'에 의한 재파산신청의 문제로 되어 재도의 파산신청의 허용 여부에 관한 논의가 그대로 적용된다고 본다.

나) 최근의 판례 경향

종전의 파산 및 면책절차에서 누락한 채권에 대하여 이를 면책받을 목적으로 다시 파산 및 면책신청을 하는 것이 가능한지 여부에 대하여 최근의 판례는 이를 파산신청의 남용의 문제로 접근하고 있는 것으로 보인다. 즉 통합도산법 309조 2항에서 파산신청이 파산절차의 남용에 해당한다고 인정되는 때에는 심문을 거쳐 파산신청을 기각할 수 있도록 규정하고 있는데, 재파산신청이 여기에 해당되는지 여부에 대하여 심문하여 그 인용 여부를 판단해야 한다는 것이다(대판 2018.6.22. 2018마5435).

판례도 "설령 이 사건 채군을 비면책채권으로 보더라도 이는 재항고인의 과거 파산 및 면책결정의 효력으로 이 사건 채권이 면책되었다는 주장을 하지 못하는 것일 뿐 그 후에 그 채권의 면책을 구하기 위하여 새로운 파산신청도 할 수 없다는 것은 아니다."라고 판시하고 있다(대판 2018.6.22. 2018마5435).

이때 재파산신청이 파산절차의 남용에 해당되는지 여부는 종전의 파산절차에서 채권자목록에 채권을 누락시킨 경위, 채권의 존재 여부에 대한 인식 여부, 종전의 면책결정 후 재파산신청시까지 경과된 기간, 채무부존재확인소송 등에 대한 판결이 종전의 파산면책결정 후에 비로소 이루어진 경우 등의 사정을 종합적으로 고려하여 판단할 것으로 보인다. 실무상 개인채무자가 변호사나 법무사 등 자격자대리인에게 파산신청을 위임하였으나 자격자대리인이 누락시킨 경우가 많은데, 그러한 점도 감안이 될 것이다.

214) 서울회생법원, 제5판 개인파산·회생실무, 351p.

215) 누락채권을 이유로 한 재파산신청과 관련하여 하급심 판결 중에는 파산선고를 받은 후 새로운 채무를 부담하여 그 신채무에 대하여 파산선고 및 면책결정을 받고자 하는 것이 아니라 파산선고 당시 이미 존재하고 있었으나 채권자명부에 기재하지 아니한 탓에 본안소송에서 비면책채권으로 분류될 가능성이 있는 동일 채권에 대하여 다시 파산선고를 받아 면책을 받고자 새로이 파산신청을 하는 것은 이미 파산선고를 받았던 채권에 대하여 또다시 중복하여 파산선고를 받고자 하는 것이라고 하여 파산신청을 각하한 사례가 있다(서울중앙지법 2003.12.9. 2003하단995).

판례도 채무자가 특별한 사정 없이 불필요한 파산신청을 반복한다면 파산절차를 나용하는 것으로 볼 여지가 있을 것이나 과거 면책결정 후 10년 이상 경과되어 새롭게 파산신청을 한 경우에는 불필요한 파산절차를 반복한 것으로 볼 수 없다고 판단하여 재파산신청을 긍정적으로 보는 경향을 나타내고 있다(대판 2018.6.22. 2018마5435). 바람직한 방향이라고 보인다.

통합도산법 566조 7호에서 채권자목록에 기재하지 않은 누락채권을 면책대상에서 제외시킨 주된 이유는 누락채권자가 면책결정에 관한 절차에 참여의 기회를 가지지 못한 채 불이익을 받을 염려가 있는 관계로 위 누락채권자를 보호하기 위한 것에 그 취지가 있는 만큼 종전의 파산 및 면책결정 후 재차 신청된 재파산절차에서 누락채권자의 참여하에 누락채권에 대한 면책불허가사유의 유무를 심사하고 그 면책 여부를 결정하게 된다면 누락채권자의 절차참여기회가 충분히 보장될 수 있을 것이므로 실무운용면에서도 종전의 파산 및 면책절차에서 채권자목록에서 누락된 채권에 대하여 재파산신청을 통하여 면책을 구한다는 사정만을 이유로 들어 재파산신청이 파산절차를 남용한 것으로 보아서는 안될 것이다(대판 2018.6.22. 2018마5435).

나. 재면책신청 내지 재도의 면책신청 허용 여부

재면책신청이란 널리 면책신청 후에 면책신청이 각하·기각되거나 불허가된 경우 또는 면책신청이 취하된 경우에 재차 면책신청을 하는 것을 말하는데, 재면책신청은 종전의 파산을 대상으로 하는 것으로서 종전과 다른 파산을 대상으로 하는 것은 재면책신청이라고 할 수 없다. 따라서 재면책신청이란 결국 종전과 동일한 파산에 대한 재도의 면책신청을 말한다고 할 수 있다. 이러한 재도의 면책신청이 허용되는지 여부가 문제되는 것이다. 통합도산법에서는 재도의 면책신청의 허용 여부에 관하여 "면책신청이 기각된 채무자[216]는 동일한 파산에 관하여 다시 면책신청을 할 수 없다."라고 규정함으로써(559조 2항) 면책신청이 기각된 채무자에 대하여 재도의 면책신청을 허용하고 있지 않는 외에 다른 규정을 두고 있지 않다.

한편 면책신청을 한 채무자가 면책기각 이외의 사유로 면책결정을 받지 못한 경우에 있어서 재면책신청이 가능한지 문제된다. 판례는 원칙적으로 재도의 파산신청을 허용하지 않는 것과 마찬가지로 재도의 면책신청도 허용하고 있지 않다고 본다(대결 2011. 8. 16. 2011마1071).

216) 면책신청의 기각사유로는 ① 채무자가 신청권자의 자격을 갖추지 않은 때, ② 파산절차의 신청이 기각된 때, ③ 절차비용을 납부하지 않은 때, ④ 그밖에 신청이 성실하지 않은 때(559조 1항)의 4가지가 있다.

생각건대 도산절차는 민사소송절차와 달리 기판력이나 재소금지가 원칙적으로 적용되지 않으므로 면책신청에 대한 각하결정이나 불허가결정 후에도 그 각하 또는 불허가결정의 사유가 치유되거나 재량면책결정이 기대되는 경우에는 재면책신청을 허용하는 것이 타당할 것으로 보이지만, 재면책신청을 허용한다고 하더라도 현행법을 개정하지 않는 한 '파산선고가 확정된 날 이후 1월 이내'라는 면책신청의 기간(제556조 제1항)을 준수할 수 없는 관계로 재면책신청의 실익은 거의 없을 것으로 보인다. 장차 개정입법을 기대해본다.

[서식 22] 면책확인의 소(집행권원이 성립되지 않은 채권의 누락)

소 장

원 고 ○ ○ ○ (123456 - 1234567)
○○시 ○○면 ○○○○-○○

피 고 ○○카드 주식회사
○○시 ○○구 ○○로 814
대표자 사장 ○○○ 법률상지배인 ○○○

면책확인의 소

청 구 취 지

1. 원고의 피고에 대한 별지목록 기재 채무에 대한 신용카드대금 채무는 ○○회생법원 20○○하단○○○호 및 20○○하면○○○호 파산 및 면책결정에 의해 면책되었음을 확인한다.
2. 소송비용은 피고의 부담으로 한다.

라는 판결을 구합니다.

청 구 원 인

1. 원고의 파산신청 및 면책 내역

원고는 20○○. ○. ○. 서울지방법원에 파산신청을 하여 동년 9. 11. 파산선고를 받았고(○○회생법원 20○○하단○○○), 동년 11. 28. 면책결정을 받은 사실이 있습니다(○○회생법원 20○○하면○○○)(갑 제2호증).

2. 피고 채무에 대한 누락

(1) 원고는 위 파산 및 면책신청을 하면서 피고의 카드대금 채권(금 1,500,000원)을 채권자목록에서 누락하였고 따라서 채권자목록에 피고의 카드대금 채권이 누락된 채 파산 및 면책이 이루어지게 되었습니다.

(2) 그런데 원고는 파산신청하기 10여년 전부터 사업실패 및 가사비용으로 수개의 카드 돌려막기로 생활해 왔던지라 피고의 카드대금 채권을 원고의 고의나 과실 없이 파악할 수 없어 부득이 누락하게 된 것입니다. 이와 같이 원고는 개인파산 및 면책신

청시 피고에 대한 카드대금 채무를 채권자목록에서 누락시킨 사실은 있으나 이는 원고의 고의나 과실에 의해 누락시킨 것이 아니며, 설령 다소 과실이 있다 하더라도 누락시킬 고의는 전혀 없었고 그럴 이유도 없었습니다.

3. 파산 및 면책에 의해 누락채권의 면책

원고는 개인파산 및 면책신청시 채권자목록에 피고의 카드대금 채권을 기재하지 않았지만 만약 이 당시 원고가 피고의 카드대금 채권의 존재 사실을 알았다면 이를 누락시킬 하등의 이유가 없었을 것입니다. 즉, 원고의 피고에 대한 채무의 성질상(카드대금 채무) 이는 면책불허가 사유에 해당되지 않으므로 원고가 위 채무의 존재를 알고 있음에도 불구하고 고의로 채권자목록에 누락시킬 어떤 이유도 없는 것입니다. 또한 '채무자 회생 및 파산에 관한 법률' 제566조 제7호에 의하면 파산면책을 받은 채무자는 채권자목록에 누락된 채권에 대하여 악의로 채권자목록에 기재하지 않은 경우에만 그 책임이 면제되지 않는다고 규정하고 있으며, 여기에서 채무자가 악의로 채권자목록에 기재하지 않은 청구권의 의미에 관하여 판례는 채무자가 면책결정 이전에 채권의 존재 사실을 알고 있으면서 고의로 이를 채권자목록에 기재하지 않은 경우를 뜻한다고 하고 있고, 나아가 채권자목록에 기재하지 않는 데에 과실이 있는 경우라 하더라도 채권의 존재 사실을 알지 못한 때에는 여기에 해당한다고 하고 있습니다(대법원 2007.1. 11. 선고 2005다76500 판결 등 참고). 이로 볼 때 원고가 피고에 대한 카드대금 채무를 가령 단순한 과실로 누락시킨 경우라 하더라도 이미 면책된 채무라 하지 않을 수 없습니다.

4. 결 론

따라서 원고는 피고의 카드대금 채권에 대하여 이미 파산 및 면책결정에 의해 그 책임을 면하게 되었다고 할 것이므로 그 취지의 확인을 구하기 위해 부득이 본건 소에 이르게 된 것입니다.

입 증 방 법

1. 갑 제1호증　　　　파산 및 면책결정 정본
1. 갑 제2호증　　　　파산신청서의 채권자목록

그밖의 것은 변론시 수시 제출하겠습니다.

첨 부 서 류

1. 위 입증방법　　　　각 2통

1. 납부서 1통
1. 소장부본 1통

20○○. ○. ○.

위 원고 ○○○ (인)

○○지방법원 귀중

[서식 23] 책임부존재확인의 소(집행권원이 성립되지 않은 채권의 누락)

소　　　장

원　　고　　○　○　○ (123456 - 1234567)
　　　　　　○○시 ○○면 ○○○○-○○

피　　고　　○○자산관리공사
　　　　　　○○시 ○○구 ○○로 814
　　　　　　대표자 사장 ○○○ 법률상지배인 ○○○

책임부존재확인의 소

청 구 취 지

1. 원고의 피고에 대한 별지목록 기재 채무에 대한 책임은 존재하지 아니함을 확인한다(또는 "원고의 피고에 대한 20○○. ○. ○. 대여금 채무는 ○○지방법원의 파산 및 면책결정에 의해 면책되었음을 확인한다.").
2. 소송비용은 피고의 부담으로 한다.

라는 판결을 구합니다.

청 구 원 인

1. 피고의 원고에 대한 양수금 채권 주장 내역

피고는, 소외 주식회사 ○○은행이 원고의 연대보증(보증 한도 금 100,000,000원)하에 소외 주식회사 ○○ 사이의 대출거래 약정(20○○. ○○. 7. 부동산저당대출, 약정금액 금 300,000,000원)에 기한 대출금 채권 중 미회수 잔액 금 168,774,431원을 양수받았다고 주장하며, 이러한 내역이 원고에게 내용증명으로 통지되었다고 주장합니다. 그러나 원고는 위 대출거래 약정에 대하여 연대보증을 선 사실을 기억하지 못하며 다만 이 당시 동거 중인 내연남 ○○○에게 인감증명과 인감도장을 자동차 구입용으로 교부한 사실이 있을 뿐입니다. 또한 피고의 위 채권 양수사실도 최근까지 전혀 알 수 없었고 따라서 20○○. ○. ○. 원고의 파산신청 당시에도 위 사실을 알 수 없는 상태에 놓여 있었습니다.

2. 원고의 파산신청 및 면책 내역

원고는 20○○. ○. ○. 서울지방법원에 파산신청을 하여 동년 9. 11. 파산선고를 받았고(○○지방법원 20○○하단○○○○), 동년 11. 28. 면책결정을 받은 사실이 있습니다(○○지방법원 20○○하면○○○○)(갑 제2호증).

3. 원고의 피고 채무에 대한 책임의 부존재

위에서 본 바와 같이 원고는 개인파산을 신청하여 면책결정을 받은 사실이 있고, 파산신청 당시 피고에 대한 양수금 채무가 존재하고 있는지 여부를 전혀 알 수 없었습니다.

즉, 피고는 소외 주식회사 ○○은행으로부터 채권을 양수받은 사실을 내용증명으로 통지하였다고 하나 원고는 위 통지를 받은 사실이 없고, 설령 외관상 통지를 수령한 것으로 되어 있다 하더라도 원고가 직접 수령한 것이 아니어서 채권 양수 여부를 달리 알 수 없었습니다. 따라서 원고는 개인파산 및 면책 신청시 피고에 대한 채무를 채권자목록에서 누락시킨 사실은 있으나 이는 원고의 고의나 과실에 의해 누락시킨 것은 아닙니다. 설령 다소 과실이 있다 하더라도 누락시킬 고의는 전혀 없었으며 그럴 사유도 없습니다.

4. 파산 채권자목록에 양수된 주식회사 ○○은행 채무 기재

중요한 사실은 원고는 개인파산 및 면책신청시 채권자목록에 피고가 양수하였다고 주장하는 주식회사 ○○은행에 대한 부채증명서를 첨부하여 기재하였고, 이에 대한 면책결정을 받은 사실이 있다는 것입니다. 만약 이 당시 피고가 주식회사 ○○은행으로부터 채권을 양수받은 사실을 알았더라면 구태여 그 양수금 채권을 누락시킬 하등의 이유가 없는 것입니다. 즉, 원고의 피고에 대한 채무의 성질상(보증채무의 양수금) 이는 면책불허가 사유에 해당되지 않으므로 원고가 위 채무의 존재를 알고 있음에도 불구하고 고의로 채권자목록에 누락시킬 하등의 사유가 없다 할 것입니다. 또한 '채무자 회생 및 파산에 관한 법률' 제566조 제7호에 의하면 파산면책을 받은 채무자는 채권자목록에 누락된 채권에 대하여 악의로 채권자목록에 기재하지 않은 경우에만 그 책임이 면제되지 않는다고 규정하고 있으며, 여기에서 채무자가 악의로 채권자목록에 기재하지 않은 청구권의 의미에 관하여 판례는 채무자가 면책결정 이전에 채권의 존재 사실을 알고 있으면서 고의로 이를 채권자목록에 기재하지 않은 경우를 뜻한다고 하고 있고, 나아가 채권자목록에 기재하지 않는 데에 과실이 있는 경우라 하더라도 채권의 존재 사실을 알지 못한 때에는 여기에 해당한다고 하고 있습니다(대법원 2007.1.11. 선고 2005다76500 판결 등 참고). 이로 볼 때 원고가 피고에 대한 양수금 채무를 가령 단순한 과실로 누락시킨 경우라 하더라도 이미 면책된 채무라 하지 않을 수 없습니다.

5. 결 론

따라서 원고는 피고가 주장하는 양수금 채무에 대하여 이미 파산 및 면책결정에 의해 그 책임을 면하게 되었다고 할 것이므로 그 취지의 확인을 구하기 위해 부득이 본건 소에 이르게 된 것입니다.

입 증 방 법

1. 갑 제1호증 파산 및 면책결정 정본
1. 갑 제2호증 파산신청서의 채권자목록

그밖의 것은 변론시 수시 제출하겠습니다.

첨 부 서 류

1. 위 입증방법 각 2통
1. 납부서 1통
1. 소장부본 1통

20○○. ○. ○.

위 원고 ○○○ (인)

○○지방법원 귀중

주) 청구취지는 "원고의 피고에 대한 ○○지방법원 20○○카단○○○○호 대여금 청구 사건의 확정판결에 기한 금 10,000,000원 및 이에 대한 지연손해금채무는 소구력과 집행력이 없는 자연채무임을 확인한다."라고 표시해도 무방할 것이다.

[별지]

1. **채무의 종류**

   주식회사 ○○은행이 원고의 연대보증(보증 한도 금 100,000,000원)하에 소외 주식회사 ○○ 사이의 대출거래 약정(20○○. 10. 7. 부동산저당대출, 약정금액 금 300,000,000원)에 기한 대출금 채권에 대하여 피고가 양수한 채무

2. **채 무 액**

   금 168,774,431원 및 위 금원 중 153,944,918원에 대하여 20○○. 10. 27.부터 다 갚는 날까지 연 18%의 비율에 의한 지연손해금

3. **원고의 책임 부분** : 금 100,000,000원

[서식 24] 준비서면(책임부존재확인의 소, 원고의 주장)

준 비 서 면

사　　건　　○○지방법원 20○○가단○○○○　책임부존재확인

원　　고　　○○○

피　　고　　○○카드 주식회사

위 사건에 관하여 원고는 다음과 같이 변론을 준비합니다.

– 다　　음 –

1. 책임부존재확인소송의 소의 이익의 존재

면책결정의 효력에 관하여는 채무소멸설, 책임면제설(자연채무설), 주체소멸설 등이 주장되고 있고 그중 책임면제설이 통설이며, 채무에 대한 이행판결을 받기 전에 면책받은 채무자가 누락채권자의 계속된 독촉행위에 대하여 이를 벗어나기 위한 능동적인 방법으로 면책확인 내지 책임부존재확인소송 외에 달리 길이 있다고 보이지 않으므로 원고의 책임부존재확인의 소에는 그 실익이 있다고 보입니다. 또한 피고의 채권에 관해서는 아직 집행권원이 성립되어 있지 않으므로 청구이의소송이 아니라 면책확인 내지 책임부존재확인의 소로 다투어야 할 것인데, 소송의 제목을 면책확인의 소로 하느냐 책임부존재확인의 소로 하느냐는 그리 중요치 않다고 보이며, 그 실질이 중요하다고 사료되는 바, 원고가 책임부존재확인의 소로써 주장하는 것에 관하여 이의를 제기하는 피고의 주장은 이의 없다고 해야 할 것입니다(본소는 원고가 책임을 지느냐 마느냐의 문제인 것이므로 그 실질을 소송에서 다투면 족하다고 보입니다).

2. 누락채권에 대한 면책여부에 대하여

피고의 주장대로 '채무자 회생 및 파산에 관한 법률' 제566조 제7호에서는 「채무자가 악의로 채권자목록에 기재하지 않은 청구권(단, 채권자가 파산선고가 있음을 안 때에는 예외)」을 비면책채권의 하나로 규정하고 있습니다.

그런데 여기에서 악의로 채권을 기재하지 않은 경우란 채무자가 어떤 식으로든 채권의 존재를 알고 있었음에도 불구하고 채권자목록에 기재하지 않은 경우를 의미하지만 문제는 채권의 존재사실을 과실로 알지 못한 경우 또는 채권의 존재사실을 알았으나 과실로 채권자목록에 기재하지 않은 경우일 것입니다. 먼저 채무자가 채권의 존재사실을 알지 못한 경우에 관하여 살펴보면, 판례는 "파산자가 악의로 채권자명부에 기재

하지 않은 청구권이라 함은 파산자가 면책결정 이전에 채권의 존재사실을 알면서도 이를 채권자명부에 기재하지 않은 경우를 뜻하므로, 채권자명부에 기재하지 않은 데에 과실이 있는지 여부를 불문하고 파산자가 채권의 존재사실을 알지 못한 때에는 여기에 해당하지 않는다."라고 하고 있고(대판 2007.1.11. 2005다76500), 또한 위 판례는 "대출채권의 존재를 알지 못한 데에 과실이 있는 경우"를 전제로 하고 있음에 비추어 채권의 존재사실을 알지 못한 경우에는 설령 그 모른데 대하여 과실이 있고 채권자목록에 기재하지 않은데 대하여 과실이 있는 경우라 하더라도 면책이 된다는 것입니다. 다음으로 채무자가 채권의 존재사실을 알았지만 과실로 채권자목록에 기재하지 않은 경우에 관하여 살펴보면, 이는 구체적인 사례에 따라 판결에 의해 면책여부가 결정될 것으로 보입니다. 다만, 판례는 면책불허가사유 중 하나인 채무자 회생 및 파산에 관한 법률 제564조 제1항 제3호의 "채무자가 허위의 채권자목록 그밖의 신청서류를 제출하거나 법원에 대하여 그 재산상태에 관하여 허위의 진술을 한 때"의 해석에 관하여 이를 채무자가 '고의로' 허위의 신청서류를 제출하거나 허위의 진술을 한 경우에 한정하여, 채무자가 '과실로' 허위의 신청서류를 제출하거나 허위의 진술을 한 경우에는 적용되지 않는다고 판시(대판 2008.12.29. 2008마1656)하고 있고 또한 채무자 회생 및 파산에 관한 법률의 입법취지가 주로 채무자의 회생 및 갱생에 있는 것에 비추어 채무자가 고의로 채권자목록에 기재하지 않은 경우에만 면책에서 제외되고, 고의가 아닌 과실로 채권자목록에 기재하지 않은 경우에는 면책의 효력이 인정된다고 보입니다. 또한 원고가 소장에서도 밝혔듯이 원고의 피고에 대한 채무는 면책불허가에 해당하는 채권도 아니며, 따라서 원고가 고의로 채권자목록에서 누락시킬 하등의 이유가 없으며, 이는 순전히 무지한 원고의 과실에 기인한 것입니다.

3. 재도의 면책신청 여부에 대하여

피고는 누락된 채권에 대하여 재도의 파산신청 또는 재도의 면책신청이 가능하다고 주장하고 있으나, 채무자가 파산선고 전에 가진 채권으로서 그 일부가 채권자목록에 누락되었어도 특별한 사정이 없는 한 해당 채권에 대하여 파산선고의 효력이 미치지 않는 것은 아니므로 누락된 채권을 토대로 하여 채무자가 다시 파산신청을 하는 것은 원칙적으로 허용되지 않는다고 봅니다(대판 2006.12.21. 2006마877). 같은 이유로 재도의 면책신청도 원칙적으로 허용되지 않는다고 봅니다. 실무상으로도 재도의 파산신청이나 재도의 면책신청이 있는 경우 각하하고 있는 것으로 보입니다(서울지법 2002. 6.11. 2002하단57, 서울중앙지법 2007.7.24. 2007하단16705 참고).

4. 결 론

위와 같은 근거에 의해볼 때 피고가 20○○. 6. 16.자 준비서면에서 주장한 내용은 수긍하기 곤란하다고 사료되며, 따라서 파산면책받은 원고는 피고에 대한 채무도 당연히 면책되는 채권에 포함된다고 보는 것이 타당하다고 사료됩니다. 존경하는 재판장님, 그야말로 어렵게 파산면책을 받아 간신히 사회에 복귀하려는 원고에 대하여 우리나라 굴지의 힘 있는 대형 카드회사에서 가로막으려고 하는 현실이 정말 억울하고, 답답합니다. 존경하는 재판장님께서 힘없는 서민을 배려해 주시는 선처를 베풀어 주시기 간절히 바라는 바입니다.

20○○. ○. ○.

위 원고 ○ ○ ○ (인)

○○지방법원 민사○○단독 귀중

[서식 25] 청구이의의 소(집행권원이 성립된 채권의 누락)

소 장

원 고 ○ ○ ○ (123456 - 1234567)
○○시 ○○면 ○○○○-○○

피 고 ○○자산관리공사
○○시 ○○구 ○○로 814
대표자 사장 ○○○ 법률상지배인 ○○○

청구이의의 소

청 구 취 지

1. 피고의 원고에 대한 ○○지방법원 20○○가합○○○호 집행력 있는 확정판결정본에 의한 강제집행은 이를 불허한다.
2. 소송비용은 피고의 부담으로 한다.

라는 판결을 구합니다.

청 구 원 인

1. 피고의 원고에 대한 양수금 채권 주장 내역

피고는, 소외 주식회사 ○○은행이 원고의 연대보증(보증 한도 금 200,000,000원)하에 소외 주식회사 ○○ 사이의 대출거래 약정 {가. 20○○. 10. 7. 부동산저당대출, 약정금액 금 300,000,000원, 나. 20○○. 10. 7. 기업일반자금대출, 약정금액 200,000,000원, 다. 20○○. 10. 7. 기업일반자금대출, 약정금액 300,000,000원, 라. 20○○. 11. 29. 융자담보지급보증, 약정금액 금 110,000,000원}에 기한 대출금 채권 중 미회수 잔액 금 668,774,431원을 양수받았다고 주장하며, 피고외 1명을 상대로 ○○지방법원 20○○가합○○○○호 양수금 청구소송을 제기하였고, 이 판결은 20○○. 7. 9. 확정된 사실이 있습니다(갑 제1호증의 1). 그러나 위 판결은, 첨부한 법원사건 진행내역(갑 제1호증의 2)에서 보는 바와 같이, 공시송달에 의해 확정된 판결로서 원고는 위 확정판결 사실을 최근까지 전혀 알 수 없었고 따라서 20○○. 3. 11. 원고의 파산신청 당시에도 위 사실을 알 수 없는 상태에 놓여 있었습니다.

2. 원고의 파산신청 및 면책 내역

원고는 20○○. 3. 11. ○○지방법원에 파산신청을 하여 동년 9. 11. 파산선고를 받았고(○○지방법원 20○○하단○○○○), 동년 11. 28. 면책결정을 받은 사실이 있습니다(○○지방법원 20○○하면○○○○)(갑 제2호증).

3. **피고에 대한 책임의 부존재**

위에서 본 바와 같이 원고는 개인파산을 신청하여 면책결정을 받은 사실이 있고, 파산신청 당시 피고에 대한 양수금 채무가 존재하고 있는지 여부를 전혀 알 수 없었습니다. 즉, 피고는 소외 주식회사 ○○은행으로부터 채권을 양수받은 사실을 내용증명으로 통지하였다고 하나 원고는 위 통지를 받은 사실이 없고, 설령 외관상 통지를 수령한 것으로 되어 있다 하더라도 원고가 직접 수령한 것이 아니어서 채권 양수 여부를 달리 알 수 없었으며, 또한 피고의 원고에 대한 양수금 판결도 공시송달에 의해 이루어진 관계로 원고의 과실 없이 알 수 없었습니다. 따라서 원고는 개인파산 및 면책신청시 피고에 대한 채무를 채권자목록에서 누락시킨 사실은 있으나 이는 원고의 고의나 과실에 의해 누락시킨 것은 아닙니다. 설령 다소 과실이 있다 하더라도 누락시킬 고의는 전혀 없었으며 그럴 사유도 없습니다.

4. **파산 채권자목록에 양수된 주식회사 ○○은행 채무 기재**

중요한 사실은 원고는 개인파산 및 면책신청시 채권자목록에 피고가 양수하였다고 주장하는 주식회사 ○○은행에 대한 부채증명서를 첨부하여 기재하였고, 이에 대한 면책결정을 받은 사실이 있다는 것입니다. 만약 이 당시 피고가 주식회사 ○○은행으로부터 채권을 양수받은 사실을 알았더라면 구태여 그 양수금 채권을 누락시킬 하등의 이유가 없는 것입니다. 즉, 원고의 피고에 대한 채무의 성질상(보증채무의 양수금) 이는 면책불허가 사유에 해당되지 않으므로 원고가 위 채무의 존재를 알고 있음에도 불구하고 고의로 채권자목록에 누락시킬 하등의 사유가 없다 할 것입니다. 또한 채무자 회생 및 파산에 관한 법률 제566조 제7호에 의하면 파산면책을 받은 채무자는 채권자목록에 누락된 채권에 대하여 악의로 채권자목록에 기재하지 않은 경우에만 그 책임이 면제되지 않는다고 규정하고 있으며, 여기에서 채무자가 악의로 채권자목록에 기재하지 않은 청구권의 의미에 관하여 판례는 채무자가 면책결정 이전에 채권의 존재 사실을 알고 있으면서 고의로 이를 채권자목록에 기재하지 않은 경우를 뜻한다고 하고 있고, 나아가 채권자목록에 기재하지 않는 데에 과실이 있는 경우라 하더라도 채권의 존재 사실을 알지 못한 때에는 여기에 해당한다고 하고 있습니다(대판 2007.1.11. 2005다76500 참고). 이로 볼 때 원고가 피고에 대한 양수금 채무를 가령 단순한 과실로 누락시킨 경우라 하더라도 이미 면책된 채무라 하지 않을 수 없습니다.

5. **결 론**

따라서 원고는 피고가 주장하는 양수금 채무에 대하여 이미 파산 및 면책결정에 의해 그 책임을 면하게 되었다고 할 것이므로 피고의 집행권원에 관하여 그 집행력을 배제시키고자 청구취지와 같은 재판을 구하기 위해 부득이 본건 소에 이르게 된 것입니다.

입 증 방 법

1. 갑 제1호증의 1　판결문　1통
1. 갑 제1호증의 2　법원사건 진행내역　1통
2. 갑 제2호증　파산 및 면책결정 정본　1통

그밖의 것은 변론시 수시 제출하겠습니다.

첨 부 서 류

1. 위 입증방법　1통
1. 납부서　1통
1. 소장부본　1통

20○○. ○. ○.

위 원고 ○○○ (인)

○○지방법원 귀중

[3]
면책 이후의 채권자에 대한 대응과 신용회복

실무상 채무자가 파산 및 면책신청을 한 이후 면책기각사유가 없고 면책불허가 사유에 해당되지 않은 경우 통상 6~12개월 정도 경과되면 면책허가결정을 받게 되는데, 그 이후의 절차에 대하여 궁금해 하는 채무자가 많다. 개인회생면책의 경우에도 마찬가지이다.

1. 면책허가결정 이후 계속된 채권자의 독촉행위에 대한 채무자의 대응

채무자가 면책결정을 받은 경우 이러한 면책사실은 법원에서 한국신용정보원장에게 통보해 주기 때문에 통상 채권금융기관은 면책사실을 통지받는다고 보면 된다. 그러나 그 절차상의 문제 때문에 통지되는데 수일이 소요되기 마련이고 따라서 채권금융기관에서는 면책사실을 모른 채 관례대로 계속 독촉장이나 전화상 또는 방문독촉으로 면책 채무자에 대하여 추심행위를 하는 경우가 비일비재하다. 또한 개인채권자나 사금융기관 또는 미등록대부업체 등의 경우에는 면책사실이 통지되지 않는다.

따라서 파산면책을 받은 채무자는 즉시 각 채권자들에게 면책결정서 사본을 첨부하여 내용증명으로 발송하거나 모사전송기(Fax)를 통하여 파산면책사실을 통지해 줄 필요가 있다. 면책을 받은 채무자에 대하여 면책된 사실을 알면서도 면책된 채권에 기하여 강제집행을 하거나 가압류·가처분의 방법으로 추심행위를 한 자는 500만원 이하의 과태료에 처해진다(600조 3항). 이와 같이 과태료의 대상은 파산채권자의 모든 추심행위가 아니라 강제집행, 가처분·가압류에 한한다는 점을 주의해야 한다.

2. 면책받은 후 신용불량등록 해제 및 은행거래 여부

채무자가 면책결정을 받으면 그 채무를 변제하지 않아도 되고 변제책임이 없기 때문에 면책받은 채무에서 벗어남은 자명하다. 그런데 파산신청 채무자의 거의 대부분은 신용불량자(현재는 연체자 또는 금융채무불이행자라 호칭됨)의 신분으로 파산신청을 할 것이며, 따라서 면책을 받은 이후 신용불량자의 신분에서 벗어날 수 있는지 또는 정상적으로 은행거래를 할 수 있는지가 가장 큰 관심사 중의 하나가 아닌가 싶다. 파산면책사건이나 개인회생사건의 경우 종전에는 이러한 사실을 인지한 해당 금융기관에서 해당 사실을 등록하도록 되어 있었으나, 2005. 9. 1.부터는

「개인파산 및 면책사건의 처리에 관한 예규」가 제정·시행됨에 따라 법원에서 한국신용정보원장에게 통지하여 등록하도록 되어 있다.

현행 금융관례에 비추어 보면 신용불량자가 채무를 변제한 경우나 개인파산신청으로 면책결정을 받은 경우 또는 개인회생신청으로 변제계획 인가결정을 받은 경우에는 일단 신용불량등록은 해제되지만, 연체기록은 일정한 기록보존기간 동안 관리되고 있다.

즉, 신용불량자('연체 등' 정보등록자, 이하 동일)로 등록된 자가 파산신청을 한 경우 '연체 등'에 의한 신용거래정보의 해제발생사유일은 법원의 면책결정일이고, 따라서 면책결정일에 이러한 신용불량등록은 해제되지만,[217] 당일 파산면책사실은 별도로 '특수기록정보' 항목에 등록·보존되었다가 5년이 경과되거나 또는 면책채권을 변제한 때에 비로소 '특수정보' 항목에서도 삭제된다.[218]

신용불량자로 등록된 자가 개인회생신청을 한 경우 '연체 등'에 의한 신용거래정보의 해제발생사유일은 법원의 변제계획인가일이며, 따라서 변제계획인가일에 이러한 신용불량등록은 해제되지만, 당일 개인회생인가 사실은 별도로 '특수기록정보' 항목에 등록·보존되었다가 5년이 경과되거나 또는 변제계획에 따른 변제완료시에 비로소 '특수기록정보' 항목에서도 삭제된다.

따라서 신용이 회복되려면 면책받은 이후 이 정도의 기간은 경과되어야 한다고 보며 면책받은 이후 금융기관과의 거래에서 꾸준히 신용을 쌓아야 할 것이다.

은행 등 금융기관과의 거래와 관련하여, 파산면책을 받은 채무자는 적극재산에 대한 거래부분, 예컨대 통장개설이나 예금, 적금 등 신용과 무관한 거래는 큰 제약 없이 할 수 있을 것으로 보인다. 그러나 신용과 관련된 부분, 즉 신용카드 발급·사용이나 대부, 할부거래, 보증보험 등 소극재산과 관련된 거래는 어느 정도 신용이 쌓일 때까지는 다소 제약이 있을 것으로 보이며 이는 오로지 해당 금융기관의 선택의 문제인 것이다. 신용거래여부나 대출여부는 금융기관에게 다소간의 재량권이 부여되어 있다고 보이기 때문이다.

---

217) 법원의 통지를 받아 한국신용정보원에서 특수기록정보로 등록한 후 "연체 등" 정보는 일괄 해제한다.

218) 다만, 개인파산이나 개인회생 사건이라도 금융기관에 "연체 등" 정보가 등록되어 있지 않은 경우에는 "특수기록정보"에도 등록하지 않기로 법원과 협의해 운영된다.

제6절 개인파산 상담사례

[사례 1] 파산선고를 받으면 해외여행을 갈 수 없게 되는지?

문 저는 보증을 잘 못 서주어 농협 보증빚이 5,000만원 정도 되고, 카드빚과 개인채무도 2,000만원 정도 되어 부득이 파산신청을 하려고 합니다. 그런데, 들리는 말로는 파산자가 되면 해외여행이나 해외출장도 갈 수 없다고 하는데 과연 그러한지 알고 싶습니다.

답 2006년 3월 31일까지 시행되는 파산법에 의하면 파산선고를 받은 파산자는 법원의 허가를 얻지 않으면 주거지를 떠날 수 없도록 규정하고 있으며(파산법 137조), 만약 법원의 허가를 받지 않고 그 주거지를 떠난 경우에는 1년 이하의 징역 또는 1천만원 이하의 벌금에 처해지게 되어 있습니다(파산법 369조 2항). 그러나 2006년 4월 1일부터 시행되는 통합도산법에서는 이러한 파산자의 거주제한 규정을 폐지하였습니다. 또한 해외여행여부는 개인파산자가 여권을 발급받을 수 있느냐의 여부에 달려 있다고 할 수 있는데, 여권법에서는 제8조에서 여권 등의 발급제한 사유로 장기 2년 이상의 형에 해당하는 범죄를 범하고 기소되어 있는 자 등 형사문제와 관련되어 있는 자로 한정하고 있고, 시청 여권과에서도 여권발급에 앞서 경찰청에만 신원조회를 할 뿐 파산자의 신원조회를 담당하는 구청 등 호적계에는 신원조회를 하지 않는다고 하며, 출입국관리법에도 제4조 출국의 금지사유로 범죄수사를 위해 출국이 적당하지 않은 자, 형사재판 중인 자, 벌금 또는 추징금 미납자, 세금미납자 등에 대해서만 규정하고 있을 뿐 파산자에 대하여는 출국금지사유로 규정하고 있지 않습니다.

따라서 개인채무자가 파산관련 채무 또는 다른 사유에 의해 사기 등으로 형사고소를 당하여 형사문제화 되어 있지 않는 한 여권발급이나 출국에 있어 어떠한 법적인 제한이 있다고는 보여지지 않습니다. 요컨대 귀하께서는 현재 사기 등의 죄로 고소를 당하는 등으로 형사문제와 관련되어 있지 않는 한 파산자가 된다 하더라도 해외여행이나 해외출장을 하는 것은 가능하다고 보입니다.

[사례 2] 파산선고를 받으면 파산자나 법정대리인이 법원에 의해 구인될 수 있는지?

문 저는 카드빚이 워낙 많아 도저히 정상적인 생활을 할 수 없어 부득이 파산신청을 하고자 합니다. 저는 예전에 한 번 교도소에 갔다 온 적이 있어 구속이라 하면 이가 갈립니다. 그런데 파산신청을 하게 되면 법원이 강제로 끌고 가 법정에 세우는 경우도 있다는데 과연 그러한지 알고 싶습니다.

답 구인이란 파산자나 파산신청인을 법원 기타 장소에 강제로 인치하는 처분을 말하는데, 법원은 필요하다고 인정하는 때에는 파산선고를 받은 채무자에 대하여 구속영장의 발부를 받아 구인(拘引)을 명할 수 있고(파산법 138조, 통합도산법 319조), 경우에 따라서는 파산선고 전이라도 채무자에 대하여 구속영장을 발부받아 역시 구인할 수 있습니다(파산법 144조, 통합도산법 322조). 이러한 구인은 파산자나 채무자 뿐만 아니라 파산자 또는 채무자의 법정대리인·법인의 이사·지배인, 상속재산에 대한 파산의 경우의 상속인과 상속인의 법정대리인 및 지배인에 대하여도 마찬가지로 적용됩니다(파산법 142조, 144조, 통합도산법 320조, 322조 2항).

따라서 귀하께서도 파산신청을 하게 되면 파산선고를 받기 전이든 파산선고를 받은 후이든 법원의 판단에 따라 구인되는 경우도 있을 수 있다고 보입니다. 그러나 법원이 무턱대고 구인하는 것은 아닐 테고 귀하께서 도망하거나 재산을 은닉 또는 손괴할 우려가 있는 때 또는 파산절차를 진행하는데 귀하께서 협조를 하여 주지 않는 예외적인 경우에만 구인될 소지가 있으므로 만약 귀하께서 이러한 구인사유에 해당되지 않는다면 걱정하지 않아도 될 것으로 사료됩니다.

[사례 3] 파산선고를 받게 되면 기존에 가입해 둔 보험계약이 해지당할 수 있는지?

문 저는 사업실패로 채무가 약 3억원에 이르고 있고 달리 가진 재산도 없어 부득이 파산신청을 하려고 합니다. 그런데 저는 만기 15년짜리 암보험에 가입해 둔 것이 있으며 현재 10년째 매월 보험금으로 3만원을 납부해 오고 있습니다. 위 보험은 소멸성보험이어서 만기가 되더라도 환급금이 전혀 없습니다. 제가 파산선고를 받게 되면 이러한 보험도 파산관재인에 의해 해약처리가 되는지 궁금합니다. 저는 생활고로 담배를 많이 피운 탓에 폐가 좋지 않기 때문에 파산선고를 받더라도 위 보험은 계속 유지하고 싶습니다. 그것이 가능한지 박사님께 고견을 듣고 싶습니다.

답 파산을 신청한 채무자에게 일정한 재산이 있는 경우에는, 그 재산으로 파산절차 비용도 충당하기에 부족한 경우를 제외하고는, 파산관재인이 선임되어 이를 환가한 후 채권자들에게 배당을 해주게 됩니다. 다만 통합도산법상 파산채무자의 재산 중 압류금지재산에 대해서는 채권자들에게 배당되지 않고 파산채무자가 계속 보유할 수 있게 됩니다(383조 1항).

귀하의 문의는 파산선고와 보험계약의 강제해지 여부와 관련된 것 같습니다. 그런데 보험은 일부를 제외하고는 압류금지재산에 포함되어 있지 않으며 따라서 파산관재인은 이를 환가해서 채권자들에게 배당할 수 있고 그 환가를 위해 보험계약도 해지할 수 있습니다(335조 1항). 이에 파산신청시에는 채무자로 하여금 진술서의 재산목록란에 채무자가 가입한 보험의 해약환급금 예상액을 기재하도록 하고 있고(만약 보험해약환급금 예상액이 없을 경우에는 '없음'이라고 기재하고, 없다는 사실에 대한 보험회사의 증명서를 첨부해야 함), 그에 대한 증명서를 보험회사로부터 발급받아 첨부하도록 하고 있습니다.

다만, 다음과 같은 보험의 경우에는 채무자가 파산신청을 하더라도 예외적으로 해지되지 않고 그대로 유지될 것으로 보입니다.

첫째, 법률에 의해 보험가입이 강제되어 있거나 압류금지재산에 해당하는 보험인 경우, 예컨대, 국민건강보험, 자동차책임보험, 국민연금보험 등의 경우에는 보험계약이 해지되지 않을 것으로 보입니다.

둘째, 생명, 상해, 질병, 사고 등을 원인으로 채무자가 지급받는 보장성보험의 보험금(해약환급 및 만기환급금 포함) 중 의료실비보험금(즉, 진료비·치료비·수술비·입원비·약제비 등 치료 및 장애 회복을 위해 실제 지출되는 비용을 보장하기 위한 보험금)은 전액 압류가 금지되어 있고(민사집행법 시행령 6조 1항 2호 가목), 그밖의 보장성보험에 대해서도 채권자나 파산관재인 등에 의한 강제해지환급금도 전액 압류금지의 대상으로 되어 있으므로(민사집행법 시행령 6조 1항 3호 가목) 보장성보험, 특히 의료실손보험에 대해서는 법원 및 파산관재인의 재량에 따라 강제해지당하지 않고 그대로 유지될 것으로 보입니다(383조 1항, 민사집행법 246조 1항 7호). 다만 해약환급금이 다소 많은 경우에는 일반 민사절차와 달리 탄력적으로 운영되는 도산절차의 특성상 강제해약이 우려될 수 있는데, 이러한 경우에는 면제재산신청(383조 2항 2호, 시행령 16조 2항)을 통하여 1,110만원까지 파산재단에의 편입에서 면제될 수 있도록 하는 조치를 취해 놓는 것이 현명한 방법 중 하나일 것으로 보입니다.

셋째, 채무자가 가입해 놓은 보험이 소멸성 보험이어서 해약환급금 예상액이 없고, 이에 대한 보험회사의 '해약환급금 예상액 없음'의 증명서가 제출된 경우에는 보험계약 해지의 실익이 없기 때문에 보험계약이 해지되지 않을 것으로 보입니다.

넷째, 보험을 포함한 채무자의 모든 재산을 환가하더라도 파산절차 비용조차 충당하기에 부족한 경우에는 법원은 파산선고와 동시에 파산폐지결정을 하게 되는데(317조), 이러한 경우에는 파산관재인이 선임되어 채무자의 재산을 환가하고 채권자들에게 배당하는 절차가 생략되기 때문에 보험계약은 해지되지 않고 그대로 유지될 수 있을 것으로 보입니다.

따라서 귀하의 사안을 살펴보면, 귀하께서는 빚만 있고 별다른 재산이 없다고 보이므로 파산신청을 하게 되면 파산선고 및 동시폐지결정이 내려질 것으로 보이고, 그렇지 않는 경우라고 하더라도 귀하의 보험은 압류금지대상 보험 내지 소멸성 보험에 해당되어 귀하에 대한 파산선고에 불구하고 위 암보험은 해지되지 않고 유지될 것으로 보이나, 해약환급금이 많아 불안하다면 면제재산신청 기간 내에 면제재산신청을 해놓음으로써 파산재단에의 편입에서 면제받을 수 있도록 하는 조치를 취해 놓는 것이 현명할 것으로 보입니다.

[사례 4] 부부 또는 가족 동시파산이 가능한지?

문 저는 여기 저기 사업에 손을 대다가 실패하여 완전히 빈털터리가 되었고, 제 부인도 제가 은행에서 대출받은데 대하여 보증인으로 되어 있어 보증빚에서 헤어나지 못하고 있습니다. 어차피 저희 부부는 둘 다 파산신청을 해야 하는데, 부부동시파산신청이 가능한지 여부를 알고 싶으며, 또한 한 장의 신청서에 부부의 동시파산신청서를 작성해서 제출해도 되는지 여부도 알고 싶습니다.

답 부부 모두 파산지경에 이르렀다니 안타까운 일입니다. 비단 귀하의 경우뿐만 아니라 가족 중에 파산지경에 이른 채무자가 한 명이라도 있게 되면 그에 대한 보증관계로 인해 온 가족이 파산신청의 문을 두드려야 하는 경우가 많습니다.

결론적으로 말하면 부부동시파산[219] 또는 가족동시파산신청도 가능합니다. 다만, 부부나 가족이라도 각 채무자별로 재산의 상태, 부채의 상태, 채권자의 수, 채권의 종류(주채무 또는 보증채무)가 다르고, 심문여부나 파산선고 여부도 각각 다를 수 있으므로 파산신청서는 채무자별로 각각 작성해서 제출해야 합니다.

이와 같이 각각 작성한 파산신청서는 동시에 제출할 수 있으며, 이때에 부전지를 붙여 부부동시파산 또는 가족동시파산의 취지를 알리게 되면 접수담당 직원이 동일한 재판부에 배당을 해줄 것으로 사료되고, 또한 판사도 면책결정을 함에 있어서 이러한 사정을 반영할 것으로 보입니다.

따라서 귀하 부부께서는 각각 개별적으로 개인파산신청서를 작성하되, 이를 동시에 제출하면서 부전지로 부부동시파산신청임을 고지해 두면, 나중에 파산심문이나 면책심문시 이를 감안하여 보다 쉽게 파산 및 면책결정이 이루어질 수 있을 것으로 보입니다.

219) 이러한 부부동시파산제도는 부부가 동시에 파산을 신청할 수 있다는 것을 말하는 것으로서, 이는 동일절차 내에서 부부에 대하여 동시에 파산절차를 진행할 수 있다는 것을 말하는 부부공동파산제도와 구별되는 것이며, 부부동시파산이 허용되는 것과 달리 부부공동파산은 파산절차의 성질상 부적합하게 됩니다.

[사례 5] 임대인이 파산선고를 받으면 임대차계약이 해지되어 주택에서 나와야 되는지?

문 저는 임대인 갑(甲) 소유의 조치원 소재 단독주택에 임차보증금 5,000만원, 기간 2년으로 하는 임대차계약을 체결하고 입주하여 살고 있던 중 甲이 사업에 실패하여 많은 채무를 지게 되었고 조만간 파산선고를 신청하려 한다고 합니다. 저는 아직도 기간이 1년이나 남아 있어 다른 곳으로 이사하고 싶지 않은데, 임대인이 파산선고를 받더라도 제가 쫓겨나지 않고 살 수 있는지 알고 싶습니다.

답 귀하께서 참으로 고민이 많겠습니다. 주택임대차보호법이나 민법에는 파산으로 인한 임대차계약의 해지여부에 관하여 임차인이 파산선고를 받은 경우에는 임대인 또는 파산관재인이 임대차계약을 해지할 수 있도록 규정하고 있는 반면(민법 637조), 임대인이 파산선고를 받은 경우에 대하여는 이를 임대차계약의 해지사유로 규정하고 있지 않습니다. 따라서 귀하께서는 임대인이 파산선고를 받는다고 하더라도 임대차계약을 해지당하지 않고 거주할 수 있을 것으로 보입니다. 다만, 파산하게 될 임대인의 위 주택은 파산재단에 편입될 것이고, 이후 파산관재인의 환가절차를 거쳐 채권들에게 배당이 이루어질 것인데, 이 파산재단에 속한 각 재산의 환가방법은 민사집행법에 의한 경매에 의하거나 법원의 허가에 의한 매도 등의 방법에 의하도록 하고 있습니다(496조).

따라서 위 단독주택이 경매절차로 제3자에게 그 소유권이 넘어가게 되면 주택임대차의 일반원리에 따라 귀하께서 최선순위의 대항력을 갖춘 임차인(즉, 가압류나 저당권 등이 하나도 설정되어 있지 않은 상태에서 주민등록을 하고 입주한 경우)이라면 임대차기간이 만료되고 임대차보증금을 모두 반환받을 수 있을 때까지 버티고 살 수 있을 것이지만, 그렇지 않은 경우에는 귀하께서 대항요건이나 확정일자를 구비하고 있느냐의 여부에 따라 임대차보증금에 대해서는 우선변제권이나 최우선변제권을 인정받을 수 있을 것이지만(415조 1항, 2항), 거주와 관련해서는 임대차기간 만료 전에 쫓겨날 소지도 있을 것으로 보이니, 잘 살펴보고 계약을 체결하시기 바랍니다.

[사례 6] 임차인이 파산선고를 받으면 보증금을 하나도 건지지 못하고 나와야 되는지?

문 저는 임대인 갑(甲) 소유의 대구 소재 아파트에 임대차보증금 5,500만원, 월세 50만원, 기간 2년으로 하는 임대차계약을 체결하고 입주하여 살고 있던 중 사업에 실패하여 카드빚, 은행빚 등의 많은 빚을 짊어지게 되었고, 따라서 조만간 파산신청을 하려고 합니다. 그런데, 저는 최근 직장 대출 문제로 직장이 있는 타지역으로 주민등록을 옮긴 사실이 있습니다. 위 임대차보증금은 저의 전 재산이나 마찬가지인데, 제가 파산선고를 받게 되면 위 임대차보증금은 고스란히 채권자들에게 배당되고 저는 그 아파트에서 빈손으로 나와야 하는지 아니면 일부라도 돌려받을 수 있는지 막막하여 박사님께 문의드리게 된 것입니다.

답 임대차보증금이 유일한 재산이라고 하는데, 파산선고를 받아 이러한 임대차보증금마저 모두 채권자들에게 배당이 된다면 생활이 말이 아닐 것입니다. 이러한 경우를 대비하여 통합파산법이 시행되는 2006년 4월 1일부터는 개인채무자가 파산신청을 한 경우에 개인채무자는 파산선고의 전후를 불문하고 법원에 임대차보증금중 일정액에 대하여 이를 파산재단의 편입대상에서 면제해 줄 것을 신청할 수 있고, 이에 대하여 법원이 면제재산결정을 해 주면 주택임대차보호법 제8조에 의한 최우선변제금액의 범위 안에서 대통령령이 정하는 금액을 초과하지 않는 부분에 대하여는 파산채권자에게 배당되지 않고 개인채무자에게 지급하여 주게 됩니다(383조 2항 1호). 여기에서 대통령령으로 정한 금액이란 주택임대차보호법 시행령 제3조 제1항에서 정한 금액을 말하는데, 2022년 현재를 기준으로 본다면 주택가격의 1/2을 초과하지 않는 범위 내에서 서울은 5,000만원까지, 과밀억제권역·세종시·용인시·화성시·김포시는 4,300만원까지, 광역시(과밀억제권역 및 군지역 제외)·안산시·광주시(경기도)·파주시·이천시·평택시는 2,300만원까지, 그밖의 지역은 2,000만원까지이고, 위 ②항의 대통령령이 정하는 금액은 1,110만원입니다(통합도산법 시행령 16조).

그런데 한편 2010. 7. 23. 민사집행법의 개정으로 주택임대차보호법상 최우선변제금액(주택임대차보호법 8조 및 동법 시행령 3조) 부분이 새로이 압류금지대상으로 추가되었고(민사집행법 246조 1항 6호), 2013. 2. 13.부터는 면제재산신청의 범위도 위 주택임대차보호법상의 최우선변제금액과 일치시킴으로서 이제는 주택임대차보호법상 최우선변제금액 부분에 대한 면제재산제도는 종전에 비하여 그 실익이 크다고 볼 수 없을 것이지만, 압류금지대상으로 되는 주택임대차보호법상 최우선변제금액은 대항요건의 구비와 임대차보증금의 액수 크기의 제한 요건을 충족해야만 보장된다는 점에서 이러한 대항요건이나 임대차보증금의 액수 크기의 제한 요건을 충족하지 못한 임차인에게도 인정될 수 있는 면제재산신청제도는 여전히 큰 의미가 있다고 할 수 있을 것입니다.[220)]

이에 이를 근거로 하여 귀하의 사례를 살펴보면, 귀하의 임대차보증금 5,500만원 중 면제재산을 신청할 수 있는 금액은 2,300만원 부분이고 따라서 위 부분에 대하여 면제재산을 신청할 수도 있으나 이는 동시에 압류금지대상이 되기도 하므로 주택임대차보호법상 소액임차인의 최우선변제요건을 갖춘 경우라면 굳이 면제재산을 신청할 필요도 없이 그대로 두어도 2,300만원까지는 보장받을 수 있을 것으로 보입니다. 그러나 귀하께서 최근에 주민등록을 옮겨 대항요건을 상실하였다고 하므로 압류금지대상으로서 주택임대차보호법상 최우선변제금액을 인정받을 수 없을 것으로 보이는 바, 따라서 면제재산신청을 해볼 실익이 있을 것으로 사료됩니다.

참고로 압류금지대상으로 되는 주택임대차보호법상의 최우선변제금액은 귀하의 전입신고·입주시기와 임대차주택의 등기부등본상 저당권 등의 설정시기에 따라 차이가 있습니다. 따라서 귀하의 임차주택에 저당권 등이 설정되어 있는 경우에는 해당 저장권 등 설정시점을 기준으로 하여 주택임대차보호법상의 최우선변제금액이 가변적으로 정해지는 것이라는 점을 유의하시기 바랍니다.

---

220) 서울회생법원, 제5판 개인파산·회생실무, 123p.

[사례 7] 개인채무자가 파산선고를 받으면 생계비에 해당되는 금원조차도 건질 수 없게 되는지?

문 저는 5년 전에 보증을 잘못 서 준 죄로 빚더미에 올라서게 되었습니다. 이것저것 다 해 보았지만 보증빚 때문에 도저히 아무것도 할 수 없어 부득이 파산신청을 하려고 합니다. 저에게는 유일하게 예금통장에 900만원의 현금이 있습니다. 제가 파산선고를 받으면 900만원 전액이 채권자들에게 배당되고 저에게는 남는 것이 하나도 없게 되는지 궁금합니다. 참고로 저는 가정주부인 처와 초등학교 및 중학교에 다니는 자식 2명을 부양하고 있습니다. 박사님의 고견을 듣고 싶습니다.

답 참으로 안타까운 일입니다. 귀하께서 보증을 서 주었다는 것은 귀하께서 참으로 너그러운 사람이라는 뜻입니다. 통합파산법이 시행되는 2006년 4월 1일부터는 개인채무자가 파산신청을 한 경우에 개인채무자로서는 파산선고의 전후를 불문하고 법원에 최소한의 생계비에 사용할 특정재산에 대하여는 이를 파산재단의 편입대상에서 면제해 줄 것을 신청할 수 있고, 이에 대하여 법원이 면제재산결정을 해 주면 개인채무자 및 그의 피부양자의 생활에 필요한 6개월간의 생계비에 사용할 특정한 재산으로서 대통령령이 정하는 금액을 초과하지 않는 부분은 채무자에게 돌려주게 되어 있습니다(383조 2항 2호).

여기에서 대통령령이 정하는 금액이란 최근 기준으로 1,110만원[221]을 말합니다(시행령 16조).

따라서 귀하의 사례를 살펴보면, 귀하께서는 900만원의 예금만 가지고 있고, 이는 1,110만원을 초과하지 않으므로 귀하가 파산신청을 하더라도 법원으로부터 면제재산결정을 받을 경우 귀하의 예금 900만원은 그 전액을 보장받을 수 있을 것으로 보입니다.

221) 위 금액은 초기에는 720만원 이었으나, 2013. 2. 13. 개정·시행된 「채무자 회생 및 파산에 한 법률 시행령」에 의해 900만원으로 상향조정되었고, 또다시 2019. 3. 5.부터는 1,110만원으로 상향조정되었습니다(시행령 16조 2항).

[사례 8] 주택·상가임차인이 임대차계약을 체결하고 아직 잔대금을 주지 않은 상태에서 임대인이 파산선고를 받은 경우 임대차계약이 해지되는지?

문 저는 임대인 갑(甲) 소유의 단독주택에 임차보증금 3,000만원, 기간 2년으로 하는 임대차계약을 체결한 후 계약금 300만원과 중도금 1,700만원을 지급한 상태에서 甲과 합의해 입주하여 살고 있으며, 주민등록도 하여 놓았습니다. 잔대금 1,000만원은 甲이 위 임대차주택을 기름보일러에서 심야전기로 바꾸어주면 지급하기로 약정하였습니다. 그런데, 들리는 말로는 임대인 甲이 부채가 많아 조만간 파산신청을 하려고 한다는 것입니다. 이 경우에 저는 위 임대차계약을 해지당하게 되는지 궁금합니다.

답 귀하께서 참으로 고민이 많겠습니다. 통합도산법 제335조에 의하면, "쌍무계약에 관하여 채무자 및 그 상대방이 모두 파산선고 당시 아직 이행을 완료하지 않은 때에는 파산관재인은 계약을 해제 또는 해지하거나 채무자의 채무를 이행하고 상대방의 채무이행을 청구할 수 있으며, 이 경우에 상대방은 파산관재인에 대하여 상당한 기간을 정하여 그 기간 안에 계약의 해제 또는 해지나 이행여부를 확답할 것을 최고할 수 있고, 파산관재인이 그 기간 안에 확답을 하지 않은 때에는 계약을 해제 또는 해지한 것으로 본다."라고 규정하고 있는 반면, 통합도산법 제340조 제4항에서는 "임대인이 파산선고를 받은 경우에 임차인이 주택임대차보호법 제3조 제1항의 대항력을 갖춘 때 또는 상가건물임대차보호법 제3조의 대항요건을 갖춘 때에는 위 제335조의 규정을 적용하지 않는다."라고 규정하고 있습니다.

따라서 귀하의 사안을 살펴보면, 귀하께서는 이미 주택임대차보호법 제3조의 대항요건, 즉 주민등록과 주택의 인도라는 요건을 갖추고 있다고 하므로 설령 귀하께서 아직 잔대금을 납부하지 않았다고 하더라도 파산관재인에 의해 일방적으로 주택임대차계약이 해지당하지는 않을 것으로 보이며, 이후의 절차는 일반 주택임대차보호법 및 민법의 원리에 의해 규율될 것으로 보입니다.

[사례 9] 개인채무자가 사치를 많이 하여 진 빚 때문에 파산신청을 한 경우에도 면책결정을 받을 수 있는지?

문 저는 평소 씀씀이가 크고 사치기질이 있어 여러 개의 카드를 발급받아 여기저기 쓰다 보니 카드 빚을 많이 지게 되었고, 불쌍한 사람을 보면 참지를 못하고 있는 돈 없는 돈 다 주어버린 통에 개인 빚도 많이 지게 되었습니다. 이제는 이것도 한계에 다다르게 되었고 부득이 파산신청을 하는 수밖에 달리 방법이 없게 되었습니다. 저와 같은 경우에도 파산신청과 면책신청을 하게 되면 채무를 면제받을 수 있는지 궁금합니다.

답 참으로 안타깝군요. 귀하는 참으로 좋으신 분 같기는 한데, 자기 관리를 소홀히 하지 않았나 하는 생각이 듭니다. 개인파산의 주된 목적은 채무를 면제받는데 있으며 이러한 채무를 면제받기 위한 전제로 파산신청을 하는 것인데, 이러한 면책과 관련하여 통합도산법에서는 그 제564조(면책허가)를 두어 제1항 각호(①~⑥호)에 규정된 6가지의 면책불허가사유에 해당되지 않으면 원칙적으로 면책을 허가해 주도록 규정하고 있습니다. 따라서 파산신청을 하려는 개인채무자는 항시 이러한 6가지의 면책불허가사유에 해당되는지 여부를 염두에 두고 파산신청을 하더라도 해야 하는 것입니다. 그런데 위 법 제564조 1항에서는 면책불허가사유의 하나로 채무자가 과다한 낭비·도박 그밖의 사행행위를 하여 현저히 재산을 감소시키거나 과대한 채무를 부담한 사실이 있는 때를 규정(⑥호)하고 있습니다.

따라서 귀하께서 파산신청을 할 경우에는 귀하의 사치성으로 인한 채무 증대사실이 노출될 게 뻔하므로 귀하께서 면책결정을 받기는 그리 쉬워 보이지 않습니다. 다만 귀하께서 굳이 파산신청을 하여 면책결정을 받으려 한다면 파산 및 면책신청서의 진술서를 작성할 때에 이러한 사치성으로 인한 채무증대 사실을 부각시키지 말고 불쌍한 사람이나 단체를 도와주려는 자비심의 발로에서 앞뒤 안 가리고 쓰다 보니 피치 못하게 채무가 늘어나게 되었다는 점을 보다 크게 부각시켜야 할 것으로 보입니다.

[사례 10] 개인파산자가 면책결정을 받으면 그의 보증인도 책임을 면하게 되는지?

문 저는 수입 오퍼상을 하기 위해 은행으로부터 3억원을 대출받으면서 저와 친한 친구인 갑(甲)을 연대보증인으로 세웠습니다. 처음에는 사업이 아주 잘되었으나 해외경기가 침체되면서 빚을 많이 지게 되었고 급기야는 파산직전에 이르게 되었습니다. 저와 비슷한 사업을 하고 있는 보증인 甲도 사업이 잘 안되는지 여기 저기 카드빚이 많은 것 같습니다. 저는 부득이 파산 및 면책신청으로 면책결정을 받아 다시 한 번 재기를 하고 싶은데, 제가 면책결정을 받으면 저에게 연대보증을 서준 甲도 그 보증채무에서 벗어나는지 알고 싶습니다. 만약 甲이 면책되지 않는다면 저의 면책신청은 그리 큰 의미가 있지는 않습니다. 박사님의 고견을 듣고 싶습니다.

답 개인파산자가 면책결정을 받게 되면 파산채권자에 대한 채무는 거의 전부 그 책임을 면제받게 됩니다. 다만, 개인파산자가 이러한 면책결정을 받았다고 하더라도 개인파산자의 보증인, 기타 개인파산자와 더불어 채무를 부담하는 자(예, 연대채무자 등) 또는 파산채권자를 위해 제공된 담보(물상보증)에 대하여는 그 영향을 미치지 아니합니다(통합도산법 567조). 즉, 개인파산자의 보증인은 개인파산자의 면책결정여부와 상관없이 자신의 보증채무를 이행해야 하는 것입니다. 다시 말하면, 파산채권자는 파산채무자가 면책허가결정을 받음으로써 해당 파산채무자에 대하여는 그 채무이행을 강제할 수 없게 되지만, 파산채무자에 대하여 보증을 서 준 사람이나 연대채무자, 또는 담보를 제공한 자(예, 저당권설정자)에 대하여는 민사소송이나 가압류·가처분 또는 강제집행을 실시할 수 있는 것입니다.

따라서 귀하께서 파산 및 면책신청을 하여 면책결정을 받는다고 하더라도 甲의 연대보증인으로서의 책임은 소멸되지 않으며, 甲으로서는 귀하가 파산채권자에게 진 빚을 고스란히 변제해야 하는 것입니다. 구태여 연대보증인인 甲이 그 책임에서 벗어나려면 甲도 여기 저기 빚이 많다고 하므로 甲으로 하여금 파산신청과 면책신청절차를 밟도록 하여 법원의 면책결정 여부에 따라 채무를 면제받도록 해야 할 것으로 보입니다.

[사례 11] 개인파산자가 면책결정을 받으면 조세채무도 면책을 받게 되는지?

문 저는 한 때 부동산에 손을 대어 많은 돈을 주무르는 적이 있었고 재미도 많이 보았습니다. 그런데 정부의 부동산투기억제정책으로 인하여 부동산거래가 뚝 끊기는가 싶더니 부동산경기가 죽는 바람에 양도소득세 등 세금만 몽땅 부담하게 되었고, 여기저기 끌어다 쓴 돈도 많고 하여 부득이 파산신청을 하려고 합니다. 제가 만약 파산신청을 하여 면책결정을 받게 되면 이러한 세금도 면책받을 수 있는지 알고 싶습니다. 박사님의 고견을 듣고 싶습니다.

답 개인파산자가 면책결정을 받게 되면 파산채권자에 대한 거의 대부분의 채무를 변제할 필요가 없으며 그 책임을 면제받게 됩니다. 그러나 개인파산자가 아무리 면책결정을 받았다고 하더라도 그 책임이 면제되지 않고 변제해야 하는 채무가 있습니다. 즉, ① 조세, ② 벌금·과료·형사소송비용·추징금 및 과태료, ③ 채무자가 고의로 가한 불법행위로 인한 손해배상, ④ 채무자가 중대한 과실로 타인의 생명 또는 신체를 침해한 불법행위로 인하여 발생한 손해배상, ⑤ 채무자의 근로자의 임금·퇴직금 및 재해보상금, ⑥ 채무자의 근로자의 임치금 및 신원보증금, ⑦ 채무자가 악의로 채권자목록에 기재하지 않은 청구권(단, 채권자가 파산선고가 있음을 안 때에는 예외), ⑧ 채무자가 양육자 또는 부양의무자로서 부담해야 하는 비용 등이 그것입니다(566조).

따라서 귀하께서 아무리 면책결정을 받았다고 하더라도 귀하에게 부과된 세금에 대하여는 면책되지 않기 때문에 변제해야 할 것으로 보입니다.

[사례 12] 개인채무자의 채무가 소액인 경우에도 파산 및 면책결정을 받을 수 있는지?

문 저는 이것저것 물건을 사느라고 3군데의 카드빚이 1,000만원 정도 됩니다. 저는 현재 몸도 아프고 하여 직장에 취직하거나 아르바이트 하기도 힘들어 파산신청을 하고자 합니다. 이러한 소액의 경우에도 파산신청을 하여 면책결정을 받을 수 있는지 알고 싶습니다.

답 개인파산신청은 개인채무자가 카드사용이나 은행대출, 사채, 보증 등 그 사유를 불문하고 현재 지급불능상태에 있거나 지급정지상태인 경우에 할 수 있으며, 개인채무자가 신용불량자(연체자)이든 신용불량자가 아니든 신청할 수 있고, 채무금액의 많고 적음에 상관없이 신청할 수 있습니다.

그러나 부채총액이 소액인 경우에는 채무자가 현재 생활보호대상자이거나 장애인 또는 질병 등으로 당분간 수입을 기대할 수 없는 예외적인 경우가 아니면 지급불능상태라 할 수 없어 파산신청의 사유가 될 수 없다고 사료됩니다. 또한 1,000만원이라는 돈은 열심히 벌면 금방 모아질 수 있는 돈이기 때문에 이러한 소액 때문에 파산신청을 하는 것은 그리 바람직하다고 보이지 않습니다.

따라서 나이가 젊고 정상적인 생활이 가능한 경우라면 향후 취업이 이루어진 뒤에 개인회생제도를 활용하거나 신용회복지원제도 등을 이용하는 것이 현명하다고 보입니다. 다만, 귀하께서 장애인이거나 연로하여 향후 정상적인 소득생활을 기대할 수 없는 경우라면 그러한 사유를 잘 소명하여 개인파산신청을 해볼 소지는 있겠습니다.

[사례 13] 채무자가 파산신청을 하게 되면 저당권자라도 채무자의 부동산을 경매시킬 수 없게 되는지?

문 저는 사업상 알게 된 갑(甲)이 돈이 급하게 필요하다며 돈을 빌려달라고 하기에 5,000만원을 대여해 주면서 甲소유의 주택에 저당권을 설정해 놓은 사실이 있습니다. 그런데 甲은 사업에 실패하여 조만간 파산신청을 하려고 한다고 합니다. 만약 甲이 파산하게 되면 저의 채권은 비록 저당권을 설정해 놓았다 하더라도 파산재단에 편입되어 함부로 경매도 시킬 수 없게 되고 따라서 채권회수도 마음대로 할 수 없게 되는지 알고 싶습니다. 박사님의 고견을 듣고 싶습니다.

답 파산재단에 속하는 재산상에 존재하는 유치권·질권·저당권 또는 전세권을 가진 자를 별제권자라고 하는데, 이러한 별제권자는 그 목적인 재산에 관하여 파산절차와는 무관하게 그 권리를 행사할 수 있습니다(411조). 다만, 파산관재인은 민사집행법에 의해 별제권의 목적인 재산을 환가할 수 있는데, 이에 대하여는 별제권자라도 거절할 수 없게 됩니다(497조 1항). 또한 별제권자는 피담보채권액이 피담보재산의 가액보다 큼으로 인하여 별제권의 행사에 의해도 변제받을 수 없는 채권액이 있는 경우에는 그 채권액에 대하여 파산채권자로서 권리를 행사할 수 있습니다(413조).

따라서 귀하의 사례를 살펴보면, 귀하께서는 비록 甲이 파산선고를 받는다고 하더라도 저당권에 기하여 甲의 주택을 경매시킬 수 있을 것으로 보입니다. 다만, 귀하께서 이러한 저당권을 실행하지 않거나 피담보채권의 변제기가 도래하지 않는 등으로 저당권을 실행할 수 없는 사이에 파산관재인이 경매 등 민사집행법상의 환가절차를 밟은 경우에는 귀하께서 이를 거절할 수 없을 것이며, 피담보채권이 확정되지 않는 등으로 귀하께서 받을 금액이 확정되지 않은 경우에는 파산관재인이 그 환가대금을 따로 임치해 둘 것으로 보입니다(497조 2항).

[사례 14] 개인파산신청을 하게 되면 다른 가족에게 어떠한 피해가 가게 되는지?

문 저는 현재 50대 후반으로서 취직을 눈앞에 두고 있는 아들, 딸들이 있는데, 제가 한 때 큰 사업을 벌이다 부도가 발생하여 평생 빚에 얽매어 아무것도 할 수 없기에 부득이 파산신청을 하려고 합니다. 그런데 불안한 것은 제가 파산신청을 하게 되면 이러한 자식들에게 어떠한 불이익이 돌아갈까 보아 함부로 파산신청을 하지 못하고 있습니다. 박사님의 고견을 듣고 싶습니다.

답 개인채무자가 파산선고를 받고 그것이 확정되면 파산자가 되는 것이며, 법원은 이러한 사실을 파산자의 본적지 시·구·읍·면장에게 통지하게 되며, 이에 따라 신원증명서를 요구하는 직장이나 금융기관 등에 제공됨으로써 취직이나 금융거래에 있어 불이익이 따르게 되는 경우가 있습니다(동·읍사무소에서는 관리하지 않음).[222] 다만 이러한 파산자의 기록은 신원증명회보시에만 제출될 뿐 가족관계증명서나 주민등록부에 기재되어 발급되지는 않습니다. 또한 파산자가 되면 면책결정이 나오기 전까지 일정한 직업이나 자격, 즉, 공무원, 변호사, 공인회계사, 변리사, 공증인, 부동산중개업자, 사립학교교원, 의사, 한의사, 간호사, 약사, 건축사, 후견인, 친족회원, 유언집행자, 수탁자, 합명회사·합자회사 사원, 주식회사·유한회사의 이사 등이 될 수 없는 제약이 뒤따르게 됩니다. 그러나 이러한 불이익은 파산자 개인에 국한된 제한이며 파산자의 가족에게는 어떠한 영향도 미치지 않습니다.

따라서 귀하의 자식들이 공무원이나 일반 기업체에 취직할 때에 요구되는 신원증명서에도 귀하의 파산선고사실이 기재되지는 않으며, 위에서 본 바와 같이 가족관계증명서나 주민등록등·초본에도 귀하의 파산선고사실이 기재되어 발급되지는 않습니다. 결국 귀하가 파산선고를 받는다고 하더라도 귀하의 가족에게는 어떠한 영향도 있는 것이 아니므로 안심하셔도 될 듯합니다.

---

222) 개인파산 및 면책신청사건의 처리에 관한 예규(재민 2005-1) 6조 1항.

[사례 15] 보증인이 채권자에게 변제한 경우에 면책결정을 받은 개인파산자에게 구상권을 행사할 수 있는지?

문 저는 사업상 알게 된 갑(甲)이 을(乙) 은행으로부터 대출을 받는데 대하여 보증을 서 달라고 하여 보증을 서 준 사실이 있습니다. 그런데 甲은 카드빚 등 채무가 많아 파산신청을 한 후 면책결정을 받은 사실이 있습니다. 이후 저는 乙 은행의 채무변제 독촉에 못 이겨 甲의 채무를 대신 갚아주고 대위변제확인서도 받아 두었습니다. 그래서 저는 甲에게 위 구상금 채무를 갚으라고 하였더니 甲은 면책결정을 받았으므로 변제책임이 없다고 합니다. 과연 甲의 말이 맞는지 알고 싶으며, 그렇게 되면 저는 어디에 하소연해야 하는지 알고 싶습니다.

답 개인채무자가 파산신청을 하여 면책결정을 받게 되면 개인파산자는 특별한 채무를 제외하고는 거의 모든 채무를 면제받게 됩니다. 그러나 이러한 개인파산자가 아무리 면책결정을 받았다고 하더라도 개인파산자의 보증인 기타 개인파산자와 더불어 채무를 부담하는 자(예, 연대채무자 등)의 책임이 덩달아 면제되지는 않습니다. 또한 파산채권자를 위해 제공한 담보(물상보증인)에 대하여도 영향을 미치지 않습니다(567조). 즉, 보증인은 채무자의 면책결정 여부와 상관없이 자신의 보증채무를 이행해야 하는 것입니다.

문제는 보증인이 파산채권자에게 그 보증채무를 이행하고 나서 이를 면책결정을 받은 파산채무자에 대하여 행사할 수 있느냐는 것입니다. 그러나 보증인이 파산채무자에 대하여 가지게 되는 이러한 구상금채권도 결국 파산채권에 해당하며, 채권자일람표(채권자명부)에 기재해야 할 사항이므로 보증인은 구상금채권을 가지고 면책결정을 받은 채무자에 대하여 이를 행사할 수 없게 됩니다.

따라서 귀하께서는 귀하가 乙에게 변제함으로서 취득하게 되는 구상금 채권을 가지고 이를 파산채무자에게 법적으로 청구할 수는 없을 것으로 보이며, 甲의 감정에 호소할 수밖에 없을 것으로 보입니다. 결국 귀하께서는 아무런 대비책도 없이 보증을 서준 자신을 탓할 수밖에 없을 것으로 사료됩니다.

[사례 16] 개인채무자가 파산선고를 받았으나 면책결정을 받지 못한 경우에 파산자에서 벗어날 수 있는 방법이 있는지?

문 저는 생활고에 시달려 카드깡도 많이 하고 수시로 카드돌려막기도 하여 빚이 눈더미처럼 불어나 부득이 파산신청을 하였습니다. 그런데 법원에서는 파산선고만 내리고 면책결정을 하여 주지 않았고 결국 저는 파산자로만 남게 되었습니다. 저는 파산선고를 받은 지 5년 정도 지났습니다. 제가 파산자의 신분에서 벗어날 수 있는 방법이 있는지 문의드리고 싶습니다.

답 참으로 안타깝군요. 개인채무자가 파산신청을 하여 파산선고를 받게 되면 파산자가 됩니다. 이러한 파산자의 신분에서 벗어나려면 면책결정을 받아야 하는데, 어쩌다가 면책결정을 받지 못한 경우에는 파산자라는 멍에만 쓰게 됩니다. 따라서 파산을 신청하려는 자는 면책결정이 이루어지지 않을 경우를 대비하여 파산자의 신분에서 벗어날 수 있는 방법, 즉, 복권이 가능한 경우가 어떠어떠한 경우가 있는지를 알아 둘 필요가 있습니다. 통합도산법상 복권이 되는 경우를 살펴보면, ① 면책결정의 확정(574조 1항 1호), ② 파산채권자 등의 동의에 의한 파산폐지결정의 확정(574조 1항 2호), ③ 파산선고 후 10년이 경과한 때(단, 사기파산으로 유죄의 확정판결을 받은 때에는 제외, 574조 1항 3호), ④ 파산선고를 받은 자가 변제 기타 방법으로 파산채권자에 대한 채무의 전부에 대하여 책임을 면한 후 법원에 신청하여 법원으로부터 복권결정을 받은 때(575조 1항) 등입니다.

따라서 귀하께서는 파산선고를 받은 후 5년이 지났다고 하므로 앞으로 5년만 더 경과되면 복권이 이루어질 것이고 따라서 파산자라는 꼬리표도 떨어질 것으로 사료됩니다.

[사례 17] 채무자가 실수로 채권자목록에 기재하지 않아 누락된 채무에 대해서도 면책을 주장할 수 있는지?

문 저는 여기 저기 사업도 많이 하고, 개인 빚보증도 하도 많이 서 준 탓에 빚을 많이 지게 되었고, 부득이 파산신청을 하게 되었습니다. 그런데, 저의 이런 난잡한 생활 때문에 채권자들이 하도 많아 그 파악도 제대로 하지 못하였고 따라서 채권자목록에 미처 기재하지 못한 경우도 있을 것 같습니다. 들리는 말로는 채권자목록에 기재하지 않은 채권에 대하여는 제가 설령 채권자목록상의 채권에 대하여는 면책결정을 받았다고 하더라도 누락된 채권에 대하여는 면책의 효력을 주장할 수 없다고 하는데, 과연 그러한지 알고 싶습니다.

답 파산신청서에 첨부하게 되어 있는 채권자목록에 대하여는 그 기재 사항을 한 가지라도 기재하지 않았거나 허위 또는 부정확하게 기재한 경우에는 파산·면책절차가 지연되거나 면책결정을 받지 못할 수도 있으므로 채무자로서는 자신이 알고 있는 채권자를 누락시키는 일이 없도록 세심하게 작성하여야 합니다. 여기의 채권자에는 보증인도 포함됩니다. 또한 채무자가 악의로 채권자목록에 채권을 기재하지 않으면 설령 면책허가결정을 받았다고 하더라도 면책의 효력이 미치지 않게 됩니다(566조 7호 본문). 다만, 채권자목록에 기재되어 있지 않은 채권자가 채무자의 파산선고 사실을 알았을 경우에는 설령 채무자가 악의로 채권자목록에 기재하지 않았다고 하더라도 면책의 효력을 주장할 수 있습니다(566조 7호 단서). 이는 파산선고 후 면책과정에서 해당 누락된 채권자가 이의를 제기하는 등 그 구제절차가 마련되어 있기 때문일 것입니다.

여기에서 악의로 채권을 기재하지 않은 경우란 채무자가 어떤 식으로든 채권의 존재를 알고 있음에도 불구하고 채권자목록에 기재하지 않은 경우를 의미합니다. 따라서 채무자로서는 파산신청서를 작성할 경우 기왕에 알고 있는 채권자를 누락시키는 일이 없도록 해야 하고, 파산신청서 제출 후에 실수로 누락시킨 채권자를 발견한 경우에는 면책결정 전에 채권자목록을 수정하여 제출하거나 파산선고 받은 사실을 내용증명 등을 통하여 그 누락된 채권자에게 알려 주어야만 누락채권에 대한 면책을 받을 수 있을 것입니다. 이와 같이 채무자가 알고 있는 채권을 채권자목록에 기재하지 않을 경우에 면책을 받지 못하는 것이므로, 채무자가 도저히 알 수 없었던 채권, 예컨대 인감을 도용당하거나 명의를 도용당하는 등으로 그 채권의 존재 사실을 알지 못한 경우에는 설령 채권자목록에 이를 기재하지 않았다고 하더라도 면책의 효력을 받을 수 있을 것입니다.

문제는 채권의 존재 사실을 과실로 알지 못한 경우 또는 채권의 존재 사실을 알았지만 과실로 채권자목록에 기재하지 않은 경우일 것입니다.

먼저 채무자가 채권의 존재 사실을 알지 못한 경우에 관하여 살펴보면, 판례는 "파산자가 악의로 채권자명부에 기재하지 않은 청구권이라 함은 파산자가 면책결정 이전에 채권의 존재 사실을 알면서도 이를 채권자명부에 기재하지 않은 경우를 뜻하므로, 채권자명부에 기재하지 않은 데에 과실이 있는지 여부를 불문하고 파산자가 채권의 존재 사실을 알지 못한 때에는 여기에 해당하지 않는다."라고 하고 있고(대판 2007.1.11. 2005다76500, 2010.10.14. 2010다49083), 또한 위 판례는 "대출채권의 존재를 알지 못한 데에 과실이 있는 경우"를 전제로 하고 있음에 비추어 채권의 존재 사실을 알지 못한 경우에는 설령 그 모른데 대하여 과실이 있는 경우라도 면책이 된다는 해석이 가능합니다.

따라서 면책절차가 종료된 후 누락된 채권이 있는 경우에도 채무자가 그 존재 사실을 과실로 알지 못하여 채권자목록에 기재하지 않은 경우에는 책임부존재확인의 소(면책확인의 소) 또는 청구이의의 소(원고의 채권이 판결에 의해 확정된 경우)를 제기하거나 누락채권자가 제기한 이행청구의 소에서 항변하는 등으로 면책주장을 해볼 소지가 있다 할 것입니다.

다음으로 채무자가 채권의 존재 사실을 알았지만 과실로 채권자목록에 기재하지 않은 경우에 관하여 살펴보면, 판례는 "채무자가 채무의 존재를 알고 있었다면 과실로 채권자목록에 이를 기재하지 못하였다 하더라도 면책채권에 해당하지 않는다."라고 판시하고 있습니다(대판 2010.10.14. 2010다49083). 따라서, 채권자가 개인채무자에 대하여 납부고지서나 독촉장 또는 내용증명을 보내는 등으로 미리 채권의 존재나 채권자인 사실을 알린 사실이 있고 이러한 사실이 입증된 경우에는 누락채권에 대한 면책을 받을 수 없을 것이므로 채무자로서는 알고 있는 채권자를 채권자목록에 기재하지 않는 실수를 범해서는 안될 것입니다.

요컨대, 귀하께서는 귀하가 알고 있는 채권자와 귀하에게 송달된 납부고지서, 독촉장, 내용증명서 등을 샅샅이 뒤져 채권자목록에 채권자의 기재를 누락시키는 일이 없도록 해야 할 것이고, 또한 채권자를 알기는 하나 그 주소를 알지 못한 경우 또는 채권자의 성명을 잘 알지 못하여 특정하기 힘든 경우에도 해당 채권자를 채권자목록에 기재한 후 그 사유를 간단히 기재하거나 별지를 사용하여 채권자의 주소를 찾지 못하거나 특정하지 못한 이유 및 이를 위한 노력 등을 진술서 형식으로 첨부해 놓음으로써 공고에 의한 송달로 갈음할 수 있도록 하는 조치를 취해 놓을 필요가 있다고 보입니다.

그리고 귀하께서 최선을 다하여 채권자를 찾았으나 일부 채권자에 대한 존재를 알지 못하여 채권자목록에 기재하지 못한 경우에는 면책의 효력을 주장해볼 수 있을 것으로 보이고, 또한 귀하께서 고의로 채권자목록에 채권자를 기재하지 않았지만 귀하의 파산선고 사실을 전화 통화나 직접 대화 또는 제3자를 통하여 채권자에게 알렸는데도 해당 채권자가 방치하고 있는 사이에 면책허가결정이 확정되었다면 역시 그 사실을 입증하여 면책의 효력을 주장해볼 수 있을 것으로 보입니다.

참고로 누락된 채권에 대한 면책주장의 방법은 판결 등 집행권원이 있는 채권에 대해서는 청구이의의 소의 방법으로, 그밖의 경우에는 면책확인의 소 또는 책임부존재확인의 소의 방법으로 주장이 가능할 것입니다.

[사례 18] 파산선고를 받게 되면 영업허가가 취소되는지 여부와 다른 사업자등록을 낼 수 없게 되는지?

문 저의 남편은 현재 조그마한 직장에 다니다가 개인보증을 잘못 서 주어 많은 빚을 지게 되었고, 따라서 채권자들의 등쌀에 못 이겨 부득이 파산신청을 하려고 합니다. 목구멍이 포도청이라 향후 파산선고를 받을 경우라도 먹고는 살아야 하기 때문에 저의 남편은 파산신청을 하고 나서 바로 전기사업을 하려고 합니다. 그런데, 들리는 말로는 파산선고를 받게 되면 사업자등록을 낼 수 없다고 하는데 과연 그러한지 알고 싶습니다.

답 개인이 파산신청을 하여 파산결정이 나오게 되면 파산자가 되는데, 이러한 파산자는 면책결정이 나오기 전까지는 일정한 직업을 갖지 못하거나 일정한 사업에 종사할 수 없게 됩니다. 파산자가 가질 수 없는 직업으로는 약 150여개의 직업이 있고, 파산자가 종사할 수 없는 사업으로는 약 100여개의 사업이 있습니다. 이러한 직업상 또는 사업상의 제한은 통합도산법상의 제한이 아니며 개별 법령상으로 파산자에 대한 직업상 또는 사업상의 자격제한을 규정하고 있는 바에 따른 제한입니다. 즉, 해당 직업이나 업종에 대하여 규율하고 있는 개별 법령에서 파산자가 일정한 직업을 가질 수 없도록 규정하고 있거나 사업허가를 받을 수 없도록 규정되어 있는 경우에는 그러한 직업이나 사업을 가질 수 없는 것입니다.

귀하의 사안을 살펴보건대, 귀하의 남편께서 하고자 하는 업종이 전기사업이고 이를 규율하고 있는 법이 전기사업법인데, 전기사업법 제8조에는 파산선고를 받고 복권되지 않은 자는 전기사업의 허가를 받을 수 없도록 규정하고 있습니다(전기사업법 8조 2호). 따라서 귀하의 남편께서 파산선고를 받은 후 면책결정을 받기 전까지는 이러한 전기사업허가를 받을 수 없을 것으로 사료됩니다. 다만, 귀하의 남편께서는 위 전기사업허가를 받아 사업자등록을 한 자에게 고용되어 근로자로서 전기기술 업무에 종사할 수는 있을 것으로 보입니다.

참고로 파산선고를 받게 되면 법원에서는 파산선고가 일정한 자격이나 사업자등록의 임의적 또는 필수적 등록취소 사유로 되어 있는 경우에는 해당 주무관청[223]에 통지를 하게 되며, 따라서 파산자가 종사할 수 없는 사업자등록을 가지고 있는 경우에는 해당 사업자등록이 취소될 소지도 있을 것으로 보입니다.

---

223) 여기에서 주무관청이란 변호사는 대한변호사협회, 변리사는 특허청장, 공인회계사는 금융위원회, 법무사는 대한법무사협회, 세무사는 기획재정부장관 등을 말합니다.

[사례 19] 파산신청부터 면책결정까지 얼마나 많은 시간이 소요되는지?

문 저는 조그마한 사업을 하다가 무리하게 많은 카드빚과 사채를 쓴 탓에 빚더미에 올라서게 되었고, 따라서 새 삶을 찾기 위해 부득이 파산신청을 하려고 합니다. 저는 하루라도 빨리 파산의 수렁에서 빠져 나오고 싶은데, 그 기간이 얼마나 걸리게 되는지 박사님의 고견을 듣고 싶습니다.

답 개인파산 및 면책절차는 파산 및 면책신청서 접수, 재판부의 기록검토, 파산심문, 파산선고 및 동시폐지결정, 면책심문, 면책허가결정 등의 일련의 과정을 거치게 됩니다. 통상 이러한 절차가 특별한 막힘이 없이 이루어진다면 이론적으로는 채무자가 파산신청시부터 면책여부에 대한 결정을 받기까지 약 4.5개월~6개월 정도만 소요되도록 하는 것을 목표로 하고 있습니다(개인파산 및 면책신청사건의 처리에 관한 예규, 재민 2005-1). 그러나 파산신청서·면책신청서 또는 첨부서류에 대한 보정여부, 파산심문 또는 면책심문을 여느냐의 여부, 파산신청과 면책신청의 동시신청 또는 이시신청의 여부 등에 따라 그 소요기간은 이론상의 소요기간인 위 기간보다 훨씬 더 오래 걸릴 수도 있는 것입니다. 따라서 하루라도 빨리 파산선고 및 면책결정을 받으려면 보정명령이 나오지 않도록 파산신청 및 면책신청서를 완벽히 작성하여 제출해야 할 것이고, 재판부가 심문기일을 열지 않고 서류검토만으로도 충분히 파산선고 및 면책결정을 할 수 있도록 첨부서류들을 빠뜨리지 않고 애매한 부분이 없도록 해야 할 것입니다. 한편 2012. 2월부터는 원칙적으로 모든 개인파산사건에서 파산관재인을 선임하도록 하는 '새로운 개인파산절차'가 시행되고 있는데, 이 절차에 의하면 파산접수부터 면책까지 3개월의 최단기간에 처리될 수 있도록 하는 것을 목표로 하고 있다고는 하지만 오히려 종전보다 늦어지는 경향이 있으며, 실무상으로는 사건의 복잡성이나 이해관계인의 수 또는 환가재산의 여부나 종류·액수 등에 따라 다르겠지만 여전히 10개월 내지 1년 정도가 소요되고 있는 것으로 보입니다.

제2장 개인파산 각론

제1절 개인파산 실무지식

[1]
개인파산과 그 목적

1. 개인파산의 의의와 운영실태

가. 개인파산의 의의

통상적으로 파산이라 하면 채무자가 과도한 채무로 인하여 자신의 능력으로는 도저히 그 채무를 변제할 수 없는 지급불능상태나 채무초과 등의 상태에 있는 경우에 채무자나 채권자의 신청에 의해 도산법이 정하는 절차에 따라 법원이 채무자의 재산을 금전으로 환가해서 채권자들에게 평등하게 배당해 주는 제도를 말하는데, 흔히 우리가 알고 있는 파산이라 하면 언뜻 부도난 회사나 단체의 파산(법인파산)을 떠올리게 되지만, 자연인인 개인도 빚을 감당할 수 없는 지급불능상태에 있는 경우에는 파산을 신청할 수 있는 것이다. IMF 사태 이후 들어서는 오히려 파산이라고 하면 법인파산보다는 개인파산을 떠올리게 될 것이다.

이러한 자연인(사람)의 파산을 개인파산이라고 한다. 자연인인 개인에도 소비자로서의 개인과 영업자로서의 개인의 두 부류가 있는데, 이 중 소비자로서의 개인이 그의 소비활동 중에 발생한 과다한 채무 때문에 하게 되는 파산을 통상 소비자파산이라고 한다.

그리고 개인파산을 다루고 있는 법이 파산법인데, 이 법은 개인채무자회생법, 화의법 및 회사정리법과 함께 통폐합되어 2005. 3. 31. 제정된 「채무자 회생 및 파산에 관한 법률」(일명 '통합도산법')로 탈바꿈되어 2006. 4. 1.부터 시행되어 오고 있음은 앞서 본 바와 같다.

나. 파산제도의 운영

파산법은 1962. 1. 20. 제정되었고, 법인파산이나 개인파산 모두 이 법에 따라 그 신청이 가능하였으나 IMF 이전까지만 해도 파산제도는 법인의 전유물처럼 운영되어 왔다. 그런데 IMF 직후인 1997. 5월 최초로 개인파산선고가 내려진 이래 개인파산제도가 일반인에게 널리 알려지게 되었고(서울지법 1997.5.29. 96하6), 이후 2000년 329건, 2001년 672건, 2002년 1,335건, 2003년 3,856건, 2004년 12,317건으로 개인파산신청이 점차 늘어나다가 2005년(38,773건), 2006년 들어 폭발적으로 증가했었다(법률신문, 2006. 2. 9).

이는 6년 사이에 개인파산 신청건수가 거의 100배 이상 증가하였다는 것을 의미하는데, 이러한 파산신청추세와 경제현실에 비추어 볼 때 그 당시 파산신청의 예비후보자만 해도 약 230만명 정도에 달한다는 것을 쉽게 짐작할 수 있다.

개인파산 신청건수를 조금 더 살펴보면 2006년 123,691건, 2007년 154,039건, 2008년 118,642건, 2009년 110,917건, 2010년 84,725건, 2011년 69,755건이 신청되었다(대법원인터넷 사법통계 자료). 최근의 신청건수를 보면 2013년 56,983건, 2014년 55,467건, 2015년 53,865건, 2016년 50,288건, 2017년 44,246건, 2018년 43,402건, 2019년 45,642건, 2020년 50,379건, 2021년 49,063건이 접수되었다.[224)]

통계에서 보듯이 해마다 개인파산 신청건수가 줄어든 반면 개인회생 신청건수가 늘고 있는 것은 법원에서 채무자의 '도덕적 해이'를 막고 개인회생으로 사건을 유도하기 위해 파산 및 면책심사를 강화하고 있는 경향과 무관치 않을 것이다.

개인파산제도는 법원이 시대의 흐름이나 양산된 채무자에 대한 정부의 정책을 얼마나 반영하고 이를 바탕으로 채권자와 채무자 중 누구의 입장에 다소나마 서있느냐에 따라 그 실익 여부가 결정된다고 할 것인데, 통합도산법의 시행 초기에 비하여 점차 경제상황이 호전된데다 그동안 긴급 구제의 대상은 어느 정도 해결되었다고 보고 이제는 채무자의 도덕적 해이의 방지와 채권자에 대한 배려가 보다 중요한 가치라고 보아 법원에서 파산 및 면책심문을 강화하고 그 인용요건도 엄격히 함에 따라 면책을 받기가 그만큼 까다로워졌기 때문에 개인파산 신청건수가 떨어지고 있지 않나 싶다.

2. 개인파산의 목적인 면책

가. 면책의 의의

면책이란 파산선고를 받은 개인채무자 중 파산하게 된 원인이 자신의 낭비라든가 사치

224) 2022년도의 개인파산신청 건수는 12월까지 누계 건수가 41,462건이다.

때문이 아니라 경기변동이나 자연재해 등과 같은 불운한 상황이 겹쳐 발생한 경우에 이러한 「성실하지만 불운한 채무자」를 구제하기 위해 채무자가 가진 모든 재산을 채권자에게 분배해 주고(소위 빚잔치) 나머지의 채무에 대해서는 그 변제책임을 면제시켜 개인파산자의 재기·갱생을 도모하기 위한 제도를 말한다.

나. 파산선고와 면책의 관계

아무리 많은 빚을 가진 개인채무자라도 파산자가 되고 싶어 스스로 파산신청을 하는 경우는 드물 것이다. 채무자를 파산자로만 남게 하기 위해 파산을 신청하는 경우란 아마 채권자가 파산신청을 하는 경우가 거의 99%일 것이다. 개인채무자가 하게 되는 파산신청의 주된 목적은 오로지 채무를 면제받는 것에 있을 것으로 보이는데, 문제는 파산자라는 징검다리를 건너지 않으면 이러한 면책을 받을 수 없다는데 있고 따라서 어쩔 수 없이 면책을 받기 위한 전제로서 파산신청을 하게 된다는 것이다.

따라서 아무 생각 없이 파산신청을 하게 되면 그 목적한 바의 면책은 이루어지지 않고 파산자라는 굴레만 쓰게 되는 것이므로 개인이 파산신청을 하고자 하는 경우에는 항시 자신에게 면책불허가 사유는 없는지, 이런 정도라면 면책이 될 수 있는지 여부를 염두에 두고 입증서류나 신청서 작성에 신중을 기해야 할 것이다.

[2]
개인파산원인

개인채무자가 파산신청을 하려면 법에서 정해 놓은 일정한 파산사유가 있어야 하며, 파산신청인은 이러한 파산원인을 소명해야 한다. 빚이 조금 있다고 하여 무턱대고 파산신청을 하는 경우에는 파산신청이 기각될 수도 있다. 파산신청이 기각되면 파산신청비용만 낭비하게 되고 파산은 물론 면책결정도 받을 수 없게 되는 것이다. 파산원인에 대하여 자세히 살펴보면 다음과 같다.

1. 파산주체별 파산원인

통합파산법에서는 개인파산원인으로 지급불능상태와 지급정지상태를 들고 있고(305조), 법인파산의 원인으로 채무초과상태[225](부채의 총액이 자산의 총액을 초과하는 상태)를 들고 있으며(306조), 상속재산의 파산원인으로 완제불능상태(상속재산으로 상속채권자 및 유증을 받을 자에 대한 채무완제 불가상태)를(307조) 들고 있다.

2. 개인파산의 원인

가. 지급불능상태

통합파산법은 파산신청 원인의 하나로 지급을 할 수 없는 때 즉, 지급불능상태를 들고 있다(305조 1항). 지급불능상태란 채무자가 「변제능력이 부족」하여 「즉시 변제해야 할 채무(변제기 도래채권)」를 「일반적·계속적」으로 변제할 수 없는 객관적인 상태에 있음을 의미한다(대판 1999.8.16. 99마2084). 즉, 개인채무자가 그의 능력으로 기한 도래의 채무를 현재는 물론, 앞으로도 도저히 갚을 가능성이 없는 상태에 이른 경우를 지급불능이라고 하는 것이다. 단순히 채무자의 재산보다 빚이 더 많다는 채무초과상태는 지급불능상태라고 할 수 없다(대결 2010.1.25. 2009마2183).[226]

225) 채무초과상태란 부채의 총액이 자산의 총액을 초과하는 경우를 말하는데, 통합도산법은 이러한 채무초과상태를 합명회사·합자회사 이외의 법인(예, 주식회사, 유한회사)의 파산원인으로 들고 있다. 합명회사나 합자회사에서 채무초과상태를 파산원인에서 제외하고 있는 것은 합명회사나 합자회사에서는 합명회사의 사원이나 합자회사의 무한책임사원이 회사의 채무에 대하여 책임을 지고 있기 때문으로 보인다.

1) 변제능력의 부족

지급불능이 되려면 변제능력이 부족해야 한다. 변제능력의 유무는 단편적으로 판단되는 것이 아니며 채무자의 연령, 건강, 직업, 학력, 기술, 기능, 신용, 재산규모, 부채규모, 직장여부, 부동산소유여부 등이 종합적으로 고려되어 판단되는 것이다. 또한 변제능력 유무에 대한 판단에 있어서는 배우자 및 동거가족의 재산상태도 중요한 요인이 된다. 따라서 파산신청서에 첨부하게 되어 있는 진술서에도 가족이나 동거인 특히 배우자의 직업·소득상황을 기재하는 란이 많고(현재의 생활상황의 가족·동거인란, 가계수지표의 배우자란 등), 첨부서류의 하나로 배우자의 재산세납세증명서도 요구하고 있는 것이다. 그리고 지급불능이란 채무를 변제할 금전이 결핍된 상태를 의미하지만, 금전이 결핍된 경우라 하더라도 채무자의 신용이나 기술, 노력 등에 의해 금전차입능력 등이 인정되면 반드시 지급불능상태라고 단정지을 수 없는 것이다.

2) 변제기 도래 채권에 대한 부지급

즉시 변제해야 할 채무, 즉 이미 변제기가 도래한 채권에 대하여 지급할 수 없는 경우이어야 지급불능상태가 되는 것이다.

변제기가 도래하지 않은 채무나 조건미성취의 채권은 지급불능 여부의 판단에 있어서 하나의 고려요인은 될 수 있어도 결정적인 고려의 대상이 되지는 않는다. 또한 변제기가 도래한 채무라 하더라도 동시이행항변권이나 소멸시효 등 항변권이 붙어 있는 경우에는 역시 지급불

---

226) '채무자 회생 및 파산에 관한 법률' 제305조 제1항에서 파산원인으로 정하고 있는 "채무자가 지급을 할 수 없는 때"라고 함은 채무자가 변제능력이 부족하여 즉시 변제해야 할 채무를 일반적·계속적으로 변제할 수 없는 객관적 상태를 말한다. 그리고 채무자가 개인인 경우 그러한 지급불능이 있다고 하려면 채무자의 연령, 직업 및 경력, 자격 또는 기술, 노동능력, 가족관계, 재산·부채의 내역 및 규모 등을 종합적으로 고려하여, 채무자의 재산·신용·수입에 의하더라도 채무의 일반적·계속적 변제가 불가능하다고 객관적으로 판단되어야 하고(대판 2009.3.2. 2008마1651 등 참조), 단지 채무자가 현재 보유하고 있는 자산보다 부채가 많다는 사실로부터 쉽사리 추단되어서는 안 된다. 또한 채무자가 특히 면책신청의 전제로 자기파산의 선고를 구하면서 이러한 지급불능의 상태를 스스로 주장하는 경우에는, 채무자의 재산 및 신용의 상태 등이 채무자에게 고유한 사정으로서 일반적으로 채권자를 비롯한 제3자로서는 쉽사리 접근하여 알 수 있는 바가 아니므로, 채무자가 제출한 관련 자료 등에 대한 증거법적 평가 및 지급불능상태에 있는지 여부의 판단에 있어서 신중한 접근이 요구된다. 기록에 의하면, 재항고인의 총 채무액이 8,708,510원에 불과하고, 그 구체적 내역도 그 채무의 대부분이 채무자의 전 배우자가 채무자 명의로 할부구입한 차량에 대한 할부금채무라는 것이고, 그 할부금채무를 제외한 나머지 채무 909,440원은 재항고인의 이동전화단말기 내지 이동전화사용료 미납금에 불과한 점, 재항고인은 48세의 건강한 여성으로서 현재 월 100만원 정도의 소득을 올리고 있는 점, 재항고인은 부양가족으로 현재의 배우자 및 자녀 3명이 있다고 하나 자녀 3명이 모두 성인으로서 그 노력 여하에 따라 얼마든지 경제능력이 있는 것으로 보이는 점, 재항고인은 자신의 주거에 관하여 임대차보증금 500만원에 월 차임 32만원을 지급하고 있으며 위에서 본 소득 중 월 136,050원의 보험료를 납입하고 있는 점 등을 알 수 있다. 이러한 채무의 내역 및 규모, 재항고인의 연령, 수입 정도, 가동능력, 가족관계 등을 종합적으로 고려하여 보면, 재항고인이 파산원인인 지급불능의 상태에 있다고 인정되지 않는다(대판 2010.1.25. 2009마2183).

능 판단의 대상이 되는 채무가 아니다.

3) 일반적·계속적 지급불능

일반적·계속적으로 변제할 수 없는 상태이어야 지급불능상태이다. 즉, 개인채무자의 지급불능상태가 현재뿐만 아니라 앞으로도 계속되어야 지급불능이 되는 것이다. 채무자가 임시휴업상태나 일시적인 실직상태 등으로 인한 한시적인 수입불가상태는 지급불능상태라 할 수 없다. 노약자, 질병자, 연로자, 장애인 등은 일반적·계속적 변제불능 상태의 요건이 보다 쉽게 인정될 소지가 있을 것이다. 한편 채무자가 젊고 건강하다거나 장래 소득으로 채무를 일부라도 변제할 수 있을 것으로 보인다는 등의 추상적·주관적인 사정에 근거하여 함부로 그 채무자가 지급불능 상태에 있지 않다고 단정해서는 안된다(대판 2009.5.28. 2008마1904·1905, 2010.8.11. 2010마888).[227] 따라서 젊은 남녀라도 지병, 육아 등의 사유로 일반적·계속적 수입가능성이 없다는 자료를 많이 첨부하여 파산신청을 해볼 필요도 있을 것이다.

4) 객관적 지급불능 상태

지급불능상태가 객관적이어야 한다. 즉, 개인채무자가 그의 주관적 입장에서 보아 지급불능상태라고 여겨도 제3자가 이를 인정하지 않는다면 파산신청의 요건을 인정받기가 그만큼 쉽지 않다는 것이다. 따라서 개인채무자로서는 자기의 기준이 아니라 제3자의 입장에 서서 지급불능상태에 관련된 자료들을 준비하는 자세가 필요할 것이다.

▣ 대법원 1999.8.16.자 99마2084 결정

파산법 제116조 제1항은 "채무자가 지급을 할 수 없는 때에는 법원은 신청에 의해 결정으로써

227) 채무자 회생 및 파산에 관한 법률(이하 '법'이라 한다) 제305조 제1항은 "채무자가 지급을 할 수 없는 때에는 법원은 신청에 의해 결정으로 파산을 선고한다"고 규정하고 있는 바, 여기서 '채무자가 지급을 할 수 없는 때', 즉, 지급불능이라 함은 채무자가 변제능력이 부족하여 즉시 변제해야 할 채무를 일반적·계속적으로 변제할 수 없는 객관적 상태를 말하고, 채무자가 개인인 경우 그러한 지급불능 상태라고 하려면 채무자의 연령, 직업 및 경력, 자격 또는 기술, 노동능력, 가족관계, 재산·부채의 내역 및 규모 등을 종합적으로 고려하여, 채무자의 재산, 신용, 수입에 의하더라도 채무의 일반적·계속적 변제가 불가능하다고 객관적으로 판단되어야 한다. 따라서 채무자가 개인인 경우 그가 현재 보유하고 있는 자산보다 부채가 많음에도 불구하고 지급불능 상태가 아니라고 판단하기 위해는, 채무자의 연령, 직업 및 경력, 자격 또는 기술, 노동능력 등을 고려하여 채무자가 향후 구체적으로 얻을 수 있는 장래 소득을 산정하고, 이러한 장래 소득에서 채무자가 필수적으로 지출해야 하는 생계비 등을 공제하여 가용소득을 산출한 다음, 채무자가 보유 자산 및 가용소득으로 즉시 변제해야 할 채무의 대부분을 계속적으로 변제할 수 있는 객관적 상태에 있다고 평가할 수 있어야 한다. 이와 같이 부채초과 상태에 있는 개인 채무자의 변제능력에 관하여 구체적·객관적인 평가 과정을 거치지 않고, 단지 그가 젊고 건강하다거나 장래 소득으로 채무를 일부라도 변제할 수 있을 것으로 보인다는 등의 추상적·주관적인 사정에 근거하여 함부로 그 채무자가 지급불능 상태에 있지 않다고 단정해서는 안 된다(대판 2009.5.28. 2008마1904·1905, 2010.8.11. 2010마888).

파산을 선고한다."고 규정하고 있는 바, 여기서 '채무자가 지급을 할 수 없는 때' 즉 지급불능이라 함은 채무자가 변제능력이 부족하여 즉시 변제해야 할 채무를 일반적·계속적으로 변제할 수 없는 객관적 상태를 말한다.

나. 지급정지상태

통합파산법은 지급정지상태도 파산신청의 한 원인으로 들고 있다(305조 2항). 지급정지란 어음이나 수표가 부도난 경우와 같이 채무자가 변제기에 있는 채권을 자력의 결핍으로 인하여 일반적·계속적으로 채권자에게 변제할 수 없다는 것을 명시적·묵시적으로 외부에 표시하는 것을 말한다(대판 2002.11.8. 2002다28746, 2007.7.13. 2005다72348).

이러한 지급정지가 있게 되면 지급불능으로 추정된다(305조 2항).[228)]

여기서 자력의 결핍이란 단순한 채무초과 상태를 의미하는 것이 아니라 채무자에게 채무를 변제할 수 있는 자산이 없고 변제의 유예를 받거나 또는 변제하기에 족한 융통을 받을 신용도 없는 것을 말한다.[229)]

채권자가 채무자에 대하여 파산신청을 하려면 채무자의 지급불능상태를 입증해야 하는데, 사실상 그러한 입증이 곤란하다는 점을 고려하여 채권자의 이익을 위해 지급정지를 파산신청의 한 원인으로 규정해 놓은 것이 아닌가 싶다. 따라서 채권자가 어음·수표부도 등 지급정지를 원인으로 하여 파산신청을 한 경우에 채무자가 파산선고를 피하려면 지급정지 행위의 존부를 다투어 지급정지의 부존재를 입증하거나 지급정지가 있었지만 지급능력이 있어 지급불능상태가 아니라는 사실을 입증해야 하는 것이다.

---

228) (구)파산법(2005. 3. 31. 법률 제7428호 채무자 회생 및 파산에 관한 법률 부칙 제2조로 폐지) 제64조 제5호 및 구 화의법(2005. 3. 31. 법률 제7428호 채무자 회생 및 파산에 관한 법률 부칙 제2조로 폐지) 제9조 제1항, 제10조 제1항의 각 규정의 취지와 그 내용 등에 비추어 보면, 화의절차에 의해 화의인가결정이 확정된 후에 그 화의조건에 따른 변제 등이 이루어지던 중 새로운 사정이나 위기 상황의 발생으로 인하여 그 화의가 취소되고 파산선고가 내려진 경우에는, (구)파산법 제64조 제5호에서 정하고 있는 '지급정지'는 그 파산선고 내지 파산절차와 직결되는, 즉 상당인과관계가 있는 범위 내의 지급정지상태 또는 그에 준하는 위기상태로 한정하여 해석함이 상당하고, 이와 달리 선행 화의절차의 종료 여부나 그 진행 기간 내지 경과 등을 고려하지 않은 채 아무런 제한 없이 종전의 화의개시의 원인이 된 선행 지급정지상태 또는 그에 준하는 위기상태를 (구)파산법 제64조 제5호에서 정하고 있는 '지급정지'로 보는 것은 부인권 행사의 대상을 지나치게 확대하여 채권자의 지위를 불안정하게 하고 거래의 안전을 해할 수도 있어 그대로 받아들일 수는 없다(대판 2007.8.24. 2006다80636).

229) (구)파산법(2005. 3. 31. 법률 제7428호 채무자 회생 및 파산에 관한 법률 부칙 제2조로 폐지) 제64조 제5호에서 정하고 있는 부인권 행사의 대상이 되는 무상행위의 시기적 요건을 판단하는 기준이 되는 '지급정지'라 함은 채무자가 변제기에 있는 채무를 자력의 결핍으로 인하여 일반적, 계속적으로 변제할 수 없다는 것을 명시적, 묵시적으로 외부에 표시하는 것을 말하고, 여기서 자력의 결핍이란 단순한 채무초과 상태를 의미하는 것이 아니라 채무자에게 채무를 변제할 수 있는 자산이 없고 변제의 유예를 받거나 또는 변제하기에 족한 융통을 받을 신용도 없는 것을 말한다(대판 2007.8.24. 2006다80636).

[3]
개인파산면책의 실익

1. 개인이 빚에서 벗어나는 절차

파산신청을 하려는 개인채무자를 크게 분류하여 보면 재산이 일부라도 있는 채무자와 재산이 하나도 없는 채무자로 구별할 수 있는데, 재산이 하나도 없고 오로지 빚만 있는 개인채무자는 파산 및 면책신청, 파산선고 및 동시폐지결정, 면책결정의 순서를 밟게 되고, 반면 재산이 어느 정도 있는 개인채무자는 파산 및 면책신청, 파산선고, 파산관재인의 선임, 파산재단의 환가 및 배당, 파산종결, 면책결정의 절차를 밟아 그 빚을 청산할 수 있는 것이다.

2. 개인파산의 실익

개인파산신청으로 파산자가 되면 여러 가지의 신분적·경제적 불이익을 받게 된다. 즉, 개인파산자로 되는 것 그 자체만으로는 실익이 거의 없다는 것이다.

그렇다면 개인채무자가 파산신청을 하려는 이유는 무엇일까? 그것은 파산신청이 면책결정을 받기 위한 전제조건인 것이며, 면책결정을 받기 위해는 반드시 파산신청절차를 거쳐야 하기 때문인 것이다. 즉, 파산자가 되어야만 비로소 면책결정을 받을 수 있는 자격이 생기는 것이다.

이와 같이 파산자가 되는 것은 면책결정을 받기 위한 징검다리인데, 그 징검다리에서 빠지지 않도록 사전에 철저한 준비가 필요하다는 것이다.

광주에서 서울로 가기 위해 급한 김에 차량정비도 제대로 하지 않고 가던 중 대전에서 엔진폭발로 만신창이가 되어 병원에 입원이나 하고 있으면 처음부터 아니 간 것만 못하듯이, 파산신청을 하였는데 원하는 면책결정은 받아보지도 못하고 파산자로만 남게 되는 불상사가 생기게 되면 파산신청을 않은 것만 못하게 되는 것이며 파산자라는 굴레만이라도 벗어나는 데는 10년이란 긴긴 세월을 기다려야 한다는 사실을 알아야 한다.

3. 개인파산의 효과

앞에서 보는 바와 같이, 개인채무자가 파산자에 이르게 되는 과정은 두 가지가 있다. 즉,

개인채무자에게 환가할 재산이 없어 파산선고와 동시에 파산폐지가 이루어지는 경우와 개인채무자에게 환가할 재산이 있어 파산선고와 동시에 파산관재인이 선임되고 그러한 재산이 환가되어 채권자들에게 배당되는 절차가 그것이다.

전자의 경우와 같이 파산선고와 동시에 파산폐지결정이 이루어진 경우에는 개인채무자의 얼마 되지 않은 재산은 파산채무자가 관리하게 되지만, 파산채권자는 이러한 재산에 대하여 강제집행이나 가압류·가처분집행을 할 수 있는 것이다.

반면, 후자의 경우에는 개인채무자가 파산선고 당시에 가지고 있는 모든 재산은 파산선고로 인하여 파산재단에 편입되고(382조 1항), 이러한 파산재단에 속하는 재산에 대하여는 파산채권자가 강제집행이나 가압류·가처분을 실시할 수 없게 되며, 이미 파산재단에 실시된 강제집행이나 가압류·가처분은 그 효력이 상실되는 것이다(348조 1항. 단, 별제권자의 임의경매는 가능).

물론 이 두 경우 모두 개인파산자가 차후에 면책결정을 받게 되면 일부 예외적인 채권자를 제외하고는 파산채권자들로부터 더 이상 채무변제의 추궁을 당하지 않게 된다.

4. 면책의 실익

파산자가 열심히 준비하여 면책결정이 나오기만 하면 그 많던 빚이 모두 면책되고 따라서 채권자들로부터도 더 이상 시달림을 받지 않게 되며, 자동으로 복권되어 파산신청 전의 상태로 돌아가 정상적인 생활을 할 수 있게 된다. 다만, 보증인의 책임은 파산채무자의 면책허가결정에도 불구하고 그대로 남게 된다는 점이 문제이다(567조).

면책결정이 나오게 되면 채권자가 받아 놓은 민사판결 등은 채무자에 대하여 그 효력을 발휘하지 못하게 되고, 채무자의 재산에 가압류 등이 되어 있는 경우에는 이러한 면책결정문을 첨부하여 집행해제신청을 함으로써 말소시킬 수도 있는 것이다(즉, 면책결정이 내려졌다 하더라도 가압류 등의 외형이 자동으로 말소되는 것은 아니며, 그 외형을 말소시키려면 별도로 집행해제신청을 해야 함).

면책결정을 받은 개인채무자에 대하여 면책된 사실을 알면서도 면책된 채권에 기하여 강제집행이나 가압류·가처분의 방법으로 추심행위를 한 자는 500만원 이하의 과태료에 처해지게 된다(660조 3항).

[4]
개인파산선고의 불이익

1. 파산자가 가질 수 없는 직업·가질 수 있는 직업

가. 파산자가 가질 수 없는 직업·종사할 수 없는 사업

개인채무자에 대한 파산신청에 대하여 법원이 파산선고를 하게 되면 개인채무자는 파산자가 되는데, 파산자는 면책결정이 나오기 전까지 일정한 직업을 가지거나 일정한 사업에 종사하지 못하게 된다(취업할 수 없는 직장 : 150여 직업, 종사할 수 없는 사업 : 100여개 사업). 이는 통합도산법상의 제한이 아니고 개별 법령의 자격제한의 규정에 의한 제한이다.

파산자가 가질 수 없는 직업에 종사하거나 파산자가 영위할 수 없는 사업을 하고 있는 자가 파산선고를 받게 되면 당연 퇴직 또는 해당 업종의 사업자허가·등록이 취소될 수 있다. 그러한 직업 또는 사업으로 대표적인 것을 살펴보면 다음과 같다.

1) 각종 직업상 결격사유

파산선고를 받은 사람은 후견인, 유언집행자, 수탁자가 될 수 없다. 파산선고를 받고 복권되지 않은 사람은 변호사, 법무사,[230] 공인노무사, 공인회계사, 관세사, 변리사, 감정평가사, 행정사, 소속공인중개사·중개보조원, 일반직·특정직·별정직 공무원 및 지방공무원,[231] 교육공무원, 사회복지공무원, 판사·검사,[232] 사립학교교원, 장교·준사관·부사관, 경찰공무원, 임명공증인, 외국법자문사, 합명회사·합자회사의 사원, 주식회사·유한회사의 이사, 감리원, 결혼중개업 운영자·종사자, 일반경비원, 도선사, 정비사업조합의 임원, 정비사업전문관리업자의 대표자·임직원, 도시개발조합의 임원, 산림조합 임원, 지구별수협의 임원, 아이돌보미, 사회복지위원회 위원 등을 할 수 없다. 공무원 등 당연퇴직사유에 해당되는 사람의 경우에는 파산선고가 확정되면 당연 퇴직하고 퇴직 후 면책을 받는다고 하더라도 퇴직이 무효로 되거

230) 파산자는 면책 또는 복권되지 않는 한 법무사를 개업할 수 없으나, 법무사시험 응시는 가능하다.

231) 공무원은 자격증이 아니므로 파산자는 복권되지 않는 한 공무원시험이나 지방공무원시험에 응시할 수 없다 (국가공무원법 33조 2호, 지방공무원법 31조 4호).

232) 파산자는 면책 또는 복권되지 않는 한 판사 또는 검사로 임용되거나 변호사 개업을 할 수 없으나, 사법시험 응시는 가능하다.

나 다시 복직이 되는 것은 아니다.

2) 각종 사업상의 제한

파산선고를 받고 복권되지 않은 사람에 대하여는 가축분뇨관련영업허가, 감리전문회사등록, 건강기능식품영업허가, 건설업등록, 건설폐기물처리업허가, 건축사무소개설신고 및 감리 등 업무신고, 고압가스관련 허가·등록, 골재채취업등록, 공인중개사개설·등록, 관광사업등록, 직업훈련시설지정, 기부금품모집등록, 기술사무소개설등록, 중도매업허가, 시장도매인지정, 담배소매업지정, 대부업등록, 먹는물사업관련 허가, 목재생산업등록, 다단계판매업등록, 보험설계사등록, 세무사등록, 폐수처리업등록, 식품관련영업허가, 액화석유가스관련사업허가, 개인택시 등 여객자동차운송사업면허·등록, 어린이집의 설치·운영, 옥외광고업등록, 자동차판매업·자동차정비업, 자동차해제·재활용업등록, 전기공사업, 주류판매업, 주택건설사업등록, 직업소개사업의 신고·등록, 도축업·집유업·축산물가공업허가, 근로자파견사업허가, 폐기물처리업등록, 화장품제조·판매업등록, 화물자동차운송사업허가 등을 할 수 없고, 이미 허가·등록 등을 받은 경우에는 취소사유가 될 수 있다.

나. 파산자가 가질 수 있는 직업

① 근로자는 파산절차 중에 있다는 이유로 누구든지 정당한 사유 없이 취업의 제한 또는 해고 등 불이익한 처우를 해서는 안된다(제32조의2). 회사의 사규나 취업규칙에 파산선고를 당연퇴직사유로 정한 경우에도 마찬가지라고 본다(서울중앙지법 2008.6.19. 2007가합43592). 다만, 사실상의 권고사직 또는 정리해고의 우선적 대상이 될 수는 있다. 또한 개인회사라 하더라도 경리 등 금전을 다루는 업무에 대하여는 대부분 신원조회절차를 거치기 때문에 이러한 업무를 담당하는 것은 사실상 불가능하다고 보인다.

② 대통령·국회의원·지방자치단체장의 선거권·피선거권

③ 변호사·법무사의 사무원(2006. 3. 24. 이전에는 파산자는 변호사·법무사의 사무원이 될 수 없었으나, 변호사법·법무사법의 개정으로 2006. 3. 24.부터는 채용될 수 있게 되었음)

④ 공인노무사의 직무보조원, 사회복지사[233]

⑤ 권리능력·행위능력·소송능력 유지

⑥ 사법시험 및 법무사시험 응시가능

⑦ 의사·한의사·간호사·약사·한약사,[234] 수의사

233) 사회복지사와 사회복지공무원은 구별되는 것으로 파산자는 사회복지사(자격증)는 될 수 있으되 사회복지공무원은 될 수 없다.

2. 파산자의 불이익

① 개인채무자가 파산선고를 받으면 그러한 사실이 관보 또는 대법원규칙이 정하는 방법(예, 대법원 홈페이지 등)에 의해 공고됨으로써 일반인들에게 공개된다(9조). 현재 개인파산사건의 공고는 대법원홈페이지 법원공고란에 게시하는 것을 원칙으로 한다.

개인파산사건의 대부분은 동시폐지되는데, 이 경우 법원에서는 채권자목록에 기재된 채권자 전원에게 파산선고결정 등본을 직권으로 송달하게 된다(317조, 8조 1항). 송달할 주소를 알 수 없는 채권자에 대하여는 송달에 갈음하는 공고결정을 통하여 송달의 효력을 부여한다. 그리고 동시폐지결정을 하지 않고 파산관재인을 선임하여 파산절차를 진행하는 경우에는 파산관재인, 채권신고기간, 채권자집회기일 등이 기재된 서면을 파산채권자에게 송달한다(313조 2항). 또한 법원은 파산범죄 등에 대한 수사단서의 제공 필요 등 필요하다고 인정하는 때에는 파산선고사실을 검사에게 통지할 수 있다(315조).

참고로 파산법이 적용되는 2006. 4. 1. 이전까지는 관보 및 법원이 지정하는 일간신문에도 공고되었다(단, 파산재단에 속하는 재산액이 2억원 미만인 소파산의 경우에는 관보에만 게재됨. 파산법 105조, 330조).

② 파산선고결정이 확정되면, 신원증명사항과 관련하여 파산자의 본적지 시·구·읍·면장에게 파산선고사실이 통지되어 신원증명서를 요구하는 직장이나 금융기관 등에 제공됨으로써 취직이나 금융거래에 있어 불이익이 따를 수 있다(동사무소에서는 관리하지 않음).[235]

파산자의 기록은 별도의 관리대장에 기재되고 철하여져 따로 관리되며, 가족관계증명서나 주민등록부에 기재되어 발급되지는 않는다. 또한 개인파산자가 면책결정을 받았다고 하더라도 한국신용정보원의 「연체등록채무자」(구. 신용불량자)의 정보는 삭제되겠지만, 파산선고를 받은 사실이 자체적으로 별도 관리되기 때문에 금융거래에 있어서 사실상의

---

234) 의료법 및 약사법 개정(2007. 4. 11. 개정 및 시행)으로 면허결격사유 대상자에서 파산선고자를 제외시켰다.

235) 단, 파산선고가 확정되더라도 채무자가 면책신청을 하거나 면책신청을 한 것으로 보는 경우에는 그 면책신청이 각하·기각되거나 면책불허가결정이 내려지거나 면책취소의 결정이 확정된 때에 한하여 통보한다(개인파산 및 면책신청사건의 처리에 관한 예규 6조 1항 1호 단서). 즉, 신원증명사항과 관련하여, 과거에는 파산선고결정이 확정되면 면책 여부와 관계없이 채무자의 신원증명업무를 관장하는 본적지 시·구·읍·면장에게 파산선고사실이 통지되어 신원증명서에 신원증명사항의 하나로 기재되었고, 파산선고를 받은 자가 면책될 경우 다시 이러한 사실을 통지하여 해당사항을 삭제하는 절차가 있었으나, 대법원은 예규를 개정하여 채무자의 면책신청이 각하·기각된 경우, 면책불허가결정(일부면책 포함)이 확정된 경우, 면책취소결정이 확정된 경우에 한하여 파산선고사실을 통지하도록 하여 무용한 절차를 생략하고 여러 가지 사회적 평가상의 불이익을 받을 소지를 줄인 것이다.

불이익이 따를 수 있다. 다만 각 금융기관으로부터 대출을 받거나 보증인이 되려는 경우라면 몰라도 일반 통장거래는 특별한 제한 없이 가능하다고 보인다.[236]

한편 면책결정이 이루어진 경우에도 금융기관의 이용과 관련하여 파산선고의 불이익이 유지되는지 문제된다. 파산선고 이후 면책결정이 확정되면 법원에서 한국신용정보원장에게 사건번호, 채무자의 성명 및 주민등록번호 등을 통보하고,[237] 한국신용정보원장은 채무자의 기존 연체등록정보(구. 신용불량정보)를 신용정보관리규약에 의거, 특수기록정보로 변경·등록하여, 등록사유 발생일로부터 5년간 특수기록정보를 관리하게 된다. 특수기록정보 등록자라 하더라도 금융거래 자체를 제한하지는 않으므로 일반적인 통장개설이나 거래는 할 수 있지만, 신용카드 발급이나 대출 등 신용거래는 다시 신용이 발생할 때까지는 불가능할 것으로 보인다. 5년간 특수기록정보의 관리는 파산에 따른 효력이 아니므로 면책의 효력으로 배제될 수는 없다(대판 2013.3.28. 2011다56613·56620).

③ 파산관재인이나 채권자집회의 요청이 있으면 파산채무자는 파산에 관하여 필요한 설명을 해야 할 의무가 있으며, 이유 없이 설명을 않거나 허위의 설명을 하는 때에는 형사처벌의 대상이 되고, 면책불허가사유에 해당된다(321조).

④ 임차인이 파산선고를 받으면 임대차계약의 해지사유가 된다(민법 637조).

④ 도급인이 파산선고를 받으면 도급계약의 해제사유가 된다(민법 674조).

⑤ 개인채무자가 파산선고를 받게 되면 변제기 미도래의 채무나 분할채무 등에 대한 기한의 이익이 상실되며, 따라서 보증인도 기한의 이익을 상실하게 되어 일시불로 전액 청구당할 수 있다.

⑥ 파산 및 면책으로 인한 불이익은 당사자 본인에게만 효력이 있다. 따라서 그 자녀들이나 가족에게는 아무런 불이익이 발생하지는 않는다.

⑦ 신용카드회사는 채무자의 파산선고를 이유로 신용카드사용계약을 해지할 수 있다.

3. 파산절차 진행 중의 취업제한 또는 해고 등 불이익한 처우금지

통합도산법에서는 채무자가 파산절차 중에 있다는 이유로 정당한 사유 없이 취업의 제한 또는 해고 등 불이익한 처우를 받지 않도록 하는 규정을 신설하였다(32조의2). 즉, 파산절차 중에 있거나 파산선고를 받았다고 하더라도 채무자에 대하여 어떠한 취업상의 제한이 가해지거나

236) 면책결정 또는 면책취소결정이 확정된 경우에는 법원에서 한국신용정보원장에게 이러한 사실을 통보한다(개인파산 및 면책신청사건의 처리에 관한 예규 5조 1항).

237) 개인파산 및 면책신청사건의 처리에 관한 예규 5조.

해고, 감봉 등 불이익이 돌아가지 않도록 이를 제도적으로 보장하고 있는 것이다.

다만 정당한 사유 없이 불이익처분을 해서는 안된다는 것이므로 공무원이나 사립학교교원 등과 같이 불이익처분에 대한 법률적 근거(국가공무원법 69조, 지방공원법 31조, 사립학교법 57조)가 있는 경우에는 예외일 것이다.

[5]
동시폐지와 이시폐지

1. 동시폐지의 실익

빚이 많은 개인채무자의 입장에서 보면 파산선고와 동시에 파산폐지결정이 이루어지고 바로 면책절차로 들어가 신속히 면책결정을 받는 것이 가장 이로울 것이다. 즉 동시폐지결정이 이루어지면 파산관재인도 선임되지 않고 파산재단도 형성되지 않으며 그에 따라 청산·배당절차를 거치지 않고 바로 면책절차로 나아가기 때문에 시간상, 비용상, 절차상의 각종 이점이 있는 것이다.

그러나 그것이 내 마음대로 되는 것이 아니다. 파산선고와 동시에 파산폐지결정이 이루어지지 않고 파산관재인에 의한 환가 및 배당절차 등을 거치게 되면 면책결정을 받을 때까지 무던한 세월을 낚아야 할 것이다.

따라서 개인채무자의 입장에서는 어떠한 경우에 동시폐지결정이 나오지 않게 되는지 잘 숙지하고 대처할 필요가 있을 것이다. 아래와 같은 경우에는 동시폐지가 이루어지지 않고 파산관재인이 선임된 후 청산절차를 거쳐 이시폐지될 것이다.

2. 동시폐지보다 이시폐지로 될 소지가 큰 경우

가. 개인파산자에게 파산절차비용을 충당하고도 충분한 재산이 있을 때

법원은 개인파산 채무자에게 재산이 거의 없거나 있는 경우라도 파산절차 비용조차 감당하기 힘들다고 판단되는 경우에는 파산선고와 동시에 파산폐지결정을 하게 되지만, 그 외의 경우에는 동시폐지결정을 하지 않고 파산관재인을 선임하여 환가·배당하는 절차를 거치도록 한다. 그렇다면 실무상 어느 정도의 재산이 있는 경우에 동시폐지가 힘들다고 하는 것인지 궁금할 것이다.

통상 면제재산의 최상한선, 즉, 주택임차인의 최우선변제금액과 6개월간의 생계비를 합한 금액을 일응의 기준으로 하고[238], 파산관재인에게 지급할 보수, 기타 파산절차비용을 고려하

238) 면제재산신청이 가능한 최우선변제금액은 지역에 따라 다른 바, 서울은 5,000만원까지, 과밀억제권역·세종시·용인시·화성시·김포시는 4,300만원까지, 광역시(과밀억제권역 및 군지역 제외)·안산시·광주시(경기도)·파주시·이천시·평택시는 2,300만원까지, 그밖의 지역은 2,000만원까지이다. 면제재산신청이 가능한 6개월간

여 일정금액[239] 이하의 재산에 대하여는 동시폐지결정을 할 수 있는 것으로 파산재판부의 실무에서 논의되고 있다.

나. 개인파산자가 부동산을 소유하고 있는 경우

개인채무자가 토지나 건물 등 부동산을 소유하고 있는 경우에는 원칙적으로 동시폐지결정을 내리지 않는다. 물론 해당 부동산에 설정되어 있는 저당권 등 피담보채권액이 담보부동산의 가액보다 월등히 많아 이를 환가하더라도 담보권자에게 모두 돌아가고 파산채권자에게 배당될 것이 거의 없는 경우에는 동시폐지결정을 할 수 있을 것이지만, 원칙적으로는 동시폐지결정이 잘 나오지 않는다고 생각하면 된다. 이는 채권자 등 이해관계인이 있기 때문이며, 설령 담보가치가 없는 부동산이더라도 동시폐지결정을 내림으로 인하여 겪게 될 이해관계인의 강력한 이의신청에 대하여 재판부도 나름대로 부담을 느끼게 된다는 점도 한 요인으로 작용할 것이다. 즉, 파산관재인이 선임되어 청산절차를 거치게 된다는 것이다.[240]

특히 부동산이 경매진행 중에 있는 경우에는 별제권자나 채권자에게 배당이 이루어질 때까지 파산절차를 정지하고 있다가 그 이후에 파산폐지결정을 하는 것이 현재의 실무이다. 또한 채무자 소유의 건물에 주택임차인이나 상가건물임차인이 있는 경우에는 원칙적으로 동시폐지보다는 경매절차 등을 통하여 임차인의 우선변제권을 보장해준 후 파산선고를 하거나, 파산관재인을 선임한 후 파산절차를 진행하여 해결하는 것으로 실무상 입장을 정리하고 있는 것 같다.

따라서 부동산을 소유하고 있는 상태에서 파산신청을 하는 것보다는 오히려 경매가 이루어진 이후에 파산신청을 하는 것이 훨씬 더 빨리 면책결정을 받는 경우가 많으므로 부동산을 소유한 채무자가 파산신청을 할 때에는 이 점을 고려해야 할 것이다.

다. 개인파산자가 부인권의 대상이 되는 행위를 많이 한 경우

개인채무자가 파산신청 전후에 걸쳐 그 소유의 부동산 등 각종 재산을 빈번히 처분한

의 생계비의 상한은 1,110만원이다. 물론 실무상 위 둘을 모두 한꺼번에 면제재산으로서 인정해주지 않는다고 하더라도 위 둘을 합산한 정도의 재산만 가지고 있는 경우에는 동시폐지결정을 해주는 것이 타당하지 않나 하고 실무상 논의되고 있는 것이다(서울중앙지방법원 2008. 3. 24. '도산사건의 적정처리를 위한 파산부 법관워크숍'의 '개인파산사건의 새로운 업무처리기준' 참고).

239) 여기의 일정금액과 관련해서는 통상 면제재산신청이 가능한 금액의 합산액을 기준으로 한다고 볼 때 주택임차인의 파산선고시를 기준으로 한 최우선변제금액과 6개월분의 생계비를 합산한 금액 정도가 아닌가 싶다.

240) 다만, 지급불능상태에 있는 채무자가 부동산을 소유하고 있어 파산절차상의 청산을 통하여 해당 부동산이 처분되는 경우에는 채무자에게 소득세법 89조 1항 1호에 의거, 양도소득세가 부과되지는 않는다.

사례가 있거나 담보제공 또는 채무소멸행위를 하는 등 파산관재인으로부터 부인권행사를 당할 소지가 있는 행위(391조)를 한 사실이 밝혀질 경우에는 동시폐지결정을 받기가 곤란하다.

라. 채무액이 소액이거나 배우자·자녀 등 가족에게 재산이 많은 경우

채무자 본인은 무일푼이라 할지라도 배우자 등 부양가족에게 상당한 재산 또는 소득이 있거나 소득이 예상되는 경우에는 파산신청 자체가 기각될 소지가 다분히 많다. 이는 배우자 등 부양가족으로부터 신용대출에 의한 변제가 가능하다고 보이기 때문이다. 특히 개정된 파산신청서의 '재산목록기재'란에는 배우자, 부모, 자녀 명의의 1,000만원 이상 재산을 기재하도록 되어 있고, 재산취득시기가 지급이 불가능하게 된 시점으로부터 2년 이내인 경우에는 재산취득 자금 마련 경위에 관한 소명자료를 첨부하도록 되어 있다. 또한 배우자의 최근 3년분의 재산세납부증명서를 첨부하게 되어 있어 배우자 소유의 부동산이나 자동차 소유여부는 쉽게 노출된다.

이로 볼 때 특히 배우자나 자식에게 부동산 등 재산이 많은 경우에는 설령 파산신청 자체가 기각되지 않는다고 하더라도 동시폐지결정을 받기는 용이하지 않을 것이다. 실무상 배우자에게 부동산이 많은 경우에는 작전상 협의이혼한 후 파산신청을 하는 경우도 더러 있다.

또한 개인파산자가 현재는 소득이 없지만 비교적 젊고, 신체건강하며, 기술·기능을 보유하고 있고, 채무액이 그다지 크지 않은 경우에도 파산신청이 기각될 소지가 크다. 소액의 채무를 지지 않고 사는 사람은 거의 없고, 그 정도의 채무는 성실하고 열심히 일하면 금방 변제할 수 있는 금원이기 때문이다. 따라서 채무액이 비교적 소액인 경우(예, 2,000만원 이하)에는 질병이나 노동능력상실 등 구체적인 사유를 잘 소명하여 소득능력이 없음을 밝혀주어야 한다.

법원에서는 채무액이 소액이어서 지급불능이라고 판단하지 않을 경우 파산심문기일에 채무자를 심문하면서 면책을 받지 못하고 파산자로만 남게 되는 불이익을 설명해준 후 파산신청의 취하를 권유하고 있는 경우도 많다. 개인파산자가 영업자인 경우에는 폐업유무에 상관없이 동시폐지결정을 하지 않는 경향이 있으므로 파산재단이 형성될 가능성이 없음을 더더욱 잘 소명해야 할 것이다.

[6]
개인파산자가 계속 보유할 수 있는 재산

개인파산 채무자에게 일정한 재산이 있는 경우에는, 그 재산으로 파산절차 비용도 충당하기에 부족한 경우를 제외하고는, 파산관재인이 선임되어 이를 환가한 후 채권자들에게 배당해준다. 그러나 파산자인 채무자의 재산 중 일부에 대하여는 이러한 채권자들에게 배당이 되지 않고 파산 채무자가 계속 보유할 수 있는 것들이 있다. 이는 아무리 개인파산채무자라 하더라도 최소한의 기본적인 생활이 보장되어야 한다는 입법자의 배려 때문이라고 보면 된다.

다음과 같은 것들이 이에 해당된다. 이하 통합도산법에 의거하여 설명하기로 한다.

1. 압류할 수 없는 재산

가. 압류금지물건(민사집행법 195조)

① 채무자 및 동거 친족의 생활에 필요한 의복, 침구, 가구, 부엌가구, 단벌의 양복, 하나뿐인 시계, 식기, 찬장 등

② 채무자 등의 생활에 필요한 2개월간의 식료품, 연료, 조명재료

③ 채무자 등의 생활에 필요한 1개월간의 생계비로서 185만원[241](민사집행법 195조 3호, 동법 시행령 2조).

④ 농기구, 비료, 가축, 사료, 종자 등

⑤ 고기잡이 도구, 어망, 미끼, 새끼고기

⑥ 전문직 종사자, 기술자, 노무자, 기타 정식적·육체적 노동자의 없어서는 안될 제복, 도구(예, 사진업자의 사진기계, 재단사의 재봉기 등)

⑦ 채무자 또는 그 친족이 받은 훈장, 포장, 기장, 메달 기타 명예증표

⑧ 위폐, 영정, 묘비, 기타 제사·예배물건, 족보, 사진첩, 기념품

⑨ 채무자의 생활이나 직무에 없어서는 안될 도장, 문패, 간판

⑩ 일기장, 상업장부, 근무일지, 공표되지 않은 저작·발명품

⑪ 학교·교회·사찰 등의 교과서, 교리서, 학습용구

---

241) 종전에는 위 압류금지의 생계비가 150만원이었으나, 2019. 1. 23. 민사집행법 시행령의 개정(법무부 공고 제2019-18호)으로 2019. 4. 1.부터는 185만원으로 상향조정되었다.

⑫ 안경, 보청기, 의치, 의수족, 지팡이, 장애보조용 바퀴의자, 장애인용 경형자동차(80cc 미만), 소방설비, 경보기구, 피난시설

나. 압류금지채권(민사집행법 246조 1항, 기타 특별법)

① 근로자·공무원·교직원·군인의 급료·봉급·상여금의 1/2 (원천징수액을 공제한 잔액의 1/2) 다만, 급여의 1/2이 최저생계비인 185만원[242]에 미치지 못한 경우에는 급여 중 185만원까지는 압류금지채권에 해당되고, 반면 고임금 채무자(급여가 600만원을 초과한 경우)에 대하여는 그 1/2에 해당하는 부분 전액이 아니라 「300만원 + {(임금의 1/2 - 300만원) × 1/2}」의 산식에 의해 산출된 금액만 압류금지채권에 해당된다(민사집행법 246조 1항 4호, 동법 시행령 3조).

[표 3] 급여에 대한 압류가능금액과 압류불가금액

급여액(만원)	100	180	200	300	360	400	500	600	700	800	900	1000
압류불가금액	100	180	185	185	185	200	250	300	325	350	375	400
압류가능금액	0	0	15	115	175	200	250	300	375	450	525	600

② 근로자의 퇴직연금제도에 의한 급여채권 전액[243]과 그밖의 퇴직금 및 명예퇴직수당의 1/2

③ 공무원·교직원·군인의 퇴직급여·퇴직수당 전액[244]과 명예퇴직수당의 1/2[245]

④ 병사의 급료(전액)

⑤ 공무원연금법 등에 의한 유족연금·유족보상금(전액)

⑥ 근로자의 산업재해보상금(전액)

⑦ 실업급여(전액)

⑧ 자동차손해배상보장법에 의한 피해자의 보험금청구권·보상청구권·가불금청구권(전액)

⑨ 국민건강보험급여를 받을 권리(전액)

⑩ 형사보상청구권 및 국가배상을 받을 권리(전액)

⑪ 노인복지법에 의한 수급권(전액)

---

242) 종전에는 위 압류금지의 생계비가 150만원이었으나, 민사집행법 시행령의 개정으로 2019. 4. 1.부터는 185만원으로 상향조정되었다(민사집행법 시행령 2조).

243) 근로자퇴직급여보장법 7조 1항.

244) 공무원연금법 39조 1항, 사립학교교직원연금법 40조 1항.

245) 대판 2001.9.18. 2000마5252, 2010.2.25. 2009다76799.

⑫ 모·부자복지법에 의해 금품을 받을 권리(전액)

⑬ 부양료청구권(전액)

⑭ 유류분반환청구권(전액)

⑮ 종신정기금채권(전액)

⑯ 상호계산에 편입된 채권(전액)(상법 72조)

⑰ 수임인의 비용선급청구권(전액)(민법 687조)

⑱ 국민연금법상의 각종 급여를 받을 권리(전액)

⑲ 채무자가 구호사업 또는 제3자의 도움으로 계속 받는 수입(전액)

⑳ 국민기초생활보장보장법상의 생활보호수급품(전액)

㉑ 주택임대차보호법상 최우선변제금액(전액)(민사집행법 246조 1항 6호, 주택임대차보호법 8조 및 동법 시행령 3조)

㉒ 생명, 상해, 질병, 사고 등을 원인으로 채무자가 지급받는 보장성보험의 보험금(해약환급 및 만기환급금 포함)으로서 대통령령이 정하는 금액(민사집행법 246조 1항 7호).
여기에서 대통령령이 정하는 금액이란 ㉮ 사망보험금청구권은 그중 1,000만원 이하의 금액, ㉯ 상해·질병·사고 등을 원인으로 지급받는 보장성보험금 중 진료비·치료비·수술비·입원비·약제비 등 치료 및 장애 회복을 위해 실제 지출되는 비용을 보장하기 위한 보험금청구권(즉, 의료실비보험)은 전액, ㉰ 상해·질병·사고 등을 원인으로 지급받는 보장성보험금 중 위 ㉯호 외의 치료 및 장애 회복을 위한 보장성보험금청구권은 1/2, ㉱ 채권자대위권에 따라 채권자가 채무자의 보험계약해지권을 대위행사하거나 또는 전부명령·추심명령을 받은 채권자가 해지권을 행사하여 발생하는 해약환급금청구권은 전액, ㉲ 만기환급금 또는 위 ㉱호 외의 사유로 발생하는 해약환급금의 경우에는 각 150만원이하의 환급금청구권을 말하며, 채무자의 보험계약이 둘 이상인 경우에는 위 ㉮호와 ㉲호에 있어서는 사망보험금 또는 해약환급금, 만기환급금을 합산하여 적용하고, 위 ㉰호와 ㉱호에 있어서는 각 보험계약별로 이를 적용한다(민사집행법 시행령 6조 1항, 2항).

㉓ 채무자의 1월간 생계유지에 필요한 예금(적금·부금·예탁금과 우편대체를 포함)으로서 모든 금융기관을 통틀어 개인별 잔액이 185만원[246] 이하인 예금(민사집행법 246조 1항 8호, 동법 시행령 7조).

246) 종전에는 위 압류금지의 금액이 150만원이었으나, 민사집행법 시행령의 개정으로 2019. 4. 1.부터는 185만원으로 상향조정되었다(민사집행법 시행령 7조).

2. 면제재산(383조)

개인채무자가 파산신청을 한 경우에는 파산선고 전후를 불문하고 법원에 주택임차보증금 중 최우선변제금액과 6월간의 생계비에 사용할 특정한 재산을 파산재단에서 면제해 줄 것을 신청할 수 있고, 이에 대하여 법원에서 면제재산결정을 해주면 이러한 주택임차인의 최우선변제금액 중 대통령령이 정하는 금액을 초과하지 않는 부분과 6개월간의 생계비에 사용할 특정한 재산 중 대통령령이 정하는 금액을 초과하지 않는 부분 중 어느 하나에 해당되는 재산에 대하여는 파산채권자에게 배당되지 않고 개인채무자가 계속 보유할 수 있게 되는 것이다.

이러한 면제재산신청이 가능한 재산의 범위는, ① 주택임대차보호법 제8조의 최우선변제금액의 범위 안에서 대통령령이 정하는 금액을 초과하지 않는 부분, 즉, 주택가격의 1/2를 초과하지 않는 범위 안에서 서울은 5,000만원까지, 과밀억제권역·세종시·용인시·화성시·김포시는 4,300만원까지, 광역시(과밀억제권역 및 군지역 제외)·안산시·광주시(경기도)·파주시·이천시·평택시는 2,300만원까지, 그밖의 지역은 2,000만원까지이고(383조 2항 1호, 시행령 16조 1항, 주택임대차보호법 시행령 10조), ② 6개월간의 생계비에 사용할 특정한 재산으로서 대통령령이 정하는 금액(1,110만원)을 초과하지 않는 부분(383조 2항 2호, 시행령 16조 2항)이다.

[7]
면제재산제도

1. 면제재산의 의의

면제재산이란 채무자가 파산선고시 가진 재산으로서 채무자가 파산선고를 받을 경우 원래는 파산재단에 속해야 하나 법원의 결정에 의해 일정한 범위 내에서 파산재단에서 면제를 받아 자유재산[247]으로 변경된 재산을 말한다(383조 2항). 이는 파산채무자에게 필요한 최소한도의 생활수단을 보장해주기 위해 마련된 제도이다.

2. 면제재산의 범위

개인채무자가 파산신청을 한 경우에는 파산선고 전후를 불문하고 법원에 주택임차보증금 중 최우선변제금액과 6월간의 생계비에 사용할 특정한 재산을 파산재단에서 면제해 줄 것을 신청할 수 있고, 이에 대하여 법원에서 면제재산결정을 해주면 이러한 주택임차인의 최우선변제금액 중 대통령령이 정하는 금액을 초과하지 않는 부분과 6개월간의 생계비에 사용할 특정한 재산 중 대통령령이 정하는 금액을 초과하지 않는 부분 중 어느 하나에 해당되는 재산에 대하여는 파산채권자에게 배당되지 않고 개인채무자가 계속 보유할 수 있게 되는 것이다.[248]

이러한 면제재산의 대상이 되는 재산을 구체적으로 살펴보면 다음과 같다(단, 면제재산제도는 통합도산법이 시행되는 2006. 4. 1.부터 시행됨).

가. 주택임대차보호법 제8조의 최우선변제금액의 범위 안에서 대통령령이 정하는 금액을 초과하지 않는 부분(383조 2항 1호)[249]

여기에서 초과하지 않을 대통령령으로 정한 금액이란 주택임대차보호법 시행령 제3조

---

247) 자유재산이란 채무자의 재산 가운데 파산재단에 속하지 않은 재산, 즉 채무자가 자유롭게 관리·처분할 수 있는 재산을 말한다.

248) 면제재산으로는 주택임대차보증금 중 최우선변제금액과 6개월의 생계비에 사용할 특정한 재산 모두를 함께 신청할 수 있을 것이지만, 통합도산법 제383조 제2항의 문언의 취지 및 면제재산제도의 취지상 실무에서는 둘 다 한꺼번에 중복적으로 인정해주고 있는 듯하지는 않다. 따라서 전자의 주택임대차보증금 중 최우선변제금액이 통합도산법 제383조 제1항의 압류금지대상 요건에 해당되어 압류금지의 대상으로 인정될 수 있는 경우라면 면제재산신청은 후자의 6개월의 생계비에 사용할 특정한 재산의 명목으로 신청하는 것이 현명할 것으로 보인다.

249) 다만 실무상으로는 위 주택임대차보호법상 최우선변제금액에 대하여는 면제재산제도와 압류금지 범위가

제1항에서 정한 금액을 말하는데, 2022년 현재를 기준으로 본다면 주택가격의 1/2을 초과하지 않는 범위 내에서 서울은 5,000만원까지, 과밀억제권역·세종시·용인시·화성시·김포시는 4,300만원까지, 광역시(과밀억제권역 및 군지역 제외)·안산시·광주시(경기도)·파주시·이천시·평택시는 2,300만원까지, 그밖의 지역은 2,000만원까지를 말한다(시행령 16조 1항, 주택임대차보호법 시행령 10조). 따라서 이 범위 내에서 주택임대차보호법상의 최우선변제금액이 면제재산으로서 보장되는 것이다.250)

다만 주의할 점은 임차주택에 저당권 등이 설정되어 있지 않은 경우에는 현 시점을 기준으로 주택임대차보호법상의 최우선변제금액을 따지면 되므로 문제될 것이 없으나, 임차주택에 저당권 등이 설정되어 있는 경우에는 주택임대차보호법상의 최우선변제금액이 임차인의 전입신고 및 입주시기와 임차주택의 등기부등본상 저당권 등의 설정시기와 비교하여 결정된다는 점을 간과해서는 안된다는 것이다. 즉, 임차주택에 저당권 등이 설정되어 있는 경우에는 해당 저장권 등의 설정시점을 기준으로 하여 주택임대차보호법상의 최우선변제금액이 가변적으로 정해지는 것이다. 연도별 주택임대차보호법상의 최우선변제금액은 다음의 표와 같다.

[주택임차인의 최우선변제금액]

임차시기 (저당권 등 설정 시점 기준)	임차주택 소재지	최우선변제금액이 인정되는 임차보증금	최우선변제금액
1984. 1. 1~ 1987. 11. 30	서울특별시·직할시	300만원 이하	전 액
	기타 지역	200만원 이하	전 액
1987. 12. 1~ 1990. 2. 18	서울특별시·직할시	500만원 이하	전 액
	기타 지역	400만원 이하	전 액
1990. 2. 19~ 1995. 10. 18	서울특별시	2,000만원 이하	700만원까지
	기타 지역	1,500만원 이하	500만원까지
1995. 10. 19~	서울특별시·광역시(군지역 제외)	3,000만원 이하	1,200만원까지

겹치기 때문에 이 부분에 대한 면제재산신청이 있을 경우 취하권고 내지 각하하고 있는 것으로 보인다.

250) 다만 민사집행법의 개정(2010. 7. 23. 개정 및 시행)으로 주택임대차보호법상 최우선변제금액(민사집행법 246조 1항 6호, 주택임대차보호법 8조 및 동법 시행령 3조) 부분이 새로이 압류금지대상으로 추가되었고, 면제재산의 범위도 이와 일치시켰으므로(2013. 2. 13. 시행령 16조 1항 개정) 그 후부터는 통합도산법상 위 주택임대차보증금 중 일정액에 대한 면제재산제도는 그 실익이 없어졌다고 보일 수 있지만, 대항요건을 갖추지 못하였거나 임대차보증금의 액수 제한 요건을 충족하지 못한 주택임차인에게 있어서는 여전히 면제재산신청제도는 그 실익이 있다고 본다.

2001. 9. 14	기타 지역	2,000만원 이하	800만원까지
2001. 9. 15~ 2008. 8. 20	과밀억제권역	4,000만원 이하	1,600만원까지
	광역시(인천·군지역 제외)	3,500만원 이하	1,400만원까지
	기타 지역	3,000만원 이하	1,200만원까지
2008. 8. 21~ 2010. 7. 25	과밀억제권역	6,000만원 이하	2,000만원까지
	광역시(인천·군지역 제외)	5,000만원 이하	1,700만원까지
	기타 지역	4,000만원 이하	1,400만원까지
2010. 7. 26~ 2013. 12. 31	서울특별시	7,500만원 이하	2,500만원까지
	과밀억제권역(서울 제외)	6,500만원 이하	2,200만원까지
	광역시(과밀억제권역·군지역 제외)	5,500만원 이하	1,900만원까지
	안산시·용인시·김포시·광주시	5,500만원 이하	1,900만원까지
	기타 지역	4,000만원 이하	1,400만원까지
2014. 1. 1~ 2016. 3. 30	서울특별시	9,500만원 이하	3,200만원까지
	과밀억제권역(서울 제외)	8,000만원 이하	2,700만원까지
	광역시(과밀억제권역·군지역 제외)·안산시·용인시·김포시·광주시	6,000만원 이하	2,000만원까지
	기타 지역	4,500만원 이하	1,500만원까지
2016. 3. 31~ 2018. 9. 17	서울특별시	1억원 이하	3,400만원까지
	과밀억제권역(서울 제외)	8,000만원 이하	2,700만원까지
	광역시(과밀억제권역·군지역 제외)·세종특별자치시·안산시·용인시·김포시·광주시	6,000만원 이하	2,000만원까지
	기타 지역	5,000만원 이하	1,700만원까지
2018. 9. 18~ 2021. 5. 10	서울특별시	1억 1,000만원 이하	3,700만원까지
	과밀억제권역(서울 제외)·세종시·용인시·화성시	1억원 이하	3,400만원까지
	광역시(과밀억제권역·군지역 제외)·안산시·김포시·광주시·파주시	6,000만원 이하	2,000만원까지
	기타 지역	5,000만원 이하	1,700만원까지
2021. 5. 11~ 현재까지	서울특별시	1억 5,000만원 이하	5,000만원까지
	과밀억제권역(서울 제외)·세종시	1억 3천만원 이하	4,300만원까지

·용인시·화성시·김포시		
광역시(과밀억제권역·군지역 제외)·안산시·광주시·파주시·이천시·평택시	7,000만원 이하	2,300만원까지
기타 지역	6,000만원 이하	2,000만원까지

① 최우선변제금액이 인정되는 임차보증금은 임차보증금만을 기준으로 하고 월세는 무시함
② 과밀억제권역 : 서울, 인천(단, 강화군·옹진군·대곡동·불로동·마전동·금곡동·오류동·왕길동·당하동·원당동 및 인천경제자유구역·남동국가산업단지는 제외), 의정부시, 구리시, 남양주시(단, 호평동·평내동·금곡동·일패동·이패동·삼패동·가운동·수석동·지금동·도농동만 해당), 하남시, 고양시, 수원시, 성남시, 안양시, 부천시, 광명시, 과천시, 의왕시, 군포시, 시흥시(단, 반월특수지역은 제외)

한편 소액임차인에 보장되는 최우선변제금액 정도에 대한 면제재산을 인정받기 위해서는 주택임대차보호법상의 소액임차인의 최우선변제요건, 즉 주택인도 및 주민등록이라는 대항요건이나 최우선변제금액을 인정받기 위한 임차보증금의 상한액 등의 요건이 구비되어 있어야 하느냐에 대하여는 견해의 대립이 있으나, 면제재산제도의 취지가 채무자에게 최소한도의 주거권 및 생계보장을 위한 제도인 점에서 '우선변제를 받을 수 있는 금액의 범위 안에서 대통령령이 정하는 금액을 초과하지 않는 부분'에 방점을 두어 주택인도 및 주민등록이라는 대항요건의 충족 여부나 임차보증금의 액수와 무관하게 소액임차인에게 보장되는 최우선변제금액 정도는 면제재산으로 인정되는 것이라고 보는 것이 타당하다고 본다.[251)]

이와 같이 볼 때 주택임대차보호법상의 요건을 갖추지 못하였거나 소액임차인의 범위를 벗어난 액수의 임대차보증금을 가져 압류금지채권으로서 보호를 받지 못한 주택임차인의 경우에도 소액임차인에게 보장되는 최우선변제금액 정도는 면제재산제도에 의해 보호를 받을 수 있게 될 것이고, 이러한 점에서 소액임차인의 최우선변제금액에 대한 면제재산제도는 큰 의미를 가지는 것이라고 할 수 있을 것이다.[252)]

나. 6개월간의 생계비에 사용할 특정한 재산[253)]으로서 대통령령이 정하는 금액을 초과하지 않는 부분(383조 2항 2호)

여기에서 초과하지 않을 대통령령으로 정한 금액이란 통합도산법 시행령 제16조 제2항에

251) 서울회생법원, 제5판 개인파산·회생실무, 252p에서도 같은 취지를 보이고 있다. 바람직한 실무 운영이라고 보인다.
252) 서울회생법원, 제5판 개인파산·회생실무, 252p.
253) 주로 유체동산(가재도구), 예금, 보험해약환급금, 자동차, 오토바이, 농기계 등이 이에 해당될 것이다.

규정되어 있는데, 이에 의하면 1,110만원[254)]이다. 따라서 1,110만원을 초과하지 않는 범위 내에서 보장되는 것이다.

3. 면제재산제도의 실익

면제재산제도는 파산선고를 받은 채무자로 하여금 최소한의 생계에 필요한 재산에 대하여 파산재단으로부터 면제를 받아 생계 수단을 계속 보유케 하려는데 근본 목적이 있지만, 한편, 이러한 면제재산신청은 면제재산에 대하여 면책신청과 파산폐지결정의 확정 또는 파산종결결정이 있을 때까지 착수하거나 속행할 수 있는 강제집행, 가압류 또는 가처분에 대한 중지 또는 금지명령을 신청하기 위한 전제로도 필요한 것이다. 즉, 법원은 파산선고 전에 면제신청이 있는 경우에 채무자의 신청 또는 직권으로 파산선고가 있을 때까지 면제재산에 대하여 파산채권에 기한 강제집행, 가압류 또는 가처분의 중지 또는 금지를 명할 수 있다(383조 8항).

따라서 실무에서는 파산 및 면책신청을 하면서, 면제재산신청을 하고 동시에 면제재산에 대한 중지명령 또는 금지명령신청을 하고 있다. 이는 특히 파산신청자의 유일한 재산인 임차보증금이나 유체동산(가재도구), 예금, 보험해약환급금 등에 가압류 등이 집행되는 것을 막거나 중지시키기 위한 경우에 요긴하다.

4. 면제재산신청 절차

가. 신청자격

면제재산신청은 개인채무자에 한한다. 즉, 법인파산의 경우에 법인은 그 신청자격이 없다. 주의할 점은 면제재산으로서 파산재단으로부터의 면제를 받으려면 반드시 신청기간 내에 면제재산을 신청해야 하며, 그렇지 않으면 면제재산으로 인정되지 않는다는 점이다.[255)]

나. 신청시기 및 방법

면제재산신청은 파산신청일 이후부터 파산선고 후 14일 이내까지 서면으로 해야 하고,

254) 위 금액은 초기에는 720만원이었으나, 2013. 2. 13. 개정·시행된 통합도산법 시행령에 의해 900만원으로 상향조정되었고, 또다시 2019. 3. 5.부터는 1,110만원으로 상향조정되었다(시행령 16조 2항).

255) 이와 관련하여 파산을 신청하는 채무자의 대부분은 법률의 규정이나 제도를 잘 모르는 경우가 많을 것이고 따라서 면제재산제도 자체에 대한 지식이 없어 그 혜택을 받지 못한 경우가 비일비재할 것이므로 차제에 법 개정시 법원의 직권에 의한 면제재산결정제도 또는 법원의 직권에 의한 면제재산환가포기결정 등의 제도적 보완이 요구된다고 본다(서울회생법원, 제5판 개인파산·회생실무, 124p).

면제재산목록 및 그 소명에 필요한 자료를 첨부해야 한다.

다. 신청비용

신청비용은 없다. 즉 면제재산신청시 인지대나 송달료는 별도로 납부할 필요는 없다는 것이다.

라. 법원의 면제재산결정

면제재산신청이 있는 경우 법원은 별도의 사건부호나 번호를 부여하지 않고 문건으로 파산기록에 가철해 둔다. 법원은 파산선고 전에 면제재산신청이 있는 경우에는 파산선고와 동시에, 파산선고 후에 그러한 신청이 있는 경우에는 신청일부터 14일 이내에 면제여부 및 그 범위를 결정해야 한다(383조 4항).

면제재산결정이 내려지면 해당 면제재산은 파산재단에서 제외되어 채무자가 자유로이 관리·처분할 수 있는 자유재산으로 된다.

면제재산결정이 있는 경우에는 법원은 채무자 및 알고 있는 채권자에게 그 결정서를 송달해야 한다(383조 5항). 면제재산결정에 대하여 불복하는 채무자 및 채권자는 즉시항고할 수 있다(383조 6항). 다만 이러한 즉시항고에는 집행정지의 효력이 없다(383조 7항). 한편 면제재산에 대하여 중지·금지를 명할 수 있는 것은 파산채권에 기한 집행 등에 한하고, 재단채권에 기한 집행 등은 해당되지 않음을 주의해야 한다.

[서식 26] 면제재산 신청서(소액임대차보증금)

면제재산 결정신청서(임차보증금)

사　　　건　　20○○하단○○호 파산선고
20○○하면○○호 면책

신청인(채무자)　　○ ○ ○

소송대리인 변호사　　○ ○ ○
(송달장소) ○○기 ○○구 ○○로 ○○

신청인은 채무자 회생 및 파산에 관한 법률 제580조 제3항, 제1항 제1호, 제383조 제2항에 따라 채무자 소유의 별지 목록 기재 재산을 면제재산으로 정한다는 결정을 구합니다. (※아래 해당되는 부분에 ✓표를 하고, 면제재산결정 신청을 하는 재산목록 및 소명자료를 첨부하시기 바랍니다.)

☑ 1. 주거용건물 임차보증금반환청구권에 대한 면제재산결정 신청
(법 제580조 제3항, 제1항 제1호, 제383조 제2항 제1호)

※ 첨부서류
가. 별지 면제재산목록 (채권자수 + 3부)
나. 소명자료 : ☑ 임대차계약서　　1부
☑ 주민등록등본　　1통
☐ 기타 [　　　]　　통

☐ 2. 6개월간의 생계비에 사용할 특정재산에 대한 면제재산결정 신청
(법 제580조 제3항, 제1항 제1호, 제383조 제2항 제2호)

※ 첨부서류
가. 별지 면제재산목록 (채권자수 + 3부)
나. 소명자료 : ☐ [자동차등록원부]　　통
☐ 기타 [자동차견적서]　　통

20○○. ○. ○.

신청인(채무자)

소송대리인 변호사 ○ ○ ○ (인)

○○지방법원 귀중

[별지]

목 록

면제재산 금액	금 4,441,600원
주택임대차계약의 내용	① 임대차계약일자 (20○○. 2. 15. 재계약) ② 임대차기간 (20○○. 10. 15.부터, 현재까지) ③ 임차목적물의 소재지(시 구 아파트) ④ 임차보증금 (4,441,600원) ⑤ 임료의 액수 및 연체기간 (월 63,720원, 개월간 연체) ⑥ 임대인의 성명 ( ) ⑦ 주민등록일자 (20○○. 10. 15.) ⑧ 확정일자(. . . 확정일자 받음, 확정일자 무)

[서식 27] 면제재산 신청서(보험해약환급금)

면제재산 결정신청서(보험해약환급금)

사 건 20○○하단○○호 파산선고
20○○하면○○호 면책

신청인(채무자) ○ ○ ○

소송대리인 변호사 ○ ○ ○
(송달장소) ○○기 ○○구 ○○로 ○○

신청인은 채무자 회생 및 파산에 관한 법률 제580조 제3항, 제1항 제1호, 제383조 제2항에 따라 채무자 소유의 별지 목록 기재 재산을 면제재산으로 정한다는 결정을 구합니다. (※아래 해당되는 부분에 ✓표를 하고, 면제재산결정 신청을 하는 재산목록 및 소명자료를 첨부하시기 바랍니다.)

☐ 1. 주거용건물 임차보증금반환청구권에 대한 면제재산결정 신청
(법 제580조 제3항, 제1항 제1호, 제383조 제2항 제1호)

※ 첨부서류
가. 별지 면제재산목록 (채권자수 + 3부)
나. 소명자료 : ☐ 임대차계약서 부
☐ 주민등록등본 통
☐ 기타 [ ] 통

☑ 2. 6개월간의 생계비에 사용할 특정재산에 대한 면제재산결정 신청
(법 제580조 제3항, 제1항 제1호, 제383조 제2항 제2호)

※ 첨부서류
가. 별지 면제재산목록 (채권자수 + 3부)
나. 소명자료 : ☐ [해약환급금 증명서] 1통
☐ 기타 [ ] 통

20○○. ○. ○.

신청인(채무자)

소송대리인 변호사 ○ ○ ○ (인)

○○지방법원 귀중

[별지]

목 록

면제재산 금액	보험해약환급금 금 1,031,249원
6개월간의 생계비에 사용할 특정재산내역	1) 특정재산내역 : 채무자 명의의 우체국보험(○○치료 12-1234567, 재해안심만기 12-2345678)의 해약환급금 잔액 금 1,031,249원 2) 면제재산신청사유 : 위 건강보험은 해약환급금 잔액이 겨우 금 1,031,249원만 남아 있으며, 채무자는 현재 아무런 재산이 없는 가정주부로서 가령 해약한다 하더라도 채무자의 생활비 등 6개월간의 생계비에 사용할 특정재산에 해당하여 소비해야 할 것으로 보이며, 또한 채무자는 중년여성으로서, 첨부한 진단서에서 보는 바와 같이, 향후 치료해야 할 자궁 부위 등의 여성질환이 있어 만약 해약한다면 또다시 병원비 등 채무가 늘어날 소지가 있으며 이는 기존 채무를 면책받아 재기하려는 파산제도의 본래 취지에도 맞지 않는다고 사료되므로 면제재산을 신청하오니 재판장님의 선처를 부탁드립니다.

[서식 28] 면제재산 신청서(예금)

면제재산 결정신청서(생계비 포함)

사 건 20○○하단○○호 파산선고
20○○하면○○호 면책
신청인(채무자) ○ ○ ○
소송대리인 변호사 ○ ○ ○
(송달장소) ○○기 ○○구 ○○로 ○○

신청인은 채무자 회생 및 파산에 관한 법률 제580조 제3항, 제1항 제1호, 제383조 제2항에 따라 채무자 소유의 별지 목록 기재 재산을 면제재산으로 정한다는 결정을 구합니다.
(※아래 해당되는 부분에 ✓표를 하고, 면제재산결정 신청을 하는 재산목록 및 소명자료를 첨부하시기 바랍니다.)

☐ 1. 주거용건물 임차보증금반환청구권에 대한 면제재산결정 신청
(법 제580조 제3항, 제1항 제1호, 제383조 제2항 제1호)

※ 첨부서류
가. 별지 면제재산목록 (채권자수 + 3부)
나. 소명자료 : ☐ 임대차계약서 부
☐ 주민등록등본 통
☐ 기타 [ ] 통

☑ 2. 6개월간의 생계비에 사용할 특정재산에 대한 면제재산결정 신청
(법 제580조 제3항, 제1항 제1호, 제383조 제2항 제2호)

※ 첨부서류
가. 별지 면제재산목록 (채권자수 + 3부)
나. 소명자료 : ☑ [○○은행예금통장 사본] 통
☐ 기타 [ ] 통

20○○. ○. ○.

신청인(채무자)
소송대리인 변호사 ○ ○ ○ (인)

○○지방법원 귀중

[별지]

목 록

면제재산 금액	예금잔액 금 447,114원
주택임대차계약의 내용	① 임대차계약일자 ( ) ② 임대차기간 ( ) ③ 임차목적물의 소재지( ) ④ 임차보증금 (원) ⑤ 임료의 액수 및 연체기간 (월 원, 개월간 연체) ⑥ 임대인의 성명 ( ) ⑦ 주민등록일자 ( ) ⑧ 확정일자(. . . 확정일자받음, 확정일자 무)
6개월간의 생계비에 사용할 특정재산내역	채무자 명의의 ○○은행 000-000-00000000 계좌의 예금잔액 금 447,114원

[서식 29] 면제재산결정신청서(유체동산)

면제재산 결정 신청서

사 건 20○○하단○○○○ 파산선고
20○○하면○○○○ 면책
신청인(채무자) ○ ○ ○
소송대리인 변호사 ○ ○ ○
(송달장소) ○○시 ○○구 ○○로 ○○-○○

신청인은 채무자 회생 및 파산에 관한 법률 제580조 제3항, 제1항 제1호, 제383조 제2항에 따라 채무자 소유의 별지 목록 기재 재산을 면제재산으로 정한다는 결정을 구합니다.
(※아래 해당되는 부분에 ✓표를 하고, 면제재산결정 신청을 하는 재산목록 및 소명자료를 첨부하시기 바랍니다.)

□ 1. 주거용건물 임차보증금반환청구권에 대한 면제재산결정 신청
(법 제580조 제3항, 제1항 제1호, 제383조 제2항 제1호)

※ 첨부서류
가. 별지 면제재산목록 (채권자수 + 3부)
나. 소명자료 : □ 임대차계약서 1부
□ 주민등록등본 1통
□ 기타 [ ] 통

☑ 2. 6개월간의 생계비에 사용할 특정재산에 대한 면제재산결정 신청
(법 제580조 제3항, 제1항 제1호, 제383조 제2항 제2호)

※ 첨부서류
가. 별지 면제재산목록 (채권자수 + 3부)
나. 소명자료 : □ [자동차등록원부] 통
☑ 기타 [유체동산 견적서] 1통

20○○. ○. ○.

신청인(채무자)
소송대리인 변호사 ○ ○ ○ (인)

○○지방법원 귀중

[별지] 목 록(6개월간의 생계비에 사용할 특정재산인 가재도구)

순	품 명	제조사 및 모델	개수	잔존 가격(원)	비 고
1	냉장고	삼성, 지펠187ℓ	1	250,000	
2	에어콘	삼성, 15평형	1	300,000	
3	김치냉장고	삼성, 174ℓ	1	150,000	
4	TV	삼성, 25인치	1	50,000	
5	TV	삼성, 21인치	1	30,000	
6	세탁기	삼성, 10kg	1	70,000	
7	가스렌지	삼성	1	20,000	
8	장농	10자	1	500,000	
9	화장대	1조	1	200,000	
10	문갑	1조	1	200,000	
	합 계			1,770,000원	

[기재례 105] 면제재산 인용결정문

○○지방법원
결 정

사 건 20○○하단○○ 파산선고

채 무 자 ○ ○ ○ (123456 - 1234567)
○○시 ○○구 ○○로 ○○

주 문

채무자 소유의 별지 목록 기재 재산을 파산재단에서 면제한다.[256)]

이 유

이 사건 신청은 이유 있으므로, 채무자 회생 및 파산에 관한 법률 제383조 제2항을 적용하여 주문과 같이 결정한다.

20○○. ○. ○.

판 사 ○ ○ ○

256) 파산선고 전에 면제재산 결정신청이 있는 때에는 파산선고결정에 위 주문을 표시하여 파산선고와 동시에 결정한다.

[기재례 106] 면제재산 각하결정문

○○지방법원

결　　정

사　　건　　20○○하단○○○○　파산선고

채 무 자　　○　○　○ (123456 - 1234567)
　　　　　　○○시 ○○구 ○○로 ○○

주　　문

채무자의 별지 목록 기재 재산에 대한 면제재산 결정신청을 각하한다.

이　　유

채무자가 파산재단에서의 면제를 신청한 별지 목록 기재 재산은 민사집행법 제246조에 의한 압류금지재산으로서 당연히 파산재단에 속하지 않으므로 별도로 면제재산결정을 구할 이익이 없다. 따라서 이 사건 신청은 부적법하므로 이를 각하하기로 하여 주문과 같이 결정한다.

20○○. ○. ○.

판 사 ○ ○ ○

[기재례 107] 면제재산 기각결정문

○○지방법원

결 정

사 건	20○○하단○○○○ 파산선고
채 무 자	○ ○ ○ (123456 - 1234567) ○○시 ○○구 ○○로 ○○

주 문

채무자의 별지 목록 기재 재산에 대한 면제재산 결정신청을 기각한다.

이 유

채무자 소유의 별지 목록 기재 재산은 그 성질상 생계유지에 반드시 필요한 물건으로 보기 어려울 뿐만 아니라 그 소재지도 채무자가 주장하는 채무자의 거소지와 달라 직접 생계비에 사용할 특정한 재산으로 볼 수 없어 채무자 회생 및 파산에 관한 법률 제383조 제2항 소정의 면제재산으로 보기 어렵고 달리 이를 소명할 자료가 없으므로, 채무자의 이 사건 면제재산신청을 기각하기로 하여 주문과 같이 결정한다.

20○○. ○. ○.

판 사 ○ ○ ○

[8]
중지·금지명령신청제도

1. 중지·금지명령신청의 의의

가. 중지·금지명령신청의 개념

중지·금지명령신청이란 면제재산신청된 재산에 대하여 파산선고시까지 강제집행이나 가압류·가처분을 중지시키거나 금지시켜달라고 신청하는 것을 말한다. 중지·금지명령신청은 면제재산신청이 전제되어야 한다. 즉 파산선고 전에 면제재산신청이 있는 경우에 채무자의 신청 또는 법원의 직권으로 파산선고가 있을 때까지 면제재산신청된 재산에 대하여 파산채권에 기한 강제집행, 가압류 또는 가처분의 중지 또는 금지를 법원이 명하는 것을 중지·금지명령신청이라고 하는 것이다(383조 8항). 여기에서 금지명령신청은 면제재산신청된 재산에 대하여 아직 강제집행이나 가압류·가처분이 이루어지기 전인 경우에 이를 금지시켜달라는 것이고, 중지명령신청은 이미 면제재산신청된 재산에 대하여 강제집행(예, 압류 및 추심명령 등)이나 가압류·가처분이 이루어진 경우에 그 진행을 중지시켜달라고 신청하는 것을 말한다.

나. 중지·금지명령신청제도의 필요성

채무자가 파산 및 면책신청을 하고, 파산폐지의 확정[257] 또는 파산종결결정이 있는 때에는 파산채권자는 면책신청에 대한 재판이 확정될 때까지 강제집행이나 가압류·가처분을 할 수 없게 되며, 이미 채무자의 재산에 대하여 실행한 강제집행이나 가압류·가처분은 중지된다(557조 1항). 이에 파산채권자가 채무자의 재산에 대하여 강제집행이나 가압류·가처분을 신청 또는 속행할 수 있는 기간은, 파산신청만 하고 아직 면책신청을 하지 않은 기간과,[258] 면책신청을 하였으나 아직 파산폐지의 확정 또는 파산종결결정이 나오기 전까지의 기간일 것이다. 따라서 이 기간 중에 면제재산신청이 가능한 재산만이라도 이미 들어온 강제집행이나 가압류·가처분의 집행을 중지시키거나 아직 들어오지 않은 강제집행이나 가압류·가처분을 금지

257) 여기에서 파산폐지의 확정이란 동의폐지를 제외한 동시폐지 및 이시폐지결정을 말한다.

258) 다만 간주면책신청제도와 관련하여 채무자가 파산신청을 한 경우에는 반대의 의사표시가 없는 한 파산신청과 동시에 면책신청을 한 것으로 간주되므로(556조 3항) 적어도 채무자가 신청한 개인파산신청사건의 경우에는 여기에 해당되는 경우는 거의 없을 것이다. 여기에 해당되는 것은 채권자가 채무자에 대하여 파산신청을 한 경우에만 의미가 있을 것이다.

시키기 위해서는 면제재산신청과 아울러 중지명령 또는 금지명령을 동시 또는 이시에 신청할 필요가 있는 것이다.

한편 중지·금지명령신청은 면제재산신청만 있을 뿐 아직 면제재산결정이 이루어지기 전까지만 실익이 있을 것이다. 면제재산결정[259]이 확정되면 그 대상으로 된 재산은 파산재단으로부터 제외되어 채무자의 자유재산으로 될 것이고, 파산절차가 진행되는 동안이나(즉 면책여부 결정의 확정시까지)[260] 면책허가결정이 이루어진 후에는 파산채권자가 여기에 강제집행이나 가압류·가처분을 할 수 없게 될 것이기 때문이다.[261] 통합도산법에서는 면제재산신청된 재산에 대하여 중지명령이 내려짐으로써 중지된 강제집행이나 가압류·가처분은 면제재산결정으로 그 효력이 상실되도록 하고 있다(383조 9항).

요컨대 파산신청만 하고 아직 면책신청을 하지 않았거나 면책신청을 하였으나 아직 파산폐지의 확정 또는 파산종결결정이 나오기 전인 단계이고 또한 면제재산신청을 하였으나 아직 면제재산결정이 이루어지기 전인 경우에는 면제재산신청된 재산에 대하여 강제집행이나 가압류·가처분을 중지시키거나 금지시킬 수 없게 될 것이므로 이러한 경우에 파산선고 전까지 면제재산신청된 재산을 대상으로 강제집행이나 가압류·가처분을 중지시키거나 금지시키기 위하여 필요한 제도가 중지·금지명령신청제도인 것이다.

개인파산신청이 취하, 각하, 기각된 때에는 그 성질상 발령된 중지명령이나 금지명령은 효력을 상실한다.[262] 중지명령이나 금지명령에 대하여는 즉시항고할 수 없다(13조 1항).

2. 중지·금지명령의 대상과 신청기간

중지·금지명령신청은 면제재산신청을 전제로 할 것이로되, 면제재산신청이 파산신청일로부

259) 면제재산결정은 파산선고 전에 면제신청이 있는 때에는 파산선고와 동시에, 파산선고 후에 면제재산신청이 있는 때에는 신청일부터 14일 이내에 면제여부 및 범위를 결정하게 된다(383조 4항).

260) 통합도산법 제383조 제10항에 의하면 면제재산결정된 재산에 대하여 '면책신청을 할 수 있는 기한(556조 1항)'까지만 파산채권에 기한 강제집행이나 가압류·가처분을 할 수 없도록 하고 있으나, 개인파산사건은 대부분 개인파산신청과 동시에 면책신청을 하거나 면책신청 간주 규정(556조 3항)에 의하여 면책신청이 있을 것이고, 이러한 면책신청이 있고 파산폐지결정의 확정 또는 파산종결결정이 있는 때에는 면책신청에 관한 재판이 확정될 때까지 채무자의 재산(자유재산 포함)에 대하여 파산채권에 기한 강제집행이나 가압류·가처분이 중지·금지되도록 하고 있는 관계로(557조 1항), 결국 면제재산결정된 재산에 대하여는 면책여부의 결정이 확정될 때까지 파산채권에 기한 강제집행이나 가압류·가처분을 할 수 없기 때문이다.

261) 물론 파산절차가 종료된 후 면책각하·기각·불허가결정 등 면책허가결정 외의 결과가 나온 경우에는 강제집행이나 가압류·가처분이 가능할 것이지만 이는 논외로 한다.

262) 서울회생법원, 제5판 개인파산·회생실무, 125p.

터 파산선고 후 14일 이내까지 할 수 있다고 할지라도(383조 3항), 파산선고 전에 면제재산신청이 이루어져 있어야만 중지·금지명령을 신청할 수 있다. 중지·금지명령은 파산선고시까지만 면제재산신청된 재산에 대하여 강제집행이나 가압류·가처분의 중지 또는 금지를 명하는 것이기 때문이다. 실무상으로는 파산신청 후 파산선고 전까지 면제재산신청을 하면서 동시에 그 면제재산신청된 재산에 대하여 중지·금지명령을 신청하는 것이 일반적이다.

중지명령이나 금지명령의 신청은 면제재산신청된 재산 중 파산채권에 대해서만 가능하며 재단채권에 대하여는 그 신청이 불가하다(383조 8항).

3. 신청절차

중지명령이나 금지명령을 신청하려면 중지명령·금지명령신청서를 작성하여 파산관할법원에 제출하면 된다. 강제집행이나 가압류·가처분이 이미 이루어진 경우에는 중지명령신청서를, 아직 이루어지기 전이라면 이를 저지하기 위한 금지명령신청서를 작성하여 제출하면 된다. 신청비용으로는 인지 2,000원만 첨부하면 되고, 별도로 송달료는 납부하지 않아도 된다.

4. 구체적인 적용사례

가. 가재도구 등 유체동산에 대한 강제집행 등의 중지·금지

채무자가 파산신청을 한 경우에도 강제집행이 금지되어 있는 것은 않으므로 채무자 소유의 가재도구 등 유체동산에 가압류나 강제경매가 들어올 수 있다. 이 경우에 가압류집행[263]이나 강제경매를 중지시키기 위해는 법원에 채무자 소유의 유체동산의 가액이 1,110만원의 범위 내이고(시행령 16조 2항), 6개월간의 생계비에 사용할 특정한 재산임을 소명하여 면제재산신청과 중지명령을 신청하고, 그에 따라 법원으로부터 중지명령이 나오면 그 정본을 집행관에게 제출해야 할 것이다. 주의할 것은 중지명령이 나왔다고 해서 자동으로 강제집행이나 가압류·가처분집행이 중지되는 것이 아니므로 반드시 중지명령 정본을 집행관에게 제출해야 한다는 점이다.

그 후 나중에 면제재산결정이 확정되면 그 중지된 가압류집행 또는 강제경매는 효력이 상실된다. 이 경우 채무자가 면제재산결정정본과 그 확정증명원을 집행관에게 제출하면 집

263) 유체동산에 대한 가압류집행은 집행관이 유체동산 소재지에 방문하여 파란딱지를 붙이고 압류조서에 기재하는 것으로 집행이 종료되는 것이므로 현실적으로 가압류집행을 중지시키는 경우란 거의 드물 것이지만, 추가적인 가압류집행 등을 중지시키는데 의미가 있을 것이다.

행관은 가압류집행 또는 압류된 유체동산에 대한 점유를 풀고 보관물을 채무자에게 교부해 준다. 유체동산이 매각되어 배당이 이루어지기 전 단계에서 중지명령에 의해 강제경매가 중지되고 면제재산결정으로 강제경매가 실효된 경우에는 집행관은 그 매각대금을 채무자에게 지급해 준다.

채무자가 면책신청을 하고, 또한 파산폐지결정의 확정 또는 파산종결결정이 있는 때에는 면제재산뿐만 아니라 채무자의 모든 재산에 대하여도 가압류집행 또는 강제경매가 당연히 중지·금지된다(557조 1항). 따라서 동시폐지결정 또는 파산종결결정이 있는 경우, 채무자는 면책신청접수증명원과 파산선고결정정본 및 그 확정증명원을 집행관에게 교부하면 집행관은 진행 중인 유체동산에 대한 가압류집행이나 강제경매를 중지하게 된다. 이후 면책결정이 확정되면 중지된 가압류집행이나 강제집행은 그 효력을 상실하게 되고, 이때 채무자가 면책결정정본 및 그 확정증명원을 집행관에게 제출하게 되면 집행관은 보관 중인 유체동산에 대한 가압류나 압류를 풀고 이를 채무자에게 교부해 줄 것이다.

유체동산에 대한 가압류나 강제집행이 들어오기 전이라면 면제재산신청 및 금지명령을 신청하여 그 결정으로 유체동산에 대한 가압류나 강제집행을 사전에 막을 수 있을 것이다. 다만, 채무자가 금지명령정본을 받았다고 하더라도 유체동산에 대한 가압류나 강제집행이 들어오기 전에 미리 집행관에게 이를 제출할 수는 없을 것이므로, 통상 집행관이 가압류집행 또는 압류집행을 실시하기 위해 집행장소에 출동한 경우, 그 집행관에게 금지명령정본을 제출하는 방식으로 집행을 막을 수 있을 것이다.[264)]

나. 장래의 계속적 급여채권에 대한 강제집행 등의 중지·금지

파산절차와 관련하여 채권에 대한 가압류 또는 압류를 중지 또는 금지시킬 수 있느냐가 실무상 많이 문제된다.

그런데 채권에 대한 가압류 또는 압류는 그 결정이 제3채무자에 송달된 때 이미 집행이 종료되고, 집행이 완료된 이후에 비로소 채무자에게 그 결정이 송달되기 때문에 채무자가 가압류 또는 압류 여부를 알 수 없어 이를 중지시키는 경우란 거의 없다고 본다. 다만 급여채권에 대한 가압류 또는 압류의 집행과 같이 일회성이 아니고 그 성질상 매월 일정금액을 떼어 적립하는 형식으로 이루어지는 경우에는 면제재산신청 및 중지명령 신청의 의미가 있고

---

264) 물론 채권자가 집행관사무실에 가압류나 강제집행을 신청하여 접수번호가 나온 이후 그러한 사실을 알게 된 채무자로서는 집행관이 집행에 착수하기 전이라도 집행관사무실에 금지명령정본을 제출함으로써 집행이 들어오는 것을 사전에 막을 수 있을 것이다.

실무상 그 실익도 있다고 본다.[265)]

가압류나 압류 이후에 채권자가 이를 현금화하기 위해 실시한 추심명령이나 전부명령의 경우에 면제재산신청 및 중지명령신청의 의미가 있을 수 있는가? 추심명령의 경우에는 면제재산신청 및 중지명령신청을 통하여 이를 중지시키는 것이 가능하고 또 실무상 많이 실시되고 있다.[266)] 그런데, 전부명령의 경우에는 해당 전부명령이 제3채무자에게 송달되어 확정된 경우에는 곧바로 집행자체가 종료되는 것이므로 현실적으로 이를 중지시키는 경우란 거의 없다.[267)] 다만, 개인회생신청 사건의 경우 급여채권에 대한 전부명령의 경우에도 통합도산법 제593조(중지명령)에 근거하여 중지명령신청을 한 경우 실무상 인용된 사례가 있고(광주지법 2008개회35432), 따라서 같은 원리에 의해 파산신청사건의 경우에도 급여채권에 대한 전부명령이 이루어진 경우 면제재산 및 중지명령신청을 해볼 실익이 있다고 본다.[268)]

면제재산신청 후 면제재산결정 또는 면책결정이 확정되면 가압류 또는 압류집행은 당연히 실효된다. 따라서 이 경우 채무자가 면제재산결정정본이나 면책허가결정정본 및 그 확정증명원을 가압류 또는 압류법원에 제출하게 되면 집행법원은 해당 가압류 또는 압류집행이 실효되었다는 취지를 제3채무자에게 통지해 준다.

급여채권에 대한 압류경합으로 제3채무자가 공탁한 경우에는 채무자는 면제재산결정정본이나 면책허가결정정본 및 그 확정증명원을 공탁공무원에게 제출함으로써 공탁금을 수령할

265) 예금통장에 대한 가압류, 정확하게 표현하면 예금반환청구권에 대한 가압류의 경우에는 가압류결정문이 제3채무자인 은행 등 금융기관에 송달이 되면 집행이 종료되는 것이므로 현실적으로 이러한 가압류집행을 정지시키기란 쉽지 않을 것이다. 이러한 경우에는 결국 예금반환청구권에 대하여 면제재산신청을 하고, 그 결정을 받아 가압류집행의 효력을 상실시킨 후 예금을 반환받아야 할 것이다.

266) 급여 중 일부가 가압류나 압류 및 추심명령에 의해 적립 또는 추심되던 중 채무자의 면제재산 및 중지명령신청에 의해 중지명령이 나온 경우, 그 이후에는 사용자인 제3채무자가 급여 중 일부를 떼지 않고 전액 채무자에게 지급해야 하는지 문제된다. 중지명령은 말 그대로 향후의 집행을 중지하는 것이므로 중지명령의 효력이 발생하면 사용자는 급여 중 일부를 떼어 적립할 필요 없이 전액 채무자에게 지급해야 하는 것으로 보는 것이 타당하다. 그러나 실무에서는 사용자인 제3채무자가 이중지급의 위험 때문에 종전처럼 급여 중 일부를 떼어 적립하되, 추심채권자나 채무자에게 지급하지 않고 보관하고 있다가 면제재산결정 내지 면책결정 여부에 따라 처리하고 있는 것으로 보인다.

267) 제3판 개인파산·회생실무, 230~231p.

268) 만약 채무자가 면책결정을 받은 이후에도 급여에 대한 압류 및 전부명령의 효력이 실효되지 않고 계속 미치게 된다면, 더군다나 해당 채권액수가 많다고 한다면 채무자로 하여금 실질적으로 퇴직을 강요하는 것이 되어 통합도산법 32조의2(차별적 취급의 금지)의 취지에 반할 수 있다고 본다. 한편 전부명령도 압류를 전제로 하고 있고, 면책결정이 확정되면 중지된 가압류·압류절차가 실효되도록 규정(557조 2항)하고 있는 취지에 비추어 적어도 면책결정이 확정된 이후에는 압류 및 전부명령의 효력도 실효된다고 보는 것이 타당하다고 본다. 따라서 파산제도의 취지를 감안하여 차제에 통합도산법 616조 1항과 같이 장래에 수령하게 될 급여부분에 대한 전부명령에 대하여는 적어도 면책결정이 확정된 이후에는 미치지 않는 것으로 개정하는 것이 타당하다고 보인다(이상 저자의견).

수 있을 것이다.

급여에 대한 가압류나 강제집행이 들어오기 전이라면 면제재산 및 금지명령을 신청하여 그 결정으로 급여에 대하여 가압류나 강제집행이 들어오는 것을 사전에 막을 수 있을 것이다. 다만 채무자가 중지명령을 받았거나 금지명령을 받은 경우에도 그 결정문을 법원에서 직접 급여채권에 대한 가압류 또는 압류의 제3채무자인 사용자에게 통지해 주는 것은 아니어서 사용자가 그 사실을 알 수 없으므로 채무자가 이러한 결정문을 받은 경우에는 내용증명이나 팩스(Fax) 등을 통하여 제3채무자인 사용자에게 통지해 줄 필요가 있다고 보인다.

참고로 면제재산신청에 대하여 면제재산결정이 나온 경우에는 법원에서 채무자 및 알고 있는 채권자에게 그 결정서를 송달해 주고 있고(383조 5항), 또한 채무자가 그 결정정본을 가압류 또는 압류법원에 제출하게 되면 집행법원에서 실효되었다는 취지를 제3채무자에게 통지해 준다.

면책신청이 있고, 파산폐지결정의 확정 또는 파산종결결정이 이루어진 이후에도 급여채권에 대한 기왕의 가압류나 추심명령[269]에 근거하여 사용자가 계속 급여의 일정부분을 떼어 적립하면서 채무자에게 지급하지 않은 경우가 있는데, 이러한 경우에는 어떠한 조치가 필요한가?

면책신청이 있고, 파산폐지결정의 확정 또는 파산종결결정이 있는 때에는 면책신청에 관한 재판이 확정될 때까지 채무자의 재산에 대하여 파산채권에 기한 강제집행이나 가압류·가처분을 할 수 없고, 채무자의 재산에 대하여 파산선고 전에 이미 행하여지고 있던 강제집행이나 가압류·가처분은 당연히 중지되는 것이다(557조 1항). 여기에서 '중지'의 의미가 무엇인지 파악할 필요가 있다. 즉 장래 발생할 급여채권에 대하여 채권압류 및 추심명령 등이 있고 이에 대하여 중지명령이 내려질 경우(또는 면책신청 및 파산폐지결정의 확정 또는 파산종결결정으로 당연중지된 경우 포함), 사용자인 제3채무자로서는 중지명령 또는 당연중지의 효력에 의해 이후의 급여에 대하여 그 전액을 피용자인 채무자에게 지급해 주어야 하느냐 아니면 중지명령 또는 당연중지가 있다고 하더라도 압류의 효력이 실효되는 것이 아니기 때문에 종전처럼 압류된 급여를 채무자에게 지급하지 않고 적립해 두어야 하는지 문제되는 것이다.

---

269) 실무상 채권에 대한 압류 및 추심명령과는 달리 압류 및 전부명령의 경우에는 전부명령이 제3채무자에게 송달되어 확정된 경우에는 집행이 종료되므로 중지시킬 수 없다고 하고 있다(서울중앙지방법원, 제3판 개인파산·회생실무, 231p). 그러나 한편 급여와 같이 아직 발생되지 않은 미래의 계속적 채권에 대하여 압류 및 전부명령이 있는 경우에는 파산 및 면책제도의 취지상 단일의 확정된 채권에 대한 압류 및 전부명령이 있는 것과는 달리 보아야 하지 않을까 사료된다. 향후 이에 대한 검토가 필요하다고 본다.

저자의 입장에서는 '중지'란 압류행위 자체의 중지, 즉 급여에서 일부를 떼어 적립하는 행위 자체의 중지를 의미한다고 보이므로 중지명령을 받은 제3채무자로서는 피용자인 채무자에게 전액 지급해야 한다고 본다. 따라서 중지명령을 받은 채무자로서는 면책신청접수증명원과 파산폐지내역이 기재된 파산선고결정문, 해당 통합도산법 조문(557조)을 복사하여 내용증명이나 팩스(Fax) 등을 통하여 사용자에게 통지해 줄 필요가 있을 것이다. 다만 실무에서는 사용자인 제3채무자가 이중지급의 위험 때문에 종전과 같이 계속 급여의 일정 부분을 떼어 놓고 이후 면제재산결정 또는 면책결정의 확정으로 압류의 효력이 실효될 경우에는 채무자에게 지급하되, 면책불허가로 확정될 경우에는 압류채권자에게 지급하거나 공탁절차를 취하고 있는 것으로 보인다.

[서식 30] 금지명령신청서(보험해약환급금)

금 지 명 령 신 청 서(보험해약환급금)

사　　　건　20○○하단○○○호　파산선고

신청인(채무자)　○　○　○ (123456 - 1234567)
○○시 ○○구 ○○로 ㅁㅁ아파트 ○○-○○

소송대리인 변호사 ○ ○ ○
(송달장소) ○○시 ○○구 ○○로 ○○

신 청 취 지

신청인에 대한 이 법원 20○○하단○○○ 파산선고사건에 관하여 파산선고가 있을 때까지 파산채권에 기하여 별지목록 기재 보험해약환급금에 대하여 하는 강제집행·가압류 또는 가처분의 각 절차 또는 행위를 금지한다.
라는 결정을 구합니다.

신 청 원 인

1. 신청인은 귀원 20○○하단○○○호 파산선고 사건의 신청 채무자입니다.
2. 신청인은 위 파산선고사건에서 채무자 회생 및 파산에 관한 법률 제383조 제2항에 따라 신청인의 별지목록 기재 유체동산에 대하여 면제재산 결정 신청을 하였습니다.
3. 그런데 신청인이 파산선고 신청 후 파산선고 결정이 나기까지는 수개월간의 시간의 경과가 요구되는 바, 그 기간 사이에 신청인의 최소한의 생활 안정의 기반이 되는 6개월간의 생계비에 사용할 특정재산인 보험해약환급금에 대하여 강제집행·가압류 또는 가처분이 될 염려가 있습니다.
   위 건강보험은 해약환급금 잔액이 겨우 금 1,031,249원만 남아 있으며, 채무자는 현재 아무런 재산이 없는 가정주부로서 가령 해약한다고 하더라도 채무자의 생활비 등 6개월간의 생계비에 사용할 특정재산에 해당하여 소비해야 할 것으로 보이며, 또한 채무자는 중년여성으로서, 첨부한 진단서에서 보는 바와 같이, 향후 치료해야 할 자궁 부위 등의 여성질환이 있어 만약 해약한다면 또다시 병원비 등 채무가 늘어날 소지가 있으며 이는 기존 채무를 면책받아 재기하려는 파산제도의 본래 취지에도 맞지 않는다고 사료됩니다.
4. 따라서 신청인은 신청인 소유의 보험해약환급에 대한 강제집행·가압류 또는 가처분을

금지시켜야 할 필요가 있으므로, 채무자 회생 및 파산에 관한 법률 제383조 제8항에 의해 본건 신청에 이르게 되었습니다.

첨 부 서 류

1. 면제재산결정신청서 사본 1통

20○○. ○. ○.

위 신청대리인
변호사 ○ ○ ○ (인)

○○지방법원 귀중

[별지] 6개월간의 생계비에 사용할 특정재산 내역

건강보험(○○생명보험주식회사 : 무배당 여성시대건강 000000000)의 해약환급금 잔액금 1,031,249원.

[서식 31] 금지명령신청서(유체동산)

금 지 명 령 신 청 서(유체동산)

사　　　건　　20○○하단○○○호　파산선고

신청인(채무자)　○　○　○ (123456 - 1234567)
○○시 ○○구 ○○로 ㅁㅁ아파트 ○○-○○

소송대리인 변호사　○ ○ ○
(송달장소) ○○시 ○○구 ○○로 ○○

신 청 취 지

신청인에 대한 이 법원 20○○하단○○○ 파산선고사건에 관하여 파산선고가 있을 때까지 파산채권에 기하여 별지목록 기재 유체동산에 대하여 하는 강제집행·가압류 또는 가처분의 각 절차 또는 행위를 금지한다.
라는 결정을 구합니다.

신 청 원 인

1. 신청인은 귀원 20○○하단○○○호 파산선고 사건의 신청 채무자입니다.
2. 신청인은 위 파산선고사건에서 채무자 회생 및 파산에 관한 법률 제383조 제2항에 따라 신청인의 별지목록 기재 유체동산에 대하여 면제재산 결정 신청을 하였습니다.
3. 그런데 신청인이 파산선고 신청 후 파산선고 결정이 나기까지는 수개월간의 시간의 경과가 요구되는 바, 그 기간 사이에 신청인의 최소한의 생활 안정의 기반이 되는 6개월간의 생계비에 사용할 특정재산인 유체동산에 대하여 강제집행·가압류 또는 가처분이 될 염려가 있습니다.
4. 따라서 신청인은 신청인 소유의 유체동산에 대한 강제집행·가압류 또는 가처분을 금지시켜야 할 필요가 있으므로, 채무자 회생 및 파산에 관한 법률 제383조 제8항에 의해 이 신청에 이르게 되었습니다.

첨 부 서 류

1. 면제재산결정신청서 사본　　　　1통

20○○. ○. ○.

위 신청대리인
변호사 ○ ○ ○ (인)

○○지방법원 귀중

[별지] 유체동산 목록

순	품 명	제조사 및 모델	가 격	금 액
1	냉장고	삼성, 지펠187ℓ	1	250,000원
2	에어콘	삼성, 15평형	1	300,000원
3	김치냉장고	삼성, 174ℓ	1	150,000원
4	TV	삼성, 25인치	1	50,000원
계				750,000원

[서식 32] 금지명령신청서(소액임대차보증금)

금 지 명 령 신 청 서(소액임대차보증금)

사 건 20○○하단○○○호 파산선고

신청인(채무자) ○ ○ ○ (123456 - 1234567)
○○시 ○○구 ○○로 ○○아파트 ○○-○○

소송대리인 변호사 ○ ○ ○
(송달장소) ○○시 ○○구 ○○로 ○○

신 청 취 지

신청인에 대한 이 법원 20○○하단○○○호 파산선고사건에 관하여 파산선고가 있을 때까지 파산채권에 기하여 별지목록 기재 주거용건물의 소액임대차보증금반환청구권에 대하여 하는 강제집행·가압류 또는 가처분의 각 절차 또는 행위를 금지한다.
라는 결정을 구합니다.

신 청 원 인

1. 신청인은 귀원 20○○하단○○○호 파산선고 사건의 신청 채무자입니다.
2. 신청인은 위 파산선고사건에서 채무자 회생 및 파산에 관한 법률 제383조 제2항에 따라 신청인의 별지목록 기재 주거용건물의 소액임대차보증금반환청구권에 대하여 면제재산 결정 신청을 하였습니다.
3. 그런데 신청인이 파산선고 신청 후 파산선고 결정이 나기까지는 수개월간의 시간의 경과가 요구되는 바, 그 기간 사이에 신청인의 최소한의 생활 안정의 기반이 되는 주거용건물의 소액임대차보증금반환청구권에 대하여 강제집행·가압류 또는 가처분이 될 염려가 있습니다.
4. 따라서 신청인은 신청인의 주거용건물의 소액임대차보증금반환청구권에 대한 강제집행·가압류 또는 가처분을 금지시켜야 할 필요가 있으므로, 채무자 회생 및 파산에 관한 법률 제383조 제8항에 의해 이 신청에 이르게 되었습니다.

첨 부 서 류

1. 임대차계약서 1통

20○○. ○. ○.

위 신청대리인
변호사 ○ ○ ○ (인)

○○지방법원 귀중

[별지] 주거용건물의 소액임대차보증금 내역

주거용건물의 표시
○○시 ○○구 ○○로 ○○아파트 ○○-○○

임대차보증금
금 3,660,000원

[서식 33] 금지명령신청서(자동차)

금 지 명 령 신 청 서(자동차)

사　　　건　　20○○하단○○○호　파산선고

신청인(채무자)　　○　○　○ (123456 - 1234567)
○○시 ○○구 ○○로 ○○아파트 ○○-○○

소송대리인 변호사　○ ○ ○
(송달장소) ○○시 ○○구 ○○로 ○○

신 청 취 지

신청인에 대한 이 법원 20○○하단○○○ 파산선고사건에 관하여 파산선고가 있을 때까지 파산채권에 기하여 별지목록(자동차등록원부로 대체) 기재 자동차에 대하여 하는 강제집행·가압류 또는 가처분의 각 절차 또는 행위를 금지한다.
라는 결정을 구합니다.

신 청 원 인

1. 신청인은 귀원 20○○하단○○○호 파산선고 사건의 신청 채무자입니다.
2. 신청인은 위 파산선고사건에서 채무자 회생 및 파산에 관한 법률 제383조 제2항에 따라 신청인의 별지목록(자동차등록원부로 대체) 기재 자동차에 대하여 면제재산 결정 신청을 하였습니다.
3. 그런데 신청인이 파산선고 신청 후 파산선고 결정이 나기까지는 수개월간의 시간의 경과가 요구되는 바, 그 기간 사이에 신청인의 최소한의 생활 안정의 기반이 되는 6개월간의 생계비에 사용할 특정재산인 자동차에 대하여 강제집행·가압류 또는 가처분이 될 염려가 있습니다.
4. 따라서 신청인은 신청인 소유의 유체동산에 대한 강제집행·가압류 또는 가처분을 금지시켜야 할 필요가 있으므로, 채무자 회생 및 파산에 관한 법률 제383조 제8항에 의해 이 신청에 이르게 되었습니다.

첨 부 서 류

1. 면제재산결정신청서 사본　　　　　　1통

1. 자동차등록원부 1통
1. 장애인진단서(남편) 1통

20○○. ○. ○.

위 신청대리인
변호사 ○ ○ ○ (인)

○○지방법원 귀중

[기재례 108] 금지명령결정문

○○지방법원

결 정

사 건 20○○하단○○ 파산선고

채 무 자 ○ ○ ○ (123456 - 1234567)

○○시 ○○구 ○○로 ○○

주 문

채무자에 대한 파산선고가 있을 때까지 채무자 소유의 별지 목록 기재 재산에 대하여 강제집행, 가압류 또는 가처분 행위를 금지한다.

이 유

이 사건 신청은 이유 있으므로, 채무자 회생 및 파산에 관한 법률 제383조 제8항을 적용하여 주문과 같이 결정한다.

20○○. ○. ○.

판 사 ○ ○ ○

[기재례 109] 금지명령신청 기각결정문

광 주 지 방 법 원

결 정

사 건 20○○하단○○○○ 파산선고
20○○하면○○○○ 면책

신 청 인 ○ ○ ○ (123456 - 1234567)
○○시 ○○구 ○○로 111-222 ○○아파트 11-1111호
등록기준지 ○○구 ○○로 3-2

주 문

채무자의 이 사건 금지명령신청을 기각한다.

이 유

채무자가 '건강보험계약(보험화사 : ○○생명보험주식회사, 계약명 : 무배당 여성시대 건강, 계약번호 : 1111-22-3333-5555)의 해약환급금 1,031,249원'에 대하여 면제재산 결정 신청을 하면서 강제집행절차의 금지를 구하고 있으나, 위 해약환급금이 채무자 회생 및 파산에 관한 법률 제383조 제2항 제2호에서 정하고 있는 '채무자 및 그 피부양지의 생활에 필요한 6월간의 생계비에 사용할 특정한 재산'에 해당한다는 점을 인정할 아무런 증거가 없다(오히려 신청인의 주장에 의하더라도 신청인은 위 건강보험계약을 계속해서 유지하기를 원하고 이를 해약하여 해약환급금을 지급받을 의사가 없는 것으로 보인다).

[서식 34] 중지명령신청서(예금)

중 지 명 령 신 청 서(예금)

사 건 20○○하단○○○호 파산선고

신청인(채무자) ○ ○ ○ (123456 - 1234567)
○○시 ○○구 ○○로 ○○아파트 ○○-○○

소송대리인 변호사 ○ ○ ○
(송달장소) ○○시 ○○구 ○○로 ○○

신 청 취 지

신청인에 대한 이 법원 20○○하단○○○ 파산선고사건에 관하여 파산선고가 있을 때까지 신청인에 대한 ○○지방법원 20○○타채○○ 채권압류 및 추심명령절차를 중지한다.
라는 결정을 구합니다.

신 청 원 인

1. 신청인은 귀원 20○○하단○○○호 파산선고 사건의 신청 채무자입니다.
2. 신청인은 위 파산선고사건에서 채무자 회생 및 파산에 관한 법률 제383조 제2항에 따라 신청인의 ○○은행 000-0000-000 계좌의 예금(수급자의 생계비)청구채권에 대하여 면제재산 결정 신청을 하였습니다.
3. 그런데 신청인이 파산선고 신청 후 파산선고 결정이 나기까지는 수개월간의 시간의 경과가 요구되는 바, 그 기간 사이에 신청인의 최소한의 생활 안정의 기반이 되는 위 예금청구채권에 대하여 압류 및 추심명령이 집행될 염려가 있습니다.
4. 따라서 신청인은 광주지방법원 20○○타채○○ 채권압류 및 추심명령을 중지시켜야 할 필요가 있으므로, 채무자 회생 및 파산에 관한 법률 제383조 제8항에 의해 이 신청에 이르게 되었습니다.

첨 부 서 류

1. 채권압류 및 추심명령 1통

20○○. ○. ○.

위 신청대리인
변호사 ○ ○ ○ (인)

○○지방법원 귀중

[서식 35] 중지명령신청서(유체동산)

중 지 명 령 신 청 서(유체동산)

사　　　건　　20○○하단○○○호　파산선고

신청인(채무자)　○　○　○ (123456 - 1234567)

○○시 ○○구 ○○로 ○○아파트 ○○-○○

소송대리인 변호사　○ ○ ○

(송달장소) ○○시 ○○구 ○○로 ○○

신 청 취 지

신청인에 대한 이 법원 20○○하단○○○ 파산선고사건에 관하여 파산선고가 있을 때까지 신청인에 대한 ○○지방법원 20○○타기○○ 유체동산가압류절차를 중지한다.
라는 결정을 구합니다.

신 청 원 인

1. 신청인은 귀원 20○○하단○○○호 파산선고 사건의 신청 채무자입니다.
2. 신청인은 위 파산선고사건에서 채무자 회생 및 파산에 관한 법률 제383조 제2항에 따라 신청인 소유의 6개월간의 생계비에 사용할 특정재산인 유체동산에 대하여 면제재산 결정 신청을 하였습니다.
3. 그런데 신청인이 파산선고 신청 후 파산선고 결정이 나기까지는 수개월간의 시간의 경과가 요구되는 바, 그 기간 사이에 신청인의 최소한의 생활 안정의 기반이 되는 위 유체동산에 대하여 강제집행이 될 염려가 있습니다.
4. 따라서 신청인은 광주지방법원 20○○타기○○ 유체동산가압류절차를 중지시켜야 할 필요가 있으므로, 채무자 회생 및 파산에 관한 법률 제383조 제8항에 의해 이 신청에 이르게 되었습니다.

첨 부 서 류

1. 유체동산가압류 조서(목록 포함)　　1통

20○○. ○. ○.

위 신청대리인
변호사 ○ ○ ○ (인)

○○지방법원 귀중

[서식 36] 중지명령신청서(소액임대차보증금)

중 지 명 령 신 청 서(소액임대차보증금)

사 건 20○○하단○○○호 파산선고

신청인(채무자) ○ ○ ○ (123456 - 1234567)
○○시 ○○구 ○○로 ○○아파트 ○○-○○

소송대리인 변호사 ○ ○ ○
(송달장소) ○○시 ○○구 ○○로 ○○

신 청 취 지

신청인에 대한 이 법원 20○○하단○○○ 파산선고사건에 관하여 파산선고가 있을 때까지 신청인에 대한 ○○지방법원 20○○타채○○호 사건의 압류·추심명령절차를 중지한다.
라는 결정을 구합니다.

신 청 원 인

1. 신청인은 귀원 20○○하단○○○호 파산선고 사건의 신청 채무자입니다.
2. 신청인은 위 파산선고사건에서 채무자 회생 및 파산에 관한 법률 제383조 제2항에 따라 신청인의 별지목록 기재 주거용건물의 소액임대차보증금반환청구권에 대하여 면제재산결정 신청을 하였습니다.
3. 그런데 신청인이 파산선고 신청 후 파산선고 결정이 나기까지는 수개월간의 시간의 경과가 요구되는 바, 그 기간 사이에 신청인의 최소한의 생활 안정의 기반이 되는 주거용건물의 소액임대차보증금반환청구권에 대하여 압류 및 추심명령이 될 염려가 있습니다.
4. 따라서 신청인은 신청인의 주거용건물의 소액임대차보증금반환청구권에 대한 압류 및 추심명령을 중지시켜야 할 필요가 있으므로, 채무자 회생 및 파산에 관한 법률 제383조 제8항에 의해 이 신청에 이르게 되었습니다.

첨 부 서 류

1. 임대차계약서 1통

20○○. ○. ○.

위 신청대리인
변호사 ○ ○ ○ (인)

○○지방법원 귀중

[별지] 주거용건물의 표시 및 소액임대차보증금 내역

주거용건물의 표시
○○시 ○○구 ○○로 ○○ ㅁㅁ아파트 ○○-○○

임대차보증금
금 2,336,000원

[기재례 110] 중지명령결정문

○○지방법원

결 정

사 건 20○○하단○○○ 파산선고

채 무 자 ○ ○ ○ (123456 - 1234567)

○○시 ○○구 ○○로 ○○

주 문

채무자에 대한 파산선고가 있을 때까지 채무자 소유의 별지 목록 기재 재산에 대하여 ○○지방법원 집행관이 한 20○○본○○○호 유체동산 강제집행절차를 중지한다.

이 유

이 사건 신청은 이유 있으므로 채무자 회생 및 파산에 관한 법률 제383조 제 8항을 적용하여 주문과 같이 결정한다.

20○○. ○. ○.

판 사 ○ ○ ○

[9] 강제집행·가압류·가처분과 소제기 금지 여부

1. 의 의

개인채무자의 주된 관심사 중의 하나는 파산신청을 하게 되면 채권자들이 개인채무자의 재산에 대하여 강제집행이나 가압류·가처분을 할 수 없게 되는지 또는 파산신청 전에 이미 강제집행이나 가압류·가처분이 되어 있는 경우에 그 강제집행이나 가압류·가처분의 운명이 어떻게 되는지의 여부일 것이다. 이하에서 차례로 살펴보기로 한다.

2. 파산신청과 강제집행·가압류·가처분의 금지 여부

가. 파산신청부터 파산선고가 있을 때까지

파산채권자는 채무자가 파산신청을 하더라도 파산선고가 있을 때까지는[270] 채무자의 재산에 대하여 강제집행이나 가압류·가처분을 할 수 있다.

따라서 파산신청을 한 채무자가 파산선고가 있을 때까지 파산채권자로부터 강제집행이나 가압류·가처분이 들어오지 않게 하거나 중지시키려면 파산선고 전에 면제재산신청을 하고, 그 면제재산에 대하여 중지명령 또는 금지명령을 신청해야 하는 것이다(383조 2항, 8항). 다만, 채무자가 파산선고를 받을 때까지 파산채권자의 강제집행이나 가압류·가처분에 대하여 그 중지 또는 금지를 신청할 수 있는 것은 모든 파산채권이 아니라 면제재산(383조 2항)에 한하는 것이다.

나. 파산선고 및 동시폐지결정이 있는 경우

개인채무자에게 재산이 거의 없어 파산절차의 비용을 충당하기에도 부족한 경우에는 법원은 파산선고와 동시에 파산폐지결정을 하게 된다(317조 1항).

이 경우에 파산채권자는 그나마 남아 있는 파산채무자의 재산에 대하여 강제집행이나 가압류·가처분을 할 수 있게 된다. 그러나 면책신청이 있고, 파산폐지결정의 확정 또는 파산종

270) 엄밀하게 말하면 파산재단이 구성될 때까지 또는 면책신청이 있고 파산폐지결정의 확정 또는 파산종결결정이 있을 때까지를 의미한다(557조 1항, 348조 1항).

결결정이 있는 때에는 파산채권자는 해당 면책신청에 관한 재판이 확정될 때까지 채무자의 재산에 대하여 강제집행이나 가압류·가처분을 할 수 없게 되고, 이미 채무자의 재산에 대하여 실행한 강제집행이나 가압류·가처분은 중지되게 된다(557조 1항).[271]

이후 면책결정이 확정된 때에는 그 중지된 절차는 효력을 잃게 되고 따라서 그 중지된 강제집행이나 가압류·가처분은 효력을 상실하게 된다(557조 2항).[272] 다만 중지된 강제집행이나 가압류·가처분의 효력이 상실된다고 하더라도 기왕에 이루어진 강제집행이나 가압류·가처분의 외관을 제거하기 위한 집행해제 절차는 필요할 것이다.

그런데 통상 개인파산의 경우에는 파산신청과 동시에 면책신청을 하거나 면책신청이 간주되고(556조 3항), 이러한 면책신청이 있고, 파산폐지결정의 확정 또는 파산종결결정이 있는 때에는 면책여부의 재판이 확정될 때까지 채무자의 재산에 대하여 파산채권에 기한 강제집행(예, 파산채권에 기한 채권압류 및 추심명령)[273]이나 가압류·가처분을 할 수 없고 기왕의 강제집행이나 가압류·가처분은 중지되는 관계로(557조 1항), 파산채권자로서는 결국 파산 및 면책신청이

271) 강제집행이나 가압류·가처분의 중지 또는 금지는 파산선고가 있을 때까지는 면제재산에 한하여 가능하고, 그것도 파산선고 전에 면제재산신청이 있고 별도의 강제집행이나 가압류·가처분의 중지 또는 금지명령을 신청한 경우에 한하여 가능하지만, 면책신청이 있고, 파산폐지결정의 확정 또는 파산종결결정이 있는 때에는 채무자의 모든 재산에 대하여 별도의 신청없이 당연히 강제집행이나 가압류·가처분이 중지 또는 금지되는 것이다. 따라서 이때 채무자는 별도의 강제집행정지결정을 받지 않더라도 면책신청 및 파산폐지의 결정 또는 파산종결결정 서면을 집행관 등에게 제출함으로써 진행 중인 강제집행을 중단시킬 수 있는 것이다.

272) 이와 같이 면책결정으로 강제집행이나 가압류·가처분이 실효된 경우에는 기존에 제3채무자인 사용자가 채무자의 급여 중 일부를 떼어 내어 적립해 놓은 금원(또는 공탁된 금원)은 채무자의 소유로 귀속되어 채무자에게 반환해 주어야 함은 당연하다.

273) 채무자 회생 및 파산에 관한 법률 제557조 제1항에 "면책신청이 있고, 파산폐지결정의 확정 또는 파산종결결정이 있는 때에는 면책신청에 관한 재판이 확정될 때까지 채무자의 재산에 대하여 파산채권에 기한 강제집행·가압류 또는 가처분을 할 수 없고, 채무자의 재산에 대하여 파산선고 전에 이미 행하여지고 있던 강제집행·가압류 또는 가처분은 중지된다"라고 규정하고, 같은 조 제2항에 "면책결정이 확정된 때에는 제1항의 규정에 의해 중지한 절차는 그 효력을 잃는다"라고 규정하고 있으므로, 채무자에 대한 파산·면책신청이 있는 경우에 파산채권에 기한 채권압류 및 추심명령도 위 법률의 규정에 따라 제한되어야 한다. 기록에 의하면, 채권자는 2009. 1. 12. 채권자가 채무자에 대하여 가지는 집행력 있는 약속어음 공정증서에 기하여 채무자의 제3채무자에 대한 채권에 대하여 이 사건 압류 및 추심명령을 신청한 사실, 제1심법원의 사법보좌관이 2009. 1. 15. 이를 인용하는 결정을 한 사실, 채무자는 이에 대하여 이의신청을 하였고 제1심법원은 2009. 4. 7. 사법보좌관의 결정을 인가하고 이의신청사건을 항고법원인 원심으로 송부함으로써 항고심절차가 개시된 사실, 원심은 2009. 4. 14. 항고가 이유 없다며 이를 기각한 사실, 한편 채무자는 2009. 2. 19. 인천지법 2007하면10780 면책, 2007하단10723 파산선고 사건에서 면책결정을 받은 사실을 알 수 있다. 따라서 이러한 경우 원심으로서는 채무자가 파산신청을 하여 파산폐지결정이 확정되었는지 여부, 면책결정이 확정되었는지 여부, 나아가 면책결정으로 채권자에 대한 채무에 관하여 그 책임이 면제되었는지 여부를 심리하여 위 압류 및 추심명령의 효력을 정해야 한다. 그런데도 원심이 위와 같은 사정에 대하여 심리하지 않은 채 이 사건 압류 및 추심명령을 인가한 제1심을 그대로 유지하고 말았으니, 이러한 원심결정에는 파산·면책의 효력에 관한 법리를 오해하여 필요한 심리를 다하지 않은 위법이 있다고 할 것이다(대판 2010.7.28. 2009마783).

있은 이후부터 파산폐지결정의 확정 또는 파산종결결정이 있기까지의 사이와 면책불허가결정이 확정된 이후에만 강제집행이나 가압류·가처분을 할 수 있게 되는 것이다.

다. 파산선고 후 파산재단이 구성되고 배당절차가 진행되는 이시폐지의 경우

개인채무자에게 재산이 있어 파산절차의 비용을 충당할 수 있을 정도로 충분한 경우에는 법원은 파산선고와 동시에 파산폐지를 하는 동시파산폐지결정을 하지 않고 파산관재인을 선임하여 채무자의 재산을 환가하고, 이를 채권의 종류 및 순위에 따라 채권자들에게 배당해 준 후 파산종결결정을 하게 되는 이시폐지를 하게 된다. 이와 같이 파산채권자에게 배당되어질 채무자의 재산을 파산재단이라 하며, 파산재단은 파산선고 당시 개인채무자가 가진 모든 재산(단, 압류금지 재산 등은 제외됨)으로 구성된다.

이러한 파산재단에 속하는 재산에 대하여는 파산채권자가 개별적으로 강제집행이나 가압류·가처분을 할 수 없게 되며, 기왕에 실행된 강제집행이나 가압류·가처분은 그 효력이 상실되는 것이다(348조 1항). 이러한 실효는 비단 파산채권에 기한 것뿐만 아니라 임금채권 등 재단채권에 기하여 파산선고 전에 강제집행이 이루어진 경우에도 마찬가지이다(대판 2008.6.27. 2006마260). 다만 여기에서 그 효력이 상실된다는 의미는 관련 당사자 사이의 모든 관계에 있어서 강제집행이나 가압류·가처분이 절대적으로 무효가 된다는 것이 아니라 파산재단에 대한 관계에 있어서만 상대적으로 무효가 된다는 것을 말한다(대판 2000.12.22. 2000다39780). 예컨대, 저당권에 선행하여 파산채권에 기한 가압류의 기입등기가 있는 경우에는 파산재단에 불리하다고 볼 수 없으므로 해당 가압류는 실효되지 않는다는 것이다.

또한 파산채권자는 파산선고 전에 생긴 부동산 또는 선박에 관한 등기·가등기청구권에 기하여 파산관재인을 상대로 등기절차의 이행을 청구할 수도 없다(대판 2008.2.1. 2006다32187). 그리고 파산선고 전에 부동산에 대한 점유취득시효가 완성되었으나 파산선고시까지 이를 원인으로 한 소유권이전등기를 마치지 않은 자는, 그 부동산의 소유자에 대한 파산선고와 동시에 파산채권자 전체의 공동의 이익을 위해 파산재단에 속하는 그 부동산에 관하여 이해관계를 갖는 제3자의 지위에 있는 파산관재인이 선임된 이상, 파산관재인을 상대로 파산선고 전의 점유취득시효 완성을 원인으로 한 소유권이전등기절차의 이행을 청구할 수 없으며(대판 2008.2.1. 2006다32187), 또한 그 부동산의 관리처분권을 상실한 파산자가 파산선고를 전후하여 그 부동산의 법률상 소유자로 남아 있음을 이유로 점유취득시효의 기산점을 임의로 선택하여 파산선고 후에 점유취득시효가 완성된 것으로 주장하여 파산관재인에게 소유권이전등기절차의 이행을 청구할 수도 없다(대판 2008.2.1. 2006다32187). 이는 법률적 성질이 채권적 청구권인 점유취득시효 완성을 원인으로 한 소유권이전등기청구권은 파산자에 대하여 파산선고 전의 원인으로 생긴 재산상의 청구권으로서 파산채권에 해당하므로 파산절차에 의해서만 그 권리를 행사할 수 있기 때문이다.

한편 파산관재인은 파산채권자와 달리 파산재단을 위해 강제집행절차를 속행할 수 있다(348조 1항 단서). 파산관재인이 강제집행의 절차를 속행하는 때의 비용은 재단채권으로 되고, 강제집행에 대한 제3자의 이의의 소에서는 파산관재인을 피고로 해야 한다(348조 2항).

라. 별제권과 체납처분의 경우

파산재단에 속하는 재산상에 이미 저당권·질권·전세권·유치권을 가지고 있는 자를 별제권자라고 하는데, 이러한 별제권자는 파산선고의 유무에 관계없이 자신의 권리를 행사할 수 있다(411조, 412조). 가등기담보권자도 별제권에 해당된다(가등기 담보 등에 관한 법률 17조 1항).

별제권은 파산재단에 속하는 특정재산에 관하여 우선적이고 개별적으로 변제받을 수 있는 권리일 뿐 파산재단 전체로부터 수시로 변제받을 수 있는 권리가 아니므로 가처분채무자가 가처분채권자의 파산관재인을 상대로 파산채권에 해당하는 손해배상청구권에 관하여 이행소송을 제기하는 것은 파산재단에 속하는 특정재산에 대한 담보권의 실행이라고 볼 수 없으므로 이를 별제권의 행사라고 할 수 없고, 이는 파산절차 외에서 파산채권을 행사하는 것이어서 허용되지 않는다.

이러한 경우 가처분채무자로서는 가처분채권자의 파산관재인을 상대로 담보공탁금의 피담보채권인 손해배상청구권의 존부에 관한 확인의 소를 제기하여 확인판결을 받는 등의 방법에 의해 피담보채권이 발생하였음을 증명하는 서면을 확보한 후, 이를 담보권 존재 증명 서류(민법 354조, 민사집행법 273조)로 위 서면을 제출하여 채권에 대한 질권 실행 방법으로 공탁금회수청구권을 압류하고 추심명령이나 확정된 전부명령을 받아 담보공탁금 출급청구를 함으로써 담보권을 실행하거나 피담보채권이 발생하였음을 증명하는 서면을 확보하여 담보공탁금에 대하여 직접 출급청구를 하는 방식으로 담보권을 실행해야 할 것이다(대판 2015.9.10. 2014다34126).

한편 파산선고 전에 이미 파산재단에 속하는 재산에 대하여 국세징수법 또는 지방세법에 의해 징수할 수 있는 청구권에 기하여 체납처분을 한 때에도 파산선고의 유무에 관계없이 집행할 수 있다(349조 1항). 다만 파산선고 후에는 파산재단에 속하는 재산에 대하여 국세징수법 또는 지방세법에 의해 징수할 수 있는 청구권(국세징수의 예에 의해 징수할 수 있는 청구권을 포함)에 기한 체납처분을 할 수 없다(349조 2항).

3. 파산면책절차에서 소제기 가능 여부

통합도산법상 법원은 면제재산에 대하여 강제집행 또는 가압류·가처분의 중지나 금지를 명할 수 있고(383조 8항), 또한 동시폐지되지 않고 파산재단이 구성된 경우에는 파산재단에 속하는 재산에 대하여 행하여진 강제집행이나 가압류·가처분은 그 효력이 상실하도록 하고 있다(348조 1항). 또한 면책신청이 있고 파산폐지결정의 확정 또는 파산종결결정이 있는 때에는 면책신청에 관한 재판이 확정될 때까지 채무자의 재산에 대하여 강제집행이나 가압류·가처분을 할 수 없고, 채무자의 재산에 대하여 파산선고 전에 이미 행하여진 강제집행이나 가압류·가처분은 중지되며, 이후 면책결정이 확정된 경우에는 중지한 절차는 그 효력이 상실되도록 하고 있다(557조 1항, 2항). 그리고 면책을 받은 채무자는 파산절차에 의한 배당을 제외하고는 파산채권자에 대한 채무의 전부에 관하여 그 책임이 면제되도록 하고 있다(566조 1항).

이와 같이 채무자가 파산신청을 하더라도 면책결정이 확정되기 전까지 강제집행이나 가압류·가처분에 대하여는 그 중지나 금지 또는 실효시키는 것은 가능하다.

그렇다면 소의 제기는 어떠한가? 개인파산절차에서는 소의 제기 여부와 관련하여 명문의 규정을 두고 있지 않으므로[274] 채무자가 면책결정을 받아 면책이 확정되기 전까지는 원칙적으로 소를 제기할 수 있다고 보며,[275] 다만 당사자적격자를 누구로 할 것인지의 문제와 소송절차의 중단 문제, 소송수계 또는 청구변경의 문제만 있을 뿐이라고 보인다.

이에 관하여 파산절차의 단계별로 구분하여 살펴보기로 하자. 먼저 파산신청 후 파산선고 전까지는 소의 제기를 금지하는 법적 제한은 없으므로 소의 제기는 가능할 것이다. 파산신청 전에 제기된 소송도 중단되지 않고 계속될 것이다. 다음으로 파산선고가 이루어진 경우에는 달라질 수 있다. 파산선고가 이루어진 경우에도 파산선고 및 동시폐지결정이 이루어진 경우와 파산선고 후 이시폐지가 이루어진 경우로 구분할 수 있다. 전자의 동시폐지의 경우에는 파산재단 자체가 형성될 소지가 없고 파산관재인도 선임되지 않을 것이므로 파산선고에도 불구하고

274) 개인회생의 경우에는 개인회생절차개시결정이 이루어진 후에도 소송행위만큼은 금지되지 않는 행위로서 명문의 규정을 두고 있다(600조 1항 3호).

275) 따라서 파산신청이 이루어진 후 면책결정이 확정되기 전 단계에서 채권자로부터 소가 제기된 경우에 있어서 파산절차가 진행 중이라는 사유는 이의의 사유가 되지 않는다고 본다.

여전히 채무자의 당사자적격은 상실되지 않으므로 소의 제기[276]도 가능하고 파산신청 전 또는 파산선고 전에 이루어진 소송절차도 중단됨이 없이 그대로 진행될 것이다.

그러나 후자의 이시폐지의 경우에는 파산재단이 형성될 것이고 파산관재인이 선임될 것이며 그 선임된 파산관재인에게 파산재단에 관한 소송에 있어 당사자적격이 부여될 것이고(359조) 채무자는 당사자적격이 상실될 것이므로 파산선고 전에 이루어진 파산재단에 관한 소송[277]절차는 중단되고(민사소송법 239조 전단), 파산관재인에 의한 수계가 필요할 것이다(347조).

파산선고 전에 이루어진 사해행위취소소송이나 채권자대위소송도 마찬가지로 중단·수계가 필요할 것이로되(406조 1항, 대판 2013.3.28. 2012다100746), 사해행위취소소송은 파산선고 후 부인소송의 청구취지로 그 변경이 필요할 것이다(대판 2018.6.15. 2017다265129). 파산선고 후의 소제기는 당사자적격자인 파산관재인을 상대로 해야 할 것이므로 채무자를 상대로 제기한 소는 부적법 각하를 면치 못할 것이고(359조), 파산관재인에 의한 수계도 불가할 것이다(대판 2018.6.15. 2017다289828). 채권자에 의한 소의 제기는 설령 판결이 이루어졌다고 하더라도 나중에 채무자가 면책을 받게 되면 강제집행을 할 수 없어 무익하다고 보일 수도 있지만, 보증인에 대하여는 시효중단의 효력이 있고, 또한 채무의 범위를 확정하는 의미도 있다는 점에서 그 실익이 있다고 본다.

물론 채무자가 면책결정을 받아 확정된 경우에는 그 책임이 면제되는 것이어서 소구력이 없는 자연채무의 상태로만 남게 될 것이므로 면책 이후에 있어 채무자를 상대로 한 이행의 소제기는 소의 이익이 없어 부적법 각하를 면치 못할 것이다.

4. 파산·면책과 가압류 배당 공탁금의 귀속 관계

채무자가 파산 및 면책신청을 하기 전에 이미 채무자 소유의 부동산에 가압류를 해놓았고, 이후 해당 부동산에 대한 경매가 실시되어 가압류 배당금이 공탁되었으나 채권자가 아직 판결을 받지 못하여 배당금을 찾지 못하고 있는 도중이거나 판결까지 받아 두었으나 판결문을 제출하지 못한 관계로 공탁되어 배당금을 찾지 못하고 있는 경우가 있다. 부동산가압류뿐만 아니라 채권가압류의 경우에도 제3채무자의 집행공탁이 있는 경우에는 마찬가지의 문제가 생길 수 있다.

이와 같은 경우에 파산채권자가 배당금을 출급하기 전에 채무자가 파산 및 면책신청을 하였

276) 여기에서 소의 제기란 채권자가 채무자를 상대로 한 이행청구소송이나 채무자가 채권자를 상대로 한 채무부존재확인소송 등이 대표적일 것이다.

277) 여기에서 파산재단에 관한 소송이란 파산채권에 관한 소송과 파산재단에 속한 재산에 관한 소송이 모두 포함될 것이다(서울회생법원, 제5판 개인파산·회생실무, 143p).

고, 파산폐지결정의 확정 또는 파산종결결정이 있는 경우도 있고, 때에 따라서는 면책결정까지 확정된 경우가 있다. 이러한 경우 가압류 배당 공탁금이 누구에게 귀속되는지 문제된다. 생각건대 파산선고 당시 개인채무자가 가진 모든 재산(단, 압류금지 재산 등은 제외됨)은 파산재단에 자동으로 편입되는데, 이러한 파산재단에 속하는 재산에 대하여는 파산채권자가 파산채권에 기하여 개별적으로 강제집행·압류나 가압류·가처분을 할 수 없게 되며, 이미 강제집행·압류나 가압류·가처분을 실행하였다고 하더라도 그 효력이 상실되는 것임은 앞서 본 바와 같다(348조 1항). 따라서 파산재단에 속한 재산에 대하여 청산이 필요한 관계로 파산관재인이 선임되어 청산이 진행중인 경우에는 이와 같은 배당공탁금은 파산관재인에게 속하게 되고 이후 면책결정이 확정되었다면 채무자에게 귀속된다고 본다.

한편 청산할 재산이 없어 파산관재인이 선임됨이 없이 동시폐지되어 면책이 확정되었다면 역시 채무자에게 귀속된다고 보인다. 즉 일반 파산채권자로서 가압류권자는 공탁금을 수령할 권한이 없다고 본다.[278] 이는 채권자가 채권압류 및 추심명령을 통하여 채권을 추심하고 있던 중에 채무자가 파산 및 면책을 신청한 경우에도 적용된다고 본다. 즉 추심금이 공탁된 경우에도 마찬가지라고 본다. 다만 채무자가 파산 및 면책신청을 하기 전에 채무자의 채권에 대하여 채권자가 채권압류 및 전부명령을 받아 확정되었거나 채무자의 채권이 확정일자 있는 증서에 의해 채권양도가 이루어진 경우에는 적용되지 않는다고 본다.

278) 2010년 개인파산관재인 업무편람, 서울중앙지방법원 파산부, 114p.

[10]
파산면책의 제한

1. 6가지의 면책 제한 사유

파산신청의 주된 목적은 채무를 면제받는데 있는데, 통합도산법 564조(면책허가)에 의하면 채무자가 아래의 6가지 면책불허가사유에 해당되지 않으면 원칙적으로 면책을 허가해 주도록 하고 있다. 다만, 6가지의 면책불허가사유에 해당하는지 여부는 법원이 파산자를 심문하여 그 사정을 들어보고, 채권자로부터도 의견을 청취한 다음 그 재량에 따라 판단하게 된다. 따라서 파산을 신청하려는 채무자는 자기가 아래의 6가지의 사유에 해당되는지 여부를 판단하여 파산신청을 할 것인지 여부를 결정해야 할 것이다. 면책이 허가되지 않은 경우에는 파산의 원인이 된 채무를 모두 변제해야 할 뿐만 아니라 파산자로만 남게 되어 법률상 여러 가지의 불이익을 받게 되기 때문이다. 최근 들어 면책불허가사유의 대부분은 허위진술 또는 재산은닉이 그 주류를 이루고 있다.

2. 구체적인 면책불허가사유(564조 1항)

가. 채무자에게 사기파산죄(650조)·과태파산죄(651조)·구인불응죄(653조)·파산증뢰죄(656조) 또는 설명의무위반죄(658조)의 죄에 해당하는 행위가 있다고 인정되는 때(564조 1항 1호)

이러한 범죄의 경우에는 기소여부나 유죄판결 여부와 상관없이 이러한 행위의 존재만으로 면책불허가사유에 해당된다. 또한 이러한 범죄에 대한 구성요건해당성만 있으면 위법성이나 유책성을 갖추지 않았더라도 면책불허가사유에 해당된다고 본다.[279] 이 중 중요한 몇 가지를 살펴보면 다음과 같다.

1) 사기파산죄

사기파산죄란 채무자가 파산선고의 전후를 불문하고 자기 또는 타인의 이익을 도모하거나 채권자를 해할 목적으로 다음의 행위, 즉 ① 파산재단에 속하는 재산을 은닉 또는 손괴하

279) 서울회생법원, 제5판 개인파산·회생실무, 298p.

거나 채권자에게 불이익하게 처분을 하는 행위,[280] ② 파산재단의 부담을 허위로 증가시키는 행위, ③ 법률의 규정에 의해 작성해야 하는 상업장부를 작성하지 않거나, 그 상업장부에 재산의 현황을 알 수 있는 정도의 기재를 하지 않거나, 그 상업장부에 부실한 기재를 하거나, 그 상업장부를 은닉 또는 손괴하는 행위,[281] ④ 법원사무관 등이 폐쇄한 채무자의 재산에 관한 장부에 변경을 가하거나 이를 은닉 또는 손괴하는 행위 중 어느 하나에 해당하는 행위를 하고, 그 파산선고가 확정된 때를 말한다(650조).

여기에서 파산재단이란 채무자가 파산선고 전에 가진 일체의 재산을 말하는데(382조 1항), 이에는 파산선고 전에 생긴 원인으로 장래에 행사할 청구권, 즉 장래의 퇴직금 청구권이 포함되고(382조 2항), 압류금지재산은 제외된다(383조 1항).

은닉에는 강제집행면탈죄의 허위양도,[282] 상속재산의 포기(서울지법 2000.4.14. 99파255), 임대차계약의 명의변경(서울중앙지법 2004.7.6. 2003하면1237) 등 재산의 소유관계를 불명하게 하는 것이 포함된다(서울중앙지법 2008.2.1. 2007라802, 2008.2.1. 2007라862, 2007.7.26. 2006마1433, 2007.8.31. 2007라397, 2007.1.5. 2006하면11441, 2004.5.11. 2003하면959, 2000.7.8. 2000파40). 불이익처분이란 염가매각(서울중앙지법 2007.9.18. 2007라448, 2007.6.4. 2007라347), 증여(서울중앙지법 2007.8.23. 2006하면19863, 2006.5.4. 2005하면8802) 등을 말하며, 특정채권에 대한 본지변제는 특별한 사정이 없는 한 이에 해당되지 않는다(대판 2001.5.8. 2001도679).

그리고 파산재단의 부담을 허위로 증가시키는 행위란 허위의 채무를 부담하여 파산채권을 증가시키거나 파산재단에 속하는 재산에 대하여 저당권이나 질권 등 담보권을 설정하는 행위 등이 이에 해낭된다.

면책허가결정이 확정된 후 사기파산죄로 유죄의 확정판결을 선고받은 경우에는 법원의 직권 또는 파산채권자의 신청에 의해 면책허가결정이 취소될 수 있다(569조 1항 전문).

■ **제650조 (사기파산죄)**

채무자가 파산선고의 전후를 불문하고 자기 또는 타인의 이익을 도모하거나 채권자를 해할 목적으로 다음 각호의 어느 하나에 해당하는 행위를 하고, 그 파산선고가 확정된 때에는 10년 이하의 징

280) 이와 관련하여 채무자가 여러 채권자들 중 일부 채권자에게 채무의 내용에 좇아 변제를 하는 행위는 면책불허가사유로 정한 '채권자에게 불이익한 처분행위'에 해당하지 않는다(대판 2008.12.29. 2008마1656).

281) 상업장부는 상인이 그 영업상 재산 및 손익상황을 표시하기 위해 상법상 작성하도록 의무지워져 있는 장부를 말하는데, 소상인(자본금액 1,000만원 미만의 상인으로서 회사 아닌 자)에게는 작성의무가 없다. 실무상 상업장부의 부작성, 부실기재 등의 사유로 면책불허가한 사례는 아직까지 없다.

282) 허위양도는 그 입증이 쉽지 않으나, 통상 배우자나 자식 등 친족에게 재산이 양도된 경우나 시가보다 저렴하게 양도된 경우, 재산양도사실을 숨긴 경우 등 정황증거에 의해 추인될 수 있다.

역 또는 1억원 이하의 벌금에 처해진다.

1. 파산재단에 속하는 재산을 은닉 또는 손괴하거나 채권자에게 불이익하게 처분을 하는 행위
2. 파산재단의 부담을 허위로 증가시키는 행위
3. 법률의 규정에 의해 작성해야 하는 상업장부를 작성하지 않거나, 그 상업장부에 재산의 현황을 알 수 있는 정도의 기재를 하지 않거나, 그 상업장부에 부실한 기재를 하거나, 그 상업장부를 은닉 또는 손괴하는 행위
4. 제481조의 규정에 의해 법원사무관등이 폐쇄한 장부에 변경을 가하거나 이를 은닉 또는 손괴하는 행위

2) 과태파산죄

과태파산죄란 채무자가 파산선고의 전후를 불문하고 다음의 행위, 즉 ① 파산의 선고를 지연시킬 목적으로 신용거래로 상품을 구입하여 현저히 불이익한 조건으로 이를 처분하는 행위, ② 파산의 원인인 사실이 있음을 알면서 어느 채권자에게 특별한 이익을 줄 목적으로 한 담보의 제공이나 채무의 소멸에 관한 행위로서 채무자의 의무에 속하지 않거나 그 방법 또는 시기가 채무자의 의무에 속하지 않는 행위,[283] ③ 법률의 규정에 의해 작성해야 하는 상업장부를 작성하지 않거나, 그 상업장부에 재산의 현황을 알 수 있는 정도의 기재를 하지 않거나, 그 상업장부에 부정의 기재를 하거나, 그 상업장부를 은닉 또는 손괴하는 행위, ④ 법원사무관 등이 폐쇄한 채무자의 재산에 관한 장부에 변경을 가하거나 이를 은닉 또는 손괴하는 행위 어느 하나에 해당하는 행위를 하고, 그 파산선고가 확정된 경우를 말한다(651조).

파산선고를 지연시킬 목적으로 신용거래로 상품을 구입하여 현저히 불이익한 조건으로 이를 처분하는 행위를 면책불허가사유로 한 것은 신용거래로 구입한 상품은 파산재단에 속하는 것인데, 이를 불이익한 조건으로 처분한 것은 총채권자의 이익에 반하는 것이기 때문이다(서울중앙지법 2007.4.19. 2006라687·688, 2002.6.17. 2001파357). 예컨대, 신용카드로 냉장고, 세탁기 등 고가의 가전제품이나 상품권 등을 구입함과 동시에 할인매각하여 현금을 융통하는 경우가 대표적인 사례이다.

채무자가 파산선고 전후를 불문하고 파산원인인 사실이 있음을 알면서 어느 채권자(파산채권자, 별제권자, 재단채권자 포함)에게 특별한 이익을 줄 목적으로 채무자의 의무에 속하지 않거나 그 방법 또는 시기가 채무자의 의무에 속하지 않는데도 편파적으로 담보를 제공하거나 채무

---

283) 채무자가 파산원인 사실을 알면서 어느 채권자에게 특별한 이익을 줄 목적으로 한 변제행위가 '변제기에 도달한 채무를 그 내용에 좇아 변제하는 것'에 해당하는 경우, 여기의 면책불허가사유에 해당하지 않는다(대판 2008.12.29. 2008마1656).

를 소멸시키는 행위를 한 경우에도 면책불허가사유에 해당하는데, 여기의 담보제공이란 저당권, 질권, 가등기담보, 양도담보권 등의 설정행위와 연대보증 등 인적담보의 제공(서울중앙지법 1999.7.21. 98파7153)을 포함하며, 채무의 소멸에 관한 행위란 변제, 공탁, 상계, 대물변제, 경개, 해제계약, 상계계약 등을 말한다.

여기에서 채무자의 의무에 속하지 않는 경우란 변제하지 않아도 되는 채무, 예컨대, 자연채무, 시효에 걸린 채무, 무효나 취소할 수 있는 법률관계로 인한 채무를 변제하거나, 특약이 없는데도 담보로 제공하는 것(서울중앙지법 2008.2.27. 2007하면28789) 등을 말하고, 방법이 채무자의 의무에 속하지 않는 경우란 채무의 내용에 좇은 변제가 아닌 변제 즉, 비본지행위를 말하며, 특약없이 대물변제를 하는 행위 등이 여기에 해당된다(서울중앙지법 2008.2.1. 2007라913, 2007.12.10. 2007라822, 2007.10.10. 2007라646, 2007.8.24. 2005하면17656, 2007.2.20. 2005하면17486, 2004.12.10. 2004하면1233, 2000.6.30. 99파221, 2000.2.15. 99파220).

채무자가 파산의 원인인 사실이 있음을 알면서 여럿의 채권자들 중에서 어느 채권자에게 특별한 이익을 줄 목적으로 변제하였더라도 그 행위가 '변제기에 도달한 채무를 그 내용에 좇아 변제하는 것'인 경우에는 면책불허가사유에 해당하지 않는다(대결 2008.12.29. 2008마1656).

■ **제651조 (과태파산죄)**

채무자가 파산선고의 전후를 불문하고 다음 각호의 어느 하나에 해당하는 행위를 하고, 그 파산선고가 확정된 경우 그 채무자는 5년 이하의 징역 또는 5천만원 이하의 벌금에 처해진다.

1. 파산의 선고를 지연시킬 목적으로 신용거래로 상품을 구입하여 현저히 불이익한 조건으로 이를 처분하는 행위
2. 파산의 원인인 사실이 있음을 알면서 어느 채권자에게 특별한 이익을 줄 목적으로 한 담보의 제공이나 채무의 소멸에 관한 행위로서 채무자의 의무에 속하지 않거나 그 방법 또는 시기가 채무자의 의무에 속하지 않는 행위(대판 2010.1.20. 2009마1588)[284]
3. 법률의 규정에 의해 작성해야 하는 상업장부를 작성하지 않거나, 그 상업장부에 재산의 현황을 알 수 있는 정도의 기재를 하지 않거나, 그 상업장부에 부정의 기재를 하거나, 그 상업장부를 은닉 또는 손괴하는 행위
4. 제481조의 규정에 의해 법원사무관등이 폐쇄한 장부에 변경을 가하거나 이를 은닉 또는 손괴하는 행위

284) 채무자 회생 및 파산에 관한 법률(이하 '법'이라고만 한다) 제564조 제1항 제1호, 제651조 제2호는 "파산의 원인인 사실이 있음을 알면서 어느 채권자에게 특별한 이익을 줄 목적으로 한 담보의 제공이나 채무의 소멸에 관한 행위로서 채무자의 의무에 속하지 않거나 그 방법 또는 시기가 채무자의 의무에 속하지 않는 행위가 있다고 인정하는 때"를 면책불허가 사유의 하나로 규정하고 있는데, 여기에서의 '목적'은 단순한 인식으로는 부족하고 적극적으로 이를 희망하거나 의욕하는 것을 의미한다고 보아야 한다(대판 2009.3.2. 2008마1654·1655, 2010.1.20. 2009마1588).

■ **第653조 (구인불응죄)**

第319조·第320조 및 第322조의 규정에 의한 구인의 명을 받은 자가 그 사실을 알면서도 파산절차를 지연시키거나 구인의 집행을 회피할 목적으로 도주한 때에는 1년 이하의 징역 또는 1천만원 이하의 벌금에 처해진다.

■ **第656조 (파산증뢰죄)**

다음 각호의 어느 하나에 해당하는 자에게 뇌물을 약속 또는 공여하거나 공여의 의사를 표시한 자는 3년 이하의 징역 또는 3천만원 이하의 벌금에 처해진다.

1. 파산관재인(第637조의 규정에 의한 국제도산관리인을 포함한다)
2. 감사위원
3. 파산채권자
4. 파산채권자의 대리인
5. 파산채권자의 이사

■ **第658조 (설명의무위반죄)**

第321조의 규정에 의해 설명의 의무가 있는 자가 정당한 사유 없이 설명을 하지 않거나 허위의 설명을 한 때에는 1년 이하의 징역 또는 1천만원 이하의 벌금에 처해진다.

나. 채무자가 파산선고 전 1년 이내에 파산의 원인인 사실이 있음에도 불구하고 그 사실이 없는 것으로 믿게 하기 위해 그 사실을 속이거나 감추고 신용거래(신용카드거래 등)를 하여 재산을 취득한 사실이 있는 때(564조 1항 2호)

본호에 의해 면책불허가사유로 되는 것은 파산선고 전 1년 이내에 신용카드 등을 사용하여 재산을 취득한 경우라야 한다. 문제는 파산신청부터 파산선고까지 심리에 상당한 시일이 걸리는 경우가 있을 수 있고, 이러한 경우에는 파산선고가 보다 더 일찍 이루어졌더라면 본호에 해당할 것이 파산선고의 지연으로 본호에 해당되지 않은 부당한 결과가 생길 수도 있다는 점이다. 따라서 법원에서는 실무상 본호에 해당하는 사유가 예상되는 경우 보다 신속히 파산절차를 진행하고 있다.

파산의 원인인 사실이 있음에도 불구하고 그 사실이 없는 것으로 믿게 하기 위해 그 사실을 속이거나 감춘 사례로 인정될 수 있는 경우란, 예컨대 파산신청을 불과 얼마 앞 둔 시점에서 신용카드로 다량의 물품을 구입하거나 현금서비스를 받아 소비하거나 일부 채권자에게 변제한 경우 등이 여기에 해당될 것이다.

신용거래란 대금후불 형태의 거래를 말하며, 신용카드거래뿐만 아니라 차용금도 이에 해당된다(서울중앙지법 2007.2.20. 2006하면50, 2004.5.7. 2003라1251).

다. 채무자가 허위의 채권자목록 기타 신청서류를 제출하거나 법원에 대하여 그 재산상태에 관하여 허위의 진술을 한 때(564조 1항 3호)

채무자는 면책신청시 채권자목록을 제출해야 하고, 심문기일에 진실하게 진술해야 하는 의무가 있다. 따라서 채무자가 허위의 채권자목록을 제출하거나 허위의 기재를 한 때(서울중앙지법 2007.8.24. 2005하면17655, 2010.7.13. 2010라197, 2008.4.30. 2007라851), 재산상태에 관하여 허위의 진술[285]을 한 때 또는 허위의 재산목록을 작성한 때(서울중앙지법 2007.9.28. 2007라368, 2007.9.7. 2007라474, 2008.1.17. 2007라907, 2007.4.6. 2006라615, 2007.2. 20. 2006하면20703), 진술서에 직업 등을 허위로 기재한 때(서울중앙지법 2008.1.17. 2007라75, 2007.9.18. 2007라578, 2007.7.27. 2007라253), 진술서에 채무자가 받을 채권을 전혀 기재하지 않은 때(서울중앙지법 1999.6.2. 98파5537, 2010.6.4. 2009라726)에는 면책불허가사유에 해당한다.

채무자가 허위의 채권자목록 기타 신청서류를 제출하거나 재산상태에 관하여 허위의 진술을 한 때의 의미와 관련하여, 이를 고의로 한 행위에 대하여는 여기에 해당됨이 분명한데, 과실로 한 행위도 여기에 해당되는지 문제된다. "채무자가 허위의 채권자목록 그밖의 신청서류를 제출하거나 법원에 대하여 그 재산상태에 관하여 허위의 진술을 한 때"의 의미는 채무자가 '고의'로 허위 신청서류를 제출하거나 허위의 진술을 한 경우에 한정하여 적용되는 것일 뿐, 채무자가 '과실'로 허위 신청서류를 제출하거나 허위의 진술을 한 경우에는 적용되지 않는다(대결 2008.12.29. 2008마1656,[286] 2011.3.18. 2011마122, 2011.3.28. 2010마1757, 2011.7.14. 2011마235, 2011.8.16. 2011마1071). 또한 '고의'의 여부도 엄격하고 신중하게 판단해야 한다(대결 2011.8.16. 2011마1071).

본호의 사유에 해당됨에도 불구하고 이러한 사유가 간과되어 면책결정이 확정된 경우 채권자는 면책 후 1년 이내에 채무자가 부정한 방법으로 면책받았음을 이유로 하여 면책취소신청을 할 수 있다(569조 1항 후문).

라. 채무자가 기존에 파산면책을 받았으나 그 면책허가결정의 확정일부터 7년이 경과되지 않은 때 또는 채무자가 기존에 개인회생면책(624조)을 받았으나 그 면책

285) 여기에서의 진술이란 심문기일에서의 구두진술 뿐만 아니라 진술서 제출에 의한 서면진술도 포함된다.

286) 채무자 회생 및 파산에 관한 법률 제564조 제1항 제3호는 "채무자가 허위의 채권자목록 그밖의 신청서류를 제출하거나 법원에 대하여 그 재산상태에 관하여 허위의 진술을 한 때"를 면책불허가사유로 규정하고 있는바, 위 규정은 채무자가 '고의'로 허위 신청서류를 제출하거나 허위의 진술을 한 경우에 한정하여 적용되는 것일 뿐, 채무자가 '과실'로 허위 신청서류를 제출하거나 허위의 진술을 한 경우에는 적용되지 않는다(대판 2008.12.29. 2008마1656).

확정일부터 5년이 경과되지 않은 때(564조 1항 4호)

종전에 채무자가 개인파산을 신청하여 면책을 받은 경우에는 면책허가결정확정일부터 7년, 개인회생신청을 하여 면책을 받은 경우에는 면책확정일부터 5년이 경과되지 않으면 면책불허가사유에 해당된다.

다만, 위 기간 내라 하더라도 노령, 생활보호·장애연금 등의 공적부조로 생활하고 있는 경우에는 재량면책이 인정될 수 있을 것이다.[287)]

마. 채무자가 통합도산법이 정하는 채무자의 의무를 위반한 때(564조 1항 5호)

여기에 해당되는 것으로는 채무자가 파산선고 전에 받은 변제금지 가처분에 위반하여 변제를 한 경우, 면책절차에서 재산상태 이외의 부분에 대하여 허위진술을 한 경우, 파산에 이르게 된 경위 및 재산상황 등에 대한 법원의 설명요구나 관계서류 제출명령에 응하지 않은 경우, 채무자가 면책심문기일에 출석하지 않거나 진술을 거부한 경우(서울중앙지법 2007.11.20. 2007라705, 2007.11.12. 2007라569) 등이다.

바. 채무자가 과다한 낭비·도박 그밖의 사행행위를 하여 현저히 재산을 감소시키거나, 과대한 채무를 부담한 사실이 있는 때(564조 1항 6호)

여기에서 낭비란 해당 채무자의 사회적 지위, 직업, 영업상태, 생활수준, 수지상황, 자산상태 등에 비추어 사회통념을 벗어나는 과다한 소비적 지출행위를 말하고(서울중앙지법 2009.6.1. 2009라223), 채무자의 어떠한 지출행위가 낭비에 해당한다고 보기 위해서는 그것이 형사처벌의 대상이 될 수 있음을 감안하여 보다 신중한 판단을 요한다(대판 2004.4.13. 2004마86).

여기에 해당되는 경우로는 과도한 주식투자(서울중앙지법 2007.9.21. 2007라630, 2004.3.29. 2003하면758), 다단계투자(서울중앙지법 2004.2.2. 2003하면712) 등이다.

도박에는 도박죄가 성립하는 경우뿐만 아니라, 적법한 경마, 경륜 등도 이에 해당된다. 기타 사행행위란 각종 투기 등 모험적 거래가 포함된다.

다만, 최근에는 실무상 본호를 이유로 면책불허가한 사례가 점차 줄어들고 있다.

■ **대법원 2004.4.13.자 2004마86 결정**

파산법 제346조 제1호는 법원은 파산자가 제367조 등의 죄에 해당하는 행위가 있다고 인정하는 때에 한하여 면책불허가의 결정을 할 수 있다고 규정하고 있고, 같은 법 제367조 제1호는 채무자가

287) 서울회생법원, 제5판 개인파산·회생실무, 331p.

파산선고의 전후를 불문하고 낭비 또는 도박 기타 사행행위를 하여 현저히 재산을 감소시키거나 과대한 채무를 부담하는 행위를 하고 그 선고가 확정된 때에는 5년 이하의 징역 또는 5천만원 이하의 벌금에 처하도록 규정하고 있는 바, 여기에서 면책불허가사유의 하나인 '낭비'라 함은 해당 채무자의 사회적 지위, 직업, 영업상태, 생활수준, 수지상황, 자산상태 등에 비추어 사회통념을 벗어나는 과다한 소비적 지출행위를 말하고, 채무자의 어떠한 지출행위가 '낭비'에 해당한다고 보기 위해서는 그것이 형사처벌의 대상이 될 수 있음을 감안하여 보다 신중한 판단을 요한다.

3. 면책허가가 나오게 하기 위한 구체적인 방법

위에서 본 6가지의 면책불허가 사유는 대단히 포괄적이어서 법원의 재량의 폭이 다소 넓은 것이 사실이다. 따라서 파산 및 면책신청서의 「진술서」를 작성할 때에 작성해야 할 여러 항목 중 채무가 증대된 경위의 항목(제6항), 지급이 불가능하게 된 시기 및 경위의 항목(제7항), 채권자에게 갚으려는 노력과 그 실적의 항목(제5항) 부분이 특히 중요하며, 이 부분에 대하여는 별지를 사용하더라도 가급적 상세히 기재할 필요가 있다.

또한 채무가 증대된 경위에 대하여도 그것이 낭비나 사치에 의해 증대되었다는 대목이 들어가 있으면 면책결정을 받기 힘들므로 이 부분은 가급적 건드리지 않은 것이 현명하다고 보이며, 지급이 불가능하게 된 경위도 단순히 사업상 또는 보증 등으로 인하여 증대되었다는 정도로 언급할 것이 아니라 피치 못할 사정을 나름대로 장황하게 서술할 필요가 있으며, 채권자에게 갚으려는 노력 부분은 그 어떤 부분보다도 중요한 부분이므로 미미한 변제실적이라 하더라도 빠뜨리지 말고 기재하는 것이 바람직하고, 설령 변제실적이 없다 하더라도 합의하려고 접촉하였다는 노력 등이 있으면 이를 세세히 기재해 주는 것이 면책결정의 지름길이라 사료된다.

4. 면책불허가 사유가 있는 경우의 처리

가. 파산신청 취하 권고

면책불허가 사유가 존재하고 재량면책의 여지도 없다고 판단된 경우 실무상 법원은 그 취지를 설명하고 파산신청을 취하하도록 권고하고 있다.

나. 재량면책

통합도산법에서는 면책불허가사유가 있는 경우에도 파산에 이르게 된 경위 등 여러가지 사정을 고려하여 상당하다고 인정되는 경우에는 면책을 허가할 수 있도록 하는 재량면책규정을 신설하였다(564조 2항). 재량면책은 다시 전부면책과 일부면책[288]으로 구분할 수 있는데, 실무상 둘 다 허용되고 있다(대판 2006.9.22. 2006마600, 서울중앙지법 2010.8.19. 2010라269, 2010.8.19. 2009라290, 2010.8.13. 2009라1016, 2010.8.13. 2009라920). 일부면책을 받은 채무자가 5년이 경과되지 않은 상태에서 개인회생신청을 할 경우 이를 허용할 것인지 여부에 대하여는 긍정설과 부정설이 있지만 실무상으로는 부정적으로 보고 있다(서울중앙지법 2006.12.26. 2006마604).

288) 일부면책의 방법으로는 특정채권만을 면책대상에서 제외하는 방법, 채무자의 특정재산을 책임재산에서 제외하는 방법, 모든 채권자에게 공통된 비율로 일정비율을 면책대상에서 제외하는 방법 등이 있다.

[서식 37] 면책불허가결정에 대한 즉시항고

면책불허가결정에 대한 즉시항고

사　　　건　　20○○하면236(20○○하단111) 면책
항고인(파산자)　　○　○　○ (123456 - 1234567)
○○시 ○○구 ○○로 ○○

항고인은 위 면책사건에 관하여 ○○지방법원으로부터 20○○. ○. ○. 면책불허가결정을 받았는 바, 항고인은 동 결정에 대하여 불복이므로 아래와 같이 항고를 제기하는 바입니다.

항 고 취 지

1. 원결정을 취소한다.
2. 파산자를 면책한다.
라는 결정을 구합니다.

항 고 이 유

추후 제출하겠습니다.

첨 부 서 류

1. ○○○○　　1통

20○○. ○. ○.

항고인(파산자)　○ ○ ○ (인)

○○지방법원 파산부　귀중

[11]
면책신청·면책결정의 효력

1. 면책신청의 효력

가. 동의에 의한 파산폐지신청 불가

면책신청을 한 때에는 채권자의 동의에 의한 파산폐지신청을 할 수 없으며(556조 4항, 538조), 이미 동의에 의한 파산폐지의 신청을 한 때에는 그 기각결정이 확정된 후가 아니면 면책신청을 할 수 없다(556조 5항).

나. 강제집행 및 가압류·가처분의 제한

면책신청이 있고, 파산폐지결정의 확정 또는 파산종결결정이 있는 때에는 면책신청에 관한 재판이 확정될 때까지 채무자의 재산에 대하여 파산채권에 기한 강제집행이나 가압류·가처분을 할 수 없고, 채무자의 재산에 대하여 파산선고 전에 이미 행하여진 강제집행이나 가압류·가처분은 중지된다(557조 1항). 면책결정이 확정된 때에는 그 중지된 절차는 효력을 잃는다(557조 2항). 즉, 중지된 강제집행이나 가압류·가처분은 그 효력이 상실되는 것이다.

2. 면책결정의 효력

가. 파산자에 대한 효력

면책결정은 확정되어야 그 효력이 발생하는데(565조), 면책허가결정을 받은 채무자는 파산절차에 의한 배당을 제외하고는 파산채권자에 대한 채무의 전부에 관하여 그 책임이 면제된다. 다만, 책임이 면제된다는 것이므로 채무는 소멸되지 않고 소제기의 권능과 집행력이 상실된 자연채무의 상태로 남게 되며 따라서 채무자가 임의로 변제하면 이는 유효한 변제가 되고 부당이득반환문제는 발생하지 않는다는 것이 통설이다.[289]

또한 면책허가결정이 확정되면 파산자는 당연히 복권되고, 공·사법상의 일정한 신분상

---

289) 면책결정의 효력에 관하여는 채무소멸설, 책임면제설(자연채무설), 주체소멸설 등이 주장되고 있고 이 중 책임면제설이 통설이지만, 면책받은 채무자의 가장 큰 고통이 면책받은 이후에도 파산채권자의 계속된 독촉행위라고 볼 때 채무소멸설이 타당하다고 보인다.

제한도 소멸된다. 다만, 채무의 일부에 대하여만 면책을 허가받은 경우에는 일부 면책불허가 결정의 성질을 띠고 있어 이는 "면책의 결정이 확정된 때"에 해당하지 않으므로 당연히 복권되지는 않는다. 따라서 일부에 대한 면책허가결정을 받은 채무자는 면책받지 못한 채무를 모두 변제한 후 복권신청을 함으로써 파산선고로 인한 불이익을 제거할 수 있을 것이다.

나. 파산채권자에 대한 효력

채무자가 채무전부에 대한 면책허가결정을 받아 확정되면 파산채권자는 더 이상 채무자에 대하여 채무의 이행을 강제할 수 없게 된다.

채무자의 면책결정이 확정되면 법원은 파산자의 신원증명업무를 관장하는 본적지 시·구·읍·면장과 한국신용정보원장에게 그 사실을 통지하게 되며, 이에 따라 면책확정 사실을 알게 된 금융기관은 채권추심행위를 할 수 없게 되고, 채무자의 면책사실을 알면서도 채권추심행위를 하게 되면 500만원 이하의 과태료에 처해지게 된다(660조 3항). 다만, 이러한 면책결정 사실을 알지 못한 금융기관이나 채권자들이 있을 수 있으므로 채무자가 면책결정을 받게 되면 금융기관 등 채권자들에게 면책사실을 내용증명으로 통지해 주는 것이 바람직하다고 보인다. 또한 면책결정(일부면책은 제외)이 확정되면 한국신용정보원의 「연체등록채무자」(구. 신용불량등록)의 정보도 해제된다. 다만, 파산면책사실은 별도로 "특수기록정보" 항목에 등록·보존되었다가 5년이 경과되거나, 면책채권을 변제한 때에 비로소 "특수기록정보" 항목에서도 삭제된다.

통합도산법에서는 면책을 받은 채무자는 파산절차에 의한 배당을 제외하고는 파산채권자에 대한 채무의 전부에 관하여 그 책임이 면제된다고 규정하고 있는데(566조 본문), 여기에서 면책이라 함은 채무 자체는 존속하지만 파산채무자에 대하여 이행을 강제할 수 없다는 의미이고(통설), 파산채무자에 대한 면책결정이 확정되면 면책된 채권은 통상의 채권이 가지는 소 제기 권능도 상실하게 된다고 할 것이므로, 파산채권자가 채무자를 상대로 제기한 이행청구소송은 권리보호이익의 부존재로 부적법 각하를 면치 못할 것이다(대판 2015.9.10. 2015다28173).

다. 보증인에 대한 효력

채무자가 아무리 면책허가결정을 받았다고 하더라도 파산자의 보증인, 기타 파산자와 더불어 채무를 부담하는 자(예, 연대채무자 등) 및 파산채권자를 위해 제공한 담보(물상보증)의 책임은 면제되지 않으며(567조), 따라서 보증인은 채무자의 면책허가결정 여부와 상관없이 자신의 보증채무를 이행해야 하는 것이다. 즉, 파산채권자는 면책허가결정을 받은 채무자에 대하여는 그 채무이행을 강제할 수 없게 되지만, 채무자의 보증인이나 연대채무자, 또는 담보를 제공한 자(예, 저당권설정자)에 대하여는 민사소송이나 가압류·가처분 또는 강제집행을 실시할 수 있는 것이다. 결국 채무자에게 보증을 서준 사람이 있고 그 보증인이 채무자와 아주 가까운 사이라면 채무자 자신만 빠져나오게 되는 이러한 파산 및 면책결정은 큰 의미가 없을 수도 있다. 주의할 것은 보증인이 자기의 보증채무를 채권자에게 이행함으로써 채무자에 대하여 가지게 되는 구상금채권도 결국 파산채권에 해당되므로 이러한 구상금 채권(보증인이 채권자에게 채무자 대신 갚은 돈을 채무자에게 청구하는 권리)을 가지고 면책허가결정을 받은 채무자에 대하여 행사할 수 없게 된다는 점이다.

보증인이 자기의 보증채무를 도저히 감당할 수 없는 경우에는 보증인 역시 파산신청을 하고, 면책결정을 받는 수밖에 없을 것이다.

라. 면책결정을 받았어도 면책되지 않는 채무

채무자가 파산신청을 하여 면책허가결정을 받았다고 하더라도 면책되지 않은 채무가 있다. 따라서 아래에 열거한 채무에 대하여는 면책결정을 받은 채무자라 하더라도 이를 이행해야 하는 것이다. 변제해야 할 채무는 다음과 같다(566조). 즉,

① 조 세

② 벌금·과료·형사소송비용·추징금 및 과태료

③ 채무자가 고의로 가한 불법행위로 인한 손해배상[290)]

④ 채무자가 중대한 과실로 타인의 생명 또는 신체를 침해한 불법행위로 인하여 발생한 손해배상[291)][292)]

---

290) 고의의 불법행위만 비면책채권에 해당되므로, 과실에 의한 불법행위나 피용자의 고의의 불법행위에 대하여 책임을 지는 사용자책임(민법 756조, 피용자의 선임·감독상의 과실책임)은 여기에 해당되지 않고 면책채무에 해당된다. 불법행위로 인한 손해배상채무만 면책되지 않으므로 계약위반으로 인한 손해배상채무나 채무불이행으로 인한 손해배상채무는 면책채권에 해당된다. 주의할 것은 중대한 과실로 타인의 생명·신체를 침해한 불법행위로 인한 손해배상청구권은 통합도산법 566조 4호에 해당되어 비면책채권에 해당된다.

291) 불법행위로 인한 손해배상청구권의 경우 고의가 아닌 단순한 과실로 인한 경우에는 모두 면책채권에 해당된다(566조 3호). 다만, 예외적으로 중대한 과실로 인하여 타인의 생명이나 신체를 침해하여 손해배상책임이 발생한 경우에는 본 호에 의해 비면책채권에 해당한다. 중대한 과실로 인하여 타인의 생명이나 신체를 침해한 경우란 음주운전이나 금지약물 복용상태에서의 운전 중 교통사고를 일으켜 대인손해배상책임을 지는 경우 등이 이에 해당될 것이다. 여기에서 중대한 과실에 해당되느냐 단순과실에 해당되느냐의 문제는 면책제도의 취지를 고려하되, 중대한 과실의 인정은 엄격한 해석이 요한다고 보인다. 요컨대 불법행위로 인한 손해배상청구권의 경우에는 고의로 인한 생명·신체·재산에 대한 침해의 경우와 중대한 과실로 인한 생명·신체에 대한 침해의 경우에만 비면책채권에 해당되고, 단순 과실로 인한 생명·신체·재산에 대한 침해의 경우와 중대

⑤ 채무자의 근로자의 임금·퇴직금 및 재해보상금(파산선고 전후 불문)

⑥ 채무자의 근로자의 임치금 및 신원보증금 반환청구권(파산선고 전후 불문)

⑦ 채무자가 악의로 채권자목록에 기재하지 않은 청구권(단, 채권자가 파산선고가 있음을 안 때에는 예외)

⑧ 채무자가 양육자 또는 부양의무자로서 부담해야 하는 비용

여기에서 조세, 파산선고 전후를 불문하고 채무자가 고용한 근로자에게 지급해야 할 임금·퇴직금 및 재해보상금, 파산선고 전의 원인으로 생긴 채무자가 고용한 근로자의 임치금 및 신원보증금의 반환청구권은 재단채권에 속하며, 재단채권에 대하여는 파산채권에 대한 면책의 효력이 미치지 않으므로 이를 구태여 비면책채권으로 규정한 것은 일종의 확인적인 의미밖에 없다 할 것이다(566조 1호, 5호, 6호, 473조 2호, 10호, 11호). 또한 채무자가 악의(고의)로 채권자나 채권을 채권자목록에 기재하지 않은 때에만 면책의 효력이 미치지 않으므로 채무자가 과실로 채무의 존재 사실을 알지 못한 관계로 채권자목록에 기재하지 않은 때에는 면책의 효력이 미치게 된다(566조 3호). 졸음운전 때문에 발생한 교통사고로 인한 손해배상채권은 비면책채권에 해당되지 않는다(대판 2010.5.13. 2010다3353).

이러한 비변책채권에 대해서는 설령 파산채권자표에 면책허가결정이 확정되었다는 취지의 기재가 있다고 하더라도 파산채권자는 파산채권자표에 의거한 집행문부여신청이 가능할 것이고, 이에 대하여 법원사무관 등의 거절할 경우에는 집행문부여거부처분에 대한 이의신청(민사집행법 34조 1항)이 가능할 것이다.

한 과실로 인한 재산침해의 경우에는 면책채권에 해당되는 것이다.

292) '채무자가 중대한 과실로 타인의 생명 또는 신체를 침해한 불법행위로 인하여 발생한 손해배상'을 비면책채권의 하나로 규정한 채무자 회생 및 파산에 관한 법률 제566조 제4호에서 규정하는 '중대한 과실'이란, 채무자가 어떠한 행위를 함에 있어서 조금만 주의를 기울였다면 생명 또는 신체 침해의 결과가 발생하리라는 것을 쉽게 예견할 수 있음에도 그러한 행위를 만연히 계속하거나 조금만 주의를 기울여 어떠한 행위를 하였더라면 생명 또는 신체 침해의 결과를 쉽게 회피할 수 있음에도 그러한 행위를 하지 않는 등 일반인에게 요구되는 주의의무에 현저히 위반하는 것을 말한다. 따라서 벌점 누적으로 운전면허가 취소된 자가 차량을 운전하고 가던 중 졸음운전으로 진행방향 우측 도로변에 주차되어 있던 차량의 뒷부분을 들이받아 동승한 피해자에게 상해를 입힌 사안에서, 벌점 누적으로 운전면허가 취소된 것이라면 도로교통법상의 무면허운전이 위 사고의 직접 원인으로 작용하였다고 보기 어렵고 전방주시를 태만히 한 상태에서 졸음운전을 하였다는 점만으로 주의의무를 현저히 위반하는 중대한 과실이 있다고 어렵다는 이유로, 그로 인한 손해배상채권이 채무자 회생 및 파산에 관한 법률 제566조 제4호에 정한 비면책채권에 해당하지 않는다(대판 2010.5.13. 2010다3353).

마. 면책결정확정 후 파산채권자가 제기한 이행청구소송에서 면책사실을 주장하지 않은 경우, 청구이의의 소제기 가부

통합도산법 566조 본문에 의해 면책을 받은 개인채무자는 파산절차에 의한 배당을 제외하고는 파산채권자에 대한 채무의 전부에 관하여 그 책임이 면제되는데, 여기에서 면책이란 채무 자체는 존속하지만 개인채무자에 대하여 이행을 강제할 수 없다는 뜻이다.

파산선고 후 면책결정이 확정되면 개인채무자의 파산채권자에 대한 채무는 그대로 존속하지만 책임은 소멸하므로, 개인채무자의 파산채권자에 대한 책임은 파산선고 당시에 개인채무자가 가진 재산의 한도로 한정된다. 채무는 그대로 존속하지만 책임만이 위와 같은 범위로 제한되므로 개인채무자는 파산선고 이후에 취득하는 재산으로 변제할 책임은 지지 않는다(대판 2022.7.28. 2017다286492). 이로써 개인채무자는 경제적 회생을 도모하여 파산채무로 인한 압박을 받거나 의지가 꺾이지 않은 채 경제적 회생을 위한 노력을 할 수 있게 된다.

파산채권자가 개인채무자를 상대로 채무이행을 청구하는 소송에서 면책결정에 따라 발생한 책임 소멸은 소송물인 채무의 존부나 범위 확정과는 직접적인 관계가 없다.
개인채무자가 면책 사실을 주장하지 않는 경우에는 책임 범위나 집행력 문제가 현실적인 심판대상으로 등장하지도 않아 주문이나 이유에서 그에 관한 아무런 판단이 없게 된다. 이런 경우 면책결정으로 인한 책임 소멸에 관해서는 기판력이 미치지 않으므로, 개인채무자에 대한 면책결정이 확정되었는데도 파산채권자가 제기한 소송의 사실심변론종결시까지 그 사실을 주장하지 않는 바람에 면책된 채무 이행을 명하는 판결이 선고되어 확정된 경우에도 특별한 사정이 없는 한 개인채무자는 그 후 면책된 사실을 내세워 청구이의의 소를 제기할 수 있다(대판 2022.7.28. 2017다286492).

면책결정이 확정되었는데도 면책된 채무이행을 명하는 판결이 확정된 경우에 개인채무자가 확정판결에 관한 소송에서 단지 면책주장을 하지 않았다는 이유만으로 청구이의의 소를 통해 면책된 채무에 관한 확정판결의 집행력을 배제하는 것을 허용하지 않는다면 부당한 결과를 초래한다. 이미 면책결정을 통해 강제집행의 위험에서 벗어난 개인채무자로 하여금 그 집행을 다시 수인하도록 하는 것은 면책제도의 취지에 반하고 확정된 면책결정의 효력을 잠탈하는 결과를 가져올 수 있기 때문이다.

또한 확정판결에 관한 소송에서 개인채무자의 면책주장 여부에 따라 개인채무자가 일부 파산채권자에 대해서만 파산절차에 의한 배당 외에 추가로 책임을 부담하게 된다면 파산채권자들 사이의 형평을 해치게 되어 집단적·포괄적으로 채무를 처리하면서 개인채무자의 재기를 지원하는 개인파산 및 면책제도의 취지에 반하게 된다. 이와 같이 확정판결에 관한 소송에서 주장되지 않았던 면책 사실도 청구이의소송에서 이의사유가 될 수 있다고 보는 것이 타당하다(대판 2022.7.28. 2017다286492).

바. 면책결정 확정 후 파산채권을 변제하기로 하는 채무자와 파산채권자 사이의 합의의 효력

통합도산법 566조 본문에 의해 면책을 받은 개인채무자는 파산절차에 의한 배당을 제외하고는 파산채권자에 대한 채무의 전부에 관하여 그 책임이 면제되는데, 여기에서 면책이란 채무 자체는 존속하지만 파산채무자에 대하여 이행을 강제할 수 없다는 의미이다. 통합도산법이 파산절차에서 개인채무자를 위한 면책제도를 둔 취지는 채권자들에 대하여 공평한 변제를 확보함과 아울러 지급불능 상태에 빠진 개인채무자에 대하여 경제적 재기와 회생의 기회를 부여하고자 하는 데에 있다. 이를 통하여 개인채무자는 파산채무로 인한 압박을 받거나 의지가 꺾이지 않은 채 앞으로 경제적 회생을 위한 노력을 할 수 있게 된다. 채무자의 재산을 환가·배당함으로써 채권자들 사이의 적정하고 공평한 만족을 도모하는 개인파산절차에서도 채무자의 경제적 회생은 도모되어야 한다.

이는 채무자가 파산선고 이후에도 잔여 채무에 대한 무제한의 책임을 지게 되는 경우 오로지 채권자에 대한 채무변제를 위해서만 경제활동을 해야 하는 극단적 상황을 방지하여야 한다는 요청에 따른 것이다(대판 2021.9.9. 2020다269794).

따라서 면책결정 확정 후 파산채권을 변제하기로 하는 채무자와 파산채권자 사이의 합의(이하 '채무재승인약정')가 면책제도의 취지에 반하거나 확정된 면책결정의 효력을 잠탈하는 결과를 가져온다면 그 효력을 인정하기 어렵다. 나아가 채무재승인약정의 효력을 인정하여 판결을 통해 집행력을 부여할 것인지 여부를 판단할 때에는 면책제도의 입법 목적에 따라 위 약정이 채무자의 회생에 지장이 없는지 여부가 충분히 고려되어야 한다. 즉, 채무재승인약정은 채무자가 면책된 채무를 변제한다는 점에 대하여 이를 충분히 인식했음에도 자신의 자발적인 의사로 위 채무를 변제하기로 약정한 것일 뿐 아니라 위 약정으로 인해 채무자에게 과도한 부담이 발생하지 않는 경우에 한하여 그 효력을 인정할 수 있는 것이다.

이때 채무자가 자발적으로 채무재승인약정을 체결한 것인지, 채무재승인약정의 내용이 채무자에게 과도한 부담을 초래하는지 여부는 채무재승인약정을 체결하게 된 동기 또는 목적, 채무재승인약정을 체결한 시기와 경위, 당시의 채무자의 재산·수입 등 경제적 상황을 종합적으로 고려하여 판단해야 할 것이다(대판 2021.9.9. 2020다269794).

3. 면책의 취소

면책결정이 확정되었다 하더라도 채무자가 사기파산죄(650조)로 유죄의 확정판결을 받은 때에는 파산채권자의 신청에 의하거나 법원의 직권으로 면책결정이 취소될 수 있다(569조 1항 본문). 채무자가 부정한 방법으로 면책을 받은 경우 파산채권자가 면책 후 1년 이내에 면책의 취소를 신청한 때에도 마찬가지로 면책결정이 취소될 수 있다(569조 1항 단서).

이러한 면책취소결정에 대하여는 채무자가 즉시항고할 수 있다(569조 2항). 면책취소결정은 확정된 후부터 그 효력이 발생한다(571조).

면책의 취소가 있은 때에는 면책 후 취소에 이르기까지의 사이에 생긴 원인으로 인하여 채권을 가지게 된 자는 다른 채권자(즉, 면책의 효력을 받은 채권자 또는 면책취소 후의 원인으로 생긴 채권자)에 우선하여 변제를 받을 권리를 가진다(572조).

4. 면책신청 서류의 비치 및 열람

법원은 이해관계인이 열람할 수 있도록 면책신청서, 채권자목록 등 면책신청에 관한 서류를 법원에 비치해야 한다(561조 1호). 파산채권자 등 이해관계인은 이러한 서류에 대하여 법원의 허가를 얻어 열람·복사할 수 있다.

[12] 개인파산자의 복권

1. 복권의 의의

복권이란 파산선고를 받은 파산자가 파산선고를 받기 전의 상태, 즉, 파산자가 아닌 상태로 돌아가 파산자로서의 여러 가지의 공·사법(公·私法)상의 불이익을 받지 않게 되는 것을 의미한다. 다만, 복권이 이루어진다 하더라도 개별 기업이나 금융기관과의 관계에서 사실상 취직 및 금융거래에 있어서 어느 정도의 제약이 뒤따를 수는 있다.

2. 복권되는 방법

가. 당연복권

파산선고를 받은 채무자가 ① 면책결정이 확정된 때, ② 파산선고 후 채권자의 동의 등에 의한 파산폐지(538조)의 결정이 확정된 때, ③ 파산선고 후 사기파산(650조)으로 유죄의 확정판결을 받음이 없이 10년을 경과한 때에는 당연히 복권된다(574조). 즉, 이러한 경우에는 파산자가 별도로 복권을 신청하지 않더라도 당연히 복권되는 것이다. 공무원 등과 같이 파산선고가 당연퇴직사유 또는 자격상실사유로 되어 있는 경우, 이후 면책결정을 받아 복권이 이루어진 경우에 있어서는 해당 공무원 신분도 회복될 수 있는지 문제된다. 이에 대하여 헌법재판소 판례는 부정하고 있다(헌법재판소 2008.11.27 선고 2005헌가21).[293]

---

293) 파산선고가 있으면 원칙적으로 채무자가 종래 소유하고 있던 재산의 전부는 파산재단을 구성하고 이에 관한 관리처분권은 파산관재인에 속하게 된다(384조). 통합도산법이 파산선고를 받은 채무자에게 부과하는 제한은 파산에 관하여 설명할 의무(321조), 일정한 경우 법원이 채무자를 구인할 수 있도록 하고(319조), 통신의 비밀을 제한할 수 있도록 한 것(484조) 정도이나, 개별 법률에서는 파산선고를 광범위한 자격제한사유로 규정하고 있다. 여기에는 이 사건 법률조항과 같이 파산선고를 소극적 신분요건인 당연퇴직사유로 규정하고 있는 경우(국가공무원법 69조, 33조 2호, 지방공무원법 61조, 31조 2호 등), 소극적 자격요건인 등록취소사유로 규정하고 있는 경우(변호사법 18조 1항 2호, 5조 6호, 공인회계사법 9조 1항 1호, 4조 5호, 법무사법 10조 3호, 6조 2호, 세무사법 7조 2호, 4조 3호 등), 소극적 영업요건인 인·허가의 실효 또는 취소사유로 규정하고 있는 경우(건설산업기본법 83조 3호, 13조 1항 1호, '학원의 설립·운영 및 과외교습에 관한 법률' 9조 2항, 1항 2호 등) 등이 있다. 파산선고로 인한 자격제한은 면책결정이 확정되면 소멸되나, 이 사건 법률조항과 같이 파산선고가 당연퇴직사유나 자격상실사유로 규정되어 있는 경우에는 면책결정을 받아 복권되더라도 면책결정에는 소급효가 없으므로 상실된 자격이 당연히 회복되는 것은 아니다(헌법재판소 2008.11.27 선고 2005헌가21).

나. 신청에 의한 복권

당연복권의 규정(574조)에 의해 복권될 수 없는 파산자, 즉 면책결정이 불허가되거나 일부만 면책된 경우에는 파산자가 변제, 면제, 상계 기타 방법으로 파산채권자에 대한 채무의 전부에 관하여 그 책임을 면한 경우에만 파산자의 신청과 법원의 심리절차를 통하여 복권될 수 있다(575조 1항). 이러한 복권결정에 대하여는 즉시항고할 수 있다(575조 3항). 법원은 파산자의 복권신청이 있은 때에는 그 뜻을 공고하고, 이해관계인이 열람할 수 있도록 그 신청에 관한 서류를 법원에 비치한다(576조).

파산채권자는 복권신청의 공고가 있은 날부터 3월 이내에 복권신청에 관하여 법원에 이의를 신청할 수 있으며, 이러한 이의신청이 있는 때에는 법원은 파산선고를 받은 채무자와 이의를 신청한 파산채권자의 의견을 듣는다(577조). 복권결정은 확정된 후부터 그 효력이 발생한다(578조). 복권결정이 확정되면 법원은 파산자의 신원증명업무를 관장하는 본적지 시·구·읍·면장과 한국신용정보원장에게 복권결정의 확정통지를 하게 된다.

3. 복권신청 비용

① 인지대 : 1,000원(1,000원 × 1개)

② 송달료 : 52,000원 + (채권자수 × 5,200원 × 3)

종전에는 관보게재료(인지대 7,800원 × 3)와 신문공고료(예납금 247,500원)도 함께 납부하게 되어 있었으나, 통합도산법이 시행되는 2006. 4. 1.부터는 복권에 대한 공고가 관보 또는 대법원규칙이 정하는 방법에 의해도 가능하게 되었고, 따라서 현재는 대법원 홈페이지 법원공고란에 게시하는 인터넷 공고를 원칙으로 하므로(개인파산예규 7조) 공고에 필요한 비용은 더 이상 필요하지 않게 되었다. 다만, 통합도산법이 시행된 이후에도 종전의 파산법이 적용되는 사건에서는 여전히 관보 및 일간신문에 의한 공고를 해야 하므로 공고비용이 필요하다.[294)]

---

294) 서울회생법원, 제5판 개인파산·회생실무, 45p.

[기재례 111] 복권허가신청서

복권신청서

인지
1000원

신 청 인(채 무 자) ○○○ (주민등록번호 :123456-1234567)

주소 : ○○시 ○○구 ○○로 ○○○ (우편번호 : 00000)

거소 : ○○시 ○○구 ○○로 ○○○ (우편번호 : 00000)

송달장소 : 위와 같음, 송달영수인 : ○○○ (우편번호 : 00000)

등록기준지 : ○○시 ○○구 ○○로 ○○○

연락처 : 휴대폰( ), 집전화( ), e-mail( )

신 청 취 지

채무자를 복권한다.
라는 결정을 구합니다.

신 청 이 유

1. 신청인은 ○○지방법원 20○○. ○. ○.자 20○○하단○○○○ 결정으로 파산선고를 받고, 같은 법원 20○○. ○. ○.자 20○○하면○○○○결정으로 일부면책(또는 면책불허가)결정을 받았습니다.

2. 신청인은 그 후 파산채권자에 대한 잔존 채무를 모두 변제하였습니다.

3. 따라서 '채무자를 복권한다.'라는 결정을 구합니다.

첨 부 서 류

1. 가족관계증명서 및 주민등록등본 각 1부
2. 파산선고결정등본 및 일부면책(면책불허가)결정등본 각 1부
3. 파산선고 당시 채권자에 대한 채무변제 등으로 변제책임이 소멸되었다는 자료

20○○. ○. ○.

신청인 ㊞

복권사건번호	
배당순위번호	
재 판 부	제 단독

○○지방법원 귀중

[기재례 112] 복권신청공고

복권신청공고

사　　　　건　20○○하기○○ 복권

신청인 겸 채무자　○ ○ ○ (생년월일)

주 소 ○○시 ○○구 ○○로 ○○

위 사람은 이 법원 20○○하단○○ 파산선고 사건에 관하여 20○○. ○. ○. 파산선고를 받았으나 20○○. ○. ○. 이 법원에 복권신청을 하였으므로 다음과 같이 공고합니다.

다　　음

1. 위 신청에 관한 서류는 이해관계인에게 열람하게 하기 위해 이 법원 파산과에 비치하였다.
2. 파산채권자는 이 공고가 있은 날부터 3월 이내에 위 신청에 대하여 법원에 이의를 신청할 수 있다.

20○○. ○. ○.

○○지방법원

판 사 ○ ○ ○

[기재례 113] 복권허가결정

○○지방법원
결 정

사 건	20○○하기○○ 복권
신청인 겸 채무자	○ ○ ○ (123456 - 1234567) 주소 ○○시 ○○구 ○○로 ○○ 본적 ○○시 ○○구 ○○로 ○○

주 문

1. 채무자를 복권한다.
2. 송달해야 하는 장소를 알기 어려운 파산채권자에 대한 송달은 공고로써 갈음한다.

이 유

이 사건 기록에 첨부된 소명자료(및 이의신청인의 의견청취결과)에 의하면, 파산을 선고받은 채무자가 각 파산채권자에 대한 채무의 전부에 관하여 그 책임을 면할 사실이 인정되므로 채무자 회생 및 파산에 관한 법률 제575조 제1항, 제10조에 의해 주문과 같이 결정한다.

20○○. ○. ○.

판 사 ○ ○ ○

[기재례 114] 복권결정 공고

복권결정 공고

사　　건　　20○○하기○○○ 복권

채 무 자　　○ ○ ○ (생년월일)

주소 ○○시 ○○구 ○○로 ○○

주문 채무자를 복권한다.

20○○. ○. ○.

○○지방법원

판 사 ○ ○ ○

[기재례 115] 복권결정확정통지(본적지)

○○지방법원
복권결정확정통지

○○구청장 귀하

사　　건　　20○○하기○○ 복권

채 무 자　　○　○　○ (123456 - 1234567)
　　　　　　주소　○○시 ○○구 ○○로 ○○
　　　　　　본적　○○시 ○○구 ○○로 ○○

위 채무자에 대하여 20○○. ○. ○. 복권허가결정이 선고되어 위 결정이 20○○. ○. ○. 확정되었음을 통지합니다.

20○○. ○. ○.

법원사무관 ○ ○ ○

[기재례 116] 복권불허가결정

○○지방법원
결 정

사 건 20○○하기○○ 복권

신 청 인 ○ ○ ○

○○시 ○○구 ○○로 ○○

주 문

신청인의 복권을 허가하지 않는다.

이 유

이 사건 기록에 첨부된 소명자료 및 심문결과에 의하면, 신청인은 채권자 △△△에 대하여 30,000,000원의 채무를 부담하고 있고 이를 변제하지 않고 있는 사실이 인정되므로 주문과 같이 결정한다.

20○○. ○. ○.

판 사 ○ ○ ○

[13]
개인파산·면책신청에 대한 채권자의 대응방법

1. 개인파산신청에 대한 채권자의 대응절차

통합도산법의 기본 취지는 채권자를 어느 정도 희생시켜서라도 선한 채무자, 즉 '열심히 생활하여 왔지만 불운한 채무자'의 재기·회생을 도모하여 사회의 구조적 문제점을 해결하는 데에 주목적이 있는 것이지, 이러한 제도를 악용하려는 채무자를 보호하기 위한 법이 아니다. 따라서 파산제도를 악용한 채무자에 대하여 채권자가 대응할 수 있는 제도로 현행법상 어떠한 것이 있는지 살펴볼 필요가 있다. 이 문제는 채무자의 파산신청에 의해 속수무책으로 희생을 감수하고 있는 많은 선한 채권자들의 주요 관심사이다.

가. 파산기록의 열람 등

채권자 등 이해관계인은 법원에 파산사건 기록(문서 그밖의 물건을 포함)에 대한 열람·복사, 재판서·조서의 정본·등본이나 초본의 교부 또는 사건에 관한 증명서의 교부를 청구할 수 있다(28조 1항). 사건기록 중 녹음테이프 또는 비디오테이프에 관하여는 복제만 가능하다(28조 2항). 채무자가 법원에 제출한 파산관련 각종 신청서나 그 첨부서류 등을 열람하거나 교부받아 검토해 보아야만 채무자의 부당한 파산 및 면책신청에 대하여 이의제기를 할 수 있는 단서를 찾을 수 있기 때문에 채권자의 이러한 파산관련 서류의 열람·교부권은 중요한 의미가 있다.

다만, 이러한 파산기록의 열람 등은 통합도산법 43조 1항의 규정에 의한 보전처분, 제43조 제3항의 규정에 의한 보전관리명령, 44조 1항의 규정에 의한 중지명령, 45조 1항의 규정에 의한 포괄적 금지명령 중 어느 하나가 있을 때까지는 신청을 할 수 없는 제한이 있다(28조 3항).

나. 채무자의 재산 등에 대한 조회신청

채권자는 법원에 파산신청을 한 채무자의 재산 및 신용에 관한 전산망을 관리하는 공공기관·금융기관·단체 등에 채무자 명의의 재산에 관하여 조회신청을 할 수 있다(29조 1항). 이 경우 채권자는 조회할 공공기관·금융기관 또는 단체를 특정해야 하고, 조회에 드는 비용을 미리 납부해야 한다(29조 2항). 이러한 재산조회절차에 관하여는 민사집행법 제74조(재산조회) 제3항·제4항 및 제75조(재산조회의 결과 등) 제1항의 규정이 준용된다(29조 3항). 따라서 재산조회 신청서에는 1,000원의 인지를 첨부하고, 각 조회기관별 해당 조회비용[295]을 예납해야 한다. 재산조회신청 사건은 도산사건으로 접수하여 사건번호는 "카조"로 부여하고 도산사건 기록에 합철한다. 재산조회신청인은 신청일로부터 약 4주 이후에 재산조회결과를 열람할 수 있으며, 그 도착 여부는 대법원인터넷사이트를 통하여 확인할 수 있다.

이러한 재산조회절차는 파산채무자가 자기 명의의 부동산이나 은행예금 등 적극재산을 숨겨 놓은 채 소극재산만 노출시켜 파산 및 동시폐지결정을 받고 신속히 면책절차를 밟으려 할 경우 이를 저지하거나 사기파산죄로 고소하기 위한 전제로 재산을 찾는데 필요한 제도라 할 것이다.

다. 파산선고에 대한 즉시항고(파산취소)

파산취소란 법원의 파산선고 결정에 대하여 이해관계인이 불복신청함으로써 파산선고가 취소되는 것을 말한다. 즉, 파산선고에 대하여 파산채권자 등 이해관계인은 그 공고가 있는 날부터 14일 이내에 즉시항고[296]를 할 수 있고(316조 1항, 13조 2항), 이에 따라 항고심 재판에서 파산결정을 취소하는 경우가 있다. 항고법원은 즉시항고가 이유 있다고 인정하는 때에는 원래의 결정을 취소하고 사건을 원심법원에 환송해야 한다(316조 5항). 또한 즉시항고를 계기로 그 항고심의 전 단계에서 파산법원이 재도의 고안에 의해 스스로 파산결정을 취소하는 경우도 있다.[297]

파산선고에 대하여 즉시항고가 제기된 경우 파산선고의 당부는 항고심의 심문종결시를 기준으로 하여 판단하므로 원심당시에 파산원인이 없어도 항고심 당시에 파산원인이 인정되면 파산선고가 가능하고, 반대로 원심당시에 파산원인이 존재하여도 항고심 당시에 파산원인이 인정되지 않으면 파산선고는 취소된다(서울고법 2002.1.28. 2001라224).

파산선고가 취소되면 파산선고는 소급하여 효력을 상실하고 따라서 채무자 및 파산채권자에 대한 제한 및 파산관재인의 권한은 모두 소멸한다. 또한 파산선고 전에 개시된 파산재단

---

295) 예컨대, 조회비용은 법원행정처(토지·건물소유권 확인) 20,000원, 건설교통부(건물소유권 확인) 10,000원, 특허청(특허권·실용신안권·의장권·상표권 확인) 20,000원, 특별시·광역시·도(자동차·건설기계 소유권 확인) 각 기관별 5,000원, 각종 금융기관·정보통신부(우체국 예금)·보험사업자(예금 등 확인) 각 금융기관별 5,000원 등이다.

296) 다만, 즉시항고는 집행정지의 효력이 없다(316조 3항).

297) 2006 도산법, 전병서, 73p.

소속 재산에 대한 강제집행이나 가압류·가처분으로서 파산선고에 의해 효력을 상실한 것은 대상 재산이 채무자에게 환원된 경우 선고시의 상태를 기준으로 효력을 회복하고 절차를 속행할 수 있게 된다.

채권자가 파산선고를 취소할 실익은 그리 많지 않지만, 파산선고가 취소되면 파산채권자에 대한 제한이 없어지고, 또한 파산선고에 의해 효력을 상실한 파산선고 전에 개시된 파산재단 소속 재산에 대한 강제집행이나 가압류·가처분의 효력이 회복되어 절차를 속행할 수 있게 되는 실익이 있다. 또한 채무자가 파산선고의 요건도 갖추고 있지 않으면서도 오로지 채무를 면책받을 요량으로 파산신청을 하여 요행히 파산선고를 받은 경우, 면책을 받지 못하게 하는 전제로 파산선고를 취소시킬 실익도 있는 것이다.

라. 동시폐지결정에 대한 즉시항고

법원은 파산재단으로 파산절차의 비용을 충당하기에 부족하다고 인정되는 때에는 파산선고와 동시에 파산폐지결정을 하게 된다(317조 1항).

채무자가 파산선고와 동시에 파산폐지결정을 받으면 파산관재인 선임과 파산재산에 대한 청산절차 등 후속절차가 생략되기 때문에 채무자가 면책을 받을 수 있는 기간도 그만큼 단축된다. 따라서 채권자로서는 파산절차비용을 충당하기에 충분한 재산을 가지고 있다는 것을 소명하거나 재산은닉 또는 부인대상행위를 한 사실 등을 소명하여 이러한 동시폐지결정에 대하여 즉시항고를 제기할 실익이 있는 것이다(316조 1항, 317조 2항).

즉시항고는 재판의 공고가 있는 때에는 그 공고가 있은 날부터 14일 이내에, 공고하지 않은 재판에 대하여는 재판이 고지된 날로부터 1주일 이내에 해야 한다(13조 2항, 33조, 민사소송법 444조).

2. 파산면책신청에 대한 채권자의 대응절차

가. 면책신청에 대한 이의신청

채무자가 파산 및 면책신청을 하거나 파산선고를 받은 후 면책신청을 한 경우 채권자는 면책불허가사유가 있음을 들어 면책신청에 대하여 이의신청을 할 수 있다.

1) 이의신청권자

면책신청에 대하여 이의신청을 할 수 있는 자는 면책의 효력을 받을 파산채권자, 검사,

또는 파산관재인이다(562조 1항). 다만, 동시폐지사건의 경우에는 파산관재인이 선임되지 않으므로 파산관재인이 이의신청할 여지는 없다. 또한 검사에 대한 파산선고의 통지는 법원에서 필요하다고 판단되는 경우에 한하여 예외적으로 하게 되고, 면책심문기일도 통지사항이 아니므로 검사가 면책신청에 대하여 이의신청하는 경우는 거의 없을 것이다. 따라서 실무상 이의신청은 채권자만이 하고 있는 것이다. 채권자라도 별제권자, 환취권자, 면책의 효력을 받지 않은 채권자는 면책신청에 대하여 이해관계가 없으므로 이의신청권이 없다.

2) 이의신청 기간

면책신청에 대하여 이의를 신청할 수 있는 기간은 면책심문기일부터 30일(심문기일을 정하지 않은 경우에는 법원이 정하는 날) 이내이다. 다만, 법원은 상당한 이유가 있는 때에는 신청에 의해 그 기간을 늘일 수 있다(562조 1항). 실무상으로는 이의신청 기간이 시작되기 전 또는 이의신청 기간이 경과된 후에 이의신청서를 제출한 경우에도 유효로 처리하고 있다.[298]

3) 이의신청 사유

면책신청에 대하여 이의신청을 할 수 있는 사유는 면책신청기간 경과 후의 면책신청임을 주장하여 면책신청의 각하를 구하거나, 통합도산법 562조 2항에 규정되어 있는 면책불허가사유이다(564조 1항). 면책불허가사유란 다음과 같은 6가지 사유이다.

① 채무자에게 사기파산죄(650조)·과태파산죄(651조)·구인불응죄(653조)·파산증뢰죄(656조) 또는 설명의무위반죄(658조)의 죄에 해당하는 행위가 있다고 인정되는 때(즉, 유죄여부에 상관없이 이러한 행위가 있으면 면책불허가사유에 해당됨)(1호)

② 채무자가 파산선고 전 1년 이내에 파산의 원인인 사실이 있음에도 불구하고 그 사실이 없는 것으로 믿게 하기 위해 그 사실을 속이거나 감추고 신용거래(신용카드거래 등)를 하여 재산을 취득한 사실이 있는 때(2호)

③ 채무자가 허위의 채권자목록 기타 신청서류를 제출하거나 법원에 대하여 그 재산상태에 관하여 허위의 진술을 한 때(3호)

④ 채무자가 기존에 파산면책을 받았으나 그 면책허가결정의 확정일부터 7년이 경과되지 않은 때 또는 채무자가 기존에 개인회생면책(624조)을 받았으나 그 면책확정일부터 5년이 경과되지 않은 때(4호)

⑤ 채무자가 통합도산법에서 정하는 채무자의 의무를 위반한 때(5호)

298) 2009 파산·개인회생실무, 법원공무원교육원, 154p.

⑥ 채무자가 과다한 낭비·도박 그밖의 사행행위를 하여 현저히 재산을 감소시키거나(예, 과도한 주식투자), 과대한 채무를 부담한 사실이 있는 때(6호)

따라서 채권자로서는 면책을 신청한 채무자가 위 면책불허가사유 6가지 중 어느 하나에 해당하고, 이에 대한 소명자료를 가지고 있는 경우 채무자의 면책신청에 대하여 이의신청을 할 수 있는 것이다.

4) 이의신청 절차

면책신청에 대하여 이의신청을 하려면 이의신청서를 작성하여 그 부본 1부와 함께 파산법원에 제출하면 된다(원본, 부본 각 1통). 실무상 면책심문기일에 채권자가 이의를 진술하여 조서에 기재한 경우에도 이의신청서를 제출하도록 하고 있다. 이의신청서에는 면책불허가사유에 해당하는 사실을 구체적으로 주장하고, 이를 뒷받침하는 증거를 제출해야 할 것이다.

면책신청에 대한 이의신청은 면책불허가결정에 대한 법원의 직권발동을 촉구하는 의미이므로 법원은 이의신청에 대하여 따로 사건부호 및 사건번호를 부여하지 않으며, 이의신청에 대한 별도의 재판 없이 면책신청 자체에 대하여 재판을 하게 된다. 따라서 인지첨부는 요하지 않는다.

5) 이의신청에 대한 재판

면책신청에 대한 이의신청이 있는 경우 법원은 채무자에게 이의신청서부본을 송달하고, 또한 채무자가 이에 대하여 반론서를 제출한 경우에는 이를 이의신청한 채권자에게 송달한다(규칙 78조). 면책신청에 대한 이의신청이 있으면 법원은 채무자 및 이의신청 채권자의 의견을 들어야 한다(563조). 의견청취를 하는 방법으로는 기일을 지정하여 하는 방법과 서면에 의해 하는 방법이 있는데, 법원은 이 중 적당한 방법을 택하여 의견을 청취하면 되며, 이는 법원의 재량사항이다.

실무상으로는 이의신청인이 면책불허가사유에 대한 구체적인 사실을 주장하고 소명자료가 첨부된 경우에는 의견청취기일을 지정하여 청취하게 된다.

참고로 의견청취는 이의신청채권자에 한하고 그 외의 채권자에게는 의견청취기일의 송달을 하지 않는다. 의견청취기일에는 조서를 작성하지 않으나 재판장의 명이 있으면 조서를 작성한다(규칙 5조).

이러한 면책신청에 대한 이의신청에 대하여는 의견을 들을 뿐 별도로 재판하지 않으며, 다만, 면책허가여부를 결정할 때 반영하여 면책불허가사유가 있으면 면책불허가결정를 하게 되는 것이다(564조).

나. 면책허가결정에 대한 즉시항고

채무자의 면책신청에 대하여 법원이 면책불허가사유가 없다고 판단하여 면책허가결정을 한 경우, 채권자는 이에 대하여 즉시항고할 수 있다(통합도산법 564조 4항).

1) 즉시항고권자

면책허가결정에 대하여 즉시항고를 할 수 있는 자는 이해관계인, 즉 파산채권자, 파산관재인, 검사이다. 재단채권자나 별제권자, 면책의 효력을 받지 않은 파산채권자는 이해관계를 가진 자에 포함되지 않으므로 면책허가결정에 대하여 즉시항고를 할 수 없다.

2) 즉시항고 기간

면책허가결정은 공고가 되므로 즉시항고는 그 공고가 있은 날부터 14일 이내에 해야 한다(통합도산법 13조 2항).

3) 즉시항고 사유

면책허가결정에 대하여 이의신청을 할 수 있는 사유는, 면책신청에 대한 이의신청 사유와 같이, 통합도산법 562조 2항에 규정되어 있는 면책불허가사유이다(564조 1항).

4) 즉시항고 절차

면책허가결정에 대하여 즉시항고를 하려면 즉시항고장을 작성하여 그 부본 1부와 함께 면책허가결정 법원에 제출하면 된다.

다. 면책취소신청

채무자가 면책허가결정을 받았다고 하더라도 통합도산법 650조(사기파산죄)의 규정에 의해 사기파산으로 유죄의 확정판결을 받은 때에는 파산채권자는 법원에 면책취소신청을 할 수 있다. 또한 채무자가 부정한 방법으로 면책을 받은 경우 파산채권자는 면책 후 1년 이내에 법원에 면책취소신청을 할 수 있다.

1) 면책취소신청권자

채무자가 사기파산죄로 유죄의 확정판결을 받은 경우 면책취소신청은 파산채권자 또는 법원의 직권에 의해 하고(569조 1항 전단), 부정한 방법으로 면책을 받은 경우의 면책취소신청은 파산채권자만 가능하다(569조 1항 후단). 즉, 부정한 방법으로 면책을 받은 경우의 면책취소는 법원의 직권에 의해 할 수는 없다.

2) 면책취소신청 사유

면책취소사유는 채무자가 사기파산죄로 유죄의 확정판결을 받은 경우와(569조 1항 전단), 부정한 방법으로 면책을 받은 경우의 두 가지이다(569조 1항 후단). 사기파산행위가 그 유죄판결 여부와 상관없이 면책불허가사유가 되는 것과 달리(564조 1항 1호), 채무자가 사기파산죄로 유죄의 확정판결을 받은 경우에만 독립된 면책취소사유가 된다. 사기파산죄 외의 파산범죄행위는 독립된 면책취소사유가 아니다.

그리고 여기의 부정한 방법이란 파산채권자 또는 파산관재인 등에 대하여 뇌물공여, 기망행위, 협박, 공갈 등의 수단을 동원하여 면책을 받은 경우를 말한다.[299] 허위의 채권자목록을 제출하거나 재산상태에 관하여 허위의 진술을 한 경우[300] 등 면책불허가사유가 있음에도 불구하고 그 행위가 면책절차에서 노출되지 않아 면책결정을 받은 경우에도 부정한 방법으로 면책을 받은 경우에 해당되어 면책취소사유가 된다.

3) 면책취소신청 기간

채무자가 사기파산죄로 유죄의 확정판결을 받았음을 이유로 한 파산채권자의 면책취소신청 기간에 대하여는 특별한 제한이 없다. 그러나 채무자가 부정한 방법으로 면책을 받았음을 이유로 한 파산채권자의 면책취소신청 기간은 면책 후 1년 이내이다(569조 1항 후단). 따라서 면책결정확정일부터 1년이 경과한 뒤에 채무자가 부정한 방법으로 면책받았음을 이유로 파산채권자가 면책취소신청을 하면 위법하므로 각하된다.

4) 면책취소신청 절차

면책취소신청을 하려면 면책취소신청서를 작성하여 면책허가결정법원에 그 부본과 함께 파산법원에 제출하면 된다. 신청서에는 1,000원의 인지를 첨부하고, 송달료는 4회분(5,200원 × 4회 = 19,200원)을 납부해야 한다(민사접수서류에 붙일 인지액 및 그 편철방법 등에 관한 예규 3조). 면책취소신청이 제기되면 법원에서는 이를 기타 파산·면책관련 신청사건으로 접수하고 사건번호

---

299) 개인파산·면책제도를 통하여 면책을 받은 채무자에 대한 차용금 사기죄의 인정 여부는 그 사기로 인한 손해배상채무가 면책대상에서 제외되어 경제적 회생을 도모하려는 채무자의 의지를 꺾는 결과가 될 수 있다는 점을 감안하여 보다 신중한 판단을 요한다(대판 2008.2.14. 2007도10770).

300) 실무상 대표적인 경우가 대여금 채권 등 적극 재산이 있음에도 불구하고 이러한 적극 재산의 노출로 파산선고 또는 면책에 지장이 있을 것을 염려하여 고의로 이를 누락시킨 경우이다.

는 "하기"로 하여 접수번호에 따라 사건번호를 부여하며 파산사건기록에 합철한다.

5) 면책취소신청에 대한 재판

면책취소신청이 있는 경우 법원은 이에 대한 재판을 하기 전에 채무자 및 취소신청인의 의견을 들어야 한다(570조). 법원은 의견청취결과 면책취소사유가 인정되면 면책취소결정을 할 수 있다. 즉, 면책취소사유가 인정되더라도 반드시 면책취소결정을 해야 하는 것이 아니고 재량면책사유가 있으면 면책취소신청을 기각할 수 있다는 것이다. 면책취소결정은 확정된 후부터 그 효력이 발생한다(571조). 따라서 면책허가결정에 따른 복권의 효력은 면책취소결정이 확정한 후부터 장래를 향하여 그 효력을 잃게 되는 것이다.

면책취소결정에 대하여는 즉시항고할 수 있다(569조 2항).

면책의 취소가 있은 때에는 면책 후 취소에 이르기까지의 사이에 생긴 원인으로 인하여 채권을 가지게 된 신채권자는 다른 채권자에 우선하여 변제를 받을 권리가 있다(572조).

6) 면책취소결정 확정시 후속조치

법원사무관 등은 면책취소결정이 확정되면 파산채권자표가 있는 경우에는 파산채권자표에 면책취소결정이 확정된 뜻을 기재해야 한다(573조). 또한 법원은 채무자의 신원증명업무를 관장하는 등록기준지 시·읍·면장에게 그 사실을 통지해야 하고, 금융기관이 채권자인 면책사건의 경우에는 한국신용정보원장에게 파산선고의 확정통보를 하게 된다.

3. 면책허가결정을 받은 채무자 상대의 손해배상청구소송

채무자가 고의로 가한 불법행위로 인한 손해배상채권은 설령 채무자가 면책허가결정을 받았다고 하더라도 통합도산법 566조 3호에 의해 비면책채권으로 된다.

그런데 실무상 채무자가 파산면책을 받기 위해 채권자목록에 기재한 채무의 대부분은 대여금이나 카드빚 또는 사업상 부도로 인하여 발생한 채무 등이 주류를 이루고 있고, 이러한 채무들은 겉으로 보기에 단순한 대여금 채권이나 물품대금채권에 지나지 않은 것으로 보이지만, 경우에 따라서는 사기 등 불법행위로 인한 손해배상채권을 구성하는 경우도 있다.

예컨대, 갚을 능력이나 의사 없이 금원을 차용한 경우, 용도를 속이고 금원을 차용한 경우, 갚을 능력이나 의사 없이 과도하게 카드를 사용한 경우, 부도가 목전에 임박해 있음에도 이를 속이고 사업상 거래를 하는 경우 등 사안에 따라서는 사기죄 등 불법행위를 구성하는 경우도 있을 수 있는 것이다.

이와 같이 채무자에게 불법행위가 있음이 의심되는 경우 채권자로서는 채무자의 파산신청에 대하여 속수무책으로 가만히 앉아서 당할 필요는 없다고 보이며, 더군다나 파산제도를 악용하려는 악의의 채무자에는 더욱 경종을 울릴 필요가 있다고 보인다. 따라서 이러한 경우 채권자의 입장에서는 채무자를 사기죄 등으로 형사고소하고 그 접수증명원을 첨부하여 파산법원에 제출함으로써 일차적으로는 면책신청에 대한 이의신청 등을 통하여 면책불허가결정 또는 일부면책을 유도해 볼 필요가 있고, 이미 면책허가결정이 이루어진 후라면 본안소송을 제기하여 해당 대여금 등 채권이 채무자의 기망 등 불법행위로 인하여 발생한 손해배상채권임을 주장할 필요가 있다고 보인다.[301)]

즉, 통합도산법에서는 "면책불허가사유가 있는 경우에도 파산에 이르게 된 경위, 그밖의 사정을 고려하여 상당하다고 인정되는 경우에는 면책을 허가할 수 있다."라는 규정을 두어 재량면책에 대한 근거규정을 마련하였다(564조 2항).

재량면책은 일부면책도 가능하므로 이의제기한 채권자의 채권에 대하여는 이를 면책에서 제외하는 결정이 나오게 할 수 있는 것이며, 또한 채권자가 면책절차 진행 중에 불법행위로 인한 손해배상채권임을 주장하지 못하였거나, 면책절차 종료 후에 비로소 기왕의 채무자의 행위가 불법행위를 구성하게 됨을 알게 된 경우 등 여러 가지 사정으로 면책허가결정이 이루어져버린 경우에는 채권자는 불법행위로 인한 손해배상청구의 소 등을 제기하여 본안소송에서 채권자의 채권이 채무자의 고의에 의한 불법행위채권임을 입증하고 여기에 면책의 효력이 미치지 않음을 주장함으로써 승소판결을 받을 수 있는 것이다.

4. 채권자목록에 누락된 채권자의 이행청구소송 제기

채권자는 채무자가 파산신청을 하기 전에 통상 수차례에 걸쳐 납부고지서, 독촉장, 내용증명서 등으로 채무를 독촉하는 경우가 많다. 그럼에도 불구하고 채무자가 파산 및 면책을 신청할 경우 채권자목록에 채권자의 기재를 누락하는 경우가 많고, 이러한 상태에서 면책결정이 이루어진 경우도 많다. 판례에 의하면, 채무자가 채권의 존재 사실을 알았지만 과실로 채권자목록에 기재하지 않은 경우에 관하여, "채무자가 채무의 존재를 알고 있었다면 비록 과실로 채권자목록에 이를 기재하지 못하였다고 하더라도 면책채권에 해당하지 않는다."라고 판시하고 있다(대판 2010.10.14. 2010다49083).

---

301) 다만, 판례는 개인파산·면책제도를 통하여 면책을 받은 채무자에 대한 차용금 사기죄의 인정 여부는 그 사기로 인한 손해배상채무가 면책대상에서 제외되어 경제적 회생을 도모하려는 채무자의 의지를 꺾는 결과가 될 수 있다는 점을 감안하여 보다 신중한 판단을 요한다고 판시하고 있다(대판 2008.2.14. 2007도10770).

채권자목록에 기재하지 않은 청구권을 면책대상에서 제외한 이유는, 채권자목록에 기재되지 않은 채권자가 있을 경우 그 채권자로서는 면책절차 내에서 면책신청에 대한 이의 등을 신청할 기회를 박탈당하게 될 뿐만 아니라 면책불허가사유에 대한 객관적 검증도 없이 면책이 허가·확정되면 원칙적으로 채무자가 채무를 변제할 책임에서 벗어나게 되므로, 절차 참여의 기회를 갖지 못한 채 불이익을 받게 되는 채권자를 보호하기 위한 것이다(대판 2010.10.14. 2010다49083).

따라서 채권자목록의 작성에 관한 채무자의 악의 여부는 누락된 채권의 내역과 채무자와의 견련성, 그 채권자와 채무자의 관계, 누락의 경위에 관한 채무자의 소명과 객관적 자료와의 부합 여부 등 여러 사정을 종합하여 판단해야 하고, 단순히 채무자가 제출한 자료만으로는 면책불허가 사유가 보이지 않는다는 등의 점만을 들어 채무자의 선의를 쉽게 인정해서는 안된다는 것이다(대판 2010.10.14. 2010다49083, 2014.9.4. 2014다29858, 2014.12.11. 2014다62282, 대결 2011.7.14. 2011마235).

이에 채권자목록상 누락 채권자는 채무자가 면책결정을 받았다고 하더라도 채무자가 파산 및 면책신청 전에 채무의 존재를 알고 있었음에도 불구하고 고의로 채권자목록에 기재하지 않았다는 사실을 입증하여 채무자에 대한 대여금 등 이행청구소송을 제기할 실익이 있는 것이다.

[서식 38] 파산선고에 대한 채권자 이의서

채권자 이의서

사 건 20○○하단○○○○ 파산선고

채 무 자 ○ ○ ○ (123456 - 1234567)

채 권 자 ○○협동조합중앙회(○○여신관리단)
(송달장소 서울 ○○구 ○○로 ○○○ ㅁㅁ빌딩 ○○○호)

위 사건에 대하여 채권자 ○○협동조합중앙회는 채무자의 파산선고에 대하여 아래와 같이 채권자 이의서를 제출합니다.

아 래

1. 20○○년 ○○월 ○○일 본 사건과 관련한 주택자금대출시 채무자는 상환의지 없이 명의를 대여하여 채권자에게 손실을 입힌 것은 당초부터 선의가 아니라 악의적으로 채무를 면탁할 목적이 있었다고 할 수 있습니다.
2. 그리고 채무자 ○○○이 시행사인 (주)○○건설(사건번호 : 20○○회합○○ 회생)에 대하여 가지는 회생채권 【분양대금환급청구권(중도금대출환급청구권)】에 관하여 추완 신고가 되어 차후 변제계획안에 채무자가 포함되어 채무자명의로 배당금이 발생할 경우 집행 가능한 재산이 생성될 수도 있습니다. 부디 본 사건을 재조사하여 기각하여 주시기 바랍니다.

첨 부 서 류

1. 회생채권 신고접수증(추완신고)사본 1부.

20○○. ○. ○.

위 채권자 ○○협동조합중앙회
신용대표이사 ○○○
법률상대리인 ○○여신관리단 ○○○ (인)

○○ 지방법원 귀중

[서식 39] 면책신청에 대한 이의신청서

면책신청에 대한 이의신청서

사　　　건　　20○○하면236(20○○하단236) 면책
채　무　자　　○　○　○ (123456 - 1234567)
　　　　　　　○○시 ○○구 ○○로 ○○
신청인(채권자)　○○○ (123456 - 1234568)
　　　　　　　○○시 ○○구 ○○로 ○○

신 청 취 지

채무자의 위 사건 면책신청은 허가하지 아니한다.
라는 결정을 구합니다.

신 청 이 유

1. 채무자는 지급불능을 원인으로 하여 20○○. ○. ○. ○○지방법원에 20○○하면236(20○○하단111)호 파산 및 면책신청을 한 사실이 있습니다.
2. 그런데 위 채무자는 지급불능상태에 있던 20○○. ○. ○.에 채무자 소유의 ○○시 ○○구 ○○로 ○○ 소재 다세대 주택을 그 며느리 ○○○에게 명의 이전한 사실이 있습니다.
3. 채무자의 위와 같은 행위는 자기의 이익을 도모할 목적으로 파산재산에 속하는 재산을 은닉하는 경우로서 채무자 회생 및 파산에 관한 법률 제564조 제1항 제1호, 제650조 제1호의 면책불허가사유에 해당한다 할 것입니다. 따라서 이 사건 면책신청은 허가되어서는 아니되므로, 신청취지와 같은 재판을 구하고자 본건 신청에 이르게 된 것입니다.

첨 부 서 류

1. 부동산등기부등본　　　　　1통

20○○. ○. ○.

신청인 ○ ○ ○ (인)

○○지방법원 귀중

[서식 40] 면책허가결정에 대한 즉시항고

면책허가결정에 대한 즉시항고

사　　　건　　20○○하면236(20○○하단236) 면책
항고인(채권자)　　○ ○ ○ (123456 - 1234567)
　　　　　　　　○○시 ○○구 ○○로 ○○

위 면책신청사건에 관하여 ○○지방법원은 20○○. ○. ○. 면책허가결정을 하였는바, 항고인은 이에 불복하므로 즉시항고를 제기하는 바입니다.
[즉시항고인은 위 결정정본을 20○○. ○. ○. 수령하였습니다.]

원심결정의 표시

채무자를 면책한다.

항 고 취 지

1. 원심결정을 취소한다.
2. 이 사건 면책을 허가하지 아니한다.

라는 결정을 구합니다.

항 고 이 유

1. 채무자는 20○○. ○월경 외삼촌 ○○○의 채무를 보증하면서 채무를 지게 된 이래 20○○년경 무주택자로서 ○○시 ○○구 ○○로 ○○아파트 18평형 1세대를 분양받고 분양대금과 납입을 위해 신용카드로 4,500만원을 대출받으면서 다액의 채무가 발생한 사실이 있습니다.

2. 이후 채무자는 영업용택시, 시내버스 등의 운전기사로 일하며 채무의 변제를 시도하였으나 이자마저도 해결하지 못하였고, 채무가 오히려 지속적으로 증가하였으며, 이에 채무자는 다수의 신용카드를 발급받아 신용카드로 물건을 매수함과 동시에 저가로 처분하여 그 대금을 수령하는 방법으로 변제기만 연장한 사실이 있습니다.

3. 그 결과 채무자의 채무는 더욱 증가하였고, 채무자가 20○○. ○. ○. ○○지방법원에

파산신청을 할 당시 ○○농업협동조합 등 16명의 채권자에 대하여 약 1억 5천만원의 채무를 부담하게 된 것입니다.

4. 이러한 사실에 비추어 보면 채무자가 신용카드로 물건을 매수함과 동시에 할인하여 처분한 행위는 면책불허가사유를 규정한 채무자 회생 및 파산에 관한 법률 제564조 제1항 제1호, 제651조 제1호 소정의 "신용카드로 인하여 상품을 구입하여 현저히 불이익한 조건으로 이를 처분한 행위"에 해당한다 할 것입니다.

5. 이에 항고인은 항고취지와 같은 결정을 구하고자 본건 신청에 이르게 된 것입니다.

첨 부 서 류

1. ○○○○ 1통

20○○. ○. ○.

항고인(채권자) ○ ○ ○ (인)

○○지방법원 파산부 귀중

[서식 41] 채권자의 이의신청에 대한 채무자의 답변서(1)

답 변 서

사 건 20○○하면○○○○ 면책
20○○하단○○○○ 파산선고

채 무 자 ○ ○ ○

위 사건에 관하여 채무자의 신청대리인은 다음과 같이 답변합니다.

다 음

1. 이의신청인의 주장요지

이의신청인 ○○○(이하, '이의채권자'라고만 합니다)는 채무자가 파산상태에 빠진 이후에도 사치와 낭비를 일삼았고, 현재 거주하고 있는 아파트를 자녀 ○○○에게 명의신탁하여 재산을 은닉하고 있다는 취지의 주장을 하고 있습니다. 그러나 이는 사실과는 전혀 다른 주장으로 이하 자세히 살펴보도록 하겠습니다.

2. 채무자의 검소한 생활

채무자는 20○○. 11.경까지 귀금속점 '○○당'을 운영하였으니, 경영악화로 파산상태에 빠진 이후 자녀 ○○○ 소유 ○○동 □□아파트에서 자녀들이 매월 주고 있는 20만원 정도의 용돈으로 생활하고 있습니다. 채무자는 20○○.경 당시 사채업을 하던 이의채권자에게 부동산투자금을 위해 800만원 정도를 차용하였는데. 이후 이자금 변제는 통장으로 송금하였기 때문에 거의 대면한 사실이 없고, 서로 어디에서 살고 있는지도 모르는 사이인 바, 이의채권자가 채무자의 파산상태 이후의 생활을 알고 있는지 알 수 없을 것인데 채무자가 사치생활을 하고 있다는 주장은 그 근거가 전혀 없이 일방적인 추측성 주장에 불과하다 할 것입니다. 실제로 채무자는 사치를 위해 고가의 옷이나, 악세사리(다만, 채무자의 처 ○○○는 값싼 옷이라 할지라도 자녀 ○○○이 관리를 해 주어 주위 사람들로부터 소위 "깔끔하다, 좋게 늙는다"라는 이야기는 들어왔으나 이는 사치와는 전혀 무관합니다), 고급음식점 등을 다녀 본 사실이 전혀 없고 오히려 각종 질병(우측 중이의 진주종, 난청 등 귀에 생긴 불치병) 등으로 인해 거동이 불편하여 거의 집에서만 생활하여 왔고, 밖에 외출하는 경우는 자녀들이 바람 쐬러 운동 삼아 가까운 곳을 간다든지, 병원에 다니는 것 이외에는 거의 모든 생활을 집에서 해 왔습니다(첨부 진단서 참조). 또한, 채무자가 사치생활을 해왔다고 한다면 이제 나이가 40세가 되어 버린 딸 ○○○이 아직도 결혼을 하지 못한 채 같이 살고 있는데

부모로서 자신은 사치를 즐기면서 딸아이가 결혼도 못하고 있는 상황에서 집에서 얹혀 살고 있을 것이라고는 쉽게 수긍이 가지 않을 것입니다(위 ○○○이 수입 및 부모의 봉양에 대해서는 뒤에서 자세히 설명하도록 하겠습니다).

3. 이의채권자의 명의신탁주장에 관하여

이의채권자는 채무자가 거주하고 있는 아파트가 실제 채무자의 소유임에도 불구하고 딸 ○○○에게 명의신탁하였다고 주장하고 있습니다.

가. 그러나, 위 아파트는 채무자와는 전혀 무관한 ○○○ 소유 부동산입니다. 채무자와 ○○○은 그 주민등록을 19○○. 3. 1.까지 ○○시 ○○구 ○○로 602-1로 같이 하였으나, 이후 ○○○은 19○○. 12. 7. 이 사건 ○○동 ○○아파트로 전입해 왔고, 채무자는 이보다 훨신 뒤늦은 20○○. 7. 28.에서야 비로서 전입신고를 하여 주민등록이 같이 되어 현재에 이르고 있습니다(첨부 주민등록초본 각 참조).

나. (1) 위 ○○○은 이 사건 아파트의 이전 소유자 ○○○과 임대차계약을 체결하고 19○○.부터 이미 임차하여 살고 있었는데, 당시 보증금 3,000만원이었고 보증금은 언니 ○○○이 2,000만원, 오빠 ○○○이 1,000만원을 각 마련해 주어 이를 충당하였으며, 이후 20○○. 3. 위 ○○○이 자신은 ○○시 ○○지구에 있는 보증금반환이 불가능 할 것이라 하면서 위 아파트를 매수할 것을 요구하였는 바, 매수대금 6,000만원을 지급하고 소유권이전등기를 경료하였습니다(첨부 부동산등기부등본 참조). 위 매매대금 6,000만원의 변제는 임대보증금 3,000만원은 상계하고, 나머지 3,000만원은 언니 ○○○으로부터 2,000만원을 차용하여 지급하였으며, 1,000만원은 집 주인 ○○○에게 1,000만원에 대한 근저당을 설정해 주고 매수하였습니다.

(2) 위 부동산 임차 및 매수 당시 ○○○이 차용금한 금원변제에 대해서는 위 언니 ○○○ 채무금 4,000만원은 20○○. 4. 25. 39,960.000원을 변제해 주었고(첨부 영수증 참조), 전 주인 ○○○에 매수자금 1,000만원은 매월 5만원씩 이자금을 변제하다가 20○○. 10. 31. 그의 처 ○○○에게 변제하였습니다.

다. (1) 위 ○○○은 19○○. ○○대학교 자연과학대학 물리학과를 졸업한 이후 20○○. 8.부터 20○○.까지 상호 '○○디자인'으로 실내장식 사업을 하였고(첨부 사업자등록증, 납세사실증명 각 참조), 20○○년에는 ○○지구 ○○○학원 과학강의(첨부 급여명세서 참조), 20○○년 ○○동 ○○○학원 과학강의(첨부 급여명세서 참조), 개인학생 과학과외 등을 해 오면서 비록 많은 수입은 아니지만 자신이 위와 같은 아파트를 매수하고, 채무자 및 처 ○○○를 부양하면서 살아오고 있습니다.

(2) 더욱이, 위 ○○○은 채무자를 부양하기 위해 아직까지 40세의 나이에도 불구하고 결혼을 미루고 있는 형편에 있습니다.

4. **소 결**

위에서 본 바와 같이 채무자가 사치를 해왔다는 것은 이의채권자의 일방적인 주장에 불과하고, 이 사건 아파트는 채무자의 딸 ○○○의 고유재산인 것이 확실한 바, 이의채권자의 이의신청은 이유 없다 할 것입니다.

5. **맺음말**

개인파산 및 면책제도는 채권자에 대하여 불익한 처우라는 것은 명백하지만, 한편 채무자를 갱생시켜 인간으로서 존엄과 가치있는 생활을 영위하는 권리를 보장하려는데 그 제도상 목적이 있고, 현재 실무상 위와 같은 목적을 근거로 일정한 불허가사유가 있는 경우 이외에는 반드시 면책을 허가하도록 하는 점, 재량면책의 규정을 마련한 점 등을 감안하시어 채무자가 정상적인 사회의 일원으로서 살 수 있도록 법이 배려하시어 이 건 채무자에게 면책결정을 내려주시기 바랍니다.

첨 부 서 류

1. 진단서 1통
1. 주민등록초본 2통
1. 부동산등기부등본 1통
1. 영수증 1통
1. 사업자등록증 1통
1. 납세사실증명 4통
1. 급여명세서 2통

20○○. ○. ○.

위 신청대리인
변호사 ○ ○ ○ (인)

○○지방법원 민사 ○○단독 귀중

[서식 42] 채권자의 이의신청에 대한 채무자의 답변서(2)

답 변 서

사 건 20○○하면○○○○ 면책
20○○하단○○○○ 파산선고

채무자(신청인) ○ ○ ○ (123456 - 1234567)
소송대리인 변호사 ○○○
(송달장소) ○○시 ○○구 ○○○동 ○○(T. 000-000-0000)

위 사건에 관하여 채무자(신청인)는 20○○. 4. 12. 답변서제출명령을 송달받았는 바, 다음과 같이 답변합니다.

채권자의 이의신청요지

○○신용카드(주)의 채무자에 대한 채권이 20○○. 3. 7. ○○유동화전문유한회사로 양도된 후 그 잔존 채권이 1,812,455원인 바, 채무자가 다중의 채무를 부담하고 있으면서 본 카드를 사용함이 채무자 회생 및 파산에 관한 법률 제564조(면책허가) 제1항에 해당하여 면책 불허 또는 일부 면책되어야 한다고 주장합니다.

채무자(신청인)의 답변내용

1. 채무자가 ○○은행카드를 거래하는 기간은 20○○. 6. 6.부터 20○○. 11. 26.끼지 약 6개월 기간입니다. 채무자는 20○○. 6. 10.부터 20○○. 6. 13.까지 ○○시 ○○동 소재 ○○클레프 내에서 '○○○○○○'라는 상호로 화장품 및 의류들을 판매하다가 위 ○○클레프가 부도 발생하여 폐업한 이후, 위 ○○은행카드 사용기간 중인 20○○. 6. 10.부터 20○○. 12. 31.까지 ○○시 ○○동 ○○에서 '○○○'이라는 상호로 의류 및 신발판매 등 영업을 운영하였습니다. 초창기에는 어느 정도 영업이 잘되었습니다. 다만, 채무자가 사업운이 없어서인지 채무자가 입점해 있던 '○○○○○○'마저 또다시 부도가 발생하여 부득이 위 사업도 그만두게 된 것입니다. 이 당시에는 채무자뿐만 아니라 위 '○○○○○○'에 입점해 있던 사업자들이 모두 채무자와 같은 형편이 되어 막대한 손해를 보았습니다.

2. 채무자는 이와 같이 ○○은행카드를 사용하는 기간 중에도 '○○○' 이라는 상호로 계속 의류 판매 등 사업에 종사하고 있었고, 의류판매업 등 사업하는 사람들의 성질상 카드거래는 필수적이라 할 것입니다. 즉, 위 ○○은행카드에서 사용하는 금액은 신발

구입 등 물품구입과 사업자금 조달명목이었습니다.

더군다나 ○○은행카드에 대한 채무는 금 1,812,455원에 불과한 것으로 이것 때문에 채권자가 주장하는 바와 같이 채무자가 채무자 회생 및 파산에 관한 법률 제564조(면책허가) 제1항에 해당한다는 것은 말이 되지 않는다고 보입니다.

3. 그리고 채무자가 파산을 하는 계기나 채무가 늘어난 원인은 채무자가 이미 제출한 진술서에 상세히 나타나 있는 바와 같습니다. 정말 어렵게 파산신청하여 재기를 하려고 몸부림치는 채무자를 불쌍히 여기시어 존경하는 재판장님의 선처를 간곡히 부탁드립니다.

첨 부 서 류

1. 폐업사실증명서 2통
2. ○○카드사용대금명세서 6통

20○○. ○. ○.

위 신청대리인

변호사 ○○○ (인)

○○지방법원 귀중

[기재례 117] 면책취소결정

○○지방법원
결 정

사 건 20○○하기○○(20○○하면○○) 면책취소신청

신 청 인 주식회사 ○○은행
주 소 ○○시 ○○구 ○○로 ○○
대표이사 ○ ○ ○

채 무 자 ○ ○ ○ (123456 - 1234567)
주 소 ○○시 ○○구 ○○로 ○○
등록기준지 ○○시 ○○구 ○○로 ○○

주 문

○○지방법원 20○○하면○○ 면책신청 사건에 관하여 위 법원이 20○○. ○. ○. 채무자에 대하여 한 면책을 취소한다.

이 유

1. 이 사건 기록 및 신청인과 채무자에 대한 심문결과에 의하면 다음과 같은 사실이 인정된다.
   가. 채무자는 20○○. ○. ○. 이 법원에 파산신청 및 면책신청을 하여 같은 해 ○. ○. 10:00 파산을 선고와 동시에 파산폐지 결정을 받았고, 위 결정은 그대로 확정되었으며, 이 법원은 20○○. ○. ○. 채무자를 면책하는 결정을 선고하여 위 결정이 확정되었다.
   나. 채무자는 위 신청서상 재산목록에 보험해약환급금 200,000원, 자동차 1,400,000원 상당 이외에는 보유하고 있는 재산이 없다고 기재하였고, 또한 신청서상 진술서에 소송·지급명령·압류·가압류 등을 받은 경험이 없다고 기재하였다.
   다. 이 사건 신청인인 채권자 주신회사 ○○은행은 20○○. ○. ○. 피보전권리를 대여금 27,000,000원으로 하여 채무자의 제3채무자 주식회사 ○○에 대한 급여 청구채권 중 제세공과금을 공제한 2분의 1 등에 대하여 이 법원 20○○카단○○호 채권

가압류 결정을 받았고, 20○○. ○. ○. 청구금액을 대여금 등 30,000,000원으로 하여 이 법원 20○○타채○○호 가압류를 본압류로 이전하는 채권압류 및 추심명령을 받았으며, 채무자의 다른 채권자인 ○○캐피탈 주식회사, ○○카드주식회사에서도 20○○. ○.경부터 20○○. ○.경 사이에 이 법원으로부터 채권압류 및 추심명령을 받아 채무자의 위 제3채무자에 대한 급여청구채권에 대하여 압류가 경합되었다.

라. 위 제3채무자는 20○○. ○. ○. 이 법원에 채권압류 등으로 인하여 보관하고 있던 채무자에 대한 급여 적립금액 39,000,000원을 민사집행법 제248조 제1항에 의해 공탁하고, 사유신고를 하였다.

2. 판 단

위 인정사실에 의하면, 채무자는 채권자들로부터 압류·가압류 등을 받은 사실이 있을 뿐 아니라 채권압류 등으로 인하여 지급받지 못하고 있던 주식회사 ○○에 대한 3,000만원 이상의 급여청구채권이 있음에도 파산신청서에 압류 등을 받은 사실 및 재산이 없다고 기재하는 등 재산상태에 관하여 허위의 진술을 하여 파산폐지결정 및 면책결정을 받았으므로, 이는 부정한 방법으로 면책을 받은 경우에 해당한다. 따라서 채무자 회생 및 파산에 관한 법률 제569조 제1항을 적용하여 주문과 같이 결정한다.

20○○. ○. ○.

판 사 ○ ○ ○

注) 개인파산·회생실무, 서울회생법원, 양식편 인용 및 참고

[기재례 118] 면책취소신청 각하결정

○○지방법원

결 정

사 건 20○○하기○○ 면책취소

신 청 인 ○ ○ ○
○○시 ○○구 ○○로 ○○

채 무 자 ○ ○ ○
주소 ○○시 ○○구 ○○로 ○○

대상 면책결정 : ○○지방법원 20○○. ○. ○.자 20○○하면○○ 면책 결정

주 문

이 사건 면책취소신청을 각하한다.

이 유

채무자 회생 및 파산에 관한 법률 제569조에 의하면 채무자가 부정한 방법으로 면책을 받은 경우 파산채권자는 면책 후 1년 이내에 면책취소신청을 해야 하는 바, 기록에 의하면 채무자에 대한 면책결정은 20○○. ○. ○. 확정되었으나 신청인은 20○○. ○. ○. 이 사건 신청을 한 사실이 인정된다. 그렇다면, 이 사건 신청은 면책확정일부터 1년이 경과한 후에 제기되었음이 역수상 명백하므로 주문과 같이 결정한다.

20○○. ○. ○.

판 사 ○ ○ ○

注) 개인파산·회생실무, 서울회생법원, 양식편 인용 및 참고

제2절 신청서 작성 실무

[I]
개인파산 및 면책신청 방법

1. 파산·면책절차의 진행 과정

가. 파산절차의 진행

1) 동시신청 여부의 선택

개인채무자는 파산신청과 면책신청을 동시에 할 수도 있고(단, 동시에 신청한 경우에도 한 장의 서면에 파산신청과 면책신청의 내용을 동시에 기재하여 제출할 수도 있고, 파산신청서와 면책신청서를 각각 따로 작성하여 동시에 제출할 수도 있음), 파산신청을 한 후에 별도로 면책신청만을 따로 할 수도 있다. 파산신청과 면책신청을 동시에 한 경우라도 별개의 두 사건으로 취급되며 따라서 사건번호도 파산신청 사건은 "하단", 면책신청 사건은 "하면"으로 하여 접수순서에 따라 부여된다.[302] 심사의 순서는 파산신청사건을 먼저 진행한 후 면책신청 사건을 처리하는데 실무상 파산선고만 내려지고 면책결정을 받지 못할 우려 때문에 파산심문시 면책심문도 함께 진행하는 경우가 많다.

개인파산절차의 진행과 관련해서는 채무자에게 빚만 있고 청산할 재산이 거의 없는 경우에는 파산선고와 동시에 파산절차를 종결하는 동시폐지결정을 하게 될 것이고, 그밖의 경우에는 파산관재인의 선임, 파산채권의 조사·확정, 파산재단의 관리·환가, 배당 등의 절차를 거쳐 파산절차를 종결하는 이시폐지를 하게 될 것인데, 최근에는 특별한 사유가 없는 한 원칙적으로 이시폐지를 하는 방향으로 실무를 진행하고 있는 것으로 보인다.

---

302) 도산사건의 부호는 "사건별 부호문자의 부여에 관한 예규(재일 2003-1)" 제2조 별표에 의해 다음과 같이 부여된다. 즉, 파산합의사건(하합), 파산단독사건(하단), 파산채권 조사확정사건(하확), 면책사건(하면), 기타 파산·면책관련 신청사건(하기), 개인회생 사건(개회), 개인회생채권 조사확정사건(개확), 기타 개인회생 관련 신청사건(개기), 회생합의사건(회합), 회생단독사건(회단), 회생채권·회생담보권 조사확정사건(회확), 기타 회생관련 신청사건(회기), 국제도산 승인사건(국승), 국제도산 지원사건(국지), 선박·유류 등 책임제한 사건(책) 등과 같이 부여된다.

2) 파산·면책신청서의 제출과 파산심문

파산신청서나 면책신청서 또는 파산 및 면책신청서가 관할법원에 제출되면, 법원은 특별한 사정이 없는 한 파산신청일로부터 30일 이내에 파산선고 여부를 결정하게 된다. 파산 및 면책신청서가 제출되면 법원은 신청서류만을 검토한 후 파산선고를 할 수도 있고, 조사할 필요가 있다고 보이면 채무자가 제출한 채권자일람표상의 채권자들에게 의견청취서를 보내고, 파산심문기일을 지정하여 채무자로 하여금 법원에 출석하게 하여 심문한 후 파산선고를 하기도 한다.

이는 파산법원의 재량이다. 대체로 채권자가 많은 경우, 채무액이 아주 고액이거나 소액인 경우, 채무자가 부동산을 소유하고 있는 경우, 채무자가 파산신청 직전에 재산을 처분한 경우, 면책불허가 사유가 있는 경우, 파산신청서의 내용이나 첨부서류가 미흡한 경우에는 파산심문기일을 여는 경향이 많다. 따라서 채무자의 입장에서는 가급적 파산신청서를 완벽하게 작성하여 파산심문기일이 열리지 않도록 하는 것이 현명할 것이다.

통상 파산심문기일에는 면책불허가사유까지 심리하는 경우가 많은데, 이는 파산선고만 내려지고 면책허가가 나오지 않을 경우에 파산자로서 입게 되는 불이익을 예고함으로써 채무자로 하여금 파산신청을 취하할 기회를 주기 위한 취지도 있다(즉, 파산신청의 취하 권고 및 개인회생절차 이용 권고 등).

파산심문은 채무자를 직접 심문하는 것이므로 변호사 등 소송대리인이 선임되어 있어도 반드시 채무자가 출석해야 하며, 심문기일에 출석한 채권자에게는 채무자의 재산 및 부채상태, 부인권의 대상인 행위 여부 등에 대하여 진술할 기회가 주어진다. 채무자와 채권자 외에 제3자(예, 채무자가 재산을 처분한 경우의 그 상대방 등)에 대하여는 심문기일에 채무자로 하여금 대동하게 할 뿐 별도로 출석요구서를 보내지 않는다.

3) 파산선고 여부의 결정 과정

법원에서는 파산심문을 거치거나 서면심리만으로 파산선고 또는 파산기각결정을 하게 되는데, 파산선고를 하게 되면 이를 공고하고 채무자에게 그 결정정본을 송달하게 된다. 또한 채권자일람표에 기재된 모든 채권자에게 파산선고결정의 취지가 기재된 서면을 송달해 준다. 파산선고가 내려지면 법원은 필요하다고 판단한 경우 파산선고 사실을 검사에게 통지하게 되며(315조), 파산선고가 채무자에 대하여 면허 또는 등록의 임의적·필요적 취소사유로 되어 있는 경우에는 해당 관청에도 통지하게 된다. 파산선고는 선고한 때로부터 그 효력이 발생하고, 공고일로부터 2주가 경과되면 확정된다(311조).

나. 면책절차의 진행

1) 면책심문

면책신청이 있으면 법원은 면책여부의 결정을 위해 면책심문을 진행하게 되는데, 특히 파산신청과 면책신청이 함께 이루어진 경우에는 통상 파산선고와 동시에 면책심문기일을 지정하되(단, 채권자가 파산신청한 사건이나 간주면책신청에 해당하지 않은 사건으로서 채무자가 파산선고 후에 따로 면책신청한 사건의 경우에는 별도로 면책심문기일을 지정함), 특별한 사정이 없는 한 파산선고일로부터 60일 이내의 날짜로 그 기일을 지정하게 된다(단, 채권자가 파산신청한 사건이나 간주면책신청에 해당하지 않은 사건으로서 채무자가 파산선고 후에 따로 면책신청을 한 경우에는 면책신청일로부터 60일 이내의 날짜로 지정함). 다만 통합도산법상 면책심문 여부는 임의적이기 때문에(558조 1항) 법원에서 면책신청서와 첨부서류를 검토하여 심문할 필요가 없다고 판단되면 별도로 면책심문기일을 지정하지 않을 수도 있다.

면책심문기일이 지정되면 법원은 이를 공고하고, 파산관재인과 면책의 효력을 받을 파산채권자에게 송달하게 된다. 면책심문기일에는 채무자의 의사확인이나 제출 자료에 대한 진실성의 담보를 위해 반드시 채무자가 출석해야 하며, 변호사·법무사 등 대리인에 의해 파산 및 면책신청서가 제출되었다고 하더라도 대리인이 출석해서 채무자 대신 심문을 받을 수 없다. 따라서 대리인만 출석한 경우에는 다시 기일을 정하여 채무자를 소환하게 된다. 채무자가 파산심문기일에 3회 이상 불출석하면 파산신청이 기각될 수 있다.

2) 면책신청에 대한 이의

검사나 파산관재인, 파산채권자는 면책심문기일로부터 30일(심문기일을 지정하지 않은 경우에는 법원이 정하는 날) 이내에 파산채무자의 면책신청에 대하여 이의신청을 할 수 있다(562조). 이의신청을 할 때에는 그 사유를 소명해야 한다. 이의신청이 있으면 법원은 채무자 및 이의신청인의 의견을 들어야 한다(563조).

3) 면책여부의 결정

이의신청기간이 종료되면 법원은 다음의 경우, 즉 면책신청에 대한 이의신청이 있는 때, 파산이 취소된 때, 파산선고를 받은 자가 절차비용을 예납하지 않은 때, 면책불허가사유(564조 1항)가 있음이 명백한 때, 기타 특별한 사정이 있는 때를 제외하고는 14일 이내에 면책허가 여부를 결정하게 된다. 면책여부에 관한 결정에 대하여는 공고가 있은 날로부터 14일 이내에 즉시항고할 수 있다(13조 2항). 참고로 면책심문이 종료된 후에 파산채무자가 누락된 채권자를 추가로 신고한 경우가 있는데, 이 경우에는 원칙적으로 다시 면책심문기일을 열어야 할 것이지만 면책심문기일을 다시 지정함이 없이 추가된 채권자에 대하여 이의신청기간을 지정하는 결정을 하고, 그 결정문을 교부송달한 후 이의의 여부에 따라 처리하는 경우도 있다.

결국 개인채무자가 파산신청을 한 때로부터 면책여부에 대한 결정을 받기까지 빠르면 통상적으로는 6개월 ~ 1년 정도의 기간이 소요된다고 보면 된다.

다. '새로운 개인파산절차'의 도입·시행

1) 개인파산절차 운영방식의 연혁

개인파산신청이 폭증함에 따라 2007년까지는 서류심사만으로 파산선고 여부를 결정하는 불심문 파산사건이 주류를 이루었다. 즉 IMF 직후의 신용불량자 300~400만명의 심각한 사회적 위기 시대에 이들을 구제하기 위한 정부의 대책과 개인파산 사건의 폭증에 따라 법원에서도 원칙적으로 심문절차를 생략한 채 서면심사만을 통하여 특별한 사유가 없는 한 파산 및 면책을 인용해 주는 형태로 운용하였던 것이다.

그런데 갈수록 파산절차를 악용하여 면책을 받는 사례가 늘어나게 되었고 채무자의 도덕적 해이도 심각한 상태에 이름에 따라 법원에서는 2007. 3. 21. 파산신청 요건과 채무자의 재산 및 소득관계에 대한 심사강화, 파산관재인 제도의 적극 활용, 불성실·허위채권에 대한 제재강화 등을 주된 내용으로 하는 심리방안을 공표하였고, 2010. 4월부터는 파산절차와 면책절차의 동시진행, 파산심문의 활성화, 파산관재인 선임사건의 대폭강화 등을 내용으로 하는 엄격심사방안을 마련하여 시행해 오다가, 2012. 2월부터는 원칙적으로 모든 개인파산사건에서 파산관재인을 선임하도록 하는 '새로운 개인파산절차'를 시행하고 있다.

이와 같이 2007년도부터 파산 및 면책심사를 엄격히 운영해 오고 있는 배경을 다른 측면에서 살펴보면, 통합도산법이 시행된 초기에는 파산제도의 운용에 관한 세부적인 절차가 정비되어 있지 못한데다 갑자기 폭증하는 파산신청 사건에 대하여 법원의 인력도 미처 따라가지 못하였고 IMF 직후의 사회적 분위기도 애지간하면 파산 및 면책을 인용해 주어야 한다는 쪽으로 가닥이 잡혀 있었던 탓에 법원에서도 쉽게 파산 및 면책을 인용해 주는 경향이 있었는데, 시간이 지남에 따라 파산제도가 점차 정비되었고 법원의 파산부에도 인력이 대폭 보강되었을 뿐만 아니라 2007년 정도에 이르면 IMF의 영향권에 든 신용불량자는 거의 구제되었다고 보게 된 점 등이 작용했을 것이라고 보인다.

따라서 2007년 이후부터 최근까지는 신용불량자의 구제보다는 도덕적 해이자를 가려내는 것이 더 중시되었고 이에 따라 서면심리보다는 파산관재인 선임을 통한 엄격한 대면적 심문절차를 거쳐 파산 및 면책 여부를 결정하는 방식으로 파산제도를 운영해 오고 있는 것으로 보인다.

2) '새로운 개인파산절차'의 특징

'새로운 개인파산절차'란 파산선고절차와 면책절차를 동시에 진행하고 원칙적으로 모든 개인파산사건에서 파산관재인을 선임하도록 하는 내용 등을 골자로 하여 새로 도입된 개인파산절차를 말하는데, 2012. 2월부터 시행되어 오고 있다. 이하에서 그 특징을 간략히 살펴보기로 한다.

가) 파산선고절차와 면책절차의 동시진행방식 도입(1회 통합 심문방식)

종전에는 파산절차와 면책절차를 구별하여 파산선고 이후에 면책심문기일이나 면책신청에 대한 이의기간을 지정하고, 면책신청에 대한 채권자의 이의신청이 있는 경우에는 그 쟁점을 중심으로 의견청취기일을 진행하여 심리한 후 면책여부를 결정하는 방식으로 진행하였으나, '새로운 개인파산절차'에서는 파산선고 전에 면책신청에 대한 이의기간 및 파산심문기일을 지정하고 이러한 이의기간이 경과하도록 채권자의 이의신청이 없고 심문에서 별 문제가 없는 경우에는 파산선고와 동시에 면책결정[303]을 하되, 채권자의 이의신청이 있거나 심문기일에서 문제가 발견된 경우에는 비용예납명령을 내린 후 파산관재인의 선임을 통하여 추후 면책여부에 대한 결정을 하거나, 파산이 적합하지 않을 경우에는 개인회생신청을 권유하는 방식으로 진행하고 있다. 이와 같은 동시진행방식은 초기에는 서울, 대구 등 일부 법원에서만 시행하고 있었으나, 최근에는 대부분의 법원에서 실시하고 있는 것으로 보인다.

나) 원칙적인 파산관재인 선임(비용 30만원 예납 원칙)

'새로운 개인파산절차'에서는 개인파산 사건에 대하여 기존의 '동시폐지' 방식보다는 대부분의 개인파산 사건에 대하여 원칙적으로 파산관재인을 선임하도록 함으로써 채무자의 재산 및 소득을 조사하도록 하고, 대신 파산관재인 보수는 30만원 이하(부부공동파산의 경우에는 각 20만원)로 저렴하게 하며, 기간도 파산접수에서 면책까지 최대한 단시간 내에 처리하도록 하는 실무운용방식을 도입하였다.

2010년 이후의 파산절차의 가장 큰 특징은 파산 및 면책신청이 엄격해짐에 따라 파산관

303) 면책신청에 대한 재판에는 면책각하결정, 면책기각결정, 면책허가결정, 면책불허가결정 등으로 구분되는데, 여기에서 면책허가결정은 실무상 면책결정이라고도 불리므로 본서에서도 면책허가결정과 면책결정은 동의어로서 혼용해서 사용하기로 한다.

재인의 선임이 일반화되고 있는 경향이라고 할 수 있다. '새로운 개인파산절차'는 2011. 8월 서울중앙지방법원 파산부에서 시범실시를 한 이래 광주지방법원에서도 2012. 4. 1.부터 실시해 오고 있으며 최근에는 전국 법원에서 실시하고 있는 것으로 보인다.

이러한 '새로운 개인파산절차'의 시행 초기에는 파산접수 후 최단시간 내에 파산 및 면책이 이루어지는 것을 목표로[304] 30만원 이하의 비용으로 파산관재인이 선임되어 채무자의 재산 및 소득을 조사하면, 법원은 이를 토대로 직권조사를 실시해 면책여부를 판단하게 됨으로써 파산신청서 접수 후 한 달 이내에 파산선고를, 그로부터 두 달 이내에 면책을 마치는 등 파산신청부터 면책까지 3개월 안에 마무리할 수 있도록 하겠다는 것이었지만, 그러한 의지와는 달리 최근에는 '새로운 개인파산절차'가 시행되기 전과 비슷하거나 더 늦어지는 경향을 보이고 있다. 안타까운 현실이다.

다) 원칙적 보정권고 방식

종전에는 개인파산 신청서가 제출된 경우 법원에서는 보정해야 할 부분만 따로 떼어 내어 보정명령을 내렸으나, '새로운 개인파산절차'에서는 정형적인 보정사항이 기재된 서식에 의해 채무자가 법원에 제출한 파산 및 면책신청서와 그 첨부서류를 포함하여 파산관재인이 일괄적으로 보정권고를 내리는 방식을 채택하고 있다. 그러면서 해당 보정권고서에는 "본인이 보관하고 있는 서류를 확인한 후 이미 제출한 경우에는 다시 제출할 필요가 없다."라고 기재되어 있다. 이는 아마 파산관재인에 대한 업무 경감 차원에서 채무자가 개인파산 및 면책을 신청할 때 법원에 제출한 서류를 포함하여 자주 누락되는 경향이 있는 정형적인 사항 내지 첨부서류에 대하여 일단 모든 개인파산 사건에 대하여 일괄적으로 보정권고를 내리도록 하되, 그 대신 이미 보정권고 사항이나 첨부서류가 제출된 경우에는 채무자가 검토하여 별도로 제출할 필요가 없다는 것을 주지시키고 있는 것으로 보인다.

3) '새로운 개인파산절차'의 개선 방향(저자의견)

가) 수집액(환가액)과 연동된 파산관재인 보수체계의 개선 필요

'새로운 개인파산절차'에서는 파산관재인이 면책불허가 의견을 제시하는 경우 파산관재인과 채무자 사이에서 법원이 면책여부의 재판을 해야 하는 대립당사자적 구조를 띄게 되어 자칫 파산관재인이 채무자의 회생을 도와주는 측면보다는 채권자의 입장에 서거나 파산관재인의 보수를 높일 의도로 무리하게 채무자의 재산을 추적하거나 환가하려는 경향

---

304) 새로운 개인파산절차가 정착되면 특별한 사정이 없는 한 파산신청서 접수 후 한 달 이내에 파산선고를, 그로부터 두 달 이내에 면책을 마칠 것으로 예상되었다.

이 있다. 채무자의 재산으로부터의 수집액(환가액)의 크기를 토대로 파산관재인의 보수를 정하는 파산관재인의 보수체계는 실무상 폐단이 많고 파산관재인이 권한을 남용하게 되는 원인을 제공하는 것이기도 하여 조속히 시정되어야 할 것으로 보인다.

채무자의 재산으로부터의 수집액(환가액)이 클수록 그와 연동되어 파산관재인의 보수가 늘어나게 되어 있는 현재의 보수체계는 파산관재인의 금전적 이해와도 관련되어 있어 파산관재인과 채무자 사이의 상생보다는 대립적 구조를 더욱 심화시킬 뿐만 아니라 파산관재인의 무리한 환가·수집을 막기가 현실적으로 곤란하다는 점에서 차제에 수집액과 파산관재인의 보수 간에 연동되어 있는 현재의 보수체계로부터 채무액의 크기에 따른 정액제의 보수체계로의 전환이 필요하지 않나 싶다.

수집액(환가액)을 높이려는 명분이 채권자에 대한 배당수입을 높인다는 긍정적인 측면이 있기는 하지만 그것이 채권자의 이해와 파산관재인의 이해가 일치되어 채무자를 압박하는 수단으로 작용한다면, 청산·소멸이 목적인 법인파산과 달리, 채무자의 재기·갱생을 도모하는 개인파산제도의 근본 취지에 어긋나는 것이 되기 때문이다. 즉 현재의 파산관재인의 보수체계는 청산·소멸을 목적으로 하는 법인파산에 있어서 적합한 제도인지는 몰라도 재기·갱생을 목적으로 하는 개인파산에 있어서 법인파산에서의 보수체계의 원리를 그대로 원용하는 것은 바람직한 것이 아닌 것이다. 본서를 통하여 서울회생법원 실무준칙 제371호 「개인 파산관재인의 보수」 체계의 개정을 촉구하는 바이다.

나) 일괄적 보정권고 방식 원칙의 개선 필요

'새로운 개인파산절차'에서는 채무자가 법원에 제출한 파산 및 면책신청서에 첨부된 서류를 포함하여 중복하여 일괄적으로 정형적인 보정사항이 기재된 서식에 의해 파산관재인이 보정권고를 내려 채무자로 하여금 보정을 하도록 하는 방식을 채택하고 있는데, 이러한 파산절차의 운용방식은 파산관재인이나 법원의 편의주의적 발상에 다름 아니다. 파산관재인은 채무자가 법원에 제출한 파산 및 면책신청서와 그에 첨부된 서류들을 일괄하여 모두 복사하여 가지고 있을 것이므로 이를 검토하여 미흡한 부분만 따로 골라내어 보정명령을 내려야 할 것이지 법원에 제출한 서류까지 포함하여 그 일체에 대한 보정명령을 일괄적으로 일단 내린 후 법원에 제출된 중복 서류와 기제출한 보정서류는 제출할 필요가 없다는 방식의 운영은 채무자에게 이중삼중의 고통을 주는 것이다.

파산 지식이 부족한 개인채무자가 미흡한 부분을 스스로 찾아내어 보완하는 것이 옳은 방식인지 아니면 파산 업무에 전문적 지식을 갖춘 파산관재인이 법원에서 복사해 온 서류를 검토한 후 보완할 사항을 골라내어 그 부분만 보정명령을 내리는 것이 타당한지는 누가 보아도 자명한 일일 것이다. 차제에 이러한 일괄적 보정권고 방식의 원칙은 조속히 개선되어야 할 것으로 보인다.

2. 파산 및 면책신청 방법

가. 동시제출과 이시제출 여부의 선택

개인채무자는 파산신청과 면책신청을 동시에 신청해도 되고, 파산신청을 먼저 한 후 면책신청을 나중에 해도 된다. 또한 통합도산법이 시행되는 2006. 4. 1.부터는 파산신청만 한 채 면책신청을 하지 않은 경우라도, 채무자가 반대의 의사표시를 하지 않는 한, 자동으로 면책신청을 한 것으로 보게 된다(556조). 그러나 개인채무자의 입장에서는 설령 면책신청이 간주된다고 하더라도 면책신청을 함께 해두는 것이 면책결정을 받아내는데 한 걸음 더 다가서는 길이 될 것이므로 면책신청도 아울러 해놓는 것이 현명할 것이다. 면책신청을 따로 하려면 파산신청일로부터 파산선고가 확정된 날 이후 1개월 이내까지 면책신청서를 제출해야 한다(556조 1항).

나. 파산신청 방법

1) 신청권자

개인파산은 채무자 및 채무자에 준하는 자(법정대리인 등) 또는 채권자가 신청할 수 있다. 다만 개인파산신청은 채권자가 하는 경우는 드물고 거의 대부분 채무자의 신청에 의해 개시되고 있는 것이 현실이다. 이와 같이 채무자가 자기 자신에 대하여 파산신청을 하는 것을 자기파산신청이라고 한다. 여기의 신청권자인 채무자에는 자연인인 한 상인(영업자), 비상인을 불문하며, 내국인, 외국인 여부도 불문한다.

2) 관할법원

개인채무자의 파산신청은 파산신청시를 기준으로 채무자의 보통재판적 소재지를 관할하는 회생법원 또는 채무자가 계속하여 근무하는 사무소나 영업소가 있는 곳을 관할하는 회생법원의 관할에 전속하며(3조 1항 1호, 2호), 이러한 관할법원이 없는 때에는 채무자의 재산소재지(채권의 경우에는 재판상의 청구를 할 수 있는 곳)를 관할하는 회생법원의 관할에 전속한다(3조 1항 3호). 상속재산에 관한 파산사건은 상속개시지를 관할하는 회생법원의 관할에 전속하며(3조

8항), 사물관할은 단독판사의 관할에 속한다.[305)]

한편 통합도산법에서는 개인파산절차 이용의 편의를 위해 이와 같은 원칙적 관할 외에도 일정한 법원에 대하여 경합적 관할권을 인정하고 있다. 즉 ① 개인파산은 채무자의 주된 사무소 또는 영업소의 소재지를 관할하는 고등법원 소재지의 회생법원에도 신청할 수 있고(3조 2항), ② 법인의 대표자 개인에 대한 개인파산은 법인에 대한 회생사건 또는 파산사건이 계속되어 있는 회생법원에도 신청할 수 있으며(3조 3항 2호), ③ 주채무자 및 그 보증인 또는 채무자 및 그와 함께 동일한 채무를 부담하는 자 또는 부부 중에서 각각 어느 하나에 해당하는 자에 대한 회생사건, 파산사건, 개인회생사건이 계속되어 있는 때에는 그 다른 자에 대한 개인파산의 신청은 그 회생사건이나 파산사건 또는 개인회생사건이 계속되어 있는 회생법원에도 신청할 수 있다(3조 3항 3호).

또한 담보부채무 15억원 이하, 무담보채무 10억원 이하인 개인채무자의 보통재판적 소재지가 강릉시·동해시·삼척시·속초시·양양군·고성군인 경우에는 춘천지방법원 강릉지원에도 파산신청을 할 수 있다(3조 10항, 579조 1호). 다만 관할이 아닌 법원에 파산신청서가 제출되었더라도 바로 각하되지는 않으며 직권으로 관할법원으로 이송해 주므로(33조, 민사소송법 34조 1항) 관할을 위반하여 신청서가 제출되었다고 해서 큰 문제가 생기지는 않을 것이지만 그만큼 절차의 진행이 늦어질 수 있으므로 관할법원에 제출하는 것이 현명할 것이다.

3) 파산원인

파산신청은 채무자가 카드사용이나 은행대출, 사채, 보증 등 그 사유를 불문하고 현재 지급불능상태에 있거나 지급정지상태인 경우에 할 수 있으며, 신용불량자(연체자)도 신청할 수 있고, 채무금액의 많고 적음에 상관없이 신청할 수 있다. 비연체자도 신청이 가능하다.

4) 파산신청서의 교부 및 신청장소

파산신청서의 양식은 각 지방법원의 파산과(또는 신청과) 접수계 또는 대법원인터넷 홈페이지에서 교부·다운받을 수 있으며, 작성한 파산신청서는 관할지방법원의 파산과(또는 신청과) 접수계에 제출하면 된다. 개인파산신청사건도 전자소송이 가능하게 되어 있지만,[306)] 첨부서류의 방대함과 복잡성 때문에 전자소송이 불편함에 따라 아직까지는 활성화되어 있지 않고 실무에서는 대부분 서면으로 작성하여 제출하고 있는 것으로 보인다.

---

305) 서울회생법원, 제5판 개인파산·회생실무, 249p.

306) 민사소송 등에서의 전자문서 이용 등에 관한 업무처리지침(재일 2012-1).

5) 파산선고 및 그 효력

채무자가 파산선고를 받으면 파산자로 된다. 다만, 채무자가 이러한 파산선고를 받았다고 하더라도, 면책신청이 되어 있지 않는 한, 채권자가 그의 채권을 행사하는데 아무런 제약이 되지는 않는다. 즉, 채권자는 소송을 제기하거나 변제를 독촉할 수 있으며, 이자 등도 계속발생하고, 채무자의 재산에 대한 가압류, 압류, 경매 등 집행행위도 아무런 제약 없이 행할 수 있다. 채무자는 파산선고를 받은 후 진행되는 면책절차에서 면책결정까지 받아야 비로소 채무로부터 해방될 수 있는 것이다.

다. 면책신청 방법

1) 신청권자

개인인 채무자가 신청권자이다(556조 1항). 채권자는 채무자에 대하여 개인파산신청은 할 수 있어도 면책신청은 할 수 없다.

2) 신청 시기 및 면책신청 간주 제도

면책신청은 파산신청과 동시에 하여도 되고 파산신청을 먼저 한 후 면책신청을 따로 하여도 되지만, 면책신청을 따로 하는 경우에는 파산선고가 확정된 날 이후 1월 이내까지 신청해야 한다(556조 1항).

다만, 채무자가 자기의 책임없는 사유로 인하여 위 기간 내에 면책신청을 하지 못한 때에는 그 사유가 종료된 후 30일 이내에 면책신청을 하면 된다(556조 2항). 한편 통합도산법은 개인파산신청의 주목석이 면책결정에 있음에도 불구하고 개인채무자가 실수로 파산신청만 하여놓고 면책신청을 하지 않은 불상사를 구제하기 위해 「면책신청 간주제도」를 도입하였으며, 따라서 개인채무자가 스스로 파산신청을 하는 자기파산사건의 경우에는 채무자가 설령 면책신청을 하지 않았다고 하더라도 파산신청과 동시에 면책신청을 한 것으로 간주함으로써 면책결정을 받을 수 있게 되었다(556조 3항).

3) 면책신청서의 교부 및 신청장소(관할법원)

면책신청서의 양식은 각 지방법원의 파산과(또는 신청과) 접수계 또는 대법원인터넷 홈페이지에서 교부·다운받을 수 있으며, 작성한 면책신청서는 파산관할 지방법원의 파산과 접수계에 제출하면 된다.[307)]

307) 개인파산사건은 파산 및 면책신청을 동시에 하는 경우가 대부분이므로 면책신청의 관할은 결국 파산신청의 관할과 동일하다. 다만 예외적으로 채무자가 파산신청시 반대의 의사표시를 한 후 별도로 면책신청을 하는

3. 파산·면책신청 절차비용

1) 파산신청 비용

① 인지대 : 1,000원(단, 채무자에 대하여 채권자의 파산신청시는 30,000원)

② 송달료 : 52,000원 + (채권자수 × 5,200원 × 4)

2) 면책신청 비용

① 인지대 : 1,000원(1,000원 × 1개)

② 송달료 : 52,000원 + (채권자수 × 5,200원 × 3)

3) 파산·면책 동시신청 비용

① 인지대 : 2,000원(2,000원 × 1개)

② 송달료(파산) : 52,000원 + (채권자수 × 5,200원 × 4)

③ 송달료(면책) : 52,000원 + (채권자수 × 5,200원 × 3)

종전의 파산법하에서는 관보게재료 및 일간신문 공고료로 파산절차에서 7,800원, 면책절차에서 270,900원의 비용을 예납받았으나, 통합도산법이 시행되는 2006. 4. 1.부터는 개인파산·면책절차에 대한 공고가 관보 또는 대법원규칙이 정하는 방법에 의해도 가능하게 되었고(9조 1항), 따라서 현재는 대법원 홈페이지 법원공고란에 게시하는 인터넷 공고를 원칙으로 하므로 공고에 필요한 비용은 더 이상 필요하지 않게 되었다. 다만, 통합도산법이 시행된 이후에도 종전의 파산법이 적용되는 사건에서는 여전히 관보 및 일간신문에 의한 공고를 해야 하므로 공고비용이 필요하다. 또한 파산관재인이 선임되어 파산절차를 진행해야 하는 경우[308]에는 채무자는 법원이 정한 바에 따라 파산절차에 필요한 관재인 비용을 예납해야 할 것이다.

4. 파산·면책신청 첨부서류

가. 첨부서류 내역

파산 및 면책신청을 하려면 신청서와 진술서를 작성해야 하고, 이를 뒷받침할 수 있는 근거서류를 첨부해야 한다. 그 구체적인 서류를 살펴보면 아래와 같다.

경우도 있는데 이 경우에는 면책신청 당시의 채무자의 주소지에 상관없이 파산을 선고한 법원에 면책신청의 관할이 있다.

308) 예컨대, 파산선고 및 동시폐지사건이 아닌 청산절차를 거쳐야 하는 파산 사건의 경우를 말한다.

1) 공통적인 필요서류

① 가족관계증명서 1통(외국인은 외국인등록증명서)

② 주민등록등본 1통(외국인은 외국인등록증명서)

③ 진술서 1통

단, 진술서에는 채권자목록, 채권자주소, 재산목록, 현재의 생활상황, 수입 및 지출에 관한 목록을 기재하게 되어 있다.

④ 위임장 및 인감증명서 1통(단, 대리인이 신청한 경우)

2) 채무내역 작성에 필요한 서류

① 카드사용내역서(최종 1년분)

② 금융기관의 대출·보증관련 부채증명원

③ 차용증·연대보증서 등 개인사채증명원

④ 조세·자동차세·공과금 미납증명서

3) 재산내역 작성에 필요한 서류

① 등기부등본(토지·건물)

단, 등기부등본상 담보물권이 등기되어 있는 경우에는 피담보채권의 잔액증명서도 함께 첨부해야 한다.

② 부동산시가증명자료(건물시가확인원, 개별공시지가확인원 등)

③ 지방세납세증명서(최근 3년분, 남편 또는 부인의 것 포함)

④ 자동차등록원부 및 차량시세증명서(동종차량·같은 연식의 것)

⑤ 통장거래내역서(파산선고시의 잔고 및 최종 6개월간의 입·출금내역)

⑥ 보험해약환급금 예상액증명서

⑦ 임대차계약서 사본 또는 무상거주확인서 등 주거생활확인서

⑧ 대여금·구상금·손해배상금·계금 등 증서 사본

⑨ 상속재산취득·처분증명서(부동산등기부등본 등)

⑩ 연금수급증명서(국민연금·개인연금 등 각종 연금포함)

⑪ 생활보호수급증명서 및 수급통장 사본

⑫ 급여증명서(최근 2년분) 및 근로소득세원천징수영수증 사본(최근 2년분)

⑬ 예상퇴직금확인서(단, 급여소득자의 경우)

⑭ 사무비품·재고품·설비 등 시가표(단, 영업소득자의 경우)

⑮ 배우자·부모·자녀 명의의 각 1,000만원 이상 재산내역(등기부등본·재산세과세증명서·시가확인서·자금취득경위서 등)

4) 기타 필요서류

① 사업자등록증 또는 폐업증명서 사본(단, 영업소득자의 경우)
② 종합소득세확정신고서(단, 영업소득자의 경우, 최근 2년간)
③ 영업장부(외상대금) 사본(단, 영업소득자의 경우)
④ 실업급여확인서
⑤ 병원진료내역서
⑥ 소장·가압류·가처분·경매신청서·판결문 등 각종 소송서류
⑦ 과거 2년간 국내·해외여행 횟수 및 사용금액
⑧ 과거 2년간 500만원 이상 구입물건의 품명·구입시기·가격
⑨ 할부구입물품에 대한 대금미납상태에서의 처분내역
⑩ 지급불가능시점 1년 이전부터 현재까지 처분한 1,000만원 이상 재산 내역(여러 재산 처분시 합계액 1,000만원 이상이면 기재, 부동산의 경우에는 1,000만원 미만의 경우에도 기재)
⑪ 최근 2년 이내에 이혼한 경우의 재산분할내역

5) 파산 및 면책 인용에 도움을 주는 자료

① 파산채권자의 파산면책 동의서
② 부양가족의 진단서·입원확인서
③ 경매처분된 재산내역서(부동산등기부등본 등)

나. 첨부서류의 편철방법

개인파산신청서류는 위에서 본 바와 같이 첨부해야 할 서류가 꽤 많기 때문에 다음과 같은 순서, 즉 신청서, 가족관계증명서, 주민등록등본, 진술서(별지를 사용한 진술서[309])를 포함하여 이와 관련된 각종 첨부서류), 채권자목록(부채증명서 등을 포함하여 이와 관련된 각종 첨부서류), 재산목록(부동산등기부등본, 자동차등록원부 등을 포함하여 이와 관련된 각종 첨부서류), 현재의 생활상황(수급자증명서, 장애인증, 임대차계약서 등을 포함하여 이와 관련된 각종 첨부서류), 수입 및 지출에 관한 목록(수급자통장 사본 등을 포함하여 이와 관련된 각종 첨부서류)의 순서에 따라 편철하여 법원에 제출하는 것이 현명하다.

309) 진술서에는 만성적인 적자가 시작된 시점, 파탄의 직접적인 원인, 채권자와의 관계 및 일부 변제 내역이 있는지 여부, 변제할 수 없게 된 이유, 현재 채무자가 처한 상황 등을 상세히 기재하면 된다.

[서식 43] 파산·면책 동시신청에 대한 결정문(면책심문기일 지정시)

○○지방법원
결 정

사 건 20○○하단○○○○ 파산선고
20○○하면○○○○ 면책

신청인 겸 채무자 ○ ○ ○ (주민등록번호)
주소 서울 ○○구 ○○로 ○○○
등록기준지 충북 ○○군 ○○면 ○○길 ○○○

주 문

1. 채무자에 대하여 파산을 선고한다.
2. 이 사건 파산을 폐지한다.
3. 채무자에 대한 면책심문기일 및 장소를 20○○. ○. ○. 11:00경 ○○지방법원종합청사 별관 제○○호 법정(남관 제○○○호)으로 한다.
4. 송달해야 하는 장소를 알기 어려운 파산채권자에 대한 송달은 공고로써 갈음한다.

이 유

이 사건 기록에 의하며 채무자는 지급불능 상태에 있고, 또한 파산재단으로 파산절차의 비용을 충당하기에 부족하다. 그렇다면, 이 사건 파산신청은 이유 있으므로 채무자 회생 및 파산에 관한 법률 제305조, 제317조 제1항, 제558조 제1항 및 제10조에 의해 주문과 같이 결정한다.

20○○. ○. ○. 10:00

판 사 ○ ○ ○

[서식 44] 파산면책 동의서

파산면책 동의서

사　　　건　　20○○하면○○○○　면책
　　　　　　　20○○하단○○○○　파산선고

신청인(채무자)　　○ ○ ○

귀원 위 사건에 관하여 채권자 4. ○○○은 채권자의 진지한 의사에 의해 채무자 ○○○의 파산면책에 동의합니다.

20○○. ○. ○.

위 동의인(채권자) ○ ○ ○ (인)

* 첨부서류 : 채권자의 인감증명 1통

○○지방법원 귀중

[기재례 119] '새로운 개인파산절차' 안내문(광주지방법원)

"새로운 개인파산절차" 안내문

광주지방법원은 더욱 공정하고 신속한 개인파산제도의 정착을 위해 2012. 4. 1.부터 새로운 개인파산절차를 시행하고 있습니다. 새로운 개인파산절차는 파산 관재인 선임을 통한 재산과 소득 조사를 원칙으로 합니다.

예납금납부 보정서를 제출할 때에 신청서(첨부서류 일체 포함) 부본 1부를 추가로 제출하여 주시면, 신속하게 절차가 진행됩니다.

■ **파산관재인 선임을 위한 비용 납부**

채무자는 법원으로부터 비용 30만원의 예납명령을 받게 될 예정입니다.

채무자가 **비용 30만원을 은행에 납부하고 납부보정서를 법원에 제출**하면 법원은 파산선고와 동시에 파산관재인을 선임하여 채무자의 재산과 소득을 조사합니다.

※ 예납금 납부방법은 예납명령서에 등봉되는 별도 안내문을 참고하십시오.

■ **채무자가 비용을 납부할 수 없는 경우**

채무자가 법원으로부터 예납명령을 받은 후 비용 30만원을 납부할 능력이 없다는 사정을 소명하는 자료를 법원에 제출하면, 법원은 파산관재인을 선임하지 않고 절차를 진행합니다.

채무자가 비용 30만원을 납부할 수 없다는 사정은 채무자의 재산과 소득에 대한 객관적인 자료에 근거한 것이어야 합니다.

※ 납부무능력에 대한 자료제출 방법은 예납명령서에 동봉되는 별도 안내문을 참고하십시오.

■ **신청서 부본 1부 제출**

채무자가 파산관재인용 신청서 부본 1부를 제출하면 신속하게 절차가 진행됩니다.(신청서 부본이 없는 경우 선정된 파산관재인이 복사할 예정입니다.)

채무자는 예납금이 납부되었다는 내용의 보정서를 법원에 제출하면서 **신청서 부본 1부(신청서에 첨부된 자료 일체를 포함)를 추가로 법원에 제출**하여 주시기 바랍니다(부본 제출 안 할 경우 관재인이 복사할 예정입니다).

■ **비용예납명령의 의미**

● 파산선고와 파산관재인의 선임

- 채무자의 재산이 파산절차의 비용을 충당할 수 있으면 원칙적으로 파산선고와 동시

에 파산관재인을 선임함(채무자 회생 및 파산에 관한 법률 제317조).
- 다만, 파산선고 당시 채무자의 모든 재산(파산재산)이 파산절차의 비용(관재인 보수, 송달료 등)을 충당하기에 부족한 경우에 예외적으로 파산절차의 개시와 동시에 파산절차를 폐지함(위 법 제311조).

- 파산절차 비용으로 사용
  - 채무자가 예납한 비용은 관재인 보수 등 파산절차 비용으로 사용할 예정임.
  - 환가, 재산조사 등을 위해 특별히 필요한 경우가 아닌 한, 추가적인 비용납부 명령을 하지 않을 예정임

■ **비용예납명령 후의 절차진행**

- 비용예납 후 파산선고
  - 채무자가 ① 비용을 납부[인근 신한은행에서 사건번호 기재 후 **민사예납금(송달료가 아님)**으로 납부, 별도 계좌번호 없음]하고 ② 비용납부 보정서[사건번호(파산○○단독 20○○하단○○○○), 채무자 성명을 기재하고 법원보관금 영수필통지서(은행발급)를 첨부]를 법원에 제출하면, 법원은 최대한 신속히 파산선고를 하여 파산·면책절차를 개시하고 동시에 파산관재인을 선임하여 재산, 소득 등에 대한 조사에 착수할 예정임.
  - 비용예납후 비용납부 보정서를 제출한 순서대로, 파산선고 절차를 진행할 예정임.
  - 파산관재인의 재산·소득조사에서 문제점 [① 은닉재산의 발견, ② 소득에서 생계비를 제외한 나머지 액수로 채무를 일부라도 변제할 수 있어 개인회생절차 이용이 바람직한 경우 등]이 발견되는 특별한 경우가 아니라면, 파산선고 후 3~4개월 후(사정에 따라 더 늦어질 수도 있음)에 파산·면책절차를 종료하고 면책허가결정을 할 예정임.
  - 재산은닉 의심사건, 파탄경위 의심사건 등 일정 사건에 대하여는 과거·현재의 부동산거래내역, 시중은행, 보험사의 금융거래내역을 전산조회를 통하여 조사할 예정임.
- 비용을 납부할 수 없는 경우
  - 경제적 어려움 등으로 비용납부가 납부기한까지 불가능한 경우에는 법원에 비용납부 연기신청서[① 사건번호(파산○○단독 20○○하단○○○○), ② 채무자 성명, ③ 납부연기사유, ④ 납부가능시기를 간략히 기재]를 제출함.
  - 기간을 연장하더라도 납부가 불가능한 경우에는 비용납부명령 철회요청서[① 사건번호(파산○○단독 20○○하단○○○○), ② 채무자 성명, ③ 납부불능사유를 기재하고 ④ 납부불능에 대한 입증자료(기초생활수급대상자 등)를 첨부]를 제출함.
- 채무자가 별다른 조치를 취하지 않고 납부기한이 경과한 경우
  - 채무자가 납부연기신청서, 비용납부명령 철회요청서 등을 제출하지 않은 대 납부기간이 경과하면 법원은 채무자의 파산·면책신청에 대하여 기각결정을 할 예정임.

■ **파산선고 후 취하 불가**

- 파산선고로 파산절차가 일단 개시되면 채무자는 파산신청 취하할 수 없고, 오로지 파산선고 전(前)에만 파산신청을 취하할 수 있음.
- 파산선고 후(後)에 ① 면책신청만 취하하거나 또는 ② 다액의 소득이 발견되어 채무자가 개인회생절차를 별도로 신청하더라도 개인회생절차 신청기각, 변제계획 불인가, 인가전 폐지되는 경우에는 일단 파산선고를 받은 이상 파산자로서의 신분상 불이익(공무원 자격제한 등)은 별도의 복권절차에서 복권결정을 받을 때까지 계속됨을 유의.

[기재례 120] 새로운 개인파산절차 진행 FLOW

▸ **사건번호 ○○지방법원 20○○하단○○○○(파산)**

▸ 기본내용

사건번호	20○○하단○○○○	사건명	파산선고
신청인	○○○	채권자	전○○외 3명
재판부	민사○○단독(파산) (전화 : 02-000-0000)		
접수일	2022.07.12	종국결과	2022.09.18 파산선고
보존여부	기록보존됨		
송달료, 보관금 종결에 따른 잔액조회		잔액조회	

▸ 최근기일내용

일자	시각	기일구분	기일장소	결과
2022.09.04	14:00	파산심문기일	제302호 법정	종결

• 최근 기일 순으로 일부만 보입니다. 반드시 상세보기로 확인하시기 바랍니다.

▸ 최근 제출서류 접수내용

일자	내용
2022.07.12	소장접수
2022.07.12	신청인 ○○○ 파산관재인 선임비용 면제신청서 제출
2022.07.12	신청인 ○○○ 면제재산 결정신청서 제출
2022.07.12	신청인 ○○○ 중지명령신청서 제출
2022.07.16	신청인 ○○○ 소송위임장 제출
2022.07.16	면제대상 재산에 대한 중지명령
2022.07.16	기타
2022.07.16	신청인대리인 ○○○에게 중지명령 송달
2022.07.16	신청인대리인 ○○○에게 보정명령등본 송달

2022.07.25	신청인 ○○○ 보정서 제출
2022.08.08	파산심문기일결정
2022.08.08	신청인대리인 ○○○에게 파산심문기일결정 송달
2022.09.04	파산심문기일(제302호 법정 14:00)
2022.09.18	파산선고 및 파산폐지 및 이의신청기간 결정
2022.09.18	종국 : 파산선고
2022.09.25	채권자 ○○○ 이의신청서 제출
2022.10.04	신청인대리인 ○○○ 답변서 제출

● 최근 제출서류 순으로 일부만 보입니다. 반드시 상세보기로 확인하시기 바랍니다.

▶ 관련사건내용

법원	사건번호	구분
○○지방법원	20○○하면○○○○	면책사건

▶ 당사자내용

구분	이름	결정문송달일
신청인	1. ○○○	
채권자	1. 전○○	
채권자	2. 주○○○○○○	
채권자	3. 광○○○○○○	
채권자	4. 이○○○○○○	

▶ 대리인내용

구분	이름
신청인	변호사 ○○○

▸ **사건번호 ○○지방법원 20○○하면○○○○(면책)**

▸ 기본내용

사건번호	20○○하면○○○○	사건명	면책
신청인	○○○	채권자	전○○외 3명
재판부	민사○○단독(파산) (전화 : 02-000-0000)		
접수일	2022.07.12	종국결과	2022.10.18 인용
송달료, 보관금 종결에 따른 잔액조회		잔액조회	

▸ 최근기일내용

일자	시각	기일구분	기일장소	결과
지정된 기일내용이 없습니다.				

• 최근 기일 순으로 일부만 보입니다. 반드시 상세보기로 확인하시기 바랍니다.

▸ 최근 제출서류 접수내용

일자	내용
접수된 문서내용이 없습니다.	

• 최근 제출서류 순으로 일부만 보입니다. 반드시 상세보기로 확인하시기 바랍니다.

▸ 관련사건내용

법원	사건번호	구분
○○지방법원	20○○하단○○○○	파산사건

▸ 당사자내용

구분	이름	결정문송달일
신청인	1. ○○○	
채권자	1. 전○○	

채권자	2. 주○○○○○○○	
채권자	3. 광○○○○○○○	
채권자	4. 이○○○○○○○	

▶ 대리인내용

구분	이름
신청인	변호사 ○○○

[기재례 121] '새로운 개인파산절차'에 따른 법원의 보정권고

광주지방법원
보 정 권 고

※ 본인이 보관하고 있는 서류를 확인하신 후 이미 제출하신 경우에는 다시 제출할 필요가 없습니다(보정서 제출 시 사건번호를 기재하시기 바랍니다).
신청인은 이 권고를 송달받은 날부터 14일 안에 다음 서류를 제출하시기 바랍니다.

다 음

☒ 혼인관계증명서(이혼사실 포함되어 있어야 함)

□ 신청인 및 배우자(2008. 1. 1. 이후 이혼한 경우에는 전 배우자도 포함한다, 이하 같다), 자녀의 주민등록초본, 세목별 과세증명서(2006년부터 현재까지, 해당 과세연도의 주소지를 관할하는 행정청이 발행한 것)

□ 신청인 및 배우자에 대한 건강보험자격득실확인서, 건강보험료확인서(건강보험료산정내역서), 건강보험료납부확인서, 국민연금가입자가입증명

☒ 신청인과 배우자가 급여 등 소득을 입금하는 통장 및 건강보험료, 공과금, 휴대폰 요금, 보험료, 관리비를 납부하며 생활비를 지출하는 통장의 각 거래내역(명의불문, 자녀들이 있는 경우에는 자녀들의 스쿨뱅킹 통장 포함, 2010. 1. 1.부터 현재까지)

☒ 신용카드사용채무가 있을 경우 최종 사용일로부터 3년간 사용내역

☒ 신청인, 배우자, 자녀에 대한 ① 생명보험협회 및 손해보험협회 발행의 보험가입조회서(우체국보험, 농협, 수협, 새마을금고 등은 별도의 보험가입조회서를 추가로 제출할 것), ② 위 조회서에 기재된 각 보험의 현황(보험계약자, 피보험자, 가입시기, 월 납입액, 해지 및 실효 여부, 해지 및 실효 시기, 여상환급액)을 정리한 표, ③ 현재 유지하고 있거나 2010. 1. 1. 이후 해지된 보험에 대하여는 이를 소명할 보험회사 발행의 확인서 및 해당 보험의 보험료가 출금되고 있는 통장의 거래내역(2010. 1. 1.부터 현재까지)

☒ 신청인 또는 배우자 소유의 부동산에 관한 경매절차가 종결된 경우, 배당표 사본, 수불내역서, 공탁금출급증명서(수불내역서상 집행공탁 된 가압류권자가 있는 경우)

☒ 신청인이 최근(신청 전 2년 이내) 자영업을 운영하다가 폐업한 경우, ① 폐업사실증명

원, ② 임대차보증금 및 권리금, 대리점 보증금, 비품 및 재고품 등의 사용처에 대한 설명서, ③ 전항의 사용처를 입증하는 금융거래내역서

위 등본입니다.

20○○. ○. ○.

법원주사 ○ ○ ○

20○○. ○. ○.

판 사 ○ ○ ○

[기재례 122] '새로운 개인파산절차'에 따른 법원의 보정명령

○○지방법원 파산○○단독
보 정 명 령

20○○하단○○○○ 파산선고사건의 채무자 ○○○

1. 파산관재인의 요청에 대한 채무자의 설명의무

채무자는 파산관재인의 요청에 관하여 필요한 설명을 하여야 합니다(채무자 회생 및 파산에 관한 법률 제321조). 만일 정당한 이유 없이 설명을 하지 않거나 허의의 설명을 한 때에는 1년 이하의 징역 또는 1천만원 이하의 벌금에 처해 질 수 있고(같은 법 제658조), 면책불허가의 불이익을 받을 수 있습니다(같은 법 제564조 제1항 제1호).

2. 자료 제출 기한(수령일로부터 7일)

채무자는 이 서면을 교부받은 날로부터 7일 이내에 아래 서류를 별지 양식 뒷면에 첨부하여 파산관재인 사무소로 제출하여야 합니다.

별지 양식에 대한 한글파일 또는 워드파일이 필요하실 경우, 파산관재인 사무실에 문의하시기 바랍니다.

※ 이미 법원에 아래 문건을 제출한 경우 법원에 제출한 문건의 내용을 확인한 다음, 문건 내용이 아래의 기간(과거 10년, 과거 3년 등)과 다를 경우에는 새로이 발급받아 제출하여야 합니다.

파산관재인	(12345) ○○시 ○○구 ○○로 ○○○
변호사 김정희	☎02-000-0000 (팩스) 02-000-0000
사무소 연락처	0002222@naver.com

등본입니다.
20○○. ○. ○.
○○지방법원
법원주사 ○○○

〈아 래〉

① 채무자 과거 파산·개인회생·회생절차 결정문 등본

② 채무자와 채무자의 부모, 배우자, 자녀의 주민등록초본(파산신청일로부터 과거 10년 전부터 현재까지의 주거변동사항이 반영된 것이어야 함)

③ 채무자의 혼인관계증명서(이혼사실 포함되어 있어야 함), 가족관계증명서, 건강보험 납입(체납)증명(건강보험공단 발급), 국민연금납입(체납)증명(각 국민연금공단 지사 발급)

④ 채무자의 파산신청일로부터 과거 10년 전부터 현재까지의 세목별과세증명서 [동사무소 발급, ※과거 10년 전부터 현재까지의 주민등록지가 광역시, 도, 시, 군, 구(지방자체단체인 구) 단위로 변경된 경우, 위 단위 이상의 주민등록지에 대하여 모두 발급받아야 함. 예를 들어 10년간 지산동, 금호동, 치평동, 봉선동으로 주민등록지가 변경된 경우, 동구, 서구, 남구의 세목별과세증명서를 모두 제출하면 됨]

⑤ 채무자의 부모, 배우자, 자녀의 파산신청일로부터 과거 5년 전부터 현재까지의 세목별과세증명서 (※ 발급방법은 ④와 같음)

⑥ 파산신청일로부터 과거 3년 전부터 현재까지의 채무자 거주지의 부동산등기부등본, 임대차(월세)계약서(채무자가 임차인인 경우에만 해당. ※ 확정일자부 계약서를 제출하고 확정일자가 없는 경우에는 그 이유를 기재하여 별도 서면으로 제출), 매매계약서(부동산을 매매한 경우), 매매대금 및 임차보증금의 출처 및 사용처, 관련 금융자료(통장사본, 계좌이체내역 등)

⑦ 채무자와 채무자의 배우자, 자녀의 차량등록증(갑구, 을구 모두 포함)

⑧ 채무자와 배우자의 파산신청일로부터 과거 5년부터 현재까지의 통장(부모 또는 자녀 기타 타인 명의 통장을 사용한 경우에는 그 통장) 거래내역(신분증을 과거 5년부터 현재까지의 공과금, 카드, 급여 등과 관련한 거래 금융기관에 제시하면 발급)

⑨ 채무자와 배우자의 파산신청일로부터 과거 3년부터 현재까지 신용카드 사용내역

⑩ 채무자, 배우자, 자녀에 대한 ㉮ 생명보험협회 및 손해보험협회 발행의 보험가입 조회서(우체국, 농협, 수협, 새마을금고 보험 등은 별도 조회 필요), ㉯ 위 조회서에 기재된 각 보험 현황(계약자, 피보험자, 가입시기, 월 납입액, 해지 및 실효 여부, 해지 및 실효 시기, 최종납입일, 예상환급액)을 정리한 표, ㉰ 이를 소명할 보험회사 발행의 확인서, ㉱ 각 보험료가 출금되고 있는 통장 거래내역

⑪ 채무자의 파산신청일로부터 과거 10년 전부터 현재까지의 채무자의 사실증명, 소득금액증명(세무서 발급), 폐업증명원(폐업증명원은 개인사업을 한 경우에 추가로 발급, 세무서 발급)

⑫ 채무자가 파산신청일로부터 5년부터 현재까지 개인기업을 경영한 경우 상업장부(대차대조표, 회계장부, 국세청싸이트에서 발급) (끝)

[서식 45] 보정권고·보정명령에 따른 보정서

보 정 서

사 건 20○○하단○○○○ 파산
20○○하면○○○○ 면책

신 청 인 ○○○

위 사건과 관련하여 신청인은 귀원으로부터 보정명령을 받았기에 보정서를 제출합니다.

첨 부 서 류

1. 신청인 관련

가. 장애인증명서 1부
나. 생존자 보험가입조회 결과 1부
다. 보험관련 내역서 8부

2. 배우자 ○○○ 관련

가. 생존자 보험가입조회 결과 1부
나. 보험관련 내역서 9부

3. 신청인의 자녀 ○○○ 관련

가. 생존자 보험가입조회 결과 1부
나. 보험관련 내역서 15부
다. 주민등록초본 1부
라. 부채증명서 1부
[신청인과 신청인의 자녀가 살고 있는 아파트는 신청인의 자녀 ○○○이 은행 대출을 받아 마련한 것임을 나타내기 위함임]
마. 세목별 과세(납세)증명서 1부

4. 신청인의 자녀 ○○○ 관련

가. 생존자 보험가입조회 결과 1부
나. 보험관련 내역서 4부

다. 주민등록초본 1부
라. 채무확인 증명서 2부
마. 세목별 과세(납세) 증명서 1부

20○○. ○. ○.

신청인의 신청대리인
변호사 ○○○ (인)

○○지방법원 귀중

[기재례 123] '새로운 개인파산절차'에 따른 파산관재인 비용 예납명령

○ ○ 지 방 법 원
결 정

사 건 20○○하단○○○○ 파산선고
20○○하면○○○○ 면책

신 청 인 ○ ○ ○ (123456 - 1234567)
(채무자) 주소 ○○시 ○○구 ○○로 ○○○
송달장소 ○○시 ○○구 ○○로 ○○-○
신청대리인 변호사 ○○○

주 문

신청인은 이 결정을 송달받은 날로부터 14일 이내에 금 30만원(파산관재인 선임을 위한 비용으로 송달료가 아닌 민사예납금으로 납입)을 예납해야 한다. (단, 부부가 같이 신청한 경우에는 각 20만원 납부하면 됩니다.)

이 유

채무자 회생 및 파산에 관한 법률 제303조에 의해 주문과 같이 결정한다.

등본입니다.
20○○. ○. ○.
법원주사 ○○○

20○○. ○. ○.

판 사 ○ ○ ○

[기재례 124] 예납금 납부서

예납금 납부서

파산 ○○단독 귀중

사　　건　　20○○하단○○○○호 파산선고

신 청 인　　○ ○ ○

이곳에 ○○은행에서 받은
법원보관금 영수필통지서를 접착제로 붙여
반드시 민사신청과에 접수하시기 바랍니다.

20○○. ○. ○.

신 청 인 : ○ ○ ○

[기재례 125] 비용예납명령 철회 요청서

비용납부명령 철회 요청서

사　　건　　2011하단○○○○ 파산선고
　　　　　　2011하면○○○○ 면책

신 청 인　　○ ○ ○

신청대리인　변호사 ○ ○ ○

위 사건에 관하여, 신청인은 귀원의 예납명령 결정을 송달받고 예납금 30만원을 납부하고자 노력하였으나, 신청인은 현재 기초수급자로 40만원을 지급받은 것으로 생활하고 있으며, 더군다나 연로하고 노환이 있어 위 예납금을 납부하기 곤란한 처지에 놓여 있습니다.

이에 존경하는 재판장님께서 신청인의 사정을 감안하여 비용예납명령을 철회하여 주시길 간절히 바라는 바입니다.

첨　부　1. 수급자증명서 사본　　1부
　　　　2. 진단서　　　　　　　2부

20○○. ○. ○.

위 신청대리인
변호사 ○○○ (인)

○○지방법원 제○파산단독 귀중

[기재례 126] 예납비용 납부기한 연기 요청서

예납비용 납부기한 연기 요청서

사　　건　　2022하단○○○○　파산선고
　　　　　　2022하면○○○○　면책

신 청 인　　○ ○ ○

신청대리인　　변호사 ○○○

위 사건에 관하여, 신청인은 귀원의 예납명령 결정을 송달받고 예납금 30만원을 납부하고자 노력하였으나, 신청인은 현재 기초수급자로서 근근히 생활하고 있으며, 더군다나 일용직으로 근무한 급여도 비용 납부일인 20○○. ○○. ○. 보다 20일 후인 20○○. ○. ○.경에 지급받을 수 있으므로 비용 납부일을 1개월간 연장해 주시기를 요청드리오니 허가하여 주시기 바랍니다.

20○○. ○. ○.

위 신청대리인
변호사 ○○○ (인)

○○지방법원 제○파산단독　귀중

[기재례 127] 파산관재인 선임비용 면제신청서

파산관재인 선임비용 면제신청서

사　　건　　　20○○하단○○○○　파산선고
　　　　　　　20○○하면○○○○　면책

신청인(채무자)　　○ ○ ○

귀원 위 사건에 관하여 신청인(채무자)은 현재 수급자이고, 부양가족으로 2명이 있어 총 3인 가족이 640,000원의 소득으로 근근이 생계를 꾸려가고 있는 바, 파산관재인 선임비용 금 30만원을 납부하게 되면 당월 생계가 곤란하게 되므로 파산관재인 선임비용을 면제하여 주시고 동시폐지결정을 하여 주시기 바랍니다.

첨 부 서 류

1. 수급자증명서　　1통
2. 가족관계증명서　　1통

20○○. ○. ○.

위 신청인　○○○ (인)

○○지방법원 파산부　귀중

[기재례 128] 개인파산 비용예납절차 안내문(광주지방법원)

광주지방법원 개인파산 비용예납절차 안내문

■ **비용예납명령의 의미**

● 파산선고와 파산관재인의 선임

- 채무자의 재산이 파산절차의 비용을 충당할 수 있으면 원칙적으로 파산선고와 동시에 파산관재인을 선임함(채무자 회생 및 파산에 관한 법률 제317조).
- 다만, 파산선고 당시 채무자의 모든 재산(파산재단)이 파산절차의 비용(관재인 보수, 송달료 등)을 충당하기에 부족한 경우에 예외적으로 파산절차의 개시와 동시에 파산절차를 폐지함(위 법 제311조).

● 파산절차 비용으로 사용

- 채무자가 예납한 비용은 관재인 보수 등 파산절차 비용으로 사용할 예정임.
- 환가, 재산조사 등을 위해 특별히 필요한 경우가 아닌 한, 추가적인 비용납부 명령을 하지 않을 예정임.

■ **비용예납명령 후의 절차진행**

● 비용예납 후 파산선고

- 채무자가 ① 비용을 납부 [인근 신한은행에서 사건번호 기재 후 민사예납금(송달료가 아님)으로 납부, 별도 계좌번호 없음] 하고 ② 비용납부 보정서 [사건번호(파산○단독○○○○하단○○○○), 채무자 성명을 기재하고 법원보관금 영수필통지서(은행발급)를 첨부] 를 법원에 제출하면, 법원은 최대한 신속히 파산산고를 하여 파산·면책절차를 개시하고 동시에 파산관재인을 선임하여 재산, 소득 등에 대한 조사에 착수할 예정임.
- 비용예납후 비용납부 보정서를 제출한 순서대로, 파산선고 절차를 진행할 예정임.
- 파산관재인의 재산·소득조사에서 문제점 [① 은닉재산의 발견, ② 소득에서 생계비를 제외한 나머지 액수로 채무를 일부라도 변제할 수 있어 개인회생절차 이용이 바람직한 경우 등] 이 발견되는 특별한 경우가 아니라면, 파산산고 후 3~4개월 후(사정에 따라 더 늦어질 수도 있음)에 파산·면책절차를 종료하고 면책허가결정을 할 예정임.
- 재산은닉 의심사건, 파탄경위 의심사건 등 일정 사건에 대하여는 과거·현재의 부동산거래내역, 시중은행, 보험사의 금융거래내역을 전산조회를 통하여 조사할 예정임.

● 비용을 납부할 수 없는 경우

- 경제적 어려움 등으로 비용납부가 납부기한까지 불가능한 경우에는 법원에 비용납

부 연기신청서 [① 사건번호(파산○단독○○○○하단○○○○), ② 채무자 성명, ③ 납부연기사유, ④ 납부가능시기를 간략히 기재] 를 제출함.

- 기간을 연장하더라도 납부가 불가능한 경우에는 비용납부명령 철회요청서 [① 사건번호(파산○단독○○○○하단○○○○), ② 채무자 성명, ③ 납부불능사유를 기재하고 ④ 납부불능에 대한 입증자료(기초생활수급대상자 등)를 첨부] 를 제출함.

• 채무자가 별다른 조치를 취하지 않고 납부기한이 경과한 경우
  - 채무자가 납부연기신청서, 비용납부명령 철회요청서 등을 제출하지 않은 채 납부기간이 경과하면 법원은 채무자의 파산·면책신청에 대하여 기각결정을 할 예정임.

■ **파산선고 후 취하 불가**

• 파산선고로 파산절차가 일단 개시되면 채무자는 파산신청 취하할 수 없고, 오로지 파산선고 전(前)에만 파산신청을 취하할 수 있음.
• 파산선고 후(後)에 ① 면책신청만 취하하거나 또는 ② 다액의 소득이 발견되어 채무자가 개인회생절차를 별도로 신청하더라도 개인회생절차 신청기각, 변제계획 불인가, 인가 전 폐지되는 경우에는 일단 파산선고를 받은 이상 파산자로서의 신분상 불이익(공무원 자격제한 등)은 별도의 복권절차에서 복권결정을 받을 때까지 계속됨을 유의.

[기재례 129] 파산선고 결정문('새로운 개인파산절차'에 따른 결정문 1)

○ ○ 지 방 법 원
결 정

사 건 20○○하단○○○○ 파산선고
20○○하면○○○○ 면책

신 청 인 ○ ○ ○ (123456 - 1234567)
(채무자) 주소 ○○시 ○○구 ○○로 ○○○
등록기준지 ○○시 ○○구 ○○로 ○○-○

선고일시 20○○. 06. 04. 10:00

주 문

1. 채무자 ○○○에 대하여 파산을 선고한다.
2. 변호사 ○○○(20○○. ○. ○.)을 파산관재인으로 선임한다.
3. 채권신고기간 및 채권조사기일은 추후 지정한다.
4. 위 면책사건에 관하여 면책신청에 대한 의의신청기간을 20○○. ○. ○.까지로 정한다.
5. 제1회 채권자집회·파산폐지에 관한 의견청취·파산관재인의 임무종료에 따른 계산보고·채무자에 대한 의견청취의 각 기일 및 장소를 20○○. ○. ○. 16:00 광주지방법원 제○○○호 법정으로 한다.
6. 이 사건 파산을 간이파산으로 한다.
7. 파산관재인은 위 면책신청사건에 대하여 채무자에 대한 면책불허가사유 유무를 조사하여 20○○. ○. ○.까지 조사보고서를 제출하고, 제5항의 의견청취기일에 출석하여 그 결과를 보고해야 한다.
8. 송달해야 하는 장소를 알기 어려운 파산채권자에 대한 송달은 공고로써 갈음한다.

이 유

채무자 회생 및 파산에 관한 법률 제305조, 제355조, 제312조, 제365조, 제367조, 제545조 제563조, 제549조, 제560조, 제562조, 제10조를 각 적용하여 주문과 같이 결정한다.

등본입니다.

20○○. ○. ○.

○○지방법원
법원주사 ○○○

판 사 ○ ○ ○

[기재례 130] 파산선고 결정문('새로운 개인파산절차'에 따른 결정문 2)

○ ○ 지 방 법 원
결 정

사 건 20○○하단○○○○ 파산선고
20○○하면○○○○ 면책

신 청 인 ○ ○ ○ (123456 - 1234567)
(채무자) 주 소 ○○시 ○○구 ○○로 ○○○
신청대리인 변호사 ○○○

선고일시 20○○. ○. ○. 10:00

주 문

1. 채무자에 대하여 파산을 선고한다.
2. 이 사건 파산을 폐지한다.
3. 위 면책사건에 관하여 면책신청에 대한 이의신청기간을 20○○. ○. ○.까지로 한다.
4. 송달하아여야 하는 장소를 알기 어려운 파산채권자에 대한 송달은 공고로써 갈음한다.

이 유

이 사건 기록에 의하면 채무자는 지급불능 상태에 있고, 또한 파산재단으로써 파산절차의 비용을 충당하기에 부족하다. 그렇다면, 채무자의 이 사건 파산신청은 이유 있으므로 채무자 회생 및 파산에 관한 법률 제305조, 제317조 제1항, 제562조 및 제10조에 의해 주문과 같이 결정한다.

정본입니다.
20○○. ○. ○.
법원주사보 ○○○

20○○. ○. ○. 10:00

판 사 ○ ○ ○

[기재례 131] '새로운 개인파산절차'에 따른 파산선고 안내문

○○지방법원 파산○○단독 파산선고 안내문

■ **재산·소득에 관한 채무자의 설명의무**

• 파산관재인의 요청에 대한 설명 의무
- 채무자는 파산관재인의 요청에 의해 파산에 관하여 필요한 설명을 하여야 합니다(체무자 회생 및 파산에 관한 법률 제321조, 이하의 법률은 같은 법률을 의미).
- 채무자는 파산관재인이 채무자의 재산·소득에 관한 자료 제출을 요구할 경우, 특별한 사정이 없는 한, 자료제출에 응하여야 합니다.

• 설명 불응시 면책불허가
- 채무자가 정당한 이유 없이 설명을 하지 않거나 자료를 제출하지 않을 경우 또는 채무자가 법원에 재산상태에 관한 허위의 진술을 할 경우, 면책불허가 결정을 받을 수 있고(제564조 제1항), 법원의 심문을 위한 소환에 응하지 않는 경우에는 구인될 수 있고(제319조, 제320조), 위반시 형사처벌의 대상이 됩니다(제653조).
- 만일 파산관재인이 요청하는 자료나 설명의 대상이 채무자와 무관한 제3자의 재산·소득에 관한 사항이기 때문에 자료제출이나 설명이 불가능할 경우에는 법원이나 파산관재인에게 그러한 정당한 이유를 제시하여야 합니다.
- 파산관재인에 대한 설명에 응하지 않거나, 법원의 심문을 위한 소환에 응하지 않는 경우에는 구인될 수 있고(제319조, 제320조), 위반시 형사처벌의 대상이 되며(제653조), 면책불허가사유에 해당됩니다.
- 파산재단에 속하는 재산을 은닉, 손괴 또는 채권자에게 불이익하게 처분하거나, 파산재단의 부담을 허위로 증가시키는 행위를 하거나, 상업장부를 작성하지 않거나 부실한 기재를 하는 경우에는 사기파산죄로 처벌을 받게 됩니다(제650조, 제652조).

■ **파산재단에 대한 관리처분권 상실과 채무자의 신분상 제약**
- 채무자는 파산절차 종료시까지, 파산선고시에 가지는 모든 재산(파산재단)의 관리처분권을 상실하고, 위 권리는 파산관재인에게 전속합니다(제384조). 파산선고 후에 채무자가 재단소속 재산에 관하여 행하는 법률행위는 파산채권자에게 대항할 수 없습니다(제329조 제1항). 다만, 파산선고 후 새로 취득한 재산 및 압류금지재산에 대한 관리처분은 가능합니다.
- 채무자는 채무자 회생 및 파산에 관한 법률에 의해 복권(면책확정 포함) 될 때까지 후견인(민법 제937조), 유언집행자(민법 제1098조), 수탁자(신탁법 제11조), 공법상 공무원(국가공무원법 제33조, 지방공무원법 제31조), 변호사(변호사법 제5조), 공인

회계사(공인회계사법 제4조), 변리사(변리사법 제4조), 공증인(공증인법 제13조) 등이 될 수 없습니다.

■ **채권자 주소의 보정(신속한 면책절차 진행을 위한 방법)**

- 채권자에 대한 송달 여부의 확인 방법
  - 채권자는 법원이 정한 기간 안에 면책신청에 관하여 법원에 이의를 신청할 수 있습니다.(같은 법률 제562조)
  - 채권자의 이의신청권을 보장하기 위해서는 법원의 이의신청기간결정이 채권자에게 송달되어야 하고, 송달이 되지 않은 경우 다시 송달, 채권자 주소변경 등의 절차 진행을 위해 면책결정이 지체됩니다. 아래의 주소보정 방법에 따라 신속히 주소보정 또는 공고(공시송달)신청을 마쳐주어야 면책절차가 신속히 진행됩니다.
  - 채무자는 파산선고한 날짜로부터 2주가 지나면 대법원 홈페이지(www.scourt.go.kr)로 접속한 다음, "나의 사건검색" 창에서 법원선택 → 사건번호, 당사자명 입력 → 화면 상단의 "사건진행내용" 클릭 → 진행내용의 "송달"선택 후 "확인" 클릭의 순으로 채권자에 대하여 송달이 되었는지 확인할 수 있습니다(별지 안내문 참조).
- 채권자 주소의 보정방법

  ① 채무자가 채권자의 주소를 아는데 송달이 되지 않은 경우

  대법원 홈페이지 → 전자민원센터 → 양식모음으로 접속하여, "Search"란에 "주소보정"을 입력·검색한 다음, "[민사] 주소보정서" 〈별지 양식 1〉을 다운로드 받아 작성하여 광주지방법원 12층 종합민원실에 1부를 접수하면 됩니다.

  ② 채권자에 대한 송달이 되지 않고 채무자가 채권자의 주소를 알 수 없는 경우

  채권자에 대한 송달이 되지 않고 채무자가 채권자의 주소를 알 수 없는 경우에는 공고갈음신청을 할 수 있습니다. 공고갈음신청을 하면 송달을 공고로 대신하기 때문에 면책절차가 신속히 진행됩니다. 다만 채무자가 사실은 채권자의 주소를 알고 있으면서도 이를 감추고 공고갈음신청을 하는 경우에는 나중에 면책취소는 물론 형사처벌을 받을 수 있습니다. 〈별지 양식 2〉에 따라 ① 해당 채권자에 대한 채무의 발생일자, 발생원인, 액수, ② 해당 채권자의 주소를 알지 못하는 이유, ③ 해당 채권자의 주소를 파악하기 위해 그동안 채무자가 한 조치를 기재한 서면을 채권자별로 제1회 채권자집회 기일 4주 전까지 광주지방법원 1층 종합민원실에 원본 1부와 부본 1부 총 2부를 제출하여야 합니다.
- 기타 안내사항
  - 송달이 되지 않은 채권자에 대한 주민등록등본(초본), 법인의 경우 법인등기부등본을 〈별지 양식 1〉 또는 〈별지 양식 2〉에 함께 첨부하여 제출하면 신속한 면책결정

에 도움이 됩니다.

- 송달되지 않는 채권자의 면책동의서 〈별지 양식 3〉 1부를 광주지방법원 1층 종합민원실에 제출하면 주소를 보정하지 않아도 됩니다. 가능한 제1회 채권자집회기일 4주 전까지 제출하여야 빠른 진행에 도움이 됩니다.

[기재례 132] 면책허가결정문

○ ○ 지 방 법 원
결 정

사 건 20○○하면○○○○ 면책
20○○하면○○○○ 파산선고

채 무 자 ○ ○ ○ (123456 - 1234567)
주소 ○○시 ○○구 ○○로 ○○○
등록기준지 ○○시 ○○구 ○○로 ○○-○
송달장소 ○○시 ○○구 ○○로 ○○-○○

신청대리인 변호사 ○○○

주 문

채무자를 면책한다.

이 유

이 사건 기록 및 이 법원의 채무자에 대한 심문결과에 의하면, 채무자에게 채무자 회생 및 파산에 관한 법률 제564조 제1항에서 정한 면책불허가사유에 해당하는 사실이 인정되지 않으므로 주문과 같이 결정한다.

정본입니다.
20○○. ○. ○.
법원주사 ○○○

20○○. ○. ○.

판 사 ○○○

[기재례 133] 파산면책 확정증명원

확 정 증 명 원

사　　건 : ○○지방법원 20○○하면○○○○　면책
　　　　　○○지방법원 20○○하단○○○○　파산선고

신 청 인 : ○ ○ ○

증명신청인 : 신청인 ○○○

위 사건에 관하여 아래와 같이 확정되었음을 증명합니다.

신청인 ○○○ : 20○○. ○. .
1. 확정
　채권자 ○○새마을금고 : 20○○. ○. .
1. 확정
　채권자 ○○농협 : 20○○. ○. .
1. 확정
　채권자 농림수산정책자금대손보전기금관리기관 ○○중앙회 : 20○○. ○. .
1. 확정
　채권자 ○○○○○○○대부(주) : 20○○. ○. .
1. 확정
　채권자 ○○디지털위성방송 : 20○○. ○. .
1. 확정
　채권자 ○○보증보험(주) : 20○○. ○. .
1. 확정
　채권자 (주)○○○○○ : 20○○. ○. .
1. 확정
　채권자 ○○○ : 20○○. ○. .
1. 확정. 끝.

20○○. ○. ○.

○ ○ 지방법원

법원주사 ○ ○ ○

본 증명(문서번호 : 개인파산(접수) 000000)에 관하여 문의할 사항이 있으시면 02-000-0000으로 문의하시기 바랍니다.

[2]
개인파산 및 면책신청서 작성방법

1. 이시신청과 동시신청

파산신청서와 면책신청서는 각각 따로 작성하여 동시에 제출해도 되고, 파산신청서만 먼저 제출한 후 나중에 면책신청서를 제출해도 된다는 점은 앞서 본 바와 같다. 다만 따로 신청할 경우에는 동시에 신청하는 경우에 비하여 번거롭고, 면책심문기일이 늦게 지정되며, 첨부서류도 가중되는 등 채무자에게 이로운 점이 거의 없을 것이므로 동시에 신청하는 것이 현명하고, 파산사건을 취급하는 법원에서도 이를 적극 권장하고 있다.

따라서 아래에서는 동시신청 위주로 설명하고자 하며, 이시(異時)신청을 하려면 본서의 이시신청 부분을 참고하여 신청하면 될 것이다. 파산 및 면책신청서의 서식은 회생법원 또는 각 지방법원 파산과에서 교부받거나 대법원 인터넷홈페이지에서 다운받아 사용해도 된다.

2. 파산 및 면책신청서의 서식

법원에서 교부하는 파산 및 면책신청서류는 다음의 7가지의 서면, 즉 ① 파산 및 면책신청서, ② 진술서, ③ 채권자목록, ④ 채권자의 주소, ⑤ 재산목록, ⑥ 현재의 생활상황, ⑦ 수입 및 지출에 관한 목록으로 구성되어 있다.

파산신청서의 양식은 그 동안 몇 차례 수정이 있어 왔다.

2006년 말경에 변경된 주요 내용으로는 ① '과거 5년간 국내·해외여행 경험'을 '과거 2년간'으로 축소, ② '과거 5년간 500만원 이상의 물건을 구입한 경험'을 '과거 2년간'으로 축소, ③ '과거 1년간 물건을 구입하고 대금을 전부 지급하지 않은 상태에서 처분(매각, 입질 등)을 한 경험'을 '물건을 할부나 월부로 구입하고 대금을 전부 지급하지 않은 상태에서 처분(매각, 입질 등)을 한 경험'으로 변경, ④ '과거 5년간 발급받아 사용한 신용카드의 종류 및 수'란 삭제, ⑤ '파산신청에 이르게 된 사정(채무 증대의 경위 및 지급이 불가능하게 된 사정)'란 추가, ⑥ '지급이 불가능하게 된 시기 이후에 차용하거나 채무가 발생한 사실'란 추가, ⑦ 가계수지표에서 '채무자의 가용소득'란 추가 등이다.

2007년 5월에 변경된 주요내용으로는 ① '휴대전화를 통한 정보수신 신청서'란 추가, ② 진술서의 '파산신청에 이르게 된 사정'란에 구체적 사정 및 연월일 명시, ③ 재산목록에 '배우자, 부모, 자녀 명의의 1,000만원 이상의 재산 기재'란 추가, ④ '가계수지표'를 '수입 및 지출에 관한 목록'으로 명칭 변경 등이다.

2008년 1월에 변경된 주요내용으로는 ① 가족관계의 등록 등에 관한 법률의 시행에 따라 '본적'을 '등록기준지'로, '호적등본'을 '가족관계증명서'로 명칭 수정, ② 진술서의 '채무의 지급이 곤란할 정도로 경제사정이 어려워진 이후에 재산을 처분한 경험'란 삭제, ③ 재산목록에 '지급불가능 시점의 1년 이전부터 현재까지 사이에 처분한 1,000만원 이상의 재산'을 기재하도록 추가, ④ 재산이 있는 사건에 관하여 파산신청서와 재산목록에 '파산관재인 선임 희망여부'란 추가 등이다. 현재는 위 양식(서식)을 사용하고 있다.

3. 신청서의 서식 다운방법 및 작성방법

개인파산 및 면책신청서의 서식은 대법원인터넷 사이트에 들어가서 「대국민서비스-양식-개인파산/면책-파산 및 면책 동시신청서」의 순서로 찾아 들어가면 다운받을 수 있다. 위 대법원인터넷 사이트에서는 '개인파산 및 면책의 동시신청에 관한 안내문'도 게재되어 있으므로 이를 참고하여 서식에 맞추어 작성하면 된다.

[서식 46] 파산 및 면책신청서 표지

파 산 및 면 책 신 청 서

신청인(채무자) ○ ○ ○

파산사건번호	
면책사건번호	
배당순위번호	
재 판 부	제 단독

인 지 대 : 2,000원

파산송달료 : {채권자수 (6)× 4 × 5,200} + 52,000원 = 176,800원

면책송달료 : {채권자수 (6)× 3 × 5,200} + 52,000원 = 145,600원

합 계 : 322,400원

○○지방법원 귀중

[서식 47] 파산 및 면책신청서

파산 및 면책 신청서

신 청 인(채 무 자) ○ ○ ○ (주민등록번호 : 123456 - 1234567)

주 소 : 인천 ○○구 ○○로 ○○-○○ (우편번호 : 12345)

거 소 : 위와 같음 (우편번호 : 12345)

송달장소 : 위와 같음 송달영수인 : (우편번호 : 12345)

등록기준지 : ○○시 ○○동 ○○-○○

연락처 : 휴대전화(010-2222-3333), 집전화(000-222-3333), e-mail( )

신 청 취 지

1. 신청인에 대하여 파산을 선고한다.
2. 이 사건 파산절차를 폐지한다(또는 파산관재인 선임을 희망한다).
3. 채무자를 면책한다. 라는 결정을 구합니다.

신 청 이 유

1. 신청인에게는 별첨한 진술서 기재와 같이 지급해야 할 채무가 존재합니다.
2. 그런데 위 진술서 기재와 같은 신청인의 현재 자산, 수입의 상황 하에서는 채무를 지급할 수 없는 상태에 있습니다. (또한 파산재단을 구성할 만한 재산이 거의 없어 파산절차비용에 충당하기에 부족합니다.)
3. 따라서 신청인에 대하여 파산을 선고 (하고, 이 사건 파산절차를 폐지)하며, 채무자를 면책한다. 라는 결정을 구합니다.

첨 부 서 류

1. 가족관계증명서, 혼인관계증명서 각 1부
   (단 혼인관계증명서는 최근 2년 이내 이혼한 경우)
2. 주소변동내역이 포함된 주민등록등본 1부

3. 진술서 1부
(채권자목록, 재산목록, 현재의 생활 상황, 수입 및 지출에 관한 목록 포함)

휴대전화를 통한 정보수신 신청서

위 사건에 관한 파산선고결정, 면책결정 등 정보를 예납의무자가 납부한 송달료 잔액 범위 내에서 휴대전화를 통하여 알려주실 것을 신청합니다.

▣ 휴대전화 번호 : 010-222-3333

신청인 채무자 ○○○ (날인 또는 서명)

※ 파산선고 및 이의기간지정 결정(또는 면책심문기일 결정), 면책결정이 있으면 신속하게 위 휴대전화로 문자메시지가 발송됩니다. 문자메시지 서비스 이용금액은 메시지 1건당 17원씩 납부된 송달료에서 지급됩니다(송달료가 부족하면 문자메시지가 발송되지 않습니다). 추후 서비스 대상 정보, 이용금액 등이 변동될 수 있습니다.

20○○. ○. ○.

신 청 인 ○○○ ㊞

파산사건번호	
면책사건번호	
배당순위번호	
재 판 부	제 단독

○○지방법원 귀중

[양식 1-1]

진 술 서

○○지방법원 귀중

신 청 인 ○○○ (인)

신청인은 다음과 같은 내용을 사실대로 진술합니다.
또 본인의 현재의 채무, 자산, 생활의 상황 및 수입·지출 등은, 별지 「채권자목록」, 「재산목록」, 「현재의 생활상황」, 「수입 및 지출에 관한 목록」의 각 기재와 같습니다.
위 각 서류에 사실과 다른 내용이 있을 경우 면책불허가될 수 있음을 잘 알고 있습니다.

1. 본인의 과거 경력은 다음과 같습니다.

(1) 최종 학력

19○○년 2월 일 ○○고등학교 (졸업, 중퇴)

(2) 과거 경력(최근의 것부터 기재하여 주십시오)

19○○년 6월 20일부터 19○○년 9월 20일까지(자영, 근무)

업종 육류도매 직장명 ○○축산 직위 종업원

2. 본인의 현재까지의 생활상황 등은 다음과 같습니다.

(1) 채무의 지급이 곤란할 정도로 경제 사정이 어려워진 이후에 재산을 처분한 경험 (있음, <u>없음</u>) (처분한 재산, 처분시기, 받은 대가, 그 사용처를 전부 기재하여 주십시오)

(2) 채무의 지급이 곤란할 정도로 경제사정이 어려워진 이후에 일부 채권자에게만 변제한 경험 (<u>있음</u>, 없음) (변제한 채권자의 성명, 변제시기, 금액을 전부 기재하여 주십시오)

○○보증보험, 20○○년, 1,862,000원

(3) 사기죄, 사기파산죄, 과태파산죄로 고소되거나 형사재판을 받은 경험 (있음, <u>없음</u>)

(4) (가) 과거에 파산신청을 하였다가 취하하거나 기각당한 경험 (있음, <u>없음</u>)
년 월 일 (   )지방법원에 파산신청을 하였는데 (취하함, 기각당함)
(나) 과거에 파산선고를 받은 경험 (있음, <u>없음</u>)
년 월 일 (   )지방법원에서 파산선고를 받음
(다) 그 파산선고에 이어서 면책을 받은 경험 (있음, <u>없음</u>)
년 월 일 ( )지방법원에서 면책결정을 받았고,
년 월 일 위 결정이 확정됨

(5) (가) 개인회생절차를 이용한 경험 (있음, <u>없음</u>)(개인회생절차 중이면 기각될 수 있음)
년 월 일 ( )지방법원에서 인가결정을 받음
(사건번호 :   )
년 월 일 ( )지방법원에서 폐지결정을 받음
(폐지사유 :   )
☆ 폐지사유(예를 들어 소득 감소, 가족 의료비 증가 등)에 관한 소명자료를 첨부하여 주십시오.
그 개인회생절차에서 면책을 받은 경험 (있음, 없음)
년 월 일 ( )지방법원에서 면책결정을 받았고, 년 월 일 위 결정이 확정됨

(6) 슬롯머신, 경마, 경륜, 포커 등 도박행위를 한 경험 (있음, <u>없음</u>)
▷ 어떤 도박을 하였는지 (   )
▷ 도박을 한 시기 (년 월 일부터 년 월 일까지)
▷ 도박을 한 횟수 및 금액 1개월 평균 ( )회, 평균 (   )원 정도

(7) 과거 자신의 월수입의 반 이상이 소요되는 호텔, 콘도, 골프장, 고급 음식점에 다닌 경험 (있음, <u>없음</u>)
▷ 어떤 곳에 갔는지 (   )
▷ 간 시기 (년 월 일부터 년 월 일까지)
▷ 간 횟수 및 사용금액 1개월 평균 ( )회 정도, 평균 (   )원 정도

(8) 과거 2년간 국내·해외여행 경험 (있음, <u>없음</u>)
▷ 여행 횟수 및 사용 금액 합계 ( ) 회 정도, 총액 (   ) 원 정도

(9) 과거 2년간 500만원 이상의 물건을 구입한 경험 (있음, <u>없음</u>)
(물건의 품명, 구입시기, 가격 등을 전부 기재하여 주십시오)

---

(10) 과거 물건을 할부나 월부로 구입하고 대금을 전부 지급하지 않은 상태에서 처분(매각, 입질 등)을 한 경험 (있음, <u>없음</u>) (물건의 품명, 구입시기, 가격, 처분 시기 및 방법을 전부 기재하여 주십시오)

---

(11) 이번 항목은 개인 영업을 경영한 경험이 있는 분만 기재하여 주십시오.

▷ 영업 중 상업장부의 기재

□ 정확히 기장하였다. □ 부정확하게 기장하였다.

□ 기장하지 아니하였다.

▷ 영업 중에 도산을 면하기 위해 상품을 부당하게 염가로 매각한 사실 (있음, 없음)

(언제 무엇을 매입원가의 몇 %로 할인판매를 하였는지를 기재하여 주십시오)

---

3. 채권자와의 상황은 다음과 같습니다.

(1) 채권자와 채무지급방법에 관하여 교섭한 경험 (있음, <u>없음</u>)

▷ 그 결과 합의가 성립된 채권자수 ( )명

▷ 합의에 기하여 지급한 기간 (년 월 일부터 년 월 일까지)

▷ 매월 지급한 총액 1개월 평균 ( )원 정도

▷ 지급 내역 (누구에게 얼마를 지급하였는지를 기재하여 주십시오)

(2) 소송·지급명령·압류·가압류 등을 받은 경험 (<u>있음</u>, 없음)

▷ (○○)지방법원 사건번호 (20○○카단11호) 상대방(○○보증보험)

▷ ( )지방법원 ( )지원 사건번호 (호) 상대방( )

4. 파산신청에 이르게 된 사정(채무 증대의 경위 및 지급이 불가능하게 된 사정)(□안에 ✓ 표시)

(1) 많은 채무(연대보증에 의한 채무나 신용카드 이용에 의한 채무를 포함한다)를 지게 된 이유는 다음과 같습니다(두 가지 이상 선택 가능).

☑ 생활비 부족 (부양가족수 : 4),

(부족한 생활비 : 주거비, 의료비, 교육비, 기타)

□ 주택구입자금 차용 (주택 구입 시기 :),

(주택 처분 시기 :)

(구입한 주택의 명세)

□ 낭비 등(음식·음주, 투자·투기, 상품 구입, 도박 등)

□ 사업의 경영 파탄 (다단계 사업 포함)

(사업 시기 : 년 월 일부터 년 월 일까지)

(사업 종류 :)

□ 타인(친족, 지인, 회사 등)의 채무 보증 :

☑ 사기 피해를 당함

(기망을 한 사람 및 채무자와의 관계 : ○○○, 친구)

(피해액수 : 8,000만원)

☐ 그밖의 사유 :

---

(2) 지급이 불가능하게 된 계기는 다음과 같습니다(두 가지 이상 선택 가능)

☑ 변제해야 할 원리금이 불어나 수입을 초과하게 됨

☐ 실직함

☐ 경영 사정 악화로 사업 폐업함

☐ 급여 또는 사업 소득이 감소됨

☐ 병에 걸려 입원함

☑ 그밖의 사유 : 정부정책으로 카드 한도 절반으로 하락, 친구에게 빌려 준 돈 못받음

(3) 지급이 불가능하게 된 시점 : 20○○년 7월 20일

(4) 구체적 사정

시기(연월일)	채권자, 차용(보증) 액수, 차용한 돈의 사용처, 지급이 불가능하게 된 사정 등
2021. 2. 12	○○카드 8,300,000원, 친구에게 빌려준 돈 못받음, 카드한도 하락
2021. 6. 1	○○카드 4,972,000원, 친구에게 빌려준 돈 못받음, 카드한도 하락
2021. 2. 12	○○카드 17,997,220원, 친구에게 빌려준 돈 못받음, 카드한도 하락
2022. 3. 1	○○보증 2,452,799원, 친구에게 빌려준 돈 못받음, 카드한도 하락
2022. 3. 1	○○하나은행 3,899,958원, 친구에게 빌려준 돈 못받음, 카드한도 하락
2022. 3. 1	○○은행 3,083,325원, 카드막기, 생활비, 지인에게 빌려준 돈 못받음, 카드한도 하락
2022. 7. 23	○○농협 4,663,826원, 카드막기, 생활비, 지인에게 빌려준 돈 못받음, 카드한도 하락
2022. 7. 23	○○카드 148,650원, 카드막기, 생활비, 지인에게 빌려준 돈 못받음, 카드한도 하락
2022. 7. 23	○○은행 2,356,896원, 카드막기, 생활비, 지인에게 빌려준 돈 못받음, 카드한도 하락
2022. 7. 23	○○은행 733,332원, 카드막기, 생활비, 지인에게 빌려준 돈 못받음, 카드한도 하락
2020. 10. 20 ~2022. 6. 20	○○은행 39,742,525원, 카드막기, 생활비, 지인에게 빌려준 돈 못받음, 카드한도 하락

2021. 1. 13 ~2022. 5. 13	○○카드 2,574,492원, 카드막기, 생활비, 지인에게 빌려준 돈 못받음, 카드 한도 하락
2020. 9. 17 ~2022. 6. 18	○○카드 13,658,765원, 카드막기, 생활비, 지인에게 빌려준 돈 못받음, 카드 한도 하락
2021. 7. 30 ~2022. 7. 18	○○은행 3,439,568원, 카드막기, 카드한도 낮아지면서 이의 변제를 위함
2020. 8. 30 ~2022. 7. 6	○○캐피탈 16,991,940원, 카드막기, 카드한도 낮아지면서 이의 변제를 위함
2020. 11. 21	○○상호저축은행 1,000,000원, 카드막기, 카드한도 낮아지면서 이의 변제를 위함
2020. 8. 25 ~2022. 7. 12	○○은행 2,574,492원, 카드막기, 카드한도 낮아지면서 이의 변제를 위함

(언제, 어떠한 사정 하에 누구로부터 얼마를 차용하여 어디에 사용하였는지, 언제 어떠한 사정 하에 무엇을 구입하였는지, 어떠한 사정 하에 지급이 불가능하게 되었는지를 오래된 것부터 시간 순서에 따라 기재하여 주십시오. 별지를 사용하여도 됩니다.)

5. 지급이 불가능하게 된 시기 이후에 차용하거나 채무가 발생한 사실
(있음, 없음)

시기(연월일)	차용(채무 발생) 원인, 금액, 조건 등

(있다면 차용 또는 채무발생의 시기, 원인, 금액, 조건 등을 기재하여 주십시오. 별지를 사용하여도 됩니다.)

〈별지 : 진술서 4, 5항 관련〉

파산신청경위 진술서

저는 19○○년 인천에서 태어났습니다. 집안이 가난하여 서울에 있는 외할머니 집에서 20세까지 살다가 다시 인천에 내려와서 살면서 붕어빵, 호두빵 장사도 하고 조그마한 신발공장에서 직장생활을 하면서 교회에도 열심히 다녔습니다. 그 교회에서 19○○년 처를 만나 결혼하고 신학교에도 가게 되었습니다. 그런데 20○○년도에 갑자기 한쪽 눈이 안보이면서 시각장애 5급 장애인이 되었습니다. 그래도 한쪽 눈이 그런대로 보여 감사하며 살고 있습니다. 그런데 어느 날 정말 친한 교회집사님이 주신 표구재료라는 사업을 시작했는데 자금이 넉넉지 않은 상태에서 시작한 사업이라 저한테 조금만 투자하라 해서 돈이 없다고 하니 카드를 만들어서 빌려주면 이자와 원금을 갚아나가고 신학교도 다니니까 도움도 준다고 했습니다. 그래서 저의 짧은 소견에 이자만 잘 갚아 나가면 되겠다 싶고 또 생활에 도움도 될 것 같아 많은 카드를 만들게 되었습니다. 이 시기는 길거리 또는 카드판매원에게 그냥 신청만 하면 카드발급이 되었습니다. 이때부터 카드한도가 많이 올라 한 장당 보통 한도가 약 500백만원 정도 되었습니다. 그 후 1년 반 정도의 기간 동안 거의 8,000만원에 이르는 돈을 이 집사님에게 건네주었습니다. 너무나 큰돈을 카드로 쓰게 된 것입니다. 그런데 20○○년 12월경에 돈을 가져간 집사님이 교통사고를 내고 장사도 안 된다고 하면서 카드원금과 이자도 안주고 나 몰라라 하는 것이었습니다. 정말 내 형제보다도 믿고 고맙게 생각한 사람인데 한편으로는 사업이 정말 안 되서 그러는데 어떠하겠냐 하는 마음도 들었지만 너무나 많은 카드빚 때문에 찾아가서 성의라도 좀 보이라고 했지만 나 몰라라 할 뿐이었습니다. 그 뒤로도 계속 찾아갔지만 카드로 8,000만원 쓴 가게는 망하고 그 집사님은 원래 신용불량자인데다가 그 부인은 사채업자들한테 쫓겨 다니는 상황이었습니다. 연락도 안 되고 정말 마음 같아서는 정말 이 사람을 죽이고 싶은 심정이었습니다. 남의 돈 가져가서 안주는 것은 꿈에도 생각해 보지 않고 살아왔습니다. 이 때문에 또다시 카드대출을 받아 돌려막고 이것도 안 되서 처의 카드를 몰래 만들어서 돌려 막게 되었습니다. 카드 빚 좀 갚아 보려고 춘란을 사서 죽이지 않고 잘 키우면 백만원이 천만원이 된다는 말에 조금씩 산 것이 한 1,000만원 정도 되었습니다. 그런데 한 여름에 썩는 병으로 죽고 또 카드연체로 채권단 사람들이 무서워서 3년 정도 집에서 살지 못하여 신경을 안 썼더니 다 죽어 버렸습니다. 20○○년 7월경 국가정책으로 카드한도가 절반으로 하락하면서 이제 더 이상 어떻게 할 수가 없어서 연체하게 되었습니다. 정말 신용불량자가 되면 사람이 죽는 것보다 더 안 좋은 것인 줄 알고 어리석게 바보같이 나중 일은 생각해 보지도 않고 아이들 엄마 카드까지 만든 것이 제일 후회됩니다. 혼자 당하고 말 것을 아이 엄마 것까지 너무 카드 값에 신경 쓴 나머지 그런 대로 보이던 한쪽 눈마저 안보여 ○○대학병원에서 각막 이식 수술을 받았지만 시각장애 2급 중증장애인이 되었습니다. 이 수술비도 카드로 200만원 찾아서 결재했습니다. 이후 방 한 칸짜리에서 살다가 도저히 5명이서 못 살겠어서 20○○년에 영구임대아파트에 다시 들어와서 살던 중 ○○보증보험으로부터 임대보증금에 대하여 압류를 해 아파트에서 나가야 했는데 남동생이 임대료를 대신 내 주어 당분간 영구임대아파트에서 살고 있습니다. 지금은 국가에서 나오는 돈으로 살고 있습니다. 존경하는 판사님! 저는 이 세상에 아무 희망도 없습니다. 다 저의 잘못입니다. 저 때문에 피해 본 채권자 분들께는 정말 죄송합니다. 판사님 저를 불쌍히 여기시어 자식들 3명, 이 아비가 지은 죄 때문에 어린 시절을 어렵게 보내야 했는데 더 어둡게 보내지 않도록 잘 키우고 저도 사회에 복귀할 수 있도록 파산면책이 되게 하여 주시기를 간절히 바라는 바입니다.

20○○년 ○월 ○일

위 진술인 ○ ○ ○ (인)

[양식 1-2]

채권자목록

순번	채권자명	차용 또는 구입일자	발생 원인	최초 채권액	사용처	보증인	잔존 채권액	
							잔존 원금	잔존 이자·지연손해금
1	○○자산 관리공사	2011.6.1	1	4,972,000	카드대금 (○○○)		4,972,000	1,161,445
2	○○자산 관리공사	2011.2.12	1	8,300,000	카드대금 (○○○)		8,300,000	1,458,555
3	○○자산 관리공사	2011.2.18	1	17,997,220	카드대금 (○○○)		17,997,220	1,121,147
4	○○자산 관리공사	2012.3.1	1	2,452,799	카드대금 (○○○)		2,452,799	449,731
5	○○자산 관리공사	2011.4.12	1	3,899,958	카드대금 (○○○)		3,899,958	0
6	○○자산 관리공사	2011.5.12	1	1,083,325	카드대금 (○○○)		1,083,325	0
7	○○자산 관리공사	2012.7.23	1	4,663,826	카드대금 (○○○)		4,663,826	603,725
8	○○자산 관리공사	2012.3.20	1	148,650	카드대금 (○○○)		148,650	106,759
9	○○자산 관리공사	2012.5.28	1	3,618,136	카드대금 (○○○)		3,618,136	2,356,896
10	○○자산 관리공사	2012.6.10	1	733,332	카드대금 (○○○)		733,332	567,173
11	(주)○○은행	2010.10.11	1	6,788,327	대출채무		6,788,327	8,403,520
12	(주)○○은행	2011.5.8	1	5,000,000	대출채무		3,314,159	4,002,928
13	(주)○○은행	2012.6.18	1	700,000	대출채무		700,000	859,659
14	(주)○○은행	2011.5.8	1	2,000,000	대출채무		1,143,962	1,381,677
15	(주)○○은행	2011.11.30	1	1,200,000	대출채무		966,669	1,175,816
16	(주)○○은행	2010.9.28	1	4,980,381	대출채무		4,980,381	6,025,427
17	○○유동화전문유한회사	2013.5.1	1	16,991,940	카드대금 (○○카드)		16,991,940	20,484,400
※ 채권의 '발생원인'란에는 아래 해당번호를 기재함 ① 금원차용(은행대출,사채 포함), ② 물품구입(신용카드에 의한 구입 포함), ③ 보증(피보증인 기재), ④ 기타						합 계	잔존 원금	잔존이자·지연손해금
						원	원	원

순번	채권자명	차용 또는 구입일자	발생 원인	최초 채권액	사용처	보증인	잔존 채권액	
							잔존 원금	잔존 이자·지연손해금
18	○○유동화전문유한회사	2013.5.1	1	3,968,000	카드대금(○○카드)		3,968,000	4,735,784
19	○○유동화전문유한회사	2013.5.1	1	13,658,765	카드대금(○○카드)		13,658,765	16,347,908
20	○○유동화전문유한회사	2013.5.1	1	3,439,568	카드대금(○○카드)		3,439,568	3,885,858
21	○○캐피탈 주식회사	2010.11.21	1	1,000,000	대출채무		1,000,000	1,882,580
22	(주)○○상호저축은행	2017.7.3	1	2,574,492	대출채무		2,574,492	3,211,494
23	○○유동화전문(유)	2017.7.6	1	2,058,860	대출채무		2,058,860	2,052,377

※ 채권의 '발생원인'란에는 아래 해당번호를 기재함 ① 금원차용(은행대출,사채 포함), ② 물품구입(신용카드에 의한 구입 포함), ③ 보증(피보증인 기재), ④ 기타	합 계	잔존 원금	잔존이자·지연손해금
	191,729,228원	109,454,369원	82,274,859원

[양식 1-3]

채권자의 주소

1. 채권자의 주소는 신청일 당시의 주소로 번지까지 정확하게 기재하고, 채무자를 위해 보증을 해 준 사람이 있으면 그 보증인의 주소까지 정확히 기재하여야 합니다.
2. 채권자가 금융기관이나 기타 법인인 경우에는 본점 소재지 또는 거래지점의 소재지를 정확하게 기재하여야 합니다.

순번	채권자명	주소	전화번호	팩스	비고 (우편번호)
1	○○자산 관리공사	서울 ○○구 ○○로 ○○○	1577-1111		11122
2	(주)○○은행	서울 ○○구 ○○로 ○○-○	02-1111-2222		11123
3	○○유동화 전문유한회사	서울 ○○구 ○○로 ○○○	02-1111-2232		11124
4	○○캐피탈 주식회사	서울 ○○구 ○○로 ○○	02-1111-2224		11125
5	(주)○○상호 저축은행	서울 ○○구 ○○로 ○○○	02-1111-2225		11126
6	○○유동화 전문(유)	서울 ○○구 ○○로 ○○	02-1111-2226		11127

[양식 1-4]

재 산 목 록

※ 먼저, 다음 재산목록 요약표에 해당재산이 있는지 ✓하고, 「□ 있음」에 ✓한 경우에는 아래 해당 항목에서 자세히 기재바랍니다. 이 양식을 파일형태로 이용할 경우 아래 표 중 에 「□ 있음」에 ✓한 부분만 출력하여 제출하여도 됩니다. 따라서 모두 「□ 없음」에 ✓한 경우에는 아래 표 다음 부분을 생략할 수 있습니다 (실제로는 재산 처분이 있었음에도 불구하고 '최근 2년간 재산 처분이 없음'에 ✓해 놓고는 부동산등기부등본 등 소명자료를 뒷부분에 편철해놓는 경우가 있는데 이와 같이 재산목록 요약표와 소명자료 또는 진술서의 기재내용이 서로 불일치한 경우에는 허위진술 내지 불성실한 신청으로 간주되어 불이익한 처분을 받을 수 있습니다).

재산목록 요약표

1. 현금	□있음 ☑없음	6. 매출금	□있음 ☑없음	11. 최근 2년간 재산 처분 여부	□있음 ☑없음
2. 예금	□있음 ☑없음	7. 퇴직금	□있음 ☑없음	12. 최근 2년간 받은 차보증금	□있음 ☑없음
3. 보험	□있음 ☑없음	8. 부동산	□있음 ☑없음	13. 이혼 재산분할	□있음 ☑없음
4. 임차 보증금	□있음 ☑없음	9. 자동차·오토바이	□있음 ☑없음	14. 상속재산	□있음 ☑없음
5. 대여금	□있음 ☑없음	10. 기타 재산(주식, 특허권, 귀금속 등)	□있음 ☑없음	15. 친족의 재산	□있음 ☑없음

1. 현금 : 금액 (원)

2. 예금

금융기관명( ) 계좌번호( ) 잔고 (원)
금융기관명( ) 계좌번호( ) 잔고 (원)
☆ 은행 이외의 금융기관에 대한 것도 포함합니다.
☆ 예금잔고가 소액이라도 반드시 기재하고 파산신청시의 잔고(정기예금분을 포함)와 최종 금융거래일로부터 과거 6개월간의 입출금이 기장된 통장 사본 또는 예금거래내역서를 첨부하여 주십시오.

3. 보험(생명보험, 화재보험, 자동차보험 등)

보험회사명( ) 증권번호( ) 해약반환금 (원)

☆ 파산신청 당시에 가입하고 있는 보험은 해약반환금이 없는 경우에도 반드시 전부 기재하여 주십시오.
☆ 보험증권사본과 파산신청시의 해약반환금 예상액(없는 경우에는 없다는 사실)을 기재한 보험회사 작성의 증명서를 첨부하여 주십시오.

4. 임차보증금

임차물건(아파트), 임차보증금 (1,966,000원), 반환예상금 (1,966,000원)

☆ 반환예상금란에는 채무자가 파산신청일을 기준으로 임대인에게 임차물건을 명도할 경우 임대인으로부터 반환 받을 수 있는 임차보증금의 예상액을 기재하여 주십시오.
☆ 임대차계약서의 사본 등 임차보증금 중 반환예상액을 알 수 있는 자료를 첨부하여 주십시오.
☆ 상가 임대차의 경우에는 권리금이 있으면 반드시 권리금 액수를 기재해 주시기 바랍니다.

5. 대여금·구상금·손해배상금·계금 등

채무자명( ) 채권금액 ( ) 회수가능금액 (원)

채무자명( ) 채권금액 ( ) 회수가능금액 (원)

☆ 계약서의 사본 등 대여금 등을 알 수 있는 자료를 첨부하고, 변제 받는 것이 어려운 경우에는 그 사유를 기재한 진술서 및 소명자료를 첨부하여 주십시오(회수가 어렵다고 하더라도 반드시 기재하시고, 대여금뿐만 아니라 구상금, 손해배상금, 계금 등 어떠한 명목으로라도 제3자로부터 받아야 할 돈이 있으면 기재하시기 바랍니다).

6. 매출금(개인사업을 경영한 사실이 있는 분은 현재까지 회수하지 못한 매출금 채권)

채무자명( ) 채권금액 (원) 회수가능금액 (원)

채무자명( ) 채권금액 (원) 회수가능금액 (원)

☆ 영업장부의 사본 등 매출금을 알 수 있는 자료를 첨부하고, 변제 받는 것이 곤란한 경우에는 그 사유를 기재한 진술서 및 소명자료를 첨부하여 주십시오.

7. 퇴직금

근무처명( ) 퇴직금예상액 (원)

☆ 파산신청시에 퇴직하는 경우에 지급 받을 수 있는 퇴직금예상액(퇴직금이 없는 경우에는 그 취지)을 기재한 사용자 작성의 증명서를 첨부하여 주십시오. 만일 퇴직금채권을 담보로 하여 돈을 차용하였기 때문에 취업규칙상의 퇴직금보다 적은 액수를 지급 받게 되는 경우에는 차용에 관한 자료를 첨부하여 주십시오.

8. 부동산(토지와 건물)

종류 (토지·건물) 소재지 ( )

시가 (원) 등기된 담보권의 피담보채권 잔액(원)

종류 (토지·건물) 소재지 ( )

시가 (원) 등기된 담보권의 피담보채권 잔액(원)

☆ 등기부등본 등과 재산세과세증명서, 인근 중개업소나 인터넷에서 확인한 적어도 2곳 이상의 시가확인서 등 시가증명자료를 첨부하여 주십시오.

☆ 저당권 등 등기된 담보권에 대하여는 은행 등 담보권자가 작성한 피담보채권의 잔액증명서 등의 증명자료를 첨부하여 주십시오(가압류나 압류는 등기된 담보권이 아니므로 그 가액을 표시할 때는 가압류나 압류임을 명시하여 주시기 바랍니다).
☆ 경매진행 중일 경우에는 경매절차의 진행상태를 알 수 있는 자료를, 배당이 완료된 경우에는 배당표를 제출하여 주십시오.

9. 자동차(오토바이를 포함한다)

차종 및 연식( ) 등록번호( ) 시가 (원)
등록된 담보권의 피담보채권 잔액(원)

☆ 자동차등록원부와 시가 증명자료를 첨부하여 주십시오.

10. 기타 재산적 가치가 있는 중요 재산권(주식, 회원권, 특허권, 귀금속, 미술품 등)

품목명( ) 시가 (원)
품목명( ) 시가 (원)

11. 최근 2년간 처분한 1,000만원 이상의 재산

____

____

☆ 처분의 시기, 대가 및 대가의 사용처를 상세히 기재하여 주시기 바랍니다. 그리고 여기서 말하는 재산의 처분에는 보험의 해약, 정기예금 등의 해약, 퇴직에 따른 퇴직금수령 등도 포함합니다. 주거이전에 따른 임차보증금의 수령에 관하여는 다음의 12항에 기재하여 주시기 바랍니다.
☆ 특히 부동산이나 1,000만원 이상의 재산을 처분한 경우에는 처분시기와 대가를 증명할 수 있는 등기부등본, 계약서사본, 영수증사본과 처분대가의 사용처를 증명할 수 있는 자료를 첨부하시기 바랍니다(경매로 처분된 경우에는 배당표를 제출하여 주십시오).

12. 최근 2년 이내에 주거이전에 따른 임차보증금을 수령한 사실

____

____

☆ 임대차계약서사본과 수령한 임차보증금의 사용처를 증명할 수 있는 자료를 첨부하시기 바랍니다.

13. 최근 2년 이내에 이혼에 따라 재산분여(할)한 사실

____

____

☆ 분여한 재산과 그 시기를 기재하여 주십시오. 그리고 분여한 재산의 가치를 나타내는 자료를 첨부하여 주시기 바랍니다(이혼 당시 배우자의 보유 재산이 어느 정도인지 아래 15.항의 양식을 참조하여 기재하여 주십시오).

14. 친족의 사망에 따라 상속한 사실

년 월 일 부·모 의 사망에 의한 상속

상속상황

㉠ 상속재산이 전혀 없었음

㉡ 신청인의 상속포기 또는 상속재산 분할에 의해 다른 상속인이 모두 취득하였음

㉢ 신청인이 전부 또는 일부를 상속하였음

주된 상속재산과 그 처분의 경과

☆ ㉡ 또는 ㉢항을 선택한 분은 주된 상속재산을 기재하여 주시기 바랍니다.

☆ ㉡항을 선택한 분은 다른 상속인이 주된 상속재산을 취득하였다는 사실을 증명하는 자료를 첨부하여 주십시오. 부동산인 경우에는 다른 상속인이 소유자로 되어 있는 등기부등본을 첨부하여 주십시오.

☆ ㉢항을 선택한 분으로 상속한 주된 재산을 이미 처분한 분은 그 처분의 경과와 대가의 사용처를 상세히 기재하고, 그 사실을 증명하는 자료를 첨부하여 주십시오.

15. 배우자, 부모, 자녀 명의의 1,000만원 이상의 재산(1인 명의 재산이 1,000만원 이상일 때)

재산의 종류 ( )

재산의 명의자 ( ), 채무자와의 관계 ( )

재산의 시가 ( ), 재산에 관한 피담보채무 ( )

재산 취득 시기 ( )

재산 취득 자금 마련 경위 ( )

☆ 재산이 부동산인 경우에는 등기부등본 등과 재산세과세증명서, 인근 중개업소나 인터넷에서 확인한 적어도 2곳 이상의 시가확인서 등 시가증명자료를 첨부하여 주십시오.

☆ 재산 취득시기가 지급이 불가능하게 된 시점으로부터 2년 이내인 경우에는 재산 취득 자금 마련 경위에 관한 소명자료(예를 들어 재산 명의자의 취득 자금에 관한 금융 거래 명세 등)를 첨부하여 주십시오.

[양식 1-5]

현재의 생활상황

1. 현재의 직업 【 자영, 고용, 무직 】

업종 또는 직업 직장 또는 회사명 (장애인, 무직)
지 위 ( ) 취 직 시 기 (년 월)

2. 수입의 상황(신청인의 월수입 합계 1,302,490 원)

자영수입(원) → 종합소득세 확정신고서(최근 2년분)를 첨부하여 주십시오.
월 급여 (원) → 급여증명서(최근 2년분)와 근로소득세 원천징수영수증의 사본을 첨부하여 주십시오.
연 금 (원) → 수급증명서를 첨부하여 주십시오.
생활보호 (1,162,490원) → 수급증명서를 첨부하여 주십시오 (부부 모두 수급자임).
기 타 (140,000원) → 구체적으로 기재하고 수입원을 나타내는 자료를 첨부하여 주십시오(남편의 장애수당).

3. 가족·동거인의 상황

성명	신청인과의 관계	연령	동거여부	직업	월수입
○○○	처	37세	동거·별거	무직	0원
○○○	자	11세	동거·별거	초등학생	0원
○○○	자	9세	동거·별거	초등학생	0원
○○○	자	6세	동거·별거	어린이집	0원

☆ 가족·동거인 중 수입이 있는 자에 대하여는 2항과 마찬가지로 급여명세서사본, 종합소득세확정신고서 등을 첨부하여 주십시오.

4. 주거의 상황

거주를 시작한 시점 (20○○년 ○월 ○일)
거주관계 : 아래 ㉠ – ㉥ 중 선택 (ㄱ)

㉠ 임대 주택(신청인 이외의 자가 임차한 경우 포함) : 월세(월 원)

㉡ 사택 또는 기숙사

㉢ 신청인 소유의 주택

㉣ 친족 소유의 주택에 무상으로 거주

㉤ 친족 이외의 자 소유의 주택에 무상으로 거주

㉥ 기타 ( )

㉠, ㉡항을 선택한 분에 대하여,

관리비를 포함한 임대료 (39,210 원) 임대보증금 (1,966,000 원)

연체액 (원)

신청인 이외의 자가 임차인인 경우 임차인 성명 ( ) 신청인과의 관계 ( )

㉣, ㉤항을 선택한 분에 대하여,

소유자 성명 ( ) 신청인과의 관계 ( )

신청인 이외의 자가 소유자이거나 임차인인데 함께 거주하지 않는 경우 그 경위를 기재하십시오. ( )

☆ ㉠ 또는 ㉡항을 선택한 분은 임대차계약서 또는 사용허가서 사본을 첨부하여 주시기 바랍니다.
☆ ㉢ 또는 ㉣항을 선택한 분은 등기부등본을 첨부하여 주십시오.
☆ ㉣ 또는 ㉤항을 선택한 분은 소유자 작성의 거주 증명서를 첨부하여 주십시오.

5. 조세 등 공과금의 납부 상황(체납 조세가 있는 경우 세목 및 미납액을 기재하십시오)

소득세 미납분 (없음 있음 — 미납액 원)
주민세 미납분 (없음 있음 — 미납액 원)
재산세 미납분 (없음 있음 — 미납액 원)
의료보험료 미납분 (없음 있음 — 미납액 원)
국민연금 미납분 (없음 있음 — 미납액 원)
자동차세 미납분 (없음 있음 — 미납액 원)
기타 세금 미납분 (없음 있음 — 미납액 원)

[양식 1-6]

수입 및 지출에 관한 목록

1. 가계수지표(20○ ○. 6. 월분)(신청일이 속한 달의 직전 달 기준)

수 입			지 출	
항 목		금 액	항 목	금 액
급여 또는 자영 수입	신청인	140,000원(장애수당)	주거비(임대료,관리비 등)	300,000원
	배우자	원	식비(외식비 포함)	400,000원
	기타(배우자)	원	교육비	200,000원
연금	신청인	원	전기·가스·수도료	40,000원
	배우자	원	교통비(차량유지비 포함)	130,000원
	기타( )	원	피복비	130,000원
생활보호		1,162,490원	의료비	102,490원
기타		원	기타	0원
수입합계		1,302,490원	지출합계	1,302,490원

2. 채무자의 가용소득(개인회생절차를 신청할 경우 소득에서 생계비를 뺀 나머지 소득)

	구 분	금액(단위 : 원)					
1	채무자의 월 평균 소득[310)]	1,302,490원					
2	생계비(2023년 기준 중위소득의 100분의 60)[311)]	1인	2인	3인	4인	5인	6인
		1,246,735	2,073,693	2,660,890	**3,240,578**	3,798,413	4,336,789
	부양가족 이름, 연령, 관계	○ ○ ○(처, 37), ○ ○ ○(자, 11), ○ ○ ○(자, 9), ○ ○ ○(자, 6)					
3	채무자의 가용소득 (1 - 2)	-1,938,088원					

310) 최근 1년 동안의 대략적인 소득을 평균하여 기재하십시오.

311) 본인을 포함한 부양가족(스스로 기준 중위소득의 60% 이상의 소득을 올리는 사람은 부양가족이 아닙니다)의 수에 해당하는 곳에 ○ 표 하십시오(생계비는 매년 바뀌므로 신청일을 기준으로 작성).

4. 파산 및 면책신청서의 구체적 작성방법

가. 파산 및 면책신청서 작성

법원에서 제공한 파산 및 면책신청서의 신청인(채무자)란에는 성명, 주민등록번호, 주소, 거소, 등록기준지를 주민등록등본 및 가족관계증명서에 기재된 대로 정확하게 기재하면 된다. 그리고 연락처(휴대전화, 집전화, e-mail)는 향후 법원이 파산 및 면책신청인에게 연락할 때 필요하므로 역시 정확하게 기재해야 하고, 그 외에도 또 다른 연락처가 있으면 가급적 많이 기재해 주는 것이 바람직하다.

신청취지란과 신청이유란은 서식대로 두거나 재산 소유 여부에 따라 괄호를 벗기면 된다. 즉, 채무자가 채무의 변제에 사용할 만한 재산을 가지고 있어 채권자들에게 배당이 이루어져야 할 경우에는 파산선고와 동시에 파산폐지결정을 할 수 없고 파산절차를 더 진행할 필요가 있으므로 「신청취지」란의 제2항 "이 사건 파산절차를 폐지한다."는 부분은 삭제하고, 괄호를 벗겨 "파산관재인 선임을 희망한다."로 하고, 「신청이유」란의 제2항 괄호( )부분, 제3항 "이 사건 파산절차를 폐지하며" 부분은 삭제해야 한다. 첨부서류란은 그대로 두면 된다. 그리고 '휴대전화를 통한 정보수신 신청서'란에는 휴대전화번호를 기재하고, 성명을 기재한 후 날인 또는 서명하면 된다.

'파산 및 면책신청서'의 하단부에는 신청연월일과 신청인의 성명을 기재하고, 날인 또는 서명하면 되며, 제일 아래 부분에는 신청서를 제출할 관할 파산법원을 표시해 주면 된다.

나. 진술서 작성

채무자는 파산법원으로 하여금 채무자의 지급불능상황을 보다 상세히 파악할 수 있도록 하기 위해 본인이 직접 작성한 진술서를 파산 및 면책신청서에 첨부해야 한다.

진술서는 법원에서 제공한 진술서의 서식에 맞추어 빈칸에 해당사항을 기재하고, 각 질문사항에 대하여 「(있음, 없음)」란에 「○」표시를 한 후, 만약 "있음"란에 「○」표시를 한 경우에는 해당 빈칸에 그 구체적인 내용을 기재하면 된다. 빈칸이 부족한 경우에는 해당란에 "별지 기재와 같음"이라고 기재하고, 파산 및 면책 신청서와 동일한 크기(A4)의 종이에 별도로 기재하여 진술서의 끝부분에 첨부하면 된다.

1) 과거경력(1항)

최종 학력(학교명도 기재), 경력 등의 사항을 정확하게 기재해야 한다. 과거 경력은 자영하던 사업, 근무하던 직장 등을 최근의 것부터 순서대로 기재한다.

2) 현재까지의 생활상황(2항)

신청인의 현재까지의 생활을 되돌아보고 해당되는 사항이 있으면 기재한다. 채무의 지급이 곤란할 정도로 경제 사정이 어려워진 이후에, 재산을 처분하거나 일부 채권자에게만 편파변제한 경험, 개인회생절차를 이용한 경험 등을 정확하게 기재해야 한다.

3) 채권자와의 상황(3항)

이전에 채권자들과 채무의 지급방법(분할지급 등)에 관하여 교섭을 한 경우에 기재한다. 교섭결과 합의가 성립되어 지급된 경우에는 그 지급내역을 구체적으로 기재한다. 채권자와의 교섭노력, 일부변제 실적 등은 많을수록 면책에서 유리하게 작용하므로 가급적 부연하여 기재하는 것이 좋다. 소송·지급명령·압류·가압류명령·판결 등을 받은 경우에는 법원명·사건번호·상대방(소송 등을 제기한 상대방 이름)을 기재하고 법원에서 송달받은 가압류 결정문, 판결문, 지급명령, 이행권고결정, 소장 등의 사본을 첨부한다.

4) 파산신청에 이르게 된 사정(4항)

신청인이 제기한 파산 및 면책 신청이 타당한지 여부를 판단하는데 중요한 자료가 된다. 채무 증대의 경위 및 지급이 불가능하게 된 사정에 관하여 해당 사유의 □ 안에 ✓표시를 하고, 지급이 불가능하게 된 시점을 기재한 다음, '구체적 사정'란에는 채무의 발생 순서에 따라 그 시기, 채권자, 채무액수, 사용처, 지급을 하지 못하게 된 사정을 간략히 기재하면 된다(예를 들어, '20○○. ○. ○. ○○은행에서 5천만원을 차용하여 ○○에서 분식집을 개업하였음. 임차보증금으로 2천 5백만원, 권리금으로 2천만원, 시설비로 5백만원 지급'과 같이 요약적인 기재 가능). 통상 부채증명서에 기재되어 있는 채무, 즉, 채권자목록에 기재될 채권 중 그 금액이 크거나 나름대로 중요하다고 판단되는 채무를 골라내어 부채증명서를 토대로 작성하면 된다.

참고로 '구체적 사정'란은 채무자에 따라 천차만별이고 또한 이 부분은 채무자가 파산신청을 할 수밖에 없는 사정을 법원에 호소하는 지면일 수 있으므로 '구체적 사정'란에는 간략히 기재하고, 별지를 사용하여 채무가 발생한 사정, 그동안 채무변제의 노력, 현재 채무자의 현황, 질병·노약 등 어려운 사정 등을 나름대로 소설 쓰듯이 2~3장 정도로 작성하여 첨부하는 것이 현명하고, 실제 실무에서의 관례이다.

그리고 '지급이 불가능하게 된 시점'은 가급적 늦은 날짜로 기재하는 것이 좋다. '지급이 불가능하게 된 시점' 이후에 부담하게 된 채무는 그것이 많이 기재되어 있으면 있을수록 면책에 있어서 결코 유리하게 작용하지 않을 것이기 때문이다.

5) 지급이 불가능하게 된 시기 이후의 채무발생 사실(5항)

채무를 지급할 수 없게 된 이후에 새로이 차용하거나 채무가 발생한 사실을 상세하게 기재하면 된다. 다만, 이 항목이 많을수록 파산면책에 유리할 것은 없으므로 이러한 사정을 감안하여 작성하는 것이 현명하다.

다. 채권자목록

채권자목록은 신청인의 채무상태를 파악하기 위한 중요한 자료가 된다. 채권자목록에 기재해야 할 사항은 이를 한 가지라도 기재하지 않거나 허위 또는 부정확하게 기재한 경우에는 파산·면책절차가 지연되거나 면책허가결정을 받지 못할 수도 있으며, 설령 면책허가결정을 받았다고 하더라도 고의로 기재하지 않은 채무는 면책되지 않는 불이익이 따를 수 있으므로 채무자는 자신이 알고 있는 채권자는 절대 누락시키는 일이 없도록 신중히 작성해야 한다. 만에 하나 파산신청 후 누락된 채권자를 발견한 경우에는 채권자목록을 수정하여 제출해야 할 것이다.[312)]

파산과 면책을 별도로 신청할 경우에는 각 신청서에 채권자목록을 별도로 제출해야 하지만, 파산과 면책을 동시에 신청하는 경우에는 채권자목록을 하나만 작성해도 된다. 채권자목록 뒤에 설명되어 있는 「채권자목록 기재방법」을 잘 읽어본 후 작성하고, 같은 채권자에 대한 여러 개의 채무는 연이어 기재하되, 오래된 것부터 날짜 순서에 따라 기재한다.[313)] 채권자목록의 양식은 채권자를 최대 17명까지 기재할 수 있도록 되어 있다. 따라서 그 이상의 채권자가 있는 경우에는 필요한 수만큼 미리 채권자목록을 복사하여 사용하면 된다.

채무자를 위해 보증을 해준 사람이 있으면 그 보증인도 구상채권자로서 해당 채권자의 보증인란에 기재한 후 그 아래 칸을 별도로 할애하여 채권자 순번에 가지번호(예 : 1번 채권자의 보증인 1-1, 5번 채권자의 보증인 5-1 등)를 붙여 정확하게 기재해야 한다. 실무상 부채증명서에는 보증인이 표시되어 있지 않거나 아주 조그마한 글씨로 기재되어 있는 경우가 많아 자칫 보증인을 누락시킨 경우가 많다.

---

312) 파산신청 후 채무자가 채권자목록상 채권자(특히, 보증인)를 일부 누락한 사실을 발견되거나, 오기, 오표시 등이 있는 경우에는 면책결정확정시까지 채권자목록을 수정하여 제출할 수 있다고 본다.

313) 다만, 채권자나 채무가 너무 많아 부채증명서가 여러 장인 경우 날짜를 일일이 체크하여 오래된 순서에 따라 작성하다 보면 뒤죽박죽으로 된 경우도 많고 찾기도 힘들므로, 실무상으로는 날짜순이 아닌 부채증명서에 기재된 순서에 따라 작성하는 경우가 많고, 또한 이것이 현명할 때도 많다. 이와 같이 작성하더라도 실무상 법원에서 보정명령을 내린 경우는 거의 없는 것 같다.

그러나 보증인을 채권자목록에 기재하는 문제는 아주 중요하고 세심한 주의를 요하는 것이다. 보증인도 여느 채권자와 하등의 차이가 없는 구상채권자이고 이를 누락시킨 경우 때에 따라서는 보증채무를 면책받지 못할 소지가 있으며 더군다나 보증채무가 큰 경우에는 낭패를 볼 수 있기 때문이다. 「채권자명」란에는 법인과 개인을 구분하여 채권자의 성명이나 법인 명칭을 정확히 기재해야 한다. 채권자의 성명은 가족관계증명서 또는 주민등록등본이나 법인 등기부등본상 주소와 일치해야 하며, 법인이 채권자인 경우에는 대표자까지 기재해야 한다.

「차용 또는 구입일자」란에는 원래 차용 또는 구입일자를 기재하고 채권양도시 양도일자를 그 옆에 괄호( )를 표시하여 추가하며, 「발생원인」란에는 표 하단에 기재된 발생원인의 해당 번호를,[314] 「최초 채권액」란에는 채무발생 당시의 금액을,[315] 「사용처」란[316]에는 구체적인 사용용도 또는 구입물품을 각 기재하면 된다.

보증인란에는 채무자가 보증인을 세우고 금전을 차용하는 등 해당 채권자에게 보증인이 있는 경우에 그 보증인을 기재한다. 「잔존 채권액(잔존원금)」란에는 파산신청(면책신청) 당시까지 채무자가 갚지 못하고 있는 채무의 원금을, 「잔존 채권액(잔존 이자·지연손해금)」란에는 원금 외의 이자·지연손해금, 수수료 등 기타 채무의 합계를 각 채권자별로 구분하여 기재하면 된다. 하단의 「합계」란에는 채무의 총액을 기재하며(잔존 원금의 합계액+잔존 이자·지연손해금의 합계액), 「잔존원금」, 「잔존 이자·지연손해금」란에는 각각의 합계액을 기재하면 된다. 참고로 파산신청과 면책신청을 따로 하는 경우에는 「잔존 채권액(잔존 원금, 잔존이자·지연손해금)」란을 기재할 경우 파산신청의 경우에는 파산신청시까지의 잔존 채권액을, 면책신청의 경우에는 면책신청시까지의 잔존 채권액을 기재해야 함을 유의해야 한다.

그리고 채권자에게 보증인이 있는 경우에는 그 보증인도 채무자 입장에서 보면 별도의 구상채권자에 해당되므로 해당 채권자란의 아래 칸을 할애하여 별도로 작성해 주어야 한다. 이 경우 순번은 해당 채권자의 순번에 가지번호를 붙여 기재하고(예, 해당채권자 순번이 5번이고 보증인이 2명인 경우, 5-1, 5-2), 차용 및 구입일자는 보증을 서준 날짜(보통 해당채권자와 동일)를,

314) 채권권의 '발생원인'란에 기재할 번호
① 금원차용(은행대출,사채 포함), ② 물품구입(신용카드에 의한 구입 포함),
③ 보증(피보증인 기재), ④ 기타(위①, ②, ③에 해당되지 않은 경우)

315) 「최초 채권액」란에는 채무발생 당시의 금액을 기재하도록 설명되어 있지만, 여러 차례에 걸쳐 물품을 구입하거나 카드대출을 받은 경우에는 최초 채권액을 알 수 없어 기재하기 난감할 때도 있다. 이러한 경우에는 복잡하게 생각하지 말고 부채증명서상의 잔존원금 총액을 기재하면 된다.

316) '사용처'란에는 생활비, 사업자금, 보증채무(주채무자 : ○○○), 핸드폰 요금, 병원비, 남편의 사업자금, 명의도용으로 인한 채무, 사업자명의 대여로 인한 채무 등 사용방법에 따라 구체적으로 기재하면 된다.

발생원인은 ③으로, 최초채권액은 최초 보증 금액(보통 해당 채권자와 동일)을, 사용처에는 구상금채무, 잔존채권액란의 '잔존 원금', '잔존이자·지연손해금'란은 각 '미정'이라 기재하면 된다.[317)]

신용카드사용자는 해당 카드회사 또는 은행을 방문하여 신용카드사용내역서(신용카드를 마지막으로 사용한 날로부터 과거 1년간의 신용카드사용 내역이 기재되어 있는 것)를 발급받은 후 그 사용내역서의 첫 장 아래쪽 여백에 채권자목록의 순번과 카드회사명을 기재하여 순번에 따라 첨부해야 한다. 금융기관에서 대출을 받거나 사채를 사용한 경우에는 차용증(약정서), 독촉장이나 부채증명원 등 채무액을 소명할 수 있는 자료를 첨부해야 한다. 금융기관에서 개인정보에 관한 자료를 주지 않을 경우에는 금융감독원(T. 02-3771-5114)에 문의하면 해결이 된다.

또한 조세, 건강보험료, 국민연금료, 벌금 등 비면책채권(566조 단서)에 대하여는 면책의 효력이 미치지 않으므로 채무자가 이를 연체한 경우라 하더라도 그 징수권자를 채권자목록이나 채권자주소란에 기재하지 않음을 주의해야 한다.

라. 채권자의 주소

'채권자 주소록'란에는 채권자목록에 기재된 모든 채권자의 주소를 순서에 따라 정확하게 기재해야 한다. 보증인도 역시 채권자에 해당되므로 그 주소를 반드시 기재해야 한다. 채권자가 금융기관이나 기타 법인인 경우에는 본점 소재지 또는 거래지점의 소재지를 정확하게 기재해야 한다. 만약 주소를 모르면 어떻게 하는가? 이 경우에는 미정(추후보정 예정)으로 기재하되, 주소를 알 수 없는 사유를 괄호( )를 사용하여 기재하거나, 별지를 사용하여 소명하는 것이 현명하다. 주소 미정으로 기재한 경우에는 나중에 보정명령이 날아올 수 있으며, 이때 해당 보정명령서를 가지고 동사무소 등에 가서 주민등록초본을 열람하거나 교부받아 주소를 보정하면 된다. 다만, 보정명령이 나왔다 하더라도 도저히 그 주소를 알 수 없는 경우에는 그에 대하여 객관적 증명이 될 만한 서류나 주위 사람의 사실확인서 등을 첨부하여 법원에 공시송달에 의한 공시로 갈음할 수 있도록 보정신청을 해봄직하다.

참고로 채권자의 주소를 도저히 알 수 없는 경우에는 전화통화내역서 등을 법원에 제출하여 이미 채권자에게 파산신청 사실이 통지되었음을 소명하는 것도 한 방법일 것이다.

---

317) 예를 들면, (예, 순번 3. 채권자명 김길동, 보증인 김바보, 정병신 2명이 있는 경우, 위 순번 3의 아래칸에 순번란 3-1, 채권자명 김바보, 사용처 구상금채무, 잔존채권액란 '미정'이라고 각 기재하고, 또 그 아래 칸에 순번란 3-2, 채권자명 김병신, 사용처 구상금채무, 잔존채권액란 '미정'이라고 각 기재하면 된다.

주의할 것은 카드를 은행에서 발급받았다고 하더라도 은행의 주소를 기재하면 안되며, 반드시 카드회사의 주소를 기재해야 한다는 점이다.

바. 재산목록

재산목록은 채무자의 재산보유 상태를 정확하게 파악하기 위한 서류이므로 파산 및 면책 신청 당시의 채무자의 보유 재산을 빠짐없이 기재해야 한다.[318]

먼저 재산목록 요약표(사각형의 표)의 각 항목의 「□있음, □없음」란에 「✓」표시를 해야 한다. "□있음" 란에 「✓」표시를 한 경우에는 재산목록 요약표의 아래 1~15항 즉, 현금, 예금, 보험, 임차보증금, 대여금·구상금·손해배상금·계금, 매출금, 퇴직금, 부동산, 자동차, 기타 재산적 가치 있는 중요 재산권(주식·회원권·특허권·귀금속·미술품), 지급불능시점의 1년 이전부터 현재까지 사이에 처분한 1,000만원 이상의 재산, 최근 2년 이내에 주거이전에 따른 임차보증금 수령 사실, 최근 2년 이내에 이혼에 따라 재산분할한 사실, 친족의 사망에 따른 상속 사실, 배우자·부모·자녀명의의 1,000만원 이상의 재산 등의 해당란에 그 내용을 구체적으로 기재하고, ☆표에서 설명하는 자료를 첨부해야 한다.

첨부자료는 재산목록에 기재한 순서에 따라 첨부하면 된다. 물론 재산목록 요약표(사각형의 표)의 각 항목에 "□없음"이라고 「✓」표시를 한 경우에는 위 1~15항의 해당란에 기재할 필요는 없다. 그러나 실무상 재산 처분이 있었음에도 불구하고 '지급불가능 시점의 1년 이전부터 현재까지 재산 처분 여부'의 '없음'란에 ✓해 놓고는 부동산등기부등본 등 소명자료를 뒷부분에 편철해 놓은 경우가 있는데 이와 같이 재산목록 요약표와 소명자료 또는 진술서의 기재내용이 서로 불일치한 경우에는 허위진술 내지 불성실한 신청으로 간주되어 불이익한 처분을 받을 수 있으니 주의해야 한다. 또한 2008. 1월 양식변경으로 재산목록에 '파산관재인 선임 희망 여부'란을 두어 체크하게 되어 있으므로 재산이 있는 경우에는 파산관재인 선임 희망여부를 표시해 주어야 한다.

재산목록에 기재할 재산을 고의로 누락하면 시기피신죄로 처벌될 수 있고, 면책불허가사유에도 해당되므로 누락되는 일이 없도록 주의해야 한다. 재산목록에 작성해야 할 위 1~15항 중 중요한 부분을 살펴보면 다음과 같다. 즉,

318) 다만, 이 양식을 파일형태로 이용할 경우 아래 표 중 에 「□ 있음」에 ✓한 부분만 출력하여 제출해도 된다.

1) **보험**(3항)

채무자가 보험에 가입하여 파산 및 면책신청서를 작성할 당시에 보험이 유지되고 있는 경우에는 해약반환금이 없는 경우에도 반드시 모든 보험회사의 명칭과 증권번호를 기재해야 하고, 해당 보험증권 사본과 파산신청 및 면책신청시의 해약반환금예상액 증명서(해약반환금예상액이 없는 경우에는 없다는 사실증명서)를 보험회사로부터 발급받아 첨부해야 한다.[319] 약관대출[320]을 받은 경우에는 그 확인서를 첨부하고 해약환급예정금에서 약관대출금을 공제한 금액을 기재하도록 한다.

2) **임차보증금**(4항)

임차보증금란에는 임차물건, 지급한 금액(지급한 임차보증금), 반환금을 기재해야 하는데, 그중 「반환금」란에는 파산 및 면책신청시에 임대인에게 임차물건을 명도한 경우에 임대인으로부터 반환받을 수 있는 임차보증금의 예상액을 기재하면 된다. 따라서 연체차임이 있으면 이를 공제한 잔액을 기재해야 하고 그 뜻을 명시해야 한다. 그리고 임대차계약서의 사본 등 임차보증금 중 반환예상액을 알 수 있는 자료를 첨부해야 한다.

3) **대여금·구상금·손해배상금·계금 등**(5항)

대여금란에는 채무자명, 채권금액, 회수가능금액을 기재하고, 계약서 사본 등 해당 채권의 현재액을 알 수 있는 자료를 첨부해야 하며, 변제받는 것이 어려운 경우에는 그 사유를 기재한 진술서를 첨부해야 한다. 회수가 어렵다고 하더라도 반드시 기재해야 하고, 대여금뿐만 아니라 구상금, 손해배상금, 계금 등 어떠한 명목이라도 제3자로부터 받아야 할 돈이 있으면 기재하도록 한다. 다만, 대여금 등 채권이 많을 경우에는 파산원인으로 인정받지 못할 수도 있으므로 회수불가능한 사유가 있으면 이를 상세히 기재하고 소명자료를 첨부하는 것이 현명하다.

4) **매출금**(6항)

매출금란에는 채무자명, 채권금액, 회수가능금액을 기재하고, 영업장부의 사본 등 매출금의 현재 잔액을 알 수 있는 자료를 첨부해야 하며, 변제받는 것이 곤란한 경우에는 그 사유를 기재한 진술서를 첨부해야 한다. 외상매출금이 많은 경우에는 파산원인으로 인정받지 못할

---

319) 실무상 보험증권사본은 반드시 첨부해야 하는 서류는 아니다.

320) 보험약관대출금은 보험금이나 해약환급금을 미리 지급하는 선급금의 성격이므로 보험계약자가 면책결정을 받은 경우라도 보험회사는 보험금이나 해약환급금에서 약관대출금 상당의 금원을 공제한 나머지 금액을 지급하면 된다(대판 2007.9.28. 2005다15598).

수도 있으므로 회수불가능한 사유가 있으면 이를 상세히 기재하고 소명자료를 첨부하는 것이 현명하다.

5) 퇴직금(7항)

퇴직금란에는 근무처명과 퇴직금예상액을 기재해야 하는데, 그중 「퇴직금예상액」란에는 파산 및 면책신청시에 퇴직하는 경우에 지급받을 수 있는 퇴직금예상액(퇴직금이 없는 경우에는 그 취지)을 기재하고, 사용자 작성의 증명서를 첨부해야 한다. 만약 퇴직금 채권을 담보로 하여 돈을 차용하였기 때문에 취업규칙상의 퇴직금보다 적은 액수를 지급받게 되는 경우에는 해당 차용에 관한 자료를 첨부해야 한다.

6) 부동산(8호)

부동산란에는 부동산의 종류(토지·건물), 소재지, 시가, 등기된 담보권의 피담보채권 잔액을 기재하고, 부동산등기부등본과 재산세과세증명서 등 시가증명자료를 첨부해야 한다(시가증명자료로는 공시지가증명, 인근 부동산 공인중개사 2인 이상의 시가확인서, 부동산 잡지에 나오는 가격표 등이 이에 해당됨).

그리고 부동산등기부등본상에 저당권 등 담보권이 설정되어 있는 경우에는 은행 등 담보권자가 작성한 피담보채권의 잔액증명서를 첨부해야 한다. 부동산의 등기명의가 신청인으로 되어 있지만 실제로는 타인 소유에 속하는 경우에는 이를 모두 기재한 후 그렇게 된 경위를 구체적으로 설명하고, 부동산등기부등본 및 시가증명자료를 첨부해야 한다.

7) 자동차·오토바이(9호)

자동차(오토바이)란에는 차종 및 연식, 등록번호, 차량시가를 기재하고, 차동차등록원부와 차량시가증명자료를 첨부해야 한다(차량시가증명자료로는 자동차중개업자의 시가확인서, 중고자동차 거래시세표 등이 이에 해당됨). 자동차 등의 등록명의가 신청인으로 되어 있지만 실제로는 타인 소유에 속하는 경우에는 이를 모두 기재한 후 그렇게 된 경위를 구체적으로 설명하고, 자동차 등록원부 및 차량시가증명자료를 첨부해야 한다.

8) 기타 재산적 가치 있는 중요 재산권(10호)

'기타 재산적 가치 있는 중요 재산권란'에는 주식, 콘도·골프 등 각종회원권, 특허권, 귀금속, 미술품 등 재산적 가치가 있는 중요재산의 품목과 시가를 기재하면 된다. 특히 비상장주식은 현실적으로 재산적 가치가 없다 하더라도 미기재시 채권자의 이의신청 사유가 될 수 있으므로 그 기재를 누락한 일이 없도록 해야 한다.

9) 지급불가능 시점 1년 이전부터 현재까지 처분한 1,000만원 이상의 재산(11호)

여기에는 진술서 4(파산신청에 이르게 된 사정)의 「(3) 지급이 불가능하게 된 시점」에 기재된 지급 불가능 시점을 기준으로 하여 그 1년 전부터 현재까지 사이에 처분한 1,000만원 이상의 재산을 기재하고, 또한 여러 재산을 처분한 경우 그 합계액이 1,000만원 이상이면 역시 모두 기재해야 하며, 부동산의 경우에는 1,000만원 미만이라도 기재해야 한다. 처분의 시기, 대가 및 그 사용처를 상세히 기재하면 된다. 그리고 여기서 말하는 재산의 처분에는 보험의 해약, 정기예금 등의 해약, 퇴직에 따른 퇴직금 수령 등도 포함된다. 다만, 주거이전에 따른 임차보증금의 수령에 관하여는 별도로 기재하는 란이 있으므로 여기에는 기재하지 않는다.

특히 부동산이나 하나의 재산의 가액이 1,000만원 이상인 재산을 처분한 경우에는 처분시기와 대가를 증명할 수 있는 등기부등본, 계약서사본, 영수증사본과 처분대가의 사용처를 증명할 수 있는 자료를 첨부해야 한다. 만약 경매로 처분된 경우에는 배당표를 제출하면 된다. 실무상 특히 처분대가의 사용처와 관련하여 재산 은닉여부나 부인권 대상 행위 여부의 판단을 위해 법원에서는 금융거래 내역 등 구체적인 자료를 요구하고 있다. 이 항목은 법원의 핵심체크 사항이므로 유념해야 할 부분이다.

10) 최근 2년 이내에 주거이전에 따른 임차보증금의 수령사실(14호)

여기에는 위와 같은 임차보증금을 수령한 사실이 있으면 그 내역을 기재하고, 임대차계약서 사본과 수령한 임차보증금의 사용처를 증명할 수 있는 자료를 첨부하면 된다.

11) 최근 2년 이내에 이혼에 따른 재산분할 사실(15호)

여기에는 이혼한 사실이 있는 경우에만 해당되는데, 이혼한 자가 재산분할을 받은 사실이 있는 경우에는 분할한 재산과 그 시기를 기재하고, 분할할 재산의 가치를 나타내는 자료를 첨부하면 된다.

12) 친족의 사망에 따라 상속한 사실(16호)

여기에는 친족이 사망함에 따라 채무자가 상속인이 되는 경우에만 해당되는데, 피상속인의 표시와 사망일자, 상속상황, 주된 상속재산과 그 처분의 경과를 기재하면 된다. 위 상속상황란에는 ㉠ 상속재산이 전혀 없으면 그 사실, ㉡ 채무자가 상속포기 또는 상속재산의 협의분할로 다른 상속인이 상속재산의 전부를 취득한 경우에는 그 여부, ㉢ 채무자가 상속재산의 전부 또는 일부를 상속한 경우에는 그 여부를 기재해야 하는데, 이 경우에는 모든 상속재산을 기재해야 하는 것이 아니고 주된 상속재산만을 기재하면 된다. 위 ㉡항의 경우에는 다른 상속인이 주된 상속재산을 취득하였다는 사실을 증명하는 자료를 첨부해야 하고, 그것이 부동산인 경우에는 다른 상속인이 소유자로 되어 있는 등기부등본을 첨부하면 된다. 위 ㉢항의 경우에 있어서 신청인이 상속한 주된 재산을 이미 처분한 경우에는 그 처분의 경과와 대가의 사용처를 상세히 기재하고, 그 사실을 증명하는 자료를 첨부해야 한다.

13) **배우자·부모·자녀 명의의 1,000만원 이상의 재산**(15호)

이는 2007. 5월 파산신청서 양식 변경시 추가된 항목이다. 채무자가 그의 재산을 배우자나 부모 또는 자녀 명의로 은닉해 놓은 여부를 검증하기 위해 추가된 항목인 듯하다. 재산이 부동산인 경우에는 등기부등본 등과 재산세과세증명서, 인근 중개업소나 인터넷에서 확인한 적어도 2곳 이상의 시가확인서 등 시가증명자료를 첨부하면 된다. 재산 취득시기가 지급이 불가능하게 된 시점으로부터 2년 이내인 경우에는 재산 취득 자금 마련 경위에 관한 소명자료(예컨대 재산 명의자의 취득 자금에 관한 금융 거래 명세 등)를 첨부해야 한다. 이 항목 역시 법원의 핵심체크 사항이므로 유념해야 할 부분이다.

사. 현재의 생활상황

현재의 생활상황란에는 현재의 직업, 수입의 상황, 가족·동거인의 상황, 주거의 상황, 조세 등 공과금의 납부상황을 기재하게 되어 있는데, 이러한 서식에 맞추어 신청인의 현재 생활상황을 정확하게 파악할 수 있도록 빠짐없이 기재하고, ☆표에서 설명하는 자료를 첨부하면 된다. 특히 주거상황에 관하여는 그 내용을 정확하게 기재하고 첨부자료가 누락되는 일이 없도록 주의해야 한다. 구체적인 작성 방법을 살펴보면 다음과 같다. 즉,

1) **수입의 상황**(2항)

수입의 상황란은 채무자의 월 수입상황을 기재하는 란인데, 월 자영수입이 있으면 그 금액(최근 2년분의 종합소득세 확정신고서 첨부), 월 급여수입이 있으면 그 금액(최근 2년분의 급여증명서와 근로소득세 원천징수영수증 사본 첨부), 연금이 있으면 그 금액(월로 환산하여 기재, 수급증명서 첨부), 생활보호수급이 있으면 그 금액(월로 환산하여 기재, 수급증명서 첨부), 기타 수입(예, 일용직 근로)이 있으면 그 금액(수입원을 나타내는 자료 첨부)을 기재하고, 이러한 월 수입항목들을 합산하여 신청인의 월 수입합계를 산정한 후 이를 「신청인의 월수입 합계」란에 기재하면 된다.

2) **가족·동거인의 상황**(3항)

채무자의 가족·동거인을 기재하면 되며, 그 가족·동거인 중 수입이 있는 자에 대하여는

급여명세서 사본과 종합소득세확정신고서 등을 첨부하면 된다. 보통 직계존·비속과 배우자를 기재하면 되고, 형제자매의 경우에는 동거하고 있는 경우에만 기재하면 된다.

3) 주거의 상황(4항)

주거의 상황란은 거주시점, 거주관계를 기재하는 란인데, 거주관계 중 임대주택, 사택·기숙사에 거주하는 경우에는 임대차계약서 또는 사용허가서 사본을, 신청인 소유의 주택에 거주하거나 친족 소유의 주택에 무상으로 거주하는 경우에는 건물등기부등본과 무상거주확인서를, 친족 외의 자 소유의 주택에 무상으로 거주하거나 기타의 경우에는 소유자 작성의 무상거주확인서를 첨부하면 된다. 특히 채무자가 가족이나 친족에게 더부살이 하는 경우에는 그 주택이 그들 소유의 주택인지, 아니면 그들도 임차하여 살고 있는 주택인지 여부를 명확하게 구별하여 기재해 주는 것이 현명하다. 가족이나 친족 소유의 주택에 거주하고 있다고 기재한 경우에는 명의신탁 여부 등을 파악하기 위해 심문기일이 지정되는 불이익이 수반될 수도 있기 때문이다.

4) 조세 등 공과금 납부상황

여기에는 각종 국세 및 지방세 또는 의료보험료, 국민연금 등 국세징수의 예에 의해 징수되는 공과금의 체납상황을 기재하고, 해당 미납내역서를 세무서 등 해당관청에서 발부받아 첨부하면 된다. 이러한 세금 등은 면책채무에 해당되지는 않지만 그 체납상황 등은 파산면책에서 유리하게 작용할 수 있으므로 가급적이면 기재하고 첨부하는 것이 현명하다.

아. 수입 및 지출에 관한 목록

1) 가계수지표 및 채무자의 가용소득 작성

「수입 및 지출에 관한 목록」란은 '가계수지표'와 '채무자의 가용소득'란으로 구성되어 있다. 먼저 '가계수지표'란에는 채무자가 누구의 수입으로 어떻게 생계를 꾸려가고 있는지 알 수 있도록 「신청일이 속한 달의 전월」의 수입·지출내역을 기준으로 해당란에 기재하면 된다(예, 2022년 6월에 파산신청을 하는 경우에는 2022년 5월분의 수입 및 지출에 관한 목록을 작성). 따라서 「수입」, 「지출」란에는 신청인 본인의 수입·지출 이외에 가계를 같이하고 있는 사람의 수입·지출도 함께 기재해야 한다. 가급적이면 수입과 지출이 일치하도록 기재하는 것이 현명하다.

다음으로 '채무자의 가용소득'란에는 최근 1년 동안의 대략적인 소득을 평균하여 월평균소득을 산출한 후 제1항을 기재하고, 제2항에는 부양가족 수를 기준으로 하여 생계비를 체크하며, 위 월 평균소득에서 생계비를 공제하여 제3항의 가용소득란을 기재하면 된다. 이때 스스로 기준 중위소득의 60% 이상의 소득을 올리는 사람은 부양가족이 아님을 유의해야 한다.

가용소득을 파악한 이유는 채무자에게 장래의 계속적이고 일정한 소득이 있어 개인회생절차를 이용할 수 있음에도 불구하고 개인파산신청을 하는 것이 아닌지 여부를 판단하기 위함이다. 아래에서 항을 바꾸어 설명하기로 한다.

2) '채무자의 가용소득'란의 '생계비'란의 작성방법

'생계비'란에는 파산 및 면책신청을 한 연도를 기준으로 부양가족 수에 따른 중위소득의 60%를 곱하여 산정한 후 이를 기재하면 된다. 연도별 중위소득은 매년 보건복지부에서 발표하고 있는데, 아래 표와 같다. 따라서 '생계비'란에는 개인파산 및 면책신청을 한 연도의 가구별 부양가족 수를 기준으로 아래 표를 참고하여 가용소득의 60%를 찾아 기재하면 된다. 참고로 중위소득의 60% 이상의 소득을 올리는 가족은 부양가족으로 산정해서는 안된다.

[표 4] 연도별 중위소득 및 그 60%

(단위 : 원)

연도 / 구분		1인 가구	2인 가구	3인 가구	4인 가구	5인 가구	6인 가구
2019	중위소득	1,707,008	2,906,528	3,760,032	4,613,536	5,467,040	6,320,544
	위 60%	**1,024,205**	**1,743,917**	**2,256,019**	**2,768,122**	**3,280,224**	**3,792,326**
2020	중위소득	1,757,194	2,991,980	3,870,577	4,749,174	5,627,771	6,506,368
	위 60%	**1,054,316**	**1,795,188**	**2,322,346**	**2,849,504**	**3,376,663**	**3,903,821**
2021	중위소득	1,827,831	3,088,079	3,983,950	4,876,290	5,757,373	6,628,603
	위 60%	**1,096,699**	**1,852,847**	**2,390,370**	**2,925,774**	**3,454,424**	**3,977,162**
2022	중위소득	1,944,812	3,260,085	4,194,701	5,121,080	6,024,515	6,907,004
	위 60%	**1,166,887**	**1,956,051**	**2,516,821**	**3,072,648**	**3,614,709**	**4,144,202**
2023	중위소득	2,077,982	3,456,155	4,434,816	5,400,964	6,330,688	7,227,981
	위 60%	**1,246,735**	**2,073,693**	**2,660,890**	**3,240,578**	**3,798,413**	**4,336,789**

주) 7인 가구 이상의 중위소득 및 그 60%는 보건복지부 인터넷 사이트에서 매년 발표하는 가구별 중위소득을 찾은 후 거기에 60%를 곱하면 가구별 중위소득의 60%가 산정된다. 참고로 종전에는 개인회생절차에서 공제하는 생계비는 최저생계비의 1.5배로 하였으나, 대법원 예규인 개인회생사건 처리지침(재민 2004-4)이 2018. 6. 7. 개정되어 동년 6. 13.부터 시행되고 있으므로, 위 예규 기준에 따라 기준 중위소득의 60%로 하여 공제하고 있다. 다만 둘 사이에는 그리 큰 차이가 나지는 않는다.

[양식 1-1] 채권자목록 수정허가신청서

채권자목록 수정허가 신청

허	부

사　　건　20○○하단○○○○ 파산
(20○○하면○○○○ 면책)
채 무 자　○ ○ ○
소송대리인　○ ○ ○

채무자는 다음과 같은 사유로 20○○. 8. 10. 제출한 파산 및 면책신청서의 채권자목록 및 채권자의 주소를 별지와 같이 수정하고자 하오니 허가하여 주시기 바랍니다.

- 다　　음 -

1. 채무자가 파산 및 면책신청서의 채권자목록을 귀원에 제출한 후, 그 목록에 누락하거나 잘못 기재된 사항이 발견되어 이를 별지와 같이 수정하고자 합니다.

2. 수정사항의 요지
   - ☑ 누락된 채권의 추가
   - ☐ 누락된 장래의 구상권(채무자의 보증인)의 추가
   - ☐ 기존채권금액의 증가
   - ☐ 기존채권금액의 감소
   - ☐ 기존채권의 소멸로 인한 삭제
   - ☐ 채권자 이름 등 오기 수정
   - ☐ 개시결정 전 채권양도나 대위변제
   - ☐ 개시결정 후 채권양도나 대위변제
   - ☐ 기타 (　　　　　　　　　　)

3. 별 지
   1) 채권자목록　　1통
   2) 채권자의 주소　　1통
   3) 부채증명서　　1통
   4) 카드사용내역서　　1통

20○○. ○. ○.

채무자 ○ ○ ○
소송대리인 변호사 ○ ○ ○ (인)

○○지방법원 귀중

[별지 1]

채권자목록

순번	채권자명	차용 또는 구입일자	발생원인	최초 채권액	사용처	보증인	잔존 채권액	
							잔존 원금	잔존 이자·지연손해금
1	ㅇㅇ카드(주)	2011.07.26	2	13,212,992	물품구입		13,212,992	13,174,220
2	ㅇㅇ주택 금융공사	2014.04.29	1	5,141,640	금원차용		5,141,640	2,415,865
3	(주)ㅇㅇ상호 저축은행	2014.08.31	1	1,391,310	금원차용 (국민2차)		1,391,310	1,200,754
4	(주)ㅇㅇ상호 저축은행	2014.08.31	1	565,169	금원차용 (국민2차)		565,169	445,279
5	(주)ㅇㅇ상호 저축은행	2016.01.31	1	18,769,493	금원차용 (삼성2006)		18,769,493	13,520,722
6	ㅇㅇ중앙회	2010.06.27	1	2,537,000	금원차용		2,537,000	2,215,498
7	ㅇㅇ저축은행	2015.07.04	1	3,597,998	금원차용 (조흥은행)		3,597,998	2,418,242
8	ㅇㅇ 제5차 유동화전문(유)	2017.07.16	1	2,000,000	금원차용 (하나은행)		2,000,000	1,744,313
9	ㅇㅇ캐피탈 주식회사	2014.04.28	1	1,800,000	금원차용		921,820	1,280,058
10	ㅇㅇ캐피탈 주식회사	2013.11.19	1	100,000	금원차용		100,000	93,900
11	ㅇㅇ파이낸셜	2011.11.15	1	1,990,700	금원차용 (외환은행)		1,990,700	2,023,037

※ 채권의 '발생원인'란에는 아래 해당번호를 기재함 ① 금원차용(은행대출,사채 포함), ② 물품구입(신용카드에 의한 구입 포함), ③ 보증(피보증인 기재), ④ 기타	합 계	잔존 원금	잔존 이자·지연손해금
	86,746,273 원	50,228,122 원	40,531,888 원

[별지 2]

채권자의 주소

1. 채권자의 주소는 신청일 당시의 주소로 번지까지 정확하게 기재하고, 채무자를 위해 보증을 해 준 사람이 있으면 그 보증인의 주소까지 정확히 기재하여야 합니다.
2. 채권자가 금융기관이나 기타 법인인 경우에는 본점 소재지 또는 거래지점의 소재지를 정확하게 기재하여야 합니다.

순번	채권자명	주소	전화번호	팩스	비고 (우편번호)
1	○○카드(주)	서울 중구 ○○○로 5가 111	○○○- ○○○○		○○○○○
2	○○주택 금융공사	서울 중구 ○○○로 5가 222	○○○- ○○○○		○○○○○
3	(주)○○상호 저축은행	서울 중구 ○○동 111-1	○○○- ○○○○		
4	(주)○○상호 저축은행	○○시 동구 ○○동11-2	○○○- ○○○○		
5	(주)○○상호 저축은행	서울 강남구 ○○동 111-3	○○○- ○○○○		
6	○○중앙회	서울 종로구 ○○동 111 영풍빌딩 22	○○○- ○○○○		○○○○○
7	○○저축은행	서울 영등포구 ○○○동 11-1	○○○- ○○○○		○○○○○
8	○○ 제5차 유동화전문(유)	○○시 ○○구 ○○로 111-11	○○○- ○○○○		
9	○○캐피탈 주식회사	○○시 ○○구 ○○로 222-22	○○○- ○○○○		
10	○○캐피탈 주식회사	○○시 ○○구 ○○로 333-33	○○○- ○○○○		
11	○○파이낸셜	○○시 ○○구 ○○로 555-55	○○○- ○○○○		

[서식 48] 보정서(채권자목록 추가 1)

보 정 서
(채권자목록추가)

사 건 20○○하면○○○○ 면책
20○○하단○○○○ 파산선고

신 청 인 ○ ○ ○

위 사건에 관하여 신청인은 채권자의 누락으로 인하여 채권자목록이 변경되어 아래의 내용을 추가합니다.

아 래

1. 추가할 채권자 및 채권 금액

채권자명	차용또는구입일자	발생원인	최초 채권액	사용처	보증인	잔존 채권액	
						잔존 원금	잔존이자 지연손해금
○○신용보증기금	20○○.경	3 (주)○○		보증		42,398,826	95,038,423

2. 채권자의 주소

채권자	주소	전화	팩스	우편번호
○○신용보증기금	○○시 ○구 ○○로 ○○	00-0000-0000		12345

3. **채권발생과 누락경위** : 너무나 오래되어 정확하게 기억이 나지 않지만 이 서류를 받고 보니 20○○년경 회사설립 당시 남편의 부탁을 받고 금융기관에 가서 서명을 해준 것이 어렴풋이 기억이 납니다. 이후 남편과도 사실상 별거생활을 하였고 저는 친구집에 부탁하여 전입신고를 하고 노점상등 하며 사실상 떠돌이생활을 해오다보니 독촉장이나 법원우편물을 받지 못하고 또한 오래 전의 일이라 귀 법원에 신청당시 누락을 하게 되었습니다. 이후 20○○. 10. 2. 독촉장을 받게 되어 채권자목록에 추가하게 되었습니다.

첨 부 서 류

1. (수정된) 채권자목록 1부
1. (수정된) 채권자의 주소 1부
1. 독촉장 1부

20○○. ○. ○.

신청대리인 변호사 ○○○ (서명 또는 날인)

○○지방법원 제○파산단독 귀중

[서식 49] 보정서(채권자목록 추가 2)

보 정 서
(채권자목록추가)

사 건 20○○하단 ○○○○ 면책
20○○하면 ○○○○ 파산선고

신 청 인 ○ ○ ○

신청대리인 변호사 ○○○

위 사건에 관하여 신청인은 귀 법원에 신청서접수 후 ○○기업은행에 대한 채무가 채권양도로 채권자목록이 변경되어 아래와 같이 보정합니다.

아 래

1. 채권자목록 수정

(1) 수정전 채권자목록(순번 2번)

채권자명	차용 또는 구입일자	발생 원인	최초 채권액	사용처	보증인	잔존 채권액	
						잔존 원금	잔존 이자 지연손해금
○○ 기업은행	20○○.3.11.	3 ○○○	40,000,000	보증		7,200,000	3,378,523

(2) 수정후 채권자목록

채권자명	차용 또는 구입일자	발생 원인	최초 채권액	사용처	보증인	잔존 채권액	
						잔존 원금	잔존이자 지연손해금
(주)○○ 신용기금	20○○.3.11.	3 ○○○	40,000,000	보증		7,200,000	4,087,673

2. 채권자의 주소

채권자	주소	전화	팩스	우편번호
(주)○○ 신용기금	○○시 ○구 ○○길 ○○	00-0000-0000		12345

첨 부 서 류

1. (수정된) 채권자목록 1부
1. (수정된) 채권자주소 1부
1. 부채증명서 1부

20○○. ○. ○.

신청대리인 변호사 ○○○ (서명 또는 날인)

○○지방법원 제○○파산단독 귀중

[기재례 134] 보정명령(주소)

○ ○ 지 방 법 원
주소보정명령

사 건 20○○하면○○○○ 면책
20○○하단○○○○ 파산선고

신 청 인(채무자) ○ ○ ○

신청서에 기재된 채권자의 주소지로 송달한 결과 아래의 채권자들에 대한 법원의 우편물이 반송되었으므로, 신청인은 채권자들의 주소를 다시 확인하여 이 명령이 송달된 날로부터 7일 이내에 이 법원에 신고하여 주시기 바랍니다. 이 명령에 응하지 않거나 허위의 진술 또는 자료제출이 있는 경우 면책절차에서 불이익을 받을 수 있습니다.

- 아 래 -

1. 채권자 2. ○○○ : 수취인불명
2. 채권자 5. ○○○ : 주소불명(123456 - 1234567)

20○○. ○. ○.

판 사 ○ ○ ○

주1) 주소신고는 아래 양식에 기재하여 이 서면을 제출하셔도 됩니다(채권자가 법인이면 법인등기부등본, 개인이면 주민등록초본으로 첨부).
주2) 채권자로부터 면책에 대한 동의서를 받아 제출하면 그 채권자에 대한 주소보정은 할 필요가 없습니다.

[서식 50] 보정서(표지)

보 정 서

사 건 ○○지방법원 20○○하면○○○○호 면책
20○○하단○○○○호 파산선고

신 청 인 ○ ○ ○
(채무자)

위 채권자의 대리인
변 호 사 ○ ○ ○ (인)

○○지방법원 민사○○단독 민사신청과 귀하

[서식 51] 보정서(수취인불명·주소보정)

보 정 서

사 건 ○○지방법원 20○○하면○○○○호 면책
20○○하단○○○○호 파산선고

신 청 인 ○ ○ ○
(채무자)

위 채권자는 위 사건에 관하여 귀원의 아래 흠결사항에 대한 보정명령(채권자는 20○○. 5. 2.에 송달받았음)에 대하여 다음과 같이 보정합니다.

－흠 결 사 항－

1. 채권자 2. ○○○ : 수취인불명
2. 채권자 5. ○○○ : 주소불명

－다 음－

1. 채권자 2. ○○○의 주소 〈○○시 ○○구 ○○로 171-1 ○○빌딩 3층〉은 채권자의 직장주소였으나 최근에 그 직장이 폐쇄되었다고 들었으며, 채권자의 유일한 연락처인 핸드폰(010-1111-2222)(채권자의 주소 목록상에는 채권자 ○○○ 전화번호와 서로 바뀌 기재된 상태임)으로 연락해도 “내가 왜 협조해주냐”면서 주소를 알려주지 않고 있으며, 심지어 전화조차 받지도 않고 있는 상태이고, 채권자의 주민등록상의 주소 및 주민등록번호 등을 전혀 알지 못하여 보정이 불가능한 상황이므로 이를 감안하여 진행하여 주시기 바랍니다.
2. 채권자 5. ○○○은 첨부와 같이 보정합니다.

첨 부 서 류

1. 주민등록표초본 1통

20○○. ○. ○.

위 채권자의 신청대리인
변호사 ○ ○ ○ (인)

○○지방법원 민사○○단독 민사신청과 귀중

[서식 52] 보정서(주소)

주 소 보 정 서

사　　건　　20○○하면○○○○ 면책
　　　　　　20○○하단○○○○ 파산선고

신 청 인　　○ ○ ○
(채무자)

1. 채권자 2. ○○○
   송달가능한 주소 (○○시 ○○구 ○○로 ○○)

2. 채권자 5. ○○○
   송달가능한 주소 (○○시 ○○구 ○○로 ○○)

이와 같이 주소보정 신청을 합니다.

20○○. ○. ○.

신 청 인 ○○○ (인)

○○지방법원 귀중

[서식 53] 보정서(송달에 갈음하여 공고신청)

보 정 서

사 건 20○○하면○○○ 면책
20○○하단○○○ 파산선고

신 청 인

1. 채권자 8. ○○○에 대한 송달에 갈음하는 공고신청

채권자 8. ○○○은 최후주소지(○○시 ○○구 ○○로 ○○-○○)에 실제 거주하지 않아 주민등록말소가 된 상태여서 신청인으로서는 채권자 8. ○○○에 대하여 송달할 장소를 알기 어려우므로 공고로써 송달에 갈음할 수 있도록 허가하여 주시기 바랍니다.

첨 부 서 류

1. 말소자초본(채권자 ○○○) 1통

20○○. ○. ○.

위 신청인 대리인
변 호 사 ○○○ (인)

○○지방법원 (파산 단독) 귀중

[3]
파산 및 면책신청 비용

1. 파산 및 면책신청 비용

가. 파산신청만 할 경우의 비용

① 인지대 : 1,000원(단, 채권자 신청시 30,000원, 전자소송시 27,000원)[321)]

② 송달료 : 52,000원+(채권자수 × 5,200원 × 4)[322)]

종전의 파산법하에서는 관보게재료 및 일간신문 공고료로 파산절차에서 7,800원, 면책절차에서 270,900원의 비용을 예납받았으나, 통합도산법이 시행되는 2006. 4. 1.부터는 개인파산·면책절차에 대한 공고가 관보 또는 대법원규칙이 정하는 방법에 의해도 가능하게 되었고(9조 1항), 따라서 현재는 대법원 홈페이지 법원공고란에 게시하는 인터넷 공고를 원칙으로 하므로 공고에 필요한 비용은 더 이상 필요하지 않게 되었다. 다만, 통합도산법이 시행된 이후에도 종전의 파산법이 적용되는 사건에서는 여전히 관보 및 일간신문에 의한 공고를 해야 하므로 공고비용이 필요하다. 또한 파산관재인이 선임되어 파산절차를 진행해야 하는 경우[323)]에는 채무자는 법원이 정한 바에 따라 파산절차에 필요한 비용을 예납해야 한다.

나. 면책신청만 할 경우의 비용

① 인지대 : 1,000원(1,000원 × 1개)

② 송달료 : 52,000원 + (채권자수 × 5,200원 × 3)

다. 파산신청과 면책신청을 동시에 할 경우의 비용

① 신청수수료(인지대) : 2,000원(2,000원 × 1개)

② 송달료(파산) : 52,000원 + (채권자수 × 5,200원 × 4)

③ 송달료(면책) : 52,000원 + (채권자수 × 5,200원 × 3)

---

321) 민사소송 등 인지법 9조 1항 3호, 16조 1항.

322) 송달료규칙의 시행에 다른 업무처리요령(재일 87-4, 별표 1)

323) 예컨대, 파산선고 및 동시폐지사건이 아닌 청산절차를 거쳐야 하는 파산 사건의 경우를 말한다.

참고로 파산신청과 면책신청을 동시에 하려는 경우에도 이를 한 장의 서면에 파산 및 면책신청의 내용을 동시에 기재하여 작성한 경우도 있을 수 있고, 파산신청서와 면책신청서를 각각 따로 작성하여 동시에 제출할 수도 있는데, 이와 같이 파산과 면책을 동시에 신청한다 하더라도 원칙적으로 사건은 파산사건과 면책사건이라는 별개의 두 사건이다.

따라서 전자와 같이 파산신청과 면책신청을 한 장의 서면에 동시에 기재하여 작성할 경우에는 이와 같이 납부하면 되지만, 후자와 같이 파산신청서와 면책신청서를 각각 따로 작성하여 동시에 신청할 경우에는 파산신청사건 및 면책신청사건 별로 구분하여 계산, 납부한 후 각 절차에 해당하는 인지, 송달료납부서, 법원보관금 영수필통지서(동시폐지사건이 아닌 경우)를 별개로 제출해야 하는 것이다(즉, 신청수수료는 정부수입인지 1,000원짜리 2개를 구입하여 각각 따로 붙여야 하고, 송달료도 각각 따로 계산하여 납부한 후 각 납부서를 제출해야 하는 것이다).

2. 복권신청 비용

① 인지대 : 1,000원(1,000원 × 1개)

② 송달료 : 52,000원+(채권자수 × 5,200원 × 3)

3. 법무사·변호사를 통한 파산 및 면책신청시 소요비용

요즘 들어 과중한 채무로 고통받고 있는 신용불량자(연체자)가 거의 300~400만명에 육박하고 있다고 하는데, 이러한 채무자가 그 채무를 벗어날 수 있는 방법으로 정부가 내놓은 제도가 여러 가지 있지만 현재는 파산제도와 개인회생제도로 거의 평정된 듯한 느낌이 든다.

이에 따라 법무사나 변호사도 이러한 파산사건이나 개인회생사건을 취급하지 않은 곳이 거의 없을 정도가 되었다. 따라서 이러한 법무사나 변호사를 이용한 경우에 얼마나 비용이 드는지 궁금해 하는 채무자가 많다.

물론 법무사나 변호사별로 그 차이가 있고, 또한 채권자의 수나 채무의 금액 등에 따라 다르며 부채증명서 등 첨부서류까지 대행해 주느냐 그렇지 않느냐에 따라 다소 차이가 있겠지만 보통 부채증명서 등 첨부서류까지 대행해 주고 법원에 들어가는 인지대 등 소요비용까지 포함한다고 볼 때 법무사는 약 70 ~ 100만원, 변호사는 약 150 ~ 200만원 정도를 요구하고 있는 것 같다.

[표 5] 채권자 수에 따른 파산신청 송달료

{(52,000원 + (채권자수 × 5,200원 × 4)} (단위 : 원)

채권자수	송달료	채권자수	송달료	채권자수	송달료	채권자수	송달료
1명	72,800	8명	218,400	15명	364,000	22명	509,600
2명	93,600	9명	239,200	16명	384,800	23명	530,400
3명	114,400	10명	260,000	17명	405,600	24명	551,200
4명	135,200	11명	280,800	18명	426,400	25명	572,000
5명	156,000	12명	301,600	19명	447,200	26명	592,800
6명	176,800	13명	322,400	20명	468,000	27명	613,600
7명	197,600	14명	343,200	21명	488,800	28명	634,400

[표 6] 채권자 수에 따른 면책신청 송달료

{(52,000원 + (채권자수 × 5,200원 × 3)} (단위 : 원)

채권자수	송달료	채권자수	송달료	채권자수	송달료	채권자수	송달료
1명	67,600	8명	176,800	15명	286,000	22명	395,200
2명	83,200	9명	192,400	16명	301,600	23명	410,800
3명	98,800	10명	20,800	17명	317,200	24명	426,400
4명	114,400	11명	223,600	18명	332,800	25명	442,000
5명	130,000	12명	239,200	19명	348,400	26명	457,600
6명	145,600	13명	254,800	20명	364,000	27명	473,200
7명	161,200	14명	270,400	21명	379,600	28명	488,800

[4] 파산 및 면책신청을 위한 준비서류

1. 파산 및 면책신청 첨부서류(해당 부분만 체크하여 준비)

구 분	서 류 명	발급처
공통서류	가족관계증명서	동사무소
	주민등록초본(과거의 주소변동내역 포함된 것)	동사무소
	진술서(채무증대내역, 현재상황, 선처 호소 등, 2~3장 정도 작성)	채무자
부채관련서류	카드사용내역서(최종 1년분)	카드회사
	부채증명원(주채무·보증채무 포함, 원금·이자 구분)	금융기관
	차용증·연대보증서 등 개인사채증명원	채권자
	조세·자동차세·공과금 미납증명서(지로영수증)	구청·세무서
재산관련서류	등기부등본(토지·건물)	등기소
	등기부등본상 저당권 등 담보권의 피담보채권 잔액증명서	채권자
	부동산시가증명자료(인터넷사이트 2곳 또는 공인중개사 2곳)	구청
	재산세 과세증명서(최근 3년분, 남편·부인·자녀·부모 각 포함)	구청·군청·동사무소
	자동차등록원부 및 차량시세증명서 (동종차량·같은 연식의 중고차판매가격표 2곳)	구청·중고판매상
	예금통상거래내역서 또는 입출금통장 사본 (파산선고시의 잔고 및 최종 6개월간의 입출금내역)	금융기관
	보험해약환급금 예상액증명서 (해약환급금이 없으면 '없음'으로 표시된 증명서)	보험회사
	임대차계약서 사본 또는 무상거주확인서(주택소유자 날인)	채무자·주택소유자

구 분	서 류 명	발급처
재산 관련 서류	대여금·구상금·손해배상금·계금 등 채권증서 사본	채무자
	상속재산취득·처분증명서(부동산등기부등본 등)	채무자
	연금수급증명서(국민연금·개인연금 등 각종 연금 포함)	연금공단
	생활보호수급증명서 및 수급통장 사본	동사무소
	급여증명서(2년분) 또는 근로소득원천징수영수증(2년분)	직장
	퇴직금예상액확인서(단, 급여소득자에 한함)	직장
	사무비품·재고품·설비 등 시가표(단, 영업소득자에 한함)	채무자
	배우자·부모·자녀 명의의 각 1,000만원 이상 재산내역 (등기부등본·재산세과세증명서·시가확인서·자금취득경위서 첨부)	채무자
기타 필요 서류	사업자등록증 또는 폐업증명서 사본(단, 영업소득자)	세무서
	종합소득세확정신고서(단, 영업소득자에 한함, 최근 2년간)	세무서
	영업장부 또는 외상대금 사본(단, 영업소득자에 한함)	채무자
	실업급여확인서	노동청
	병원진료내역서(진단서·치료비영수증·입원확인서 등)	병원
	소장, 가압류·가처분, 경매신청서, 판결문 등 소송서류	채무자
	과거 2년간 국내·해외여행 횟수 및 사용금액	채무자
	과거 2년간 500만원 이상 구입물건의 품명·구입시기·가격	채무자
	할부구입물품에 대한 대금미납상태에서의 처분내역	채무자
	지급불가능시점 1년 이전부터 현재까지 처분한 1,000만원 이상 재산내역(여러 재산 처분시 합계액 1,000만원 이상이면 해당)	채무자
	지급불가능시점 1년 이전부터 현재까지 처분한 부동산 내역	채무자
	최근 2년 이내에 이혼한 경우의 재산분할내역	채무자

2. 부채증명원 등 첨부서류를 떼는 방법

신용카드사용자는 해당 카드회사 또는 은행을 방문하여 신용카드사용내역서(신용카드를 마지막으로 사용한 날로부터 과거 1년간의 신용카드사용 내역이 기재되어 있는 것)를 발급받으면 된다. 금융기관에서 대출을 받거나 보증을 선 경우에는 해당 금융기관에 가서 부채증명원을 떼어달라고 하면 된다.

나머지의 첨부서류들은 해당기관에서 발급받으면 되며 도저히 입수할 수 없는 첨부서류의 경우에는 독촉장이나 내용증명 등 채무액이나 재산을 소명할 수 있는 자료를 첨부하면 된다. 또한 해당 금융기관에서 부채증명원을 발급해 줄 경우 과다한 수수료를 요구하는 경우가 있다.[324]

이러한 경우에는 굳이 비싼 수수료를 지급하며 부채증명서를 발급받을 필요는 없으며, 그동안 채무자가 받은 독촉장을 첨부하거나, 채권 내역에 대한 내용증명을 발송하고 그 내용증명을 첨부하거나,[325] 채무자 자신이 채무내역을 확인한 진술서(채무 내역 진술서)를 첨부해도 될 것이다. 채무자의 파산채권자에 대한 부채증명서 발급 의뢰행위는 소멸시효 중단 사유가 되는 채무승인에 해당된다고 할 것이다(대판 2018.2.13. 2017다265556).

참고로 법무사나 변호사에 위임하여 파산신청을 할 경우에는 소정의 수임료를 지급하면 법무사나 변호사사무실에서 부채증명원의 발급업무도 대행해 주는 경우도 많다. 이를 위해서는 위임장, 인감증명서, 인감도장, 신분증 사본 등을 교부해 주어야 함은 물론이다. 또한 금융기관에

324) 부채증명서 발급이용과 관련하여, 최근 법령이 개정되어 그 상한선을 1만원으로 제한하고 있다. 즉, 「채권의 공정한 추심에 관한 법률」 제5조(채무확인서의 교부)에 의하면 "① 채권추심자는 채무자로부터 원금, 이자, 비용, 변제기 등 채무를 증명할 수 있는 서류(채무확인서)의 교부를 요청받은 때에는 정당한 사유가 없는 한 이에 응해야 한다. ② 채권추심자는 채무확인서 교부에 직접 사용되는 비용 중 대통령령으로 정하는 범위에서 채무자에게 그 비용을 청구할 수 있다."라고 하고 있고, 동법 시행령 제1조의2(청구할 수 있는 채무확인서 발급비용의 범위)에서는 "법 제5조 제2항에 따라 채권추심자는 1만원의 범위에서 채무자에게 채무확인서 교부에 직접 사용되는 비용을 청구할 수 있다."라고 규정하고 있으며 위 개정된 법령은 2012. 7. 18.부터 시행된다. 따라서 종전에 대부업체 등 추심업체에서 부채증명서를 뗄 경우 20~30만원 하던 것을 향후에는 1만원 이하로 뗄 수 있게 되었다. 대부업체 등 추심업체가 1만원을 초과하는 비용을 요구하면서 부채증명서를 떼어 주지 않을 경우에는 2,000만원 이하의 과태료에 처해진다(「채권의 공정한 추심에 관한 법률」 17조 1항 1호).

325) 내용증명에 기재할 사항으로는 예컨대, 채무자는 채권자에 대하여 현재 원금, 이자, 합계 ○○○원의 채무를 가지고 있다고 보는데, 파산신청을 하기 위해 필요하니 이에 대한 채권자의 확인을 요청하는 바이고, 그 내용이 다를 경우에는 20○○. ○. ○.까지 채무자에게 통지해 줄 것을 원하며, 그때까지 통지가 없으면 채무자가 내용증명으로 밝힌 채무 내역이 정확한 것으로 보고 파산신청을 할 것이라는 내용이 기재되어 있으면 될 것이다.

서 부채증명원 등 개인정보에 관한 자료를 발급해 주지 않을 경우에는 한국신용정보원이나 금융감독원 등에 문의하면 쉽게 해결될 수 있을 것으로 보인다.

3. 첨부서류를 쉽게 준비할 수 있는 방법

개인파산 및 면책신청을 하려 할 때에 가장 애로사항을 느끼는 부분이 각종 첨부서류를 발급받는 방법일 것이다. 물론 일일이 해당기관을 찾아가서 발급받는 방법도 있지만 경우에 따라서는 인터넷사이트 등을 통하여 발급받는 것도 가능하며, 이는 시간이나 비용측면에서도 효율적이다. 그 일면을 소개하여 보면 다음과 같다.

즉, 주민등록등본·가족관계증명서·자동차등록원부(egov.go.kr), 차량시세증명서(예, 인터넷 중고자동차사이트 2곳 또는 생활정보지 2곳의 해당 부분 복사), 부동산등기부등본·법인등기부등본(iros.go.kr), 부동산시가증명자료(인터넷 부동산사이트 2곳 또는 부동산소재지의 인근 공인중개사 2곳의 시가확인서), 부채증명원(채권자의 발급거부 또는 채권자를 만날 수 없을 경우에는 전화통화 내용을 녹음하여 그 녹취록을 제출), 신용카드사용내역서(해당 금융기관의 홈페이지에서 발급), 보험해약환급금 예상액증명서(개인채무자가 주계약자로 되어 있는 경우에만 해당되며, 해당 보험회사의 홈페이지에서 발급 가능), 무상거주사실증명서(개인채무자가 친척 또는 제3자의 주택에 무상으로 거주한 경우에만 해당되며, 배우자 등 가족명의로 된 주택에 무상으로 거주한 경우에는 해당 없음) 등과 같은 방법으로 준비하면 될 것이다.

[서식 54] 부채증명서 대체서류(내용증명)

내 용 증 명

수신인(채권자) ○ ○ ○ (123456 - 1234567)
○○시 ○○구 ○○로 ○○

발신인(채무자) ○○○ (123456 - 1234568)
○○시 ○○구 ○○로 ○○

제목 : 파산신청용 채무내역 통지

1. 채무자는 현재 파산신청을 준비하고 있는 중입니다.
2. 그런데, 채무자는 채권자 ○○○에 대하여 금 ○○○원(원금 ○○○원, 이자 ○○○원)의 차용금채무(또는 공사대금채무, 물품대금채무 등)를 부담하고 있는데, 그 증명서류를 갖고 있지 않습니다(애당초 작성하지 않음 또는 분실함).
3. 따라서 채무자는 채권자인 귀하에게 그 확인을 요청하는 바이며, 위 채무 내역과 다를 경우에는 20○○. ○. ○.까지 채무자에게 그 다른 내역을 통지해 주시기 바라며, 그때까지 통지가 없을 경우에는 채무자가 내용증명으로 밝힌 위 채무 내역이 정확한 것으로 보고, 이를 부채증명서의 대용서류로 삼아 파산신청을 할 것입니다.

이에 위와 같은 사실을 내용증명으로 통보하는 바입니다.

20○○. ○. ○.

위 발신인 채무자 ○ ○ ○ (인)

채권자 ○○○ 귀중

[서식 55] 부채증명서 대용서류(채무내역진술서)

채 무 내 역 진 술 서

이 사건 파산 및 면책신청을 하고자 아래의 채권자들로부터 부채증명서를 발급받고자 하였으나, 채권자들이 부채증명서 발급 비용을 과다하게 요구하여 부채증명서를 발급받지 못하고, 신청인이 채권자들로부터 전화로 확인한 금액을 기재한 채무진술서를 제출하오니, 부디 부채증명서로 대체하여 주시기 바랍니다.

1. ○○저축은행 주식회사
   원금잔액 : 2,292,722원
   잔존이자 : 8,100,000원
   합 계 : 10,382,722원

2. ○○상호저축은행 주식회사
   원금잔액 : 3,028,000원
   잔존이자 : 4,252,000원
   합 계 : 7,280,000원

3. ○○캐피탈 주식회사
   원금잔액 : 4,997,000원
   잔존이자 : 6,800,000원
   합 계 : 11,797,000원

20○○. ○. ○.

위 진술인(채무자) ○○○ (인)

○○지방법원 귀중

[5]
개인파산·면책 소송구조제도

개인파산을 신청하려는 채무자는 거의 빚더미에 올라 있는 경우가 대부분인데, 개인파산 및 면책신청서를 작성하는 방법도 복잡할 뿐만 아니라 그렇다고 돈도 없는 사람이 개인파산 및 면책신청을 위해 별도로 변호사비용이나 법무사비용을 들여야 한다면, 이는 어불성설이라 하지 않을 수 없다. 이에 대법원에서는 개인파산 및 면책을 신청하려는 채무자를 위해 소송구조제도를 마련하였으며, 2006. 1. 1.부터 전국 회생법원 또는 지방법원에서 시행되고 있다.[326)]

1. 소송구조를 받을 수 있는 채무자(증빙서류)

① 국민기초생활보장법에 따른 수급자(수급자증명서)

② 국민기초생활보장법에서 정한 기준 중위소득의 60% 이하 소득자(근로소득원천징수영수증 또는 급여명세서 등 객관적 증빙서류)

③ 한부모가족지원법에 따른 지원대상자(한부모가족증명서)

④ 60세 이상인 자(개인별주민등록표 등본)

⑤ 장애인복지법에 따른 장애인(장애인증명서 또는 장애인 복지카드)

⑥ 국가유공자 등 예우 및 지원에 관한 법률에 따른 상이등급 판정자(국가유공자증 또는 국가유공자 확인원)

⑦ 보훈보상대상자 지원에 관한 법률에 따른 상이등급 판정자(보훈보상대상자증 또는 보훈보상대상자 확인원)

⑧ 고엽제후유의증 등 환자지원 및 단체설립에 관한 법률에 따른 장애등급 판정자(국가보훈대상자등록증 또는 고엽제후유증환자 등 확인서)

⑨ 5·18민주유공자 예우에 관한 법률에 따른 장해등급판정자(5·18민주유공자증 또는 5·18민주유공자 확인서)

2. 소송구조를 받는 소송비용

비용적인 측면에서만 본다면 개인파산 및 면책을 신청하려면 인지대, 송달료 등 여러 가지의

---

326) 소송구조제도의 운영에 관한 예규(재일 2002-2)

비용이 들어가는데, 이러한 공식적인 비용에 대하여는 소송구조를 받을 수 없고(따라서 이러한 비용들은 채무자 본인이 부담해야 함), 오로지 변호사비용 등 신청대리 부분에 대하여만 소송구조를 받을 수 있다. 즉, 개인파산·면책 소송구조를 받은 경우에는 법원에 의해 소송구조 변호사가 지정되고, 그 지정된 변호사가 채무자를 대리하여 신청서 작성, 제출 등 개인파산·면책을 진행해 주며, 그 절차가 끝나면 법원에서 해당 소송구조 변호사에게 변호사비용을 지급해 주는 것이다.

소송구조지정 변호사의 기본 보수액은 24만원이고, 그 지급시기는 면책여부 결정시이다.

3. 개인파산 소송구조 신청절차

① 개인파산·면책 소송구조를 받으려면 우선 자신이 소송구조 대상자임을 증명하는 서류(주민등록표등본, 국민기초생활보장법에 의한 수급자 증명서, 모·부자가정증명서 등)를 지참하여 법원의 접수창구에 신청한다.

② 이에 대하여 법원에서는 그 자격요건을 심사하여 소송구조여부를 결정하게 되고, 소송구조결정이 나오게 되면 소송구조신청자에 대하여 소송구조 변호사의 연명부에 의거하여 순번대로 소송구조변호사를 배정하게 된다.

③ 소송구조를 받은 채무자는 개인파산 및 면책신청서의 작성에서부터 면책시까지 계속하여 소송구조 변호사의 도움을 받게 된다.

4. 어떤 변호사를 소송구조 변호사로 지정받게 되는지 여부

개인파산을 담당하는 각 지방법원에서는 각 지방변호사회에 소송구조변호사의 추천을 의뢰한 후, 법원장이 법원에 설치된 '소송구조변호사 지정위원회'의 심의를 거쳐 접수사건 대비 5~10명 정도를 순번을 정하여 소송구조 변호사로 지정하게 되며, 그 순번에 따라 소송구조신청자에게 배정되는 것이다.

5. 소송구조변호사의 업무

개인파산·면책 사건의 소송구조 변호사는 다음과 같은 업무, 즉, ① 소송구조신청 전 상담, ② 소송구조신청서의 작성·제출, ③ 개인파산·면책신청서의 작성·제출, ④ 재판기일 및 절차, 면책의 효과 등에 대한 안내, ⑤ 법원의 보정사항에 대한 보정, ⑥ 그밖의 절차상 필요한 업무를 행하게 된다.

6. 신청서 작성방법

소송구조신청서는 대법원인터넷 사이트(대국민서비스 - 양식 - 개인파산/면책)에서 서식을 다운받아 서식에 맞추어 작성하면 된다. 이때 첨부서류로서 소송구조 대상 사유에 대한 증명자료를 첨부하는 것이 중요한데, 재산세과세증명서 등 가난하다는 증명자료나 본인의 병원진단서, 가족 중 아픈 사람의 병원진단서, 부양가족 현황이 등재된 가족관계증명서 등 구비할 수 있는 서류가 있으면 무엇이든 곁들여 제출하는 것이 현명하다.

[서식 56] 개인파산·면책 소송구조신청서

수입인지 1,000원 송달료 2회분

소송구조신청서
(개인파산·면책 소송구조 신청)

구조대상사건 : ■ 20○○하단○○○호 / ■ 20○○하면○○○호

신청인(채무자) 성명 : ○○○
주소 : ○○시 ○○구 ○○로 ○○
전화, 휴대폰, 팩스번호 : 010-0000-0000

신청인은 위 사건에 관하여 아래와 같은 사유로 소송구조를 신청합니다.

1. 구조를 신청하는 범위

☑ 변호사비용(소송구조 지정변호사를 통해 신청 가능)
☑ 송달료

2. 구조가 필요한 사유

☐ 「국민기초생활보장법」에 따른 수급자(수급자 증명서)
☐ 「국민기초생활보장법」에서 정한 기준 중위소득의 100분의 60 이하 소득자임을 소명(근로소득원천징수영수증, 급여명세서 등 객관적 증빙서류)
☐ 「한부모가족지원법」에 따른 지원대상자(한부모가족 증명서)
☑ 60세 이상인 자(개인별주민등록표 등본)
☐ 「장애인복지법」에 따른 장애인(장애인 증명서 또는 장애인 복지카드)
☐ 「국가유공자 등 예우 및 지원에 관한 법률」에 따른 상이등급 판정자(국가유공자증 또는 국가유공자 확인원)
☐ 「보훈보상대상자 지원에 관한 법률」에 따른 상이등급 판정자(보훈보상대상자증 또는 보훈보상대상자 확인원)
☐ 「고엽제후유의증 등 환자지원 및 단체설립에 관한 법률」에 따른 장애등급 판정자(국가보훈대상자등록증 또는 고엽제후유(의)증환자 등 확인서)
☐ 「5·18민주유공자 예우에 관한 법률」에 따른 장해등급 판정자(5·18민주유공자증 또는 5·18민주유공자 확인서)

3. 첨부서류

소송구조 대상사유에 관한 증빙자료

20○○. ○. ○.

신청인(채무자) ○○○ (인)

○○회생(지방)법원 제○부(단독) 귀중

제3장 개인파산 및 면책신청 작성 사례

[사례 1] 사업실패로 인한 개인파산

개인파산 신청인 ○○○ 관련
(첨부서류 및 소명자료 일람표)

파산신청서 관련

- 파산신청서(인지대, 송달료)
- 송달료(예납·추납)납부서(법원제출용)
- 법원보관금 영수필통지서(법원제출용)
- 파산신청서
- 진술서
- 채권자 일람표
- 채권자의 주소
- 재산목록
- 보험해약영수증·지급 확인서
- 현재의 생활상황
- 주거관계(무상거주확인서 등)
- 지방세 세목별 과세(납세)증명서
- ○○지방법원 결정
- 파산선고 및 파산폐지결정 공고
- ○○지방법원파산결정확정 통지

면책신청서 관련

- 면책신청서
- 진술서
- 채권자 명부
- ○○지방법원 결정
- ○○지방법원 면책심문조서
- ○○지방법원결정
- ○○지방법원결정
- ○○지방법원결정

20○○년 질 호

<table>
<tr><td colspan="4">○○지방법원
파산 및 면책 사건기록</td></tr>
<tr><td>사건번호</td><td>20○○하단 파산선고
20○○하면 면책</td><td>재판부</td><td>제○파산단독</td></tr>
<tr><td>신 청 인</td><td colspan="3">○○○</td></tr>
<tr><td>채 권 자</td><td colspan="3">○○카드 외 13명</td></tr>
<tr><td>이의신청인</td><td colspan="3"></td></tr>
<tr><td>파산관재인</td><td colspan="3"></td></tr>
<tr><td>파산관재인
대리인</td><td colspan="3"></td></tr>
</table>

<table>
<tr><td rowspan="2">완 결
공 람</td><td>담 임</td><td>과 장</td><td>국 장</td><td>재 판 장</td><td>원 장</td></tr>
<tr><td></td><td></td><td>공 람
생 략</td><td></td><td></td></tr>
</table>

[서식 57] 파산 및 면책신청서 표지

파 산 및 면 책 신 청 서

신청인(채무자) ○ ○ ○

파산사건번호	
면책사건번호	
배당순위번호	
재　판　부	제○○단독

인 지 대 : 2,000원

파산송달료 : 당사자수 (14) × 4 × 5,200 + 52,000원 = 343,200원

면책송달료 : 당사자수 (14) × 3 × 5,200 + 52,000원 = 270,400원

계 : 613,600원

○○지방법원 귀중

3333

※예납이란 : 사건접수시(신청, 항고, 상소) 납부 → 사건번호 미기재
※추납이란 : 사건진행중 송달료 추가납부요청이나 보정명령서상 송달료 추가 납부요청이 있는 경우 납부하는 우편료 → 사건번호기재

업무구분 : 예납(10, 추납(13)

법 원 코 드			

송달료(예납·추납)납부서(법원제출용)

033123 0071 20○○1004 16:45 250 00 501 10 111
대 ₩0 현 ₩ 은행번호 01-1234567-9 **예 납**
11-00000205115 ○○○ **전표번호** 123-456-12345

※납부자께서는이면유의사항을확인하신후 정확히기재하여주십시오

납부당사자 사용란	법 원 명	○○ 지 방 법 원		사건번호		
	성 명	○○○		금 액		
	주 소	○○시 ○○구 ○○로 ○○ ○○빌딩 ○○층			우편번호	1 2 3 4 5 6
	전액환급 계좌번호	○ ○ 은 행 계 좌 입 금	○○은행 지점	계좌번호	○○○-○○-○○○○○○	
			은행 지점	계좌번호		
		예 금 주	○○○	연 락 처 전화번호	○○○-○○○○-○○○○	

※환급계좌를반드시기재하여주시기바랍니다

법원 사용란	사건번호	연 도	사 건 부 호	진 행 번 호		
	전산등록	사건등록(인)	이송등록(인)	수이송등록(인)	재배당등록(인)	기타( )(인)

위 사건에 관하여 송달료를 납부합니다. 수납 : ○○은행 ○○지점 ○○○
년 월 일

법원보관금 영수필통지서(법원제출용)
은행번호 : 20○○-123456

법 원 명	○○지방법원 본원			
사 건 번 호	20○○-하단 - ○○		물 건 번 호	
납 부 금 액			보관금 종류	민사예납금
납부자 성명	○○○		주민등록번호 (사업자등록번호)	○○○○○○ -○○○○○○○
납부자 주소	(123-123)○○시 ○○구 ○○로 ○○ ○○빌딩 ○○층		전 화 번 호	
잔 액 환 급 계 좌 번 호	○○은행	지점	예 금 주	
	계좌번호	○○○-○○-○○○○○○○		

위의 보관금이 납부되었음을 알려 드립니다. 20○○년 ○○월 ○일 수납직원 : 71 ○○○
○○은행 ○○ 지점

[서식 58] 파산 및 면책신청서

파산 및 면책 신청서

인 지
2000원

신 청 인(채 무 자) ○ ○ ○ (주민등록번호 : 123456 - 1234567)
주 소 : 서울 ○○구 ○○로 1가 111-7 ○○아파트 1-114 (우편번호 : 12345)
거 소 : 상 동 (우편번호 : 12345)
송달장소 : 상 동 송달영수인 : ○○○ (우편번호 : 12345)
등록기준지 : ○○군 ○○면 ○○길 ○○
연락처 : 휴대전화(010-1111-2222), 집전화(000-111-2222), e-mail( )
소송대리인 변호사 ○○○
(송달장소) ○○시 ○○구 ○○로 ○○

신 청 취 지

1. 신청인에 대하여 파산을 선고한다.
2. 이 사건 파산절차를 폐지한다(또는 파산관재인 선임을 희망한다).
3. 채무자를 면책한다. 라는 결정을 구합니다.

신 청 이 유

1. 신청인에게는 별첨한 진술서 기재와 같이 지급해야 할 채무가 존재합니다.
2. 그런데 위 진술서 기재와 같은 신청인의 현재 자산, 수입의 상황하에서는 채무를 지급할 수 없는 상태에 있습니다. (또한 파산재단을 구성할 만한 재산이 거의 없어 파산절차비용에 충당하기에 부족합니다.)
3. 따라서 신청인에 대하여 파산을 선고 (하고, 이 사건 파산절차를 폐지)하며, 채무자를 면책한다. 라는 결정을 구합니다.

첨 부 서 류

1. 가족관계증명서, 혼인관계증명서 각 1부
   (단 혼인관계증명서는 최근 2년 이내 이혼한 경우)
2. 주소변동내역이 포함된 주민등록등본 1부
3. 진술서 1부
   (채권자목록, 재산목록, 현재의 생활 상황, 수입 및 지출에 관한 목록 포함)

휴대전화를 통한 정보수신 신청서

위 사건에 관한 파산선고결정, 면책결정 등 정보를 예납의무자가 납부한 송달료 잔액 범위 내에서 휴대전화를 통하여 알려주실 것을 신청합니다.

▣ **휴대전화 번호 :** 010-1111-2222

신청인 채무자 ○○○ (날인 또는 서명)

※ 파산선고 및 이의기간지정 결정(또는 면책심문기일 결정), 면책결정이 있으면 신속하게 위 휴대전화로 문자메시지가 발송됩니다. 문자메시지 서비스 이용금액은 메시지 1건당 17원씩 납부된 송달료에서 지급됩니다(송달료가 부족하면 문자메시지가 발송되지 않습니다). 추후 서비스 대상 정보, 이용금액 등이 변동될 수 있습니다.

20○○. ○. ○.

위 소송대리인 ○○○ (인)

파산사건번호	
면책사건번호	
배당순위번호	
재 판 부	제 단독

○○지방법원 귀중

진 술 서

○○ 지방법원 귀중

신 청 인 ○ ○ ○ (인)

신청인은 다음과 같은 내용을 사실대로 진술합니다.

또 본인의 현재의 채무, 자산, 생활의 상황 및 수입·지출 등은, 별지 「채권자목록」, 「재산목록」, 「현재의 생활상황」, 「수입 및 지출에 관한 목록」의 각 기재와 같습니다.

위 각 서류에 사실과 다른 내용이 있을 경우 면책불허가될 수 있음을 잘 알고 있습니다.

1. 본인의 과거 경력은 다음과 같습니다.

(1) 최종 학력

20○○년 02월 일 ○○전문대학교(졸업, 중퇴)

(2) 과거 경력(최근의 것부터 기재하여 주십시오)

20○○년 08월 일부터 20○○년 12월 현재까지(자영, 근무)

업종 자활기관 직장명 ○○자활센터 직위 사원

20○○년 03월 13일부터 20○○년 12월 30일까지(자영, 근무)

업종 음식 직장명 ○○식당 직위 대표

2. 본인의 현재까지의 생활상황 등은 다음과 같습니다.

(1) 채무의 지급이 곤란할 정도로 경제사정이 어려워진 이후에 일부 채권자에게만 변제한 경험 (있음, 없음) (변제한 채권자의 성명, 변제시기, 금액을 전부 기재하여 주십시오)

(2) 사기죄, 사기파산죄, 과태파산죄로 고소되거나 형사재판을 받은 경험 (있음, 없음)

(3) (가) 과거에 파산신청을 하였다가 취하하거나 기각당한 경험

(있음, 없음)

년 월 일 ( )지방법원에 파산신청을 하였는데 (취하함, 기각당함)

(나) 과거에 파산선고를 받은 경험 (있음, 없음)

년 월 일 ( )지방법원에서 파산선고를 받음

(다) 그 파산선고에 이어서 면책을 받은 경험 (있음, 없음)

년 월 일 ( )지방법원에서 면책결정을 받았고, 년 월 일 위 결정이 확정됨

(4) (가) 개인회생절차를 이용한 경험 (있음, 없음)(개인회생절차 중이면 기각될 수 있음)

년 월 일 ( )지방법원에서 인가결정을 받음(사건번호:)

년 월 일 ( )지방법원에서 폐지결정을 받음

(폐지사유 :)

☆ 폐지사유(예를 들어 소득 감소, 가족 의료비 증가 등)에 관한 소명자료를 첨부하여 주십시오.

(나) 그 개인회생절차에서 면책을 받은 경험 (있음, 없음)

년 월 일 ( )지방법원에서 면책결정을 받았고, 년 월 일 위 결정이 확정됨

(5) 슬롯머신, 경마, 경륜, 포커 등 도박행위를 한 경험 (있음, 없음)

▷ 어떤 도박을 하였는지 ( )

▷ 도박을 한 시기 (년 월 일부터 년 월 일까지)

▷ 도박을 한 횟수 및 금액 1개월 평균 ( )회, 평균 ( )원 정도

(6) 과거 자신의 월수입의 반 이상이 소요되는 호텔, 콘도, 골프장, 고급 음식점에 다닌 경험 (있음, 없음)

▷ 어떤 곳에 갔는지 ( )

▷ 간 시기 (년 월 일부터 년 월 일까지)

▷ 간 횟수 및 사용금액 1개월 평균 ( )회 정도, 평균 ( )원 정도

(7) 과거 2년간 국내·해외여행 경험 (있음, 없음)

▷ 여행 횟수 및 사용 금액 합계 ( ) 회 정도, 총액 ( ) 원 정도

(8) 과거 2년간 500만원 이상의 물건을 구입한 경험 (있음, 없음)

(물건의 품명, 구입시기, 가격 등을 전부 기재하여 주십시오)

---

(9) 과거 물건을 할부나 월부로 구입하고 대금을 전부 지급하지 않은 상태에서 처분(매각, 입질 등)을 한 경험 (있음, 없음) (물건의 품명, 구입시기, 가격, 처분 시기 및 방법을 전부 기재하여 주십시오)

---

(10) 이번 항목은 개인 영업을 경영한 경험이 있는 분만 기재하여 주십시오.

▷ 영업 중 상업장부의 기재

☑ 정확히 기장하였다. ☐ 부정확하게 기장하였다.

☐ 기장하지 아니하였다.

▷ 영업 중에 도산을 면하기 위해 상품을 부당하게 염가로 매각한 사실 (있음, 없음)

(언제 무엇을 매입원가의 몇 %로 할인판매를 하였는지를 기재하여 주십시오)

____

____

3. 채권자와의 상황은 다음과 같습니다.

(1) 채권자와 채무지급방법에 관하여 교섭한 경험 (있음, <u>없음</u>)

▷ 그 결과 합의가 성립된 채권자수 ( )명

▷ 합의에 기하여 지급한 기간 (년 월 일부터 년 월 일까지)

▷ 매월 지급한 총액 1개월 평균 ( )원 정도

▷ 지급 내역 (누구에게 얼마를 지급하였는지를 기재하여 주십시오)

(2) 소송·지급명령·압류·가압류 등을 받은 경험 (<u>있음</u>, 없음)

▷ (○○)지방법원( )지원 사건번호(20○○본550호) 상대방(○○캐피탈)

▷ ( )지방법원( )지원 사건번호(호) 상대방( )

4. 파산신청에 이르게 된 사정(채무 증대의 경위 및 지급이 불가능하게 된 사정)
(□안에 ✓ 표시)

(1) 많은 채무(연대보증에 의한 채무나 신용카드 이용에 의한 채무를 포함한다)를 지게 된 이유는 다음과 같습니다(두 가지 이상 선택 가능).

☑ 생활비 부족 (부양가족수 : 3),
(부족한 생활비 : 주거비, 의료비, 교육비, 기타)

□ 주택구입자금 차용 (주택 구입 시기 :),
(주택 처분 시기 :)
(구입한 주택의 명세 :)

□ 낭비 등(음식·음주, 투자·투기, 상품 구입, 도박 등)

☑ 사업의 경영 파탄 (다단계 사업 포함)
(사업 시기 : 20○○년 03월 13일부터 20○○년 12월 30일까지)
(사업 종류 : 일반음식점)

☑ 타인(친족, 지인, 회사 등)의 채무 보증

□ 사기 피해를 당함 (기망을 한 사람 및 채무자와의 관계 : ,)
(피해액수 : 원)

□ 그밖의 사유 :

(2) 지급이 불가능하게 된 계기는 다음과 같습니다(두 가지 이상 선택 가능)

☑ 변제해야 할 원리금이 불어나 수입을 초과하게 됨

☑ 실직함

☑ 경영 사정 악화로 사업 폐업함

☑ 급여 또는 사업 소득이 감소됨
□ 병에 걸려 입원함
☑ 그밖의 사유 : 전 남편 ○○○이 돈을 가지고 집을 나감.

(3) 지급이 불가능하게 된 시점 : 20○○년 02월 일

(4) 구체적 사정

시기(연월일)	채권자	차용(보증) 액수	차용한 돈의 사용처	지급이 불가능하게 된 사정 등
20○○. 2. 7	○○신용협동조합	10,000,000	음식점 운영자금 등	원리금이 수입초과, 실직, 폐업, 급여감소 등
20○○. 7. 2	○○캐피탈	13,5600,000	보증채무	원리금이 수입초과, 실직, 폐업, 급여감소 등
20○○. 7. 15	○○보증재단	10,000,000	시설비, 권리금 등	원리금이 수입초과, 실직, 폐업, 급여감소 등
20○○. 8. 23	○○상호저축은행	2,090,095	전 남편이 사용 함	원리금이 수입초과, 실직, 폐업, 급여감소 등
20○○. 8. 24	○○크레디트	3,000,000	전 남편이 사용 함	원리금이 수입초과, 실직, 폐업, 급여감소 등
20○○. 8. 11	○○파이낸셜	5,000,000	간판 등 음식점 운영자금	원리금이 수입초과, 실직, 폐업, 급여감소 등
20○○. 8. 15	○○	1,000,000	전 남편이 사용 함	원리금이 수입초과, 실직, 폐업, 급여감소 등
20○○. 8. 28	○○상호저축은행	3,590,532	전 남편이 사용 함	원리금이 수입초과, 실직, 폐업, 급여감소 등
20○○. 11. 7	○○가드	1,392,500	카드의 채무변제, 물품구입, 생활비 등	원리금이 수입초과, 실직, 폐업, 급여감소 등
20○○.11. 21	○○카드	784,830	카드의 채무변제, 물품구입, 생활비 등	원리금이 수입초과, 실직, 폐업, 급여감소 등
20○○.12. 6	○○카드	1,090,350	카드의 채무변제, 물품구입, 생활비 등	원리금이 수입초과, 실직, 폐업, 급여감소 등
20○○.1. 23	○○은행	744,464	카드의 채무변제, 물품구입, 생활비 등	원리금이 수입초과, 실직, 폐업, 급여감소 등

(언제, 어떠한 사정 하에 누구로부터 얼마를 차용하여 어디에 사용하였는지, 언제 어떠한 사정하에 무엇을 구입하였는지, 어떠한 사정 하에 지급이 불가능하게 되었는지를 오래된 것부터 시간 순서에 따라 기재하여 주십시오. 별지를 사용하여도 됩니다.)

5. 지급이 불가능하게 된 시기 이후에 차용하거나 채무가 발생한 사실

(있음, 없음)

시기(연월일)	차용(채무 발생) 원인, 금액, 조건 등

(있다면 차용 또는 채무발생의 시기, 원인, 금액, 조건 등을 기재하여 주십시오. 별지를 사용하여도 됩니다.)

〈별지 : 진술서 4, 5항 관련〉

파산신청경위 진술서

신청인은 20○○년 4월에 결혼해 두 딸을 둔 엄마입니다. 아이 아빠는 요리사였으나 1~2개월만 일을 하고 그만 두고 쉬고 하는 식으로 생활하는 사람이었고, 때로는 일을 해도 사장이 월급을 안주고 도망치는 경우도 있어서 결혼 생활동안 경제적으로 어렵게 생활해야만 했습니다. 이대로는 안 되겠다 싶어 아이를 놀이방에 맡기고 20○○년부터 친구의 소개로 보험설계사로 일을 하게 되었습니다. 보험설계사로 일하면서 2개월 정도는 생활비 정도를 벌었지만 날이 갈수록 보험가입이 되지 않아 생활은 더욱 어려워져갔고 결국엔 친동생에게 돈까지 빌려 쓰는 형편이 되어버렸습니다. 조금씩 가져다 쓴 돈이 500만원이 되었고 아이 아빠는 노는 날이 더욱 많아졌습니다. 20○○년 정부에서 시행하는 전세자금 대출을 우연히 알게 되어 친동생에게 200만원을 빌려 임대보증금을 내고 집을 얻고 제가 살고 있던 전세보증금 2,200만원을 받아 700만원은 친동생에게 갚고 나머지 1,500만원은 장사를 해야겠다고 마음먹고 남겨두었습니다. 20○○년 2월 ○○협동조합에서 1,000만원 대출을 받아 제가 가지고 있던 돈 1,000만원을 합해 20○○년 3월 ○○시 ○○동에 있는 음식점을 인수하게 되었습니다. 보증금 800만원에 월 50만원씩을 주고 시설비, 권리금으로 1,500만원을 주기로 하고 우선 선금으로 500만원은 주고 재료비와 주류, 가게 물품을 사는데 700만원이 들어가 나머지 1,000만원은 4개월 후 주기로 하고 문을 열었습니다. 처음 문을 열었을 때는 그럭저럭 장사가 잘되었습니다. 가게 나가는 일도 재미있고 즐거웠습니다. 그런데 막걸리를 전문으로 하는 체인점이 저희 가게 옆에 오픈을 해 대대적인 홍보를 하고 시설 또한 저희 가게와는 확연히 차이가 나 그 체인점에 손님이 몰리면서 저희 가게는 장사가 안되기 시작했습니다. 그러면서 시설비, 권리금을 줄 날짜가 돌아오기 시작했고 20○○년 ○○월 상공회의소를 통해 ○○은행에서 대출 1,000만원을 받아 주지 못한 권리금 1,000만원을 갚았습니다. 그런 과정 속에 아이 아빠가 시설을 바꾸자고 제안을 했습니다. 시설을 바꾸면 장사가 잘될까 싶어 저도 그렇게 하기로 마음먹었습니다. 20○○년 ○○월 ○○캐시에서 500만원을 대출받아 간판과 홍보위주로 저희 가게를 알렸습니다. 그 덕분인지 어느 정도 손님이 많아지기 시작했고 이대로 가면 빚도 2년 안에는 갚을 수 있겠다는 희망도 생기기 시작했습니다. 얼마 후 아이 아빠가 내부시설까지 바꾸자는 제안을 했습니다. 내부시설은 매출에 큰 부분을 차지하는 것이었고 아이 아빠 또한 가게 나오는 것을 좋아했고 성실히 일하는 모습에 저 또한 마음이 좋아 고심 끝에 아이 아빠 말을 따르기로 했습니다. 휴대폰 문자로 오는 대출상담자에게 문의를 해서 대출을 쉽게 받을 수 있다고 하기에 20○○년 8월 ○○상호저축은행, ○○크레디트, ○○상호저축은행에서 총 950만원을 대출받아 100만원은 소개비로 주고 850만원과 제가 가지고 있던 500만원을 합하여 내부시설 자금을 마련하게 되었습니다. 그렇게 해서 저희 부부는 인테리어업자를 만나 내부시설을 하기로 하고 며칠 뒤 아이 아빠가 인테리어업자에게 돈을 줘야 한다면서 제게 돈을 달라했습니다. 그래서 전 아이 아빠에게 1,000만원을 건네줬고 아이 아빠는 그 뒤로 가게도 집도 들어오질 않았습니다. 청천벽력 같은 현실에 전 가게도 우리아이들도 돌보지 않고 술로 하루하루를 보내며 살게 되었습니다. 그러면서 가게는 더욱 엉망이 되어 갔고 제 자신 또한 만신창이가 되어 갔습니다. 가게를 팔려고 내놓았지만 사려는 사람은 없었고 이자에 인건비에 생활비에 카드 값에 주체할 수 없는 생활들로 모든 게 힘들고 궁핍해져만 갔습니다. 한 달에 내는 임대료 또한 내질 못해 저는 가게 또한 포기할 수밖에 없는 상황에 결국 20○○년 12월에 폐업하게 되었습니다. 밀린 임대료 550만원을 제외한 나머지 250만원은 난간보수비 명목으로 건물주로부터 보수해 달라는 말에 나머지 250만원은 돌려받지 못했습니다. 이후 남편과는 도저히 살 수 없어 20○○년 1월 ○○지방가정법원에서 협의이혼을 하게 되었습니다. 가정은 저에게 있어 제2의 삶입니다. 두 딸 역시 저에게는 소중한 보물이자 희망입니다. 한 가정의 울타리를 제 손으로 예쁘게 꾸며 보려했지만 저 혼자만으로는 벅차고 냉혹하게 다가옵니다. 존경하는 재판장님! 두 자녀를 기르는 엄마로서 열심히 살려고 발버둥 쳐 보았지만 나약한 여자의 힘으로 살아가기에는 너무 벅차고 힘이 들어 이렇게 법의 도움을 받고자 파산 및 면책신청을 하게 되었습니다. 어린 두 자녀와 행복한 삶을 살 수 있도록 한번만 선처해 주시기를 간곡히 바라옵니다.

20○○. 3. ○○.

위 진술인 ○○○ (인)

채권자목록

순번	채권자명	차용 또는 구입일자	발생원인	최초 채권액	사용처	보증인	잔존 채권액	
							잔존 원금	잔존 이자·지연손해금
1	삼성카드	20○○.1. 16	1,2	784,830	채무변제 물품구입		784,830	137,132
2	○○신용협동조합	20○○. 2. 2.	1	10,000,000	운영자금 등	○○○	9,909,000	미정
2-1	○○○	20○○. 2. 7	1	10,000,000			미정	미정
3	○○카드	20○○. 5. 1	1,2	1,392,500	채무변제 물품구입		1,392,500	286,900
4	○○캐피탈	20○○. 7. 2	1	13,500,000	보증채무		11,123,477	미정
5	○○카드	20○○. 7. 9	1,2	1,090,350	물품구입 생활비 등		1,090,350	252,949
6	○○보증재단	20○○. 7. 6	1	10,267,221	사업자금	○○○	10,261,471	406,243
6-1	○○○	20○○. 7. 6	1	10,267,221			미정	미정
7	○○은행	20○○. 1. 3	1,2	744,464	물품구입 생활비 등		744,464	301,174
8	○○상호저축은행	20○○. 8. 3	1	2,090,095	전남편 사용		2,090,095	미정
9	○○크레디트	20○○. 8. 9	1	3,000,000	전남편 사용		2,962,065	549,466
10	○○파이낸셜	20○○. 8.경	1	5,000,000	운영자금 등		4,990,634	530,451
11	○○	20○○. 8.경	1	1,000,000	전남편 사용		840,000	143,742
12	○○상호저축은행	20○○. 4.경	1	3,590,532	전남편 사용		3,590,532	미정
※ 채권의 '발생원인'란에는 아래 해당번호를 기재함 ① 금원차용(은행대출,사채 포함), ② 물품구입(신용카드에 의한 구입 포함), ③ 보증(피보증인 기재), ④ 기타						합 계	잔존 원금	잔존 이자·지연손해금
						52,387,475	49,779,418	2,608,057

채권자의 주소

1. 채권자의 주소는 신청일 당시의 주소로 번지까지 정확하게 기재하고, 채무자를 위해 보증을 해준 사람이 있으면 그 보증인의 주소까지 정확히 기재하여야 합니다.
2. 채권자가 금융기관이나 기타 법인인 경우에는 본점 소재지 또는 거래지점의 소재지를 정확하게 기재하여야 합니다.

순번	채권자명	주소	전화번호	비고 (우편번호)
1	○○카드	○○시 ○○구 ○○로 ○○	00-000-0000	00000
2	○○신용협동조합	○○시 ○○구 ○○로 ○○	00-000-0000	00000
2-1	○○○	○○시 ○○구 ○○로 ○○	00-000-0000	00000
3	○○카드	○○시 ○○구 ○○로 ○○	00-000-0000	00000
4	○○캐피탈	○○시 ○○구 ○○로 ○○	00-000-0000	00000
5	○○카드	○○시 ○○구 ○○로 ○○	00-000-0000	00000
6	○○보증재단	○○시 ○○구 ○○로 ○○	00-000-0000	00000
6-1	○○○	○○시 ○○구 ○○로 ○○	00-000-0000	00000
7	○○은행	○○시 ○○구 ○○로 ○○	00-000-0000	00000
8	○○상호저축은행	○○시 ○○구 ○○로 ○○	00-000-0000	00000
9	○○크레디트	○○시 ○○구 ○○로 ○○	00-000-0000	00000
10	○○파이낸셜	○○시 ○○구 ○○로 ○○	00-000-0000	00000
11	○○	○○시 ○○구 ○○로 ○○	00-000-0000	00000
12	○○상호저축은행	○○시 ○○구 ○○로 ○○	00-000-0000	00000

재 산 목 록

※ 먼저, 다음 재산목록 요약표에 해당재산이 있는지 ✓하고, 「□ 있음」에 ✓한 경우에는 아래 해당 항목에서 자세히 기재바랍니다. 이 양식을 파일형태로 이용할 경우 아래 표 중 에 「□ 있음」에 ✓한 부분만 출력하여 제출하여도 됩니다. 따라서 모두 「□ 없음」에 ✓한 경우에는 아래 표 다음 부분을 생략할 수 있습니다(실제로는 재산 처분이 있었음에도 불구하고 '지급불가능 시점의 1년 이전부터 현재까지 재산 처분 여부'의 '없음'에 ✓해 놓고는 부동산등기부등본 등 소명자료를 뒷부분에 편철해놓는 경우가 있는데 이와 같이 재산목록 요약표와 소명자료 또는 진술서의 기재내용이 서로 불일치한 경우에는 허위진술 내지 불성실한 신청으로 간주되어 불이익한 처분을 받을 수 있습니다).

재산목록 요약표

1. 현금	□있음 ☑없음	6. 매출금	□있음 ☑없음	11. 지급불가능 시점의 1년 이전부터 현재까지 재산 처분 여부	□있음 ☑없음
2. 예금	☑있음 □없음	7. 퇴직금	□있음 ☑없음	12. 최근 2년간 받은 임차보증금	□있음 ☑없음
3. 보험	□있음 ☑없음	8. 부동산	□있음 ☑없음	13. 이혼 재산분할	□있음 ☑없음
4. 임차 보증금	☑있음 □없음	9. 자동차·오토바이	□있음 ☑없음	14. 상속재산	□있음 ☑없음
5. 대여금	□있음 ☑없음	10. 기다 재산(주식, 특허권, 귀금속 등)	□있음 ☑없음	15. 친족의 재산	☑있음 □없음
파산관재인 선임 희망 여부		□ 희망 ☑ 불희망			

1. 현금 : 금액 (0원)

2. 예금
   금융기관명(○○은행) 계좌번호(1111-04-22222) 잔고(0원)
   금융기관명(○○협동조합) 계좌번호(2222-13-22222) 잔고(25,000원)
   금융기관명(○○협동조합) 계좌번호(3333-13-33333) 잔고(27,306원)
   금융기관명(○○협동조합) 계좌번호(4444-13-44444) 잔고(227,240원)
   금융기관명(○○은행) 계좌번호(5555-13-55555) 잔고(0원)
   금융기관명(○○은행) 계좌번호(6666-13-66666) 잔고(0원)
   금융기관명(○○은행) 계좌번호(7777-13-77777) 잔고(2,121원)

금융기관명(○○은행) 계좌번호(8888-21-88888) 잔고(510원), 딸의 통장
금융기관명(신용협동조합) 계좌번호(9999-13-99999) 잔고(2,460원), 딸의 통장

☆ 은행 이외의 금융기관에 대한 것도 포함합니다.
☆ 예금잔고가 소액이라도 반드시 기재하고 파산신청시의 잔고(정기예금분을 포함)와 최종 금융거래일로부터 과거 6개월간의 입출금이 기장된 통장 사본 또는 예금거래내역서를 첨부하여 주십시오.

3. 보험(생명보험, 화재보험, 자동차보험 등)

보험회사명 ( ) 증권번호 ( )해약반환금 (원)
보험회사명 ( ) 증권번호 ( )해약반환금 (원)

☆ 파산신청 당시에 가입하고 있는 보험은 해약반환금이 없는 경우에도 반드시 전부 기재하여 주십시오.
☆ 보험증권사본과 파산신청시의 해약반환금 예상액(없는 경우에는 없다는 사실)을 기재한 보험회사 작성의 증명서를 첨부하여 주십시오.

4. 임차보증금

임차물건 (상가), 임차보증금 (2,000,000원), 반환예상금 (2,000,000원)

☆ 반환예상금란에는 채무자가 파산신청일을 기준으로 임대인에게 임차물건을 명도할 경우 임대인으로부터 반환 받을 수 있는 임차보증금의 예상액을 기재하여 주십시오.
☆ 임대차계약서의 사본 등 임차보증금 중 반환예상액을 알 수 있는 자료를 첨부하여 주십시오.
☆ 상가 임대차의 경우에는 권리금이 있으면 반드시 권리금 액수를 기재해 주시기 바랍니다.

5. 대여금·구상금·손해배상금·계금 등

채무자명 ( ) 채권금액 (원) 회수가능금액 (원)
채무자명 ( ) 채권금액 (원) 회수가능금액 (원)

☆ 계약서의 사본 등 대여금 등을 알 수 있는 자료를 첨부하고, 변제 받는 것이 어려운 경우에는 그 사유를 기재한 진술서 및 소명자료를 첨부하여 주십시오(회수가 어렵다고 하더라도 반드시 기재하시고, 대여금뿐만 아니라 구상금, 손해배상금, 계금 등 어떠한 명목으로라도 제3자로부터 받아야 할 돈이 있으면 기재하시기 바랍니다).

6. 매출금(개인사업을 경영한 사실이 있는 분은 현재까지 회수하지 못한 매출금 채권)

채무자명 ( ) 채권금액 (원) 회수가능금액 (원)
채무자명 ( ) 채권금액 (원) 회수가능금액 (원)

☆ 영업장부의 사본 등 매출금을 알 수 있는 자료를 첨부하고, 변제 받는 것이 곤란한 경우에는 그 사유를 기재한 진술서 및 소명자료를 첨부하여 주십시오.

7. 퇴직금

근무처명 ( ) 퇴직금예상액 (원)

☆ 파산신청시에 퇴직하는 경우에 지급 받을 수 있는 퇴직금예상액(퇴직금이 없는 경우에는 그 취지)을 기재한

사용자 작성의 증명서를 첨부하여 주십시오. 만일 퇴직금채권을 담보로 하여 돈을 차용하였기 때문에 취업규칙상의 퇴직금보다 적은 액수를 지급 받게 되는 경우에는 차용에 관한 자료를 첨부하여 주십시오.

8. 부동산(토지와 건물)

종류(토지·건물) 소재지 ( )

시 가 (원) 등기된 담보권의 피담보채권 잔액 (원)

종류(토지·건물) 소재지 ( )

시 가 (원) 등기된 담보권의 피담보채권 잔액 (원)

☆ 등기부등본 등과 재산세과세증명서, 인근 중개업소나 인터넷에서 확인한 적어도 2곳 이상의 시가확인서 등 시가증명자료를 첨부하여 주십시오.

☆ 저당권 등 등기된 담보권에 대하여는 은행 등 담보권자가 작성한 피담보채권의 잔액증명서 등의 증명자료를 첨부하여 주십시오(가압류나 압류는 등기된 담보권이 아니므로 그 가액을 표시할 때는 가압류나 압류임을 명시하여 주시기 바랍니다).

☆ 경매진행 중일 경우에는 경매절차의 진행상태를 알 수 있는 자료를, 배당이 완료된 경우에는 배당표를 제출하여 주십시오.

9. 자동차(오토바이를 포함한다)

차종 및 연식 ( ) 등록번호 ( ) 시가 (원)

등록된 담보권의 피담보채권 잔액 (원)

☆ 자동차등록원부와 시가 증명자료를 첨부하여 주십시오.

10. 기타 재산적 가치가 있는 중요 재산권(주식, 회원권, 특허권, 귀금속, 미술품 등)

품목명 ( ) 시가 (원)

품목명 ( ) 시가 (원)

11. 진술서 4.(3) 기재 지급 불가능 시점의 1년 이전부터 현재까지 사이에 처분한 1,000만원 이상의 재산(다만, 여러 재산을 처분한 경우 그 합계액이 1,000만원 이상이면 모두 기재해야 하고, 부동산은 1,000만원 미만이라도 기재해야 한다.)

____

____

☆ 처분의 시기, 대가 및 대가의 사용처를 상세히 기재하여 주시기 바랍니다. 그리고 여기서 말하는 재산의 처분에는 보험의 해약, 정기예금 등의 해약, 퇴직에 따른 퇴직금수령 등도 포함합니다. 주거이전에 따른 임차보증금의 수령에 관하여는 다음의 12항에 기재하여 주시기 바랍니다.

☆ 특히 부동산이나 하나의 재산의 가액이 1,000만원 이상의 재산을 처분한 경우에는 처분시기와 대가를 증명할 수 있는 등기부등본, 계약서사본, 영수증사본과 처분대가의 사용처를 증명할 수 있는 자료를 첨부하시기 바랍니다(경매로 처분된 경우에는 배당표를 제출하여 주십시오).

12. 최근 2년 이내에 주거이전에 따른 임차보증금을 수령한 사실

____

____

☆ 임대차계약서사본과 수령한 임차보증금의 사용처를 증명할 수 있는 자료를 첨부하시기 바랍니다.

13. 최근 2년 이내에 이혼에 따라 재산분여(할)한 사실

____

____

☆ 분여한 재산과 그 시기를 기재하여 주십시오. 그리고 분여한 재산의 가치를 나타내는 자료를 첨부하여 주시기 바랍니다(이혼 당시 배우자의 보유 재산이 어느 정도인지 아래 15.항의 양식을 참조하여 기재하여 주십시오).

14. 친족의 사망에 따라 상속한 사실

년 월 일 부·모 의 사망에 의한 상속

상속상황

㉠ 상속재산이 전혀 없었음

㉡ 신청인의 상속포기 또는 상속재산 분할에 의해 다른 상속인이 모두 취득하였음

㉢ 신청인이 전부 또는 일부를 상속하였음

주된 상속재산과 그 처분의 경과

____

☆ ㉡ 또는 ㉢항을 선택한 분은 주된 상속재산을 기재하여 주시기 바랍니다.

☆ ㉡항을 선택한 분은 다른 상속인이 주된 상속재산을 취득하였다는 사실을 증명하는 자료를 첨부하여 주십시오. 부동산인 경우에는 다른 상속인이 소유자로 되어 있는 등기부등본을 첨부하여 주십시오.

☆ ㉢항을 선택한 분으로 상속한 주된 재산을 이미 처분한 분은 그 처분의 경과와 대가의 사용처를 상세히 기재하고, 그 사실을 증명하는 자료를 첨부하여 주십시오.

15. 배우자, 부모, 자녀 명의의 1,000만원 이상의 재산(1인 명의 재산이 1,000만원 이상일 때)

재산의 종류 (아파트)

재산의 명의자 (○○○), 채무자와의 관계 (부)

재산의 시가 (65,000,000원), 재산에 관한 피담보채무 (15,600,000원)

재산 취득 시기 (19○○년 03월 31일)

재산 취득 자금 마련 경위 (전세자금과 대출을 받아서 마련 함.)

☆ 재산이 부동산인 경우에는 등기부등본 등과 재산세과세증명서, 인근 중개업소나 인터넷에서 확인한 적어도 2곳 이상의 시가확인서 등 시가증명자료를 첨부하여 주십시오.

☆ 재산 취득시기가 지급이 불가능하게 된 시점으로부터 2년 이내인 경우에는 재산 취득 자금 마련 경위에 관한 소명자료(예를 들어 재산 명의자의 취득 자금에 관한 금융 거래 명세 등)를 첨부하여 주십시오.

송달장소 및 송달영수인 신고서

사　　　건　　20○○하단○○○○호 파산선고
　　　　　　　20○○하면○○○○호 면책

신청인(채무자)　○○○

위 사건에 관하여 원고는 민사소송법 제184조에 따라 다음과 같이 송달장소 및 송달영수인을 신고합니다.

다　　음

<u>원고의 송달장소 및 송달영수인</u>

송달장소 : ○○시 ○○구 ○○로 ○○ ㅁㅁ빌딩○○○○호

송달영수인 : ○○○

20○○. ○. ○.

위 신청인 ○○○ (서명 또는 날인)

○○지방법원 귀중

위 임 장

변 호 사 ○○○
○○시 ○○구 ○○로 ○○ ㅁㅁ빌딩 ○○○호
전화 : 000-000-0000
팩스 : 00-0000-0000

위 사람을 대리인으로 정하고 다음 사항을 위임함

다 음

신청인 ○○○에 대한 파산·면책 사건에 관하여 귀원에 신청서 및 관련 서류를 제출하는 일체의 행위

20○○. ○. ○.

위 신청인 ○○○ (인)

주소 : ○○시 ○○구 ○○로 ○○ ㅁㅁ아파트 ○○○-○○○호

부채증명서

1. ○○신용협동조합
2. ○○카드
3. ○○캐피탈
4. ○○보증재단
5. ○○상호저축은행

채권번호 2번

○ ○신용협동조합

○○시 ○○구 ○○로 ○○-○○

[전화] ○○-○○○-○○○ [팩스] ○○-○○○-○○○

날짜 : 20○ ○-○-○

시간 : 오후 3 : 13

담당자 : 강 ○ ○

문서번호 : 제 호

수 신 : 아래 참조

제 목 : 고객 채무 확인서

1. 회원님의 건강과 무궁한 발전을 기원합니다.
2. 회원님의 채무 내역에 대하여 아래와 같이 확인해 드립니다.

– 아 래 –

채 무 확 인 서

■ 회원성명 : ○ ○ ○

■ 주민번호 : 123456 - 1234567

(※ 회원님의 신용정보 보호를 위해 일부를 *표시 했습니다.)

[채무 확인사항]

상품구분 대출번호	입회일자 대출일자	이자율	원금	이자등	계	비고	보증	원대출자
대출금	20○ ○-○-○		00,000,000	00,000,000	00,000,000			
합 계			00,000,000	00,000,000	00,000,000			

이와 같이 채무금액을 확인하여 드립니다.

20○ ○. ○. ○.

○ ○ 신 용 협 동 조 합

조합장 ○ ○ ○

채권번호 3번

개인파산 신청용

발급번호 000000

부 채 증 명 서

○○○ 귀하

(주민등록(사업자)번호 : 123456 - 1234567

채권현재액 총합계	00,000,000	채권현재액 산정기준일	20○○년 ○월 ○일

채권번호	채권자	채권의 원인	주소 및 연락처
		채권의 내용	
		원금	채권 현재액(원금)산정근거
		이자 및 연체이자	채권 현재액(이자) 산정근거
1	○○카드	20○○-09-17 자 대출거래약정	[주소] ○○시 ○○구 ○○가 ○○ [전화] 02)1234-1234 [팩스] 02)1234-1234
		원금잔액 276,129원과 이에 대한 완제일까지 이자 및 연체비율(연25.00%)에 의한 금원	
		276,129 원	
		73,857 원	
2	○○카드	20○○-05-30 자 대출거래약정	[주소] ○○시 ○○구 ○○가 ○○ [전화] 02)1234-1234 [팩스] 02)1234-1234
		원금잔액 18,273,523원과 이에 대한 완제일까지 이자 및 연체비율(연25.00%)에 의한 금원	
		18,273,523 원	
		8,614,451 원	
3	○○카드	20○○-08-28 자 대출거래약정 7,000,000원	[주소] ○○시 ○○구 ○○가 ○○ [전화] 02)1234-1234 [팩스] 02)1234-1234
		원금잔액 6,300,000원과 이에 대한 완제일까지 이자 및 연체비율(연25.00%)에 의한 금원	
		6,300,000 원	
		2,225,211 원	

위 금액은 20○○년02년04일 현재 저희은행에 대한 귀한 명의의 부채잔액으로서 귀하께서 발급 요청하신 대출계좌의 잔액임을 증명합니다.

20○○년 ○월 ○일

○○카드 ○○지점 (인)

채권번호 4번

부채잔액증명서(신용카드용)

▣ 채무자 인적사항

성 명(법인명)	○○○		
주민등록번호	123456 - 1234567		
고 객 번 호	123-456-789	사후관리점	○○채권권

▣ 부채(채무)현황 (기준일자 : 20○○.○.○.현재)

여신과목	최초(대출) 등록일자	원금	이자 등	총채무액
본인 신용카드이용금액 카드대출보증금액 카드관련담보제공금액	20○○.06.17	6,426,253	2,320,591	8,746,844
합계액				

※ 신용카드 관련 채무에 한함

위 금액은 20○○년 02월 11일 저희 은행에 대한 귀하의 신용카드 부채잔액임을 증명합니다(단, 카드회원의 추가 사용 및 결제 등으로 금액변동이 가능).

20○○년 ○월 ○일

○○캐피탈 대표이사 ○○○

채권번호 12번

문서번호 AMC 00-00-000-00000

부 채 확 인 서

채 권 자 : ○○보증재단

(서울 ○○구 ○○로 ○○○, Tel : 02-1234-5678)

채 무 자 : ○○○

주민 번호 : 123456 - 1234567

채무현황 (기준일 : 20○○년 ○월 ○일)

	양도 금융기관	원금(원금 + 가지급금)	이자	합계
채무내역	B은행	7,040,615	1,573,289	8,613,904
	E카드	21,174,953	5,138,849	26,313,802
총계		28,215,568	6,712,138	34,927,706

D제일차유동화전문유한회사는 상기인에 대하여 원채권자로부터 20○○년 10월 24일 양수한 채권을 이와 같이 보유하고 있음을 확인합니다.

20○○년 ○월 ○일

○○보증재단

이사장 ○○○

보험해약영수증

■ ○○생명보험(주)

(해약환급금) 지급 확인서

◇ 계 약 자 : ○○○
◇ 주민번호 : 123456 - 1234567
◇ 용 도 : 법원제출용

---

1. 고객님의 무궁한 발전을 기원합니다.
2. 고객님께서 ○○생명에 가입하신 보험 계약의 해약환급금 내역은 20○○년 03월 29일 현재 아래와 같습니다.

------------ 아 래 --------------

보험종류	증권	계약일자	최종납입월	월보험료	해약환급금
(무)수퍼플러스 1종 순수형	123-123-1234	20○○.07.15	20○○.01.15	11,360원	8,847원
(무)암보험 2종 순수형	123-123-1234	20○○.06.15	20○○.06.15	17,800원	0원

* (무) : 무배당 보험 상품

○○시 ○○구 ○○로○가 ○○
○○생명보험주식회사
대표이사
사 장 ○○○ (인)

※ 본 확인서는 발급확인 및 발행인의 서명날인이 있어야 합니다.
※ 본 확인서는 수기로 작성하거는 전산으로 인쇄된 내용을 정정할 수 없습니다.

현재의 생활상황

1. 현재의 직업 【 자영, 고용, 무직 】

업종 또는 직업 (조제, 소매업) 직장 또는 회사명 (○○자활센터)

지 위 (사 원) 취 직 시 기 (20○○년 8월)

2. 수입의 상황(신청인의 월수입 합계 1,118,430원)

자영수입(원) → 종합소득세 확정신고서(최근 2년분)를 첨부하여 주십시오.

월 급여 (646,080원) → 급여증명서(최근 2년분)와 근로소득세 원천징수영수증의 사본을 첨부하여 주십시오.

연 금 (원) → 수급증명서를 첨부하여 주십시오.

생활보호(472,350원) → 수급증명서를 첨부하여 주십시오.

기 타 (원) → 구체적으로 기재하고 수입원을 나타내는 자료를 첨부하여 주십시오.

3. 가족·동거인의 상황

성명	신청인과의 관계	연령	동거여부	직업	월수입
○○○	자	6세	**동거**·별거	유치원	0원
○○○	자	5세	**동거**·별거	유치원	0원
		세	동거·별거		원
		세	동거·별거		원
		세	동거·별거		원
		세	동거·별거		원

☆ 가족·동거인 중 수입이 있는 자에 대하여는 2항과 마찬가지로 급여명세서사본, 종합소득세확정신고서 등을 첨부하여 주십시오.

4. 주거의 상황

거주를 시작한 시점 (20○○년 8월 17일)

거주관계 : 아래 ㉠ – ㉥ 중 선택 (㉣)

㉠ 임대 주택(신청인 이외의 자가 임차한 경우 포함)

㉡ 사택 또는 기숙사

㉢ 신청인 소유의 주택
㉣ 친족 소유의 주택에 무상으로 거주
㉤ 친족 이외의 자 소유의 주택에 무상으로 거주
㉥ 기타 ( )

㉠, ㉡항을 선택한 분에 대하여,
관리비를 포함한 임대료 (원) 임대보증금 (원)
연체액 (0원)
신청인 이외의 자가 임차인인 경우 임차인 성명 ( )
신청인과의 관계 ( )
㉣, ㉤항을 선택한 분에 대하여,
소유자 성명 ( ) 신청인과의 관계 ( )
신청인 이외의 자가 소유자이거나 임차인인데 함께 거주하지 않는 경우 그 경위를 기재하십시오. ( )

☆ ㉠ 또는 ㉡항을 선택한 분은 임대차계약서 또는 사용허가서 사본을 첨부하여 주시기 바랍니다.
☆ ㉢ 또는 ㉣항을 선택한 분은 등기부등본을 첨부하여 주십시오.
☆ ㉣ 또는 ㉤항을 선택한 분은 소유자 작성의 거주 증명서를 첨부하여 주십시오.

5. **조세 등 공과금의 납부 상황**(체납 조세가 있는 경우 세목 및 미납액을 기재하십시오)

소득세 미납분 (없음 있음 — 미납액 원)
주민세 미납분 (없음 있음 — 미납액 원)
재산세 미납분 (없음 있음 — 미납액 원)
의료보험료 미납분 (없음 있음 — 미납액 원)
국민연금 미납분 (없음 있음 — 미납액 원)
자동차세 미납분 (없음 있음 — 미납액 원)
기타 세금 미납분 (없음 있음 — 미납액 원)

주거관계

1. 무상거주확인서―――――――――――― 1통
2. 부동산임대차계약서―――――――――― 1통

무 상 거 주 사 실 확 인 서

ㅇㅇㅇ 귀중

1. 무상거주자(신청인) 인적사항

성 명	주민등록번호	무상거주지 주소	연락처
ㅇ ㅇ ㅇ	123456-1234567	ㅇㅇ도 ㅇㅇ시 ㅇㅇ로 ㅇㅇ ㅁㅁ아파트 ㅇㅇ동 ㅇㅇ호	000-0000-0000

2. 거주기간 및 소유자 또는 임차인

거주기간	20ㅇㅇ년 ㅇ월 ㅇ일 ~ 현재까지	
건물 소유자 또는 임차인	성 명	ㅇ ㅇ ㅇ
	주 민 등 록 번 호	123456-1234568
	전 화 번 호	000-0000-0000
	신 청 인 과 의 관 계	조카

상기와 같이 무상거주하고 있음을 확인 합니다.

20ㅇㅇ년 ㅇ월 ㅇ일

위 주택의 소유자 (임차인) : ㅇㅇㅇ (인)

ㅇㅇ지방법원 귀중

No.________ 전세 (월세)	부동산임대차계약서(업소용)	세무서 검 인	

근거 : 부동산 중개업자(복덕방)에 대한 과세자료 수집사무취급 규정

1. 부동산의 표시

소 재 지	○○시 ○○구 ○○로 ○○길 ○○ ㅁㅁ상가 ○○호				
건 물	철근콘크리드. 주거용	대지	평	기타	평
전 세(보증금)	0,000,000		월세금	금 000,000 원정(매월 15일 지불)	

2. 계약조건

제1조 위 부동산에 대한 임대인과 임차인 쌍방 합의해 아래와 같이 계약함.

제2조 부동산을 임차함에 있어 임차인은 임대인에게 다음과 같이 전세(보증)금을 지불 하기로 함.

계 약 금	0,000,000	원정은 계약시에 임대인에게 지불하고
중 도 금	0,000,000	원정은 20○○년 ○월 ○일 지불하고
잔 금	0,000,000	원정은 20○○년 ○월 ○일 중개인 입회하에 지불키로 함.

제3조 부동산의 명도는 20○○년 월 일로 함.

제4조 전(월)세 기한은 임차인에게 부동산을 명도한날로부터 24개월로 정함.

제5조 임차인은 임대인의 승인 하에 개축 또는 변조할 수 있으나 부동산의 변환기일전에 임차인의 부담으로 원상 복구키로 함.

제6조 중개료는 쌍방에서 계시에 각각 전(월)세 금액의 %씩을 중개인에게 지불하기로 함.

제7조 임대자가 본 계약을 어겼을 때에는 계약금으로 받은 금액의 2배를 임차인에게 주기로 하고 임차인이 본 계약을 어겼을 때에는 계약금은 무효가 되고 돌려 달라는 청구를 할 수 없다.

제8조 본 계약서 부본을 관할세무서에 제출함에 있어 계약 쌍방은 중개인에게 이의를 제기할 수 없다.

단, 위 계약조건을 틀림없이 지키기 위해 본 계약서를 작성하고 각각 1통씩 갖기로 함.

서기 20○○년 월 일

임대인	○○○	주민등록번호	123456 -1234567	주소	○○시 ○○구 ○○로 ○○	
임차인	○○○	주민등록번호	123456 -1234568	주소	○○시 ○○구 ○○로 ○○	
중개인		사 업 자 등록번호		상호	전화번호	

<table>
<tr><td>발 급 번 호</td><td colspan="5" rowspan="2">지방세 세목별 과세(납세)증명서</td><td>처 리 기 간</td></tr>
<tr><td>20○○-12345-123-123456</td><td>즉 시</td></tr>
<tr><td rowspan="2">납 세
의 무 자</td><td>주 소</td><td colspan="5"></td></tr>
<tr><td>주민(법인)등록번호</td><td colspan="3">123456 - 1234567</td><td>성 명</td><td>○○○</td></tr>
<tr><td>영 업 장 소</td><td colspan="6">공 란</td></tr>
<tr><td>상 호</td><td colspan="4">공 란</td><td>전화번호</td><td>- -</td></tr>
<tr><td>영 업 종 목</td><td colspan="4">공 란</td><td>사용목적</td><td></td></tr>
<tr><td>과세물건지</td><td colspan="6"></td></tr>
<tr><td>세 목</td><td>년도</td><td>기분</td><td>과세번호</td><td>세 액</td><td>수납일자</td><td>비 고(과세물건)</td></tr>
<tr><td></td><td></td><td></td><td></td><td></td><td></td><td></td></tr>
<tr><td></td><td></td><td></td><td></td><td></td><td></td><td></td></tr>
<tr><td></td><td></td><td></td><td></td><td></td><td></td><td></td></tr>
<tr><td></td><td></td><td></td><td></td><td></td><td></td><td></td></tr>
<tr><td></td><td></td><td></td><td></td><td></td><td></td><td></td></tr>
<tr><td></td><td></td><td></td><td></td><td></td><td></td><td></td></tr>
<tr><td></td><td></td><td></td><td></td><td></td><td></td><td></td></tr>
<tr><td colspan="4">세 액 합 계</td><td></td><td colspan="2">재산세·종합토지세
부과년월 : 20○○년 03월 ~ 20○○년 03월</td></tr>
</table>

이와 같이 과세(납부) 되었음을 증명합니다.

20○○년 ○월 ○일

신청인 주 소 상동

성 명 ○ ○ ○ (인)

수 수 료

○○시 ○○구 ○○동장 (인)

※ 이 증명서는 재산소유 유무의 확인용으로 사용할 수 없습니다.

수입 및 지출에 관한 목록

1. 가계수지표(20○○. 02. 월분)(신청일이 속한 달의 직전 달 기준)

수 입			지 출	
항 목		금 액	항 목	금 액
급여 또는 자영 수입	신청인	646,080원	주거비(임대료, 관리비 등)	93,380원
	배우자	원	식비(외식비 포함)	440,000원
	기타( )	원	교육비	180,000원
연금	신청인	원	전기·가스·수도료	135,050원
	배우자	원	교통비(차량유지비 포함)	80,000원
	기타( )	원	피복비	80,000원
생활보호		472,350원	의료비	30,000원
기 타		원	통신비	80,000원
수입합계		1,118,430원	**지출합계**	1,118,430원

2. 채무자의 가용소득(개인회생절차를 신청할 경우 소득에서 생계비를 뺀 나머지 소득)

	구 분	금액(단위 : 원)					
1	채무자의 월 평균 소득[327]	1,118,430					
2	생계비(20○○년 기준 중위소득의 100분의 60[328])	1인	2인	3인	4인	5인	6인
		736,268	1,253,645	1,621,779	1,989,914	2,358,047	2,726,181
	부양가족 이름, 연령, 관계	○○○(6, 자), ○○○(5, 자)					
3	채무자의 가용소득 (1 − 2)	-503,349					

327) 최근 1년 동안의 대략적인 소득을 평균하여 기재하십시오.

328) 본인을 포함한 부양가족(스스로 기준 중위소득의 60% 이상의 소득을 올리는 사람은 부양가족이 아닙니다)의 수에 해당하는 곳에 ○ 표 하십시오(생계비는 매년 바뀌므로 신청일을 기준으로 작성).

개인파산 및 면책신청사건 자료제출목록

2022. 9. 1. 시행

채무자____________(인)

채무자는 아래와 같은 자료들을 제출합니다.

※ 아래표의 해당 ㅁ 란에 V 표시하고 뒷면에 제출하는 서류를 순서대로 첨부하여 제출합니다.

※ 가족관계증명서, 혼인관계증명서, 주민등록등본은 신청인 외 제3자의 주민등록번호 뒷자리가 표기되지 아니한 것을 제출합니다(다만, 신청인 본인의 주민등록번호는 전체를 표기하여야 합니다).

※ 신청인이 신용회복위원회, 한국자산관리공사 등 법원 이외의 기관을 통하여 사적인 채무조정을 시도한 사실이 있고 이러한 절차를 통하여 발급 받은 자료를 제출하는 경우에는 아래의 '10. 신용회복위원회, 한국자산관리공사 등 유관기관 관련 서류'의'제출'란의 박스에 체크하시기 바랍니다. 또한 그러한 자료가 아래 목록의 순번 1번부터 9번까지 제출해야 할 서류와 중복되는 경우에는 맨 오른쪽의 '10번 제출'란의 박스에 체크하시기 바랍니다.

1. 인적 사항 및 주거 관련 서류	제출	제출 못하거나 일부만 제출한 이유	10번 제출
채무자의 가족관계증명서(상세증명서)	☑		☐
채무자의 혼인관계증명서(상세증명서)	☑		☐
채무자의 주민등록초본[주소변동내역(과거 주소 전체) 및 개명, 주민등록번호 변동사항 포함]	☑		☐
채무자의 주민등록등본	☑		☐

발급 방법 및 유의 사항

※ 가족관계 등록사항별 증명서(기본증명서, 가족관계증명서, 혼인관계증명서, 입양관계증명서, 친양자입양관계증명서)는 시, 구, 읍(면) 등 가족관계등록관서 및 주민센터 또는 정부민원포털에서 발급 받을 수 있음

※ 주민등록초본 등은 주민센터 또는 정부민원포털에서 발급가능한바, 주민등록초본은 주민등록 변동사항이 기재된 것이어야 함

2. 재산 및 소득 관련 서류 - 과세증명서	제출	제출 못하거나 일부만 제출한 이유	10번 제출
채무자에 대한 지방세 세목별 과세증명서(현재로부터 과거 5년까지의 기간에 관한 것. 모든 세목이 포함되도록 표시하여 발급하고, 전국 단위로 발급)	☑		☐

발급 방법 및 유의 사항

※ 세목별 과세 증명서는 시·구·읍·면 사무소 또는 주민센터에서 발급받을 수 있는 바, 해당 기간 동안 주민등록지가 광역시·도·시·군·구(지방자치단체인 구) 단위로 변경된 경우에는 해당 단위 이상의 주민등록지 전부에 대하여 발급받아야 함

3. 재산 및 소득 관련 서류 - 자동차	제출	제출 못하거나 일부만 제출한 이유	10번 제출
채무자 소유 자동차에 관한 자동차등록원부(갑구, 을구 모두 포함)	☑	☐해당사항 없음(차량소유 없음)	☐
채무자 소유 자동차 시가 확인자료	☑		☐

발급 방법 및 유의 사항

※ 차량등록원부는 주민센터 또는 정부민원포털에서 발급, 차량등록원부에는 갑구 및 을구가 모두 포함되어야 함

※ 객관적인 시가 확인 자료로서 보험개발원의 차량기준가액표, 2개 이상의 중고차 시세제공업체에서 제공하는 차종·연식별 일반시세표(개별 매물의 판매가격이 아님)를 제출할 수 있음

4. 재산 및 소득 관련 서류 - 부동산·임대차 관련	제출	제출 못하거나 일부만 제출한 이유	10번 제출
채무자 소유 부동산에 관한 부동산등기사항전부증명서	□	☑해당사항 없음(부동산소유 없음)	□
임대차계약서의 사본 등 임차보증금 중 반환예상액을 알 수 있는 자료	☑	□해당사항 없음(임차한 물건 없음) □협조거부(　　　　　　) □기타(　　　　　　)	□

발급 방법 및 유의 사항
※ 등기사항증명서(종전의 등기부등본을 지칭)는 등기소 또는 대법원 인터넷등기소에서 발급받을 수 있음. 만일 미등기 건물에 대하여는 등기사항증명서 대신 토지대장 및 건축물대장을 제출하여야 함. 토지대장 및 건축물대장은 시·구·읍·면 사무소, 주민센터 또는 정부민원포털에서 발급받을 수 있음

5. 재산 및 소득 관련 서류 - 재산 처분 관련		제출	제출 못하거나 일부만 제출한 이유	10번 제출
과거 1년 이전부터 신청 시까지 부동산이나 하나의 재산 가액이 1,000만 원 이상의 재산을 처분한 경우	① 처분시기와 대가를 확인할 수 있는 부동산등기사항전부증명서(경매로 처분된 경우는 배당표 사본 및 사건별수불내역서 등 소명자료)	□	☑해당사항 없음 (지금 불가능 시점의 1년 이전부터 신청 시까지 사이에 부동산이나 하나의 재산의 가액이 1,000만 원 이상의 재산을 처분한 일이 없음)	□
	② 계약서 사본	□	□협조거부(　　　　　　)	□
	③ 영수증 사본	□	□기타(　　　　　　)	□

6. 재산 및 소득 관련 서류 - 보험	제출	제출 못하거나 일부만 제출한 이유	10번 제출
채무자의 보험가입내역조회	☑		□
보험가입내역조회에 기재된 생명보험의 해지·실효·유지 및 예상해약환급금 내역(손해/자동차/운전자/여행자·단체/주말휴일상해 제외)	☑		□

발급 방법 및 유의 사항 ※ 조회내역 등은 한국신용정보원 홈페이지에서 계약 내용 검색 후 출력할 수 있음

7. 재산 및 소득 관련 서류 - 근로·영업·기타 소득

채무자가 개인영업을 하였던 경우		제출	제출 못하거나 일부만 제출한 이유	10번 제출
※ 오른쪽 ①~⑧은 해당 사실증명에 대하여 발급신청을 하고, 그에 따라 세무공무원이 교부해주는 서류를 제출(현재부터 과거 3년까지의 기간에 관한 것)	① 사업자등록증명	□		□
	② 휴업사실증명	□		□
	③ 납세증명 및 체납사실증명	□		□
	④ 소득금액증명	□		□
	⑤ 부가가치세과세표준증명	□		□
	⑥ 부가가치세면세사업자수입금액증명	□		□
	⑦ 표준재무제표증명(개인, 법인)	□		□
	⑧ 폐업증명서	□		□
	⑨ 종합소득세 확정신고서(최근 2년분)	□		□

채무자가 급여 소득이 있는 경우	제출	제출 못하거나 일부만 제출한 이유	10번 제출
급여증명서(최근 2년분)와 근로소득세 원천징수영수증의 사본	☑		□

연금 / 생활보호대상자 / 기타의 경우	제출	제출 못하거나 일부만 제출한 이유	10번 제출
연금을 받는 경우에는 수급증명서	☐		☐
생활보호대상자인 경우에는 수급증명서	☑		☐
기타 수입원을 나타내는 자료	☐		☐

발급 방법 및 유의 사항

※ 사업자등록증명, 표준재무제표증명(개인, 법인)은 정부민원포털에서 발급 받을 수 있고 휴업사실증명, 납세증명 및 체납사실증명, 소득금액증명, 부가가치세과세표준증명, 부가가치세면세사업자수입금액증명, 폐업증명서, 종합소득세 확정신고서(최근 2년분)은 세무서 또는 홈택스에서 발급 받을 수 있음.

※ 근로소득원천징수영수증은 사용자로부터 발급 받을 수 있고, 연금 수급증명서는 국민연금보험공단에서, 생활보호자 수급증명서는 읍·면·동 행정복지센터 또는 복지포털에서 발급 받을 수 있음

8. 재산 및 소득 관련 서류 - 계좌 등	제출	제출 못하거나 일부만 제출한 이유	10번 제출
과거 1년부터 현재까지의 채무자 명의(채무자가 사용하는 타인 명의 포함)의 모든 은행계좌 거래내역서 또는 금융결제원 계좌정보통합관리서비스에서 발급받은 은행별(금융기관별) 계좌 내역, 계좌 상세내역서	☑	☐해당사항 없음(은행거래 없음) ☐협조거부(　　　　　　) ☐기타(　　　　　　)	☐

9. 재산 및 소득 관련 서류 - 이혼		제출	제출 못하거나 일부만 제출한 이유	10번 제출
최근 2년 이내에 이혼에 따라 재산분여(할)한 사실이 있는 경우 재산분할, 위자료 등 명목에 관계없이 오른쪽의 자료를 제출	① 이혼에 따라 배우자에게 분여(할)한 모든 재산의 내역	☐	☑해당사항 없음 (최근 2년 이내 이혼 사실 없음)	☐
	② 협의이혼 시 미성년 자녀가 있는 경우, 양육비부담조서	☐		☐
	③ 재판상이혼의 경우, 판결서, 조정조서 등 재판서 및 확정증명	☐		☐

발급 방법 및 유의 사항

※ 이혼을 증명할 수 있는 소명자료는 다음에 따라 제출

① 시, 구, 읍(면) 등 가족관계등록관서에 이혼신고를 하여 가족관계등록부에 기록된 경우 : 혼인관계증명서(상세)

② 최근 2년 이내에 재판상 이혼을 한 경우로 아직 시, 구, 읍(면) 등 가족관계등록관서에 이혼신고를 하지 않은 경우 : 재판상 이혼과 관련한 재판서의 등본(조정·화해가 성립된 경우에는 그에 대한 조서 등본) 및 확정증명 제출

③ 외국에서 유효한 신분행위를 하여 해당 국가의 증서 등본이 발행되었으나 아직 한국 시, 구, 읍(면) 등 가족관계등록관서에 신고하지 않은 경우 : 신분관계에 관한 외국의 증서 등본

10. 신용회복위원회, 한국자산관리공사 등 유관기관 관련 서류	제출	해당사항 없음
채무자가 신용회복위원회, 한국자산관리공사 등 법원 이외의 기관을 통하여 사적인 채무조정을 시도한 사실이 있는 경우 이와 관련된 자료(예컨대, 신용회복위원회가 발급하는 민원 열람서류 또는 신용상담보고서 등)	☐	☑

○ ○ 지 방 법 원
결　　정

사　　건　　20○○하단○○　파산선고
　　　　　　20○○하면○○　면책

신 청 인　　○　○　○ (123456 - 1234567)
(채무자)　　주소 서울 ○○구 ○○로 ○○-○ ㅁㅁ하이츠 ○○호
　　　　　　등록기준지 서울 ○○구 ○○로 ○○-○○
　　　　　　송달장소 서울 ○○구 ○○로 ○○-○○
　　　　　　(송달영수인 : ○○○)

주　　　문

1. 채무자에 대하여 파산을 선고한다.
2. 이 사건 파산을 폐지한다.
3. 위 면책사건에 관하여 면책신청에 대한 이의신청기간을 20○○. ○. ○.까지로 한다.
4. 송달해야 하는 장소를 알기 어려운 파산채권자에 대한 송달은 공고로써 갈음한다.

이　　　유

이 사건 기록에 의하면 채무자는 지급불능 상태에 있고, 또한 파산재단으로써 파산절차의 비용을 충당하기에 부족하다. 그렇다면, 채무자의 이 사건 파산신청은 이유 있으므로 채무자 회생 및 파산에 관한 법률 제305조, 제317조 제1항, 제562조 및 제10조에 의해 주문과 같이 결정한다.

20○○. ○. ○. 10:00

판 사 ○ ○ ○

파산선고·파산폐지결정 및 이의신청기간 공고

사　　건　　20○○하단○○　파산선고
　　　　　　20○○하면○○　면책

신 청 인　　○　○　○ (123456 - 1234567)
(채무자)　　주소 ○○시 ○○구 ○○로 ○○-○ ㅁㅁ하이츠 ○○호

1. 결정연월일시

20○○. ○. ○. 10:00

2. 파산선고·파산폐지결정 주문

채무자에 대하여 파산을 선고한다.
이 사건 파산을 폐지한다.

3. 이유의 요지

채무자가 지급불능상태에 있고, 파산재단으로써 파산절차비용을 충당하기에 부족하다.

4. 면책신청에 대한 파산채권자의 이의신청기간 및 방법

가. 이의신청기간 : 20○○. ○. ○.까지

나. 이의신청방법

면책신청에 대하여 이의를 제기하려는 파산채권자는 위 이의신청기간까지 면책불허가 사유에 대한 구체적 주장을 기재하고, 이에 대한 소명자료를 첨부한 원본 및 부본 각 1부를 서울중앙지방법원 제○파산단독에 제출바랍니다.

20○○.　○.　○.

○ ○ 지방법원

판　사　○ ○ ○

○ ○ 지 방 법 원

파산결정확정 통지

수 신 ○ ○ 구 청 장 귀하
사 건 20○ ○하단○ ○ 파산선고
파 산 자 ○ ○ ○ (123456 - 1234567)
주소 ○○시 ○○로 ○○ ㅁㅁ아파트 ○○동 ○○호
신청대리인 변호사 ○○○
등록기준지 ○○시 ○○면 ○○길 ○○

위 파산자에 대하여 20○○. ○. ○. 16:00 파산이 선고되고, 위 결정이 20○○. ○. ○. 확정되었음을 통지합니다.

첨부. 결정문 등본 1부

20○○. ○. ○.

○ ○ 지 방 법 원

판 사 ○○○ (인)

○ ○ 지 방 법 원
면책심문조서

1차

사　　건　　20○○하면○○ 면책
　　　　　　(20○○하단○○ 파산선고)

기　　일　20○○. ○. ○. 17:00

판　　사　○○○　　　　장　　소　○○지방법원 제312-2호 조정실

법원주사보　○○○　　　　공개여부　비공개

사건과 당사자를 호명

파 산 자 ○○○　　　　출　　석

판 사

파산자 ○○○에 대한 심문을 시작하겠다고 선언

파산자에게 채무자 회생 및 파산에 관한 법률 제564조 각호 소정의 면책불허가 사유가 있는지를 심문

파산자

20○○. ○. ○.자 면책신청서 및 별첨 진술서 각 진술.

파산선고를 받게 된 사정은 파산사건 심리시에 제출한 서류의 기재 및 법원에서의 진술과 같다.

판 사

이 사건 면책신청에 대한 이의 신청기간을 20○○. ○. ○.까지도 정한다는 결정을 선고하고, 이로써 파산자 ○○○에 대한 면책심문기일을 마친다고 고지.

심문종결

법원주사보　○ ○ ○　(인)

판　　사　○ ○ ○　(인)

○ ○ 지 방 법 원

결 정

사 건 20○○하단○○ 파산선고
20○○하면○○ 면책

신 청 인 ○ ○ ○ (123456 - 1234567)
(채무자) 주소 서울 ○○구 ○○로 ○○-○ ㅁㅁ하이츠 ○○호
등록기준지 서울 ○○구 ○○로 ○○-○○
송달장소 서울 ○○구 ○○로 ○○-○○
(송달영수인 : ○○○)

주 문

채무자를 면책한다.

이 유

이 사건 기록에 의하면, 채무자에게 채무자 회생 및 파산에 관한 법률 제564조 제1항에서 정한 면책불허가사유에 해당하는 사실이 인정되지 않으므로 주문과 같이 결정한다.

20○○. ○. ○.

판 사 ○ ○ ○

면 책 결 정 공 고

사 건 20○○하면○○ 면책
20○○하단○○ 파산선고

채 무 자 ○ ○ ○ (123456 - 1234567)
주소 서울 ○○○구 ○○로 ○○-○ ㅁㅁ하이츠 ○○호

주 문 채무자를 면책한다.

이유의 요지 채무자에게 면책불허가사유에 해당하는 사실이 인정되지 않는다.

20○○. ○. ○.

○ ○ 지 방 법 원

판사 ○ ○ ○

○ ○ 지 방 법 원
결 정

사 건 20○○하면○○ 면책
(20○○하단○○ 파산선고)

파 산 자 ○ ○ ○ (123456 - 1234567)
주소 ○○시 ○○로 ○○ ㅁㅁ아파트 ○○동 ○○호
신청대리인 변호사 ○○○
등록기준지 ○○시 ○○면 ○○길 ○○

주 문

면책의 효력을 받는 채권자에 대한 채무자 회생 및 파산에 관한 법률 제 347조, 제9조에 의한 송달은 공고로써 갈음한다.

이 유

채무자 회생 및 파산에 관한 법률 제357조, 제107조를 적용하여 주문과 같이 결정한다.

20○○. ○. ○.

판 사 ○○○ (인)

[사례 2] 카드연체로 인한 개인파산(부부동시파산)

개인파산 신청인 ○○○ 관련
(첨부서류 및 소명자료 일람표)

파산신청서 관련

- 파산신청서(인지대, 송달료)
- 송달료(예납·추납)납부서(법원제출용)
- 법원보관금 영수필통지서(법원제출용)
- 파산신청서
- 진술서
- 채권자 일람표
- 채권자의 주소
- 재산목록
- 보험해약영수증
  지급 확인서 1
- 현재의 생활상황
- 주거관계
  부동산임대차계약서
- 지방세 세목별 과세(납세)증명서
- ○○지방법원 결정
- 파산선고 및 파산폐지결정 공고
- ○○지방법원파산결정확정 통지

면책신청서 관련

- 면책신청서
- 진술서
- 채권자 명부
- ○○지방법원 결정
- ○○지방법원 면책심문조서
- ○○지방법원결정
- ○○지방법원결정
- ○○지방법원결정

[서식 59] 파산 및 면책신청서 표지(부부동시파산 : 처)

파 산 및 면 책 신 청 서
(부부동시파산)

신청인(채무자) ○ ○ ○

파산사건번호	
면책사건번호	
배당순위번호	
재 판 부	제 단독

인 지 대 : 2,000원

파산송달료 : 당사자수 (6) × 4 × 5,200 + 52,000원 = 176,800원

면책송달료 : 당사자수 (6) × 3 × 5,200 + 52,000원 = 145,600원

계 : 322,400원

○○지방법원 귀중

3333

※예납이란 : 사건접수시(신청, 항고, 상소) 납부 → 사건번호 미기재
※추납이란 : 사건진행중 송달료 추가납부요청이나 보정명령서상 송달료 추가납부요청이 있는 경우 납부하는 우편료 → 사건번호기재

업무구분 : 예납(10, 추납(13)

송달료(예납·추납)납부서(법원제출용)

법 원 코 드			

033123 0071 20○○1004 16:45 250 00 501 10 111

대 ₩0 현 ₩ 은행번호 01-1234567-9 **예 납**

11-00000205115 ○○○ **전표번호** 123-456-12345

※납부자께서는 이면의 사항을 확인하신 후 정확히 기재하여 주십시오

납부당사자 사용란	법 원 명	○○ 지 방 법 원		사건번호		
	성 명	○○○		금 액		
	주 소	○○시 ○○구 ○○로 ○○ ○○빌딩 ○○층			우편번호	1 2 3 4 5 6
	전액환급 계좌번호	○ ○ 은 행 계 좌 입 금	○○은행 지점	계좌번호	○○○-○○-○○○○○○	
			은행 지점	계좌번호		
		예 금 주	○○○	연 락 처 전화번호	○○○-○○○○-○○○○	

※환급계좌를 반드시 기재하여 주시기 바랍니다

법원 사용란	사건번호	연 도	사 건 부 호	진 행 번 호		
	전산등록	사건등록(인)	이송등록(인)	수이송등록(인)	재배당등록(인)	기타( )(인)

위 사건에 관하여 송달료를 납부합니다. 수납 : ○○은행 ○○지점 ○○○
년 월 일

법원보관금 영수필통지서(법원제출용)

은행번호 : 20○○-123456

법 원 명	○○지방법원 본원		
사 건 번 호	20○○-하단 - ○○○	물 건 번 호	
납 부 금 액		보관금 종류	민사예납금
납부자 성명	○ ○ ○	주민등록번호 (사업자등록번호)	○○○○○○ -○○○○○○○
납부자 주소	(12345) ○○시 ○○구 ○○로 ○○ ○○빌딩 ○○층	전 화 번 호	
잔 액 환 급 계 좌 번 호	○○은행 지점	예 금 주	
	계좌번호 ○○○-○○-○○○○○○		

위의 보관금이 납부되었음을 알려 드립니다. 20○○년 ○○월 ○일 수납직원: 71 ○○○

○○은행 ○○ 지점

[서식 60] 파산 및 면책신청서(부부동시파산 : 처)

파산 및 면책 신청서
- 부부동시파산(처) : ○○○ -

인 지
2000원

신 청 인(채 무 자) : ○ ○ ○ (주민등록번호 : 123456 - 1234567)
주 소 : ○○시 ○○구 ○○로 ○○ (우편번호: 12345)
거 소 :
송달장소 : ○○시 ○○구 ○○로 ○○ (우편번호: 12345)
본 적 : ○○시 ○○구 ○○로 ○○○
연 락 처 : 휴대전화(010-1111-2222), 집전화(000-222-333), 이메일( )

소송대리인 변호사 ○○○
(송달장소) ○○시 ○○구 ○○로 ○○

신 청 취 지

1. 신청인에 대하여 파산을 선고한다.
2. 이 사건 파산절차를 폐지한다.
3. 채무자를 면책한다. 라는 결정을 구합니다.

신 청 이 유

1. 신청인에게는 별첨한 진술서 기재와 같이 지급해야 할 채무가 존재합니다.
2. 그런데 위 진술서 기재와 같은 신청인의 현재 자산, 수입의 상황 하에서는 채무를 지급할 수 없는 상태에 있습니다. (또한 파산재단을 구성할 만한 재산이 거의 없어 파산절차비용에 충당하기에 부족합니다.)
3. 따라서 신청인에 대하여 파산을 선고 (하고, 이 사건 파산절차를 폐지)하며, 채무자를 면책한다. 라는 결정을 구합니다.

첨 부 서 류

1. 가족관계증명서 1부
2. 주소변동내역이 포함된 주민등록등본 1부
3. 진술서 1부
(채권자목록, 재산목록, 현재의 생활 상황, 수입 및 지출에 관한 목록 포함)

휴대전화를 통한 정보수신 신청서

위 사건에 관한 파산선고결정, 면책결정 등 정보를 예납의무자가 납부한 송달료 잔액 범위 내에서 휴대전화를 통하여 알려주실 것을 신청합니다.

▣ **휴대전화 번호 :** 010-1111-2222

20○○. 11. ○○.

신청인 채무자 : ○○○ (날인 또는 서명)

※ 파산선고 및 이의기간지정 결정(또는 면책심문기일 결정), 면책결정이 있으면 신속하게 위 휴대전화로 문자메시지가 발송됩니다.

※ 문자메시지 서비스 이용금액은 메시지 1건당 17원씩 납부된 송달료에서 지급됩니다(송달료가 부족하면 문자메시지가 발송되지 않습니다). 추후 서비스 대상 정보, 이용금액 등이 변동될 수 있습니다.

파산사건번호	
면책사건번호	
배당순위번호	
재 판 부	제 단독

20○○. ○. ○.

신청대리인 ○○○ (인)

○○지방법원 귀중

이 등본은 세대별 주민등록표의 원본 내용과 틀림 없음을 증명합니다.

담당자: 주인영 전화 : ○○-○○○-○○○

20○○년 03월 07일

주 민 등 록 표
(등 본)

○○○도 ○○시 ○○면장

세대주 성명(한자)	○○○(○ ○ ○)	세 대 구 성 사유 및 일자	전입세대구성 20○○-04-28

번호	주 소 (통/반)	전 입 일/변 동 일 변 동 사 유
현주소 전 입	○○시 ○○구 ○○로 ○○○ -○○○	20○○-09-18 20○○-09-21 전입
현주소	○○시 ○○구 ○○로 ○○○ -○○○	20○○-5-1 명칭변경
	== 이 하 여 백 ==	

번호	세대주 관 계	성 명(한자) 주민등록번호	전 입 일 / 변 동 일	변 동 사 유
1	본인	○○○ (○○○) 123456-1234567		
2	자	○○○ (○○○) 123456-1234568	20○○-12-27 20○○-12-27	전입
3	자	○○○ (○○○) 123456-1234569		
4	조카	○○○ (○○○) 123456-1234560	20○○-12-10 20○○-12-10	전입
		== 이 하 여 백 ==		

※ 전자문서로 교부하는 경우에는 한자를 생략하여 교부 할 수 있다.
[000000000000000000-000000000000000000000000000000]

"물자사랑 나라사랑"

[양식 1-1]

진 술 서

○○지방법원 귀중

신 청 인 : ○○○ (인)

신청인은 다음과 같은 내용을 사실대로 진술합니다.

또 본인의 현재의 채무, 자산, 생활의 상황 및 수입·지출 등은, 별지 「채권자목록」, 「재산목록」, 「현재의 생활상황」, 「수입 및 지출에 관한 목록」의 각 기재와 같습니다.

위 각 서류에 사실과 다른 내용이 있을 경우 면책불허가될 수 있음을 잘 알고 있습니다.

1. 본인의 과거 경력은 다음과 같습니다.

(1) 최종 학력

19○○년 2 월 일 ○○초등학교(졸업, 중퇴)

(2) 과거 경력(최근의 것부터 기재하여 주십시오)

년 월 일부터 년 월 일까지(자영, 근무)

업종 직장명 직위

년 월 일부터 년 월 일까지(자영, 근무)

업종 직장명 직위

2. 본인의 현재까지의 생활상황 등은 다음과 같습니다.

(1) 채무의 지급이 곤란할 정도로 경제 사정이 어려워진 이후에 재산을 처분한 경험 (있음, 없음) (처분한 재산, 처분시기, 받은 대가, 그 사용처를 전부 기재하여 주십시오)

(2) 채무의 지급이 곤란할 정도로 경제사정이 어려워진 이후에 일부 채권자에게만 변제한 경험 (있음, 없음) (변제한 채권자의 성명, 변제시기, 금액을 전부 기재하여 주십시오)

(3) 사기죄, 사기파산죄, 과태파산죄로 고소되거나 형사재판을 받은 경험 (있음, 없음)

---

(4) ㈎ 과거에 파산신청을 하였다가 취하하거나 기각당한 경험 (있음, 없음)

년 월 일 ( )지방법원에 파산신청을 하였는데

(취하함, 기각당함)

㈏ 과거에 파산선고를 받은 경험 (있음, 없음)

년 월 일 ( )지방법원에서 파산선고를 받음

㈐ 그 파산선고에 이어서 면책을 받은 경험 (있음, 없음)

년 월 일 ( )지방법원에서 면책결정을 받았고, 년 월 일 위 결정이 확정됨

(5) ㈎ 개인회생절차를 이용한 경험 (있음, 없음)(개인회생절차 중이면 기각될 수 있음)

년 월 일 ( )지방법원에서 인가결정을 받음(사건번호:)

년 월 일 ( )지방법원에서 폐지결정을 받음

(폐지사유 :)

☆ 폐지사유(예를 들어 소득 감소, 가족 의료비 증가 등)에 관한 소명자료를 첨부하여 주십시오.

㈏ 그 개인회생절차에서 면책을 받은 경험 (있음, 없음)

년 월 일 ( )지방법원에서 면책결정을 받았고, 년 월 일 위 결정이 확정됨

(6) 슬롯머신, 경마, 경륜, 포커 등 도박행위를 한 경험 (있음, 없음)

▷ 어떤 도박을 하였는지 ( )

▷ 도박을 한 시기 (년 월 일부터 년 월 일까지)

▷ 도박을 한 횟수 및 금액 1개월 평균 ( )회, 평균 ( )원 정도

(7) 과거 자신의 월수입의 반 이상이 소요되는 호텔, 콘도, 골프장, 고급 음식점에 다닌 경험 (있음, 없음)

▷ 어떤 곳에 갔는지 ( )

▷ 간 시기 (년 월 일부터 년 월 일까지)

▷ 간 횟수 및 사용금액 1개월 평균 ( )회 정도, 평균 ( )원 정도

(8) 과거 2년간 국내·해외여행 경험 (있음, 없음)

▷ 여행 횟수 및 사용 금액 합계 ( ) 회 정도, 총액 ( )원 정도

(9) 과거 2년간 500만원 이상의 물건을 구입한 경험 (있음, 없음)

(물건의 품명, 구입시기, 가격 등을 전부 기재하여 주십시오)

---

(10) 과거 물건을 할부나 월부로 구입하고 대금을 전부 지급하지 않은 상태에서 처분(매각,

입질 등)을 한 경험 (있음, 없음) (물건의 품명, 구입시기, 가격, 처분 시기 및 방법을 전부 기재하여 주십시오)

____

____

(11) 이번 항목은 개인 영업을 경영한 경험이 있는 분만 기재하여 주십시오.

▷ 영업 중 상업장부의 기재

□ 정확히 기장하였다.　　□ 부정확하게 기장하였다.

□ 기장하지 아니하였다.

▷ 영업 중에 도산을 면하기 위해 상품을 부당하게 염가로 매각한 사실 (있음, 없음) (언제 무엇을 매입원가의 몇 %로 할인판매를 하였는지를 기재하여 주십시오)

____

____

3. 채권자와의 상황은 다음과 같습니다.

(1) 채권자와 채무지급방법에 관하여 교섭한 경험 (있음, <u>없음</u>)

▷ 그 결과 합의가 성립된 채권자수 (　　　)명

▷ 합의에 기하여 지급한 기간 (　년　월　일부터　년　월　일까지)

▷ 매월 지급한 총액　　1개월 평균 (　　　)원 정도

▷ 지급 내역 (누구에게 얼마를 지급하였는지를 기재하여 주십시오)

(2) 소송·지급명령·압류·가압류 등을 받은 경험 (있음, <u>없음</u>)

▷ (　　)지방법원 (　　)지원　사건번호 (　호)　상대방(　　　)

▷ (　　)지방법원 (　　)지원　사건번호 (　호)　상대방(　　　)

4. 파산신청에 이르게 된 사정(채무 증대의 경위 및 지급이 불가능하게 된 사정) (□안에 ✓표시)

(1) 많은 채무(연대보증에 의한 채무나 신용카드 이용에 의한 채무를 포함한다)를 지게 된 이유는 다음과 같습니다(두 가지 이상 선택 가능).

☑ 생활비 부족 (부양가족수 :　　　　)

(부족한 생활비 : 주거비, 의료비, 교육비, 기타　　　)

□ 주택구입자금 차용 (주택 구입 시기 :　　　　　　)

(주택 처분 시기 :　　　　　　)

(구입한 주택의 명세 :　　　　　　　　　　)

□ 낭비 등(음식·음주, 투자·투기, 상품 구입, 도박 등)

□ 사업의 경영 파탄 (다단계 사업 포함) (사업 시기 :　년　월　일부터　년　월　일까지)

(사업 종류 :   )

☐ 타인(친족, 지인, 회사 등)의 채무 보증

☐ 사기 피해를 당함 (기망을 한 사람 및 채무자와의 관계 :   ,   )

(피해액수 :   원)

☑ 그밖의 사유 : 남편의 사업부진, 남편 건강악화

(2) 지급이 불가능하게 된 계기는 다음과 같습니다(두 가지 이상 선택 가능)

☑ 변제해야 할 원리금이 불어나 수입을 초과하게 됨

☐ 실직함

☐ 경영 사정 악화로 사업 폐업함

☐ 급여 또는 사업 소득이 감소됨

☑ 병에 걸려 입원함

☑ 그밖의 사유 : 남편이 중풍으로 쓰러져 수입원이 없어짐.

(3) 지급이 불가능하게 된 시점 : 20○○년 2월 일

(4) 구체적 사정

시기(연월일)	채권자, 차용(보증) 액수, 차용한 돈의 사용처, 지급이 불가능하게 된 사정 등
	"별지(진술서)기재 내용과 같음"
20○○.11.02.	○○카드, 2,476,983원, 생활비
20○○.03.23.	○○생명, 6,000,000원, 남편의 사업자금
20○○.02.05.	○○은행, 627,303원, 생활비
20○○.01.25.	○○은행, 2,351,674원, 생활비
20○○.05.06.	○○생명, 6,438,561원, 생활비
20○○.12.01.	○○카드, 6,757,791원, 채무변제

(언제, 어떠한 사정 하에 누구로부터 얼마를 차용하여 어디에 사용하였는지, 언제 어떠한 사정 하에 무엇을 구입하였는지, 어떠한 사정 하에 지급이 불가능하게 되었는지를 오래된 것부터 시간 순서에 따라 기재하여 주십시오. 별지를 사용하여도 됩니다.)

5. 지급이 불가능하게 된 시기 이후에 차용하거나 채무가 발생한 사실

(있음, 없음)

시기(연월일)	차용(채무 발생) 원인, 금액, 조건 등

(있다면 차용 또는 채무발생의 시기, 원인, 금액, 조건 등을 기재하여 주십시오. 별지를 사용하여도 됩니다.)

〈별지 : 진술서 4, 5항 관련〉

파산신청경위 진술서

저는 19○○년 8월에 ○○에서 태어났습니다. 가정형편이 좋지 않았기 때문에 저는 ○○초등학교를 졸업하고 일찍부터 가정일 부터 시작하여 사회생활을 하던 중 현재의 남편을 만나 20○○년 7월에 결혼을 하여 2남을 두었습니다. 그 당시에는 없이 살아도 마음도 편하고 행복했던 것 같습니다.

그 당시 남편은 건축 일을 하면서 가정에 충실하고 정말 책임감 있는 사람이었습니다. 어느 해 남편이 기사식당을 해보자고 해서 한 5년 정도 식당을 하다 잘되지 않아 그만두기도 했습니다. 그러던 중 아버님께서 20○○년도에 ○○동에 있는 아파트도 사주셨는데 거기에서 살면서 남편이 다시 건축 일을 하게 되었습니다. 공사를 하면 공사비가 먼저 나오는 게 아니라 나중에 나오는 그런 일이었습니다. 그러다보니 일한 사람들은 먼저 인건비를 주어야 하기에 카드를 사용하게 되었습니다. 남편이 저도 모르게 카드를 2개나 만들어 사용하고 있었던 것입니다. 저는 공사비를 주기 위해 제 친구들에게 돈을 차용해서 벌어서 갚아주고 그런 일들이 계속 반복되었습니다. 공사를 하여도 공사비가 제 때 나오지 않아 현금카드를 사용하여 돈을 주고 보니 카드빚이 1,000만원이 되어 있었습니다. 저는 아이들 교육비, 생활비로 카드에서 현금을 쓰기 시작했습니다. 그러던 중 어느 날 장애인 공단에서 전화가 와 어린이집 식당에서 일을 해도 된다고 연락이 와서 너무 행복했습니다. 남편이 벌고 저도 벌어서 카드빚을 갚을 수 있다는 생각이 들었습니다. 그런데 이 세상이 제 마음대로 되지 않았습니다. 남편은 20○○년도 ○○ 현장으로 가다가 교통사고가 났는데 후유증으로 청각장애 3급과 장애지체 5급 판정을 받는 불운을 겪게 되었습니다. 그 뒤로도 한 가장으로서 마냥 놀 수가 없어 건축 하청을 받아 계속 일을 했습니다. 그러던 남편이 또다시 20○○년 7월에 교통사고가 나 살고 있던 집을 팔아(매도가 8,500만원) ○○생명 담보대출 4,000만원을 상환하고, 사고 비용(벌금 500만원, 합의금 3명에게 600만원)으로 해결하고 일부 남은 돈으로 카드빚과 친척 형님과 시누이에게 빌린 돈을 갚았습니다(부동산처분경위서첨부). 그러다 보니 사글셋방으로 다시 이사를 하게 되었고, 제 생활은 너무도 비참하여 죽고 싶은 마음만 들었습니다. 그렇지만 장애1급의 정신지체를 앓은 큰 아이 때문에라도 전 죽을 수 없었습니다. 가까스로 생활을 해 나가던 중 남편 친구가 연락을 해서 ○○도에서 공사 일을 한번 해보라고 했습니다. 또 일을 시작하게 되면 돈이 필요한데 어떻게 일을 하느냐고 했으나 먹고 살려면 일을 해야지 어찌하느냐고 하여 전 혹시 하는 생각에 ○○생명에서 대출 600만원을 받아 공사비로 건네주었습니다. 그러나 항상 실망스럽게도 공사를 하고 나면 이윤은 남는 것 없이 그 생활을 유지하는 선이었고 빚은 여전히 그대로 남아 있는 것이었습니다. 결혼해서 지금껏 남편만 의지하고 살던 저는 남편이 원망스럽기만 하였습니다. 은행과 카드사에서 빚 독촉 전화가 하루가 멀다 하고 걸려 오니 일을 할 수도 없고 전화 소리만 들어도 깜짝깜짝 놀라고 자꾸 헛생각만 들었는데, 어느 날 신용회복위원회라는 곳을 알게 되어 20○○년 8월부터 신청하여 20○○년 8월까지 매월 250,000원씩 11회를 납입하였습니다. 그마저도 갈수록 남편의 몸이 점점 나빠져 더 이상 많은 일을 할 수가 없게 되었습니다.

제가 살아가기가 너무나 힘이 들어 생각다 못해 이렇게 파산 신청을 하게 되었습니다. 존경하는 재판장님! 저로 인해 피해를 입으신 모든 분들께 머리 숙여 사죄드립니다. 부디 용서를 구하니 보살펴 주시고, 파산면책으로 저에게 살 수 있는 희망을 주시기 간절히 부탁드립니다.

20○○. ○. ○.

위 진술인 ○ ○ ○ (인)

[양식 1-2]

채권자목록

순번	채권자명	차용 또는 구입일자	발생원인	최초 채권액	사용처	보증인	잔존 채권액	
							잔존 원금	잔존 이자·지연손해금
1	○○카드(주)	20○○.11.02	2	2,476,983	생활비		1,649,772	827,211
2	○○생명(주)	20○○.03.23	1	6,000,000	생활비		5,312,500	158,462
3	(주)○○은행	20○○.02.05	1	627,303	생활비		627,303	301,763
4	(주)○○은행	20○○.01.25	1	2,351,674	생활비		2,351,674	619,152
5	○○생명(주)	20○○.05.06	1	6,438,561	생활비		6,438,561	792,483
6	○○카드(주)	20○○.12.01.	4	6,347,466	생활비		6,347,466	410,325

※ 채권의 '발생원인'란에는 아래 해당번호를 기재함 ① 금원차용(은행대출,사채 포함), ② 물품구입(신용카드에 의한 구입 포함), ③ 보증(피보증인 기재), ④ 기타	합 계	잔존 원금	잔존 이자·지연손해금
	25,836,672	22,727,276	3,109,396

[양식 1-3]

채권자의 주소

1. 채권자의 주소는 신청일 당시의 주소로 번지까지 정확하게 기재하고, 채무자를 위해 보증을 해 준 사람이 있으면 그 보증인의 주소까지 정확히 기재하여야 합니다.
2. 채권자가 금융기관이나 기타 법인인 경우에는 본점 소재지 또는 거래지점의 소재지를 정확하게 기재하여야 합니다.

순번	채권자명	주소	전화번호	팩스	비고 (우편번호)
1	○○카드(주)	○○시 ○○구 ○○로 111	1588-8100		12345
2	○○생명(주)	○○시 ○○구 ○○로 222	1588-3114		12345
3	(주)○○은행	○○시 ○○구 ○○로 333	1588-3388		12345
4	(주)○○은행	○○시 ○○구 ○○로 444	02-721-2983		12345
5	(주)○○은행	○○시 ○○구 ○○로 555	02-721-2983		12345
6	○○생명(주)	○○시 ○○구 ○○로 666	1588-8900		12345

[양식 1–4]

재 산 목 록

※ 먼저, 다음 재산목록 요약표에 해당재산이 있는지 ✓하고, 「□ 있음」에 ✓한 경우에는 아래 해당 항목에서 자세히 기재바랍니다. 이 양식을 파일형태로 이용할 경우 아래 표 중 에 「□ 있음」에 ✓한 부분만 출력하여 제출하여도 됩니다. 따라서 모두 「□ 없음」에 ✓한 경우에는 아래 표 다음 부분을 생략할 수 있습니다 (실제로는 재산 처분이 있었음에도 불구하고 '최근 2년간 재산 처분이 없음'에 ✓해 놓고는 부동산등기부등본 등 소명자료를 뒷부분에 편철해놓는 경우가 있는데 이와 같이 재산목록 요약표와 소명자료 또는 진술서의 기재내용이 서로 불일치한 경우에는 허위진술 내지 불성실한 신청으로 간주되어 불이익한 처분을 받을 수 있습니다).

재산목록 요약표

1. 현금	□있음 ☑없음	6. 매출금	□있음 ☑없음	11. 최근 2년간 재산 처분 여부	☑있음 □없음
2. 예금	□있음 ☑없음	7. 퇴직금	□있음 ☑없음	12. 최근 2년간 받은 임차 보증금	□있음 ☑없음
3. 보험	☑있음 □없음	8. 부동산	□있음 ☑없음	13. 이혼재산분할	□있음 ☑없음
4. 임차 보증금	□있음 ☑없음	9. 자동차·오토바이	□있음 ☑없음	14. 상속재산	□있음 ☑없음
5. 대여금	□있음 ☑없음	10. 기타 재산(주식, 특허권, 귀금속 등)	□있음 ☑없음	15. 친족의 재산	□있음 ☑없음

1. 현금 : 금액 (원)

2. 예금

금융기관명( ) 계좌번호( ) 잔고 (원)

금융기관명( ) 계좌번호( ) 잔고 (원)

☆ 은행 이외의 금융기관에 대한 것도 포함합니다.

☆ 예금잔고가 소액이라도 반드시 기재하고 파산신청시의 잔고(정기예금분을 포함)와 최종 금융거래일로부터 과거 6개월간의 입출금이 기장된 통장 사본 또는 예금거래내역서를 첨부하여 주십시오.

3. 보험(생명보험, 화재보험, 자동차보험 등)

보험회사명(○○생명) 증권번호(111-02-2222) 해약반환금 (246,547원)

보험회사명(○○생명) 증권번호(222-333-555) 해약반환금 (363,131원)
보험회사명(○○보험) 증권번호(111-22-9999) 해약반환금 (381,310원)
* 삼성생명- 계약자 ○○○, 피보험자 ○○○(자), ○○○(남편)

☆ 파산신청 당시에 가입하고 있는 보험은 해약반환금이 없는 경우에도 반드시 전부 기재하여 주십시오.

☆ 보험증권사본과 파산신청시의 해약반환금 예상액(없는 경우에는 없다는 사실)을 기재한 보험회사 작성의 증명서를 첨부하여 주십시오.

4. 임차보증금

임차물건( ), 임차보증금 ( ), 반환예상금 ( )

☆ 반환예상금란에는 채무자가 파산신청일을 기준으로 임대인에게 임차물건을 명도할 경우 임대인으로부터 반환 받을 수 있는 임차보증금의 예상액을 기재하여 주십시오.

☆ 임대차계약서의 사본 등 임차보증금 중 반환예상액을 알 수 있는 자료를 첨부하여 주십시오.

☆ 상가 임대차의 경우에는 권리금이 있으면 반드시 권리금 액수를 기재해 주시기 바랍니다.

5. 대여금·구상금·손해배상금·계금 등

채무자명( ) 채권금액 (원) 회수가능금액 (원)
채무자명( ) 채권금액 (원) 회수가능금액 (원)

☆ 계약서의 사본 등 대여금 등을 알 수 있는 자료를 첨부하고, 변제 받는 것이 어려운 경우에는 그 사유를 기재한 진술서 및 소명자료를 첨부하여 주십시오(회수가 어렵다고 하더라도 반드시 기재하시고, 대여금뿐만 아니라 구상금, 손해배상금, 계금 등 어떠한 명목으로라도 제3자로부터 받아야 할 돈이 있으면 기재하시기 바랍니다).

6. 매출금(개인사업을 경영한 사실이 있는 분은 현재까지 회수하지 못한 매출금 채권)

채무자명( ) 채권금액 (원) 회수가능금액 (원)
채무자명( ) 채권금액 (원) 회수가능금액 (원)

☆ 영업장부의 사본 등 매출금을 알 수 있는 자료를 첨부하고, 변제 받는 것이 곤란한 경우에는 그 사유를 기재한 진술서 및 소명자료를 첨부하여 주십시오.

7. 퇴직금

근무처명( ) 퇴직금예상액 (원)

☆ 파산신청시에 퇴직하는 경우에 지급 받을 수 있는 퇴지금예상액(퇴직금이 없는 경우에는 그 취지)을 기재한 사용자 작성의 증명서를 첨부하여 주십시오. 만일 퇴직금채권을 담보로 하여 돈을 차용하였기 때문에 취업규칙상의 퇴직금보다 적은 액수를 지급 받게 되는 경우에는 차용에 관한 자료를 첨부하여 주십시오.

8. 부동산(토지와 건물)

종류 (토지·건물) 소재지 ( )

시가 (원) 등기된 담보권의 피담보채권 잔액(원)

종류 (토지·건물) 소재지 ( )

시가 (원) 등기된 담보권의 피담보채권 잔액(원)

☆ 등기부등본 등과 재산세과세증명서, 인근 중개업소나 인터넷에서 확인한 적어도 2곳 이상의 시가확인서 등 시가증명자료를 첨부하여 주십시오.

☆ 저당권 등 등기된 담보권에 대하여는 은행 등 담보권자가 작성한 피담보채권의 잔액증명서 등의 증명자료를 첨부하여 주십시오(가압류나 압류는 등기된 담보권이 아니므로 그 가액을 표시할 때는 가압류나 압류임을 명시하여 주시기 바랍니다).

☆ 경매진행 중일 경우에는 경매절차의 진행상태를 알 수 있는 자료를, 배당이 완료된 경우에는 배당표를 제출하여 주십시오.

9. **자동차**(오토바이를 포함한다)

차종 및 연식 ( ) 등록번호( ) 시가 (원)

등록된 담보권의 피담보채권 잔액(원)

☆ 자동차등록원부와 시가 증명자료를 첨부하여 주십시오.

10. **기타 재산적 가치가 있는 중요 재산권**(주식, 회원권, 특허권, 귀금속, 미술품 등)

품목명( ) 시가 (원)

품목명( ) 시가 (원)

11. **최근 2년간 처분한 1,000만원 이상의 재산**

☆ 처분의 시기, 대가 및 대가의 사용처를 상세히 기재하여 주시기 바랍니다. 그리고 여기서 말하는 재산의 처분에는 보험의 해약, 정기예금 등의 해약, 퇴직에 따른 퇴직금수령 등도 포함합니다. 주거이전에 따른 임차보증금의 수령에 관하여는 다음의 12항에 기재하여 주시기 바랍니다.

☆ 특히 부동산이나 1,000만원 이상의 재산을 처분한 경우에는 처분시기와 대가를 증명할 수 있는 등기부등본, 계약서사본, 영수증사본과 처분대가의 사용처를 증명할 수 있는 자료를 첨부하시기 바랍니다(경매로 처분된 경우에는 배당표를 제출하여 주십시오).

12. **최근 2년 이내에 주거이전에 따른 임차보증금을 수령한 사실**

☆ 임대차계약서사본과 수령한 임차보증금의 사용처를 증명할 수 있는 자료를 첨부하시기 바랍니다.

13. **최근 2년 이내에 이혼에 따라 재산분여(할)한 사실**

☆ 분여한 재산과 그 시기를 기재하여 주십시오. 그리고 분여한 재산의 가치를 나타내는 자료를 첨부하여 주시기 바랍니다(이혼 당시 배우자의 보유 재산이 어느 정도인지 아래 15.항의 양식을 참조하여 기재하여 주십시오).

14. 친족의 사망에 따라 상속한 사실

년 월 일 부·모 의 사망에 의한 상속

상속상황

㉠ 상속재산이 전혀 없었음

㉡ 신청인의 상속포기 또는 상속재산 분할에 의해 다른 상속인이 모두 취득하였음

㉢ 신청인이 전부 또는 일부를 상속하였음

주된 상속재산과 그 처분의 경과

☆ ㉡ 또는 ㉢항을 선택한 분은 주된 상속재산을 기재하여 주시기 바랍니다.

☆ ㉡항을 선택한 분은 다른 상속인이 주된 상속재산을 취득하였다는 사실을 증명하는 자료를 첨부하여 주십시오. 부동산인 경우에는 다른 상속인이 소유자로 되어 있는 등기부등본을 첨부하여 주십시오.

☆ ㉢항을 선택한 분으로 상속한 주된 재산을 이미 처분한 분은 그 처분의 경과와 대가의 사용처를 상세히 기재하고, 그 사실을 증명하는 자료를 첨부하여 주십시오.

15. 배우자, 부모, 자녀 명의의 1,000만원 이상의 재산(1인 명의 재산이 1,000만원 이상일 때)

재산의 종류 ( )

재산의 명의자 ( ), 채무자와의 관계 ( )

재산의 시가 ( ), 재산에 관한 피담보채무 ( )

재산 취득 시기 ( )

재산 취득 자금 마련 경위 ( )

☆ 재산이 부동산인 경우에는 등기부등본 등과 재산세과세증명서, 인근 중개업소나 인터넷에서 확인한 적어도 2곳 이상의 시가확인서 등 시가증명자료를 첨부하여 주십시오.

☆ 재산 취득시기가 지급이 불가능하게 된 시점으로부터 2년 이내인 경우에는 재산 취득 자금 마련 경위에 관한 소명자료(예를 들어 재산 명의자의 취득 자금에 관한 금융 거래 명세 등)를 첨부하여 주십시오.

원부대조필 인

진 단 서

병록번호

연 번호

주민등록번호 123456-1234567

환자의 성명	○○○	성별	남·여	생년월일	19○○년 8월 12일	연령	만 52세
환자의 주소	○○도 ○○시 ○○로 ○○						
병 명 ☐임상적추정 ☑최종진단	1. 간경화증 및 복수, 늑막염 2. 당뇨 3. 고혈압증 4.					한국질병 분류번호	
발 병 일	20○○ 년 2월 3일			진 단 일	20○○년 2월 일		
향 후 치 료 의 견	상기 병명으로 20○○. 2 .3부터 약물치료를 하였으며 20○○. 3. 26. 악화 증상으로 입원하며						
비 고				용 도	법원 제출용		

이와 같이 진단함

발 행 일 20○○년 8월 23일

의 료 기 관 ○○여자대학교 의과대학 부속 ○○병원

주소 및 명칭 ○○시 ○○구 ○○로 ○○

전화 및 FAX :

면허번호 제 1111 호 의사 성명 ○○○

[양식 1-5]

현재의 생활상황

1. 현재의 직업 【 자영, 고용, 무직 】

업종 또는 직업(일용직, 주방일) 직장 또는 회사명 (㈜ ○○○○)

지 위 ( ) 취 직 시 기 (20○○년 8월)

2. 수입의 상황(신청인의 월수입 합계 861,240원)

자영수입(원) → 종합소득세 확정신고서(최근 2년분)를 첨부하여 주십시오.

월 급여 (600,000원) → 급여증명서(최근 2년분)와 근로소득세 원천징수영수증의 사본을 첨부하여 주십시오.

연 금 (원) → 수급증명서를 첨부하여 주십시오.

생활보호(261,240원) → 수급증명서를 첨부하여 주십시오.

기 타 (원) → 구체적으로 기재하고 수입원을 나타내는 자료를 첨부하여 주십시오.

3. 가족·동거인의 상황

성명	신청인과의 관계	연령	동거여부	직업	월수입
○○○	남편	54세	(동거)·별거	무(청력장애)	261,240원
○○○	자	26세	(동거)·별거	무(정신지체장애)	0원
○○○	자	23세	동거·(별거)	군인	0원
		세	동거·별거		원
		세	동거·별거		원
		세	동거·별거		원

☆ 가족·동거인 중 수입이 있는 자에 대하여는 2항과 마찬가지로 급여명세서사본, 종합소득세확정신고서 등을 첨부하여 주십시오.

4. 주거의 상황

거주를 시작한 시점 (20○○년 9월 일)

거주관계 : 아래 ㉠ - ㉥ 중 선택 (ㄱ)

㉠ 임대 주택(신청인 이외의 자가 임차한 경우 포함)

㉡ 사택 또는 기숙사

㉢ 신청인 소유의 주택

㉣ 친족 소유의 주택에 무상으로 거주
㉤ 친족 이외의 자 소유의 주택에 무상으로 거주
㉥ 기타 ( )

㉠, ㉡항을 선택한 분에 대하여,
관리비를 포함한 임대료 (83,120원) 임대보증금 (1,750,000원)
연체액 (원)
신청인 이외의 자가 임차인인 경우 임차인 성명 (○○○) 신청인과의 관계 (남편)
㉣, ㉤항을 선택한 분에 대하여,
소유자 성명 ( ) 신청인과의 관계 ( )
신청인 이외의 자가 소유자이거나 임차인인데 함께 거주하지 않는 경우 그 경위를 기재하십시오. ( )

☆ ㉠ 또는 ㉡항을 선택한 분은 임대차계약서 또는 사용허가서 사본을 첨부하여 주시기 바랍니다.
☆ ㉢ 또는 ㉣항을 선택한 분은 등기부등본을 첨부하여 주십시오.
☆ ㉣ 또는 ㉤항을 선택한 분은 소유자 작성의 거주 증명서를 첨부하여 주십시오.

5. 조세 등 공과금의 납부 상황(체납 조세가 있는 경우 세목 및 미납액을 기재하십시오)

소득세 미납분 (없음) 있음 — 미납액 원)
주민세 미납분 (없음) 있음 — 미납액 원)
재산세 미납분 (없음) 있음 — 미납액 원)
의료보험료 미납분 (없음) 있음 — 미납액 원)
국민연금 미납분 (없음) 있음 — 미납액 원)
자동차세 미납분 (없음) 있음 — 미납액 원)
기타 세금 미납분 (없음) 있음 — 미납액 원)

[양식 1-6]

수입 및 지출에 관한 목록

1. **가계수지표**(20○○. 10 . 월분)

(신청일이 속한 달의 직전 달 기준)

수 입			지 출	
항 목		금 액	항 목	금 액
급여 또는 자영 수입	신청인	600,000원	주거비(임대료, 관리비 등)	83,120원
	배우자	0원	식비(외식비 포함)	300,000원
	기타( )	원	교육비	0원
연금	신청인	원	전기·가스·수도료	120,000원
	배우자	원	교통비(차량유지비 포함)	100,000원
	기타( )	원	피복비	50,000원
생활보호		261,240원	의료비	80,000원
기 타		원	기타	128,120원
수입합계		861,240원	지출합계	861,240원

* 생활보호 수급비(261,240원) - 본인(○○○), 자(○○○) 생계비 및 장애수당

2. **채무자의 가용소득**(개인회생절차를 신청할 경우 소득에서 생계비를 뺀 나머지 소득)

	구 분	금액(단위 : 원)					
1	채무자의 월 평균 소득[329]	861,240원					
2	생계비(20○○년 기준 중위소득의 100분의 60[330])	1인	2인	**3인**	4인	5인	6인
		653,882	1,102,618	**1,459,299**	1,808,303	2,108,118	2,414,445
	부양가족 이름, 연령, 관계	○○○(자, 26), ○○○(자, 24), ○○○(남편, 54)					
3	채무자의 가용소득 (1 - 2)	-942,063원					

329) 최근 1년 동안의 대략적인 소득을 평균하여 기재하십시오.

330) 본인을 포함한 부양가족(스스로 기준 중위소득의 60% 이상의 소득을 올리는 사람은 부양가족이 아닙니다)의 수에 해당하는 곳에 ○ 표 하십시오(생계비는 매년 바뀌므로 신청일을 기준으로 작성).

급 여 명 세 서

성 명	○○○		월 급 여	3월
소 속	(주)○○○○	(주)참 호	직위/직책	사 원
지 급 항 목	근무시간	지 급 금 액	공 제 항 목	공 제 금 액
기 본 급	14.0일	392,000	갑 근 세	0
연 장 수 당	40.0시간	113,276	주 민 세	0
심 야 수 당	40.0시간	70,000	국 민 연 금	0
휴 일 수 당	0.0시간	0	건 강 보 험	0
휴 일 연 장	4.0시간	28,000	고 용 보 험	3,276
휴 일 심 야	0	0	기 타	0
상 여 금	0	0	공 제 총 액	3,276
월 차 수 당	0	0		
생 리 수 당	0	0		
기 타	0	0		
소 계	0	603,276	실 지 급 액	600,000
지 급 총 액		603,276		

귀하의 노고에 진심으로 감사드립니다.

주 식 회 사 ○○○○

(　　) 전세 계약서

부동산 의표시	소재지	○○시 ○○구 ○○로 ○○-○○				
	구 조		용 도	월 세	면 적	24 ㎡ 평

제1조 위 부동산의 임대인과 임차인 합의해 아래와 같이 계약함.
제2조 위 부동산의 임대차에 있어 임차인은 보증금을 아래와 같이 지불하기로 함.

전세보증금	**금** 1,750,000 **원** 월세 83,120 **원정(₩　　　　　)**	
계 약 금	없음	원정은 계약당시에 소유자에게 지불하며
중 도 금	없음	원정은 20 년 월 일 지불하고
잔 금	없음	원정은 20 년 월 일 중개인 입회하에 지불함.

제3조 위부동산의 명도는 서기 20○○년 11월 25일 명도키로 함.
제4조 임대차 기간은 20○○년 11월 25일부터 24개월로 함.
제5조 임차인은 임대인의 승인 하에 개축 또는 변조할 수 있으나 계약대상물을 명도시에는 임차인이 일체 비용을 부담하여 원상복구 하여야 함.
제6조 임대인과 중개업자는 별첨 중개물건 확인 설명서를 작성하여 서명날인하고 임차인은 이를 확인 수령함. 다만, 임대인은 중개물건 확인설명에 필요한 자료를 중개업자에게 제공하거나 자료수집에 따른 법령에 규정한 실비를 지급하고 대행케 하여야 함.
제7조 본 계약은 임대인이 위약시는 계약금의 배액을 변상하며 임차인이 위약시는 계약금은 무효로 하고 반환을 청구할 수 없음.

※단서조항
① 공부상 적법하자 발생시 본 계약은 무효로 하고 임대인은 계약금액의 배액을 배상한다.
② 중개물건 확인서 첨부 ③ 입주전에 반드시 임차인은 주민등록 전입을 할 것.
단

○○시 ○○구 ○○○동장

위 계약조선을 확실이 하고 후일 증하기 위해 본계약서를 작성하고 각 1통씩 보관한다.

20○○ 년 11월 25일

임대인	주 소	○○시 ○○구 ○○로 ○○-○○				
	주민등록번호	123456-1234567	전화	000-000-0000	성명	○○○ (인)
임차인	주 소	○○시 ○○구 ○○로 ○○-○○				
	주민등록번호	123456-1234568	전화	000-000-0000	성명	○○○ (인)
중개인	주 소				허가번호	
	주민등록번호		전화		성명	

보 정 서

사 건 20○○하단○○○ 파산선고

신 청 인 ○ ○ ○ (123456 - 1234567)

위 사건에 관하여 신청인의 대리인은 다음과 같이 보정합니다.

다 음

(주) ○○은행 채권에 있어 보증인이 있었으나 신청 당시 확인이 잘 안되어 보증인을 목록에 기재하지 못하였는 바, 이에 보정서를 제출하는 바입니다.

1. 채권자 일람표

2. 채권자의 주소

20○○. ○. ○.

신청인의 대리인

변호사 ○ ○ ○

○○ 지방법원 파산과 귀중

○ ○ 지 방 법 원
결 정

사 건 20○○하단○○○ 파산선고

신 청 인 ○ ○ ○ (123456 - 1234567)

겸채무자 주소 ○○시 ○○구 ○○로 ○○ □□아파트 ○○동 ○○호
신청대리인 변호사 ○○○
등록기준지 ○○시 ○○면 ○○길 ○○

주 문

1. 채무자 ○○○을 파산자로 한다.
2. 이 사건 파산을 간이파산으로 한다.
3. 이 사건 파산을 폐지한다.

이 유

이 사건 기록에 첨부된 소명자료와 채무자에 대한 심문결과를 종합하면, 채무자는 ○○은행 등 ○명의 채권자에 대하여 약 ○○,○○○,○○○원 상당의 채무를 부담하여 지급불능 상태에 있고, 또한 파산재단으로써 파산절차의 비용을 충당하기에 부족한 사실을 인정할 수 있다.

그렇다면, 채무자의 이 사건 신청은 이유 있으므로 채무자 회생 및 파산에 관한 법률 제305조 1항, 제549조 제1항을 적용하여 채무자에 대하여 파산을 선고함과 동시에 간이파산의 결정을 하고, 같은법 제317조 제1항에 의해 동시에 파산폐지의 결정을 하기로 하여, 주문과 같이 결정한다.

20○○. ○. ○. 16:00

판 사 ○○○ (인)

파산선고 및 파산폐지결정 공고

사 건 20○○하단○○○ 파산선고

신 청 인 ○ ○ ○ (123456 - 1234567)

겸채무자 주소 ○○시 ○○구 ○○로 ○○ ㅁㅁ아파트 ○○동 ○○호
신청대리인 변호사 ○○○
등록기준지 ○○시 ○○면 ○○길 ○○

1. 결정연월일 : 20○○. ○. ○. 16:00
2. 주 문 : 1. 채무자 ○○○을 파산자로 한다.
   2. 이 사건 파산을 간이파산으로 한다.
   3. 이 사건 파산을 폐지한다.
3. 이유의요지 : 채무자가 지급불능상태에 있고, 파산재단으로써 파산절차비용을 충당하기에 부족하다.

20○○. ○. ○.

○ ○ 지 방 법 원

판 사 ○○○ (인)

○ ○ 지 방 법 원
파산결정확정 통지

수 신 ○○면장 귀하

사 건 20○○하단○○○ 파산선고

파 산 자 ○ ○ ○ (123456 - 1234567)
주소 ○○시 ○○구 ○○로 ○○ ㅁㅁ아파트 ○○동 ○○호
신청대리인 변호사 ○○○
등록기준지 ○○시 ○○면 ○○길 ○○

위 파산자에 대하여 20○○. ○. ○. 16:00 파산이 선고되고, 위 결정이 20○○. ○. ○. 확정되었음을 통지합니다.

첨부 : 1. 결정문 등본 1부

20○○. ○. ○.

법원주사보 ○○○

참조 : 신원조회업무처리지침 행정자치부예규 제756호

○ ○ 지 방 법 원
면책심문기일통지

수 신 처　　○○지방검찰청 검사장 외 아래 수신처 참조

사　　건　　20○○하면○○○　면책
(20○○하단○○○　파산선고)

파 산 자　　○　○　○ (123456 - 1234567)
주소　○○시 ○○구 ○○로 ○○　□□아파트 ○○동 ○○호
신청대리인 변호사 ○○○
등록기준지　○○시 ○○면 ○○길 ○○

위 사건의 파산자 심문기일이 다음과 같이 지정되었음을 통지합니다.

일시 : 20○○. ○. ○. 16:00
장소 : ○○지방법원 312-2호 조정실

20○○.　○.　○.

법원주사보 ○○○

참고사항 : 1. 위 파산자에 대한 이해관계인(검사, 면책의 효력을 받을 채권 자 등)은 심문기일 또는 그 기일에서 법원이 정하는 기간 내에 면책신청에 관하여 법원이 이의를 신청할 수 있습니다(채무자 회생 및 파산에 관한 법률 제562조).
2. 이의신청은 채무자 회생 및 파산에 관한 법률 제564조에서 정한 면책불허가 사유에 해당하는 사유를 주장하여 위 파산자에 대한 면책을 허가하지 않을 것을 구하는 신청입니다.
3. 이의신청서는 2부(원본, 부본)를 제출하여야 합니다.

○○지방법원 주소 : ○○시 ○○구 ○○로 ○○ (우편번호 12345)

문 의 처 : 전화 000) 123-4567 / 팩스 000) 123-4567
○○지방법원 민사신청과 법원주사보 ○○

수 신 처 : (주)○○은행, (주)○○은행, (주)○○저축은행, ○○카드(주), ○○캐피탈(주), ○○카드(주), ○○캐피탈(주), ○○○, ○○○

○ ○ 지 방 법 원
결　　정

사　　건　　20○○하면○○○　면책
　　　　　　(20○○하단○○○　파산선고)

파 산 자　　○　○　○ (123456 - 1234567)
　　　　　　○○시 ○○구 ○○로 ○○ □□아파트 ○○동 ○○호
　　　　　　신청대리인 변호사 ○○○

위 파산자에 대한 면책 심문기일 및 장소를 다음과 같이 지정한다.

일　시 : 20○○. ○. ○.　16:00
장　소 : ○○지방법원 312-2호 조정실

20○○.　○.　○.

판　사　○ ○ ○　(인)

○ ○ 지 방 법 원
면책심문조서

1차

사　　건　20○○하면○○○　면책
　　　　　(20○○하단○○○　파산선고)

기　　일　20○○. ○. ○. 16:00

판　　사　○○○　　장　　소　○○지방법원 제312-2호 조정실

법원주사보　○○○　　공개여부　비공개

사건과 당사자를 호명

파 산 자　○○○　　출　　석

판　사

파산자 ○○○에 대한 심문을 시작하겠다고 선언

파산자에게 채무자 회생 및 파산에 관한 법률 제564조 각호 소정의 면책불허가 사유가 있는지를 심문

파산자

20○○. ○. ○.자 면책신청서 및 별첨 진술서 각 진술.

파산선고를 받게 된 사정은 파산사건 심리시에 제출한 서류의 기재 및 법원에서의 진술과 같다.

판　사

이 사건 면책신청에 대한 이의 신청기간을 20○○. ○. ○.까지도 정한다는 결정을 선고하고, 이로써 파산자 ○○○에 대한 면책심문기일을 마친다고 고지.

심문종결

법원주사보　○○○　(인)

판　　사　○○○　(인)

○ ○ 지 방 법 원
결　　정

사　　건　　20○○하면○○○　면책
　　　　　　(20○○하단○○○　파산선고)
파 산 자　　○　○　○ (123456 - 1234567)
　　　　　　주소 ○○시 ○○구 ○○로 ○○ ㅁㅁ아파트 ○○동 ○○호
　　　　　　신청대리인 변호사 ○○○
　　　　　　등록기준지 ○○시 ○○면 ○○길 ○○

주　　문

위 면책사건에 관하여 면책신청에 대한 이의신청기간을 아래와 같이 정한다.

이의신청기간 : 20○○. ○. ○.

이　　유

채무자 회생 및 파산에 관한 법률 제562조를 적용하여 주문과 같이 결정한다.

20○○. ○. ○.

판　사　○○○　(인)

○ ○ 지 방 법 원
결 정

사 건 20○○하면○○○ 면책
(20○○하단○○○ 파산선고)
파 산 자 ○ ○ ○ (123456 - 1234567)
주소 ○○시 ○○구 ○○로 ○○ ㅁㅁ아파트 ○○동 ○○호
신청대리인 변호사 ○○○
등록기준지 ○○시 ○○면 ○○길 ○○

주 문

파산자 ○○○을 면책한다.

이 유

이 사건 기록 및 이 법원의 파산자에 대한 심문결과에 의하면, 파산자에게 채무자 회생 및 파산에 관한 법률 제564조에서 정한 면책불허가사유에 해당하는 사실이 인정되지 아니하므로, 주문과 같이 결정한다.

20○○. ○. ○.

판 사 ○○○ (인)

○ ○ 지 방 법 원
결　　정

사　　건　　20○○하면○○○　면책
　　　　　　(20○○하단○○○　파산선고)

파 산 자　　○　○　○ (123456 - 1234567)
　　　　　　주소 ○○시 ○○구 ○○로 ○○ ㅁㅁ아파트 ○○동 ○○호
　　　　　　신청대리인 변호사 ○○○
　　　　　　등록기준지 ○○시 ○○면 ○○길 ○○

주　　문

면책의 효력을 받는 채권자에 대한 채무자 회생 및 파산에 관한 법률 제 357조, 제9조에 의한 송달은 공고로써 갈음한다.

이　　유

채무자 회생 및 파산에 관한 법률 제357조, 제107조를 적용하여 주문과 같이 결정한다.

20○○. ○. ○.

판　사 ○○○ (인)

면책결정공고

사 건 20○○하면○○○ 면책
(20○○하단○○○ 파산선고)

파 산 자 ○ ○ ○ (123456 - 1234567)
주소 ○○시 ○○구 ○○로 ○○ ㅁㅁ아파트 ○○동 ○○호
신청대리인 변호사 ○○○
등록기준지 ○○시 ○○면 ○○길 ○○

주 문

파산자 ○○○을 면책한다.

20○○. ○. ○.

○ ○ 지 방 법 원

판 사 ○○○ (인)

[사례 3] 생활비 연체로 인한 개인파산(부부동시파산)

개인파산 신청인 ○○○ 관련
(첨부서류 및 소명자료 일람표)

파산신청서 관련

• 파산신청서(인지대, 송달료)

• 송달료(예납·추납)납부서(법원제출용)

• 법원보관금 영수필통지서(법원제출용)

• 파산신청서

• 진술서

• 채권자 일람표

• 채권자의 주소

• 재산목록

• 보험해약영수증
  지급 확인서 1

• 현재의 생활상황

• 주거관계
  무상거주확인서

• 지방세 세목별 과세(납세)증명서

• ○○지방법원 결정

• 파산선고 및 파산폐지결정 공고

• ○○지방법원파산결정확정 통지

면책신청서 관련

• 면책신청서

• 진술서

• 채권자 명부

• ○○지방법원 결정

• ○○지방법원 면책심문조서

• ○○지방법원결정

• ○○지방법원결정

• ○○지방법원결정

[서식 61] 파산 및 면책신청서 표지(부부동시파산 : 남편)

파 산 및 면 책 신 청 서
(부부동시파산)

신청인(채무자) ○ ○ ○

파산사건번호	
면책사건번호	
배당순위번호	
재 판 부	제 단독

인 지 대 : 2,000원

파산송달료 : 당사자수 (5) × 4 × 5,200 + 52,000원 = 156,000원

면책송달료 : 당사자수 (5) × 3 × 5,200 + 52,000원 = 130,000원

계 : 286,000원

○○지방법원 귀중

3333	※예납이란 : 사건접수시(신청, 항고, 상소) 납부 → 사건번호 미기재 ※추납이란 : 사건진행중 송달료 추가납부요청이나 보정명령서상 송달료 추가납부요청이 있는 경우 납부하는 우편료 → 사건번호기재

업무구분 : 예납(10, 추납(13)

송달료(예납·추납)납부서(법원제출용)

법 원 코 드			

033123 0071 20○○1004 16:45 250 00 501 10 111

대 ₩0 현 ₩ 은행번호 01-1234567-9 **예 납**

11-00000205115 ○○○ **전표번호** 123-456-12345

※납부자께서는 이면 유의사항을 확인하신 후 정확히 기재하여 주십시오

사용란	납부당사자					
	법 원 명	○○ 지 방 법 원		사건번호		
	성 명	○○○		금 액		
	주 소	○○시 ○○구 ○○로 ○○ □□빌딩 ○○층			우편번호	1 2 3 4 5 6
	전액환급 계좌번호	○ ○ 은 행 계 좌 입 금	○○은행	지점	계좌번호	○○○-○○-○○○○○○
			은행	지점	계좌번호	
		예 금 주	○○○		연 락 처 전화번호	○○○-○○○○-○○○○

※환급계좌를 반드시 기재하여 주시기 바랍니다

법원 사용란	사건번호	연 도	사 건 부 호	진 행 번 호		
	전산등록	사건등록(인)	이송등록(인)	수이송등록(인)	재배당등록(인)	기타( )(인)

위 사건에 관하여 송달료를 납부합니다. **수납 : ○○은행 ○○지점** ○○○

년 월 일

법원보관금 영수필통지서(법원제출용)

은행번호 : 20○ ○-123456

법 원 명	**○○지방법원 본원**		
사 건 번 호	**20○○-하단 - ○○○○**	물 건 번 호	
납 부 금 액		보관금 종류	**민사예납금**
납부자 성명	**○○○**	주민등록번호 (사업자등록번호)	**○○○○○○ -○○○○○○○**
납부자 주소	**(12345) ○○시 ○○구 ○○로 ○○○**	전 화 번 호	
잔 액 환 급 계 좌 번 호	○○은행 / 지점	예 금 주	
	계좌번호 / ○○○-○○-○○○○○○		

위의 보관금이 납부되었음을 알려 드립니다. 20○○년 ○월 ○일 수납직원 : 71 ○○○

○○은행 ○○ 지점

[서식 62] 파산 및 면책신청서 표지(부부동시파산 : 남편)

파산 및 면책 신청서
- 부부동시파산 : 정□□ -

인 지
2000원

신 청 인(채 무 자) : ○ ○ ○ (주민등록번호 : 123456 - 1234567)

주 소 : ○○시 ○구 ○○로 ○○○ (우편번호 : 12345)

거 소 :

송달장소 : ○○시 ○구 ○○로 ○○○ (우편번호 : 12345)

본 적 : ○○시 ○구 ○○로 ○○○

연 락 처 : 휴대전화(010-2222-3333), 집전화(000-2222-3333), 이메일( )

소송대리인 변호사 ○○○

(송달장소) ○○시 ○구 ○○로 ○○

신 청 취 지

1. 신청인에 대하여 파산을 선고한다.
2. 이 사건 파산절차를 폐지한다.
3. 채무자를 면책한다. 라는 결정을 구합니다.

신 청 이 유

1. 신청인에게는 별첨한 진술서 기재와 같이 지급해야 할 채무가 존재합니다.
2. 그런데 위 진술서 기재와 같은 신청인의 현재 자산, 수입의 상황하에서는 채무를 지급할 수 없는 상태에 있습니다. (또한 파산재단을 구성할 만한 재산이 거의 없어 파산절차비용에 충당하기에 부족합니다.)
3. 따라서 신청인에 대하여 파산을 선고 (하고, 이 사건 파산절차를 폐지)하며, 채무자를 면책한다. 라는 결정을 구합니다.

첨 부 서 류

1. 가족관계증명서 1부
2. 주소변동내역이 포함된 주민등록등본 1부
3. 진술서 1부

(채권자목록, 재산목록, 현재의 생활 상황, 수입 및 지출에 관한 목록 포함)

휴대전화를 통한 정보수신 신청서

위 사건에 관한 파산선고결정, 면책결정 등 정보를 예납의무자가 납부한 송달료 잔액 범위 내에서 휴대전화를 통하여 알려주실 것을 신청합니다.

▣ 휴대전화 번호 : 010-2222-3333

20○○. ○. ○.

신청인 채무자 : ○○○ (날인 또는 서명)

※ 파산선고 및 이의기간지정 결정(또는 면책심문기일 결정), 면책결정이 있으면 신속하게 위 휴대전화로 문자메시지가 발송됩니다.

※ 문자메시지 서비스 이용금액은 메시지 1건당 17원씩 납부된 송달료에서 지급됩니다(송달료가 부족하면 문자메시지가 발송되지 않습니다). 추후 서비스 대상 정보, 이용금액 등이 변동될 수 있습니다.

20○○. ○. ○.

위 소송대리인 ○○○ (인)

파산사건번호	
면책사건번호	
배당순위번호	
재 판 부	제 단독

서울중앙지방법원 귀중

[양식 1-1]

진 술 서

○○지방법원 귀중

신 청 인 : ○○○ (인)

신청인은 다음과 같은 내용을 사실대로 진술합니다.

또 본인의 현재의 채무, 자산, 생활의 상황 및 수입·지출 등은, 별지 「채권자목록」, 「재산목록」, 「현재의 생활상황」, 「수입 및 지출에 관한 목록」의 각 기재와 같습니다.

위 각 서류에 사실과 다른 내용이 있을 경우 면책불허가될 수 있음을 잘 알고 있습니다.

1. 본인의 과거 경력은 다음과 같습니다.

(1) 최종 학력

19○○년 2 월 일 ○○초등학교(졸업, 중퇴)

(2) 과거 경력(최근의 것부터 기재하여 주십시오)

19○○년 10 월 일부터 20○○년 5 월 일까지(자영, 근무)

업종 하청 건축업 직장명 ○○건축 직위 대표 -

건설면허 없이 하청받아 일함

년 월 일부터 년 월 일까지(자영, 근무)

업종 직장명 직위

2. 본인의 현재까지의 생활상황 등은 다음과 같습니다.

(1) 채무의 지급이 곤란할 정도로 경제 사정이 어려워진 이후에 재산을 처분한 경험 (있음, 없음) (처분한 재산, 처분시기, 받은 대가, 그 사용처를 전부 기재하여 주십시오)

____

____

(2) 채무의 지급이 곤란할 정도로 경제사정이 어려워진 이후에 일부 채권자에게만 변제한 경험 (있음, 없음) (변제한 채권자의 성명, 변제시기, 금액을 전부 기재하여 주십시오)

____

____

(3) 사기죄, 사기파산죄, 과태파산죄로 고소되거나 형사재판을 받은 경험 (있음, 없음)

____

---

(4) ㈎ 과거에 파산신청을 하였다가 취하하거나 기각당한 경험 (있음, 없음)

년 월 일 ( )지방법원에 파산신청을 하였는데

(취하함, 기각당함)

㈏ 과거에 파산선고를 받은 경험 (있음, 없음)

년 월 일 ( )지방법원에서 파산선고를 받음

㈐ 그 파산선고에 이어서 면책을 받은 경험 (있음, 없음)

년 월 일 ( )지방법원에서 면책결정을 받았고, 년 월 일 위 결정이 확정됨

(5) ㈎ 개인회생절차를 이용한 경험 (있음, 없음)(개인회생절차 중이면 기각될 수 있음)

년 월 일 ( )지방법원에서 인가결정을 받음

(사건번호:)

년 월 일 ( )지방법원에서 폐지결정을 받음

(폐지사유:)

☆ 폐지사유(예를 들어 소득 감소, 가족 의료비 증가 등)에 관한 소명자료를 첨부하여 주십시오.

㈏ 그 개인회생절차에서 면책을 받은 경험 (있음, 없음)

년 월 일 ( )지방법원에서 면책결정을 받았고,

년 월 일 위 결정이 확정됨

(6) 슬롯머신, 경마, 경륜, 포커 등 도박행위를 한 경험 (있음, 없음)

▷ 어떤 도박을 하였는지 ( )

▷ 도박을 한 시기 (년 월 일부터 년 월 일까지)

▷ 도박을 한 횟수 및 금액 1개월 평균 ( )회, 평균 ( )원 정도

(7) 과거 자신의 월수입의 반 이상이 소요되는 호텔, 콘도, 골프장, 고급 음식점에 다닌 경험 (있음, 없음)

▷ 어떤 곳에 갔는지 ( )

▷ 간 시기 (년 월 일부터 년 월 일까지)

▷ 간 횟수 및 사용금액 1개월 평균 ( )회 정도, 평균 ( )원 정도

(8) 과거 2년간 국내·해외여행 경험 (있음, 없음)

▷ 여행 횟수 및 사용 금액 합계 ( ) 회 정도, 총액 ( )원 정도

(9) 과거 2년간 500만원 이상의 물건을 구입한 경험 (있음, 없음)

(물건의 품명, 구입시기, 가격 등을 전부 기재하여 주십시오)

---

(10) 과거 물건을 할부나 월부로 구입하고 대금을 전부 지급하지 않은 상태에서 처분(매각, 입질 등)을 한 경험 (있음, 없음) (물건의 품명, 구입시기, 가격, 처분 시기 및 방법을 전부 기재하여 주십시오)

____

(11) 이번 항목은 개인 영업을 경영한 경험이 있는 분만 기재하여 주십시오.

▷ 영업 중 상업장부의 기재

□ 정확히 기장하였다. □ 부정확하게 기장하였다.

□ 기장하지 아니하였다.

▷ 영업 중에 도산을 면하기 위해 상품을 부당하게 염가로 매각한 사실 (있음, <u>없음</u>)

(언제 무엇을 매입원가의 몇 %로 할인판매를 하였는지를 기재하여 주십시오)

____

____

3. 채권자와의 상황은 다음과 같습니다.

(1) 채권자와 채무지급방법에 관하여 교섭한 경험 (<u>있음</u>, 없음)

▷ 그 결과 합의가 성립된 채권자수 (   )명

▷ 합의에 기하여 지급한 기간 (년 월 일부터 년 월 일까지)

▷ 매월 지급한 총액 1개월 평균 (   )원 정도

▷ 지급 내역 (누구에게 얼마를 지급하였는지를 기재하여 주십시오)

<u>신용회복을 신청하여 20○○. 12.부터 20○○. 8월까지 월 평균 146,383원을 각 채권자에게 지급</u>

(2) 소송·지급명령·압류·가압류 등을 받은 경험 (있음, <u>없음</u>)

▷ (   )지방법원 (   )지원 사건번호 (호) 상대방(   )

▷ (   )지방법원 (   )지원 사건번호 (호) 상대방(   )

4. 파산신청에 이르게 된 사정(채무 증대의 경위 및 지급이 불가능하게 된 사정)

(□안에 ✓ 표시)

(1) 많은 채무(연대보증에 의한 채무나 신용카드 이용에 의한 채무를 포함한다)를 지게 된 이유는 다음과 같습니다(두 가지 이상 선택 가능).

□ 생활비 부족 (부양가족수 :   ), (부족한 생활비 : 주거비, 의료비, 교육비, 기타   )

□ 주택구입자금 차용 (주택 구입 시기 :   ),
(주택 처분 시기 :   )
(구입한 주택의 명세 :   )

□ 낭비 등(음식·음주, 투자·투기, 상품 구입, 도박 등)

☑ 사업의 경영 파탄 (다단계 사업 포함) (사업 시기 : 19○○년 10월 일부터 20○○년 5월 일까지) (사업 종류 : 건설업)

□ 타인(친족, 지인, 회사 등)의 채무 보증

□ 사기 피해를 당함 (기망을 한 사람 및 채무자와의 관계 : ,)

(피해액수 : 원)

□ 그밖의 사유

(2) 지급이 불가능하게 된 계기는 다음과 같습니다(두 가지 이상 선택 가능)

☑ 변제해야 할 원리금이 불어나 수입을 초과하게 됨

□ 실직함

☑ 경영 사정 악화로 사업 폐업함

□ 급여 또는 사업 소득이 감소됨

☑ 병에 걸려 입원함

☑ 그밖의 사유 : 중풍으로 쓰러져 일하기가 어려워졌음

(3) <u>지급이 불가능하게 된 시점 : 20○○년 ○○월 ○○일</u>

(4) 구체적 사정

시기(연월일)	채권자, 차용(보증) 액수, 차용한 돈의 사용처, 지급이 불가능하게 된 사정 등
	"별지(진술서)기재 내용과 같음"
20○○.04.07.	○○카드 대금, 398,800원, 생활비
20○○.11.26.	○○은행 대출, 10,000,000원, 마이너스 대출, 생활비
20○○.10.26.	○○카드 대금, 5,000,000원, 사업자금 대출
20○○.11.01.	○○○ 개인채무, 5,000,000, 사업자금 대출
20○○.04.04.	○○○ 개인채무, 2,601,000원, 공사대금 못 갚음

(언제, 어떠한 사정 하에 누구로부터 얼마를 차용하여 어디에 사용하였는지, 언제 어떠한 사정

하에 무엇을 구입하였는지, 어떠한 사정 하에 지급이 불가능하게 되었는지를 오래된 것부터 시간 순서에 따라 기재하여 주십시오. 별지를 사용하여도 됩니다.)

5. 지급이 불가능하게 된 시기 이후에 차용하거나 채무가 발생한 사실

(있음, 없음)

시기(연월일)	차용(채무 발생) 원인, 금액, 조건 등

(있다면 차용 또는 채무발생의 시기, 원인, 금액, 조건 등을 기재하여 주십시오. 별지를 사용하여도 됩니다.)

〈별지 : 진술서 4, 5항 관련〉

파산신청경위 진술서

저는 19○○년 4월 ○○에서 4남 1녀 중 장남으로서 태어났습니다. 19○○년 ○○초등학교를 졸업하고 이발소 기술을 배우기 위해 친척 형님 가게에서 일을 하던 도중 부친께서 농사일을 함께 하자고 하시기에 부친과 함께 농사를 하는 중에 군대를 갔었는데, 몸이 안 좋아 귀향을 했습니다. 집안일을 도우고 있는데, 한동네에 사시는 형님께서 벽돌 조적공 일을 한번 배워 보자고 했습니다. ○○도에서 일을 하면서 기술도 배우고 돈을 벌어 부모님께 보내드리기도 했습니다. 친구와 함께 벽돌을 쌓는 건축 일을 하며 20○○년 2월 1일 결혼도 하였습니다. 건축 일을 하면서 가정생활도 좋고 2남의 자식을 두어 정말 행복하게 살았습니다. 그 즈음 마을에 시내버스가 들어왔는데 저에게 기사식당을 해보자고 해서 한 5년 정도를 했습니다. 하루하루 일을 하면서 우리가족의 행복을 지키고 싶었습니다. 부친께서 20○○년도에는 ○○동에 있는 아파트도 사주셨고 이젠 정말 안정되고 안락한 생활을 할 것이라 자신하면서 더욱 열심히 살아가던 중 20○○년도 ○○현장으로 가던 중 교통사고가 났는데, 그 후유증으로 청각장애 3급과 장애지체 5급을 판정받는 불운을 겪게 되었습니다. 그 뒤로도 한 가장으로서 마냥 놀 수가 없어서 건축 하청을 받아 일을 하게 되었으나 공사일이 제대로 되지 않아 생활하기가 점점 빠듯해져 카드를 쓰기 시작했습니다. 제가 ○○대학교 일을 하면서 그때 부인 친구에게 1,000만원을 빌려 공사를 하였는데 거기서도 제가 잘못하여 적자가 나서 카드회사에서 현금서비스 받아 인건비를 해결하기도 했습니다. 자주 카드를 쓰게 되면서 여러 카드를 소유하게 되었고 한 카드를 막기 위해 다른 카드를 쓰게 되며, 그런 일들이 반복되었습니다. 그런 와중에 20○○년 2월에 또다시 교통사고를 당했습니다. 살고 있던 집을 팔아(매도가 8,500만원) ○○생명 담보대출 4,000만원을 상환하고, 사고 비용(벌금 500만원, 합의금 3명에게 600만원)으로 해결하고 일부 남은 돈으로 카드빚과 친척에게서 빌린 돈을 갚았습니다(부동산처분경위서첨부). 그러다 보니 사글셋방으로 이사를 하였고 저는 식구들 보기가 너무나 민망하였습니다. 먹고 살기 위해 또다시 ○○카드, ○○카드를 쓰면서 생활하고 ○○은행에서 대출을 받아 건축업을 하였는데 어찌 하는 일마다 적자만 계속되었습니다. 세상 살기가 싫어지고 벼랑 끝에 몰린 처지가 되어버렸습니다. 은행에서, 카드사에서 자꾸 전화가 오니 갚아야 되는데 못 갚는 심정은 이루 말로 헤아릴 수 없어 괴롭기만 했는데 친구가 신용회복을 신청하면 몇 년 동안 나누어 낼 수 있다고 하기에, 20○○년 12월부터 신청을 하여 갚아 나가기로 하고 다달이 갚아 나가던 중 하늘도 무심하게 20○○년 6월 제가 중풍으로 쓰러져 병원에 입원하게 되었습니다. 그리하여 그 동안 비록 장애인이지만 쉬지 않고 일을 하였는데 그마저도 일을 할 수 없게 되어 버렸습니다. 그런 과정을 겪는 동안 신용회복에 입금을 못하게 되었고 더 이상 다달이 갚는 15만원 정도를 갚을 길이 막막해져 버렸습니다. 생각다 못해 이렇게 파산 신청의 길을 선택했습니다. 존경하는 재판장님! 저의 무지함으로 인해 피해를 입게 될 모든 분께 죄송하고 용서를 구하고 싶습니다. 이제 몸뚱이 하나밖에 없는 저의 삶을 보살펴 주시기 바랍니다. 지나온 과거를 반성하면서 파산면책을 하여 주십사 이렇게 선처를 구하는 바입니다.

위 진술인 ○ ○ ○ (인)

[양식 1-2]

채권자목록

순번	채권자명	차용 또는 구입일자	발생원인	최초 채권액	사용처	보증인	잔존 채권액	
							잔존 원금	잔존 이자·지연손해금
1	○○카드 주식회사	20○○.04.07	2	398,800	생활비		398,800	152,457
2	주식회사 ○○은행	20○○.11.26	1	10,000,000	생활비		9,166,672	1,242,145
3	주식회사 ○○은행	20○○.10.26	1	5,000,000	사업자금		3,715,141	766,819
4	○○○	20○○.11.01.	1	5,000,000	사업자금		5,000,000	5,000,000
5	○○○	20○○.03.01.	1	2,601,000	공사대금 (○○신용)		2,601,000	2,601,000
※ 채권의 '발생원인'란에는 아래 해당번호를 기재함 ①금원차용(은행대출, 사채 포함), ②물품구입(신용카드에 의한 구입 포함), ③보증(피보증인 기재), ④기타						합계	잔존 원금	잔존 이자·지연손해금
						30,644,034	20,881,613	9,762,421

[양식 1-3]

채권자의 주소

1. 채권자의 주소는 신청일 당시의 주소로 번지까지 정확하게 기재하고, 채무자를 위해 보증을 해 준 사람이 있으면 그 보증인의 주소까지 정확히 기재하여야 합니다.
2. 채권자가 금융기관이나 기타 법인인 경우에는 본점 소재지 또는 거래지점의 소재지를 정확하게 기재하여야 합니다.

순번	채권자명	주소	전화번호	팩스	비고(우편번호)
1	○○카드 주식회사	○○시 ○○구 ○○로 111	1588-1111		
2	주식회사 ○○은행	○○시 ○○구 ○○로 222	1588-2222		
3	주식회사 ○○은행	○○시 ○○구 ○○로 ○○A 111동 222호			
4	○○○	○○시 ○○구 ○○로 111-1			
5	○○○	○○시 ○○구 ○○로 222-1			

[양식 1-4]

재 산 목 록

※ 먼저, 다음 재산목록 요약표에 해당재산이 있는지 ✓하고, 「□ 있음」에 ✓한 경우에는 아래 해당 항목에서 자세히 기재바랍니다. 이 양식을 파일형태로 이용할 경우 아래 표 중 에 「□ 있음」에 ✓한 부분만 출력하여 제출하여도 됩니다. 따라서 모두 「□ 없음」에 ✓한 경우에는 아래 표 다음 부분을 생략할 수 있습니다 (실제로는 재산 처분이 있었음에도 불구하고 '최근 2년간 재산 처분이 없음'에 ✓해 놓고는 부동산등기부등본 등 소명자료를 뒷부분에 편철해놓는 경우가 있는데 이와 같이 재산목록 요약표와 소명자료 또는 진술서의 기재내용이 서로 불일치한 경우에는 허위진술 내지 불성실한 신청으로 간주되어 불이익한 처분을 받을 수 있습니다).

재산목록 요약표

1. 현금	□있음 ☑없음	6. 매출금	□있음 ☑없음	11. 최근 2년간 재산 처분 여부	☑있음 □없음
2. 예금	□있음 ☑없음	7. 퇴직금	□있음 ☑없음	12. 최근 2년간 받은 임차보증금	□있음 ☑없음
3. 보험	□있음 ☑없음	8. 부동산	□있음 ☑없음	13. 이혼재산분할	□있음 ☑없음
4. 임차 보증금	☑있음 □없음	9. 자동차·오토바이	□있음 ☑없음	14. 상속재산	□있음 ☑없음
5. 대여금	□있음 ☑없음	10. 기타 재산(주식, 특허권, 귀금속 등)	□있음 ☑없음	15. 친족의 재산	□있음 ☑없음

1. 현금 : 금액 (원)

2. 예금

금융기관명( ) 계좌번호( ) 잔고 (원)

금융기관명( ) 계좌번호( ) 잔고 (원)

☆ 은행 이외의 금융기관에 대한 것도 포함합니다.

☆ 예금잔고가 소액이라도 반드시 기재하고 파산신청시의 잔고(정기예금분을 포함)와 최종 금융거래일로부터 과거 6개월간의 입출금이 기장된 통장 사본 또는 예금거래내역서를 첨부하여 주십시오.

3. 보험(생명보험, 화재보험, 자동차보험 등)

보험회사명( ) 증권번호( ) 해약반환금 (원)

보험회사명( ) 증권번호( ) 해약반환금 (원)

☆ 파산신청 당시에 가입하고 있는 보험은 해약반환금이 없는 경우에도 반드시 전부 기재하여 주십시오.

☆ 보험증권사본과 파산신청시의 해약반환금 예상액(없는 경우에는 없다는 사실)을 기재한 보험회사 작성의 증명서를 첨부하여 주십시오.

4. 임차보증금

임차물건( ), 임차보증금 (원), 반환예상금 (원)

☆ 반환예상금란에는 채무자가 파산신청일을 기준으로 임대인에게 임차물건을 명도할 경우 임대인으로부터 반환 받을 수 있는 임차보증금의 예상액을 기재하여 주십시오.

☆ 임대차계약서의 사본 등 임차보증금 중 반환예상액을 알 수 있는 자료를 첨부하여 주십시오.

☆ 상가 임대차의 경우에는 권리금이 있으면 반드시 권리금 액수를 기재해 주시기 바랍니다.

5. 대여금·구상금·손해배상금·계금 등

채무자명( ) 채권금액 ( ) 회수가능금액 (원)

채무자명( ) 채권금액 ( ) 회수가능금액 (원)

☆ 계약서의 사본 등 대여금 등을 알 수 있는 자료를 첨부하고, 변제 받는 것이 어려운 경우에는 그 사유를 기재한 진술서 및 소명자료를 첨부하여 주십시오(회수가 어렵다고 하더라도 반드시 기재하시고, 대여금뿐만 아니라 구상금, 손해배상금, 계금 등 어떠한 명목으로라도 제3자로부터 받아야 할 돈이 있으면 기재하시기 바랍니다).

6. 매출금(개인사업을 경영한 사실이 있는 분은 현재까지 회수하지 못한 매출금 채권)

채무자명( ) 채권금액 (원) 회수가능금액 (원)

채무자명( ) 채권금액 (원) 회수가능금액 (원)

☆ 영업장부의 사본 등 매출금을 알 수 있는 자료를 첨부하고, 변제 받는 것이 곤란한 경우에는 그 사유를 기재한 진술서 및 소명자료를 첨부하여 주십시오.

7. 퇴직금

근무처명( ) 퇴직금예상액 (원)

☆ 파산신청시에 퇴직하는 경우에 지급 받을 수 있는 퇴직금예상액(퇴직금이 없는 경우에는 그 취지)을 기재한 사용자 작성의 증명서를 첨부하여 주십시오. 만일 퇴직금채권을 담보로 하여 돈을 차용하였기 때문에 취업규칙상의 퇴직금보다 적은 액수를 지급 받게 되는 경우에는 차용에 관한 자료를 첨부하여 주십시오.

8. 부동산(토지와 건물)

종류(토지·건물) 소재지( )

시 가 (원) 등기된 담보권의 피담보채권 잔액(원)

종류(토지·건물) 소재지 ( )
시 가 (원) 등기된 담보권의 피담보채권 잔액(원)

☆ 등기부등본 등과 재산세과세증명서, 인근 중개업소나 인터넷에서 확인한 적어도 2곳 이상의 시가확인서 등 시가증명자료를 첨부하여 주십시오.

☆ 저당권 등 등기된 담보권에 대하여는 은행 등 담보권자가 작성한 피담보채권의 잔액증명서 등의 증명자료를 첨부하여 주십시오(가압류나 압류는 등기된 담보권이 아니므로 그 가액을 표시할 때는 가압류나 압류임을 명시하여 주시기 바랍니다).

☆ 경매진행 중일 경우에는 경매절차의 진행상태를 알 수 있는 자료를, 배당이 완료된 경우에는 배당표를 제출하여 주십시오.

9. 자동차(오토바이를 포함한다)

차종 및 연식( ) 등록번호( ) 시가 (원)
등록된 담보권의 피담보채권 잔액(원)

☆ 자동차등록원부와 시가 증명자료를 첨부하여 주십시오.

10. 기타 재산적 가치가 있는 중요 재산권(주식, 회원권, 특허권, 귀금속, 미술품 등)

품목명( ) 시가 (원)
품목명( ) 시가 (원)

11. 최근 2년간 처분한 1,000만원 이상의 재산

20○○. 2. 19. ○○시 ○○구 ○○로 222 ○○타운 111동 111호
금 84,300,000원에 매각
위 매각대금의 사용처 : 교통사고 합의금 11,500,000원, 채무변제 1,800,000원, 카드대금 26,000,000원, 담보대출금 45,000,000원에 사용함.

☆ 처분의 시기, 대가 및 대가의 사용처를 상세히 기재하여 주시기 바랍니다. 그리고 여기서 말하는 재산의 처분에는 보험의 해약, 정기예금 등의 해약, 퇴직에 따른 퇴직금수령 등도 포함합니다. 주거이전에 따른 임차보증금의 수령에 관하여는 다음의 12항에 기재하여 주시기 바랍니다.

☆ 특히 부동산이나 1,000만원 이상의 재산을 처분한 경우에는 처분시기와 대가를 증명할 수 있는 등기부등본, 계약서사본, 영수증사본과 처분대가의 사용처를 증명할 수 있는 자료를 첨부하시기 바랍니다(경매로 처분된 경우에는 배당표를 제출하여 주십시오).

12. 최근 2년 이내에 주거이전에 따른 임차보증금을 수령한 사실

☆ 임대차계약서사본과 수령한 임차보증금의 사용처를 증명할 수 있는 자료를 첨부하시기 바랍니다.

13. 최근 2년 이내에 이혼에 따라 재산분여(할)한 사실

____

☆ 분여한 재산과 그 시기를 기재하여 주십시오. 그리고 분여한 재산의 가치를 나타내는 자료를 첨부하여 주시기 바랍니다(이혼 당시 배우자의 보유 재산이 어느 정도인지 아래 15.항의 양식을 참조하여 기재하여 주십시오).

14. 친족의 사망에 따라 상속한 사실

년 월 일 부·모 의 사망에 의한 상속

상속상황

㉠ 상속재산이 전혀 없었음

㉡ 신청인의 상속포기 또는 상속재산 분할에 의해 다른 상속인이 모두 취득하였음

㉢ 신청인이 전부 또는 일부를 상속하였음

주된 상속재산과 그 처분의 경과

____

____

☆ ㉡ 또는 ㉢항을 선택한 분은 주된 상속재산을 기재하여 주시기 바랍니다.

☆ ㉡항을 선택한 분은 다른 상속인이 주된 상속재산을 취득하였다는 사실을 증명하는 자료를 첨부하여 주십시오. 부동산인 경우에는 다른 상속인이 소유자로 되어 있는 등기부등본을 첨부하여 주십시오.

☆ ㉢항을 선택한 분으로 상속한 주된 재산을 이미 처분한 분은 그 처분의 경과와 대가의 사용처를 상세히 기재하고, 그 사실을 증명하는 자료를 첨부하여 주십시오.

15. 배우자, 부모, 자녀 명의의 1,000만원 이상의 재산(1인 명의 재산이 1,000만원 이상일 때)

재산의 종류 ( )

재산의 명의자 ( ), 채무자와의 관계 ( )

재산의 시가 ( ), 재산에 관한 피담보채무 ( )

재산 취득 시기 ( )

재산 취득 자금 마련 경위 ( )

☆ 재산이 부동산인 경우에는 등기부등본 등과 재산세과세증명서, 인근 중개업소나 인터넷에서 확인한 적어도 2곳 이상의 시가확인서 등 시가증명자료를 첨부하여 주십시오.

☆ 재산 취득시기가 지급이 불가능하게 된 시점으로부터 2년 이내인 경우에는 재산 취득 자금 마련 경위에 관한 소명자료(예를 들어 재산 명의자의 취득 자금에 관한 금융 거래 명세 등)를 첨부하여 주십시오.

[양식 1-5]

현재의 생활상황

1. 현재의 직업 【 자영, 고용, 무직 】

업종 또는 직업( ) 직장 또는 회사명 ( )
지 위 ( ) 취 직 시 기 (년 월)

2. 수입의 상황(신청인의 월수입 합계 261,240 원)

자영수입(원) → 종합소득세 확정신고서(최근 2년분)를 첨부하여 주십시오.
월 급여 (원) → 급여증명서(최근 2년분)와 근로소득세 원천징수영수증의 사본을 첨부하여 주십시오.
연 금 (원) → 수급증명서를 첨부하여 주십시오.
생활보호(261,240원) → 수급증명서를 첨부하여 주십시오.
기 타 (원) → 구체적으로 기재하고 수입원을 나타내는 자료를 첨부하여 주십시오.

3. 가족·동거인의 상황

성명	신청인과의 관계	연령	동거여부	직업	월수입
○○○	처	49세	동거·별거	○○ 어린이집	600,000원
○○○	자	26세	동거·별거	무(정신지체장애)	0원
○○○	자	24세	동거·별거	무직	0원
		세	동거·별거		원
		세	동거·별거		원
		세	동거·별거		원

☆ 가족·동거인 중 수입이 있는 자에 대하여는 2항과 마찬가지로 급여명세서사본, 종합소득세확정신고서 등을 첨부하여 주십시오.

4. 주거의 상황

거주를 시작한 시점 (20○○년 9월 21일)
거주관계 : 아래 ㉠ – ㉥ 중 선택 (㉣)

㉠ 임대 주택(신청인 이외의 자가 임차한 경우 포함)
㉡ 사택 또는 기숙사

ⓒ 신청인 소유의 주택

ⓓ 친족 소유의 주택에 무상으로 거주

ⓔ 친족 이외의 자 소유의 주택에 무상으로 거주

ⓕ 기타 ( )

㉠, ㉡항을 선택한 분에 대하여,

관리비를 포함한 임대료 (원) 임대보증금 (원)

연체액 (원)

신청인 이외의 자가 임차인인 경우 임차인 성명 ( ) 신청인과의 관계 ( )

㉣, ㉤항을 선택한 분에 대하여,

소유자 성명 ( ) 신청인과의 관계 ( )

신청인 이외의 자가 소유자이거나 임차인인데 함께 거주하지 않는 경우 그 경위를 기재하십시오. ( )

☆ ㉠ 또는 ㉡항을 선택한 분은 임대차계약서 또는 사용허가서 사본을 첨부하여 주시기 바랍니다.

☆ ㉢ 또는 ㉣항을 선택한 분은 등기부등본을 첨부하여 주십시오.

☆ ㉣ 또는 ㉤항을 선택한 분은 소유자 작성의 거주 증명서를 첨부하여 주십시오.

5. 조세 등 공과금의 납부 상황(체납 조세가 있는 경우 세목 및 미납액을 기재하십시오)

소득세 미납분 (없음 있음 — 미납액 원)

주민세 미납분 (없음 있음 — 미납액 원)

재산세 미납분 (없음 있음 — 미납액 원)

의료보험료 미납분 (없음 있음 — 미납액 원)

국민연금 미납분 (없음 있음 — 미납액 원)

자동차세 미납분 (없음 있음 — 미납액 원)

기타 세금 미납분 (없음 있음 — 미납액 원)

부채증명서

■ ○○은행

채권번호 ○번

부 채 증 명 원

성　　　명 : ○ ○ ○

주민등록번호 : 123456 - 1234567

주　　　소 : ○○시 ○○면 ○○길 ○○○ ㅁㅁ오피스텔

20○○년 ○월 ○일 현재 우리 은행에 대한 귀하의 부채가 아래와 같이 있음을 증명합니다.

아　　래

금 00,000,000원정 (원리금 기준)

(단위 : 원)

번 호	대출과목	대출일자	대출기한	대출잔액	미수이자	합계	비 고
E상호 20○○-123	종합통장대출	20**/8/22	20**/2/22	0,000,000	0,000,000	00,000,000	주채무자

20○○년 ○월 ○일

○○시 ○○구 ○○로 ○○

ㅁㅁ은행 대표이사 ○○○

무 상 거 주 확 인 서

무상거주주택 : ○○시 ○○구 ○○로 ○○○ 단독주택 2층

소 유 자 : ○ ○ ○ (123456 - 1234567)

무상 거주인 : ○ ○ ○

거 주 기 간 : 20○○. ○. ○. ~ 현재까지

관 계 : 배우자

이와 같이 무상거주인 (○○○)가 위 주택에 무상거주하고 있슴이 틀림없음을 확인합니다.

20○○. ○. ○.

위 확인인 소유자 ○○○ (인)

주 소 : ○○시 ○○구 ○○로 ○○○

○○지방법원 귀중

[양식 1-6]

수입 및 지출에 관한 목록

1. **가계수지표**(20○○. 10. . 월분)(신청일이 속한 달의 직전 달 기준)

수입			지출	
항목		금액	항목	금액
급여 또는 자영 수입	신청인	0원	주거비(임대료,관리비 등)	83,120원
	배우자	600,000원	식비(외식비 포함)	300,000원
	기타( )	원	교육비	0원
연금	신청인	원	전기·가스·수도료	120,000원
	배우자	원	교통비(차량유지비 포함)	100,000원
	기타( )	원	피복비	50,000원
생활보호		261,240원	의료비	80,000원
기타		원	기타	128,120원
수입합계		861,240원	지출합계	861,240원

* 생활보호 수급비(261,240원) - 본인, 처(○○○), 자(○○○) 생계비 및 장애수당

2. **채무자의 가용소득**(개인회생절차를 신청할 경우 소득에서 생계비를 뺀 나머지 소득)

	구분	금액(단위 : 원)					
1	채무자의 월 평균 소득[331]	861,240원					
2	생계비(2023년 기준 중위소득의 100분의 60)[332]	1인	2인	3인	**4인**	5인	6인
		1,024,205	1,743,917	2,256,019	**2,768,122**	3,280,224	3,792,326
	부양가족 이름, 연령, 관계	○○○(자, 26), ○○○(자, 24), ○○○(처, 49)					
3	채무자의 가용소득 (1 - 2)	-1,946,882원					

331) 최근 1년 동안의 대략적인 소득을 평균하여 기재하십시오.

332) 본인을 포함한 부양가족(스스로 기준 중위소득의 60% 이상의 소득을 올리는 사람은 부양가족이 아닙니다)의 수에 해당하는 곳에 ○ 표 하십시오(생계비는 매년 바뀌므로 신청일을 기준으로 작성).

○ ○ 지 방 법 원
보 정 명 령

사 건 20○○하단○○○ 파산선고
신 청 인 ○ ○ ○ (123456 - 1234567)
겸채무자 주소 ○○시 ○○구 ○○로 ○○ ㅁㅁ아파트 ○○동 ○○호
신청대리인 변호사 ○○○
주소 ○○시 ○○동 ○○

신청인(채무자)은 이 보정명령을 받은 날로부터 5일 이내에 아래 "보정할 사항"을 명백히 기재하여 그 소명자료와 함께 법원에 제출하시기 바랍니다.

만약 이 명령에 응하지 않을 경우 절차가 진행되지 않거나 신청이 기각되는 등 신청인(채무자)에게 불리한 자료로 활용될 수 있습니다.(우편제출도 가능하며, 표지나 봉투 겉면에 반드시 사건번호와 당사자 이름을 기재하여 제출하십시오)

○○지방법원 주소 : ○○시 ○○동 ○○ (우편번호 12345)
문 의 처 : 전화 000) 123-1234 / 팩스 000) 123-5678
○○지방법원 민사신청과 법원주사보 ○○○

20○○. ○. ○.

판 사 ○○○ (인)

* 보정할 사항
1. 면책신청시 거주지의 법률관계와 관련하여 임대차계약서와 현재의 생활상황, 재산목록의 기재내용이 불일치하는 이유를 설명하고 이를 정리할 것

파산선고 및 파산폐지결정 공고

사　　건　　20○○하단○○○　파산선고
신 청 인　　○　○　○ (123456 - 1234567)
겸채무자　　주소 ○○시 ○○구 ○○로 ○○ ㅁㅁ아파트 ○○동 ○○호
　　　　　　신청대리인 변호사 ○○○
　　　　　　등록기준지 ○○시 ○○면 ○○길 ○○

1. 결정연월일 : 20○○. ○. ○. 16:00
2. 주　　　문 : 1. 채무자 ○○○을 파산자로 한다.
　　　　　　　2. 이 사건 파산을 간이파산으로 한다.
　　　　　　　3. 이 사건 파산을 폐지한다.
3. 이유의요지 : 채무자가 지급불능상태에 있고, 파산재단으로써 파산절차비용을 충당하기에 부족하다.

20○○. ○. ○.

○ ○ 지 방 법 원

판 사 ○ ○ ○ (인)

○ ○ 지 방 법 원
결 정

사 건 20○○하면○○○ 면책
(20○○하단○○○ 파산선고)

파 산 자 ○ ○ ○ (123456 - 1234567)
주소 ○○시 ○○구 ○○로 ○○ ㅁㅁ아파트 ○○동 ○○호
송달장소 위와 같음
등록기준지 ○○시 ○○면 ○○길 ○○

주 문

파산자 ○○○을 면책한다.

이 유

이 사건 기록 및 이 법원의 파산자에 대한 심문결과에 의하면, 파산자에게 채무자 회생 및 파산에 관한 법률 제564조에서 정한 면책불허가사유에 해당하는 사실이 인정되지 않으므로, 주문과 같이 결정한다.

20○○. ○. ○.

판 사 ○ ○ ○ (인)

○ ○ 지 방 법 원

결 정

사 건 20○○하면○○○ 면책
(20○○하단○○○ 파산선고)

파 산 자 ○ ○ ○ (123456 - 1234567)
주소 ○○시 ○○구 ○○로 ○○ ㅁㅁ아파트 ○○동 ○○호
송달장소 위와 같음
등록기준지 ○○시 ○○면 ○○길 ○○

주 문

면책의 효력을 받는 채권자에 대한 채무자 회생 및 파산에 관한 법률 제8조, 제9조에 의한 송달은 공고로써 갈음한다.

이 유

채무자 회생 및 파산에 관한 법률 제10조를 적용하여 주문과 같이 결정한다.

20○○. ○. ○.

판 사 ○○○ (인)

면책결정공고

사　　건　　20○○하면○○○　면책
　　　　　　(20○○하단○○○　파산선고)

파 산 자　　○　○　○ (123456 - 1234567)
　　　　　　주소 ○○시 ○○구 ○○로 ○○ □□아파트 ○○동 ○○호
　　　　　　송달장소　　　　위와 같음
　　　　　　등록기준지 ○○시 ○○면 ○○길 ○○

주　　　문

파산자 ○○○을 면책한다.

20○○. ○. ○.

○ ○ 지 방 법 원

판 사 ○○○ (인)

[사례 4] 사업명의대여 등으로 인한 개인파산

개인파산 신청인 ○○○ 관련
(첨부서류 및 소명자료 일람표)

파산신청서 관련	면책신청서 관련
• 파산신청서(인지대, 송달료)	• 면책신청서
• 송달료(예납·추납)납부서(법원제출용)	• 진술서
• 법원보관금 영수필통지서(법원제출용)	• 채권자 명부
• 파산신청서	• ○○지방법원 결정
• 진술서	• ○○지방법원 면책심문조서
• 채권자 일람표	• ○○지방법원결정
• 채권자의 주소	• ○○지방법원결정
• 재산목록	• ○○지방법원결정
• 보험해약영수증·지급 확인서	
• 현재의 생활상황	
• 주거관계(무상거주확인서 등)	
• 지방세 세목별 과세(납세)증명서	
• ○○지방법원 결정	
• 파산선고 및 파산폐지결정 공고	
• ○○지방법원파산결정확정 통지	

[서식 63] 파산 및 면책신청서 표지

파 산 및 면 책 신 청 서

신청인(채무자) ○ ○ ○

파산사건번호	
면책사건번호	
배당순위번호	
재 판 부	제 단독

인 지 대 : 2,000원

파산송달료 : 당사자수 (14) × 4 × 5,200 + 52,000원 = 343,200원

면책송달료 : 당사자수 (14) × 3 × 5,200 + 52,000원 = 270,400원

계 : 613,600원

○○지방법원 귀중

[서식 64] 파산 및 면책신청서

[전산양식 A5601]

파산 및 면책 신청서

인 지 2000원

신 청 인(채 무 자) ○○○ (주민등록번호 : 123456 - 1234567)
주 소 : ○○시 ○○구 ○○로 ○○-○○ (우편번호 : 00000)
거 소 : 상 동 (우편번호 : 00000)
송달장소 : 상 동 송달영수인 : ○○○ (우편번호 : 00000)
등록기준지 : ○○시 ○○구 ○○로 ○○-○○
연락처 : 휴대전화(010-0000-0000), 집전화(000-000-0000), e-mail( )

소송대리인 변호사 ○○○
(송달장소) ○○시 ○○구 ○○로 ○○○-○○(전화 000-000-0000)

신 청 취 지

1. 신청인에 대하여 파산을 선고한다.
2. 이 사건 파산절차를 폐지한다(또는 파산관재인 선임을 희망한다).
3. 채무자를 면책한다. 라는 결정을 구합니다.

신 청 이 유

1. 신청인에게는 별첨한 진술서 기재와 같이 지급해야 할 채무가 존재합니다.
2. 그런데 위 진술서 기재와 같은 신청인의 현재 자산, 수입의 상황 하에서는 채무를 지급할 수 없는 상태에 있습니다. (또한 파산재단을 구성할 만한 재산이 거의 없어 파산절차비용에 충당하기에 부족합니다.)
3. 따라서 신청인에 대하여 파산을 선고 (하고, 이 사건 파산절차를 폐지)하며, 채무자를 면책한다. 라는 결정을 구합니다.

첨 부 서 류

1. 가족관계증명서, 혼인관계증명서 각 1부
   (단 혼인관계증명서는 최근 2년 이내 이혼한 경우)
2. 주소변동내역이 포함된 주민등록등본 1부
3. 진술서 1부
   (채권자목록, 재산목록, 현재의 생활 상황, 수입 및 지출에 관한 목록 포함)

휴대전화를 통한 정보수신 신청서

위 사건에 관한 파산선고결정, 면책결정 등 정보를 예납의무자가 납부한 송달료 잔액 범위 내에서 휴대전화를 통하여 알려주실 것을 신청합니다.

▣ 휴대전화 번호 :

신청인 채무자 ○○○ (날인 또는 서명)

※ 파산선고 및 이의기간지정 결정(또는 면책심문기일 결정), 면책결정이 있으면 신속하게 위 휴대전화로 문자메시지가 발송됩니다. 문자메시지 서비스 이용금액은 메시지 1건당 17원씩 납부된 송달료에서 지급됩니다(송달료가 부족하면 문자메시지가 발송되지 않습니다). 추후 서비스 대상 정보, 이용금액 등이 변동될 수 있습니다.

20○○. ○. ○.

위 소송대리인 ○○○ (인)

파산사건번호	
면책사건번호	
배당순위번호	
재 판 부	제 단독

○○지방법원 귀중

[양식 1-1]

진 술 서

인 지 2000원

○○지방법원 귀중

신 청 인 ○○○ (인)

신청인은 다음과 같은 내용을 사실대로 진술합니다.

또 본인의 현재의 채무, 자산, 생활의 상황 및 수입·지출 등은, 별지 「채권자목록」, 「재산목록」, 「현재의 생활상황」, 「수입 및 지출에 관한 목록」의 각 기재와 같습니다.

위 각 서류에 사실과 다른 내용이 있을 경우 면책불허가될 수 있음을 잘 알고 있습니다.

1. 본인의 과거 경력은 다음과 같습니다.

(1) 최종 학력

19○○ 년 2 월 10일 ○○여자고등 학교 (졸업, 중퇴)

(2) 과거 경력(최근의 것부터 기재하여 주십시오)

20○○ 년 10월 15부터 20○○년 9월 30일까지(자영, 근무)

업종 생활용품판매 직장명 (주)○○○○ 직위 판매사원

20○○ 년 6월 3일부터 20○○년 9월 30일까지(자영, 근무)

업종 생활용품도, 소매 직장명 ○○마트 직위 계산원

2. 본인의 현재까지의 생활상황 등은 다음과 같습니다.

(1) 채무의 지급이 곤란할 정도로 경제사정이 어려워진 이후에 일부 채권자에게만 변제한 경험 (있음, 없음) (변제한 채권자의 성명, 변제시기, 금액을 전부 기재하여 주십시오)

____

____

(2) 사기죄, 사기파산죄, 과태파산죄로 고소되거나 형사재판을 받은 경험 (있음, 없음)

____

(3) ㈎ 과거에 파산신청을 하였다가 취하하거나 기각당한 경험 (있음, 없음)

년 월 일 ( )지방법원에 파산신청을 하였는데 (취하함, 기각당함)

㈏ 과거에 파산선고를 받은 경험 (있음, 없음)

년 월 일 ( )지방법원에서 파산선고를 받음

㈐ 그 파산선고에 이어서 면책을 받은 경험 (있음, 없음)

년 월 일 ( )지방법원에서 면책결정을 받았고, 년 월 일 위 결정이 확정됨

(4) ㈎ 개인회생절차를 이용한 경험 (있음, 없음)(개인회생절차 중이면 기각될 수 있음)

년 월 일 ( )지방법원에서 인가결정을 받음(사건번호:)

년 월 일 ( )지방법원에서 폐지결정을 받음

(폐지사유 :)

☆ 폐지사유(예를 들어 소득 감소, 가족 의료비 증가 등)에 관한 소명자료를 첨부하여 주십시오.

㈏ 그 개인회생절차에서 면책을 받은 경험 (있음, 없음)

년 월 일 ( )지방법원에서 면책결정을 받았고, 년 월 일 위 결정이 확정됨

(5) 슬롯머신, 경마, 경륜, 포커 등 도박행위를 한 경험 (있음, 없음)

▷ 어떤 도박을 하였는지 ( )

▷ 도박을 한 시기 (년 월 일부터 년 월 일까지)

▷ 도박을 한 횟수 및 금액 1개월 평균 ( ) 회, 평균 ( ) 원 정도

(6) 과거 자신의 월수입의 반 이상이 소요되는 호텔, 콘도, 골프장, 고급 음식점에 다닌 경험 (있음, 없음)

▷ 어떤 곳에 갔는지 ( )

▷ 간 시기 (년 월 일부터 년 월 일까지)

▷ 간 횟수 및 사용금액 1개월 평균 ( ) 회 정도, 평균 ( ) 원 정도

(7) 과거 2년간 국내·해외여행 경험 (있음, 없음)

▷ 여행 횟수 및 사용 금액 합계 ( ) 회 정도, 총액 ( ) 원 정도

(8) 과거 2년간 500만원 이상의 물건을 구입한 경험 (있음, 없음)

(물건의 품명, 구입시기, 가격 등을 전부 기재하여 주십시오)

(9) 과거 물건을 할부나 월부로 구입하고 대금을 전부 지급하지 않은 상태에서 처분(매각, 입질 등)을 한 경험 (있음, 없음) (물건의 품명, 구입시기, 가격, 처분 시기 및 방법을 전부 기재하여 주십시오)

(10) 이번 항목은 개인 영업을 경영한 경험이 있는 분만 기재하여 주십시오.

▷ 영업 중 상업장부의 기재

☐ 정확히 기장하였다. ○ ☐ 부정확하게 기장하였다.
☐ 기장하지 아니하였다.

▷ 영업 중에 도산을 면하기 위해 상품을 부당하게 염가로 매각한 사실 (있음, 없음) (언제 무엇을 매입원가의 몇 %로 할인판매를 하였는지를 기재하여 주십시오)

---

3. 채권자와의 상황은 다음과 같습니다.

(1) 채권자와 채무지급방법에 관하여 교섭한 경험 (있음, <u>없음</u>)
▷ 그 결과 합의가 성립된 채권자수 ( )명
▷ 합의에 기하여 지급한 기간 (년 월 일부터 년 월 일까지)
▷ 매월 지급한 총액 1개월 평균 ( )원 정도
▷ 지급 내역 (누구에게 얼마를 지급하였는지를 기재하여 주십시오)

---

(2) 소송·지급명령·압류·가압류 등을 받은 경험 (있음, <u>없음</u>)
▷ ( )지방법원 ( )지원 사건번호 (호) 상대방( )
▷ ( )지방법원 ( )지원 사건번호 (호) 상대방( )

4. 파산신청에 이르게 된 사정(채무 증대의 경위 및 지급이 불가능하게 된 사정)(☐안에 ✓표시)

(1) 많은 채무(연대보증에 의한 채무나 신용카드 이용에 의한 채무를 포함한다)를 지게 된 이유는 다음과 같습니다(두 가지 이상 선택 가능).

☐ 생활비 부족 (부양가족수 :), (부족한 생활비 : 주거비, 의료비, 교육비, 기타)
☐ 주택구입자금 차용 (주택 구입 시기 :),
(주택 처분 시기 :)
(구입한 주택의 명세 :)
☐ 낭비 등(음식·음주, 투자·투기, 상품 구입, 도박 등)
☑ 사업의 경영 파탄 (다단계 사업 포함) (사업 시기 : 20○○년 ○월 일부터 20○○년 ○월 일까지)
(사업 종류 : 화장품 도,소매)
☑ 타인(친족, 지인, 회사 등)의 채무 보증
☐ 사기 피해를 당함 (기망을 한 사람 및 채무자와의 관계 : ,)
(피해액수 : 원)
☐ 그밖의 사유 :

(2) 지급이 불가능하게 된 계기는 다음과 같습니다(두 가지 이상 선택 가능)

☑ 변제해야 할 원리금이 불어나 수입을 초과하게 됨

☐ 실직함

☑ 경영 사정 악화로 사업 폐업함

☐ 급여 또는 사업 소득이 감소됨

☐ 병에 걸려 입원함

☐ 그밖의 사유 :

(3) <u>지급이 불가능하게 된 시점 : 20○○년 ○월 ○일</u>

(4) 구체적 사정

시기(연월일)	채권자, 차용(보증) 액수, 차용한 돈의 사용처, 지급이 불가능하게 된 사정 등
20○○. 05. 05	○○○○ 유동화전문유한회사
20○○. 06. 11	○○보증기금
20○○. 05. 20	○○자산관리(주)

(언제, 어떠한 사정 하에 누구로부터 얼마를 차용하여 어디에 사용하였는지, 언제 어떠한 사정 하에 무엇을 구입하였는지, 어떠한 사정 하에 지급이 불가능하게 되었는지를 오래된 것부터 시간 순서에 따라 기재하여 주십시오. 별지를 사용하여도 됩니다.)

5. 지급이 불가능하게 된 시기 <u>이후에</u> 차용하거나 채무가 발생한 사실 (있음, 없음)

시기(연월일)	차용(채무 발생) 원인, 금액, 조건 등

(있다면 차용 또는 채무발생의 시기, 원인, 금액, 조건 등을 기재하여 주십시오. 별지를 사용하여도 됩니다.)

〈별지 : 진술서 4, 5항 관련〉

진 술 서

1. **성장과정**

저는 부 ○○○과 모 ○○○사이에서 3남 2녀 중 둘째로 태어났습니다. 넉넉지 못한 형편에 학업에 재미를 못 느낀 저는 고등학교만 마치고 곧바로 사회생활을 했습니다. 부모님께서 작은 월급을 관리해 주셔서 사회생활 4년 만에 제 힘으로 결혼을 준비할 수 있었습니다. 그 당시 대학생과 고등학생 동생들의 뒷바라지로 집안의 보탬이 되어 주어야 했었는데, 부모님은 저의 혼수를 장만하시며 더 좋은 이불, 더 좋은 장롱 등을 못해 주신 것을 아쉬워하며 저는 그렇게 24살에 지금의 남편과 시작했습니다.

2. **결혼**

시댁의 도움 없이 주택은행 융자로 시작된 저희 신혼 방은 사랑 없인 추웠습니다. 주택의 문간방으로 둘이 누우면 공간이 없는 그런 작은 신혼 방이었습니다. 임신으로 직장생활을 할 수 없었던 저는 미래의 계획을 그리며 전업주부가 되어갔습니다. 결혼 1년이 못되어 남편이 □□지역으로 발령이 나서 □□지역으로 갔습니다. 낯선 곳에서 저는 아이를 낳았고 행복했습니다. 부모님과 다정하게 살지 못했던 남편은 아이와 노는 방식을 몰라 재밌게 보내 주진 못했지만, 쉬는 날이면 항상 저희를 데리고 드라이브를 해줬고, 바쁜 남편에 저 역시 아이와 지내는 법을 터득하고 큰 문제가 되지 않았던 시간들이었습니다. 많지 않은 월급에 융자도 갚았고 조금씩 저축도 하며 평범하게 흘러가는 시간에 저희도 따랐습니다. □□지역으로 간지 1년이 안되어 남편은 다시 ○○지역으로 발령을 받아 ○○지역으로 이사 오게 됐습니다.

3. **시련의 시작 시점**

□□지역은 태어나 자라온 ○○지역과 먼 거리는 아니었지만 많이 외로웠던 □□지역 생활이었기에 남편의 ○○지역 발령은 너무도 숨길 수 없는 행복한 소식이었습니다. 그런데 그 순간 떠오르는 불안이 저에겐 있었습니다. 저희 셋이 살고 있는 전세아파트였습니다. 즉, 1년 전에 살고 있던 아파트가 너무 오래되어 보수공사로 부득이 저희는 현재의 15평 서민아파트로 이사를 하게 되었습니다. 작은 평수의 비록 많지 않은 전세금 이었지만 저희에겐 큰 금액이기에 등기소를 들렀습니다. 시가 3,000만원도 안 가는 아파트에 근저당설정이 두 군데나 되어 있었습니다. 분양당시 주택은행 20년 장기로 1,200만원, 주인이 사업하시는 분이어서인지 500만원을 다시 얻으셨던 것 같습니

다. 그렇게 근저당설정이 되어 있었습니다. 불안해하는 제가 느껴졌는지 남편은 그 아파트는 서민아파트에 적당한 평수로 인기 만점 위치라며 다른 곳보다 500만원이 더 많은 것뿐이라며 의논도 안하고 남편은 계약을 했습니다. 그런데 그 불안감이 우리의 발목을 잡았습니다. 새로 들어올 사람마다 등기소를 다녀오고는 저당권 때문에 계약을 하지 않았습니다. 한 동안 저희부부는 냉기가 흘렀었죠. 남편은 어쩔 수 없이 ○○지역으로 출퇴근을 하게 되었습니다. 겨울철엔 출근과 퇴근이 본인도 힘들었겠지만 저와 아이도 많은 불안감을 주는 시간이었습니다. 그런 와중에 또 한 번의 시련이 왔습니다. 저희가 이사와 2년 안되어 우리가 살고 있던 아파트가 경매처분 된다는 법원 통보였습니다. 가끔 은행에서 연체이자 독촉서가 날아와 주인한테 알려주곤 했었지만 남편은 사업을 하면 그럴 수도 있다며 크게 생각지 않았습니다.

4. 사업의 시작과 채무 발생 시점

20○○년 ○○경 퇴근을 하고 온 남편은 사표를 냈다고 선포하고 사업구상에 들떠 있습니다. 집은 경매물건으로 명시되어 어느새 2차 경매기일까지 가서 많이 혼란스런 시간이었습니다. 그 시점에 남편은 그 집을 경매에서 낙찰 받았습니다. 3차까지 갈 수 있었던 집을 보통 그 시세로 받은 셈이었습니다. 시댁의 도움을 받았습니다. 그렇게 남편의 사업장은 집주소로 시작되었습니다. 유통분야에 근무하면서 눈여겨온 여직원도 식구로 들여 재밌게 밤낮을 가리지 않고 남편은 열심히 생활했습니다. 바쁜 생활에 저 역시 아이와 적응을 하며 열심히 생활한 1년이었습니다. 한 명의 직원으로 시작된 작은 유통이 세 명, 네 명 그러다 남편까지 7명의 굵직한 사업체가 되었습니다. 사업체가 커지면서 신용보증보험과 ○○보증, ○○생명보험 담보대출 건으로 남편은 저를 데리고 다녔습니다. 그렇게 사업은 2년, 3년 지속되었습니다. 앞으로 힘든 시련이 올지 모르고 저는 둘째를 임신했고 그렇게 불안은 저만의 것으로 세월은 흘러갔습니다. 남편은 제 명의의 사업체와 본인 명의의 사업체로 사업을 계속 키워갔습니다. 번창하는 사업자 뒤엔 언제나 내조가 있었다며 세뇌 아닌 세뇌로 저를 보증 건에 가담시켰습니다. 그 즈음 사업체를 ○○지역으로 확장시키며 지금 어마하게 커져있는 ○○동에 보금자리를 마련했습니다. 경매 받아 살고 있던 아파트는 아는 분의 여직원 숙소로 월세로 내놓고 친정집에 말씀드려 1,000만원의 도움 받아 3,500만원에 10년 균등상환으로 ○○동 생활을 시작했습니다. 잦은 보증 건으로 친정식구의 도움을 받으려 저를 강요했지만 너무도 크게 다가오는 불안감이 저를 친정집까진 가게하지 못했습니다. 사업을 계속 유지할 수 있었던 건 고모부와 친구의 보증, 저의 보증이 있었기에 가능했습니다. 시댁에서는 불안해하면서도 남편의 이번 달 수입은 얼마네, 전국 1등이라네 하는 말에 곧 재벌이 되는 줄 아셨습니다. 하지만 그 수입에 직원들 월급,

사무실임대 및 유지비 등 이것저것 공제하면 남는 게 거의 없이 빈손이었습니다. 어쩔 때는 아기 분유 값이 없을 때도 있었습니다. 집에 있는 저도 사업에 무리가 있다는 것이 느껴져 제가 일을 저질렀습니다. 시댁식구들을 모이게 하고 남편의 사업실체를 알고 있는 한 솔직하게 말씀드렸습니다. 보증문제를 해결해 주신 고모부와 친구가 보증연장을 취소하시더군요. 그때서야 심각성을 받아들였습니다. 그 시간부터 하나하나 정리를 시작했습니다. 집도 유지하기 힘들어 2년 전 저희가 들어온 그 가격에 급히 처분했습니다. 집을 정리하면 그때 당시의 여유 돈이 남을 줄 알았습니다.

5. 채무 증대시점

집을 처분해서 연체이자 정리하고 대충 갚을 곳 갚으니 남은 빚이 500만원 가량 남아 있었습니다. 꼭꼭 숨겨진 큰 금액의 채무와 보이는 마이너스 500만원의 빚을 안고 다시 □□생활은 시작됐습니다. 미용 쪽의 불황과 큰 회사들의 잇따른 부도로 한순간에 저희 사업체도 무너졌습니다. 어떻게든 저는 정신을 차리고 수습을 해야 했습니다. 그나마 남아있는 시골 땅도 허공에 분산될까싶어 서둘러 시댁에 매매를 부탁했고 그제야 제 말을 믿어주시고 제게 처분한 돈을 주셨습니다. 시누이에게서 빌렸던 금액을 제외하시고 주신 돈은 그리 큰돈은 아니었지만 남편은 그 돈을 또 다른 사업자금으로 쓰려했고 저는 바로 다음날부터 금융계를 다니며 급한 곳부터 처리를 했습니다. 남편은 제게 솔직하지 못했습니다. 불어나는 연체이자 수습도 뒷전이었고 가정은 아예 나몰라라 하며 친구와 사업구상에 자금처만 찾아다니곤 했습니다. 식구와 주위에서 신용을 잃은 자신을 발견 못하고 도와주지 않는다고 지인들에게 원망만 키워가는 남편은 정상적인 판단력을 잃은 상태였습니다. 아이들을 생각해 저는 남아있는 재고를 처분하면서 미용재료 주문과 배달을 하며 근근이 생활을 꾸렸습니다. 신용을 잃은 남편이 항상 제 꼬리에 붙어 다녔지만 오로지 아이들을 생각해 열심히 뛰어 다녔습니다. 계속 연체이자는 불어나고 집안 살림살이는 경매로 넘어갔습니다. 시간은 가는데 남편은 대책도 내놓지 않고 모든 게 제 몫이었습니다. 이사하기 좋은 2월이라 이사센터도 없었고 포장을 하면서도 어디로 이사를 해야 할지 머리가 복잡했습니다. 다행히도 친정집에 여유의 방이 있었고, 남편까지 받아달라는 말은 꺼내지도 못했지만 부모님 역시 남편에게 너무도 큰 실망을 했었습니다.

6. 현재생활

20○○년 ○월 ○일 이사 당일 연락이 끊긴 남편이 왔습니다. 어디로 가느냐는 물음에 친정으로 가기로 하였다고 했는데, 그게 저희 부부의 마지막 말이었습니다. 그 날부터 저희 세 식구는 부모님 집에서 살고 있습니다. 1~2년이면 독립해서 우리가족 합

칠 수 있을 거라 믿었고 남편 역시 열심히 살아 줄 거라 밉지만 가슴 한편엔 희망을 가졌습니다. 하지만 남편은 저희 세 식구를 데려갈 생각이 전혀 하지 않고 있었습니다. 한두 달 서로가 안정되면 만나서 과거는 잊고 희망을 얘기할 수 있을 거라 믿었습니다. 하지만 남편은 계속해서 사업구상에 자금 줄만 찾아다닐 뿐 저희 가족의 생계비는 전혀 생각지 않았습니다. 저소득 가정도 안되고, 한 부모 가정도 안되고 모든 것이 제 몫이었습니다. 남편은 아이들하고 만나면 용돈 한 푼 주지 않고 이 곳 저 곳 데리고 다니면서 아이들을 지치게 해서 돌려보냈습니다. 아이들도 그런 아빠의 모습에 점점 지쳐갔습니다. 남편은 90만원 월급에 중학생과 초등학생 뒷바라지는 저에게 생활비 한 푼 보태지 않고 친정집에 얹혀살게 하였습니다. 그래서 저는 남편에게 최종적으로 작년 6월에 얘기를 했습니다. 막노동이라도 해서 가정을 책임지든가 아니면 아이들을 생각해서 국가지원이라도 받을 수 있도록 이혼을 해주라고요. 남편은 7월부터는 150만원씩 주겠다고 장담만 하더군요. 그 후로 남편은 아예 연락을 끊어버렸습니다. 그런데 큰아이가 겨울방학 시작시점 부터 기침을 하더니 급기야 귓속의 고막이 심하게 망가져 갔습니다. 하루는 아이가 귀가 너무 아프다고 해서 이비인후과를 방문했습니다. 선생님께서 방사선과를 다녀오라는 말에 저는 그 순간 번개를 맞은 것처럼 멍했습니다. 일이 커졌음을 느꼈습니다. 그보다 아이가 엄마의 힘든 것을 알고 참고 참다 얘기한 것에 너무도 가슴이 아팠습니다. 항상 정해져있는 수입에 이변이라도 생기면 도움을 받아야 하는 형편임을 큰아이는 너무 잘 알고 있었습니다. 아이는 수술까지는 안갔지만 석 달 가까이 치료를 받고 있습니다. 계속되는 치료비에 큰아이가 제게 미안해합니다. 지금까지도 열심히 살아온 저이지만 커가는 아이들 앞에 더 열심히 살아야 하겠다는 생긱입니다. 그래서 남편과의 정리도 준비하고 있습니다. 늦었다고 생각지는 않습니다. 앞으로가 중요하기에 빚을 털고 새 출발을 하기 위해 이렇게 저의 진술서를 제출합니다. 저에게 부모로서 해야 할 책임이 있는 만큼 다시 한 번 기회를 주신다면 어렵고 힘든 생활 최선을 다하여 살겠습니다.

재판장님의 선처를 부탁드립니다.

20○○. ○. ○.

위 진술인 ○ ○ ○ (인)

[양식 1-2]

채권자목록

순번	채권자명	차용 또는 구입일자	발생원인	최초 채권액	사용처	보증인	잔존 채권액	
							잔존 원금	잔존 이자·지연손해금
1	○○ 보증기금	2013.○.○.	1	34,858,476	남편에게 사업자 명의대여	○○○	34,858,476	34,959,606
1-1	○○○	2013.○.○.	3	34,858,476	보증채무 (주채무자 : ○○○)		미정	미정
2	○○자산 관리(주)	2015.○.○.	1	12,814,499	남편에게 사업자 명의대여	○○○	12,814,499	미정
2-1	○○○	2015.○.○.	3	12,814,499	남편(○○○) 보증		미정	미정
3	○○○○ 유동화 전문 유한 회사	2013.○.○.	3	20,235,897원 중 5,760,899원	보증채무 (주채무자 : ○○○)		5,760,899	

※ 채권의 '발생원인'란에는 아래 해당번호를 기재함 ① 금원차용(은행대출,사채 포함), ② 물품구입(신용카드에 의한 구입 포함), ③ 보증(피보증인 기재), ④ 기타	합 계	잔존 원금	잔존 이자·지연손해금
	88,393,480	53,433,874	34,959,606

[양식 1-3]

채권자의 주소

1. 채권자의 주소는 신청일 당시의 주소로 번지까지 정확하게 기재하고, 채무자를 위해 보증을 해 준 사람이 있으면 그 보증인의 주소까지 정확히 기재하여야 합니다.
2. 채권자가 금융기관이나 기타 법인인 경우에는 본점 소재지 또는 거래지점의 소재지를 정확하게 기재하여야 합니다.

순번	채권자명	주소	전화번호	팩스	비고 (우편번호)
1	○○보증기금	○○시 ○○구 ○○로 ○○○-○○	000-000-0000		00000
2	○○○	○○시 ○○구 ○○로 ○○○-○○	000-000-0000		00000
3	○○자산관리(주)	○○시 ○○구 ○○로 ○○○-○○	000-000-0000		00000
4	○○○○유동화 전문 유한회사	○○시 ○○구 ○○로 ○○○-○○	000-000-0000		00000

[양식 1-4]

재 산 목 록

※ 먼저, 다음 재산목록 요약표에 해당재산이 있는지 ✓하고, 「□ 있음」에 ✓한 경우에는 아래 해당 항목에서 자세히 기재바랍니다. 이 양식을 파일형태로 이용할 경우 아래 표 중 에 「□ 있음」에 ✓한 부분만 출력하여 제출하여도 됩니다. 따라서 모두 「□ 없음」에 ✓한 경우에는 아래 표 다음 부분을 생략할 수 있습니다 (실제로는 재산 처분이 있었음에도 불구하고 '최근 2년간 재산 처분이 없음'에 ✓해 놓고는 부동산등기부등본 등 소명자료를 뒷부분에 편철해놓는 경우가 있는데 이와 같이 재산목록 요약표와 소명자료 또는 진술서의 기재내용이 서로 불일치한 경우에는 허위진술 내지 불성실한 신청으로 간주되어 불이익한 처분을 받을 수 있습니다).

재산목록 요약표

1. 현금	□ 있음 ☑ 없음	6. 매출금	□ 있음 ☑ 없음	11. 지급불가능 시점의 1년 이전부터 현재까지 재산 처분 여부	□ 있음 ☑ 없음
2. 예금	□ 있음 ☑ 없음	7. 퇴직금	□ 있음 ☑ 없음	12. 최근 2년간 받은 임차 보증금	□ 있음 ☑ 없음
3. 보험	□ 있음 ☑ 없음	8. 부동산	□ 있음 ☑ 없음	13. 이혼재산분할	□ 있음 ☑ 없음
4. 임차보증금	□ 있음 ☑ 없음	9. 자동차·오토바이	☑ 있음 □ 없음	14. 상속재산	□ 있음 ☑ 없음
5. 대여금	□ 있음 ☑ 없음	10. 기타 재산 (주식, 특허권, 귀금속 등)	□ 있음 ☑ 없음	15. 친족의 재산	□ 있음 ☑ 없음
파산관재인 선임 희망 여부		□ 희망 ☑ 불희망			

1. 현금 : 금액 (원)

2. 예금

금융기관명( ) 계좌번호( )

잔고 (원)

금융기관명(   ) 계좌번호(   )

잔고 (원)

☆ 은행 이외의 금융기관에 대한 것도 포함합니다.

☆ 예금잔고가 소액이라도 반드시 기재하고 파산신청시의 잔고(정기예금분을 포함)와 최종 금융거래일로부터 과거 6개월간의 입출금이 기장된 통장 사본 또는 예금거래내역서를 첨부하여 주십시오.

3. 보험(생명보험, 화재보험, 자동차보험 등)

보험회사명(   ) 증권번호(   )

해약반환금 (원)

☆ 파산신청 당시에 가입하고 있는 보험은 해약반환금이 없는 경우에도 반드시 전부 기재하여 주십시오.

☆ 보험증권사본과 파산신청시의 해약반환금 예상액(없는 경우에는 없다는 사실)을 기재한 보험회사 작성의 증명서를 첨부하여 주십시오.

4. 임차보증금

임차물건(아파트), 임차보증금 (1,966,000원), 반환예상금 (1,966,000원)

☆ 반환예상금란에는 채무자가 파산신청일을 기준으로 임대인에게 임차물건을 명도할 경우 임대인으로부터 반환 받을 수 있는 임차보증금의 예상액을 기재하여 주십시오.

☆ 임대차계약서의 사본 등 임차보증금 중 반환예상액을 알 수 있는 자료를 첨부하여 주십시오.

☆ 상가 임대차의 경우에는 권리금이 있으면 반드시 권리금 액수를 기재해 주시기 바랍니다.

5. 대여금·구상금·손해배상금·계금 등

채무자명(   ) 채권금액 (   )

회수가능금액 (원)

채무자명(   ) 채권금액 (   )

회수가능금액 (원)

☆ 계약서의 사본 등 대여금 등을 알 수 있는 자료를 첨부하고, 변제 받는 것이 어려운 경우에는 그 사유를 기재한 진술서 및 소명자료를 첨부하여 주십시오(회수가 어렵다고 하더라도 반드시 기재하시고, 대여금뿐만 아니라 구상금, 손해배상금, 계금 등 어떠한 명목으로라도 제3자로부터 받아야 할 돈이 있으면 기재하시기 바랍니다).

6. 매출금(개인사업을 경영한 사실이 있는 분은 현재까지 회수하지 못한 매출금 채권)

채무자명(   ) 채권금액 (원)

회수가능금액 (원)

채무자명(   ) 채권금액 (원)

회수가능금액 (원)

☆ 영업장부의 사본 등 매출금을 알 수 있는 자료를 첨부하고, 변제 받는 것이 곤란한 경우에는 그 사유를 기재한 진술서 및 소명자료를 첨부하여 주십시오.

7. 퇴직금

근무처명( ) 퇴직금예상액 (원)

☆ 파산신청시에 퇴직하는 경우에 지급 받을 수 있는 퇴직금예상액(퇴직금이 없는 경우에는 그 취지)을 기재한 사용자 작성의 증명서를 첨부하여 주십시오. 만일 퇴직금채권을 담보로 하여 돈을 차용하였기 때문에 취업규칙상의 퇴직금보다 적은 액수를 지급 받게 되는 경우에는 차용에 관한 자료를 첨부하여 주십시오.

8. 부동산(토지와 건물)

종류(토지·건물) 소재지 ( )

시 가 (원) 등기된 담보권의 피담보채권

잔액(원)

종류(토지·건물) 소재지 ( )

시 가 (원) 등기된 담보권의 피담보채권

잔액(원)

☆ 등기부등본 등과 재산세과세증명서, 인근 중개업소나 인터넷에서 확인한 적어도 2곳 이상의 시가확인서 등 시가증명자료를 첨부하여 주십시오.

☆ 저당권 등 등기된 담보권에 대하여는 은행 등 담보권자가 작성한 피담보채권의 잔액증명서 등의 증명자료를 첨부하여 주십시오(가압류나 압류는 등기된 담보권이 아니므로 그 가액을 표시할 때는 가압류나 압류임을 명시하여 주시기 바랍니다).

☆ 경매진행 중일 경우에는 경매절차의 진행상태를 알 수 있는 자료를, 배당이 완료된 경우에는 배당표를 제출하여 주십시오.

9. 자동차(오토바이를 포함한다)

차종 및 연식(○○○, 20○○년) 등록번호(○○나○○○○)

시가 (180만원)

등록된 담보권의 피담보채권 잔액(원)

☆ 자동차등록원부와 시가 증명자료를 첨부하여 주십시오.

10. 기타 재산적 가치가 있는 중요 재산권(주식, 회원권, 특허권, 귀금속, 미술품 등)

품목명( ) 시가 (원)

품목명( ) 시가 (원)

11. 진술서 4.(3) 기재 지급 불가능 시점의 1년 이전부터 현재까지 사이에 처분한 1,000만원 이상의 재산(다만, 여러 재산을 처분한 경우 그 합계액이 1,000만원 이상이면 모두 기재해야 하고, 부동산은 1,000만원 미만이라도 기재해야 한다.)

○○화재 환급금 3,161,550원, 대출금 2,618,645원, 대출이자 금 16,003원 공제 후 환급액 금 526,902원

☆ 처분의 시기, 대가 및 대가의 사용처를 상세히 기재하여 주시기 바랍니다. 그리고 여기서 말하는 재산의 처분에는 보험의 해약, 정기예금 등의 해약, 퇴직에 따른 퇴직금수령 등도 포함합니다. 주거이전에 따른 임차보증금의 수령에 관하여는 다음의 12항에 기재하여 주시기 바랍니다.

☆ 특히 부동산이나 하나의 재산의 가액이 1,000만원 이상의 재산을 처분한 경우에는 처분시기와 대가를 증명할 수 있는 등기부등본, 계약서사본, 영수증사본과 처분대가의 사용처를 증명할 수 있는 자료를 첨부하시기 바랍니다(경매로 처분된 경우에는 배당표를 제출하여 주십시오).

12. 최근 2년 이내에 주거이전에 따른 임차보증금을 수령한 사실

☆ 임대차계약서사본과 수령한 임차보증금의 사용처를 증명할 수 있는 자료를 첨부하시기 바랍니다.

13. 최근 2년 이내에 이혼에 따라 재산분여(할)한 사실

☆ 분여한 재산과 그 시기를 기재하여 주십시오. 그리고 분여한 재산의 가치를 나타내는 자료를 첨부하여 주시기 바랍니다(이혼 당시 배우자의 보유 재산이 어느 정도인지 아래 15.항의 양식을 참조하여 기재하여 주십시오).

14. 친족의 사망에 따라 상속한 사실

년 월 일 부·모 ____________의 사망에 의한 상속

상속상황

㉠ 상속재산이 전혀 없었음

㉡ 신청인의 상속포기 또는 상속재산 분할에 의해 다른 상속인이 모두 취득하였음

㉢ 신청인이 전부 또는 일부를 상속하였음

주된 상속재산과 그 처분의 경과

☆ ㉡ 또는 ㉢항을 선택한 분은 주된 상속재산을 기재하여 주시기 바랍니다.

☆ ㉡항을 선택한 분은 다른 상속인이 주된 상속재산을 취득하였다는 사실을 증명하는 자료를

첨부하여 주십시오. 부동산인 경우에는 다른 상속인이 소유자로 되어 있는 등기부등본을 첨부하여 주십시오.

☆ ㉢항을 선택한 분으로 상속한 주된 재산을 이미 처분한 분은 그 처분의 경과와 대가의 사용처를 상세히 기재하고, 그 사실을 증명하는 자료를 첨부하여 주십시오.

15. 배우자, 부모, 자녀 명의의 1,000만원 이상의 재산(1인 명의 재산이 1,000만원 이상일 때)

재산의 종류 (   )

재산의 명의자 (   ), 채무자와의 관계 (   )

재산의 시가 (   ), 재산에 관한 피담보채무 (   )

재산 취득 시기 (   )

재산 취득 자금 마련 경위 (   )

☆ 재산이 부동산인 경우에는 등기부등본 등과 재산세과세증명서, 인근 중개업소나 인터넷에서 확인한 적어도 2곳 이상의 시가확인서 등 시가증명자료를 첨부하여 주십시오.

☆ 재산 취득시기가 지급이 불가능하게 된 시점으로부터 2년 이내인 경우에는 재산 취득 자금 마련 경위에 관한 소명자료(예를 들어 재산 명의자의 취득 자금에 관한 금융 거래 명세 등)를 첨부하여 주십시오.

[양식 1-5]

현재의 생활상황

1. 현재의 직업 【 자영, 고용, 무직 】

업종 또는 직업(판매사원) 직장 또는 회사명

((주)○○○○○)

지 위 (일용직) 취 직 시 기 (20○○년 1월)

2. 수입의 상황(신청인의 월수입 합계 원)

자영수입(원) → 종합소득세 확정신고서(최근 2년분)를 첨부하여 주십시오.

월 급여 (900,000 원) → 급여증명서(최근 2년분)와 근로소득세 원천징수영수증의 사본을 첨부하여 주십시오.

연 금 (원) → 수급증명서를 첨부하여 주십시오.

생활보호(원) → 수급증명서를 첨부하여 주십시오.

기 타 (원) → 구체적으로 기재하고 수입원을 나타내는 자료를 첨부하여 주십시오.

3. 가족·동거인의 상황

성명	신청인과의 관계	연령	동거여부	직업	월수입
○○○	남편	46	동거 · **별거**	무	0 원
○○○	자	17	**동거** · 별거	학생	0 원
○○○	자	12	**동거** · 별거	학생	0 원
			동거 · 별거		원
			동거 · 별거		원

☆ 가족·동거인 중 수입이 있는 자에 대하여는 2항과 마찬가지로 급여명세서사본, 종합소득세확정신고서 등을 첨부하여 주십시오.

4. 주거의 상황

거주를 시작한 시점 (20○○년 02월 27일)

거주관계 : 아래 ㉠ – ㉥ 중 선택 (㉣)

㉠ 임대 주택(신청인 이외의 자가 임차한 경우 포함)
㉡ 사택 또는 기숙사
㉢ 신청인 소유의 주택
㉣ 친족 소유의 주택에 무상으로 거주
㉤ 친족 이외의 자 소유의 주택에 무상으로 거주
㉥ 기타 (   )

㉠, ㉡항을 선택한 분에 대하여,
관리비를 포함한 임대료 (원) 임대보증금 (원)
연체액 (원)
신청인 이외의 자가 임차인인 경우 임차인 성명 (   )
신청인과의 관계 (   )

㉣, ㉤항을 선택한 분에 대하여,
소유자 성명 (○○○) 신청인과의 관계 (부모)
신청인 이외의 자가 소유자이거나 임차인인데 함께 거주하지 않는 경우 그 경위를 기재하십시오. (   )

☆ ㉠ 또는 ㉡항을 선택한 분은 임대차계약서 또는 사용허가서 사본을 첨부하여 주시기 바랍니다.
☆ ㉢ 또는 ㉣항을 선택한 분은 등기부등본을 첨부하여 주십시오.
☆ ㉣ 또는 ㉤항을 선택한 분은 소유자 작성의 거주 증명서를 첨부하여 주십시오.

5. 조세 등 공과금의 납부 상황(체납 조세가 있는 경우 세목 및 미납액을 기재하십시오)

소 득 세 미납분 (없음 있음 — 미납액 000,000 원)
주 민 세 미납분 (없음 있음 — 미납액 000,000 원)
재 산 세 미납분 (없음 있음 — 미납액 000,000 원)
의료보험료 미납분 (없음 있음 — 미납액 000,000 원)
국민연금 미납분 (없음 있음 — 미납액 000,000 원)
자동차세 미납분 (없음 있음 — 미납액 000,000 원)
기타 세금 미납분 (없음 있음 — 미납액 000,000 원)

[양식 1-6]

수입 및 지출에 관한 목록

1. 가계수지표(20○○. 2. 월분)(신청일이 속한 달의 직전 달 기준)

수입			지출	
항 목		금 액	항 목	금 액
급여 또는 자영 수입	신청인	900,000원	주거비(임대료, 관리비 등)	원
	배우자	원	식비(외식비 포함)	150,000원
	기타(배우자)	원	교육비	500,000원
연금	신청인	원	전기·가스·수도료	100,000원
	배우자	원	교통비(차량유지비 포함)	100,000원
	기타( )	원	피복비	원
생활보호		원	의료비	50,000원
기타		원	기타	원
수입합계		900,000원	지출합계	900,000원

2. 채무자의 가용소득(개인회생절차를 신청할 경우 소득에서 생계비를 뺀 나머지 소득)

	구분	금액(단위 : 원)					
1	채무자의 월 평균 소득[333]	900,000원					
2	생계비(2023년 기준 중위소득의 100분의 60[334])	1인	2인	3인	**4인**	5인	6인
		1,024,205	1,743,917	2,256,019	**2,768,122**	3,280,224	3,792,326
	부양가족 이름, 연령, 관계	○○○(46, 남편, 이혼예정), ○○○(17, 자), ○○○(12, 자)					
3	채무자의 가용소득 (1 − 2)	−1,868,122원					

333) 최근 1년 동안의 대략적인 소득을 평균하여 기재하십시오.

334) 본인을 포함한 부양가족(스스로 기준 중위소득의 60% 이상의 소득을 올리는 사람은 부양가족이 아닙니다)의 수에 해당하는 곳에 ○ 표 하십시오(생계비는 매년 바뀌므로 신청일을 기준으로 작성).

위 임 장

당사자(채무자)성명 : ○○○

주 민 등 록 번 호 : 123456 - 1234567

위 채무자에 대한 면책신청에 관하여,

변호사 ○○○ [○○시 ○○구 ○○로 ○○] 에게 신청대리를 위임하고 아래 권한을 수여함.

(1) 신청의 취하, (2) 복대인의 선임, (3) 항고의 제기

위 신청사건을 위임합니다.

20○○년 ○월 ○일

위임인(채무자) : ○○○ (인)

파산선고·파산폐지결정 및 이의신청기간 공고

사　　건　　20○○하단○○　파산선고
　　　　　　20○○하면○○　면책

신 청 인　　○　○　○ (123456 - 1234567)

(채무자)　　주소 ○○시 ○○○구 ○○로 ○○-○○

1. 결정연월일시

20○○. ○. ○. 10:00

2. 파산선고·파산폐지결정 주문

채무자에 대하여 파산을 선고한다.

이 사건 파산을 폐지한다.

3. 이유의 요지

채무자가 지급불능상태에 있고, 파산재단으로써 파산절차비용을 충당하기에 부족하다.

4. 면책신청에 대한 파산채권자의 이의신청기간 및 방법

가. 이의신청기간 : 20○○. ○. ○.까지

나. 이의신청방법

면책신청에 대하여 이의를 제기하려는 파산채권자는 위 이의신청기간까지 면책불허가 사유에 대한 구체적 주장을 기재하고, 이에 대한 소명자료를 첨부한 원본 및 부본 각 1부를 서울중앙지방법원 제○파산단독에 제출바랍니다.

20○○. ○. ○.

서울중앙지방법원

판 사 ○ ○ ○

○ ○ 지 방 법 원
결 정

사 건 20○○하단○○ 파산선고
20○○하면○○ 면책

신 청 인 ○ ○ ○ (-)
(채무자) 주소 서울 ○○○구 ○○로 ○○-○○
등록기준지 서울 ○○○구 ○○로 ○○○-○○
송달장소 서울 ○○○구 ○○로 ○○-○○
(송달영수인 : ○○○)

주 문

1. 채무자에 대하여 파산을 선고한다.
2. 이 사건 파산을 폐지한다.
3. 위 면책사건에 관하여 면책신청에 대한 이의신청기간을 20○○. ○. ○.까지로 한다.
4. 송달해야 하는 장소를 알기 어려운 파산채권자에 대한 송달은 공고로써 갈음한다.

이 유

이 사건 기록에 의하면 채무자는 지급불능 상태에 있고, 또한 파산재단으로써 파산절차의 비용을 충당하기에 부족하다. 그렇다면, 채무자의 이 사건 파산신청은 이유 있으므로 채무자 회생 및 파산에 관한 법률 제305조, 제317조 제1항, 제562조 및 제10조에 의해 주문과 같이 결정한다.

20○○. ○. ○. 10:00

판 사 ○ ○ ○

○ ○ 지 방 법 원
파산결정확정 통지

수　　신　　◎◎면장　귀하

사　　건　　20○○하단○○○　파산선고

파 산 자　　○　○　○ (123456 - 1234567)
주소 ○○시 ○○구 ○○로 ○○-○○
신청대리인 변호사 ○○○
등록기준지 ○○시 ○○면 ○○길 ○○

위 파산자에 대하여 20○○. ○. ○. 16:00 파산이 선고되고, 위 결정이 20○○. ○. ○. 확정되었음을 통지합니다.

첨부.　결정문 등본　　1부

20○○.　○.　○.

○ ○ 지 방 법 원

판　사　○○○　(인)

이의신청

1. 이의신청서
2. 채권관리 현황표
3. 신용정보조회표

이 의 신 청 서

사건번호 : 20○○하면○○○○(20○○하단○○○○) 면책

파 산 자 : ○ ○ ○ (123456 - 1234567)
주 소 : ○○시 ○○구 ○○로 ○○-○○
등록기준지 : ○○시 ○○구 ○○로 ○○-○○

채 권 자 : ○○은행
주 소 : ○○시 ○○구 ○○로 ○○○-○

상기 사건에 대한 면책결정을 취하하여 주실 것을 요청합니다.

가. 상기 파산자 ○○○에 대한 채권은 ○○신용카드(주)에서 20○○년 ○월 ○일 ○○제○차유동화전문유환회사로 채권양도한 후 당사가 20○○년 ○월 ○일 채권양도에 의해 매입한 채권으로서 잔존채권 원금은 0,000,000원입니다.
나. 당사는 파산자 ○○○의 전액변제가 어려운 경우 당사와 채무금액 조정을 통해 원만한 합의가 이루어질 수 있도록 하겠습니다.
다. 따라서 파산자 ○○○의 전부면책이 아닌 일부면책을 결정하여 주시기 바랍니다.

첨부서류 1. 채권관리 현황표
2. 신용정보조회표

20○○년 ○월 ○일

위 채권자 : ○○은행
○○시 ○○구 ○○로 ○○○-○
대표이사 ○○○

○○지방법원 파산○단독 귀중

채권관리 현황표

담당자 : ○ ○ ○ 20○ ○-○-○- 09:46

계약번호	0-000-00-000000	채권자구분	법인사업자	고객관리번호	12345678
채권자	(주)○○은행 위임자산	대표자	○○○	주민번호	
주소	100-100 ○○시 ○○구 ○○로 ○○○○-○				
담당자	☎(회사) ☎(팩스) ☎(핸드폰) ☎(자택)				
가상계좌	000-00-00-0000000	계좌주명	○○○	입금은행	

위임시	채무자	○○○	대표자	○○○	주민번호	123456-1234567
	주민주소	(12345) ○○시 ○○구 ○○로 67-5				
	실거주지	-				
	☎(회사)	000) 000-0000	☎(자택)	000) 000-0000	☎(핸드폰)	000-123-4567
당사확인	채무자	○○○	대표자	○○○	주민번호	123456-1234567
	주민주소	(12345) ○○시 ○○구 ○○로 67-5				
	실거주지	-				
	☎(회사)	000) 000-0000	☎(자택)	000) 000-0000	☎(핸드폰)	000-123-4567

계약일자	20○○.2.27	배정일자	20○○.05.02	종결일자		추심율	20
기본경비	0	성공금액	0%	기산일자	20○○.○.○.	완성일자	20○○.○.○.
입금(기본)		입금(성공)		채권액	0,000,000	회수액	

채권원금	기발생이자	법적비용	기타비용	공탁금	수임후이자	기준일자
0,000,000	000,000	0	00,000	0	000,000	20○○.10.05

면담가능여부	소득구분	가옥형태	직장정보	변제의사	변제자력
연락가능여부	사업지속여부	결혼여부	동거사항	보유재산	채권등급

신용정보조회표

조회일자 : 20○○년 ○월 ○일
조회기관 : ○○신용평가정보 자산관리팀

▶식별정보

조회사유	주민번호	성명	최종변경일
신 용 조 사	123456-1234567	○○○	20○○/10/05

▶채무불이행정보(은행연합회)(5건)

등록사유	발생기관	발생일	제공일	해제사유	해제일	금 액
0101	A투자증권 본점	20○○/01/27	20○○/11/15			2,754
0104	A투자증권 본점	20○○/01/27	20○○/11/15			1,310
0104	A투자증권 본점	20○○/02/28	20○○/11/26			3,930
0104	H저축은행 본점	20○○/07/30	20○○/01/21			990
0104	A카드 채권중앙지원P	20○○/04/23	20○○/05/27	05	20○○/05/23	11,968

▶금융질서문란정보 (0건)

등록사유	발생기관	발생일	제공일	해제사유	해제일	금 액

▶특수기록정보 (0건)

등록사유	발생기관	발생일	제공일	해제사유	해제일	금 액

▶공공기록정보 (0건)

등록사유	발생기관	발생일	제공일	해제사유	해제일	금 액

▶채무불이행정부(신용정보사) (0건)

등록사유	발생기관	발생일	제공일	해제사유	해제일	금 액

▶신용개설정보 (2건)

개설 사유	개설기관명	개설일	만기일	금 액
0081	B은행 ○○로	20○○/06/03		0
0081	○○시 ○○ (지점)	20○○/05/25		0

▶신용조회정보 (1건)

조회사유	조회기관명	업계	조회일
민원조회	○○신용평가정보(주)○○지점	신용정보업계	20○○/04/30

상기 정보는 '신용정보의 이용 및 보호에 관한 법률'에 의해 업무목적 이외에 사용이 금지되어 있으며, 위반시 형사처벌을 받을 수 있습니다.

○ ○ 지 방 법 원
결 정

사 건 20○○하면○○○○ 면책
(20○○하단○○○○ 파산선고)
파 산 자 ○ ○ ○ (123456 - 1234567)
주소 ○○시 ○○구 ○○로 ○○-○○
신청대리인 변호사 ○○○
등록기준지 ○○시 ○○구 ○○로 ○○-○○

주 문

파산자 ○○○에 대한 의견청취기일 및 장소를 다음과 같이 정한다.
의 견 청 취 기 간 : 20○○. ○. ○. 11:00
의견청취기일장소 : ○○지방법원 ○○○호 조정실

이 유

채무자 회생 및 파산에 관한 법률 제345조를 적용하여 주문과 같이 결정한다.

20○○. ○. ○.

판 사 ○○○ (인)

○ ○ 지 방 법 원
의견청취 조서

1차

사　　건　20○○하면○○○○　면책
　　　　　(20○○하단○○○○　파산선고)

기　　일　20○○. ○. ○. 11:00

판　　사　○○○　　　장　　소　○○지방법원 제○○○호 조정실

법원주사보　○○○　　　공개여부　비공개

사건과 당사자를 호명

파 산 자　○○○　　　출　　석

채 권 자　○○은행　　　불 출 석

판 사

파산자 ○○○에 대한 의견청취기일을 시작하겠다고 선언

채권자

○○은행

20○○. ○. ○.자 이의신청서 진술간주

심문종결

법원주사보　○○○　(인)

판　　사　○○○　(인)

○ ○ 지 방 법 원
면책심문조서

1차

사　　건　20○○하면○○○　면책
　　　　　(20○○하단○○○　파산선고)

		기　　일	20○○. ○. ○. 17:00
판　　사	○○○	장　　소	○○지방법원 제312-2호 조정실
법원주사보	○○○	공개여부	비공개

사건과 당사자를 호명

파 산 자 ○○○　　　　출　　석

판 사

파산자 ○○○에 대한 심문을 시작하겠다고 선언

파산자에게 채무자 회생 및 파산에 관한 법률 제564조 각호 소정의 면책불허가 사유가 있는지를 심문

파산자

20○○. ○. ○.자 면책신청서 및 별첨 진술서 각 진술.

파산선고를 받게 된 사정은 파산사건 심리시에 제출한 서류의 기재 및 법원에서의 진술과 같다.

판 사

이 사건 면책신청에 대한 이의 신청기간을 20○○. ○. ○.까지도 정한다는 결정을 선고하고, 이로써 파산자 ○○○에 대한 면책심문기일을 마친다고 고지.

심문종결

법원주사보　○○○　(인)

판　　　사　○○○　(인)

○ ○ 지 방 법 원
결 정

사 건	20○○하단○○ 파산선고 20○○하면○○ 면책
신 청 인 (채무자)	○ ○ ○ (123456 - 1234567) 주소 서울 ○○○구 ○○로 ○○-○○ 등록기준지 서울 ○○○구 ○○로 ○○○-○○ 송달장소 서울 ○○○구 ○○로 ○○-○○ (송달영수인 : ○○○)

주 문

채무자를 면책한다.

이 유

이 사건 기록에 의하면, 채무자에게 채무자 회생 및 파산에 관한 법률 제564조 제1항에서 정한 면책불허가사유에 해당하는 사실이 인정되지 않으므로 주문과 같이 결정한다.

20○○. ○. ○.

판 사 ○ ○ ○

면 책 결 정 공 고

사 건	20○○하면○○ 면책 20○○하단○○ 파산선고
채 무 자	○ ○ ○ (123456 - 1234567) 주소 서울 ○○○구 ○○로 ○○-○○
주 문	채무자를 면책한다.
이유의 요지	채무자에게 면책불허가사유에 해당하는 사실이 인정되지 아니한다.

20○○. ○. ○.

○ ○ 지 방 법 원

판사 ○ ○ ○

○ ○ 지 방 법 원
결 정

사 건 20○○하면○○○ 면책
(20○○하단○○○ 파산선고)

파 산 자 ○ ○ ○ (123456 - 1234567)
주소 ○○시 ○○구 ○○로 ○○-○○
신청대리인 변호사 ○○○
등록기준지 ○○시 ○○면 ○○길 ○○

주 문

면책의 효력을 받는 채권자에 대한 채무자 회생 및 파산에 관한 법률 제 347조, 제9조에 의한 송달은 공고로써 갈음한다.

이 유

채무자 회생 및 파산에 관한 법률 제357조, 제10/조를 적용하여 주문과 같이 결정한다.

20○○. ○. ○.

판 사 ○○○ (인)

○ ○ 지 방 법 원
촉 탁 서

수 신 행정안전부장관 귀하

사 건 20○○하면○○○ 면책
(20○○하단○○○ 파산선고)

파 산 자 ○ ○ ○ (123456 - 1234567)
주소 ○○시 ○○구 ○○로 ○○-○○
신청대리인 변호사 ○○○
본적 ○○시 ○○면 ○○길 ○○

위 사건에 관하여 별지 공고문(면책심문기일 지정)을 관보에 게재하여 주시고 그 관보 1부를 송부하여 주시기 바랍니다.

첨부 : 1. 공고문 1부
2. 관보게재료 금 0,000원(수입인지)

20○○. ○. ○.

판 사 ○○○ (인)

[사례 5] 사업실패 및 생활비로 인한 개인파산

개인파산 신청인 ○○○ 관련
(첨부서류 및 소명자료 일람표)

파산신청서 관련

- 파산신청서(인지대, 송달료)
- 송달료(예납·추납)납부서(법원제출용)
- 법원보관금 영수필통지서(법원제출용)
- 파산신청서
- 진술서
- 채권자 일람표
- 채권자의 주소
- 재산목록
- 보험해약영수증·지급 확인서
- 현재의 생활상황
- 주거관계(전세계약서 등)
- 지방세 세목별 과세(납세)증명서
- ○○지방법원 결정
- 파산선고 및 파산폐지결정 공고
- ○○지방법원파산결징확정 통지

면책신청서 관련

- 면책신청서
- 진술서
- 채권자 명부
- ○○지방법원 결정
- ○○지방법원 면책심문조서
- ○○지방법원결정
- ○○지방법원결정
- ○○지방법원결정

[서식 65] 파산 및 면책신청서 표지

파 산 및 면 책 신 청 서

파산사건번호	
면책사건번호	
배당순위번호	
재 판 부	제 단독

신청인(채무자) ○ ○ ○

인 지 대 : 2,000원

파산송달료 : 당사자수 (5) × 4 × 5,200 + 52,000원 = 156,000원

면책송달료 : 당사자수 (5) × 3 × 5,200 + 52,000원 = 130,000원

계 : 286,000원

○○지방법원 귀중

[서식 66] 파산 및 면책신청서

[전산양식 A5601]

파산 및 면책 신청서

인 지 2000원

신 청 인(채 무 자) ○○○ (주민등록번호 : 123456 - 1234567)
주 소 : ○○시 ○○구 ○○로 ○○○-1 (우편번호 : 12345)
거 소 : ○○시 ○○구 ○○로 ○○○-1 (우편번호 : 12345)
송달장소 : ○○시 ○○구 ○○로 ○○○-5 송달영수인 : ○○○
(우편번호 : 12345)

등록기준지 : 주소와 같음
연락처 : 휴대전화(010-0000-0000), 집전화(02-0000-0000), e-mail( )

소송대리인 변호사 ○○○
(송달장소) ○○시 ○○구 ○○로 ○○○-○○
전화 : 02-0000-0000 팩스 : 02-0000-0000

신 청 취 지

1. 신청인에 대하여 파산을 선고한다.
2. 이 사건 파산절차를 폐지한다(또는 파산관재인 선임을 희망한다).
3. 채무자를 면책한다. 라는 결정을 구합니다.

신 청 이 유

1. 신청인에게는 별첨한 진술서 기재와 같이 지급해야 할 채무가 존재합니다.
2. 그런데 위 진술서 기재와 같은 신청인의 현재 자산, 수입의 상황 하에서는 채무를 지급할 수 없는 상태에 있습니다. (또한 파산재단을 구성할 만한 재산이 거의 없어 파산절차비용에 충당하기에 부족합니다.)
3. 따라서 신청인에 대하여 파산을 선고 (하고, 이 사건 파산절차를 폐지)하며, 채무자를 면책한다. 라는 결정을 구합니다.

첨 부 서 류

1. 가족관계증명서, 혼인관계증명서(단 혼인관계증명서는 최근 2년 이내 이혼한 경우) 각 1부
2. 주소변동내역이 포함된 주민등록등본 1부
3. 진술서(채권자목록, 재산목록, 현재의 생활 상황, 수입 및 지출에 관한 목록 포함) 1부

휴대전화를 통한 정보수신 신청서

위 사건에 관한 파산선고결정, 면책결정 등 정보를 예납의무자가 납부한 송달료 잔액 범위 내에서 휴대전화를 통하여 알려주실 것을 신청합니다.

▣ 휴대전화 번호 : 000-0000-0000

신청인 채무자 ○○○ (날인 또는 서명)

※ 파산선고 및 이의기간지정 결정(또는 면책심문기일 결정), 면책결정이 있으면 신속하게 위 휴대전화로 문자메시지가 발송됩니다. 문자메시지 서비스 이용금액은 메시지 1건당 17원씩 납부된 송달료에서 지급됩니다(송달료가 부족하면 문자메시지가 발송되지 않습니다). 추후 서비스 대상 정보, 이용금액 등이 변동될 수 있습니다.

20○○. ○. ○.

위 소송대리인 ○○○ (인)

파산사건번호	
면책사건번호	
배당순위번호	
재 판 부	제 단독

○○지방법원 귀중

[양식 1-1]

진 술 서

○○지방법원 귀중

신 청 인 ○○○ (인)

신청인은 다음과 같은 내용을 사실대로 진술합니다.

또 본인의 현재의 채무, 자산, 생활의 상황 및 수입·지출 등은, 별지 「채권자목록」, 「재산목록」, 「현재의 생활상황」, 「수입 및 지출에 관한 목록」의 각 기재와 같습니다.

위 각 서류에 사실과 다른 내용이 있을 경우 면책불허가될 수 있음을 잘 알고 있습니다.

1. 본인의 과거 경력은 다음과 같습니다.

(1) 최종 학력

19○○년 3 월 3 일 ○○고등 학교 (졸업, 중퇴)

(2) 과거 경력(최근의 것부터 기재하여 주십시오)

20○○년 3 월 24 일부터 20○○년 10 월 12 일까지(자영, 근무)

업종__서비스__ 직장명__○○PC방__ 직위__대표__

20○○년 3 월 18 일부터 20○○년 3 월 20 일까지(자영, 근무)

업종__제조__ 직장명__○○테크(주)__ 직위__사원__

2. 본인의 현재까지의 생활상황 등은 다음과 같습니다.

(1) 채무의 지급이 곤란할 정도로 경제사정이 어려워진 이후에 일부 채권자에게만 변제한 경험 (있음, 없음) (변제한 채권자의 성명, 변제시기, 금액을 전부 기재하여 주십시오)

____

____

(2) 사기죄, 사기파산죄, 과태파산죄로 고소되거나 형사재판을 받은 경험 (있음, 없음)

____

____

(3) ㈎ 과거에 파산신청을 하였다가 취하하거나 기각당한 경험 (있음, 없음)

년 월 일 ( )지방법원에 파산신청을 하였는데 (취하함, 기각당함)

㈏ 과거에 파산선고를 받은 경험 (있음, 없음)

년 월 일 ( )지방법원에서 파산선고를 받음

㈐ 그 파산선고에 이어서 면책을 받은 경험 (있음, 없음)

년 월 일 ( )지방법원에서 면책결정을 받았고, 년 월 일 위 결정이 확정됨

(4) ㈎ 개인회생절차를 이용한 경험 (있음, 없음)(개인회생절차 중이면 기각될 수 있음)

년 월 일 ( )지방법원에서 인가결정을 받음(사건번호:)

년 월 일 ( )지방법원에서 폐지결정을 받음

(폐지사유 :)

☆ 폐지사유(예를 들어 소득 감소, 가족 의료비 증가 등)에 관한 소명자료를 첨부하여 주십시오.

㈏ 그 개인회생절차에서 면책을 받은 경험 (있음, 없음)

년 월 일 ( )지방법원에서 면책결정을 받았고, 년 월 일 위 결정이 확정됨

(5) 슬롯머신, 경마, 경륜, 포커 등 도박행위를 한 경험 (있음, 없음)

▷ 어떤 도박을 하였는지 ( )

▷ 도박을 한 시기 (년 월 일부터 년 월 일까지)

▷ 도박을 한 횟수 및 금액 1개월 평균 ( )회, 평균 ( )원 정도

(6) 과거 자신의 월수입의 반 이상이 소요되는 호텔, 콘도, 골프장, 고급 음식점에 다닌 경험 (있음, 없음)

▷ 어떤 곳에 갔는지 ( )

▷ 간 시기 (년 월 일부터 년 월 일까지)

▷ 간 횟수 및 사용금액 1개월 평균 ( )회 정도, 평균 ( )원 정도

(7) 과거 2년간 국내·해외여행 경험 (있음, 없음)

▷ 여행 횟수 및 사용금액 합계 ( ) 회 정도, 총액 ( ) 원 정도

(8) 과거 2년간 500만원 이상의 물건을 구입한 경험 (있음, 없음)

(물건의 품명, 구입시기, 가격 등을 전부 기재하여 주십시오)

____

____

(9) 과거 물건을 할부나 월부로 구입하고 대금을 전부 지급하지 않은 상태에서 처분(매각, 입질 등)을 한 경험 (있음, 없음) (물건의 품명, 구입시기, 가격, 처분 시기 및 방법을 전부 기재하여 주십시오)

____

____

(10) 이번 항목은 개인영업을 경영한 경험이 있는 분만 기재하여 주십시오.

▷ 영업 중 상업장부의 기재

□ 정확히 기장하였다. □ 부정확하게 기장하였다.
☑ 기장하지 아니하였다.

▷ 영업 중에 도산을 면하기 위해 상품을 부당하게 염가로 매각한 사실 (있음, 없음)
(언제 무엇을 매입원가의 몇 %로 할인판매를 하였는지를 기재하여 주십시오)

____

3. 채권자와의 상황은 다음과 같습니다.

(1) 채권자와 채무지급방법에 관하여 교섭한 경험 (있음, 없음)
▷ 그 결과 합의가 성립된 채권자수 ( )명
▷ 합의에 기하여 지급한 기간 (년 월 일부터 년 월 일까지)
▷ 매월 지급한 총액 1개월 평균 ( )원 정도
▷ 지급 내역 (누구에게 얼마를 지급하였는지를 기재하여 주십시오)

____

(2) 소송·지급명령·압류·가압류 등을 받은 경험 (있음, 없음)
▷ ( )지방법원 ( )지원 사건번호 (호) 상대방( )
▷ ( )지방법원 ( )지원 사건번호 (호) 상대방( )

4. 파산신청에 이르게 된 사정(채무 증대의 경위 및 지급이 불가능하게 된 사정)
(□안에 ✓ 표시)

(1) 많은 채무(연대보증에 의한 채무나 신용카드 이용에 의한 채무를 포함한다)를 지게 된 이유는 다음과 같습니다(두 가지 이상 선택 가능).

□ 생활비 부족 (부양가족수 :), (부족한 생활비 : 주거비, 의료비, 교육비, 기타)
□ 주택구입자금 차용 (주택 구입 시기 :), (주택 처분 시기 :)
　구입한 주택의 명세 :)
□ 낭비 등(음식·음주, 투자·투기, 상품 구입, 도박 등)
☑ 사업의 경영 파탄 (다단계 사업 포함) (사업 시기 : 20○○년 3 월 24일부터 20○○년 10월 12일까지)
　(사업 종류 : PC방)
□ 타인(친족, 지인, 회사 등)의 채무 보증
□ 사기 피해를 당함 (기망을 한 사람 및 채무자와의 관계 : ,)
　(피해액수 : 원)
□ 그밖의 사유 :

(2) 지급이 불가능하게 된 계기는 다음과 같습니다(두 가지 이상 선택 가능)
☑ 변제해야 할 원리금이 불어나 수입을 초과하게 됨

□ 실직함
☑ 경영 사정 악화로 사업 폐업함
□ 급여 또는 사업 소득이 감소됨
□ 병에 걸려 입원함
□ 그밖의 사유 :

(3) 지급이 불가능하게 된 시점 : 20○○년 3월 1일

(4) 구체적 사정

시기(연월일)	채권자, 차용(보증) 액수, 차용한 돈의 사용처, 지급이 불가능하게 된 사정 등
20○○/08/21	○○은행 마이너스통장1천만원, ○○ 1천만원
	수족관제작 600만원, 포장마차제작 500만원, 물품구입비 500만원 기타운영비 400만원 등
	영업악화와 수산물관리미숙으로 영업악화
20○○/08/26	신용보증보험 운영자금 3천만원
20○○/10/13	SK브로드밴드 인터넷 통신비 7,506,672원
20○○/11/15	○○카드 3,765,170만원
	인테리어비용,PC와물품구입비용등 3천만원
	직원 월급기타경비
	경영악화로 수입전무

(언제, 어떠한 사정 하에 누구로부터 얼마를 차용하여 어디에 사용하였는지, 언제 어떠한 사정 하에 무엇을 구입하였는지, 어떠한 사정 하에 지급이 불가능하게 되었는지를 오래된 것부터 시간 순서에 따라 기재하여 주십시오. 별지를 사용하여도 됩니다.)

5. 지급이 불가능하게 된 시기 이후에 차용하거거나 채무가 발생한 사실 (있음, 없음)

시기(연월일)	차용(채무 발생) 원인, 금액, 조건 등

(있다면 차용 또는 채무발생의 시기, 원인, 금액, 조건 등을 기재하여 주십시오. 별지를 사용하여도 됩니다.)

〈별지 : 진술서 4, 5항 관련〉

파산신청경위 진술서

저는 19○○년 ○○에서 2남 1녀 중 장남으로 태어났습니다. 고등학교시절 아버님이 근무하시던 회사에 큰 불이 나 실직하시어 집안은 생활이 어려워지게 되었고 저는 제대 후 바로 일을 시작해야만 했습니다. 장남인 저에게는 기울어져만 가는 집안을 그저 바라만 보고 있을 수 없었습니다. 닥치는 대로 아무 일이나 하였고 7년여 동안 저와 아버님이 열심히 일하여 안정을 찾을 무렵 어머님께서 정신질환으로 쓰러지셨고 그로 인해 아버님은 어머님 치료를 위해 노후를 고향에서 보내시기로 결정하시고 고향인 ○○로 내려가시고 그 무렵 저는 미래를 생각하여 야간대학을 진학하게 되었습니다.
일과 학업을 같이 하면서도 저에게는 학비는 큰 부담이 아닐 수 없었습니다. 학자금 대출을 받고 나날이 바쁘게 살아야 했습니다. 그러던 중 회사에서는 주, 야 2교대를 실시하였고 어떻게든 끝까지 학업을 마치려고 했던 저는 이상과 현실이라는 아픈 경험을 하게 되었습니다. 회사는 저의 사정을 봐줄리 없었고, 학업은 학비가 문제되어 결국 일도 공부도 모두 놓치고 마는 잘못을 저지르고야 말았습니다. 세상만 한탄 하고 있을 수는 없었습니다. 일을 하자하고 마음을 다잡고 일을 찾던 중 한 형님을 알게 되었습니다. 그분 밑에서 일을 하기 시작하였습니다. 서른이라는 나이에 ○○업소 일이었지만 다른 생각 안하고 앞만 보았습니다. 열심히 하였습니다. 학자금 대출도 다 해결하였으며 어느 정도의 돈도 모을 수 있었습니다. 조그마한 가게를 할 수 있을 정도의 금액이 되었을 무렵 막내의 교통사고가 저의 발목을 잡고야 말았습니다. 사고 처리 비용으로 한푼 두푼 모았던 돈이 모두 들어가 버리고, 또다시 저는 빈손이 되고야 말았습니다. 허탈감에 좌절하고 있을 때, 그 형님이 대형 포장마차를 해보자는 제안이 있었습니다. 자금이 필요했던지라 ○○은행 마이너스통장에서 1천만원과 친구로부터 1천만원을 빌려 일을 시작하였습니다. 거의 부채로 시작한 사업이라 불안하기도 하였지만 주위 분들의 도움으로 그럭저럭 몇 달은 잘 운영이 되었습니다. 그러나 그 후 장사가 안되면서 적자 폭은 커져만 갔고, 경험 미숙으로 수산물관리에 어려움을 겪으면서 힘든 영업이 됐습니다. 그 형님은 가정이 있어서 생활비라도 가져가야 하였기에 저에게는 수입이 전무하였습니다. 돌파구를 찾던 중 공장 하도급 일을 해보자는 형님의 말에 속절없이 저는 할 수밖에 없게 되었고, 그 마저도 역시 인건비를 제외하고 나면 남는 게 없는 똑같은 상황이 반복되었습니다.

어떻게든 있는 부채라도 해결해야 된다는 생각에 정말 열심히 공휴일, 휴가, 명절도 쉬지 않고 밤낮을 가리지 않고 365일 일을 했지만 나아지는 것은 없었습니다. 돈을 벌어보고자 하였으나 적자의 늪에서 헤쳐나올 수는 없었고 형님의 부채도 늘어만 갔으며, 저 또한 더 이상 어찌해볼 방법이 없었습니다. 앞만 보고 달려왔지만 나이 40에 남는 것은 아무 것도 없었습니다. 그때 형님 지인으로부터 PC방 사업의 제안이 들어왔습니다. 신중해야 했었습니다. 속절없이 세월만 보낼 수 없었으므로 고민에 고민을 거듭하다 하기로 결정하고 형님은 1억 4천만원이라는 거액을 투자받고 저 또한 신용보증으로부터 창업자금 3천만을 대출받아 시작하였습니다. 사업자대표를 형님 사정상 내가 하기로 하였습니다. 3개월은 잘되었습니다. 순이익 월 400만원 정도의 수입을 올렸습니다. 그런데 주위에서 견제가 시작되면서 요금경쟁으로 번져 운영이 어려워졌습니다. 여기서 주저앉을 수는 없다. 잘못인 줄 알면서도 지푸라기라도 잡고자 직원급여와 가게 운영을 카드로 돌려막으며 주위의 도움을 받아 운영을 하였고 결국 수입이 전무해지면서 카드대금과 인터넷 통신비와 대출이자도 감당 못하는 지경에 이르게 되었습니다.

제 나이 43세가 되어 지금까지 무엇을 하였나 생각하면서 정말 주위에 창피하여 사람들 대면하는 게 싫고 어차피 혼자인 몸이라는 생각에 극단적인 생각도 수차례 하였고 형님 원망도 많이 하였습니다. 저는 무슨 일이든 하려고 이를 물고 노력 하였습니다. 그러나 신용불량자를 믿고 길을 열어주는 곳은 한 군데도 없었습니다. 아무런 기술도 없는 저는 잡역 막노동으로 약 1백만원 안팎의 수입으로 상하방 월세, 공과금, 의료보험, 국민연금연체금, 생활비 부모님께 조금 보내드리고 나면 빚 갚기는커녕 저축도 안되는 상황입니나. 더욱이 요즘 경기와 날씨가 안좋아 막노동 일도 경쟁이 너무 심합니다. 아직 결혼도 못한 저에게 희망이란 그저 빛 좋은 개살구일 뿐이라는 좌절로 있을 때 친구로부터 파산에 대한 설명을 듣고 제 인생에 희망이 보였습니다.

그래서 이렇게 결정을 하였습니다. 전 정말 아무것도 가진 게 없습니다. 선처해 주신다면 다시 새롭게 태어나 열심히 일해서 이 사회에 조금이나마 보탬이 되는 일꾼이 되겠습니다.

20○○. ○. ○.

위 진술인 ○ ○ ○ (인)

[양식 1-2]

채권자목록

순번	채권자명	차용 또는 구입일자	발생원인	최초 채권액	사용처	보증인	잔존 채권액	
							잔존 원금	잔존 이자·지연손해금
1	(주)○○은행	20○○.8.21	①	10,000,000	자재구입		10,000,000	3,377,635
2	(주)○○○○카드	20○○.10.15.~20○○.11.16	②	3,765170	직원월급,경비		3,765,170	1,653,499
3	○○신용보증재단	20○○.8.26	①	25,906,880	운영자금		25,906,880	6,177,956
4	○○텔레콤(주)	20○○.3.13.~20○○.5.13	④	1,573,112	통신요금		1,573,112	
5	○○통신(주)	20○○.3.13.~20○○.10.13	④	5,933,560	통신요금		5,933,560	

※ 채권의 '발생원인'란에는 아래 해당번호를 기재함
① 금원차용(은행대출,사채 포함), ② 물품구입(신용카드에 의한 구입 포함), ③ 보증(피보증인 기재), ④ 기타

합 계	잔존 원금	잔존 이자·지연손해금
58,387,812	47,178,722	11,209,090

[양식 1-3]

채권자의 주소

1. 채권자의 주소는 신청일 당시의 주소로 번지까지 정확하게 기재하고, 채무자를 위해 보증을 해 준 사람이 있으면 그 보증인의 주소까지 정확히 기재하여야 합니다.
2. 채권자가 금융기관이나 기타 법인인 경우에는 본점 소재지 또는 거래지점의 소재지를 정확하게 기재하여야 합니다.

순번	채권자명	주소	전화번호	팩스	비고 (우편번호)
1	(주)○○은행	서울특별시 ○○구 ○○로 ○○ □□빌딩 16층 여신관리집중센터	02-0000-9332		12345
2	(주)○○○○카드	서울특별시 ○○○구 ○○로 3가 ○○-○ ○○빌딩 7층 개인회생팀	02-0000-3743		12345
3	○○신용보증재단	○○광역시 ○○구 ○○로 ○○-○○ 중소기업지원센타 1층 채권관리부	02-0000-0077		12345
4	○○텔레콤(주)	○○시 ○○구 ○○○로 ○○○ ○○○○빌딩	080-0000-106		12345
5	○○통신(주)	○○시 ○○구 ○○로 ○○	080-0000-118		12345

[양식 1-4]

재 산 목 록

※ 먼저, 다음 재산목록 요약표에 해당재산이 있는지 ✓하고, 「□ 있음」에 ✓한 경우에는 아래 해당 항목에서 자세히 기재바랍니다. 이 양식을 파일형태로 이용할 경우 아래 표 중 에 「□ 있음」에 ✓한 부분만 출력하여 제출하여도 됩니다. 따라서 모두 「□ 없음」에 ✓한 경우에는 아래 표 다음 부분을 생략할 수 있습니다 (실제로는 재산 처분이 있었음에도 불구하고 '지급불가능 시점의 1년 이전부터 현재까지 재산 처분 여부'의 '없음'에 ✓해 놓고는 부동산등기부등본 등 소명자료를 뒷부분에 편철해놓는 경우가 있는데 이와 같이 재산목록 요약표와 소명자료 또는 진술서의 기재내용이 서로 불일치한 경우에는 허위진술 내지 불성실한 신청으로 간주되어 불이익한 처분을 받을 수 있습니다).

재산목록 요약표

1. 현금	□ 있음 ☑ 없음	6. 매출금	□ 있음 ☑ 없음	11. 지급불가능 시점의 1년 이전부터 현재까지 재산 처분 여부	□ 있음 ☑ 없음
2. 예금	□ 있음 ☑ 없음	7. 퇴직금	□ 있음 ☑ 없음	12. 최근 2년간 받은 임차보증금	□ 있음 ☑ 없음
3. 보험	□ 있음 ☑ 없음	8. 부동산	□ 있음 ☑ 없음	13. 이혼재산분할	□ 있음 ☑ 없음
4. 임차보증금	□ 있음 ☑ 없음	9. 자동차·오토바이	☑ 있음 □ 없음	14. 상속재산	□ 있음 ☑ 없음
5. 대여금	□ 있음 ☑ 없음	10. 기타 재산(주식, 특허권, 귀금속 등)	□ 있음 ☑ 없음	15. 친족의 재산	□ 있음 ☑ 없음
파산관재인 선임 희망 여부		□ 희망 ☑ 불희망			

1. 현금 : 금액 (0 원)

2. 예금

금융기관명(○○은행) 계좌번호(000000-01-101944)

잔고 (0원)

금융기관명(○○은행) 계좌번호(000-000-905081)

잔고 (8,423원)

☆ 은행 이외의 금융기관에 대한 것도 포함합니다.

☆ 예금잔고가 소액이라도 반드시 기재하고 파산신청시의 잔고(정기예금분을 포함)와 최종 금융거래일로부터 과거 6개월간의 입출금이 기장된 통장 사본 또는 예금거래내역서를 첨부하여 주십시오.

3. 보험(생명보험, 화재보험, 자동차보험 등)

보험회사명(○○보험 주식회사) 증권번호(000-00-000000)

해약반환금 (546,000원)

보험회사명(주식회사 ○○생명) 증권번호(000-0000-0000)

해약반환금 (274,000원)

☆ 파산신청 당시에 가입하고 있는 보험은 해약반환금이 없는 경우에도 반드시 전부 기재하여 주십시오.

☆ 보험증권사본과 파산신청시의 해약반환금 예상액(없는 경우에는 없다는 사실)을 기재한 보험회사 작성의 증명서를 첨부하여 주십시오.

4. 임차보증금

임차물건(단독주택 상하방),임차보증금(없음-월세 150,000원으로 거주),

반환예상금(0 원)

☆ 반환예상금란에는 채무자가 파산신청일을 기준으로 임대인에게 임차물건을 명도할 경우 임대인으로부터 반환 받을 수 있는 임차보증금의 예상액을 기재하여 주십시오.

☆ 임대차계약서의 사본 등 임차보증금 중 반환예상액을 알 수 있는 자료를 첨부하여 주십시오.

☆ 상가 임대차의 경우에는 권리금이 있으면 반드시 권리금 액수를 기재해 주시기 바랍니다.

5. 대여금·구상금·손해배상금·계금 등

채무자명( ) 채권금액 ( )

회수가능금액 (원)

채무자명( ) 채권금액 ( )

회수가능금액 (원)

☆ 계약서의 사본 등 대여금 등을 알 수 있는 자료를 첨부하고, 변제 받는 것이 어려운 경우에는 그 사유를 기재한 진술서 및 소명자료를 첨부하여 주십시오(회수가 어렵다고 하더라도 반드시 기재하시고, 대여금뿐만 아니라 구상금, 손해배상금, 계금 등 어떠한 명목으로라도 제3자로부터 받아야 할 돈이 있으면 기재하시기 바랍니다).

6. **매출금**(개인사업을 경영한 사실이 있는 분은 현재까지 회수하지 못한 매출금 채권)
채무자명( ) 채권금액 (원)
회수가능금액 (원)
채무자명( ) 채권금액 (원)
회수가능금액 (원)

☆ 영업장부의 사본 등 매출금을 알 수 있는 자료를 첨부하고, 변제 받는 것이 곤란한 경우에는 그 사유를 기재한 진술서 및 소명자료를 첨부하여 주십시오.

7. **퇴직금**
근무처명( ) 퇴직금예상액 (원)

☆ 파산신청시에 퇴직하는 경우에 지급 받을 수 있는 퇴직금예상액(퇴직금이 없는 경우에는 그 취지)을 기재한 사용자 작성의 증명서를 첨부하여 주십시오. 만일 퇴직금채권을 담보로 하여 돈을 차용하였기 때문에 취업규칙상의 퇴직금보다 적은 액수를 지급 받게 되는 경우에는 차용에 관한 자료를 첨부하여 주십시오.

8. **부동산(토지와 건물)**
종류(토지·건물) 소재지 ( )
시 가 (원) 등기된 담보권의 피담보채권
잔액(원)
종류(토지·건물) 소재지 ( )
시 가 (원) 등기된 담보권의 피담보채권
잔액(원)

☆ 등기부등본 등과 재산세과세증명서, 인근 중개업소나 인터넷에서 확인한 적어도 2곳 이상의 시가확인서 등 시가증명자료를 첨부하여 주십시오.

☆ 저당권 등 등기된 담보권에 대하여는 은행 등 담보권자가 작성한 피담보채권의 잔액증명서 등의 증명자료를 첨부하여 주십시오(가압류나 압류는 등기된 담보권이 아니므로 그 가액을 표시할 때는 가압류나 압류임을 명시하여 주시기 바랍니다).

☆ 경매진행 중일 경우에는 경매절차의 진행상태를 알 수 있는 자료를, 배당이 완료된 경우에는 배당표를 제출하여 주십시오.

9. **자동차(오토바이를 포함한다)**
차종 및 연식(소나타, 19○○) 등록번호(○○50라○○○○)
시가 (390,000원)
등록된 담보권의 피담보채권 잔액(원)

☆ 자동차등록원부와 시가 증명자료를 첨부하여 주십시오.

10. 기타 재산적 가치가 있는 중요 재산권(주식, 회원권, 특허권, 귀금속, 미술품 등)

품목명( ) 시가 (원)

품목명( ) 시가 (원)

11. 진술서 4.(3) 기재 지급 불가능 시점의 1년 이전부터 현재까지 사이에 처분한 1,000만원 이상의 재산(다만, 여러 재산을 처분한 경우 그 합계액이 1,000만원 이상이면 모두 기재해야 하고, 부동산은 1,000만원 미만이라도 기재해야 한다.)

____

____

☆ 처분의 시기, 대가 및 대가의 사용처를 상세히 기재하여 주시기 바랍니다. 그리고 여기서 말하는 재산의 처분에는 보험의 해약, 정기예금 등의 해약, 퇴직에 따른 퇴직금수령 등도 포함합니다. 주거이전에 따른 임차보증금의 수령에 관하여는 다음의 12항에 기재하여 주시기 바랍니다.

☆ 특히 부동산이나 하나의 재산의 가액이 1,000만원 이상의 재산을 처분한 경우에는 처분시기와 대가를 증명할 수 있는 등기부등본, 계약서사본, 영수증사본과 처분대가의 사용처를 증명할 수 있는 자료를 첨부하시기 바랍니다(경매로 처분된 경우에는 배당표를 제출하여 주십시오).

12. 최근 2년 이내에 주거이전에 따른 임차보증금을 수령한 사실

____

____

☆ 임대차계약서사본과 수령한 임차보증금의 사용처를 증명할 수 있는 자료를 첨부하시기 바랍니다.

13. 최근 2년 이내에 이혼에 따라 재산분여(할)한 사실

____

____

☆ 분여한 재산과 그 시기를 기재하여 주십시오. 그리고 분여한 재산의 가치를 나타내는 자료를 첨부하여 주시기 바랍니다(이혼 당시 배우자의 보유 재산이 어느 정도인지 아래 15.항의 양식을 참조하여 기재하여 주십시오).

14. 친족의 사망에 따라 상속한 사실

년 월 일 부·모____________의 사망에 의한 상속

상속상황

㉠ 상속재산이 전혀 없었음

㉡ 신청인의 상속포기 또는 상속재산 분할에 의해 다른 상속인이 모두 취득하였음

㉢ 신청인이 전부 또는 일부를 상속하였음

주된 상속재산과 그 처분의 경과

☆ ㉡ 또는 ㉢항을 선택한 분은 주된 상속재산을 기재하여 주시기 바랍니다.

☆ ㉡항을 선택한 분은 다른 상속인이 주된 상속재산을 취득하였다는 사실을 증명하는 자료를 첨부하여 주십시오. 부동산인 경우에는 다른 상속인이 소유자로 되어 있는 등기부등본을 첨부하여 주십시오.

☆ ㉢항을 선택한 분으로 상속한 주된 재산을 이미 처분한 분은 그 처분의 경과와 대가의 사용처를 상세히 기재하고, 그 사실을 증명하는 자료를 첨부하여 주십시오.

15. 배우자, 부모, 자녀 명의의 1,000만원 이상의 재산(1인 명의 재산이 1,000만원 이상일 때)

재산의 종류 ( )

재산의 명의자 ( ), 채무자와의 관계 ( )

재산의 시가 ( ), 재산에 관한 피담보채무 ( )

재산 취득 시기 ( )

재산 취득 자금 마련 경위 ( )

☆ 재산이 부동산인 경우에는 등기부등본 등과 재산세과세증명서, 인근 중개업소나 인터넷에서 확인한 적어도 2곳 이상의 시가확인서 등 시가증명자료를 첨부하여 주십시오.

☆ 재산 취득시기가 지급이 불가능하게 된 시점으로부터 2년 이내인 경우에는 재산 취득 자금 마련 경위에 관한 소명자료(예를 들어 재산 명의자의 취득 자금에 관한 금융 거래 명세 등)를 첨부하여 주십시오.

[양식 1-5]

현재의 생활상황

1. 현재의 직업 【 자영, 고용, 무직 】

업종 또는 직업(단순노무) 직장 또는 회사명 (○○테크)

지 위 (사원) 취 직 시 기 (20○○년 4월)

2. 수입의 상황(신청인의 월수입 합계 1,300,000 원)

자영수입(원) → 종합소득세 확정신고서(최근 2년분)를 첨부하여 주십시오.

월 급여 (1,300,000 원) → 급여증명서(최근 2년분)와 근로소득세 원천징수영수증의 사본을 첨부하여 주십시오.

연 금 (원) → 수급증명서를 첨부하여 주십시오.

생활보호(원) → 수급증명서를 첨부하여 주십시오.

기 타 (원) → 구체적으로 기재하고 수입원을 나타내는 자료를 첨부하여 주십시오.

3. 가족·동거인의 상황

성명	신청인과의 관계	연령	동거여부	직업	월수입
○○○	부	71세	동거 · 별거	무직	0원
○○○	모	69세	동거 · 별거	무직	0원
		세	동거 · 별거		원
		세	동거 · 별거		원
		세	동거 · 별거		원
		세	동거 · 별거		원

☆ 가족·동거인 중 수입이 있는 자에 대하여는 2항과 마찬가지로 급여명세서사본, 종합소득세확정신고서 등을 첨부하여 주십시오.

4. 주거의 상황

거주를 시작한 시점 (20○○년 10월 23일)

거주관계 : 아래 ㉠ – ㉥ 중 선택 (ㄱ)
㉠ 임대 주택(신청인 이외의 자가 임차한 경우 포함)
㉡ 사택 또는 기숙사
㉢ 신청인 소유의 주택
㉣ 친족 소유의 주택에 무상으로 거주
㉤ 친족 이외의 자 소유의 주택에 무상으로 거주
㉥ 기타 ( )

㉠, ㉡항을 선택한 분에 대하여,
관리비를 포함한 임대료 (150,000원) 임대보증금 (0 원)
연체액 (0 원)
신청인 이외의 자가 임차인인 경우 임차인 성명 ( )
신청인과의 관계 ( )

㉣, ㉤항을 선택한 분에 대하여,
소유자 성명 ( ) 신청인과의 관계 ( )

신청인 이외의 자가 소유자이거나 임차인인데 함께 거주하지 않는 경우 그 경위를 기재하십시오. ( )

☆ ㉠ 또는 ㉡항을 선택한 분은 임대차계약서 또는 사용허가서 사본을 첨부하여 주시기 바랍니다.
☆ ㉢ 또는 ㉣항을 선택한 분은 등기부등본을 첨부하여 주십시오.
☆ ㉣ 또는 ㉤항을 선택한 분은 소유자 작성의 거주 증명서를 첨부하여 주십시오.

5. 조세 등 공과금의 납부 상황(체납 조세가 있는 경우 세목 및 미납액을 기재하십시오)

소득세 미납분 (없음 있음 — 미납액 원)
주민세 미납분 (없음 있음 — 미납액 원)
재산세 미납분 (없음 있음 — 미납액 원)
의료보험료 미납분 (없음 있음 — 미납액 원)
국민연금 미납분 (없음 있음 — 미납액 원)
자동차세 미납분 (없음 있음 — 미납액 원)
기타 세금 미납분 (없음 있음 — 미납액 원)

[양식 1-6]

수입 및 지출에 관한 목록

1. **가계수지표**(20○○. 8. 월분)(신청일이 속한 달의 직전 달 기준)

수입			지출	
항 목		금 액	항 목	금 액
급여 또는 자영 수입	신청인	1,300,000원	주거비(임대료,관리비 등)	150,000원
	배우자	원	식비(외식비 포함)	200,000원
	기타( )	원	교육비	원
연금	신청인	원	전기·가스·수도료	80,000원
	배우자	원	교통비(차량유지비 포함)	350,000원
	기타( )	원	피복비	원
생활보호		원	의료비	50,000원
기타		원	기타	470,000원
수입합계		1,300,000원	지출합계	1,300,000원

2. **채무자의 가용소득**(개인회생절차를 신청할 경우 소득에서 생계비를 뺀 나머지 수득)

	구분	금액(단위 : 원)					
1	채무자의 월 평균 소득[335)]	1,300,000					
2	생계비(20○○년 기준 중위소득의 100분의 60)[336)]	1인	2인	**3인**	4인	5인	6인
		1,024,205	1,743,917	**2,256,019**	2,768,122	3,280,224	3,792,326
	부양가족 이름, 연령, 관계	○○○(71세, 부), ○○○(69세, 모)					
3	채무자의 가용소득 (1 − 2)	−1,371,470원					

335) 최근 1년 동안의 대략적인 소득을 평균하여 기재하십시오.

336) 본인을 포함한 부양가족(스스로 기준 중위소득의 40% 이상의 소득을 올리는 사람은 부양가족이 아닙니다)의 수에 해당하는 곳에 ○ 표 하십시오(생계비는 매년 바뀌므로 신청일을 기준으로 작성).

보험해약영수증

1. ○○생명보험(주)
   증권번호 : 1122334455667 해약반환금 : 162,042원
2. ○○생명보험(주)
   증권번호 : 1122334455668 해약반환금 : 365,316원
3. ○○생명보험(주)
   증권번호 : 1122334455669 해약반환금 : 419,565원

(해약환급금) 지급 확인서

◇ 계 약 자 : ○ ○ ○ (123456 - 1234567)
◇ 주 소 : ○○도 ○○시 ○○로 ○○ ㅁㅁ아파트 ○○동 ○○호
◇ 계약번호 : 1122334455667 (無A종신보험 (75세형, 표준체))

계약일자	종납월	보험료	총지급금액	약대/세금기타	지급일자	지급창구
20○○/04/17	20○○.10/31	73,200	639,678	220,113	20○○/02/03	○○○○
합 계			639,678	220,113		

◇ 계약자 ○○○ 님의 해약환급금 ₩419,565 원이 이와 같이 지급되었음을 확인합니다.
◇ 위 계약의 약관대출금 내역을 반드시 확인하시기 바랍니다.

발행일자 : 20○○년 ○월 ○일
발 행 인 : ○ ○ ○ (인)

○○시 ○○구 ○○로 ○○
○○생명보험주식회사
대표이사
사 장 ○○○ (인)

※ 본 확인서는 발급확인 및 발행인의 서명날인이 있어야 합니다.
※ 본 확인서는 수기로 작성하거나는 전산으로 인쇄된 내용을 정정할 수 없습니다.

(해약환급금) 지급 확인서

◇ 계 약 자 : ○ ○ ○ (123456 - 1234567)
◇ 주 소 : ○○도 ○○시 ○○로 ○○ ㅁㅁ아파트 ○○동 ○○호
◇ 계약번호 : 1122334455668 (無A종신보험 (75세형, 표준체))

계약일자	종납월	보험료	총지급금액	약대/세금기타	지급일자	지급창구
20○○/03/12	20○○.10/32	131,500	1,595,973	1,230,657	20○○/02/03	○○○○
합 계			1,595,973	1,230,657		

◇ 계약자 ○○○ 님의 해약환급금 ₩365,316원이 이와 같이 지급되었음을 확인합니다.
◇ 위 계약의 약관대출금 내역을 반드시 확인하시기 바랍니다.

발행일자 : 20○○년 ○월 ○일
발 행 인 : ○ ○ ○ (인)

○○시 ○○구 ○○로 ○○
○○생명보험주식회사
대표이사
사 장 ○○○ (인)

※ 본 확인서는 발급확인 및 발행인의 서명날인이 있어야 합니다.
※ 본 확인서는 수기로 작성하거는 전산으로 인쇄된 내용을 정정할 수 없습니다.

(해약환급금) 지급 확인서

◇ 계 약 자 : ○ ○ ○ (123456 - 1234567)
◇ 주 소 : ○○도 ○○시 ○○로 ○○ ㅁㅁ아파트 ○○동 ○○호
◇ 계약번호 : 1122334455669 (無여성시대건강보험 (환급))

계약일자	종납월	보험료	총지급금액	약대/세금기타	지급일자	지급창구
19○○/11/05	20○○.10/60	38,200	1,523,215	1,361,173	20○○/02/03	○○○○
합 계			1,523,215	1,361,173		

◇ 계약자 ○○○ 님의 해약환급금 ₩162,042원이 이와 같이 지급되었음을 확인합니다.
◇ 위 계약의 약관대출금 내역을 반드시 확인하시기 바랍니다.

발행일자 : 20○○년 ○월 ○일
발 행 인 : ○ ○ ○ (인)

○○시 ○○구 ○○로 ○○
○○생명보험주식회사
대표이사
사 장 ○○○ (인)

※ 본 확인서는 발급확인 및 발행인의 서명날인이 있어야 합니다.
※ 본 확인서는 수기로 작성하거는 전산으로 인쇄된 내용을 정정할 수 없습니다.

주거관계

1. 전세계약서—————————————— 1통

전세 연장 계약서

부동산의 소재지 : ○○시 ○○구 ○○로 ○○ ㅁㅁ아파트 ○○동 ○○호

전 세 대 금 : 삼천만원정

20○○년 ○월 ○일 계약한 전세 기한을 20○○년 ○월 ○일로 합의해 계약함.

단, 임차인은 재건축(재개발)등으로 인한 기간 만료 이전 이주시 전세 계약금 이외 이사비용, 복비 등 별도 비용을 임대인에게 요구하지 않는다.

임대인 주소 : ○○시 ○○구 ○○로 ○○ ㅁㅁ아파트 ○○동 ○○호

주민등록번호 : 123456-1234567

성 명 : ○○○ (인)

임차인주소 : ○○시 ○○구 ○○로 ○○ ㅁㅁ아파트 ○○동 ○○호

주민등록번호 : 123456-1234568

성 명 : ○○○ (인)

Tel) 123-4567

○ ○ 지 방 법 원
결 정

사 건 20○○하단○○ 파산선고
20○○하면○○ 면책

신 청 인 ○ ○ ○ (123456 - 1234567)
(채무자) 주소 서울 ○○시 ○○구 ○○로 ○○ ㅁㅁ하이츠 ○○동 ○○호
등록기준지 상동
송 달 장 소 상동
(송달영수인 : ○○○)

주 문

1. 채무자에 대하여 파산을 선고한다.
2. 이 사건 파산을 폐지한다.
3. 위 면책사건에 관하여 면책신청에 대한 이의신청기간을 20○○. ○. ○.까지로 한다.
4. 송달해야 하는 장소를 알기 어려운 파산채권자에 대한 송달은 공고로써 갈음한다.

이 유

이 사건 기록에 의하면 채무자는 지급불능 상태에 있고, 또한 파산재단으로써 파산절차의 비용을 충당하기에 부족하다. 그렇다면, 채무자의 이 사건 파산신청은 이유 있으므로 채무자 회생 및 파산에 관한 법률 제305조, 제317조 제1항, 제562조 및 제10조에 의해 주문과 같이 결정한다.

20○○. ○. ○. 10:00

판 사 ○ ○ ○

파산선고·파산폐지결정 및 이의신청기간 공고

사　　건　　20○○하단○○　파산선고
　　　　　　20○○하면○○　면책

신 청 인　　○　○　○ (123456 - 1234567)
(채무자)　　주소 ○○시 ○○구 ○○로 ○○ ㅁㅁ하이츠 ○○동 ○○호

1. 결정연월일시

20○○. ○. ○. 10:00

2. 파산선고·파산폐지결정 주문

채무자에 대하여 파산을 선고한다.
이 사건 파산을 폐지한다.

3. 이유의 요지

채무자가 지급불능상태에 있고, 파산재단으로써 파산절차비용을 충당하기에 부족하다.

4. 면책신청에 대한 파산채권자의 이의신청기간 및 방법

가. 이의신청기간 : 20○○. ○. ○.까지

나. 이의신청방법

면책신청에 대하여 이의를 제기하려는 파산채권자는 위 이의신청기간까지 면책불허가 사유에 대한 구체적 주장을 기재하고, 이에 대한 소명자료를 첨부한 원본 및 부본 각 1부를 ○○지방법원 제○파산단독에 제출바랍니다.

20○○. ○. ○.

○○지방법원

판사 ○○○

○ ○ 지 방 법 원
결 정

사 건 20○○하면○○ 면책
(20○○하단○○ 파산선고)

파 산 자 ○ ○ ○ (123456 - 1234567)
○○시 ○○구 ○○로 ○○ ㅁㅁ아파트 ○○동 ○○호
신청대리인 변호사 ○○○

위 파산자에 대한 면책 심문기일 및 장소를 다음과 같이 지정한다.

일 시 : 20○○. ○. ○. 17:00
장 소 : ○○지방법원 312-2호 조정실

20○○. ○. ○.

판 사 ○○○ (인)

○ ○ 지 방 법 원
면책심문조서

1차

사 건 20○○하면○○ 면책
(20○○하단○○ 파산선고)

기 일 20○○. ○. ○. 17:00

판 사 ○○○ 장 소 ○○지방법원 제312-2호 조정실

법원주사보 ○○○ 공개여부 비공개

사건과 당사자를 호명

파 산 자 ○○○ 출 석

판 사

파산자 ○○○에 대한 심문을 시작하겠다고 선언

파산자에게 채무자 회생 및 파산에 관한 법률 제564조 각호 소정의 면책불허가 사유가 있는지를 심문

파산자

20○○. ○. ○.자 면책신청서 및 별첨 진술서 각 진술.

파산선고를 받게 된 사정은 파산사건 심리시에 제출한 서류의 기재 및 법원에서의 진술과 같다.

판 사

이 사건 면책신청에 대한 이의 신청기간을 20○○. ○. ○.까지도 정한다는 결정을 선고하고, 이로써 파산자 ○○○에 대한 면책심문기일을 마친다고 고지.

심문종결

법원주사보 ○○○ (인)

판 사 ○○○ (인)

○ ○ 지 방 법 원

결 정

사 건 20○○하면○○ 면책
(20○○하단○○ 파산선고)

파 산 자 ○ ○ ○ (123456 - 1234567)
주소 ○○시 ○○구 ○○로 ○○ ㅁㅁ아파트 ○○동 ○○호
신청대리인 변호사 ○○○
본적 상동

주 문

위 면책사건에 관하여 면책신청에 대한 이의신청기간을 아래와 같이 정한다.

이의신청기간 : 20○○. ○. ○.

이 유

채무자 회생 및 파산에 관한 법률 제562조를 적용하여 주문과 같이 결정한다.

20○○. ○. ○.

판 사 ○○○ (인)

○ ○ 지 방 법 원
결 정

사 건 20○○하단○○ 파산선고
20○○하면○○ 면책

신 청 인 ○ ○ ○ (123456 - 1234567)
(채무자) 주소 ○○시 ○○구 ○○로 ○○ ㅁㅁ하이츠 ○○동 ○○호
등록기준지 상동
송 달 장 소 상동
(송달영수인 : ○○○)

주 문

채무자를 면책한다.

이 유

이 사건 기록에 의하면, 채무자에게 채무자 회생 및 파산에 관한 법률 제564조 제1항에서 정한 면책불허가사유에 해당하는 사실이 인정되지 않으므로 주문과 같이 결정한다.

20○○. ○. ○.

판 사 ○ ○ ○

면책결정공고

사 건 20○○하면○○ 면책
(20○○하단○○ 파산선고)

파 산 자 ○ ○ ○ (123456 - 1234567)
주소 ○○시 ○○구 ○○로 ○○ ㅁㅁ아파트 ○○동 ○○호
신청대리인 변호사 ○○○
본적 ○○시 ○○구 ○○로 ○○

주 문

파산자 ○○○을 면책한다.

20○○. ○. ○.

○ ○ 지 방 법 원

판 사 ○○○ (인)

○ ○ 지 방 법 원

결 정

사 건 20○○하면○○ 면책
(20○○하단○○ 파산선고)

파 산 자 ○ ○ ○ (123456 - 1234567)
주소 ○○시 ○○구 ○○로 ○○ ㅁㅁ아파트 ○○동 ○○호
신청대리인 변호사 ○○○
본적 ○○시 ○○구 ○○로 ○○

주 문

면책의 효력을 받는 채권자에 대한 채무자 회생 및 파산에 관한 법률 제 347조, 제9조에 의한 송달은 공고로써 갈음한다.

이 유

채무자 회생 및 파산에 관한 법률 제357조, 제107조를 적용하여 주문과 같이 결정한다.

20○○. ○. ○.

판 사 ○○○ (인)

[사례 6] 보증채무로 인한 개인파산

개인파산 신청인 ○○○ 관련
(첨부서류 및 소명자료 일람표)

파산신청서 관련

- 파산신청서(인지대, 송달료)
- 송달료(예납·추납)납부서(법원제출용)
- 법원보관금 영수필통지서(법원제출용)
- 파산신청서
- 진술서
- 채권자 일람표
- 채권자의 주소
- 재산목록
- 보험해약영수증·지급 확인서
- 현재의 생활상황
- 주거관계(주택임대차계약서 등)
- 지방세 세목별 과세(납세)증명서
- ○○지방법원 결정
- 파산선고 및 파산폐지결정 공고
- ○○지방법원파산결정확정 통지

면책신청서 관련

- 면책신청서
- 진술서
- 채권자 명부
- ○○지방법원 결정
- ○○지방법원 면책심문조서
- ○○지방법원결정
- ○○지방법원결정
- ○○지방법원결정

[서식 67] 파산 및 면책신청서 표지

파 산 및 면 책 신 청 서

신청인(채무자) ○ ○ ○

파산사건번호	
면책사건번호	
배당순위번호	
재 판 부	제 단독

인 지 대 : 2,000원

파산송달료 : 당사자수 (14) × 4 × 5,200 + 52,000원 = 316,800원

면책송달료 : 당사자수 (14) × 3 × 5,200 + 52,000원 = 249,600원

계 : 568,400원

○○지방법원 귀중

3333

※예납이란 : 사건접수시(신청, 항고, 상소) 납부 → 사건번호 미기재
※추납이란 : 사건진행중 송달료 추가납부요청이나 보정명령서상 송달료 추가납부요청이 있는 경우 납부하는 우편료 → 사건번호기재

업무구분 : 예납(10, 추납(13)

송달료(예납·추납)납부서(법원제출용)

법 원 코 드			

033123 0071 20○○1004 16:45 250 00 501 10 111
대 ₩0 현 ₩
은행번호 01-1234567-9 **예 납**
11-00000205115 ○○○
전표번호 123-456-12345

※ 납부자께서는 이면 유의사항을 확인하신 후 정확히 기재하여 주십시오

납부당사자 사용란	법 원 명	○○ 지 방 법 원		사건번호		
	성 명	○○○		금 액		
	주 소	○○시 ○○구 ○○로 ○○ ○○빌딩 ○○층			우편번호	1 2 3 4 5 6
	전액환급 계좌번호	○ ○ 은 행 계 좌 입 금	○○은행 지점	계좌번호	○○○-○○-○○○○○○	
			은행 지점	계좌번호		
		예 금 주	○○○	연 락 처 전화번호	○○○-○○○○-○○○○	

※ 환급계좌를 반드시 기재하여 주시기 바랍니다

법원 사용란	사건번호	연 도	사 건 부 호	진 행 번 호		
	전산등록	사건등록(인)	이송등록(인)	수이송등록(인)	재배당등록(인)	기타( )(인)

위 사건에 관하여 송달료를 납부합니다.
수납 : ○○은행 ○○지점 ○○○
년 월 일

법원보관금 영수필통지서(법원제출용)

은행번호 : 20○ ○-123456

법 원 명	○○지방법원 본원			
사 건 번 호	20○○-하단 - ○○○○		물 건 번 호	
납 부 금 액			보관금 종류	**민사예납금**
납부자 성명	○○○		주민등록번호 (사업자등록번호)	○○○○○○ -○○○○○○○
납부자 주소	(12345) ○○시 ○○구 ○○로 1363		전 화 번 호	
잔 액 환 급 계 좌 번 호	○○은행	지점	예 금 주	
	계좌번호	○○○-○○-○○○○○○		

위의 보관금이 납부되었음을 알려 드립니다. 20○○년 ○월 ○일 수납직원 : 71 ○○○

○○은행 ○○ 지점

[서식 68] 파산 및 면책신청서

[전산양식 A5601]

파산 및 면책 신청서

인 지
2000원

신 청 인(채 무 자) ○○○ (주민등록번호 : 123456 - 1234567)

주 소 : ○○시 ○○구 ○○로 ○○○

(우편번호 : 12345)

거 소 : 위와 같음 (우편번호 : 12345)

송달장소 : (우편번호 : 12345)

등록기준지 : ○○도 ○○시 ○면 ○○길 ○○

연락처 : 휴대전화(010-0000-0000), 집전화(02-0000-0000), e-mail( )

신 청 취 지

1. 신청인에 대하여 파산을 선고한다.
2. 이 사건 파산절차를 폐지한다(또는 파산관재인 선임을 희망한다).
3. 채무자를 면책한다. 라는 결정을 구합니다.

신 칭 이 유

1. 신청인에게는 별첨한 진술서 기재와 같이 지급해야 할 채무가 존재합니다.
2. 그런데 위 진술서 기재와 같은 신청인의 현재 자산, 수입의 상황 하에서는 채무를 지급할 수 없는 상태에 있습니다. (또한 파산재단을 구성할 만한 재산이 거의 없어 파산절차비용에 충당하기에 부족합니다.)
3. 따라서 신청인에 대하여 파산을 선고 (하고, 이 사건 파산절차를 폐지)하며, 채무자를 면책한다. 라는 결정을 구합니다.

첨 부 서 류

1. 가족관계증명서, 혼인관계증명서(단 혼인관계증명서는 최근 2년 이내 이혼한 경우) 각 1부
2. 주소변동내역이 포함된 주민등록등본 1부

3. 진술서(채권자목록, 재산목록, 현재의 생활 상황, 수입 및 지출에 관한 목록 포함) 1부

휴대전화를 통한 정보수신 신청서

위 사건에 관한 파산선고결정, 면책결정 등 정보를 예납의무자가 납부한 송달료 잔액 범위 내에서 휴대전화를 통하여 알려주실 것을 신청합니다.

▣ 휴대전화 번호 : 000-0000-0000

신청인 채무자 ○○○ (날인 또는 서명)

※ 파산선고 및 이의기간지정 결정(또는 면책심문기일 결정), 면책결정이 있으면 신속하게 위 휴대전화로 문자메시지가 발송됩니다. 문자메시지 서비스 이용금액은 메시지 1건당 17원씩 납부된 송달료에서 지급됩니다(송달료가 부족하면 문자메시지가 발송되지 않습니다). 추후 서비스 대상 정보, 이용금액 등이 변동될 수 있습니다.

파산사건번호	
면책사건번호	
배당순위번호	
재 판 부	제 단독

20○○. ○. ○.

위 소송대리인 ○○○ (인)

○○지방법원 귀중

[양식 1-1]

진 술 서

○○지방법원 귀중

신 청 인 ○○○ (인)

신청인은 다음과 같은 내용을 사실대로 진술합니다.

또 본인의 현재의 채무, 자산, 생활의 상황 및 수입·지출 등은, 별지 「채권자목록」, 「재산목록」, 「현재의 생활상황」, 「수입 및 지출에 관한 목록」의 각 기재와 같습니다.

위 각 서류에 사실과 다른 내용이 있을 경우 면책불허가될 수 있음을 잘 알고 있습니다.

1. 본인의 과거 경력은 다음과 같습니다.

(1) 최종 학력

19○○년 2월 일 ○○초등학교 (졸업, 중퇴)

(2) 과거 경력(최근의 것부터 기재하여 주십시오)

20○○년 7월 20일부터 20○○년 2월 20일까지(자영, 근무)

업종__식당__ 직장명_○○프라자_ 직위__일용직__

년 월 일부터 년 월 일까지(자영, 근무)

업종______ 직장명______ 직위______

2. 본인의 현재까지의 생활상황 등은 다음과 같습니다.

(1) 채무의 지급이 곤란할 정도로 경제사정이 어려워진 이후에 일부 채권자에게만 변제한 경험 (있음, 없음) (변제한 채권자의 성명, 변제시기, 금액을 전부 기재하여 주십시오)

____

____

(2) 사기죄, 사기파산죄, 과태파산죄로 고소되거나 형사재판을 받은 경험 (있음, 없음)

____

____

(3) ㈎ 과거에 파산신청을 하였다가 취하하거나 기각당한 경험 (있음, 없음)

년 월 일 ( )지방법원에 파산신청을 하였는데 (취하함,

기각당함)

(나) 과거에 파산선고를 받은 경험 (있음, 없음)

년 월 일 ( )지방법원에서 파산선고를 받음

(다) 그 파산선고에 이어서 면책을 받은 경험 (있음, 없음)

년 월 일 ( )지방법원에서 면책결정을 받았고, 년 월 일 위 결정이 확정됨

(4) (가) 개인회생절차를 이용한 경험 (있음, 없음)(개인회생절차 중이면 기각될 수 있음)

년 월 일 ( )지방법원에서 인가결정을 받음

(사건번호:)

년 월 일 ( )지방법원에서 폐지결정을 받음

(폐지사유:)

☆ 폐지사유(예를 들어 소득 감소, 가족 의료비 증가 등)에 관한 소명자료를 첨부하여 주십시오.

(나) 그 개인회생절차에서 면책을 받은 경험 (있음, 없음)

년 월 일 ( )지방법원에서 면책결정을 받았고, 년 월 일 위 결정이 확정됨

(5) 슬롯머신, 경마, 경륜, 포커 등 도박행위를 한 경험 (있음, 없음)

▷ 어떤 도박을 하였는지 ( )

▷ 도박을 한 시기 (년 월 일부터 년 월 일까지)

▷ 도박을 한 횟수 및 금액 1개월 평균 ( )회, 평균 ( )원 정도

(6) 과거 자신의 월수입의 반 이상이 소요되는 호텔, 콘도, 골프장, 고급 음식점에 다닌 경험 (있음, 없음)

▷ 어떤 곳에 갔는지 ( )

▷ 간 시기 (년 월 일부터 년 월 일까지)

▷ 간 횟수 및 사용금액 1개월 평균 ( )회 정도, 평균 ( )원 정도

(7) 과거 2년간 국내·해외여행 경험 (있음, 없음)

▷ 여행 횟수 및 사용 금액 합계 ( ) 회 정도, 총액 ( ) 원 정도

(8) 과거 2년간 500만원 이상의 물건을 구입한 경험 (있음, 없음)

(물건의 품명, 구입시기, 가격 등을 전부 기재하여 주십시오)

____

____

(9) 과거 물건을 할부나 월부로 구입하고 대금을 전부 지급하지 않은 상태에서 처분(매각, 입질 등)을 한 경험 (있음, 없음) (물건의 품명, 구입시기, 가격, 처분 시기 및 방법을 전부 기재하여 주십시오)

(10) 이번 항목은 개인 영업을 경영한 경험이 있는 분만 기재하여 주십시오.

▷ 영업 중 상업장부의 기재

☐ 정확히 기장하였다. ☐ 부정확하게 기장하였다.

☑ 기장하지 아니하였다.

▷ 영업 중에 도산을 면하기 위해 상품을 부당하게 염가로 매각한 사실 (있음, <u>없음</u>)
(언제 무엇을 매입원가의 몇 %로 할인판매를 하였는지를 기재하여 주십시오)

3. 채권자와의 상황은 다음과 같습니다.

(1) 채권자와 채무지급방법에 관하여 교섭한 경험 (있음, <u>없음</u>)

▷ 그 결과 합의가 성립된 채권자수 ( )명

▷ 합의에 기하여 지급한 기간 (년 월 일부터 년 월 일까지)

▷ 매월 지급한 총액 1개월 평균 ( )원 정도

▷ 지급 내역 (누구에게 얼마를 지급하였는지를 기재하여 주십시오)

(2) 소송·지급명령·압류·가압류 등을 받은 경험 (<u>있음</u>, 없음)

▷ (○○)지방법원 사건번호 (20○○차전○○○○○호) 상대방(○○대부 주식회사)

▷ ( )지방법원 ( )지원 사건번호 (호) 상대방( )

4. 파산신청에 이르게 된 사정(채무 증대의 경위 및 지급이 불가능하게 된 사정)
(☐안에 ✓ 표시)

(1) 많은 채무(연대보증에 의한 채무나 신용카드 이용에 의한 채무를 포함한다)를 지게 된 이유는 다음과 같습니다(두 가지 이상 선택 가능).

☑ 생활비 부족 (부양가족수 : 2), (부족한 생활비 : 주거비, 의료비, 교육비, 기타)

☐ 주택구입자금 차용 (주택 구입 시기 :), (주택 처분 시기 :)
(구입한 주택의 명세 :)

☐ 낭비 등(음식·음주, 투자·투기, 상품 구입, 도박 등)

☐ 사업의 경영 파탄 ( ) (사업 시기 : 년 월 일부터 년 월 일까지)
(사업 종류 :)

☑ 타인(친족, 지인, 회사 등)의 채무 보증
☐ 사기 피해를 당함 (기망을 한 사람 및 채무자와의 관계 :　　)
(피해액수 :　　　　원)
☐ 그밖의 사유 :

(2) 지급이 불가능하게 된 계기는 다음과 같습니다(두 가지 이상 선택 가능)
☑ 변제해야 할 원리금이 불어나 수입을 초과하게 됨
☐ 실직함
☐ 경영 사정 악화로 사업 폐업함
☑ 급여 또는 사업 소득이 감소됨
☐ 병에 걸려 입원함
☐ 그밖의 사유 :

(3) 지급이 불가능하게 된 시점 : 20○○년 11월　일

(4) 구체적 사정

시기(연월일)	채권자, 차용(보증) 액수, 차용한 돈의 사용처, 지급이 불가능하게 된 사정 등
20○○/01/29	○○신용보증재단에 남편의 보증으로 구상금 채무 1,700만원 발생
20○○/06/18	농협에서 700만원을 빌려 임차보증금에 보탬
20○○/01/06	○○새마을금고에서 700만원 대출받아 월세 연체금 및 생활비에 지출
20○○/11/18	○○대부에서 300만원 빌려 집보증금 때문에 빌린 돈 갚음
20○○/11/19	○○○캐피탈에서 200만원을 빌려 생활비에 사용함
20○○/11/19	○○○○파이넨셜에서 320만원 빌려 개인빚 청산함
20○○/11/19	○○○대부에서 200만원 빌려 아들 치과치료에 사용함

(언제, 어떠한 사정 하에 누구로부터 얼마를 차용하여 어디에 사용하였는지, 언제 어떠한 사정 하에 무엇을 구입하였는지, 어떠한 사정 하에 지급이 불가능하게 되었는지를 오래된 것부터 시간 순서에 따라 기재하여 주십시오. 별지를 사용하여도 됩니다.)

5. 지급이 불가능하게 된 시기 이후에 차용하거나 채무가 발생한 사실 (있음, 없음)

시기(연월일)	차용(채무 발생) 원인, 금액, 조건 등

(있다면 차용 또는 채무발생의 시기, 원인, 금액, 조건 등을 기재하여 주십시오. 별지를 사용하여도 됩니다.)

〈별지 : 진술서 4, 5항 관련〉

진 술 서

존경하는 재판장님 안녕하십니까. 저의 소중한 두 아들과 함께 조금이라도 평온한 삶을 살아보려고 발버둥치는 50대에 접어든 한 여인이 재판장님께 간곡히 부탁을 드리려 이렇게 인사드립니다.

저는 어렸을 때부터 심장과 몸이 좋지 않아 밖으로 돌아다니는 게 힘들었었고 그에 따라 학업을 쭉 이어 나가지 못하며 초등학교만을 간신히 졸업할 수 있었습니다. 그렇게 몸이 아파 힘든 유년 시절을 보내며 지금 아들들의 아버지를 만나 결혼을 하게 되었습니다. 결혼을 하고나서 이혼을 하기까지 저는 집안 가사일을 제외한 일들은 할 수가 없었고 모든 일에 대해서는 자연스레 남편이 관리하게 되었습니다.

남편은 직원으로 일을 시작하면서 차차 경력을 쌓아 나아갔고 나중에는 여러 곳에서 돈을 끌어 모아 사업을 시작하게 되었습니다. 저의 집안 사촌들에게도 돈을 빌려서 사업을 시작했었습니다. 큰아들이 고등학교 2학년을 재학 당시 남편이 하던 사업이 부도의 조짐이 보인다는 걸 눈치챘었습니다. 하지만 남편이 모든 일을 관리하고 있었을 뿐더러 원체 그런 쪽에는 무지했었던 터라 그 당시에는 자세한 상황까지는 알지 못했었습니다. 하지만 그 후로 남편이 집에 들어오지 않는 횟수가 날이 갈수록 늘어갔고 큰아들이 3학년이 되었을 무렵 남편의 사업이 부도가 났다는 것을 확실히 알게 되어서 결국 남편과의 이혼이 답이라는 결론이 나왔고 이혼을 한 뒤에 저는 홀로 두 아들을 키워야 하는 신세가 되었습니다.

그 당시에는 집까지 경매에 붙여져서 집을 비워야 하는 상황이었고 이대로 길바닥에 나 앉나 하는 생각도 했었습니다. 제 아들들과 함께 생활하며 시작된 첫 번째 고비였습니다. 그 당시 기초수급대상자였던 저희는 수급자들에 한해 정부에서 집 마련을 위해 대출을 해준다는 소식을 듣고 농협에 가서 대출을 받아 집을 마련할 수 있었습니다. 집을 마련한 후에는 제가 청소부 일을 해가며 번 돈으로 생활비를 꾸렸고 저의 가족의 생활에는 아무런 지장이 없었습니다. 하지만 어느 날 청천벽력같은 소식의 한통의 전화가 걸려왔습니다. 돈을 갚지 않으면 고소를 하겠다는 전화였습니다. 무슨 말이냐고 물어보니 남편이 사채로 돈을 빌렸을 때 제가 부부보증을 섰었고 남편과 연락이 되지 않으니 보증을 섰던 저에게 돈을 갚으라는 말이었습니다. 빌려간 액수는 2천만원이었으며 저는 그 소식을 듣고 좌절하였습니다. 하지만 그때 제 친구 아는 분의 언니를 만나 도움을 받게 되었습니다. 2천만원이라는 돈을 먼저 갚아주셨고 계라는 것을 통해 원금 100만원과 이자 30만원을 합해서 한 달에 130만원씩 갚는 조건이었습니다.

고소라는 상황은 모면하게 되었지만 한 달에 130만원씩을 2년간 갚아야 할 것을 생각하니 또다시 막막해졌습니다. 저 혼자로써는 도저히 감당이 안되는 금액이었습니다. 그러던 와중에 큰아들이 이러한 상황을 알게 되었고 학교를 다니며 야간에 아르바이트를 하겠다며 막무가내로 나섰습니다. 아들에게 무슨 잘못이 있다고 공부에 열중해야할 시기에 일까지 하게 만드나 정말 너무 억울하고 속상한 마음에 눈물이 멈추질 않았었습니다. 1년간 하루도 쉬지 않고 일을 하였습니다. 그 돈을 갚으려면 몸이 아파도 쉴 수가 없었습니다. 아들이 졸업 후 학교진학까지 포기하며 아르바이트를 해서 돈을 보태주었습니다. 아들이 보태주어서 곗돈은 마련할 수 있었습니다. 하지만 그렇게 곗 돈을 계속 주다보니 자연스레 관리비, 전화비, 가스비 등등 다른 곳의 돈이 메꿔지지 않았으며 몇 달씩 밀린 그 돈을 메꾸려다보니 어느 순간 곗돈을 넣을 돈이 없어 못 드릴 때가 늘어나게 되었고 곗돈을 넣지 않는다며 여러 번 혼나기도 하며 시달리기 시작했습니다. 이대로는 안되겠다 싶어 저는 제3금융 대출에 손을 벌렸고 집 담보를 통해 빌리기도 하였고 다른 4곳을 합쳐 1천만원의 대출을 받게 되었습니다. 잘 알려진 곳이 아니다보니 1천만원에서 수수료라고 150만원을 주라고 요구하였습니다. 돈이 급한 저는 어쩔 수 없이 150만원이라는 돈을 수수료로 지불하기도 하였습니다. 그렇게 밀렸던 돈들을 빌렸던 대출금으로 청산하다보니 남는 것이 없었습니다. 빌린 대출금들의 이자를 합해보니 한 달에 약 30~40만원 정도가 이자로 빠져나갔으며 원금을 갚지 못한 채 지금까지 1년 넘도록 이자만 내고 있는 상황입니다. 얼마 전 계는 2년 만기가 되었지만 아직도 5달이 넘는 기간의 곗돈을 주지 못한 상황입니다. 2년간 힘들게 벌었던 돈들을 빚 청산을 위해 갚았어도 대출로 인해 빚만 더 늘어나 버린 상황입니다.

현재 큰아들의 나이 제한에 걸려 수급자 자격에서 박탈당한 상황이며 계속 신청은 하고 있지만 결과는 아직 나오지 않았습니다. 수급자일 때는 혜택이라도 있었지만 지금은 혜택도 하나 못 받고 있는 실정입니다.

큰아들은 올해 22살이 되었고 군대를 다녀와야 할 시기이지만 현재 생계유지곤란 사유로 인해 군대 면제를 받은 상태입니다. 저희 집안이 처해있는 상황을 서류를 통해 알려드리고 오랜 심사 끝에 받았습니다. 생계유지곤란사유로 면제가 된 것은 큰아들이 돈을 벌지 못할 시에는 남은 가족들의 생계가 유지되지 못한다는 이유로 면제를 받게 되었습니다. 큰 아들이 돈을 보태주지 못하였다면 지금까지 이렇게 버티고만 있는 것도 불가능하였을 겁니다. 저는 지금 이 상황이 너무 암울하고 서럽습니다. 아무리해도 빚을 갚아 나가지도 못하고 빚이 쌓여만 갑니다. 자신들의 꿈을 키워가야 할 시기에 그 어느 것도 자신의 마음대로 하지 못하고 일을 하고 있는 아들을 생각하면 죽고 싶을 만큼 이러한 처지가 싫습니다.

존경하는 재판장님, 저희의 힘든 상황을 잘 헤아려 주셔서 저희 가족에게 살아갈 수 있는 희망을 주셨으면 합니다.

원체 배우지 못하고 자란 터라 두서없게 글을 쓴 점 죄송하단 말씀 드립니다.

20○○. ○. ○.

위 진술인 ○○○ (인)

[양식 1-2]

채권자목록

순번	채권자명	차용 또는 구입일자	발생 원인	최초 채권액	사용처	보증인	잔존 채권액	
							잔존 원금	잔존 이자·지연손해금
1	○○신용보증재단	20○○.01.29	③	17,295,380	구상금채무	주채무자 : ○○○	17,140,380	9,492,085
2	농협은행주식회사	20○○.06.19	①	7,000,000	전세자금 대출		5,868,610	
3	○○새마울금고	20○○.01.06	①	7,000,000	채무변제 자금		7,000,000	미정
4	○○○○파이낸셜대부(주)	20○○.11.19	①	3,146,361	생활비		3,146,361	743,133
5	○○○대부(주)	20○○.11.18	①	1,973,961	생활비		1,973,961	415,222
6	○○○캐피탈대부(주)	20○○.11.18.	①	2,376,218	생활비		2,376,218	
7	○○대부(주)	20○○.11.18	①	2,569,389	생활비		2,569,389	555,742
8	○○핸드폰	20○○.11.10.	④	196,130	통신요금		196,130	

※ 채권의 '발생원인'란에는 아래 해당번호를 기재함 ① 금원차용(은행대출,사채 포함), ② 물품구입(신용카드에 의한 구입 포함), ③ 보증(피보증인 기재), ④ 기타	합 계	잔존 원금	잔존 이자·지연손해금
	51,477,231	40,271,049	11,206,182

[양식 1-3]

채권자의 주소

1. 채권자의 주소는 신청일 당시의 주소로 번지까지 정확하게 기재하고, 채무자를 위해 보증을 해 준 사람이 있으면 그 보증인의 주소까지 정확히 기재하여야 합니다.
2. 채권자가 금융기관이나 기타 법인인 경우에는 본점 소재지 또는 거래지점의 소재지를 정확하게 기재하여야 합니다.

순번	채권자명	주소	전화번호	팩스	비고 (우편번호)
1	○○신용보증재단	○○시 ○○군 ○○읍 ○○길 ○○○	000-000-0000		
2	농협은행주식회사	○○시 ○○군 ○○읍 ○○길 ○○○	000-000-0000		
3	○○새마을금고	○○시 ○○구 ○○로 ○○	000-000-0000		
4	○○○○ 파이낸셜대부(주) (○○○캐시)	서울 ○○구 ○○로 ○○○ ○○○빌딩	000-000-0000		
5	○○○대부(주)	서울 ○○구 ○○로 ○○○ ○○빌딩 2층	02-0000-0000		12345
6	○○○캐피탈 대부(주)	서울 ○○구 ○○로 ○○○ ○○○○빌딩 5층	000-000-0000		
7	○○대부(주)	○○시 ○○구 ○○로 ○○○ ○○빌딩 3층 301호, 301호	000-000-0000		
8	○○핸드폰	서울 ○구 ○○로 2길 30(남대문로5가)	0000-0000		

[양식 1-4]

재 산 목 록

※ 먼저, 다음 재산목록 요약표에 해당재산이 있는지 ✓하고, 「□ 있음」에 ✓한 경우에는 아래 해당 항목에서 자세히 기재바랍니다. 이 양식을 파일형태로 이용할 경우 아래 표 중 에 「□ 있음」에 ✓한 부분만 출력하여 제출하여도 됩니다. 따라서 모두 「□ 없음」에 ✓한 경우에는 아래 표 다음 부분을 생략할 수 있습니다 (실제로는 재산 처분이 있었음에도 불구하고 '지급불가능 시점의 1년 이전부터 현재까지 재산 처분 여부'의 '없음'에 ✓해 놓고는 부동산등기부등본 등 소명자료를 뒷부분에 편철해놓는 경우가 있는데 이와 같이 재산목록 요약표와 소명자료 또는 진술서의 기재내용이 서로 불일치한 경우에는 허위진술 내지 불성실한 신청으로 간주되어 불이익한 처분을 받을 수 있습니다).

재산목록 요약표

1. 현금	□ 있음 ☑ 없음	6. 매출금	□ 있음 ☑ 없음	11. 지급불가능 시점의 1년 이전부터 현재까지 재산 처분 여부	□ 있음 ☑ 없음
2. 예금	□ 있음 ☑ 없음	7. 퇴직금	□ 있음 ☑ 없음	12. 최근 2년간 받은 임차보증금	□ 있음 ☑ 없음
3. 보험	□ 있음 ☑ 없음	8. 부동산	□ 있음 ☑ 없음	13. 이혼재산분할	□ 있음 ☑ 없음
4. 임차보증금	☑ 있음 □ 없음	9. 자동차·오토바이	□ 있음 ☑ 없음	14. 상속재산	□ 있음 ☑ 없음
5. 대여금	□ 있음 ☑ 없음	10. 기타 재산 (주식, 특허권, 귀금속 등)	□ 있음 ☑ 없음	15. 친족의 재산	□ 있음 ☑ 없음
피산관재인 선임 희망 여부		□ 희망 ☑ 불희망			

1. 현금 : 금액 (0 원)

2. 예금

금융기관명( ) 계좌번호( )

잔고 (원)

금융기관명(　　　　　　) 계좌번호(　　　　　　　　　)
잔고 (　　　　　원)

☆ 은행 이외의 금융기관에 대한 것도 포함합니다.

☆ 예금잔고가 소액이라도 반드시 기재하고 파산신청시의 잔고(정기예금분을 포함)와 최종 금융거래일로부터 과거 6개월간의 입출금이 기장된 통장 사본 또는 예금거래내역서를 첨부하여 주십시오.

3. 보험(생명보험, 화재보험, 자동차보험 등)

보험회사명(　　　　　　)　　증권번호 (　　　　　　　　)
해약반환금 (　　　　　원)
보험회사명(　　　　　　)　　증권번호 (　　　　　　　　)
해약반환금 (　　　　　원)

☆ 파산신청 당시에 가입하고 있는 보험은 해약반환금이 없는 경우에도 반드시 전부 기재하여 주십시오.

☆ 보험증권사본과 파산신청시의 해약반환금 예상액(없는 경우에는 없다는 사실)을 기재한 보험회사 작성의 증명서를 첨부하여 주십시오.

4. 임차보증금

임차물건(서민아파트), 임차보증금(10,000,000원으로 거주), 반환예상금(　0　원)
→ 담보대출로 ○○새마을금고에 이미 채권양도가 이루어짐

☆ 반환예상금란에는 채무자가 파산신청일을 기준으로 임대인에게 임차물건을 명도할 경우 임대인으로부터 반환 받을 수 있는 임차보증금의 예상액을 기재하여 주십시오.

☆ 임대차계약서의 사본 등 임차보증금 중 반환예상액을 알 수 있는 자료를 첨부하여 주십시오.

☆ 상가 임대차의 경우에는 권리금이 있으면 반드시 권리금 액수를 기재해 주시기 바랍니다.

5. 대여금·구상금·손해배상금·계금 등

채무자명(　　　　　　　)　　채권금액 (　　　　　　　)
회수가능금액 (　　　　　원)
채무자명(　　　　　　　)　　채권금액 (　　　　　　　)
회수가능금액 (　　　　　원)

☆ 계약서의 사본 등 대여금 등을 알 수 있는 자료를 첨부하고, 변제 받는 것이 어려운 경우에는 그 사유를 기재한 진술서 및 소명자료를 첨부하여 주십시오(회수가 어렵다고 하더라도 반드시 기재하시고, 대여금뿐만 아니라 구상금, 손해배상금, 계금 등 어떠한 명목으로라도 제3자로부터 받아야 할 돈이 있으면 기재하시기 바랍니다).

6. 매출금(개인사업을 경영한 사실이 있는 분은 현재까지 회수하지 못한 매출금 채권)

채무자명(　　　　　　　)　　채권금액 (　　　　　　　)

회수가능금액 (원)
채무자명( ) 채권금액 ( )
회수가능금액 (원)

☆ 영업장부의 사본 등 매출금을 알 수 있는 자료를 첨부하고, 변제 받는 것이 곤란한 경우에는 그 사유를 기재한 진술서 및 소명자료를 첨부하여 주십시오.

7. 퇴직금

근무처명( ) 퇴직금예상액 (원)

☆ 파산신청시에 퇴직하는 경우에 지급 받을 수 있는 퇴직금예상액(퇴직금이 없는 경우에는 그 취지)을 기재한 사용자 작성의 증명서를 첨부하여 주십시오. 만일 퇴직금채권을 담보로 하여 돈을 차용하였기 때문에 취업규칙상의 퇴직금보다 적은 액수를 지급 받게 되는 경우에는 차용에 관한 자료를 첨부하여 주십시오.

8. 부동산(토지와 건물)

종류(토지·건물) 소재지 ( )
시 가 (원) 등기된 담보권의 피담보채권
잔액(원)
종류(토지·건물) 소재지 ( )
시 가 (원) 등기된 담보권의 피담보채권
잔액(원)

☆ 등기부등본 등과 재산세과세증명서, 인근 중개업소나 인터넷에서 확인한 적어도 2곳 이상의 시가확인서 등 시가증명자료를 첨부하여 주십시오.

☆ 저당권 등 등기된 담보권에 대하여는 은행 등 담보권자가 작성한 피담보채권의 잔액증명서 등의 증명자료를 첨부하여 주십시오(가압류나 압류는 등기된 담보권이 아니므로 그 가액을 표시할 때는 가압류나 압류임을 명시하여 주시기 바랍니다).

☆ 경매진행 중일 경우에는 경매절차의 진행상태를 알 수 있는 자료를, 배당이 완료된 경우에는 배당표를 제출하여 주십시오.

9. 자동차(오토바이를 포함한다)

차종 및 연식( ) 등록번호( ) 시가 ( )
등록된 담보권의 피담보채권 잔액(원)

☆ 자동차등록원부와 시가 증명자료를 첨부하여 주십시오.

10. 기타 재산적 가치가 있는 중요 재산권(주식, 회원권, 특허권, 귀금속, 미술품 등)

품목명( ) 시가 (원)
품목명( ) 시가 (원)

11. 진술서 4.(3) 기재 지급 불가능 시점의 1년 이전부터 현재까지 사이에 처분한 1,000만

원 이상의 재산(다만, 여러 재산을 처분한 경우 그 합계액이 1,000만원 이상이면 모두 기재해야 하고, 부동산은 1,000만원 미만이라도 기재해야 한다.)

____

____

☆ 처분의 시기, 대가 및 대가의 사용처를 상세히 기재하여 주시기 바랍니다. 그리고 여기서 말하는 재산의 처분에는 보험의 해약, 정기예금 등의 해약, 퇴직에 따른 퇴직금수령 등도 포함합니다. 주거이전에 따른 임차보증금의 수령에 관하여는 다음의 12항에 기재하여 주시기 바랍니다.

☆ 특히 부동산이나 하나의 재산의 가액이 1,000만원 이상의 재산을 처분한 경우에는 처분시기와 대가를 증명할 수 있는 등기부등본, 계약서사본, 영수증사본과 처분대가의 사용처를 증명할 수 있는 자료를 첨부하시기 바랍니다(경매로 처분된 경우에는 배당표를 제출하여 주십시오).

12. 최근 2년 이내에 주거이전에 따른 임차보증금을 수령한 사실

____

____

☆ 임대차계약서사본과 수령한 임차보증금의 사용처를 증명할 수 있는 자료를 첨부하시기 바랍니다.

13. 최근 2년 이내에 이혼에 따라 재산분여(할)한 사실

____

____

☆ 분여한 재산과 그 시기를 기재하여 주십시오. 그리고 분여한 재산의 가치를 나타내는 자료를 첨부하여 주시기 바랍니다(이혼 당시 배우자의 보유 재산이 어느 정도인지 아래 15.항의 양식을 참조하여 기재하여 주십시오).

14. 친족의 사망에 따라 상속한 사실

년 월 일 부·모____________의 사망에 의한 상속

상속상황

㉠ 상속재산이 전혀 없었음

㉡ 신청인의 상속포기 또는 상속재산 분할에 의해 다른 상속인이 모두 취득하였음

㉢ 신청인이 전부 또는 일부를 상속하였음

주된 상속재산과 그 처분의 경과

____

____

☆ ㉡ 또는 ㉢항을 선택한 분은 주된 상속재산을 기재하여 주시기 바랍니다.

☆ ㉡항을 선택한 분은 다른 상속인이 주된 상속재산을 취득하였다는 사실을 증명하는 자료를 첨부하여 주십시오. 부동산인 경우에는 다른 상속인이 소유자로 되어 있는 등기부등본을 첨부하여 주십시오.

☆ ㉢항을 선택한 분으로 상속한 주된 재산을 이미 처분한 분은 그 처분의 경과와 대가의 사용처를 상세히 기재하고, 그 사실을 증명하는 자료를 첨부하여 주십시오.

15. 배우자, 부모, 자녀 명의의 1,000만원 이상의 재산(1인 명의 재산이 1,000만원 이상일 때)

재산의 종류 (　　　　　　　)

재산의 명의자 (　　　　　　　), 채무자와의 관계 (　　　　　　　)

재산의 시가 (　　　　　　　), 재산에 관한 피담보채무 (　　　)

재산 취득 시기 (　　　　　　　)

재산 취득 자금 마련 경위 (　　　　　　　　　　　　　　　　)

☆ 재산이 부동산인 경우에는 등기부등본 등과 재산세과세증명서, 인근 중개업소나 인터넷에서 확인한 적어도 2곳 이상의 시가확인서 등 시가증명자료를 첨부하여 주십시오.

☆ 재산 취득시기가 지급이 불가능하게 된 시점으로부터 2년 이내인 경우에는 재산 취득 자금 마련 경위에 관한 소명자료(예를 들어 재산 명의자의 취득 자금에 관한 금융 거래 명세 등)를 첨부하여 주십시오.

[양식 1-5]

현재의 생활상황

1. 현재의 직업【 자영, 고용, 무직 】
업종 또는 직업(수급자 - 단순노무) 직장 또는 회사명 (○○자활센터)
지 위 (사원) 취 직 시 기 (20○○ 년 ○ 월)

2. 수입의 상황(신청인의 월수입 합계 770,000원)
자영수입(원) → 종합소득세 확정신고서(최근 2년분)를 첨부하여 주십시오.
월 급여 (640,000 원) → 급여증명서(최근 2년분)와 근로소득세 원천징수 영수증의 사본을 첨부하여 주십시오.
연 금 (원) → 수급증명서를 첨부하여 주십시오.
생활보호(130,000 원) → 수급증명서를 첨부하여 주십시오.
기 타 (원) → 구체적으로 기재하고 수입원을 나타내는 자료를 첨부하여 주십시오.

3. 가족·동거인의 상황

성명	신청인과의 관계	연령	동거여부	직업	월수입
○○○	자	21세	**동거**·별거	무직	0원
○○○	자	17세	**동거**·별거	무직	0원
		세	동거·별거		원
		세	동거·별거		원
		세	동거·별거		원
		세	동거·별거		원

☆ 가족·동거인 중 수입이 있는 자에 대하여는 2항과 마찬가지로 급여명세서사본, 종합소득세확정신고서 등을 첨부하여 주십시오.

4. 주거의 상황
거주를 시작한 시점 (20○○ 년 ○ 월 ○ 일)
거주관계 : 아래 ㉠ – ㉥ 중 선택 (㉠)

㉠ 임대 주택(신청인 이외의 자가 임차한 경우 포함)
㉡ 사택 또는 기숙사
㉢ 신청인 소유의 주택
㉣ 친족 소유의 주택에 무상으로 거주
㉤ 친족 이외의 자 소유의 주택에 무상으로 거주
㉥ 기타 (　　　　　　　　　　　　　　　　)

㉠, ㉡항을 선택한 분에 대하여,
관리비를 포함한 임대료 (270,000원) 임대보증금 (10,000,000원)
연체액 (2,345,060원 : 임차료 1,801,770원, 관리비 543,290원)
신청인 이외의 자가 임차인인 경우 임차인 성명 (　　　　　) 신청인과의 관계 (　　　)

㉣, ㉤항을 선택한 분에 대하여,
소유자 성명 (　　　　　) 신청인과의 관계 (　　　　　　)
신청인 이외의 자가 소유자이거나 임차인인데 함께 거주하지 않는 경우 그 경위를 기재하십시오. (　　　　　　　　　　　　　　　　)

☆ ㉠ 또는 ㉡항을 선택한 분은 임대차계약서 또는 사용허가서 사본을 첨부하여 주시기 바랍니다.
☆ ㉢ 또는 ㉣항을 선택한 분은 등기부등본을 첨부하여 주십시오.
☆ ㉣ 또는 ㉤항을 선택한 분은 소유자 작성의 거주 증명서를 첨부하여 주십시오.

5. 조세 등 공과금의 납부 상황(체납 조세가 있는 경우 세목 및 미납액을 기재하십시오)

소득세	미납분 (없음 있음 — 미납액	원)
주민세	미납분 (없음 있음 — 미납액	5,600원)
재산세	미납분 (없음 있음 — 미납액	원)
의료보험료	미납분 (없음 있음 — 미납액	원)
국민연금	미납분 (없음 있음 — 미납액	215,700원)
자동차세	미납분 (없음 있음 — 미납액	원)
기타 세금	미납분 (없음 있음 — 미납액	원)

[양식 1-6]

수입 및 지출에 관한 목록

1. **가계수지표**(20○○. ○. 월분)(신청일이 속한 달의 직전 달 기준)

수 입			지 출	
항 목		금 액	항 목	금 액
급여 또는 자영 수입	신청인	770,000원	주거비(임대료,관리비 등)	270,000원
	배우자	원	식비(외식비 포함)	100,000원
	기타( )	원	교육비	100,000원
연금	신청인	원	전기·가스·수도료	50,000원
	배우자	원	교통비(차량유지비 포함)	120,000원
	기타( )	원	피복비	60,000원
생활보호		원	의료비	50,000원
기타		원	기타(통신비)	20,000원
수입합계		770,000원	지출합계	770,000원

2. **채무자의 가용소득**(개인회생절차를 신청할 경우 소득에서 생계비를 뺀 나머지 소득)

<table>
<tr><td></td><td>구분</td><td colspan="6">금액(단위 : 원)</td></tr>
<tr><td>1</td><td>채무자의 월 평균 소득[337]</td><td colspan="6">770,000</td></tr>
<tr><td rowspan="3">2</td><td rowspan="2">생계비(2023년 기준 중위 소득의 100분의 60)[338]</td><td>1인</td><td>2인</td><td>3인</td><td>4인</td><td>5인</td><td>6인</td></tr>
<tr><td>1,024,205</td><td>1,743,917</td><td><u>2,256,019</u></td><td>2,768,122</td><td>3,280,224</td><td>3,792,326</td></tr>
<tr><td>부양가족 이름, 연령, 관계</td><td colspan="6">본인, ○○○(자, 21), ○○○(자, 17)</td></tr>
<tr><td>3</td><td>채무자의 가용소득 (1 - 2)</td><td colspan="6">−1,486,109원</td></tr>
</table>

○ ○ 지 방 법 원
결 정

사 건 20○○하단○○○○ 파산선고
20○○하면○○○○ 면책

신 청 인 ○ ○ ○ (123456 - 1234567)
(채무자) 주소 서울 ○○구 ○○로 ○○○
등록기준지 상동
송 달 장 소 상동
(송달영수인 : ○○○)

주 문

1. 채무자에 대하여 파산을 선고한다.
2. 이 사건 파산을 폐지한다.
3. 위 면책사건에 관하여 면책신청에 대한 이의신청기간을 20○○. ○. ○.까지로 한다.
4. 송달해야 하는 장소를 알기 어려운 파산채권자에 대한 송달은 공고로써 갈음한다.

이 유

이 사건 기록에 의하면 채무자는 지급불능 상태에 있고, 또한 파산재단으로써 파산절차의 비용을 충당하기에 부족하다. 그렇다면, 채무자의 이 사건 파산신청은 이유 있으므로 채무자 회생 및 파산에 관한 법률 제305조, 제317조 제1항, 제562조 및 제10조에 의해 주문과 같이 결정한다.

20○○. ○. ○. 10:00

판 사 ○ ○ ○

337) 최근 1년 동안의 대략적인 소득을 평균하여 기재하십시오.
338) 본인을 포함한 부양가족(스스로 기준 중위소득의 60% 이상의 소득을 올리는 사람은 부양가족이 아닙니다)의 수에 해당하는 곳에 ○표 하십시오.

파산선고·파산폐지결정 및 이의신청기간 공고

사　　건　　20○○하단○○○○　파산선고
　　　　　　20○○하면○○○○　면책

신 청 인　　○　○　○ (123456 - 1234567)
(채무자)　　주소 ○○시 ○○구 ○○로 ○○○-○○

1. 결정연월일시

20○○. ○. ○. 10:00

2. 파산선고·파산폐지결정 주문

채무자에 대하여 파산을 선고한다.

이 사건 파산을 폐지한다.

3. 이유의 요지

채무자가 지급불능상태에 있고, 파산재단으로써 파산절차비용을 충당하기에 부족하다.

4. 면책신청에 대한 파산채권자의 이의신청기간 및 방법

가. 이의신청기간 : 20○○. ○. ○.까지

나. 이의신청방법

면책신청에 대하여 이의를 제기하려는 파산채권자는 위 이의신청기간까지 면책불허가 사유에 대한 구체적 주장을 기재하고, 이에 대한 소명자료를 첨부한 원본 및 부본 각 1부를 ○○지방법원 제○파산단독에 제출바랍니다.

20○○. ○. ○.

○○지방법원

판사 ○○○

○ ○ 지 방 법 원
통 지 서

수 신 행정안전부장관 귀하

사 건 20○○하단○○○○ 파산선고

신 청 인 ○ ○ ○ (123456 - 1234567)
겸 주 소 ○○시 ○○구 ○○로 ○○○
채 무 자 신청대리인 변호사 ○○○
등록기준지 ○○도 ○○시 ○○면 ○○길 ○○

위 파산자는 ○○카드 등 2명의 채권자에 대하여 약 50,000,000만원 상당의 채무를 부담하여 지급불능상태에 있고, 현재 보유하고 있는 재산으로써 파산절차의 비용을 충당하기에 부족하므로, 20○○. ○. ○. 16:00 파산이 선고되고 동시에 파산폐지결정이 내려져 파산절차가 종결되었음을 통지합니다.

위 파산자가 파산선고를 받았더라도 채무가 자동적으로 소멸되는 것은 아니고, 채권자는 파산선고 이정과 마찬가지로 파산자 또는 그 보증인에 대하여 소 제기 또는 강제집행 등의 방법으로 권리를 행사할 수 있습니다. 채무의 소멸 여부는 위 파산자가 이 법원에 면책을 신청할 경우 심리될 것입니다.

20○○. ○. ○.

판 사 ○○○

수신처 : ○○카드(주), ■■카드(주)

○ ○ 지 방 법 원
결 정

사 건 20○○하단○○○○ 면책
(20○○하단○○○○ 파산선고)

파 산 자 ○ ○ ○ (123456 - 1234567)
○○시 ○○구 ○○로 ○○○
신청대리인 변호사 ○○○

위 파산자에 대한 면책 심문기일 및 장소를 다음과 같이 지정한다.

일 시 : 20○○. ○. ○. 17:00
장 소 : ○○지방법원 312-2호 조정실

20○○. ○. ○.

판 사 ○○○ (인)

○ ○ 지 방 법 원
면책심문기일 통지

사　　건　　20○○하단○○○○　면책
　　　　　　(20○○하단○○○○　파산선고)

파 산 자　　○　○　○ (123456 - 1234567)
　　　　　　주 소 ○○시 ○○구 ○○로 ○○○
　　　　　　신청대리인 변호사 ○○○
　　　　　　등록기준지 ○○도 ○○시 ○○면 ○○길 ○○

위 사건의 파산자 심문기일이 다음과 같이 지정되었음을 통지합니다.

일시 : 20○○. ○. ○. 17:00
장소 : ○○지방법원 ○○○호 조정실

20○○. ○. ○.

법 원 주 사 보　○○○

참고사항 : 1. 위파산자에 대한 이해관계인(검사, 면책의 효력을 받을 채권자 등)은 심문기일 또는 그 기일에서 법원이 정하는 기간 내에 면책신청에 관하여 법원에 이의를 신청할 수 있습니다.(채무자 회생 및 파산에 관한 법률 제562조)
2. 이의신청은 채무자 회생 및 파산에 관한 법률 제564조에서 정한 면책불허사유에 해당하는 사유를 주장하여 위 파산자에 대한 면책을 허가하지 않을 것을 구하는 신청입니다.
3. 이의신청서는 2부(원본, 부본)를 제출하여야 합니다.

○○지방법원 주소 : ○○시 ○○구 ○○로 산 80 (우편번호 00000)
문의처 : 전화 000) 123-4567 / 팩스 000) 123-4567
○○지방법원 민사신청과 법원주사보 ○○
수신처 : ○○카드(주), ■■카드(주)

파산자 면책심문기일 공고

사　　건　　20○○하단○○○○　면책
　　　　　　(20○○하단○○○○　파산선고)

파 산 자　　○　○　○ (123456 - 1234567)
　　　　　　주 소 ○○시 ○○구 ○○로 ○○○
　　　　　　신청대리인 변호사 ○○○, ○○○
　　　　　　등록기준지 ○○도 ○○시 ○○면 ○○길 ○○

일시 : 20○○. ○. ○. 17:00
장소 : ○○지방법원 ○○○호 조정실

20○○. ○. ○.

○○ 지 방 법 원

판　사　○○○

○ ○ 지 방 법 원
촉 탁 서

수 신 행정안전부장관 귀하

사 건 20○○하단○○○○ 면책
(20○○하단○○○○ 파산선고)

파 산 자 ○ ○ ○ (123456 - 1234567)
주 소 ○○시 ○○구 ○○로 ○○○
신청대리인 변호사 ○○○, ○○○
등록기준지 ○○도 ○○시 ○○면 ○○길 ○○

위 사건에 관하여 별지 공고문(면책심문기일 지정)을 관보에 게재하여 주시고, 그 관보 1부를 송부하여 주시기 바랍니다.

첨부 : 1. 공고문 1부

20○○. ○. ○.

판 사 ○○○

○ ○ 지 방 법 원
촉 탁 서

수 신 ○○일보 귀하

사 건 20○○하단○○○○ 면책
(20○○하단○○○○ 파산선고)

파 산 자 ○ ○ ○ (123456 - 1234567)
주 소 ○○시 ○○구 ○○로 ○○○
신청대리인 변호사 ○○○, ○○○
등록기준지 ○○도 ○○시 ○○면 ○○길 ○○

위 사건에 관하여 별지 공고문(면책심문기일 공고)을 귀사가 발행하는 신문에 게재하여 주시고, 그 신문 1부를 송부하여 주시기 바랍니다.

첨부 : 1. 공고문 1부

20○○. ○. ○.

판 사 ○○○

○ ○ 지 방 법 원
면책심문조서

1차

사　　건　20○○하면○○○○ 면책
(20○○하단○○○○ 파산선고)

기　　일　20○○. ○. ○. 17:00

판　　사　○○○　　장　　소　○○지방법원 제312-2호 조정실

법원주사보　○○○　　공개여부　비공개

사건과 당사자를 호명

파 산 자 ○○○　　출　　석

판 사

파산자 ○○○에 대한 심문을 시작하겠다고 선언

파산자에게 채무자 회생 및 파산에 관한 법률 제564조 각호 소정의 면책불허가 사유가 있는지를 심문

파산자

20○○. ○. ○.자 면책신청서 및 별첨 진술서 각 진술.

파산선고를 받게 된 사정은 파산사건 심리시에 제출한 서류의 기재 및 법원에서의 진술과 같다.

판 사

이 사건 면책신청에 대한 이의 신청기간을 20○○. ○. ○.까지도 정한다는 결정을 선고하고, 이로써 파산자 ○○○에 대한 면책심문기일을 마친다고 고지.

심문종결

법원주사보 ○○○ (인)

판　　사 ○○○ (인)

○ ○ 지 방 법 원
결 정

사 건 20○○하면○○○○ 면책
(20○○하단○○○○ 파산선고)

파 산 자 ○ ○ ○ (123456 - 1234567)
주 소 ○○시 ○○구 ○○로 ○○○
신청대리인 변호사 ○○○
등록기준지 ○○도 ○○시 ○○면 ○○길 ○○

주 문

파산자 ○○○을 면책한다.

이 유

이 사건 기록 및 이 법원의 파산자에 대한 심문결과에 의하면, 파산자에게 채무자 회생 및 파산에 관한 법률 제564조에서 정한 면책불허가사유에 해당하는 사실이 인정되지 아니하므로, 주문과 같이 결정한다.

20○○. ○. ○.

판 사 ○○○ (인)

면책결정공고

사　　건　　20○○하면○○○○　면책
　　　　　　(20○○하단○○○○　파산선고)

파 산 자　　○　○　○ (123456 - 1234567)
　　　　　　주 소 ○○시 ○○구 ○○로 ○○○
　　　　　　신청대리인 변호사 ○○○
　　　　　　등록기준지 ○○도 ○○시 ○○면 ○○길 ○○

주　　문

파산자 ○○○을 면책한다.

20○○. ○. ○.

○○지방법원

판　사　○○○　(인)

○ ○ 지 방 법 원
결 정

사 건 20○○하면○○○○ 면책
(20○○하단○○○○ 파산선고)

파 산 자 ○ ○ ○ (123456 - 1234567)
주 소 ○○시 ○○구 ○○로 ○○○
신청대리인 변호사 ○○○
등록기준지 ○○도 ○○시 ○○면 ○○길 ○○

주 문

면책의 효력을 받는 채권자에 대한 채무자 회생 및 파산에 관한 법률 제8조, 제9조에 의한 송달은 공고로써 갈음한다.

이 유

채무자 회생 및 파산에 관한 법률 제10조를 적용하여 주문과 같이 결정한다.

20○○. ○. ○.

판 사 ○○○ (인)

○ ○ 지 방 법 원
촉 탁 서

수 신 행정안전부장관 귀하

사 건 20○○하면○○○○ 면책
(20○○하단○○○○ 파산선고)

파 산 자 ○ ○ ○ (123456 - 1234567)
주 소 ○○시 ○○구 ○○로 ○○○
신청대리인 변호사 ○○○
등록기준지 ○○도 ○○시 ○○면 ○○길 ○○

위 사건에 관하여 별지 공고문(면책결정 공고)을 관보에 게재하여 주시고, 그 관보 1부를 송부하여 주시기 바랍니다.

첨부 : 1. 공고문 1부

20○○. ○. ○.

판 사 ○ ○ ○

○ ○ 지 방 법 원
촉　　탁　　서

수　　신　　○○일보　귀하

사　　건　　20○○하단○○○○　면책
(20○○하단○○○○　파산선고)

파 산 자　　○　○　○ (123456 - 1234567)
주 소 ○○시 ○○구 ○○로 ○○○
신청대리인 변호사 ○○○
등록기준지 ○○도 ○○시 ○○면 ○○길 ○○

위 사건에 관하여 별지 공고문(면책확정 공고)을 귀사가 발행하는 신문에 게재하여 주시고, 그 신문 1부를 송부하여 주시기 바랍니다.

첨부 : 1. 공고문　1부

20○○. ○. ○.

판　사　○○○

○ ○ 지 방 법 원
면책확정 통지

수　　신　　○○구청장　귀하

사　　건　　20○○하단○○○○　면책
(20○○하단○○○○　파산선고)

파 산 자　　○　○　○ (123456 - 1234567)
주 소 ○○시 ○○구 ○○로 ○○○
신청대리인 변호사 ○○○
등록기준지 ○○도 ○○시 ○○면 ○○길 ○○

위 파산자에 대하여 20○○. ○. ○. 면책허가결정이 선고되어 위 결정이 20○○. ○. ○. 확정되었음을 통지합니다.

첨부 : 1. 결정문 등본 1부

20○○. ○. ○.

법원주사보　○○○

[사례 7] 인감 등 명의대여로 인한 개인파산

개인파산 신청인 ○○○ 관련
(첨부서류 및 소명자료 일람표)

파산신청서 관련

- 파산신청서(인지대, 송달료)
- 송달료(예납·추납)납부서(법원제출용)
- 법원보관금 영수필통지서(법원제출용)
- 파산신청서
- 진술서
- 채권자 일람표
- 채권자의 주소
- 재산목록
- 보험해약영수증·지급 확인서
- 현재의 생활상황
- 주거관계(주택임대차계약서 등)
- 지방세 세목별 과세(납세)증명서
- ○○지방법원 결정
- 파산선고 및 파산폐지결정 공고
- ○○지방법원파산결정확정 통지

면책신청서 관련

- 면책신청서
- 진술서
- 채권자 명부
- ○○지방법원 결정
- ○○지방법원 면책심문조서
- ○○지방법원결정
- ○○지방법원결정
- ○○지방법원결정

[서식 69] 파산 및 면책신청서 표지

파 산 및 면 책 신 청 서

신청인(채무자) ○ ○ ○

파산사건번호	
면책사건번호	
배당순위번호	
재 판 부	제 단독

인 지 대 : 2,000원

파산송달료 : 당사자수 (3) × 4 × 5,200 + 52,000원 = 114,000원

면책송달료 : 당사자수 (3) × 3 × 5,200 + 52,000원 = 98,800원

계 : 212,800원

○○지방법원 귀중

송달료(예납)납부서(법원제출용)

<table>
<tr><td rowspan="6">납부당사자사용란</td><td>법원명</td><td colspan="2">○○ 지방법원(000000)</td><td>사건번호</td><td></td></tr>
<tr><td>성 명</td><td colspan="2">○ ○ ○</td><td>금 액</td><td>42,280원</td></tr>
<tr><td>주 소</td><td colspan="2"></td><td>우편번호</td><td></td></tr>
<tr><td rowspan="3">잔액환급
계좌번호</td><td>① 신한계좌입금</td><td>신한은행</td><td>계좌번호</td><td>00000000000</td></tr>
<tr><td rowspan="2">② 타은행계좌입금</td><td></td><td>계좌번호</td><td></td></tr>
<tr><td>예금주</td><td>전화번호</td><td>00000000000</td></tr>
</table>

▸ 위 사건에 관하여 송달료를 납부합니다.

20○○. ○. ○.(14:34:40)

○○지방법원 귀중

납부자 : ○○○ (인)

<table>
<tr><td rowspan="6">납부당사자사용란</td><td>법원명</td><td colspan="2">○○ 지방법원(000000)</td><td>사건번호</td><td></td></tr>
<tr><td>성 명</td><td colspan="2">○ ○ ○</td><td>금 액</td><td>48,320원</td></tr>
<tr><td>주 소</td><td colspan="2"></td><td>우편번호</td><td></td></tr>
<tr><td rowspan="3">잔액환급
계좌번호</td><td>① ○○계좌입금</td><td>신한은행</td><td>계좌번호</td><td>00000000000</td></tr>
<tr><td rowspan="2">② 타은행계좌입금</td><td></td><td>계좌번호</td><td></td></tr>
<tr><td>예금주</td><td>전화번호</td><td>00000000000</td></tr>
</table>

▸ 위 사건에 관하여 송달료를 납부합니다.

20○○. ○. ○.(14:34:40)

○○지방법원 귀중

납부자 : ○○○ (인)

개인파산 및 면책신청서 목록

1. 송달료 영수증

2. 파산 및 면책 신청서
   ① 가족관계증명서
   ② 혼인관계증명서
   ③ 주민등록등본
   ④ 주민등록초본

3. 진 술 서
   ① 채무증대 및 지급불능 경위서
   ② 진료확인서
   ③ 소 견 서

4. 채권자목록
   ① 부채증명서

5. 채권자의 주소

6. 재산목록
   ① 보험해지환급금예시표
   ② 부동산임대차계약서사본
   ③ 세목별과세증명서

7. 현재의 생활상황
   ① 주소변동사항 및 등기부등본
   ② 납세증명서

8. 수입 및 지출에 관한 목록

9. 송달장소 및 송달영수인 신고서

10. 위 임 장

[서식 70] 파산 및 면책신청서

[전산양식 A5601]

파산 및 면책 신청서

인 지
2000원

신 청 인(채 무 자) ○○○ (주민등록번호 : 123456 - 1234567)
주 소 : ○○시 ○○구 ○○로 ○○○ ㅁㅁ하이츠 ○○ (우편번호 :)
거 소 : 상 동 (우편번호 :)
송달장소 : ○○시 ○○구 ○○로 ○○ ㅁㅁ빌딩 ○○○○호
송달영수인 : ○○○ (우편번호 :)
등록기준지 : ○○시 ○○군 ○○면 ○○길 ○○
연락처 : 휴대전화(010-0000-0000), 집전화( ), e-mail( )

신 청 취 지

1. 신청인에 대하여 파산을 선고한다.
2. 이 사건 파산절차를 폐지한다(또는 파산관재인 선임을 희망한다).
3. 채무자를 면책한다. 라는 결정을 구합니다.

신 청 이 유

1. 신청인에게는 별첨한 진술서 기재와 같이 지급해야 할 채무가 존재합니다.
2. 그런데 위 진술서 기재와 같은 신청인의 현재 자산, 수입의 상황 하에서는 채무를 지급할 수 없는 상태에 있습니다(또한 파산재단을 구성할 만한 재산이 거의 없어 파산절차 비용에 충당하기에 부족합니다).
3. 따라서 신청인에 대하여 파산을 선고 (하고, 이 사건 파산절차를 폐지)하며, 채무자를 면책한다. 라는 결정을 구합니다.

첨 부 서 류

1. 가족관계증명서, 혼인관계증명서(단 혼인관계증명서는 최근 2년 이내 이혼한 경우) 각 1부
2. 주소변동내역이 포함된 주민등록등본 1부
3. 진술서(채권자목록, 재산목록, 현재의 생활 상황, 수입

및 지출에 관한 목록 포함) 1부

휴대전화를 통한 정보수신 신청서

위 사건에 관한 파산선고결정, 면책결정 등 정보를 예납의무자가 납부한 송달료 잔액 범위 내에서 휴대전화를 통하여 알려주실 것을 신청합니다.

▣ 휴대전화 번호 :

신청인 채무자 ○○○ (날인 또는 서명)

※ 파산선고 및 이의기간지정 결정(또는 면책심문기일 결정), 면책결정이 있으면 신속하게 위 휴대전화로 문자메시지가 발송됩니다. 문자메시지 서비스 이용금액은 메시지 1건당 17원씩 납부된 송달료에서 지급됩니다(송달료가 부족하면 문자메시지가 발송되지 않습니다). 추후 서비스 대상 정보, 이용금액 등이 변동될 수 있습니다.

20○○. ○. ○.

위 소송대리인 ○○○ (인)

파산사건번호	
면책사건번호	
배당순위번호	
재 판 부	제 단독

○○지방법원 귀중

진 술 서

○○지방법원 귀중

신청인 ○○○(인)

신청인은 다음과 같은 내용을 사실대로 진술합니다.

또 본인의 현재의 채무, 자산, 생활의 상황 및 수입·지출 등은, 별지 「채권자목록」, 「재산목록」, 「현재의 생활상황」, 「수입 및 지출에 관한 목록」의 각 기재와 같습니다.

위 각 서류에 사실과 다른 내용이 있을 경우 면책불허가될 수 있음을 잘 알고 있습니다.

1. 본인의 과거 경력은 다음과 같습니다.

(1) 최종 학력

19○○년 2월 일 ○○중학교(졸업, 중퇴)

(2) 과거 경력(최근의 것부터 기재하여 주십시오)

년 월 일부터 년 월 일까지(자영, 근무)

업종 ____________직장명 __________직위____________

년 월 일부터 년 월 일까지(자영, 근무)

업종____________직장명__________직위____________

2. 본인의 현재까지의 생활상황 등은 다음과 같습니다.

(1) 채무의 지급이 곤란할 정도로 경제사정이 어려워진 이후에 일부 채권자에게만 변제한 경험(있음, 없음) (변제한 채권자의 성명, 변제시기, 금액을 전부 기재하여 주십시오)

____

____

(2) 사기죄, 사기파산죄, 과태파산죄로 고소되거나 행사재판을 받은 경험 (있음, 없음)

____

(3) (가) 과거에 파산신청을 하였다가 취하하거나 기각당한 경험 (있음, 없음)

년 월 일 ( )지방법원에 파산신청을 하였는데 (취하함, 기각당함)

(나) 과거에 파산선고를 받은 경험 (있음, 없음)

년 월 일 ( )지방법원에서 파산선고를 받음

(다) 그 파산선고에 이어서 면책을 받은 경험 (있음, 없음)

년 월 일 (지방법원에서 면책결정을 받았고, 년 월 일 위 결정이 확정 됨)

(4) (가) 개인회생절차를 이용한 경험 (있음, 없음)(개인회생절차 중이면 기각될 수 있음)

년 월 일( )지방법원에서 인가결정을 받음(사건번호 :)

년 월 일( )지방법원에서 폐지결정을 받음

(폐지사유 :)

☆ 폐지사유(예를 들어 소득 감소, 가족 의료비 증가 등)에 관한 소명자료를 첨부하여 주십시오.

(나) 그 개인회생절차에서 면책을 받은 경험 (있음, 없음)

년 월 일( )지방법원에서 면책결정을 받았고, 년 월 일 위 결정이 확정 됨

(5) 슬롯머신, 경마, 경륜, 포커 등 도박행위를 한 경험 (있음, 없음)

▷ 어떤 도박을 하였는지 ( )

▷ 도박을 한 시기 (년 월 일부터 년 월 일까지)

▷도박을 한 횟수 및 금액 1개월 평균 ( )회, 평균 ( )원 정도

(6) 과거 자신의 월수입의 반 이상이 소요되는 호텔, 콘도, 골프장, 고급 음식점에 다닌 경험 (있음, 없음)

▷ 어떤 곳에 갔는지 ( )

▷ 간 시기 (년 월 일부터 년 월 일까지)

▷ 간 횟수 및 사용금액 1개월 평균 ( )회 정도, 총액 ( )원 정도

(8) 과거 2년간 500만원 이상의 물건을 구입한 경험 (있음, 없음)

(물건의 품명, 구입시기, 가격 등을 전부 기재하여 주십시오)

____

____

(9) 과거 물건을 할부나 월부로 구입하고 대금을 전부 지급하지 않은 상태에서 처분(매각, 입질 등)을 한 경험 (있음, 없음) (물건의 품명, 구입시기, 가격, 처분 시기 및 방법을 전부 기재하여 주십시오.)

____

____

(10) 이번 항목은 개인영업을 경영한 경험이 있는 분만 기재하여 주십시오.

▷ 영업 중 상업장부의 기재

□ 정확히 기장하였다. □ 부정확하게 기장하였다. □ 기장하지 아니하였다.

▷ 영업 중에 도산을 면하기 위해 상품을 부당하게 염가로 매각한 사실 (있음, 없음)

(언제 무엇을 매입원가의 몇 %로 할인판매를 하였는지를 기재하여 주십시오)

____

3. 채권자와의 상황은 다음과 같습니다.

(1) 채권자와 채무지급방법에 관하여 교섭한 경험 (있음, 없음)

▷ 그 결과 합의가 성립된 채권자수 ( )명

▷ 합의에 기하여 지급한 기간 (년 월 일부터 년 월 일까지)

▷ 매월 지급한 총액 1개월 평균 ( )원 정도

▷ 지급 내역 (누구에게 얼마를 지급하였는지를 기재하여 주십시오)

____

(2) 소송·지급명령·압류·가압류 등을 받은 경험 (있음, 없음)

▷ ( )지방법원( )지원 사건번호 ( ) 상대방( )

▷ ( )지방법원( )지원 사건번호 ( ) 상대방( )

▷ ( )지방법원( )지원 사건번호 ( ) 상대방( )

4. 파산신청에 이르게 된 사정(채무 증대의 경위 및 지급이 불가능하게 된 사정)

(1) 많은 채무(연대보증에 의한 채무나 신용카드 이용에 의한 채무를 포함한다)를 지게 된 이유는 다음과 같습니다(두 가지 이상 선택 가능).

☑ 생활비 부족(부양가족수 : 1인), (부족한 생활비 : 생활비, 의료비 기타)

☐ 주택구입자금 차용 (주택 구입 시기 :), (주택 처분 시기 :)
( )

☐ 낭비 등(음식·음주, 투자·주기, 상품 구입, 도박 등)

☐ 사업의 경영 파탄 (다단계 사업 포함) (사업 시기 : 년 월 일부터 년 월 일 까지)
(사업 종류 :)

☑ 타인(친족, 지인, 회사 등)의 채무 보증

☐ 사기 피해를 당함(기망을 한 사람 및 채무자와의 관계 :) (피해액수 :)

☑ 그밖의 사유 : 명의도용

(2) 지급이 불가능하게 된 계기는 다음과 같습니다(두 가지 이상 선택 가능)

☑ 변제해야 할 원리금이 불어나 수입을 초과하게 됨

☑ 실직함

☐ 경영 사정 악화로 사업 폐업함

☐ 급여 또는 사업 소득이 감소됨

☑ 병에 걸려 입원함

(3) 지급이 불가능하게 된 시점 : 20○○년 ○월 ○일

(4) 구체적 사정

시기(연월일)	채권자, 차용(보증) 액수, 차용한 돈의 사용처, 지급이 불가능하게 된 사정 등
	별지기재와 같음.

(언제, 어떠한 사정 하에 누구로부터 얼마를 차용하여 어디에 사용하였는지, 언제 어떠한 사정 하에 무엇을 구입하였는지, 어떠한 사정 하에 지급이 불가능하게 되었는지를 오래된 것부터 시간 순서에 따라 기재하여 주십시오. 별지를 사용하여도 됩니다.)

5. 지급이 불가능하게 된 시기 이후에 차용하거나 채무가 발생한 사실 (있음, 없음)

시기(연월일)	차용(채무 발생) 원인, 금액, 조건 등

(있다면 차용 또는 채무발생의 시기, 원인, 금액, 조건 등을 기재하여 주십시오. 별지를 사용하여도 됩니다.)

〈별지 : 진술서 4, 5항 관련〉

채무가 증대된 경위 및 지급이 불가능 하게 된 경위

저로 인하여 피해를 입으신 모든 채권자분들께 정말 죄송스럽게 생각합니다.

신청인 ○○○은 19○○년 ○월 ○일 ○○시 ○○군 ○○면 ○○길 ○○에서 3남 2녀 중 셋째로 태어났습니다. 저의 부모님들께서는 농사를 지으시면서 생활을 하셨습니다. 어려서부터 부모님의 가르침이 엄하셔서 남한테 함부로 대하지 말고, 금전도 갚을 능력없이 빌려쓰는 것 또한 자제하는 교육을 받으며 자랐습니다.

하지만 가정은 늘 가난하였고 먹고 살기 위해 중학교 졸업 후 일찍 직장생활을 시작하였으며 외롭고 힘든 삶에 지인의 소개로 19○○년 결혼을 하였고 남편과 함께 ○○도 ○○시로 이사를 와 결혼생활을 시작하면서 이듬해 큰아이와 작은아이를 낳고 행복한 가정을 꿈꾸며 살 즈음 남편의 사업은 서서히 어려워지면서 부도란 말만 남기며 가정생활에 틈이 보이기 시작하더니 결국 20○○년 8월 이혼을 하게 되었습니다. 이혼 전부터 생활은 가난의 연속이었고 모든 생활을 포기하고 싶었지만 홀로 힘들고 어려운 생활을 하면서도 본인이 지고 있는 채무는 어떻게든 갚아 나갔습니다.

하지만 저의 대부분의 채무는 20○○년 8월경에 주위 아는 언니로부터 인감과 주민등록등본을 빌려주면 돈이 생긴다는 말에 포기할 인생이고 목구멍이 포도청이라 빌려주게 되었지만 말 하던 돈은 안생기고 엉뚱한 일들만 벌어지고 말았습니다. 서류를 가져간 사람들은 연락도 끊기고 저는 신용보증기금의 ○○유통의 보증 및 주택금융공사의 채무, 신용카드 등 본인도 모르는 채무를 떠안고야 말았습니다. 저는 너무너무 괘씸하고 분하면서도 제 자신이 한심스러워 목숨을 끊고자 하였으나 주위 아는 분의 도움으로 생을 마감하지도 못하였습니다.

현재 아픈 몸을 이끌고 이삿짐센터에서 죽을 용기로 다시 새롭게 살아보자 하지만 일당 5만원에 10일을 다 못하는 경우가 허다합니다. 이렇듯 제가 할 수 있는 일은 극히 한정적이고 먹는 것 자는 것도 아껴 가면서 벌어 빚을 갚고자 하였지만 엄청난 빚은 감당이 안되고 몸만 멍들고 말았습니다.

존경하는 판사님!

저의 무지로 발생된 채무지만 최선을 다하여 지금은 헤어져있는 아이들과 살고자 노력하던 저의 보람은 모든 것이 제대로 되는 것이 없습니다. 이대로 사회에 매장될 것 같은 마음에 어렵게 파산 및 면책 신청을 하게 되었습니다.

저의 가정사가 너무 어렵고 힘들어 채권자에게 누를 끼쳤으며 염치없지만 힘겹게 살아가는 저의 현실을 직시 하시어 제발 희망을 가지고 살아갈 수 있도록 눈물로써 호소드립니다.

(첨부)

1. 진료확인서 1부
1. 소견서 1부

20○○년 ○월 ○일

진술인 ○ ○ ○ (인)

[양식 1-2]

채권자목록

순번	채권자명	차용 또는 구입일자	발생원인	최초 채권액	사용처	보증인	잔존 채권액	
							잔존 원금	잔존 이자·지연손해금
1	(주) ○○은행	20○○. 05.12	②	39,824	생활비		39,824	86,914
		20○○.06.02	①	52,000,000	명의도용 대출금		0	282,562
		20○○.08.07	②	5,211,096			5,211,096	11,766,756
2	○○신용 보증기금	20○○.12.17	③	26,340,801		피보증인 ○○유통	27,347,091	33,475,188
3	○○주택 금융공사	20○○.12.05	①	33,444,882			34,325,332	36,147,961

※ 채권의 '발생원인'란에는 아래 해당번호를 기재함 ① 금원차용(은행대출, 사채 포함), ② 물품구입(신용카드에 의한 구입 포함), ③ 보증(피보증인 기재), ④ 기타	합계	잔존 원금	잔존 이자 지연손해금
	148,682,724	66,923,343	81,759,381

[양식 1-3]

채권자의 주소

1. 채권자의 주소는 신청일 당시의 주소로 번지까지 정확하게 기재하고, 채무자를 위해 보증을 해 준 사람이 있으면 그 보증인의 주소까지 정확히 기재하여야 합니다.
2. 채권자가 금융기관이나 기타 법인인 경우에는 본점 소재지 또는 거래지점의 소재지를 정확하게 기재하여야 합니다.

순번	채권자명	주 소	전화번호	팩스	비고 (우편번호)
1	(주)○○은행	서울 ○○구 ○○로 ○○ 1-2블럭 ○○빌딩 16층	02-0000-9332		12345
2	○○신용보증기금	서울 ○○구 ○○로 ○○○	02-0000-4114		12345
3	○○주택금융공사	서울 ○○구 ○○로 ○○	02-0000-8110		12345

[양식 1-4]

재 산 목 록

※ 먼저, 다음 재산목록 요약표에 해당재산이 있는지 ✓하고, 「□ 있음」에 ✓한 경우에는 아래 해당 항목에서 자세히 기재바랍니다. 이 양식을 파일형태로 이용할 경우 아래 표 중에 「□ 있음」에 ✓한 부분만 출력하여 제출하여도 됩니다. 따라서 모두 「□ 없음」에 ✓한 경우에는 아래 표 다음 부분을 생략할 수 있습니다(실제로는 재산처분이 있었음에도 불구하고 '지급불가능 시점의 1년 이전부터 현재까지 재산 처분 여부'의 '없음'에 ✓해 놓고는 부동산등기부등본 등 소명자료를 뒷부분에 편철해놓는 경우가 있는데 이와 같이 재산목록 요약표와 소명자료 또는 진술서의 기재내용이 서로 불일치한 경우에는 허위진술 내지 불성실한 신청으로 간주되어 불이익한 처분을 받을 수 있습니다).

재산목록 요약표

1. 현금	□ 있음 ☑ 없음	6. 매출금	□ 있음 ☑ 없음	11. 지급불가능 시점의 1년 이전부터 현재까지 재산 처분 여부	□ 있음 ☑ 없음
2. 예금	□ 있음 ☑ 없음	7. 퇴직금	□ 있음 ☑ 없음	12. 최근 2년간 받은 임차 보증금	□ 있음 ☑ 없음
3. 보험	☑ 있음 □ 없음	8. 부동산	□ 있음 ☑ 없음	13. 이혼재산분할	□ 있음 ☑ 없음
4. 임차 보증금	□ 있음 ☑ 없음	9. 자동차·오토바이	□ 있음 ☑ 없음	14. 상속재산	□ 있음 ☑ 없음
5. 대여금	□ 있음 ☑ 없음	10. 기타 재산(주식, 특허권, 귀금속 등)	□ 있음 ☑ 없음	15. 친족의 재산	□ 있음 ☑ 없음
파산관재인 선임 희망 여부		□ 희망 ☑ 불희망			

1. **현금** : 금액(　　없음　　)

2. **예금**

금융기관명(　　없음　　) 계좌번호(　　　　　　) 잔고(　　　　원)
금융기관명(　　없음　　) 계좌번호(　　　　　　) 잔고(　　　　원)

☆ 은행 이외의 금융기관에 대한 것도 포함합니다.

☆ 예금잔고가 소액이라도 반드시 기재하고 파산신청시의 잔고(정기예금분을 포함)와 최종 금융거래일로부터 과거 6개월간의 입출금이 기장된 통장 사본 또는 예금거래내역서를 첨부하여 주십시오.

3. 보험(생명보험, 화재보험, 자동자보험 등)

보험회사명(○○○손해보험) 증권번호(0000-0-0000000) 해약반환금(0원)

보험회사명( ) 증권번호( ) 해약반환금(원)

☆ 파산신청 당시에 가입하고 있는 보험은 해약반환금이 없는 경우에도 반드시 전부 기재하여 주십시오.

☆ 보험증권사본과 파산신청시의 해약반환금 예상액(없는 경우에는 없다는 사실)을 기재한 보험회사 작성의 증명서를 첨부하여 주십시오.

4. 임차보증금

임차물건(연립주택), 임차보증금(5,000,000원), 반환예상금(5,000,000원)

☆ 반환예상금란에는 채무자가 파산신청일을 기준으로 임대인에게 임차물건을 명도할 경우 임대인으로부터 반환 받을 수 있는 임차보증금의 예상액을 기재하여 주십시오.

☆ 임대차계약서의 사본 등 임차보증금 중 반환예상액을 알 수 있는 자료를 첨부하여 주십시오.

☆ 상가 임대차의 경우에는 권리금이 있으면 반드시 권리금 액수를 기재해 주시기 바랍니다.

5. 대여금·구상금·손해배상금·계금 등

채무자명 (없음) 채권금액 ( ) 회수가능금액 (원)

채무자명 (없음) 채권금액 ( ) 회수가능금액 (원)

☆ 계약서의 사본 등 대여금 등을 알 수 있는 자료를 첨부하고, 변제 받는 것이 어려운 경우에는 그 사유를 기재한 진술서 및 소명자료를 첨부하여 주십시오(회수가 어렵다고 하더라도 반드시 기재하시고, 대여금뿐만 아니라 구상금, 손해배상금, 계금 등 어떠한 명목으로라도 제3자로부터 받아야 할 돈이 있으면 기재하시기 바랍니다.)

6. 매출금(개임사업을 경영한 사실이 있는 분은 현재까지 회수하지 못한 매출금 채권)

채무자명 (없음) 채권금액 (원) 회수가능금액 (원)

채무자명 (없음) 채권금액 (원) 회수가능금액 (원)

☆ 영업장부의 사본 등 매출금을 알 수 있는 자료를 첨부하고, 변제 받는 것이 곤란한 경우에는 그 사유를 기재한 진술서 및 소명자료를 첨부하여 주십시오.

7. 퇴직금

근무처명 (없음) 퇴직금예상액 (원)

☆ 파산신청시에 퇴직하는 경우에 지급 받을 수 있는 퇴직금예상액(퇴직금이 없는 경우에는 그 취지)을 기재한 사용자 작성의 증명서를 첨부하여 주십시오. 만일 퇴직금채권을 담보로 하여

돈을 차용하였기 때문에 취업규칙상의 퇴직금보다 적은 액수를 받게 되는 경우에는 차용에 관한 자료를 첨부하여 주십시오.

8. **부동산(토지와 건물)**

종류(토지·건물) 소재지 (없음)

시 가 (원) 등기된 담보권의 피담보채권 잔액(원)

종류(토지·건물) 소재지 (없음)

시 가 (원) 등기된 담보권의 피담보채권 잔액(원)

☆ 등기부등본 등과 재산세과세증명서, 인근 중개업소나 인터넷에서 확인한 적어도 2곳 이상의 시가확인서등 시가증명자료를 첨부하여 주십시오.

☆ 저당권 등 등기된 담보권에 대하여는 은행 등 담보권자가 작성한 피담보채권의 잔액증명서 등의 증명자료를 첨부하여 주십시오(가압류나 압류는 등기된 담보권이 아니므로 그 가액을 표시할 때는 가압류나 압류임을 명시하여 주시기 바랍니다).

☆ 경매진행 중일 경우에는 경매절차의 진행상태를 알 수 있는 자료를, 배당이 완료된 경우에는 배당표를 제출하여 주십시오.

9. **자동차(오토바이를 포함한다)**

차종 및 연식(없음) 등록번호( ) 시가 (원)

등록된 담보군의 피담보채권 잔액(원)

☆ 자동차등록원부와 시가 증명자료를 첨부하여 주십시오.

10. **기타 재산적 가치가 있는 중요 재산권(주식, 회원권, 특허권, 귀금속, 미술품 등)**

품목명(없음) 시간(원)

품목명(없음) 시간(원)

11. **진술서 4.(3) 기재 지급 불가능 시점의 1년 이전부터 현재까지 사이에 처분한 1,000만원 이상의 재산**(다만, 여러 재산을 거분한 경우 그 합계액이 1,000만원 이상이면 모두 기재해야 하고, 부동산은 1,000만원 미만이라도 기재해야 한다).

없음

☆ 처분의 시기, 대가 및 대가의 사용처를 상세히 기재하여 주시기 바랍니다. 그리고 여기서 말하는 재산의 처분에는 보험의 해약, 정기예금 등의 해약, 퇴직에 따른 퇴직금수령 등도 포함합니다. 주거이전에 따른 임차보증근의 수령에 관하여는 다음의 12항에 기재하여 주시기 바랍니다.

☆ 특히 부동산이나 하나의 재산의 가액이 1,000만원 이상의 재산을 처분한 경우에는 처분시기와 대가를 증명할 수 있는 등기부등본, 계약서사본, 영수증사본과 처분대가의 사용처를 증명할 수 있는 자료를 첨부하시기 바랍니다(경매로 처분된 경우에는 배당표를 제출하여 주십시오).

12. **최근 2년 이내에 주거이전에 따른 임차보증금을 수령한 사실**

없음

☆ 임대차계약서사본과 수령한 임차보증금의 사용처를 증명할 수 있는 자료를 첨부하시기 바랍

니다.

13. 최근 2년 이내에 이혼에 따라 재산분여(할)한 사실

없음

☆ 분여한 재산과 그 시기를 기재하여 주십시오. 그리고 분여한 재산의 가치를 나타내는 자료를 첨부하여 주시기 바랍니다(이혼 당시 배우자의 보유 재산이 어느 정도인지 아래 15.항의 양식을 참조하여 기재하여 주십시오).

14. 친족의 사망에 따라 상속한 사실

년 월 일 부·모__________의 사망에 의한 상속

상속상황

㉠ 상속재산이 전혀 없었음

㉡ 신청인의 상속포기 또는 상속재산 분할에 의해 다른 상속인이 모두 취득하였음

㉢ 신청인이 전부 또는 일부를 상속하였음

주된 상속재산과 그 처분의 경과

없음

☆ ㉡ 또는 ㉢항을 선택한 분은 주된 상속재산을 기재하여 주시기 바랍니다.

☆ ㉡항을 선택한 분은 다른 상속인이 주된 상속재산을 취득하였다는 사실을 증명하는 자료를 첨부하여 주십시오. 부동산인 경우에는 다른 상속인이 소유자로 되어 있는 등기부등본을 첨부하여 주십시오.

☆ ㉢항을 선택한 분으로 상속한 주된 재산을 이미 처분한 분은 그 처분의 경과와 대가의 사용처를 상세히 기재하고, 그 사실을 증명하는 자료를 첨부하여 주십시오.

15. 배우자, 부모, 자녀 명의의 1,000만원 이상의 재산(1인 명의 재산이 1,000만원 이상일 때)

재산의 종류 ( )

재산의 명의자 ( ), 채무자와의 관계 ( )

재산의 시가 ( ), 재산에 관한 피담보채무 ( )

재산 취득 시기 ( )

재산 취득 자금 마련 경위 ( )

☆ 재산이 부동산인 경우에는 등기부등본 등과 재산세과세증명서, 인근 중개업소나 인터넷에서 확인한 적어도 2곳 이상의 시가확인서 등 시가증명자료를 첨부하여 주십시오.

☆ 재산 취득시기가 지급이 불가능하게 된 시점으로부터 2년 이내인 경우에는 재산 취득 자금 마련 경위에 관한 소명자료(예를 들어 재산 명의자의 취득 자금에 관한 금융 거래 명세 등)를 첨부하여 주십시오.

[양식 1-5]

현재의 생활상황

1. 현재의 직업 【자영, 고용, 무직】

업종 또는 직업 ( ) 직장 또는 회사명 ( )
지 위 ( ) 취 직 시 기 ( )

2. 수입의 상황(신청인의 월수입 합계 600,000원)

자영수입(원) → 종합소득세 확정신고서(최근 2년분)를 첨부하여 주십시오.
월 급여 (원) → 급여증명서(최근 2년분)와 근로소득세 원천징수영수증의 사본을 첨부하여 주십시오.
연 금 (원) → 수급증명서를 첨부하여 주십시오.
생활보호(원) → 수급증명서를 첨부하여 주십시오.
기 타 (600,000원) →
☞ 이삿짐센터에서 주방일로 아르바이트 수입을 벌고 있으므로 증명할 자료가 없습니다.

3. 가족·동거인의 상황

성명	신청인과의 관계	연령	동거여부	직업	월수입
○○○	자	25세	동거·별거	모름	0 원
○○○	자	24세	동거·별거	모름	0 원
		세	동거·별거		원
		세	동거·별거		원
		세	동거·별거		원
※ 자 최혁 및 최민혁은 현재 연락두절로 현재의 생활상을 모르고 있습니다.					

4. 주거의 상황

거주를 시작한 시점 (20○○년 10월 30일)

거주관계 : 아래 ㉠ - ㉥ 중 선택(㉠)

㉠ 임대 주택(신청인 이외의 자가 임차한 경우 포함)

㉡ 사택 또는 기숙사

㉢ 신청인 소유의 주택

㉣ 친족 소유의 주택에 무상으로 거주

㉤ 친족 이외의 자 소유의 주택에 무상으로 거주

㉥ 기타 ( )

㉠, ㉡항을 선택한 분에 대하여,

관리비를 포함한 임대료 (300,000원) 임대보증금 (5,000,000원)

연체액 (원)

신청인 이외의 자가 임차인인 경우 임차인 성명 ( ) 신청인과의 관계 ( )

㉣, ㉤항을 선택한 분에 대하여,

서유자 성명 ( ) 신청인과의 관계 ( )

신청인 이외의 자가 소유자이거나 임차인인데 함께 거주하지 않는 경우 그 경위를 기재하십시오.( )

5. 조세 등 공과금의 납부 상황(체납 조세가 있는 경우 세목 및 미납액을 기재하십시오.)

소득세	미납분	(**<u>없음</u>** 있음 - 미납액 원)
주민세	미납분	(**<u>없음</u>** 있음 - 미납액 원)
재산세	미납분	(**<u>없음</u>** 있음 - 미납액 원)
의료보험료	미납분	(**<u>없음</u>** 있음 - 미납액 원)
국민연금	미납분	(**<u>없음</u>** 있음 - 미납액 원)
자동차세	미납분	(**<u>없음</u>** 있음 - 미납액 원)
기타 세금	미납분	(**<u>없음</u>** 있음 - 미납액 원)

[양식 1-6]

수입 및 지출에 관한 목록

1. 가계수지표(20○○. ○. 월분) (신청일이 속한 달의 직전 달 기준)

수입			지출	
항목		금액	항목	금액
급여 또는 자영 수입	신청인	600,000 원	주거비(임대료, 관리비 등)	300,000 원
	배우자	0 원	식비(외식비 포함)	200,000 원
	기타( )	0 원	교육비	0 원
연금	신청인	0 원	전기·가스·수도료	50,000 원
	배우자	0 원	교통비(차량유지비 포함)	50,000 원
	기타( )	0 원	피복비	0 원
생활보호		0 원	의료비	0 원
기타( )		0 원	기타	0 원
수입합계		600,000 원	지출합계	600,000 원

2. 채무자의 가용소득(개인회생절차를 신청할 경우 소득에서 생계비를 뺀 나머지 소득)

	구분	금액(단위 : 원)					
1	채무자의 월 평균 소득1)	600,000원					
2	생계비(20○○년 기준 중위소득의 100분의 60)2)	<u>1인</u>	2인	3인	4인	5인	6인
		<u>**1,024,205**</u>	1,743,917	2,256,019	2,768,122	3,280,224	3,792,326
	부양가족 이름, 연령, 관계	본인					
3	채무자의 가용소득(1 - 2)	-424,205원					

1) 최근 1년 동안의 대략적인 소득을 평균하여 기재하십시오.

2) 본인을 포함한 부양가족(스스로 기준 중위소득의 60% 이상의 소득을 올리는 사람은 부양가족이 아닙니다)의 수에 해당하는 곳에 O표 하십시오.

<table>
<tr><td colspan="3" align="center">소 송 위 임 장</td></tr>
<tr><td>사 건</td><td colspan="2">파산 및 면책</td></tr>
<tr><td>신 청 인</td><td colspan="2">○○○</td></tr>
<tr><td colspan="3">위 사건에 관하여 수임인을 소송대리인으로 선임하고, 다음 표시 권한을 수여합니다.</td></tr>
<tr><td>수 임 인</td><td colspan="2">변호사 ○○○
주소 ○○시 ○○구 ○○로 ○○○
전 화 (02) 000-0000
팩 스 (02) 000-0000</td></tr>
<tr><td>수권사항</td><td colspan="2">1. 개인파산, 면책, 복권 신청사건에 관한 문서 작성 및 접수, 결정문 수령, 취하에 관한 일체의 권한.</td></tr>
<tr><td colspan="2" rowspan="2">20○○. ○. ○.
위임인 ○○○ (인)
○○시 ○○구 ○○로 ○○ ㅁㅁ빌딩 ○○○○호

○○지방법원 귀중</td><td>변호사회
경 유</td></tr>
<tr><td></td></tr>
</table>

보험해약영수증

1. ○○생명보험(주)

지급 사실 확인서

계 약 자	○○○	주민등록번호	123456-1234567
주소	○○시 ○○구 ○○로 ○○ □□빌딩 ○○○○호		

계약 사항 및 해약환급금 내역

(단위 : 원)

증권번호	증권번호	계약일자	납입총액	지급일자
종신 55세납	194560	20○○.12.20	1.874.500	20○○.01.05
종신 55세납	190928	20○○.11.08	2,119,200	20○○.01.05
F스타일	326437	20○○.06.11	2,050,000	20○○.11.04
F스타일	513963	20○○.12.28	2,300,000	20○○.11.04
無)프리스타일	739126	20○○.09.30	1,500,000	20○○.11.04
F스타일	258665	20○○.03.31	4,900,000	20○○.11.04
종신 15년납	199757	20○○.03.31	5,497,800	20○○.11.19
無)F스타일	1227644	20○○.07.26	800,000	20○○.06.10

해약환급금	배당금	약관대출	약관대출이자	실효부리이자	지급금액
45,000	16,046	-	-	7,975	69,021
168,300	33,761	-	-	29,826	231,887
1,469,798	1,921	-	-	-	1,471,719
1,456,218	670	-	-	-	1,456,888
805,723	-	-	-	-	805,723
4,225,603	2,850	-	-	-	4,228,453
3,213,900	79,142	-	-	-	3,293,042
280,804	-	-	-	-	280,804

* 위의 상황은 법원 제출용 외에는 다른 용도로 사용할 수 없습니다.(작성인05.01.18)

○○생명보험주식회사

고객센터 부장 ○ ○ ○ (인)

www.○○○.co.kr Call Center : 1234-1234

자동차등록원부(갑)

제 0000-000000호　　　　　　　　　　　　　　　　　　　　　　　　　　총 1면 중 제 1면

자동차등록번호	○○00가0000	형식승인번호	00-000-000	말소등록일	
차 명	○○○			차 종	승용자동차
차 대 번 호	ABCDEF0000	원동기형식	L4JP	용 도	자가용
연 식	20○○	색 상	흰색(미색)	출처 구분	전입차
최 초 등 록 일	20○○-04-03	최초접수번호	0000-000-000000	제식연월일	20○○-03-07
최 종 소 유 자	㈜○○○○			주민등록번호	123456 - 1234567
사 용 본 거 지 (차고지)	○○시 ○○구 ○○로 ○○ ㅁㅁ빌딩 ○○○○호				
검사유효기간	20○○-04-03 ~ 20○○-04-02　주행거리 : 65003			등록사항확인일	
점검유효기간				패 쇄 일 자	

순위번호 주등록	순위번호 부기등록	사 항 란	세대주 명 및 주민등록번호	등록일자	접수번호
10		압류등록(압류)　○○경찰서 국세체납　　경비교통12345-12345 촉탁일자 : 20○○-11-11		20**-11-17	615636
11		압류등록(압류)　서울○○구청 주정차위반과태료　주차12345-12345(03/07) 촉탁일자 : 20○○-11-11		20**-11-17	617580
	3	압류해제(압류)　○○구세무과(전화:000-000-0000) 지방세체납　　세무12345-12345 촉탁일자 : 20○○-12-05		20**-12-05	649354
12		압류등록(압류)　○○구청 주정차위반과태료　주차12345-1234(01/02) 촉탁일자 : 20○○-11-28		20**-12-09	652593
	4	압류해제(압류)　○○경찰서 도로교통법위반(200271321033127)교통12345-12345 촉탁일자 : 20○○-02-16		20**-02-16	074608
	5	압류해제(압류)　○○경찰서 과태료체납(1234567812345)　교통12345-12345 촉탁일자 : 20○○-02-16		20**-02-16	074609
	6	압류해제(압류)　○○경찰서 과태료체(123456781234574)　교통12345-123457 촉탁일자 : 20○○-02-16		20**-02-16	074610
	8	압류해제(압류)　○○경찰서 과태료체납(1234578121212)　교통12345-123458 촉탁일자 : 20○○-02-16		20**-02-16	074611
	10	압류해제(압류)　○○경찰서 국세채납　　교통12345-123456 촉탁일자 : 20○○-02-16		20**-02-16	074612
	9	압류해제(압류) ○○구청 주정차위반　　주차12345-12345 촉탁일자 : 20○○-02-16 ** 다음 페이지 계속**		20**-02-16	074629

위 등본은 자동차등록원부(갑)의 기재사항과 상위 없음을 증명합니다.

20○○년 ○월 ○일

○ ○ 시 장

자동차등록원부(갑)

제 0000-000000호 총 1면 중 제 1면

자동차등록번호	○○○○가0000	형식승인번호	00-000-000	말소등록일	
차 명	○○○			차 종	승용자동차
차 대 번 호	ABCDEF0000	원동기형식	L4JP	용 도	자가용
연 식	20○○	색 상	흰색(미색)	출 처 구 분	전입차
최 초 등 록 일	20○○-04-03	최초접수번호	0000-000-000000	제식연월일	20○○-03-07
최 종 소 유 자	㈜ ○○○○			주민등록번호	123456 - 1234567
사 용 본 거 지 (차고지)	○○시 ○○구 ○○로 ○○ ㅁㅁ빌딩 ○○○○호				
검사유효기간	20**-04-03 ~ 20○○-04-02	주행거리 : 65003		등록사항확인일	
점검유효기간				패 쇄 일 자	

순위번호 주 등록	순위번호 부기 등록	사 항 란	세대주 명 및 주민등록번호	등록일자	접수번호
11		압류등록(압류) 서울○ ○구청 주정차위반과태료 주차12345-1234 촉탁일자 : 20○○-02-16		20**-02-16	074630
12		압류등록(압류) ○ ○구청 주정차위반과태료 주차12345-1235 촉탁일자 : 20○○-02-16		20**-02-16	074631
	7	압류해제(압류) 서울○ ○남구청 주정차위반 교지12345-1236 촉탁일자 : 20○○-02-16		20**-02-16	074639
13		변경등록(이전전출) 신자동차번호:33○ ○2708 성명(상호): ㈜ ○○○○ 123456-1234567 주 소: ○○시 ○○구 ○○로 ○○ 사용본거지: ○○시 ○○구 ○○로 ○○(상품용) *전출말소 전출후 : ○○거2708 **등록원부특기사항** 20○○-09-25 공채면제 ※ 위 특기사항은 기재위치, 등록순위와 관계없이 그 기재일 이수에 등록한 사항보다 우선한다. **이하여백**		20**-02-18 20**-02-18	077273 077273

위 등본은 자동차등록원부(갑)의 기재사항과 상위 없음을 증명합니다.

20○○년 ○월 ○일

○ ○ 시 장

○ ○ 지 방 법 원
결　　정

사　　건　　20○○하단○○○○　파산선고

신 청 인　　○　○　○ (123456 - 1234567)

겸채무자　　주소 ○○시 ○○구 ○○로 ○○ ㅁㅁ빌딩 ○○○○호
신청대리인 변호사 ○○○
등록기준지 상동

주　　문

1. 채무자 ○○○을 파산자로 한다.
2. 이 사건 파산을 간이파산으로 한다.
3. 이 사건 파산을 폐지한다.

이　　유

이 사건 기록에 첨부된 소명자료와 채무자에 대한 심문결과를 종합하면, 채무자는 ○○은행 등 11명의 채권자에 대하여 약 1억 5,000만원 상당의 채무를 부담하여 지급불능 상태에 있고, 또한 파산재단으로써 파산절차의 비용을 충당하기에 부족한 사실을 인정할 수 있다.

그렇다면, 채무자의 이 사건 신청은 이유 있으므로 채무자 회생 및 파산에 관한 법률 제305조 1항, 제549조 제1항을 적용하여 채무자에 대하여 파산을 선고함과 동시에 간이파산의 결정을 하고, 같은 법 제317조 제1항에 의해 동시에 파산폐지의 결정을 하기도 하여, 주문과 같이 결정한다.

20○○. ○. ○. 16:00

판　사　○○○ (인)

파산선고 및 파산폐지결정 공고

사 건 20○○하단○○○○ 파산선고

신 청 인 ○ ○ ○ (123456-1234567)

겸채무자 주소 ○○시 ○○구 ○○로 ○○ ㅁㅁ빌딩 ○○○○호
신청대리인 변호사 ○○○
등록기준지 상동

1. 결정연월일 : 20○○. ○. ○. 16:00

2. 주 문 : 1. 채무자 ○○○을 파산자로 한다.
2. 이 사건 파산을 간이파산으로 한다.
3. 이 사건 파산을 폐지한다.

3. 이유의요지 : 채무자가 지급불능상태에 있고, 파산재단으로써 파산절차비용을 충당하기에 부족하다.

20○○. ○. ○.

○ ○ 지 방 법 원

판 사 ○○○ (인)

제1234호 관 보 20○○. ○. ○.(○요일)

20○○년 3월 20일

○○지방법원 판사 ○○○

~~~~~~~~~~~~~~~~~

20○○하단1234 파산선고

신청인겸 ○○○

채 무 자

19○○년 1월 26일생

주 소 ○○시 ○○구 ○○로 ○○

신청대리인 변호사 ○○○

본적 ○○시 ○○구 ○○로 ○○

1. 결정연월일 : 20○○년 6월 28일 16:00
2. 주문
   -채무자 ○○○을 파산자로 한다.
   -이 사건 파산을 간이파산으로 한다.
   -이 사건 파산을 폐지한다.
3. 이유의 요지 : 채무자가 지급불능상태에 있고, 파산재단으로써 파산절차비용을 충당하기에 부족하다.

20○○년 3월 20일

○○지방법원 판사 ○○○

~~~~~~~~~~~~~~~~~

20○○하단12345 파산선고

신청인겸 ○○○

채 무 자

19○○년 2월 18일생

주 소 ○○시 ○○구 ○○로 ○○

1. 결정연월일시 : 20○○년 4월 2일 10:00
2. 주문
   - 채무자를 파산자로 한다.
   - 이 사건 파산을 간이파산으로 한다.
   - 이 사건 파산을 폐지한다.
3. 이유의 요지 : 채무자가 지급불능상태에 있고, 파산재단으로써 파산절차비용을 충당하기에 부족하다.

20○○년 4월 2일

○○지방법원 판사 ○○○

20○○하단3456 파산선고

신청인겸 ○○○

채 무 자

19○○년 2월 8일생

주 소 ○○시 ○○구 ○○로 ○○

1. 결정연월일시 : 20○○년 4월 2일 10:00
2. 주문
   -채무자를 파산자로 한다.
   -이 사건 파산을 간이파산으로 한다.
   -이 사건 파산을 폐지한다.
3. 이유의 요지 : 채무자가 지급불능상태에 있고, 파산재단으로써 파산절차비용을 충당하기에 부족하다.

20○○년 4월 2일

○○지방법원 판사 ○○○

~~~~~~~~~~~~~~~~~

20○○하단4567 파산선고

신청인겸 ○○○

채 무 자

19○○년 3월 6일생

주 소 ○○시 ○○구 ○○로 ○○

1. 결정연월일시 : 20○○년 4월 2일 10:00
2. 주문
   - 채무자를 파산자로 한다.
   - 이 사건 파산을 간이파산으로 한다.
   - 이 사건 파산을 폐지한다.
3. 이유의 요지 : 채무자가 지급불능상태에 있고, 파산재단으로써 파산절차비용을 충당하기에 부족하다.

20○○년 4월 2일

○○지방법원 판사 ○○○

~~~~~~~~~~~~~~~~~

20○○하단5678 파산선고

신청인겸 ○○○

채 무 자

19○○ 6월 18일생

주 소 ○○시 ○○구 ○○로 ○○

○ ○ 지 방 법 원
결 정

사 건 20○○하면○○○○ 면책
(20○○하단○○○○ 파산선고)

파 산 자 ○ ○ ○ (123456 - 1234567)
주소 ○○시 ○○구 ○○로 ○○ ㅁㅁ빌딩 ○○○○호
신청대리인 변호사 ○○○
등록기준지 상동

주 문

파산자 ○○○을 면책한다.

이 유

이 사건 기록 및 이 법원의 파산자에 대한 심문결과에 의하면, 파산자에게 채무자 회생 및 파산에 관한 법률 제564조에서 정한 면책불허가사유에 해당하는 사실이 인정되지 아니하므로, 주문과 같이 결정한다.

20○○. ○. ○.

판 사 ○○○ (인)

○○일보

20○○년
12월 20일
화요일

면 책 결 정 공 고

사 건	파 산 자
20○○하면123 면책 (20○○하단123 파산선고)	○ ○ ○(123456-1xxxxxx) 주소 : ○○시 ○○구 ○○로 ○○ 본적 : ○○시○○동○○리
20○○하면456 면책 (20○○하단456 파산선고)	○ ○ ○(123456-2xxxxxx) 주소 : ○○시 ○○구 ○○로 ○○ 본적 : ○○시○○동○○리
20○○하면789 면책 (20○○하단789 파산선고)	○ ○ ○(123456-1xxxxxx) 주소 : ○○시 ○○구 ○○로 ○○ 본적 : ○○시○○동○○리
20○○하면147면책 (20○○하단147 파산선고)	○ ○ ○(123456-2xxxxxx) 주소 : ○○시 ○○구 ○○로 ○○ 본적 : ○○시○○동○○리
20○○하면258면책 (20○○하단258 파산선고)	○ ○ ○(123456-1xxxxxx) 주소 : ○○시 ○○구 ○○로 ○○ 본적 : ○○시○○동○○리
20○○하면369 면책 (20○○하단369 파산선고)	○ ○ ○(123456-2xxxxxx) 주소 : ○○시 ○○구 ○○로 ○○ 본적 : ○○시○○동○○리
20○○하면159 면책 (20○○하단159 파산선고)	○ ○ ○(123456-1xxxxxx) 주소 : ○○시 ○○구 ○○로 ○○ 본적 : ○○시○○동○○리
20○○하면357 면책 (20○○하단357 파산선고)	○ ○ ○(123456-2xxxxxx) 주소 : ○○시 ○○구 ○○로 ○○ 본적 : ○○시○○동○○리

사 건	파 산 자
20○○하면123 면책 (20○○하단123 파산선고)	○ ○ ○(123456-1xxxxxx) 주소 : ○○시 ○○구 ○○로 ○○ 본적 : ○○시○○동○○리
20○○하면456 면책 (20○○하단456 파산선고)	○ ○ ○(123456-2xxxxxx) 주소 : ○○시 ○○구 ○○로 ○○ 본적 : ○○시○○동○○리
20○○하면789 면책 (20○○하단789 파산선고)	○ ○ ○(123456-1xxxxxx) 주소 : ○○시 ○○구 ○○로 ○○ 본적 : ○○시○○동○○리
20○○하면147면책 (20○○하단147 파산선고)	○ ○ ○(123456-2xxxxxx) 주소 : ○○시 ○○구 ○○로 ○○ 본적 : ○○시○○동○○리
20○○하면258면책 (20○○하단258 파산선고)	○ ○ ○(123456-1xxxxxx) 주소 : ○○시 ○○구 ○○로 ○○ 본적 : ○○시○○동○○리
20○○하면369 면책 (20○○하단369 파산선고)	○ ○ ○(123456-2xxxxxx) 주소 : ○○시 ○○구 ○○로 ○○ 본적 : ○○시○○동○○리
20○○하면159 면책 (20○○하단159 파산선고)	○ ○ ○(123456-1xxxxxx) 주소 : ○○시 ○○구 ○○로 ○○ 본적 : ○○시○○동○○리

주 문

위 파산자를 면책한다.

20○○. ○. ○.

○ ○ 지 방 법 원

판 사 ○○○

주 소 ○○시 ○○동 ○○로 ○○

주 문

파산자를 면책한다.

20○○년 ○월 ○일

○○지방법원 판사 ○○○

~~~~~~~~~~~~~~~~~~

20○○하면123(20○○하단123 파산선고) 면 책

파 산 자 ○○○

19○○년 ○월 ○일생

주 소 ○○시 ○○동 ○○로 ○○

등록기준지 ○○시 ○○동 ○○길 ○○

주 문

파산자 ○○○를 면책한다.

20○○년 ○월 ○일

○○지방법원 판사 ○○○

~~~~~~~~~~~~~~~~~~

20○○하면223(20○○하단223 파산선고) 면 책

파 산 자 ○○○

19△△년 △월 △일생

주 소 ○○시 ○○동 ○○로 ○○

신청대리인 ○○법무법인 변호사 ○○○

등록기준지 ○○군○○면 ○○길 ○○

주 문

파산자 ○○○를 면책한다.

20○○년 ○월 ○일

○○지방법원 판사 ○○○

~~~~~~~~~~~~~~~~~~

20○○하면333(20○○하단333 파산선고) 면 책

파 산 자 ○○○

19○○년 △월 △일생

주 소 ○○시 ○○동 ○○로 ○○

등록기준지 ○○군○○면 ○○길 ○○

주 문

파산자 ○○○를 면책한다.

20○○년 ○월 ○일

○○지방법원 판사 ○○○

~~~~~~~~~~~~~~~~~~

20○○하면423(20○○하단423 파산선고) 면 책

파 산 자 ○○○

19○○년 △월 △일생

주 소 ○○시 ○○동 ○○로 ○○

등록기준지 ○○군 ○○면 ○○길 ○○

주 문

파산자 ○○○를 면책한다.

20○○년 ○월 ○일

○○지방법원 판사 ○○○

~~~~~~~~~~~~~~~~~~

20○○하면523(20○○하단523 파산선고) 면 책

파 산 자 ○○○

19△△년 △월 △일생

주 소 ○○시 ○○동 ○○로 ○○

등록기준지 ○○군○○면 ○○길 ○○

주 문

파신자 ○○○욜 먼책힌디.

20○○년 ○월 ○일

○○지방법원 판사 ○○○

~~~~~~~~~~~~~~~~~~

2004하면623(20○○하단623 파산선고) 면 책

파 산 자 ○○○

19△△년 △월 △일생

주 소 ○○시 ○○동 ○○로 ○○

등록기준지 ○○군○○면 ○○길 ○○

주 문

파산자 ○○○를 면책한다.

20○○년 ○월 ○일

○○지방법원 판사 ○○○

제 3 편

개인회생

제1장 개인회생 총론

제1절 통합도산법상 개인회생제도

[1]
개인회생의 의의와 실익

1. 개인회생의 의의

가. 개인회생의 개념

개인회생이란 많은 빚 때문에 파탄에 직면하고 있는 개인채무자[339]가 직장을 가지거나 사업을 하는 등으로 계속적·반복적 소득을 얻을 수 있어 '가용소득'이 인정되는 경우에, 수년간에 걸쳐 채권의 일부씩 변제해 나가는 방식으로 채권자 등 이해관계인과의 법률관계를 조정함으로써 채무자의 회생과 채권자의 이익을 도모하기 위해 2004. 3. 22. 개인채무자회생법이 제정되어 2004. 9. 23.부터 시행된 제도로서, 2016. 4. 1. 통합도산법이 제정되면서 통합·수용된 제도이다.

즉, 개인채무자가 취직을 하거나 사업을 하는 등 장래에 일정한 소득이 예상되는 경우에, 채무의 전부 또는 일부를 3~5년간에 걸쳐 일정한 금액으로 나누어 변제하고,[340] 나머지의 채무에 대하여는 면책을 받을 수 있는 제도를 말한다. 다만 개인회생신청을 할 수 있는 개인채무자의 범위는 저당권·질권·양도담보권·가등기담보권·유치권·질권·전세권·우선특권으

339) 개인회생절차는 개인인 채무자만 이용이 가능하고 주식회사, 유한회사, 사단법인, 재단법인 등 법인은 이용할 수 없다. 법인은 법인회생절차를 이용해야 한다.

340) 종전에는 원칙적으로 변제기간은 5년이었으나, 통합도산법이 개정되어 2018. 6. 13.부터는 변제개시일부터 3년을 초과하지 못하도록 하되, 특별한 사정이 있는 때에는 5년까지 연장할 수 있도록 하였다(611조 5항). 여기에서 특별한 사정이란 청산가치보장 요건(614조 1항 4호)의 충족을 위하여는 3년으로 부족한다든가 3년의 변제기간만으로는 '일반의 우선권 있는 개인회생채권'의 전액을 변제하기에 부족한 경우 또는 최저변제액 제공의 원칙을 준수하기 위한 경우(614조 2항 3호) 등이 해당될 것이다(서울회생법원, 제5판 개인파산·회생실무, 596p).

로 담보된 채권, 즉 담보부채권은 15억원 이하, 그밖의 무담보채권은 10억원 이하인 경우에만 그 이용이 가능하다(원금 및 이자를 포함하여 각각 위 금액을 초과하면 개인회생신청 불가, 579조 1호).[341] 여기에서 담보부 채권은 피담보채권의 전액을 의미하는 것이 아니라 담보물의 예상환가액에 의해 실질적으로 담보된 채권액을 말하며, 이를 초과한 채권은 담보가 제공되지 않은 채권, 즉 무담보채권으로 보아야 한다.

그리고 위 15억원, 10억원의 채무액 산정의 기준시점은 개인회생절차개시신청 당시를 기준으로 한다.[342]

이러한 개인회생제도는 신용회복지원제도를 이용하고 있는 채무자도 신청할 수 있고, 파산절차가 진행 중인 채무자도 신청할 수 있다.

나. 개인회생절차의 용어 정의

1) 개인채무자

개인채무자란 파산의 원인된 사실이 있거나 그러한 사실이 생길 염려가 있는 자로서 개인회생절차개시신청 당시 일정한 수준 이하의 채무액을 가지고 있는 채무자를 말한다. 즉 개인회생절차개시신청 당시를 기준으로 유치권·질권·저당권·양도담보권·가등기담보권·동산·채권 등의 담보에 관한 법률에 따른 담보권·전세권 또는 우선특권으로 담보된 개인회생채권(담보부채권)은 15억원 이하, 위 ①항 외의 개인회생채권(무담보채권)은 10억원 이하의 채무를 부담하는 급여소득자 또는 영업소득자를 말하는 것이다(579조 1호).[343] 위 채무 한도액은 원금과 이자 또는 지연손해금이 포함된 총금액을 기준으로 판단한다.[344]

---

341) 채무총액이 개인회생절차의 대상이 되는 채무한도액을 초과한 이유로 개인회생제도를 이용할 수 없는 개인채무자로서는 부득이 일반회생절차를 이용하여 재기·회생토록 해야 한다.

342) 2020. 6. 9. 통합도산법 개정 법률(법률 제17364호, 2020. 6. 9. 일부 개정) 시행 전에 있어서는 개인회생신청의 대상자를 파산의 원인인 사실이 있거나 그러한 사실이 생길 염려가 있는 자로서 일정한 금액 이하의 채무를 부담하는 급여소득자 또는 영업소득자로 정의하고 있었을 뿐 채무총액을 산정하는 기준시점을 규정하고 있지 않았고, 다만 판례가 개인회생절차개시결정일을 채무총액 산정기준 시점으로 판단하고 있었는 바, 이로 인해 개인회생절차개시신청 당시에는 통합도산법에서 정한 채무총액의 범위였으나, 이후 이자나 지연손해금으로 인한 채무총액의 변동으로 신청자격을 상실하게 되는 사례가 발생하고 있었다. 이에 법원의 개인회생개시결정 여부 등에 대한 신청자의 예측가능성 확보 등이 필요함에 따라 통합도산법을 개정하여 개인채무자의 채무총액 산정기준시점을 개인회생절차개시신청 당시로 명확히 규정한 것이다(579조 1호).

343) 종전에는 담보부채권 10억원 이하, 무담보부채권 5억원 이하의 채무액을 가지고 있는 개인채무자만 개인회생제도를 이용할 수 있었으나, 2021. 4. 20. 개정·시행된 통합도산법의 일부 개정으로 2021. 4. 20.부터는 채무한도액을 상향시켜 담보부채권 15억원 이하, 무담보부채권 10억원 이하의 채무액을 가지고 있는 개인채무자는 개인회생신청을 할 수 있도록 하였다(579조 1호).

344) 서울회생법원, 제5판 개인파산·회생실무 450p.

원금 외에 이자나 지연손해금을 합한 총채무액이 각각 위 채무 한도액을 초과한 경우에는 개인회생절차를 이용할 수 없고 일반회생절차를 이용해야 한다.[345]

2) 급여소득자·영업소득자

급여소득자란 급여·연금 그밖에 이와 유사한 정기적이고 확실한 수입을 얻을 가능성이 있는 개인을 말한고(579조 2호), 영업소득자란 부동산임대소득·사업소득·농업소득·임업소득 그밖에 이와 유사한 수입을 장래에 계속적으로 또는 반복하여 얻을 가능성이 있는 개인을 말한다(579조 3호).

3) 가용소득

가용소득이란 채무자가 수령하는 근로소득·연금소득·부동산임대소득·사업소득·농업소득·임업소득, 그밖에 합리적으로 예상되는 모든 종류의 소득의 합계 금액으로부터 다음의 각항, 즉 ① 소득세·주민세 균등분·지방소득세 소득분·건강보험료, 그밖에 이에 준하는 것으로서 대통령령이 정하는 금액, ② 채무자 및 그 피부양자의 인간다운 생활을 유지하기 위해 필요한 생계비로서, 국민기초생활 보장법 제6조(최저생계비의 결정)의 규정에 따라 공표된 최저생계비, 채무자 및 그 피부양자의 연령, 피부양자의 수, 거주지역, 물가상황, 그밖에 필요한 사항을 종합적으로 고려하여 법원이 정하는 금액, ③ 채무자가 영업에 종사하는 경우에 그 영업의 경영, 보존 및 계속을 위해 필요한 비용을 공제한 금액을 말한다(579조 4호).

나. 개인회생의 신청 현황과 증가 추이 분석

채무자가 개인회생신청을 한 후에는 법원에 자기의 재산에 대한 강제집행·가압류·가처분, 임의경매, 개인회생채권에 대한 변제요구행위(단, 채무자를 상대로 한 소송행위은 가능함), 파산절차 등을 중지하거나 금지하도록 하는 명령을 내려달라고 신청할 수 있고(중지명령신청제도, 593조), 이후 변제계획인가결정이 나오면 이와 같이 중지·금지된 강제집행·가압류·가처분과 파산절차는 그 효력이 상실되도록 되어 있어(615조), 채무자가 개인회생신청을 하게 되면 채권자들로부터 강제집행을 당하거나 가압류·가처분 또는 채무독촉을 당하는 일이 거의 없게 되는 혜택을 누릴 수 있다.[346] 또한 개인회생은 채권을 한 푼도 변제하지 않는 개인파산에

345) 개인회생을 신청하려면 담보부채권 15억원 이하, 무담보채권 10억원 이하의 채무를 가지고 있어야 하므로, 예컨대 원금 및 이자·지연손해금을 포함하여 총채권액이 25억원 이하에 해당되어도 담보부채권이 15억원을 초과하거나 무담보채권이 10억원을 초과한 경우에는 개인회생제도를 이용할 수 없고 보다 까다롭고 복잡한 일반회생절차를 통하여 재기·회생을 도모하는 수밖에 없다.

346) 물론 변제계획인가결정이 있더라도 이미 집행되어 있는 강제집행·가압류·가처분의 외관·외형은 자동으로

비하여 채무의 일부나마 형편껏 변제해 나간다는 심리적 안도감과 채권자에 대한 미안한 감정을 조금이나마 누그러뜨릴 수 있다는 장점도 있을 것이다.

이러한 개인회생의 실익과 도덕적 우월성 때문에 그동안 개인회생의 신청건수는 꾸준히 증가해 오고 있는데, 그 추이를 보면 2006년 56,155건, 2007년 51,416건, 2008년 47,874건, 2009년 54,605건, 2010년 46,972건, 2011년 65,171건으로 나타나고 있고, 최근의 신청건수를 살펴보면 2012년 90,368건, 2013년 105,885건, 2014년 110,707건, 2015년 100,096건, 2016년 90,400건, 2017년 81,592건, 2018년 91,219건, 2019년 92,587건, 2020년 86,553건, 2021년 81,030건의 통계수치를 보이고 있다.[347)]

IMF 사태 당시인 통합도산법의 시행 초기에는 개인파산 신청건수가 개인회생 신청건수보다 압도적으로 많았으나 최근에는 개인회생 신청건수가 9만~10만여건에 이르고 있는 것이다. 이는 개인파산 신청건수 대비 2배에 달한 수치이다. 이러한 경향은 일면 경제적 상황의 개선에 따라 채무자가 채권자의 입장을 고려하는 도덕심의 발로로 개인파산보다 개인회생을 보다 많이 신청하려는 현상과도 무관치 않을 것이지만, 통합도산법의 시행 초기 법원에서 개인파산 사건을 운영할 때 대부분의 사건에서 파산선고 및 동시폐지결정을 함으로써 파산관재인의 선임 없이 면책을 보다 쉽게 해주는 태도로부터 최근에는 대부분의 개인파산 사건에서 동시폐지를 하지 않고 파산관재인의 선임 및 청산절차를 거치도록 한 후 이시폐지를 하는 방향으로 선회함으로써 면책을 보다 까다롭게 한데다 채권자에게 일부나마 변제해 나가는 개인회생절차에 대하여 사회적 호감도가 높은 점을 감안하여 개인회생절차에 관한 운영을 보다 덜 까다롭게 운영하고 있는 추세와도 관련되어 있을 것으로 보인다.

2. 다른 제도와 구별

가. 개인회생과 개인파산

개인회생제도는 채무총액 중 일부금을 법원이 인가한 변제계획에 따라 매월 일정액을 3~5년간에 걸쳐 변제한 후 나머지 채무에 대하여는 면책받는 절차를 말하고, 개인파산제도는 채무 전액을 면책받는 절차이다. 개인파산은 재산이나 소득이 거의 없는 채무자가, 개인회생은 정기적인 급여 또는 사업소득이 있는 채무자가 활용한다.

말소되는 것이 아니므로 이러한 외형을 제거하려면 별도로 말소등기촉탁신청서를 작성하고, 여기에 인가결정등본 및 말소촉탁의 대상이 되는 재산목록을 첨부하여 집행법원에 말소등기촉탁을 신청해야 할 것이다.

347) 2022년도의 개인회생신청 건수는 12월까지 누계 건수가 89,965건이다.

그렇다면 채무를 모두 면책받는 절차인 개인파산을 이용하지 않고 개인회생제도를 이용하는 이유는 무엇일까? 개인파산의 경우에는 복권되기 전까지는 파산자의 신분이 유지되므로 직업상의 여러 제한이 있지만, 개인회생은 이러한 신분상의 제한이 없다. 따라서 채무가 많은 사람이 공무원이나 교직원 등 파산자의 신분으로는 가질 수 없는 직업을 가지려거나 유지하려는 경우 또는 파산자가 등록할 수 없는 사업을 하려거나 유지하려는 경우에는 개인파산을 하면 절대 안되는 것이다. 이러한 경우에는 개인회생을 해야 한다. 채무자가 부동산 등 등기·등록된 재산을 가지고 있는 경우에도 개인파산이 잘 인용되지 않으니 개인회생을 검토해 보아야 한다. 개인회생이나 개인파산 모두 면책까지는 통상적으로 6개월 내지 1년 정도 소요된다.

한편 사정변경에 따라 개인회생에서 개인파산으로, 개인파산에서 개인회생으로 갈아탈 수 있을 것이지만, 개인회생에서 개인파산으로 갈아타려면 개인회생절차의 폐지가 전제되어야 할 것이다.

나. 개인회생과 일반회생

개인회생의 경우에는 담보부채무는 15억원, 무담보채무는 10억원 이하의 채무를 가지고 있는 경우에만 신청이 가능하다(579조 1호).[348][349] 따라서 이러한 채무 액수의 범위를 초과한

348) 종전에는 개인회생신청대상자의 채무액수의 최고한도가 담보부채무 10억원, 무담보채무 5억원 이하였으나, 통합도산법이 2021. 4. 20. 개정·시행됨에 따라 그 대상자가 확대되어 담보부채부 15억원, 무담보채부 10억원 이하의 채무자라면 개인회생신청대상자가 되도록 하였다.

349) 개인회생절차는 개인회생절차개시신청 당시 원금 및 이자·지연손해금을 포함한 총채무액이 담보부채무 15억원 이하, 무담보채무 10억원 이하인 경우에만 이용할 수 있는데, 위 둘 중 어느 하나의 액수라도 초과하면 이용할 수 없다. 예컨대 담보부채무 14억원 및 무담보채무 9억원의 채무를 가진 개인채무자는 이용할 수 있으나, 담보부채무 10억원 및 무담보채무 11억원을 가진 채무자나 담보부채무 15억 5천만원 및 무담보채무 9억원을 가진 채무자, 담보부채무만 16억을 가진 채무자, 무담보채무만 11억원을 가진 개인채무자는 이용할 수 없다. 그리고 위 담보부채무 15억원 이하, 무담보채무 10억원 이하라는 금액에는 이자나 지연손해금도 포함되는 개념이므로 원금과 이자·지연손해금을 합산한 금액이 위 금액 기준을 초과하면 이용할 수 없다. 또한 여기의 담보부채무란 실질적으로 담보되는 채무를 말하므로 예컨대 무담보채무 9억원을 가지는 개인채무자가 5억원의 저당권을 설정하여 형식적으로는 5억원의 담보부채무를 가진 경우라 하더라도 담보물의 환가액이 3억 5천만원에 불과한 경우에는 담보부채무는 3억 5천만원에 지나지 않고 나머지 1억 5천만원은 무담보채무인 것이어서 무담보채무의 합계가 10억 5천만원으로 되어 개인회생절차를 이용할 수 없게 된다. 따라서 담보물의 환가가 중요한데 개인회생절차개시신청시에는 채무자가 기재하여 제출한 담보물의 예상환가액을 기준으로 판단하되, 나중에 회생위원 등에 의한 담보물의 평가가 이루어진 경우 이를 기준으로 하여 채무액의 상한요건을 판단한 후 그 요건을 충족하지 못하면 개시기각결정이나 인가 전 폐지를 하는 것이 실무이다. 한편 위 채무액 한도기준의 적용시점도 중요한데, 종전에는 판례에 따라 실무상 개인회생절차개시결정시를 기준으로 판단했으나 통합도산법의 개정으로 2020. 6. 9.부터는 개인회생절차개시신청 당시를 기준으로 판단하게 된다. 다만 개인회생절차개시신청 당시 누락채권 등의 발생으로 위 한도금액의 기준은 충족되

경우에는 개인회생을 신청할 수 없고 일반회생절차를 이용해야 한다. 물론 개인회생을 신청할 수 있는 범위 내의 채무가 있는 경우에도 일반회생제도를 이용할 수는 있다. 다만 일반회생절차는 회생신청서 및 변제계획안 작성의 어려움, 관리인과 조사위원의 선임, 회생계획안에 대한 채권자집회 또는 서면결의 등 개인회생절차에 비하여 그 작성방법과 절차가 어렵고 복잡하므로 실무상 잘 이용되고 있지 않다.

그러나 개인회생절차에 있어서는 담보권이 별제권으로 취급되어 개인회생절차가 진행됨에도 불구하고 담보권실행을 저지할 수 없으나 일반회생절차에 있어서는 담보권자도 회생계획에 따라 그 권리에 변경을 가할 수 있고 담보권 실행을 제한할 수 있는 장점이 있으며, 인가결정의 효력면에 있어서도 개인회생절차에 있어서는 채무자가 변제계획을 완료한 후에 면책결정을 받을 수 있을 뿐이지만 일반회생절차에 있어서는 인가결정에 의해 권리 자체가 변경되는 효력이 발생하는 것이다.

따라서 개인채무자의 영업에 필수적인 재산에 담보권이 설정되어 있고, 그 담보권 실행을 저지하기 위해서는 여전히 일반회생절차를 이용할 실익이 있는 것이다. 일반회생절차가 진행 중에 개인회생절차가 개시되면 일반회생절차는 중지되고 개인회생절차가 우선하여 진행된다(600조 1항 1호).

3. 개인회생의 실익

가. 변제계획에 따른 변제완료 후 잔여채무 면책

1) 채무 면책

가) 채무자의 면책

개인회생제도는 그 신청시부터 변제계획안이 인가되기까지 수개월(약 10~12개월)이 소요되는데, 여기에서 변제계획안이 인가되면 한국신용정보원의 연체자(구. 신용불량) 정보의 등록이 해제된다. 또한 변제계획의 수행이 완료되면 법원은 당사자의 신청 또는 직권으로 면책결정을 하게 되며(624조 1항), 채무자가 면책결정을 받으면 변제계획상에 기재된 채권에 대하여 면책을 받게 된다.

채무자가 변제계획에 다른 변제계획을 완료한 경우에는 법원의 직권에 의한 면책결정을 기다리는 것 보다는 면책신청서를 작성하여 제출하는 것이 현명하다고 보인다.

었지만 나중에 누락채권이 드러나서 개인회생절차개시결정 당시를 기준으로 하면 한도금액이 초과된 경우에는 개인회생채권자목록의 허위작성·제출 내지 그밖에 신청이 성실하지 않았다는 사유를 들어 개시기각결정이 나올 수 있으니 개인회생절차개시신청시 누락채권 등이 발생하지 않도록 주의해야 할 것이다(595조 2호, 7호).

나) 보증인의 책임 존속

채무자가 면책된다고 하더라도 보증인의 책임은 면책되지 않으므로, 개인회생채권자는 보증인에 대하여 채무자의 개인회생과 무관하게 보증채무 전액을 청구할 수 있으며, 또한 제3자가 제공한 담보(물상보증)에 대해서도 이를 실행하여(임의경매 등) 자기의 채권을 회수할 수 있다(625조 3항).

다) 개인회생채권자목록에 기재하지 않은 채권의 면책 여부

채무자가 개인회생채권자목록에 기재하지 않은 채권은 개인회생개시결정 후에도 그 채권에 기하여 강제집행 등을 실행하는데 지장이 없고, 채권자목록에 기재되지 않은 채권은 면책에서도 제외된다.[350] 따라서 채무자는 개인회생채권자목록에 모든 채권자와 채권을 기재하도록 해야 하며, 누락되는 일이 없도록 해야 할 것이다. 비면책채권에 해당되는데도 이를 채권자목록에 기재해야 될 것인지 여부는 실무상 정해진 룰은 없으나, 기재하는 것이 현명하다고 보인다(저자 입장).

나. 면책 이후 은행 등 금융기관과의 신용거래의 가부

면책 이후 은행 등과의 카드발급 및 대출 등 신용거래가 가능한가? 많은 채무자들이 이 점에 대하여 궁금해 하는 경우가 있다. 개인파산이든 개인회생이든 면책 이후 5년이 경과되면 공식적인 개인파산·개인회생 기록은 말소된다. 그러나 은행이나 카드회사 등 개별 금융기관에서 대출을 받거나 카드를 발급받는 등 신용거래는 그 후에도 힘들 수 있을 것이다. 이는 개별금융기관에서 신용거래를 하고자 하는 자의 신용상태에 따라 신용거래 여부를 결정할 것인데, 개인회생채무자나 개인파산자는 채무의 전부 또는 일부를 면책받은 자이어서 그 전제로 대부분 연체자 내지 신용불량자일 것이고, 이러한 정보는 개별 금융기관에서 별도로 관리할 것이기 때문이다.

따라서 꾸준히 예금, 적금 등 신용을 쌓아 나가야만 어느 단계에 이르러서 비로소 신용거래가 가능할 것으로 보인다. 이는 은행이 아닌 일반인의 입장에서 보아도 돈을 떼어먹은 사람이 돈을 빌려 준 사람에게 다시 손을 벌리는 경우와 일맥상통하며, 다시 빌려 쓰기 위해서는 당사자간에 신용을 쌓기 위한 피나는 노력이 전제되어야 하는 이치와 같은 것이다.

---

350) 다만 개인회생절차와 달리 일반회생절차에서는 회생채권의 내용이 통합도산법 제625조 제2항 제4호에서 정한 '채무자가 고의로 가한 불법행위로 인한 손해배상'인 경우에도 이를 회생채권자 목록에 기재하지 않거나 신고하지 않은 경우에는 회생계획인가결정에 따라 실권의 대상이 된다는 점을 주의해야 한다(대판 2021.7.8. 2020다47369).

[2]
개인회생제도의 특징과 중요 제도

1. 개인회생의 특징

가. 포괄적 금지명령제도의 신설

개인회생절차개시의 신청이 있으면 법원은 이해관계인의 신청 또는 직권으로 개시여부에 대한 결정시까지 개인회생채권에 기하여 채무자의 업무 및 재산에 대한 강제집행 또는 가압류·가처분, 채무자의 업무 및 재산에 대한 담보권설정 또는 담보권실행 등을 위한 경매, 개인회생채권의 변제요구 또는 변제받는 행위(소송행위 제외), 체납처분 또는 조세채무 담보목적으로 제공된 물건처분 등의 절차나 행위 등에 대하여 중지 또는 금지하는 명령을 내릴 수 있지만(593조), 이러한 개별적인 중지 또는 금지명령만으로는 개인회생절차의 목적을 충분히 달성하지 못할 우려가 있는 특별한 사정이 있는 때에는 법원은 이해관계인의 신청 또는 직권으로 개시여부에 대한 결정시까지 포괄적으로 모든 개인회생채권자 및 개인회생담보권자에 대하여 개인회생채권 또는 개인회생담보권에 기한 강제집행, 가압류·가처분, 담보권실행을 위한 경매의 금지를 명하는 포괄적 금지명령을 내릴 수 있으며(593조 5항, 준용 45조, 46조, 47조), 이러한 포괄적 금지명령이 내려지면 개인회생채무자의 재산에 대하여 이미 실행된 개인회생채권 또는 개인회생담보권에 기한 강제집행 등도 중지되도록 하고 있다(45조 3항). 포괄적 금지명령이 내려지면 양도담보권의 실행행위도 마찬가지로 금지·중지된다고 해석된다(대판 2011.5.26. 2009다90146).[351)]

나. 변제계획인가시 최저변제액 제공 원칙 도입

통합도산법에서는 개인회생채무자가 제출한 변제계획에 대하여 개인회생채권자 또는 회생위원이 이의를 진술한 때에는 최저변제액을 제공해야만 변제계획에 대한 인가결정을 할

351) 채무자 회생 및 파산에 관한 법률 제141조 제1항은 양도담보권도 회생담보권에 포함되는 것으로 규정하고 있으므로, 회생절차개시결정의 효력을 규정하고 있는 같은 법 제58조 제2항 제2호의 '회생담보권에 기한 강제집행 등'에는 양도담보권 실행행위도 포함되고, 같은 법 제45조 제1항, 제3항에 의한 포괄적 금지명령은 회생절차개시 신청에 대한 결정이 있을 때까지 모든 회생채권자 및 회생담보권자에게 회생채권 및 회생담보권에 기한 강제집행 등의 금지를 명하는 것이므로, 포괄적 금지명령에 의해 금지되거나 중지되는 '회생담보권에 기한 강제집행 등'에는 양도담보권 실행행위도 포함된다고 해석해야 한다(대판 2011.5.26. 2009다90146).

수 있도록 하였다(614조 2항). 즉 변제계획인가결정일을 기준으로 평가한 개인회생채권의 총금액이 5,000만원 미만인 경우에는 총금액의 5%(단, 3,000만원이 상한선), 5,000만원 이상인 경우에는 총금액의 3%에 100만원을 더한 금액(단, 3,000만원이 상한선) 이상의 변제계획의 내용을 담은 변제계획안이어야만 변제계획인가결정을 할 수 있다는 것이다. 예컨대, 변제계획인가결정일을 기준으로 하여 개인회생채권의 총금액이 5,000만원이라 할 경우, 변제계획인가결정일을 기준으로 산정된 개인회생채무자의 총변제예정액의 현재가치가 250만원 이상이 되어야만 변제계획인가결정을 할 수 있다는 것이다.

다. 개인회생재단에 속하는 재산범위의 축소

종전의 개인채무자회생법에서는 민사집행법 제246조(압류금지채권) 제1항 제4호의 채권, 즉 급료·연금·봉급·상여금·퇴직연금·기타 이와 유사한 급여채권의 1/2(단, 생계비에 따른 대통령령에 의한 상한·하한의 제한이 있음)과 제5호의 채권, 즉 퇴직금 기타 이와 유사한 급여채권의 1/2에 대하여는 민사집행법상 압류금지채권인데도 불구하고 이를 모두 개인회생재단에 속하는 것으로 함으로써 월급 및 퇴직금 전액이 개인회생재단에 속하도록 하였으나(개인채무자회생법 25조 1항 단서), 통합도산법에서는 압류금지채권 모두를 개인회생재단에서 제외하도록 하여 개인회생채무자를 보호하고 있다(580조 3항, 383조).

라. 전부명령에 대한 특칙 제정

통합도산법에서는 개인회생절차개시 전에 확정된 채무자의 급료·연금·봉급·상여금·기타 이와 유사한 급여채권에 대한 전부명령은 변제계획인가결정 후의 노무로 인한 부분에 대하여는 그 효력이 상실되도록 하되(616조 1항), 이러한 변제계획인가결정으로 인하여 전부채권자가 변제받지 못하게 되는 채권액은 개인회생채권이 되도록 하였다(616조 2항).

한편 통합도산법에서는 채권압류 및 전부명령이 개인회생절차개시 후에 신청되었거나,[352] 개인회생절차개시 전에 신청하였지만 개인회생절차개시 후에 이르러 확정된 경우와 관련해서는 특별한 규정을 두고 있지 않는데, 이와 같은 경우에는 해당 개인회생절차개시결정의 효력으로 압류명령이 중지되고(600조 1항 2호), 그 중지된 압류명령은 변제계획인가결정으로 효력이 상실되며(615조 3항), 압류명령의 효력이 상실됨에 따라 전부명령도 효력이 상실될 것

352) 개인회생절차가 개시된 후에 채권압류 및 전부명령이 내려진 경우에는 해당 채권압류 및 전부명령은 무효로 되고, 따라서 집행법원은 이를 채무자나 제3채무자에게 송달해서는 안되며, 설령 집행법원이 개인회생절차개시 사실을 간과하고 채권압류 및 전부명령을 채무자 및 제3채무자에게 송달함으로써 즉시항고의 기간이 도과되었다고 하더라도 그 효력을 발생할 수 없게 된다.

이므로 굳이 특별한 규정을 두고 있지 않은 것으로 보인다. 물론 전부명령이 제3채무자 및 채무자에게 송달된 후에 개인회생절차가 개시되었고 아직 즉시항고의 기간이 도과하기 전이라면 채무자의 즉시항고의 제기가 가능함은 물론이다.[353)]

그리고 개인회생재단에 속하는 채권에 대하여 내려진 압류 및 전부명령이 아직 확정되지 않은 상태에서, 채무자에 대하여 개인회생절차가 개시되고, 이를 이유로 위 압류 및 전부명령에 대하여 즉시항고가 제기되었다면, 항고법원은 항고에 관한 재판을 정지하였다가 변제계획이 인가된 경우 압류 및 전부명령이 효력이 발생하지 않게 되었거나 그 효력이 상실되었음을 이유로 압류 및 전부명령을 취소하고 해당 압류 및 전부명령신청을 기각해야 할 것이다(대판 2009.9.24. 2009마1300,[354)] 2011.4.20. 2011마3[355)]). 또한 애당초 신청된 개인회생절차가 그 취하 등

---

353) 압류 및 전부명령이 제3채무자 및 채무자에게 송달된 후에 개인회생절차가 개시된 경우에는 해당 개인회생절차개시결정의 효력으로 압류의 효력이 중지되기는 하지만, 중지의 효력이 항고기간의 진행을 정지시키는 것이 아니어서 전부명령의 확정을 차단할 수 없으므로 즉시항고를 제기할 실익이 있는 것이다(도산절차와 소송 및 집행절차, 서울중앙지방법원 파산부, 143p).

354) 채권자목록에 기재된 개인회생채권에 기하여 개인회생재단에 속하는 재산에 대하여 이미 계속 중인 강제집행, 가압류 또는 가처분절차는 개인회생절차가 개시되면 일시적으로 중지되었다가, 변제계획이 인가되면 변제계획 또는 변제계획인가결정에서 다르게 정하지 않는 한 그 효력을 잃는다. 따라서 채권자목록에 기재된 개인회생채권에 기하여 개인회생재단에 속하는 채권에 대하여 내려진 압류 및 전부명령이 아직 확정되지 않은 상태에서, 채무자에 대하여 개인회생절차가 개시되고 이를 이유로 위 압류 및 전부명령에 대하여 즉시항고가 제기되었다면, 항고법원은 다른 이유로 압류 및 전부명령을 취소하는 경우를 제외하고는 항고에 관한 재판을 정지하였다가 변제계획이 인가된 경우 압류 및 전부명령이 효력이 발생하지 않게 되었거나 그 효력이 상실되었음을 이유로 압류 및 전부명령을 취소하고 압류 및 전부명령신청을 기각해야 한다(대판 2008.1.31. 2007마1679 참조). 그리고 애초에 신청한 개인회생절차가 채무자의 개인회생신청 취하 등을 이유로 폐지되었다고 하더라도, 그 압류 및 전부명령에 대한 항고재판 진행 중에 채무자가 새롭게 신청한 개인회생절차가 다시 개시되었다면 변제계획의 인가시까지 그 항고재판을 정지해야 하는 것은 마찬가지이다(대판 2009.9.24. 2009마1300).

355) 채권자목록에 기재된 개인회생채권에 기하여 개인회생재단에 속하는 재산에 대하여 이미 계속중인 강제집행, 가압류 또는 가처분절차는 개인회생절차가 개시되면 일시적으로 중지되었다가, 변제계획이 인가되면 변제계획 또는 변제계획인가결정에서 다르게 정하지 않는 한 그 효력을 잃는다. 따라서 채권자목록에 기재된 개인회생채권에 기하여 개인회생재단에 속하는 채권에 대하여 내려진 압류 및 전부명령이 이에 대한 즉시항고가 제기되어 아직 확정되지 않은 상태에서 채무자에 대하여 개인회생절차가 개시되었다면, 항고법원은 다른 이유로 압류 및 전부명령을 취소하는 경우를 제외하고는 항고에 관한 재판을 정지하였다가 변제계획이 인가된 경우 압류 및 전부명령이 효력이 발생하지 않게 되었거나 그 효력이 상실되었음을 이유로 압류 및 전부명령을 취소하고 압류 및 전부명령신청을 기각해야 한다(대판 2008.1.31. 2007마1679 참조). 그리고 채무자는 채권압류 및 전부명령 확정 전까지 민사집행법 제49조 제2호의 서류를 제출할 수 있으므로(대판 1999.8.27. 99마117·118 참조), 재항고심 계속 중 채무자가 「채무자 회생 및 파산에 관한 법률」 제593조 제1항 소정의 중지명령을 받은 경우, 재항고법원으로서는 채권압류 및 전부명령의 청구채권이 개인회생절차의 채권자목록에 기재된 개인회생채권에 해당하는지 여부 등을 심리하게 하기 위해 원심재판을 파기환송할 수 있다고 봄이 상당하다. 기록에 의하면, 채권자는 재항고인에 대한 집행력 있는 약속어음 공정증서 정본에 기하여 수원지법 여주지원 2010타채3271호로 이 사건 채권압류 및 전부명령을 신청하였고, 제1심법원의 사법보좌관은 2010. 10. 6. 위 신청을 인용하였는데, 채무자가 위 결정에 대하여 즉시항고를 제기하자 제1심법원은 2010. 11.

의 사유로 폐지되었다고 하더라도, 압류 및 전부명령에 대한 항고재판 진행 중에 채무자가 새롭게 신청한 개인회생절차가 다시 개시되었다면 변제계획인가시까지 그 항고재판을 정지해야 할 것이다(대판 2009.9.24. 2009마1300, 2011.9.29. 2010마1076).

마. 개인회생절차개시신청에 대한 기각·폐지 후에도 재신청이 가능하도록 개정

종전의 개인채무자회생법에서는 채무자가 신청일 전 5년 이내에 개인회생절차 개시신청이 기각되거나 개인회생절차의 폐지결정을 받은 사실이 있는 때에는 개인회생절차개시신청을 기각할 수 있도록 되어 있었으나(개인채무자회생법 55조 5호), 통합도산법에서는 이러한 규정을 삭제하였다. 따라서 개인회생절차개시신청이 기각되거나 개인회생절차가 폐지된 경우라도 기간의 제한이나 횟수 제한 없이 얼마든지 재차 개인회생을 신청할 수 있다. 다만 기각 또는 폐지사유를 치유하지 않거나 사정변경이 없음에도 불구하고 다시 그대로 재신청한 경우에는 또다시 기각되거나 폐지될 가능성이 클 것이다.

바. 면책받은 후 재신청할 수 없는 기간을 10년에서 5년으로 단축

종전의 개인채무자회생법에서는 채무자가 신청일전 10년 이내에 면책(파산면책 포함)을 받은 사실이 있는 때에는 개인회생절차개시신청을 기각할 수 있도록 하였으나(개인채무자회생법 55조 6호), 통합도산법에서는 그 기간을 5년으로 단축하여 5년 이내에 면책받은 사실이 없으면 개인회생신청을 할 수 있도록 하였다(595조 5호).

사. 변제기간의 단축

종전의 개인채무자회생법에서는 변제계획에서 정하는 변제기간이 변제개시일로부터 8년을 초과하지 않도록 하였으나(개인채무자회생법 71조 5항), 통합도산법의 제정 초기에는 변제기간의 최장기간을 5년으로 단축하였고, 그 후 2018. 6. 13.부터는 변제개시일부터 3년을 초과하지 못하도록 하되, 특별한 사정이 있는 때에는 5년까지 연장할 수 있도록 하였다(611조 5항).

---

18. 위 사법보좌관의 처분을 인가하였고, 원심은 2010. 12. 6. 재항고인의 항고를 기각한 사실, 재항고인은 위 항고기각 결정에 대하여 재항고를 제기하는 한편 2010. 12. 14. 수원지법 2010개회45204호 개인회생 사건에 관하여 이 사건 채권압류 및 전부명령 절차를 중지하는 결정을 받은 사실을 알 수 있다. 위와 같은 사실관계에서 법원이 이 사건 채권압류 및 전부명령을 취소하고 압류 및 전부명령신청을 기각할 것인지 여부를 판단하기 위해서는 그에 앞서 이 사건 채권압류 및 전부명령의 청구채권이 재항고인에 대한 위 개인회생절차의 채권자목록에 기재된 개인회생채권에 해당하는지 여부 등에 대한 심리가 필요하다고 인정된다. 그러므로 원심결정을 파기하고, 사건을 다시 심리·판단하게 하기 위해 원심법원에 환송하기로 한다(대판 2011.4.20. 2011마3).

변제기간을 원칙적으로 3년으로 하도록 단축한 것은 개인회생제도의 도입 취지에 맞게 회생가능한 채무자들을 조속히 생산활동에 복귀시키고자 하는데 그 취지가 있다고 본다(대결 2019.3.19. 2018마6364).

아. 개인회생절차에서 면책받은 채무자에 대한 추심행위금지 규정 도입

통합도산법에서는 개인회생절차에서 면책을 받은 개인채무자에 대하여 그 면책된 사실을 알면서도 면책된 채권에 기하여 강제집행이나 가압류·가처분의 방법으로 추심행위를 한 자에 대하여 500만원 이하의 과태료에 처하도록 함으로써 개인회생을 통하여 면책을 받은 채무자에 대한 추심행위를 금지하고 있다(660조 3항).

자. 개인회생절차 중 취업의 제한 또는 해고 등 불이익한 처우금지

통합도산법에서는 채무자가 개인회생절차 중에 있다는 이유로 정당한 사유 없이 취업의 제한 또는 해고 등 불이익한 처우를 받지 않도록 하는 규정을 신설하였다(32조의2).

2. 개인회생절차상 중요제도

가. 개인회생재단

개인회생절차개시결정이 이루어지면 개인회생재단이 구성되는데, 여기에는 ① 개인회생절차개시결정 당시 채무자가 가진 모든 재산과, ② 채무자가 개인회생절차개시결정 전에 생긴 원인으로 장래에 행사할 청구권, ③ 개인회생절차진행 중에 채무자가 취득한 재산 및 소득이 모두 편입된다(580조 1항). 다만 압류금지재산(재단제외채권)과 면제재산[356]은 개인회생재단에 편입되지 않는다(580조 3항, 383조). 개인회생재단에 편입되는 수입과 재산의 구체적 내역과 평가는 회생위원이 조사하여 파악한다.

그리고 개인회생절차에서는 파산절차와 달리, 인가된 변제계획에서 다르게 정한 때를 제외하고는, 채무자가 이러한 개인회생재단을 관리하고 처분할 권한을 가진다(580조 2항).

개인회생재단의 의미는 청산가치 평가의 대상이 된다는 점과 강제집행 및 가압류·가처분 등이 중지되는 범위를 결정하는데 작용한다는 점에 있다고 할 것이다. 개인회생재단에 속하는 것을 구체적으로 살펴보면 다음과 같다.

---

356) 면제재산이란 주거용 건물에 관한 임차보증금반환청구권 중 일정액 및 6개월간의 생계비에 사용할 특정한 재산을 말한다(580조 3항, 383조 1항, 2항).

1) 개인회생개시결정 당시의 채무자의 재산과 개시결정 전의 원인으로 생긴 장래의 청구권

개인회생절차개시결정 당시 채무자가 가진 모든 재산과 채무자가 개인회생절차개시결정 전에 생긴 원인으로 장래에 행사할 청구권은 개인회생재단에 편입된다(580조 1항 1호). 다만 압류할 수 없는 재산은 개인회생재단에서 제외된다(580조 3항, 383조 1항).

또한 면제재산결정된 재산도 개인회생재단에 제외된다. 즉 법원은 개인인 채무자의 신청에 의하여 ① 채무자 또는 그 피부양자의 주거용으로 사용되고 있는 건물에 관한 임차보증금 반환청구권으로서 주택임대차보호법 제8조(보증금중 일정액의 보호)의 규정에 의해 우선변제를 받을 수 있는 금액의 범위 안에서 대통령령이 정하는 금액을 초과하지 않는 부분과, ② 채무자 및 그 피부양자의 생활에 필요한 6월간의 생계비에 사용할 특정한 재산으로서 대통령령이 정하는 금액을 초과하지 않는 부분 중 어느 하나에 해당하는 재산에 대하여 면제재산결정을 내릴 수 있는데, 이러한 면제재산결정이 이루어지면 해당 면제재산은 개인회생재단에서 제외되는 것이다(면제재산제도, 580조 3항, 383조 2항).[357]

2) 개인회생절차진행 중에 채무자가 취득한 재산 및 소득

개인회생절차진행 중에 채무자가 취득한 재산 및 소득도 개인회생재단에 편입된다(580조 1항 2호). 따라서 개인회생절차개시결정 이후 개인회생절차에 따른 변제기간 동안 채무자가 얻게 될 것으로 예상된 급여 등 장래 수입이나 재산도 개인회생재단에 속하게 되고 이러한 수입과 재산도 포함시켜 변제의 기초로 삼게 되는 것이다.

나. 개인회생채권과 개인회생재단채권

1) 개인회생채권

가) 개인회생채권의 의의

채권자가 채무자에 대하여 개인회생절차개시결정 전의 원인으로 생긴 재산상의 청구

357) 이러한 면제재산신청을 하려면 개인회생신청일 이후 개인회생절차개시결정 후 14일 이내에 면제재산목록 및 소명에 필요한 자료를 첨부한 서면으로 해야 하며(580조 3항, 383조 3항), 법원은 개인회생절차개시결정 전에 면제재산신청이 있는 경우에는 개인회생절차개시결정과 동시에, 개인회생절차개시결정 후에 면제재산신청이 있는 경우에는 신청일부터 14일 이내에 면제여부 및 그 범위를 결정해야 한다(580조 3항, 383조 4항). 법원은 개인회생절차개시결정 전에 면제신청이 있는 경우 채무자의 신청 또는 직권으로 개인회생절차개시결정이 있을 때까지 면제재산에 대하여 개인회생채권에 기한 강제집행, 가압류 또는 가처분의 중지 또는 금지를 명할 수 있는 바(580조 3항, 383조 8항), 면제재산결정이 확정된 때에는 위 중지된 절차는 그 효력을 잃게 된다(580조 3항, 383조 9항). 이 점에서 개인파산절차의 경우 면제재산결정된 재산에 대하여 면책신청을 할 수 있는 기한(556조 1항)까지 파산채권에 기한 강제집행, 가압류 또는 가처분을 할 수 없도록 하는 것과 구별된다(383조 10항).

권(기한부·조건부 채권 및 장래의 구상권 포함)과 그밖에 후순위 개인회생채권으로서 개시결정 후의 이자, 개시결정 후의 불이행으로 인한 손해배상액 및 위약금, 개인회생절차참가비용, 벌금, 과료, 형사소송비용, 추징금 및 과태료 등을 개인회생채권이라 하는데(581조 1항, 2항, 446조), 이러한 개인회생채권 중 개인회생채권자목록에 기재된 개인회생채권에 관하여는 변제계획에 의하지 않고는 변제하거나 변제받는 등 이를 소멸하게 하는 행위(단, 면제행위 제외)를 하지 못한다(582조). 즉, 채무자가 개인회생을 신청하여 개시결정을 받은 경우에 있어서 그 개시결정 전에 해당 채무자에 대하여 채권을 가지고 있는 채권자 중 개인회생신청서상의 채권자목록에 기재된 개인회생채권자는 개인회생절차상의 변제계획에 따라 매월 일정액(대부분 원금의 일부)을 변제받는 행위 외에는 채무자의 재산에 대한 경매 등 다른 절차를 통하여 변제받을 수 없고, 채무자도 다른 절차를 통하여 변제할 수 없다는 것이다.

개인회생채권의 산정 및 평가 등에 관하여는 개인파산절차가 준용된다(581조 2항).

한편 채무자의 고의 또는 과실로 채권자목록에 기재되지 않고 누락된 개인회생채권자는 개인회생절차가 진행 중인 경우에는 강제집행 등을 통하여 채권을 회수할 수 없으나,[358] 채무자가 변제계획을 완료함으로써 채무를 면책받은 이후에는 그 채권 전액(이자 포함)을 가지고 채무자에 대하여 청구할 수 있다.

나) 개인회생채권에 해당되는 채권

(1) 개인회생절차개시결정 전의 원인으로 생긴 재산상의 청구권

채무자에 대하여 개인회생절차개시결정 전의 원인으로 생긴 재산상의 청구권은 개인회생채권으로 한다(581조 1항). 개인회생절차개시결정 후의 원인으로 생긴 청구권은 예외적인 경우를 제외하고는 개인회생채권에 해당되지 않는다. 개인회생채권은 채무자에 대한 인적 청구이어야 하므로 담보물권이나 소유권에 기한 물권적 청구권, 특허권 기타의 무체재산권에 기한 물권적 청구권 유사의 청구권 등은 별제권 내지 환취권의 대상으로 될 뿐 개인회생채권에 해당되지 않는다. 다만 담보물권의 경우와 같이 별제권부 채권의 경우에는 별제권의 행사에 의해 변제받을 수 없는 나머지 채권액에 대하여는 개인회생채권으로 된다.[359]

---

358) 다만 개인회생절차가 진행 중인 도중에도 소의 제기는 가능하다.

359) 따라서 변제계획안 작성시 아직 행사되지 않은 별제권이 있는 경우에는 별제권의 목적물의 평가액을 초과하는 피담보채권액(예정부족액)을 일응 개인회생채권액으로 보고 이를 기초로 하여 변제계획안을 작성해야 하며, 회생위원은 변제계획이 인가된 후 별제권자가 별제권의 행사에 의해 변제받을 수 없는 잔여채권액이 확정될 때까지 채무자가 임치한 금원 중 별제권 예정부족액에 상응하는 변제금액의 지급을 유보해 두어야 한다.

그리고 개인회생채권과 관련하여, 개인파산절차에서 살펴본 기한부채권의 변제기도래(425조), 비금전채권 등의 파산채권액(426조), 조건부채권 등의 파산채권액(427조), 전부의 채무를 이행할 의무를 지는 자가 파산한 경우의 파산채권액(428조), 보증인이 파산한 경우의 파산채권액(429조), 장래의 구상권자(430조), 여럿이 일부보증을 한 때의 채권액(431조), 무한책임사원의 파산(432조), 유한책임사원의 파산(433조), 파산절차가의 비용(439조), 우선권의 기간계산(442조), 후순위파산채권(446조)의 규정은 개인회생채권에 관하여 준용하며(581조 2항), 이 경우 '파산선고'는 '개인회생절차개시결정'으로, '파산재단'은 '개인회생재단'으로, '파산채권'은 '개인회생채권'으로, '파산채권자'는 '개인회생채권자'로, '파산채권액'은 '개인회생채권액'으로, '파산절차'는 '개인회생절차'로 본다(581조 2항).

따라서 기한부채권은 개인회생절차개시결정시에 변제기에 이른 것으로 보며(425조), 외국통화채권은 개인회생절차개시결정 당시의 외환시세에 따라 내국통화로 환산한 액이 개인회생채권이 되고(426조 1항), 조건부채권은 조건 없는 채권과 동일하게 취급된다(427조 1항). 그리고 채권액 및 존속기간이 확정된 정기금채권의 경우에는 정기금의 합계액이 개인회생채권액이 되고, 채권액 또는 존속기간이 확정되어 있지 않은 경우에는 개인회생절차개시결정시의 평가액이 개인회생채권액이 된다(426조 1항, 2항).

(2) 개인회생절차개시결정 후에 발생한 개인회생채권

개인회생절차개시결정 후에 발생한 채권이라도 개인회생채권에 해당되는 것이 있다. 즉, 개인회생절차개시결정 후의 이자, 개인회생절차개시결정 후의 불이행으로 인한 손해배상액 및 위약금, 개인회생절차참가비용, 벌금·과료·형사소송비용·추징금 및 과태료 등이 여기에 해당된다(581조 2항, 446조 1항). 이는 모두 후순위 개인회생채권에 해당된다(581조 2항, 446조 2항).

다) 개인회생채권의 종류

(1) 의 의

개인회생채권은 평등한 것이 원칙이다. 그러나 통합도산법에서는 채권의 성질 등에 따라 개인회생채권을 나누어 일반 개인회생채권보다 우선적 지위를 갖는 우선적 개인회생채권, 통상의 일반 개인회생채권, 일반 개인회생채권보다 열후한 지위를 갖는 후순위 개인회생채권으로 구별하고, 변제순위 등에 있어서 각각 다른 지위를 부여하고 있다.

(2) '일반의 우선권 있는 개인회생채권'

일반 개인회생채권보다 '일반의 우선권 있는 개인회생채권'으로는 개인회생절차개시 결정 전에 성립한 것으로서 국세징수법 또는 국세징수의 예에 의해 징수할 수 있는 청구권(국세, 지방세 등 지방자치단체의 징수금, 관세 및 가산금, 건강보험료, 산업재해보상보험금 등)[360]이 있다. 파산절차에서 파산선고 전의 원인에 기하여 발생한 조세채권을 재단채권으로 규정(473조 2호, 475조)한 것과 달리 개인회생절차에서는 조세채권을 개인회생재단채권으로 규정하지 않고 '일반의 우선권 있는 개인회생채권'으로 규정함으로서 개인회생채권자를 보호하고 있다. 물론 개인회생절차개시 당시 아직 납부기한이 도래하지 않은 원천징수할 조세 등에는 여전히 개인회생재단채권의 지위를 부여하고 있기는 하다(583조 1항 2호).

주택·상가건물임대차보호법상 우선변제금액과 최우선변제금액은 일반 개인회생채권보다 우월적 지위를 가지기는 하지만(586조, 415조 1항, 2항, 3항), 이는 개인회생재단 일반으로부터 우선권이 인정되는 것이 아니라 해당 주택 또는 상가건물의 환가대금으로부터만 우선권을 가지는 것이어서 별제권부 채권과 유사하므로 '일반의 우선권 있는 개인회생채권'으로 취급되기보다는 준별제권으로서 취급되어야 할 것으로 보인다.[361]

'일반의 우선권 있는 개인회생채권'도 개인회생채권의 일종이므로 개인회생채권에 관한 일반원칙이 적용된다. 다만 '일반의 우선권 있는 개인회생채권'에 대하여는 변제계획 작성시 그 전액의 변제에 관한 사항을 정해야 할 것이다(611조 1항 2호).

환경개선부담금이나 식품위생법상 과징금, 국유재산대부료 등과 같이 국세 또는 지방세 체납처분의 예에 따라 징수할 수 있는 채권은 해당 법률에서 자력집행권이 있음을 규정한 것에 불과하다고 보므로 '일반의 우선권 있는 개인회생채권'으로 취급되어서는 안되고, 각 채권의 성질에 따라 행정법상 의무위반이나 불이행에 대한 제재로서의 성격을 가진 것은 후순위 회생채권(581조 2항, 446조 1항 4호)으로, 그밖의 것은 일반 회생채권으로 취급하는 것이 타당하다고 본다.[362]

---

360) 조세 등의 청구권과 관련하여, 개인회생절차개시 당시 아직 납부기한이 도래하지 않은 것으로서 국세징수법 또는 지방세기본법에 의해 징수할 수 있는 다음 각호 즉 ① 원천징수하는 조세, ② 부가가치세·개별소비세·주세 및 교통·에너지·환경세, ③ 특별징수의무자가 징수하여 납부해야 하는 지방세, ④ 위 ①~③의 규정에 의한 조세의 부과·징수의 예에 따라 부과·징수하는 교육세 및 농어촌특별세는 개인회생재단채권임을 주의해야 한다(583조 1항 2호).

361) 서울회생법원, 제5판 개인파산·회생실무, 574~575p.

362) 서울회생법원, 제5판 개인파산·회생실무, 575p.

(3) 일반 개인회생채권

일반 개인회생채권은 개인회생채권의 대부분을 차지하고 있는 것으로서 개인회생채권 중 '일반의 우선권 있는 개인회생채권'과 후순위개인회생채권을 제외한 그밖의 개인회생채권을 말한다.

(4) 후순위 개인회생채권

일반 개인회생채권에 비하여 열후한 지위에 있는 후순위 개인회생채권에 속하는 것으로는 통합도산법 제581조 제2항(446조 준용)에 규정되어 있는데, ① 개인회생절차개시결정 후의 이자(446조 1항 1호), ② 개인회생절차개시결정 후의 불이행으로 인한 손해배상액 및 위약금(446조 1항 2호), ③ 개인회생절차 참가비용(446조 1항 3호), ④ 벌금·과료·형사소송비용·추징금 및 과태료(446조 1항 4호), ⑤ 기한이 개인회생절차개시결정 후에 도래하는 무이자채권의 개인회생절차개시결정시로부터 기한까지의 중간이자(446조 1항 5호), ⑥ 불확정기한부 무이자채권의 채권액과 평가액과의 차액(446조 1항 6호), ⑦ 채권액 및 존속기간이 확정된 정기금채권인 경우 각 정기금에 관하여 개인회생절차개시결정시부터 각 정기금의 변제기에 이르기까지의 중간이자의 합계액에 상당하는 부분(446조 1항 7호), ⑧ 채무자가 채권자와 개인회생절차에서 다른 채권보다 후순위로 하기로 정한 채권(446조 2항)이 여기에 해당된다. 이러한 후순위 개인회생채권은 변제계획상 '일반의 우선권 있는 개인회생채권' 및 일반의 개인회생채권이 전액 변제되고 난 후에 변제되는 것으로 작성되어야 한다. 그러나 실무상 일반의 개인회생채권도 전액 변제되는 것으로 작성한 변제계획 사례는 거의 없기 때문에 후순위 개인회생채권이 변제되는 내용으로 작성한 변제계획은 거의 전무하다고 할 것이다.

라) 개인회생채권의 특징

(1) 개인회생채권의 개별적 행사 및 변제의 금지

개인회생채권자목록에 기재된 개인회생채권에 관하여는 변제계획에 의하지 않고는 변제하거나 변제받는 등 이를 소멸하게 하는 행위(난, 면제행위 제외)를 하지 못한다(582조).

(2) 강제집행 및 보전처분 등의 중지·금지

개인회생절차개시결정이 있으면 동일한 채무자에 대하여 회생절차 또는 개인파산절차를 신청할 수 없고, 이미 진행 중인 회생절차나 개인파산절차는 중지된다(600조 1항 1호). 또한 개인회생채권자목록에 기재된 개인회생채권에 기하여는 개인회생재단에 속하는 재산에 대하여 새로이 강제집행, 가압류·가처분, 국세징수법 또는 지방세기본법에 의한 체납처분 등을 신청할 수 없고, 개인회생채권자목록에 기재된 개인회생채권에 기하여 이미 행하여진 강제집행, 가압류·가처분, 체납처분은 중지 또는 금지된다(600조 1항 2호, 4호).

(3) 변제계획에 따른 변제 후 잔여 개인회생채권에 대한 면책

채무자가 변제계획에 따라 개인회생채권자목록에 기재된 개인회생채권을 변제완료한 후[363] 면책신청을 하여 면책결정이 이루어지면 개인회생채권은 원칙적으로 면책된다(624조 1항).[364] 여기에서 면책된다는 의미는 채무는 존재하지만 책임이 소멸하여 자연채무화된다는 것이다. 따라서 개인회생채권은 소제기의 권능 및 집행력이 상실되고 단순히 채무자에 대하여 임의의 변제를 청구할 수 있는 권능 및 이에 따른 변제를 수령할 권능만을 가지게 된다. 개인회생채권자목록에 기재되지 않은 개인회생채권은 면책되지 않는다(625조 2항 1호).

다. 개인회생재단채권

1) 개인회생재단채권의 의의

개인회생재단채권이란 정책적인 사유나 개인회생절차를 수행하기 위해 필요한 비용적 성격을 가진 채권으로서 통합도산법 583조(개인회생재단채권)에 규정된 채무자에 대한 청구권을 말한다. 이는 주로 조세나 임금 등과 같이 정책적인 사유로 국가 세수의 확보나 채권자를 보호하기 위한 채권이거나 개인회생절차를 위한 공익적 성격의 비용으로서 주로 개인회생절차개시결정 후의 원인에 의해 발생한 청구권이다. 개인회생재단채권자는 개인회생채권자와 달리 개인회생절차에 의하지 않고 수시로 변제받을 수 있고(583조 2항, 475조), 개인회생채권자보다 우선적으로 변제받게 된다(583조 2항, 476조).

2) 개인회생재단채권에 해당되는 채권(583조 1항)

① 회생위원의 보수 및 비용의 청구권(1호)

② 개인회생절차개시 당시 아직 납부기한이 도래하지 않은 국세징수법·지방세기본법에

363) 변제계획은 원칙적으로 변제계획 인가일로부터 1월 이내에 변제를 시작하여 정기적으로 변제하는 내용을 포함해야 하고, 변제기간은 변제개시일로부터 3년 이내를 원칙으로 하되, 특별한 사정이 있는 때에는 5년까지 연장할 수 있다(611조 4항, 5항).

364) 물론 법원은 채무자가 변제계획에 따른 변제를 완료하지 못한 경우에도 ① 채무자가 책임질 수 없는 사유로 인하여 변제를 완료하지 못하였을 것, ② 개인회생채권자가 면책결정일까지 변제받은 금액이 채무자가 파산절차를 신청한 경우 파산절차에서 배당받을 금액보다 적지 않을 것, ③ 변제계획의 변경이 불가능할 것의 요건이 모두 충족되는 때에는 이해관계인의 의견을 들은 후 면책의 결정을 할 수 있다(624조 2항).

의해 징수할 수 있는 다음의 청구권(2호), 즉 ㉮ 원천징수하는 조세, ㉯ 부가가치세·개별소비세·주세 및 교통·에너지·환경세, ㉰ 특별징수의무자가 징수하여 납부해야 하는 지방세, ㉱ 위 ㉮항~㉰항의 규정에 의한 조세의 부과·징수의 예에 따라 부과·징수하는 교육세 및 농어촌특별세

③ 채무자의 근로자의 임금·퇴직금 및 재해보상금(3호)

④ 개인회생절차개시결정 전의 원인으로 생긴 채무자의 근로자의 임치금 및 신원보증금의 반환청구권(4호)

⑤ 채무자가 개인회생절차개시신청 후 개시결정 전에 법원의 허가를 받아 행한 자금의 차입, 자재의 구입 그밖에 채무자의 사업을 계속하는데 불가결한 행위로 인하여 생긴 청구권(5호)

⑥ 위 ①항~⑤항에 규정된 것 외의 것으로서 채무자를 위해 지출해야 하는 부득이한 비용(6호)

3) 개인회생재단채권의 변제

개인회생재단채권은 개인회생절차에 의하지 않고 수시로 변제해야 한다(583조 2항, 475조). 따라서 채무자는 개인회생재단채권에 대하여 해당 개인회생재단채권의 변제기에 따라 수시로 변제해야 하며, 이를 해태할 경우 강제집행을 당할 수도 있고 이로 인하여 변제계획의 수행이 불가능하여 개인회생절차가 폐지될 수도 있다(621조 1항). 그리고 개인회생재단채권은 개인회생채권보다 먼저 변제해야 한다(583조 2항, 476조). 즉 채무자는 별제권에 의해 담보된 재산을 제외한 채무자의 일반 재산으로부터 개인회생채권보다 우선하여 개인회생재단채권을 변제해야 하는 것이다. 또한 변제계획을 작성할 경우에도 개인회생재단채권은 그 전액을 개인회생채권에 대한 변제개시일 전에 변제하는 내용으로 작성해야 한다(611조 1항 2호).

한편 파산절차에서와는 달리 개인회생절차에서는 채무자가 재단채권의 변제를 해태한 경우 개인회생재단채권에 기하여 채무자의 일반 재산에 대한 강제집행 또는 가압류가 가능하다(593조 1항 2호의 반대해석상 근거).

라. 압류금지재산과 면제재산제도

1) 의 의

통합도산법상 개인회생재단에는 압류금지 재산의 전부와 채무자의 신청으로 법원이 면제재산으로 결정한 재산은 제외된다. 원칙적으로 개인회생절차에서는 변제계획 작성시 청산가치 이상이 보장되도록 변제계획을 작성하여야 인가를 받을 수 있는데, 이러한 압류금지재

산과 면제재산은 청산가치 산정에서 제외되는 것이다.

2) 압류금지재산

압류금지재산에는 민사집행법상의 압류금지채권(동법 246조 1항) 및 압류금지물건(동법 195조)과 특별법상의 압류금지물건 등이 있다. 이는 개인파산절차편에서 살펴본 바와 같다. 개인회생재단에 속하지 않은 압류금지재산이 있는 때에는 채무자는 개인회생절차개시신청과 동시에 그 재산목록을 제출해야 한다. 참고로 주택임대차보호법상 소액임차인의 우선변제권과 관련하여 동법 시행령상의 최우선변제 요건을 충족한 경우에는 최우선변제금액 전액이 재단제외재산(383조 1항)으로 되어 개인회생재단에서 제외될 것이지만, 그 요건을 충족하지 못한 경우에는 면제재산신청에 의한 법원의 면제재산결정으로 소정의 임차보증금[365)]을 개인회생재단채권에서 제외하는 절차를 거쳐야 할 것이다.

3) 면제재산

가) 면제재산제도의 실익

면제재산제도는 변제계획안의 작성과 관련된다. 즉 변제계획안은 청산가치 이상으로 작성해야 하는데, 면제재산을 신청하여 그 결정을 받게 되면 해당 면제재산은 청산가치 산정의 기초가 되는 재산에서 공제되기 때문에 그만큼 변제예정액 작성의 부담도 줄어들게 된다.[366)] 여기에 면제재산제도의 실익이 있는 것이다.

나) 면제재산의 대상

통합도산법상 개인회생재단에는 압류금지 재산의 전부와 채무자의 신청으로 법원이 면제재산으로 결정한 재산, 즉 ① 주택임대차보호법 제8조에 의한 주택임차인의 최우선변제금액의 범위 안에서 대통령령이 정하는 금액을 초과하지 않은 부분[367)]과 ② 6개월간의 생계비에 사용할 특정한 재산(예, 유체동산, 자동차, 보험해약금, 예금 등)으로써 대통령령이 정하는 금액을 초과하지 않는 부분 중 어느 하나에 해당되는 재산은 제외된다(580조 3항, 383조). 법 문언

---

365) 여기에서 소정의 임차보증금이란 주택임대차보호법 시행령 제3조 제1항에서 정한 금액을 말하는데, 현재를 기준으로 본다면 주택가격의 1/2을 초과하지 않은 범위 내에서 서울은 5,000만원까지, 과밀억제권역·세종시·용인시·화성시·김포시는 4,300만원까지, 광역시(과밀억제권역 및 군지역 제외)·안산시·광주시(경기도)·파주시·이천시·평택시는 2,300만원까지, 그밖의 지역은 2,000만원까지를 말한다(시행령 16조 1항).

366) 서울회생법원, 제5판 개인파산·회생실무, 485p.

367) 다만 민사집행법의 개정(2010. 7. 23. 개정 및 시행)으로 주택임대차보호법상 최우선변제금액(민사집행법 246조 1항 6호, 주택임대차보호법 8조 및 동법 시행령 3조) 부분이 새로이 압류금지대상으로 추가되었다. 따라서 2010. 7. 23.부터는 통합도산법상 위 주택임대차보증금 중 일정액에 대한 면제재산제도는 그 실익이 거의 없어졌다고 보인다.

및 실무상 위 둘을 모두 중복해서 인정하는 것은 허용되지 않고 있는 것으로 보인다.

여기에서 「대통령령으로 정한 금액」이란 위 ① 주택임대차와 관련해서는 주택임대차보호법 시행령 제3조 제1항에서 정한 금액을 말하는데, 현재를 기준으로 본다면 주택가격의 1/2을 초과하지 않은 범위 안에서 서울은 5,000만원까지, 과밀억제권역·세종시·용인시·화성시·김포시는 4,300만원까지, 광역시(과밀억제권역 및 군지역 제외)·안산시·광주시(경기도)·파주시·이천시·평택시는 2,300만원까지, 그밖의 지역은 2,000만원까지이고, 위 ②의 생계비와 관련해서는 1,110만원이다(시행령 16조).[368]

면제재산이 되기 위해는 주택임대차보호법상 소액임차인의 최우선변제권의 요건을 갖추어야 하는지 여부가 문제되는데, 면제재산제도의 취지를 감안하면 위 요건을 갖추지 않은 경우에도 소액임차인에게 보장되는 최우선변제금액 정도는 대항요건의 구비 여부나 임차보증금의 액수 크기와 무관하여 면제재산으로 보장되어야 하는 것이 타당한 점은 앞서 살펴본 바와 같다.[369]

한편 주택임대차보호법상 소액임차인과 관련하여 압류금지의 대상 금액을 초과한 부분에 대하여 이를 6개월간의 생계비에 사용할 특정한 재산으로써 면제재산신청이 가능한지 문제되는데, 통합도산법상 위 둘 중 어느 하나만을 면제재산으로 규정한 취지에 비추어 부정하는 것이 타당하다고 본다.[370]

다) 면제재산의 신청절차와 면제재산결정

면제재산신청은 개인회생절차개시신청일부터 그 개시결정 후 14일 이내까지의 기간 동안에 신청할 수 있다. 면제재산신청을 하려면 신청서 1통, 재산목록으로 (채권자수+3통)을 제출해야 한다. 인지대와 송달료는 납부하지 않아도 된다.

면제재산신청이 있으면 법원은 면제재산신청이 개인회생절차개시결정 전에 있는 경우에는 개인회생절차개시결정과 동시에, 개시결정 이후에 신청이 있는 경우에는 면제재산신청

---

368) 통합도산법 제383조(파산재단에 속하지 않는 재산) "② 법원은 개인인 채무자의 신청에 의해 다음 각호의 어느 하나에 해당하는 재산을 파산재단에서 면제할 수 있다.

1. 채무자 또는 그 피부양자의 주거용으로 사용되고 있는 건물에 관한 임차보증금반환청구권으로서 주택임대차보호법 제8조(보증금중 일정액의 보호)의 규정에 의해 우선변제를 받을 수 있는 금액의 범위 안에서 대통령령이 정하는 금액을 초과하지 않는 부분
2. 채무자 및 그 피부양자의 생활에 필요한 6월간의 생계비에 사용할 특정한 재산으로서 대통령령이 정하는 금액을 초과하지 않는 부분"

369) 서울회생법원, 제5판 개인파산·회생실무, 123p.

370) 서울회생법원, 제5판 개인파산·회생실무, 485p.

일부터 14일 이내에 면제여부 및 그 범위를 결정해야 한다.

면제재산결정이 있으면 법원은 채무자, 알고 있는 채권자에게 결정서를 송달해야 한다(383조 5항). 면제재산결정에 대하여는 즉시항고할 수 있으되, 즉시항고에는 집행정지의 효력이 없다(383조 6항, 7항).

라) 면제재산결정의 효력

개인회생절차개시결정 전에 면제신청이 있는 경우에 법원은 채무자의 신청 또는 직권으로 개인회생절차개시결정이 있을 때까지 면제재산신청된 재산에 대하여 개인회생채권에 기한 강제집행, 가압류 또는 가처분의 중지 또는 금지를 명할 수 있다(580조 3항, 383조 8항). 이후 면제재산결정이 확정된 때에는 그 중지한 절차는 효력을 상실하게 된다(580조 3항, 383조 9항). 면제재산결정된 재산에 대하여는 개인회생채권자목록에 기재된 채권에 한하지 않고 개인회생채권자목록에 기재되지 않아 개인회생절차의 구속을 받지 않은 모든 개인회생채권에 기한 강제집행 등이 개인회생절차의 폐지결정 또는 면책결정이 확정될 때까지 금지된다(580조 4항).

마. 중지·금지명령과 포괄적 금지명령제도

법원은 개인회생절차개시의 신청이 있는 경우 필요하다고 인정하는 때에는 이해관계인의 신청에 의하거나 직권으로 개인회생절차의 개시신청에 대한 결정시까지 일정한 절차 또는 행위의 중지 또는 금지를 명할 수 있다(593조 1항). 여기에서 중지 또는 금지명령의 대상이 되는 일정한 절차 또는 행위란 ① 채무자에 대한 회생절차 또는 파산절차, ② 개인회생채권에 기하여 채무자의 업무 및 재산에 대하여 한 강제집행·가압류 또는 가처분, ③ 채무자의 업무 및 재산에 대한 담보권의 설정 또는 담보권의 실행 등을 위한 경매, ④ 개인회생채권을 변제받거나 변제를 요구하는 일체의 행위(다만, 소송행위 제외), ⑤ 국세징수법 또는 지방세기본법에 의한 체납처분, 국세징수의 예(국세 또는 지방세 체납처분의 예 포함)에 의한 체납처분 또는 조세채무담보를 위해 제공된 물건의 처분을 말한다. 그리고 위 ⑤항에 대한 처분의 중지기간 중에는 시효가 진행하지 않는다(593조 2항). 다만 개인회생절차개시의 신청이 기각되면 그 중지된 절차는 속행된다(593조 3항).

법원은 상당한 이유가 있는 때에는 이해관계인의 신청에 의하거나 직권으로 이미 내려진 중지명령 또는 금지명령을 취소하거나 변경할 수 있다. 다만 이 경우 법원은 담보를 제공하게 할 수도 있다(593조 4항).

한편 이러한 개별적인 중지·금지명령에 의해서는 개인회생절차의 목적을 충분히 달성하지 못할 우려가 있다고 판단되는 경우에는 법원은 이해관계인의 신청이나 직권으로 포괄적 금지명령을 내릴 수도 있다(593조 5항, 45조, 46조, 47조).

바. 부인권·환취권·별제권·상계권

1) 개인파산절차 규정의 준용

개인회생절차에서 부인권, 환취권, 별제권, 상계권은 파산절차에서의 부인권, 환취권, 별제권, 상계권 규정이 각각 준용한다(584조, 585조, 586조, 587조). 따라서 이에 대한 상세한 내용은 「개인파산」 편을 참고하기 바란다. 여기에서는 중요한 몇 가지 중요한 점만 살펴보기로 한다.

2) 부 인 권

부인권이란 개인회생절차개시 전에 채무자가 자신의 재산에 대하여 한 개인회생채권자를 해하는 행위의 효력을 개인회생재단에 대한 관계에 있어서 부인하고 그 일탈된 재산을 개인회생재단으로 회복시키기 위해 행사하는 채무자의 권리를 말한다. 부인권에 대하여는 채무자가 이를 행사하고,[371] 법원은 채권자 또는 회생위원의 신청에 의하거나 직권으로 채무자에게 부인권의 행사를 명할 수 있도록 하고 있다(584조 2항, 3항).

3) 환 취 권

환취권이란 개인회생재단에 속하지 않은 제3자의 득성재산을 채무자가 개인회생재단으로 편입하여 관리하고 있는 경우 그 재산의 실제 소유자인 제3자가 그 재산에 대하여 반환 또는 인도를 구하는 권리를 말한다. 개인회생절차에서의 환취권에 관하여도 개인파산절차에서의 환취권에 관한 규정인 통합도산법 407조~410조의 규정이 준용된다. 한편 동산의 소유권유보부매매는 동산을 매매하여 인도하면서 대금 완납시까지 동산의 소유권을 매도인에게 유보하기로 특약한 것을 말하며, 이러한 내용의 계약은 동산의 매도인이 매매대금을 다 수령할 때까지 대금채권에 대한 담보의 효과를 취득·유지하려는 의도에서 비롯된 것이므로 동산의 소유권유보부매매의 경우 매도인이 유보한 소유권은 담보권의 실질을 가지고 있어 담보목적의 양도와 마찬가지로 매수인에 대한 회생절차에서 회생담보권으로 취급함이 타당하고 매도인은 매매목적물인 동산에 대하여 환취권을 행사할 수 없다고 해야 할 것이다(대판 2014.

---

371) 부인권은 파산절차에서는 파산관재인이, 회생절차에서는 관리인이 행사하지만 개인회생절차에서는 원칙적으로 채무자가 행사한다는 점에서 구별된다.

4.10. 2013다61190).

4) 별 제 권

별제권이란 개인회생재단에 속하는 재산상에 설정되어 있는 유치권, 질권, 저당권, 전세권을 말하는데, 이러한 별제권자는 개인회생절차상의 변제계획에 의하지 않고 그 별제권을 행사함으로써 자신의 채권의 만족을 얻을 수 있고, 한편 그러한 별제권의 행사에 의해 변제받지 못한 채권액에 관하여는 개인회생채권자로서 권리를 행사할 수 있다.

별제권과 관련하여, 별제권 등 담보권의 실행에 있어서 일체의 제한이 없다고 하면 개인회생절차의 진행이 방해받거나 개인회생채권자 일반의 이익에 반할 수 있으므로 통합도산법에서는 일정한 경우 별제권 등 담보권의 실행을 중지·금지시키는 규정을 두고 있다.

즉, ① 법원은 개인회생절차개시의 신청이 있는 경우 필요하다고 인정하는 때에는 이해관계인의 신청에 의하거나 직권으로 개인회생절차의 개시신청에 대한 결정시까지 채무자의 업무 및 재산에 대한 담보권의 실행 등을 위한 경매의 중지 또는 금지를 명할 수 있고(단, 개인회생절차개시신청이 기각된 경우에는 중지된 절차 속행, 593조 1항, 3항), ② 이러한 개별적인 중지·금지명령에 의해서는 개인회생절차의 목적을 충분히 달성하지 못할 우려가 있다고 인정할 만한 특별한 사정이 있는 때에는 이해관계인의 신청에 의하거나 직권으로 개인회생절차개시의 신청에 대한 결정이 있을 때까지 모든 개인회생채권자 및 회생담보권자에 대하여 개인회생채권 또는 개인회생담보권에 기한 강제집행 등의 금지를 명하는 포괄적 금지명령을 내릴 수 있으며(593조 5항, 45조 1항, 3항), ③ 개인회생절차개시결정이 있는 때에는 변제계획의 인가결정일 또는 개인회생절차 폐지결정의 확정일 중 먼저 도래하는 날까지 개인회생재단에 속하는 재산에 대한 담보권의 설정 또는 담보권의 실행 등을 위한 경매는 중지 또는 금지되도록 하고 있다(600조 2항).

요컨대, 별제권으로 담보되어 있는 피담보채권은 변제계획에서 변제되어야 할 대상이 아니고, 담보목적물을 처분하거나 경매가 실행되어 해당 피담보채권의 변제가 예정되어 있는 것이다. 다만 담보물적물을 환가하여도 변제받지 못한 잔존 별제권의 잔액만 개인회생채권으로 되고 채무자의 가용소득에 의해 변제되어야 할 대상이 되는 것이다.

5) 상 계 권

개인회생채권자는 개인회생절차개시결정 당시 채무자에 대하여 채무를 부담하는 때에는 개인회생절차에 의하지 않고 상계할 수 있다(587조, 416조). 상계권의 행사는 개인회생절차 진행 중에도 가능하고, 재판상 및 재판외에서의 의사표시로도 할 수 있다. 개인회생채권자가 임차인인 때에는 파산선고시의 당기 및 차기의 차임에 관하여 상계를 할 수 있지만, 임차보증금이 있는 경우 그 후의 차임에 관하여도 상계가 가능하다(587조, 421조).

상계권의 행사와 관련하여 다음과 같은 경우에는 상계권의 행사가 제한된다(587조, 422조). 즉, ① 개인회생채권자가 개인회생절차개시결정 후에 개인회생재단에 대하여 채무를 부담한 때(422조 1호), ② 개인회생채권자가 지급정지 또는 개인회생절차의 개시신청이 있었음을 알고 채무자에 대하여 채무를 부담한 때(422조 2호), ③ 개인회생절차개시결정을 받은 채무자에 대하여 채무를 부담하는 자가 개인회생절차개시결정 후에 타인으로부터 개인회생채권을 취득한 때(422조 3호), ④ 개인회생절차개시결정을 받은 채무자에 대하여 채무를 부담하는 자가 지급정지 또는 개인회생절차의 개시신청이 있었음을 알고 개인회생채권을 취득한 때(422조 4호)이다.

실무상 적법한 상계가 이루어진 경우에는 채무자로 하여금 상계를 반영하여 채권자목록 및 변제계획안을 수정하도록 해야 할 것이다. 다만 이의기간이 도과되어 개인회생채권이 확정된 경우이거나 변제계획이 인가된 후에 상계가 이루어진 경우에는 개인회생채권자목록을 수정할 수 없으므로 채무자로 하여금 상계 후 부채증명서 등 소명자료와 상계를 반영한 변제예정액표를 제출하게 하여 이를 개인회생채권자표에 반영하고 이에 따라 채권자들에 대한 변제예정액을 수정해야 할 것이다.

사. 개인회생채무자에 대한 주택·상가건물임차인의 보호

1) 준별제권자로서 취급

임대인에 대하여 개인회생절차개시결정이 이루어진 경우 주택임대차보호법상의 대항요건을 갖추고 확정일자를 받은 주택임차인은 개인회생재단에 속하는 주택(대지 포함)의 환가대금에서 후순위권리자 그밖의 채권자보다 우선하여 보증금을 변제받을 권리가 있고, 개인회생개시신청일까지 대항요건을 갖춘 소액임차인의 최우선변제금액에 대하여는 개인회생재단에 속하는 주택(대지 포함)의 환가대금에서 다른 담보물권자보다 우선하여 변제받을 권리가 인정된다(586조, 415조 1항, 2항, 415조 1항, 주택임대차보호법 3조 1항, 8조). 이는 상가건물임대차보호법상 대항요건을 갖추고 확정일자를 받은 상가건물임차인이나 소액임차인의 최우선변제금액의 보장에 관하여도 마찬가지로 준용된다(586조, 415조 3항, 상가건물임대차보호법 3조, 14조). 다만 이러한 임대차보증금 반환청구채권은 임대차목적물의 환가액의 한도 내에서만 우선권이 인정된 것이어서 '일반의 우선권 있는 개인회생채권'으로 취급되기보다는 별제권부 채권과 유사한 성격이 있으므로 별제권에 준하여 취급되고 있다.

2) 면책의 효력이 우선변제권 있는 임대차보증금반환청구채권에 미치는지 여부

판례는 대항요건 및 확정일자를 갖춘 주택 또는 상가건물임차인은 임대차의 목적물인 주택 또는 상가건물(대지 포함)이 경매될 경우 그 환가대금에 대하여 우선변제권을 행사할 수 있도록 하고 있는데, 이는 주택·상가건물임차인의 우선변제권에 대하여 이른바 법정담보물권의 성격을 가지는 것으로 인정하여 주택 또는 상가건물임차인을 보호하고자 하는 취지라고 보이며(대판 2007.6.21. 2004다26133 전원합의체판결), 이를 통합도산법에서 명확히 규정함으로서 주택 또는 상가건물임차인을 개인회생절차에서 별제권자에 준하여 보호하고 있다(586조, 415조).

이와 같이 주택·상가건물임대차보호법상 우선변제권이 인정되는 주택·상가건물임차인은 그 우선변제권의 한도 내에서 경매절차 등에서 개인회생절차에 의하지 않고 자신의 임대차보증금반환청구채권의 만족을 받을 수 있는 것이므로 설령 임대차보증금반환청구채권 전액이 개인회생채권자목록에 기재되었다고 하더라도 임대차보증금반환청구채권 중 우선변제권이 인정되는 부분을 제외한 나머지 채권액만이 개인회생절차의 구속을 받아 변제계획의 변제대상이 되고 면책결정의 효력이 미치는 개인회생채권에 해당하게 될 것이다.

따라서 개인회생절차의 진행 중에 임차주택의 환가가 이루어지지 않아 우선변제권 있는 임차인이 임대차보증금반환청구채권을 변제받지 못한 채 임대인에 대한 면책결정이 확정되어 개인회생절차가 종료되었다고 하더라도 특별한 사정이 없는 한 임차인의 임대차보증금반환청구채권 중 통합도산법상 인정되는 우선변제권의 한도 내에서는 면책이 되지 않는 '개인회생채권자목록에 기재되지 아니한 청구권(625조 2항 1호)'에 해당하여 면책결정의 효력이 미치지 않는다고 보아야 할 것이다(대판 2017.1.12. 2014다32014).

[3]
개인회생절차의 기관·기구

1. 회생위원

가. 회생위원의 의의

회생위원은 개인회생절차에서 법원의 개인회생절차개시여부나 변제계획인가여부의 판단을 위한 심리에 필수적인 채무자의 재산 및 소득에 관한 조사 업무와 변제계획 인가 후 변제액의 분배 등 회생계획의 수행을 감독하는 업무 등을 수행한다. 회생위원과 유사한 기관으로 일반회생절차에서의 관리인과 파산절차에서의 파산관재인이 있는데, 개인회생절차에서는 개인회생재단의 관리·처분권이 채무자에게 있고 회생위원에 있지 않으므로(제580조 제2항), 파산재단의 관리·처분권을 가지는 파산관재인과 다르고, 채무자의 업무를 수행하고 그 재산에 대한 전속적 관리·처분권을 가지는 관리인과 다르다.

나. 회생위원의 선임

회생위원의 선임은 임의적이며 법원의 재량에 속하지만 실무상 이해관계인의 신청 또는 직권에 의해 예외 없이 선임하고 있다. 선임의 시기에 관하여는 아무런 제한이 없으므로 개시신청이 있을 때부터 개인회생절차의 종료시까지 선임할 수 있다. 회생위원으로 선임될 수 있는 자는 관리위원회의 관리위원, 법원사무관 등, 변호사·공인회계사·법무사, 법원주사보·검찰주사보 이상의 경력자, 은행법상의 은행 경력자, 채무자를 상대로 신용관리교육·상담 및 신용회복을 위한 채무조정업무 등을 수행하는 기관·단체에 근무 중인 자 또는 경력자, 이상의 자에 준하는 자로서 회생위원의 직무수행에 적합한 자이다(제601조 제1항).

종래 법원에서는 대부분의 개인회생사건에서 법원공무원 등 내부회생위원을 위주로 선임해 왔으나 2012. 2.부터는 변호사·법무사·공인회계사 등 외부회생위원을 일부 선임하고 있다.[372]

372) 인천지방법원과 서울중앙지방법원에서 2012. 2.부터 시행하고 있는데, 2017. 3. 1. 개원한 서울회생법원의 경우 2018. 2. 20. 현재 변호사 12명, 법무사 1명을 전임외부회생위원으로 위촉하여 영업소득자 사건 및 채무액 총합계(담보부 회생채권액 포함) 1억원을 초과하는 사건에 관하여 외부회생원을 선임하고 있다(서울회생법원, 제5판 개인파산·회생실무, 448p).

외부회생위원은 전임회생위원과 비전임회생위원으로 구분되는데, 외부회생위원이 선임되는 경우는 주로 총채무액이 1억원을 초과하거나 1억원을 초과하지 않더라도 부인대상 행위의 존재 등 절차가 복잡한 개인회생사건에서다.[373] 회생위원의 보수 및 비용청구권은 개인회생재단채권에 속한다(제583조 제1항 제1호).

외부회생위원이 선임된 경우에는 채무자는 인가결정 이전 업무에 대한 보수기준액 상당의 금액(15~30만원)을 예납해야 한다. 내부회생위원은 공무원인 법원사무관 등일 것이므로 보수가 따로 지급되지 않지만 외부회생위원이 선임될 때에는 일정한 보수가 지급된다.[374]

[표 7] 외부회생위원 보수기준표

항 목	보수기준액	보수상한액
인가결정 이전 업무에 대한 보수	15만원	30만원
인가결정 이후 업무에 대한 보수	인가된 변제계획안에 따라 채무자가 실제 임치한 금액의 1%	인가된 변제계획안에 따라 채무자가 실제 임치한 금액의 5%

다. 회생위원의 업무

1) 의 의

회생위원은 법원의 감독을 받아 ① 채무자의 재산 및 소득에 대한 조사, ② 부인권 행사명령의 신청 및 그 절차 참가, ③ 법원의 위임에 따른 개인회생채권자집회의 진행, ④ 저당권 등으로 담보된 개인회생채권이 있는 경우 그 담보목적물의 평가, ⑤ 변제계획에 따른 변제가 지체되고 그 지체액이 3개월분 변제액에 달한 경우 법원에 대한 보고(변제계획 불수행 보고서), ⑥ 변제계획에 따른 변제가 완료된 경우 법원에 대한 보고, ⑦ 회생위원의 임무가 종료된 때에 법원에 대한 업무수행 및 계산의 보고, ⑧ 변제계획안에 대한 이의가 있었는지 여부와 이의의 내용에 관한 보고 등의 업무를 수행한다(602조 1항, 규칙 88조 1항). 아래에서 회생위원의 업무 중 중요한 몇 가지를 살펴보기로 한다.

373) 개인회생사건 처리지침(재민 2004-4) 9조의2, 9조의4, 9조의6.

374) 개인회생사건 처리지침 10조 4항「별표 1」법원사무관 등이 아닌 회생위원 보수기준표

2) 회생위원의 중요 업무

가) 채무자의 재산 및 소득에 관한 조사

회생위원의 채무자의 재산 및 소득에 대한 조사결과[375]는 개인회생절차개시여부의 결정을 할 때나 변제계획안의 적정성 판단시 또는 변제계획수행가능성을 판단할 때 중요한 기초자료가 된다. 채무자의 소득을 판단할 때에는 급여소득자의 경우에는 근로자소득원천징수영수증 또는 급여명세서 등에 의해 최근 1년간 직장의 변동이 없는 경우에는 1년간의 실제 소득액을 평균한 월평균 소득을 기초로, 직장이 변동이 있는 경우에는 직장 변동 이후의 실제 소득액을 평균한 월평균 소득을 기초로 하여 산정하고, 영업소득자의 경우에는 사업자소득금액증명원 등 소득에 관한 소명자료에 의하되, 그 소명자료가 없는 경우에는 임금구조기본통계조사보고서 등의 통계소득을 기초로 하여 산정할 수 있다.[376]

여기의 소득은 가용소득 즉 이른바 처분가능소득을 말하는 것이므로 채무자의 소득의 합계에서 생계비 및 각종 세금 등 공과금이나 영업비 등을 공제한 금액을 말한다.

채무자의 재산 및 소득에 대한 조사에는 채무자 소유의 부동산에 대한 가격평가도 포함되어 있는 그 가격평가는 청산가치보장의 준수여부를 판단하거나 부동산에 저당권이 설정된 경우 예정부족액을 판단하는데 중요한 역할을 한다. 다만 그 평가는 감정평가사 등에 의한 공식적인 평가가 원칙이지만 국토교통부 인터넷홈페이지의 공시가격이나 공인중개사의 시가 등에 의한 간이평가도 가능하다. 채무자가 재산목록이나 채무자의 수입 및 지출에 관한 목록 또는 급여소득자 또는 영업소득자임을 증명하는 자료를 허위로 작성하여 제출하거나 제출기한을 준수하지 않은 경우에는 개인회생절차개시신청 기각사유가 되고, 개시결정 후 변제계획인가 전에는 개인회생절차폐지의 사유가 될 수 있다(595조 2호, 620조 2항 1호).

또한 회생위원이 채무자에게 요구한 금전의 수입과 지출 그밖에 채무자의 재산상의 업무에 관하여 보고나 조사·시정요구에 대하여 정당한 사유 없이 이를 거부하거나 허위보고한 채무자에 대하여는 1년 이하의 징역 또는 1천만원 이하의 벌금형에 처해질 수 있다(649조 5호).

나) 부인권 행사명령의 신청과 참가

회생위원이 채무자의 재산 및 소득에 대한 조사시 부인권 행사의 대상이 되는 행위가 있다고 판단되면 법원으로 하여금 채무자에게 부인권의 행사를 명할 것을 신청할 수 있고,

375) 채무자의 재산과 소득에 대한 조사의 권한은 법원에 있지만 실무상으로는 회생위원이 법원의 감독을 받아 조사를 하고 있으며 이것이 실질적으로 회생위원의 주된 업무이다.

376) 개인회생사건 처리지침(재민 2004-4) 7조 1항.

부인권 행사에도 참가할 수 있다(584조 3항, 4항). 부인권의 행사는 개인회생절차개시결정시부터 1년을 경과하거나 부인대상행위를 한 날부터 5년이 경과되면 행사할 수 없다(584조 5항).

다) 개인회생채권자집회에 조사보고서의 제출

개인회생채권자집회[377]는 원칙적으로 법원이 진행하되 회생위원이 선임되어 있는 때에는 법원은 회생위원으로 하여금 개인회생채권자집회를 진행하게 할 수 있지만(613조 4항) 현재의 실무는 대부분 법원이 진행하고 있는데, 법원이 개인회생채권자집회를 진행할 경우 회생위원은 개인회생채권자집회기일 전에 채무자의 재산 및 소득에 관한 조사결과 등이 기재된 '회생위원 업무수행결과 보고서'와 '변제계획안에 대한 이의 여부 및 그 내용에 관한 보고서'를 제출해야 한다.[378]

라) 변제금의 채권자에 대한 지급 등 변제계획 수행의 감독

변제계획이 인가된 경우 채무자는 변제계획에 따라 변제금원을 회생위원에게 임치해야 하고 회생위원은 그 임치된 변제금원을 개인회생채권자에게 지급해야 한다(617조 1항, 2항). 회생위원은 변제계획에 따른 변제가 완료되기 전에는 인가된 변제계획에 대한 변경안을 제출할 수 있다(619조 1항).

2. 개인회생채권자집회

가. 개인회생채권자집회의 의의

개인회생채권자집회란 개인회생채권자들의 집회를 말하는데, 개인파산절차에서처럼 결의를 하기 위한 절차가 아니고 단순히 채무자가 제출한 변제계획안에 대하여 개인회생채권자들의 인가 여부 내지 인가요건(614조)에 대한 이의진술의 기회를 부여하기 위한 절차로서 법원에서 변제계획안에 대한 인가 여부를 간이·신속하게 결정하기 위한 제도라고 할 수 있다(규칙 90조 3항).

나. 개인회생채권자집회기일의 지정·공고

법원이 개인회생절차개시결정을 한 때에는 지체 없이 개인회생채권자집회기일을 공고해

---

377) 개인회생채권자집회에서는 파산절차나 일반회생절차에서와 달리 채권자들의 결의절차가 존재하지 않는다.
378) 개인회생사건 처리지침(재민 2004-4) 8조의2 2항.

야 한다(597조 1항 4호). 개인회생채권자집회기일은 개인회생절차개시결정을 할 때 정한 이의기간의 말일로부터 2주 이상 1월 이하의 기간 내에 정하게 된다.

다. 기일의 진행

개인회생채권자집회의 기일은 회생위원으로 하여금 진행하게 하는 경우도 있지만 원칙적으로 법원이 진행한다(613조 4항). 집회의 진행을 위해 회생위원은 기일 전에 회생위원보고서(규칙 88조 1항 1호, 7호)를 법원에 제출해야 하며(예규 8조의2), 채무자는 집회에 출석하여 변제계획안과 개인회생채권자의 요구가 있는 사항에 대한 설명을 해야 한다(613조 2항, 619조 2항). 개인회생채권자들은 집회에서 변제계획안에 대한 이의가 있는 경우 이의를 진술하는 방법으로 의견을 진술하거나 집회기일의 종료시까지 이의진술서를 제출하는 방식으로 이의를 제기할 수 있다(613조 5항, 규칙 90조 1항).

집회기일에서는 채무자에게 변호사 등 소송대리인이 선임되어 있어도 반드시 채무자 본인이 직접 출석해야 하며(소송대리인과 함께 출석하는 것은 가능) 채무자가 출석하지 않으면 변제계획에 대한 채무자의 설명과 변제계획의 수행의지 및 수행능력에 대한 확인이 곤란하여 집회의 진행이 곤란하게 되므로 실무상 채무자가 집회기일에 정당한 사유 없이 2회 이상 출석하지 않거나 변제계획에 따른 적립금을 3회 이상 미납한 경우에는 개인회생절차폐지결정이 이루어질 수 있다.[379] 반면 개인회생채권자는 집회에 출석하지 않더라도 집회의 진행에 지장이 없으며 실제로도 개인회생채권자가 집회기일에 출석하는 경우는 거의 드문 것이 사실이다.

라. 법원의 인가 여부

법원은 집회에서 개인회생채권자들이나 회생위원의 이의 여부를 확인한 후 이를 토대로 이의진술이 없는 때에는 통합도산법 614조 1항 각호의 인가요건만 심리하여 변제계획인가 여부를 결정하게 되고, 이의진술이 있는 때에는 제2항 각호의 요건까지 구비되었는지 여부를 판단하여 변제계획 인가여부를 결정하게 된다(614조 1항, 2항).[380] 인가 여부의 결정은 집회기

379) 서울회생법원, 제5판 개인파산·회생실무, 635p.

380) 통합도산법 제614조(변제계획의 인부) "① 법원은 개인회생채권자 또는 회생위원이 이의를 진술하지 않고 다음 각호의 요건이 모두 충족된 때에는 변제계획인가결정을 해야 한다. 다만, 제610조 제3항에 의한 변제계획안 수정명령에 불응한 경우에는 그렇지 않다.
1. 변제계획이 법률의 규정에 적합할 것
2. 변제계획이 공정하고 형평에 맞으며 수행가능할 것
3. 변제계획인가 전에 납부되어야 할 비용·수수료 그밖의 금액이 납부되었을 것
4. 변제계획의 인가결정일을 기준일로 하여 평가한 개인회생채권에 대한 총변제액이 채무자가 파산하는

일 당일 선고하는 경우도 있으나 통상적으로는 가까운 시일 내에 인가요건을 검토한 후 결정하겠다고 고지한 후 집회를 종료하는 방식으로 기일을 진행하고 있다.[381)]

때에 배당받을 총액보다 적지 않을 것. 다만, 채권자가 동의한 경우에는 그렇지 않다.

② 법원은 개인회생채권자 또는 회생위원이 이의를 진술하는 때에는 제1항 각호의 요건 외에 다음 각호의 요건을 구비하고 있는 때에 한하여 변제계획인가결정을 할 수 있다.

1. 변제계획의 인가결정일을 기준일로 하여 평가한 이의를 진술하는 개인회생채권자에 대한 총변제액이 채무자가 파산하는 때에 배당받을 총액보다 적지 않을 것
2. 채무자가 최초의 변제일부터 변제계획에서 정한 변제기간 동안 수령할 수 있는 가용소득의 전부가 변제계획에 따른 변제에 제공될 것
3. 변제계획의 인가결정일을 기준일로 하여 평가한 개인회생채권에 대한 총변제액이 3천만원을 초과하지 않는 범위 안에서 다음 각목의 금액보다 적지 않을 것
   가. 변제계획의 인가결정일을 기준일로 하여 평가한 개인회생채권의 총금액이 5천만원 미만인 경우에는 위 총금액에 100분의 5를 곱한 금액
   나. 획의 인가결정일을 기준일로 하여 평가한 개인회생채권의 총금액이 5천만원 이상인 경우에는 위 총금액에 100분의 3을 곱한 금액에 1백만원을 더한 금액"

381) 서울회생법원, 제5판 개인파산·회생실무, 635p.

제2절 통합도산법상 개인회생절차

[Ⅰ] 개인회생절차 개요

1. 개인회생절차 개요

개인회생절차란 궁극적으로 많은 부채를 지고 있는 개인채무자가 그 채무의 일부만을 3~5년간에 걸쳐 매월 분할 변제한 후 나머지 채무를 면책받는 절차를 거쳐 회생하는 것을 주목적으로 한다.

이를 위해 채무자가 법원에 개인회생절차개시신청서를 제출할 때에는 개인회생채권자목록을 첨부해야 하고(589조 2항 1호), 신청일부터 14일 이내에 변제계획안을 제출해야 한다. 이후 법원은 개인회생절차개시신청일부터 1월 이내에 개시여부를 결정하되, 법원이 개시결정을 한 때에는 지체 없이 이의기간을 정하여 공고하고(597조 1항), 개인회생채권자목록에 기재되어 있는 채권자에게 개인회생채권자목록 및 변제계획안을 송달해야 한다(597조 2항). 이후 회생위원의 선임, 채권자집회 등을 거쳐 변제계획안에 대한 인가가 확정되면 인가된 변제계획대로 변제를 완료한 후, 개인회생채권에 대한 면책신청을 하여 나머지 채무를 면책받는 절차로 진행하게 된다.

2. 정기적 소득이 있는 채무자의 3년간의 변제

개인회생은 장래의 정기적 소득이 예상되는 개인채무자가 채무의 전부 또는 일부를 3년간(예외적 5년간)에 걸쳐 일정한 금액으로 나누어 변제하고, 잔여 채무를 면책받는 절차이다. 다만 개인회생은 담보부채권 15억원 이하, 무담보채권 10억원 이하의 채무만 가지고 있어야 신청이 가능하므로, 원금 및 이자·지연손해금을 포함하여 총채권액이 25억원 이하에 해당되어도 담보부채권이 15억원을 초과하거나 무담보채권이 10억원을 초과한 경우에는 개인회생제도를 이용할 수 없고 보다 까다롭고 복잡한 일반회생절차를 통하여 재기·회생을 도모하는 수밖에 없다.

3. 개인회생절차의 흐름도

[표 8] 개인회생제도 절차 흐름도

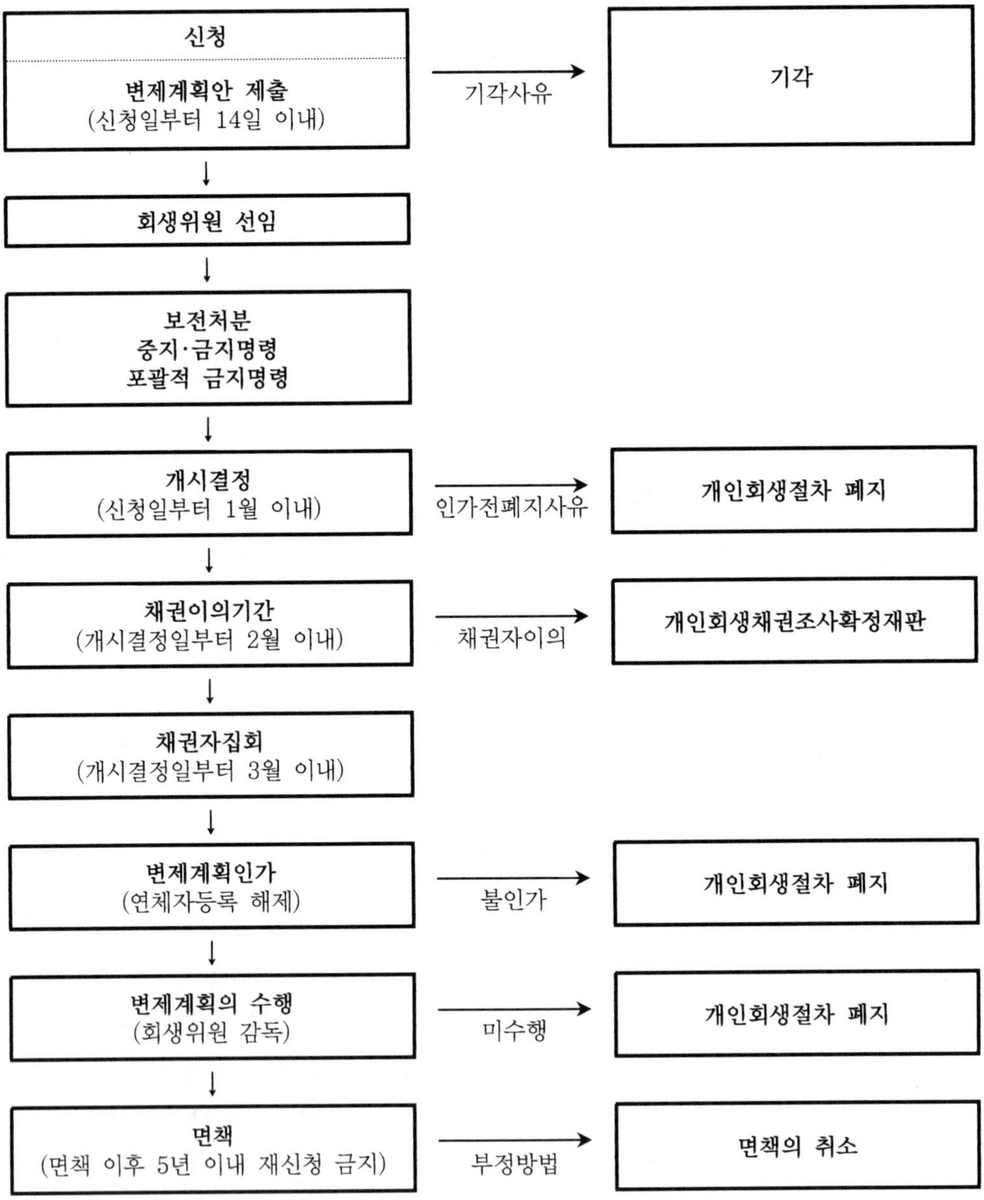

[2]
개인회생절차 FLOW

1. 개인회생절차개시신청

가. 개인회생절차개시 신청권자

1) 자연인인 개인일 것

개인채무자는 법원에 개인회생절차의 개시를 신청할 수 있다(588조). 즉 개인회생신청은 법인이 아닌 자연인으로서 개인만이 신청할 수 있는 것이다. 개인인 한 외국인도 이용이 가능하다. 법인이나 조합 등 개인이 아닌 경우에는 이용할 수 없다. 개인인 한 신용회복 중에 있는 자나 개인파산 중에 있는 자도 개인회생을 신청할 수 있다. 개인파산을 신청하여 절차가 진행되는 도중에 직장에 취업 등으로 사정이 바뀌어 소득이 생김으로써 개인회생신청을 하여 그 개시결정이 내려진 경우에는 종전의 개인파산절차는 중단되고 개인회생절차가 우선적으로 진행된다(600조 1항).

2) 채무액수가 일정 범위를 초과하지 않을 것

개인회생을 신청할 수 있는 채무의 액수도 유치권·질권·저당권·양도담보권·가등기담보권·전세권 또는 우선특권으로 담보된 담보부 개인회생채권은 15억원을, 그밖의 무담보 개인회생채권은 10억원을 초과하지 않아야 신청이 가능하다. 이 범위를 초과한 채무가 있는 경우에는 개인회생신청을 할 수 없고 일반회생신청을 통하여 채무자의 회생을 도모해야 한다. 위 금액에 해당되는지 여부의 산정의 기준시점은 개인회생절차개시결정일을 기준으로 한다. 또한 여기에서 '담보부'라는 의미는 실질적 담보가치에 의해 뒷받침되어야 함을 의미하므로 담보물예상환가액이 피담보 채권액 이상이 되어야 할 것이다.

3) 일정한 정기적·계속적 소득이 있을 것

개인회생이란 3년간(예외적 5년간)에 걸쳐 매월 일정액을 분할하여 변제하는 절차를 전제로 하므로 개인회생을 신청하려면 급여소득자(공무원·회사원 등)나 영업소득자 등 일정한 정기적·계속적 소득이 있어야 가능하다. 개인파산의 경우에는 소득이 전혀 없는 개인채무자도 신청이 가능한 것과 달리 개인회생신청은 일정한 정기적 소득이 없으면 신청할 수 없고 신청하더라도 이를 소명하지 않으면 기각될 소지가 크다.

나. 관할법원

개인회생을 신청할 수 있는 관할법원은 채무자의 보통재판적 소재지 관할 회생법원의 단독판사에게 전속된다(3조 1항 단서). 다만 이러한 관할법원이 없는 경우에는 채무자의 재산소재지 관할 회생법원 단독판사의 전속관할에 속한다(3조 3항). 한편 도산사건에 대하여는 경합적 관할을 인정하여 주채무자 및 그 보증인, 채무자 및 그와 함께 동일한 채무를 부담하는 자 또는 부부관계의 어느 하나에 해당하는 자에 대한 회생사건이나 파산사건 또는 개인회생사건이 계속되어 있는 경우에는 그 회생법원에도 개인회생신청을 할 수 있도록 하고 있고(3조 3항 3호), 또한 법인에 대한 회생사건 또는 파산사건이 계속되어 있는 경우 그 법인의 대표자에 대한 개인회생신청은 그 법인에 대한 회생사건 또는 파산사건이 계속되어 있는 회생법원에도 신청이 가능하다(3조 3항 2호). 개인채무자의 보통재판적 소재지가 강릉시·동해시·삼척시·속초시·양양군·고성군인 경우에는 춘천지방법원 강릉지원에도 개인회생절차개시신청을 할 수 있다(3조 10항).

한편 위에 따라 정해진 관할에도 불구하고 울산광역시나 경상남도에 채무자가 거주하거나 주된 사무소 등을 둔 경우에는 부산회생법원에도 개인회생을 신청할 수 있다(3조 11항 신설).

다만 위와 같은 전속관할에 위배하여 개인회생절차개시신청서가 접수되었다고 해서 바로 각하처리하지 않고 관할법원으로 이송하여 관할법원에서 처리할 수 있도록 하고 있다(33조, 민사소송법 34조 1항).

다. 개인회생절차개시신청서 작성

1) 신청서 기재사항

개인회생절차개시의 신청은 다음 각호의 사항을 기재한 서면으로 해야 한다(589조 1항).

① 채무자의 성명·주민등록번호 및 주소

② 신청의 취지 및 원인

③ 채무자의 재산 및 채무

2) 첨부서류(제출서류)

가) 신청서 첨부·제출서류의 종류

개인회생신청서에는 다음 각호의 서류를 첨부해야 한다(589조 2항). 통상적으로 개시신청서와 변제계획안은 구별되는 것으로서 전자는 개시결정을 목적으로, 후자는 인가결정을 목적으로 제출하는 서류이지만 개인회생의 경우에는 일반회생처럼 복잡하지 않으므로 실무상 개인회생신청서라고 하면 개시신청서와 변제계획안을 포함하는 의미로 보며 개시신청서에 변제계획안을 첨부하여 함께 제출하고 있는 것이 실무의 일반적인 모습이다.[382] 개인회생신청서는 원본 1부 및 알고 있는 개인회생채권자 수에 2를 더한 숫자만큼의 개인회생채권자목록 및 변제계획안 각 부본을 함께 제출해야 한다(규칙 85조 1항).

개인회생신청서의 내용 속에 들어가야 할 사항이나 첨부서류로서 법원에 제출할 서류는 다음과 같다.

① 개인회생채권자목록(채권자의 성명 및 주소와 채권의 원인 및 금액이 기재된 것을 말한다)

② 재산목록

③ 채무자의 수입 및 지출에 관한 목록

④ 급여소득자 또는 영업소득자임을 증명하는 자료

⑤ 진술서[383]

⑥ 신청일 전 10년 이내에 회생사건·화의사건·파산사건 또는 개인회생사건을 신청한 사실이 있는 때에는 그 관련서류

⑦ 변제계획안

⑧ 그밖에 대법원규칙이 정하는 서류(589조 7호, 규칙 79조 1항)

㉮ 채무자의 주소·주민등록번호, 그밖에 채무자의 인적사항에 관한 자료

㉯ 채무자가 수령하는 근로소득·연금소득·부동산임대소득·사업소득·농업소득·임업소득 기타 합리적으로 예상되는 모든 종류의 소득의 합계금액에 관한 자료

㉰ 소득세·주민세·건강보험료, 그밖에 이에 준하는 것으로서 대통령령이 정하는 금액에 관한 자료

㉱ 채무자 및 피부양자의 생계비로서, 국민기초생활보장법상의 최저생계비, 채무자 및 피부양자의 연령, 피부양자의 수, 거주지역, 물가상황, 그밖에 필요한 사항을 종합적으로 고려하여 법원이 정하는 금액의 결정을 위해 필요한 사항에 관한 자료

㉲ 채무자가 영업에 종사하는 경우 그 영업의 경영, 보존 및 계속을 위해 필요한 비용에 관한 자료

㉳ 재산목록에 기재된 재산가액에 관한 자료

㉴ 유치권·질권·저당권·양도담보권·가등기담보권·전세권 또는 우선특권으로 담보된

382) 이와 같이 변제계획안은 개인회생절차개시신청일부터 14일 이내에 제출하면 되지만 실무상으로는 개인회생절차개시신청서를 제출하면서 함께 제출하고 있는 것이다.

383) 진술서에는 만성적인 적자가 시작된 시점, 파탄의 직접적인 원인, 채권자와의 관계 및 일부 변제 내역이 있는지 여부, 변제할 수 없게 된 이유, 현재 채무자가 처한 상황 등을 상세히 기재하면 된다.

개인회생채권이 있는 때에는 저당권 등의 담보채권액 및 피담보재산의 가액의 평가에 필요한 자료

㉭ 채무자의 재산에 속하는 권리로서 등기 또는 등록이 된 것에 관한 등기사항증명서 또는 등록원부등본

㉮ 채무자가 법원 이외의 기관을 통하여 사적인 채무조정을 시도한 사실이 있는 경우에 이를 확인할 수 있는 자료

나) 개인회생채권자목록 등 제출의 효력

개인회생채권자목록의 제출이나 그밖에 채권신고 등과 같은 개인회생절차에의 참가에는 시효중단의 효력이 인정된다(32조 3호 본문, 589조 2항). 이러한 시효중단의 효력은 특별한 사정이 없는 한 개인회생절차가 진행되는 동안 그대로 유지되며(대판 2013.9.12. 2013다42878), 개인회생절차에서는 일반회생절차에서 회생계획인가에 권리변경의 효력이 인정되는 것과 달리 변제계획인가결정이 있더라도 변제계획에 따른 권리의 변경은 면책결정이 확정되기까지 생기는 것이 아니므로(615조 1항), 변제계획인가결정이 있었다고 해서 그 중단된 시효의 효력에 어떠한 영향도 미치지 못한다(대판 2019.8.30. 2019다235528).

다만 개인회생채권자목록에 기재되어 있지 않은 채권자가 조사확정재판신청을 제기함으로써 개인회생절차에 참가했더라도 조사확정재판신청을 취하하거나 그 신청이 각하된 때에는 시효중단의 효력이 인정되지 않을 것이다(32조 3호 단서). 한편 시효완성 후 시효이익의 포기가 인정되려면 시효이익을 받을 채무자가 시효의 완성으로 인한 법적인 이익을 받지 않겠다는 의사가 표명되어야 할 것이므로 시효완성 후 소멸시효 중단사유에 해당하는 채무의 승인이 있었다고 하더라도 그것만으로는 곧바로 소멸시효 이익의 포기라는 의사표시가 있었다고 단정할 수 없는 것과 마찬가지로 소멸시효기간이 경과된 이후 채무자가 개인회생채권자목록을 제출했더라도 그러한 제출행위만으로써 시효이익을 포기하려는 효과의사까지 있었다고 볼 수는 없을 것이다(대판 2017.7.11. 2014다32458).[384)]

개인회생채권자목록에 기재되지 않은 채권은 면책의 효력이 인정되지 않는다(624조 3항 1호).

384) 다만 채무자가 소멸시효 완성 후 채무를 일부 변제한 때에는 액수에 관하여 다툼이 없는 한 채무 전체를 묵시적으로 승인한 것으로 보아야 하고, 이 경우 시효완성의 사실을 알고 이익을 포기한 것으로 추정되므로, 소멸시효가 완성된 채무를 피담보채무로 하는 근저당권이 실행되어 채무자 소유의 부동산이 경락되고 대금이 배당되어 채무의 일부 변제에 충당될 때까지 채무자가 아무런 이의를 제기하지 않았다면, 경매절차의 진행을 채무자가 알지 못하였다는 등 다른 특별한 사정이 없는 한, 채무자는 시효완성의 사실을 알고 채무를 묵시적으로 승인하여 시효의 이익을 포기한 것으로 보아야 할 것이다(대판 2017.7.11. 2014다32458).

3) 비용의 예납

개인회생절차개시의 신청을 하는 때에는 절차의 비용으로 대법원규칙이 정하는 금액을 미리 납부해야 한다(590조).

① 인지대 : 30,000원(전자소송시에는 27,000원)[385)]

② 송달료 : 52,000원 + (채권자수 × 8회분 × 5,200원)[386)]

③ 공고비용 : 없음(대법원홈페이지 법원공고란에 개시)

라. 채권자목록기재사항 변경·정정

채무자는 개인회생절차개시결정시까지 개인회생채권자목록에 기재된 사항을 변경 또는 정정할 수 있다(589조 3항). 한편 법원 또는 회생위원은 언제든지 채무자에게 금전의 수입과 지출 그밖에 채무자의 재산상의 업무에 관하여 보고를 요구할 수 있고, 필요하다고 인정하는 경우에는 재산상황의 조사, 시정의 요구 그밖의 적절한 조치를 취할 수 있다(591조).

마. 변제계획상의 매월 변제액 임치

채무자는 변제계획안을 제출하면서 매월 일정한 날을 변제일로 지정해야 하며, 변제계획안을 제출한 날부터 60일 후~90일 내의 어느 날을 제1회로 하여 위 매월 지정한 날에 개인회생절차개시결정에서 지정되는 은행계좌로 매월 변제액을 임치해야 한다. 원래 매월 변제액은 변제계획이 인가된 때부터 납입해야 하지만 개인회생절차개시신청일부터 변제계획인가시까지는 변제계획안에 기재한 제1회 변제일(변제계획안을 제출한 날부터 60일 후~90일 내의 어느 날로 지정하여 기재한 날)보다 훨씬 더 오래 걸릴 수 있으므로 변제계획이 인가되기 전이라도 이와 같이 매월 변제액을 조기에 임치하도록 함으로써 변제계획안의 수행이 가능함을 소명하도록 하여 변제계획인가 여부를 결정하는데 작용하도록 하고 있다.

바. 개인회생절차개시신청의 취하

채무자는 개인회생절차개시신청을 한 후 개인회생절차개시결정이 있기 전까지 그 신청을 취하할 수 있다(594조 본문). 다만 채무자가 보전처분 또는 중지명령을 받은 후에는 법원의 허가를 받아야 신청을 취하할 수 있다(594조 단서). 개인회생절차개시결정이 있은 후에는 개인회생절차개시신청을 취하할 수 없다. 한편 개인회생절차개시결정이 있은 후 변제계획이 인

---

385) 민사소송 등 인지법 9조 1항 3호, 16조 1항.

386) 송달료규칙의 시행에 따른 업무처리요령(재일 87-4, 별표 1)

가되지 않고 절차가 폐지된 경우에는 아무런 제한 없이 개인회생절차를 다시 신청할 수 있다.

2. 보전처분과 중지·금지명령 및 포괄적 금지명령

가. 보전처분

법원은 개인회생절차개시결정 전에 이해관계인의 신청에 의하거나 직권으로 채무자의 재산에 관하여 가압류·가처분 그밖의 필요한 보전처분을 할 수 있고(592조 1항), 그 결정을 변경하거나 취소할 수도 있다(592조 2항). 법원사무관 등은 채무자의 재산에 속하는 권리로서 등기·등록된 것에 대하여 보전처분 및 그 취소·변경이 있는 때에는 직권으로 지체 없이 촉탁서에 결정서의 등본 또는 초본을 첨부하여 그 처분의 등기를 촉탁해야 한다(24조 6항, 27조).

보전처분은 개인회생재단에 속하게 될 일체의 재산을 대상으로 하며 개인회생절차개시결정 전에 한하여 발할 수 있는 바, 이는 개인회생절차개시 신청 이후 개인회생절차개시 여부에 대한 결정시까지 채무자 회생의 기초인 재산을 보전하고 이해관계인에 의한 권리행사를 제한할 목적으로 인정된 제도이다.

이러한 보전처분에 대한 결정 즉 보전처분과 이에 대한 변경·취소결정에 대하여는 즉시항고할 수 있다(592조 3항). 즉시항고에는 집행정지의 효력이 없다(592조 4항).

채무자가 보전처분에 반하는 행위를 한 경우 상대방이 악의인 경우에는 개인회생절차와의 관계에서 무효이고, 개인회생절차개시신청의 기각사유가 될 수 있다(595조 7호). 보전처분의 효력은 개인회생절차개시신청에 관한 결정이 있을 때까지만 그 효력이 존속한다고 본다.[387)]

나. 중지·금지명령

1) 의 의

중지·금지명령제도는 보전처분과 함께 개인회생절차개시결정 전에 채무자의 재산에 대한 강제적인 권리실현행위를 금지하여 채무자 재산의 산일을 방지하는 제도이다. 다만 보전처분은 채무자 자신에 의한 재산의 은닉·처분을 금지하자는데 주목적이 있는 제도이고, 중지·금지명령제도는 개인회생채권자나 담보권자 등 제3자에 대하여 강제적인 권리실현행위를 제한하려는데 주목적이 있다는 점에서 두 제도는 구별된다.

2) 신청권자

중지·금지명령은 이해관계인의 신청 또는 법원의 직권으로 명한다(593조 1항). 여기의 이

387) 서울회생법원, 제5판 개인파산·회생실무, 468p.

해관계인에는 채무자도 포함된다고 본다.

3) 중지·금지명령의 대상

중지명령은 이미 행하여지고 있는 개별적인 절차나 행위를 그 대상으로 하고 있고, 금지명령은 채무자의 특정재산에 대하여 장래에 행하여질 소지가 있는 일정한 절차나 행위를 대상으로 한다.

법원은 개인회생절차개시의 신청이 있는 경우 필요하다고 인정하는 때에는 이해관계인의 신청에 의하거나 직권으로 개인회생절차의 개시신청에 대한 결정시까지 다음의 절차 또는 행위, 즉 ① 채무자에 대한 회생절차 또는 파산절차, ② 개인회생채권에 기하여 채무자의 업무 및 재산에 대하여 한 강제집행·가압류 또는 가처분, ③ 채무자의 업무 및 재산에 대한 담보권의 설정 또는 담보권의 실행 등을 위한 경매, ④ 개인회생채권을 변제받거나 변제를 요구하는 일체의 행위(다만, 소송행위 제외), ⑤ 국세징수법 또는 지방세기본법에 의한 체납처분, 국세징수의 예(국세 또는 지방세 체납처분의 예를 포함)에 의한 체납처분 또는 조세채무담보를 위해 제공된 물건의 처분행위의 중지 또는 금지를 명할 수 있다(593조 1항).

4) 중지·금지명령의 효력

중지명령이 내려지면 이미 행하여지고 있는 중지명령 대상인 절차가 현재 상태에서 동결되어 더 이상 진행할 수 없게 되고, 금지명령이 내려지면 향후 금지명령의 대상인 절차를 새로이 신청하거나 행위를 하는 것이 금지된다. 중지·금지명령에 반하여 진행된 절차는 무효이다. 중지금지명령은 채무자뿐만 아니라 개인회생채권자들에게도 송달해야 한다. 중지명령은 상대방으로 기재된 개인회생채권자에게, 금지명령은 개인회생채권자목록에 기재된 모든 개인회생채권자에게 송달한다. 다만 제3채무자에게는 송달할 필요가 없다.

중지명령의 결정이 내려지면 이를 집행법원에 제출하고 집행의 정지를 구하면 된다. 금지명령은 개인회생채권자에게 송달된 때에 해당 개인회생채권자에 대하여 효력이 발생한다고 본다. 만약 금지명령의 효력발생 이후에 특정 개인회생채권자에 의해 강제집행이 개시된 경우에는 채무자는 금지명령정본과 그 송달증명원을 집행법원에 제출함으로써 그 집행처분의 취소를 구할 수 있다고 할 것이다. 중지·금지명령의 효력은 개인회생절차개시 신청에 대한 결정이 있을 때까지이다. 즉 개인회생절차개시결정이 있게 되면 강제집행 등의 절차는 당연히 중지·금지될 것이고, 개인회생절차개시신청이 기각되면 중지·금지명령은 당연히 실효될 것이기 때문이다(593조 3항). 개인회생절차개시의 신청이 기각되면 중지된 절차는 속행된다(593조 3항).

한편 중지명령이 있어도 회생절차 참가, 파산절차 참가, 강제집행, 경매신청 등에 의해 이미 발생한 시효중단의 효력은 그대로 유지된다. 중지기간 중에는 시효가 진행되지 않으며, 금지기간 중에도 마찬가지라고 본다(400조 4항). 또한 국세징수법 또는 지방세기본법에 의한 체납처분, 국세징수의 예(국세 또는 지방세 체납처분의 예를 포함)에 의한 체납처분 또는 조세채무 담보를 위해 제공된 물건의 처분행위의 중지기간 중에도 시효가 진행되지 않는다(593조 2항).

5) 중지 또는 금지명령의 취소·변경

법원은 상당한 이유가 있는 때에는 이해관계인의 신청에 의하거나 직권으로 제1항의 규정에 의한 중지 또는 금지명령을 취소하거나 변경할 수 있다(593조 4항). 이 경우 법원은 담보를 제공하게 할 수 있다.

다. 포괄적 금지명령

1) 포괄적 금지명령의 의의

법원은 개인회생절차개시의 신청이 있는 경우 개별적인 중지·금지명령에 의해서는 개인회생절차의 목적을 충분히 달성하지 못할 우려가 있다고 인정할 만한 특별한 사정이 있는 때에는 이해관계인의 신청에 의하거나 직권으로 개인회생절차개시의 신청에 대한 결정이 있을 때까지 하나의 결정으로 모든 개인회생채권자 및 개인회생담보권자에 대하여 개인회생채권 또는 개인회생담보권에 기한 강제집행, 가압류·가처분 또는 담보권실행을 위한 경매 등의 절차의 금지를 명할 수 있다(593조 5항, 45조). 이를 포괄적 금지명령이라고 한다. 포괄적 금지명령은 하나의 결정으로 모든 개인회생채권자 등에 대하여 채무자의 재산에 대한 강제집행 등의 금지를 명할 수 있도록 한 것이다. 포괄적 금지명령은 채무자를 포함한 이해관계인의 신청 또는 법원의 직권으로 발할 수 있다.

2) 포괄적 금지명령의 전제

포괄적 금지명령을 할 수 있는 경우는 채무자의 주요 재산에 관하여 보전처분(제43조 1항, 가압류·가처분 그밖의 보전처분)이나, 보전관리명령(43조 3항)이 이미 행하여졌거나 포괄적 금지명령과 동시에 이러한 보전처분 또는 보전관리명령을 행하는 경우에 한한다(593조 5항, 45조 2항).

3) 포괄적 금지명령의 대상

포괄적 금지명령의 대상은 개인회생채권에 기한 강제집행 등이다(45조 1항, 44조 1항, 2항). 즉 개인회생채권으로 될 채권에 기하여 채무자의 재산에 행할 강제집행, 가압류, 가처분, 담보권실행을 위한 경매절차에 한하여 금지할 수 있고, 환취권에 기한 것이거나 개인회생재단채권으로 될 채권에 기한 절차는 금지할 수 없는 것이다. 국세징수법 또는 지방세법에 의한 체납처분 등도 그 대상으로 되지 않는다.

4) 포괄적 금지명령의 효력

포괄적 금지명령은 채무자에게 송달된 때부터 효력이 발생한다(46조2항).

포괄적 금지명령이 있는 때에는 채무자의 재산에 대하여 이미 행하여진 개인회생채권 또는 개인회생담보권에 기한 강제집행 등은 중지된다(593조 5항, 45조 3항).

5) 포괄적 금지명령에 대한 불복

포괄적 금지명령에 대하여는 즉시항고할 수 있다(593조 5항, 45조 6항). 다만 즉시항고에는 집행정지의 효력이 없다(45조 7항).

6) 포괄적 금지명령의 변경·취소

법원은 포괄적 금지명령을 변경하거나 취소할 수 있다(593조 5항, 45조 4항). 이 경우 변경·취소결정에 대하여는 즉시항고할 수 있다(593조 5항, 45조 6항).

7) 중지된 강제집행 등의 취소

법원은 채무자의 사업의 계속을 위해 특히 필요하다고 인정하는 때에는 채무자(보전관리인이 선임되어 있는 때에는 보전관리인)의 신청에 의해 포괄적 금지명령에 의해 중지된 회생채권 또는 회생담보권에 기한 강제집행 등의 취소를 명할 수 있다(45조 5항). 이 경우 법원은 담보를 제공하게 할 수 있다. 이 경우 취소결정에 대하여는 즉시항고할 수 있다(593조 5항, 45조 6항).

8) 시효정지

포괄적 금지명령이 있는 때에는 그 명령이 효력을 상실한 날의 다음날부터 2월이 경과하는 날까지 회생채권 및 회생담보권에 대한 시효는 완성되지 않는다(593조 5항, 45조 8항).

9) 포괄적 금지명령에 관한 공고 및 송달 등

포괄적 금지명령이나 이를 변경 또는 취소하는 결정이 있는 때에는 법원은 이를 공고하고 그 결정서를 채무자(보전관리인이 선임되어 있는 때에는 보전관리인) 및 신청인에게 송달해야 하며, 그 결정의 주문을 기재한 서면을 법원이 알고 있는 회생채권자·회생담보권자 및 채무자(보전관리인이 선임되어 있는 때에 한함)에게 송달해야 한다(593조 5항, 46조 1항). 포괄적 금지명령 및 이를 변경 또는 취소하는 결정은 채무자(보전관리인이 선임되어 있는 때에는 보전관리인)에게 결정서가 송달된 때부터 효력을 발생한다(593조 5항, 46조 2항).

10) 포괄적 금지명령의 적용 배제

법원은 포괄적 금지명령이 있는 경우 회생채권 또는 회생담보권에 기한 강제집행 등의 신청인인 회생채권자 또는 회생담보권자에게 부당한 손해를 끼칠 우려가 있다고 인정하는 때에는 그 회생채권자 또는 회생담보권자의 신청에 의해 그 회생채권자 또는 회생담보권자에 대하여 결정으로 포괄적 금지명령의 적용을 배제할 수 있다(593조 5항, 47조 1항 전단). 이 경우 그 회생채권자 또는 회생담보권자는 채무자의 재산에 대하여 회생채권 또는 회생담보권에 기한 강제집행 등을 할 수 있으며, 포괄적 금지명령이 있기 전에 그 회생채권자 또는 회생담보권자가 행한 회생채권 또는 회생담보권에 기한 강제집행 등의 절차는 속행된다(593조 5항, 47조 1항 후단). 이러한 재판에 대하여는 즉시항고할 수 있다(593조 5항, 47조 3항). 즉시항고에는 집행정지의 효력이 없다(593조 5항, 47조 4항).

3. 개인회생절차개시 여부의 결정과 개시결정의 효력

가. 법원의 심리

채무자가 개인회생절차개시신청을 하면 법원은 "개회"로 사건번호를 부여하고, 그 제출한 자료에 근거하여 관할의 존재 여부, 개인회생절차개시 요건의 유무, 개시기각사유의 존부, 채무자의 재산과 수입의 조사 등을 심리하게 된다. 대부분 회생위원이 선임되어 채무자로부터 재산 및 소득, 변제계획에 관한 조사 및 심리를 하게 된다. 법원은 필요한 경우 변론을 열 수 있고, 직권으로 채무자를 심문하는 등 조사를 할 수도 있다(12조 1항, 2항). 법원은 필요한 경우 회생위원 그밖의 이해관계인의 신청에 의하거나 직권으로 채무자의 재산 및 신용에 관한 전산망을 관리하는 공공기관·금융기관·단체 등에 채무자명의의 재산에 관하여 조회할 수 있다(29조 1항).

나. 개인회생절차개시여부의 결정

1) 개시신청의 기각사유

법원은 다음 각호의 어느 하나에 해당하는 때에는 개인회생절차개시의 신청을 기각할 수 있다(595조).

① 채무자가 신청권자의 자격을 갖추지 않은 때

② 채무자가 개인회생절차개시신청서의 첨부서류(589조 2항) 중 어느 하나에 해당하는 서류

를 제출하지 않거나, 허위로 작성하여 제출한 경우 또는 법원이 정한 제출기한을 준수하지 않은 때

③ 채무자가 절차의 비용을 납부하지 않은 때

④ 채무자가 변제계획안의 제출기한을 준수하지 않은 때

⑤ 채무자가 신청일 전 5년 이내에 면책(파산절차에 의한 면책 포함)을 받은 사실이 있는 때

⑥ 개인회생절차에 의함이 채권자 일반의 이익에 적합하지 않은 때

⑦ 그밖에 신청이 성실하지 않거나 상당한 이유 없이 절차를 지연시키는 때

변제계획안 작성시 '일반의 우선권 있는 개인회생채권' 전액의 변제에 관한 사항을 정해야 할 것이지만(611조 1항 2호), 변제기간은 전체 개인회생채권에서 '일반의 우선권 있는 개인회생채권'이 차지하는 비율에 따라 달라질 수 있으므로 '일반의 우선권 있는 개인회생채권'을 전체 변제기간의 1/2 이내가 되어야만 전체 채권자들 일반의 이익에 적합하다고 볼 근거는 없으므로 일반의 우선권이 있는 채권의 변제기간을 전체 변제기간의 1/2 이내로 단축하지 않았다는 등의 이유로 개시신청을 기각한 것은 위법을 면치 못할 것이다(대결 2017.2.17. 2016마1324). 또한 개인회생절차개시신청 전 약 1년 동안 발생시킨 대출금채무가 전체 개인회생채무 중 약 80%에 해당한다고 하더라도 대출금 중 상당 부분이 기존 채무의 상환에 사용된 점 등의 사정이 있는 경우에는 개인회생절차개시신청에 근접하여 발생한 채무액이 전체 채무액에서 차지하는 비중이 높다는 사정만으로 개인회생절차에 의함이 채권자 일반의 이익에 적합하지 않거나 채무자가 부정한 목적으로 개인회생절차개시신청을 하였다고 단정해서는 안될 것이다(대결 2013.3.15. 2013마101).

개인회생절차개시신청을 한 채무자가 법원의 보정 요구에 응하였으나 내용이 법원의 요구사항을 충족시키지 못한 경우라도 이에 대한 시정 기회를 주지 않고 신청을 곧바로 기각하는 것은 허용되지 않는다(대결 2015.9.1. 2015마657).

한편 개시신청기각결정을 받았더라도 채무자는 아무런 제한 없이 다시 개인회생절차개시신청을 할 수 있다.

2) 개시결정

법원은 신청일부터 1월 이내에 개인회생절차개시신청에 대한 개시여부에 관하여 결정을 해야 한다(596조 1항). 그리고 개시여부의 결정을 한 때에는 결정서에 결정의 연·월·일·시를 기재해야 하며, 그 결정은 결정시부터 효력이 발생한다(596조 4항, 5항). 법원에서 개시결정을 한 때에는 개시결정과 동시에 ① 개인회생채권에 관한 이의기간(개인회생절차개시결정일부터 2주

이상 2월 이하일 것), ② 개인회생채권자집회의 기일(기일과 이의기간의 말일 사이에는 2주 이상 1월 이하의 기간을 둘 것)을 정해야 한다(596조 2항). 이러한 기간은 특별한 사정이 있는 때에는 늦추거나 늘일 수 있다.

3) 개시결정의 공고와 송달

법원은 개인회생절차개시결정을 한 때에는 지체 없이 ① 개인회생절차개시결정의 주문, ② 이의기간, ③ 개인회생채권자가 이의기간 안에 자신 또는 다른 개인회생채권자의 채권내용에 관하여 개인회생채권조사확정재판을 신청할 수 있다는 뜻, ④ 개인회생채권자집회의 기일을 공고해야 하고(597조 1항), 이를 기재한 서면과 개인회생채권자 목록 및 변제계획안을 채무자, 알고 있는 개인회생채권자, 개인회생절차가 개시된 채무자의 재산을 소지하고 있거나 그에게 채무를 부담하는 자에게 송달해야 한다(597조 2항). 이의기간의 변경, 개인회생채권자집회의 기일의 변경, 변제계획안의 변경이 있는 때에도 마찬가지이다(597조 3항).

4) 개시여부의 결정에 대한 즉시항고

가) 즉시항고신청절차

개인절차개시신청에 대한 개시결정이나 기각결정에 관하여는 이해관계인이 즉시항고할 수 있다(598조 1항). 개시결정에 대하여는 개인회생채권자목록에 기재된 채권자와 별제권자 등이 해당될 것이고, 기각결정에 대하여는 채무자가 이해관계인으로 될 것이다. 즉시항고 기간은 개인회생절차개시결정에 대하여는 재판의 공고가 있은 날의 다음날부터 14일 이내에, 개인회생절차기각결정에 대하여는 신청인 결정문을 송달받은 날의 다음날부터 1주일 이내에 해야 한다. 이 경우 법원은 개인회생절차개시결정 전에 이해관계인의 신청에 의하거나 직권으로 채무자의 재산에 관하여 가압류·가처분 그밖의 필요한 보전처분을 할 수 있고, 또한 필요하다고 인정하는 때에는 이해관계인의 신청에 의하거나 직권으로 개인회생절차의 개시신청에 대한 결정시까지 일정한 절차 또는 행위에 대한 중지 또는 금지를 명할 수 있다(598조 2항, 592조, 593조). 이러한 즉시항고에 대하여는 집행정지의 효력은 없다(598조 3항).

나) 즉시항고에 대한 재판

항고법원은 즉시항고의 절차가 법률에 위반되거나 즉시항고가 이유없다고 인정하는 때에는 결정으로 즉시항고를 각하 또는 기각하되, 즉시항고가 이유 있다고 인정하는 때에는 원래의 결정을 취소하고 사건을 원심법원에 환송해야 한다(598조 4항, 5항).

개인회생절차개시결정을 취소하는 결정이 확정된 때에는 즉시 그 주문을 공고하고 채무자, 알고 있는 개인회생채권자, 개인회생절차가 개시된 채무자의 재산을 소지하고 있거나 그에게 채무를 부담하는 자에게 그 결정의 취지를 송달해야 한다(599조). 항고법원의 결정에 대하여는 재판에 영향을 미친 헌법, 법률, 명령 또는 규칙의 위반이 있음을 이유로 하는 경우에 한하여 대법원에 재항고할 수 있다(33조, 민사소송법 442조).

다. 개인회생절차개시결정의 효력

1) 개인회생재단의 성립

개인회생개시결정이 이루어지면 ① 개인회생절차개시결정 당시 채무자가 가진 모든 재산과 채무자가 개인회생절차 개시결정 전에 생긴 원인으로 장래에 행사할 청구권, ② 개인회생절차진행 중에 채무자가 취득한 재산 및 소득은 개인회생재단을 이루게 된다(580조 1항). 압류금지재산과 면제재산은 개인회생재단에 편입되지 않는다(580조 3항, 383조). 그리고 채무자는, 인가된 변제계획에서 다르게 정한 때를 제외하고는, 이러한 개인회생재단을 관리하고 처분할 권한을 가진다(580조 2항).

2) 다른 절차의 중지 또는 금지

개인회생절차개시의 결정이 있는 때에는 개인회생절차의 목적을 달성하기 위해 일정한 행위가 중지 또는 금지된다. 이 경우 처분을 할 수 없거나 중지된 기간 중에는 시효가 진행하지 않는다(600조 4항).

가) 중지 또는 금지되는 절차

개인회생절차개시의 결정이 있는 때에는 다음 각호의 절차 또는 행위가 중지 또는 금지된다(600조 1항 본문). 한편 위 중지된 회생절차 또는 파산절차는 변제계획인가결정이 있는 때에는 그 효력을 상실하게 된다(615조 3항). 따라서 중지의 효과는 변제계획인가결정시까지이다. 금지의 효과는 개인회생절차의 종료시까지 존속된다.

(1) 채무자에 대한 회생절차 또는 파산절차

개인회생절차개시의 결정이 있는 때에는 채무자에 대한 회생절차 또는 파산절차는 중지 또는 금지되며(600조 1항 1호), 그 중지한 회생절차 또는 파산절차는, 변제계획 또는 변제계획인가결정에서 다르게 정한 때를 제외하고는, 변제계획인가결정이 있는 경우 그 효력이 상실된다(615조 3항).

(2) 개인회생재단에 대한 강제집행·가압류 또는 가처분

개인회생절차개시의 결정이 있는 때에는 개인회생채권에 기하여 개인회생재단에 속하는 재산에 대하여 한 강제집행·가압류 또는 가처분은 중지 또는 금지되며(600조 1항 2호), 그 중지한 회생절차 또는 파산절차는, 변제계획 또는 변제계획인가결정에서 다르게 정한 때를 제외하고는, 변제계획인가결정이 있는 경우 그 효력이 상실된다(615조 3항).

여기에서 중지·금지되는 절차는 개인회생채권자목록에 기재된 개인회생채권 즉 개인회생절차개시결정 전의 원인으로 생긴 재산상의 청구권에 기한 것에 한하고(600조 1항 단서),[388] 개인회생채권이 아닌 개인회생재단채권이나 환취권에 기한 강제집행이나 가압류·가처분은 허용된다.

개인회생채권목록에서 누락된 채권자는 개시결정 후에도 제한없이 강제집행이나 가압류·가처분을 행할 수 있다. 그리고 여기에서 중지란 소급효가 있는 것이 아니므로 기왕의 가압류·가처분이 실효되는 것은 아니며 따라서 개인회생절차개시결정 전에 이미 급여 등에 가압류가 되어 있는 경우에는 개인회생절차개시결정 시점을 기준으로 향후 동결된다는 것을 의미할 뿐 가압류·가처분이 해제 또는 실효되지는 않고, 이후 변제계획인가결정이 있어야 비로소 실효되는 것이다. 따라서 변제계획인가결정 전에 가압류·가처분을 실효시키려면 별도로 가압류 등 취소명령을 신청하는 절차를 거쳐야 할 것이다(600조 3항).

한편 채권에 대한 가압류나 압류 이후에 채권자가 이를 현금화하기 위해 개인회생절차개시 전에 실시한 추심명령이나 전부명령을 신청하여 확정된 경우에는 어떠한가? 추심명령이나 전부명령은 압류를 전제로 하고 있고, 개인회생절차개시결정이 이루어지면 개인회생재단에 속하는 재산에 대하여 한 강제집행·가압류 또는 가처분이 중지 또는 금지된다고 규정하고 있기 때문에 논란이 있다(600조 1항 2호). 특히 급여채권과 같이 일회성이 아니고 장래에 계속적으로 발생하는 채권에 대하여 이루어진 추심명령이나 전부명령이 문제된다.

추심명령의 경우에는 집행정지신청 등을 통하여 이를 중지시키는 것이 가능하고 또 실무상 많이 실시되고 있다.[389] 그런데 전부명령의 경우에는 해당 전부명령이 제3채무자

388) 개인회생재단에 속하는 재산에 대한 담보권의 설정 또는 담보권의 실행 등을 위한 경매는 개인회생채권자목록에 기재된 것에 제한되지 않고 개인회생절차개시결정시부터 변제계획인가결정일 또는 개인회생절차폐지결정 확정일 중 먼저 도래하는 날까지 중지 또는 금지된다는 점에서 개인회생채권과 구별된다.

389) 급여 중 일부가 채권압류 및 추심명령에 의해 적립 또는 추심되던 중 채무자에 대하여 개인회생절차개시결정

에게 송달되어 확정된 경우 바로 집행자체가 종료되는 것이므로 현실적으로 이를 중지시키는 경우란 거의 없다고 실무상 판단하고 있는 것으로 보인다.[390]

그런데 급여채권 등과 같이 일회성이 아닌 장래 계속적 급부채권과 관련하여 전부명령도 개시결정이나 변제계획인가에 의하여 중지·금지 내지 효력상실의 대상으로 된 압류를 전제로 하고 있는 관계상(600조 1항 2호, 615조 3항 본문), 이러한 논리를 적용해야 하는지는 의문이며 검토가 필요한 부분이라고 본다.

다만 통합도산법에서는 장래의 계속적 급부채권 중 급여채권자에 대해서는 근로자인 채무자를 보호하기 위해 별도의 규정을 두어 개인회생절차개시 전에 확정된 급여채권에 대한 전부명령은 변제계획인가결정이 있는 때에는 변제계획인가결정 후에 제공한 노무로 인한 부분에 대하여는 그 효력이 상실되도록 하고 있다(616조 1항). 바람직한 입법의 태도라고 본다.

(3) 개인회생채권을 변제받는 행위 또는 변제요구 행위

개인회생절차개시결정이 있게 되면 개인회생채권자목록에 기재된 개인회생채권에 대하여는 이를 변제받거나 변제를 요구하는 일체의 행위가 중지 또는 금지된다(600조 1항 3호). 즉 개인회생채권자는 개인회생절차 내에서 변제계획에 의해서만 변제받아야 하는 것이다. 여기에서 변제받는 행위 또는 변제요구 행위가 중지 내지 금지되는 것은 개인회생채권자목록에 기재된 것에 한한다(600조 1항 단서). 그리고 변제금지의 대상은 개인회생채권에 한하므로 개인회생재단채권은 개인회생절차에 의하지 않고 수시로 변제한다(583조 2항, 475조).

따라서 조세 중 개인회생절차개시결정 당시 아직 납부기한이 도래하지 않은 통합도산법 583조 1항 2호 소정의 조세는 개인회생재단채권에 해당되므로 수시 변제되어야 하지만, 개인회생절차개시결정 당시 이미 납부기한이 도래하였거나 통합도산법 583조 1항 2호에 열거되지 않은 조세는 개인회생채권자목록에 기재되어 있는 경우 '일반의 우선권 있는 개인회생채권'에 해당되어 변제금지의 효력이 미치지 않는다. 따라서 이러한 조세는 변제계획에 포함시켜 변제해야 하되, '일반의 우선권 있는 개인회생채권'에 해당되므로

이 이루어진 경우, 사용자인 제3채무자로서는 급여 중 일부를 떼지 않고 전액 채무자에게 지급해야 하는지 문제된다. 중지명령은 말 그대로 향후의 집행을 중지하는 것이므로 중지명령의 효력이 발생하면 사용자는 급여 중 일부를 떼어 적립할 필요 없이 전액 채무자에게 지급해야 하는 것으로 보는 것이 타당하다. 그러나 실무에서는 사용자인 제3채무자가 이중지급의 위험 때문에 종전처럼 급여 중 일부를 떼어 적립하되, 추심채권자나 채무자에게 지급하지 않고 보관하고 있다가 변제계획가결정 여부에 따라 처리하고 있는 것으로 보인다.

390) 제3판 개인파산·회생실무, 230~231p.

그 전액을 변제하는 내용으로 변제계획을 작성해야 한다(611조 1항 2호).

이와 같이 개인회생절차개시결정이 있게 되면 개인회생채권의 변제를 요구하는 일체의 행위가 중지·금지되지만 소송행위는 중지·금지되지 않는다(600조 1항 3호 단서). 이 부분은 항을 바꾸어 설명하기로 한다.

(4) 체납처분

개인회생절차개시의 결정이 있는 때에는 국세징수법 또는 지방세기본법에 의한 체납처분, 국세징수의 예(국세 또는 지방세 체납처분의 예를 포함)에 의한 체납처분 또는 조세채무담보를 위해 제공된 물건의 처분이 중지 또는 금지된다(600조 1항 4호). 여기에서 중지·금지되는 처분은 개인회생채권자목록에 기재된 '일반의 우선권 있는 개인회생채권'인 조세 등의 청구권에 기한 것이므로 개인회생채권자목록에 기재되지 않은 조세 등이나 개인회생재단채권인 조세 등의 청구권에 기한 처분은 중지·금지되지 않는다(600조 1항 단서).

(5) 담보권의 설정 또는 담보권의 실행 등을 위한 경매

개인회생절차개시의 결정이 있는 때에는 변제계획의 인가결정일 또는 개인회생절차폐지결정의 확정일 중 먼저 도래하는 날까지 개인회생재단에 속하는 재산에 대한 담보권의 설정 또는 담보권의 실행 등을 위한 경매는 중지 또는 금지된다(600조 2항).[391]

나) 소송행위 가능 여부

(1) 개인회생절차가 진행 중인 경우

통합도산법에서는 개인회생절차개시결정이 있게 되면 개인회생채권자목록에 기재된 개인회생채권에 기한 강제집행이나 가압류·가처분 등 보전처분이 중지·금지되도록 하면서도 소송행위는 가능하도록 하고 있는 한편(600조 1항 3호 단서), 개인회생채권조사확정재판 제도를 두어 개인회생채권자목록에 대하여 이의기간 내에 개인회생채권조사확정재판을 신청하지 않은 경우에는 개인회생채권자목록의 기재대로 채권이 확정되도록 하는 규정을 두고 있다(600조 1항 2호, 3호, 604조).

개인파산이나 일반회생 등 다른 도산절차에서는 파산선고나 개시결정 이후에는 별개의 소송이 불가능하도록 함으로서 채권확정절차를 도산절차 내로 집중시키고 있는데 반하여, 개인회생에서는 도산절차 내로 집중시키지 않고 별도의 이행소송이 가능하도록

391) 원래 담보권은 별제권으로 인정되기 때문에 개인회생절차에 의하지 않고 언제든지 행사할 수 있어야 하지만(586조, 412조), 통합도산법에서는 600조 2항을 두어 변제계획인가시까지는 담보권실행 등을 위한 경매를 할 수 없도록 하고 있다. 그러나 변제계획인가 후에는 언제든지 별제권을 행사할 수 있다.

규정하고 있어 상호 저촉되는 문제가 발생하는 것이다.

이에 소송행위와 개인회생채권조사확정재판 제도와의 관계를 조정할 필요가 있는 바, 판례는 개인회생절차개시결정이 있은 후에도 소송행위는 금지되지 않지만 이는 개인회생절차개시결정 당시 개인회생채권자목록에 기재된 개인회생채권에 관한 소가 이미 제기되어 있는 경우에는 그에 관한 소송행위를 할 수 있다는 취지로 보아야 할 것이고, 개인회생절차개시의 결정이 내려진 후에 새로이 개인회생채권자목록에 기재된 개인회생채권에 기하여 이행의 소를 제기하는 것은 개인회생채권조사확정재판과의 관계상 허용되지 않는다고 판시하고 있다(대판 2013.9.12. 2013다42878).

따라서 개인회생절차개시결정 당시 아직 소송이 계속되고 있는 경우가 아니라면 개인회생채권의 확정은 통합도산법상 개인회생채권의 확정절차인 개인회생채권조사확정재판에 의해야 할 것이므로 이와 중복소송이 되는 새로운 이행소송이나 확인소송은 제기하지 못한다고 해야 할 것이고,[392] 이미 소송이 계속 중인 경우라면 중복소송금지의 원칙에 저촉되는 새로운 개인회생채권조사확정재판을 신청할 수 없을 것이로되(604조 2항), 기존의 소송을 계속 진행하는 것은 가능할 것이로되 개인회생채권의 존부나 내용의 확정은 필요한 것이므로 기존의 소송의 청구취지를 개인회생채권의 존부나 내용의 확정을 구하는 형태의 개인회생채권조사확정의 소로 변경하여 해당 소송을 계속 진행해야 할 것이다(604조 2항).[393]

그 후 해당 소송의 결과가 나오면 그 결과를 개인회생채권자표에 기재하는 방식으로 처리하면 될 것이다.[394]

또한 개인회생채권자목록의 제출에 대하여는 시효중단의 효력이 인정되고 있고(32조 3호), 그에 따른 시효중단의 효력은 특별한 사정이 없는 한 개인회생절차가 진행되는 동안에는 그대로 유지되므로 개인회생채권자목록에 기재된 개인회생채권에 대하여 소멸시효의 중단을 위한 소송행위도 허용되지 않는 것이며, 이는 개인회생채권자목록에 기재된 개인회생채권에 관하여 개인회생절차개시의 결정 전에 이미 확정판결이 있는 경우에도

392) 서울회생법원, 제5판 개인파산·회생실무, 507p.

393) 개인회생의 경우에는 개인파산이나 일반회생과 같은 파산관재인이나 관리인이 존재하지 않고 채무자에게 관리처분권이 계속 보유되어 있기 때문에 개인회생절차개시결정이 이루어졌다고 해서 이미 계속 중인 소송이 중단되는 일은 없으며, 또한 소송수계도 불필요할 것이지만, 개인회생절차에서는 개인회생채권의 존부나 내용의 확정이 필요한 것이어서 청구취지의 변경을 통하여 개인회생채권조사확정의 소로 변경하여 개인회생채권의 존부와 그 내용을 확정할 수 있도록 한 것이다(서울회생법원, 제5판 개인파산·회생실무, 584p).

394) 서울회생법원, 제5판 개인파산·회생실무, 506p.

마찬가지라고 할 것이다(대판 2013.9.12. 2013다42878).

그리고 개인회생개시결정 후의 소송행위의 허용 또는 불허 여부에 관한 것은 개인회생채권자목록에 기재한 개인회생채권에 관한 문제이므로 개인회생채권이 아닌 개인회생재단채권에 관한 소송(583조 2항, 475조, 476조)이나 개인회생채권자목록에 기재되지 않은 개인회생채권에 관한 소송행위는 개인회생절차개시결정에 불구하고 그 제기가 가능한 것이므로 개인회생재단채권이나 개인회생채권자목록에 누락된 채권에 대하여는 별개의 소제기가 가능하고 또한 강제집행도 가능할 것이다.

한편 개인회생절차개시결정 전에 채권자에게 집행권원이나 확정된 종국판결이 존재하고 이에 근거하여 기재된 개인회생채권자목록에 이의가 있는 경우 개인회생절차 내에서 개인회생채권조사확정재판(604조)을 신청하는 것이 가능한지 문제되는데, 이를 인정하는 것은 부당하다고 보이므로 개인파산절차나 일반회생절차의 규정(466조, 174조)을 준용하여 채무자가 집행권원이나 확정된 종국판결에 대하여 다툴 수 있는 소송절차인 청구이의의 소나 재심의 소 등에 의해서만 다툴 수 있다고 보는 것이 타당하다고 본다.[395]

(2) 개인회생절차 폐지 후의 경우

확정된 개인회생채권을 개인회생채권자표에 기재한 경우 그 기재는 개인회생채권자 전원에 대하여 '확정판결과 동일한 효력'이 있고, 그 후 개인회생절차폐지결정이 확정된 때에는 개인회생채권자는 채무자에 대하여 개인회생채권자표에 기하여 강제집행을 할 수 있다(603조 3항, 4항). 다만 여기에서 '확정판결과 동일한 효력'이 있다는 의미는 기판력이 아닌 확인적 효력을 가지고 개인회생절차 내부에 있어 불가쟁의 효력이 있다는 의미에 지나지 않으므로 애당초 존재하지 않는 채권이 확정되어 개인회생채권자표에 기재되어 있더라도 이로 인하여 채권이 있는 것으로 확정되는 것이 아니며 따라서 채무자로서는 별개의 소송절차에서 그 채권의 존재를 다툴 수 있다(대판 2013.9.12. 2013다29035·29042).

이는 개인회생채권자목록의 내용에 관하여 이의가 있어 개인회생채권조사확정재판이 신청되고 개인회생채권조사확정재판이 있었으나, 개인회생채권조사확정재판에 대한 이의의 소가 그 제소기간 안에 제기되지 않아 그 재판이 개인회생채권자 전원에 대하여 확정판결과 동일한 효력을 갖게 된 경우(607조 2항)에도 마찬가지라고 할 것이다(대판 2013.9.12. 2013다29035·29042). 이와 같이 확정된 개인회생채권에 관한 개인회생채권자표의 기재에 기판력이 없는 이상 그에 대한 청구이의의 소에서도 기판력의 시간적 한계에 따른

395) 서울회생법원, 제5판 개인파산·회생실무, 584p.

제한이 적용되지 않으므로 그 청구이의의 소송심리에서는 개인회생채권 확정 후에 발생한 사유뿐만 아니라 개인회생채권 확정 전에 발생한 청구권의 불성립이나 소멸 등의 사유도 주장할 수 있을 것이다(대판 2013.9.12. 2013다29035·29042).

다) 시효 진행 여부

개인회생절차개시의 결정으로 중지 또는 금지된 절차나 행위 기간 중에는 시효가 진행되지 않는다(600조 4항). 따라서 개인회생절차가 진행되는 동안에는 개인회생채권자목록에 기재된 개인회생채권에 대하여 소멸시효의 중단을 위한 소송행위는 허용되지 않으며, 개인회생채권자목록에 기재된 개인회생채권에 관하여 개인회생절차개시의 결정 전에 이미 확정판결이 있는 경우에도 마찬가지로 소멸시효의 중단을 위한 소송행위는 허용되지 않는다 함은 앞서 본 바와 같다(대판 2013.9.12. 2013다42878).

라) 중지된 절차 또는 처분의 속행 또는 취소

법원은 상당한 이유가 있는 때에는 이해관계인의 신청에 의하거나 직권으로 개인회생개시결정에 의해 중지된 절차 또는 처분의 속행 또는 취소를 명할 수 있다(600조 3항 본문). 다만, 처분의 취소의 경우에는 담보를 제공하게 할 수 있다(600조 3항 단서).

3) 개인회생채권자의 채권자취소소송 가능 여부

개인회생절차개시결정이 내려진 후에는 채무자가 부인권을 행사하고, 법원은 채권자 또는 회생위원의 신청에 의하거나 직권으로 채무자에게 부인권의 행사를 명할 수 있다. 개인회생채권자가 제기한 채권자취소소송이 개인회생절차 개시결정 당시에 계속되어 있는 때에는 그 소송절차는 수계 또는 개인회생절차의 종료에 이르기까지 중단된다. 이러한 규정 취지와 집단적 채무처리절차인 개인회생절차의 성격, 부인권의 목적 등에 비추어 보면, 개인회생절차 개시결정이 내려진 후에는 채무자가 총채권자에 대한 평등변제를 목적으로 하는 부인권을 행사해야 하고, 개인회생채권자목록에 기재된 개인회생채권을 변제받거나 변제를 요구하는 일체의 행위를 할 수 없는 개인회생채권자가 개별적 강제집행을 전제로 하여 개개의 채권에 대한 책임재산의 보전을 목적으로 하는 채권자취소소송을 제기할 수는 없다고 할 것이다(대판 2010.9.9. 2010다37141).

채권자취소소송의 계속 중 채무자에 대하여 개인회생절차 개시결정이 있었는데 법원이 그 개인회생절차개시결정사실을 알고도 채무자의 소송수계가 이루어지지 않은 상태 그대로 소송절차를 진행하여 판결을 선고하였다면, 그 판결은 채무자의 개인회생절차 개시결정으로

소송절차를 수계할 채무자가 법률상 소송행위를 할 수 없는 상태에서 심리되어 선고된 것이므로 여기에는 마치 대리인에 의해 적법하게 대리되지 않았던 경우와 마찬가지의 위법이 있다고 할 것이다(대판 2013.6.13. 2012다33976).

라. 개인회생기록의 열람·복사

개인회생채권자 등 이해관계인은 개인회생절차개시신청시부터 개시결정시까지는 당사자의 지위를 갖지 못하고 개인회생절차개시결정 후에야 비로소 개시결정문, 이의기간, 개인회생채권자목록, 변제계획안을 송달받게 된다. 따라서 개인회생채권자로서는 개인회생기록을 열람하지 않고서는 개인회생절차개시결정에 대한 이의 등 권리 주장 내지 구제를 받을 수 없게 된다. 여기에 개인회생기록에 대한 열람·복사 제도가 중요한 의미를 갖게 되는 것이다. 이에 따라 통합도산법에서도 이해관계인의 기록열람·복사권을 규정하고 있다. 즉, 이해관계인은 법원에 사건기록(문서 그밖의 물건 포함)의 열람·복사, 재판서·조서의 정본·등본이나 초본의 교부 또는 사건에 관한 증명서의 교부를 청구할 수 있다(28조 1항). 다만, 사건기록 중 녹음테이프 또는 비디오테이프에 관하여는 교부청구가 인정되지 않고 이해관계인의 신청이 있는 때에만 그 복제가 가능하다(28조 2항).

사건기록에 대한 열람·복사를 신청하려면 신청인의 자격을 소명하는 서면으로 해야 하고, 신청서에는 신청서 1건당 500원의 수입인지를 첨부해야 한다. 복사를 필요로 하는 경우에는 복사할 기록 1장당 50원의 수입인지를 추가로 붙여야 한다. 중지명령, 개인회생절차개시결정, 변제계획인가결정 등 재판서·조서의 정본·등본·초본에 대한 교부를 신청하려면 이해관계를 소명하는 서면으로 해야 하고, 재판서 등본의 경우에는 1,000원, 확정증명의 경우에는 500원의 수수료를 납부해야 한다.

채무자가 보유한 재산에 대한 조회결과도 열람·복사·복제청구가 가능하다(규칙 48조).

다만 법원은 채무자의 사업유지 또는 회생에 현저한 지장을 초래할 우려가 있거나 채무자의 재산에 현저한 손해를 줄 우려가 있는 때에는 열람·복사, 정본·등본이나 초본의 교부 또는 녹음테이프 또는 비디오테이프의 복제를 허가하지 않을 수 있도록 하되(28조 4항), 이러한 불허가결정에 대하여는 즉시항고할 수 있도록 구제절차를 마련하고 있다(28조 5항).

4. 회생위원의 선임

가. 선임절차

법원은 이해관계인의 신청에 의하거나 직권으로 관리위원회의 관리위원이나 법원사무관등, 변호사·공인회계사 또는 법무사의 자격이 있는 자, 법원주사보·검찰주사보 이상의 직에 근무한 경력이 있는 자, 은행법에 의한 은행에서 근무한 경력이 있는 사람으로서 회생위원의 직무수행에 적합한 자, 채무자를 상대로 신용관리교육·상담 및 신용회복을 위한 채무조정업무 등을 수행하는 기관 또는 단체에 근무 중이거나 근무한 경력이 있는 사람으로서 회생위원의 직무수행에 적합한 자 중에서 적합한 자를 회생위원으로 선임할 수 있고, 선임된 회생위원을 해임할 수 있다(601조 1항, 2항). 회생위원의 선임은 임의적이지만(601조 1항), 대부분의 개인회생사건에서 내부회생위원이든 외부회생위원이든 회생위원을 선임하고 있다는 점은 앞서 본 바와 같다.

채무자는 법원의 명령 또는 회생위원의 요청이 있는 경우에는 재산 및 소득, 변제계획 그밖의 필요한 사항에 관하여 설명을 해야 한다(602조 2항).

나. 회생위원의 업무

회생위원은 법원의 감독을 받아 다음 각호의 업무를 수행한다(602조 1항).

즉,

① 채무자의 재산 및 소득에 대한 조사

② 부인권 행사명령의 신청 및 그 절차 참가

③ 개인회생채권자집회의 진행

④ 그밖에 법령 또는 법원이 정하는 업무

㉮ 개인회생절차의 개시여부의 재판에 대한 의견제시

㉯ 변제계획안 작성 지도

㉰ 저당권 등으로 담보된 개인회생채권이 잇는 경우 담보목적물의 평가

㉱ 변제계획에 따른 변제가 지체되고 그 지체액이 3개월분에 달한 경우 법원에 대한 보고

㉲ 변제계획에 따른 변제가 완료된 경우 법원에 대한 보고

㉳ 회생위원의 임무가 종료된 경우 법원에 대한 계산의 보고

5. 개인회생채권의 확정절차

가. 개인회생채권 및 개인회생채권자목록의 확정

개인회생채권 및 개인회생채권자목록은 다음과 같은 4가지의 경우에 확정된다. 즉 ① 개인회생채권자목록에 기재된 채권에 관하여 채권자가 이의기간(596조 제2항 제1호) 내에 개인회생채권조사확정재판을 신청하지 않거나 이의기간 내에 제기된 개인회생채권조사확정재판이 각하되어 그대로 확정된 경우(603조 1항), ② 개인회생채권자목록 또는 수정된 개인회생채권자목록에 기재된 채권에 관하여 채권자가 이의기간(596조 제2항 제1호, 589조의2 4항) 내에 채권조사확정재판을 신청하였고 이에 대하여 채무자의 이의 인정으로 개인회생채권자목록이 변경되거나 채무자의 이의 부정으로 채권조사확정재판의 결과에 따라 확정된 때, ③ 채권조사확정재판에 대한 불복으로 채권조사확정재판에 대한 이의의 소에서 확정된 경우(605조), ④ 개인회생절차개시결정 전에 이미 소송계속 중인 별소의 내용을 개시결정 후 개인회생채권조사확정의 소로 변경한 후 그 결과대로 확정된 경우(604조 2항)에 개인회생채권은 확정되는 것이다.

따라서 자기 또는 다른 개인회생채권자의 채권에 대하여 이의가 있는 개인회생채권자는 이의기간 내에 개인회생채권조사확정재판을 신청해야 하며, 개인회생채권조사확정재판의 결정에 대하여 불복이 있는 자는 결정서를 송달받은 날로부터 1월 이내에 이의의 소를 제기해야 할 것이다(604조, 605조). 확정된 개인회생채권 내지 개인회생채권자목록은 절차적 불가쟁효 때문에 원칙적으로 변경이 불가하다. 다만 채무자가 책임질 수 없는 사유로 개인회생채권자목록에 누락하거나 잘못 기재한 사항에 대하여는 확정된 개인회생채권자목록이라도 변제계획인가결정 전까지 그 수정이 가능하다(589조의2 2항).[396]

한편 통합도산법에서는 변제계획인가 후의 변제계획안의 변경에 관하여는 채무자나 개인회생채권자로 하여금 그에 따른 변제가 완료되기 전까지 인가된 변제계획의 변경안을 제출할 수 있도록 하고 있는 반면(619조 1항), 변제계획인가 후에 확정된 개인회생채권자목록의 변경에 관하여는 규정하고 있지 않다. 따라서 변제계획인가 후에는, 통합도산법에서 인정한 개인회생채권자목록상의 채권을 취득함으로 인한 채권자 명의 변경을 제외하고는, 누락된 채권자를 추가하는 등의 수정·변경은 불가하다고 보아야 할 것이다.[397]

396) 서울회생법원, 제5판 개인파산·회생실무, 580p.

397) 서울회생법원, 제5판 개인파산·회생실무, 662p.

그런데 인가된 변제계획안의 변경도 확정된 개인회생채권자목록을 전제로 하므로 개인회생채권자목록에 기재되지 않은 채권이거나 누락된 채권자를 추가하는 것은 개인회생채권자목록의 변경 없이는 불가하다고 본다. 다만 개인회생채권자목록이 확정된 후라도 개인회생채권자목록에 기재된 채권을 채권양도나 대위변제 등으로 취득한 자는 채권자 명의 변경신청이 가능한데(609조의2 1항), 이는 전후 채권의 동일성이 인정되는 것으로서 통합도산법에서 그 변경을 인정하고 있기 때문에 가능한 것이다.

참고로 통합도산법에서는 개인회생채권자목록의 수정과 변경을 혼용하고 있는 듯한데, 변제계획안도 인가 전의 수정·변경을 수정이라고 하고 그 후의 수정·변경을 변경이라고 하는 것과 일관성 있게(610조, 619조), 개인회생절차개시결정 전의 추가·수정·변경은 수정이라는 용어를(589조의1), 그 후의 추가·수정·변경은 변경이라는 용어를 사용하는 것이 바람직하다고 본다(604조 1항 후단).

나. 개인회생채권자표의 작성

법원사무관 등은 개인회생채권이 확정[398]된 때에는 채권자의 성명 및 주소, 채권의 내용 및 원인을 기재한 개인회생채권자표를 작성해야 한다(603조 2항).

다. 개인회생채권확정의 효력

확정된 개인회생채권을 개인회생채권자표에 기재한 경우 그 기재는 개인회생채권자 전원에 대하여 '확정판결과 동일한 효력'이 있다(603조 3항). 따라서 개인회생채권자는 개인회생절차폐지결정이 확정된 경우 개인회생채권자표에 집행문을 부여받아 채무자의 재산에 대하여 강제집행을 실시할 수 있다(603조 4항).

다만 여기에서 '확정판결과 동일한 효력'을 가진다는 의미는 기판력이 아닌 확인적 효력을 가지고 개인회생절차 내부에 있어 불가쟁의 효력이 있다는 의미에 지나지 않으므로 애당초 존재하지 않은 채권이 확정되어 개인회생채권자표에 기재되어 있더라도 이로 인하여 채권이 있는 것으로 확정되는 것이 아니어서 채무자로서는 별개의 소송절차에서 그 채권의 존재를 다툴 수 있을 것이다(대판 2013.9.12. 2013다29035·29042). 이는 개인회생채권자목록의 내용에 관하여 이의가 있어 개인회생채권조사확정재판이 신청되고 개인회생채권조사확정재판이 있었으나, 개인회생채권조사확정재판에 대한 이의의 소가 그 제소기간 안에 제기되지 않아 그 재판

398) 여기에서 확정의 대상은 개인회생채권의 액수, 우선권·일반·후순위개인회생채권의 해당여부 등이 될 것이다.

이 개인회생채권자 전원에 대하여 확정판결과 동일한 효력을 갖게 된 경우(607조 2항)에도 마찬가지라고 할 것이다(대판 2013.9.12. 2013다29035·29042).[399)]

이와 같이 확정된 개인회생채권에 관한 개인회생채권자표의 기재에 기판력이 없는 이상 그에 대한 청구이의의 소에서도 기판력의 시간적 한계에 따른 제한이 적용되지 않는 바, 그 청구이의의 소에서는 개인회생채권 확정 후에 발생한 사유뿐만 아니라 개인회생채권 확정 전에 발생한 청구권의 불성립이나 소멸 등의 사유도 주장이 가능할 것이다(대판 2013.9.12. 2013다29035·29042).

라. 개인회생채권확정재판

1) 개인회생채권조사확정재판

가) 의 의

개인회생채권자목록의 내용에 관하여 이의가 있는 개인회생채권자는 개인회생절차개시결정일부터 2주 이상 2월 이하의 어느 날로서 법원이 정하는 이의기간(596조 제2항 제1호) 안에 서면으로 개인회생채권조사확정재판을 신청할 수 있다(604조 1항 전단).[400)401)] 이 경우 개인회생채권자가 자신의 개인회생채권의 내용에 관하여 개인회생채권조사확정재판을 신청하는 경우에는 채무자를 상대방으로 하고, 다른 개인회생채권자의 채권내용에 관하여 개인회생채권조사확정재판을 신청하는 경우에는 채무자와 다른 개인회생채권자를 상대방으로 해야 한다(604조 3항).

개인회생채권조사확정재판의 소가는 변제계획으로 얻을 이익의 예정액을 표준으로 하여 개인회생법원이 정한다(609조). 소가결정신청의 시기에 대하여는 특별한 제한이 없지만 소를 제기하기 전에는 사실상 신청하기 곤란할 것이므로 실무상 소제기자가 우선 소액

---

399) 개인회생채권조사확정재판은 그 신청기간이 비교적 단기간으로 엄격히 제한되어 있을 뿐만 아니라 변론절차가 아니라 이해관계인의 심문을 거쳐 채권의 존부 등에 관한 소명의 유무를 심리하여 결정의 형식으로 재판이 이루어지므로 변론을 거쳐 종국판결을 선고하는 경우와 비교해볼 때 충분한 절차적 보장 아래 소송당사자가 자기책임으로 소송을 수행하였다고 보기 어렵고, 통합도산법은 개인회생채권조사확정재판에 따른 결정이 확정된 경우 이에 대해서 준재심을 허용하는 규정을 두고 있지 않은데, 통합도산법이 개인회생채권조사확정재판에 대하여 '실체관계에 대한 종국적 판단'으로서 기판력을 부여하려 하였다면 이에 대해서 기판력을 배제하는 비상의 불복신청방법을 미리 마련해 두었을 것이다(대판 2017.6.19. 2017다204131).

400) 채무자는 스스로 작성한 개인회생채권자목록에 대하여 이의를 진술하면서 개인회생채권조사확정재판을 신청할 수 없다.

401) 회생절차나 파산절차에서는 일단 채권자의 신고를 받은 후 시·부인이나 이의절차를 진행하는데 반하여 개인회생절차에서는 간이·신속을 도모하기 위해 신고절차 없이 바로 채무자가 제출한 개인회생채권자목록에 대한 개인회생채권조사확정재판을 구하는 것으로 처리하고 있다.

의 인지(1,000원)을 첨부하여 소를 제기한 후 소가결정을 받아 인지를 보정하고 있다.

채무자가 이의내용을 인정하는 때에는 법원의 허가를 받아 개인회생채권자목록을 변경할 수 있고, 이 경우 법원은 조사확정재판신청에 대한 결정을 하지 않을 수 있다(604조 1항 후단).

나) 신청절차

개인회생채권조사확정재판을 신청하는 자는 법원이 정하는 절차의 비용을 미리 납부해야 한다. 법원은 비용을 미리 납부하지 않는 때에는 신청을 각하해야 한다(604조 4항). 첨부서류와 비용은 다음과 같다.

① 신청서 : 1부(부본 별도)

② 인지대 : 1,000원

③ 송달료 : 당사자수 × 4회 × 5,200원

다) 결정 및 불복절차

개인회생채권조사확정재판의 신청이 있으면 법원은 이해관계인을 심문한 후 개인회생채권조사확정재판을 해야 하며, 이 결정에서 이의가 있는 회생채권의 존부 또는 그 내용을 정해야 하고, 결정서는 당사자에게 송달해야 한다(604조 5항, 6항). 개인회생채권조사확정재판에 대하여 불복하려면 그 결정서를 송달받은 날부터 1월 이내에 개인회생채권조사확정재판에 대한 이의의 소를 제기해야 한다(605조 1항). 이 기한 내에 이의의 소를 제기하지 않으면 개인회생채권조사확정재판은 개인회생채권자 전원에 대하여 확정판결과 동일한 효력이 인정된다(607조 2항). 개인회생채권조사확정재판에 대한 즉시항고는 허용되지 않는다.

라) 이미 소송이 계속 중인 경우의 처리

개인회생채권자목록에 기재된 개인회생채권자가 개인회생절차개시결정 당시 이미 별도의 소송을 진행하고 있는 경우에는 이에 대하여 이의가 있는 경우에도 별도로 개인회생채권조사확정재판을 신청할 수 없고 이미 계속 중인 소송의 내용을 개인회생채권조사확정의 소로 변경해야 한다(604조 2항). 따라서 개인회생채권에 관하여 이미 이행소송이 계속 중인 경우에는 채권자는 청구취지를 개인회생채권의 존부와 내용의 확정을 구하는 형태로 변경해야 할 것이다. 한편 채권자에게 이미 집행권원이나 확정된 종국판결이 있는 경우에는 이의가 있다 하더라도 개인회생채권조사확정재판을 신청할 수 없고 채무자가

다툴 수 있는 절차인 청구이의의 소나 재심의 소 등으로만 다툴 수 있다고 본다.[402]

마) 채무자의 개인회생채권자목록의 변경

개인회생채권자의 이의신청(개인회생채권조사확정재판의 신청)이 있고, 이에 대하여 채무자가 이의내용을 인정한 경우에는 채무자는 법원의 허가를 얻어 개인회생채권자목록을 변경할 수 있다(604조 1항). 개인회생채권자목록이 변경되면 변경된 사항에 대하여 다시 이의기간을 공고하고 그 변경된 개인회생채권자목록을 송달해야 한다(규칙 81조 2항). 그리고 기왕에 제기된 개인회생채권조사확정재판은 신청의 실익이 없게 되므로 법원은 이에 대한 결정을 하지 않을 수 있다(600조 1항).

2) 개인회생채권조사확정재판에 대한 이의의 소

개인회생채권조사확정재판에 불복하는 자는 결정서의 송달을 받은 날부터 1월 이내에 이의의 소를 제기할 수 있다(605조 1항). 이 경우 이의의 소는 개인회생법원(개인회생사건이 계속되어 있는 지방법원)의 관할에 전속한다. 그리고 이의의 소의 변론은 결정서를 송달받은 날부터 1월을 경과한 후가 아니면 개시할 수 없으며, 동일한 채권에 관하여 여러 개의 소가 계속되어 있는 때에는 법원은 변론을 병합할 수 있다(605조 2항). 이의의 소에 대한 판결은 소를 부적법한 것으로 각하하는 경우를 제외하고는 재판을 인가하거나 변경한다(605조 3항).

개인회생채권조사확정재판에 대한 이의의 소의 소가는 변제계획으로 얻을 이익의 예정액을 표준으로 하여 개인회생법원이 정한다(609조).

3) 개인회생채권확정에 관한 소송 결과 등의 기재

법원사무관 등은 채무자·회생위원 또는 개인회생채권자의 신청에 의해 개인회생채권자표를 작성해야 한다(606조). 개인회생채권자표에는 ① 개인회생채권조사확정재판의 결과, ② 개인회생채권조사확정재판에 대한 이의의 소의 결과, ③ 그 외의 개인회생채권의 확정에 관한 소송의 결과를 기재해야 한다.

4) 개인회생채권확정소송의 판결 등의 효력

개인회생채권의 확정에 관한 소송(개인회생채권조사확정재판 및 이에 대한 이의의 소)에 대한 판결은 개인회생채권자 전원에 대하여 그 효력이 있다(607조 1항). 개인회생채권조사확정재판에 대한 이의의 소가 소정의 기간(605조 1항) 안에 제기되지 않거나 각하된 때에는 그 재판은 개인회생채권자 전원에 대하여 확정판결과 동일한 효력이 있다(607조 2항).

---

402) 서울회생법원, 제5판 개인파산회생실무, 584p.

마. 소송비용의 상환

채무자의 재산이 개인회생채권의 확정에 관한 소송으로 이익을 받은 때에는 소를 제기한 개인회생채권자는 얻은 이익의 한도 안에서 개인회생재단채권자로서 소송비용의 상환을 청구할 수 있다(608조). 개인회생채권의 확정에 관한 소송의 목적의 가액은 변제계획으로 얻을 이익의 예정액을 표준으로 하여 개인회생법원이 정한다(609조).

6. 변제계획의 제출과 인가

가. 변제계획의 의의

변제계획이란 개인회생을 신청한 채무자가 자신의 가용소득을 투입하여 총채무 중 얼마의 금액을, 얼마의 기간 동안, 매월 얼마의 금액씩, 어떠한 방법으로 변제해 나가겠다는 내용으로 계획을 세운 것을 말하고, 이러한 변제계획을 작성한 서면을 변제계획안이라고 한다. 법원은 이러한 변제계획안에 대하여 인가여부를 결정하게 되는 것이다.

나. 변제계획안의 제출

채무자는 개인회생절차개시의 신청일부터 14일 이내에 변제계획안을 제출해야 한다(610조 1항 본문). 다만, 법원은 상당한 이유가 있다고 인정하는 때에는 그 기간을 늘일 수 있다(610조 1항 단서). 그러나 실무상으로는 거의 대부분 개인회생절차개시신청서를 법원에 제출할 때 변제계획안도 함께 제출하고 있다. 변제계획안은 이해관계인에게 송달되어야 하므로 채무자는 이를 제출할 때 개인회생채권자 수에 1일 더한 숫자만큼의 부본도 함께 제출해야 한다.

다. 변제계획의 내용

1) 필수적 기재사항(611조 1항)

① 채무변제에 제공되는 재산 및 소득에 관한 사항
② 개인회생재단채권 및 '일반의 우선권 있는 개인회생채권'의 전액의 변제에 관한 사항
③ 개인회생채권자목록에 기재된 개인회생채권의 전부 또는 일부의 변제에 관한 사항

2) 임의적 기재사항(611조 2항)

① 개인회생채권의 조의 분류
② 변제계획에서 예상한 액을 넘는 재산의 용도

③ 변제계획인가 후의 개인회생재단에 속하는 재산의 관리 및 처분권의 제한에 관한 사항
④ 그밖에 채무자의 채무조정을 위해 필요한 사항

라. 변제계획안의 작성방법

1) 변제개시일

변제계획은 변제계획인가일부터 1월 이내에 변제를 개시하여 정기적으로 변제하는 내용을 포함해야 한다(611조 4항 본문). 다만 변제개시 전에 미리 변제해야 할 재단채권이 있는 경우 등 예외적인 경우에 있어서 법원의 허가를 받은 경우에는 변제계획인가일부터 1개월 후에 변제를 개시하는 내용으로 작성할 수 있다(611조 4항 단서). 그런데 변제계획안을 제출한 후 언제 변제계획이 인가될지 알 수 없으므로 실무상 채무자는 변제계획안을 제출하면서 변제계획안의 인가 전이라도 변제계획안의 제출일로부터 60일 후 90일 내의 일정한 날을 제1회로 하여 매월 일정한 날에 그 변제계획안상의 매월 변제액을 회생위원에게 임치할 뜻을 기재함으로써 그 변제계획안이 수행가능함을 소명할 수 있다.[403)]

2) 변제기간

변제계획에서 정하는 변제기간은 원칙적으로 변제개시일부터 3년 내를 원칙으로 하되, 청산가치보장 요건의 충족 등 특별한 사정이 있는 때에는 5년까지 연장할 수 있다(611조 5항).[404)] 법원은 필요한 경우 변제계획의 이행을 위해 인적·물적 담보를 제공하게 할 수 있다(611조 6항). 이와 같이 통합도산법상 개인회생절차에서의 변제기간은 최장기한만 규정해 놓았을 뿐 최단기한에 대하여는 규정이 없다.

다만, '개인회생사건 처리지침(재민 2004-4)' 제7조 제3항에서 다음과 같이 변제기간을 권고하고 있다. 즉,

① 채무자는 변제계획에서 정하는 변제기간을 변제개시일로부터 3년을 초과하지 않는 범위 내에서 정할 수 있으되, 청산가치보장 요건의 충족을 위해 필요한 경우 등 특별한 사정이 있는 때에는 변제개시일부터 5년을 초과하지 않는 범위에서 변제기간을 정할 수 있다.

---

403) 개인회생사건 처리지침 7조 3항.

404) 종전에는 원칙적으로 변제기간은 5년이었으나, 통합도산법이 개정되어 2018. 6. 13.부터는 변제개시일부터 3년을 초과하지 못하도록 하되, 특별한 사정이 있는 때에는 5년까지 연장할 수 있도록 하였다(611조 5항). 여기에서 특별한 사정이란 청산가치보장 요건(614조 1항 4호)의 충족을 위해는 3년으로 부족한다든가 3년의 변제기간만으로는 '일반의 우선권 있는 개인회생채권'의 전액을 변제하기에 부족한 경우 또는 최저변제액 제공의 원칙을 준수하기 위한 경우(614조 2항 3호) 등이 해당될 것이다(서울회생법원, 제5판 개인파산·회생 실무, 596p).

② 채무자는 변제계획안에서 정하는 변제기간 동안 그 가용소득의 전부를 투입하여 우선 원금을 변제하고 잔여금으로 이자를 변제한다.

③ 채무자가 5년 이내의 변제기간 동안 원금과 이자를 전부 변제할 수 있는 때에는 그때까지를 변제기간으로 한다.

④ 채무자가 위 기간보다 단기간을 변제기간으로 작성하여 제출한 경우에는 법원은 위 각호의 기간으로 변제기간을 수정할 것을 명할 수 있으되, 변제계획 인가요건, 채무자의 수입 등 제반 사정을 종합적으로 고려하여 변제기간을 달리하여 수정을 명할 수 있다.

⑤ 채무자가 변제계획안인가 전에 매월 변제액을 회생위원에게 임치한 경우에는 그 임치한 기간을 위 각 항의 변제기간에 산입한다.

⑥ 농업소득자·임업소득자 등 소득이 매월 발생하지 않는 채무자는 채무를 매월 변제하지 않고 수개월 간격으로 변제하는 것으로 변제계획안의 내용을 정할 수 있고, 이를 허가할 수 있다.

실무상으로는 원칙적으로 3년의 변제기간으로 변제계획을 작성하되, 3년 미만의 변제기간 동안 원리금 전부를 변제할 수 있는 경우에는 3년 미만으로, 청산가치보장의 원칙이나 최저변제액 제공의 원칙을 준수하기 위해 3년의 변제기간으로 부족한 경우에는 3년 이상~5년 이내의 변제기간으로 작성하고 있는 것으로 보인다.[405] 다만 개인회생을 신청하려는 채무자는 거의 원금의 일부조차 변제할 수 없는 경우가 많기 때문에 실무상 변제계획안은 3년의 변제기간으로 작성하는 것이 대부분일 것이다.

변제개시와 관련하여 실무에서는 변제계획안 제출일로부터 60일 이상 90일 이내(2개월 이상~3개월 이내)에 변제를 개시하도록 하고 있는 바,[406] 그 후에 변제계획안이 인가된 때에는 회생위원은 그 임치된 적립금(변제계획인가 후에는 변제금이라 함)을 개인회생재단에 귀속시키며, 이때 변제계획안인가 전부터 변제한 기간에 관하여는 이를 총변제기간에 산입하고 있다.[407]

3) 청산가치보장 원칙

가) 의 의

개인회생절차에서의 변제계획안은 청산가치가 보장되도록 작성해야 한다. 청산가치를

405) 서울회생법원, 제5판 개인파산·회생실무, 596p.

406) 다만 변제개시는 원칙적으로 변제계획인가일로부터 1월 이내까지 개시하면 된다(개인회생사건 처리지침(재민 2004-4) 7조 3항.

407) 서울회생법원, 제5판 개인파산·회생실무, 597p.

보장한다는 의미는 개인회생채권자로 하여금 채무자가 파산할 경우 파산절차에서 배당받을 수 있는 가치 이상의 변제를 받을 수 있도록 해야 한다는 것을 말한다. 쉽게 말하면 채무자가 가용소득 이외에 토지나 건물 등 재산을 보유하고 있는 경우에 그 재산을 청산하는 가치 이상으로 채권자에게 변제하는 내용으로 변제계획을 작성해야 한다는 것이다. 따라서 채무자에게 가용소득 이외에 별다른 재산이 없는 경우에는 청산가치 보장의 원칙은 그리 큰 문제가 되지 않는다.

청산가치가 보장되는지 여부는 개인회생채권에 대하여 변제기간 동안 분배되는 각 변제액을 변제계획인가일 현재의 현재가치로 할인한 합계액과 채무자가 파산할 경우 채권자가 배당받을 수 있는 청산가치를 비교하여 판단해야 한다. 즉, 채무자 소유의 재산의 「청산가치」[408]와 「총변제금액의 현재가치」를 비교하여 후자가 더 크기만 하면 청산가치 보장의 원칙은 충족되는 것이다.

「청산가치」를 산정할 때에는 감정평가 없이도 간이하게 매매계약서나 부동산중개업자의 시가확인서, 인터넷상의 인근시세에 관한 자료 등을 토대로 해당 부동산에 설정된 근저당권의 채권최고액 및 실제의 피담보채무액 잔액증명서 등을 감안하여 이를 공제한 금액으로 산정하면 된다. 다만 청산가치 보장을 위해 재산의 일부를 투입해야 하는 경우 등 일부 예외적인 경우에는 채무자의 재산에 대한 감정평가가 필요할 경우도 있을 것이다. 「총변제금액의 현재가치」는 월별 라이프니쯔식 현가산정방법에 의해 산정한다.

따라서 3년(36개월)의 변제계획에 의할 경우에는 월변제액에 36개월의 라이프니쯔 수치인 33.3657을, 5년(60개월)의 변제계획에 의할 경우에는 월변제액에 60개월의 라이프니쯔 수치인 52.9907을 곱하여 산정할 것처럼 보인다. 그러나 이는 변제계획인가결정일 이후에 비로소 제1회 변제금액이 납입될 경우를 전제로 하는 것이다. 그런데 문제는 총변제금액의 현재가치는 변제계획인가일을 기준으로 산정해야 한다는 점이다. 이에 변제계획을 법원에 제출하는 시점은 개인회생절차개시신청일이고 이때 제1회 월변제금의 변제개시일은 변제계획안 제출일부터 60일 내지 90일 사이에 입금하도록 작성해야 하는데, 실무상 변제계획인가결정일은 변제계획제출일부터 5~6개월 후에 나오게 된다는 것이 문제이다. 따라서 통상 변제계획인가결정일 즈음에는 이미 3개월 정도의 월변제금이 이미 적립되어 있을 것이라고 보이므로 36개월의 변제계획에 대하여 총변제금액의 현재가치를 산정할

408) 청산가치를 산정할 때에는 감정평가 없이도 간이하게 매매계약서나 부동산중개업자의 시가확인서, 인터넷상의 인근시세에 관한 자료 등을 토대로 해당 부동산에 설정된 근저당권의 채권최고액 및 실제의 피담보채무액 잔액증명서 등을 감안하여 이를 공제한 금액으로 산정하면 된다. 다만 청산가치 보장을 위해 재산의 일부를 투입해야 하는 경우 등 일부 예외적인 경우에는 채무자의 재산에 대한 감정평가가 필요할 경우도 있을 것이다.

때에는 기왕에 입금된 3개월분의 월변제금과 33개월분의 현재가치(즉 월변제금에 33개월의 라이프니쯔수치 30.7719를 합한 금액)로 산정해야 하고, 60개월의 변제계획에 대하여 총변제금액의 현재가치를 산정할 때에는 기왕에 입금된 3개월분의 월변제금과 57개월분의 현재가치(즉 월변제금에 57개월의 라이프니쯔 수치 50.6433을 합한 금액)로 산정해야 한다.

요컨대 36개월(3년)의 변제계획에 의할 경우 총변제금액의 현재가치를 산정할 때에는 월변제액에 33.7719(3 + 30.7719)를 곱한 금액으로 산정해야 하고, 60개월(5년)의 변제계획에 의할 경우 총변제금액의 현재가치를 산정할 때에는 월변제액에 53.6433(3 + 50.6433)을 곱한 금액으로 산정해야 한다는 것이다.

[표 9] 월별 라이프니쯔수치

월	라이프니쯔수치		월	라이프니쯔수치		월	라이프니쯔수치	
1	0.9958	5062	21	20.0674	9359	41	37.6172	9033
2	1.9875	6908	22	20.9800	7661	42	38.4570	5261
3	2.9751	7253	23	21.8888	7297	43	39.2933	3040
4	3.9586	7804	24	22.7938	9839	44	40.1261	3816
5	4.9381	0261	25	23.6951	6853	45	40.9554	9028
6	5.9134	6318	26	24.5926	9895	46	41.7814	0111
7	6.8847	7661	27	25.4865	0517	47	42.6038	8492
8	7.8520	5970	28	26.3766	0266	48	43.4229	5594
9	8.8153	2916	29	27.2630	0680	49	44.2386	2832
10	9.7746	0165	30	28.1457	3291	50	45.0509	1617
11	10.7298	9376	31	29.0247	9626	51	45.8598	3353
12	11.6812	2200	32	29.9002	1205	52	46.6653	9439
13	12.6286	0293	33	30.7719	9540	53	47.4676	1267
14	13.5720	5261	34	31.6401	6139	54	48.2665	0224
15	14.5115	8766	35	32.5047	2504	55	49.0520	7692
16	15.4472	2422	36	33.3657	0128	56	49.8543	5046
17	16.3789	7848	37	34.2231	05`01	57	50.6433	3656
18	17.3068	6654	38	35.0769	5105	58	51.4290	4885
19	18.2309	0443	39	35.9272	5416	59	52.2115	0093
20	19.1511	0815	40	36.7740	2904	60	52.9907	0632

나) 청산가치 보장을 위한 채무자의 재산의 처분

가용소득의 합계의 현재가치가 청산가치보다 적은 경우 즉 청산치가 보장되지 않은 경우에는 가용소득 외에 채무자의 재산을 처분하여 그 환가액 중 부족액을 변제재원으로 투입해야 한다.

이때 채무자에게 여러 재산이 있는 경우에는 변제계획상 처분할 채무자의 재산을 특정해야 하고 그 처분시한도 변제계획인가일부터 1년 또는 2년으로 특정해야 하는 것이 실무 경향이다.

4) 가용소득 제공의 원칙

개인회생절차에 있어서 변제계획은 채무자의 급여, 사업소득 등 계속적·반복적 가용소득에 의해 수행되어야 한다. 여기에서 가용소득이란 채무자가 변제기간 동안 계속적·반복적 소득에서 각종 제세공과금과 채무자 및 부양가족의 생계비, 채무자가 영업에 종사한 경우 그 영업의 경영·보존·계속을 위한 필요비용을 공제한 나머지의 소득을 의미한다(579조 4호). 개인회생채권자 또는 회생위원이 이의를 제기하지 않은 경우에는 이러한 가용소득의 일부만 투입하고 가용소득의 나머지에 대하여는 그에 상응한 액수만큼을 채무자의 재산을 처분한 환가액으로 대체하는 방식으로 하여 변제계획을 작성하는 것도 가능하지만, 개인회생채권자나 회생위원의 이의가 있는 경우에는 반드시 가용소득의 전부를 투입하는 방식으로 변제계획을 작성해야 한다(614조 2항 2호). 그러나 가용소득의 일부만 투입하는 방식의 변제계획에 대하여는 거의 대부분 개인회생채권자 등으로부터 이의가 제기될 것이므로 처음부터 가용소득의 전부를 투입하는 방식으로 변제계획을 작성하여 제출하는 것이 바람직하고 또한 실무 경향이다.

5) 최저변제액의 제공 원칙

가) 의 의

채무자가 제출한 변제계획안에 대하여는 개인회생채권자들은 채권자집회에서 이의를 제기할 수 있을 뿐 개인회생채권자들의 동의나 의결절차 없이 인가요건이 갖추어져 있을 경우 법원이 인가하는 것이다. 따라서 개인회생채권자들을 보호하기 위해서는 개인회생채권자들에게 최소한의 일정한 금액 이상이 변제되도록 하는 장치가 필요하다. 다만 최저변제액 제공 원칙은 개인회생채권자나 회생위원이 이의를 진술한 경우에 한하여 적용될 것이다.

나) 최저변제액의 기준

법원은 개인회생채권자 또는 회생위원이 변제계획안에 대하여 이의를 진술하는 경우에는 다음과 같은 최저변제액의 제공이 있을 경우에만 인가결정을 할 수 있을 것이다(614조 2항). 즉,

① 변제계획인가결정일을 기준일로 하여 평가한 이의진술한 개인회생채권자에 대한 총변제액이 채무자가 파산하는 때에 배당받을 총액보다 적지 않을 것
② 채무자가 최초의 변제일부터 변제계획에서 정한 변제기간 동안 수령할 수 있는 가용소득의 전부가 변제계획에 따른 변제에 제공될 것
③ 변제계획인가결정일을 기준일로 하여 평가한 개인회생채권의 총금액이 5천만원 미만인 경우에는 위 총금액에 5/100를 곱한 금액(단, 총변제액이 3천만원을 초과하지 않을 것)
④ 변제계획인가결정일을 기준일로 하여 평가한 개인회생채권의 총금액이 5천만원 이상인 경우에는 위 총금액에 3/100을 곱한 금액에 1백만원을 더한 금액(단, 총변제액이 3천만원을 초과하지 않을 것)

다) 가용소득제공원칙과의 관계

개인회생채권들이 이의를 제기한 경우에는 채무자는 최초의 변제일부터 변제기간 동안 가용소득의 전부를 변제에 제공해야 한다. 제공되는 가용소득이 최저변제액을 초과한 경우에도 마찬가지이다. 문제는 가용소득의 전부를 변제에 제공한다 하더라도 최저변제액이 미치지 못한 경우이다. 따라서 가용소득이 너무 적어서 최저변제액 이상을 제공할 경우 채무자 및 부양가족의 생계에 지장이 초래될 경우에는 변제계획의 수행가능성이 없다고 보아 인가가 불허될 수 있을 것이다. 실무상으로 보면 정기적인 소득이 적어 채무자 및 그 부양가족의 생계비에 미치지 못함에도 불구하고 무리하게 소득의 일부를 떼어 변제하는 내용의 변제계획을 작성하여 개인회생을 신청하는 사례가 있는데, 이러한 경우가 여기에 해당될 것이다.

6) 우선순위에 다른 변제의 원칙

변제계획은 공정하고 형평에 맞아야 한다. 따라서 변제계획을 작성할 때에는 권리의 우선순위에 따른 변제의 원칙이 지켜져야 하는 것이다.

가) 개인회생재단채권의 수시변제 및 우선변제의 원칙

임금, 퇴직금, 재해보상금, 납부기한이 도래하지 않은 조세 등 개인회생재단채권은 개인회생절차에 구애되지 않고 수시로 변제되어야할 뿐만 아니라, 개인회생채권보다 우선하여 변제되어야 한다(583조 2항, 475조, 476조). 따라서 개인회생재단채권은 변제계획안에 기재하되, 개인회생채권에 대한 변제개시일 전에 미리 전액 변제되는 내용으로 변제계획을 작성해야 한다(611조 1항 2호). 변제계획을 작성할 때에는 이 점을 고려하여 개인회생채권에

대한 변제개시일을 조정해야 할 것이다.

나) '일반의 우선권 있는 개인회생채권'의 전액변제의 원칙

납부기한이 도래한 조세 등 일반의 '일반의 우선권 있는 개인회생채권'은 전액 변제되는 내용으로 변제계획을 작성해야 한다(611조 1항 2호).

다) '후순위 개인회생채권'의 후순위 변제의 원칙

벌금·과료·형사소송비용·추징금 및 과태료 등의 '후순위 개인회생채권'은 일반 개인회생채권보다 후순위로 변제되어야 하므로 일반 개인회생채권이 전액 변제받지 못하는 한 후순위 개인회생채권에 대하여는 그 일부라도 변제하는 내용의 변제계획을 작성해서는 안 된다(446조 1항).

라) 조 분류의 원칙

변제계획에서 채권의 조를 분류하는 때에는 같은 조로 분류된 채권을 평등하게 취급해야 한다(611조 3항 본문). 따라서 일반 개인회생채권은 동일한 조에 속하여 동일한 내용의 변제방법과 변제율을 적용받아야 한다. 다만, 불이익을 받는 개인회생채권자의 동의가 있거나 소액의 개인회생채권의 경우에는 개인회생채권자 사이에 다른 취급을 할 수 있다(611조 3항 단서). 또한 차별이 없으면 변제계획안의 수행이 불가능하는 등 합리적인 사유가 있는 경우에는 개인회생채권자들 사이에 조 분류를 달리하여 다른 변제조건을 제공할 수 있을 것이다.

7) 수행가능성의 원칙

변제계획은 수행가능하도록 작성된 것이어야 한다(614조 1항 2호). 따라서 채무자가 자신의 가용소득을 근거없이 높게 책정하거나 가용소득의 근거서류가 신뢰할 수 없는 것이라면 수행가능성이 없는 것으로 되어 변제계획이 인가될 수 없다.

8) 변제계획안 작성요령

변제계획안은 크게 채무자가 가용소득만을 투입하여 변제계획안을 작성하는 경우와 가용소득 이외에 재산처분의 환가액까지 투입하여 변제계획안을 작성하는 경우의 두 가지로 나눌 수 있다.

변제계획안 작성의 구체적인 요령은 항을 바꾸어 별도로 살펴보기로 한다.

9) 주택담보대출채권 채무재조정 프로그램 도입

서울회생법원은 2019. 1. 17. 신용회복위원회와 업무협약을 체결하고 주택담보대출채권 채무재조정 프로그램을 도입하여 시행하고 있다.[409] 이는 채무자가 은행 등 금융기관에 대하여 주택담보대출채무를 부담하고 있는 경우 개인회생절차 초기에 신용회복위원회를 통하여 채무자와 채권자인 금융기관 사이에 주택담보대출채권에 관한 협의를 할 수 있도록 하고, 그에 따라 합의가 이루어지면 그 합의 내용을 변제계획안에 적극 반영함으로써 주택담보대출에 관한 채무조정이 이루어질 수 있도록 한 것이다. 위 채무재조정은 주택담보대출의 연체기간이 30일을 초과하고, 1주택 실거주 소유자로서 담보주택가액이 6억원 이하이며, 부부합산 연소득이 7천만원 이하인 채무자가 이용할 수 있다.

마. 변제계획안에 대한 이의

1) 수정명령신청

가) 수정명령의 신청권자

변제계획안에 대한 수정명령은 개인회생채권자목록에 기재된 개인회생채권자의 신청 또는 법원의 직권으로 가능하며, 채무자에게 일정한 기한을 정하여 수정을 명하는 방식으로 한다(610조 3항). 수정명령을 신청할 때에는 수정내용과 수정이유를 제시해야 한다.

수정명령을 받은 채무자는 그 기한 내에 변제계획안을 수정해야 한다(610조 6항). 실무상으로는 절차의 번잡 및 시간절약을 위해 채무자에게 전화 등을 통하여 개인회생채권자목록 및 변제계획안의 수정을 명하고 이에 따라 개인회생채권자목록 수정허가신청서를 제출하면서 수정한 채권자목록 및 변제계획안을 함께 제출하도록 하는 방법으로 행하고 있다.

나) 수정명령의 시기

수정명령의 신청이나 수정명령을 발할 수 있는 시기는 변제계획안 인가 전까지이다(610조 2항).

다) 수정명령신청에 대한 재판

수정명령의 신청이 있는 경우 법원은 수정명령을 내리든지 기각을 하든지 어떤 형태로든 재판을 해야 한다. 다만 이러한 법원의 결정에 대하여는 불복할 수 없다(13조 1항).

---

409) 서울회생법원, 제5판 개인파산·회생실무 688p.

라) 수정명령의 내용

법원이 수정명령을 내릴 때에는 채무자에게 일정 기한을 정하여 변제계획안 중 수정할 부분과 수정할 내용에 대하여 명시해야 하고, 채무자 및 알고 있는 개인회생채권자, 개인회생절차가 개시된 채무자의 재산을 소지하고 있거나 그에게 채무를 부담하는 자에게 수정명령 사항 등 일정사항을 기재한 서면과 수정된 개인회생채권자 목록·변제계획안을 송달해야 한다(610조 5항, 597조 2항).

마) 수정명령 후의 절차

수정명령을 받은 채무자는 정하여진 기한 내에 수정명령의 내용에 따라 변제계획안을 수정하여 제출해야 한다(610조 4항). 수정된 변제계획안이 제출된 때에는 이를 개인회생채권자 및 개인회생절차가 개시된 채무자의 재산을 소지하거나 그에게 채무를 부담한 자 등에게 송달해야 한다(610조 5항). 채무자가 수정명령에 따른 변제계획안을 제출하지 않은 경우에는 변제계획안이 불인가될 수 있다(614조 1항 단서).

2) 변제계획안에 대한 이의

가) 의 의

개인회생절차는 개인회생신청서의 제출, 변제계획안의 제출·인가, 이행절차, 면책절차 등 일련의 과정을 거쳐 개인회생채권자의 권리를 감축시키는 절차를 말하는데, 이러한 일련의 과정에서 개인회생채권자의 동의나 결의를 요건으로 하지 않고 있고, 다만 개인회생채권자집회나 그 종료시까지 서면 또는 구술로 변제계획안에 대하여 이의를 제기할 수 있는 권리만 부여하고 있을 뿐이다.

나) 이의제기를 할 수 있는 자

변제계획안에 대하여 이의를 제기할 수 있는 자는 개인회생채권자 및 회생위원이다(613조 5항, 614조).

다) 이의제기의 방식

변제계획안에 대하여 이의를 제기하려면 개인회생채권자집회에서 진술하거나 개인회생채권자집회기일의 종료시까지 이의진술서를 법원에 제출하는 방식으로 해야 한다(613조 5항, 규칙 90조 1항).

라) 이의제기의 효과

변제계획안에 대하여 이의를 제기한 경우라 하더라도 해당 변제계획안이 인가요건을 갖추고 있는 경우에는 인가를 저지하는 효력이 인정되지 않는다. 다만 변제계획안에 대한 이의가 제기된 경우에는 다음과 같은 요건, 즉 ① 변제계획의 인가결정일을 기준일로 하여 평가한 이의를 진술하는 개인회생채권자에 대한 총변제액이 채무자가 파산하는 때에 배당받을 총액보다 적지 않을 것, ② 채무자가 최초의 변제일부터 변제계획에서 정한 변제기간 동안 수령할 수 있는 가용소득의 전부가 변제계획에 따른 변제에 제공될 것, ③ 변제계획의 인가결정일을 기준일로 하여 평가한 개인회생채권에 대한 총변제액이 3천만원을 초과하지 않는 범위 안에서 변제계획의 인가결정일을 기준일로 하여 평가한 개인회생채권의 총금액이 5천만원 미만인 경우에는 위 총금액에 5/100를 곱한 금액, 변제계획의 인가결정일을 기준일로 하여 평가한 개인회생채권의 총금액이 5천만원 이상인 경우에는 위 총금액에 3/100을 곱한 금액에 1백만원을 더한 금액보다 적지 않을 것의 요건이 충족되어야 법원의 인가를 받을 수 있다(614조 2항).

바. 변제계획안의 수정

1) 인가 전의 수정

채무자는 변제계획안이 인가되기 전에는 변제계획안을 수정할 수 있고, 법원도 이해관계인의 신청에 의하거나 직권으로 채무자에 대하여 변제계획안을 수정할 것을 명할 수 있다(610조 2항, 3항). 변제계획안의 수정은 주로 변제계획안이 제출된 이후에 누락된 개인회생채권자가 추가로 발견되어 수정된 개인회생채권자목록이 제출된 경우라든가(규칙 81조) 채무자가 산정한 가용소득이나 생계비 등에 대하여 법원이 인정하지 않아 변제계획안에 대한 인가요건이 맞지 않아 수정한 경우 등이 대부분이다.

이러한 수정명령이 있는 경우에는 채무자는 법원이 정하는 기한 이내에 변제계획안을 수정해야 한다(610조 4항). 수정명령에 대하여는 앞서 본 바와 같으므로 이를 참고하기 바란다.

2) 인가 후의 변경

채무자·회생위원 또는 개인회생채권자는 변제계획에 따른 변제가 완료되기 전에는 인가된 변제계획의 변경안을 제출할 수 있다(619조 1항). 이 경우 법원은 변경된 변제계획안을 채무자, 알고 있는 개인회생채권자, 개인회생절차가 개시된 채무자의 재산을 소지하고 있거나 그에게 채무를 부담하는 자에게 송달해야 한다(597조 2항). 변제계획 변경안에 있어서의 그 내용, 개인회생채권자집회, 인부, 인가의 효력, 변제계획의 수행절차는 변제계획의 규정이 그대로 준용된다(619조 2항, 597조 2항, 611조, 613조, 614조, 615조 1항, 617조).

사. 변제계획에 의하지 않은 특별이익 행위 무효

채무자가 자신 또는 제3자의 명의로 변제계획에 의하지 않고 일부 개인회생채권자에게 특별한 이익을 주는 행위는 무효로 한다(612조).

아. 개인회생채권자집회

1) 개인회생채권자집회의 의의

개인회생채권자집회란 채무자가 제출한 변제계획안에 대하여 개인회생채권자들이 채무자로부터 그에 대한 설명을 듣고 인가요건을 충족하였는지 여부에 대한 이의진술의 기회를 부여한 다음 결의에 부치지 않은 채 집회를 종료함으로써 변제계획안에 대한 인가여부를 간이·신속하게 결정하기 위해 마련된 제도이다. 개인회생절차에서의 채권자집회는 회생절차에서의 채권자집회와는 달리 결의를 요건으로 하지 않는 특징이 있다. 즉 개인회생절차에서의 채권자집회는 회생절차와는 달리 개인회생채권자들에 의한 결의를 거치기 위한 절차가 아니라 채무자가 제출한 변제계획안에 대하여 인가요건이 충족되었는지 여부에 대한 이의유무를 확인하는 절차에 불과한 것이다(규칙 90조 3항).

2) 개인회생채권자 집회 기일의 지정 및 송달

개인회생채권자집회의 기일은 법원이 개인회생개시결정을 할 때 동시에 정하게 되는데, 개인회생절차개시결정일로부터 2주 이상 2월 이하의 기간 내에서 개인회생채권에 대한 이의기간을 정하고, 그 이의기간 말일로부터 2주 이상 1월 이하의 기간 내에서 개인회생집회의 기일을 정해야 한다(596조 2항 1호, 2호). 이러한 채권자집회기일은 공고해야 한다(597조 1항 4호). 개인회생채권자집회기일은 법원의 결정에 따라 변경, 연기, 속행이 가능하되, 변경내용을 공고하고 채무자, 개인회생채권자 등 이해관계인에게 송달해야 한다(597조 3항, 1항 4호, 2항, 613조 1항). 예컨대, 누락된 채권이 발견된 경우, 채권금액이 수정된 경우에는 채권자집회기일을 변경해야 할 것이다.

3) 기일의 진행

개인회생채권자집회는 법원이 지휘한다(613조 3항). 다만, 회생위원이 선임되어 있는 때에는 회생위원으로 하여금 개인회생채권자집회를 진행하게 할 수 있다(613조 4항). 법원은 개인회생채권자집회의 기일과 변제계획의 요지를 채무자·개인회생채권자 및 회생위원에게 통지해야 한다(613조 1항). 그리고 채무자는 개인회생채권자집회에 출석하여 개인회생채권자의 요구가 있는 경우 변제계획에 관하여 필요한 설명을 해야 하고, 개인회생채권자도 개인회생채권자집회에서 변제계획에 관하여 이의를 진술할 수 있다(613조 2항, 5항). 채무자가 정당한 사유 없이 개인회생채권자집회에 출석하지 않은 경우에는 법원은 개인회생절차폐지결정을 할 수 있다(620조 2항). 실무상으로는 2회 이상 출석하지 않은 경우 개인회생절차폐지결정을 하고 있다. 한편 개인회생채권자가 출석하지 않은 경우에는 개인회생채권자집회를 진행하는데 아무런 지장이 없으며 실무상으로도 채권자가 채권자집회기일에 출석하는 경우는 드물다 할 것이다.

자. 변제계획의 인부결정 절차[410)]

1) 변제계획인부결정의 시기 및 절차

법원은 개인회생채권자집회가 개최되어 채무자가 변제계획에 관하여 필요한 설명을 하고, 이에 대하여 개인회생채권자의 이의의 진술이 있은 후에는 제출된 변제계획의 인가여부를 결정해야 한다.

2) 필수적 변제계획인가결정

법원은, 채무자가 변제계획안 수정명령에 불응한 경우를 제외하고는, 개인회생채권자 또는 회생위원이 이의를 진술하지 않고 다음 각호의 요건이 모두 충족된 때에는 변제계획인가결정을 해야 한다(614조 1항, 2항).

① 변제계획이 법률의 규정에 적합할 것

② 변제계획이 공정하고 형평에 맞으며 수행가능할 것

③ 변제계획인가 전에 납부되어야 할 비용·수수료 그밖의 금액이 납부되었을 것

④ 변제계획의 인가결정일을 기준일로 하여 평가한 개인회생채권에 대한 총변제액이 채무자가 파산하는 때에 배당받을 총액보다 적지 않을 것(다만, 채권자가 동의한 경우에는 예외)[411)]

410) 통합도산법상 변제계획에 대한 인가의 중요한 요건은 ① 청산가치 보장의 원칙, ② 가용소득 전부 투입 원칙, ③ 최저변제액 기준 충족의 원칙 3가지라 할 수 있다. 실무상 최저변제액의 기준을 만족시키기도 어려울 정도로 가용소득이 없는 채무자에 대하여는 법원은 개인회생절차개시결정 이전에 파산절차로 유도하는 조치를 취하고 있다.

411) 즉, 개인회생절차에서의 변제계획안은 청산가치가 보장되도록 작성해야 한다는 말이다. 청산가치를 보장한다는 의미는 개인회생채권자로 하여금 채무자가 파산할 경우 파산절차에서 배당받을 수 있는 가치 이상의

3) 재량적 변제계획인가결정

법원은 개인회생채권자 또는 회생위원이 이의를 진술하는 경우라도 위 필수적 변제계획인가결정 요건을 충족하고 다음 각호의 요건을 구비하고 있는 때에는 변제계획인가결정을 할 수 있다(614조 3항).

① 변제계획의 인가결정일을 기준일로 하여 평가한 이의를 진술하는 개인회생채권자에 대한 총변제액이 채무자가 파산하는 때에 배당받을 총액보다 적지 않을 것

② 채무자가 최초의 변제일부터 변제계획에서 정한 변제기간 동안 수령할 수 있는 가용소득의 전부가 변제계획에 따른 변제에 제공될 것

③ 변제계획의 인가결정일을 기준일로 하여 평가한 개인회생채권에 대한 총변제액이 3천만원을 초과하지 않는 범위 안에서 다음 각목의 금액보다 적지 않을 것

㉮ 변제계획의 인가결정일을 기준일로 하여 평가한 개인회생채권의 총금액이 5천만원 미만인 경우에는 위 총금액에 5/100을 곱한 금액

㉯ 변제계획의 인가결정일을 기준일로 하여 평가한 개인회생채권의 총금액이 5천만원 이상인 경우에는 위 총금액에 3/100을 곱한 금액에 1백만원을 더한 금액

4) 변제계획인부결정의 선고 및 공고

법원은 변제계획인부결정을 선고하고 그 주문, 이유의 요지와 변제계획의 요지를 공고해야 한다(614조 4항). 다만, 이 경우 송달은 하지 않을 수 있다. 변제계획이 인가요건을 갖추지 않은 것으로 인정되면 개인회생절차는 변제계획에 대한 불인가결정 및 개인회생절차폐지결정의 확정으로 종료된다.

5) 변제계획인부결정에 대한 즉시항고

가) 즉시항고권자

변제계획의 인부결정에 대하여는 즉시항고를 할 수 있다(618조 1항). 즉시항고를 제기할 수 있는 자는 변제계획인부결정에 대하여 이해관계를 가진 자이어야 하며, 구체적으로는 개인회생채권자목록에 기재된 개인회생채권자, 불인가결정의 경우의 채무자 등이 여기에 해당될 것이다.

변제를 받을 수 있도록 해야 한다는 것을 말한다. 청산가치가 보장되는지 여부는 개인회생채권에 대하여 변제기간 동안 분배되는 각 변제액을 변제계획 인가일 현재의 현재가치로 할인한 합계액과 채무자가 파산할 경우 채권자가 배당받을 수 있는 청산가치를 비교하여 판단해야 한다.

나) 즉시항고의 절차

즉시항고를 제기하려면 항고장을 법원에 제출해야 한다(33조, 민사소송법 445조). 항고장에 기재할 사항은 일반 항고장의 경우와 같으며 인지 2,000원을 첨부해야 한다(민사소송 등 인지법 11조 2항).

다) 즉시항고의 기간

즉시항고 기간은 인부결정의 공고 다음날부터 기산하여 2주간이다(13조 2항). 이는 불변기간이므로 추후보완이 허용된다(9조, 민사소송법 173조). 당사자가 즉시항고를 제기하면서 추후보완이라고는 취지의 문언을 기재하지 않았다고 하더라도 전체적인 취지로 보아 그러한 주장이 있는 것으로 볼 수 있는 경우에는 그 즉시항고는 소송행위의 처음부터 추후보완에 의해 제기된 것으로 보아야 할 것이다(대결 2014.7.25. 2014마980).

라) 즉시항고의 효력

항고장이 제출된 경우 원심법원은 1주일 이내에 항고인에게 보증으로 공탁하게 할 것인지 여부를 결정해야 하되, 항고인에게 보증으로 공탁하게 할 금액은 개인회생채권총액의 1/20에 해당하는 금액 범위 내에서 정한다(규칙 71조 2항).

즉시항고가 제기되더라도 개인회생계획의 수행에 영향을 미치지 않는다. 다만, 항고법원 또는 회생법원은 즉시항고가 이유 있다고 인정되고 회생계획의 수행으로 생길 회복할 수 없는 손해를 예방하기 위해 긴급한 필요가 있음을 소명한 때에는 신청에 의해 항고에 관하여 결정이 있을 때까지 담보를 제공하게 하거나 담보를 제공하게 하지 않고 회생계획의 전부나 일부의 수행을 정지하거나 그밖에 필요한 처분을 할 수 있다(618조 2항, 247조 3항). 이를 「수행정지 등의 가처분」제도라고 한다. 즉시항고에 대한 항고심의 판단에 대하여는 대법원에 재항고할 수 있다(247조 7항, 290조, 민사소송법 442조).

6) 개인회생사건의 개인파산사건으로의 전환

가) 의 의

채무자가 개인회생을 도모하고자 개인절차개시신청서를 제출했으나 개인회생의 요건을 갖추지 못한 경우가 있다. 이로 인하여 개인회생절차개시기각결정이 이루어지거나 변제계획불인가결정이 나올 경우 다시 원점에서 개인파산을 신청해야 하는 비효율이 발생할 수 있다. 이에 종전에는 회생법원에서 개인회생취하 및 개인파산신청을 권유하는 방식으로 해결해왔으나 2020. 11. 24. '개인파산절차로의 실무 운용상 전환(서울회생법원 실무준칙 제407

호)'를 제정하여 시행하고 있다.[412]

나) 실무상 처리절차

개인회생절차개시신청서가 제출되면 회생위원이 이에 대하여 심사를 하게 되는데, 그 과정에서 채무자의 소득이 기준중위소득의 60/100에 미치지 못하거나 채무자의 수입이 장래 계속적·반복적 수입의 가능성이 없다고 판단될 경우 회생위원은 개인회생절차를 개인파산절차로 전환하는 것에 대한 보고서를 작성하여 법원에 제출하게 되고 회생법원에서 절차전환이 적정하다고 판단할 경우 채무자에게 보정명령을 내려 개인파산 및 면책신청서를 제출하도록 한다. 그 후 이러한 절차전환의 보정명령에 대하여 채무자가 응하여 개인파산신청 및 면책신청서를 제출하면 법원은 파산절차로 진행하고 종전의 개인회생절차는 종료하는 방식으로 전환절차가 이루어진다.

이는 도산절차 내에서 개인회생절차를 개인파산절차로 전환하는 방식이라고 할 수 있다.

물론 채무자가 절차전환에 응하지 않거나 개인파산면책불허가사유가 존재하거나 비면책대상채무가 많아 개인파산면책의 실익이 없는 경우에는 절차전환이 의미가 없을 것이므로 여전히 개인회생절차로 진행하게 될 것이다.

차. 변제계획인부결정의 확정 및 변제계획인가의 효력

1) 변제계획인가의 확정

변제계획에 대한 인부결정은 즉시항고기간의 도과, 즉시항고에 대한 항고심의 각하·기각결정의 확정, 재항고기간의 도과, 재항고기각결정에 의해 확정된다. 변제계획인가결정이 확정되면 그 후로는 누구도 인가결정의 흠결을 주장할 수 없다.

2) 변제계획인가결정의 효력발생시기

변제계획은 인가결정이 있은 때부터 효력이 생긴다(615조 1항 본문). 인가결정은 선고해야 하나 반드시 미리 기일을 정하여 법정에서 선고할 필요가 없으므로 결국 선고를 공고할 때가 효력발생시기라고 할 것이다.

3) 권리변경의 효력 불인정

개인회생절차에서는 일반회생절차와는 달리 변제계획인가결정이 있다고 하여 곧바로 권리변경의 효력이 발생하는 것은 아니며, 변제계획에 의한 권리의 변경은 면책결정이 확정되

412) 서울회생법원, 제5판 개인파산·회생실무 535p.

기까지는 생기지 않는다(615조 1항 단서). 즉 개인회생절차에서의 변제계획은 인가결정에 의해 그 자체로 권리변경의 효력을 발생시키는 형성적 효력이 있는 것이 아니고 변제기간 동안 변제를 완료한 후 면책을 받을 수 있다는 취지의 개인회생채권자들에 대한 예고로서의 성격을 가진다고 볼 것이다. 이와 같이 변제계획에 대한 인가결정이 나오더라도 권리변경의 효력이 발생하는 것이 아니므로 법원사무관 등은 변제계획조항을 개인회생채권자표에 기재할 필요가 없다.

4) 변제계획인가의 효력이 미치는 대상 범위

개인회생절차에서 변제계획인가결정의 효력은 채무자 및 개인회생채권자목록에 기재된 개인회생채권자에 대하여만 미치게 된다.

따라서 개인회생채권자목록에 기재되지 않은 개인회생채권은 변제계획에 의해 실권되지 않으며, 면책결정의 효력도 미치지 않는다.

5) 변제계획인가에 따른 개인회생재단 소속 재산의 귀속주체

변제계획인가결정이 있는 때에는, 변제계획 또는 변제계획인가결정에서 다르게 정한 때를 제외하고는, 개인회생재단에 속하는 모든 재산은 채무자에게 귀속된다(615조 2항). 변제계획 또는 변제계획인가결정에서 다르게 정한 때란 예컨대, 채무자가 악의로 소유재산을 처분하거나 은닉, 산일시킬 우려가 있는 경우 이해관계인의 변제계획안 수정명령신청이나 법원의 직권으로 채무자의 소유권 및 관리처분권을 제한하거나 변제계획안에 대한 수정명령을 발할 경우인 것이다(610조 3항, 580조 2항 단서, 610조 3항).

한편 변제계획인가결정이 있는 때에는 채무자의 급료·연금·봉급·상여금, 그밖에 이와 비슷한 성질을 가진 급여채권에 관하여 개인회생절차개시 전에 확정된 전부명령은 변제계획인가결정 후에 제공한 노무로 인한 부분에 대하여는 그 효력이 상실된다(616조 1항). 이 경우 변제계획인가결정으로 인하여 전부채권자가 변제받지 못하게 되는 채권액은 개인회생채권으로 된다(616조 2항).

6) 중지 중인 강제집행·가압류 또는 가처분 등의 실효

변제계획인가결정이 있는 때에는, 변제계획 또는 변제계획인가결정에서 다르게 정한 때를 제외하고는, 개인회생절차개시의 결정에 의해 중지된 회생절차 및 파산절차와 개인회생채권에 기한 강제집행·가압류 또는 가처분은 그 효력을 잃는다(615조 3항).

변제계획 또는 변제계획인가결정에서 다르게 정한 때란 채무자가 해당 가압류·가처분이 이루어진 재산을 변제에 제공하지 않는 내용의 변제계획안을 제출하고 있고 전후 사정에 비추어 가압류·가처분을 실효시킨다면 채무자가 이를 임의로 처분한 후 변제계획까지 이행하지 않을 사정이 있는 경우에 변제계획기간 중의 일정시점 또는 변제계획 종료시까지 해당 가압류·가처분을 계속 존속시킨다는 내용의 규정을 둔 경우가 여기에 해당될 것이다. 그리고 중지된 강제집행·가압류 또는 가처분이 실효된다는 의미는 별도의 법원의 재판 절차 없이도 소급하여 당연히 실효된다는 것을 의미하지만, 이미 진행되어 있는 절차의 외관·외형을 제거하기 위한 형식적인 절차는 필요하다.[413] 외형을 제거하려면 채무자가 해당 집행법원에 말소등기촉탁신청서와 인가결정등본 및 말소촉탁의 대상이 되는 재산의 목록을 첨부하여 신청해야 할 것이다. 만약 변제계획인가결정이 있는 후에 해당 인가결정이 취소된 경우에는 이미 소급하여 실효된 강제집행·가압류 또는 가처분이 회복되는가? 판례는 실효된 강제집행·가압류 또는 가처분이 회복되지는 않고 채권자가 다시 새로운 신청을 해야 하는 것으로 해석하고 있다(대판 2006.10.12. 2005다45995). 한편 담보권실행을 위한 경매는 변제계획인가의 효력에 의해 속행할 수 있게 된다(600조 2항).

카. 변제계획의 수행

채무자는, 회생위원이 선임되지 않은 경우 또는 변제계획이나 변제계획인가결정에서 다르게 정한 경우를 제외하고는, 인가된 변제계획에 따라 개인회생채권자에게 변제할 금원을 회생위원에게 임치해야 하며, 회생위원은 그 임치된 금원을 변제계획에 따라 개인회생채권자에게 지급해야 한다(617조 1항, 2항 전단, 3항). 개인회생채권자가 지급받지 않는 경우에는 회생위원은 채권자를 위해 공탁할 수 있다(617조 2항 후단).

채무자가 회생위원에게 금원을 임치하는 방법은 채무자가 회생위원이 관리하는 예금계좌에 송금하는 방법으로 하며(개인회생사건 처리지침 11조 1항, 3항), 위 임치된 금원으로부터 개인회생채권자들이 변제액을 지급받는 방법은 회생위원이 미리 신고된 개인회생채권자들의 금융기관 계좌로 송금하는 방법으로 한다(개인회생사건 처리지침 11조 4항). 따라서 개인회생채권자들은 개인회생채권자집회기일의 종료시까지 변제계획에 따른 변제액을 송금받기 위한 금융기관의 계좌번호를 우편, 이메일, 팩스 등의 방법으로 회생위원에게 신고해야 한다(규칙 84조 1항). 만약 개인회생채권자가 계좌번호를 신고하지 않을 경우에는 회생위원은 그 개인회생채권자에게 지급할 변제액을 공탁할 수 있다(617조 2항 후단).

413) 이와 관련하여 동일 채권이지만 개인회생채권자 목록과 가압류 내지 압류 내역이 불일치한 경우가 있다. 이러한 경우에는 해당 채권자에게 동일채권확인 요청서에 의해 동일채권확인을 받은 후 가압류·압류 취소 및 집행해제신청을 해야 할 것이다.

한편 회생위원이 선임되어 있지 않은 경우에는 채무자가 인가된 변제계획에 따라 직접 계좌이체 등의 방법으로 개인회생채권자에게 지급해야 할 것이지만(개인회생사건 처리지침 13조 1항), 실무상 회생위원이 선임되어 있지 않은 경우란 거의 없을 것이다.

타. 변제계획 수행에 대한 감독

변제계획의 수행여부는 회생위원의 주된 업무이다. 회생위원은 변제계획에 따른 변제가 지체되고 지체금액이 3개월분(3회분)에 달한 경우에는 변제계획불수행 보고서를 작성하여 위 사유발생일로부터 30일 이내에 법원에 보고해야 한다(개인회생사건 처리지침 11조의3). 여기에서 통상 3회분의 연체액은 개인회생절차폐지결정의 기준이 되는 금액이다.

한편 개인회생채권자도 채무자의 변제계획 수행이 제대로 이루어지지 않을 경우에는 법원에 개인회생절차폐지결정을 신청할 수 있고(621조), 면책여부 결정시 면책에 반대하는 의견을 개진(624조 2항, 3항)하는 등의 방법으로 채무자의 변제계획 수행 여부를 상시 감독할 수 있다.

7. 개인회생절차의 폐지

가. 개인회생절차 폐지 사유

1) 변제계획인가 전 개인회생절차의 폐지

가) 개인회생절차의 필수적 폐지

법원은 변제계획인가가 있기 전에 나음과 같은 사유 중 어느 하나에 해당된 경우에는 이해관계인의 신청 또는 직권으로 개인회생절차를 폐지해야 한다(620조 1항, 595조제1호·5호). 즉 ① 채무자가 개인회생절차개시결정 당시 신청권자의 자격을 갖추지 않은 사실이 명백한 때, ② 채무자가 개인회생절차개시결정 당시 신청일 전 5년 이내에 면책(파산절차에 의한 면책을 포함)을 받은 사실이 있음이 명백한 때, ③ 채무자가 제출한 변제계획안을 인가할 수 없는 때[414]에는 개인회생절차를 폐지해야 하는 것이다(필수적 폐지). 위 ①, ②의 사유는 개인회생절차개시신청 기각사유에 해당되지만 개인회생절차개시결정 당시에는 밝혀지지 않았다가 개시결정 후에 비로소 이러한 사유가 발견된 경우 사후에라도 개인회생절차를 폐지하는 것이 타당하므로 이를 폐지사유로 규정한 것이다.

414) 통상 이러한 경우에는 변제계획불인가결정을 하게 되며, 따라서 이에 대한 항고, 항고장 각하를 거쳐 개인회생절차폐지결정을 하게 된다. 개인회생절차폐지결정에 대하여도 항고가 가능하므로 개인회생절차폐지결정에 대한 항고 및 항고장 각하를 통하여 개인회생절차폐지결정이 확정될 것이다.

나) 개인회생절차의 임의적 폐지

법원은 다음과 같은 사유 중 어느 하나에 해당된 경우에는 직권으로 개인회생절차폐지결정을 할 수 있다(620조 2항, 595조 2호, 613조 2항). 즉, ① 채무자가 개인회생개시신청서의 첨부서류인 개인회생채권자목록, 재산목록, 채무자의 수입 및 지출에 관한 목록, 급여소득자·영업소득자임을 증명하는 서류, 진술서 등의 어느 하나에 해당하는 서류를 제출하지 않거나, 허위로 작성하여 제출한 경우 또는 법원이 정한 제출기한을 준수하지 않은 때, ② 채무자가 정당한 사유 없이 개인회생채권자집회에 출석 또는 설명을 하지 않거나 허위의 설명을 한 때에는 개인회생절차폐지결정을 할 수 있는 것이다(임의적 폐지).

2) 변제계획인가 후 개인회생절차의 폐지

법원은 다음과 같은 사유 중 어느 하나에 해당된 경우에는 이해관계인의 신청 또는 직권으로 개인회생절차폐지결정을 해야 한다(621조 1항). 즉 ① 면책불허가결정이 확정된 때, ② 채무자의 사망 등 채무자가 인가된 변제계획을 이행할 수 없음이 명백할 때(다만, 채무자가 변제를 완료하지 못하였지만 특별면책 요건이 충족되어 면책결정을 받은 경우는 제외), ③ 채무자가 재산 및 소득의 은닉 그밖의 부정한 방법으로 인가된 변제계획을 수행하지 않는 때에는 개인회생절차폐지결정을 해야 하는 것이다.

나. 개인회생절차폐지 신청 절차

개인회생절차폐지의 신청은 통상 이해관계인이 하게 된다. 물론 법원이 직권으로 개인회생절차폐지결정을 할 수도 있다. 이해관계인이 개인회생절차폐지신청을 하려면 신청서를 작성하여 법원에 제출해야 하며, 신청서에는 ① 사건의 표시, ② 채무자·신청인과 그 대리인의 표시, ③ 개인회생절차의 폐지를 신청한 취지 및 그 사유를 기재해야 한다(규칙 92조).

다. 개인회생절차폐지결정 및 공고

개인회생절차폐지 여부를 판단하기 위해 필요한 경우 법원은 채무자나 이해관계인에게 자료의 제출을 요구하거나 채무자를 심문할 수 있다. 법원은 개인회생절차폐지의 결정을 한 때에는 그 주문과 이유의 요지를 공고해야 한다(622조). 이 경우 송달은 하지 않을 수 있다.

라. 개인회생절차폐지의 효력

1) 개인회생절차의 종료

개인회생절차의 폐지가 확정되면 개인회생절차는 종료한다. 이 경우 개인회생채권은 개인회생절차의 구속에서 벗어나 원래의 채권대로 이를 행사할 수 있고 강제집행을 할 수도 있다. 이때 개인회생채권자는 별도의 집행권원이 없더라도 개인회생채권자표에 기하여 강제집행을 할 수 있다(603조 4항).

2) 변제계획인가 전 개인회생절차폐지의 효력

개인회생폐지결정이 확정되면 개인회생절차개시결정으로 중지 또는 금지되었던 개인회생재단에 속한 재산에 대한 담보권의 설정 또는 담보권의 실행을 위한 경매, 채무자에 대한 회생절차·파산절차, 개인회생채권자목록에 기재된 개인회생채권에 기한 개인회생재단에 속한 재산에 대한 강제집행·가압류·가처분, 개인회생채권자목록에 기재된 개인회생채권을 변제받거나 변제를 요구하는 일체의 행위, 국세징수법·지방세기본법에 의한 체납처분 등도 그 중지 또는 금지의 구속에서 풀려나 속행되거나 가능하게 된다. 개인회생채권자목록 제출에 따른 시효중단의 효력은 변제계획인가 전의 개인회생절차폐지결정의 경우에도 인정된다고 본다(32조 3호). 한편 채무자가 파산신청 후 개인회생을 신청하여 개인회생절차개시결정이 이루어진 경우에는 먼저 신청한 개인파산절차가 중지되는데, 변제계획인가 전에 개인회생절차가 폐지되어 확정되면 중지된 파산절차가 속행된다.

3) 변제계획인가 후 개인회생절차폐지의 효력

변제계획이 인가된 후에 개인회생절차가 폐지되더라도 이미 행한 변제와 개인회생절차의 규정에 의해 생긴 효력에는 영향을 미치지 않는다(621조 2항). 이미 행한 변제가 유효하다는 것은 개인회생절차가 폐지되더라도 그 변제를 부당이득으로 반환청구할 수 없다는 것을 말한다. 그리고 개인회생절차의 규정에 의해 생긴 효력에는 영향을 미치지 않는다는 것은 개인회생채권자목록의 제출 또는 개인회생절차 참가에 따른 시효중단(32조 3호)의 효력도 그대로 인정되고,[415] 변제계획인가결정에 따른 회생절차·파산절차, 강제집행·가압류·가처분 등의 실효(615조 3항), 변제계획인가 결정 후에 제공한 노무로 인한 부분에 대한 전부명령의 실효(616조 1항)도 번복되지 않고 유효하다는 것을 말한다.

한편 채무자가 파산신청 후 개인회생을 신청하여 변제계획이 인가된 경우에는 파산절차가 실효되는데, 파산절차가 실효된 후에 개인회생절차가 폐지되어 확정된 경우에 있어서는 그 실효된 파산절차가 다시 살아나지는 않으므로 개인파산을 하려면 다시 처음부터 파산절차를 밟아야 한다. 이 점이 변제계획인가 전에 개인회생절차폐지결정이 확정된 경우와 구별되는 점이다.

415) 중단된 시효는 개인회생절차폐지결정확정시부터 다시 새로이 진행될 것이다.

마. 개인회생절차폐지결정에 대한 즉시항고

개인회생절차폐지의 결정에 대하여는 즉시항고할 수 있다(623조 1항). 즉시항고가 제기된 경우 법원은 기간을 정하여 항고인에게 보증으로 금전 또는 유가증권을 공탁하게 할 수 있고,[416] 항고인이 그 기간 내에 보증을 제공하지 않으면 항고장 각하결정을 할 수 있다(618조 2항, 247조 5항).

한편 월변제액이 3개월 이상 연체된 경우에도 개인회생절차가 폐지될 수 있는데 착오 등 어떠한 사유로 월변제액이 납부되지 않았고 채무자의 잦은 주소지 변경 등으로 개인회생절차 폐지결정 사실을 통지받지 못하여 즉시항고의 기간도 놓치는 경우가 더러 있다. 이러한 경우에는 그 사유를 소명하여 추완항고를 신청해 볼 필요가 있다 할 것이다.

8. 면책결정과 그 효과

가. 의 의

법원은 채무자가 변제계획에 따른 변제를 완료한 때 또는 채무자가 변제계획에 따른 변제를 완료하지 못한 경우에도 일정한 요건이 모두 충족되는 때에는 당사자의 신청에 의하거나 직권으로 면책결정(면책허가결정)을 해야 한다(624조 1항, 2항).

나. 면책사유

1) 변제계획 완료

법원은 채무자가 변제계획에 따른 변제를 완료한 때에는 당사자의 신청에 의하거나 직권으로 면책결정을 해야 한다(624조 1항). 직권으로 면책결정을 하는 경우는 법원이 회생위원의 보고를 통하여 변제계획에 따른 변제가 완료되었음을 알게 되었는데도 채무자가 면책신청을 하지 않은 경우 등이다.

2) 변제계획 완료 이외의 사유로 인한 예외적 면책(특별면책)

법원은 채무자가 변제계획에 따른 변제를 완료하지 못한 경우에도 다음 각호의 요건, 즉 ① 실직, 질병 등 채무자가 책임질 수 없는 사유로 인하여 변제를 완료하지 못하였을 것, ② 개인회생채권자가 면책결정일까지 변제받은 금액이 채무자가 파산절차를 신청한 경우 파산절차에서 배당받을 금액보다 적지 않을 것, ③ 변제계획의 변경이 불가능할 것의

416) 실무상 항고보증금공탁명령시 법원은 보증보험증권에 의한 공탁은 허용하지 않고 있다.

요건이 모두 충족되는 때에는 이해관계인의 의견을 들은 후 면책결정을 할 수 있다(624조 2항). 실무상 이를 특별면책 제도라고 한다. 다만 이러한 특별면책신청은 개인회생절차가 계속 진행하고 있음을 전제로 한 것으로서 개인회생절차가 종료하기 전까지만 신청이 가능하며, 따라서 개인회생절차가 그 폐지결정 확정으로 종료한 후에 한 특별면책 신청은 부적법하여 각하를 면치 못할 것이다(대판 2012.7.12. 2012마811 결정).[417] 특별면책을 신청하려면 특별면책신청서를 제출해야 하며, 그 신청서에는 ① 사건의 표시, ② 채무자·신청인과 그 대리인의 표시, ③ 면책을 신청한 취지, ④ 특별면책의 요건(624조 2항)을 갖춘 내용을 기재해야 한다(규칙 94조 2항). 인지는 첨부하지 않는다. 법원이 특별면책을 결정하려면 결정에 앞서 개인회생채권자 등 이해관계인의 의견을 청취해야 하므로 법원은 특별면책신청이 있는 경우에는 개인회생채권자 등 이해관계인에게 의견청취서를 발송하고 그 답신을 취합하는 방식으로 의견청취를 실시하게 된다.

다. 면책불허가 사유

채무자가 변제계획에 따른 변제를 완수하였거나 특별면책 요건에 해당하는 경우에도 채무자에게 일정한 사유가 있는 경우에는 법원은 면책불허가결정을 할 수 있다(624조 3항). 즉, 법원은 다음 각호의 어느 하나에 해당하는 경우, 즉 ① 면책결정 당시까지 채무자에 의해 악의로 개인회생채권자목록에 기재되지 않은 개인회생채권이 있는 경우, ② 채무자가 통합도산법에 정한 채무자의 의무를 이행하지 않은 경우에는 면책불허가결정을 할 수 있다(624조 3항).

라. 면책신청 절차

채무자가 변제계획에 따른 변제를 완료하여 잔여채무에 대한 면책을 받으려면 법원에

417) 통합도산법 624조 2항은, 채무자가 변제계획에 따른 변제를 완료하지 못한 경우에도 채무자가 책임질 수 없는 사유로 인하여 변제계획에 따른 변제를 완료하지 못하였을 것(제1호), 개인회생채권자가 면책결정일까지 변제받은 금액이 채무자가 파산절차를 신청한 경우 파산절차에서 배당받을 금액보다 적지 않을 것(제2호), 변제계획의 변경이불가능할 것(제3호)이 요건을 모두 충족한 때에는, 법원은 이해관계인의 의견을 들은 후 면책의 결정을 할 수 있다고 규정하고 있다. 그런데 개인회생절차가 종료한 이후 채무자에게 파산원인이 있는 경우 채무자는 파산절차를 이용할 수 있는 점, 개인회생절차가 종료한 이후에도 채무자가 개인회생절차에 따른 면책신청을 할 수 있다면 개인회생절차로 말미암은 권리행사의 제한에서 벗어난 개인회생채권자의 지위가 불안정하게 되는 점, 면책결정이나 개인회생절차폐지결정이 확정되면 개인회생절차가 종료하는 점은 앞서 본 바와 같고 면책불허가결정이 확정된 때에는 개인회생절차를 폐지하여야 하는데(621조 1항 1호), 개인회생절차폐지결정이 확정된 후에 채무자가 면책신청을 하여 법원이 면책결정 또는 면책불허가결정을 해야 한다면, 이미 종료한 절차가 다시 종료하거나 폐지결정을 다시 해야 하는 모순이 발생하여 법체계에 맞지 않는 점 등에 비추어 보면 통합도산법 624조 2항에 따른 면책은 개인회생절차가 계속 진행하고 있음을 전제로 한 것으로 개인회생절차가 종료하기 전까지만 그 신청이 가능하다고 봄이 타당하다.

면책신청서를 제출해야 한다. 면책신청서에는 ① 사건의 표시, ② 채무자·신청인과 그 대리인의 표시, ③ 면책을 신청한 취지, ④ 채무자가 변제계획에 따른 변제를 완료한 내용을 기재해야 한다(규칙 94조 1항). 면책신청서에는 변제완료 증명서류를 첨부해야 하되, 인지는 첨부하지 않는다. 사건번호도 별도로 부여되지 않는다.

한편 2020. 3. 24. 통합도산법 개정 법률 시행 전에 변제계획인가결정을 받은 채무자가 위 개정 법률 시행일에 이미 변제계획안에 따라 3년 이상 변제계획을 수행한 경우에는 당사자의 신청 또는 직권으로 이해관계인의 의견을 들은 후 면책결정을 할 수 있다(통합도산법 2020. 3. 24. 개정 법률 부칙).[418)]

마. 면책결정 및 공고

법원은 채무자가 변제계획에 따른 변제를 완료하거나(통상 면책), 변제계획에 따른 변제를 완료하지 못한 경우에도 일정한 요건이 충족되는 때에는(특별면책), 당사자의 신청에 의하거나 직권으로 면책결정을 하게 된다. 면책결정은 면책신청서에 첨부된 자료나 회생위원의 보고 등 기록상의 다른 자료에 기하여 심문 없이 할 수 있다. 다만 변제계획의 완수여부가 불투명한 경우에는 채무자에게 필요한 자료의 추가 제출, 이해관계인의 의견 청취, 채무자에 대한 심문 등을 거칠 수 있다.

법원이 면책결정을 한 때에는 그 주문과 이유의 요지를 공고해야 하며, 이 경우 송달은 하지 않을 수도 있다(624조 4항). 한편 채무자가 변제를 완료하거나 특별면책사유에 해당되는 경우에도 채무자가 면책결정 당시까지 악의로 개인회생채권자목록에 누락시킨 개인회생채권이 있는 경우 또는 채무자가 통합도산법에서 정한 채무자의 의무를 이행하지 않은 경우에는 법원은 면책불허가결정을 할 수 있는데, 면책불허가결정에 대하여는 공고를 하지 않으며

418) 통합도산법이 2005년 제정된 이후 개인회생절차시 변제계획에서 정하는 변제기간의 상한을 5년으로 유지하다가 2018년에 변제기간의 상한을 3년으로 단축하는 내용으로 개정(법률 제15158호, 2017. 12. 12. 공포, 2018. 6. 13. 시행)하면서 그 적용대상을 위 개정 법률 시행 후 최초로 신청하는 개인회생사건으로 제한하였는바, 이와 같이 변제기간의 상한을 단축한 취지는 개인회생제도의 도입취지에 맞게 회생 가능한 채무자들을 조속히 적극적인 생산활동에 복귀할 수 있도록 하기 위한 것인데, 위 개정 법률 시행 후에 개인회생절차를 신청한 채무자와 시행 전에 개인회생절차를 신청하여 변제계획을 인가받은 채무자를 다르게 취급하는 것은 형평성 측면에서 문제가 있다는 지적이 있어왔다. 그렇다고 개인회생 변제기간 단축의 적용대상을 소급하여 확대할 경우 채권자의 신뢰를 침해할 우려가 있는 바, 이를 종합적으로 고려하여 위 개정 법률 시행 전에 변제계획인가결정을 받은 채무자가 그 시행일에 이미 변제계획안에 따라 3년 이상 변제계획을 수행한 경우에는 당사자의 신청 또는 직권으로 이해관계인의 의견을 들은 후 면책결정을 할 수 있도록 부칙에서 해당 규정을 두어 예외적 면책을 할 수 있도록 한 것이다.

채무자에 대하여만 송달을 실시한다.

바. 면책결정의 효력

1) 책임의 면제

면책을 받은 채무자는 변제계획에 따라 변제한 것을 제외하고는 나머지 개인회생채권자에 대한 채무에 관하여 그 책임이 면제된다(625조 2항 본문). 책임이 면제된다는 의미에 대하여는 채무소멸설과 자연채무설 등이 대립된다. 통설은 자연채무설을 따르고 있음은 「개인파산」 편에서 본 바와 같다. 통설인 자연채무설에 의할 경우 개인회생채권에 대한 면책이 이루어지면 채권 자체는 소멸되지 않되 해당 채권을 강제적으로 실현되는 것이 가능하지 않을 뿐이다. 따라서 채무자가 면책 이후 임의로 변제하면 유효한 채무의 변제가 되고 따라서 이를 부당이득으로 반환을 청구할 수 없게 되며, 상계의 자동채권으로 하거나 경개, 준소비대차의 목적으로 삼을 수 있고 보증이나 담보로도 유효하게 제공할 수 있게 된다. 면책결정은 확정된 후가 아니면 그 효력이 발생하지 않는다(625조 1항). 따라서 면책결정은 즉시항고기간이 도과되거나 항고가 제기되었다면 항고가 기각된 때에 확정되는 것이다.

2) 개인회생절차의 종료

면책결정이 확정되면 개인회생절차는 종료한다(규칙 96조). 개인회생절차에서는 회생절차에서의 종결결정과 같이 별도의 종료절차가 없으므로 개인회생절차가 언제 종료되는지 불명하므로 「채무자 회생 및 파산에 관한 규칙」에서 면책결정이 확정될 경우에 종료한 것으로 규성한 것이다.

3) 면책의 효력이 미치지 않은 경우

가) 면책이 불가한 채권

개인회생채권절차에서 다음의 청구권은 그 책임이 면제되지 않는다(625조 2항 본문). 즉,

① 개인회생채권자목록에 기재되지 않은 청구권[419]

② 개인회생절차개시 당시 아직 납부기한이 도래하지 않은 것으로서 국세징수법 또는 지방세기본법에 의해 징수할 수 있는 다음의 청구권, 즉 원천징수하는 조세, 부가가치세·개별소비세·주세 및 교통·에너지·환경세, 특별징수의무자가 징수하여 납부해야

---

419) 개인회생채권자목록에 기재되지 않은 채권은 면책에서 제외되므로 개인회생채권자목록에 기재된 채권에 비하여 유리하게 된다. 따라서 채권자간에 형평성이 문제될 수 있으므로 채무자가 악의로 개인회생채권자목록에 기재하지 않은 개인회생채권이 있는 경우에는 이를 면책불허가사유가 되도록 하였다(624조 3항 1호).

하는 지방세, 위 세금들의 교육세 및 농어촌특별세(583조 1항 2호)

③ 벌금·과료·형사소송비용·추징금 및 과태료

④ 채무자가 고의로 가한 불법행위로 인한 손해배상

⑤ 채무자가 중대한 과실로 타인의 생명 또는 신체를 침해한 불법행위로 인하여 발생한 손해배상

⑥ 채무자의 근로자의 임금·퇴직금 및 재해보상금

⑦ 채무자의 근로자의 임치금 및 신원보증금

⑧ 채무자가 양육자 또는 부양의무자로서 부담해야 할 비용

⑨ 별제권

나) 면책의 효력이 미치지 않는 자

면책은 개인회생채권자가 채무자의 보증인 그밖에 채무자와 더불어 채무를 부담하는 자에 대하여 가지는 권리와 개인회생채권자를 위해 제공한 담보에 영향을 미치지 않는다(625조 3항). 따라서 개인회생채권자는 채무자에 대한 면책결정에도 불구하고 보증이나 연대채무자에 대하여 이행을 청구할 수 있고, 제3자가 제공한 담보물에 대하여 담보권을 행사할 수 있다.

한편 주채무자에 대한 시효의 중단은 보증인에 대하여 효력이 미치고(민법 440조), 개인회생절차에서의 채권자목록의 제출이나 그 절차에의 참가에 다른 시효중단의 효력은 특별한 사정이 없는 한 개인회생절차가 진행되는 동안 그대로 유지되는 것이다(대판 2013.9.12. 2013다42878).

또한 개인회생절차에서의 권리변경은 일반회생절차에서와 달리 변제계획인가결정이 아니라 면책결정의 확정으로 그 효력이 생기는 것으로서(615조 1항) 변제계획인가결정만으로는 그 중단된 시효의 효력에 어떠한 영향도 미치지 못하는 것이므로 보증인으로서는 자신의 보증채무에 대한 소멸시효가 변제계획인가결정시부터 다시 진행되어 그로부터 5년의 경과로써 상사 소멸시효가 완성되었다는 주장은 받아들여지지 않을 것이다(대판 2019.8.30. 2019다235528).

다) 법무사 또는 변호사의 과실로 채권자목록에서 채권이 누락되어 면책의 효력을 받지 못한 경우 책임추궁 여부

통합도산법상 개인회생절차에서는 변제계획인가결정으로 개인회생채권자의 권리가 변경되지 않고, 면책결정으로 그 책임이 면제된다(615조). 즉 개인회생절차의 변제계획이

인가되었다 하더라도, 변제계획 자체로 권리변경의 효력을 발생시키는 형성적 효력을 갖는 것이 아니라, 단지 변제계획에서 정한 변제기간 동안 변제율과 변제방법에 따라 변제를 완료하면 추후 면책신청절차를 통해 면책결정을 받아 변제계획에 포함된 나머지 채무를 모두 면책받을 수 있다는 취지를 채권자들에게 명백히 알리는 의미만 있을 뿐 채무자가 변제계획에 따른 변제를 완료한 후 통합도산법 624조에 따른 법원의 면책결정이 있어야 비로소 면책의 효과가 발생한다(대판 2021.2.25. 2018다43180).

이는 개인회생절차가 아닌 회생절차에서 회생계획인가의 결정이 있는 때에 회생계획이나 통합도산법의 규정에 의해 인정된 권리를 제외하고는 채무자는 모든 회생채권과 회생담보권에 관한 책임을 면하는 점(251조)과 구별된다.

따라서 개인회생절차에서 채무자의 위임에 따라 개인회생채권자목록을 작성한 법무사 또는 변호사의 과실로 일부 채무가 누락된 상태로 개인회생채권자목록이 제출되고 그에 따라 작성된 변제계획안을 인가하는 결정이 있었다는 사정만으로 즉시 위임인인 채무자의 손해가 발생한다고 할 수는 없고, 향후 채무자가 일부 채무가 누락된 상태로 작성되어 인가된 변제계획의 수행을 완료하고 법원으로부터 면책결정을 받아 변제계획에 포함된 채무를 면책받은 때에 비로소 채무자의 손해가 현실적·확정적으로 발생한다고 할 것이다.

나아가 이때 채무자의 손해는 면책결정 이후에 해당 채권자로부터 채무의 전부 또는 일부를 면제받는 등의 특별한 사정이 없는 한 변제계획에서 누락된 채무의 액수 상당액이다(대판 2021.2.25. 2018다43180).

사. 면책의 취소

채무자가 면책을 받았다고 하더라도 법원은 채무자가 기망 그밖의 부정한 방법으로 면책을 받은 때에는 이해관계인의 신청에 의하거나 직권으로 면책을 취소할 수 있다(626조 1항 전단). 면책취소신청을 하려면 면책취소신청서를 작성하여 법원에 제출해야 하며, 신청서에는 1,000원의 인지와 4회분의 송달료를 납부해야 한다.

법원은 면책취소 여부를 결정하기 위해 이해관계인 및 채무자를 심문해야 한다(626조 1항 후단, 규칙 15조). 이러한 면책취소신청은 면책결정확정일부터 1년 이내에 제기해야 한다(626조 2항). 따라서 이해관계인이 면책결정확정일로부터 1년이 경과한 후에 면책취소신청을 한 경우에는 면책취소신청이 각하될 수 있다.

다만 법원이 직권으로 면책취소를 할 경우에는 이러한 기간 제한이 없으므로 법원이 면책결정확정일로부터 1년이 경과한 후에 한 이해관계인의 면책취소신청을 검토한 결과 면책취소사유가 있다고 인정되는 경우에는 직권으로 면책취소결정을 할 수 있다. 따라서 개인회생채권자로서는 면책결정확정일로부터 1년이 경과한 후라 하더라도 채무자에게 면책취소사유가 있다고 인정되는 경우에는 면책취소신청을 할 실익이 있다 할 것이다.

면책취소결정은 공고해야 하고(규칙 95조), 송달도 실시해야 한다. 송달의 대상은 면책취소결정의 경우에는 채무자와 모든 채권자에게, 면책취소신청 기각결정의 경우에는 신청인과 채무자에게 송달해야 한다.

아. 면책허부결정 등에 대한 즉시항고

면책허가결정·면책불허가의 결정과 면책취소결정에 대하여는 즉시항고할 수 있다(627조). 즉시항고의 기간은 공고가 이루어지는 면책허가결정과 면책취소결정은 공고 다음날부터 14일 이내이고(13조 2항), 공고가 이루어지지 않은 면책불허가 결정은 채무자가 그 결정정본을 송달받은 날부터 1주일 이내이다(33조, 민사소송법 444조).

[기재례 135] 개인회생 신청시 구비서류

개인회생 신청시 구비서류

1. **기본서류** : 주민등록등본, 예금통장 사본(예치금 반환용)

2. **개인회생채권자목록**
   가. 부채증명서, 판결문, 최고서, 독촉장, 세금·과태료, 건강보험료 등 납부고지서 등
   나. 별제권부 채권이 있는 경우 담보목적물 등기부등본, 시가 산정자료(부동산사이트 매매가 등), 피담보 채권 현재액 근거자료
   다. 보증금반환채무가 있는 경우 임차목적물 등기부등본, 시가산정자료, 임차인 주민등록등본, 임대차계약서, 확정일자 소명자료

3. **재산목록**
   가. 예금 : 마지막 사용일로부터 6개월간 입출금이 기장된 통장사본 또는 예금통장내역서
   나. 보험 : 보험증권사본, 보험회사가 작성한 해약반환금 예상액(없는 경우에도)
   다. 자동차(오토바이) : 자동차등록원부, 시가증명자료(인터넷 중고시장 매매가 등)
   라. 임차보증금 : 임대차계약서
   마. 부동산 : 등기부등본, 시가증명자료(부동산사이트 매매가 등)
   바. 대여금채권 : 계약서 사본 등 대여금 현재액 확인자료(받을 수 없는 경우 그 사유를 기재한 진술서)
   사. 매출금 채권 : 영업소득자의 경우 영업장부 사본 등 매출금 현재액 확인자료
   아. 예상 퇴직금 : 예상 퇴직금 확인서(회사 또는 개인사업자 명의)
   자. 기타 : (가)압류 적립금 확인서(사용자 작성), 공탁서 사본(법원에 공탁된 경우)

4. **수입 및 지출에 관한 목록**
   가. 급여소득자
   급여증명서(최근 1년분), 근로소득세원천징수영수증 사본, 소득세·주민세·건강보험료·국민연금보험료·고용보험료·노조회비를 납부한 사실을 소명할 자료, 이러

한 자료가 없는 경우 소득 증명서(법원양식)

나. 영업소득자

종합소득세확정신고서, 소득금액증명원(최근 1년분), 사업자등록증, 임금구조 통계조사보고서의 해당 부분 사본, 이러한 자료가 없는 경우 소득 확인서 및 보증인 확인서 2부(법원양식)

다. 연금소득자 : 이를 소명할 수급증명서 등의 사본

라. 변제계획 수행시 예상 지출이 기준 중위소득의 60%를 초과하는 경우 추가소요 근거에 관한 구체적 소명자료 제출

마. 가족관계

주민등록등본, 가족관계증명서. 가족 중 소득이 있는 자가 있는 경우 급여명세서 사본(급여소득자), 종합소득세확정신고서(사업소득자)

5. 진술서

가. 현재 주거상황

1) 신청인 소유 주택 또는 친족 소유주택에 무상 거주하는 경우 : 주택등기부등본

2) 사택, 기숙사 또는 임차 주택 : 임대차계약서, 사용허가서 사본

3) 무상 거주(친족소유주택 포함) : 소유자 작성 거주 증명서

나. 소송 · 지급명령 · 압류 · 가압류를 당한 경우 해당 결정문 등의 사본

다. 신청일 전 10년 내 화의 · 파산 · 개인회생사건을 '신청'하거나, 신용회복지원위(개인워크아웃), 한마음금융(배드뱅크), 개별 금융기관 워크아웃제도를 이용한 경우 그 관련서류

[기재례 136] 개인회생절차개시결정 전 면담기일통보 및 보정권고

○○지방법원
면담기일 통지 및 보정권고

사　　건 : 20○○개회○○○○　개인회생
채 무 자 :

위 사건에 대하여 아래 사항을 20○○. ○. ○.까지 보완하여 주시기 바랍니다. 법원이 정한 제출기한을 준수하지 않으면 법 제595조 제2호에 의거 기각될 수 있습니다. 또한 신청인의 면담일시는 다음과 같습니다.

면담일시 : 20○○. ○. ○. 17:00 장소 : ○○지방법원 별관 남관 ○○○호 심문실

보완할 사항

□ 보정사항

- 현 직장 취업 관련하여 취업경위, 취업조건, 근무시간, 구체적으로 하는 일 등을 소명하여 주시기 바랍니다.
- 현 직장 취업 전 3년간 구체적으로 무슨 일을 하였고 월 수입은 어떠하였는지 소명하여 주시기 바랍니다.
- 부속서류1. 관련하여 3번 현대캐피탈 ④란의 금액을 4,276,956원으로 수정할 것. 또한 4번 하이브릿지 ④란의 금액을 1,000,000원으로 수정할 것. 변제계획안, 변제예정액표 모두 수정
- 7번 채권 관련하여 원금과 이자로 구분하여 금액 수정할 것
- 삼성카드 관련하여 채권자가 발급한 정형적인 부채증명서 제출할 것
- 월세 추가생계비 관련하여 현 실무상 200,000원만 인정되는 바, 생계비를 998,874원으로 수정할 것

□ 재산목록

- 현재 불입하고 있는 보험 있다면 예상 보험해약환급금을 기재해 주시고 자료 제출 바랍니다.
- 전 거주지(○○구 ○○로 150-33)의 주거상황(소유 또는 임대차, 그 명의자) 소명하고, 임차보증금 또는 매매대금액, 그 사용내역 소명, 임대차계약서 또는 등기부등본을 제출하시기 바랍니다.

- 봉급이나 통장에 압류된 사실이 있다면 압류 적립금 내역을 소명바랍니다(급여담당자 전화번호 기재 요망).

□ 변제계획안

- 채권자목록 등에 맞추어 변제계획 및 변제예정액 표를 작성바랍니다.

※ 주의사항

1. 보완한 서류는 2부(본기록과 회생위원기록용)를 작성하여 ○○지방법원 파산과 접수실(별관 1층 101호)에 접수하시기 바랍니다.
2. 개시결정후 채권자집회기일 전까지 본인 제출한 변제계획에 따라 최소 1회 이상의 월 변제예정액을 은행계좌에 입금하시기 바랍니다(회생위원 계좌 : 개시결정시 통지).
3. 재산은닉, 허위 부담증가, 허위진술, 보고 등 부정한 방법을 사용하면 개인회생절차의 폐지, 형사처벌(사기개인회생죄, 보고 등 거절의 죄), 면책의 불허, 취소등 불이익을 받을 수 있습니다.
4. 월 변제액이 3회 이상 연체되면 개인회생절차가 폐지될 수 있습니다.

20○○. ○. ○.

○○지방법원 제3회생위원 ○○○

※ 문의사항 연락처 : ○○지방법원 제3회생위원 ○○○
전화 : 000-000 팩스 : 000-000

[기재례 137] 개인회생절차개시 결정문

○○시 ○○구 ○○로 ○○
채무자 ○○○(송달영수인: ○○○)
(민사신청과 ○단독 ○회생)
20○○-○○○-17227-12-08-08-10-00

○ ○ 지 방 법 원
결 정

사 건 20○○개회○○○○ 개인회생

채 무 자 ○ ○ ○ (123456 - 1234567)
○○시 ○○구 ○○로 716-6, 201호
송달장소 : ○○시 ○○구 ○○로 1076-6 ○○빌딩 305
(송달영수인: ○○○)

주 문

1. 채무자에 대하여 개인회생절차를 개시한다.
2. 개인회생채권에 관한 이의기간을 20○○. ○. ○.까지로 한다.
3. 개인회생채권자집회의 기일 및 장소를 20○○. ○. ○. 10:00 ○○지방법원 법정동 제 213호 법정으로 한다.

이 유

이 사건 신청은 이유 있으므로 채무자 회생 및 파산에 관한 법률 제596조에 의해 주문과 같이 결정한다.

20○○. ○. ○. 16:00

판 사 ○ ○ ○

[기재례 138] 개인회생절차개시결정 통지서

○ ○ 지 방 법 원
통 지 서

수 신 수신처 참조
사 건 20○○개회○○○○○ 개인회생
채 무 자 ○ ○ ○ (123456 - 1234567)
○○시 ○○구 ○○로 ○○○
송달장소 : ○○시 ○○구 ○○로 ○○○ ㅁㅁ빌딩 ○○○
(송달영수인 : ○○○)

이 법원은 20○○. ○. ○. 16:00 개인회생개시결정을 하였으므로, 채무자 회생 및 파산에 관한 법률 제597조 제2항, 제1항에 의해 다음 사항을 통지합니다.

다 음

1. 개인회생절차개시결정의 주문 : 채무자에 대하여 개인회생절차를 개시한다.
2. 이의기간 : 20○○. ○. ○.까지
3. 개인회생채권자집회의 기일 및 장소
① 20○○. ○. ○. (○요일) 10:00, ② ○○지방법원 법정동 제213호 법정
4. 채권자유의사항
① 개인회생채권자목록의 내용에 관하여 이의가 있는 개인회생채권자는 이의기간 내에 자신 또는 다른 개인회생채권자의 채권내용에 관하여 서면으로 개인회생채권조사확정 재판을 신청할 수 있습니다. 다만, 개인회생절차개시 당시 이미 소송이 계속 중인 권리에 대하여 이의가 있는 경우에는 조사확정재판을 신청할 수 없고 이미 계속 중인 소송의 내용을 개인회생채권확정의 소로 변경하여야 합니다.
② 모든 개인회생채권자는 직접 또는 우편으로 변제계획에 따른 변제예정액을 입금받을 계좌번호 신고서를 채권자 집회기일 종료시까지 제3회생위원에게 제출해야 하고(채권자 계좌번호 신고서 양식은 「대법원 홈페이지⇒전자민원센터⇒ 양식모음 ⇒ 개인회생」에서 출력하실 수 있습니다), 변제계획에 이의가 있는 때에는 채권자 집회에 출석하여 이의를 진술하거나, 채권자집회기일의 종료시까지 법원에 이의진술서를 제출할 수 있습니다.

[우편번호 : 00000, 주소 : ○○시 ○○구 ○○로 ○○○]

③ 변제계획이 인가되면, 변제계획에 따른 월 변제액은 채권자가 신고한 계좌로 입금됩니다. 채권자에게 입금되는 금액이 변제계획에 따라 입금되어야 할 월 변제액과 수회 계속하여 차이가 나는 경우 그 사실을 법원에 신고해야 합니다(최초 입금액이나 변제계획 등의 수정 후 입금액의 경우에는 누적된 금액이 입금되어 금액이 과다할 수도 있습니다).

5. 채무자 유의사항

① 채무자는 채권자집회에 출석하여 채권자의 요구가 있는 경우 변제계획에 관하여 필요한 설명을 하여야 합니다. 정당한 사유 없이 채권자집회에 불출석하거나 허위의 설명을 한 경우에는 개인회생절차폐지 등의 불이익을 받을 수 있습니다.

② 채무자는 변제계획안이 인가되기 이전이라도 변제계획안에서 정한 최초 변제일부터 월 변제액을 [○○]은행 [000-00-000000]계좌(계좌번호를 반드시 메모하여 두시기 바랍니다)에 임치하여야 합니다.

20○○. ○. ○.

판 사 ○ ○ ○

수신처 : 채무자, 회생위원, 개인회생채권자, 채무자의 재산을 소지하고 있거나 그에게 채무를 부담하는 자.

[기재례 139] 개인회생절차개시 공고

○○지방법원
개인회생절차개시공고

사 건 20○○개회○○○○○ 개인회생

채 무 자 ○○○ (19○○. ○. ○. 생)
○○시 ○○구 ○○로 ○○○
대리인 변호사 ○○○

위 사건에 관하여 이 법원은 개인회생절차개시결정을 하였으므로 채무자 회생 및 파산에 관한 법률 제597조에 의해 다음과 같이 공고합니다.

다 음

1. 개인회생절차개시결정의 주문
   채무자에 대하여 개인회생절차를 개시한다.
2. 개인회생절차개시 결정일시 : 20○○. ○. ○. 10:00
3. 이의기간 : 20○○. ○. ○.까지
4. 개인회생채권자집회의 기일 및 장소
   ① 개인회생채권자집회의 기일 : 20○○. ○. ○. (○요일) 10:00
   ② 개인회생채권자집회의 장소 : ○○지방법원 남관 208-3호 채권자집회실
5. 개인회생채권자목록의 요지
   가. 담보부 개인회생채권액 : 0원
   나. 무담보 개인회생채권액 : 98,000,000원
   다. 채권자 ○○○의 개인회생채권 내역
      - 채권의 원인 : 생활비 등
      - 채권의 내용 : 대여금채권
6. 변제계획안의 요지
   가. 변제율 : 일반개인회생채권 원금의 ○○% 상당
   나. 변제기간 : ○○개월

7. 개인회생채권자목록의 내용에 관하여 이의가 있는 개인회생채권자는 위 이의기간 내에 자신 또는 다른 개인회생채권자의 채권내용에 관하여 서면으로 개인회생채권조사확정재판을 신청할 수 있다. 다만 개인회생절차개시 당시 이미 소송이 계속 중인 권리에 대하여 이의가 있는 경우에는 별도로 조사확정재판을 신청할 수 없고 이미 계속 중인 소송의 내용을 개인회생채권확정의 소로 변경해야 한다.

20○○. ○. ○.

○○지방법원

판 사 ○ ○ ○

[기재례 140] 개인회생절차개시결정 후 채무자의 유의사항(○○회생법원)

개인회생절차 개시결정 후 채무자가 유의할 사항

개인회생절차에 대한 개시결정을 받으면 채무자는 변제계획안에 따라 매월 투입해야 할 변제금을 회생위원의 계좌에 입금해야 하고, 채권자집회기이에 반드시 출석을 하여야 합니다. 입금을 게을리하면 변제계획안의 불인가 사유가 될 수도 있으니 주의하시어 원만하게 회생절차를 마쳐 더욱 행복하시기를 바랍니다.

○ 적립금의 원금

1. 입금할 계좌 : 개시결정문에 신한은행 계좌번호가 표시되어 있습니다.
2. 입금할 날짜 : 변제계획안에 채무자가 기재한 대로 제1회 변제일과 매월 입금해야 할 날짜가 있으므로 그날까지 입금을 하되 만일의 경우에 대비하여 2-3일 전에 입금하시는 것이 바람직합니다. 은행을 이용하여 매월 자동이체를 할 수 있고, 입금할 때 예금주는 "제1회생위원"으로 합니다.
3. 입금할 금액 : 입금할 금액은 매월 가용소득이 아니라 변제예정액표의 「매월변제예정액」입니다. 이 금액은 보통 가용소득보다 몇 원이 많습니다. 반드시 변제예정액표의 매월 변제예정액을 확인하시어 입금하시기 바랍니다.

○ 채권자집회기일에 출석

개시결정문에 채권자 집회기일과 시간, 장소(본 법원 6호 법정)가 표시되어 있으며, 채무자는 집회기일에 반드시 출석하여야 합니다.

채무자 중에는 이 기일이 채권자만을 위한 기일로 잘못 알고 출석을 하지 않는 경우가 있습니다. 채권자집회기일에 채무자는 반드시 출석하여 변제계획안에 대하여 채권자들에게 설명을 해야 하므로 출석하지 않으면 변제계획안 불인가 사유가 될 수 있습니다. 시간을 엄수하여 출석하시고, 출석할 때에는 변제계획안을 지참하시기 바랍니다.

○ 누락된 채권자가 있는지 다시 한 번 확인하고, 채권자에게 임의변제 금지

채권자목록에 채권자(특히 보증인)가 누락되어 변제계획안 인가 후에 채권자(보증인)가 변제의 재원이 되는 채무자의 재산이나 급여에 압류를 하면 변제계획 자체를 수행할 수 없게 됩니다. 특히 본인도 모르게 보증보험이나 신용보증기금이 보증인으로 되어 있는 경우가 있으므로 이런 보증인을 잘 확인하시기 바라며, 채권자목록에 누락된 채권자(특히 보증인 등)가 있으면 변제계획안의 인가시까지 추가할 수 있습니다.

○ 임의 변제 금지 등

채권자목록에 기재된 채무는 채무자가 임의로 변제하지 않아야 하고, 개시결정 후 새로이 채무를 부담하면 그 채권자는 압류를 할 수 있게 되고 새로운 압류가 있게 되면 절차가 취소될 수 있고, 입금액을 3회 이상 연체하여도 절차를 취소할 수 있게 됩니다.

○○지방법원 제○ 회생위원

[기재례 141] 개인회생절차개시결정 후 채무자의 유의사항(□□회생법원)

개인회생절차 개시결정 후 채무자가 유의할 사항

개인회생절차에 대한 개시결정을 받으면 채무자는 변제계획안에 따라 매월 투입해야 할 변제금을 회생위원의 계좌에 입금해야 하고, 채권자집회기일에 반드시 출석을 하여야 합니다. 입금을 게을리하면 변제계획안의 불인가 사유가 될 수 있으므로, 빠뜨리지 말고 아래 사항을 참고하셔서 꼭 입금하시기 바랍니다.

◎ 적립금의 입금

1. 입금할 날짜 : 채무자가 제출하신 변제계획안에 변제일과 매월 입금해야 할 날짜가 있으므로 입금을 하되, 만일 변제일이 토요일, 일요일, 공휴일일 경우에는 오류가 날 수 있으므로 미리 평일에 입금하시기 바랍니다. (입금시작일은 개시결정일과 상관이 없으므로 반드시 본인의 변제계획안을 확인하시기 바랍니다.) 회생계좌로 자동이체를 원하시는 경우에는 해당 은행으로 문의하시기 바라며 회생위원의 입금계좌는 보내드린 개시결정문 뒷장에 있는 통지서에 기재되어 있습니다.

   예금은행 : ○○은행, 　　　　예금주 : 제○ 회생위원

2. 입금할 금액 : 입금할 금액은 매월 가용소득이 아닌 변제예정액표의 [매월변제예정액]입니다. 이 금액은 보통 가용소득보다 몇 원이 많습니다. 반드시 변제예정액표의 매월 변제예정액을 확인하시어 입금하시기 바랍니다.

◎ 채권자집회기일에 출석

가끔 채무자 중에는 이 기일이 채권자만을 위한 기일로 잘못 알고 출석을 하지 않는 경우가 있습니다. 채권자집회기일에 채무자는 반드시 출석하여 변제계획안에 대하여 채권자들에게 설명을 해야 하므로 출석하지 않으면 절차폐지 사유가 될 수 있습니다.

◎ 누락된 채권자가 있는지 다시 한 번 확인

채권자목록에 채권자(특히 보증인)가 누락되어 변제계획안 인가 후에 채권자(보증인)가 변제의 재원이 되는 채무자의 재산이나 급여에 압류를 하면 변제계획 자체를 수행할 수 없게 됩니다. 따라서 채무자는 인가시까지 누락된 채권자가 없는지 꼭 확인하시기 바랍니다. 특히 본인도 모르게 보증보험이나 신용보증기금이 보증인으로 되어 있는 경

우가 있으므로 이런 보증인을 꼭 확인하시기 바랍니다. 채권자목록에 누락된 채권자(특히 보증인 등)가 있으면 변제계획안의 인가시까지 추가할 수 있습니다.

◎ **채권자 집회시에는 채무자 본인의 신분증, 도장을 준비하시고 변제계획안도 가져오시면 좋습니다.**

◎ **개시결정 후 부본 즉시 제출** 〈수정안 제출시도 부본 제출해야 합니다.〉

부본(최종채권자목록+최종변제계획안)을 '채권자수+2' 부수로 제출하시기 바랍니다. 부본 매수가 두꺼울 경우에는 채권자에게 보낼 것은 양면 복사를, 법원용 2부는 편면 복사를 하셔야 송달료를 절약할 수 있습니다. 부본을 늦게 제출하거나 제출하지 않으면 재집회가 잡히는 등 인가결정이 늦을 수가 있습니다. (민사신청과 접수창구에 접수)

[기재례 142] 송달되지 않은 채권자에 대한 공고갈음 신청

<table>
<tr><td>송달되지 않은
채권자 성명</td><td></td><td>채권자목록의 순번</td><td></td></tr>
<tr><td>채권자가 송달받을
주소를 알지 못하는 이유</td><td colspan="3">□ 연락두절
연락두절기간 현재로부터
□1개월 이내 □6개월 이내 □1년 이내 □1년 초과
□ 기타 (구체적 이유를 아래에 기재)</td></tr>
<tr><td>채권자의 주소를
파악하기 위해 그동안
채무자가 행한 조치가
있다면 이를 기재</td><td colspan="3">(채무자가 행한 조치를 간략히 기재)</td></tr>
</table>

※ 법인 채권자의 경우 법인등기부 등본을 제출하여야 합니다.
※ 해당 □란에 ✓표시하십시오.
※ 채권자별로 1명당 위 양식을 사용하고, 여러 채권자에 대한 내용을 1장에 기재하지 마십시오.

[기재례 143] 수정된 개인회생채권자목록 등의 송달에 갈음하는 공고

수정된 개인회생채권자목록등 공고

사　　건　　20○○개회○○　개인회생

채 무 자　　○○○(19○○. 1. 1.생)

○○시 ○○구 ○○로 ○○

위 사건에 관하여 이 법원은 개인회생채권자목록의 수정된 사항에 관한 이의기간을 정하고, 개인회생채권자집회의 기일을 변경하는 결정을 하였으므로, 채무자 회생 및 파산에 관한 법률 제597조, 제10조 제1항에 의해 개인회생채권자 ○○○에 대한 송달에 갈음하여 다음과 같이 공고합니다.

다　　음

1. 수정된 사항에 관한 이의기간 : 20○○. ○. ○.까지
2. 변경된 개인회생채권자집회의 기일 및 장소
   ① 개인회생채권자집회의 기일 : 20○○. ○. ○.(○요일) ○:○
   ② 개인회생채권자집회의 장소 : ○○지방법원 제○호 법정
3. 수정된 개인회생채권자목록의 요지
   가. 담보부 개인회생채권액 :　　　원
   나. 무담보 개인회생채권액 :　　　원
   다. 채권자 ○○○의 개인회생채권 내역
      - 채권의 원인 :
      - 채권의 내용 :
4. 수정된 변제계획안의 요지
   가. 변제율 : 일반개인회생채권 원금의 ○○% 상당
   나. 변제기간 : ○○개월
5. 수정된 개인생채권자목록의 수정된 사항에 관하여 이의가 있는 개인회생채권자는 위 이의기간 내에 수정된 사항의 채권내용에 관하여 서면으로 개인회생채권조사확정재판

을 신청할 수 있다. 다만 개인회생절차개시 당시 이미 소송이 계속 중인 권리에 대하여 이의가 있는 경우에는 별도로 조사확정재판을 신청할 수 없고 이미 계속 중인 소송의 내용을 개인회생채권확정의 소로 변경해야 한다.

20○○. ○. ○.

○○지방법원

판 사 ○ ○ ○

[서식 71] 주택담보대출채권 채무재조정 프로그램 신청서

<table>
<tr><td colspan="2">사 건</td><td colspan="2">2022개회000000 개인회생</td></tr>
<tr><td colspan="2">신청인
(채무자)</td><td colspan="2">성명 : ○○○
주소 : ○○시 ○○구 ○○로 ○○
전화 : (이메일 :)</td></tr>
<tr><td colspan="2">상대방
(금융기관)</td><td colspan="2">성명 : ○○○
주소 : ○○시 ○○구 ○○로 ○○
전화 : 010-1234-2345 (이메일 :)</td></tr>
<tr><td colspan="2">조정대상 주택담보대출의 내역</td><td colspan="2">1. 대상 주택의 표시 :

2. 대상 주택담보대출채권액, 이율 및 채권최고액 :</td></tr>
<tr><td rowspan="3">요건
해당
여부</td><td>채무자
단독소유</td><td></td><td>O</td></tr>
<tr><td>주택가격
(6억원 이하)</td><td>원</td><td>O</td></tr>
<tr><td>부부합산
연소득[420]
(7,000만원 이하)</td><td>원</td><td>O</td></tr>
<tr><td colspan="2" rowspan="3">소명자료
첨부여부</td><td>1. 부동산등기부등본</td><td>O</td></tr>
<tr><td>2. KB부동산 시세 또는 개별공시가격 등 주택가격 소명자료</td><td>O</td></tr>
<tr><td>3. 부부합산 연소득 소명자료(근로소득원천징수영수증, 부가가치세과세표준증명, 소득금액증명서 등)</td><td>O</td></tr>
</table>

위와 같이 주택담보대출채권 채무재조정 프로그램을 신청합니다.

20○○. ○. ○.

신청인 ○ ○ ○ (인)

---

420) 세전 소득을 기준하여 소득세, 주민세, 국민연금보험료, 국민건강보험료, 고용보험료 등을 제외한 실수령액 기준

[기재례 144] 주택담보대출 채무재조정 프로그램 안내문

안 내 문

1. 채무자는 신용회복위원회의 '주택담보대출채권 채무재조정 프로그램'을 신청하였는 바, 아래 2.항 내지 5.항의 내용을 숙지하여 주시기 바랍니다.

2. '주택담보대출 채무재조정 프로그램'은 담보채권자와 채무자 사이에 채권에 대한 재조정 합의를 할 수 있는 기회를 부여하는 절차입니다. 위 절차에서 담보채권자와 채무자 사이에 합의가 성립되고, 채무자가 담보채권자에게 그 합의에 따른 변제를 완료할 경우 담보주택의 소유권을 유지할 수 있게 됩니다.

3. 채무자는 위 채무재조정 프로그램에 회부하는 법원의 결정을 받은 즉시 신용회복위원회를 직접 방문하여, **법원의 채무재조정 프로그램 회부 결정문 사본, 채무자의 소득에 관한 서류(배우자가 있는 경우 배우자의 소득에 관한 서류 포함), 법원에 제출한 변제계획안** 등을 제출하여야 합니다. 또한 이후에 신용회복위원회에서 진행하는 절차에 성실히 임하여야 합니다.

4. 채무재조정 프로그램의 실시기간은 법원의 결정이 있은 날로부터 약 8주 동안이며, 필요한 경우 채무자의 신청에 의하여 약 4주 간 연장될 수 있습니다.

5. 다음과 같은 경우에 채무자의 조정신청이 받아들여지지 않을 수 있으니, 주의하시기 바랍니다.
   ① 채무자가 「신용회복지원협약」 제3조제2항의 채무조정 신청 제외 대상에 해당하는 경우
   ② 담보주택에 채무자회생법 제415조 제1항 또는 제2항에 따른 임차인이 있는 경우
   ③ 채무자가 법원 또는 신용회복위원회에서 요청한 서류를 제출하지 아니하거나, 허위로 작성하여 제출하거나, 제출기간을 준수하지 아니한 경우
   ④ 채무자가 절차에 필요한 비용을 납부하지 아니한 경우
   ⑤ 그 밖에 법원 또는 신용회복위원회에서 조정절차에 의함이 적절하지 않다고 인정하는 경우

서 울 회 생 법 원

[서식 72] 보전처분명령 신청서

재산보전처분명령신청서

신청인 겸 채무자　　　○ ○ ○ (123456 - 1234567)
○○시 ○○구 ○○로 ○○

위 신청서 제출대리인　　○○법무법인 변호사 ○○○
서울 ○구 ○○로 ○○○-○ (○층)

신 청 취 지

1. 채무자는 보전처분명령일 이전의 원인으로 인하여 생긴 일체의 금전채무에 관하여 그 변제 또는 담보제공을 해서는 아니된다.
2. 채무자는 등기 또는 등록의 대상이 되는 그 소유의 일체의 재산 및 기타 재산에 관한 소유권의 양도, 담보권·임차권의 설정, 기타 일체의 처분행위를 해서는 아니된다.
3. 채무자는 명목여하를 막론하고 차재(어음할인을 포함한다)를 해서는 아니된다.
4. 위 각 항의 경우에 있어서 미리 법원의 허가를 받았을 때에는 그 제한을 받지 아니한다.

라는 결정을 바랍니다.

신 청 이 유

1. 회생절차 개시원인의 발생 경위

채무자는 ○○시 ○○구 소재지에서 ○○건축이라는 상호로 19○○년부터 주로 아파트 신축공사 및 오피스 신축공사에서 설비를 하도급 받아 시공을 해온 자입니다. 채무자는 ○○○○아파트 설비공사를 비롯하여 39건의 설비를 해오면서 별다른 어려움 없이 성장할 수 있었습니다. 최근 유가 및 원자재 값 상승으로 인하여 공사에 필요한 동, 스텐관, PVC관, PP 등이 계약당시보다 20%~100%까지 폭등하다보니 공사로 인한 이익을 창출할 수 없게 되었습니다. 이런 가운데 채무자 와 협력관계에 있는 수식회사 ○○건설의 분양대금 미수로 인한 어려움으로 기성금에 대한 결재가 미루어져 왔습니다. 기성고에 따라 결재될 것으로 예상하고 발행한 어음을 결재하지 못하여 결국 부도에 이르게 되었습니다. ○○건설은 ○○북도 ○○시 ○○로 ○○ 3블럭 ○○아파트 및 6블럭 ○○아파트 신축공사를 시공하였습니다. 이 아파트는 준공되어 전체가 분양된 상태입니다. 그러나 입주자의 입주가 지연되는 관계로 중도금 및 잔금이 들어오지 않아 하청업체에 기성고에 따른 공사비를 지급하지 못하고 있습니다. ○○건설에서 시공하는 서울 ○○동의 ○○○빌딩, ○○이비인후과, ○○지구 ○○○빌딩을 채무자 회사가 설비부분을 하도급 받아 공사를 진행하고 있습니다. ○○건설의 자금 압박으로 인하여 기성고에 따른 공사대금이 지연되는 관계로 채무자는 더욱 어렵게 되었습니다. 또한 전반적인 경기침체로 인하여 금융권 및 제2금융권, 사채 등이 동결되다보니 일시적인 자금 경색을 이기지 못하고 채무자는 결국 어음부도에 이르게 되었습니다.

2. 정상화 방안 및 회생의 가능성

가. 공사현장의 공사계속

채무자는 비록 어려움에 처해 있지만 각 공사 현장에서는 공사를 진행하고 있습니다. 임금 및 원자재료는 시공사가 직접 지급하는 조건으로 나머지 공사를 마무리하여 채권자들의 피해를 최소화하기 위해 노력하고 있습니다..

나. ○○건설 및 ○○건설의 자금의 유동성이 확보되면 채무자는 어느 정도의 자금의 여력이 생겨 현재 진행 중인 공사를 완료할 수 있습니다. 공사를 중단함으로서 손실을 입는 것보다 공사를 완료하여 채권을 확보하는 것이 자금회수에도 유리하고 오히려 이익을 창출할 수 있습니다.

다. 또한 향후 마무리될 공사내역은 ○○중(○○중) 교사신축 기계설비공사(3차), ○○ 2-2블럭 ○○아파트 신축공사 등으로 향후 채무변제에 어려움이 없을 경으로 예상됩니다.

3. 회생 절차 개시의 필요성

기성고의 약 70% 이상의 진척도를 보이는 공사를 채권자들의 압류로 인하여 중단되면, 시공사는 다른 업체에 재하청을 주게 됩니다. 그렇게 된다면 지금까지 기성된 부분에 대하여 제대로 평가를 받을 수 없을 뿐더러 일부 투입된 자재들이 거의 헐값에 정산되어 넘어갈 위기에 처해 있습니다. 다행히 시공사들이 채무자가 회생절차에 의해 갱생을 할 수 있는 시간적 여유를 주기 위해 시공사에서 직접 임금을 지급하고 원자재를 구매해주는 관계로 당분간 공사를 진행하고 있습니다. 그러나 이러한 협조는 당분간 유지될 뿐 장기간에 걸쳐 유지될 수 없습니다. 채무자가 가진 노하우를 바탕으로 공사를 진행하는 것이 공사비를 절감할 수 있고, 절감된 공사비만큼 채권자들의 채무를 변제하는데 도움을 줄 수 있습니다. 채무자는 10년간 실내 설비를 시공하는 업체로 이 분야에서는 상당한 위치를 차지하고 있습니다. 오랫동안 축적된 노하우를 바탕으로 고용증대와 채권자들의 보호를 위해 회생절차를 통한 회사의 갱생이 절실하다 하겠습니다.

4. 결론(보전의 필요성)

채무자는 귀원에 개인회생절차개시명령신청을 하여 심리 중에 있습니다. 이에 채무자는 채무자의 재산보전을 위해 채무자의 재산관련 업무를 신중·공정한 태도로 처리할 예정이나, 채무자가 회생절차개시 명령신청을 한 사실이 일반에 알려짐에 따라 일부 채권자의 책동에 의한 불공정한 결과가 발생할 가능성을 배제할 수 없을 뿐만 아니라 채무자가 임의로 채무지급, 재산처분 등을 행하였을 때 다른 채권자로부터 불공평하다는 비난을 받을 수 있을 것이며 또한 법원의 허가를 받지 않고 신규차입을 하는 것도 채무자의 현황으로서는 부적당하다고 사료되므로 신청인은 위에서 본 바와 같은 이유로 신청취지와 같은 결정을 구하고자 이 신청에 이르게 된 것입니다.

소 명 방 법

1. 소갑제 1호증	○○○○
1. 소갑제 2호증	○○○○
1. 소갑제 3호증 1	○○○○
2	○○○○
1. 소갑제 4호증	○○○○

20○○. ○. ○.

위 신청대리인 ○○법무법인
변호사 ○ ○ ○ (인)

○○지방법원 귀중

[기재례 145] 보전처분결정서(급여소득자)

○ ○ 지 방 법 원
결 정

사 건 20○○개회○○ 개인회생

채무자(신청인) ○ ○ ○ (123456 - 1234567)
○○시 ○○구 ○○로 ○○

주 문

1. 채무자는 20○○. ○. ○. 10:00 이전의 원인으로 생긴 일체의 금전채무에 관하여 그 변제 또는 담보제공을 해서는 아니된다.
2. 채무자는 부동산, 자동차 등 등기 또는 등록의 대상이 되는 그 소유의 일체의 재산 및 금 1,000,000원 이상의 기타 재산에 관한 소유권의 양도, 담보권·임차권의 설정 기타 일체의 처분행위를 해서는 아니된다.
3. 채무자는 명목 여하를 막론하고 차재(신용카드를 이용한 일체의 현금융통, 어음할인을 포함한다)를 해서는 아니된다.
4. 위 각 항의 경우에 있어서 미리 이 법원의 허가를 받았을 때에는 그 제한을 받지 아니한다.

이 유

이 사건 신청은 이유 있으므로, 채무자 회생 및 파산에 관한 법률 제592조 제1항에 의해 주문과 같이 결정한다.

20○○. ○. ○.

판 사 ○ ○ ○

[기재례 146] 보전처분결정서(영업소득자)

○ ○ 지 방 법 원
결 정

사 건 20○○개회○○ 개인회생

채무자(신청인) ○ ○ ○ (123456 - 1234567)
○○시 ○○구 ○○로 ○○

주 문

1. 채무자는 20○○. ○. ○. 10:00 이전의 원인으로 생긴 일체의 금전채무에 관하여 그 변제 또는 담보제공을 해서는 아니된다.
2. 채무자는 부동산, 자동차, 중기, 특허권 등 등기 또는 등록의 대상이 되는 그 소유의 일체의 재산 및 금 1,000,000원 이상의 기타 재산에 관한 소유권의 양도, 담보권·임차권의 설정 기타 일체의 처분행위를 해서는 아니된다. 그러나 계속적이고 정상적인 영업활동에 해당하는 제품, 원재료 등의 처분행위는 예외로 한다.
3. 채무자는 명목 여하를 막론하고 차재(신용카드를 이용한 일체의 현금융통, 어음할인을 포함한다)를 해서는 아니된다.
4. 위 각 항의 경우에 있어서 미리 이 법원의 허가를 받았을 때에는 그 제한을 받지 아니한다.

이 유

이 사건 신청은 이유 있으므로, 채무자 회생 및 파산에 관한 법률 제592조 제1항에 의해 주문과 같이 결정한다.

20○○. ○. ○.

판 사 ○ ○ ○

[서식 73] 중지명령 신청서

중지명령 신청서

사　　건　　20○○개회○○ 개인회생
신 청 인　　이 름 : ○ ○ ○ (123456 - 1234567)
(채 무 자)　주 소 : ○○시 ○○구 ○○로 ○○
상 대 방　　이 름 : ○ ○ ○
　　　　　　주 소 : ○○시 ○○구 ○○로 ○○

신 청 취 지

신청인에 대한 이 법원 20○○개회○○ 개인회생사건에 관하여 개인회생절차의 개시신청에 대한 결정이 있을 때까지 신청인에 대한 ○○법원 20○○타채○○○호 사건의 압류·추심명령절차를 중지한다는 결정을 구합니다.

신 청 원 인

1. 신청인은 귀원 20○○개회○○ 개인회생 사건의 신청 채무자입니다.
2. 위 사건의 개시결정 전에 신청인의 급여에 대한 압류·추심명령 절차를 진행하게 되면 채권자간의 형평을 해하게 되며, 개인회생절차에 따른 변제계획의 수행에 큰 어려움이 생길 것입니다.
3. 따라서 신청인은 채무자 회생 및 파산에 관한 법률 제593조 제1항에 의해 이 신청을 하게 되었습니다.

소 명 방 법

1. 결정문　　　　　　　　1통

20○○. ○. ○.

신청인(채무자) ○○○ (서명 또는 날인)
(연락처 :)

○○지방법원 귀중

[서식 74] 금지명령 신청서

금지명령 신청서

사 건 20○○개회○○ 개인회생

신 청 인 이 름 : ○ ○ ○ (123456 - 1234567)

(채 무 자) 주 소 : ○○시 ○○구 ○○로 ○○

신 청 취 지

신청인에 대한 이 법원 20○○개회○○ 개인회생사건에 관하여 개인회생절차의 개시신청에 대한 결정이 있을 때까지 다음의 각 절차 또는 행위를 금지한다.

1. 개인회생채권에 기하여 신청인 소유의 유체동산과 신청인이 사용자로부터 매월 지급받을 급료, 제수당, 상여금 기타 명목의 급여 및 퇴직금에 대하여 하는 강제집행·가압류 또는 가처분.
2. 개인회생채권을 변제받거나 변제를 요구하는 일체의 행위. 다만, 소송행위를 제외한다.

라는 결정을 구합니다.

신 청 원 인

1. 신청인은 귀원 20○○개회○○ 개인회생 사건의 신청 채무자입니다.
2. 신청인은 위 개인회생 사건에서 신청인이 매월 (급여를 받는 회사명)에서 지급받는 급여에서 생계비를 제외한 나머지 가용소득으로 채무를 변제하는 계획안을 제출하였습니다.
3. 현재 신청인 소유의 유체동산과 신청인이 사용자로부터 매월 지급받을 급여 및 퇴직금에 대하여는 아직 가압류 또는 압류의 집행이 없는 바, 채권자들이 신청인 소유의 유체동산이나 신청인의 급여 등에 대하여 강제집행·가압류 또는 가처분을 하게 되면 신청인의 개인회생절차에 따른 변제계획의 수행에 큰 어려움이 생길 것입니다.
4. 또한, 채권자들이 신청인으로부터 개인회생채권을 변제받거나 변제를 요구하는 행위를 할 경우 채권자간의 형평을 해하게 되며, 신청인의 정상적인 생활에도 지장을 초래하게 될 것입니다.

5. 따라서 신청인은 신청인 소유의 유체동산과 급여 및 퇴직금에 대한 강제집행·가압류 또는 가처분과 개인회생채권의 변제요구행위를 금지시켜야 할 필요가 있으므로, 채무자 회생 및 파산에 관한 법률 제593조 제1항에 의해 이 신청에 이르게 되었습니다.

20○○. ○. ○.

신청인(채무자) ○○○ (서명 또는 날인)
(연락처 :)

○○지방법원 귀중

[서식 75] 포괄적 금지명령신청서

포괄적 금지명령신청서

신청인 겸 채무자 ○ ○ ○ (123456 - 1234567)
주소 ○○시 ○○구 ○○로 ○○
현주소 상 동

위 제출대리인 ○○법무법인 변호사 ○ ○ ○
○○시 ○구 ○○로 ○○-○ 4층
(전화번호 : ○○○-○○○○, 전송번호 : ○○○-○○○○)
E-mail : ○○○@hanmail.net

신 청 취 지

채무자에 대한 이 법원 20○○회합○○○○ 개인회생절차 사건에 관하여 개인회생절차의 개시신청에 대한 결정이 있을 때까지, 모든 개인회생채권자에 대하여 개인회생채권에 기한 강세집행, 가압류 또는 가처분을 금지한다.
라는 결정을 바랍니다.

신 청 이 유

1. 채무자는 현재 귀원에 개인회생절차 개시신청을 하여 현재 신청의 당부에 관하여 조사심리가 계속 중에 있습니다.

2. 채무자는 현재 ○○시 ○○구 ○○로 ○○에서 ○○기업을 운영하고 있습니다. 개인회생채권자들이 채무자의 소득, 영업기구 및 유체동산 등에 관하여 가압류, 가처분 등을 행하는 경우 채무사는 성상적인 사업을 하기 힘들뿐만 아니라 채무자의 소득에 대한 강제집행, 가압류 또는 가처분으로 인하여 채무자가 필요한 생계비를 조달하지 못함으로써 개인회생절차의 수행에 막대한 지장을 초래함은 물론, 채무자의 채권자들 사이에 공평을 해하는 결과를 가져올 수밖에 없습니다.

3. 그러므로 채권자들이 개인회생채권에 기하여 채무자의 소득 등 일체의 재산에 대하여 강제집행, 가압류 또는 가처분을 포괄적으로 금지하는 것이 채무자의 회생을 위해 필

요하다고 판단하여 '채무자 회생 및 파산에 관한 법률 제593조 5항 및 제45조 제1항에 의해 개인회생절차개시의 신청에 대한 결정이 있을 때까지 모든 개인회생채권자에 대하여 개인회생채권에 기한 강제집행, 가압류 또는 가처분의 금지를 구하고자 이 신청에 이르렀습니다.

20○○. ○. ○.

위 신청대리인 ○○법무법인

변호사 ○ ○ ○ (인)

○○지방법원 귀중

[서식 76] 포괄적 금지명령 공고

포괄적 금지명령 공고

사　　건　　20○○개회○○　개인회생

채 무 자　　○○○(19○○. 1. 1.생)

○○시 ○○구 ○○로 ○○

위 사건에 관하여 이 법원 20○○. ○. ○. 포괄적 금지명령을 하였으므로 채무자 회생 및 파산에 관한 법률 제593조 제5항, 제46조 제1항에 의해 다음과 같이 공고합니다.

다　　　음

채무자에 대한 이 법원 20○○개회○○호 개인회생 사건에 관하여 개인회생절차의 개시신청에 대한 결정이 있을 때까지 모든 개인회생채권자에 대하여, 개인회생채권에 기하여 채무자의 재산에 대하여 하는 강제집행, 가압류, 가처분 또는 담보권실행을 위한 경매절차를 금지한다.

20○○. ○. ○.

○○지방법원

판　사 ○ ○ ○

[서식 77] 개인회생재단에 속하지 않는 재산목록 제출서

개인회생재단에 속하지 않는 재산목록 제출서

사 건 20○○개회○○○○ 개인회생

신청인(채무자) ○ ○ ○

신청인은 다음과 같이 개인회생재단에 속하지 않는 재산목록(채무자 회생 및 파산에 관한 법률 제580조 제3항, 제1항 제1호, 제383조 제1항 소정)을 제출합니다.

순번	재산의 대상과 명칭 (구체적으로 기재)	소재지	추정 가액	압류금지의 근거조문	소명자료
1	개인회생절차 신청일 기준 회사에 대한 예상퇴직금채권의 2분의 1에 해당하는 금액	○○시 ○○구 ○○로 소재 (주)○○상사(채무자의 근무지)	1,200만원	민사집행법 제246조 제1항 제4호	예상퇴직금 증명서

20○○. ○. ○.

신청인(채무자) ○ ○ ○ (인)

첨부서류 : 예상퇴직금 증명서 1통

○○지방법원 귀중

[서식 78] 면제재산결정신청서

면제재산 결정 신청서

사 건 20○○개회○○○○ 개인회생
신청인(채무자) ○○○

신청인은 채무자 회생 및 파산에 관한 법률 제580조 제3항, 제1항 제1호, 제383조 제2항에 따라 채무자 소유의 별지 목록 기재 재산을 면제재산으로 정한다는 결정을 구합니다.
(※ 아래 해당되는 부분에 ✓표를 하고, 면제재산결정 신청을 하는 재산목록 및 소명자료를 첨부하시기 바랍니다.)

☐ 1. 주거용건물 임차보증금반환청구권에 대한 면제재산결정 신청
(법 제580조 제3항, 제1항 제1호, 제383조 제2항 제1호)
※ 첨부서류
가. 별지 면제재산목록 (채권자수 + 3부)
나. 소명자료 : ☐ 임대차계약서 1부
☐ 주민등록등본 1통
☐ 기타 [ ] 통

☑ 2. 6개월간의 생계비에 사용할 특정재산에 대한 면제재산결정 신청
(법 제580조 제3항, 제1항 제1호, 제383조 제2항 제2호)
※ 첨부서류
가. 별지 면제재산목록 (채권자수 + 3부)
나. 소명자료 : ☐ [자동차등록원부] 1통
☐ 기타 [ ] 통

20○○. ○. ○.

신청인(채무자) ○○○ (인)

○○지방법원 귀중

(별지)

면제재산 목록

1. 주거용건물 임차보증금반환청구권

면제재산 금액	금 원
주택 임대차 계약의 내용	① 임대차계약일자 ( ) ② 임대차기간 (부터 까지) ③ 임차목적물의소재지 ( ) ④ 임차보증금 (원) ⑤ 임료의 액수 및 연체기간(월 원, 개월간 연체) ⑥ 임대인의 성명 ( ) ⑦ 주민등록일자 ( ) ⑧ 확정일자(. . . 확정일자받음, 확정일자 무)

2. 6개월간의 생계비에 사용할 특정재산

순번	특정재산의 내용 (구체적으로 기재)	소재지	추정시가	면제재산결정의 사유
1	소나타(111-222-333)	○○시 ○○구 ○○로 ○○	2백만원	매각하여 생계비 조달

끝.

[서식 79] 개인회생채권 이의신청서

개인회생채권 이의신청서

사 건 번 호　　20○○개회○○○○
채　무　자　　□□□
채　권　자　　○○○

위 사건에 관하여 채권자 ○○○은 개인회생채권에 대하여 아래와 같이 이의가 있으므로 개인회생채권자목록에 대한 수정 및 추가를 요청하는 바입니다.

- 아　　래 -

1. 채권번호 ○○번에 대하여 20○○. ○. ○.자 원금 50,000,000원, 이자 5,800,000원으로 되어 있으나 실제로는 금 58,000,000원, 이자 6,100,000원임.
2. 개인회생채권자목록에 누락된 채권으로 20○○. ○. ○.자 물품대금 원금 10,000,000원, 이자 500,000원이 있음.

첨 부 서 류

1. 채권계산서　　2부

20○○. ○. ○.

채권자 ○○○ (인)

○○지방법원 귀중

[서식 80] 개인회생누락채권 신고서

개인회생누락채권 신고서

사 건 번 호　　20○○개회○○○○

채　무　자　　□□□

채　권　자　　○○○

위 사건에 관하여 채무자 □□□의 개인회생절차개시결정문 내의 개인회생채권자목록에 기재된 채권 외에 아래의 주채무 1건이 누락되어 있는 바, 채권자는 누락된 아래의 채권을 보유하고 있음을 통보합니다.

- 아　　　래 -

1. 채권자의 채무자에 대한 20○○. ○. ○.자 대여금 원금 50,000,000원, 이자 5,800,000원.

첨 부 서 류

1. 차용증서　　1부
1. 이자계산서　　1부

20○○. ○. ○.

채권자 ○○○ (인)

○○지방법원 귀중

[기재례 147] 개인회생채권자표

개인회생채권자표

사　　건 : 20○○개회○○　개인회생

채 무 자 : ○○○

서울중앙지방법원 제○ 회생단독 법원주사(보) ○○○ 작성

1. 이의기간 안에 채권조사확정재판을 신청하지 않아 확정된 채권

<table>
<tr><th>채권자의 성명 및 주소, 채권의 원인 및 내용</th><th>법원주사(보)
날인</th></tr>
<tr><td rowspan="2">별지 개인회생채권자목록 기재와 같다. 다만 같은 목록 중 채권번호 4는 제외한다.</td><td>20○○. ○. ○.</td></tr>
<tr><td>날인</td></tr>
</table>

2. 개인회생채권의 확정에 관한 소송결과 등

<table>
<tr><th>채권번호</th><th>채권자</th><th>확정소송</th><th>소송결과 등</th><th>법원주사(보)
날인</th></tr>
<tr><td rowspan="4">4</td><td rowspan="4">(주)
○○
카드</td><td rowspan="2">20○○개회○○
채권조사확정
재판</td><td rowspan="2">3,000,000원 및 이에 대한 20○○. ○. ○.부터 20○○. ○. ○.까지 연 15%의 비율로 계산한 금원의 일반 개인회생채권과 위 금원에 대하여 20○○. ○. ○.부터 완제일까지 연 15%의 비율로 계산한 후순위 개인회생채권</td><td>20○○. ○. ○.</td></tr>
<tr><td>날인</td></tr>
<tr><td rowspan="2">20○○가단○○
확정재판에
대한 이의</td><td rowspan="2">위와 같음
(20○○. ○. ○. 확정됨)</td><td>20○○. ○. ○.</td></tr>
<tr><td>날인</td></tr>
<tr><td rowspan="4"></td><td rowspan="4"></td><td rowspan="2"></td><td rowspan="2"></td><td></td></tr>
<tr><td></td></tr>
<tr><td rowspan="2"></td><td rowspan="2"></td><td></td></tr>
<tr><td></td></tr>
</table>

☞ 제3채권자가 다른 채권자를 상대로 채권조사확정재판을 신청한 경우에는 '소송결과 등'란에 제3채권자의 이름, 다투는 금액, 다툼이 없는 금액, 차이가 나는 부분, 다툼의 원인을 미리 기재하여 두어야 이를 근거로 채무자는 수정된 변제계획안을 작성하고 법원에서도 변제계획 인가시 참고할 수 있습니다.

3. 개인회생채권의 변동 내역

신청일	채권번호	채권자	변경후 채권자	변경사유
20○○. ○. ○.	4	(주)□□ 은행	○○유동화전문유한 회사	2010. ○. ○. 채권양도
20○○. ○. ○.	7	(주)◇◇ 은행	(주)◇◇은행 ○○보증기금	2010. ○. ○. 일부(85%) 보증인 대위변제
20○○. ○. ○.	10	(주)△△ 은행	동일함	2010. ○. ○. ○○원 상계처리

[기재례 148] 회생위원의 채권자집회결과 등 보고서표

회생위원 집회결과 등 보고서

1. 사건의 표시

사건번호 : 20○○개회○○

신청인(채무자) : ○○○

2. 개인회생채권자집회의 진행

가. 개인회생채권자집회의 기일 : 20○○. ○. ○. (○요일) 14:00

나. 개인회생채권자집회의 장소 : ○○지방법원 제2호 법정

다. 개인회생채권자집회 진행 회생위원 : 제○회생위원 ○○○

라. 출석사항

구 분	이 름	출석	불출석
채무자	○○○	○	
채무자대리인	변호사 ○○○	○	
채권자	주식회사 ○○은행		○
	○○상호저축은행 주식회사의 대리인 ○○○	○	
	○○크레디트 주식회사의 대리인 ○○○	○	

마. 주요내용

(1) 회생위원 : 채무자에게 변제계획안에 대하여 설명을 하지 않거나 허위의 설명을 한 때에는 채무자 회생 및 파산에 관한 법률(이하 법이라고 한다) 제620조 제2항에 의해 개인회생절차폐지의 사유가 된다고 고지한 후, 채무자에게 변제계획안에 관하여 설명할 것을 명.

(2) 채무자 : 20○○. ○. ○. 수정 제출한 변제계획안의 기재와 같이 변제계획에 관하여 설명.

(3) 회생위원 : 개인회생채권자들에게 채무자가 제출한 변제계획안에 관하여 의문이 있으면 의견을 진술할 것을 요구.

(4) 채권자 ○○○ 진술

[채권자 OO상호저축은행 주식회사의 대리인 ○○○ : 원금만을 기준으로 변제

예정액을 산정한 것은 공정하지 않고 형평에 맞지 않으므로, 원금에 개시결정일까지의 이자 및 지연손해금을 더한 원리금을 기준으로 변제예정액을 산정해야 한다는 내용의 이의를 진술](개인회생채권자 ○○○의 이의진술서 진술간주)

(5) 나머지 개인회생채권자들
별다른 이의를 진술하지 않다.

(6) 회생위원 : 변제계획안 인가 여부에 대하여는 가까운 시일 내에 법원에서 인가요건을 검토한 후 선고할 것이라는 취지를 설명하고, 이것으로써 20○○개회○○ 채무자 ○○○에 대한 개인회생채권자집회기일을 모두 마치겠다고 고지.

3. 채무자의 소득 및 가용소득 적립 여부

가. 채무자의 소득은 개시신청서에 첨부한 '채무자의 수입 및 지출에 관한 목록' 기재 수입과 같다.

나. 채무자는 20○○. ○. ○.부터 20○○. ○. ○.까지 2개월에 걸쳐서 매월 ○. 가용소득 483,334원을 적립하여, 총 966,668원을 적립하였다.

4. 채무자의 재산 및 청산가치

가. 채무자의 재산(개시결정일인 20○○. 5. 22. 기준)
개시신청서에 첨부한 재산목록 중 (2)항 부분이 아래와 같이 변동된 것을 제외하고는 위 재산목록 기재와 같다.
[위 재산목록 중 ○○은행 ○○지점의 예금이 250,000원 감소하여 200,000원이 되었고, 예금 총액은 650,000원에서 400,000원이 되었으며, 총재산 합계는 9,650,000원이 되었다.]

나. 청산가치
개인회생채권자들이 채무자가 파산하는 때에 배당받을 총액은 9,650,000원이다.

5. 변제계획 인가요건 충족 여부

가. 법 제614조 제1항 제4호 관련
개인회생채권에 대한 60개월간의 총변제액이 29,000,040원으로서 그 현재 평가액이 채무자가 파산하는 때에 배당받을 총액 9,650,000원보다 적지 않다.

나. 법 제614조 제2항 관련

(1) 제1호 관련
이의를 진술하는 개인회생채권자 ○○상호저축은행 주식회사에 대한 60개월간의 총변제액이 8,924,760원으로서 그 현재평가액이 채무자가 파산하는 때에 ○○상호저축은행 주식회사가 배당받을 총액 3,284,118원(채권자들이 배당받을 총액 9,650,000원을 채권자들의 원리금비율에 따라 안분한 액)보다 적지 않다.

(2) 제2호 관련

채무자가 최초의 변제일부터 변제계획에서 정한 변제기간 동안 수령할 수 있는 가용소득의 합계는 29,000,040원이고 변제총액은 29,000,160원이어서 가용소득의 전부가 변제계획에 따른 변제에 제공된다.

(3) 제3호 관련

채무자가 최초의 변제일부터 변제계획에서 정한 변제기간 동안 변제하는 총변제 예정액이 법 제614조 제2항 제3호의 기준에 따른 최저변제액보다 적지 않다.

6. 결론 : 채무자가 제출한 변제계획안은 법 제614조 제1항 제4호 및 제2항 각호의 요건을 충족합니다.

20○○. ○. ○.

제○ 회생위원 ○○○ (인)

○○지방법원 제○ 회생단독판사 귀중

[기재례 149] 회생위원의 변제예정액표 수정에 관한 보고

제○ 회생위원 변제예정액표 수정에 관한 보고

사　　건 : 20○○개회○○○○
채 무 자 : ○○○

위 사건에 관하여 귀 법원이 20○○. ○. ○. 인가한 변제계획의 변제예정액표의 내용에 다음과 같은 수정사유가 발생하였으므로 별지 수정된 변제예정액표를 첨부하여 보고합니다.

다　　음

1. 수정원인 : 제○번 채권자 ○○○가 제기한 채권조사확정재판의 확정(20○○. ○. ○. 확정)
2. 수정내용 : 제○번 채권자의 유보금액 ○○○원 중 채권조사확정재판에서 확정된 금액 ○○○원과 부존재하는 것으로 확정된 금액 ○○○원에 관하여 채무자의 변제계획안 제7항 나의 (2)에 따라 변제예정액표를 수정

20○○. ○. ○.

제○ 회생위원 ○○○ (인)

*** 첨부서류**

1. 인가받은 변제계획 사본　　1통
2. 수정된 변제예정액표　　1통
3. 채권조사확정 결정문 사본　　1통

○○지방법원 제○ 회생단독판사 귀중

[서식 81] 채권자목록 수정허가 신청

채권자목록 수정허가 신청

허	부

사　건　　20○○개회○○○○ 개인회생
채 무 자　　○ ○ ○
대 리 인(변호사)　　○ ○ ○

채무자는 다음과 같은 사유로 20○○. ○. ○. 제출한 개인회생채권자목록을 별지와 같이 수정하고자 하니 허가하여 주시기 바랍니다.

다　　음

1. 채무자가 개인회생채권자 목록을 귀원에 제출한 후, 채무자가 책임질 수 없는 사유(소명자료 별첨)로 인하여 그 목록에 누락하거나 잘못 기재된 사항이 발견되어 채무자 회생 및 파산에 관한 규칙 제81조 제1항에 따라 이를 별지와 같이 수정하고자 합니다.
2. 수정사항의 요지

☑ 누락된 채권의 추가　☐ 누락된 장래의 구상권(채무자의 보증인)의 추가
☐ 기존채권금액의 증가　☐ 기존채권금액의 감소
☐ 기존채권의 소멸로 인한 삭제　☐ 채권자 이름 등 오기 수정
☐ 개시결정 전 채권양도나 대위변제　☐ 개시결정 후 채권양도나 대위변제
☐ 기타 (　　　　　　　　　　)

20○○. ○. ○.

채무자 ○○○
대리인 변호사 ○○○ (인)

○○지방법원 귀중

[서식 82] 변제계획 수정안 제출서

변제계획 수정안 제출서

사 건 20○○개회○○○○ 개인회생
채 무 자 ○ ○ ○
대 리 인 ○ ○ ○

채무자는 다음과 같은 사유로 20○○. ○. ○. 제출한 변제계획안을 별지와 같이 수정하여 변제계획 수정안을 제출하니 인가하여 주시기 바랍니다.

다 음

1. 채무자가 변제계획안을 제출한 후에, 착오로 잘못 기재된 사항이 발견되어(채권자목록이 수정되어 / 법원의 변제계획안 수정명령이 내려져) 기제출한 변제계획안을 별지와 같이 수정하여 제출합니다.
2. 수정사항의 요지
   ☐ 변제기간의 변경 ☐ 가용소득의 변경 ☑ 변제예정액표의 변경
   ☐ 기타 ( )

20○○. ○. ○.

채무자 ○○○
대리인 변호사 ○○○ (인)

○○지방법원 귀중

[서식 83] 변제계획 변경안 제출서

변제계획 변경안 제출서

사 건 20○○개회○○○○ 개인회생
채 무 자 ○ ○ ○
대 리 인 변호사 ○ ○ ○

채무자는 다음과 같은 변제계획의 변경사유가 발생하여 별지와 같이 변제계획변경안을 제출하니 인가하여 주시기 바랍니다.

다 음

채무자는 20○○. ○. ○. 변제계획을 인가받을 당시 월 평균 수입이 ○○원이고 그 중 생계비 등을 공제한 월평균 가용소득 ○○원을 변제에 제공할 것으로 변제계획의 인가를 받은 후 10여년 동안 성실히 변제계획대로 수행하여 왔습니다.

그러나 최근 채무자는 계속되는 경기의 침체로 인한 회사 재무사정의 악화로 급여가 삭감되어 월 평균수입이 ○○○원이 되었고 생계비 등을 공제할 경우 월 평균 가용소득이 ○○○원으로 감소되었습니다. 따라서 감소된 가용소득을 기초로 하여 새로 작성한 별지 변제계획 변경안을 인가받고자 합니다.

첨 부 서 류

1. 최근 6개월간 급여명세서 사본 1통
2. 수입 및 지출에 관한 목록 1통
3. 진술서 1통
4. 변제계획 변경안 1통

20○○. ○. ○.

채무자 ○○○
대리인 변호사 ○○○ (인)

○○지방법원 귀중

[기재례 150] 변제계획인가결정

○ ○ 지 방 법 원
결　　　정

사　　건　　20○○개회○○ 개인회생

채 무 자　　○ ○ ○ (123456 - 1234567)
○○시 ○○구 ○○로 ○○

주　　　문

별지 변제계획을 인가한다.
(별지 목록 기재 부동산에 대하여 개인회생채권에 기하여 한 강제집행, 가압류 또는 가처분은 채무자 회생 및 파산에 관한 법률 제615조 제3항에 불구하고 변제계획에서 정한 바에 따라 그 효력을 잃는다.)

이　　　유

채무자 회생 및 파산에 관한 법률 제614조(제615조 제3항 단서)에 의해 주문과 같이 결정한다.

20○○. ○. ○.

판 사 ○ ○ ○

[기재례 151] 변제계획 인가결정 공고

○○지방법원
변제계획 인가결정 공고

사　　건　　20○○개회○○○○ 개인회생

채 무 자　　○○○ (19○○. ○. ○○. 생)
○○시 ○○구 ○○로 12-3 ○○빌라 나-123
대리인 변호사 ○○○

이 법원은 20○○. ○. ○. 위 채무자의 변제계획을 인가하였으므로 다음과 같이 공고한다.

다　　　음

1. 변제계획 인가결정의 주문 및 이유의 요지
이 사건 변제계획을 채무자 회생 및 파산에 관한 법률 제614조에 의해 인가한다.

2. 변제계획의 요지
가. 변제율 : 일반개인회생채권 원리금의 16% 상당
나. 변제기간 : 36개월

20○○. ○. ○.

○○지방법원

판 사 ○ ○ ○

[기재례 152] 변제계획 인가결정에 대한 확정증명원 관련 안내문

■ 인가결정에 대한 확정증명원 관련 안내 ■

채무자 회생 및 파산에 관한 법률 제10682호

제615조 (변제계획인가의 효력)

① 변제계획은 인가의 결정이 있은 때부터 효력이 생긴다. 다만, 변제계획에 의한 권리의 변경은 면책결정이 확정되기까지는 생기지 아니한다.

② 변제계획인가결정이 있는 때에는 개인회생재단에 속하는 모든 재산은 채무자에게 귀속된다. 다만, 변제계획 또는 변제계획인가결정에서 다르게 정한 때에는 그러하지 아니하다.

③ 변제계획인가결정이 있는 때에는 제600조의 규정에 의해 중지한 회생절차 및 파산절차와 개인회생채권에 기한 강제집행·가압류 또는 가처분은 그 효력을 잃는다. 다만, 변제계획 또는 변제계획인가결정에서 다르게 정한 때에는 그러하지 아니하다.

제616조 (전부명령에 대한 특칙)

① 변제계획인가결정이 있는 때에는 채무자의 급료·연금·봉급·상여금, 그밖에 이와 비슷한 성질을 가진 급여채권에 관하여 개인회생절차개시 전에 확정된 전부명령은 변제계획인가결정 후에 제공한 노무로 인한 부분에 대하여는 그 효력이 상실된다.

② 변제계획인가결정으로 인하여 전부채권자가 변제받지 못하게 되는 채권액은 개인회생채권으로 한다.

○ 위 규정과 같이 '개인회생 인가결정'을 받은 경우,
채권압류 및 추심명령, 가압류 등 집행사건을 해제하기 위해 인가결정의 확정을 요하지 않으므로,

○ 인가결정에 대한 확정증명원의 발급 신청을 지양하여 주시기 바랍니다.

[서식 84] (채권자가 채무자를 상대로 한) 채권조사확정재판 신청서

채권조사확정재판 신청서

채 권 자　○　○　○ (123456 - 1234567)
(신청인)　○○시 ○○구 ○○로 ○○

채 무 자　○　○　○ (123456 - 1234568)
(상대방)　○○시 ○○구 ○○로 ○○

신 청 취 지

채권자(신청인)의 채무자(상대방)에 대한 개인회생채권은, 금 30,000,000원 및 이에 대한 20○○. ○. ○.부터 20○○. ○. ○.까지 연 15%의 비율에 의한 금원의 일반개인회생채권과 위 금 30,000,000원에 대한 20○○. ○. ○.부터 완제일까지 연 15%의 비율에 의한 금원의 후순위 개인회생채권임을 확정한다.

신 청 원 인

1. 채권자(신청인, 이하 채권자라 한다)는 귀 법원 20○○개회○○호 개인회생사건의 개인회생채권자입니다.
2. 채무자(상대방, 이하 채무자라 한다)는 귀 법원에 20○○. ○. ○. 20○○개회○○호로 개인회생절차의 개시를 신청하면서 그 개인회생채권자목록에 채권자가 보유한 채권의 원인을 '20○○. ○. ○.자 금 27,000,000원 신용대출', 채권의 내용을 '원금 27,000,000원 및 이에 대한 20○○. ○. ○.부터 완제일까지 연 15%의 비율에 의한 금원(단 개인회생절차 개시결정일 이후의 이자, 지연손해금은 후순위 개인회생채권임)'이라고 기재하였고, 귀 법원은 20○○. ○. ○. 채무자에 대하여 개인회생절차 개시결정을 하였습니다.
3. 그러나 채권자는 20○○. ○. ○. 채무자에게 금 30,000,000원을 이율은 연 15%, 변제기는 20○○. ○. ○.로 정하여 대여하였는데, 채무자는 20○○. ○. ○.까지의 이자만 지급한 채 그 다음날부터는 전혀 이자를 지급하지 않고 있습니다. 즉, 채권자가 20○○. ○. ○. 채무자에게 대출한 돈은 27,000,000원이 아니라 30,000,000원이므로, 채무자가

제출한 채권자목록의 기재는 잘못된 것입니다.

4. 따라서 채권자의 채무자에 대한 개인회생채권은, 금 30,000,000원 및 이에 대한 20○○. ○. ○.부터 20○○. ○. ○.까지 연 15%의 비율에 의한 금원의 일반 개인회생채권과 위 금 30,000,000원에 대한 20○○. ○. ○.부터 완제일까지 연 15%의 비율에 의한 금원의 후순위 개인회생채권이라고 할 것이므로, 채무자 회생 및 파산에 관한 법률 제604조 제1항, 제3항에 의해 귀 법원에 채권조사확정재판을 신청합니다.

소 명 방 법

1. 소갑제1호증 대출거래약정서
2. 소갑제2호증 대출금원장

첨 부 서 류

1. 위 소명방법 각 1통
2. 송달료 납부서 1통
3. 신청서 부본 1통

20○○. ○. ○.

채권자 ○ ○ ○ (인)

○○지방법원 귀중

[서식 85] (채무자가 채권자를 상대로 한) 채권조사확정재판에 대한 이의의 소장

소 장

원 고 ○ ○ ○ (123456 - 1234567)
(채무자) ○○시 ○○구 ○○로 ○○

피 고 ○ ○ ○ (123456 - 1234568)
(채권자) ○○시 ○○구 ○○로 ○○

채권자조사확정재판에 대한 이의의 소

청 구 취 지

1. ○○지방법원 20○○. ○. ○.자 20○○개확○○호 채권조사확정재판을 다음과 같이 변경한다.
   피고(채권자)의 원고(채무자)에 대한 개인회생채권은, 금 27,000,000원 및 이에 대한 20○○. ○. ○.부터 20○○○. ○. ○.까지 연 15%이 비율에 의한 금원의 일반개인회생채권과 위 금 27,000,000원에 대한 20○○. ○. ○.부터 완제일까지 연 15%의 비율에 의한 금원의 후순위 개인회생채권임을 확정한다.
2. 소송비용은 피고의 부담으로 한다.

청 구 원 인

1. 원고(채무자, 이하 원고라 한다)는 20○○. ○. ○. 피고(채권자, 이하 피고로 한다)로부터 금 27,000,000원을 이율은 연 15%, 변제기는 20○○. ○. ○.로 정하여 차용하였고 그 후 원고는 피고에게 위 변제기까지의 이자를 전부 지급하였습니다.

2. 원고는 20○○. ○. ○. 이 법원 20○○개회○○호로 개인회생절차의 개시를 신청하였고, 아울러 그 개인회생채권자목록에 피고에 대한 채권의 원인을 '20○○. ○. ○.자 금 27,000,000원 신용대출', 채권의 내용을 '원금 27,000,000원 및 이에 대한 20○○. ○. ○.부터 완제일까지 연 15%의 비율에 의한 금원(단 개인회생절차 개시결정일 이후의 이자, 지연손해금은 후순위 개인회생채권임)'이라고 기재하였는데, 피고는 20○○. ○. ○. 원고에 대한 채권원금이 27,000,000원이 아닌 30,000,000원이라는 이유로 ○○지방법원 20○○개확○○호로 채권조사확정재판을 신청하였습니다.

3. 한편 ○○지방법원은, 위 채권조사확정재판에서 피고의 주장을 받아들여 20○○. ○. ○. 피고의 원고에 대한 개인회생채권이 개인회생채권자목록에 기재된 원금 27,000,000원 및 이에 대한 20○○. ○. ○.부터 이자 및 지연손해금(그 중 개시결정일 이후 부분의 이자 및 지연손해금은 후순위 개인회생채권임)이 아닌 원금 30,000,000원 및 이에 대한 20○○. ○. ○.부터 개인회생절차 개시결정일 전날인 20○○. ○. ○.까지 연 15%의 비율에 의한 금원의 일반 개인회생채권과 위 금 30,000,000원에 대한 20○○. ○. ○.부터 완제일까지 연 15%의 비율에 의한 금원의 후순위 개인회생채권이라는 결정을 하였고, 원고는 위 결정 정본을 20○○. ○. ○.에 송달받았습니다.

4. 그러나 원고는 위 채권조사확정재판에 불복이므로, 귀 법원에 청구취지 기재 판결을 구하기 위해 채무자 회생 및 파산에 관한 법률 제605조 제1항에 의해 채권조사확정재판에 대한 이의의 소를 제기합니다.

입 증 방 법

1. 소갑제1호증 ○○○○
1. 소갑제2호증 ○○○○

첨 부 서 류

1. 위 소명방법 각 1통
2. 송달료 납부서 1통
3. 신청서 부본 1통

20○○. ○. ○.

원고(채무자) ○ ○ ○ (인)

○○지방법원 귀중

[서식 86] 개인회생절차폐지결정에 대한 추완항고장

추 완 항 고 장

사　　　건　　20○○개회 ○○○　개인회생
항고인(채무자)　　○ ○ ○
　　　　　　　　○○시 ○○구 ○○로 ○○○○○

위 사건에 관하여, 항고인은 20○○. ○. ○.자 귀원의 개인회생절차폐지결정에 대하여 불복이므로 추완항고를 제기합니다.

원결정의 표시

이 사건 개인회생절차를 폐지한다.

항 고 취 지

원 결정을 취소하고 다시 상당한 재판을 구합니다.

항 고 이 유

1. 원 결정은 20○○. ○. ○.자로 공고되었으나, 항고인은 위 공고사실을 알지 못하여 즉시항고 기간을 도과하였습니다. 그러나 3년이란 시간이 경과되는 동안 주소지가 변경되어 송달받지 못했습니다. 또한 공고 이후에도 자동이체를 통하여 월변제액이 인출되고 있음을 확인하였기에 개인회생절차가 폐지되리라는 예측을 할 수 없었던 바, 이는 항고인이 책임질 수 없는 사유로 인하여 기간을 준수하기 못하였다고 볼 수 있으므로 추완항고를 제기합니다.
2. 항고인은 추후 귀원의 명령에 따라 변제계획안 중 현재까지 수행하지 못한 금원을 전부 납입하겠사오니 폐지결정을 취소하여 기존 변제계획안 대로 변제를 완료할 수 있도록 허락하여 주시기를 바랍니다.

20○○. ○. ○.

채무자(재항고인) ○○○

○○지방법원 파산과 귀중

[3]
면책절차 FLOW

1. 의의 및 필요성

개인채무자가 개인회생신청을 한 후 인가된 변제계획에 따라 3년~5년간에 걸쳐 변제를 완료한 경우라고 하더라도 그 자체만으로써 잔여채무가 면책되지는 않는다. 즉 법원에서 별도로 면책결정을 해 주어야 면책이 되는 것이다. 따라서 개인회생채무자로서는 변제계획을 완료한 후 별도로 법원에 면책신청을 하여 법원의 면책결정을 받는 절차를 밟아야 한다. 물론 법원에서 직권으로 면책결정을 해 주는 경우도 있으나, 실무상 이를 기대하기는 쉽지 않을 것이다.

2. 면책사유

가. 면책사유

1) 변제계획 완료

법원은 채무자가 변제계획에 따른 변제를 완료한 때에는 당사자의 신청에 의하거나 직권으로 면책결정을 해야 한다(624조 1항).

2) 변제계획을 완료하지 못하였지만 예외적으로 면책이 되는 경우

법원은 채무자가 변제계획에 따른 변제를 완료하지 못한 경우에도 다음 각호의 요건이 모두 충족되는 때에는 이해관계인의 의견을 들은 후 면책결정을 할 수 있다(624조 2항). 즉,

① 채무자가 책임질 수 없는 사유로 인하여 변제를 완료하지 못하였을 것

② 개인회생채권자가 면책결정일까지 변제받은 금액이 채무자가 파산절차를 신청한 경우 파산절차에서 배당받을 금액보다 적지 않을 것

③ 변제계획의 변경이 불가능할 것

나. 면책불허가 사유

법원은 다음 각호의 어느 하나에 해당하는 경우, 즉 ① 면책결정 당시까지 채무자에 의해 악의로 개인회생채권자목록에 기재되지 않은 개인회생채권이 있는 경우, ② 채무자가 통합

도산법에서 정한 채무자의 의무를 이행하지 않은 경우에는 면책불허가 결정을 할 수 있다(624조 3항).

3. 면책결정 및 공고

법원은 채무자가 변제계획에 따른 변제를 완료하거나, 변제계획에 따른 변제를 완료하지 못한 경우에도 일정한 요건이 충족되는 때에는 당사자의 신청에 의하거나 직권으로 면책결정을 하게 된다. 법원이 면책결정을 한 때에는 그 주문과 이유의 요지를 공고해야 하며, 이 경우 송달은 하지 않을 수 있다(624조 4항).

4. 면책결정의 효력

가. 책임의 면제

면책결정은 확정되어야 그 효력이 발생한다(625조 1항). 면책을 받은 채무자는 변제계획에 따라 변제한 것을 제외하고는 나머지 개인회생채권자에 대한 채무에 관하여 그 책임이 면제된다(625조 2항 본문).

나. 면책이 불가한 채권

개인회생절차에서 채무자가 변제계획상의 채무에 대한 변제를 완료한 경우라도 일정한 채권 또는 청구권은 면책을 받을 수 없다(625조 2항 본문). 채무자가 면책을 받을 수 없는 채권 또는 청구권은 다음과 같다. 즉,

① 개인회생채권자목록에 기재되지 않은 청구권
② 통합도산법 583조(개인회생재단채권) 1항 2호의 규정에 의한 조세 등의 청구권
③ 벌금·과료·형사소송비용·추징금 및 과태료
④ 채무자가 고의로 가한 불법행위로 인한 손해배상
⑤ 채무자가 중대한 과실로 타인의 생명 또는 신체를 침해한 불법행위로 인하여 발생한 손해배상
⑥ 채무자의 근로자의 임금·퇴직금 및 재해보상금
⑦ 채무자의 근로자의 임치금 및 신원보증금
⑧ 채무자가 양육자 또는 부양의무자로서 부담해야 할 비용

다. 면책의 효력이 미치지 않는 자

면책은 개인회생채권자가 채무자의 보증인 그밖에 채무자와 더불어 채무를 부담하는 자에 대하여 가지는 권리와 개인회생채권자를 위해 제공한 담보에 영향을 미치지 않는다(625조 3항).

라. 채무자가 변제계획과 별도로 개인회생채무를 변제하겠다는 의사를 표시한 경우, 위 채무에도 면책결정의 효력이 미치는지 여부

통합도산법 625조 2항 본문에 의해 면책을 받은 채무자는 변제계획에 따라 변제한 것을 제외하고 개인회생채권자에 대한 채무에 관하여 그 책임이 면제된다. 여기에서 면책이라 함은 채무 자체는 존속하지만 채무자에 대하여 이행을 강제할 수 없다는 의미이다. 따라서 면책된 채권은 통상의 채권이 가지는 소제기 권능을 상실하게 된다.

통합도산법이 개인회생절차에서 채무자를 위한 면책제도를 둔 취지는 채권자들에 대하여 공평한 변제를 확보함과 아울러 지급불능 또는 그럴 염려가 있는 상황에 처한 채무자에 대하여 경제적 재기와 회생의 기회를 부여하고자 하는 데에 있다. 이를 통하여 채무자는 개인회생채무로 인한 압박을 받거나 의지가 꺾이지 않은 채 앞으로 경제적 회생을 위한 노력을 할 수 있게 된다(대판 2021.9.9. 2020다277184).

만약 채무자가 개인회생절차가 개시된 후 면책결정 확정 전에 개인회생채권자에게 '변제계획과 별도로 개인회생채무를 변제하겠다.'는 취지의 의사를 표시한 경우에 면책결정이 확정된 이후에도 채무자에게 개인회생채무 전부나 일부를 이행할 책임이 존속한다고 보게 되면, 이는 위에서 본 면책제도의 취지에 반한다. 따라서 채무자가 면책결정 확정 전에 변제계획과 별도로 개인회생채무를 변제하겠다는 취지의 의사를 표시한 경우, 이로 인한 채무가 실질적으로 개인회생채무와 동일성이 없는 완전히 새로운 별개 채무라고 볼 만한 특별한 사정이 없는 한, 원래의 개인회생채무와 동일하게 면책결정의 효력이 미친다고 보아야 한다(대판 2021.9.9. 2020다277184).

5. 면책의 취소

법원은 채무자가 기망 그밖의 부정한 방법으로 면책을 받은 때에는 이해관계인의 신청에 의하거나 직권으로 면책을 취소할 수 있다(626조 1항 전단). 이 경우 법원은 이해관계인을 심문해야 한다(626조 1항 후단). 이러한 면책취소신청은 면책결정확정일부터 1년 이내에 제기해야 한다

(626조 2항). 따라서 면책확정일부터 1년이 경과된 후의 면책취소신청은 각하될 것이다(서울회생법원 2018.3.19. 2018라174).

6. 면책허부결정에 대한 즉시항고

면책허가결정이나 면책기각결정 또는 면책취소결정에 대하여는 이해관계인이 즉시항고를 제기할 수 있다(627조).

[서식 87] 개인회생 면책신청서(변제계획상 채무변제를 완료한 경우)

개인회생 면책신청서

인 지
2000원

신 청 인(채 무 자) : ○ ○ ○ (주민등록번호 : 123456 - 1234567)

주 소 : ○○시 ○○구 ○○로 ○○○ (우편번호 : 12345)

거 소 : 위와 같음

송달장소 : ○○시 ○○구 ○○로 ○○○ (우편번호 : 12345)

본 적 : ○○시 ○○○구 ○○로 ○○

연 락 처 : 휴대전화(010-2222-3333), 집전화(222-3333), 이메일( )

소송대리인 변호사 ○○○

(송달장소) ○○시 ○○구 ○○로 ○○

신 청 취 지

채무자를 면책한다.
라는 결정을 구합니다.

신 청 이 유

신청인은 귀원 20○○개회○○○○ 개인회생사건에 관하여 20○○. ○. ○.자 변제계획에 따른 인가결정이 있었고, 이에 따라 채무자는 20○○부터 20○○까지 변제계획을 모두 완료하였으므로(총 변제금액 금 ○○○원) 채무자 회생 및 파산에 관한 법률 제624조 제1항에 따라 잔여 채무에 대하여 면책결정을 받고자 본건 신청에 이르게 되었습니다.

첨 부 서 류

1. 법원의 변제계획완료확인서(또는 영수증) 1부

휴대전화를 통한 정보수신 신청서

위 사건에 관한 개인회생개시결정, 개인회생인가결정, 면책결정 등 정보를 예납의무자가 납부한 송달료 잔액 범위 내에서 휴대전화를 통하여 알려주실 것을 신청합니다.

▣ **휴대전화 번호** : 010-222-3333

20○○. ○. ○.

신청인 채무자 : ○○○ (날인 또는 서명)

※ 개인회생개시결정, 인가결정, 면책심문기일 결정, 면책결정이 있으면 신속하게 위 휴대전화로 문자메시지가 발송됩니다.

※ 문자메시지 서비스 이용금액은 메시지 1건당 17원씩 납부된 송달료에서 지급됩니다(송달료가 부족하면 문자메시지가 발송되지 않습니다). 추후 서비스 대상 정보, 이용금액 등이 변동될 수 있습니다.

20○○. ○. ○.

위 소송대리인 ○○○ (인)

개인회생사건번호	
면 책 사 건 번 호	
배 당 순 위 번 호	
재 판 부	제 단독

○○지방법원 귀중

주) 개인회생절차에서 변제계획완료 후의 잔여채무에 대한 면책신청서의 양식은 대법원인터넷에 게시되어 있지 않으므로 본 신청서는 저자가 구성한 것이며, 이와 유사하거나 또는 다소 변형하여 법원에 신청하면 될 것으로 보인다.

[서식 88] 의견청취서(변제계획상 채무변제 미완료시 면책결정 위한 의견청취)

ㅇㅇ지방법원
의견청취서

수 신 개인회생채권자목록 참조

사 건 20ㅇㅇ개회ㅇㅇ 개인회생

채 무 자 ㅇ ㅇ ㅇ (123456 - 1234567)
ㅇㅇ시 ㅇㅇ구 ㅇㅇ로 ㅇㅇ

1. 위 법원은 위 채무자에 대한 면책 여부의 결정에 앞서 채무자 회생 및 파산에 관한 법률 제624조 제2항이 정한 바에 따라 귀하의 의견을 듣고 심리자료로 삼고자 합니다.
2. 별지 〈채권자 의견〉 사항에 관하여 알고 있는 내용을 기재하여 20ㅇㅇ. ㅇ. ㅇ.까지 서면으로 제출하여 주시고, 부득이한 경우 팩시밀리전송(팩시밀리번호 : 000-0000)의 방법으로 제출하여 주십시오.

20ㅇㅇ. ㅇ. ㅇ.

판 사 ㅇ ㅇ ㅇ

참고 : 우편물을 보내실 곳(우편물을 보내실 때에는 사건번호를 명시하여 주시기 바랍니다)
ㅇㅇ시 ㅇㅇ구 ㅇㅇ로 ㅇㅇ-ㅇ ㅇㅇ지방법원 개인회생사건 담당자 앞
(우편번호 00000)

채권자의견

1. 사건 : 20ㅇㅇ개회ㅇㅇ
2. 채무자 : ㅇㅇㅇ
3. 귀하의 채권

ㅇ 채권의 내용 ☐ 대여금 ☐ 물품대금 ☐ 기타:

O 채권이 발생한 연월일 : (　　　　　　　)

O 변제계획 인가 당시 채권액수 (　　　　　　　)

4. 채무자로부터 변제계획에 따라,

O 변제받은 금액 : ○,○○○,○○○원

O 변제받지 못한 잔액 : ○,○○○,○○○원

5. 채권의 변제를 받지 못하였다면 그 이유는,

☐ 채무자가 책임질 수 없는 사유로 인한 것이다.

(구체적 사유기재 :　　　　　　　　　　　　)

☐ 채무자가 책임져야 할 사유로 인한 것이다.

(구체적 사유기재 :　　　　　　　　　　)

☐ 모르겠다.

6. 채무자로부터 현재까지 변제받은 금액이 채무자가 당초에 개인회생절차를 신청하지 않고 파산하였다면 파산절차에서 배당받았을 금액보다,

☐ 적다.　☐ 적지 않다.　☐ 모르겠다.

7. 변제계획을 변경하여서라도 채무자로 하여금 나머지 채무를 변제하도록 함이,

☐ 가능하다.

(희망하는 변경 변제계획의 내용 :　　　　　　　　　　　　)

☐ 불가능하다.

☐ 모르겠다.

8. 기타 의견이 있으면 아래 채권자기입란에 기재하여 주십시오.

20○○. ○. ○.

채권자 ○○○ (인)

주소 및 전화번호 :

채권자기입란 :

[서식 89] 면책동의서

면 책 동 의 서

송달되지 않은 채권자 성명	◇ ◇ ◇	채권자목록의 순번	○○번
기명 또는 서명날인	○ ○ ○ (인)		

※ 채권자별로 1명당 위 양식을 사용하고, 여러 채권자에 대한 내용을 1장에 기재하지 마십시오.
※ 채권자의 인감도장을 날인하고 채권자의 인감증명서를 첨부하면 신속한 진행에 도움이 됩니다.

[기재례 153] 면책허가결정(변제계획상 채무변제 완료시)

○○지방법원

결 정

사 건 20○○개회○○ 개인회생

채 무 자 ○ ○ ○ (123456 - 1234567)

○○시 ○○구 ○○로 ○○

주 문

채무자를 면책한다.

이 유

채무자가 변제계획에 따른 변제를 완료하였으므로 채무자 회생 및 파산에 관한 법률 제624조 제1항을 적용하여 채무자의 신청에 의해(직권으로) 주문과 같이 결정한다.

20○○. ○. ○.

판 사 ○ ○ ○

[기재례 154] 면책허가결정(변제계획상 채무변제 미완료시)

○○지방법원
결 정

사 건 20○○개회○○ 개인회생

채 무 자 ○ ○ ○ (123456 - 1234567)
○○시 ○○구 ○○로 ○○

주 문

채무자를 면책한다.

이 유

채무자가 변제계획에 따른 변제를 완료하지 못하였으나 미변제 채권자들의 동의를 얻었고 수급자인 채무자에게 하루라도 빨리 재기의 기회를 주는 것이 타당하다고 사료되는 바, 채무자 회생 및 파산에 관한 법률 제624조 제2항을 적용하여 이해관계인의 의견을 듣고 채무자의 신청에 의해(직권으로) 주문과 같이 결정한다.

20○○. ○. ○.

판 사 ○ ○ ○

[기재례 155] 면책확정증명원

확정증명원

사　　건 : ○○지방법원 20○○개회○○○○ 개인회생
채 무 자 : ○○○
증명신청인 : 채무자 ○○○

위 사건에 관하여 20○○. ○. ○.자로 면책이 확정되었음을 증명합니다.

.끝.

20○○. ○. ○.

○○지방법원

법원주사보 ○○○

본 증명(문서번호 : 개인채무회생 ○-○○○)에 관하여 문의할 사항이 있으면 00-000-0000으로 문의하시기 바랍니다.

[서식 90] 동일채권확인 요청서

동일채권확인 요청서

성　　명　○ ○ ○
주민등록번호　123456 - 1234567
주　　소　○○시 ○○구 ○○로 ○○
연 락 처

○○신용카드 주식회사(123456 - 1234568)의 위 ○○○에 대한 개인회생채권과 희망모아유동화전문유한회사의 위 ○○○에 대한 채권이 동일함을 아래와 같이 확인요청 드립니다.

아　　래

1. 개인회생 사건번호 : ○○지방법원 20○○개회○○○○ 개인회생
2. 채권자목록 : 1번, 10번
3. 채권가압류 사건번호 : ○○지방법원 20○○카단○○○○

이와 같이 ○○지방법원 20○○카단○○○○호 채권가압류의 국민신용카드주식회사의 채권과 광주지방법원 20○○개회○○○○ 개인회생 사건의 채권자 목록상의 희망모아유동화전문유한회사의 채권이 동일한 채권임을 확인하여 주시기 바랍니다.

20○○. ○. ○.

위 확인요청인 ○ ○ ○ (인)

희망모아유동화전문유한회사 귀하

[기재례 156] 동일채권확인서(동일채권확인요청에 대한 답신)

○○○○유동화전문유한회사

수 신 자 ○○지방법원
(경유)

제 목 동일채권 확인서 (○○○, cccc00000)

사 건 : ○○지방법원 20○○카단○○○○ 채권가압류
채 권 자 : ○○신용카드주식회사
채 무 자 : ○○○

위 채권양수인 ○○○○유동화전문 유한회사

위 당사자간 광주지방법원 20○○카단○○○○ 채권가압류사건의 피보전채권과 광주지방법원 20○○개회○○○○ 개인회생 신청사건의 개인회생채권자 목록상 채권자 ○○○○유동화전문유한회사의 채권이 ○○신용카드주식회사에서 ○○○○유동화전문유한회사로 양도·양수된 동일 채권임을 확인합니다.

붙임 : 1. 채권양도증서 사본 1부
2. 채권양도통지서 사본 1부
3. 인감증명서 1부. 끝.

○○○○유동화전문유한회사
대포이사 ○○○

담당 ○○○ 팀장 ○○○
시행 신용회복관리부-00000 (20○○. ○. ○.) 접수 ( )
우. 12345 ○○시 ○○구 ○○로 ○○○ 신용회복관리부 /전화 02-0000-0000

[4]
개인회생절차의 벌칙

1. 사기회생죄

채무자가 자기 또는 타인의 이익을 도모하거나 채권자를 해할 목적으로 다음 각호, 즉 ① 재산을 은닉 또는 손괴하거나 채권자에게 불이익하게 처분하는 행위, ② 허위로 부담을 증가시키는 행위의 어느 하나에 해당하는 행위를 하고, 채무자에 대하여 개인회생절차개시결정이 확정된 때에는 5년 이하의 징역 또는 5천만원 이하의 벌금에 처해진다(643조 3항).

2. 보고와 검사거절의 죄

법원 또는 회생위원은 언제든지 채무자에게 금전의 수입과 지출 그밖에 채무자의 재산상의 업무에 관하여 보고를 요구할 수 있고, 필요하다고 인정하는 경우에는 재산상황의 조사, 시정의 요구 그밖의 적절한 조치를 취할 수 있는데(591조), 채무자가 정당한 사유 없이 보고·조사·시정 요구를 거부하거나 허위보고를 한 경우에는 1년 이하의 징역 또는 1천만원 이하의 벌금에 처해진다(649조 5호).

3. 회생수뢰죄·회생증뢰죄

관리위원·조사위원·회생위원·보전관리인·관리인(국제도산관리인 포함), 고문이나 관리인 또는 보전관리인·회생위원의 대리인이 그 직무에 관하여 뇌물을 수수·요구 또는 약속한 경우에는 5년 이하의 징역 또는 5천만원 이하의 벌금에 처해진다(645조 1항 전단). 또한 회생채권자·회생담보권자·주주·지분권자 및 그의 대리위원·대리인·임원·직원이 관계인집회의 결의에 관하여 뇌물을 수수·요구 또는 약속한 때에도 마찬가지이다(645조 1항 후단).

관리인(국제도산관리인 포함)·보전관리인 또는 조사위원·회생위원이 법인인 경우에는 관리인·보전관리인 또는 조사위원·회생위원의 직무에 종사하는 그 임원 또는 직원이 그 직무에 관하여 뇌물을 수수·요구 또는 약속한 경우 그 임원 또는 직원은 5년 이하의 징역 또는 5천만원 이하의 벌금에 처해지며, 관리인·보전관리인·회생위원 또는 조사위원이 법인인 경우 그 임원 또는 직원이 관리인·보전관리인·회생위원 또는 조사위원의 직무에 관하여 관리인·보전관리인·회생위원 또는 조사위원에게 뇌물을 수수하게 하거나 그 공여를 요구 또는 약속한 때에도 또한 같다(645조 2항).

이와 같은 회생수뢰의 경우 범인 또는 그 정을 아는 제3자가 수수한 뇌물은 몰수하며, 몰수가 불가능한 때에는 그 가액을 추징한다(645조 3항). 그리고 위 회생수뢰죄에서 규정한 뇌물을 약속 또는 공여하거나 공여의 의사표시를 한 자도 5년 이하의 징역 또는 5천만원 이하의 벌금에 처해진다(646조).

4. 재산조회결과의 목적외 사용죄

채무자 등에 대한 재산조회의 결과를 개인회생절차를 위한 채무자의 재산상황조사 외의 목적으로 사용한 자는 2년 이하의 징역 또는 2천만원 이하의 벌금에 처해진다(657조).

5. 재산조회불응 및 허위자료 제출에 대한 과태료 제재

채무자의 재산 등에 관한 조회를 받은 공공기관·금융기관·단체 등의 장이 정당한 사유 없이 자료제출을 거부하거나 허위의 자료를 제출한 경우 그 자는 500만원 이하의 과태료에 처해진다(657조 1항).

6. 면책채권에 기한 추심행위에 대한 과태료 제재

면책을 받은 개인인 채무자에 대하여 면책된 사실을 알면서 면책된 채권에 기하여 강제집행·가압류 또는 가처분의 방법으로 추심행위를 한 자는 500만원 이하의 과태료에 처해진다(660조 3항). 따라서 채무자 이외의 보증인에 대한 추심행위, 면책결정의 확정사실을 알지 못하고 추심행위를 한 경우, 강제집행·가압류 또는 가처분이 아닌 면책된 채권에 기한 이행의 소의 제기, 면책채권에 대한 변제요구 행위 등은 처벌의 대상이 되지 않는다.

제2장 개인회생 각론

제1절 신청서 작성의 KEY-POINT

[1]
개인회생신청서 작성의 사전 지식

1. 개인회생요건 따져보기

가. 개인회생절차를 선택해야 할 경우

많은 채무를 부담하고 있는 개인채무자가 채무를 감면받는 방법으로는 신용회복위원회가 주관하는 신용회복지원제도와 법원이 주관하는 개인파산, 개인회생, 일반회생제도가 있다. 다만 신용회복지원제도는 개인의 채무는 그 대상으로 하지 않고, 금융기관에 대한 채무만 대상이 되는데 금융기관 중에서도 신용회복위원회에 가입되어 있는 금융기관만 이용이 가능하고 제2, 3금융권에 대한 채무는 대상으로 되어 있지 않아 한계가 있다. 개인파산제도는 채무를 모두 털어 내는 장점이 있는 반면 파산자라는 신분상의 제약과 그로 인한 사업자등록 말소나 공무원 등 일정한 사업이나 공직신분의 박탈이라는 불이익이 따른다. 또한 부동산을 소유하고 있는 경우에는 그 이용이 굉장히 까다롭다. 따라서 일정한 사업자등록을 새로이 내거나 기존의 사업자등록을 계속 유지하려는 경우, 공무원 등 일정한 공직에 취업하거나 이를 유지하려는 경우, 부동산 등 재산을 소유하고 있는 경우에는 개인회생제도나 일반회생제도를 이용해야 할 것이다.

나. 개인회생절차의 이용이 가능한 채무액수의 한계

개인회생을 신청하려면 우선 자신의 채무액수를 따져 보아야 한다. 자신의 채무가 담보 등을 제공한 관계로 저당권 등 담보가 설정되어 있는 담보부채무인 경우에는 15억원 이하, 이러한 담보가 없는 무담보채무의 경우에는 10억원 이하에 해당된 경우에만 개인회생신청이 가능하다. 만약 채무가 이 범위를 각 초과한 경우라면 개인회생은 신청할 수 없고 일반회생신청을 통하여 구제받아야 한다.

2. 개인회생신청서와 변제계획안의 연관 관계

가. 개인회생신청서류의 구성

개인회생을 신청하려면 개인회생신청서와 변제계획안의 2가지의 신청서류를 작성해서 제출해야 한다. 변제계획안은 개인회생신청서를 제출할 때 함께 제출해도 되고 나중에 따로 제출해도 된다. 다만 실무상으로는 함께 제출하는 경우가 대부분이다.

나. 개인회생개시신청서와 변제계획안의 연계 작성 필요

① 개인회생개시신청서와 변제계획안은 상호 동떨어진 서류가 아니고 서로 연관되어 작성되어야 하는 일관성 있는 관계에 있다. 즉 개인회생신청서는 첨부서류로 ㉠ 개인회생채권자목록, ㉡ 재산목록, ㉢ 수입 및 지출에 관한 목록, ㉣ 진술서가 있고, 위 첨부서류 중 개인회생채권자목록의 부속서류로서 「별제권부채권 및 이에 준하는 채권의 내역」, 「다툼이 있거나 예상되는 채권의 내역」, 「전부명령의 내역」, 「기타의 내역」이 있는 바, 변제계획안을 작성할 때에는 여기에 기재된 내용에 따라 연계하여 일관성이 있게 작성해야 하는 것이다.

② 변제기간을 얼마로 할지는 개인회생신청서나 변제계획안 작성시 공통된 사항이다. 통상 개인회생을 신청하려는 채무자는 원금조차도 갚지 못할 형편인 경우가 거의 대부분일 것이므로 원금의 일부만을 변제하고 나머지 채무를 감면받는 경우인 36개월의 변제계획으로 하는 것이 현명하다. 물론 채무자의 사정에 따라서는 위 기간을 단축하거나 늘일 수 있을 것이다.

3. 개인회생신청서 작성의 KEY-POINT

① 개인회생신청서의 「신청이유」란을 작성할 경우에는 변제기간은 원칙적으로 36개월, 월 변제예정액은 변제계획안과 동일하게 작성하고, 제1회 납입개시일은 개인회생신청일로부터 2개월 후의 일정한 날, 예컨대 급여일 또는 매출채권회수일 등 매월 정기적인 소득이 발생한 날을 기재하면 된다.

② 「개인회생채권자목록」에는 말 그대로 개인회생채권을 기재하는 란으로 양식에 맞추어 작성하면 되는데, 기재순서는 '일반의 우선권 있는 개인회생채권'(조세, 공과금), 일반 개인

회생채권, 후순위 개인회생채권[421]의 순서로 기재하면 된다.[422] 여기에서 별제권부 채권도 기재해야 하느냐가 문제된다. 별제권부 채권 중 별제권의 행사로 변제받을 수 있는 부분은 개인회생채권에 해당되지 않지만, 별제권의 행사로 변제받을 수 없는 부분은 개인회생채권에 해당되기 때문이다. 따라서 부동산 등 시가평가액이 피담보채권액을 훨씬 상회하여 별제권이 100% 보장된다면[423] 별제권부 채권을 굳이 채권자목록에 기재할 필요가 없을 것이다. 이는 개인회생채권이 아니기 때문이다. 그러나 그렇지 못한 경우에는 별제권부 채권도 그 전부 또는 일부가 개인회생채권에 해당될 수 있기 때문에 개인회생채권자목록에 기재해야 한다. 즉 100% 보장되지 못한 별제권부 채권은 「개인회생채권자목록」에도 기재해야 하고, 그 부속서류인 「별제권부 채권 및 이에 준하는 채권의 내역」란에는 별제권의 행사로 변제가 예상되는 금액과 변제받을 수 없는 것으로 예상되는 금액을 구별해서 기재해야 한다.

③ 「다툼이 있거나 예상되는 채권의 내역」란에는 소송이 제기된 사건의 채권이나 채권액수에 관하여 채권자와 다툼이 있는 채권에 대하여 양식에 맞추어 기재하면 된다.

④ 「기타」 내역란에는 채무자가 보증인으로 되어 있는 경우의 주채무의 내용(주채무자, 금액, 관계 등)이나 채무자 이외에 제3자가 물상보증을 제공한 경우의 그 내용, 기타 개인회생신청서상 다른 곳에 기재하기 곤란한 특이사항이 있는 경우 그 내용을 기재하면 된다.

⑤ 「진술서」란은 매우 중요하다. 「진술서」란에는 양식에 맞추어 작성하되, 별지로 2~3장 정도의 자술서를 작성하여 첨부하는 것이 현명하다. 자술서는 자필로 작성해도 되지만 회생위원 등이 보기 쉽게 가급적 컴퓨터로 타이핑을 하여 깔끔하게 작성하는 것이 현명하다. 여기에는 주로 채무자가 법원에 개인회생을 인가해 달라고 호소하는 내용으로 작성해야 하는 바, 채무를 어떻게 부득이 부담하게 되었는지, 현재의 생활형편이 얼마나 어려운지, 본인이나 가족 중에 질병으로 어려움을 겪고 있으면 그 내역, 이혼한 사실이 있으면 그 내역, 부양가족이 많으면 그 내역 등 판사가 보기에 불쌍하다고 생각되는 사유들이 있으면 무엇이든지 가급적 많이 기재하는 것이 바람직하다.

---

421) 후순위 개인회생채권이란 개인회생절차개시결정 후의 이자·손해배상액 및 위약금, 파산절차참가비용, 벌금·과료·추징금·과태료 등을 말한다.

422) 재단채권은 개인회생채권에 해당되지 않으므로 「개인회생채권자목록」에 기재할 사항은 아니다.

423) 이때 별제권이 100% 보장되느냐 여부를 판단함에 있어서 부동산 등의 평가액은 시가의 70%를 기준으로 판단하는 것이 실무이다. 시세변동 등 변수가 있기 때문이다. 따라서 「별제권부 채권 및 이에 준하는 채권의 내역」란을 작성함에 있어서 '별제권행사 등으로도 변제받을 수 없는 채권액'을 산정할 경우에도 부동산 등의 시가평가액의 70%를 기준으로 하여 변제받을 수 없는 채권액을 산정해야 하고, 이 부분이 개인회생채권이 되는 것이다.

4. 변제계획안 작성의 KEY-POINT

① 변제계획안은 「본문」과 「개인회생채권 변제예정액표」로 구성되어 있다. 「본문」에는 재단채권, 별제권부 채권 등 개인회생채권이 아닌 부분에 대한 변제방법에 대하여도 기재하도록 되어 있지만, 「개인회생채권 변제예정액표」에는 말 그대로 오로지 개인회생채권에 해당하는 채권에 대하여만 그 변제방법에 대하여 기재하는 부분이다.

② 변제계획안을 작성할 경우에는 가장 먼저 청산가치 보장의 원칙을 고려해야 한다. 채무자에게 별다른 재산이 없으면 이런 고민은 할 필요가 없을 것이다. 그러나 채무자가 부동산 등 재산을 소유하고 있거나 공무원이나 회사 등 직장생활을 장기간 하고 있어 많은 퇴직금이 예상되는 경우에는 청산가치를 따져 보아 청산가치 이상으로 변제계획을 작성해야 하기 때문에 청산가치 문제를 고려해야 하는 것이다. 청산가치는 가급적 적은 것이 유리하므로 면제재산신청의 요건이 되면 이러한 제도 등을 이용하여 청산가치를 줄이도록 하는 것이 현명할 것이다. 청산가치 산정과 관련하여 부동산 등의 평가액은 시가를 기준으로 평가한다. 변제계획안 작성 양식은 두 종류가 있다. 우선 가용소득만으로 변제하는 경우의 총변제예정액이 청산가치보다 많은 경우에는 「가용소득만으로 변제하는 경우의 변제계획안」 양식에 의해 작성하면 되지만, 그렇지 못한 경우에는 부득이 재산의 일부를 처분하여 변제하는 내용으로 변제계획을 작성해야 하므로 「가용소득과 재산처분으로 변제하는 경우의 변제계획안」 양식에 따라 변제계획안을 작성해야 한다.

③ 별제권부 채권이 있는 경우에는 별제권의 행사 등으로도 변제받을 수 없는 채권액만 개인회생채권이 되므로 그 채권액을 기준으로 변제계획안을 작성하되, 이는 미확정채권에 해당되므로 「개인회생채권 변제예정액표」 상에는 미확정채권액란에 기재해야 한다. 별제권의 행사로 변제받을 수 있는 채권액은 개인회생채권에 해당되지 않으므로 변제계획의 변제대상에서 제외된다.

④ 재단채권[424]은 개인회생채권이 아니므로 「개인회생채권 변제예정액표」 상에는 기재하지 않는다. 즉 재단채권은 그 전액이 개인회생채권보다 우선하여 변제되어야 하므로 개인회생채권에 대한 제1회 변제기일 전에 전액 납부되어야 한다.

⑤ '일반의 우선권 있는 개인회생채권'[425]도 개인회생채권에 해당되고, 그 전액을 우선적으

---

424) 재단채권이란 회생위원의 보수·비용, 근로자의 임금·퇴직금·재해보상금, 개인회생절차개시 당시에 납부기한이 도래하지 않은 다음의 채권, 즉 원천징수조세, 부가가치세, 특별소비세, 주세, 교통세, 특별징수의무자가 징수하여 납부해야 할 지방세, 교육세 및 농어촌특별세 등을 의미한다(583조).

425) '일반의 우선권 있는 개인회생채권'이란 개인회생절차개시 당시에 납부기한이 도래한 국세, 지방세, 국민건강보험료, 산업재해보상보험료, 고용보험료, 장기요양보험료 등을 말한다.

로 변제해야 하므로 「개인회생채권 변제예정액표」에서는 가장 먼저 그 전액을 변제하는 내용으로 작성해야 한다.

⑥ 미확정 개인회생채권이 있는 경우에는 그 전액을 기준으로 하여 변제계획안을 작성하되, 「개인회생채권 변제예정액표」에서는 미확정채권액란에 기재하도록 한다. 다만 다른 개인회생채권과의 관계에 있어서는 해당 미확정 개인회생채권의 성질, 즉 '일반의 우선권 있는 개인회생채권'이냐, '일반 개인회생채권'이냐, '후순위 개인회생채권'이냐에 따라 구별하여 변제계획안을 작성하면 될 것이다. 「개인회생채권 변제예정액표」상의 미확정개인회생채권액란에 기재된 채권이 있는 경우, 채무자로서는 월변제예정액을 회생위원의 계좌에 납부해야 하되, 회생위원이 그 입금된 월변제예정액을 해당 미확정 개인회생채권자에게 지급하는 것은 채권확정시까지 보류된다.

⑦ '일반의 우선권 있는 개인회생채권' 등이 있는 경우에는 「개인회생채권 변제예정액표」를 작성할 경우에 있어서 1회~36회차 중 월변제예정액이 다를 수 있으므로 회차별로 구별하여 작성해야 한다. 예컨대, 1회~5회까지는 '일반의 우선권 있는 개인회생채권'에 대한 변제로, 나머지 6회~36회까지는 '일반 개인회생채권'에 대한 변제로 구별하여 작성하는 방식 등과 같다. 그리고 회차 구별이 있는 경우에는 별도로 「총변제예정액의 합계」란을 만들어 주는 것이 실무이다.

⑧ 재산처분에 의한 변제계획안을 작성할 경우에는 「개인회생채권 변제예정액표」를 작성할 때 「가용소득에 의한 변제내역」과 「재산처분을 통한 변제의 예상」 내역을 구별하여 기재해 주어야 한다.

[2]
개인회생 소송구조제도

개인회생을 신청하려는 채무자는 거의 빚더미에 올라 있는 경우가 대부분인데, 개인회생신청서는 개인파산신청서에 비하여 작성하는 방법이 복잡할 뿐만 아니라 그렇다고 돈도 없는 사람이 개인회생신청을 위해 별도로 변호사비용이나 법무사비용을 들여야 한다면, 이는 어불성설이라 하지 않을 수 없다. 이에 대법원에서는 개인회생을 신청하려는 채무자를 위해 소송구조제도를 마련하였으며, 2006. 1. 1.부터 전국 회생법원 또는 지방법원에서 시행하고 있다.[426)]

1. 소송구조를 받을 수 있는 채무자(증빙서류)

① 국민기초생활보장법에 따른 수급자(수급자증명서)

② 국민기초생활보장법에서 정한 기준 중위소득의 60% 이하 소득자(근로소득원천징수영수증 또는 급여명세서 등 객관적 증빙서류)

③ 한부모가족지원법에 따른 지원대상자(한부모가족증명서)

④ 60세 이상인 자(개인별주민등록표 등본)

⑤ 장애인복지법에 따른 장애인(장애인증명서 또는 장애인 복지카드)

⑥ 국가유공자 등 예우 및 지원에 관한 법률에 따른 상이등급 판정자(국가유공자증 또는 국가유공자 확인원)

⑦ 보훈보상대상자 지원에 관한 법률에 따른 상이등급 판정자(보훈보상대상자증 또는 보훈보상대상자 확인원)

⑧ 고엽제후유의증 등 환자지원 및 단체설립에 관한 법률에 따른 장애등급 판정자(국가보훈대상자등록증 또는 고엽제후유증환자 등 확인서)

⑨ 5·18민주유공자 예우에 관한 법률에 따른 장해등급판정자(5·18민주유공자증 또는 5·18민주유공자 확인서)

2. 소송구조를 받는 소송비용

비용적인 측면에서만 본다면 파산이나 개인회생을 신청하려면 인지대, 송달료 등 여러 가지

426) 소송구조제도의 운영에 관한 예규(재일 2002-2).

의 비용이 들어가는데, 이러한 공식적인 비용에 대하여는 소송구조를 받을 수 없고(따라서 이러한 비용들은 채무자 본인이 부담하여야 함), 오로지 변호사비용 등 신청대리 부분에 대하여만 소송구조를 받을 수 있다. 즉, 개인회생 소송구조를 받은 경우에는 법원에 의해 소송구조지정변호사가 지정되고, 그 지정된 변호사가 채무자를 대리하여 신청서 작성, 제출 등 개인회생절차를 진행하여 주며, 그 절차가 끝나면 법원에서 해당 소송구조 변호사에게 변호사비용을 지급해 주는 것이다.

소송구조지정 변호사의 기본 보수액은 24만원이고, 그 지급시기는 면책여부결정시이다.

3. 개인회생 소송구조의 신청 절차

① 개인회생 소송구조를 받으려면 우선 자신이 소송구조 대상자임을 증명하는 서류(주민등록표등본, 국민기초생활보장법에 의한 수급자 증명서, 모·부자가정증명서 등)를 지참하여 법원의 접수창구에 신청한다.

② 이에 대하여 법원에서는 그 자격요건을 심사하여 소송구조여부를 결정하게 되고, 소송구조결정이 나오게 되면 소송구조신청자에 대하여 소송구조 변호사의 연명부에 의거하여 순번대로 소송구조변호사를 배정하게 된다.

③ 소송구조를 받은 채무자는 개인회생신청서의 작성에서부터 변제계획인가 및 면책시까지 계속하여 소송구조 변호사의 도움을 받게 된다.

4. 어떤 변호사를 소송구조 변호사로 지정받게 되는지 여부

개인회생을 담당하는 각 지방법원에서는 각 지방변호사회에 소송구조변호사의 추천을 의뢰한 후, 법원장이 법원에 설치된 '소송구조변호사 지정위원회'의 심의를 거쳐 접수사건 대비 5~10명 정도를 순번을 정하여 소송구조 변호사로 지정하게 되며, 그 순번에 따라 소송구조신청자에게 배정되는 것이다.

5. 소송구조 변호사의 업무

개인회생사건의 소송구조 변호사는 다음과 같은 업무, 즉 ① 소송구조신청 전 상담, ② 소송구조신청서의 작성·제출, ③ 개인회생신청서의 작성·제출, ④ 재판기일 및 절차, 면책의 효과 등에 대한 안내, ⑤ 법원의 보정사항에 대한 보정, ⑥ 면책신청서의 작성·제출, 그밖의 절차상 필요한 업무를 수행하게 된다.

6. 신청서 작성방법

소송구조신청서는 대법원인터넷 사이트(대국민서비스-양식-개인파산/면책)에서 서식을 다운받아 서식에 맞추어 작성하면 된다. 이때 첨부서류로서 소송구조 대상 사유에 대한 증명자료를 첨부하는 것이 중요한데, 재산세과세증명서 등 가난하다는 증명자료나 본인의 병원진단서, 가족 중 아픈 사람의 병원진단서, 부양가족 현황이 등재된 가족관계증명서 등 구비할 수 있는 서류가 있으면 무엇이든 곁들여 제출하는 것이 현명하다.

[서식 91] 소송구조신청서

소송구조신청서
(개인회생사건 소송구조 신청)

수입인지 1,000원
송달료 2회분

구조대상사건 : 20○○개회○○○호

신청인(채무자) 성명 : ○○○
주소 : ○○시 ○○구 ○○로 ○○
전화, 휴대폰, 팩스번호 : 010-0000-0000

신청인은 위 사건에 관하여 아래와 같은 사유로 소송구조를 신청합니다.

1. 구조를 신청하는 범위

☑ 변호사비용(소송구조 지정변호사를 통해 신청 가능)
☑ 송달료

2. 구조가 필요한 사유

☐ 「국민기초생활보장법」에 따른 수급자(수급자 증명서)
☑ 「국민기초생활보장법」에서 정한 기준 중위소득의 100분의 60 이하 소득자임을 소명(근로소득원천징수영수증, 급여명세서 등 객관적 증빙서류)
☐ 「한부모가족지원법」에 따른 지원대상자(한부모가족 증명서)
☐ 60세 이상인 자(개인별주민등록표 등본)
☐ 「장애인복지법」에 따른 장애인(장애인 증명서 또는 장애인 복지카드)
☐ 「국가유공자 등 예우 및 지원에 관한 법률」에 따른 상이등급 판정자 (국가유공자증 또는 국가유공자 확인원)
☐ 「보훈보상대상자 지원에 관한 법률」에 따른 상이등급 판정자 (보훈보상대상자증 또는 보훈보상대상자 확인원)
☐ 「고엽제후유의증 등 환자지원 및 단체설립에 관한 법률」에 따른 장애등급 판정자 (국가보훈대상자등록증 또는 고엽제후유(의)증환자 등 확인서)
☐ 「5·18민주유공자 예우에 관한 법률」에 따른 장해등급 판정자 (5·18민주유공자증 또는 5·18민주유공자 확인서)

3. 첨부서류

소송구조 대상사유에 관한 증빙자료

20○○. ○○. ○○.

신청인(채무자) ○○○ (인)

○○회생(지방)법원 제○부(단독) 귀중

제2절 개인회생신청서 작성 실무

[I]
개인회생신청서 작성의 사전준비
- 신청권자·관할법원·비용·첨부서류 -

1. 부채현황 및 재산상태의 기초자료 수집

개인회생신청서를 작성하려면 우선 자신의 부채현황과 재산상태에 대한 기초자료를 수집하는 절차가 선행되어야 한다. 이러한 자료가 수집되어야만 비로소 개인회생신청서나 변제계획안을 작성할 수 있기 때문이다.

2. 신청권자

개인회생신청을 하려는 채무자는 채무액(원금·이자·지연손해금 포함)이 담보부채무의 경우에는 15억원 이하, 무담보채무의 경우에는 10억원 이하의 빚을 가지고 있고, 급여생활자 또는 자영업자와 같이 매월 일정한 수입이 있는 경우에 가능하다.

담보부채무와 무담보채무의 합계가 25억원 이하인 경우라도 어느 하나가 위 상한선을 초과하게 되면 개인회생신청은 불가하며 신청하더라도 기각의 대상이 된다. 여기에서 담보부 채권은 피담보채권의 전액을 의미하는 것이 아니라 담보물의 예상환가액에 의해 실질적으로 담보된 채권액을 말하며, 이를 초과한 채권은 담보가 제공되지 않은 채권, 즉 무담보채권으로 보아야 한다.

그리고 위 15억원, 10억원 산정의 기준시점은 위 채무액 산정의 기준시점은 개인회생절차개시신청 당시를 기준으로 한다(579조 1호).[427]

---

427) 2020. 6. 9. 통합도산법 개정 법률(법률 제17364호, 2020. 6. 9. 일부 개정) 시행 전에 있어서는 개인회생신청의 대상자를 파산의 원인인 사실이 있거나 그러한 사실이 생길 염려가 있는 자로서 일정한 금액 이하의 채무를 부담하는 급여소득자 또는 영업소득자로 정의하고 있었을 뿐 채무총액을 산정하는 기준시점을 규정하고 있지 않았고, 다만 판례가 개인회생절차개시결정일을 채무총액 산정기준 시점으로 판단하고 있었는 바, 이로 인해 개인회생절차개시신청 당시에는 통합도산법에서 정한 채무총액의 범위였으나, 이후 이자나 지연손해금으로 인한 채무총액의 변동으로 신청자격을 상실하게 되는 사례가 발생하고 있었다. 이에 법원의 개인회생

채무자가 개인회생절차개시신청일 전 5년 이내에 개인파산이나 개인회생을 통하여 면책받은 사실이 있는 경우에는 개인회생을 신청할 수 없으므로(595조 5호), 개인회생을 신청하려면 위 기간이 경과되기를 기다린 후 신청해야 할 것이다.

3. 개인회생신청의 관할법원

개인회생신청서는 원칙적으로 채무자의 보통재판적 소재지 관할 회생법원에 재출하면 된다(3조 1항 단서). 다만 이러한 관할법원이 없는 경우에는 채무자의 재산소재지 관할 회생법원에 제출하면 될 것이다(3조 3항). 그밖에 도산사건에 대하여는 경합적 관할을 인정하여 주채무자 및 그 보증인, 채무자 및 그와 함께 동일한 채무를 부담하는 자 또는 부부관계의 어느 하나에 해당하는 사람에 대한 회생사건이나 파산사건 또는 개인회생사건이 계속되어 있는 경우에는 그 회생법원에도 개인회생신청이 가능하다(3조 3항 3호).

또한 법인에 대한 회생사건 또는 파산사건이 계속되어 있는 경우 그 법인의 대표자에 대한 개인회생절차개시신청은 그 법인에 대한 회생사건 또는 파산사건이 계속되어 있는 회생법원에도 신청이 가능하다(3조 3항 2호).

개인재무사의 보통제판적 소재지가 강릉시·동해시·삼척시·속초시·양양군·고성군인 경우에는 춘천지방법원 강릉지원에도 개인회생절차개시신청을 할 수 있다(3조 10항).

한편 위에 따라 정해진 관할에도 불구하고 울산광역시나 경상남도에 채무자가 거주하거나 주된 사무소 등을 둔 경우에는 부산회생법원에도 개인회생을 신청할 수 있다(3조 11항 신설).

다만 위와 같은 전속관할에 위배하여 개인회생절차개시신청서가 접수되었다고 해서 바로 각하하지는 않고 법원에서는 관할법원으로 이송하는 결정을 하여 처리하고 있다(33조, 민사소송법 34조 1항).

4. 개인회생신청서 작성 및 변제계획안 제출

개인회생을 신청하려면 채무자는 개인회생절차개시신청서와 변제계획안을 작성하여 관할법원에 제출해야 한다. 변제계획안은 개인회생신청서를 제출할 때 함께 제출하는 것이 보통이지만, 개인회생신청서 제출일로부터 14일 이내에 제출해도 된다. 개인회생 사건의 사건부호는

개시결정 여부 등에 대한 신청자의 예측가능성 확보 등이 필요함에 따라 통합도산법을 개정하여 개인채무자의 채무총액 산정기준시점을 개인회생절차개시신청 당시로 명확히 규정한 것이다(579조 1호).

"개회"가 부여된다.

5. 개인회생신청 비용

① 인지대(수입인지) : 30,000원

② 송달료 : 52,000원+(채권자의 수 × 5,200원 × 8회)

6. 개인회생신청 첨부서류[428]

가. 공통 서류

① 개인회생절차 개시신청서

② 개인회생채권자목록

③ 재산목록

④ 수입 및 지출에 관한 목록

⑤ 진술서

⑥ 신청일 전 10년 이내에 회생사건·파산사건·개인회생사건을 신청한 사실이 있는 때에는 그 관련서류[429]

⑦ 신청인 본인의 예금계좌사본

⑧ 가족관계증명서

⑨ 주민등록등본 1통(외국인은 외국인등록증명서)

⑩ 위임장 및 인감증명서 1통(대리인이 신청시)

⑪ 변제계획안(개인회생신청일로부터 14일 이내에 제출가능)

나. 부채상황 및 개인회생채권자목록 작성에 필요한 서류

① 금융기관의 대출·보증관련 부채증명원

② 차용증·연대보증서 등 개인사채증명원

③ 조세·공과금 미납증명서

---

428) 개인회생신청서에 첨부할 서류 중 관공서에서 작성하는 서류는 특별한 사정이 없는 한 신청일 기준으로 2개월 이내에 발급받은 것이어야 한다(개인회생사건 처리지침 4조).

429) 채무자가 신청일 전 5년 이내에 면책(파산면책 포함)을 받은 사실이 있는 때에는 개인회생절차개시신청의 기각사유가 될 수 있다(595조 5호).

④ 법인등기부등본(채권자가 법인인 경우)

다. 재산목록 작성에 필요한 서류

① 등기부등본(토지·건물)
단, 등기부등본상에 저당권 등 담보권이 등기되어 있는 경우에는 피담보채권의 잔액증명서도 함께 첨부
② 부동산시가증명자료(건물시가확인원, 개별공시지가확인원 등)
③ 지방세납세증명서(남편 또는 부인의 것 포함)
④ 자동차등록원부 및 차량시세증명서(동종차량·같은 연식의 것)
⑤ 통장거래 내역서(신청시의 잔고 및 최종 6개월간의 입출금내역)
⑥ 보험증권 사본 및 해약환급금 또는 해약환급금예상액증명서
⑦ 임대차계약서 사본·무상거주확인서
⑧ 금전대부계약서 사본
⑨ 상속재산취득·처분증명서(부동산등기부등본 등)
⑩ 연금수급증명서
⑪ 생활보호수급증명서
⑫ 급여증명서 또는 근로소득세원천징수영수증 사본
⑬ 예상퇴직금확인서(급여소득자인 경우)
⑭ 사업자등록증 또는 폐업증명서 사본(영업소득자인 경우)
⑮ 종합소득세 확정신고서(영업소득자)
⑯ 영업장부(외상대금) 사본(영업소득자)
⑰ 사무비품·재고품·설비 등 시가표(영업소득자)

[표 10] 개인회생신청서 첨부서류

(해당 부분만 체크하여 준비)

<table>
<tr><th>구 분</th><th>첨 부 서 류 명</th><th>발급처</th></tr>
<tr><td rowspan="3">개인회생
개시
신청서</td><td>가족관계증명서 및 혼인관계증명서</td><td>동사무소</td></tr>
<tr><td>주민등록등본 및 주민등록초본(과거의 주소변동내역 포함)</td><td>동사무소</td></tr>
<tr><td>예금통장사본(예치금 반환용)</td><td>신청인</td></tr>
<tr><td rowspan="4">채권자
목록</td><td>부채증명서(원금·이자 구분, 산정기준일 명기된 것)</td><td>금융기관</td></tr>
<tr><td>최고서·독촉장·고지서 등</td><td>채권자</td></tr>
<tr><td>차용증·연대보증서·공정증서 등 개인사채증명원</td><td>채권자</td></tr>
<tr><td>내용증명우편(입증서류 없을시 채무자가 작성하여 발송한 것)</td><td>채무자</td></tr>
<tr><td rowspan="10">재산
목록</td><td>모든 예금통장거래내역서 또는 입출금통장 사본
(최종 잔고 및 최종 6개월간의 입출금내역)</td><td>채무자</td></tr>
<tr><td>보험해약환급금 예상액증명서
(약관대출내역 포함, 해약환급금이 없으면 '없음'으로 표시된 것)</td><td>보험사</td></tr>
<tr><td>자동차(또는 오토바이)등록원부 및 차량시가증명서
(동종 차량·같은 연식의 중고차판매가격표 2곳)</td><td>구청·중고
판매상</td></tr>
<tr><td>임대차계약서 사본(확정일자 포함)</td><td>채무자</td></tr>
<tr><td>부동산등기부등본 및 부동산시가증명자료
(인터넷사이트 2곳 또는 공인중개사 2곳)</td><td>등기소·
인터넷·
공인중개사</td></tr>
<tr><td>피담보채권의 잔액증명서
(부동산등기부등본상 저당권 등 담보권이 등기되어 있는 경우)</td><td>저당권자</td></tr>
<tr><td>사업용설비·재고품·비품 등의 시가확인서(사업자 경우)</td><td>채무자·
가구점 등</td></tr>
<tr><td>채권내역서(대여금증서·금전소비대차계약서·공정증서 등)</td><td>채무자</td></tr>
<tr><td>영업장부 사본 또는 매출금 확인자료(사업자의 경우)</td><td>금융기관</td></tr>
<tr><td>퇴직금예상액 확인서(급여소득자의 경우)</td><td>근무처·개인
사업자</td></tr>
<tr><td rowspan="6">수입·
지출
목록
(근로자)</td><td>재직증명서</td><td>근무처</td></tr>
<tr><td>급여확인서</td><td>근무처</td></tr>
<tr><td>근로소득원천징수영수증(최근 3년간)</td><td>근무처</td></tr>
<tr><td>급여·월급명세서(최근 1년간, 월별 각 항목별 내역 기재된 것)</td><td>근무처</td></tr>
<tr><td>급여에 가압류된 경우 가압류적립금 확인서 또는 공탁서</td><td>근무처·
채무자</td></tr>
<tr><td>연금수급증명서(국민연금·개인연금·공무원연금 등)</td><td>해당기관</td></tr>
</table>

구 분	첨 부 서 류 명	발급처
수입·지출목록(사업자 등)	사업자등록증사본	세무서
	종합소득세확정신고서	세무서
	소득금액증명원(최근 1년분)	해당기관
	소득입증 곤란시 소득확인서 및 보증인확인서(법원양식)	채무자·확인인
진술서	진술서(채무증대내역, 현재의 상황, 선처요청 등을 2~3장 작성)	채무자·
	임대차계약서 사본 또는 무상거주사실확인서(소유자 날인)	채무자·주택소유자
	부동산등기부등본 또는 건축물대장(현재 주거지)	등기소·인터넷·구청
	채무증대경위서류(진단서·입원확인서·사업부도 등 각종 입증서류)	병원 등
	폐업사실증명원(자영업자)	세무서
	판결문·지급명령·가압류결정문 등	법원
	경매를 당한 경우 부동산등기부등본	등기소·인터넷
	각종 세금·과태료·자동차세 미납확인서	세무서·구청
	의료보험 납부확인서(최근 3년분) 및 미납확인시	건강보험공단
	국민연금납부확인서(최근 3년분) 및 미납확인서	연금관리공단
	최근 10년 이내 개인회생·파산·신용회복신청 관련 서류	채무자
	재산세 과세증명서(최근 3년분, 남편·부인 각 포함)	구청·군청·동사무소
	수급자증명서·장애인증명서·모자가정확인서	동사무소

[서식 92] 소득증명서(급여소득자, 소득증명대체서류)

소 득 증 명 서

성 명	○ ○ ○	주민번호	123456 - 1234567
직 장 주 소	○○○도 ○○군 ○○읍 ○○길 ○○○		
직장명	○○미용실	직장 전화번호	000-0000-0000
주 소	○○○도 ○○군 ○○읍 ○○길 ○○ ○○주택 ○동 ○○○호		
근무기간	20○○. ○. ○. ~ 20○○. ○. ○. 현재까지		

상기인은 20○○년 ○월 ○일부터 매월 평균 ○○○원의 소득이 있음을 증명합니다.

20○○년 ○월 ○일

직 장 명 : ○○미용실

대표자명 : ○○○ (서명 또는 날인)

※ 첨부서류 : 사업자등록증 사본 1부.

○○지방법원 귀중

[서식 93] 소득확인서(영업소득자, 소득증명대체서류)

소 득 확 인 서

성 명	○ ○ ○	주민등록 번 호	123456 - 1234567
주 소	○○시 ○○구 ○○로 ○○-○	전화번호	000-0000-0000
신청인과의 관계	같은 업종(누수탐지 및 수리) 사업자		
신청인을 알게 된 기간	15년		

상기 본인은 신청인 (○○○)의 월 평균소득이 (○○○)원임이 틀림없음을 확인합니다.

20○○. ○. ○.

보증인 ○ ○ ○ (서명 또는 날인)

○○지방법원 귀중

[서식 94] 소득진술서(근로소득자, 소득증명대체서류)

소 득 진 술 서

○○지방법원 귀중

신청인은 월 평균 ○,○○○,○○○원의 소득이 있으나 아래와 같은 사유로 소득 증명 자료를 제출할 수 없음을 진술합니다.

◎ 소득 증명 자료를 제출할 수 없는 사유

신청인은 현재 일용직으로 ○○○에 고용되어 용접공으로 근무하고 있어 월 소득이 금 ○,○○○,○○○원에 달하고 있고, 신청외 형님 ○○○이 매월 정기적으로 신청인에게 현금으로 금 ○○○,○○○원을 입금(신청인이 신용불량자인 관계) 하고 있어 합계 소득이 ○,○○○,○○○원에 달하고 있으나 이를 증명하기 곤란하여 소득진술서로 갈음하고자 합니다.

20○○년 ○월 ○일

신 청 인 : ○○○ (서명 또는 날인)
주민등록번호 : 123456 - 1234567
주 소 : ○○시 ○○구 ○○로 ○○-○

○○지방법원 귀중

[서식 95] 소득진술서(영업소득자, 소득증명대체서류)

소 득 진 술 서

성 명	○ ○ ○	주민등록 번 호	123456-1234567
주 소	○○시 ○○구 ○○로 ○○-○	전화번호	000-0000-0000
상 호 명	○○보일러	업 종	서비스업
주요판매 품 목	판매 및 수리	영업개시일	20○○. ○. ○.
영 업 장 소 재 지	○○시 ○○구 ○○로 ○○		

본인은 20○○년 ○월 ○일부터 매월 평균(○○○)원의 사업소득이 있음을 진술합니다.

20○○년 ○월 ○일

신 청 인 : ○○○ (서명 또는 날인)

첨부서류 : 1. 보증인 2명의 확인서
2. 사업자 등록증 사본 1통
(사업자 등록이 되어있는 사업자의 경우)

○○지방법원 귀중

[서식 96] 자료송부청구서(부채증명서 대체자료)

자료송부청구서

채권자 ○○○ 귀하

청구인(채무자) ○ ○ ○
주민등록번호 123456 - 1234567
주 소 ○○시 ○○구 ○○로 ○○○

채무자는 채무자 회생 및 파산에 관한 규칙 제82조에 기하여 채권자에게 채무자에 대하여 가진 개인회생채권의 존부 및 액수, 피담보채권액 및 피담보목적물의 가액, 담보부족전망액 등에 관한 자료의 송부를 청구합니다.

채권자는 별지 자료송부서에 의거하여 20○○. ○. ○.까지 송부하여 주시기 바랍니다.

20○○. ○. ○.

채무자 ○○○ (서명 또는 날인)

* 잔액증명 송달 및 팩스를 아래의 주소로 보내주십시오.

주 소	○○시 ○○구 ○○로 ○○	전 화	000-0000
		팩 스	000-0000

붙임. 자료송부서 서식 1통

주) 개인파산·회생실무, 서울회생법원, 양식편 인용 및 참고

[2]
개인회생신청서 작성방법

1. 개인회생신청서 양식 선택

개인회생신청서의 양식에는 정식양식과 간이양식이 있다. 간이양식은 정식양식 중 채권자목록, 변제계획안, 수입 및 지출에 관한 목록의 일부를 작성하기 쉽도록 수정한 양식을 말한다. 실무상 간이양식에 의해 개인회생신청을 한 경우 회생위원이 검토하여 추가로 제출할 필요가 있는 경우에는 보정명령을 내려 이를 보정하도록 하고 있다.

특히 가용소득 이외에 채무자의 재산처분 대가를 이용하여 변제하는 경우에는 정식양식을 이용하여 변제계획을 작성해야 한다.[430)]

2. 「개인회생절차 개시신청서」 작성방법

가. 「신청인」란

신청인의 성명 등 인적사항을 모두 기재하며, 현주소는 법원으로부터 우편물을 송달받을 수 있는 확실한 주소를 기재하고, 연락 가능한 휴대폰 등 전화번호를 기재한다.

나. 「신청이유」란

① 신청이유란에는 급여소득자 또는 영업소득자인지 여부를 신청이유 1항의 해당란에 ☑ 표시를 한다.

② 변제계획안에 예정되어 있는 변제기간과 월변제예정액을 각 기재하고, 변제계획안의 제출일로부터 60일 이후 90일 이내의 일정한 날(급여소득자의 경우 급여일, 영업소득자의 경우 매출채권 회수일 등)을 정하여 그 날을 제1회의 납입개시일과 매월 변제일로 기재한다. 다만, 여기에서 기재하는 금액은 변제계획인가시의 월변제예정액과 달라질 수 있다.

③ 개인회생절차개시 후 변제계획이 불인가될 경우 그 동안 적립된 금액을 반환받을 예금계좌를 기재한다.

---

430) 실무상 개인회생을 신청하는 경우의 거의 대부분은 채무자의 가용소득만으로 변제계획을 작성하는 경우이고, 채무자의 재산처분 대가를 이용하여 변제하는 경우는 예외에 속한다.

④ 개인회생절차 개시신청 후 회생위원과의 면담을 통하여 개인회생채권자목록의 잘못된 부분과 누락된 부분을 수정하는 등으로 최종적인 개인회생채권자목록을 작성한 후 그 원본과 채권자수에 2통을 더한 부본을 회생위원이 지정한 날까지 법원에 제출해야 한다.

다. 관할법원

개인회생신청서를 제출해야 할 관할법원은 원칙적 관할법원 및 경합적 관할법원에 해당하는 법원 중 어느 하나의 법원에 제출하면 되는데(3조), 주로 채무자의 주소지에서 진행하는 것이 채무자에게 유리할 것이므로 특별한 사정이 없다면 채무자의 보통재판적 소재지 관할 회생법원 또는 지방법원에 재출하면 될 것이다(3조 1항 1호).

관할법원을 잘 몰라 관할이 아닌 법원에 개인회생절차개시신청서를 제출하였다고 하더라도 바로 각하처리되는 것이 아니고 관할법원으로 이송해서 처리해 주므로(33조, 민사소송법 34조 1항), 관할위반의 문제로 고민할 필요는 없을 것이다.

다만 그만큼 개인회생절차가 지연될 수 있으므로 가급적이면 관할법원에 제출하는 것이 현명할 것이다.

[서식 97] 개인회생절차 개시신청서

수입인지
30,000원

개인회생절차개시신청서

신청인	성 명	박 길 동	주민등록번호	123456-1234567
	주민등록상 주 소	광주 ○○구 ○○대로 ○○번길 ○○ 우편번호: 12345		
	현 주 소	위와 같음 우편번호: 12345		
	전 화 번 호 (집·직장)	00) 000-0000	전화번호 (휴대전화)	010-0000-0000

대리인	성 명			
	사무실 주소	우편번호:		
	전 화 번 호 (사 무 실)			
	이-메일 주소		FAX번호	

주채무자가(또는 보증채무자가, 연대채무자가, 배우자가) 이미 귀 법원에 개인회생절차 개시신청을 하였으므로 그 사실을 아래와 같이 기재합니다.			
성 명		사건번호	

신 청 취 지

신청인에 대하여 개인회생절차를 개시한다.
라는 결정을 구합니다.

신 청 이 유

1. 신청인은, 첨부한 개인회생채권자목록 기재와 같은 채무를 부담하고 있으나, 수입 및 재산이 별지 수입 및 지출에 관한 목록과 재산목록에 기재된 바와 같으므로, 파산의 원인사실이 발생하였습니다.

☑ 신청인은 정기적이고 확실한 수입을 얻을 것으로 예상되고, 또한 채무자 회생 및 파산에 관한 법률 제595조에 해당하는 개시신청 기각사유는 없습니다(급여소득자입니다).

☐ 신청인은 부동산임대소득·사업소득·농업소득·임업소득 그밖에 이와 유사한 수입을

장래에 계속적으로 또는 반복하여 얻을 것으로 예상되고, 또한 채무자 회생 및 파산에 관한 법률 제595조에 해당하는 개시신청 기각사유는 없습니다(영업소득자의 경우).

2. 신청인은, 각 회생채권자에 대한 채무 전액의 변제가 곤란하므로, 그 일부를 분할하여 지급할 계획입니다. 즉 현 시점에서 계획하고 있는 변제예정액은 36 개월간 월 393,334원씩이고, 이 변제의 준비 및 절차비용지급의 준비를 위해, 개시결정이 내려지는 경우 2021. 7. 25.을 제1회로 하여, 이후 매월 25일에 개시결정시 통지되는 개인회생위원의 은행구좌에 동액의 금전을 입금하겠습니다.

3. 이 사건 개인회생절차에서 변제계획이 불인가될 경우 불인가 결정시까지의 적립금을 반환받을 신청인의 예금계좌는 농협 은행 000-00-000000입니다.

4. 개인회생채권자목록 부본(개인회생채권자목록상의 채권자수+2통)은 개시결정 전 회생위원의 지시에 따라 지정하는 일자까지 반드시 제출하겠습니다.

첨 부 서 류

1. 개인회생채권자목록 1통
2. 재산목록 1통
3. 수입 및 지출에 관한 목록 1통
4. 진술서 1통
5. 변제계획안 1통
6. 신청서 부본 1통
7. 예납금영수증 1통
8. 송달료납부서 1통
9. 신청인 본인의 예금계좌 사본 1통
10. 위임장(대리인이 신청하는 경우) 1통

2021. ○. ○.

신청인 박 길 동 (인)

○○지방법원 귀중

注) 변제계획안은 개인회생절차개시신청서와 동시에 제출해도 되고, 이로부터 14일 이내에 따로 제출해도 된다.

[첨부서류 1] 개인회생채권자목록

개인회생채권자목록

채권현재액 산정기준일: 2021. 4. 1. 목록작성일: 2021. 4. 1.

채권현재액 총합계	71,388,200원	담보부 회생채권액의 합계	0원	무담보 회생채권액의 합계	71,388,200원

※ 개시후이자 등 : 아래 각 채권의 개시결정일 이후의 이자·지연손해금 등은 채무자 회생 및 파산에 관한 법률 제581조 제2항, 제446조 제1항 제1, 2호의 후순위채권입니다. (그외 후순위채권이 있으면 부속서류 유무란과 부속서류 2에 구체적 내역을 표시)

<table>
<tr><td rowspan="4">채권번호</td><td rowspan="4">채권자</td><td>채권의 원인</td><td>주소 및 연락처</td></tr>
<tr><td>채권의 내용</td><td>부속서류 유무</td></tr>
<tr><td>채권현재액(원금)</td><td>채권현재액(원금) 산정근거</td></tr>
<tr><td>채권현재액(이자)</td><td>채권현재액(이자) 산정근거</td></tr>
<tr><td rowspan="4">1</td><td rowspan="4">하나은행(주)</td><td>20○○.9.4.
마이너스 통장 개설</td><td>(주소) 광주 ○○구 ○○로 ○○길 ○○
(전화) 062) 111-2222 (팩스)</td></tr>
<tr><td>마이너스통장 대출금</td><td>□ 부속서류
(1, 2, 3, 4, 5, 6)</td></tr>
<tr><td>14,988,200원</td><td>부채증명서 참조(산정기준일: 2019.4.1)</td></tr>
<tr><td>0원</td><td>부채증명서 참조</td></tr>
<tr><td rowspan="4">2</td><td rowspan="4">두리상호저축은행</td><td>20○○.9.19.
신용대출금 25,000,000원</td><td>(주소) 서울 ○구 ○○대로 ○○번길 5가 211
(전화) 02) 1111-2222 (팩스)</td></tr>
<tr><td>원금 잔액 20,000,000원 및 이에 대한 이자 4,000,000원</td><td>□ 부속서류
(1, 2, 3, 4, 5, 6)</td></tr>
<tr><td>20,000,000원</td><td>부채확인서 참조(산정기준일: 2019.4.1)
2018.4.1. 원금 5,000,000원 변제</td></tr>
<tr><td>4,000,000원</td><td>부채확인서 참조(산정기준일: 2019.4.1)</td></tr>
<tr><td rowspan="4">3</td><td rowspan="4">(주)서이크레디트카드</td><td>20○○.3.21. 신용대출금
30,000,000원</td><td>(주소) 서울 ○구 ○○대로 ○○길 3가 67-7
(전화) 02) 2222-3333 (팩스)</td></tr>
<tr><td>원금 잔액 27,000,000원 및 이에 대한 20○○.○.○.부터 완제일까지 연체이율 20% 비율에 의한 이자</td><td>□ 부속서류
(1, 2, 3, 4, 5, 6)</td></tr>
<tr><td>27,000,0000원</td><td>부채증명서 참조(산정기준일: 2019.4.1)
2016.4.1. 원금 3,000,000원 변제</td></tr>
<tr><td>5,400,000원</td><td>부채증명서 참조(산정기준일: 2019.4.1)</td></tr>
</table>

※ 1. 채권자가 많아 이 용지에 다 적을 수 없는 경우에는 다음 장에 계속 적으면 된다.
2. 저당권, 전세권, 임대차보증금 등 별제권부 채권자 등이 있는 경우에는 '채권의 원인'란에 '부동산 담보대출', '전세권 설정', '가등기 담보대출', '임대차 계약' 등의 표시를 별도로 한 후, 부속서류의 '별제권부 채권 및 이에 준하는 채권의 내역'란에 기재하여 주면 된다.

※ 개인파산·회생실무, 서울회생법원, 양식편 인용 및 참고

3. 「개인회생채권자목록」의 작성요령

가. 개인회생채권자목록[431]의 의의 및 중요성

개인회생채권자목록이란 개인회생채권과 관련하여 채권자, 채권의 발생원인 및 내용, 채권액(원금·이자) 등을 기재한 서류를 말한다. 이러한 채권자목록의 제출에는 시효중단의 효력이 인정되고, 채권자자목록에 기재된 채권은 변제계획에 의하지 않고는 소멸시키는 행위를 하지 못하며, 개인회생절차의 개시로 인하여 개별적 집행이 중지되는 것은 채권자목록에 기재된 채권에 한하고, 채권자목록에 기재된 채권에 대하여 이의기간 내에 개인회생채권조사확정재판이 신청되지 않는 경우 해당 채권은 목록에 기재된 바와 같이 확정되며, 채권자목록에 기재되지 않는 개인회생채권에 대하여는 면책의 효력이 미치지 않는다. 따라서 개인회생채권자목록에는 누락되는 채권이 없도록 작성해야 하는 점을 유의해야 한다. 개인회생채권자목록에 기재되지 않는 개인회생채권자는 채무자의 개인회생에 불구하고 아무런 영향 없이 강제집행 등 그 채권을 행사할 수 있다.

그리고 통합도산법(이하 '조문'만 표시)상 고의로 개인회생채권을 누락시킨 경우에는 면책불허가사유가 될 수 있다(624조 3항 1호). 보증인도 구상권채권자에 해당되므로 개인회생채권자목록에 기재해야 한다. 다만 보증인은 변제계획상으로는 변제대상에서 제외된다.

개인회생채권자목록에는 개인회생채권을 기재하는데, 개인회생채권이란 개인회생절차개시결정 전의 원인으로 생긴 재산상의 청구권을 말하며, 여기에는 '일반의 우선권 있는 개인회생채권', '일반 개인회생채권', '후순위 개인회생채권'으로 구분된다.

나. 개인회생채권자목록 작성방법

1) 채권현재액 산정기준일

채권현재액 산정의 기준이 되는 일자를 기재하면 되는데, 보통 신청일 또는 신청예정일을 기준으로 산정된 금액을 기재한다.

---

431) 채무자가 개인회생신청서를 작성할 당시 채권자목록에 실수로 채권자를 누락시키거나 미처 채권자를 파악하지 못하여 기재하지 못한 경우가 있다. 이러한 경우 채무자는 개인회생개시결정 전까지 채권자목록에 기재된 사항을 변경 또는 정정할 수 있으므로(589조 3항), 수정된 채권자목록을 제출하면 된다. 다만, 개인회생개시결정 이후에는 채권자목록에 누락하거나 잘못 기재한 사항을 발견한 경우라도 채무자가 책임질 수 없는 사유가 있는 경우에만 변경 또는 정정이 가능하므로 이러한 사유를 잘 소명해야 법원의 허가를 받아 개인회생채권자목록을 수정할 수 있다(규칙 81조 1항 본문). 변제계획인가결정이 있는 이후에는 채권자목록의 수정이 불가하다(규칙 81조 1항 단서). 채무자가 과실로 채권자를 누락시킨 경우에는 그 누락된 채권은 면책되지 않는다.

2) 채권의 기재순서

채권의 기재는 일반의 우선권이 있는 개인회생채권(조세, 공과금 등), 담보부 채권(유치권·질권·저당권·양도담보권·가등기담보권·전세권 또는 우선특권으로 담보된 개인회생채권), 일반 개인회생채권, 후순위 개인회생채권의 순서로 기재하되, 발생일자가 오래된 것부터 기재한다. 비면책채권도 채권자목록에 기재할 것인지 여부에 대하여는 실무상 정해진 룰(rule)은 없다. 이는 채무자의 판단에 맡겨져 있는 것이다.

3) 채권현재액 총합계 등

개인회생채권자목록에 기재된 채권현재액의 원금과 이자를 모두 합산하여 '채권현재액 총합계'란에, 부속서류 3의 「별제권부 채권 및 이에 준하는 채권의 내역」의 '담보부 회생채권액의 합계'란의 금액을 '담보부 회생채권액의 합계'란에, 위 '채권현재액 총합계'에서 '담보부 회생채권액의 합계'를 공제한 금액을 '무담보 회생채권액의 합계'란에 기재한다.

4) 채 권 자

채권자가 개인인 경우에는 개인 성명을, 법인인 경우에는 법인등기부에 기재된 정식명칭을 기재하고, 개인영업자인 경우에는 개인의 성명을 기재하되 실제 영업상 사용되는 명칭을 괄호에 넣어 병기한다.

5) 채권의 원인

채권의 발생시기, 차용금·매매대금 등의 채권발생원인을 기재한다(예, 20○○. ○. ○.자 대여금 10,000,000원).

6) 채권의 내용

잔존채권의 내용, 즉 산정기준일에 존재하는 원금잔액과 기존에 발생하였거나 앞으로 발생할 이자(지연손해금) 등을 기재한다. 통상 "금 ○○○원 및 그중 ○○○원에 대한 20○○. ○. ○.부터 20○○. ○. ○.까지 연 ○○%에 비율에 의한 금원"의 방식으로 기재한다.

7) 채권현재액

채권현재액 산정기준일 현재의 원금과 이자(지연손해금 포함)를 구분하여 기재한다.

8) 채권현재액(원금, 이자) 산정근거

산정근거는 잔여 원금과 이자로 구분하고, 이자의 계산에 있어서는 산정대상 원금 및 이자율을 기간별로 나누어 계산한 근거를 기재한다. 다만 변제계획안이 원금만을 변제하는 것으로 작성된 경우에는 채권현재액의 이자 산정은 월 미만은 버리는 등으로 간이하게 산정해도 무방하다.

통상 개인채무는 이와 같이 기재하면 되고, 금융기관의 경우에는 원금과 이자가 구분된 금융기관의 부채확인서를 발급받아 첨부하고 '채권현재액의 산정근거'란에 "부채확인서 등 참조(산정기준일 : 20○○. ○. ○.)"라고만 기재해도 된다.

만약 부채확인서를 발급받기 어려운 경우에는 채권자에게 부채내역에 관한 자료송부청구서를 발송하고 그 사본을 신청서에 첨부하면 된다. 그 후 채권자로부터 자료송부서가 도착하면 그 사본을 법원에 제출하고 필요한 경우 개인회생채권자목록을 수정하여 다시 제출해야 한다(규칙 82조, 개인회생사건 처리지침 4조).

9) 보 증 인

채무자의 채무에 대하여 연대보증인 등이 있는 경우에, 연대보증인 등을 채권자란에 기재하고, 채권의 원인은 보증의 구체적인 내역을, 채권현재액란에는 '장래의 구상권'으로, 채권의 내용란에는 '보증채무를 대위변제할 경우 구상금액'이라고 기재하되, 채권번호는 보증한 채권의 채권번호에 가지번호를 붙여 표시하고, 보증한 채권 바로 다음에 기재한다(예, 연대보증한 채무의 채권번호가 2일 경우에 보증채권은 2-1로 표시).

10) 부속서류 유무

'일반의 우선권 있는 개인회생채권'의 내역은 부속서류 1에, 후순위 개인회생채권의 내역은 부속서류 2에, 별제권부 채권 및 이에 준하는 채권의 내역은 부속서류 3에, 다툼이 있거나 예상되는 채권의 내역은 부속서류 4에, 다툼이 없으나 집행권원 또는 종국판결이 있는 채권의 내역은 부속서류 5에, 기타의 경우는 부속서류 6에 각 체크하고, 상세한 내용은 해당 부속서류에 각 기재한다.

11) 소명자료 제출

채권자목록상의 채권자 및 채권금액에 관한 각 소명자료를 1통씩 제출하면 된다.

다. 개인회생채권자목록의 수정·추가

채무자는 개인회생절차개시신청 후에 개인회생채권자목록에 누락된 채권자를 발견하거나 잘못 기재된 사항이 있는 경우에는 개인회생절차개시결정시까지 개인회생채권자목록에 기재된 사항을 변경하거나 정정할 수 있다(589조 3항).

개인회생절차개시결정 후에는 개인회생채권자목록을 수정할 수 없는가? 개인회생채권자목록에서 누락된 채권[432]은 변제계획에 의하지 않고도 변제를 받고 강제집행 등의 권리도 보유되며 나아가 면책결정의 효력도 미치지 않아 자칫 개인회생제도의 취지가 몰각될 소지가 있다. 이러한 문제점을 반영하여 「채무자 회생 및 파산에 관한 규칙」에서 일정한 요건하에 개인회생절차개시결정 후에도 변제계획인가 전까지는 개인회생채권자목록을 수정할 수 있도록 하고 있다. 즉, 채무자는 자신의 책임질 수 없는 사유로 인하여 개인회생채권자목록에 누락하거나 잘못 기재한 사항을 발견한 때에는 개인회생절차개시결정 후라도 변제계획인가 결정 전까지 법원의 허가를 받아 개인회생채권자목록에 기재된 사항을 수정할 수 있도록 하되, 이에 따라 개인회생채권자목록에 기재된 사항이 수정된 때에는 그 수정된 사항에 관한 이의기간을 정하여 공고하고, 채무자 및 알고 있는 개인회생채권자에게 이의기간이 기재된 서면과 수정된 개인회생채권자목록을 송달하도록 하고 있다(규칙 81조 1항, 2항 본문).[433] 이는 수정된 사항에 관하여 개인회생채권자들에게 이의제기의 기회를 주기 위함이다. 따라서 수정으로 인하여 불리한 영향을 받는 개인회생채권자가 없는 경우 또는 불리한 영향을 받는 개인회생채권자의 의사에 반하지 않는다고 볼만한 상당한 이유가 있는 경우에는 송달할 필요가 없다(규칙 81조 2항 단서).

한편 개인회생채권자목록에 기재된 개인회생채권자가 이의기간이 도과하도록 이의제기를 하지 않음으로써 개인회생채권이 확정된 경우에는 이의기간이 재정기간인 관계로 추완 이의도 불가하므로 해당 개인회생채권자는 개인회생절차 내에서의 불가쟁효의 효과에 의해 변제계획인가결정 전이라도 개인회생채권자목록을 수정할 수 없다.[434] 다만 이러한 경우라도 처음부터 개인회생채권자목록에서 누락된 채권이거나 새로운 원인관계에 기한 채권인 경우에는 채무자의 수정·추가가 가능하다고 본다.

회생절차개시결정 후 변제계획인가 전에 채권양도나 대위변제가 있어 개인회생채권자가

432) 개인회생채권자목록에 누락된 채권자는 강제집행이나 보전처분의 중지·금지의 제한도 받지 않고 실권효도 인정되지 않으므로 누락 채권자가 스스로 개인회생채권자목록 추가신청을 하거나 개인회생채권조사확정재판을 신청할 필요가 없을 것이다. 누락 채권자에 대한 개인회생채권자목록 추가신청은 대부분 채무자가 나중에 누락사실을 알고 추가하는 경우일 것이다.

433) 보증인이 누락되어 추가한 경우에는 보증인은 대위변제 전까지는 이의권한 등 절차참여권이 없으므로 별도의 이의기간을 지정할 필요가 없다. 다만 추가된 보증인에게도 개인회생절차개시결정통지서, 개인회생채권자목록, 변제계획안은 송달해야 한다.

434) 서울중앙지방법원, 제4판 개인파산·회생실무, 462p; 물론 이 경우라도 채무자 자신이 책임질 수 없는 사유로 인하여 수정을 하지 못한 사실이 인정된 경우에는 추완의 일환으로 개인회생채권자목록의 수정이 허용된다고 본다(위 책 524p).

변동된 경우에도 채무자는 개인회생채권자목록을 수정할 의무가 없으며, 수정하지 않는다 하더라도 개인회생채권의 양수자나 대위변제자에 대하여 개인회생절차개시결정의 효력이나 변제계획인가의 효력은 당연히 미치게 된다.

물론 변동된 채권자의 요청에 따라 채무자가 자의적으로 개인회생채권자목록을 수정하는 것은 무방할 것이다.[435] 실무상으로도 채권양도나 대위변제가 빈번히 이루어지고 있고 명의변경신고가 많이 들어오고 있는 관계로 확정된 개인회생채권을 취득한 자로 하여금 채권자 명의변경을 신청할 수 있도록 하고 있다(규칙 83조 1항).

435) 이 경우 채권자명의가 수정된 개인회생채권목록은 다른 개인회생채권자들에게 송달할 필요가 없으며, 변경된 신구채권자에 대하여만 채권자의 변경을 알려주는 의미에서 송달하면 된다.

[부속서류 1] 별제권부채권 및 이에 준하는 채권의 내역

(단위 : 원)

<table>
<tr><td rowspan="3">채권
번호</td><td rowspan="3">채
권
자</td><td>① 채권현재액(원금)</td><td rowspan="2">③ 별제권행사등으로 변제가 예상되는 채권액</td><td rowspan="2">④ 별제권행사등으로도 변제받을 수 없을 채권액</td><td rowspan="2">⑤ 담보부 회생채권액</td></tr>
<tr><td>② 채권현재액(이자)</td></tr>
<tr><td colspan="4">⑥ 별제권 등의 내용 및 목적물</td></tr>
<tr><td rowspan="3"></td><td rowspan="3"></td><td></td><td rowspan="2"></td><td rowspan="2"></td><td rowspan="2"></td></tr>
<tr><td></td></tr>
<tr><td colspan="4"></td></tr>
<tr><td rowspan="3"></td><td rowspan="3"></td><td></td><td rowspan="2"></td><td rowspan="2"></td><td rowspan="2"></td></tr>
<tr><td></td></tr>
<tr><td colspan="4"></td></tr>
<tr><td rowspan="3"></td><td rowspan="3"></td><td></td><td rowspan="2"></td><td rowspan="2"></td><td rowspan="2"></td></tr>
<tr><td></td></tr>
<tr><td colspan="4"></td></tr>
<tr><td rowspan="3"></td><td rowspan="3"></td><td></td><td rowspan="2"></td><td rowspan="2"></td><td rowspan="2"></td></tr>
<tr><td></td></tr>
<tr><td colspan="4"></td></tr>
<tr><td rowspan="3"></td><td rowspan="3"></td><td></td><td rowspan="2"></td><td rowspan="2"></td><td rowspan="2"></td></tr>
<tr><td></td></tr>
<tr><td colspan="4"></td></tr>
<tr><td colspan="2" rowspan="2">합 계</td><td></td><td rowspan="2"></td><td rowspan="2"></td><td rowspan="2"></td></tr>
<tr><td></td></tr>
</table>

[부속서류 2] 다툼이 있거나 예상되는 채권의 내역

(단위 : 원)

<table>
<tr><td rowspan="2">채권
번호</td><td rowspan="2">채
권
자</td><td colspan="2">① 채권자목록상
채권현재액</td><td>② 채권자
주장 채권
현재액</td><td>③ 다툼이 없는
부분</td><td>④ 차이나는
부분
(② - ①)</td><td>⑤ 다툼의
원인</td></tr>
<tr><td colspan="6">⑥ 소송제기여부 및 진행경과, 집행권원 또는 종국판결의 존부</td></tr>
<tr><td rowspan="3">3</td><td rowspan="3">(주)서이
크레디트
카드</td><td>원금</td><td>27,000,000</td><td>30,000,000</td><td>27,000,000</td><td>3,000,000</td><td rowspan="2">2018.4.1.
300만원
변제여부</td></tr>
<tr><td>이자</td><td>5,400,000</td><td>6,000,000</td><td>5,400,000</td><td>600,000</td></tr>
<tr><td colspan="6">2017.2.5. 채권자의 소제기(○○지방법원 2017가단○○○호 대여금)
-2017.6.30. 원고(채권자) 승소판결
-현재 ○○지방법원 2017나○○호로 항소심 계속 중</td></tr>
<tr><td rowspan="3"></td><td rowspan="3"></td><td>원금</td><td></td><td></td><td></td><td></td><td rowspan="2"></td></tr>
<tr><td>이자</td><td></td><td></td><td></td><td></td></tr>
<tr><td colspan="6"></td></tr>
<tr><td rowspan="3"></td><td rowspan="3"></td><td>원금</td><td></td><td></td><td></td><td></td><td rowspan="2"></td></tr>
<tr><td>이자</td><td></td><td></td><td></td><td></td></tr>
<tr><td colspan="6"></td></tr>
<tr><td rowspan="3"></td><td rowspan="3"></td><td>원금</td><td></td><td></td><td></td><td></td><td rowspan="2"></td></tr>
<tr><td>이자</td><td></td><td></td><td></td><td></td></tr>
<tr><td colspan="6"></td></tr>
<tr><td rowspan="3"></td><td rowspan="3"></td><td>원금</td><td></td><td></td><td></td><td></td><td rowspan="2"></td></tr>
<tr><td>이자</td><td></td><td></td><td></td><td></td></tr>
<tr><td colspan="6"></td></tr>
</table>

[부속서류 3] 전부명령의 내역

(단위 : 원)

채권번호	채권자	채권의 내용	전부명령의 내역

[부속서류 4] 기 타

(단위 : 원)

> 「부속서류 4. 기타」란에는 채무자가 보증인인 경우에는 주채무의 내용(주채무자, 금액, 관계 등), 채무자 이외의 제3자가 물상보증을 제공한 경우 등 위의 부속서류에 기재하기 어려운 유형의 채권이 있는 경우에 기재한다.

4. 「개인회생채권자목록」의 「부속서류」 작성요령

가. 부속서류 1 : 별제권부 채권 및 이에 준하는 채권의 내역

1) 별제권부 채권 및 이에 준하는 채권

개인회생채권에 기하여 채무자의 재산에 유치권, 질권, 저당권 또는 전세권 등이 설정되어 있는 경우에는 별제권부 채권으로 기재한다. 주택임대차보호법이나 상가건물임대차보호법에 따른 대항요건(주택 : 전입신고 + 주택인도, 상가건물 : 사업자등록 + 건물인도)과 확정일자를 갖추어 우선변제권이 있는 임차권자, 대항요건을 갖추어 최우선변제권이 있는 소액임차인의 임대차보증금 반환채권 등 이에 준하는 채권도 여기에 기재한다.[436)]

다만, 대항요건을 갖추지 못한 임차인 등 위 우선변제권 있는 임차권자 및 최우선변제권 있는 소액임차인 외의 임차인은 채권자목록에만 기재하고, 여기에는 기재하지 않는다.[437)]

---

436) 대항력을 갖추고 확정일자를 받은 임대차보증금 반환채권은 일반 개인회생채권자보다 우월적 지위를 가지고 있기는 하지만 별제권자가 아니고 별제권에 유사한 지위를 가질 뿐이므로 별제권자와는 달리 주택 또는 상가건물에 대하여 임의경매를 신청할 권리도 없고, 위 임대차보증금 반환채권은 별제권에 준하는 권리이기는 하지만 본질적으로는 개인회생채권에 지나지 않으므로 판결문 등 집행권원이 있다 해도 강제집행을 실시할 수 없다. 따라서 대항력 및 확정일자를 갖춘 주택 또는 상가임대인이 개인회생신청을 한 경우 임차인이 임차보증금을 회수하는 방법 내지 대응방법이 문제된다. 우선 임차인으로서는 임대인이 개인회생으로 면책을 받을 때까지 최장 5년까지는 계속 거주하든지(동시이행항변권 행사) 아니면 임차권등기명령을 신청하여 등기부등본에 등재한 후 이사를 나와야 할 것이다(물론 개인회생 도중에 임차보증금을 전액 반환받거나 해당 주택 또는 상가건물이 매도되어 제3자에게 승계된 경우에는 예외). 그리고 임대인이 변제계획에 따른 변제를 완료하여 면책결정을 받은 후에는 별제권에 준하여 우선권이 인정되는 임차보증금 부분은 해당 주택 또는 상가건물의 경매절차(예, 저당권자나 면책결정 이후의 채권자의 경매신청)를 통하여 변제받을 수 있을 것이고, 우선권이 인정되지 않는 부분은 개인회생절차에서 미확정채권으로 변제계획안에 반영되어 있을 것이므로 해당 적립금에서 일부는 변제 받을 수 있을 것이고 나머지 부분은 면책채권에 해당되므로 변제받기 힘들 것이다.

437) 대항력을 갖춘 우선변제권 있는 임차권자 및 최우선변제권 있는 소액임차인 외의 임차인으로서 주택·상가건물임대차보호법상의 보호대상이 되지 못한 일반 임차인의 경우에는 일반 개인회생채권자에 해당될 뿐이므로 개인회생채권에 대한 변제예정액표상의 변제계획(미확정채권에 해당되므로 지급은 유보됨)에 따라 변제받는

2) **채권번호, 채권자, 채권현재액란**(원금 ①, 이자 ②)

여기에는 개인회생채권자목록 양식의 채권번호, 채권자명, 채권현재액을 그대로 기재하면 된다.

3) **별제권행사 등으로 변제가 예상되는 채권액**(③)

별제권의 경우 [별제권이 담보하는 채권최고액]과 [별제권 목적물의 환가예상액의 70%에서 선순위 담보권의 채권최고액을 공제한 금액] 중 적은 금액을 기재한다. 임차권의 경우에는 [임차보증금 현재액(소액임차인의 경우는 최우선변제권 있는 일정액)]과 [임차목적물의 환가예상액의 70%에서 선순위 담보권의 채권최고액을 공제(소액임차인의 경우에는 선순위 담보권의 채권최고액을 공제하지 않음)한 금액] 중 적은 금액을 기재한다. 위 금액은 별제권 행사 등으로 목적물의 환가대금에서 변제받을 수 있기 때문에 변제계획의 변제대상에서는 제외한다.

4) **별제권행사 등으로도 변제받을 수 없을 채권액**(④)

담보부족예상액을 의미하며, [별제권이 담보하는 채권최고액]과 [채권현재액] 중 큰 금액에서 별제권행사 등으로 변제가 예상되는 채권액(③)을 공제한 금액을 기재한다. 별제권행사로 모든 채권액의 변제가 가능할 것으로 예상되는 경우라도 예상밖의 경우를 대비하여 그 별제권자를 채권자목록에 기재해야 하고, '별제권 행사로도 변제받을 수 없을 채권액'이 음수인 경우에는 0원으로 기재한다. 임차권의 경우에는 임차보증금 현재액에서 별제권행사 등으로 변제가 예상되는 채권액(③)을 제외한 금액을 기재한다.

여기의 별제권행사 등으로도 변제받을 수 없을 채권액은 별제권 행사 등으로 변제받을 수 없을 것으로 예상되기 때문에 일반 개인회생채권으로 취급한다. 따라서 변제계획에 있어서도 일반개인회생채권과 같은 방식으로 산정되는 변제액을 미확정채권으로 보아 유보해 놓았다가[438] 확정이 되면 그동안 유보한 금액을 일시에 지급하고, 부족한 부분은 일반개인회생채권과 같이 안분하여 변제한다.

방법으로 임차보증금 중 일부만 회수할 수 있을 것이다. 다만 임대인이 파산한 경우에 있어서는 통합도산법 339조와 같은 임대차계약 해지조항에 대한 준용규정이 없으므로 임대인이 면책결정을 받은 후 지급이 유보된 임차보증금 중 일부를 지급받을 때까지 동시이행항변권을 행사함으로써 해당 임차주택에서 계속 거주할 수는 있을 것으로 보인다.

438) 따라서 별제권 행사 등으로 변제받을 수 없는 채권액은 개인회생재단에서 변제받을 수 있도록 변제계획상 「미확정채권」란에 기재하여 보류해 두어야 한다. 미확정채권액을 보류해 둔다 하더라도 채무자는 해당 변제예정금액을 개인회생위원의 계좌에 납입해야 할 것이다.

5) 담보부 회생채권액(⑤)

[채권현재액의 합계(채권현재액 원금 ① + 채권현재액 이자 ②)]와 [별제권 행사 등으로 변제가 예상되는 채권액(③)] 중 적은 금액을 기재하고, 그 합계란의 금액을 개인회생채권자목록의 '담보부 회생채권액의 합계'란에도 기재한다.

6) 별제권 등의 내용 및 목적물(⑥)

담보권의 순위, 담보권이 설정된 시기, 채권최고액, 목적물의 내역(부동산인 경우 지번, 지목, 면적 등), 환가예상액(신청일 당시의 시가) 등을 기재한다. 임차권의 경우에는 다른 선순위 담보권과의 관계에서 임차권의 순위, 임차기간, 임차목적물의 내역(부동산인 경우 지번, 지목, 면적 등), 환가예상액(신청일 당시의 시가) 등을 기재한다.

7) 소명자료 제출

별제권부 채권의 경우 담보목적물의 등기부등본, 환가예정액의 산정자료, 대출약정서, 현재액의 근거 자료 등을 각 1통씩 제출해야 한다. 임차권의 경우 임차목적물의 등기부등본, 환가예정액의 산정자료, 임차인의 주민등록등본, 임대차계약서, 확정일자의 소명자료 등을 각 1통씩 제출해야 한다. 대항력은 있으나 확정일자를 갖추지 않아 우선변제권이 없는 임차인의 경우에도 위와 같은 소명자료를 제출해야 한다.

나. 부속서류 2 : 다툼이 있거나 예상되는 채권의 내역

1) '채권번호', '채권자'란에는 개인회생채권자목록 양식의 채권번호와 채권자명을 그대로 기재하면 된다.

2) '채권현재액'란은 원금과 이자를 구분하여, 채무자가 인정하는 개인회생채권자목록에 기재된 채권현재액(①)과 채권자가 주장하는 채권현재액(②)을 각 기재하고, 그 차액을 '④ 차이나는 부분'란에, 다툼이 없는 부분을 '③ 다툼이 없는 부분'란에 각 기재한다.

3) '다툼의 원인(⑤)'란은 채권액에 관한 다툼이 생긴 원인을 간략히 기재한다.

4) '소송제기 여부 및 진행경과, 집행권원 또는 종국판결의 존부(⑥)'란은 소송이 제기된 경우 그 소송이 제기된 법원, 사건번호, 당사자, 현재까지의 진행경과 등을, 판결 등이 있은 경우에는 사건번호, 판결선고일, 판결 결과, 상소여부, 상소심 진행경과, 판결의 확정 여부 등을 각 기재한다.

다. 부속서류 3 : 전부명령의 내역

1) 채권번호, 채권자

개인회생채권자목록 양식의 채권번호와 채권자명을 그대로 기재하면 된다.

2) 채권의 내용

개인회생채권자목록의 내용을 그대로 기재한다.

3) 전부명령의 내역

① 전부명령을 내린 법원, ② 당사자, ③ 사건명 및 사건번호, ④ 전부명령의 대상이 되는 채권의 범위, ⑤ 제3채무자에 대한 송달일, ⑥ 전부명령의 확정여부를 기재해야 한다.

4) 전부명령과 변제계획안과의 관계

변제계획인가결정이 있는 때에는 채무자의 급료·연금·봉급·상여금, 그밖에 이와 비슷한 성질을 가진 급여채권에 관하여 개인회생절차개시 전에 확정된 전부명령은 변제계획인가결정 후에 제공한 노무로 인한 부분에 대하여는 그 효력이 상실된다.

즉 개인회생인가결정 전에 전부명령이 내려져 확정된 경우에는 급여채권에 대한 전부명령 외의 기타 채권에 대한 전부명령은 개인회생절차에 불구하고 그대로 효력이 발생하되, 급여채권(노무 부분)에 대한 전부명령의 경우에는 그 효력이 상실되도록 하고, 다만 그 부분은 개인회생채권으로 하도록 하고 있는 것이다.

따라서 급여채권에 대한 전부명령이 들어와 있는 상태에서 개인회생을 신청하려는 채무자(급여채권자)가 변제계획을 작성할 경우 이 부분을 어떻게 반영해야 할지 문제된다. 이 경우 채무자(급여채권자)로서는 변제계획이 인가되기 전까지는 전부명령을 받은 전부채권자의 채권 중 개인회생채권으로 될 금액이 얼마나 되는지 산정할 방법이 없으므로 개인회생개시신청 당시를 기준으로 전부금 전액을 미확정 채권과 같이 변제하는 방법으로 변제계획안에 반영해야 할 것이다.

한편 개인회생절차개시신청서가 제출된 후 그 개시결정 전에 전부명령이 내려졌고 채무자가 개인회생을 이유로 즉시항고를 제기하였다면 법원은 항고에 대한 재판을 정지하였다가(민사집행법 229조 8항), 변제계획이 인가된 후 전부명령의 실효를 이유로 전부명령을 취소하고 전부명령신청을 기각하게 될 것이다(대판 2008.1.31. 2007마1679).[439]

라. 부속서류 4 : 기타

채무자가 보증인인 경우에는 주채무의 내용(주채무자, 금액, 관계 등), 채무자 외의 제3자가 물상보증을 제공한 경우 등 위의 부속서류에 기재하기 어려운 유형의 채권이 있는 경우에 기재한다.

---

439) "채권자목록에 기재된 개인회생채권에 기하여 개인회생재단에 속하는 재산에 대하여 이미 계속 중인 강제집행·가압류 또는 가처분절차는 개인회생절차가 개시되면 일시적으로 중지되었다가, 변제계획이 인가되면 변제계획 또는 변제계획인가결정에서 다르게 정하지 않는 한 그 효력이 상실된다(채무자 회생 및 파산에 관한 법률 600조 1항, 615조 3항). 그런데 전부명령은 확정되어야 효력을 가지므로(민사집행법 229조 7항), 채권자목록에 기재된 개인회생채권에 기하여 개인회생재단에 속하는 채권에 관하여 내려진 전부명령이 확정되지 않아 아직 효력이 없는 상태에서, 채무자에 대하여 개인회생절차가 개시되고 이를 이유로 위 전부명령에 대하여 즉시항고가 제기되었다면, 항고법원은 다른 이유로 전부명령을 취소하는 경우를 제외하고는 항고에 관한 재판을 정지하였다가(민사집행법 229조 8항 참조) 변제계획이 인가된 경우 전부명령의 효력이 발생하지 않게 되었음을 이유로 전부명령을 취소하고 전부명령신청을 기각해야 한다. 한편, 전부명령이 확정된 경우에는 전부명령이 제3채무자에게 송달된 때에 채무자가 채무를 변제한 것으로 보아 집행이 종료되므로(민사집행법 231조), 채무자에 대한 개인회생절차가 개시되기 전에 확정되어 효력이 발생한 전부명령은 그 후 변제계획이 인가되더라도 그 효력을 잃지 않는 것이 원칙이라고 할 것이나, 다만 급여를 받아 생활하면서 이를 주된 개인회생재단으로 하여 변제계획을 이행해야 하는 개인채무자의 효율적인 회생을 도모하기 위해, 채무자 회생 및 파산에 관한 법률 제616조 제1항은 채무자의 급료·연금·봉급·상여금, 그밖에 이와 비슷한 성질을 가진 급여채권에 관한 전부명령은 개인회생절차가 개시되기 전에 확정되었더라도 변제계획이 인가된 경우 변제계획인가결정 후에 제공한 노무로 인한 부분에 대하여는 그 효력이 상실되는 것으로 규정하고 있다. 기록에 의하면, 재항고인은 서울중앙지법 20○○차○○○○호 대여금사건의 지급명령정본에 승계집행문을 부여받아 이에 기하여 채무자의 제3채무자에 대한 급료채권의 일부에 대하여 압류 및 전부명령을 신청하고 제1심법원의 사법보좌관이 2006. 4. 12. 이를 인용하는 결정을 한 사실, 그 후 2006. 4. 13. 채무자에 대하여 개인회생절차가 서울중앙지법 20○○개회○○○○○호로 개시되자 채무자는 이를 이유로 위 전부명령이 확정되기 전인 2006. 4. 21. 이 사건 결정에 대하여 이의신청을 한 사실, 이에 제1심법원은 사법보좌관규칙 제4조에 따라 이 사건 결정을 인가하고 이의신청사건을 항고법원인 원심으로 송부함으로써 항고심절차가 개시된 사실, 그 후 채무자는 위 개인회생절차에서 2007. 7. 4. 변제계획 인가결정을 받은 사실, 위 개인회생절차개시결정 및 변제계획인가결정의 채권자목록에는 이 사건 전부채권이 기재되어 있는 사실 등을 알 수 있는바, 그렇다면 이 사건 전부채권은 채권자목록에 기재된 개인회생채권이고 피전부채권인 채무자의 제3채무자에 대한 급료채권은 개인회생재단에 속하는 재산이므로, 원심이 채무자에 대하여 개인회생절차가 개시되었음을 이유로 미확정 상태의 전부명령이 포함된 이 사건 결정에 대한 항고에 관한 재판을 정지하였다가 채무자에 대한 변제계획이 인가된 후 이 사건 결정을 취소하고 채권압류 및 전부명령신청을 기각한 것은 앞서 본 법리와 법령에 따른 것으로서 정당하고, 거기에 재판에 영향을 미친 헌법·법률·명령 또는 규칙의 위반이 없다(대판 2008.1.31. 2007마1679)."

[첨부서류 2] 재산목록

재 산 목 록

<table>
<tr><th>명 칭</th><th>금액·시가
(단위 : 원)</th><th>압류 등
유무</th><th colspan="2">비 고</th></tr>
<tr><td>현 금</td><td>150,000</td><td></td><td colspan="2"></td></tr>
<tr><td rowspan="3">예 금</td><td rowspan="3">650,000</td><td rowspan="3">무</td><td>금융기관명</td><td>농협중앙회</td></tr>
<tr><td>계좌번호</td><td>000-00-000000</td></tr>
<tr><td>잔고</td><td>650,000</td></tr>
<tr><td rowspan="3">보 험</td><td rowspan="3">850,000</td><td rowspan="3">무</td><td>보험회사명</td><td>○○생명</td></tr>
<tr><td>증권번호</td><td>32-111-23456</td></tr>
<tr><td>해약반환금</td><td>850,000</td></tr>
<tr><td>자동차(오토바이 포함)</td><td>1,100,000</td><td>무</td><td colspan="2">20○○소나타 1600cc</td></tr>
<tr><td rowspan="3">임차보증금
(반환받을 금액을
금액란에 적는다)</td><td rowspan="3">8,500,000</td><td rowspan="3"></td><td>임차물건</td><td>○○시 ○○구 ○○로 ○○</td></tr>
<tr><td>보증금 및 월세</td><td>상가임대차보증금 1,000만원, 월세 15만원</td></tr>
<tr><td>차이 나는 사유</td><td>월세 연체로 인한 공제</td></tr>
<tr><td rowspan="5">부동산
(환가예상액에서
피담보채권을 뺀 금액을
금액란에 적는다)</td><td rowspan="5">7,000,000</td><td rowspan="5"></td><td>소재지, 면적</td><td>○○시 ○○구 ○○로 ○○</td></tr>
<tr><td>부동산의 종류</td><td>토지(○), 건물( ),
집합건물( )</td></tr>
<tr><td>권리의 종류</td><td>소유권 중 1/2 지분</td></tr>
<tr><td>환가예상액</td><td>7,000,000원</td></tr>
<tr><td>담보권의 종류 및 담보액</td><td></td></tr>
<tr><td rowspan="3">사업용 설비,
재고품, 비품 등</td><td rowspan="3"></td><td rowspan="3"></td><td>품목, 개수</td><td></td></tr>
<tr><td>구입시기</td><td></td></tr>
<tr><td>평가액</td><td></td></tr>
<tr><td rowspan="2">대여금 채권</td><td rowspan="2"></td><td rowspan="2"></td><td colspan="2">상대방 채무자 1 : □ 소명자료 별첨</td></tr>
<tr><td colspan="2">상대방 채무자 2 : □ 소명자료 별첨</td></tr>
<tr><td rowspan="2">매출금 채권</td><td rowspan="2"></td><td rowspan="2"></td><td colspan="2">상대방 채무자 1 : □ 소명자료 별첨</td></tr>
<tr><td colspan="2">상대방 채무자 2 : □ 소명자료 별첨</td></tr>
<tr><td>예상 퇴직금</td><td></td><td></td><td colspan="2">근무처 :</td></tr>
<tr><td>기타(　　　)</td><td></td><td></td><td colspan="2"></td></tr>
<tr><td>합 계</td><td>18,250,000</td><td></td><td colspan="2"></td></tr>
<tr><td>면제재산결정 내역</td><td></td><td></td><td colspan="2">면제재산 결정 내용 :</td></tr>
<tr><td>청산가치</td><td>8,350,000</td><td></td><td colspan="2">민사집행법상 압류금지 예금, 보험 및 주택임대차보호법상 소액보증금 부분 제외</td></tr>
</table>

5. 「재산목록」의 작성요령

가. 현 금(10만원 이상인 경우에 기재)

나. 예 금

잔고가 소액이라도 반드시 기재하고, 정기예금·적금·주택부금 등 예금의 종류를 불문하고 모두 기재한다. 그리고 개인회생절차 신청시의 잔고와 최근 6개월간의 입출금이 기장된 통장 사본을 첨부해야 한다.

다. 보 험

가입하고 있는 보험은 해약반환금이 없는 경우에도 전부 기재해야 한다. 보험증권사본 및 개인회생절차 신청시의 해약반환금예상액(없는 경우에는 없다는 사실)을 기재한 보험회사 작성의 증명서를 첨부해야 한다.

라. 자동차(오토바이 포함) : 자동차등록원부와 시가증명자료 첨부

마. 임차보증금

반환받을 수 있는 금액을 적고, 계약상의 보증금과 반환받을 수 있는 금액이 차이가 나는 경우에는 '차이 나는 사유'란에 그 사유를 기재한다. 임대차계약서의 사본 등 임차보증금 중 반환예상액을 알 수 있는 자료를 첨부해야 한다.

바. 부 동 산

등기부등본 등과 재산세과세증명서 등 시가증명자료를 첨부해야 한다. 저당권 등 등기된 담보권에 대하여는 은행 등 담보권자가 작성한 피담보채권의 잔액증명서 등의 증명자료를 첨부해야 한다.

사. 사업용 설비, 재고품, 비품 등

급여소득자의 경우에는 기재할 필요가 없고, 영업소득자의 경우에 그 영업에 필요한 것들을 기재하면 된다.

아. 대여금 채권

계약서의 사본 등 대여금의 현재액을 알 수 있는 자료를 첨부하고, 변제받는 것이 어려운 경우에는 그 사유를 기재한 진술서를 첨부하면 된다.

자. 매출금 채권

영업소득자의 경우 영업장부의 사본 등 매출금의 현재액을 알 수 있는 자료를 첨부하고, 변제받는 것이 곤란한 경우에는 그 사유를 기재한 진술서를 첨부하면 된다.

차. 예상퇴직금

현재 퇴직할 경우 지급받을 수 있는 퇴직금예상액(없는 경우에는 0으로 기재)을 기재하고, 사용자 작성의 퇴직금계산서 등 증명서를 첨부하면 된다.

카. 면제재산결정 신청 금액

면제재산결정을 신청한 재산의 금액과 그 내역을 기재해 주고 재산 합계액에서 면제재산결정신청금액을 공제한 잔액을 청산가치로 기재한다.

타. 압류 및 가압류 유무

재산 항목에 대하여 압류·가압류 등 강제집행이 있는 경우에는 그 유무를 해당란에 표시하고, 그러한 압류·가압류의 결정법원, 사건번호, 상대방 채권자, 압류된 금액 등 상세한 내용은 「신청서 첨부서류 4」 진술서의 해당란에 기재하고, 관련 자료를 첨부하면 된다.

파. 기재할 사항이 많은 항목은, 그 항목에 "별지 기재와 같음"이라고 기재한 후 별지를 첨부하여 작성하면 된다.

[첨부서류 3] 수입 및 지출에 관한 목록

수입 및 지출에 관한 목록

Ⅰ. 현재의 수입목록(2021. 3월 기준)

(단위 : 원)

명목	기간구분	금액	연간환산금액	압류, 가압류 등 유무
급여	월간	2,316,020	27,792,240	
상여금	설날과 추석	각 2,000,000	4,000,000	
		연 수입	31,792,240	월 평균 수입: 2,649,353 (31,792,240 × 1/12)

Ⅱ. 변제계획 수행시의 예상지출목록

☑ **채무자가 예상하는 생계비가 보건복지부 공표 기준 중위소득의 60% 이하인 경우**
보건복지부 공표 (3)인 가구 기준 중위소득 (3,983,950)원의 약 (60)%인 (2,390,370)원을 지출할 것으로 예상됩니다(뒷면 표에 내역과 사유를 상세히 기재하십시오).

☐ **채무자가 예상하는 생계비가 보건복지부 공표 기준 중위소득의 60%를 초과하는 경우**
보건복지부 공표 (　)인 가구 기준 중위소득 (　　　)원의 약 (　　)%인 (　　　)원을 지출할 것으로 예상됩니다(뒷면 표에 내역과 사유를 상세히 기재하십시오).

Ⅲ. 가족관계

관계	성 명	연령	동거여부 및 기간	직 업	월 수입	재산총액	부양유무
배우자	서 부 자	65	20○○. 7월부터 동거	무	700,000	0원	유
자	박 남 자	15	20○○. 7월부터 동거	학생	무	0원	유
자	박 녀 자	12	20○○. 7월부터 동거	학생	무	0원	유

☞ 채무자가 예상하는 생계비가 보건복지부 공표 기준 중위소득의 60%를 초과하는 경우

1. 생계비의 지출 내역

비　　목	지출예상 생계비	추가지출 사유
생계비 ☞ 생계비에는 식료품비, 광열수도비, 가구집기비, 피복신발비, 교양오락비, 교통통신비, 기타 비용의 합산액을 기재합니다.		
주거비		
의료비		
교육비		
계		추가비율 :　　　　%

2. 생계비 추가지출사유에 관한 보충기재사항

(생계비 추가지출사유가 있는 경우에 기재)

3. 진술서(신청서 첨부서류 4) 작성방법

진술서에는 직업, 경력, 수입, 생활상황, 부채상황, 과거의 면책절차 등의 이용 상황, 기타 채무를 부담하게 된 사정 등을 있는 사실 그대로 기재하면 된다.

신청인은 20○○년 ○○기업이라는 중소기업체에서 성실히 근무를 하면서 혼인을 하였는데 회사가 부도 나서 그만 실직을 하고, 미용실에서 일하는 처의 일당으로 생활하다가 둘이서 중고포터화물차를 사서 노점상을 하면서 생계를 유지하였는데 생활비조차도 벌기가 어려워 신용카드를 발급받아서 사용하게 되었습니다. 카드사용액이 늘면서부터 카드한도가 줄어들고 사채업자의 독촉도 심해져서 상환하기가 힘들어서 신용회복을 신청하여 매월 70만원을 변제하여갔습니다. 그러나 현재는 위 조정금도 납부하기가 어려워서 도저히 살 수 없어 신청인의 월급 140만원을 토대로 절약한 생활을 함과 동시에 채무를 조정받아 채무변제를 하고자 이 사건 신청에 이르게 되었습니다.

6. 「수입 및 지출에 관한 목록」의 작성요령

가. 현재의 수입목록

① 급여소득자의 경우 급여는 신청일 현재 매월 받는 금액과 정기상여금·연말성과급 등 매월 받지 않는 금액을 구별하여, "소득세, 주민세, 건강보험료 및 이에 준하는 금액"을 공제한 순수입액을 해당란에 기재하고, 다시 연단위로 환산한 금액과 이를 평균한 월평균수입(소수점 이하는 올림)을 각 기재한다. 그리고 이를 소명할 자료로 근로소득세 원천징수영수증 사본, 급여증명서, 급여확인서 등을 첨부하면 된다. 최근 1년 동안 직장의 변동이 없는 경우에는 1년간의 소명자료를 제출하고, 직장 변동이 있는 경우에는 직장 변동 후의 기간만 제출하면 된다.

② 연금 등의 일정수입이 있는 경우에는 그 내역을 기재하고, 연간수령금액을 환산하여 해당란에 기재한다. 그리고 이를 소명할 수급증명서 등의 자료를 첨부하면 된다.

③ 영업소득자의 경우에는 수입 명목을 부동산임대소득·사업소득·농업소득·임대소득 또는 기타소득으로 구분하여, 최근 1년간의 소득을 평균한 연간 소득금액에서 소득세 등 소정 금액을 공제한 순소득액을 산출하여 이를 월평균수입으로 환산(소수점 이하는 올림)하여 기재한다. 소명자료로는 종합소득세확정신고서, 사업자소득금액증명원, 또는 기타 소득을 확인할 수 있는 자료를 첨부하면 된다. 다만, 그 소득에 관한 소명자료가 없는 경우에는 임금구조기본통계조사보고서 등의 통계소득을 기초로 하여 산정할 수 있다.

④ 최근 1년 동안 직장이나 직업의 변동이 있었던 경우에는 변동 이후의 기간 동안의 소득

을 평균한 연간 소득금액을 기준으로 산정하고, 변동 후의 기간에 대한 소명자료를 제출해야 한다.

⑤ 수입에 대하여, 압류나 가압류 등 강제집행이 있는 경우에는 그 유무를 해당란에 표시하고, 그러한 압류·가압류의 결정법원, 사건번호, 상대방 채권자, 압류된 금액 등 상세한 내용은 [신청서 첨부서류 4] 진술서의 해당란에 기재하고, 관련서류를 첨부하면 된다.

나. 현재의 지출목록(최근 3개월간의 월평균 지출액을 기재)

다. 변제계획 수행시의 예상 지출목록

채무자가 신고하는 지출예상 생계비가 변제계획을 수행하는 해의 보건복지부 공표 기준 중위소득의 60% 이하인 경우에는 그 금액대로 인정받을 수 있으므로 그 내역만을 기재하고, 60%를 초과하는 경우에는 해당란의 표에 추가로 지출되는 금액과 그 사유를 구체적으로 기재하며, 생계비가 추가 소요되는 근거에 관하여 구체적인 소명자료를 제출해야 한다.

라. 가족관계

채무자와 생계를 같이 하는 가족을 기재하고, 동거 여부와 채무자의 수입에 의해 부양되는지 유무를 표시하면 된다. 가족 중 수입이 있는 자에 대하여는 급여명세서사본, 종합소득세 확정신고서 등을 첨부해야 한다. 또한 동거여부 및 동거기간의 소명을 위해 주민등록등본 및 가족관계증명서를 제출해야 한다.

[첨부서류 4] 진 술 서

진 술 서

Ⅰ. 경 력

1. 최종학력

   20○○년 2월 14일 대한전문대학교 (졸업, 중퇴)

2. 과거 경력 (최근 경력부터 기재하여 주십시오)

기간	20○○년 8월 일부터 20○○년 12월 일까지 (자영, 근무)				
업종	제조업	직장명	대한 주식회사	직위	평사원
기간	20○○년 8월 일부터 현재까지 (자영, 근무)				
업종	제조업	직장명	한국 주식회사	직위	평사원
기간	년 월 일부터 년 월 일까지 (자영, 근무)				
업종		직장명		직위	

3. 과거 결혼, 이혼 경력

   20○○년 5월 3일 서부자 와 (결혼, 이혼, 입양, 파양)

   년 월 일 와 (결혼, 이혼, 입양, 파양)

   년 월 일 와 (결혼, 이혼, 입양, 파양)

Ⅱ. 현재 주거상황

거주를 시작한 시점 (20○○년 4월 3일)

거주관계(해당란에 표시)	상세한 내역
㉠ 신청인 소유의 주택	
㉡ 사택 또는 기숙사 ㉢ 임차(전·월세) 주택	임대보증금 (원) 임대료 (월 원), 연체액 (원) 임차인 성명 ( )
㉣ 친족 소유 주택에 무상 거주 ㉤ 친족외 소유 주택에 무상 거주	소유자 성명 (김서희) 신청인과의 관계 (모)
㉥ 기타( )	

☆ ㉠ 또는 ㉣항을 선택한 분은 주택의 등기부등본을 첨부하여 주십시오.

☆ ㉡ 또는 ㉢항을 선택한 분은 임대차계약서(전월세 계약서) 또는 사용허가서 사본을 첨부하여 주시기 바랍니다.

☆ ㉣ 또는 ㉤항을 선택한 분은 소유자 작성의 거주 증명서를 첨부하여 주십시오.

Ⅲ. 부채 상황

1. 채권자로부터 소송·지급명령·전부명령·압류·가압류 등을 받은 경험(있음, 없음)

내 역	채권자	관할법원	사건번호
대여금	주)서이크레 디트카드	○○지방법원	2020가단○○○

☆ 위 내역란에는 소송, 지급명령, 압류 등으로 그 내용을 기재합니다.
☆ 위 기재사항에 해당하는 소장·지급명령·전부명령·압류 및 가압류결정의 각 사본을 첨부하여 주십시오.

2. 개인회생절차에 이르게 된 사정(여러 항목 중복 선택 가능)

(○) 생활비 부족　　( ) 병원비 과다지출
( ) 교육비 과다지출　　( ) 음식, 음주, 여행, 도박 또는 취미활동
(○) 점포 운영의 실패　　( ) 타인 채무의 보증
( ) 주식투자 실패　　( ) 사기 피해
( ) 기타 ( )

3. 채무자가 많은 채무를 부담하게 된 사정 및 개인회생절차 개시의 신청에 이르게 된 사정에 관하여 구체적으로 기재하여 주십시오(추가기재시에는 별지를 이용하시면 됩니다).

(채무를 부담하게 된 경우, 현재의 채무자의 상태, 선처호소 내용 등을 2~3장 정도로 작성하되, 통상 별지를 사용하여 작성함)

Ⅳ. 과거 면책절차 등의 이용 상황

절 차	법원 또는 기관	신청시기	현재까지 진행상황
□ 파산·면책절차 □ 화의·회생·개인회생절차			
□ 신용회복위원회 워크아웃 □ 배드뱅크			( )회 ( )원 변제

☆ 과거에 면책절차 등을 이용하였다면 해당란에 ☑ 표시 후 기재합니다.
☆ 신청일 전 10년 내에 회생사건·화의사건·파산사건 또는 개인회생사건을 신청한 사실이 있는 때에는 그 관련서류 1통을 제출해야 합니다.

주) 진술서는 채무자의 경력, 현재의 주거상황, 부채상황, 과거 면책절차 등의 이용현황 등을 서식에 맞추어 있는 그대로의 사실을 기재하면 될 것이로되, 가급적이면 채무자의 어려운 사정을 부각시키게끔 작성하는 것이 현명할 것이다.

제3절 변제계획안 작성 실무

[1]
변제계획안 작성의 기본원리

1. 변제계획 작성방법의 선택

변제계획을 작성할 때에는 가용소득만으로 변제계획안을 작성할 것인지, 재산처분계획까지 포함하여 변제계획안을 작성해야 하는지 여부를 결정해야 한다. 즉 변제계획안에는 ① 가용소득만으로 변제계획안을 작성하는 경우와, ② 가용소득과 재산처분으로 변제하는 경우의 두 가지가 있다. 가용소득만으로 변제계획안을 작성하는 경우에도 정식양식을 이용할 것이냐 간이양식을 이용할 것이냐도 정해야 한다.

개인회생채무자에게 재산이 있는 경우에는 변제계획안을 작성할 때에 개인회생채권자가 파산절차를 통하여 배당받을 수 있는 금액(청산가치)보다 더 많은 금액을 변제받을 수 있도록 작성해야 하며(청산가치 보장의 원칙),[440] 따라서 개인회생채무자가 가용소득만으로 변제하겠다고 하는 총변제예정액의 현재가치가 위 청산가치보다 적은 경우에는 자신의 재산을 처분해서라도 이러한 청산가치가 확보되도록 하는 변제계획안을 작성해야 하며, 그렇지 않으면 인가결정이 나오지 않을 수 있다.

다만, 통합도산법에서는 파산재단에서 압류금지재산의 전액이 제외되고 면제재산제도가 도입됨으로써(383조 1항, 2항) 청산가치가 현저하게 낮아지게 되었고, 따라서 개인회생절차에서도 이와 같이 낮아진 청산가치만 보장되도록 변제계획안을 작성하면 되는 것이다. 또한 개인회생 신청자의 대부분은 재산이 거의 없는 경우가 태반일 것이므로 이러한 고민을 해야 하는 사람은 드물 것이라 보인다. 여기에서 가용소득이란 개인회생채무자의 소득 중 제세공과금, 영업소득자의 영업비용, 최저생계비의 일정비율을 제외한 나머지의 소득을 말한다(가용소득의 전부로 변제계

440) 실무상 부부에게 재산이 있는 경우, 예컨대 부인이 개인회생을 신청하는데 남편에게 부동산 등 재산이 있는 경우에는 그 재산이 남편 소유의 특유재산이라는 사실을 증명하지 못하는 한 부부공동재산으로 보아 그 1/2을 부인 소유의 재산으로 보고 청산가치를 판단하고 있는 것으로 보인다.

획안을 작성할 경우의 월변제액 = 월소득 - 제세공과금 - 영업비용 - '최저생계비의 일정비율').

여기에서 '최저생계비의 일정비율'이란 국민기초생활보장법 제6조의 규정에 따라 공표된 '최저생계비'를 고려하여 '법원이 정하는 금액'을 말하는데(579조 4호 다목), 위 '법원이 정한 금액'이란 국민기초생활보장법 6조의2의 규정에 따라 공표된 개인회생절차개시신청 당시의 '기준 중위소득에 100분의 60을 곱한 금액', 즉 {(기준 중위소득) × 60%}를 원칙으로 하되, 특별한 사정이 있는 경우에는 적절히 증감할 수 있도록 하고 있다.[441]

개인회생신청서 작성을 위한 연도별 중위소득 및 그 60%는 다음과 같다(개인회생신청서 작성시에는 아래 표 중 개인회생신청서 작성 연도를 기준으로 중위소득의 60%를 기재함).

[표 11] 연도별 중위소득 및 그 60%

(단위 : 원)

연도 / 구분		1인 가구	2인 가구	3인 가구	4인 가구	5인 가구	6인 가구
2019	중위소득	1,707,008	2,906,528	3,760,032	4,613,536	5,467,040	6,320,544
	위 60%	**1,024,205**	**1,743,917**	**2,256,019**	**2,768,122**	**3,280,224**	**3,792,326**
2020	중위소득	1,757,194	2,991,980	3,870,577	4,749,174	5,627,771	6,506,368
	위 60%	**1,054,316**	**1,795,188**	**2,322,346**	**2,849,504**	**3,376,663**	**3,903,821**
2021	중위소득	1,827,831	3,088,079	3,983,950	4,876,290	5,757,373	6,628,603
	위 60%	**1,096,699**	**1,852,847**	**2,390,370**	**2,925,774**	**3,454,424**	**3,977,162**
2022	중위소득	1,944,812	3,260,085	4,194,701	5,121,080	6,024,515	6,907,004
	위 60%	**1,166,887**	**1,956,051**	**2,516,821**	**3,072,648**	**3,614,709**	**4,144,202**
2023	중위소득	2,077,982	3,456,155	4,434,816	5,400,964	6,330,688	7,227,981
	위 60%	**1,246,735**	**2,073,693**	**2,660,890**	**3,240,578**	**3,798,413**	**4,336,789**

주) 7인 가구 이상의 중위소득 및 그 60%는 보건복지부 인터넷 사이트에서 매년 발표하는 가구별 중위소득을 찾은 후 거기에 60%를 곱하면 가구별 중위소득의 60%가 산정된다. 참고로 종전에는 개인회생절차에서 공제하는 생계비는 최저생계비의 1.5배로 하였으나, 대법원 예규인 개인회생사건 처리지침(재민 2004-4)이 2018. 6. 7. 개정되어 동년 6. 13.부터 시행되고 있으므로, 위 예규 기준에 따라 기준 중위소득의 60%로 하여 공제하고 있다. 다만 둘 사이에는 그리 큰 차이가 나지는 않는다.

441) 개인회생사건 처리지침(재민 2004-4) 7조 2항.

2. 변제기간을 얼마로 해야 할 것인지 여부

개인회생채무자의 대부분은 3년 이내의 변제기간 동안 원금의 전부도 변제할 수 없는 경우가 태반이므로 변제기간은 3년(36개월)으로 하여 작성하는 것을 기본으로 한다. 다만 특별한 사정이 있는 때에는 5년까지 연장할 수 있는데(611조 5항), 여기에서 특별한 사정이란 청산가치보장요건(614조 1항 4호)의 충족을 위해 3년으로 부족한다든지 3년의 변제기간만으로는 '일반의 우선권 있는 개인회생채권'의 전액을 변제하기에 부족한 경우 또는 최저변제액 제공의 원칙을 준수하기 위한 경우(614조 2항 3호) 등이 해당될 것이다.[442] 물론 3년 미만의 변제기간 동안 원리금 전부를 변제할 수 있는 경우에는 3년 미만으로 변제계획을 작성하는 것도 가능할 것이다.

3. 변제계획안상의 변제의 순위

개인회생재단채권은 개인회생절차에 구애되지 않고 수시로 변제되고 개인회생채권보다 전액 우선변제되어야 하며(583조 2항, 475조, 476조), '일반의 우선권 있는 개인회생채권'도 전액 변제되어야 하므로(611조 1항 2호) 개인회생재단채권의 전액 우선변제와 '일반의 우선권 있는 개인회생채권'의 전액변제의 원칙하에 변제계획안을 작성해야 한다.

이때 변제기간의 시점은 개인회생절차개시결정시부터 소급하여 계산하도록 되어 있는데(581조 2항, 442조), 변제기간을 얼마로 해야 할 것인지가 문제된다. 이에 대하여는 특별히 정함이 없으므로 총채무액수, 가용소득, 총변제예정액 등의 사정을 종합적으로 고려하여 1~3년 정도로 정하는 것이 현명하다고 보이나, 실무상으로는 5년의 범위 내에서 완제되도록 작성하는 경우도 있다.

또한 법정 후순위 개인회생채권 및 합의에 의한 후순위 개인회생채권은 일반 개인회생채권보다 후순위채권이므로 이들을 일반 개인회생채권보다 우선하여 변제하는 내용의 변제계획안을 작성해서는 안된다. 한편 여기에서 개인회생재단채권이란 회생위원의 보수·비용, 근로자의 임금·퇴직금·재해보상금, 개인회생절차개시 당시에 납부기한이 도래하지 않은 다음의 채권, 즉 원천징수조세, 부가가치세, 특별소비세, 주세, 교통세, 특별징수의무자가 징수하여 납부해야 할 지방세, 교육세 및 농어촌특별세 등을 의미하며(583조), '일반의 우선권 있는 개인회생채권'이란 국세, 지방세, 국민건강보험료, 산업재해보상보험료, 고용보험료, 장기요양보험료 등을 의미하고, 법정 후순위 개인회생채권이란 개인회생절차개시결정 후의 이자·손해배상액 및 위약금, 파산절차참가비용, 벌금·과료·추징금·과태료 등을 말하며(581조 2항, 446조), 합의에 의한 후순위

---

442) 서울회생법원, 제5판 개인파산·회생실무, 596p.

개인회생채권이란 채무자가 채권자와 개인회생절차에서 다른 채권보다 후순위로 하기로 정한 채권을 말한다(581조 2항, 446조 2항).

4. 개인회생절차개시 전에 확정된 전부명령이 있는 경우의 조치

개인회생절차개시 전에 확정된 채무자의 급료·연금·봉급·상여금·기타 이와 유사한 급여채권에 대한 전부명령은 변제계획인가결정 후의 노무로 인한 부분에 대하여는 그 효력이 상실되며, 이러한 변제계획인가결정으로 인하여 전부채권자가 변제받지 못하게 되는 채권액은 개인회생채권이 되므로(616조), 개인회생절차개시 전에 확정된 전부명령이 있는 경우에는 이를 반영하도록 하는 변제계획을 작성해야 한다.

[2]
변제계획안 작성방법

1. 「변제계획안」 구성

가. 본문 및 개인회생채권 변제예정액표

변제계획안은 「본문」과 「개인회생채권 변제예성액표」로 구성된다. 변제계획안의 본문은 개인회생신청서와 기재할 내용이 서로 밀접하게 연관되어 있으므로 본문을 작성하다가 필요한 경우 개인회생신청서상의 해당 부분을 옮겨 기재하는 등의 방법으로 작성해야 한다.

본문에는 ① 변제기간, ② 변제에 제공되는 소득 또는 재산, ③ 개인회생재단채권에 대한 변제, ④ '일반의 우선권 있는 개인회생채권'에 대한 변제, ⑤ 별제권부 채권 및 이에 준하는 채권의 처리, ⑥ 일반 개인회생채권에 대한 변제, ⑦ 미확정 개인회생채권에 대한 조치, ⑧ 변제금원의 회생위원에 대한 임치 및 지급, ⑨ 면책의 범위 및 효력발생시기, ⑩ 기타사항 등을 기재하도록 되어 있다. 한편 개인회생채권 변제예정액표에는 ① 기초사항, ② 채권자별 변제예정액의 산정내역, ③ 변제율, ④ 청산가치와의 비교 등 사항을 기재하도록 되어 있다. 개인회생채권 변제예정액표의 삭성방법은 별도로 항을 바꾸어 설명하기로 한다.

나. 두 가지의 양식

벼제계획안의 양식에는 ① 가용소득만으로 변제하는 경우의 양식과, ② 가용소득 및 재산처분으로 변제하는 경우의 2종류가 있다. 가용소득에 의해 변제기간 동안 변제할 수 있는 총변제예정액의 현재가치가 현재재산의 총액(청산가치)보다 명백히 많다고 생각되면 재산처분이 불필요하므로 가용소득만으로 변제하는 경우의 양식을, 그렇지 않거나 잘 모르겠으면 가용소득과 재산처분으로 변제하는 경우의 양식을 이용하여 작성한다.

2. 「변제계획안」 작성방법

가. 「변제기간」 작성방법(원금만 변제할 것인지 이자도 변제할 것인지 여부)

변제는 1개월 1회 변제가 원칙이다. 다만, 농업, 어업 등 매월 수입이 없는 직업에 종사하는 경우에는 수개월에 1회 변제하는 방법으로 변제할 수 있다. 변제기간은 언제부터 언제까지 변제할 것인지를 기재해야 하는데, 변제기간은 채권현재액(원금)의 합계를 월 가용소득으로 나누어 산정한다.

채무자는 변제기간을 변제개시일로부터 3년을 초과하지 않는 범위 내에서 정할 수 있으되, 다음과 같이 변제기간을 정하는 것이 바람직하다. 즉,

① 채무자는 변제계획에서 정하는 변제기간을 변제개시일로부터 3년을 초과하지 않는 범위 내에서 정할 수 있으되, 청산가치보장 요건의 충족을 위해 필요한 경우 등 특별한 사정이 있는 때에는 변제개시일부터 5년을 초과하지 않는 범위에서 변제기간을 정할 수 있다.
② 채무자는 변제계획안에서 정하는 변제기간 동안 그 가용소득의 전부를 투입하여 우선 원금을 변제하고 잔여금으로 이자를 변제한다.
③ 채무자가 5년 이내의 변제기간 동안 원금과 이자를 전부 변제할 수 있는 때에는 그때까지를 변제기간으로 한다.
④ 채무자가 위 기간보다 단기간을 변제기간으로 작성하여 제출한 경우에는 법원은 위 각호의 기간으로 변제기간을 수정할 것을 명할 수 있으되, 변제계획 인가요건, 채무자의 수입 등 제반 사정을 종합적으로 고려하여 변제기간을 달리하여 수정을 명할 수 있다.
⑤ 채무자가 변제계획안인가 전에 매월 변제액을 회생위원에게 임치한 경우에는 그 임치한 기간을 위 각 항의 변제기간에 산입한다.
⑥ 농업소득자·임업소득자 등 소득이 매월 발생하지 않는 채무자는 채무를 매월 변제하지 않고 수개월 간격으로 변제하는 것으로 변제계획안의 내용을 정할 수 있고, 이를 허가할 수 있다.

그런데 통상 개인회생을 신청하려는 채무자는 원금도 원금이지만 고율의 이자 때문에 이자가 원금을 훨씬 상회하는 경우가 많고 이를 감당할 수 없어 개인회생신청을 하려는 경우가 많으므로 채무자로서는 이자를 포함한 채권 전액을 기준으로 한 단기간의 변제계획을 작성하는 것보다는 원금의 일부만을 변제하고 나머지 원금 및 이자를 면책받기 위한 3년(36개월)의 변제계획(위 ⑤항)에 따라 작성하는 것이 현명하다고 본다.

한편 변제를 시작하는 날짜는 원칙적으로 변제계획안 제출일로부터 60일 후 90일 이내의

날로 정하면 된다. 변제를 마치는 날짜는 위와 같은 원칙에 따라 정한 변제기간의 마지막 날짜를 기재하고, 이어서 변제기간의 총 개월수를 기재하면 된다. 예를 들면, 2019. 4. 25.부터 변제를 시작하여 3년(36개월) 동안 원금의 전부를 변제할 수 없는 경우에는 변제기간을 3년(36개월)으로 정하여 2022. 3. 25. 변제를 마치는 것으로 하고, 개월 수는 36개월이라고 기재하면 되는 것이다.

나. 「변제에 제공되는 소득 또는 재산」 작성방법

1) 소 득

가) 수입(변제기간 동안의 월 평균 수입을 기재)

「수입」란에는 개인회생절차 개시신청서에 첨부한 「수입 및 지출에 관한 목록」의 「Ⅰ. 현재의 수입목록」으로부터 월평균 수입을 옮겨서 기재하면 된다.

나) 채무자 및 피부양자의 생활에 필요한 생계비

「채무자 및 피부양자의 생활에 필요한 생계비」란의 「채무자 및 피부양자」란에는 채무자 및 채무자가 부양하고 있는 사람들의 총수를 기재하면 되며, 「채무자 및 피부양자의 생활에 필요한 생계비」란에는 국민기초생활보장법 제6조의 규정에 따라 공표된 '최저생계비'를 고려하여 '법원이 정하는 금액'(579조 4호 다목), 즉 국민기초생활보장법 제6조의2의 규정에 따라 공표된 개인회생절차개시신청 당시의 '기준 중위소득에 60%를 곱한 금액을 원칙으로 하되, 특별한 사정이 있는 경우 적절히 증감된 금액을 기재하면 된다.[443] 2023년도를 기준으로 한 기준 중위소득 및 그 60%는 다음과 같다. 즉 1인 가구 1,246,735원, 2인 가구 2,073,693원, 3인 가구 2,660,890원, 4인 가구 3,240,578원, 5인 가구 3,798,413원, 6인 가구 4,336,789원 등이다.

따라서 채무자 및 피부양자의 수에 따라 해당 금액을 기재하면 될 것이다. 물론 위 「채무자 및 피부양자의 생활에 필요한 생계비」의 금액은 해마다 최저생계비나 기준 중위소득이 변경되어 공시될 것이므로 개인회생절차개시신청의 시점에 따라 매년 다를 것이다.

다) 채무자의 가용소득

기간란에는 변제기간을 기재하면 된다. 월평균 수입란, 월평균 생계비, 월평균 가용소득(월평균 수입 − 월평균 생계비), 변제회수(월단위로 환산), 총가용소득(월평균가용소득 × 변제회수)란에는 해당 금액을 기재하면 된다.

443) 개인회생사건 처리지침(재민 2004-4) 7조 2항.

2) 재 산

가) 총변제예정액의 현재가치와 청산가치의 비교에 따른 변제계획안 서식의 차이(선택)

실제 가용소득에 의해 전체 변제기간 동안 변제할 수 있는 총액의 현재가치가 현재 재산 총액(청산가치)보다 명백히 많으면 재산처분이 필요가 없을 것이므로, 「가용소득만으로 변제하는 경우」의 변제계획안 서식(전산양식 A5433)을 이용하고, 재산란에는 '해당 없음'란에 체크(✓)하면 된다. 반대로 총변제예정액의 현재가치가 청산가치가 적다면 「가용소득과 재산처분으로 변제하는 경우」의 변제계획안 서식(전산양식 A5434)을 이용하고, 「재산」란에는 '해당 있음'에 체크(✓)해야 한다.

나) 재산처분이 필요한지 여부의 판단

이는 변제계획의 인가결정일을 기준으로 하여 현재가치로 평가한 개인회생채권에 대한 총변제예정액이 채무자가 파산하는 때에 채권자들이 배당받을 총액(청산가치, 보통 재산목록의 합계액을 의미)보다 많아야 변제계획이 인가될 수 있으므로, 그렇지 못한 경우에는 가용소득만으로 변제계획을 작성해서는 안되고, 그 외에 채무자의 재산을 처분하여 청산가치의 부족 액수를 변제에 투입하는 것으로 변제계획을 작성해야 한다. 즉, 채무자에게 재산이 있는 경우에는 채무자가 파산했을 때에 채권자가 배당받아가는 몫보다 채무자가 개인회생절차에서 장차 변제하겠다고 한 총변제예정액의 현재가치가 커야만 인가결정이 나올 수 있기 때문에 가용소득에 의한 총변제예정액의 현재가치가 파산시의 배당금액(청산가치)보다 작다면 채무자의 일부재산을 처분하여 그 부족한 만큼 채워주는 방식으로 변제계획안을 작성해야 한다는 것을 의미한다.

재산 처분이 필요하면 '해당 있음'란에 체크(✓)하고, '재산목록' 중 변제에 제공할 처분대상 재산명세(예, 부동산인 경우에는 지번, 지목, 면적 등)를 구체적으로 기재한다. 또한 재산처분에 의한 변제기한을 기재해야 하는데, 원칙적으로 '인가일로부터 1년 내'로 하고 1년 내에 처분하기 곤란한 사정이 있으면 '인가일로부터 2년 내'로 기재하면 된다. 그러나 개인채무자에게 처분할 만한 재산이 거의 없는 경우에는 파산시의 배당액이란 것이 거의 존재하지 않기 때문에 여기의 변제에 제공할 처분대상 재산은 '해당 없음'으로 체크(✓)하면 될 것이다.

다. 「개인회생재단채권에 대한 변제」 작성방법

개인회생재단채권이란 ① 회생위원의 보수 및 비용청구권,[444] ② 개인회생절차개시 당시

444) 여기에는 회생위원의 보수 및 비용이 있느냐 여부에 따라 해당 여부를 체크(✓)한다. 회생위원 보수는 법원사무관이 회생위원으로 선임되는 경우 0원으로 기재(또는 공란으로 둠)하고, 법원사무관이 아닌 회생위원이

아직 납부기한이 도래하지 않은 다음의 세금, 즉 원천징수하는 조세, 부가가치세·특별소비세·주세 및 교통세, 특별징수의무자가 징수하여 납부해야 하는 지방세, 교육세 및 농어촌특별세, ③ 채무자의 근로자의 임금·퇴직금 및 재해보상금, ④ 개인회생절차개시결정 전의 원인으로 생긴 채무자의 근로자의 임치금 및 신원보증금의 반환청구권, ⑤ 채무자가 개인회생절차개시신청 후 개시결정 전에 법원의 허가를 받아 행한 자금의 차입·자재의 구입 그밖에 채무자의 사업을 계속하는데 불가결한 행위로 인하여 생긴 청구권, ⑥ 기타 채무자를 위해 지출해야 하는 부득이한 비용 등을 말하는데(583조), 이러한 재단채권이 있는 경우에 이를 기재하면 된다.

이러한 재단채권은 개인회생절차에 의하지 않고 수시로 변제되며, 개인회생채권보다 우선하여 전액 변제된다(583조 2항, 475조, 476조). 따라서 변제계획안을 작성할 때 개인회생재단채권이 있는 경우에는 그 전액을 다른 채권보다 우선하여 가장 먼저 변제하는 내용으로 작성해야 할 것이다. 예컨대, 개인회생재단채권, 일반의 우선권 있는 개인회생채권, 일반 개인회생채권, 후순위 개인회생채권이 모두 존재할 경우에 있어서 변제계획안을 작성할 때에는 위 순서에 따라 변제하는 내용으로 작성하되, 개인회생재단채권 및 일반의 우선권 있는 개인회생채권은 그 전액을, 일반 개인회생채권은 그 전액 또는 일부를, 후순위 채권은 그 일부 또는 0로 하는 내용으로 작성하면 되는 것이다. 다만 실무상 개인회생재단채권은 그 존재가 많지 않고 통상 소액에 지나지 않는 경우가 많으므로 절차 외에서 미리 전액 변제하고, 개인회생절차에서는 '일반의 우선권 있는 개인회생채권'과 일반 개인회생채권만을 대상으로 변제계획을 작성하고 있는 것으로 보인다.

라. 「'일반의 우선권 있는 개인회생채권'에 대한 변제」 작성방법

'일반의 우선권 있는 개인회생채권'이란 개인회생절차개시 당시 납부기한이 도래한 국세징수법 또는 국세징수의 예에 의해 징수할 수 있는 청구권(국세, 지방세, 관세 및 가산금, 국민건강보험료, 국민연금보험료, 산업재해보상보험료, 고용보험료, 장기요양보험료 등)을 말하는데, 위와 같은 채권에 대하여 변제할 내용이 있으면 '해당 있음'란에, 그렇지 않으면 '해당 없음'란에 체크(✓)하고, 서식에 맞추어 기재하면 된다.

선임되는 경우 변제투입예정액의 1%(소수점 이하는 반올림처리함)에 해당하는 금액을 기재한다. 즉, 법원사무관이 회생위원으로 선임되는 경우 원칙적으로 보수 및 비용을 지급하지 않으므로, 회생위원이 선임되기 전 신청서와 변제계획안을 함께 작성하여 제출할 경우에는 일단 해당 없음에 체크(✓)하거나 법원 접수창구에서 문의한 후 체크(✓)한다. 참고로 실제 변제투입예정액은 변제투입예정액에서 회생위원 보수를 차감한 금액을 기재한다.

다만 실무상 '일반의 우선권 있는 개인회생채권'에 대한 변제기간은 일반 개인회생채권과의 균형상 총변제기간 36개월 중 18개월을 넘지 않도록 권고하거나 수정명령을 내리고 있다.

마. 「별제권부 채권 및 이에 준하는 채권의 처리」 작성방법

1) 별제권의 의의

별제권이란 개인회생재단에 속하는 재산에 설정되어 있는 유치권, 질권, 저당권 또는 전세권을 말한다(586조, 411조). 별제권자는 개인회생절차에 의하지 않고 별제권을 행사하여 자신의 채권을 만족시킬 수 있다(586조, 412조).

2) 작성방법

개인회생신청서에 첨부한 「개인회생채권자목록」의 부속서류 3. 「별제권부 채권 및 이에 준하는 채권의 내역」에 기재한 채권이 있으면 '해당 있음'란에, 그렇지 않으면 '해당 없음'란에 체크(✓)하고, 그대로 옮겨 적으면 된다.

3) 변제방법

별제권 행사 등으로 변제가 예상되는 채권액은 별제권 행사 등에 의한 방법으로 변제하고, 변제계획상의 가용소득이나 재산처분에 의한 변제대상에서는 제외된다. 별제권 행사 등으로도 변제받을 수 없는 채권액은 미확정 채권(개인회생채권)으로 보아 유보하였다가 미확정 개인회생채권에 대한 처리방법으로 변제한다.

4) 주택 및 상가건물 임대차보증금반환 채권의 경우

임대차보증금반환 채권과 관련하여, 주택·상가건물임대차보호법상 대항요건을 갖춘 소액임차인 및 확정일자를 갖춘 임차인으로서 위 법의 보호를 받은 임차인은 별제권자에 준하여 취급되므로 「별제권부 채권 및 이에 준하는 채권의 처리」란에 기재해야 할 것이다. 위 법의 적용을 받지 못한 임대차보증금 반환채권은 「미확정 개인회생채권에 대한 조치」란에 기재하되, 그 전액을 회생위원의 계좌에 유보해 두어야 할 것이다.

주택 또는 상가건물임대차보호법의 적용을 받는 임차보증금반환채권과 관련해서는 경우를 나누어 살펴볼 필요가 있다.

① 대항요건과 확정일자를 갖추고 선순위 담보권이나 가압류 등이 없는 경우에는 경매절차에서 배당에 참가하든 참가하지 않든 배당에서 또는 매수인에 대한 승계로 전액 보장이 이루어지므로 별제권과 마찬가지로 취급하면 된다. 따라서 이러한 임차보증금의 경우에는

변제계획상 이를 배분할 대상으로 할 필요가 없다. 대항요건은 갖추었으나 확정일자는 없고, 그러나 선순위 담보권이나 가압류 등이 없는 경우에도 경매절차에서 최우선변제금액 보장에 의해 또는 매수인에 의한 승계로 그 전액이 보장되므로 위와 마찬가지의 원리가 적용될 것이다. 이들은 모두 「별재권부 채권 및 이에 준하는 채권의 처리」란에 기재하면 될 것이다.

② 대항요건과 확정일자를 갖추었으나 선순위 담보권 또는 가압류 등이 있는 경우에는 경매절차에서 순위에 따라 배당을 받고, 변제받지 못한 부족액에 대하여는 매수인에게 승계되지 않는다. 따라서 부족분에 대하여는 별제권에 관한 예정부족액의 처리방법과 같이 미확정 개인회생채권으로서 처리하면 된다. 대항요건은 갖추었으나 확정일자도 없고, 선순위 담보권이나 가압류 등이 있는 경우에도 경매절차에서 최우선변제금액이 보장되는 이외의 부분은 위와 마찬가지의 원리가 적용될 것이다. 이들도 모두 「별재권부 채권 및 이에 준하는 채권의 처리」란에 기재하면 될 것이다. 다만 후자의 대항요건은 갖추었으나 확정일자도 없고, 선순위 담보권이나 가압류 등이 있는 경우에 관하여는 이를 변제계획안의 끝에 별도 항목을 만들어 기재하되, 전액을 유보하는 방식으로 변제계획을 작성해야 한다는 견해도 있다.[445]

③ 대항력을 갖춘 임대차의 목적물이 경매절차가 아닌 매각의 방법으로 제3자에게 양도된 경우에는 확정일자 여부에 상관없이 임대인의 지위가 매수인에게 승계되고 종전의 임대인(임대차보증금 반환 채무의 채무자)은 임대인의 지위에서 벗어나므로 별제권의 행사로 전액 변제받을 수 있는 별제권자와 마찬가지로 취급하면 된다.

비. 「일반 개인회생채권에 대한 변제」 작성방법

1) 가용소득에 의한 변제

가) 가용소득의 의의

가용소득이란 채무자가 개인회생절차의 변제기간 동안 장차 수령할 수 있는 계속적·반복적 소득 중에서 제세공과금, 채무자 및 피부양자의 생계비, 채무자가 영업에 종사하는 경우 영업의 계속을 위해 필요한 비용을 공제한 소득을 말한다. 이러한 가용소득은 원칙적으로 전액 개인회생채권 등을 위한 변제에 제공되어야 한다. 소득은 최근 1년간의 소득을 평균하여 산정하므로 급여소득자는 채무자는 최근 1년간의 근로소득세 원천징수영수증을 제출해야 하고, 영업소득자인 경우에는 최근 1년간의 소득신고서 및 사업자등록증을 제출해야 한다.

445) 서울회생법원, 제5판 개인파산·회생실무, 621p.

나) 작성방법

개인회생채권의 변제는 원금의 전부 또는 일부만을 변제하는 것이 거의 대부분일 것이므로 월변제예정액 및 총변제예정액의 산정란에는 [원금]의 액수를 기준으로 하고, 원금의 [○ ○]%, 이자 손해배상금에 대한 변제액은 [○ ○]%라고 기재하면 될 것이다. 그리고 기간 및 횟수, 변제월 및 변제일을 서식에 맞추어 기재하면 된다.

2) 재산의 처분에 의한 변제

개인회생채무자에게 재산이 있고, 총 변제예정액의 현재가치가 청산가치(파산시의 가치)보다 적은 경우에는 그 부족한 부분만큼 보충해 주는 것으로 변제계획을 작성해야만 인가결정이 나오게 되므로, 부득이 가용소득뿐만 아니라 재산처분을 통한 변제도 병행해야 하는데, 이러한 경우에만 기재하면 된다.

여기에도 가용소득에 의한 변제의 경우와 마찬가지로 월 변제예정액 및 총변제예정액의 산정란에는 [원금]의 액수를 기준으로 하고, 원금의 [○ ○]%, 이자·손해배상금에 대한 변제액은 [○ ○]%라고 기재하면 된다. 재산의 처분에 의한 변제기한은 인가일로부터 1년 내로 하고, 1년 내에 처분하기 곤란한 사정이 있으면 인가일로부터 2년 내로 한다.

변제기한까지 재산이 처분되지 않거나 처분대상 재산을 처분하여 수령한 금원이 변제투입예정액에 미달하는 경우, 채무자는 그밖의 다른 재산을 처분하는 등의 방법으로 금원을 조달하여 변제투입예정액 전액을 변제기한내에 변제해야 한다. 처분대상 재산에 대하여 개인회생채권에 기한 강제집행, 가압류 또는 가처분이 있는 경우에는 통합도산법 615조 3항에 불구하고 처분대상 재산의 처분에 대한 법원의 허가가 있은 때 그 효력을 잃는다.

사. 「미확정 개인회생채권에 대한 조치」 작성방법

1) 미확정 개인회생채권의 의의

미확정 개인회생채권이란 최종 변제계획안 작성시까지 아직 확정되지 않은 채권을 말한다. 예컨대, 별제권자의 경우 별제권자가 담보물적물에 별제권을 행사하여 피담보채권 중 얼마를 회수하고, 얼마가 그 부족액으로 남아 개인회생채권으로 될지 불확실한 경우,[446] 주택 또는 상가건물 임차보증금반환채권 중 임대차기간 만료시에 얼마가 우선변제권으로 확보되고 그 부족액이 얼마인지 불확실한 경우, 주택 또는 상가건물 이외의 임대차에 있어서도 임대

446) 실무상 별제권의 행사로 인한 별제권 부족액을 잘못 산정하여 부족액이 지나치게 많이 남음으로써 변제계획의 수행이 불가능하게 될 수 있으므로 별제권 부족액의 산정을 위한 담보물의 평가에 있어서는 담보물 시가평균액의 70%를 적용하고 있다.

차기간 만료시에 연체된 차임·관리비 등의 관계로 정확한 임대차보증금반환청구채권이 확정되지 않은 경우, 채권액에 관하여 다툼이 있거나 예상되는 경우, 급여 등에 대하여 채권압류 및 전부명령을 받은 경우 등이 여기에 해당될 것이다. 한편 임대차보증금반환 채권과 관련하여, 주택·상가건물임대차보호법상 대항요건을 갖추지 못한 임차인, 확정일자가 없는 임차인, 상가임차인의 경우 임차보증금의 과다로 상가건물임대차보호법의 보호대상이 되지 못하는 임차인, 주택·상가건물 이외의 임대차(예, 토지임대차) 등은 별제권에 준하는 취급을 받지 못하므로 이러한 임대차반환채권은 여기의 미확정 개인회생채권란에 기재해야 할 것이다.

2) 작성방법

채권의 존재 여부나 채권의 액수에 관하여 다툼이 있어 변제계획안 작성 당시 아직 확정되지 않은 채권이 있는 경우에는 '해당 있음'란에, 그러한 채권이 없는 경우에는 '해당 없음'란에 체크(✓)하고, 서식에 따라 기재하면 된다.[447] 주의해야 할 점은 미확정 개인회생채권에 대하여도 변제계획안을 작성할 경우에는 그 채권의 성질에 따라 전액 또는 일부를 변제하는 내용으로 작성해야 한다는 점이다. 즉 재단채권이냐 '일반의 우선권 있는 개인회생채권'이냐 아니면 일반 개인회생채권이냐에 따라 구분하여 전액에 대한 변제로 작성하든지 일부만 변제하는 내용으로 작성하든지 해야 한다는 것이다.

3) 변제금액의 유보

미확정 개인회생채권에 대하여는 변제를 유보하고, 개인회생채권 변제예정액표에 기재한 금액을 해당 채권이 확정될 때까지 유보해 둔다. 채무자는 이와 같이 유보한 금액도 즉시 지급되는 다른 채권에 대한 변제금과 마찬가지로 회생위원의 계좌에 입금한다.

4) 미확정개인회생채권에 대한 변제

가) 미확정 개인회생채권이 전부 그대로 확정된 경우

미확정 개인회생채권의 전액에 관하여 채권의 존재가 확정된 경우에는, 그 확정 직후 유보비율을 변제비율로 적용하여 변제를 개시하고 매월의 변제기에 그 해당금액을 변제하되, 이미 분할 변제기가 도래한 부분 즉 그 동안의 유보액에 대하여는 곧바로 일시 변제한다.

---

447) 이러한 미확정 개인회생채권(최종 변제계획안 수정시까지 아직 확정되지 않은 채권 또는 별제권자가 담보목적물에 별제권을 행사한 후 부족액으로 남아 개인회생채권으로 될지 여부가 불확실한 채권액 등)에 대하여는 법원에서는 그에 해당하는 몫의 변제액을 별도의 예금계좌 등에 적립하여 유보해 놓은 후 나중에 개인회생채권이 확정되거나 별제권 부족액이 확정된 경우 그 확정비율에 따라 유보액을 변제하고, 나머지 채권에 대하여는 확정비율에 따라 다른 개인회생채권들과의 관계에서 동일한 비율로 변제하는 방식으로 처리하고 있다.

나) 미확정 개인회생채권이 전부 또는 일부 부존재 하는 것으로 확정된 경우

미확정 개인회생채권이 전부 또는 일부 부존재하는 것으로 확정된 경우에는, 그 확정 직후, 존재하는 것으로 확정된 원금의 인용 비율에 유보한 변제금액을 곱하여 산출된 금액을 해당 개인회생채권자에게 일시에 변제한다. 유보한 변제금액 중, 미확정 개인회생채권의 일부가 존재하지 않는 것으로 됨에 따라 그 개인회생채권자에게 변제할 필요가 없게 된 나머지 유보금액은, 그 채권액 확정 직후 일반 개인회생채권자들에게 각 원금의 액수를 기준으로 안분하여 변제한다.

향후의 매월 입금액을 분배하는 기준이 될 변제비율은 위 확정 원금들 사이의 비율에 따라 새로 계산하여 정하는데, 미확정 개인회생채권의 일부가 존재하지 않는 것으로 확정됨에 따라 향후 해당 개인회생채권자를 위한 유보가 불필요하게 된 변제기 미도래분에 대한 변제 유보예정액은, 향후 변제기 도래시 일반 개인회생채권자들에게 그 각 원금의 액수를 기준으로 안분되도록 한다.

다) 변제기간 종료시까지 미확정 개인회생채권이 미확정상태로 남는 경우

이러한 경우에는 최종변제기에 유보한 금액 전부를 일반개인회생채권자들에게 각 원금의 액수를 기준으로 안분하여 변제한다.

라) 임대차보증금반환액수가 확정되지 않은 임대차보증금 반환채권

이러한 임차보증금반환채권은 미확정채권으로 보아 위 (가)~(다)의 원리에 따라 변제하되, 그 액수가 확정되고 임차인이 임차목적물을 명도함과 동시에 변제한다.

5) 미확정 개인회생채권의 확정에 따른 조치

미확정 개인회생채권의 확정에 따른 조치들은 미리 변제계획안에 기재하여 둘 것이므로[448] 위 미확정 개인회생채권의 확정에 따라 변제예정액표가 달라질 경우에도 이는 변제계획의 수정이 아니라 원래 예정되어 있는 변제계획을 그대로 수행하는 것이다. 다만 이에 따라 매월의 채권자별 배분액이 달라질 수 있으므로 그 달라진 내용을 법원에 알리는 절차가 필요할 것이므로 회생위원은 변제예정액표 수정에 관한 보고를 해야 한다.

아. 「변제금원의 회생위원에 대한 임치 및 지급」 작성방법

채무자는 개인회생채권자들에게 매월 변제해야 할 금액을 개시결정시 통지되는 회생위

448) 즉 정형적인 변제계획안의 서식 「7. 미확정 개인회생채권에 대한 조치」에 부동문자로 기재되어 있다.

원의 예금계좌에 순차 입치하고, 회생위원은 이를 즉시 개인회생채권자들이 신고한 예금계좌에 송금하는 방법으로 지급하되, 계좌번호를 신고하지 않은 개인회생채권자에 대하여는 변제액을 적립하였다가 이를 연 1회 개인회생사건이 계속되어 있는 지방법원에 공탁하여 지급할 수 있도록 하고 있다. 따라서 본 란에서는 회생위원의 예금계좌를 기재하는 란인데, 회생위원의 예금계좌는 신청 당시에는 알 수 없으므로 공란으로 두었다가 추후 보완하면 된다.

자. 「면책의 범위 및 효력발생시기」 작성방법

채무자가 개인회생채권에 대하여 그 변제계획에 따라 변제를 완료하고 면책신청을 하여 면책결정이 확정되었을 경우에는, 그 변제계획에 따라 변제한 것을 제외하고 개인회생채권자에 대한 채무에 관하여 그 책임이 면제된다. 다만, 개인회생채권자목록에 기재되지 않은 청구권, 조세 등의 청구권(583조 1항 2호), 벌금·과료·형사소송비용·추징금 및 과태료, 채무자가 고의로 가한 불법행위로 인한 손해배상, 채무자가 중대한 과실로 타인의 생명 또는 신체를 침해한 불법행위로 인하여 발생한 손해배상, 채무자의 근로자의 임금·퇴직금 및 재해보상금, 채무자의 근로자의 임치금 및 신원보증금, 채무자가 양육자 또는 부양의무자로서 부담해야 할 비용은 그 책임이 면제되지 않으며, 또한 이러한 면책의 효력은 개인회생채권자가 채무자의 보증인 그 밖에 채무자와 더불어 채무를 부담하는 자에 대하여 가지는 권리와 개인회생채권자를 위해 제공한 담보에 영향을 미치지 않는다(625조 2항, 3항). 면책결정은 확정한 후가 아니면 그 효력이 발생하지 않는다(625조 1항).

차. 「변제예정액표」(변제계획안의 부속서류) 작성방법

「변제예정액표」는 개인회생절차의 핵심사항이므로 이에 대한 자세한 작성 방법은 별도로 항을 바꾸어 설명하기로 하고, 이하에서는 개략적으로만 살펴보기로 한다.

1) 「변제예정액표」 작성의 일반원칙

변제예정액표에는 가용소득만으로 변제한 경우와 가용소득 및 재산처분을 통한 변제의 경우의 2가지의 종류가 있다. 「청산가치와의 비교란」의 「청산가치」란에는 개시신청서에 첨부한 재산목록의 합계액(즉, 채무자가 현재 가지고 있는 재산의 가치)을, 「가용소득에 의한 총변제예정액」란에는 가용소득에 의한 총변제예정액의 합계액을 기재한다. 이 경우 후자가 전자(청산가치)보다 훨씬 큰 경우에는 「가용소득에 의한 총변제예정액의 현재가치」를 산정할 필요가 없고, 반대로 적거나 큰 차이가 없는 경우에는 「가용소득에 의한 총변제예정액의 현재가치」를 산정하여 기재해야 한다.

3년(36개월)의 변제계획안인 경우, 월변제예정액에 33.7719을 곱하면 되고(3 + 30.7719), 5년(60개월)의 변제계획안인 경우, 월변제예정액에 53.6433을 곱하면 된다(월변제예정액 × 53.6433). 여기에서 36개월의 라이프니쯔 방식에 의한 할인율은 33.3657이고, 60개월의 라이프니쯔 방식에 의한 할인율은 52.9907인데, 왜 33.7719 또는 53.6433을 곱하는가? 원래 현재가치는 인가일을 기준으로 산정하는 것이나, 신청시에는 인가일을 알 수 없으므로, 일응 3개월간의 적립액이 있은 후에 인가될 것을 가정하고 이를 기준으로 라이프니쯔 방식에 의한 할인율을 적용하여 산정하게 되며 따라서 이미 적립된 것으로 보는 3개월의 3에 33개월 또는 57개월에 해당하는 라이프니쯔 복리연금현가율 30.7719 또는 50.6433을 더하여 33.7719 또는 53.6433의 수치가 나온 것이다.

2) 실무상 작성요령

위에서 본 바와 같이 변제계획은 청산가치 이상으로 변제되도록 작성해야 한다. 즉, 개인회생 채무자에게 일정한 재산이 있는 경우에는 총변제예정액의 현재가치(월변제예정액 × 33.7719 또는 53.6433)[449]가 채무자가 소유하고 있는 재산의 청산가치(개시신청서에 첨부한 재산목록의 합계액) 이상이 되도록 변제계획을 작성해야 하는 것이다. 그런데 채무자에 따라서는 재산이 다소 많은 경우가 있고 따라서 그 현재가치를 따져 변제계획을 작성하다 보면 월변제예정액이 지나치게 부담스러운 경우도 있다. 이러한 경우에 활용할 수 있는 제도가 면제재산제도이다. 즉, 면제재산 신청을 하여 개인회생재단에 편입되는 재산에서 면제재산만큼 공제받을 수 있다면 그만큼 청산가치가 줄어들 것이고 따라서 그에 상응하여 월변제예정액을 줄여서 변제계획을 작성하면 되기 때문이다. 실무상 참고하면 요긴할 것이다.

3) 변제기준

변제계획안을 작성할 경우 일반 개인회생채권자들에게 변제하는 배분기준이 문제된다. 즉 원금만을 기준으로 배분하느냐, 원리금의 합산액을 기준으로 배분하느냐가 문제되는 것이다. 원리금을 기준으로 배분하는 것이 형평에 맞다고 보이지만, 원금과 이자의 성질상의 차이, 계산의 간편성 등 때문에 실무상으로는 거의 대부분 원금만을 기준으로 변제계획안을 작성하고 있고 따라서 배분기준도 원금을 기준으로 하고 있다.

별제권의 경우, 별제권의 행사 등으로도 변제받을 수 없는 채권은 개인회생채권에 포함되어 변제계획안이 작성되는데, 이 경우에도 마찬가지로 별제권의 행사로 변제받을 수 없는

---

449) 단, 변제기간이 30개월 또는 60개월인 경우

부분의 원금만을 기준으로 작성하면 될 것이다. 다만 이자도 변제하는 내용의 36개월 변제계획안을 작성할 경우에 있어서 이자에 대한 변제액을 배분하는 방법은 원금을 기준으로 할 것이 아니라 전체 이자액 중에서 각 채권의 이자액이 차지하는 비율에 따라 배분하는 것이 타당할 것이다.

한편 원금 전액을 변제하는 37개월 내지 59개월 변제계획안을 작성할 경우에 있어서 최종월의 변제계획은 남은 자투리 원금만을 입금하는 내용으로 변제계획을 작성하는 것이 실무이다.

3. 변제계획안의 수정 및 변제계획의 변경

가. 변제계획안의 수정(변제계획인가 전의 수정)

채무자가 제출한 변제계획안에 대하여 법원은 변제계획안이 인가되기 전까지 채권자 등 이해관계인의 신청이나 직권으로 수정을 명할 수 있고, 이 명령을 받은 채무자는 그 기한 내에 변제계획안을 수정해야 한다(610조 3항, 4항). 변제계획수정안이 제출된 경우 법원사무관 등은 채무자, 알고 있는 개인회생채권자, 개인회생절차가 개시된 채무자의 재산을 소지하고 있거나 그에게 채무를 부담하는 자에게 변경된 변제계획안을 송달해야 한다(610조 5항, 597조 2항).

나. 변제계획의 변경(변제계획인가 후의 변경)[450]

1) 변제계획 변경의 필요성

개인회생절차에서 변제기간은 최장 3~5년으로 되어 비교적 장기간이 소요되므로 도중에 변수가 있을 수 있다. 따라서 변제계획이 인가된 후에도 채무자가 인가된 변제계획을 수행하던 중에 실직, 질병, 급여의 감소 등으로 채무자의 소득·재산이 줄어들거나[451] 반대로 파격적인 승진, 상속, 증여, 부동산취득[452] 등으로 소득·재산이 늘어난 경우에는 청산가치 보장의

450) 참고로 변제계획인가결정 후의 변제계획변경이 가능한 것과는 달리 변제계획인가결정 후의 개인회생채권자목록의 수정은 불가하다는 점을 유의해야 한다(규칙 81조 1항 단서). 이는 개인회생채권자목록에 누락된 채권자가 있거나 대위변제 또는 채권양도가 있는 경우에도 마찬가지이다. 개인회생채권자목록상의 채권자 명의의 오기, 채권금액의 명백한 오류 등의 경우에도 개인회생채권자목록의 수정은 불가하고 다만 개인회생채권자표의 작성자가 개인회생채권자표를 정정하는 방식으로 처리할 뿐이다.

451) 참고로 이러한 소득·재산의 감소가 채무자의 책임질 수 없는 사유로 인한 것이고, 이로 인하여 변제계획의 변경 자체가 불가능할 뿐만 아니라 더 이상 도저히 변제계획의 수행이 불가능하다고 판단되는 경우에는 특별면책 제도(624조 2항)가 마련되어 있다.

원칙 등과 관련하여 변제계획에 따른 변제가 완료되기 전까지 법원은 채무자, 채권자 또는 회생위원의 신청에 따라 인가된 변제계획의 변경을 인가할 수 있다(619조).

통합도산법에서는 인가된 변제계획 변경안의 제출 사유를 제한하고 있지 않다(619조 1항). 그러나 인가된 변제계획의 변경은 인가 후에 변제계획에서 정한 사항의 변경이 필요한 사유가 발생하였음을 당연한 전제로 하는 것으로서, 위 규정이 변제계획 인가 후에 채무자의 소득이나 재산의 변동 등 인가된 변제계획에서 정한 사항의 변경이 필요한 사유가 발생하지 않은 경우에도 아무런 제한 없이 변제계획을 변경할 수 있도록 허용하고 있는 것으로 볼 수는 없고, 변제계획 인가 후에 채무자의 소득이나 재산의 변동 등 인가된 변제계획의 변경이 필요한 사유가 발생한 경우에 한하여 변제계획의 변경이 가능하다고 보아야 할 것이다(대판 2019.3.19. 2018마6364).

2) 변제계획변경안의 제출

변제계획변경안은 채무자뿐만 아니라 회생위원이나 개인회생채권자도 제출할 수 있다(619조 1항). 변제계획변경안의 제출시기는 변제계획에 다른 변제가 완료되기 전까지이다(619조 1항). 변제계획변경안을 제출할 때에는 변제계획변경안과 함께 ① 사건의 표시, ② 제출인 및 채무자와 그 대리인의 표시, ③ 변제계획변경안을 제출하는 취지 및 사유를 기재한 서면을 제출해야 한다.

3) 변제계획 변경의 절차

변제계획변경안이 제출된 경우 법원사무관 등은 채무자, 알고 있는 개인회생채권자, 개인회생절차가 개시된 채무자의 재산을 소지하고 있거나 그에게 채무를 부담하는 자에게 변경된 변제계획안을 송달해야 한다(597조 2항). 법원은 변제계획변경안이 제출된 경우에는 개인회생채권자집회를 열어 제출자로 하여금 설명하게 하고 이해관계인에게 이의진술의 기회를 주어야 한다. 그리고 법원은 변제계획변경안에 대하여 인가의 요건이 갖추어졌는지 여부를 따져 인가결정 또는 불인가결정을 하게 된다. 이에 대하여는 이해관계인이 즉시항고할 수 있다.

---

452) 만약 이러한 부동산의 취득에 대하여 채무자가 그 취득경위, 매수자금의 조달 내역 등에 대하여 소명하지 못하고 그것이 채무자가 변제계획인가 당시 은닉한 재산이거나 허위로 신고한 소득에서 비롯된 경우에는 법원은 직권으로 개인회생절차폐지결정을 할 수 있다(621조 1항 1호, 3호). 따라서 개인회생절차가 진행 중에 있는 개인회생채무자로서는 가급적 부동산을 취득하는 행위를 하지 않도록 주의해야 할 것이다.

4) 일시변제신청의 가부

채무자가 변제계획에 따른 변제기간 중에 정년퇴직에 따른 퇴직금 수령이나 상속, 증여 등에 따라 갑자기 가용소득·재산이 생겨 채무자가 일시변제를 내용으로 하는 변제계획변경안을 제출하는 경우가 있다. 이는 변제기간을 앞당겨 변제하는 것에 불과할 뿐 소득·재산의 변경에 따른 변제계획의 변경과는 다른 문제이고, 따라서 변제계획변경절차를 거칠 필요는 없다.[453] 실무상 이러한 일시변제신청이 있는 경우에는 법원은 변제자금출처에 대한 소명과 자금출처의 진실성에 대한 채무자의 진술서를 토대로 변제자금의 출처가 명확하고 개인회생 신청 당시의 채무자의 수입 및 재산신고가 진실하다고 판단되면 채권자들에 대한 의견청취를 거친 다음 일시변제에 따른 변제계획안의 수정을 허가하고 있다.[454]

5) 변제예정액표의 수정

변제예정액표의 계산 잘못이나 합계금액이 잘못 등 변제계획에 오류가 있는 경우에는 변제계획 변경사유에는 해당하지 않으므로 수정된 변제예정액표를 별지로 첨부하여 변제계획 인가결정에 대한 경정절차로 처리하면 될 것이다.

변제계획인가결정 후 미확정채권이 확정되거나 상계 등의 사유로 인하여 채권금액이 감소된 경우 또는 일부 보승한 보승인이 대위변제한 경우에는 회생위원이 그 사유를 반영한 변제예정액표를 작성하여 첨부한 후 변제예정액표 수정에 관한 보고를 해야 한다.

453) 서울회생법원, 제5판 개인파산·회생실무, 662p.
454) 서울회생법원, 제5판 개인파산·회생실무, 662p.

[3]
「개인회생채권 변제예정액표」 작성방법

1. 가용소득만으로 변제하는 경우

가. 기초사항

변제계획안의 「2. 변제에 제공되는 소득 또는 재산」의 항목으로부터 월평균 가용소득 및 변제횟수를 옮겨 적는다. 월 회생위원 보수 관련해서는 법원사무관이 회생위원으로 선임되는 경우 0원으로 기재(또는 공란으로 둠)하고, 법원사무관이 아닌 회생위원이 선임되는 경우 월평균 가용소득의 1%(소수점 이하는 반올림)에 해당하는 금액을 기재한다.

「(A) 월평균 가용소득」관련해서는 월평균 소득에서 월 회생위원 보수를 차감한 금액을 기재하며, 「(C) 총 가용소득」과 관련해서는 「(A) 월평균 가용소득」에 「(B) 변제횟수」를 곱한 금액을 기재한다.

나. 채권자별 변제예정액의 산정내역

「채권번호」와 「채권자」를 채권자목록으로부터 옮겨서 기재한다. 「(D) 개인회생채권액」란은 확정채권액과 미확정채권액의 두 가지로 나누어 기재하고 총합계액을 (G)란에 기재한다. 여기의 채권액에는 대개는 원금만 기재하면 되겠지만, 변제액이 커서 원금 외에 개시결정일 전날까지의 이자·지연손해금도 변제될 수 있는 경우에는, 개시결정일 전날까지의 이자·손해금의 합계액도 기재한다.

그 다음 [(A) 월평균 가용소득 × 개인회생채권액 중 확정채권 비율{「(D)개인회생채권액 중 확정채권액」 ÷ 「(G) 개인회생채권액 총계」}]을 계산하여 각 개인회생채권액 중 확정채권에 대한 월 변제예정액을 구한다. 미확정채권에 대해서도 마찬가지 방법으로 월변제유보액을 구한다. 그 결과 값에서 원 미만은 '올림'으로 처리하여, 이를 「(E) 월변제예정(유보)액」란에 기재하고 이를 합산하여 (H)란에 기재한다.

위에서 각 채권별 변제액을 구할 때에 원 미만은 '올림' 처리를 하였으므로, 이월 변제예정(유보)액은 이미 기재한 「월평균 가용소득」보다 약간 더 많은 금액이 될 것이다.

「(E) 월변제예정(유보)액」에 「(B) 변제횟수」를 곱한 「(F) 총변제예정(유보)액」을 산정하여 기재하고 이를 합산하여 (I)란에 기재한다.

다. 변 제 율

{「총변제예정(유보)액」 ÷ 「개인회생채권 합계액」 × 100}을 기재하되 소수점 이하는 반올림한다.

라. 청산가치와의 비교

먼저 채무자가 현재 가지고 있는 재산의 가치, 즉 [신청서 첨부서류 2] 재산목록의 합계액을 「(J) 청산가치」란에 기재하고, 다음으로 가용소득에 의한 「(I) 총 변제예정(유보)액」을 (K)에 옮겨 적는다. 그 결과 (K)가 (J)보다 훨씬 큰 경우에는 「(L) 현재가치」를 산정하여 기재할 필요가 없다. 다만, (K)가 (J)보다 작거나 큰 차이가 나지 않는 경우에는 반드시 「(L) 현재가치」를 산정하여 기재해야 하며, 이 경우 (K)에 대한 「(L) 현재가치」는 3년(36개월)의 변제계획안의 경우에는 「(H) 월변제예정(유보)액」에 33.7719를, 5년(60개월)의 변제계획안의 경우에는 「(H) 월변제예정(유보)액」에 53.6433을 곱하는 방법으로 산정(원 미만은 버림)하여 기재한다.

참고로 원래 「(L) 현재가치」는 인가일을 기준으로 산정하는 것이나, 신청시에는 인가일을 알 수 없으므로, 일응 3개월간의 적립액이 있은 후(적립일로부터 2개월 후가 되는 날)에 인가가 될 것을 가정하고, 이를 기준으로 라이프니쯔 방식에 의한 현가할인율을 적용하여 「(L) 현재가치」를 산정하면 된다. 따라서 위 수치 33.7719 또는 53.6433은 {3(이미 적립된 것으로 보는 3개월) + 30.7719 또는 50.6433(33개월 또는 57개월에 해당하는 라이프니쯔 복리연금현가율)}을 의미하는 것이다.

2. 가용소득 및 재산처분으로 변제하는 경우

가. 기초사항

변제계획안의 「2. 변제에 제공되는 소득 또는 재산」의 항목으로부터 월평균 가용소득 및 변제횟수를 옮겨 적는다. 월 회생위원 보수 관련해서는 법원사무관이 회생위원으로 선임되는 경우 0원으로 기재(또는 공란으로 둠)하고, 법원사무관이 아닌 회생위원이 선임되는 경우 월평균 가용소득의 1%(소수점 이하는 반올림)에 해당하는 금액을 기재한다. 「(A) 월평균 가용소득」과 관련해서는 월평균 소득에서 월 회생위원 보수를 차감한 금액을 기재하며, 「(C) 총 가용소득」과 관련해서는 「(A) 월평균 가용소득」에 「(B) 변제횟수」를 곱한 금액을 기재한다.

나. 채권자별 변제예정액의 산정내역

1) 가용소득에 의한 변제내역

「채권번호」와 「채권자」를 채권자목록으로부터 옮겨서 기재한다. 「(D) 개인회생채권액」란은 확정채권액과 미확정채권액의 두 가지로 나누어 기재하고 총합계액을 (G)란에 기재한다. 여기의 채권액에는 대개는 원금만 기재하면 되겠지만, 변제액이 커서 원금 외에 개시결정일 전날까지의 이자·지연손해금도 변제될 수 있는 경우에는, 개시결정일 전날까지의 이자·손해금의 합계액도 기재한다.

그 다음 [(A) 월평균 가용소득×개인회생채권액 중 확정채권 비율{「(D) 개인회생채권액 중 확정채권액」÷「(G) 개인회생채권액 총계」}]을 계산하여 각 개인회생채권액 중 확정채권에 대한 월변제예정액을 구한다. 미확정채권에 대해서도 마찬가지 방법으로 월변제유보액을 구한다. 그 결과 값에서 원 미만은 '올림'으로 처리하여, 이를 「(E) 월변제예정(유보)액」란에 기재하고 이를 합산하여 (H)란에 기재한다. 위에서 각 채권별 변제액을 구할 때에 원 미만은 '올림' 처리를 하였으므로, 이 월변제예정(유보)액은 이미 기재한 「월평균 가용소득」보다 약간 더 많은 금액이 될 것이다.

「(E) 월변제예정(유보)」액에 「(B) 변제횟수」를 곱한 「(F) 총변제예정(유보)액」을 산정하여 기재하고 이를 합산하여 (I)란에 기재한다.

2) 재산처분을 통한 변제의 예상

원래 재산처분을 통한 「(O) 변제투입예정액」(변제투입예정액에서 회생위원 보수를 차감한 금액)은 다음 4항의 청산가치와의 비교를 통하여 비로소 정해지는 것이다. 따라서 먼저 아래 4항에 따라 「(O) 변제투입예정액」을 산정한 후, 이를 기준으로 (O)에 대하여 개인회생채권 비율{「(D) 개인회생채권액」÷「(G) 개인회생채권액 총계」}에 따른 안분액을 계산한다. 그 결과 값에서 원 미만은 '올림'으로 처리하여 이를 「(P) 총변제예정(유보)액」란에 기재하고 이를 합산하여 (Q)란에 적는다. 위에서 각 채권별 변제액을 구할 때에 원 미만은 '올림' 처리를 하였으므로, 이 총변제예정(유보)액은 이미 기재한 변제투입예정액보다 약간 더 많은 금액이 될 것이다.

3) 변 제 율

가) 가용소득에 의한 변제

가용소득에 의한 총변제예정(유보)액을 개인회생채권 합계액으로 나눈 비율×100 을 기재하되 소수점 이하는 반올림한다.

나) 재산처분에 의한 변제

{「재산처분에 의한 총변제예정(유보)액」÷「개인회생채권 합계액」×100}을 기재하되 소수점 이하는 반올림한다.

4) 청산가치와의 비교

먼저 채무자가 현재 가지고 있는 재산의 가치, 즉 [신청서 첨부서류 2]의 재산목록의 합계액을 「(J) 청산가치」란에 기재하고, 다음으로 가용소득에 의한 「(I) 총변제예정(유보)액」을 (K)에 옮겨 적는다.

그 다음 (K)에 대한 「(L) 현재가치」는, 3년(36개월)의 변제계획안의 경우, 「(H) 월변제예정(유보)액」에 33.7719를, 5년(60개월)의 변제계획안의 경우, 「(H) 월변제예정(유보)액」에 53.6433을 곱하는 방법으로 산정(원 미만은 버림)하여 기재한다.

참고로 원래 「(L) 현재가치」는 인가일을 기준으로 라이프니쯔 방식에 의한 현가할인율을 적용하여 산정하는 것이나, 신청시에는 인가일을 알 수 없으므로, 일응 3개월간의 적립액이 있은 후(적립일로부터 2개월 후가 되는 날)에 인가가 될 것을 가정하고, 이를 기준으로 현가할인율을 적용하여 산정하면 된다. 위 설명에서의 수치 33.7719는 {3(이미 적립된 것으로 보는 3개월) + 30.7719(33개월에 해당하는 라이프니쯔 복리연금현가율)}를 의미하고, 53.6433은 {3(이미 적립된 것으로 보는 3개월) + 50.6433(57개월에 해당하는 라이프니쯔 복리연금현가율)}을 의미한다.

마지막으로, 「(J) 청산가치」에서 「(L) 현재가치」를 공제한 잔액에, 개괄적으로 ① 재산처분에 의한 번제기한이 인가일로부터 1년 이내인 경우에는 1.3을, ② 그 변제기한이 2년 이내인 경우에는 1.5를, 각 곱하여 산출한 금액(원 미만은 '올림'으로 처리)을 법원사무관이 회생위원으로 선임되는 경우에는 「(O) 변제투입예정액」으로 보아 (O)란에 기재하고, 법원사무관이 아닌 회생위원이 선임되는 경우에는 변제투입예정액에서 1%(소수점 이하는 반올림)에 해당하는 금액을 차감한 금액을 「(O) 변제투입예정액」으로 보아 (O)란에 기재하여, 이어서 위 (2)의 (나)항에서 설명한 바대로 (O)를 기준으로 (P), (Q)를 산정한 다음, (M)에는 (Q)를 그대로 옮겨 적으면 된다. 이 경우 (N)은 기재하지 않아도 무방하다.

참고로 물론 정확한 (N)의 액수를 산정하기 위해서는, 먼저 청산가치의 보장을 위해서 항상 {(L)+(N)}이 (J)보다 많아야 하는 것이므로, (J)에서 (L)을 뺀 잔액을, 인가일로부터 재산처분에 의한 변제기한까지의 기간에 따라 라이프니쯔 방식에 의한 현가할인율(변제기한이 1년 이내인 경우에는 0.9523, 그 기한이 2년 이내인 경우에는 0.9070)로 나누어 산출한 금액을 「(O) 변제투입예정액」으로 하고 이를 기준으로 다시 현가할인율을 적용하여 (N)을 계산해야 할 것이다.

그러나 이와 같은 계산방법은 복잡할 뿐만 아니라 그렇게 계산하여 산출한 금액만을 정확하게 변제투입예정액으로 정하게 되면, 절차의 신속을 위해 간이하게 이뤄진 재산의 가액평가방법에 대하여 정식의 감정절차가 필요하게 되는 등으로 추가비용과 절차지연이 초래될 가능성이 있는 점 등을 고려하여, 위에서 예시한 방법에서는 개괄적이기는 하지만 그 금액을 다소 증액하는 대신 간이하게 변제투입예정액을 산출할 수 있도록 설명한 것이다.

3. 변제예정액표(변제계획안) 작성시 감안 사항

가. 재단채권·일반의 우선권 있는 개인회생채권·후순위 개인회생채권이 있는 경우

채무자가 부담하는 여러 채권 중 개인회생재단채권, 일반의 우선권 있는 개인회생채권, 일반 개인회생채권, 후순위 개인회생채권이 존재할 경우가 있다. 이러한 경우 변제계획안을 작성할 때에는 위 순서에 따라 변제하는 내용으로 작성하되, 개인회생재단채권 및 일반의 우선권 있는 개인회생채권은 그 전액을, 일반 개인회생채권은 그 전액 또는 일부를, 후순위 개인회생채권은 그 일부 또는 0로 하는 내용으로 작성해야 한다.

다만 실무상 개인회생재단채권은 그 존재가 많지 않고 통상 소액에 지나지 않은 경우가 많으므로 절차 외에서 미리 전액 변제하는 경우가 거의 대부분이고, 후순위 개인회생채권에 대하여도 36개월 변제계획시 이 부분까지 변제의 순서가 돌아가지는 않을 것이므로 개인회생절차에서는 '일반의 우선권 있는 개인회생채권'과 일반 개인회생채권만을 대상으로 변제계획을 작성하고 있는 것으로 보인다.

나. 압류·가압류 적립금 또는 공탁금이 있는 경우

개인회생채무자의 급여 등에 압류나 가압류가 되어 있는 상태에서 중지명령 또는 개인회생절차개시결정으로 인한 당연중지로 압류·가압류된 급여 등이 적립되어 있거나 법원에 공탁된 경우가 있다. 중지된 압류나 가압류는 변제계획안인가결정으로 실효되므로 그 효력이 압류·가압류 적립금 등은 채무자가 찾을 수 있는 금원이다.

따라서 이러한 적립금 내지 공탁금이 있는 경우에 있어서 변제계획안을 작성할 때에는 그 적립금 내지 공탁금을 전액 일시에 변제하는 내용으로 변제계획안을 작성하는 것이 실무이다. 통상 변제계획안이 인가되는 날의 다음달(인가일로부터 1월 이내의 날)에 전액 일시에 투입하는 내용으로 변제계획안을 작성하고 있다.[455]

물론 채무자의 입장으로서는 이러한 가압류 적립금 등을 변제에 투입하고 싶지 않을 수 있고 실무에서도 이를 변제계획에 투입하지 않는 내용으로 변제계획안을 작성하는 경우도 많다. 적립금이 소액인 경우는 더더욱 그럴 것이다. 변제계획에 투입하지 않는 적립금은 면책결정 후 채무자에게 귀속될 것이기 때문이다. 따라서 실무상 이러한 적립금이 다액(적립금 내역은 재산목록에 기재하여야 함)임에도 불구하고 채무자가 변제에 투입하지 않는 내용으로 변제계획안을 작성하여 제출한 경우에는 채권자의 이의나 법원의 변제계획 수정명령 등에 의해 변제에 투입하게 되는 경우가 많다.

455) 통상 제1회 변제기일은 변제계획안 제출일로부터 60일 후 90일 내의 어느 날로 정해야 하지만, 가압류 또는 압류적립금이 있는 경우에 해당 적립금을 변제에 투입하기 위해서는 위 가압류 또는 압류가 풀려야 하고 그러기 위해서는 변제계획인가결정이 나오든가 아니면 변제계획인가 전에 가압류 또는 압류가 취소가 되는 것이 전제되어야 한다. 그런데 변제계획인가 전에 가압류 또는 압류를 취소한 경우에는 해당 적립금의 행방이 위험해질 수 있기 때문에 법원에서는 가압류 또는 압류취소결정을 잘 해주지 않을 것이다. 그 대신 제1회 변제기일을 변제계획인가 후 1월 이내의 날로 정하여 적립금을 일시에 투입하는 내용으로 변제계획안을 작성하는 것을 실무상 허용하는 것이다. 물론 이때 가용소득에 의한 변제기간은 제2회~제36회 또는 제60회일 것이다.

[서식 98] 변제계획안 표지(가용소득만으로 원금의 일부만 변제시)

가용소득만으로 원금의 일부 변제에 제공하는 경우

변제계획안 제출서

사　　건　　20○○개회○○○○○ 개인회생
채 무 자　　박 길 동
대 리 인

채무자는 별지와 같이 변제계획안을 작성하여 제출하니 인가하여 주시기 바랍니다.

2021. 4. 1.

채무자　　박 길 동 (인)
대리인 변호사　　(인)

○○지방법원 귀중

[서식 99] 변제계획안(가용소득만으로 원금의 일부만 변제시)

20○○개회○○○○○ 채무자 박 길 동

변 제 계 획 (안)

2021. 4. 1. 작성

1. 변제기간
   [2021]년 [7]월 [25]일부터 [2024]년 [6]월 [25]일까지 [36]개월간

2. 변제에 제공되는 소득 또는 재산
   가. 소 득
      (1) 수 입
         ☑ 변제기간 동안 [한국 주식회사]에서 받는 월평균수입[2,649,353]원
         ☐ 변제기간 동안 [ ]를 운영하여 얻는 월평균수입 [ ]원
      (2) 채무자 및 피부양자의 생활에 필요한 생계비
         (가) 채무자 및 피부양자 : 총 [3]명
         (나) 국민기초생활보장법에 의한 가구별 기준 중위소득 : 월 [3,983,950]원
         (다) 채무자 회생 및 파산에 관한 법률에 따라 조정된 생계비 : 월 [2,390,370]원
      (3) 채무자의 가용소득
         기간 : [2021]년 [7]월 [25]일부터 [2024]년 [6]월 [25]일까지

① 월 평균 수입	② 월 평균 생계비	③ 월 평균 가용소득 (①−②)	④ 변제 회수 (월 단위로 환산)	⑤ 총 가용소득 (③×④)
2,649,353	2,390,370	254,983	36회	9,179,388

   나. 재산 : [해당 있음 ☐ / 해당 없음 ☑]

3. 개인회생재단채권에 대한 변제 [해당 있음 ☐ / 해당 없음 ☑]
   가. 회생위원의 보수 및 비용 [해당 있음 ☐ / 해당 없음 ☑]
      ☐ 변제계획 인가 후 첫 변제기일에 [ ]원을 지급
      ☐ 일반 개인회생채권의 매 변제기일에 [ ]원씩을 지급
   나. 기타 개인회생재단채권 [해당 있음 ☐ / 해당 없음 ☑]
      (1) 채권의 내용

채권자	채권현재액	채권발생원인	변제기

(2) 변제방법

변제계획 인가일 직후 그동안 적립된 가용소득으로부터 원리금 전액을 우선하여 변제한다. 남은 채권이 있을 경우에는 일반 개인회생채권의 매 변제기일에 우선하여 변제한다.

4. '일반의 우선권 있는 개인회생채권'에 대한 변제 [해당 있음 □ /해당 없음 ☑]

가. 채권의 내용

채권자	채권현재액	채권발생원인 (우선권의 근거)	변제기

나. 변제방법

변제계획 인가일 직후 최초 도래하는 변제기일에 원리금 전액을 우선하여 변제한다. 남은 채권이 있을 경우에는 일반 개인회생채권의 매 변제기일에 우선하여 변제한다.

5. 별제권부 채권 및 이에 준하는 채권의 처리 [해당 있음 □ / 해당 없음 ☑]

가. 채권의 내용

<table>
<tr><th rowspan="3">채권
번호</th><th rowspan="3">채권자</th><th>① 채권현재액(원금)</th><th rowspan="2">③ 별제권행사 등으로 변제가 예상되는 채권액</th><th rowspan="2">④ 별제권행사 등으로도 변제받을 수 없을 채권액
(①+②-③)</th></tr>
<tr><th>② 채권현재액(이자)</th></tr>
<tr><th colspan="3">⑤ 별제권 등의 내용 및 목적물</th></tr>
<tr><td rowspan="3"></td><td rowspan="3"></td><td></td><td rowspan="2"></td><td rowspan="2"></td></tr>
<tr><td></td></tr>
<tr><td colspan="3"></td></tr>
<tr><td rowspan="3"></td><td rowspan="3"></td><td></td><td rowspan="2"></td><td rowspan="2"></td></tr>
<tr><td></td></tr>
<tr><td colspan="3"></td></tr>
</table>

나. 변제방법

(1) 위 각 채권에 대하여 별제권 행사 등으로 변제가 예상되는 채권액(③)은 별제권 행사 등에 의한 방법으로 변제하고 이 변제계획상의 가용소득이나 재산처분에 의한 변제대상에서 제외한다.

(2) 위 (1)항 기재 각 채권 중 별제권행사 등으로도 변제받을 수 없을 채권액(④)은 미확정채권으로 보아 유보하였다가 아래 7항 기재와 같은 방법으로 변제한다.

(3) 별제권 행사 등으로도 변제받을 수 없을 채권액이 위 가의 ④항 기재 금액을

초과하는 것으로 확정된 경우에는, 채권자가 그 초과부분을 변제계획안의 변경 절차를 통하여 변제받을 수 있다.

6. 일반 개인회생채권에 대한 변제

가. 가용소득에 의한 변제

(1) 월 변제예정(유보)액 및 총 변제예정(유보)액의 산정

각 일반 개인회생채권의 [원금]의 액수를 기준으로 월 평균가용소득을 안분하여 산출한 금액을 각 일반 개인회생채권자에게 변제한다. 이를 기초로 산정한 월 변제예정(유보)액은 [254,983]원이고 총 변제예정(유보)액은 [9,179,388]원이다.

구체적 산정 내역은 별지 개인회생채권 변제예정액 표 참조.

(2) 변제방법

위 (1)항의 변제예정(유보)액은 다음과 같이 분할하여 변제한다.

(가) 기간 및 횟수

[2021]년 [7]월 [25]일부터 [2024]년 [6]월 [25]일까지 [36] 개월간 합계 [36]회

(나) 변제월 및 변제일

① [2021]년 [7]월 [25]일부터 변제계획인가일 직전 [25]일까지 기간

☑ 변제계획인가일 직후 최초 도래하는 월의 [25]일에 위 기간 동안의 변제분을 개인회생절차개시후 변제계획 인가 전에 적립된 가용소득으로 일시에 조기 변제

☐ 기타 : [ ]

② 변제계획인가일 직후 최초 도래하는 월의 [25]일부터 [2024]년 [6] 월 [25]일까지 기간

☑ 매월마다 [25]일에 변제

☐ 매 [ ]개월마다 [ ]일에 각 변제

☐ 기타 : [ ]

나. 재산의 처분에 의한 변제 [해당 있음 ☐ / 해당 없음 ☑]

7. 미확정 개인회생채권에 대한 조치 [해당 있음 ☐ / 해당 없음 ☑]

가. 변제금액의 유보

(1) 미확정 개인회생채권에 대하여는 변제를 유보하고, 별지 개인회생채권 변제예정액표에 기재한 금액을 해당 채권이 확정될 때까지 유보하여 둔다. 주의해야 할 점은 미확정 개인회생채권에 대해서도 변제계획안을 작성할 경우에는 그 채권의 성질에 따라 전액 또는 일부를 변제하는 내용으로 작성해야 한다는 점이다. 즉 재단채권이냐 '일반의 우선권 있는 개인회생채권'이냐 아니면 일반 개인회생채권이냐에 따라 구분하여 전액에 대한 변제로 작성하든지 일부만 변제하는 내용으로 작성하든지 해야 한다는 것이다.

(2) 채무자는 이와 같이 유보한 금액도, 즉시 지급되는 다른 채권에 대한 변제금과 마찬가지로 아래 8항 기재 계좌에 입금한다.

나. 미확정 개인회생채권에 대한 변제

(1) 미확정 개인회생채권이 전부 그대로 확정된 경우
미확정 개인회생채권의 전액에 관하여 채권의 존재가 확정된 경우에는, 그 확정 직후 유보비율을 변제비율로 적용하여 변제를 개시하고 매월의 변제기에 그 해당금액을 변제하되, 이미 분할 변제기가 도래한 부분 즉 그 동안의 유보액에 대하여는 곧바로 일시 변제한다.

(2) 미확정 개인회생채권이 전부 또는 일부 부존재 하는 것으로 확정된 경우(※ 실무상 아래 [ ]란에는 거의 대부분 [원금]이라 기재)
미확정 개인회생채권이 전부 또는 일부 부존재하는 것으로 확정된 경우에는, 그 확정 직후, 존재하는 것으로 확정된 [ ]의 인용 비율에 위 가항에 의해 지급을 유보한 금액을 곱하여 산출된 금액을 해당 개인회생채권자에게 일시에 변제한다. 유보금액 중, 미확정 개인회생채권의 일부가 존재하지 않는 것으로 됨에 따라 그 개인회생채권자에게 변제할 필요가 없게 된 나머지 유보금액은, 그 채권액 확정 직후 일반 개인회생채권자들에게 각 [ ]의 액수를 기준으로 안분하여 변제한다.
향후의 매월 입금액을 분배하는 기준이 될 변제비율은 위 확정 원금들 사이의 비율에 따라 새로 계산하여 정하는데, 미확정 개인회생채권의 일부가 존재하지 않는 것으로 확정됨에 따라 향후 해당 개인회생채권자를 위한 유보가 불필요하게 된 변제기 미도래분에 대한 변제 유보예정액은, 향후 변제기 도래시 일반 개인회생채권자들에게 그 각 [ ]의 액수를 기준으로 안분되도록 한다.

(3) 변제기간 종료시까지 미확정 개인회생채권이 미확정상태로 남는 경우에는 최종 변제기에 유보한 금액 전부를 일반개인회생채권자들에게 각 [ ]의 액수를 기준으로 안분하여 변제한다.

(4) 임대차보증금반환액수가 확정되지 않은 임대차보증금 반환채권은 미확정채권으로 보아 위 가, 나항에 따라 변제하되 그 액수가 확정되고 임차인이 임차목적물을 명도함과 동시에 변제한다.

8. 변제금원의 회생위원에 대한 임치 및 지급
채무자는 위 [6, 7] 항에 의해 개인회생채권자들에게 변제해야 할 금액을 개시결정시 통지되는 개인회생위원의 예금계좌 {[ ]은행 계좌번호 [ ]}에 순차 임치하고, 회생위원은 이를 즉시 개인회생채권자들이 신고한 예금 계좌에 송금하는 방법으로 지급한다. 계좌번호를 신고하지 않은 개인회생채권자에 대하여는 변제액을 적립하였다가 이를 연 1회 개인회생사건이 계속되어 있는 지방법원에 공탁하여 지급할 수 있다.

☞ 회생위원의 예금계좌는 신청 당시에는 알 수 없으므로 공란으로 두었다가 추후 보완합니다.

9. 면책의 범위 및 효력발생시기
채무자가 개인회생채권에 대하여 이 변제계획에 따라 변제를 완료하고 면책신청을 하여 면책결정이 확정되었을 경우에는, 이 변제계획에 따라 변제한 것을 제외하고 개인회생채권자에 대한 채무에 관하여 그 책임이 면제된다. 단, 채무자 회생 및 파산에 관한 법률 제625조 제2항 단서 각호 소정의 채무에 관하여는 그렇지 않다.

10. 기타사항 [해당 있음 □ / 해당 없음 ☑]

주) 개인파산·회생실무, 서울회생법원, 양식편 인용 및 참고

[별지] 개인회생채권 변제예정액표(가용소득만으로 원금의 일부만 변제시)

개인회생채권 변제예정액표

1. 기초사항

(단위 : 원)

(A) 월평균 가용소득	254,983	(B) 변제횟수	36회	(C) 총 가용 소득	9,179,388

2. 채권자별 변제예정액의 산정내역

(단위 : 원)

채권번호	채권자	(D) 개인회생 채권액		(E) 월 변제 예정(유보)액		(F) 총 변제 예정(유보)액	
		확정 채권액 (원금)	미확정 채권액 (원금)	확정 채권액 (원금)	미확정 채권액 (원금)	확정 채권액 (원금)	미확정 채권액 (원금)
1	하나은행(주)	14,988,200	0	58,807	0	2,117,051	0
2	두리상호저축은행	20,000,000	0	78,471	0	2,824,944	0
3	(주)서이크레디트카드	27,000,000	3,000,000	105,936	0	3,813,679	423,714
합 계		61,988,200	3,000,000	243,213	11,770	8,755,674	423,714
총 계		(G) 64,988,200		(H) 254,983		(I) 9,179,388	

3. 변 제 율 : 원금의 [14.1]% 상당액

4. 청산가치와의 비교

(단위 : 원)

(J) 청산 가치	8,350,000	(K) 가용소득에 의한 총변제 예정(유보)액	9,179,388
		(L) 현재가치	8,611,2604 (254,983 × 33.7719)

[서식 100] 변제계획안 표지(가용소득만으로 원금 전부 및 이자 일부 변제시)

가용소득만으로 원금 전부 및 이자
일부의 변제에 제공하는 경우

변제계획안 제출서

사　　건　　20○○ 개회 ○○○○○ 개인회생

채 무 자　　박 길 동

대 리 인

채무자는 별지와 같이 변제계획안을 작성하여 제출하니 인가하여 주시기 바랍니다.

2019. 4. 5.

채무자　　　박 길 동　(인)
대리인 변호사　　　　(인)

○○지방법원 귀중

[서식 101] 변제계획안(가용소득만으로 원금 전부 및 이자 일부 변제시)

20○○개회○○○○○ 채무자 박 길 동

변 제 계 획 (안)

2019. 4. 5. 작성

1. 변제기간

[2019]년 [7]월 [25]일부터 [2022]년 [6]월 [25]일까지 [36]개월간

2. 변제에 제공되는 소득 또는 재산

가. 소 득

(1) 수 입

☑ 변제기간 동안 [한국 주식회사]에서 받는 월평균수입[3,706,019]원

☐ 변제기간 동안 [ ]을 운영하여 얻은 월 평균수입 [ ]원

(2) 채무자 및 피부양자의 생활에 필요한 생계비

(가) 채무자 및 피부양자 : 총 [3]명

(나) 국민기초생활보장법에 의한 가구별 기준 중위소득 : 월 평균 수입 [3,760,032] 원

(다) 채무자 회생 및 파산에 관한 법률에 따라 조정된 생계비 : 월 [2,256,019]원

(3) 채무자의 가용소득

기간 : [2019]년 [7]월 [25]일부터 [2022]년 [6]월 [25]일까지

① 월 평균 수입	② 월 평균 생계비	③ 월 평균 가용소득 (①-②)	④ 변제 회수 (월 단위로 환산)	⑤ 총 가용소득 (③×④)
3,706,019	2,256,019	1,450,000	36회	52,300,000

나. 재산 : [해당 있음 ☐ / 해당 없음 ☑]

3. 개인회생재단채권에 대한 변제 [해당 있음 ☐ / 해당 없음 ☑]

가. 회생위원의 보수 및 비용 [해당 있음 ☐ / 해당 없음 ☑]

☐ 변제계획 인가 후 첫 변제기일에 [ ]원을 지급

☐ 일반 개인회생채권의 매 변제기일에 [ ]원씩을 지급

나. 기타 개인회생재단채권 [해당 있음 ☐ / 해당 없음 ☑]

(1) 채권의 내용

채권자	채권현재액	채권발생원인	변제기

(2) 변제방법

변제계획 인가일 직후 그동안 적립된 가용소득으로부터 원리금 전액을 우선하여 변제한다. 남은 채권이 있을 경우에는 일반 개인회생채권의 매 변제기일에 우선하여 변제한다.

4. '일반의 우선권 있는 개인회생채권'에 대한 변제 [해당 있음 □ / 해당 없음 ☑]

가. 채권의 내용

채권자	채권현재액	채권발생원인 (우선권의 근거)	변제기

나. 변제방법

변제계획 인가일 직후 최초 도래하는 변제기일에 원리금 전액을 우선하여 변제한다. 남은 채권이 있을 경우에는 일반 개인회생채권의 매 변제기일에 우선하여 변제한다.

5. 별제권부 채권 및 이에 준하는 채권의 처리 [해당 있음 □ / 해당 없음 ☑]

가. 채권의 내용

<table>
<tr><th rowspan="3">채권번호</th><th rowspan="3">채권자</th><th>① 채권현재액(원금)</th><th rowspan="2">③ 별제권행사 등으로 변제가 예상되는 채권액</th><th rowspan="2">④ 별제권행사 등으로도 변제받을 수 없을 채권액 (①+②-③)</th></tr>
<tr><th>② 채권현재액(이자)</th></tr>
<tr><th colspan="3">⑤ 별제권 등의 내용 및 목적물</th></tr>
<tr><td rowspan="3"></td><td rowspan="3"></td><td></td><td rowspan="2"></td><td rowspan="2"></td></tr>
<tr><td></td></tr>
<tr><td colspan="3"></td></tr>
<tr><td rowspan="3"></td><td rowspan="3"></td><td></td><td rowspan="2"></td><td rowspan="2"></td></tr>
<tr><td></td></tr>
<tr><td colspan="3"></td></tr>
</table>

나. 변제방법

(1) 위 각 채권에 대하여 별제권 행사 등으로 변제가 예상되는 채권액(③)은 별제권 행사 등에 의한 방법으로 변제하고 이 변제계획상의 가용소득이나 재산처분에 의한 변제대상에서 제외한다.

(2) 위 (1)항 기재 각 채권 중 별제권행사 등으로도 변제받을 수 없을 채권액(④)은 미확정채권으로 보아 유보하였다가 아래 7항 기재와 같은 방법으로 변제한다.

(3) 별제권 행사 등으로도 변제받을 수 없을 채권액이 위 가의 ④항 기재 금액을 초과하는 것으로 확정된 경우에는, 채권자가 그 초과부분을 변제계획안의 변경절차를 통하여 변제받을 수 있다.

6. 일반 개인회생채권에 대한 변제

가. 가용소득에 의한 변제

(1) 월 변제예정(유보)액 및 총 변제예정(유보)액의 산정

각 일반 개인회생채권의 [원금]의 액수를 기준으로 월 평균가용소득을 안분하여 산출한 금액을 각 일반 개인회생채권자에게 변제한다. 이를 기초로 산정한 월 변제예정(유보)액은 [1,450,000]원이고 총 변제예정(유보)액은 [52,300,000]원이다. 구체적 산정 내역은 별지 개인회생채권 변제예정액 표 참조.

(2) 변제방법

위 (1)항의 변제예정(유보)액은 다음과 같이 분할하여 변제한다.

(가) 기간 및 횟수

[2019]년 [7]월 [25]일부터 [2022]년 [6]월 [25]일까지 [36] 개월간 합계 [36]회

(나) 변제월 및 변제일

① [2019]년 [7]월 [25]일부터 변제계획인가일 직전 [25]일까지 기간

☑ 변제계획인가일 직후 최초 도래하는 월의 [25]일에 위 기간 동안의 변제분을 개인회생절차개시후 변제계획 인가 전에 적립된 가용소득으로 일시에 조기 변제

☐ 기타 : [ ]

② 변제계획인가일 직후 최초 도래하는 월의 [25]일부터 [2022]년 [6] 월 [25]일까지 기간

☑ 매월마다 [25]일에 변제

☐ 매 [ ]개월마다 [ ]일에 각 변제

☐ 기타 : [ ]

나. 재산의 처분에 의한 변제 <u>[해당 있음 ☐ / 해당 없음 ☑]</u>

7. 미확정 개인회생채권에 대한 조치 [해당 있음 □ / 해당 없음 ☑]

가. 변제금액의 유보

(1) 미확정 개인회생채권에 대하여는 변제를 유보하고, 별지 개인회생채권 변제예정액표에 기재한 금액을 해당 채권이 확정될 때까지 유보하여 둔다. 주의해야 할 점은 미확정 개인회생채권에 대해서도 변제계획안을 작성할 경우에는 그 채권의 성질에 따라 전액 또는 일부를 변제하는 내용으로 작성해야 한다는 점이다. 즉 재단채권이냐 '일반의 우선권 있는 개인회생채권'이냐 아니면 일반 개인회생채권이냐에 따라 구분하여 전액에 대한 변제로 작성하든지 일부만 변제하는 내용으로 작성하든지 해야 한다는 것이다.

(2) 채무자는 이와 같이 유보한 금액도, 즉시 지급되는 다른 채권에 대한 변제금과 마찬가지로 아래 8항 기재 계좌에 입금한다.

나. 미확정 개인회생채권에 대한 변제

(1) 미확정 개인회생채권이 전부 그대로 확정된 경우

미확정 개인회생채권의 전액에 관하여 채권의 존재가 확정된 경우에는, 그 확정 직후 유보비율을 변제비율로 적용하여 변제를 개시하고 매월의 변제기에 그 해당금액을 변제하되, 이미 분할 변제기가 도래한 부분 즉 그 동안의 유보액에 대하여는 곧바로 일시 변제한다.

(2) 미확정 개인회생채권이 전부 또는 일부 부존재 하는 것으로 확정된 경우(※ 실무상 아래 [ ]란에는 거의 대부분 [원금]이라 기재)

미확정 개인회생채권이 전부 또는 일부 부존재하는 것으로 확정된 경우에는, 그 확정 직후, 존재하는 것으로 확정된 [ ]의 인용 비율에 위 가항에 의해 지급을 유보한 금액을 곱하여 산출된 금액을 해당 개인회생채권자에게 일시에 변제한다. 유보금액 중, 미확정 개인회생채권의 일부가 존재하지 않는 것으로 됨에 따라 그 개인회생채권자에게 변제할 필요가 없게 된 나머지 유보금액은, 그 채권액 확정 직후 일반 개인회생채권자들에게 각 [ ]의 액수를 기준으로 안분하여 변제한다.

향후의 매월 입금액을 분배하는 기준이 될 변제비율은 위 확정 원금들 사이의 비율에 따라 새로 계산하여 정하는데, 미확정 개인회생채권의 일부가 존재하지 않는 것으로 확정됨에 따라 향후 해당 개인회생채권자를 위한 유보가 불필요하게 된 변제기 미도래분에 대한 변제 유보예정액은, 향후 변제기 도래시 일반 개인회생채권자들에게 그 각 [ ]의 액수를 기준으로 안분되도록 한다.

(3) 변제기간 종료시까지 미확정 개인회생채권이 미확정상태로 남는 경우에는 최종

변제기에 유보한 금액 전부를 일반개인회생채권자들에게 각 [ ]의 액수를 기준으로 안분하여 변제한다.

(4) 임대차보증금반환액수가 확정되지 않은 임대차보증금 반환채권은 미확정채권으로 보아 위 가, 나항에 따라 변제하되 그 액수가 확정되고 임차인이 임차목적물을 명도함과 동시에 변제한다.

8. 변제금원의 회생위원에 대한 임치 및 지급

채무자는 위 [6, 7] 항에 의해 개인회생채권자들에게 변제해야 할 금액을 개시결정시 통지되는 개인회생위원의 예금계좌 {[ ]은행 계좌번호 [ ]}에 순차 임치하고, 회생위원은 이를 즉시 개인회생채권자들이 신고한 예금 계좌에 송금하는 방법으로 지급한다. 계좌번호를 신고하지 않은 개인회생채권자에 대하여는 변제액을 적립하였다가 이를 연 1회 개인회생사건이 계속되어 있는 지방법원에 공탁하여 지급할 수 있다.

☞ 회생위원의 예금계좌는 신청 당시에는 알 수 없으므로 공란으로 두었다가 추후 보완합니다.

9. 면책의 범위 및 효력발생시기

채무자가 개인회생채권에 대하여 이 변제계획에 따라 변제를 완료하고 면책신청을 하여 면책결정이 확정되었을 경우에는, 이 변제계획에 따라 변제한 것을 제외하고 개인회생채권자에 대한 채무에 관하여 그 책임이 면제된다. 단, 채무자 회생 및 파산에 관한 법률 제625조 제2항 단서 각호 소정의 채무에 관하여는 그렇지 않다.

10. 기타사항 [해당 있음 □ / 해당 없음 ☑]

[별지] 개인회생채권 변제예정액표(가용소득만으로 원금 전부 및 이자 일부 변제시)

개인회생채권 변제예정액표

1. 기초사항

(단위 : 원)

(A) 월평균 가용소득	1,450,000	(B)변제횟수	36회	(C) 총 가용소득	52,200,000

2. 채권자별 변제예정액의 산정내역

가. 제1회~제32회분 변제예정액

(단위 : 원)

채권번호	채권자	(D) 개인회생채권액		(E) 월 변제예정(유보)액		(F) 총 변제예정(유보)액	
		확정채권액 (원금)	미확정채권액 (원금)	확정채권액 (원금)	미확정채권액 (원금)	확정채권액 (원금)	미확정채권액 (원금)
1	(주)○○은행	3,563,400	0	108,541	0	3,473,312	0
2	㈜○○ 상호저축은행	3,223,000	0	98,172	0	3,141,504	0
3	○○크레디트	4,650,000	0	141,639	0	4,532,048	0
4	○○은행(주)	9,365,500	0	285,272	0	9,128,704	0
5	(주)△△은행	5,456,300	0	166,199	0	5,318,368	0
6	(주)◇◇은행	12,000,000	0	365,519	0	11,696,608	0
7	(주)◎◎은행	9,345,450	0	284,661	0	9,109,152	0
	합 계	47,603,650	0	1,450,003	0	46,400,096	0
	총 계	(G) 47,603,650		(H) 1,450,003		(I) 46,400,096	

나. 제33회분 변제예정액

(단위 : 원)

<table>
<tr><th rowspan="2">채권번호</th><th rowspan="2">채권자</th><th colspan="2">(D) 개인회생채권액</th><th colspan="2">(E) 월 변제예정(유보)액</th><th colspan="2">(F) 총 변제예정(유보)액</th></tr>
<tr><th>확정채권액 (원금/이자)</th><th>미확정채권액 (원금/이자)</th><th>확정채권액 (원금/이자)</th><th>미확정채권액 (원금/이자)</th><th>확정채권액 (원금/이자)</th><th>미확정채권액 (원금/이자)</th></tr>
<tr><td rowspan="2">1</td><td rowspan="2">(주)○○은행</td><td>3,563,400</td><td rowspan="2">0</td><td>90,088</td><td rowspan="2">0</td><td rowspan="2">136,694</td><td rowspan="2">0</td></tr>
<tr><td>(주)○○상호 저축은행</td><td>46,606</td></tr>
<tr><td rowspan="2">2</td><td rowspan="2">○○크레디트</td><td>3,223,000</td><td rowspan="2">0</td><td>81,496</td><td rowspan="2">0</td><td rowspan="2">125,766</td><td rowspan="2">0</td></tr>
<tr><td>○○은행(주)</td><td>44,270</td></tr>
</table>

3	(주)△△은행	4,650,000	0	117,552	0	134,411	0
		(주)◇◇은행		16,859			
4	(주)◎◎은행	9,365,500	0	236,796	0	262,118	0
		1,847,489		25,322			
5	(주)△△은행	5,456,300	0	137,932	0	186,347	0
		(주)◇◇은행		48,415			
6	(주)◇◇은행	12,000,000	0	303,392	0	324,510	0
		1,540,799		21,118			
7	(주)◎◎은행	9,345,450	0	236,298	0	280,157	0
		3,200,000		43,859			
합 계		47,603,650	0	1,203,554	0	1,450,003	0
		17,981,188		246,449			
총 계		(G) 65,584,838		(H) 1,450,003		(I) 1,450,003	

- 개인회생채권액란과 월 변제예정액 란의 윗부분은 원금, 아랫부분은 이자에 해당함.
- 원금(선 윗부분)에 대한 월 변제예정액은 원금채권액에서 32회분까지의 월 변제액을 공제한 잔존액이고, 이자(선 아랫부분)에 대한 월 변제예정액은 월평균 가용소득 1,450,000원에서 원금에 대한 월 변제예정액 합계 1,203,544원을 공제한 나머지 246,446원을 이자액 비율로 분배(소수점 이하는 올림)한 것임.

다. 제34회~제36회분 변제예정액

(단위 : 원)

채권번호	채권자	(D) 개인회생채권액		(E) 월 변제예정(유보)액		(F) 총 변제예정(유보)액	
		확정채권액 (원금)	미확정채권액 (원금)	확정채권액 (원금)	미확정채권액 (원금)	확정채권액 (원금)	미확정채권액 (원금)
1	(주)○○은행	3,400,460	0	274,213	0	822,639	0
2	㈜○○ 상호저축은행	3,230,000	0	260,467	0	781,401	0
3	○○크레디트	1,230,000	0	99,187	0	297,561	0
4	○○은행(주)	1,847,489	0	148,982	0	446,946	0
5	(주)△△은행	3,532,440	0	284,856	0	854,568	0
6	(주)◇◇은행	1,540,799	0	124,250	0	372,750	0
7	(주)◎◎은행	3,200,000	0	258,048	0	774,144	0
합 계		17,981,188	0	1,450,003	0	4,350,009	0
총 계		(G) 17,981,188		(H) 1,450,003		(I) 4,350,009	

라. 총 변제예정액 합계

(단위 : 원)

채권번호	채권자	(D) 개인회생채권액		(F) 총 변제예정(유보)액	
		확정채권액(원금/이자)	미확정채권액(원금/이자)	확정채권액(원금/이자)	미확정채권액(원금/이자)
1	(주)○○은행	3,563,400 3,400,460	0	4,432,645	0
2	(주)○○상호저축은행	3,223,000 3,230,000	0	4,048,671	0
3	○○크레디트	4,650,000 1,230,000	0	4,964,420	0
4	○○은행(주)	9,365,500 1,847,489	0	9,837,768	0
5	(주)△△은행	5,456,300 3,532,440	0	6,359,283	0
6	(주)◇◇은행	12,000,000 1,540,799	0	12,393,868	0
7	(주)◎◎은행	9,345,450 3,200,000	0	10,163,453	0
합 계		47,603,650 17,981,188	0	52,200,108	0
총 계		(G) 65,584,838		(I) 52,200,108	

3. 청산가치와의 비교

(단위 : 원)

(I) 청산가치	27,600,000

(K) 가용소득에 의한 총변제예정(유보)액	52,200,108
(L) 현재가치	48,969,255

주) 개인파산·회생실무, 서울회생법원, 양식편 인용 및 참고

[서식 102] 변제계획안 표지(가용소득 및 재산처분으로 원금 일부만 변제시)

가용소득과 재산처분으로 원금 일부만의 변제에 제공하는 경우

변제계획안 제출서

사　　건　　20○○ 개회 ○○○○○ 개인회생

채 무 자　　문 춘 향

대 리 인

채무자는 별지와 같이 변제계획안을 작성하여 제출하니 인가하여 주시기 바랍니다.

2021. 4. 1.

채무자　　　문 춘 향　(서명 또는 날인)

대리인 변호사　　　(서명 또는 날인)

○○지방법원 귀중

[서식 103] 변제계획안(가용소득 및 재산처분으로 원금 일부만 변제시)

20○○개회○○○○○ 채무자 문 춘 향

변 제 계 획 (안)

2021. 4. 1. 작성

1. 변제기간

[2021]년 [7]월 [25]일부터 [2024]년 [6]월 [25]일까지 [36]개월간

2. 변제에 제공되는 소득 또는 재산

가. 소 득

(1) 수 입

☑ 변제기간 동안 [주식회사 우주컴퓨터]에서 받는 월평균수입[2,761,574원]

☐ 변제기간 동안 [ ]을 운영하여 얻은 월 평균수입 [ ]원

(2) 채무자 및 피부양자의 생활에 필요한 생계비

(가) 채무자 및 피부양자 : 총 [3]명

(나) 국민기초생활보장법에 의한 가구별 기준 중위소득 : 월 평균 수입 [3,983,950] 원

(다) 채무자 회생 및 파산에 관한 법률에 따라 조정된 생계비 : 월 [2,390,370]원

(3) 채무자의 가용소득

기간 : [2021]년 [7]월 [25]일부터 [2024]년 [6]월 [25]일까지

① 월 평균 수입	② 월 평균 생계비	③ 월 평균 가용소득 (①－②)	④ 변제 회수 (월 단위로 환산)	⑤ 총 가용소득 (③×④)
2,761,574	2,390,370	371,204	36회	13,363,344

나. 재산 : [해당 있음 ☑ / 해당 없음 ☐]

순번	변제에 제공할 처분대상 재산	변제기한	변제투입 예정액
1	○○시 ○○구 ○○대로 ○○번길 ○○ 대지 ○○평	인가일부터 1년 내	17,846,543원
2	○○시 ○○대로 ○○번길 ○○ 전 ○○평		

3. 개인회생재단채권에 대한 변제 [해당 있음 □ / 해당 없음 ☑]

가. 회생위원의 보수 및 비용 [해당 있음 □ / 해당 없음 ☑]

□ 변제계획 인가 후 첫 변제기일에 [ ]원을 지급

□ 일반 개인회생채권의 매 변제기일에 [ ]원씩을 지급

나. 기타 개인회생재단채권 [해당 있음 □ / 해당 없음 ☑]

(1) 채권의 내용

채권자	채권현재액	채권발생원인	변제기

(2) 변제방법

변제계획 인가일 직후 그동안 적립된 가용소득으로부터 원리금 전액을 우선하여 변제한다. 남은 채권이 있을 경우에는 일반 개인회생채권의 매 변제기일에 우선하여 변제한다.

4. '일반의 우선권 있는 개인회생채권'에 대한 변제 [해당 있음 □ / 해당 없음 ☑]

가. 채권의 내용

채권자	채권현재액	채권발생원인 (우선권의 근거)	변제기

나. 변제방법

변제계획 인가일 직후 최초 도래하는 변제기일에 원리금 전액을 우선하여 변제한다. 남은 채권이 있을 경우에는 일반 개인회생채권의 매 변제기일에 우선하여 변제한다.

5. 별제권부 채권 및 이에 준하는 채권의 처리 [해당 있음 □ / 해당 없음 ☑]

<table>
<tr><th rowspan="3">채권
번호</th><th rowspan="3">채권자</th><th>① 채권현재액(원금)</th><th rowspan="2">③ 별제권행사 등으로 변제가 예상되는 채권액</th><th rowspan="2">④ 별제권행사 등으로도 변제받을 수 없을 채권액
(①+②−③)</th></tr>
<tr><th>② 채권현재액(이자)</th></tr>
<tr><th colspan="3">⑤ 별제권 등의 내용 및 목적물</th></tr>
<tr><td rowspan="3">10</td><td rowspan="3">(주)
□□
은행</td><td>12,000,000원</td><td rowspan="2">20,000,000원</td><td rowspan="2">0원</td></tr>
<tr><td>1,500,000원</td></tr>
<tr><td colspan="3">20○○. 1. 5. 근저당권 설정, 원금 : 12,000,000원, 이자 : 연 10%,
채권최고액 : 20,000,000원, 환가예상액 : 40,000,000원
목적물 : ○○시 ○○구 ○○대로 ○○번길 ○○대지 ○○평</td></tr>
</table>

나. 변제방법

(1) 위 각 채권에 대하여 별제권 행사 등으로 변제가 예상되는 채권액(③)은 별제권 행사 등에 의한 방법으로 변제하고 이 변제계획상의 가용소득이나 재산처분에 의한 변제대상에서 제외한다.

(2) 위 (1)항 기재 각 채권 중 별제권행사 등으로도 변제받을 수 없을 채권액(④)은 미확정채권으로 보아 유보하였다가 아래 7항 기재와 같은 방법으로 변제한다.

(3) 별제권 행사 등으로도 변제받을 수 없을 채권액이 위 가의 ④항 기재 금액을 초과하는 것으로 확정된 경우에는, 채권자가 그 초과부분을 변제계획안의 변경절차를 통하여 변제받을 수 있다.

6. 일반 개인회생채권에 대한 변제

가. 가용소득에 의한 변제

(1) 월 변제예정(유보)액 및 총 변제예정(유보)액의 산정

각 일반 개인회생채권의 [원금]의 액수를 기준으로 월 평균가용소득을 안분하여 산출한 금액을 각 일반 개인회생채권자에게 변제한다. 이를 기초로 산정한 월 변제예정(유보)액은 [371,204]원이고 총 변제예정(유보)액은 [13,363,344]원이다. 구체적 산정 내역은 별지 개인회생채권 변제예정액 표 참조.

(2) 변제방법

위 (1)항의 변제예정(유보)액은 다음과 같이 분할하여 변제한다.

(가) 기간 및 횟수

[2021]년 [7]월 [25]일부터 [2024]년 [6]월 [25]일까지 [36] 개월간 합계 [36]회

(나) 변제월 및 변제일

① [2021]년 [7]월 [25]일부터 변제계획인가일 직전 [25]일까지 기간

☑ 변제계획인가일 직후 최초 도래하는 월의 [25]일에 위 기간 동안의 변제분을 개인회생절차개시후 변제계획 인가 전에 적립된 가용소득으로 일시에 조기 변제

☐ 기타 : [ ]

② 변제계획인가일 직후 최초 도래하는 월의 [25]일부터 [2024]년 [6] 월 [25]일까지 기간

☑ 매월마다 [25]일에 변제

☐ 매 [ ]개월마다 [ ]일에 각 변제

☐ 기타 : [ ]

나. 재산의 처분에 의한 변제 [해당 있음 □ / 해당 없음 ☑]

7. 미확정 개인회생채권에 대한 조치 [해당 있음 □ / 해당 없음 ☑]

가. 변제금액의 유보

(1) 미확정 개인회생채권에 대하여는 변제를 유보하고, 별지 개인회생채권 변제예정액표에 기재한 금액을 해당 채권이 확정될 때까지 유보하여 둔다. 주의해야 할 점은 미확정 개인회생채권에 대해서도 변제계획안을 작성할 경우에는 그 채권의 성질에 따라 전액 또는 일부를 변제하는 내용으로 작성해야 한다는 점이다. 즉 재단채권이냐 '일반의 우선권 있는 개인회생채권'이냐 아니면 일반 개인회생채권이냐에 따라 구분하여 전액에 대한 변제로 작성하든지 일부만 변제하는 내용으로 작성하든지 해야 한다는 것이다.

(2) 채무자는 이와 같이 유보한 금액도, 즉시 지급되는 다른 채권에 대한 변제금과 마찬가지로 아래 8항 기재 계좌에 입금한다.

나. 미확정 개인회생채권에 대한 변제

(1) 미확정 개인회생채권이 전부 그대로 확정된 경우

미확정 개인회생채권의 전액에 관하여 채권의 존재가 확정된 경우에는, 그 확정 직후 유보비율을 변제비율로 적용하여 변제를 개시하고 매월의 변제기에 그 해당금액을 변제하되, 이미 분할 변제기가 도래한 부분 즉 그 동안의 유보액에 대하여는 곧바로 일시 변제한다.

(2) 미확정 개인회생채권이 전부 또는 일부 부존재 하는 것으로 확정된 경우(※ 실무상 아래 [ ]란에는 거의 대부분 [원금]이라 기재)

미확정 개인회생채권이 전부 또는 일부 부존재하는 것으로 확정된 경우에는, 그 확정 직후, 존재하는 것으로 확정된 [ ]의 인용 비율에 위 가항에 의해 지급을 유보한 금액을 곱하여 산출된 금액을 해당 개인회생채권자에게 일시에 변제한다. 유보금액 중, 미확정 개인회생채권의 일부가 존재하지 않는 것으로 됨에 따라 그 개인회생채권자에게 변제할 필요가 없게 된 나머지 유보금액은, 그 채권액 확정 직후 일반 개인회생채권자들에게 각 [ ]의 액수를 기준으로 안분하여 변제한다.

향후의 매월 입금액을 분배하는 기준이 될 변제비율은 위 확정 원금들 사이의 비율에 따라 새로 계산하여 정하는데, 미확정 개인회생채권의 일부가 존재하지 않는 것으로 확정됨에 따라 향후 해당 개인회생채권자를 위한 유보가 불필요하게 된 변제기 미도래분에 대한 변제 유보예정액은, 향후 변제기 도래시 일반 개인회생채권자들에게 그 각 [ ]의 액수를 기준으로 안분되도록 한다.

(3) 변제기간 종료시까지 미확정 개인회생채권이 미확정상태로 남는 경우에는 최종 변제기에 유보한 금액 전부를 일반개인회생채권자들에게 각 [ ]의 액수를 기준

으로 안분하여 변제한다.

(4) 임대차보증금반환액수가 확정되지 않은 임대차보증금 반환채권은 미확정채권으로 보아 위 가, 나항에 따라 변제하되 그 액수가 확정되고 임차인이 임차목적물을 명도함과 동시에 변제한다.

8. 변제금원의 회생위원에 대한 임치 및 지급

채무자는 위 [6, 7] 항에 의해 개인회생채권자들에게 변제해야 할 금액을 개시결정시 통지되는 개인회생위원의 예금계좌 {[ ]은행 계좌번호 [ ]}에 순차 임치하고, 회생위원은 이를 즉시 개인회생채권자들이 신고한 예금 계좌에 송금하는 방법으로 지급한다. 계좌번호를 신고하지 않은 개인회생채권자에 대하여는 변제액을 적립하였다가 이를 연 1회 개인회생사건이 계속되어 있는 지방법원에 공탁하여 지급할 수 있다.

☞ 회생위원의 예금계좌는 신청 당시에는 알 수 없으므로 공란으로 두었다가 추후 보완합니다.

9. 면책의 범위 및 효력발생시기

채무자가 개인회생채권에 대하여 이 변제계획에 따라 변제를 완료하고 면책신청을 하여 면책결정이 확정되었을 경우에는, 이 변제계획에 따라 변제한 것을 제외하고 개인회생채권자에 대한 채무에 관하여 그 책임이 면제된다. 단, 채무자 회생 및 파산에 관한 법률 제625조 제2항 단서 각호 소정의 채무에 관하여는 그렇지 않다.

10. 기타사항 [해당 있음 □ / 해당 없음 ☑]

주) 개인파산·회생실무, 서울회생법원, 양식편 인용 및 참고

[별지] 개인회생채권 변제예정액표(가용소득 및 재산처분으로 원금 일부만 변제시)

개인회생채권 변제예정액표

1. 기초사항

가. 가용소득 (단위 : 원)

(A) 월평균 가용소득	371,204	(B) 변제횟수	36회	(C) 총 가용소득	13,363,344

나. 처분대상 재산 (단위 : 원)

순번	변제에 제공할 처분대상 재산	변제기한	변제투입 예정액
1	○○시 ○○구 ○○대로 ○○번길 ○○ 대지 ○○평	인가일로부터 1년 내	17,846,545
2	○○시 ○○대로 ○○번길 ○○ 전 ○○평		

2. 채권자별 변제예정액의 산정내역

가. 가용소득에 의한 변제내역

별표(1)과 같음

나. 재산처분을 통한 변제의 예상

별표(2)와 같음

3. 변 제 율

가. 가용소득에 의한 변제 : 원금의 [15.6] % 상당액

나. 재산의 처분에 의한 변제 : 원금의 [21] % 상당액

4. 청산가치와의 비교

(단위 : 원)

(J) 청산가치	25,000,000	(K) 가용소득에 의한 총변제 예정(유보)액	13,363,344	(M) 가용소득에 의한 총변제 예정(유보)액	17,846,545
		(L) 현재가치	12,536,264	(N) 현재가치	16,271,890

별표 (1) 가용소득에 의한 변제내역

(단위 : 원)

채권번호	채권자	(D) 개인회생채권액		(E) 월 변제예정(유보)액		(F) 총 변제예정(유보)액	
		확정 채권액 (원금)	미확정 채권액 (원금)	확정 채권액 (원금)	미확정 채권액 (원금)	확정 채권액 (원금)	미확정 채권액 (원금)
1	(주) ○○은행	19,365,500	0	83,975	0	3,023,091	0
2	(주) ○○카드	17,873,000	0	77,503	0	2,790,111	0
3	○○캐피탈(주)	15,456,300	0	67,023	0	2,412,832	0
4	(주) ○○크레디트	13,563,400	0	58,815	0	2,117,338	0
5	○○유동화전문(유)	19,345,450	0	83,888	0	3,019,972	0
합 계		85,603,650	0	371,204	0	13,363,344	0
총 계		(G) 85,603,650		(H) 371,204		(I) 13,363,344	

별표 (2) 재산처분을 통한 변제의 예상

(단위 : 원)

채권번호	채권자	(D) 개인회생채권액		(O) 변제투입예정액	(P) 총 변제예정(유보)액	
		확정채권액 (원금)	미확정 채권액 (원금)		확정채권액 (원금)	미확정 채권액 (원금)
1	(주) ○○은행	19,365,500	0	17,846,545	4,037,296	0
2	(주) ○○카드	17,873,000	0		3,726,141	0
3	○○캐피탈(주)	15,456,300	0		3,222,311	0
4	(주) ○○크레디트	13,563,400	0		2,827,681	0
5	○○유동화전문(유)	19,345,450	0		4,033,116	0
합 계		85,603,650	0		17,846,545	0
총 계		(G) 85,603,650			(Q) 17,846,545	

주) 개인파산·회생실무, 서울회생법원, 양식편 인용 및 참고

제3장 개인회생신청서 작성 사례

[사례 1] 개인회생(근로소득자, 생활비 부족, 가용소득만으로 변제)

개인회생 신청 ○○○관련
(첨부서류 및 소명자료 일람표)

회생절차개시신청서

• 법원기록철(표지등)

• 회생절차개시신청서(표지)

• 회생절차개시신청서

• 송달료·예납금 납부서·영수증

• 개인회생채권자목록

• 재산목록

• 수입 및 지출에 관한 목록

• 진술서

• 신청서 부본

• 신청인 본인의 예금계좌사본

• 위임장(대리인이 있는 경우)

변제계획안

• 변제계획안(표지)

• 변제계획안

• 개인회생채권 변제예정액표

수입인지
30,000원

개인회생절차개시신청서

<table>
<tr><td rowspan="4">신
청
인</td><td>성 명</td><td>박 길 동</td><td>주민등록번호</td><td>123456-1234567</td></tr>
<tr><td>주민등록상
주 소</td><td colspan="3">광주 ○○구 ○○대로 ○○번길 ○○ 우편번호: 12345</td></tr>
<tr><td>현 주 소</td><td colspan="3">위와 같음 우편번호:</td></tr>
<tr><td>전화번호
(집·직장)</td><td>0000-0000</td><td>전화번호
(휴대전화)</td><td>010-0000-0000</td></tr>
</table>

<table>
<tr><td rowspan="4">대
리
인</td><td>성 명</td><td colspan="3"></td></tr>
<tr><td>사무실 주소</td><td colspan="3">우편번호:</td></tr>
<tr><td>전화번호
(사무실)</td><td colspan="3"></td></tr>
<tr><td>이-메일 주소</td><td></td><td>FAX번호</td><td></td></tr>
</table>

<table>
<tr><td colspan="4">주채무자가(또는 보증채무자가, 연대채무자가, 배우자가) 이미 귀 법원에 개인회생절차 개시신청을 하였으므로 그 사실을 아래와 같이 기재합니다.</td></tr>
<tr><td>성 명</td><td></td><td>사건번호</td><td></td></tr>
</table>

신 청 취 지

신청인에 대하여 개인회생절차를 개시한다. 라는 결정을 구합니다.

신 청 이 유

1. 신청인은, 첨부한 개인회생채권자목록 기재와 같은 채무를 부담하고 있으나, 수입 및 재산이 별지 수입 및 지출에 관한 목록과 재산목록에 기재된 바와 같으므로, 파산의 원인사실이 발생하였습니다.

☑ 신청인은 정기적이고 확실한 수입을 얻을 것으로 예상되고, 또한 채무자 회생 및 파산에 관한 법률 제595조에 해당하는 개시신청 기각사유는 없습니다(급여소득자입니다).

☐ 신청인은 부동산임대소득·사업소득·농업소득·임업소득 그밖에 이와 유사한 수입을 장래에 계속적으로 또는 반복하여 얻을 것으로 예상되고, 또한 채무자 회생 및 파산에 관한 법률 제595조에 해당하는 개시신청 기각사유는 없습니다(영업소득자

의 경우).

2. 신청인은, 각 회생채권자에 대한 채무 전액의 변제가 곤란하므로, 그 일부를 분할하여 지급할 계획입니다. 즉 현 시점에서 계획하고 있는 변제예정액은 36 개월간 월 300,000원 씩이고, 이 변제의 준비 및 절차비용지급의 준비를 위해, 개시결정이 내려지는 경우 20○○. ○○. ○○.을 제1회로 하여, 이후 매월 ○○ 일에 개시결정시 통지되는 개인회생위원의 은행구좌에 동액의 금전을 입금하겠습니다.
3. 이 사건 개인회생절차에서 변제계획이 불인가될 경우 불인가 결정시까지의 적립금을 반환받을 신청인의 예금계좌는 농협 은행 000-00-000000 입니다.
4. 개인회생채권자목록 부본(개인회생채권자목록상의 채권자수+2통)은 개시결정 전 회생위원의 지시에 따라 지정하는 일자까지 반드시 제출하겠습니다.

첨 부 서 류

1. 개인회생채권자목록 1통
2. 재산목록 1통
3. 수입 및 지출에 관한 목록 1통
4. 진술서 1통
5. 변제계획안 1통
6. 신청서 부본 1통
7. 예납금영수증 1통
8. 송달료납부서 1통
9. 신청인 본인의 예금계좌 사본 1통
10. 위임장(대리인이 신청하는 경우) 1통

20○○. ○. ○.

신청인 박 길 동 (인)

○○지방법원 귀중

注) 변제계획안은 개인회생절차개시신청서와 동시에 제출해도 되고, 이로부터 14일 이내에 따로 제출

[첨부서류 1] 개인회생채권자목록

개인회생채권자목록

채권현재액 산정기준일 : 20○○. ○. ○.　　　　목록작성일 : 20○○. ○. ○.

채권현재액 총합계	29,017,852원	담보부 회생 채권액의 합계	0원	무담보 회생 채권액의 합계	29,017,852원

※ 개시후이자 등 : 아래 각 채권의 개시결정일 이후의 이자·지연손해금 등은 채무자 회생 및 파산에 관한 법률 제581조 제2항, 제446조 제1항 제1, 2호의 후순위채권입니다. (그외 후순위채권이 있으면 부속서류 유무란과 부속서류 2에 구체적 내역을 표시)

<table>
<tr><td rowspan="4">채권번호</td><td rowspan="4">채권자</td><td colspan="2">채권의 원인</td><td>주소 및 연락처</td></tr>
<tr><td colspan="2">채권의 내용</td><td>부속서류 유무</td></tr>
<tr><td colspan="2">채권현재액(원금)</td><td>채권현재액(원금) 산정근거</td></tr>
<tr><td colspan="2">채권현재액(이자)</td><td>채권현재액(이자) 산정근거</td></tr>
<tr><td rowspan="4">1</td><td rowspan="4">하나카드</td><td colspan="2">20○○.2.29. 신용카드
사용대금 채무</td><td>(주소) 광주 ○○구 ○○로 ○○길 ○○
(전화) 062) 111-2222 (팩스)</td></tr>
<tr><td colspan="2">금 5,990,637원중 5,871,374원에 대하여 완제일까지
연 29.9% 비율에 의한 금원</td><td>☐ 부속서류
(1, 2, 3, 4, 5, 6)</td></tr>
<tr><td>5,871,374</td><td colspan="2">부채확인서 참조(신청기준일: 08.8.22)</td></tr>
<tr><td>119,263</td><td colspan="2">부채확인서 참조</td></tr>
<tr><td rowspan="4">2</td><td rowspan="4">두리은행</td><td colspan="2">20○○.7.25. 일반통장대출 및
20○○.8.16. 신용카드 채무</td><td>(주소) 서울 ○구 ○○대로 ○○번길 5가 211
(전화) 02) 1111-2222 (팩스)</td></tr>
<tr><td colspan="2">금 5,000,000원 및 이자 27,997원
신용카드원금 33,000원 및 이자 506원</td><td>☐ 부속서류
(1, 2, 3, 4, 5, 6)</td></tr>
<tr><td>5,033,000</td><td colspan="2">부채확인서 참조(신청기준일: ○○.9.1)</td></tr>
<tr><td>28,503</td><td colspan="2">부채확인서 참조</td></tr>
<tr><td rowspan="4">3</td><td rowspan="4">서이은행</td><td colspan="2">20○○.3.4. 신용카드사용대금
20○○.1.3. 대출채무</td><td>(주소) 서울 ○구 ○○대로 ○○번길 3가 678-987
(전화) 02) 2222-3333 (팩스)</td></tr>
<tr><td colspan="2">신용카드 및 완제일까지 연체이율 20% 비율에 의한 금원, 일반자금대출 및 완제일까지 연체이율 15% 비율의 금원</td><td>☐ 부속서류
(1, 2, 3, 4, 5, 6)</td></tr>
<tr><td>5,989,969</td><td colspan="2">부채확인서 참조(신청기준일: ○○.8.23)</td></tr>
<tr><td>43,656</td><td colspan="2">부채확인서 참조</td></tr>
<tr><td rowspan="4">4</td><td rowspan="4">너이은행</td><td colspan="2">20○○.4.27. 신용카드
사용대금 채무</td><td>(주소) 서울 영등포구 ○○○대로 ○○번길 111-222
(전화) 02) 3333-4444 (팩스)</td></tr>
<tr><td colspan="2">신용카드원금 2,541,760원 및 이자 55,491원</td><td>☐ 부속서류
(1, 2, 3, 4, 5, 6)</td></tr>
<tr><td>2,541,760</td><td colspan="2">부채확인서 참조(신청기준일: 08.9.1)</td></tr>
<tr><td>55,491</td><td colspan="2">부채확인서 참조</td></tr>
</table>

<table>
<tr><td rowspan="4">5</td><td rowspan="4">다서
카드</td><td colspan="2">20○○.6.18. 신용카드
사용대금 채무</td><td colspan="2">(주소) 서울 ○○구 ○○대로 ○○번길 8가
4487-3765
(전화) 02) 4444-5555 (팩스)</td></tr>
<tr><td colspan="3">금 1,127,000원 및 이자 89,789원</td><td>☐ 부속서류
(1, 2, 3, 4, 5, 6)</td></tr>
<tr><td>1,127,000</td><td colspan="3">부채확인서 참조(신청기준일: ○○.8.23)</td></tr>
<tr><td>89,789</td><td colspan="3">부채확인서 참조</td></tr>
<tr><td rowspan="4">6</td><td rowspan="4">여서
은행</td><td colspan="2">20○○.11.25. 신용카드
사용대금 채무</td><td colspan="2">(주소) 서울 ○○○구 ○○대로 ○○번길 7가
3765-7896
(전화) 02) 5555-6666 (팩스)</td></tr>
<tr><td colspan="3">신용카드원금 600,000원 및 이자 47,484원</td><td>☐ 부속서류
(1, 2, 3, 4, 5, 6)</td></tr>
<tr><td>600,000</td><td colspan="3">부채확인서 참조(신청기준일: ○○.8.22)</td></tr>
<tr><td>47,484</td><td colspan="3">부채확인서 참조</td></tr>
<tr><td rowspan="4">7</td><td rowspan="4">일고
은행</td><td colspan="2">20○○.2.26. 신용카드
사용대금 채무</td><td colspan="2">(주소) 광주 ○○구 ○○대로 ○○번길 786-487
(전화) 062) 1111-2222 (팩스)</td></tr>
<tr><td colspan="3">원금잔액 7,272,499원과 이에 대한 완제일까지 이자 및 연체이율(연 20%)에 의한 금원</td><td>☐ 부속서류
(1, 2, 3, 4, 5, 6)</td></tr>
<tr><td>7,272,499</td><td colspan="3">부채확인서 참조(신청기준일: ○○.8.22)</td></tr>
<tr><td>198,064</td><td colspan="3">부채확인서 참조</td></tr>
<tr><td rowspan="4">8</td><td rowspan="4"></td><td colspan="2"></td><td colspan="2">(주소)
(전화) (팩스)</td></tr>
<tr><td colspan="3"></td><td>☐ 부속서류
(1, 2, 3, 4, 5, 6)</td></tr>
<tr><td></td><td colspan="3"></td></tr>
<tr><td></td><td colspan="3"></td></tr>
<tr><td rowspan="4">9</td><td rowspan="4"></td><td colspan="2"></td><td colspan="2">(주소)
(전화) (팩스)</td></tr>
<tr><td colspan="3"></td><td>☐ 부속서류
(1, 2, 3, 4, 5, 6)</td></tr>
<tr><td></td><td colspan="3"></td></tr>
<tr><td></td><td colspan="3"></td></tr>
</table>

※ 1. 채권자가 많아 이 용지에 다 적을 수 없는 경우에는 다음 장에 계속 적으면 된다.
2. 저당권, 전세권, 임대차보증금 등 별제권부 채권자 등이 있는 경우에는 '채권의 원인'란에 '부동산 담보대출', '전세권 설정', '가등기 담보대출', '임대차 계약' 등의 표시를 별도로 한 후, 부속서류의 '별제권부 채권 및 이에 준하는 채권의 내역'란에 기재하여 주면 된다.

[부속서류 1] 별제권부채권 및 이에 준하는 채권의 내역

(단위 : 원)

<table>
<tr><td rowspan="2">채권
번호</td><td rowspan="2">채
권
자</td><td>① 채권현재액(원금)
② 채권현재액(이자)</td><td>③ 별제권행사등으로 변제가 예상되는 채권액</td><td>④ 별제권행사등으로도 변제받을 수 없을 채권액</td><td>⑤ 담보부 회생채권액</td></tr>
<tr><td colspan="4">⑥ 별제권 등의 내용 및 목적물</td></tr>
<tr><td rowspan="2"></td><td rowspan="2"></td><td></td><td></td><td></td><td></td></tr>
<tr><td colspan="4"></td></tr>
<tr><td rowspan="2"></td><td rowspan="2"></td><td></td><td></td><td></td><td></td></tr>
<tr><td colspan="4"></td></tr>
<tr><td rowspan="2"></td><td rowspan="2"></td><td></td><td></td><td></td><td></td></tr>
<tr><td colspan="4"></td></tr>
<tr><td rowspan="2"></td><td rowspan="2"></td><td></td><td></td><td></td><td></td></tr>
<tr><td colspan="4"></td></tr>
<tr><td rowspan="2"></td><td rowspan="2"></td><td></td><td></td><td></td><td></td></tr>
<tr><td colspan="4"></td></tr>
<tr><td colspan="2">합 계</td><td></td><td></td><td></td><td></td></tr>
</table>

[부속서류 2] 다툼이 있거나 예상되는 채권의 내역

(단위 : 원)

<table>
<tr><th rowspan="2">채권 번호</th><th rowspan="2">채권자</th><th colspan="2">① 채권자목록상 채권현재액</th><th>② 채권자 장 채권 현재액</th><th>③ 다툼이 없는 부분</th><th>④ 차이나는 부분 (② − ①)</th><th>⑤ 다툼의 원인</th></tr>
<tr><th colspan="6">⑥ 소송제기여부 및 진행경과, 집행권원 또는 종국판결의 존부</th></tr>
<tr><td rowspan="3"></td><td rowspan="3"></td><td>원금</td><td></td><td></td><td></td><td></td><td rowspan="2"></td></tr>
<tr><td>이자</td><td></td><td></td><td></td><td></td></tr>
<tr><td colspan="6"></td></tr>
<tr><td rowspan="3"></td><td rowspan="3"></td><td>원금</td><td></td><td></td><td></td><td></td><td rowspan="2"></td></tr>
<tr><td>이자</td><td></td><td></td><td></td><td></td></tr>
<tr><td colspan="6"></td></tr>
<tr><td rowspan="3"></td><td rowspan="3"></td><td>원금</td><td></td><td></td><td></td><td></td><td rowspan="2"></td></tr>
<tr><td>이자</td><td></td><td></td><td></td><td></td></tr>
<tr><td colspan="6"></td></tr>
<tr><td rowspan="3"></td><td rowspan="3"></td><td>원금</td><td></td><td></td><td></td><td></td><td rowspan="2"></td></tr>
<tr><td>이자</td><td></td><td></td><td></td><td></td></tr>
<tr><td colspan="6"></td></tr>
<tr><td rowspan="3"></td><td rowspan="3"></td><td>원금</td><td></td><td></td><td></td><td></td><td rowspan="2"></td></tr>
<tr><td>이자</td><td></td><td></td><td></td><td></td></tr>
<tr><td colspan="6"></td></tr>
</table>

[부속서류 3] 전부명령의 내역

(단위 : 원)

채권 번호	채권자	채권의 내용	전부명령의 내역

[부속서류 4] 기 타

「부속서류 4. 기타」란에는 채무자가 보증인인 경우에는 주채무의 내용(주채무자, 금액, 관계 등), 채무자 이외의 제3자가 물상보증을 제공한 경우 등 위의 부속서류에 기재하기 어려운 유형의 채권이 있는 경우에 기재한다.

[첨부서류 2] 재산목록

재산목록

<table>
<tr><th>명 칭</th><th>금액 또는 시가(단위 : 원)</th><th>압류등 유무</th><th colspan="2">비 고</th></tr>
<tr><td>현 금</td><td></td><td></td><td colspan="2"></td></tr>
<tr><td rowspan="3">예 금</td><td rowspan="3">339,732원</td><td rowspan="3">무</td><td>금융기관명</td><td>농협중앙회</td></tr>
<tr><td>계좌번호</td><td>000-00-000000</td></tr>
<tr><td>잔 고</td><td>339,732원</td></tr>
<tr><td rowspan="3">보 험</td><td rowspan="3"></td><td rowspan="3"></td><td>보험회사명</td><td></td></tr>
<tr><td>증권번호</td><td></td></tr>
<tr><td>해약반환금</td><td></td></tr>
<tr><td>자동차(오토바이 포함)</td><td></td><td></td><td colspan="2"></td></tr>
<tr><td rowspan="3">임차보증금
(반환받을 금액을
금액란에 적는다)</td><td rowspan="3"></td><td rowspan="3"></td><td>임차물건</td><td></td></tr>
<tr><td>보증금 및 월세</td><td></td></tr>
<tr><td>차이 나는 사유</td><td></td></tr>
<tr><td rowspan="5">부동산
(환가예상액에서
피담보채권을 뺀 금액을
금액란에 적는다)</td><td rowspan="5"></td><td rowspan="5"></td><td>소재지, 면적</td><td></td></tr>
<tr><td>부동산의 종류</td><td>토지( ), 건물( ),
집합건물( )</td></tr>
<tr><td>권리의 종류</td><td></td></tr>
<tr><td>환가예상액</td><td></td></tr>
<tr><td>담보권 설정된 경우 그 종류및 담보액</td><td></td></tr>
<tr><td rowspan="3">사업용 설비,
재고품, 비품 등</td><td rowspan="3"></td><td rowspan="3"></td><td>품목, 개수</td><td></td></tr>
<tr><td>구입시기</td><td></td></tr>
<tr><td>평가액</td><td></td></tr>
<tr><td rowspan="2">대여금 채권</td><td rowspan="2"></td><td rowspan="2"></td><td colspan="2">상대방 채무자 1: □ 소명자료 별첨</td></tr>
<tr><td colspan="2">상대방 채무자 2: □ 소명자료 별첨</td></tr>
<tr><td rowspan="2">매출금 채권</td><td rowspan="2"></td><td rowspan="2"></td><td colspan="2">상대방 채무자 1: □ 소명자료 별첨</td></tr>
<tr><td colspan="2">상대방 채무자 2: □ 소명자료 별첨</td></tr>
<tr><td>예상 퇴직금</td><td>1,200,000원</td><td></td><td colspan="2">근무처: ㈜○○○○전자</td></tr>
<tr><td>기타( )</td><td></td><td></td><td colspan="2"></td></tr>
<tr><td>합 계</td><td>1,539,732원</td><td></td><td colspan="2"></td></tr>
</table>

[첨부서류 3] 수입 및 지출에 관한 목록

수입 및 지출에 관한 목록

Ⅰ. 현재의 수입목록

(단위 : 원)

명목	기간구분	금액	연간환산금액	압류, 가압류 등 유무
급여	월간	1,739,905	20,878,860	
		연 수입	20,878,860	월 평균 수입: 1,739,905

Ⅱ. 변제계획 수행시의 예상지출목록

☑ **채무자가 예상하는 생계비가 보건복지부 공표 기준 중위소득의 60% 이하인 경우**
보건복지부 공표 (4)인 가구 기준 중위소득 (4,613,536)원의 약 (60)%인 (2,768,122)원을 지출할 것으로 예상됩니다(뒷면 표에 내역과 사유를 상세히 기재하십시오).

☐ **채무자가 예상하는 생계비가 보건복지부 공표 기준 중위소득의 60%를 초과하는 경우**
보건복지부 공표 ( )인 가구 기준 중위소득 ( )원의 약 ( )%인 ( )원을 지출할 것으로 예상됩니다(뒷면 표에 내역과 사유를 상세히 기재하십시오).

Ⅲ. 가족관계

관계	성 명	연령	동거여부 및 기간	직 업	월 수입	재산총액	부양유무
모	김 서 희	65	20○○. 7월부터 동거	무	무	31,000,000원	유
처	서 부 자	30	20○○. 7월부터 동거	무	무	0원	유
자	박 부 순	8	20○○. 7월부터 동거	학생	무	0원	유
자	박 연 순	7	20○○. 7월부터 동거	학생	무	0원	유

☞ 채무자가 예상하는 생계비가 보건복지부 공표 기준 중위소득의 100분의 60을 초과하는 경우

1. 생계비의 지출 내역

비 목	지출예상 생계비	추가지출 사유
생계비 ☞ 생계비에는 식료품비, 광열수도비, 가구집기비, 피복신발비, 교양오락비, 교통통신비, 기타 비용의 합산액을 기재합니다.		
주거비		
의료비		
교육비		
계		추가비율 : %

2. 생계비 추가지출사유에 관한 보충기재사항

(생계비 추가지출사유가 있는 경우에 기재)

3. 진술서(신청서 첨부서류 4) 작성방법

진술서에는 직업, 경력, 수입, 생활상황, 부채상황, 과거의 면책절차 등의 이용 상황, 기타 채무를 부담하게 된 사정 등을 있는 사실 그대로 기재하면 된다.

신청인은 20○○년 ○○기업이라는 중소기업체에서 성실히 근무를 하다가 뜻이 맞지 않아 독립하면서 건설 하청업을 하게 되었는데, 경기가 좋지 않은데다 산재사고가 발생 등으로 일감이 떨어져 사업체가 부도가 나서 채무만 몽땅 지게 되었습니다. 생활비로 여기저기 카드 돌려막기로 근근히 살아오고 있는데, 더 이상 채무를 감당하기 힘들게 되었습니다. 현재는 조그마한

회사에서 근로자로 일하고 있는데, 경제적으로 도저히 어려워서 신청인의 월급만으로는 채무 전액을 변제하기가 힘들기에 절약한 생활을 함과 동시에 채무를 조정받아 일부씩 변제하고 잔여 채무를 면책받고자 이 사건 신청에 이르게 되었습니다.

개인회생사건 자료제출목록

20○○. 9. 1. 시행

채무자 (인) 채무자는 아래와 같은 자료들을 제출합니다.

※ 아래표의 해당 □ 란에 ∨ 표시하고 뒷면에 제출하는 서류를 순서대로 첨부하여 제출합니다.

※ 가족관계증명서, 혼인관계증명서, 주민등록등본은 신청인 외 제3자의 주민등록번호 뒷자리가 표기되지 아니한 것을 제출합니다(다만, 신청인 본인의 주민등록번호는 전체를 표기하여야 합니다).

※ 신청인이 신용회복위원회, 한국자산관리공사 등 법원 이외의 기관을 통하여 사적인 채무조정을 시도한 사실이 있고 이러한 절차를 통하여 발급 받은 자료를 제출하는 경우에는 먼저 아래의 목록 중 '10. 신용회복위원회, 한국자산관리공사 등 유관기관 관련 서류'의 '제출'란에 체크하시기 바랍니다. 또한 그러한 자료가 아래 목록의 순번 1번부터 9번까지 제출해야 할 서류와 중복되는 경우에는'10번 제출'란에 체크하시기 바랍니다.

1. 인적 사항 및 주거 관련 서류	제출	제출 못하거나 일부만 제출한 이유	10번 제출
채무자의 가족관계증명서(상세증명서)	□		□
채무자의 혼인관계증명서(상세증명서)	□		□
채무자의 주민등록초본[주소변동내역(과거 주소 전체) 및 개명, 주민등록번호 변동사항 포함]	□		□
채무자의 주민등록등본	□		□
발급 방법 및 유의 사항 ※ 가족관계 등록사항별 증명서(기본증명서, 가족관계증명서, 혼인관계증명서, 입양관계증명서, 친양자입양관계증명서)는 시, 구, 읍(면) 등 가족관계등록관서 및 주민센터 또는 정부민원포털에서 발급 받을 수 있음 ※ 주민등록초본 등은 주민센터 또는 정부민원포털에서 발급 가능, 주민등록초본은 주민등록 변동사항이 기재된 것이어야 함			
2. 재산 및 소득 관련 서류 – 주거지	**제출**	**제출 못하거나 일부만 제출한 이유**	**10번 제출**
현재의 주거사항을 알 수 있는 자료	□		□
무상거주사실확인서	□		□
3. 재산 및 소득 관련 서류 – 과세증명서	**제출**	**제출 못하거나 일부만 제출한 이유**	**10번 제출**
채무자에 대한 지방세 세목별 과세증명서(현재로부터 과거 5년까지의 기간에 관한 것. 모든 세목이 포함되도록 표시하여 발급하고, 전국 단위로 발급)	□		□

<table>
<tr><td colspan="5">발급 방법 및 유의 사항
※ 세목별 과세 증명서는 시·구·읍·면사무소 또는 주민센터에서 발급받을 수 있는 바, 해당 기간 동안 주민등록지가 광역시·도·시·군·구(지방자치단체인 구) 단위로 변경된 경우에는 해당 단위 이상의 주민등록지 전부에 대하여 발급받아야 함</td></tr>
<tr><th colspan="2">4. 재산 및 소득 관련 서류 - 자동차</th><th>제출</th><th>제출 못하거나 일부만 제출한 이유</th><th>10번 제출</th></tr>
<tr><td colspan="2">채무자 소유 자동차에 관한 자동차등록원부(갑구, 을구 모두 포함)</td><td>□</td><td rowspan="2">□ 해당사항 없음(차량소유 없음)</td><td>□</td></tr>
<tr><td colspan="2">채무자 소유 자동차 시가 확인자료</td><td>□</td><td>□</td></tr>
<tr><td colspan="5">발급 방법 및 유의 사항
※ 차량등록원부는 주민센터 또는 정부민원포털에서 발급, 차량등록원부에는 갑구 및 을구가 모두 포함되어야 함
※ 객관적인 시가 확인 자료로서 보험개발원의 차량기준가액표, 2개 이상의 중고차 시세제공업체에서 제공하는 차종·연식별 일반시세표(개별 매물의 판매가격이 아님)를 제출할 수 있음</td></tr>
<tr><th colspan="5">5. 재산 및 소득 관련 서류 - 근로·영업·기타 소득</th></tr>
<tr><th colspan="2">채무자가 영업을 하였던 경우</th><th>제출</th><th>제출 못하거나 일부만 제출한 이유</th><th>10번 제출</th></tr>
<tr><td rowspan="6">※ 오른쪽 ①~⑥은 해당 사실증명에 대하여 발급신청을 하고, 그에 따라 세무공무원이 교부해주는 서류를 제출(현재부터 과거 3년까지의 기간에 관한 것)</td><td>① 사업자등록증명</td><td>□</td><td></td><td>□</td></tr>
<tr><td>② 납세증명 및 체납사실증명</td><td>□</td><td></td><td>□</td></tr>
<tr><td>③ 소득금액증명</td><td>□</td><td></td><td>□</td></tr>
<tr><td>④ 부가가치세과세표준증명</td><td>□</td><td></td><td>□</td></tr>
<tr><td>⑤ 부가가치세면세사업자수입금액증명</td><td>□</td><td></td><td>□</td></tr>
<tr><td>⑥ 표준재무제표증명(개인, 법인)</td><td>□</td><td></td><td>□</td></tr>
<tr><td colspan="2">⑦ 종합소득세 확정신고서(최근 2년분)</td><td>□</td><td></td><td>□</td></tr>
<tr><td colspan="2">⑧ 영업장부 사본 등 매출금 현재액을 알 수 있는 자료(변제받는 것이 곤란한 경우에는 그 납세 및 체납사실증명)</td><td>□</td><td></td><td>□</td></tr>
<tr><td colspan="2">⑨ 영업에 필요한 필요비 지출을 증명할 수 있는 세금계산서나 명세서</td><td>□</td><td></td><td>□</td></tr>
<tr><td colspan="2">⑩ 사업장의 임료, 전기세, 기타 공과금의 납부를 소명자료</td><td>□</td><td></td><td>□</td></tr>
<tr><td colspan="2">⑪ 영업 시설 및 비품의 시가확인서</td><td>□</td><td></td><td>□</td></tr>
<tr><td colspan="2">⑫ 발행금액 등 집계표, 손익계산서 또는 총매출액, 필요비 실질소득</td><td>□</td><td></td><td>□</td></tr>
<tr><td colspan="2">⑬ 사업장 임대차 계약서 사본</td><td>□</td><td></td><td>□</td></tr>
<tr><th colspan="2">채무자가 급여 소득이 있는 경우</th><th>제출</th><th>제출 못하거나 일부만 제출한 이유</th><th>10번 제출</th></tr>
<tr><td colspan="2">① 급여액을 확인할 수 있는 자료(급여증명서(최</td><td>□</td><td></td><td>□</td></tr>
</table>

근 2년분)와 근로소득세 원천징수영수증의 사본, 급여입금통장사본(최근 2년분) 또는 현금으로 급여를 수령하는 경우 수입상황보고서 등 소명자료)			
② 사용자 작성의 퇴직금 계산서 등 증명서	□		□
③ 최근 1년 동안 직장이나 직업의 변동이 있었던 경우 변동 후의 기간에 대한 소명자료 및 종전 직장 급여액을 확인할 수 있는 자료	□		□
④ 재직증명서, 사업자등록증이 첨부된 사용자의 확인서 또는 이에 준하는 서류	□		□
연금 / 생활보호대상자 / 기타의 경우	**제출**	**제출 못하거나 일부만 제출한 이유**	**10번 제출**
연금을 받는 경우에는 수급증명서	□		□
생활보호대상자인 경우에는 수급증명서	□		□
기타 수입원을 나타내는 자료	□		□

발급 방법 및 유의 사항

※ 사업자등록증명, 표준재무제표증명(개인, 법인)은 정부민원포털에서 발급 받을 수 있고 납세증명 및 체납사실증명, 소득금액증명, 부가가치세과세표준증명, 부가가치세면세사업자수입금액증명, 종합소득세 확정신고서(최근 2년분)는 세무서 또는 홈택스에서 발급 받을 수 있음

※ 근로소득원천징수영수증은 사용자로부터 발급 받을 수 있고, 연금 수급증명서는 국민연금보험공단에서, 생활보호자 수급증명서는 읍·면·동 행정복지센터 또는 복지포털에서 발급 받을 수 있음

<table>
<tr><th colspan="2">6. 재산 및 소득 관련 서류 – 동산·계좌·카드·채권·채무 등</th><th>제출</th><th>제출 못하거나 일부만 제출한 이유</th><th>10번 제출</th></tr>
<tr><td colspan="2">채무자 소유 부동산에 관한 부동산등기사항전부증명서</td><td>□</td><td>□ 해당사항 없음(부동산소유 없음)</td><td>□</td></tr>
<tr><td colspan="2">재산과세증명서 등 부동산 시가 확인자료</td><td>□</td><td></td><td>□</td></tr>
<tr><td colspan="2">채무자에 대한 지적전산자료조회결과서</td><td>□</td><td></td><td>□</td></tr>
<tr><td rowspan="3">과거 1년 이전부터 신청 시까지 부동산이나 하나의 재산 가액이 1,000만 원 이상의 재산을 처분한 경우</td><td>① 처분시기와 대가를 확인할 수 있는 부동산등기사항전부증명서(경매로 처분된 경우는 배당표 사본 및 사건별수불내역서 등 소명자료)</td><td>□</td><td rowspan="3">□ 해당사항 없음
(지급 불가능 시점의 1년 이전부터 신청 시까지 사이에 부동산이나 하나의 재산의 가액이 1,000만 원 이상의 재산을 처분한 일이 없음)
□ 협조거부)
□ 기타( )</td><td>□</td></tr>
<tr><td>② 계약서 사본</td><td>□</td><td>□</td></tr>
<tr><td>③ 영수증 사본</td><td>□</td><td>□</td></tr>
<tr><td colspan="2">임대차계약서 사본 등 임차보증금 중 반환예상액을 알 수 있는 자료</td><td>□</td><td>□ 해당사항 없음(임차한 물건 없음)
□ 협조거부)
□ 기타( )</td><td>□</td></tr>
<tr><td colspan="2">채무자 소유 부동산에 저당권 등 등기된 담보권이 있는 경우 담보권자 작성 피담보채권 잔액증명서 등 증빙자료</td><td>□</td><td></td><td>□</td></tr>
<tr><td colspan="2">과거 1년부터 현재까지 채무자 명의(채무자가</td><td>□</td><td>□ 해당사항 없음(은행거래 없음)</td><td>□</td></tr>
</table>

사용하는 타인 명의 포함)의 모든 은행계좌 거래내역서 또는 금융결제원 계좌정보통합관리서비스에서 발급받은 은행별(금융기관별) 계좌 내역, 계좌 상세내역서		□ 협조거부( ) □ 기타( )	
과거 1년간 채무자의 사업용 은행통장 거래내역서 또는 금융결제원 계좌정보통합관리서비스에서 발급받은 은행별(금융기관별) 계좌 내역, 계좌 상세내역서	□	□ 해당사항 없음(은행거래 없음) □ 협조거부( ) □ 기타( )	□
계약서 사본 등 대여금의 현재액을 알 수 있는 자료(변제 받는 것이 어려운 경우 사유를 기재한 진술서를 첨부)	□		□
개인회생채권자목록상의 채권자 및 채권 금액에 관한 소명자료	□		□

발급 방법 및 유의 사항

※ 등기사항증명서(종전의 등기부등본을 지칭)는 등기소 또는 대법원 인터넷등기소에서 발급받을 수 있음.
미등기 건물에 대하여는 등기사항증명서 대신 토지대장 및 건축물대장을 제출하여야 함. 토지대장 및 건축물대장은 시·구·읍·면 사무소, 주민센터 또는 정부민원포털에서 발급 받을 수 있음

※ 부동산 지적전산자료조회결과표 또는 개인별 토지소유현황정보는 국토교통부 인터넷홈페이지 내 국가공간정보포털이나 씨:리얼(SEE:REAL) 부동산정보 통합포털에서 발급받을 수 있음

※ 객관적인 시가 확인 자료로서, ① 토지 및 일반주택에 대하여는 인근 부동산중개업소 2곳의 확인서(공인중개사자격증 사본 또는 중개업등록증 사본 첨부 후 연락처 기재) ② 아파트에 대하여는 국토해양부 실거래가 확인 화면 또는 국민은행 아파트 시세 자료, 경매절차에서의 감정평가서를 제출할 수 있음

※ 공시지가는 객관적인 시가 확인 자료에 해당하지 않음. 다만 객관적인 시가 확인 자료의 발급이 불가능한 부득이한 사정이 있는 경우에는 그 구체적인 사정을 밝히고 공시지가 자료로 대신할 수 있음

7. 재산 및 소득 관련 서류 - 보험	제출	제출 못하거나 일부만 제출한 이유	10번 제출
채무자의 보험가입내역조회 또는 보험증권 사본	□		□
보험가입내역조회에 기재된 생명보험의 해지·실효·유지 및 예상해약환급금 내역(손해/자동차/운전자/여행자·단체/주말휴일상해 제외)	□		□
개인회생절차 신청 시의 해약반환금예상액이 없는 경우 이를 기재한 보험회사 증명서	□		□

발급 방법 및 유의 사항 ※ 한국신용정보원 홈페이지에서 계약 내용 검색 후 출력할 수 있음

8. 재산 및 소득 관련 서류 - 기타		제출	미제출 사유	10번 제출
최근 2년 이내에 이혼에 따라 재산분여(할)한 사실이 있는 경우 재산분할, 위자료 등 명목에 관계없이 오른쪽의 자료를 제출	① 이혼에 따라 배우자에게 분여(할)한 모든 재산의 내역	□	□ 해당사항 없음 (최근 2년 이내 이혼 사실 없음)	□
	② 협의이혼 시 미성년 자녀가 있는 경우, 양육	□		□

	비부담조서			
	③ 재판상이혼의 경우, 판결서, 조정조서 등 재판서 및 확정증명	□		□
재산 항목에 대하여 압류·가압류 등 강제집행이 있는 경우 그러한 압류·가압류의 결정법원, 사건번호, 상대방 채권자, 압류된 금액 등 관련자료		□		□
생계비가 추가 소요되는 근거에 관한 구체적인 소명자료		□		□

※ 이혼을 증명할 수 있는 소명자료는 다음에 따라 제출하여야 함
① 시, 구, 읍(면) 등 가족관계등록관서에 이혼신고를 하여 가족관계등록부에 기록된 경우 : 혼인관계증명서(상세)
② 최근 2년 이내에 재판상 이혼을 한 경우로 아직 시, 구, 읍(면) 등 가족관계등록관서에 이혼신고를 하지 않은 경우
: 재판상 이혼과 관련한 재판서의 등본(조정·화해가 성립된 경우에는 그에 대한 조서 등본) 및 확정증명을 제출
③ 외국에서 유효한 신분행위를 하여 해당 국가의 증서 등본이 발행되었으나 아직 한국 시, 구, 읍(면) 등 가족관계등록관서에 신고하지 않은 경우 : 신분관계에 관한 외국의 증서 등본

9. 최근의 개인회생·파산 관련 서류	제출	미제출 사유	10번 제출
신청일 전 10년 이내 회생, 파산, 개인회생을 신청한 경우 관련 서류	□	□ 해당사항 없음	□

발급 방법 및 유의 사항
※ 신청서, 결정문, 변제수행 납입증명원은 해당 사건 기록이 있는 법원에서 발급받을 수 있음

10. 신용회복위원회, 한국자산관리공사 등 유관기관 관련 서류	제출	해당사항 없음
채무자가 신용회복위원회, 한국자산관리공사 등 법원 이외의 기관을 통하여 사적인 채무조정을 시도한 사실이 있는 경우 이와 관련된 자료(예컨대, 신용회복위원회가 발급하는 민원 열람서류 또는 신용상담보고서 등)	□	□

[첨부서류 4] 진 술 서

진 술 서

Ⅰ. 경 력

1. 최종학력

19○○년 2월 14일 대한전문대학교 (<u>졸업</u>, 중퇴)

2. 과거 경력 (최근 경력부터 기재하여 주십시오)

기간	20○○년 8월 일부터 20○○년 12월 일까지 (자영, 근무)				
업종	제조업	직장명	대한 주식회사	직위	평사원
기간	20○○년 8월 일부터 현재까지 (자영, 근무)				
업종	제조업	직장명	한국 주식회사	직위	평사원
기간	년 월 일부터 년 월 일까지 (자영, 근무)				
업종		직장명		직위	

3. 과거 결혼, 이혼 경력

20○○년 5월 3일 서부자 와 (<u>결혼</u>, 이혼, 입양, 파양)

년 월 일 와 (결혼, 이혼, 입양, 파양)

년 월 일 와 (결혼, 이혼, 입양, 파양)

Ⅱ. 현재 주거상황

거주를 시작한 시점 (20○○년 4월 3일)

거주관계(해당란에 표시)	상세한 내역
㉠ 신청인 소유의 주택	
㉡ 사택 또는 기숙사 ㉢ 임차(전·월세) 주택	임대보증금 (원) 임대료 (월 원), 연체액 (원) 임차인 성명 ( )
㉣ 친족 소유 주택에 무상 거주 ㉤ 친족외 소유 주택에 무상 거주	소유자 성명 (김서희) 신청인과의 관계 (모)
㉥ 기타( )	

☆ ㉠ 또는 ㉣항을 선택한 분은 주택의 등기부등본을 첨부하여 주십시오.

☆ ㉡ 또는 ㉢항을 선택한 분은 임대차계약서(전월세 계약서) 또는 사용허가서 사본을 첨부하여 주시기 바랍니다.

☆ ㉣ 또는 ㉤항을 선택한 분은 소유자 작성의 거주 증명서를 첨부하여 주십시오.

Ⅲ. 부채 상황

1. 채권자로부터 소송·지급명령·전부명령·압류·가압류 등을 받은 경험(있음, 없음)

내 역	채권자	관할법원	사건번호

☆ 위 내역란에는 소송, 지급명령, 압류 등으로 그 내용을 기재합니다.
☆ 위 기재사항에 해당하는 소장·지급명령·전부명령·압류 및 가압류결정의 각 사본을 첨부하여 주십시오.

2. 개인회생절차에 이르게 된 사정(여러 항목 중복 선택 가능)

(○) 생활비 부족　　( ) 병원비 과다지출
(　) 교육비 과다지출　　( ) 음식, 음주, 여행, 도박 또는 취미활동
(○) 점포 운영의 실패　　( ) 타인 채무의 보증
(　) 주식투자 실패　　( ) 사기 피해
(　) 기타 (　　　　　　　　　　　　)

3. 채무자가 많은 채무를 부담하게 된 사정 및 개인회생절차 개시의 신청에 이르게 된 사정에 관하여 구체적으로 기재하여 주십시오(추가기재시에는 별지를 이용하시면 됩니다).

(채무를 부담하게 된 경우, 현재의 채무자의 상태, 선처호소 내용 등을 2~3장 정도로 작성하되, 통상 별지를 사용하여 작성함)

Ⅳ. 과거 면책절차 등의 이용 상황

절 차	법원 또는 기관	신청시기	현재까지 진행상황
□ 파산·면책절차 □ 화의·회생·개인회생절차			
□ 신용회복위원회 워크아웃 □ 배드뱅크			(　　　)회 (　　　)원 변제

☆ 과거에 면책절차 등을 이용하였다면 해당란에 ☑ 표시 후 기재합니다.
☆ 신청일 선 10년 내에 회생사건·화의사건·파산사건 또는 개인회생사건을 신청한 사실이 있는 때에는 그 관련서류 1통을 제출해야 합니다.

[붙임 1] 변제계획안(가용소득만으로 변제하는 경우)

가용소득만으로 변제에 제공하는 경우

변제계획안 제출서

사 건 20○○ 개회 ○○○○○ 개인회생

채 무 자 박 길 동

대 리 인

채무자는 별지와 같이 변제계획안을 작성하여 제출하니 인가하여 주시기 바랍니다.

20○○. ○. ○.

채무자 박 길 동 (서명 또는 날인)
대리인 변호사 (서명 또는 날인)

○○지방법원 귀중

20○○개회○○○○○ 채무자 박 길 동

변 제 계 획 (안)

20○○. ○○. ○○. 작성

1. 변제기간

[20○○]년 [○○]월 [○○]일부터 [20○○]년 [○○]월 [○○]일까지 [36]개월간

2. 변제에 제공되는 소득 또는 재산

가. 소 득

(1) 수 입

☑ 변제기간 동안 [○○ 주식회사]에서 받는 월평균수입[3,068,122]원

☐ 변제기간 동안 [ ]를 운영하여 얻는 월평균수입 [ ]원

(2) 채무자 및 피부양자의 생활에 필요한 생계비

(가) 채무자 및 피부양자 : 총 [4]명

(나) 국민기초생활보장법에 의한 가구별 기준 중위소득 : 월 평균 수입 [3,068,122] 원

(다) 채무자 회생 및 파산에 관한 법률에 따라 조정된 생계비 : 월 [2,768,122]원

(3) 채무자의 가용소득

기간 : [20○○]년 [○○]월 [○○]일부터 [20○○]년 [○○]월 [○○]일까지

① 월 평균 수입	② 월 평균 생계비	③ 월 평균 가용소득 ((①-②)	④ 변제 회수 (월 단위로 환산)	⑤ 총 가용소득 ((③×④)
3,068,122	2,768,122	300,000	36회	10,800,000

나. 재산 : [해당 있음 ☑ / 해당 없음 ☐]

3. 개인회생재단채권에 대한 변제 [해당 있음 ☐ / 해당 없음 ☑]

가. 회생위원의 보수 및 비용 [해당 있음 ☐ / 해당 없음 ☑]

☐ 변제계획 인가 후 첫 변제기일에 [ ]원을 지급

☐ 일반 개인회생채권의 매 변제기일에 [ ]원씩을 지급

나. 기타 개인회생재단채권 [해당 있음 ☐ / 해당 없음 ☑]

(1) 채권의 내용

채권자	채권현재액	채권발생원인	변제기

(2) 변제방법

변제계획 인가일 직후 그 동안 적립된 가용소득으로부터 원리금 전액을 우선하여 변제한다. 남은 채권이 있을 경우에는 일반 개인회생채권의 매 변제기일에 우선하여 변제한다.

4. '일반의 우선권 있는 개인회생채권'에 대한 변제 [해당 있음 □ /해당 없음 ☑]

가. 채권의 내용

채권자	채권현재액	채권발생원인 (우선권의 근거)	변제기

나. 변제방법

변제계획 인가일 직후 최초 도래하는 변제기일에 원리금 전액을 우선하여 변제한다. 남은 채권이 있을 경우에는 일반 개인회생채권의 매 변제기일에 우선하여 변제한다.

5. 별제권부 채권 및 이에 준하는 채권의 처리 [해당 있음 □ / 해당 없음 ☑]

가. 채권의 내용

<table>
<tr><th rowspan="3">채권
번호</th><th rowspan="3">채권자</th><th>① 채권현재액(원금)</th><th rowspan="2">③ 별제권행사 등으로 변제가 예상되는 채권액</th><th rowspan="2">④ 별제권행사 등으로도 변제받을 수 없을 채권액
(①+②-③)</th></tr>
<tr><th>② 채권현재액(이자)</th></tr>
<tr><th colspan="3">⑤ 별제권 등의 내용 및 목적물</th></tr>
<tr><td rowspan="3"></td><td rowspan="3"></td><td></td><td rowspan="2"></td><td rowspan="2"></td></tr>
<tr><td></td></tr>
<tr><td colspan="3"></td></tr>
<tr><td rowspan="3"></td><td rowspan="3"></td><td></td><td rowspan="2"></td><td rowspan="2"></td></tr>
<tr><td></td></tr>
<tr><td colspan="3"></td></tr>
</table>

나. 변제방법

(1) 위 각 채권에 대하여 별제권 행사 등으로 변제가 예상되는 채권액(③)은 별제권 행사 등에 의한 방법으로 변제하고 이 변제계획상의 가용소득이나 재산처분에 의한 변제대상에서 제외한다.

(2) 위 (1)항 기재 각 채권 중 별제권행사 등으로도 변제받을 수 없을 채권액(④)은 미확정채권으로 보아 유보하였다가 아래 7항 기재와 같은 방법으로 변제한다.

(3) 별제권 행사 등으로도 변제받을 수 없을 채권액이 위 가의 ④항 기재 금액을

초과하는 것으로 확정된 경우에는, 채권자가 그 초과부분을 변제계획안의 변경 절차를 통하여 변제받을 수 있다.

6. 일반 개인회생채권에 대한 변제

가. 가용소득에 의한 변제

(1) 월 변제예정(유보)액 및 총 변제예정(유보)액의 산정

각 일반 개인회생채권의 [원금]의 액수를 기준으로 월 평균가용소득을 안분하여 산출한 금액을 각 일반 개인회생채권자에게 변제한다. 이를 기초로 산정한 월 변제예정(유보)액은 [300,000]원이고 총 변제예정(유보)액은 [10,800,000]원이다. 구체적 산정 내역은 별지 개인회생채권 변제예정액 표 참조.

(2) 변 제 율

(가) 원금의 [37.2] % 상당액

☞ 별지 개인회생채권 변제예정액 표 중 [총변제예정(유보)액을 개인회생채권 합계액으로 나눈 비율] × 100 을 기재하되 소수점 이하는 반올림합니다.

(나) 개인회생절차개시결정일 전날까지의 이자·손해배상금의 합계액의 [0] % 상당액

(다) 개인회생절차개시결정일 이후의 이자·손해배상금의 합계액의 [0] % 상당액 ☞ 이 채권은 후순위 개인회생채권임

(3) 변제방법

위 (1)항의 변제예정(유보)액은 다음과 같이 분할하여 변제한다.

(가) 기간 및 횟수

[20○○]년 [○]월 [○○]일부터 [20○○]년 [○○]월 [○○]일까지 [36] 개월간 합계 [36]회

(나) 변제월 및 변제일

① [20○○]년 [○○]월 [○○]일부터 변제계획인가일 직전 [30]일까지 기간

☑ 변제계획인가일 직후 최초 도래하는 월의 [○○]일에 위 기간 동안의 변제분을 개인회생절차개시후 변제계획 인가 전에 적립된 가용소득으로 일시에 조기 변제

☐ 기타 : [ ]

② 변제계획인가일 직후 최초 도래하는 월의 [○○]일부터 [20○○]년 [○○]월 [○○]일까지 기간

☑ 매월마다 [○○]일에 변제

☐ 매 [ ]개월마다 [ ]일에 각 변제

☐ 기타 : [ ]

나. 재산의 처분에 의한 변제 [해당 있음 ☐ / 해당 없음 ☑]

7. 미확정 개인회생채권에 대한 조치 [해당 있음 □ / 해당 없음 ☑]

가. 변제금액의 유보

(1) 미확정 개인회생채권에 대하여는 변제를 유보하고, 별지 개인회생채권 변제예정액표에 기재한 금액을 해당 채권이 확정될 때까지 유보하여 둔다. 주의해야 할 점은 미확정 개인회생채권에 대해서도 변제계획안을 작성할 경우에는 그 채권의 성질에 따라 전액 또는 일부를 변제하는 내용으로 작성해야 한다는 점이다. 즉 재단채권이냐 '일반의 우선권 있는 개인회생채권'이냐 아니면 일반 개인회생채권이냐에 따라 구분하여 전액에 대한 변제로 작성하든지 일부만 변제하는 내용으로 작성하든지 해야 한다는 것이다.

(2) 채무자는 이와 같이 유보한 금액도, 즉시 지급되는 다른 채권에 대한 변제금과 마찬가지로 아래 8항 기재 계좌에 입금한다.

나. 미확정 개인회생채권에 대한 변제

(1) 미확정 개인회생채권이 전부 그대로 확정된 경우
미확정 개인회생채권의 전액에 관하여 채권의 존재가 확정된 경우에는, 그 확정 직후 유보비율을 변제비율로 적용하여 변제를 개시하고 매월의 변제기에 그 해당금액을 변제하되, 이미 분할 변제기가 도래한 부분 즉 그 동안의 유보액에 대하여는 곧바로 일시 변제한다.

(2) 미확정 개인회생채권이 전부 또는 일부 부존재 하는 것으로 확정된 경우
(※ 실무상 아래 [ ]란에는 거의 대부분 [원금]이라 기재)
미확정 개인회생채권이 전부 또는 일부 부존재하는 것으로 확정된 경우에는, 그 확정 직후, 존재하는 것으로 확정된 [ ]의 인용 비율에 위 가항에 의해 지급을 유보한 금액을 곱하여 산출된 금액을 해당 개인회생채권자에게 일시에 변제한다. 유보금액 중, 미확정 개인회생채권의 일부가 존재하지 않는 것으로 됨에 따라 그 개인회생채권자에게 변제할 필요가 없게 된 나머지 유보금액은, 그 채권액 확정 직후 일반 개인회생채권자들에게 각 [ ]의 액수를 기준으로 안분하여 변제한다.
향후의 매월 입금액을 분배하는 기준이 될 변제비율은 위 확정 원금들 사이의 비율에 따라 새로 계산하여 정하는데, 미확정 개인회생채권의 일부가 존재하지 않는 것으로 확정됨에 따라 향후 해당 개인회생채권자를 위한 유보가 불필요하게 된 변제기 미도래분에 대한 변제 유보예정액은, 향후 변제기 도래시 일반 개인회생채권자들에게 그 각 [ ]의 액수를 기준으로 안분되도록 한다.

(3) 변제기간 종료시까지 미확정 개인회생채권이 미확정상태로 남는 경우에는 최종 변제기에 유보한 금액 전부를 일반개인회생채권자들에게 각 [ ]의 액수를 기준으로 안분하여 변제한다.

(4) 임대차보증금반환액수가 확정되지 않은 임대차보증금 반환채권은 미확정채권으로 보아 위 가, 나항에 따라 변제하되 그 액수가 확정되고 임차인이 임차목적물을 명도함과 동시에 변제한다.

8. 변제금원의 회생위원에 대한 임치 및 지급

채무자는 위 [6, 7] 항에 의해 개인회생채권자들에게 변제해야 할 금액을 개시결정시 통지되는 개인회생위원의 예금계좌 {[ ]은행 계좌번호 [ ]}에 순차 임치하고, 회생위원은 이를 즉시 개인회생채권자들이 신고한 예금 계좌에 송금하는 방법으로 지급한다. 계좌번호를 신고하지 않은 개인회생채권자에 대하여는 변제액을 적립하였다가 이를 연 1회 개인회생사건이 계속되어 있는 지방법원에 공탁하여 지급할 수 있다.

☞ 회생위원의 예금계좌는 신청 당시에는 알 수 없으므로 공란으로 두었다가 추후 보완합니다.

9. 면책의 범위 및 효력발생시기

채무자가 개인회생채권에 대하여 이 변제계획에 따라 변제를 완료하고 면책신청을 하여 면책결정이 확정되었을 경우에는, 이 변제계획에 따라 변제한 것을 제외하고 개인회생채권자에 대한 채무에 관하여 그 책임이 면제된다. 단, 채무자 회생 및 파산에 관한 법률 제625조 제2항 단서 각호 소정의 채무에 관하여는 그렇지 않다.

10. 기타사항 [해당 있음 □ / 해당 없음 ☑]

[첨부서류] 개인회생채권 변제예정액표

개인회생채권 변제예정액표

1. 기초사항

(단위 : 원)

(A) 월평균 가용소득	300,000

(B) 변제횟수	36회

(C) 총 가용 소득	10,800,000

2. 채권자별 변제예정액의 산정내역

(단위 : 원)

채권번호	채권자	(D) 개인회생 채권액		(E) 월 변제 예정(유보)액		(F) 총 변제 예정(유보)액	
		확정 채권액 (원금)	미확정 채권액 (원금)	확정 채권액 (원금)	미확정 채권액 (원금)	확정 채권액 (원금)	미확정 채권액 (원금)
1	하나카드	5,990,637	0	61,900	0	2,228,400	0
2	두리은행	5,061,503	0	52,300	0	1,882,800	0
3	서이은행	6,033,625	0	62,400	0	2,246,400	0
4	너이은행	2,597,251	0	26,850	0	966,600	0
5	다서은행	1,216,789	0	12,600	0	453,600	0
6	여서은행	647,484	0	6,720	0	241,920	0
7	일고은행	7,470,563	0	77,230	0	2,780,280	0
합 계		29,017,852	0	300,000	0	10,800,000	0
총 계		(G) 29,017,852		(H) 300,000		(I) 10,800,000	

3. 변 제 율 : 원금의 [37.2]% 상당액

4. 청산가치와의 비교

(단위 : 원)

(J) 청산가치	1,539,732

(K) 가용소득에 의한 총변제 예정(유보)액	10,800,000
(L) 현재가치	10,131,570 (300,000 × 33.7719)

[사례 2] 개인회생(근로소득자, 병원비 과다, 카드론, 가용소득만으로 변제)

개인회생 신청 ○○○관련

(첨부서류 및 소명자료 일람표)

회생절차개시신청서

- 법원기록철(표지등)
- 회생절차개시신청서(표지)
- 회생절차개시신청서
- 송달료·예납금 납부서·영수증
- 개인회생채권자목록
- 재산목록
- 수입 및 지출에 관한 목록
- 진술서
- 신청서 부본
- 신청인 본인의 예금계좌사본
- 위임장(대리인이 있는 경우)

변제계획안

- 변제계획안(표지)
- 변제계획안
- 개인회생채권 변제예정액표

20○○년 질 호

<table>
<tr><td colspan="5">○○지방법원
개인회생사건기록</td></tr>
<tr><td>사건번호</td><td colspan="2">20○○개회○○○○</td><td>재판부</td><td>제○회생단독</td></tr>
<tr><td>사 건 명</td><td colspan="4">개인회생</td></tr>
<tr><td>관련사건</td><td colspan="4"></td></tr>
<tr><td>채 무 자</td><td colspan="4">○○○</td></tr>
<tr><td>회생위원</td><td colspan="4">제○회생위원(○○○)</td></tr>
<tr><td rowspan="7">채권의 확정에 관한 소송</td><td>채권조사확정재판</td><td colspan="3">채권조사확정재판에 대한 이의</td></tr>
<tr><td></td><td colspan="3"></td></tr>
<tr><td></td><td colspan="3"></td></tr>
<tr><td></td><td colspan="3"></td></tr>
<tr><td></td><td colspan="3"></td></tr>
<tr><td></td><td colspan="3"></td></tr>
<tr><td></td><td colspan="3"></td></tr>
</table>

완 결 공 람	담 임	과 장	국 장	재 판 장	원 장
			공 람 생 략	전 결	

20○○개회○○○○○ 채무자 ○○○

제○ 회생위원 선임 등 상황표

	회생위원	내용	결정일	판사	내용	결정일	판사
1	○○○	선임	20○○. ○. ○.				

기일등 진행상황표

내 역	기 일	비 고
보 전 처 분 일	. . .	
개시 결정 일시	. . .	. . . 대법원 홈페이지에 공고
이의기간종료일	. . .	변경기일(. . .)
채권자집회기일	. . .	변경기일(. . .)
변제계획인가일	. . .	. . . 대법원 홈페이지에 공고
변제계획변경일	. . .	. . . 대법원 홈페이지에 공고
변제계획종료일	. . .	
절 차 폐 지 일	. . .	. . . 대법원 홈페이지에 공고
면책의견청취기한	. . .	
면 책 결 정 일	. . .	. . . 대법원 홈페이지에 공고
면 책 확 정 일	. . .	
면책취소결정일	. . .	. . . 대법원 홈페이지에 공고

개인회생채권자표

사　　건　20○○개회○○○○　개인회생
채 무 자　○○○
○○지방법원 제○ 회생단독 법원주사 ○○○ 작성

1. 이의기간 안에 채권조사확정재판을 신청하지 않아 확정된 채권

채권자의 성명 및 주소, 채권의 원인 및 내용	법원주사(보) 날인
별지 개인회생채권자목록 기재와 같다.	20○○. ○. ○.

2. 개인회생채권의 확정에 관한 소송결과 등

채권번호	채권자	확정소송	소송 결과 등	법원주사(보) 날인
				20 . . .

3. 개인회생채권의 변동 내역

신청일	채권번호	채권자	변경 후 채권자	변경사유	법원주사(보)날인
					20 . . .
					20 . . .
					20 . . .
					20 . . .
					20 . . .
					20 . . .
					20 . . .
					20 . . .

개인회생절차 개시신청서(표지)

개인회생절차 개시신청서

신청인(채무자) ○ ○ ○

파산사건번호	
면책사건번호	
배당순위번호	
재 판 부	제 단독

소송대리인 변호사 ○○○

(송달장소) ○○시 ○○구 ○○로 ○○

인 지 대 : 30,000원

송 달 료 : {채권자수 (7) × 8 × 5,200}+ 52,000원 = 343,200원

합 계 : 373,200원

○○지방법원 귀중

개인회생절차 개시신청서(본문)

개인회생절차 개시신청서

<table>
<tr><td rowspan="4">신청인</td><td>성 명</td><td></td><td>주민등록번호</td><td></td></tr>
<tr><td>주민등록상 주소</td><td colspan="3">○○시 ○○구 ○○로 ○○
우편번호 : 12345</td></tr>
<tr><td>현 주 소</td><td colspan="3">상동 우편번호 :</td></tr>
<tr><td>전화번호
(집·직장)</td><td></td><td>전화번호
(휴대전화)</td><td></td></tr>
</table>

<table>
<tr><td rowspan="4">대리인</td><td>성 명</td><td colspan="3">변호사 ○○○</td></tr>
<tr><td>사무실 주소</td><td colspan="3">○○시 ○○구 ○○로 ○○-○○ ㅁㅁ타워 ○○○호
우편번호 : 12345</td></tr>
<tr><td>전화번호
(사무실)</td><td colspan="3">00-0000-0000</td></tr>
<tr><td>이-메일 주소</td><td></td><td>FAX 번호</td><td></td></tr>
</table>

<table>
<tr><td colspan="4">주채무자가(또는 보증채무자가, 연대채무자가, 배우자가) 이미 귀 법원에 파산절차 또는 개인회생절차 개시신청을 하였으므로 그 사실을 아래와 같이 기재합니다.</td></tr>
<tr><td>성 명</td><td></td><td>사건번호</td><td></td></tr>
</table>

신 청 취 지

「신청인에 대하여 개인회생절차를 개시한다.」라는 결정을 구합니다.

신 청 이 유

1. 신청인은, 첨부한 개인회생채권자목록 기재와 같은 채무를 부담하고 있으나, 수입 및

재산이 별지 수입 및 지출에 관한 목록과 재산목록에 기재된 바와 같으므로, 파산의 원인사실이 발생하였습니다(파산의 원인사실이 생길 염려가 있습니다).

☑ 신청인은 정기적이고 확실한 수입을 얻을 것으로 예상되고, 또한 채무자 회생 및 파산에 관한 법률 제595조에 해당하는 개시신청 기각사유는 없습니다(급여소득자의 경우).

☐ 신청인은 부동산임대소득·사업소득·농업소득·임업소득 그밖에 이와 유사한 수입을 장래에 계속적으로 또는 반복하여 얻을 것으로 예상되고, 또한 채무자 회생 및 파산에 관한 법률 제595조에 해당하는 개시신청 기각사유는 없습니다(영업소득자의 경우).

2. 신청인은, 각 회생채권자에 대한 채무 전액의 변제가 곤란하므로, 그 일부를 분할하여 지급할 계획입니다. 즉 현시점에서 계획하고 있는 변제예정액은 50개월간 월 765,270원씩이고, 이 변제의 준비 및 절차비용지급의 준비를 위해, 개시결정이 내려지는 경우 20○○. 12. 25.을 제1회로 하여, 이후 매월 25일에 개시결정시 통지되는 회생위원의 은행구좌에 동액의 금전을 입금하겠습니다.

3. 이 사건 개인회생절차에서 변제계획이 불인가될 경우 불인가 결정시까지의 적립금을 반환받을 신청인의 예금계좌는 농협 000-00-000000 입니다.

4. 개인회생채권자목록 부본(개인회생채권자목록상의 채권자수 + 2통)은 개시결정 전 회생위원의 지시에 따라 지정하는 일자까지 반드시 제출하겠습니다.

첨 부 서 류

1. 개인회생채권자목록 1통
2. 재산목록 1통
3. 수입 및 지출에 관한 목록 1통
4. 진술서 1통
5. 신청서 부본 1통
6. 예납금영수증 1통
7. 송달료납부서 1통
8. 신청인 본인의 예금계좌 사본 1통
9. 위임장 1통

휴대전화를 통한 정보수신 신청서

위 사건에 관한 개인회생절차 개시결정, 월 변제액 3개월분 연체의 정보를 예납의무자가 납부한 송달료 잔액 범위 내에서 휴대전화를 통하여 알려주실 것을 신청합니다.

▣ 휴대전화 번호 : 000-0000-0000

20○○. ○. ○.

신청인 채무자 ○ ○ ○ (날인 또는 서명)

※ 개인회생절차 개시결정이 있거나, 변제계획 인가결정 후 월 변제액 3개월분 이상 연체시 위 휴대전화로 문자메시지가 발송됩니다.

※ 문자메시지 서비스 이용금액은 메시지 1건당 17원씩 납부된 송달료에서 지급됩니다(송달료가 부족하면 문자메시지가 발송되지 않습니다). 추후 서비스 대상 정보, 이용금액 등이 변동될 수 있습니다.

20○○. ○. ○.

신청인 ○ ○ ○ (인)

○○지방법원 귀중

[신청서 첨부서류 1]

개인회생채권자목록

채권현재액 산정기준일 : 20○○. 8. 31.　　　　　　　　　　　　　　목록작성일 : 20○○. 9. 1.

채권현재액 총합계	36,491,772	담보부 회생 채권액의 합계		무담보 회생 채권액의 합계	36,491,772

※ 개시후이자 등 : 아래 각 채권의 개시결정일 이후의 이자·지연손해금 등은 채무자 회생 및 파산에 관한 법률 제581조 제2항, 제446조 제1항 제1, 2호의 후순위채권입니다.

<table>
<tr><td rowspan="4">채권번호</td><td rowspan="4">채권자</td><td colspan="2">채권의 원인</td><td colspan="2">주소 및 연락처</td></tr>
<tr><td colspan="3">채권의 내용</td><td>부속서류 유무</td></tr>
<tr><td>채권현재액(원금)</td><td colspan="3">채권현재액(원금) 산정근거</td></tr>
<tr><td>채권현재액(이자)</td><td colspan="3">채권현재액(이자) 산정근거</td></tr>
<tr><td rowspan="4">1</td><td rowspan="4">주식회사 ○○○○ 은행</td><td colspan="2">20○○. 08. 27.
카드론 10,000,000원</td><td colspan="2">(주소) 12345 ○○시 ○○구 ○○로 ○○-○○ ○○○○○○빌딩 1층
(전화) 0000-0000 (팩스) 000-000-0000</td></tr>
<tr><td colspan="3">원금잔액 6,214,922 및 이에 대한 20○○. 8. 10.부터 완제일까지의 이자</td><td>□ 부속서류 (1, 2, 3, 4)</td></tr>
<tr><td>6,214,922 원</td><td colspan="3">부채증명서 참조(산정기준일 20○○. 8. 10.)</td></tr>
<tr><td>74,822 원</td><td colspan="3">부채증명서 참조(산정기준일 20○○. 8. 10.)</td></tr>
<tr><td rowspan="4">2</td><td rowspan="4">주식회사 ○○○ 크레디트 대부</td><td colspan="2">20○○. 02. 02.
대출거래약정 3,000,000원</td><td colspan="2">(주소) 12345 ○○시 ○○구 ○○로 ○○-○○ ○○빌딩 2층
(전화) 00-0000-0000 (팩스) 000-0000-0000</td></tr>
<tr><td colspan="3">원금잔액 2,968,633 및 이에 대한 완제일까지의 연 48.0%의 비율에 의한 금원</td><td>□ 부속서류 (1, 2, 3, 4)</td></tr>
<tr><td>2,968,633 원</td><td colspan="3">부채증명서 참조(산정기준일 2011. 8. 25.)</td></tr>
<tr><td>363,962 원</td><td colspan="3">부채증명서 참조(산정기준일 2011. 8. 25.)</td></tr>
<tr><td rowspan="4">3</td><td rowspan="4">주식회사 ○○크레디트대부</td><td colspan="2">20○○. 11. 10.
대출거래약정 2,488,31 원</td><td colspan="2">(주소) 12345 ○○시 ○○구 ○○로 ○○○-○ ○ ○○빌딩 8층
(전화) 00-0000-0000 (팩스) 000-0000-0000</td></tr>
<tr><td colspan="3">원금잔액 2,488,831원 및 이에 대한 20○○. 7. 21.부터 완제일까지의 이자</td><td>□ 부속서류 (1, 2, 3, 4)</td></tr>
<tr><td>2,488,831 원</td><td colspan="3">자료송부청구서 참조(산정기준일 20○○. 7. 21.)</td></tr>
<tr><td>171,012 원</td><td colspan="3">자료송부청구서 참조(산정기준일 20○○. 7. 21.)</td></tr>
<tr><td>4</td><td>○○○○○ ○○○캐피탈주식회사</td><td colspan="2">20○○. 07. 05.
대출거래약정 14,200,000원</td><td colspan="2">(주소) 12345 ○○시 ○○구 ○○로 ○○○-○○ ○○빌딩 22층
(전화) 00-0000-0000 (팩스) 000-0000-0000</td></tr>
</table>

<table>
<tr><td rowspan="3"></td><td rowspan="3"></td><td colspan="3">원금잔액 11,078,220원 및 이에 대한 완제일까지 연 37.9%의 비율에 의한 금원</td><td>☑ 부속서류
(①, 2, 3, 4)</td></tr>
<tr><td>11,078,882 원</td><td colspan="3">부채증명서 참조(산정기준일 20○○. 9. 1.)</td></tr>
<tr><td>4,884,170 원</td><td colspan="3">부채증명서 참조(산정기준일 20○○. 9. 1.)</td></tr>
<tr><td rowspan="4">5</td><td rowspan="4">○○○
파이낸셜대부주식회사</td><td colspan="2">20○○. 01. 28.
대출거래약정 7,242,400원</td><td colspan="2">(주소) 12345 ○○시 ○○구 ○○로 ○○○-○○ ○○빌딩 16층
(전화) 00-0000-0000 (팩스) 000-0000-0000</td></tr>
<tr><td colspan="3">원금잔액 6,999,915원 및 이에 대한 20○○. 8. 12.부터 완제일까지의 이자</td><td>□ 부속서류
(1, 2, 3, 4)</td></tr>
<tr><td>2,300,000 원</td><td colspan="3">부채증명서 참조(산정기준일 2010. 4. 20.)</td></tr>
<tr><td>62,622 원</td><td colspan="3">부채증명서 참조(산정기준일 2010. 4. 20.)</td></tr>
<tr><td rowspan="4">6</td><td rowspan="4">○○씨티그룹캐피탈주식회사</td><td colspan="2">20○○. 07. 05.
대출거래약정 4,100,000원</td><td colspan="2">(주소) 12345 ○○시 ○○구 ○○로 ○○○-○○ ○○빌딩 11층
(전화) 00-0000-0000 (팩스) 000-0000-0000</td></tr>
<tr><td colspan="3">원금잔액 3,236,055 및 이에 대한 완제일까지 연 31.8%의 비율에 의한 금원</td><td>□ 부속서류
(1, 2, 3, 4)</td></tr>
<tr><td>3,236,055 원</td><td colspan="3">부채증명서 참조(산정기준일 20○○. 8. 17.)</td></tr>
<tr><td>242,333 원</td><td colspan="3">부채증명서 참조(산정기준일 20○○. 8. 17.)</td></tr>
<tr><td rowspan="4">7</td><td rowspan="4">○○대부주식회사</td><td colspan="2">20○○. 9. 27.
무담보신용대출 3,504,196원</td><td colspan="2">(주소) 12345 ○○시 ○○구 ○○로 ○○○-○○ ○○빌딩 10층
(전화) 00-0000-0000 (팩스) 000-0000-0000</td></tr>
<tr><td colspan="3">원금잔액 3,504,196 및 이에 대한 20○○. 8. 10.부터 완제일까지의 이자</td><td>□ 부속서류
(1, 2, 3, 4)</td></tr>
<tr><td>3,504,196원</td><td colspan="3">잔고증명서 참조 (산정기준일 20○○. 8. 11.)</td></tr>
<tr><td>315,377원</td><td colspan="3">잔고증명서 참조 (산정기준일 20○○. 8. 11.)</td></tr>
<tr><td rowspan="4"></td><td rowspan="4"></td><td colspan="2"></td><td colspan="2"></td></tr>
<tr><td colspan="3"></td><td></td></tr>
<tr><td></td><td colspan="3"></td></tr>
<tr><td></td><td colspan="3"></td></tr>
<tr><td rowspan="4"></td><td rowspan="4"></td><td colspan="2"></td><td colspan="2"></td></tr>
<tr><td colspan="3"></td><td></td></tr>
<tr><td></td><td colspan="3"></td></tr>
<tr><td></td><td colspan="3"></td></tr>
<tr><td rowspan="4"></td><td rowspan="4"></td><td colspan="2"></td><td colspan="2"></td></tr>
<tr><td colspan="3"></td><td></td></tr>
<tr><td></td><td colspan="3"></td></tr>
<tr><td></td><td colspan="3"></td></tr>
</table>

부속서류 1.

별제권부채권 및 이에 준하는 채권의 내역

(단위 : 원)

채권번호	채권자	① 채권현재액(원금) ② 채권현재액(이자)	③ 변제권행사등으로 변제가 예상되는 채권액	④ 별제권행사등으로도 변제받을 수 없을 채권액	⑤ 담보부 회생채권액
		⑥ 별제권 등의 내용 및 목적물			
합 계					

부속서류 2.

다툼이 있거나 예상되는 채권의 내역

(단위 : 원)

채권번호	채권자	① 채권자 목록상 채권현재액	② 채권자 주장 채권현재액	③ 다툼이 없는 부분	④ 차이나는 부분 (②−①)	⑤ 다툼의 원인
		⑥ 소송제기여부 및 진행경과				
		원금				
		이자				
		원금				
		이자				
		원금				
		이자				
		원금				
		이자				
		원금				
		이자				

【기재요령】

1. 채권번호, 채권자 : 개인회생채권자목록 양식의 채권번호와 채권자명을 그대로 기재합니다.
2. 채권현재액 : 원금자 이자를 구분하여, 채무자가 인정하는 개인회생채권자목록 기재 채권현재액(①)과 채권자가 주장하는 채권현재액(②)을 각 기재하고, 그 차액을 '④차이나는 부분'란에, 다툼이 없는 부분을 '③다툼이 없는 부분'란에 각 기재합니다.
3. 다툼의 원인(⑤) : 채권액에 관한 다툼이 생긴 원인을 간략히 기재합니다.
4. 소송제기여부 및 진행경과(⑥) : 소송이 제기된 경우 그 소송이 제기된 법원, 사건번호, 당사자, 현재까지의 진행경과 등을, 판결 등이 있은 경우 사건번호, 판결선고일, 상소여부, 상소심 진행경과, 판결의 확정여부 등을 각 기재합니다.

부속서류 3.

전부명령의 내역

(단위 : 원)

채권번호	채권자	채권의 내용	전부명령의 내역

【기재요령】

1. 채권번호, 채권자 : 개인회생채권자목록 양식의 채권번호와 채권자명을 그대로 기재합니다.
2. 채권의 내용 : 개인회생채권자목록의 내용을 그대로 기재합니다.
3. 전부명령의 내역 : ① 전부명령을 내린 법원, ② 당사자, ③ 사건명 및 사건번호, ④ 전부명령의 대상이 되는 채권의 범위, ⑤ 제3채무자에 대한 송달일, ⑥ 전부명령의 확정여부를 기재하여야 합니다.

부속서류 4.

기 타

☞ 채무자가 보증인인 경우 주채무의 내용(주채무자, 금액, 관계 등), 채무자 이외의 제3자가 물상보증을 제공한 경우 등 위의 부속서류에 기재하기 어려운 유형의 채권이 있는 경우 아래에 기재합니다.

[신청서 첨부서류 2]

재 산 목 록

<table>
<tr><th>명 칭</th><th>금액 또는 시가(단위 : 원)</th><th>압류등 유무</th><th colspan="2">비 고</th></tr>
<tr><td>현금</td><td>없음</td><td></td><td colspan="2"></td></tr>
<tr><td rowspan="3">예금</td><td rowspan="3">없음</td><td rowspan="3"></td><td>금융기관명</td><td></td></tr>
<tr><td>계좌번호</td><td></td></tr>
<tr><td>잔고</td><td></td></tr>
<tr><td rowspan="3">보험</td><td rowspan="3">없음</td><td rowspan="3"></td><td>보험회사명</td><td></td></tr>
<tr><td>증권번호</td><td></td></tr>
<tr><td>해약반환금</td><td></td></tr>
<tr><td>자동차
(오토바이 포함)</td><td>없음</td><td></td><td colspan="2"></td></tr>
<tr><td rowspan="3">임차보증금
(반환받을 금액을 금액란에 적는다)</td><td rowspan="3">없음</td><td rowspan="3"></td><td>임차물건</td><td></td></tr>
<tr><td>보증금 및 월세</td><td></td></tr>
<tr><td>차이 나는 사유</td><td></td></tr>
<tr><td rowspan="5">부동산
(환가예상액에서 피담보채권을 뺀 금액을 금액란에 적는다)</td><td rowspan="5">없음</td><td rowspan="5"></td><td>소재지, 면적</td><td></td></tr>
<tr><td>부동산의 종류</td><td>토지( ), 건물( ), 집합건물( )</td></tr>
<tr><td>권리의 종류</td><td></td></tr>
<tr><td>환가예상액</td><td></td></tr>
<tr><td>담보권
설정된 경우
그 종류 및 담보액</td><td></td></tr>
<tr><td rowspan="3">사업용 설비,
재고품, 비품 등</td><td rowspan="3">없음</td><td rowspan="3"></td><td>품목, 개수</td><td></td></tr>
<tr><td>구입시기</td><td></td></tr>
<tr><td>평가액</td><td></td></tr>
<tr><td rowspan="2">대여금 채권</td><td rowspan="2">없음</td><td rowspan="2"></td><td colspan="2">상대방 채무자 1 : ☐ 소명자료 별첨</td></tr>
<tr><td colspan="2">상대방 채무자 2 : ☐ 소명자료 별첨</td></tr>
<tr><td rowspan="2">매출금 채권</td><td rowspan="2">없음</td><td rowspan="2"></td><td colspan="2">상대방 채무자 1 : ☐ 소명자료 별첨</td></tr>
<tr><td colspan="2">상대방 채무자 2 : ☐ 소명자료 별첨</td></tr>
<tr><td>예상 퇴직금</td><td>11,995,060원</td><td></td><td colspan="2">근무처 : ○○우체국
(압류할 수 없는 재산 원 제외)</td></tr>
<tr><td>기타( )</td><td></td><td></td><td colspan="2"></td></tr>
<tr><td>합 계</td><td>11,995,060원</td><td></td><td colspan="2"></td></tr>
<tr><td>면제재산 결정신청 금액</td><td></td><td></td><td colspan="2">면제재산 결정신청 내용 :</td></tr>
<tr><td>청산가치</td><td>11,995,060원</td><td></td><td colspan="2"></td></tr>
</table>

[신청서 첨부서류 3]

수입 및 지출에 관한 목록

Ⅰ. 현재의 수입목록

(단위 : 원)

수입상황	자영(상호)		고용(직장명)	○○주식회사
	업종	공무원	직위	기능직(경리회계)
	종사경력	3년 7개월	근무기간	20○○년 1월 17일부터 현재까지
명목	기간구분	금액	연간환산금액	압류, 가압류 등 유무
급여	월간	0,000,000	00,000,000	무
상여	명절	000,000	000,000	무
		연 수입	00,000,000	월 평균 수입(2,509,187)

Ⅱ. 변제계획 수행시의 예상지출목록

☑ **채무자가 예상하는 생계비가 보건복지부 공표 기준 중위소득의 60% 이하인 경우**
보건복지부 공표 (2)인 가구 기준 중위소득 (2,906,528)원의 약 (60)%인 (1,743,917)원을 지출할 것으로 예상됩니다(뒷면 표에 내역과 사유를 상세히 기재하십시오).

☐ **채무자가 예상하는 생계비가 보건복지부 공표 기준 중위소득의 60%를 초과하는 경우**
보건복지부 공표 ( )인 가구 기준 중위소득 ( )원의 약 ( )%인( )원을 지출할 것으로 예상됩니다(뒷면 표에 내역과 사유를 상세히 기재하십시오).

Ⅲ. 가족관계

관계	성 명	연령	동거여부 및 기간	직 업	월 수입	재산총액	부양 유무
모	○○○	78	비동거	무	무	무	유

☞ 채무자가 예상하는 생계비가 보건복지부 공표 기준 중위소득의 100분의 60을 초과하는 경우

1. 생계비의 지출 내역

비 목	지출예상 생계비	추가지출 사유
생계비 ☞ 생계비에는 식료품비, 광열수도비, 가구집기비, 피복신발비, 교양오락비, 교통통신비, 기타 비용의 합산액을 기재합니다.		
주거비		
의료비		
교육비		
계		추가비율 : %

2. 생계비 추가지출사유에 관한 보충기재사항

[신청서 첨부서류 4]

진 술 서

Ⅰ. 경 력

1. 최종학력

19○○년 2월 일 ○○전문대학교 (졸업, 중퇴)

2. 과거 경력 (최근 경력부터 기재하여 주십시오)

기간	20○○년 1월 7일부터 현재까지 (자영, 근무)				
업종	회사원	직장명	○○주식회사	직위	기능직(경리회계)
기간	20○○년 8월 16일부터 20○○년 1월 6일까지 (자영, 근무)				
업종	비정규직	직장명	○○유통	직위	계약직 직원
기간	20○○년 2월 16일부터 20○○년 8월 15일까지 (자영, 근무)				
업종	건설업	직장명	○○건설	직위	직원
기간	년 월 일부터 년 월 일까지 (자영, 근무)				
업종		직장명		직위	

3. 과거 결혼, 이혼 경력

년 월 일 과(결혼, 이혼)

년 월 일 과(결혼, 이혼)

년 월 일 과(결혼, 이혼)

Ⅱ. 현재 주거상황

거주를 시작한 시점 (20○○년 8월 16일)

거주관계(해당란에 표시)	상세한 내역
㉠ 신청인 소유의 주택	
㉡ 사택 또는 기숙사 ㉢ 임차(전·월세) 주택	임대보증금 (원) 임대료 (원), 연체액 (원) 임차인 성명 ( )
㉣ 친족 소유 주택에 무상 거주 ㉤ 친족외 소유 주택에 무상 거주	소유자 성명 ( ) 신청인과의 관계 (형)
㉥기타( )	

☆ ㉠ 또는 ㉣항을 선택한 분은 주택의 등기부등본을 첨부하여 주십시오.

☆ ㉡ 또는 ㉢항을 선택한 분은 임대차계약서(전월세 계약서) 또는 사용허가서 사본을 첨부하여 주시기 바랍니다.

☆ ㉣ 또는 ㉤항을 선택한 분은 소유자 작성의 거주 증명서를 첨부하여 주십시오.

Ⅲ. 부채상황

1. 채권자로부터 소송·지급명령·전부명령·압류·가압류 등을 받은 경험(있음, 없음)

내 역	채권자	관할법원	사건번호

☆ 위 내역란에는 소송, 지급명령, 압류 등으로 그 내용을 기재합니다.
☆ 위 기재사항에 해당하는 소장·지급명령·전부명령·압류 및 가압류결정의 각 사본을 첨부하여 주십시오.

2. 개인회생절차에 이르게 된 사정(여러 항목 중 중복 선택 가능)

(○) 생활비 부족　(○) 병원비 과다지출
(　) 교육비 과다지출　(　) 음식, 음주, 여행, 도박 또는 취미활동
(　) 점포 운영의 실패　(　) 타인 채무의 보증
(　) 주식투자 실패　(　) 사기 피해
(　) 기타 (　　　　　　　　)

3. 채무자가 많은 채무를 부담하게 된 사정 및 개인회생절차 개시의 신청에 이르게 된 사정에 관하여 구체적으로 기재하여 주십시오(추가기재시에는 별지를 이용하시면 됩니다).

신청인은 20○○년 ○○전문대학교를 졸업한 후 개인 사업체에서 8년여 근무하다가 20○○년 8월 16일부터 ○○주식회사에서 경리회계직으로 근무하게 되었습니다. 신청인은 위 회사에 근무하면서부터 월 급여가 초기에는 세후 65만원이었습니다. 그런데 불행히도 20○○년 초 부친이 뇌졸중으로 쓰러지게 되었습니다. 그리하여 부친의 병원비가 한 달에 30만원이 소요되었습니다. 이 병원비는 2남 2녀인 신청인의 형제들 중 남자 형제들이 거의 다 부담하였고 누이들은 그때그때 부담하였습니다. 신청인은 적은 급여로 아버지의 병원비를 감당할 수 없어서 그때부터 카드론을 빌리기 시작하였습니다. 그 후 부친께서 20○○년 2월 돌아가셨습니다. 그때 이후 아버지에 대한 치료비가 안 들어가서 그동안 빌린 돈을 조금씩 갚아 나갔습니다.

그러다가 이번에는 20○○년 초 어머니께서 기왕의 당뇨병이 심해지고 관절염이 발생하였습니다. 이리하여 신청인의 형제들은 또 어머니의 치료비를 부담할 수밖에 없었습니다. 신청인은 다행히 고정적인 급여를 받고 있었고, 형제들이 각자 어느 정도 치료비를 부담하였기에 기본적인 생활을 유지할 수 있었습니다.

그런데 20○○년 여름부터 그동안 치료비를 조금씩이라도 부담해 오던 시집간 누이들

이 더 이상 치료비를 부담할 수 없다면서 신청인더러 이제는 알아서 하라고 하였습니다. 어머니는 당뇨합병증이 겹쳐 움직일 수도 없게 되고 간병인까지 붙이게 되니 치료비는 날로 늘어갔습니다. 자식된 도리로 어머니를 그대로 방치할 수 없어서 신청인은 또다시 20○○. 8. ○○은행에서 대출을 받아 치료비로 지급하였습니다. 신청인은 그 당시 급여로 대출금을 갚을 수 있었습니다. 그러던 중 20○○년초 신청인의 큰누나의 남편이 갑자기 심장마비로 사망하였습니다. 49세의 나이로 아이 셋을 두고 있으며 일정한 직업이 없는 큰 누나를 신청인은 그저 보고만 있을 수 없었습니다. 그래서 또 대출을 받아 누나의 생활비로 지급하기 시작하였고, 신청인 또한 회사일을 하다가 다쳐 치료비가 들어갔습니다.

이렇게 되어 신청인은 어머니 치료비에 큰 누나 생계비, 신청인 개인의 생활비, 대출원리금 등을 신청인의 급여로 도저히 감당할 수 없는 처지에 이르렀습니다. 그동안 신청인은 게으름 없이 꾸준히 일하여 왔고, 한번 입사한 회사를 쉽게 그만두거나 하지 않고 성실히 일해 왔습니다. 그동안 빚을 갚기 위해 노력하여 왔고, 연체를 하게 된 데에 죄스러운 마음을 가지고 살고 있습니다. 모든 채무를 온전히 변제하여야 마땅하지만 신청인의 지금 상황으로는 어머니 치료비마저 지원하기 힘든 상황입니다. 신청인에게 개인회생을 통해 분할납부 할 수 있도록 개시결정을 해주신다면 앞으로 최선을 다하여 회생절차를 성실히 지켜갈 것을 약속드립니다. 부디 신청인에게 선처를 베풀어 주시기를 부탁드립니다.

Ⅳ. 과거 면책절차 등의 이용 상황

절 차	법원 또는 기관	신청시기	현재까지 진행상황
□ 파산·면책절차 □ 화의·회생·개인회생절차			
□ 신용회복위원회 워크아웃 □ 배드뱅크			(　　)회 (　　　　) 원 변제

☆ 과거에 면책절차 등을 이용하였다면 해당란에 ☑ 표시 후 기재합니다.
☆ 신청일 전 10년 내에 회생사건·화의사건·파산사건 또는 개인회생사건을 신청한 사실이 있는 때에는 그 관련서류 1통을 제출하여야 합니다.

위 임 장

변 호 사 ○ ○ ○

주 소 : ○○시 ○○구 ○○로 ○○

전화번호 : 00-0000-0000 FAX : 00-0000-0000

위 사람을 대리인으로 정하고 다음 사항을 위임합니다.

다 음

1. 귀원에 20○○개회○○○○ 개인회생신청서를 제출하는 일체의 행위.

20○○. ○. ○.

위임인 ○○○ (인)

○○지방법원 귀중

송달장소 및 송달영수인 신고서

사 건 20○○개회○○○○ 개인회생

신 청 인 ○○○
(채무자)

위 사건에 관하여 신청인(채무자)은 민사소송법 제184조에 따라 다음과 같이 송달장소 및 송달영수인을 신고합니다.

다 음

채무자(신청인)의 송달영수인

성 명 : 변호사 ○○○

주 소 : ○○시 ○○구 ○○로 ○○

전화번호 : 00-0000-0000 FAX : 00-0000-0000

20○○. ○. ○.

위 채무자(신청인) ○○○ (서명 또는 날인)

송달영수인 변호사 ○○○ (서명 또는 날인)

○○지방법원 귀중

채무확인 증명서

본인이 귀사에 대하여 20○○년 ○월 ○일 현재로 아래와 같이 채무가 있음을 증명합니다.

채무자 인적사항

1. 성　　　명 : ○○○
2. 주민등록번호 : ○○○○○○-1○○○○○○
3. 주　　　소 : ○○시 ○○구 ○○로 ○○○-○○ 4층

대출번호	대출이자	대출상품	만기일자	대출금액	대출잔액	비 고
N01018570000	20OO-O-O	대부론	20OO-O-O	7,242,400원	6,999,915원	

발 급 신 청 인 : ○○○
채무자와의 관계 : 위임자
발　급　용　도 : 개인보관용(채무확인)

20○○년　○월　○일
채무자 : ○○○　　(인)

위의 사실이 틀림없음을 증명합니다.

20○○년　○월　○일

주　소 : ○○시 ○○구 ○○로 ○○-○○ ○○○빌딩
회사명 : ○○○○○○대부(주)

○○○○그룹캐피탈 팩스(우편)서비스

발급번호 : 00000 　　　　　　　　　　　　　　　　　　　발 급 일 : 20○○/08/17

부 채 증 명 서

○○시 ○구 ○○로 ○○ ㅁㅁ타워 4층 중앙우체국
○○○님 귀하

고객성명	○○○	주민등록번호	000000-0000000

1. 채권내역(기준일 : 20○○/○/○)

<table>
<tr><td rowspan="4">1</td><td colspan="3">채권의 원인(090109000209)</td><td rowspan="2">원금현잔액</td><td rowspan="2">이자현잔액</td><td rowspan="2">연체이자잔액</td><td rowspan="2">합계</td></tr>
<tr><td>대출일자</td><td>대출과목</td><td>대출금액</td></tr>
<tr><td>2010/07/05</td><td>신용대출</td><td>4,100,000</td><td>3,236,055</td><td>229,487</td><td>12,846</td><td>3,478,388</td></tr>
<tr><td colspan="7">채권의 내용/산정근거(이자율 : 31.8% / 연체이자율 : 41.8%)</td></tr>
<tr><td rowspan="4">2</td><td colspan="3">채권의 원인</td><td rowspan="2">원금현잔액</td><td rowspan="2">이자현잔액</td><td rowspan="2">연체이자잔액</td><td rowspan="2">합계</td></tr>
<tr><td>대출일자</td><td>대출과목</td><td>대출금액</td></tr>
<tr><td></td><td></td><td></td><td></td><td></td><td></td><td></td></tr>
<tr><td colspan="7">채권의 내용/산정근거(이자율 / 연체이자율)</td></tr>
</table>

2. 담보부 대출

채권번호	피담보내용 및 목적물	피담보채권액	피담보목적물	담보부족예상

3. 법비용

법비용 금액	0

주) 1. 위1의 채권내역 중 담보부 대출을 기재함.
주) 2. 법조치 비용은(20○○/○/○) 기준으로 추가 진행 상황에 따라 변동 될 수 있습니다.
주) 3. 보전조치(가압류, 가처분 등) 및 진행 중인 대여금 청구 소송 등은 취하 시 취하비용이 추가로 발생합니다.

위 내용은 사실과 다름없음을 확인합니다.

(소관, 송달주소) ○○시 ○○구 ○○로 ○○○ ○○빌딩 11층 여신관리부

발급일 : 20○○년 ○월 ○일

○○○○**그룹캐피탈주식회사 대표이사** ○○○

잔 고 증 명 서

- 지점명 : ㅇㅇ지점
- 회원번호 : No. 000-0000
- 성 명 : ㅇㅇㅇ
- 주민등록번호 : ㅇㅇㅇㅇㅇㅇ - ㅇㅇㅇㅇㅇㅇㅇ
- 잔고금액 : 3,504,196원
- 최신대출일 : 20ㅇㅇ년 ㅇ월 ㅇ일
- 이자 : 315,377원
- 총액 : 3,819,573

잔고증명서는 본인의 희망에 의해 발급합니다.

上記 내용이 사실임을 증명합니다.

20ㅇㅇ년 ㅇ월 ㅇ일

ㅇㅇ시 ㅇㅇ구 ㅇㅇ로 ㅇㅇ

ㅇㅇ 대부주식회사

무상거주 사실확인서

1. 무상거주자(신청인) 인적사항

성명	주민등록번호	무상거주지 주소	전화번호
○○○	000000-0000000	○○시 ○○구 ○○로 ○○	000-0000-0000

2. 거주기간 및 소유자(또는 임차인)

거주기간	20○○년 ○월 일부터 20○○년 ○월 일 현재까지
건물소유자 (또는 임차인)	○ 성 명 : ○○○ ○ 주민등록번호 : 000000-0000000 ○ 무상거주자(신청인)와의 관계 : 형 ○ 전 화 번 호 : 000-000-0000

※ 첨부서류 : 부동산등기부등본(또는 임대차계약서)

상기와 같이 거주하고 있음을 확인합니다.

20○○년 ○월 ○일

위 확인인 ○○○ (인)

○○지방법원 귀하

채무잔액확인진술서

채 권 자 성 명 : ○ ○ ○ 캐피탈(주)
주 소 : ○ ○시 ○ ○구 ○ ○로 ○ ○-○ ○ ○빌딩 ○층
전화번호 : 000-2222-3333

신청인(채무자)은 위 채권자에게 채무가 있어 부채증명서 발급요청을 수차례에 걸쳐 요구하였으나, 부채증명서 발급비용이 너무 많이 요구하고 있어 신청인으로서는 이 비용을 감당하기가 어려워 위 채권자에 대한 채무내용에 대하여 다음과 같이 존재하고 있음을 진술합니다.

－ 다 음 －

채권자	최초 채무발생일	최초 채무원금	잔존채무			연대 보증인
			원금	이자	합계	
○ ○ ○ 캐피탈(주)	20○ ○년도	1,240만원	1,240만원	1,800만원	3,040만원	

※ 위 채무는 신청인의 ○ ○카드 채무 건이 위 채권자에게로 양도된 것이라고 합니다.

신청인(채무자) 성명 : ○ ○ ○ (서명 또는 날인)
주소 : ○ ○시 ○ ○구 ○ ○로 ○ ○

자 료 송 부 청 구 서

채권자 ○○○ 귀하

청구인(채무자) : ○ ○ ○
주민등록번호 : 123456 - 1234567
주 소 : ○○시 ○○구 ○○로 ○○

채무자는 개인채무자회생규칙 제17조에 기하여 채권자에게 채무자에 대하여 가진 개인회생채권의 존부 및 액수, 피담보채권액 및 피담보목적물의 가액, 담보 부족전망액 등에 관한 자료의 송부를 청구합니다.

채권자는 별지 자료송부서에 의거하여 20○○. ○. ○.까지 송부하여 주시기 바랍니다.

20○○. ○. ○.

채무자 ○○○ (서명 또는 날인)

《송부할 주소》

주소	○○시 ○○구 ○○로 ○○	전화	000-0000
		패스	000-0000

붙임. 자료송부서 1부

자 료 송 부 서

채무자	○○○	주 소	○○시 ○○구 ○○로 ○○

1. 채권내역 (기준일 : 20○○년 ○월 ○일)

(단위 : 원)

<table>
<tr><td rowspan="4">1</td><td colspan="3">채권의 원인</td><td rowspan="2">원금 현잔액
(①)</td><td rowspan="2">이자 현잔액
(②)</td><td rowspan="2">합계
(①+②)</td></tr>
<tr><td>대출일자</td><td>대출과목</td><td>대출금액</td></tr>
<tr><td>20○○. 1.</td><td></td><td>20,000,000원</td><td>12,450,000원</td><td>미정</td><td>12,450,000</td></tr>
<tr><td colspan="6">채권의 내용/①② 산정근거(이자율)</td></tr>
<tr><td rowspan="4">2</td><td colspan="3">채권의 원인</td><td rowspan="2">원금 현잔액
(①)</td><td rowspan="2">이자 현잔액
(②)</td><td rowspan="2">합계
(①+②)</td></tr>
<tr><td>대출일자</td><td>대출과목</td><td>대출금액</td></tr>
<tr><td></td><td></td><td></td><td></td><td></td><td></td></tr>
<tr><td colspan="6">채권의 내용/①② 산정근거(이자율)</td></tr>
</table>

2. 담보부 대출

채권 번호	피담보내용 및 목적물	피담보채권액	피담보목적물 가액	담보부족예상액

주) 위 1의 채권내역 중 담보부 대출을 기재함

채권자명 : (서명 또는 날인)
전화번호 :

채무자 ○○○ 귀하

[붙임 1] 변제계획안(표지)

가용소득만으로 변제하는 경우

변제계획안 제출서

사 건 20○○개회○○○○ 개인회생

채 무 자 ○ ○ ○

대 리 인 ________

채무자는 별지와 같이 변제계획안을 작성하여 제출하니 인가하여 주시기 바랍니다.

20○○. ○. ○.

위 신청대리인

변호사 ○ ○ ○ (인)

○○지방법원 귀중

[붙임 2] 변제계획안(본문)

20○○개회○○○ 호 채무자 : ○○○

변 제 계 획 (안)

20○○. 9. 5. 작성

1. 변제기간

[20○○] 년 [12] 월 [25] 일부터 [20○○] 년 [2] 월 [24] 일까지 [50] 개월간

2. 변제에 제공되는 소득 또는 재산

가. 소득

(1) 수입

☑ 변제기간 동안 [○○주식회사] 에서 받은 월 평균 수입 [2,509,187] 원

☐ 변제기간 동안 [ ] 을 운영하여 얻는 월 평균 수입 [ ] 원

(2) 채무자 및 피부양자의 생활에 필요한 생계비

(가) 채무자 및 피부양자 : 총 [2]명

(나) 국민기초생활보장법에 의한 가구별 기준 중위소득 : 월 평균 수입 [2,906,528] 원

(다) 채무자 회생 및 파산에 관한 법률에 따라 조정된 생계비 : 월 [1,743,917]원

(3) 채무자의 가용소득

기간 : [20○○] 년 [12] 월 [25] 일부터 [20○○] 년 [2] 월 [24] 일까지

① 월 평균 수입	② 월 평균 생계비	③ 월 평균 가용소득(①－②)	④ 변제 횟수 (월 단위로 환산)	⑤ 총 가용소득 (③×④)
2,509,187	1,743,917	765,270	50	38,263,500

나. 재산 : [해당 있음 ☐ / 해당 없음 ☑]

3. 개인회생단채권에 대한 변제 [해당 있음 ☐ / 해당 없음 ☑]

가. 회생위원의 보수 및 비용 [해당 있음 ☐ / 해당 없음 ☑]

☐ 변제계획 인가 후 [ ] 원을 지급

나. 기타 개인회생재단채권 [해당 있음 ☐ / 해당 없음 ☑]

(1) 채권의 내용

채권자	채권현재액	채권발생원인	변제기

(2) 변제방법

변제계획 인가일 직후 원리금 전액을 일반 개인회생채권보다 우선하열 변제한다.

4. '일반의 우선권 있는 개인회생채권'에 대한 변제 [해당 있음 □ / 해당 없음 ☑]

(1) 채권의 내용

채권자	채권현재액	채권발생원인(우선권의 근거)	변제기

(2) 변제방법

변제계획 인가일 직후 최초 도래하는 변제기일에 원리금 전액을 우선하여 변제한다. 남은 채권이 있을 경우에는 일반 개인회생채권의 매 변제기일에 우선하여 변제한다.

5. 별제권부 채권 및 이에 준하는 채권의 처리 [해당 있음 □ / 해당 없음 ☑]

가. 채권의 내용

<table>
<tr><td rowspan="3">채권
번호</td><td rowspan="3">채권자</td><td>① 채권현재액(원금)</td><td rowspan="2">③ 별제권행사 등으로
변제가 예상되는 채권액</td><td rowspan="2">④ 별제권행사 등으로도
변제받을 수 없을 채권액</td></tr>
<tr><td>② 채권현재액(이자)</td></tr>
<tr><td colspan="3">별제권 등의 내용 및 목적물</td></tr>
<tr><td rowspan="3">1</td><td rowspan="3"></td><td></td><td rowspan="2"></td><td rowspan="2"></td></tr>
<tr><td></td></tr>
<tr><td colspan="3"></td></tr>
<tr><td rowspan="3">2</td><td rowspan="3"></td><td></td><td rowspan="2"></td><td rowspan="2"></td></tr>
<tr><td></td></tr>
<tr><td colspan="3"></td></tr>
</table>

☞ 개인회생채권자목록 부속서류 1의 내용을 그대로 옮겨 적습니다.

나. 변제방법

(1) 위 각 채권에 대하여 별제권 행사 등으로 변제가 예상되는 채권액(③)은 별제권 행사 등에 의한 방법으로 변제하고 이 변제계획상의 가용소득이나 재산처분에 의한 변제대상에서 제외한다.

(2) 위 (1)항 기재 각 채권 중 별제권행사 등으로도 변제받을 수 없을 채권액(④)은 미확정 채권으로 보아 유보하였다가 아래 7항 기재와 같은 방법으로 변제한다.

(3) 별제권 행사 등으로도 변제받을 수 없을 채권액이 위 가의 ④항의 기재 금액을 초과하는 것으로 확정된 경우에는, 채권자가 그 초과부분을 변제계획안의 변경

절차를 통하여 변제받을 수 있다.

6. 일반 개인회생채권에 대한 변제

가. 가용소득에 의한 변제

(1) 월 변제예정(유보)액 및 총 변제예정(유보)액의 산정

각 일반 개인회생채권의 [원금] 의 액수를 기준으로 월 평균가용소득을 안분하여 산출한 금액을 각 일반 개인회생채권자에게 변제한다. 이를 기초로 산정한 월 변제예정(유보)액은 [765,270] 원이고 총 변제예정(유보)액은 [27,549,720]이다.

구체적 산정 내역은 별지 개인회생채권 변제예정액 표 참조.

(2) 변제방법

위 (1)항의 변제예정(유보)액은 다음과 같이 분할하여 변제한다.

(가) 기간 및 횟수

[20○ ○] 년 [12] 월 [25] 일부터 [20○ ○] 년 [2] 월 [24] 일까지 [50] 개월간 합계 [50] 회

(나) 변제월 및 변제일

① [20○ ○] 년 [12] 월 [25] 일부터 변제계획인가 직전 [25] 일까지 기간

☑ 변제계획인가일 직후 최초 도래하는 월의 [25] 일에 위 기간 동안의 변제분을 개인회생절차개시후 변제계획 인가 전에 적립된 가용소득으로 일시에 조기 변제

☐ 기타 : [ ]

② 변제계획인가일 직후 최초 도래하는 월의 [25] 일부터 [20○ ○] 년 [2] 월 [24] 일까지 기간

☑ 매월마다[25] 일에 변제

☐ 매[ ] 개월마다[ ] 일에 각 변제

☐ 기타 : [ ]

나. 재산의 처분에 의한 변제 [해당 있음 ☐ / 해당 없음 ☑]

7. 미확정 개인회생채권에 대한 조치 [해당 있음 ☐ / 해당 없음 ☑]

가. 변제금액의 유보

(1) 미확정 개인회생채권에 대하여는 변제를 유보하고, 별지 개인회생채권 변제예정액표에 기재한 금액을 해당 채권이 확정될 때까지 유보하여 둔다.

(2) 채무자는 이와 같이 유보한 금액도, 즉시 지급되는 다른 채권에 대한 변제금과 마찬가지로 아래 8항 기재 계좌에 입금한다.

나. 미확정 개인회생채권에 대한 변제

(1) 미확정 개인회생채권이 전부 그대로 확정된 경우

미확정 개인회생채권의 전액에 관하여 채권의 존재가 확정된 경우에는, 그 확정

직후 유보비율을 변제비율로 적용하여 변제를 개시하고 매월의 변제기에 그 해당 금액을 변제하되, 이미 분할 변제기가 도래한 부분 즉 그동안의 유보액에 대하여는 곧바로 일시 변제한다.

(2) 미확정 개인회생채권이 전부 또는 일부 부존재 하는 것으로 확정된 경우
미확정 개인회생채권이 전부 또는 일부 부존재하는 것으로 확정된 경우에는, 그 확정 직후, 존재하는 것으로 확정된 [ ]의 인용 비율에 위 가항에 의해 지급을 유보한 금액을 곱하여 산출한 금액을 해당 개인회생채권자에게 일시에 변제한다. 유보금액 중, 미확정 개인회생채권의 일부가 존재하지 않는 것으로 됨에 따라 그 개인회생채권자에게 변제할 필요가 없게 된 나머지 유보금액은, 그 채권액 확정 직후 전체 일반 개인회생채권자들에게 각 [ ]의 액수를 기준으로 안분하여 변제한다.
향후의 매월 입금액을 분배하는 기준이 될 변제비율은 위 확정 원금들 사이의 비율에 따라 새로 계산하여 정하는데, 미확정 개인회생채권의 일부가 존재하지 않는 것으로 확정됨에 따라 향후 해당 개인회생채권자를 위한 유보가 불필요하게 된 변제기 미도래분에 대한 변제 유보예정액은, 향후 변제기 도래시 전체 일반 개인회생채권자들에게 그 각 [ ]의 액수를 기준으로 안분되도록 한다.

(3) 변제기간 종료시까지 미확정 개인회생채권이 미확정상태로 남는 경우에는 최종 변제기에 유보한 금액 전부를 일반개인회생채권자들에게 각 [ ]의 액수를 기준으로 안분하여 변제한다.

(4) 임대차보증금반환액수가 확정되지 않은 임대차보증금 반환채권은 미확정채권으로 보아 위 가, 나항에 따라 변제하되 그 액수가 확정되고 임차인이 임차목적물을 명도함과 동시에 변제한다.

8. 변제금원의 회생위원에 대한 임치 및 지급

채무자는 위 [5, 6]항에 의해 개인회생채권자들에게 변제해야 할 금액을 개시결정시 통지되는 회생위원의 예금계좌([ ]은행 계좌번호 [ ])에 순차 임치하고, 개인회생채권자는 법원에 예금계좌를 신고하여 회생위원으로부터 변제액을 송금 받는 방법으로 지급받는다. 회생위원은 계좌번호를 신고하지 않은 개인회생채권자에 대하여는 변제액을 적립하였다가 이를 연 1회 개인회생사건이 계속되어 있는 지방법원에 공탁하여 지급할 수 있다.

☞ 회생위원의 예금계좌는 신청 당시에는 알 수 없으므로 공란으로 두었다가 추후 보완합니다.

9. 면책의 범위 및 효력발생시기

채무자가 개인회생채권에 대하여 이 변제계획에 따라 변제를 완료하고 면책신청을 하여 면책결정이 확정되었을 경우에는, 이 변제계획에 따라 변제한 것을 제외하고 개인

회생채권자에 대한 채무에 관하여 그 책임이 면제된다. 단, 채무자 회생 및 파산에 관한 법률 제625조 제2항 단서 각호 소정의 채무에 관하여는 그렇지 않다.

10. **기타사항** [해당 있음 □ / 해당 없음 ☑]

보수 지급 명세서

20○○년 ○월분

소 속 : ○○주식회사
○○물류과

주민번호 : 123456 - 1234567

성 명 : ○○○

직급, 호봉 : 기능직(경리회계)

은행명 : 우체국

계좌번호 : 010-**********

실수령액 : 0,000,000

보 수		공 제	
보수계	0,000,000	공제계	384,180
봉급	0,000,000	일반공제계	361,010
정근수당가산금	50,000	소득세	28,190
위험수당(을)	40,000	주민세	2,810
현업장려수당(1등급)	62,000	일반기여금	129,840
시간외수당	271,100	소급기여금	129,840
휴일수당	122,530	건강보험	66,010
정액급식비	130,000	장기요양보험료	4,320
교통보조비	120,000	기타공제계	23,170
직급보조비	95,000	법정기부금(다사랑)	1,000
기계지원비	194,880	지정기부금(노조회비)	15,170
		청상조회비	1,000
		국상조회비	6,000

소 득 진 술 서

○○지방법원 귀중

신청인은 월 평균 ○,○○○,○○○ 원의 소득이 있으나 아래와 같은 사유로 소득 증명 자료를 제출할 수 없음을 진술합니다.

◎ 소득 증명 자료를 제출할 수 없는 사유

신청인은 현재 일용직으로 ○○○에 고용되어 용접공으로 근무하고 있어
월 소득이 금 ○,○○○,○○○원에 달하고 있고, 신청외 형님 ○○○이 매월
정기적으로 신청인에게 현금으로 금 ○○○,○○○원을 입금(신청인이 신용불
량자인 관계) 하고 있어 합계 소득이 ○,○○○,○○○원에 달하고 있으나 형
님이 신청인에게 현금으로 지급한 부분에 대하여 이를 증명하기 곤란하여 소
득진술서로 갈음하고자 합니다.

20○○년 ○월 ○일

신 청 인 : ○ ○ ○ (서명 또는 날인)
주민등록번호 : ○○○○○○-○○○○○○○
주 소 : ○○시 ○○구 ○○로 ○○

퇴직금 지급 예상액

사 업 자 명	○○주식회사		
소 속	○○부		
직위 및 직급	○급		
성 명	○○○	주민등록번호	000000-0000000
재 직 기 간	20○○. ○. ○.부터 20○○. ○. ○. 현재까지		
월 평균임금	금 ○,○○○,○○○원		
퇴직금 지급예상액 (20○○. . . 기준)	금 ○,○○○,○○○원		

위 내용은 사실과 틀림이 없습니다.

20○○. ○. ○.

사업주 상호 및 성명 : ○○○ (인)
주 소 : ○○시 ○○구 ○○로 ○○
전 화 번 호 : 00-0000-0000

○○지방법원 귀중

부동산 시가확인서

<table>
<tr><td>부동산의 표시</td><td colspan="3">1. 토지의 표시
주　　소 : ○○시 ○○구 ○○로 ○○
대지면적 : 전 ○○○㎡
2. 건물의 표시
주　　소 :
건물면적 :
구　　조 :</td></tr>
<tr><td rowspan="3">의 뢰 인</td><td>이　　름</td><td colspan="2">○○○</td></tr>
<tr><td>주민등록번호</td><td colspan="2">000000-0000000</td></tr>
<tr><td>주　　소</td><td colspan="2">○○시 ○○구 ○○로 ○○</td></tr>
<tr><td>시가금액</td><td>○,○○,○○○원</td><td>산출근거</td><td>○○,○○○원×○○○㎡</td></tr>
<tr><td colspan="4">이와 같이 부동산 시가를 확인합니다.

20○○년 ○월 ○일

확인인 상　호 : ○○부동산
주　소 : ○○시 ○○구 ○○로 ○○
연락처 : 00-000-0000
대표자 : ○○○ (인)</td></tr>
</table>

[별지] 변제예정액표

20○○개회○○○○호 채무자 ○○○

개인회생채권 변제예정액 표

1. 기초사항

(단위 : 원)

(A) 월평균 가용소득	765,270	(B) 변제횟수	50회	(C) 총가용소득	38,263,500

2. 채권자별 변제예정액의 산정내역

(단위 : 원)

채권번호	채권자	(D) 개인회생채권액		(E) 월 변제예정(유보)액		(F) 총 변제예정(유보)액	
		확정채권액 (원금)	미확정채권액 (원금)	확정채권액 (원금)	미확정채권액 (원금)	확정채권액 (원금)	미확정채권액 (원금)
1	주식회사 ○○○○ 은행	6,214,922		130,337		6,516,850	
2	주식회사 ○○○크레디트대부	2,968,633		62,257		3,112,850	
3	주식회사 ○○크레디트대부	2,488,831		52,195		2,609,750	
4	○○○○ ○○○○ 캐피탈 주식회사	11,078,220		232,329		11,615,450	
5	○○○파이낸셜대부 주식회사	6,999,915		146,800		7,340,000	
6	○○시티그룹캐피탈 주식회사	3,236,055		67,886		3,393,300	
7	○○대부 주식회사	3,504,196		73,489		3,674,450	
합 계		36,490,772		765,273		38,263,650	
총 계		(G) 36,490,772		(H) 765,273		(I) 38,263,650	

3. 변제율 : 원금의 (105)%의 상당액

4. 청산가치와의 비교

(단위 : 원)

(J) 청산가치	11,995,060

(K) 가용소득에 의한 총변제예정(유보액)	38,263,650
(L) 현재가치	34,899,285

제○ 회생위원 업무수행결과 보고서

사　　건 : 20○○개회○○○○
채 무 자 : ○ ○ ○
대 리 인 : 없음
접 수 일 : 20○○. ○. ○.

위 사건에 관하여 제○ 회생위원은 다음과 같이 업무수행결과를 보고합니다.

다　　　음

개인회생신청에 이르게 된 경위		'신청서' 및 신청서에 첨부한 '진술서' 기재와 같음
개인회생채권자목록의 적정성		적정
재산		신청서에 첨부한 '재산목록' 기재와 같음
	담보목적물의 평가	해당 없음
소득		신청서에 첨부한 '수입 및 지출에 관한 목록' 기재와 같음. 적정
부인권 행사대상의 존부		해당 없음
기타사항		변제율 원금의 100%

20○○. ○. ○.

제○ 회생위원 ○ ○ ○

○○중앙지방법원 제○ 회생 단독판사 귀중

○ ○ 지 방 법 원
결 정

사 건 20○○개회○○○○ 개인회생
채 무 자 ○ ○ ○ (123456 - 1234567)
○○시 ○○구 ○○로 ○○
송달장소 ○○시 ○○구 ○○로 ○○ ㅁㅁ타워 ○○○호
(송달영수인 : 변호사 ○○○)

주 문

1. 채무자에 대하여 개인회생절차를 개시한다.
2. 개인회생채권에 관한 이의기간을 20○○. ○. ○.까지로 한다.
3. 개인회생채권자집회의 기일 및 장소를 20○○. ○. ○. 10 : 00 ○○지방법원 별관 북관 제○호 법정으로 한다.

이 유

이 사건 신청은 이유 있으므로 채무자 회생 및 파산에 관한 법률 제596조에 의해 주문과 같이 결정한다.

20○○. ○. ○. 10 : 00

판 사 ○ ○ ○ (인)

○ ○ 지 방 법 원
통 지 서

사 건 20○○개회○○○○ 개인회생

채 무 자 ○ ○ ○ (123456 - 1234567)
○○시 ○○구 ○○로 ○○

송달장소 ○○시 ○○구 ○○로 ○○ ㅁㅁ타워 ○○○호
(송달영수인 : 변호사 ○○○)

이 법원은 20○○. ○. ○. 10 : 00 개인회생절차개시결정을 하였으므로, 채무자 회생 및 파산에 관한 법률 제597조 제2항, 제1항에 의해 다음 사항을 통지합니다.

다 음

1. 개인회생절차개시결정의 주문 : 채무자에 대하여 개인회생절차를 개시한다.

2. 이의기간 : 20○○. ○. ○.까지

3. 개인회생채권자집회의 기일 및 장소
① 20○○. ○. ○. (○요일), ② ○○지방법원 별관 북관 제○호법정

4. 채권자 유의사항
① 개인회생채권자목록의 내용에 관하여 이의가 있는 개인회생채권자는 이의기간 내에 자신 또는 다른 개인회생채권자의 채권내용에 관하여 서면으로 개인회생채권조사확정 재판을 신청할 수 있습니다. 다만, 개인회생절차개시 당시 이미 소송이 계속중인 권리에 대하여 이의가 있는 경우에는 조사확정재판을 신청할 수 없고 이미 계속중인 소송의 내용을 개인회생채권확정의 소로 변경하여야 합니다.
② 모든 개인회생채권자는 직접 또는 우편으로 변제계획에 따른 변제예정액을 입금받을 계좌번호 신고서를 채권자집회기일 종료 시까지 제○회생위원에게 제출해야 하고(채권자 계좌번호 신고서 양식은 「대법원 홈페이지⇒양식모음⇒개인회생」에서 출력하실 수 있습니다), 변제계획에 이의가 있는 때에는 채권자집회에 출석하여 이의를 진술하거나, 채권자집회기일의 종료시까지 법원에 이의진술서를 제출할 수 있습니다.

[우편번호 : 12345, 주소 : ○○시 ○○구 ○○로 ○○]

③ 변제계획이 인가되면, 변제계획에 따른 월 변제액은 채권자가 신고한 계좌로 입금됩니다. 채권자에게 입금되는 금액이 변제계획에 따라 입금되어야 할 월 변제액과 수회 계속하여 차이가 나는 경우 그 사실을 법원에 신고해야 합니다(최초 입금액이나 변제계획 등의 수정 후 입금액의 경우에는 누적된 금액이 입금되어 금액이 과다할 수도 있습니다).

5. 채무자 유의사항

① 채무자는 채권자집회에 출석하여 채권자의 요구가 있는 경우 변제계획에 관하여 필요한 설명을 하여야 합니다. 정당한 사유 없이 채권자집회에 불출석하거나 허위의 설명을 한 경우에는 개인회생절차폐지 등의 불이익을 받을 수 있습니다.

② 채무자는 변제계획안이 인가되기 이전이라도 변제계획안에서 정한 최초 변제일 부터 월 변제액을 [○○] 은행 [00000000000] 계좌(계좌번호를 반드시 메모하여 두시기 바랍니다)에 임치하여야 합니다.

20○○. ○. ○.

판 사 ○ ○ ○

수신처 : 채무자, 회생위원, 개인회생채권자, 채무자의 재산을 소지하고 있거나 그에게 채무를 부담하는 자

○○지방법원
개인회생절차개시공고

사　　건　　20○○개회○○○○　개인회생

채 무 자　　○　○　○ (19○○. ○. ○.생)
　　　　　　○○시 ○○구 ○○로 ○○

송달장소　　○○시 ○○구 ○○로 ○○ ㅁㅁ타워 ○○○호
　　　　　　(송달영수인 : 변호사 ○○○)

위 사건에 관하여 이 법원은 개인회생절차개시결정을 하였으므로 채무자 회생 및 파산에 관한 법률 제597조에 의해 다음과 같이 공고합니다.

다　　음

1. 개인회생절차개시결정의 주문
   채무자에 대하여 개인회생절차를 개시한다.
2. 개인회생절차개시 결정일시 : 20○○. ○. ○. 10 : 00
3. 이의기간 : 20○○. ○. ○.까지
4. 개인회생채권자집회의 기일 및 장소
   ① 개인회생채권자집회의 기일 : 20○○. ○. ○. (○요일) 10 : 00
   ② 개인회생채권자집회의 장소 : ○○지방법원 별관 북관 제○호 법정
5. 개인회생채권자목록의 내용에 관하여 이의가 있는 개인회생채권자는 위 이의기간 내에 자신 또는 개인회생채권자의 채권내용에 관하여 서면으로 개인회생채권조사 확정재판을 신청할 수 있다. 다만 개인회생절차개시 당시 이미 소송이 계속 중인 권리에 대하여 이의가 있는 경우에는 별도로 조사확정재판을 신청할 수 없고 이미 계속 중인 소송의 내용을 개인회생채권확정의 소로 변경해야 한다.

20○○. ○. ○.

○○지방법원

판 사 ○ ○ ○

회생위원 채권자집회 전 보고서

1. 사건의 표시
   사건번호 : 20○○개회○○○○
   신청인(채무자) : ○○○

2. 개인회생채권자집회기일
   가. 개인회생채권자집회의 기일 : 20○○. ○. ○. (○요일) 10 : 00
   나. 개인회생채권자집회의 장소 : ○○지방법원 별관 북관 3층 ○호법정

3. 채무자의 소득 및 가용소득 적립 여부
   가. 채무자의 소득은 개시신청서에 첨부한 '채무자의 수입 및 지출에 관한 목록' 기재 수입과 같다.
   나. 채무자는 0원을 임치하였다. 총 변제예정액은 00,000,000원이다.
   ※ 변제개시일 : 20○○. ○. ○.

4. 채무자의 재산 및 청산가치
   가. 채무자의 재산 : 개시신청서에 첨부한 '재산목록' 기재와 같다.
   나. 청산가치
   개인회생채권자들이 채무자가 파산하는 때에 배당받을 총액은 00,000,000원이다.

5. 변제계획에 대한 이의 여부
   가. 이의채권자 없음
   나. 이의 내용
   (1) 해당 없음

6. 변제계획 인가요건 충족 여부
   가. 법 제614조 제1항 제4호 관련
   개인회생채권에 대한 총변제액이 채무자가 파산하는 때에 배당받을 총액보다 적지 않다.
   나. 법 제614조 제2항 관련
   - 해당 없음

7. 결론 : 채무자가 제출한 변제계획안은 법 제614조 제1항 제4호의 요건을 충족합니다.

20○○. ○. ○.

제○ 회생위원 ○ ○ ○ (인)

○○지방법원 제○ 회생단독판사 귀중

확 약 서

사 건 : 20○○개회○○○○ 개인회생

채 무 자 : ○ ○ ○

1. 채무자는 주소 및 연락처가 변경된 경우, 즉시 법원이나 회생위원에게 변경된 주소 및 연락처를 신고하고, 이를 게을리 하여 법원이나 회생위원으로부터 필요한 연락을 받지 못하더라도 아무런 이의가 없음을 확약합니다.

2. 채무자는 인가된 변제계획에 따른 변제가 지체되고 그 지체액이 3개월분 변제액에 달한 경우, 그로부터 14일 이내에 법원이나 회생위원에게 지체내역, 지체사유, 변제계획 변경 등에 의한 절차의 수행가능성 유무, 기타 사항에 관하여 필요한 소명자료를 첨부하여 서면으로 보고할 의무가 있고, 이를 게을리한 경우 어떠한 불이익을 받더라도 아무런 이의가 없음을 확약합니다.

20○○. ○. ○.

채무자 ○ ○ ○ (서명 또는 인)

○ ○ 지 방 법 원
결 정

사 건 20○○개회○○○○ 개인회생

채 무 자 ○ ○ ○ (123456 - 1234567)
○○시 ○○구 ○○로 ○○○-○○

주 문

별지 변제계획을 인가한다.

이 유

채무자 회생 및 파산에 관한 법률 제614조에 의해 주문과 같이 결정한다.

20○○. ○. ○.

판사 ○ ○ ○ (인)

변제계획 인가결정 공고

사 건 20○○개회○○○○ 개인회생

채 무 자 ○○○ (19○○. ○. ○. 생)

○○시 ○○구 ○○로 ○○○-○○

이 법원은 20○○. ○. ○. 위 채무자의 변제계획을 인가하였으므로 다음과 같이 공고한다.

다 음

1. 변제계획 인가결정의 주문 및 이유의 요지

이 사건 변제계획을 채무자 회생 및 파산에 관한 법률 제614조에 의해 인가한다.

2. 변제계획의 요지

가. 변제율 : 일반개인회생채권 원금의 105% 상당

나. 변제기간 : 50 개월

20○○. ○. ○.

○ ○ 지 방 법 원

판 사 ○ ○ ○

[사례 3] 개인회생(근로소득자, 생활비, 카드돌려막기, 가용소득만으로 변제)

개인회생 신청 ○○○관련
(첨부서류 및 소명자료 일람표)

회생절차개시신청서

- 회생절차개시신청서(표지)
- 회생절차개시신청서
- 송달료·예납금 납부서·영수증
- 개인회생채권자목록
- 재산목록
- 수입 및 지출에 관한 목록
- 진술서
- 신청서 부본
- 신청인 본인의 예금계좌사본
- 위임장(대리인이 있는 경우)

변제계획안

- 변제계획안(표지)
- 변제계획안
- 개인회생채권 변제예정액표

개인회생절차 개시신청서(표지)

개인회생절차 개시신청서

파산사건번호	
면책사건번호	
배당순위번호	
재 판 부	제 단독

신청인(채무자) ○ ○ ○

소송대리인 변호사 ○○○

(송달장소) ○○시 ○○구 ○○로 ○○

인 지 대 : 30,000원

송 달 료 : {채권자수 (7) × 8 × 5,200}+ 52,000원 = 343,200원

합 계 : 373,200원

○○지방법원 귀중

개인회생절차 개시신청서(본문)

개인회생절차 개시신청서

수입인지
30,000원

신청인	성 명	○ ○ ○	주민등록번호	123456 - 1234567
	주민등록상 주소	○○시 ○○구 ○○로 ○○ (우편번호 :)		
	현 주 소	위와 같음 (우편번호:)		
	전화번호 (집·직장)	111-2222	전화번호 (휴대전화)	000-1111-2222

대리인	성 명	변호사 ○ ○ ○		
	사무실 주소	(송달장소) ○○시 ○○구 ○○로 ○○		
	전화번호 (사무실)	00) 000-0000		
	이-메일 주소		FAX번호	

주채무자가(또는 보증채무자가, 연대채무자가, 배우자가) 이미 귀 법원에 개인회생절차 개시신청을 하였으므로 그 사실을 아래와 같이 기재합니다.			
성 명		사건번호	

신 청 취 지

신청인에 대하여 개인회생절차를 개시한다. 라는 결정을 구합니다.

신 청 이 유

1. 신청인은, 첨부한 개인회생채권자목록 기재와 같은 채무를 부담하고 있으나, 수입 및 재산이 별지 수입 및 지출에 관한 목록과 재산목록에 기재된 바와 같으므로, 파산의 원인사실이 발생하였습니다(파산의 원인사실이 생길 염려가 있습니다)(자세한 사항은 별지 진술서).

☑ 신청인은 정기적이고 확실한 수입을 얻을 것으로 예상되고, 또한 채무자 회생 및 파산에 관한 법률 제595조에 해당하는 개시신청 기각사유는 없습니다(급여소득자의 경우).

☐ 신청인은 부동산임대소득·사업소득·농업소득·임업소득 그밖에 이와 유사한 수입을 장래에 계속적으로 또는 반복하여 얻을 것으로 예상되고, 또한 채무자 회생 및 파산에 관한 법률 제595조에 해당하는 개시신청 기각사유는 없습니다(영업소득자의 경우).

2. 신청인은, 각 회생채권자에 대한 채무 전액의 변제가 곤란하므로, 그 일부를 분할하여 지급할 계획입니다. 즉 현시점에서 계획하고 있는 변제예정액은 60개월간 월 400,000원씩이고, 이 변제의 준비 및 절차비용지급의 준비를 위해, 절차개시결정이 내려지는 경우 20○○. ○. ○.을 제1회로 하여, 이후 매월 15일에 절차개시결정시 통지되는 회생위원의 은행구좌에 동액의 금전을 입금하겠습니다.

3. 이 사건 개인회생절차에서 변제계획이 불인가될 경우 불인가 결정시까지의 적립금을 반환받을 신청인의 예금계좌는 ○○은행 111-22-333 3333 입니다.

4. 개인회생채권자목록 부본(개인회생채권자목록상의 채권자수 + 2통)은 개시결정 전 회생위원의 지시에 따라 지정하는 일자까지 반드시 제출하겠습니다.

첨부서류 및 소명방법

1. 주민등록등본(초본)	각 1통
1. 가족관계증명서	각 1통
1. 개인회생채권자목록	1통
1. 재산목록	1통
1. 수입 및 지출에 관한 목록	1통
1. 별지목록	1통
1. 진술서	1통
1. 신청서 부본	1통
1. 송달료납부서	1통

20○○. ○. ○.

위 소송대리인

변호사 ○ ○ ○ (인)

○○지방법원 귀중

[신청서 첨부서류 1] **[전산양식 A5424]**

개인회생채권자목록

채권현재액 산정기준일: 20○○. 4. 1. 목록작성일: 20○○. 4. 1.

채권현재액 총합계	23,166,248원	담보부 회생 채권액의 합계	0	무담보 회생 채권액의 합계	23,166,248원

※ 개시후이자 등 : 아래 각 채권의 개시결정일 이후의 이자·지연손해금 등은 채무자 회생 및 파산에 관한 법률 제581조 제2항, 제446조 제1항 제1, 2호의 후순위채권입니다.

채권번호	채권자	채권의 원인	주소 및 연락처	
		채권의 내용		부속서류 유무
		채권현재액(원금)	채권현재액(원금) 산정근거	
		채권현재액(이자)	채권현재액(이자) 산정근거	
1	○○ 은행 (○○ 카드)	20○○. 1. 25. ○○ 카드대금	(주소) 서울 ○○구 ○○로 ○○-1 (전화) 1599-9999 (팩스)	
		325,853원 및 이중 원금 잔액 324,227원에 대한 20○○. 1. 25.부터 완제일까지 약정이율에 의한 금원		□ 부속서류 (1, 2, 3, 4)
		324,227원	부채증명서 참조(산정기준일 20○○. 3. 9)	
		1,626원	"	
2	○○ 은행	20○○. 6. 26. 가계일반자금대출	(주소) 서울 ○○구 ○○로 ○○-1 (전화) 1599-9999 (팩스)	
		4,500,000원 및 이중 원금 잔액 4,500,000에 대한 20○○. 6. 26.부터 완제일까지 약정이율에 의한 금원		□ 부속서류 (1, 2, 3, 4)
		4,500,000원	부채증명서 참조(산정기준일 20○○. 3. 27)	
3	○○ 은행	20○○. 7. 14. 가계일반자금대출	(주소) 서울 ○○구 ○○로 ○○-1 (전화) 1599-9999 (팩스)	
		3,238,096원 및 이중 원금 잔액 3,238,096원에 대한 20○○. 7. 14.부터 완제일까지 약정이율에 의한 금원		□ 부속서류 (1, 2, 3, 4)
		3,238,096원	부채증명서 참조(산정기준일 20○○. 3. 27)	

<table>
<tr><td rowspan="4">4</td><td rowspan="4">○○
은행</td><td colspan="2">20○○.4.14.-20○○.2. 23.
카드대금</td><td colspan="2">(주소) ○○시 ○○로 ○○
(전화) 1111-1111 (팩스)</td></tr>
<tr><td colspan="3">918,588원 및 이중 원금 잔액 894,198원에 대한 20○○. 4. 14.부터 완제일까지 약정이율에 의한 금원</td><td>□ 부속서류
(1, 2, 3, 4)</td></tr>
<tr><td>918,588</td><td colspan="3">부채증명서 참조(산정기준일 20○○. 3. 27)</td></tr>
<tr><td>24,390</td><td colspan="3">"</td></tr>
<tr><td rowspan="4">5</td><td rowspan="4">(주)○○
상호
저축
은행</td><td colspan="2">2008.3.19.
가계대출자금</td><td colspan="2">(주소) ○○시 ○○로 ○○
(전화) 02) 3333-4444 (팩스)</td></tr>
<tr><td colspan="3">5,000,000원 및 이중 원금 잔액 5,000,000원에 대한 2008. 3. 19.부터 완제일까지 약정이율에 의한 금원</td><td>□ 부속서류
(1, 2, 3, 4)</td></tr>
<tr><td>5,000,000원</td><td colspan="3">부채증명서 참조(산정기준일 20○○. 3. 27)</td></tr>
<tr><td></td><td colspan="3"></td></tr>
<tr><td rowspan="4">6</td><td rowspan="4">○○
생명
보험
주식
회사</td><td colspan="2">20○○. 7. 15.
일반대출자금</td><td colspan="2">(주소) 서울 ○○구 ○○로 ○○
(전화) 1111-5555 (팩스)</td></tr>
<tr><td colspan="3">1,298,321원 및 이중 원금 잔액 1,298,321원에 대한 20○○. 7. 15.부터 완제일까지 약정이율에 의한 금원</td><td>□ 부속서류
(1, 2, 3, 4)</td></tr>
<tr><td>1,298,321원</td><td colspan="3">부채증명서 참조(산정기준일 20○○. 3. 27)</td></tr>
<tr><td></td><td colspan="3"></td></tr>
<tr><td rowspan="4">7</td><td rowspan="4">○○
은행</td><td colspan="2">20○○. 3. 24.
일반대출자금</td><td colspan="2">(주소) 서울 ○○구 ○○로 ○○
(전화) 1111-3333 (팩스)</td></tr>
<tr><td colspan="3">1,699,000원 및 이중 원금 잔액 1,699,000원에 대한 20○○. 3. 24.부터 완제일까지 약정이율에 의한 금원</td><td>□ 부속서류
(1, 2, 3, 4)</td></tr>
<tr><td>1,699,000원</td><td colspan="3">부채증명서 참조(산정기준일 20○○. 3. 27)</td></tr>
<tr><td></td><td colspan="3"></td></tr>
<tr><td rowspan="4">8</td><td rowspan="4">○○
캐피탈
주식
회사</td><td colspan="2">20○○. 11. 26.
일반대출자금</td><td colspan="2">(주소) 서울 ○○구 ○○로 ○○
(전화) 1111-6666 (팩스)</td></tr>
<tr><td colspan="3">6,162,000원 및 이중 원금잔액 6,162,000원에 대한 20○○. 11. 26.부터 완제일까지 약정이율에 의한 금원</td><td>□ 부속서류
(1, 2, 3, 4)</td></tr>
<tr><td>6,162,000원</td><td colspan="3">부채증명서 참조(산정기준일 20○○. 3. 27)</td></tr>
<tr><td></td><td colspan="3"></td></tr>
</table>

부속서류 1.

별제권부채권 및 이에 준하는 채권의 내역

(단위 : 원)

<table>
<tr><td rowspan="3">채권
번호</td><td rowspan="3">채권자</td><td>① 채권현재액(원금)</td><td rowspan="2">③ 별제권행사 등으로 변제가 예상되는 채권액</td><td rowspan="2">④ 별제권행사 등으로도 변제받을 수 없을 채권액</td><td rowspan="2">⑤ 담보부 회생 채권액</td></tr>
<tr><td>② 채권현재액(이자)</td></tr>
<tr><td colspan="4">⑥ 별제권 등의 내용 및 목적물</td></tr>
<tr><td rowspan="3"></td><td rowspan="3"></td><td></td><td rowspan="2"></td><td rowspan="2"></td><td rowspan="2"></td></tr>
<tr><td></td></tr>
<tr><td colspan="4"></td></tr>
<tr><td rowspan="3"></td><td rowspan="3"></td><td></td><td rowspan="2"></td><td rowspan="2"></td><td rowspan="2"></td></tr>
<tr><td></td></tr>
<tr><td colspan="4"></td></tr>
<tr><td rowspan="3"></td><td rowspan="3"></td><td></td><td rowspan="2"></td><td rowspan="2"></td><td rowspan="2"></td></tr>
<tr><td></td></tr>
<tr><td colspan="4"></td></tr>
<tr><td rowspan="3"></td><td rowspan="3"></td><td></td><td rowspan="2"></td><td rowspan="2"></td><td rowspan="2"></td></tr>
<tr><td></td></tr>
<tr><td colspan="4"></td></tr>
<tr><td rowspan="3"></td><td rowspan="3"></td><td></td><td rowspan="2"></td><td rowspan="2"></td><td rowspan="2"></td></tr>
<tr><td></td></tr>
<tr><td colspan="4"></td></tr>
<tr><td colspan="2" rowspan="2">합 계</td><td></td><td rowspan="2"></td><td rowspan="2"></td><td rowspan="2"></td></tr>
<tr><td></td></tr>
</table>

부속서류 2.

다툼이 있거나 예상되는 채권의 내역

(단위 : 원)

<table>
<tr><td rowspan="2">채권
번호</td><td rowspan="2">채권자</td><td colspan="2">①채권자목록상
채권현재액</td><td>②채권자 주장
채권현재액</td><td>③다툼이
없는 부분</td><td>④차이나는 부분
(② - ①)</td><td>⑤다툼의
원인</td></tr>
<tr><td colspan="6">⑥소송제기여부 및 진행경과</td></tr>
<tr><td rowspan="3"></td><td rowspan="3"></td><td>원금</td><td></td><td></td><td></td><td></td><td rowspan="2"></td></tr>
<tr><td>이자</td><td></td><td></td><td></td><td></td></tr>
<tr><td colspan="6"></td></tr>
<tr><td rowspan="3"></td><td rowspan="3"></td><td>원금</td><td></td><td></td><td></td><td></td><td rowspan="2"></td></tr>
<tr><td>이자</td><td></td><td></td><td></td><td></td></tr>
<tr><td colspan="6"></td></tr>
<tr><td rowspan="3"></td><td rowspan="3"></td><td>원금</td><td></td><td></td><td></td><td></td><td rowspan="2"></td></tr>
<tr><td>이자</td><td></td><td></td><td></td><td></td></tr>
<tr><td colspan="6"></td></tr>
<tr><td rowspan="3"></td><td rowspan="3"></td><td>원금</td><td></td><td></td><td></td><td></td><td rowspan="2"></td></tr>
<tr><td>이자</td><td></td><td></td><td></td><td></td></tr>
<tr><td colspan="6"></td></tr>
<tr><td rowspan="3"></td><td rowspan="3"></td><td>원금</td><td></td><td></td><td></td><td></td><td rowspan="2"></td></tr>
<tr><td>이자</td><td></td><td></td><td></td><td></td></tr>
<tr><td colspan="6"></td></tr>
<tr><td rowspan="3"></td><td rowspan="3"></td><td>원금</td><td></td><td></td><td></td><td></td><td rowspan="2"></td></tr>
<tr><td>이자</td><td></td><td></td><td></td><td></td></tr>
<tr><td colspan="6"></td></tr>
</table>

부속서류 3.

전부명령의 내역

(단위 : 원)

채권 번호	채권자	채권의 내용	전부명령의 내역

【기재요령】

1. 채권번호, 채권자: 개인회생채권자목록 양식의 채권번호와 채권자명을 그대로 기재합니다.
2. 채권의 내용: 개인회생채권자목록의 내용을 그대로 기재합니다.
3. 전부명령의 내역: ① 전부명령을 내린 법원, ② 당사자, ③ 사건명 및 사건번호, ④ 전부명령의 대상이 되는 채권의 범위, ⑤ 제3채무자에 대한 송달일, ⑥ 전부명령의 확정여부를 기재하여야 합니다.

부속서류 4.

기 타

☞ 채무자가 보증인인 경우 주채무의 내용(주채무자, 금액, 관계 등), 채무자 이외의 제3자가 물상보증을 제공한 경우 등 위의 부속서류에 기재하기 어려운 유형의 채권이 있는 경우 아래에 기재합니다.

[신청서 첨부서류 2] [전산양식 A5421-1]

재산목록
(간이양식)

명 칭	금액 또는 시가(단위 : 원)	압류등 유무	비 고	
현금	원			
예금	원		금융기관명	
			계좌번호	
			잔고	
보험	원		보험회사명	
			증권번호	
			해약반환금	
자동차 (오토바이 포함)	350,000원	무	1) ○○르○○○○ : 200,000원, 2) ○○○○마1111 : 150,000원	
임차보증금 (반환받을 금액을 금액란에 적는다)	원		임차물건	
			보증금 및 월세	
			차이 나는 사유	
부동산 (환가예상액에서 피담보채권을 뺀 금액을 금액란에 적는다)	2,000,000원		소재지, 면적	○○시 ○○구 ○○로 111, 165㎡
			부동산의 종류	토지( ), 건물( ), 집합건물( )
			권리의 종류	
			환가예상액	
			담보권 설정된 경우 그 종류 및 담보액	
사업용 설비, 재고품, 비품 등			품목, 개수	
			구입시기	
			평가액	
대여금 채권			상대방 채무자	1: □ 소명자료 별첨
			상대방 채무자	2: □ 소명자료 별첨
매출금 채권			상대방 채무자	1: □ 소명자료 별첨
			상대방 채무자	2: □ 소명자료 별첨
예상 퇴직금	220,300원		근무처 : (유)○○○운수	
기타 ( )				
합계	2,570,300원			

[신청서 첨부서류 3] [전산양식 A5422-1]

수입 및 지출에 관한 목록 간이양식

Ⅰ. 현재의 수입목록

(단위 : 원)

명목	기간구분	금액	연간환산금액	압류, 가압류 등 유무
신청인급여	20○○. 1.부터	0,000,000원	00,000,000원	없음
연 수입			00,000,000원	월 평균 수입 (0,000,000원)

Ⅱ. 현재의 지출목록

(단위 : 원)

비 목	지출 금액	지출 사유
생계비 ☞ 생계비에는 식료품비, 광열수도비, 가구집기비, 피복신발비, 교양오락비, 교통통신비, 기타 비용의 합산액을 기재합니다.	623,800원	식료품비 350,000원 수도광열비 100,000원 가구집기비 50,000원 정보통신비 20,000원 보험료등 원 기타등 103,800원
주거비	150,000원	임대료(월세) 원 포함
의료비	100,000원	
교육비	원	
계	873,800원	☞ 최근 3개월간의 월 평균지출액을 기재합니다

Ⅲ. 변제계획 수행시의 예상지출목록

☑ **채무자가 예상하는 생계비가 보건복지부 공표 기준 중위소득의 60% 이하인 경우**
보건복지부 공표 (2)인 가구 기준 중위소득 (2,906,528)원의 약 (60)%인 (1,743,917)원을 지출할 것으로 예상됩니다(뒷면 표에 내역과 사유를 상세히 기재하십시오).

☐ **채무자가 예상하는 생계비가 보건복지부 공표 기준 중위소득의 60%를 초과하는 경우**
보건복지부 공표 ( )인 가구 기준 중위소득 ( )원의 약 ( )%인 ( )원을 지출할 것으로 예상됩니다(뒷면 표에 내역과 사유를 상세히 기재하십시오).

비 목	지출예상 생 계 비	추가지출 사유
생계비 ☞ 생계비에는 식료품비, 광열수도비, 가구집기비, 피복신발비, 교양오락비, 교통통신비, 기타 비용의 합산액을 기재합니다.		
주거비		
의료비		
교육비		
계		

Ⅳ. 가족관계

관계	성 명	연령	동거여부 및 기간	직 업	월 수입	재산총액	부양유무
신청인	○○○	39	동거	근로자	2,143,917원	2,570,300원	본인
모	○○○	59	동거 및 부양	무 직	0원	0원	부양

[신청서 첨부서류 4] [전산양식 A5423]

진 술 서

성 명	○ ○ ○	주민등록번호	123456 - 1234567

Ⅰ. 직업, 경력, 수입

1. 현재의 직업(구체적으로) 【 자영, 고용 】
   업종 또는 직업 (제조업) 직장 또는 회사명 (유한회사 ○○운수)
   직 위 (사원) 근 무 기 간 (20○○년 12월부터)
   영업소득자의 경우 현직종 통산 종사경력 (년 월)

2. 현재의 수입상황 (채무자 본인의 월평균 수입 : 2,143,917원)
   채무자의 수입 및 지출에 관한 목록에서 기재한 바와 같습니다.

3. 최종학력
   20○○년 2월 일 ○○대학교 (졸업, 중퇴)

4. 과거 경력 (최근 경력부터 기재하여 주십시오)

기간	20○○년 12월 17일부터 20○○년 3월 30일까지 (자영, 근무)				
업종	제조업	직장명	(유)○○운수	직위	사원
기간	20○○년 7월 20일부터 20○○년 11월 20일까지 (자영, 근무)				
업종	제조업	직장명	○○화학	직위	사원
기간	년 월 일부터 년 월 일까지 (자영, 근무)				
업종		직장명		직위	
기간	년 월 일부터 년 월 일까지 (자영, 근무)				
업종		직장명		직위	

5. 과거 결혼, 이혼, 입양, 파양 경력
   년 월 일 와 (결혼, 이혼, 입양, 파양)
   년 월 일 와 (결혼, 이혼, 입양, 파양)
   년 월 일 와 (결혼, 이혼, 입양, 파양)

Ⅱ. 생활 상황

1. 가족관계

채무자의 수입 및 지출에 관한 목록에서 기재한 바와 같습니다.

2. 현재 주거상황

거주를 시작한 시점 (20○○년 ○○월 ○○일)

거주관계(해당란에 표시)	상세한 내역
㉠ 신청인 소유의 주택	○○시 ○○면 ○○리 111
㉡ 사택 또는 기숙사 ㉢ 임차(전, 월세) 주택	임대 보증금 (원) 임대료 (월 원), 연체액 (원) 임차인 성명 ( )
㉣ 친족 소유 주택에 무상 거주 ㉤ 친족외 소유 주택에 무상 거주	소유자 성명 ( ) 신청인과의 관계 ( )
㉥ 기타( )	

☆ ㉠ 또는 ㉣항을 선택한 분은 주택의 등기부등본을 첨부하여 주십시오.

☆ ㉡ 또는 ㉢항을 선택한 분은 임대차계약서(전월세 계약서) 또는 사용허가서 사본을 첨부하여 주시기 바랍니다.

☆ ㉣ 또는 ㉤항을 선택한 분은 소유자 작성의 거주 증명서를 첨부하여 주십시오.

3. 생계비 추가지출사유 등(「신청서 첨부서류 3」의 III항)에 관한 보충기재사항

해당사항 없음

Ⅲ. 부채 상황

1. 채권자와의 상황

(1) 채권자와 채무지급방법에 관하여 교섭한 경험 (있음, 없음)

▷ 있으면, 그 결과 합의가 성립된 채권자수 ( )명

▷ 합의에 따라 지급한 기간 (　　년　　월　　일부터　　년　　월　　일까지)
▷ 매월 지급한 총액 : 1개월 평균 (　　　　　　　)원 정도
▷ 지급 내역 : (채권자　　　　　　　　, 총지급금액　　　　　　　　원)
(채권자　　　　　　　　, 총지급금액　　　　　　　　원)
(채권자　　　　　　　　, 총지급금액　　　　　　　　원)

(2) 소송·지급명령·압류·가압류 등을 받은 경험(있음, 없음)

내 역	채 권 자	관할법원	사건번호

☆ 위 (2)항의 기재가 있는 경우, 그 소장·지급명령·압류 및 가압류결정의 각 사본을 첨부하여 주십시오.
☆ 위 내역란에는 소송, 지급명령, 압류 등으로 그 내용을 기재합니다.

2. 조세 등 공과금의 납부 상황

소득세, 주민세, 재산세　　　　미납분 (유, 무) — (미납액　　　　　원)
자동차세　　　　미납분 (유, 무) — (미납액　367,350원)
의료보험료, 국민연금　　　　미납분 (유, 무) — (미납액　　　　　원)
기타 (　　　　　　　　)　　　　미납분 (유, 무) — (미납액　　　　　원)

3. 채무자가 근로자를 고용하고 있었던 경우 그 근로자에 대한 임금·퇴직금 및 재해보상금 채무, 임치금·신원보증금 반환채무가 있는지 여부

(　　　　　　　　　　　　　　　　　　　　　　　　　　　　　　)

4. 개인회생절차에 이르게 된 사정(여러 항목 중복 선택 가능)

(○) 생활비 부족　　　　( ) 병원비 과다지출
( ) 교육비 과다지출　　　　( ) 음식, 음주, 여행, 도박 또는 취미활동
( ) 점포 운영의 실패　　　　( ) 타인 채무의 보증
( ) 주식투자 실패　　　　( ) 사기 피해
(○) 기타 (대출건 등으로 과다한 채무 부담)

Ⅳ. 과거 면책절차 등의 이용 상황

1. 과거에 파산·면책절차를 이용한 적이 있다( ), 없다(○).

있으면,　　　　년　　월경 ____________________ 법원

2. 과거에 화의나 개인회생절차를 이용한 적이 있다( ), 없다(○).
   있으면, 년 월경 ____________________ 법원

3. 가족의 구성원 중 이미 개인회생절차를 신청한 사람이 있다( ), 없다(○).
   있으면, ① 신청법원 및 사건번호(법원, 개회 호)
   ② 신청시 신청인의 부양가족 수(인) ③ 신청인의 소득(원)

4. 과거에 신용회복위원회의 개인워크아웃이나 배드뱅크 등을 이용한 적이 있다( ),
   없다(○).
   있으면, 년 월경 ____________
   현재 상황 (. . . 회까지 총 원 변제함)
   ☆ 신청일 전 10년 내에 화의사건·파산사건 또는 개인회생사건을 신청한 사실이 있는 때에는 그 관련서류 1통을 제출하여야 합니다.

V. 기 타

채무자가 많은 채무를 부담하게 된 사정 및 개인회생절차 개시의 신청에 이르게 된 사정에 관하여 구체적으로 기재하여 주십시오(추가기재시에는 별지를 이용하시면 됩니다).

별지 기재와 같음

[별지] 진 술 서

진 술 서

신청인은 (유)○○운수에서 사원으로 근무하는 ○○○이라고 합니다. 사회생활을 너무 질서 없이 하다 보니 채무에 시달리는 인생이 되고 말았습니다. 3년 전 ○○화학이라는 회사에 다닐 때 회사의 부도위기로 인하여 상여 및 급여연체로 인해 2개월간 생활비 보조를 위해 카드 사용을 과다하게 사용하게 되었고, 카드채무 부담을 줄이려고 은행 마이너스대출을 받은 것을 시작으로 채무가 늘어나기 시작했으며, 얼마 후 결혼시기로는 나이가 너무 들었지만 배우자와 인연이 있어서 모아둔 적금과 캐피탈에서 대출을 더 받아 임대아파트와 결혼준비 자금으로 사용하게 되었습니다. 그러나 교제 중 성격차이로 헤어지게 되었습니다. 몇 달 후 다니던 회사도 결국 부도처리 되었고, 본인은 다른 회사에 입사하여 나름대로 안정을 찾으며 생활하게 되었는데 동생들이 나이가 결혼적령기에 이르자 한 해에 3남매 모두 결혼하게 되었습니다. 형제의 맏이로써 큰돈은 해주지 못하였으나 형의 좋은 면만 보이려고 캐피탈에서 추가대출을 더 받아 결혼자금으로 보태 주었습니다. 본인의 개인적인 일들도 나름대로 시간이 지나면서 정신적 안정을 찾으며 생활하게 되었는데, 문제는 은행마이너스대출 건과 캐피탈의 고금리 원리금 상환을 하다보니 130만원 정도 하는 월급으로는 생활이 너무 쪼들렸습니다. 대출하기는 부담이고 현실적으로 2개의 카드를 돌려막기하며 몇 달을 생활하게 되었는데 회사가 제조업체 생산직이라서 10일 정도 휴업하는 사태가 벌어졌습니다. 빠듯한 월급이 50만원 정도 줄어들게 되자 카드대금과 캐피탈 원리금 상환하기에는 부담이 되었습니다. 더 이상 연체시킬 수는 없고 카드론 쪽 대출을 알아보니 400만원에 2년 동안 상환하는 조건이 있어서 또 대출을 받는 지경에 이르렀습니다. 현재는 월급의 대다수를 대출상환에 쏟아 붓는 신세가 되었습니다. 혹시나 현재 사는 시골집이라도 담보여력이 되면 싼 대출로 전환해보려 했으나 토지는 종중 땅이고 노후화된 건물일 뿐더러 부친 생존시 경매, 가압류 등 이력이 있어서 매매나 대출조건은 아예 힘들다고 합니다. 현재는 월급 모두 채무탕감에 들어가고 생활비는 모친에게 의존하는 현실입니다. 제가 사회생활을 너무 안일하고 방만하게 산 것이 너무 후회스러울 따름입니다. 부끄럽지만 저에게 재기의 기회가 주어진다면 질서 있고 누구한테 의지하지 않는 미래 지향적인 인생을 살고 싶습니다. 현재까지의 삶을 진술서를 쓰면서 많이 뉘우치고 자신을 다시 돌아보는 계기가 되었습니다. 저의 이러한 사정을 감안하시어 재판장님께서 개인회생이 이루어지도록 선처해 주신다면 앞으로 사회생활하는데 성실히 임하여 다시는 이러한 채무를 부담하지 않도록 하겠습니다.

20○○. ○. ○.

진술인 ○ ○ ○ (인)

[붙임 1] 변제계획안(표지)

가용소득만으로 변제하는 경우

변제계획안 제출서

사　　건　　20○○개회○○○○○　개인회생

채 무 자　　○ ○ ○

대 리 인　　＿＿＿＿＿

채무자는 별지와 같이 변제계획안을 작성하여 제출하니 인가하여 주시기 바랍니다.

20○○. ○. ○.

위 신청대리인

변호사 ○ ○ ○ (인)

○○지방법원 귀중

[붙임 2] 변제계획안(본문)

20○○개회○○○○○호 채무자 ○ ○ ○

변 제 계 획 (안)

20○○. 4. 1. 작성

1. 변제기간

[20○○]년 [5]월 [10]일부터 [20○○]년 [4]월 [10]일까지 [60]개월간

2. 변제에 제공되는 소득 또는 재산

가. 소득

(1) 수입

☑ 변제기간 동안 [유한회사 ○○운수]에서 받는 월 평균 수입 [1,273,800]원

☐ 변제기간 동안 [ ]에서 받는 월 평균 수입 [ ]원

☐ 변제기간 동안 [ ]를 운영하여 얻는 월 평균 수입 [ ]원

(2) 채무자 및 피부양자의 생활에 필요한 생계비

(가) 채무자 및 피부양자 : 총 [2]명

(나) 국민기초생활보장법에 의한 가구별 기준 중위소득 : 월 평균 수입 [2,906,518]원

(다) 채무자 회생 및 파산에 관한 법률에 따라 조정된 생계비 : 월 [1,743,917]원

(3) 채무자의 가용소득

기간 : [20○○]년 [5]월 [10]일부터 [20○○]년 [4]월 [10]일까지

① 월 평균 수입	② 월 평균 생계비	③ 월 평균 가용소득 (① − ②)	④ 변제 횟수 (월 단위로 환산)	⑤ 총 가용소득 (③ × ④)
2,143,917	1,743,917	400,000원	60	24,000,000원

나. 재산 : [해당 있음 ☐ / 해당 없음 ☐]

3. 개인회생재단채권에 대한 변제 [해당 있음 ☐ / 해당 없음 ☑]

가. 회생위원의 보수 및 비용 [해당 있음 ☐ / 해당 없음 ☐]

☐ 변제계획 인가 후 [ ]원을 지급

나. 기타 개인회생재단채권 [해당 있음 □ / 해당 없음 □]

(1) 채권의 내용

채권자	채권현재액	채권발생원인	변제기

(2) 변제방법

변제계획 인가일 직후 원리금 전액을 일반 개인회생채권보다 우선하여 변제한다.

4. '일반의 우선권 있는 개인회생채권'에 대한 변제 [해당 있음 □ / 해당 없음 ☑]

(1) 채권의 내용

채권자	채권현재액	채권발생원인(우선권의 근거)	변제기

(2) 변제방법

변제계획 인가일 직후 최초 도래하는 변제기일에 원리금 전액을 우선하여 변제한다. 남은 채권이 있을 경우에는 일반 개인회생채권의 매 변제기일에 우선하여 변제한다.

5. 별제권부 채권 및 이에 준하는 채권의 처리 [해당 있음 □ / 해당 없음 ☑]

가. 채권의 내용

<table>
<tr><td rowspan="2">채권
번호</td><td rowspan="2">채권자</td><td>① 채권현재액(원금)
② 채권현재액(이자)</td><td>③ 별제권행사 등으로
변제가 예상되는 채권액</td><td>④ 별제권행사 등으로도
변제받을 수 없을 채권액</td></tr>
<tr><td colspan="3">별제권 등의 내용 및 목적물</td></tr>
<tr><td rowspan="2"></td><td rowspan="2"></td><td>
</td><td></td><td></td></tr>
<tr><td colspan="3"></td></tr>
<tr><td rowspan="2"></td><td rowspan="2"></td><td>
</td><td></td><td></td></tr>
<tr><td colspan="3"></td></tr>
</table>

☞ 개인회생채권자목록 부속서류 1의 내용을 그대로 옮겨 적습니다.

나. 변제방법

(1) 위 각 채권에 대하여 별제권 행사 등으로 변제가 예상되는 채권액(③)은 별제권 행사 등에 의한 방법으로 변제하고 이 변제계획상의 가용소득이나 재산처분에 의한 변제대상에서 제외한다.

(2) 위 (1)항 기재 각 채권 중 별제권행사 등으로도 변제받을 수 없을 채권액(④)은 미확정채권으로 보아 유보하였다가 아래 7항 기재와 같은 방법으로 변제한다.

(3) 별제권 행사 등으로도 변제받을 수 없을 채권액이 위 가의 ④항 기재 금액을 초과하는 것으로 확정된 경우에는, 채권자가 그 초과부분을 변제계획안의 변경 절차를 통하여 변제받을 수 있다.

6. 일반 개인회생채권에 대한 변제

가. 가용소득에 의한 변제

(1) 월 변제예정(유보)액 및 총 변제예정(유보)액의 산정

각 일반 개인회생채권의 [원금]의 액수를 기준으로 월 평균가용소득을 안분하여 산출한 금액을 각 일반 개인회생채권자에게 변제한다. 이를 기초로 산정한 월 변제예정(유보)액은 [400,000]원이고 총 변제예정(유보)액은 [24,000,000]원이다.

구체적 산정 내역은 별지 개인회생채권 변제예정액 표 참조.

(2) 변제방법

위 (1)항의 변제예정(유보)액은 다음과 같이 분할하여 변제한다.

(가) 기간 및 횟수

[20○ ○]년 [5]월 [10]일부터 [20○ ○]년 [4]월 [10]일까지 [60]개월간 합계 [60]회

(나) 변제월 및 변제일

① [20○ ○]년 [5]월 [10]일부터 변제계획인가일 직전 [15]일까지 기간

☑ 변제계획인가일 직후 최초 도래하는 월의 [15]일에 위 기간 동안의 변제분을 개인회생절차개시후 변제계획 인가 전에 적립된 가용소득으로 일시에 조기 변제

☐ 기타 : [ ]

② 변제계획인가일 직후 최초 도래하는 월의 [15]일부터 [20○ ○]년 [4]월 [10]일까지 기간

☑ 매월마다 [15]일에 변제

☐ 매 [ ]개월마다 [ ]일에 각 변제

☐ 기타 : [ ]

나. 재산의 처분에 의한 변제 [해당 있음 ☐ / 해당 없음 ☑]

7. 미확정 개인회생채권에 대한 조치 [해당 있음 ☐ / 해당 없음 ☑]

가. 변제금액의 유보

(1) 미확정 개인회생채권에 대하여는 변제를 유보하고, 별지 개인회생채권 변제예정액표에 기재한 금액을 해당 채권이 확정될 때까지 유보하여 둔다.

(2) 채무자는 이와 같이 유보한 금액도, 즉시 지급되는 다른 채권에 대한 변제금과 마찬가지로 아래 8항 기재 계좌에 입금한다.

나. 미확정 개인회생채권에 대한 변제

(1) 미확정 개인회생채권이 전부 그대로 확정된 경우
미확정 개인회생채권의 전액에 관하여 채권의 존재가 확정된 경우에는, 그 확정 직후 유보비율을 변제비율로 적용하여 변제를 개시하고 매월의 변제기에 그 해당금액을 변제하되, 이미 분할 변제기가 도래한 부분 즉 그동안의 유보액에 대하여는 곧바로 일시 변제한다.

(2) 미확정 개인회생채권이 전부 또는 일부 부존재 하는 것으로 확정된 경우
미확정 개인회생채권이 전부 또는 일부 부존재하는 것으로 확정된 경우에는, 그 확정 직후, 존재하는 것으로 확정된 [원금]의 인용 비율에 위 가항에 의해 지급을 유보한 금액을 곱하여 산출된 금액을 해당 개인회생채권자에게 일시에 변제한다. 유보금액 중, 미확정 개인회생채권의 일부가 존재하지 않는 것으로 됨에 따라 그 개인회생채권자에게 변제할 필요가 없게 된 나머지 유보금액은, 그 채권액 확정 직후 전체 일반 개인회생채권자들에게 각 [원금]의 액수를 기준으로 안분하여 변제한다.
향후의 매월 입금액을 분배하는 기준이 될 변제비율은 위 확정 원금들 사이의 비율에 따라 새로 계산하여 정하는데, 미확정 개인회생채권의 일부가 존재하지 않는 것으로 확정됨에 따라 향후 해당 개인회생채권자를 위한 유보가 불필요하게 된 변제기 미도래분에 대한 변제 유보예정액은, 향후 변제기 도래시 전체 일반 개인회생채권자들에게 그 각 [원금]의 액수를 기준으로 안분되도록 한다.

(3) 변제기간 종료시까지 미확정 개인회생채권이 미확정상태로 남는 경우에는 최종 변제기에 유보한 금액 전부를 일반개인회생채권자들에게 각 [원금]의 액수를 기준으로 안분하여 변제한다.

(4) 임대차보증금반환액수가 확정되지 않은 임대차보증금 반환채권은 미확정채권으로 보아 위 가, 나항에 따라 변제하되 그 액수가 확정되고 임차인이 임차목적물을 명도함과 동시에 변제한다.

8. 변제금원의 회생위원에 대한 임치 및 지급

채무자는 위 [6]항에 의해 개인회생채권자들에게 변제해야 할 금액을 개시결정시 통지되는 회생위원의 예금계좌 {[ ]은행 계좌번호 [ ]}에 순차 임치하고, 개인회생채권자는 법원에 예금계좌를 신고하여 회생위원으로부터 변제액을 송금받는 방법으로 지급받는다. 회생위원은 계좌번호를 신고하지 않은 개인회생채권자에 대하여는 변제액을 적립하였다가 이를 연 1회 개인회생사건이 계속되어 있는 지방법원에 공탁하여

지급할 수 있다.

☞ 회생위원의 예금계좌는 신청 당시에는 알 수 없으므로 공란으로 두었다가 추후 보완합니다.

9. 면책의 범위 및 효력발생시기

채무자가 개인회생채권에 대하여 이 변제계획에 따라 변제를 완료하고 면책신청을 하여 면책결정이 확정되었을 경우에는, 이 변제계획에 따라 변제한 것을 제외하고 개인회생채권자에 대한 채무에 관하여 그 책임이 면제된다. 단, 채무자 회생 및 파산에 관한 법률 제625조 제2항 단서 각호 소정의 채무에 관하여는 그렇지 않다.

10. 기타사항 [해당 있음 ☑ / 해당 없음□]

1. 채권번호 1-1번 채권자 ○○○의 장래 구상권의 처리
2. 채권번호 3-1 채권자 ○○○의 장래 구상권의 처리

   위 1, 2 채권들은 채무자 회생 및 파산에 관한 법률 제581조 제2항, 제430조의 규정에 의해 처리한다.

[전산양식 A5515] 소득증명서(급여소득자용)

소 득 증 명 서

성 명	○ ○ ○	주민등록번호	123456 - 1234567
주 소	○○시 ○○구 ○○로 ○○○		
직 장 명	(유) ○○운수	직장전화번호	000-0000
직장주소	○○시 ○○구 ○○로 ○○-○○		
근무기간	20○○. ○. ○.부터 10년		

상기인은 20○○년 ○월 ○일부터 매월평균 (○○○○) 만원의 소득이 있음을 증명합니다.

20○○년 ○월 ○일

직 장 명 : (유)○○운수
대표자명 : ○○○ (서명 또는 날인)

○○ 지방법원 귀중

월 평균 소득 산출 근거(급여소득자)

1. **산정대상 근무기간** : 20○○. ○.부터 20○○. ○.까지(1년)

2. **월 급여 및 공제금액**

(단위 : 만원)

구분	2000.0.	2000.0.	2000.0.	2000.0.	2000.0.	2000.0.	2000.0.	2000.0.	2000.0.	2000.0.	2000.0.	2000.0.	합계
총 급여	000	000	000	000	000	000	000	000	000	000	000	000	0,000
소득세	00	00	00	00	00	00	00	00	00	00	00	00	000
주민세	00	00	00	00	00	00	00	00	00	00	00	00	000
국민연금	00	00	00	00	00	00	00	00	00	00	00	00	000
건강보험	00	00	00	00	00	00	00	00	00	00	00	00	000
고용보험	00	00	00	00	00	00	00	00	00	00	00	00	000

3. **산정대상 기간 순 소득액** : 금 00,000,000원 (총 급여 합계액 – 공제 총액)

4. **월 평균 소득액** : 금 0,000,000원 (순 소득액 / 12, 원 미만 올림)

[별지] 변제예정액표

20○○개회○○○○○호　　　　　　　　　　　　　　　　　　　　　　　　채무자 ○ ○ ○

개인회생채권 변제예정액표

1. 기초사항

(단위 : 원)

(A) 월평균 가용소득	400,000	(B) 변제횟수	60	(C) 총 가용소득	24,000,000

2. 채권자별 변제예정액의 산정내역

(단위 : 원)

채권번호	채권자	(D) 개인회생채권액		(E) 월 변제예정(유보)액		(F) 총 변제예정(유보)액	
		확정채권액(원금)	미확정채권액(원금)	확정채권액(원금)	미확정채권액(원금)	확정채권액(원금)	미확정채권액(원금)
1	○○은행(○○카드)	324,227		5,700		342,000	
2	○○은행	7,738,096		131,700		7,902,000	
3	○○은행	918,588		15,000		900,000	
4	(주)○○저축은행	5,000,000		84,500		5,070,000	
5	○○생명보험(주)	1,298,321		21,400		1,284,000	
6	○○은행	1,699,000		27,000		1,620,000	
7	○○캐피탈주식회사	6,162,000		100,500		6,030,000	
합 계		23,140,232		385,800		23,140,000	
총 계		(G)		(H)		(I)	

3. 변제율 : 원금의 [99.9]% 상당액

4. 청산가치와의 비교

(단위 : 원)

(J) 청산가치	2,570,300

(K) 가용소득에 의한 총변제예정(유보)액	23,140,000
(L) 현재가치	20,695,585

중지명령 신청서

중지명령 신청서

사　　건　　20○○개회○○○○○ 개인회생

채 무 자　　○ ○ ○ (123456 - 1234567)
(신청인)　　○○시 ○○구 ○○로 10-60
신청대리인　변호사 ○○○
　　　　　　○○시 ○○구 ○○로 110-222

상 대 방　　○○캐피탈 주식회사
　　　　　　○○시 ○○구 ○○로 292-3
　　　　　　대표이사 ○○○

신 청 취 지

채무자에 대한 이 법원 20○○개회○○○○○ 개인회생사건에 관하여 개인회생절차의 개시신청에 대한 개시결정이 있을 때까지 채무자에 대한 광주지방법원 20○○타채○○○호 사건의 채권압류 및 전부 명령절차를 중지한다는 결정을 구합니다.

1. 신청인(채무자)은 귀원 20○○개회○○○○○ 개인회생사건의 신청채무자입니다.
2. 위 사건의 개시결정 전에 신청인의 급여에 대한 가압류·가처분 결정 등을 진행하게 되면 채권자간의 형평을 해하게 되며, 개인회생절차에 따른 변제계획의 수행에 큰 어려움이 될 것입니다.
3. 따라서 신청인은 채무자 회생 및 파산에 관한 법률 제593조 제1항에 의해 이 신청을 하게 되었습니다.

소 명 방 법

1. 채권압류 및 전부명령결정문사본　　1통

20○○. ○. ○.

위 소송대리인
변 호 사 ○○○ (인)

○○지방법원 귀중

주) 실무상 채권압류 및 전부명령에 대한 중지명령은 인용되지 않는 것이 정설이지만 본 사건에서는 예외적으로 인용된 사례이다.

[첨부서류] 채권압류 및 전부명령 결정서

○○지방법원
결　　정

사　건　　20○○타채○○○○○ 채권압류 및 전부명령

채 권 자　　○○캐피탈 주식회사
○○시 ○○구 ○○로 292-3
대표이사 ○○○

채 무 자　　○　○　○ (123456 - 1234567)
○○시 ○○구 ○○로 10-60

제3채무자　　○○시
○○시 ○○구 ○○로 657-37
위 교육학예에 관한 법률상 대표자 교육감
○○○(소관 : ○○초등학교)

주　　문

1. 채무자의 제3채무자에 대한 별지목록의 기재의 채권을 압류한다.
2. 제3채무자는 채무자에게 위 채권에 관한 지급을 해서는 안된다.
3. 채무자는 위 채권의 처분과 영수를 해서는 안된다.
4. 위 압류된 위 채권은 지급에 갈음하여 채권자에게 전부한다.

청구금액

금 19,044,688원

이　　유

채권자는 위 청구금액을 변제받기 위해 집행력 있는 공정증서정본에 의해 이 사건 신청을 하였고, 이 사건 신청은 정당하므로 주문과 같이 결정한다.

20○○. ○. ○.

사법보좌관 ○○○

주의 : 1. 전부명령이 제3채무자에게 송달될 때까지 다른 채권자가 압류, 가압류, 또는 배당요구를 한 때에는 전부명령은 효력이 없습니다.
2. 전부명령은 확정되어야 효력이 있습니다(민사집행법 223, 227, 229조).

[별지]

압류 및 전부할 채권의 표시

금 19,044,688원정

채무자가 제3채무자로부터 매월 수령하는 급료(본봉, 상여금 및 제수당) 및 매년 6월과 12월에 수령하는 기말수당(상여금)중 제세공과금을 뺀 잔액의 2분의 1 및 기적립된 금액에서 이를 때까지의 금액(다만, 국민기초생활보장법에 의한 최저생계비를 감안하여 민사집행법 시행령이 정한 금액에 해당하는 경우에는 이를 제외한 나머지 금액, 표준적인 가구의 생계비를 감안하여 민사집행법 시행령이 정한 금액에 해당하는 경우에는 이를 제외한 나머지 금액)

청 구 금 액

금 18,488,953원정	공증인가법무법인 ○○종합법률사무소작성의 증서 20○○년 제111호 집행력 있는 금진소비대차계약공정증서에 의한 대여금중 산액금.
금 468,555원정	위 금에 대하여 20○○. ○. ○.부터 20○○. ○. ○.까지 37일 연 20%의 비율로 계산한 지연손해금.
금 87,180원정	본건 신청비용 송달료-금 27,180원 인지대-금 4,000원 법인등기부등본-금1,000원 서기료-금 55,000원

위 합계금 19,044,688원정

중지결정서

○○지방법원

결 정

사 건 20○○개회○○○○○ 개인회생

신 청 인 ○ ○ ○ (123456 - 1234567)
(채무자) ○○시 ○○구 ○○로 10-20
대리인 변호사 ○○○

상 대 방 ○○캐피탈 주식회사
○○시 ○○구 ○○로 292-3

주 문

채무자에 대한 이 법원 20○○개회○○○○○ 개인회생 사건에 관하여 개인회생절차의 개시신청에 대한 결정이 있을 때까지 채무자에 대한 광주지방법원 20○○타채○○○ 채권압류 및 전부명령 사건의 집행절차를 중지한다.

이 유

채무자 회생 및 파산에 관한 법률 제593조 제1항을 적용하여 주문과 같이 결정한다.

20○○. ○. ○.

판 사 ○ ○ ○

금지명령신청(개인회생)

금 지 명 령 신 청 서

사 건 20○○개회○○○○○ 개인회생

신청인(채무자) ○ ○ ○ (주민등록번호 123456 - 1234567)

○○북도 ○○시 ○○구 ○○로 ○○

신청대리인 변호사 ○○○

(송달장소) ○○시 ○○구 ○○로 ○○○

신 청 취 지

신청인에 대한 이 법원 20○○개회○○○○○ 개인회생사건에 관하여 개인회생절차의 개시신청에 대한 결정이 있을 때까지 다음의 각 절차 또는 행위를 금지한다.

1. 개인회생채권에 기하여 신청인 소유의 유체동산과 신청인이 사용자로부터 매월 지급받을 급료, 제수당, 상여금 기타 명목의 급여 및 퇴직금에 대하여 하는 강제집행·가압류 또는 가처분
2. 개인회생채권을 변제받거나 변제를 요구하는 일체의 행위. 다만, 소송행위를 제외한다.

라는 결정을 구합니다.

신 청 원 인

1. 신청인은 귀원 20○○개회○○○○○ 개인회생사건의 신청 채무자입니다.

2. 신청인은 위 개인회생 사건에서 신청인이 매월 (유) ○○운수에서 지급받는 급여에서 생계비를 제외한 나머지 가용소득으로 채무를 변제하는 계획안을 제출하였습니다.

3. 현재 신청인 소유의 유체동산과 신청인이 사용자로부터 매월 지급받을 급여 및 퇴직금에 대하여는 아직 가압류 또는 압류의 집행이 없는 바, 채권자들이 신청인 소유의 유체동산이나 신청인의 급여 등에 대하여 강제집행·가압류 또는 가처분을 하게 되면 신청인의 개인회생절차에 따른 변제계획의 수행에 큰 어려움이 생길 것입니다.

4. 또한, 채권자들이 신청인으로부터 개인회생채권을 변제받거나 변제를 요구하는 행위

를 할 경우 채권자간의 형평을 해하게 되며, 신청인의 정상적인 생활에도 지장을 초래하게 될 것입니다.

5. 따라서 신청인은 신청인 소유의 유체동산과 급여 및 퇴직금에 대한 강제집행·가압류 또는 가처분과 개인회생채권의 변제요구행위를 금지시켜야 할 필요가 있으므로, 채무자 회생 및 파산에 관한 법률 제593조 제1항에 의해 이 신청에 이르게 되었습니다.

20○○. ○. ○.

위 신청대리인
변호사 ○○○ (인)

○○지방법원 귀중

금지결정서(개인회생)

○○ 지 방 법 원
결 정

사 건 20○○개회○○○○○ 개인회생

채 무 자 ○ ○ ○ (123456 - 1234567)
○○시 ○○구 ○○로 ○○
소송대리인 변호사 ○ ○ ○

주 문

채무자에 대한 이 법원 20○○개회○○○○○ 개인회생 사건에 관하여 개인회생절차의 개시신청에 대한 결정이 있을 때까지 다음의 각 절차 또는 행위를 금지한다.

1. 개인회생채권에 기하여 채무자 소유의 재산과 채무자가 사용자로부터 매월 지급받을 급료, 제수당, 상여금 기타 명목의 급여 및 퇴직금에 대하여 하는 강제집행·가압류 또는 가처분
2. 개인회생채권을 변제받거나 변제를 요구하는 일체의 행위. 다만, 소송행위를 제외한다.

이 유

채무자 회생 및 파산에 관한 법률 제593조 제1항을 적용하여 주문과 같이 결정한다.

20○○. ○. ○.

판 사 ○ ○ ○

집행취소신청(개인회생인가를 받은 후 집행 외관 제거 절차)

채권압류 및 집행취소신청

사　　건　　20○○타채○○○○　채권압류 및 추심명령

채 권 자　　○○○

채 무 자　　○○○

제3채무자　　○○○

채무자에 대하여 ○○지방법원 20○○개회○○○○○ 개인회생사건에 관하여 20○○. ○. ○.자 인가결정이 있으므로 채권압류 및 추심의 집행취소를 신청합니다.

첨 부 서 류

1. 집행취소신청서부본　　2통
1. 말소할 채권의표시 목록　　5부
1. 개인회생인가결정정본 및 위 결정부본　　각 1통
1. 송달료 : 우표 6,380원

20○○. ○. ○.

위 신청인 ○○○ (인)

○○지방법원 귀중

[사례 4] 개인회생(근로소득자, 다단계사업 채무 과다, 가용소득만으로 변제)

개인회생 신청 ○○○관련
(첨부서류 및 소명자료 일람표)

회생절차개시신청서

- 회생절차개시신청서(표지)
- 회생절차개시신청서
- 송달료·예납금 납부서·영수증
- 개인회생채권자목록
- 재산목록
- 수입 및 지출에 관한 목록
- 진술서
- 신청시 부본
- 신청인 본인의 예금계좌사본
- 위임장(대리인이 있는 경우)

변제계획안

- 변제계획안(표지)
- 변제계획안
- 개인회생채권 변제예정액표

개인회생절차 개시신청서(표지)

개인회생절차 개시신청서

신청인(채무자) ○ ○ ○

파산사건번호	
면책사건번호	
배당순위번호	
재 판 부	제 단독

소송대리인 변호사 ○○○

(송달장소) ○○시 ○○구 ○○로 ○○

인 지 대 : 30,000원

송 달 료 : 채권자수 (6) × 8 × 5,200 + 52,000원 = 301,600원

합 계 : 331,600원

○○지방법원 귀중

개인회생절차 개시신청서(본문)

개인회생절차 개시신청서

수입인지 30,000원

<table>
<tr><td rowspan="4">신청인</td><td>성 명</td><td>○ ○ ○</td><td>주민등록번호</td><td>○○○○○○-○○○○○○○</td></tr>
<tr><td>주민등록상 주소</td><td colspan="3">○○○시 ○○구 ○○로 ○○
우편번호 :</td></tr>
<tr><td>현 주 소</td><td colspan="3">상 동 우편번호 : 상동</td></tr>
<tr><td>전화번호
(집·직장)</td><td>집) ○○○-○○○-○○○</td><td>전화번호
(휴대전화)</td><td>010-○○○○-○○○○</td></tr>
</table>

<table>
<tr><td rowspan="4">대리인</td><td>성 명</td><td colspan="3">법무법인 ○○ (담당변호사 ○ ○ ○)</td></tr>
<tr><td>사무실 주소</td><td colspan="3">○○도 ○○시 ○○구 ○○로 ○○○ 2층
우편번호 ; ○○○-○○○</td></tr>
<tr><td>전화번호
(사무실)</td><td colspan="3">○○○) ○○○-○○○○</td></tr>
<tr><td>이-메일 주소</td><td></td><td>FAX번호</td><td>○○○) ○○○-○○○○</td></tr>
</table>

<table>
<tr><td colspan="4">주채무자가(또는 보증채무자가, 연대채무자가, 배우자가) 이미 귀 법원에 개인회생절차 개시신청을 하였으므로 그 사실을 아래와 같이 기재합니다.</td></tr>
<tr><td>성 명</td><td></td><td>사건번호</td><td></td></tr>
</table>

신 청 취 지

신청인에 대하여 「개인회생절차를 개시한다.」라는 결정을 구합니다.

신 청 이 유

1. 신청인은, 첨부한 개인회생채권자목록 기재와 같은 채무를 부담하고 있으나, 수입 및 재산이 별지 수입 및 지출에 관한 목록과 재산목록에 기재된 바와 같으므로, 파산의 원인사실이 발생하였습니다(파산의 원인사실이 생길 염려가 있습니다).

■ 신청인은 정기적이고 확실한 수입을 얻을 것으로 예상되고, 또한 채무자 회생 및 파산에 관한 법률 제595조에 해당하는 개시신청 기각사유는 없습니다(급여소득자의 경우).

□ 신청인은 부동산임대소득·사업소득·농업소득·임업소득 그밖에 이와 유사한 수입을 장래에 계속적으로 또는 반복하여 얻을 것으로 예상되고, 또한 채무자 회생 및 파산에 관한 법률 제595조에 해당하는 개시신청 기각사유는 없습니다.
( )의 경우.

2. 신청인은, 각 회생채권자에 대한 채무 전액의 변제가 곤란하므로, 그 일부를 분할하여 지급할 계획입니다. 즉 현시점에서 계획하고 있는 변제예정액은 60 개월간 월 300,003 원씩이고, 이 변제의 준비 및 절차비용지급의 준비를 위해, 절차개시결정이 내려지는 경우 20○○년 ○월 ○일을 제1회로 하여, 이후 매월 5 일에 절차개시결정시 통지되는 회생위원의 은행구좌에 동액의 금전을 입금하겠습니다.

3. 이 사건 개인회생절차에서 변제계획이 불인가될 경우 불인가 결정시까지의 적립금을 반환받을 신청인의 예금계좌는 ○○은행 ○○○○○○○-○○-○○○○○○ 입니다.

4. 개인회생채권자목록 부본(개인회생채권자목록상의 채권자수 + 2통)은 개시결정 전 회생위원의 지시에 따라 지정하는 일자까지 반드시 제출하겠습니다.

첨부서류 및 소명방법

1. 개인회생채권자목록 1통
2. 재산목록 1통
3. 수입 및 지출에 관한 목록 1통
4. 진술서 1통
5. 신청서 부본 1통
   (위 1 내지 4의 첨부서류 및 소명방법을 모두 포함한 것)
6. 예납금영수증 1통
7. 송달료납부서 1통
8. 신청인 본인의 예금계좌 사본 1통
   (대리인의 예금계좌 사본 아님)
9. 위임장 1통
   (대리인에 의해 신청하는 경우)

휴대전화를 통한 정보수신 신청서

위 사건에 관한 파산선고결정, 면책결정 등 정보를 예납의무자가 납부한 송달료 잔액 범위 내에서 휴대전화를 통하여 알려주실 것을 신청합니다.

▣ **휴대전화 번호** : 010-○○○○-○○○○

신청인 채무자 ○ ○ ○ (날인 또는 서명)

※ 개인회생절차 개시결정이 있거나, 변제계획 인가결정 후 월 변제액 3개월분 이상 연체시 위 휴대전화로 문자메시지가 발송됩니다.

※ 문자메시지 서비스 이용금액은 메시지 1건당 17원씩 납부된 송달료에서 지급됩니다(송달료가 부족하면 문자메시지가 발송되지 않습니다). 추후 서비스 대상 정보, 이용금액 등이 변동될 수 있습니다.

20○○년 ○월 ○일

신 청 인 ○ ○ ○ (인)

위 신청대리인 법무법인 ○ ○

담당변호사 ○ ○ ○ (인)

○○지방법원 귀중

[첨부서류 1] **[전산양식 A5424]**

개인회생채권자목록

채권현재액 산정기준일 : 20○○년 4월 8일 목록작성일 : 20○○년 4월 20일

채권현재액 총합계	56,462,607	담보부 회생 채권액의 합계	–	무담보 회생 채권액의 합계	56,462,607

※ 개시후이자 등 : 아래 각 채권의 개시결정일 이후의 이자·지연손해금 등은 채무자 회생 및 파산에 관한 법률 제581조 제2항, 제446조 제1항 제1, 2호의 후순위채권입니다.

<table>
<tr><td rowspan="4">채권번호</td><td rowspan="4">채권자</td><td colspan="2">채권의 원인</td><td colspan="2">주소 및 연락처</td></tr>
<tr><td colspan="3">채권의 내용</td><td>부속서류 유무</td></tr>
<tr><td>채권현재액(원금)</td><td colspan="3">채권현재액(원금) 산정근거</td></tr>
<tr><td>채권현재액(이자)</td><td colspan="3">채권현재액(이자) 산정근거</td></tr>
<tr><td rowspan="4">1</td><td rowspan="4">(주)○○
○○공사</td><td colspan="2">20○○. 7. 5.자 구 ○○군 신용협동조합 원화대출금액</td><td colspan="2">(주소) ○○시 ○○구 ○○로 111-22
○○빌딩 4층
(전화) ○○-○○○○-○○○○ (팩스)</td></tr>
<tr><td colspan="3">10,283,420원 및 이중 원금 5,116,643원에 대하여 20○○. 3. 31.부터 완제일까지 약정이율에 의한 금원</td><td>□ 부속서류
(1, 2, 3, 4)</td></tr>
<tr><td>5,116,643원</td><td colspan="3">부채증명서 참조(산정기준일 20○○. 3. 30)</td></tr>
<tr><td>5,166,777원</td><td colspan="3">부채증명서 참조(산정기준일 20○○. 3. 30)</td></tr>
<tr><td rowspan="4">2</td><td rowspan="4">(주)
○○은행</td><td colspan="2">20○○. 9. 10.자 발급받은 신용카드 사용대금</td><td colspan="2">(주소) ○○시 ○○구 ○○로 ○○○ ○○-2
블록 ○○빌딩 ○○층
(전화) ○○-○○○○-○○○○ (팩스)</td></tr>
<tr><td colspan="3">19,201,372원 및 이중 원금 7,770,000원에 대하여 20○○. 4. 7.자부터 완제일까지 약정이율에 의한 금원</td><td>□ 부속서류
(1, 2, 3, 4)</td></tr>
<tr><td>7,770,000원</td><td colspan="3">부채증명서 참조(산정기준일 20○○. 4. 6)</td></tr>
<tr><td>11,431,372원</td><td colspan="3">부채증명서 참조(산정기준일 20○○. 4. 6)</td></tr>
<tr><td rowspan="4">3</td><td rowspan="4">(주)
○○은행</td><td colspan="2">20○○. 10. 17.자 법적절차비용</td><td colspan="2">(주소) ○○시 ○○구 ○○로 ○○○ ○○-2
블록 ○○빌딩 ○○층
(전화) ○○-○○○○-○○○○ (팩스)</td></tr>
<tr><td colspan="3">140,040원 및 이중 원금 140,040원에 대하여 20○○. 4. 7.자부터 완제일까지 약정이율에 의한 금원</td><td>□ 부속서류
(1, 2, 3, 4)</td></tr>
<tr><td>140,040원</td><td colspan="3">부채증명서 참조(산정기준일 20○○. 4. 6)</td></tr>
<tr><td>0원</td><td colspan="3">부채증명서 참조(산정기준일 20○○. 4. 6)</td></tr>
</table>

<table>
<tr><td rowspan="4">4</td><td rowspan="4">○○
축산업
협동조합</td><td>20○○. 4. 26.자 특수채권금액
(1738/561280201151)</td><td>(주소) ○○○○도 ○○군 ○○리 111-1
(전화) ○○○-○○○-○○○○ (팩스)</td></tr>
<tr><td>6,272,356원 및 이중 원금 1,578,550원에 대하여 20○○. 3. 31.부터 완제일까지 약정이율에 의한 금원</td><td>□ 부속서류
(1, 2, 3, 4)</td></tr>
<tr><td>1,578,550원</td><td>부채증명원(총괄) 참조(산정기준일 20○○. 3. 30)</td></tr>
<tr><td>4,693,806원</td><td>부채증명원(총괄) 참조(산정기준일 20○○. 3. 30)</td></tr>
<tr><td rowspan="4">5</td><td rowspan="4">○○○○
○○유동
화전문
(유)</td><td>20○○. 10. 24.자 양수한 구 ○○카드 카드론 대출금액</td><td>(주소) ○○시 ○○○구 ○○○동 11-11
(전화) ○○-○○○○-○○○○ (팩스)</td></tr>
<tr><td>7,696,219원 및 이중 원금 4,000,000원에 대하여 20○○. 3. 31.자부터 완제일까지 약정이율에 의한 금원</td><td>□ 부속서류
(1, 2, 3, 4)</td></tr>
<tr><td>4,000,000원</td><td>부채확인서 참조(산정기준일 20○○. 3. 30)</td></tr>
<tr><td>3,696,219원</td><td>부채확인서 참조(산정기준일 20○○. 3. 30)</td></tr>
<tr><td rowspan="4">6</td><td rowspan="4">○○○○
○○유동
화전문
(유)</td><td>20○○. 10. 24.자 양수한 구 ○○카드 카드론 대출금액</td><td>(주소) ○○시 ○○○구 ○○○동 12-12
(전화) ○○-○○○○-○○○○ (팩스)</td></tr>
<tr><td>12,869,200원 및 이중 원금 6,290,957원에 대하여 20○○. 3. 31.자부터 완제일까지 약정이율에 의한 금원</td><td>□ 부속서류
(1, 2, 3, 4)</td></tr>
<tr><td>6,290,957원</td><td>부채확인서 참조(산정기준일 20○○. 3. 30)</td></tr>
<tr><td>6,578,243원</td><td>부채확인서 참조(산정기준일 20○○. 3. 30)</td></tr>
</table>

[첨부서류 2] [전산양식 A5421]

재 산 목 록

<table>
<tr><th>명 칭</th><th>금액 또는 시가
(단위 : 원)</th><th>압류등
유무</th><th colspan="4">비 고</th></tr>
<tr><td>현금</td><td>0</td><td>무</td><td colspan="4"></td></tr>
<tr><td rowspan="3">예금</td><td rowspan="3">5,323</td><td rowspan="3">무</td><td>금융기관명</td><td>농협</td><td></td><td></td></tr>
<tr><td>계좌번호</td><td>○○○○○○
-○○-○○
○○○○</td><td></td><td></td></tr>
<tr><td>잔 고</td><td>5,323</td><td></td><td></td></tr>
<tr><td rowspan="3">보험</td><td rowspan="3">0</td><td rowspan="3">무</td><td>보험회사명</td><td></td><td></td><td></td></tr>
<tr><td>증권번호</td><td></td><td></td><td></td></tr>
<tr><td>해약반환금</td><td></td><td></td><td></td></tr>
<tr><td>자동차
(오토바이 포함)</td><td>0</td><td>무</td><td colspan="4"></td></tr>
<tr><td rowspan="3">임차보증금
(반환받을 금액을 금액란에 적는다)</td><td rowspan="3">0</td><td rowspan="3">무</td><td>임차물건</td><td colspan="3"></td></tr>
<tr><td>보증금 및 월세</td><td colspan="3">임차보증금 원,
월세 원</td></tr>
<tr><td>차이 나는 사유</td><td colspan="3"></td></tr>
<tr><td rowspan="5">부동산
(환가예상액에서 피담보채권을 뺀 금액을 금액란에 적는다)</td><td rowspan="5">13,500,000</td><td rowspan="5">무</td><td>소재지, 면적</td><td colspan="3">* ○○○도 ○○군 ○○읍 ○○리 292-72 2필지 제○동 제○○○호</td></tr>
<tr><td>부동산의 종류</td><td colspan="3">토지( ), 건물( ), 집합건물(○)</td></tr>
<tr><td>권리의 종류</td><td colspan="3">자녀 소유권의 1/2</td></tr>
<tr><td>환가예상액</td><td colspan="3">27,000,000</td></tr>
<tr><td>담보권 설정된 경우 그 종류 및 담보액</td><td colspan="3">* 자녀 소유 부동산의 가치 중 1/2은 배우자 ○○○ 소유 산정하여 그 중 1/2은 신청인의 재산가치로 반영
(27,000,000원 / 2 = 13,500,000원)</td></tr>
<tr><td rowspan="3">사업용 설비,
재고품, 비품 등</td><td rowspan="3">0</td><td rowspan="3">무</td><td>품목, 개수</td><td></td><td></td><td></td></tr>
<tr><td>구입시기</td><td></td><td></td><td></td></tr>
<tr><td>평 가 액</td><td></td><td></td><td></td></tr>
<tr><td rowspan="2">대여금 채권</td><td rowspan="2">0</td><td rowspan="2">무</td><td colspan="4">상대방 채무자 1: □ 소명자료 별첨</td></tr>
<tr><td colspan="4">상대방 채무자 2: □ 소명자료 별첨</td></tr>
</table>

매출금 채권	0	무	상대방 채무자 1: □ 소명자료 별첨 상대방 채무자 2: □ 소명자료 별첨
예상 퇴직금	0	무	근무처 : (압류할 수 없는 퇴직금 원 제외)
기타 ( )			
합 계	13,505,323		
면제재산 결정신청 금액	0		면제재산 결정신청 내용 :
청산가치	13,505,323		

[첨부서류 3] [전산양식 A5422]

수입 및 지출에 관한 목록

Ⅰ. 현재의 수입목록

(단위 : 원)

수입상황	자영(상호)		고용(직장명)	○○미용실
	업 종		직 위	종업원
	종사경력		근무기간	20○○년 12월부터 현재까지
명목	기간구분	금액	연간환산금액	압류, 가압류 등 유무
급여소득	매월	3,068,125	36,817,500	무
연 수 입			36,817,500	월평균수입 3,068,125

Ⅱ. 변제계획 수행시의 예상지출목록 (해당란에 ☑표시)

☑ **채무자가 예상하는 생계비가 보건복지부 공표 기준 중위소득의 60% 이하인 경우**
보건복지부 공표 (4)인 가구 기준 중위소득 (4,613,536)원의 약 (60)%인 (2,768,122)원을 지출할 것으로 예상됩니다(뒷면 표에 내역과 사유를 상세히 기재하십시오).

☐ **채무자가 예상하는 생계비가 보건복지부 공표 기준 중위소득의 60%를 초과하는 경우**
보건복지부 공표 ( )인 가구 기준 중위소득 ( )원의 약 ( )%인 ( )원을 지출할 것으로 예상됩니다(뒷면 표에 내역과 사유를 상세히 기재하십시오).

Ⅲ. 가족관계

관계	성 명	연령	동거여부 및 기간	직 업	월 수입	재산총액	부양유무
시어머니	○○○	75	20○○년 8월부터 현재까지	무	무	무	미부양
배우자	○○○	47	20○○년 1월부터 현재까지	일용직	150만원	1,350만원	미부양
자녀	○○○	15	20○○년 5월부터 현재까지	학생	무	무	미부양
자녀	○○○	13	20○○년 7월부터 현재까지	학생	무	무	미부양

☞ 채무자가 예상하는 생계비가 보건복지부 공표 기준 중위소득의 100분의 60을 초과하는 경우

1. 생계비의 지출 내역

비 목	지출 예상 생계비	추가 지출 사유
생계비 ☞ 생계비에는 식료품비, 광열수도비, 가구집기비, 피복신발비, 교양오락비, 교통통신비, 기타 비용의 합산액을 기재합니다.		
주거비		
의료비		
교육비		
계		추가비율 : %

2. 생계비 추가지출사유에 관한 보충기재사항

[첨부서류 4] [전산양식 A5423]

진 술 서

I. 경 력

1. 최종학력

20○○년 2월 10일 ○○여자고등 학교 (졸업(○표), 중퇴)

2. 과거 경력 (최근 경력부터 기재하여 주십시오)

기간	20○○년 12월 일부터 현재까지 (자영, 근무(○표))				
업종	서비스업	직장명	○○미용실	직위	종업원
기간	년 월 일부터 년 월 일까지 (자영, 근무)				
업종		직장명		직위	
기간	년 월 일부터 년 월 일까지 (자영, 근무)				
업종		직장명		직위	
기간	년 월 일부터 년 월 일까지 (자영, 근무)				
업종		직장명		직위	

3. 과거 결혼, 이혼 경력

20○○년 1월 18일 김 ○ ○ 과 (결혼(○표), 이혼)
년 월 일 과 (결혼 , 이혼)
년 월 일 과 (결혼 , 이혼)

Ⅱ. 현재 주거상황

거주를 시작한 시점 (20○○년 8월 11일)

거주관계(해당란에 표시)	상세한 내역
㉠ 신청인 소유의 주택	
㉡ 사택 또는 기숙사 ㉢ 임차(전·월세) 주택	임대 보증금 (원) 임대료 (월 원), 연체액 (0 원) 임차인 성명 ( )

㉣ 친족 소유 주택에 무상 거주 ㉤ 친족외 소유 주택에 무상 거주	소유자 성명 (김 ○ ○) 신청인과의 관계 (자녀)
㉥ 기타( )	

☆ ㉠ 또는 ㉣항을 선택한 분은 주택의 등기부등본을 첨부하여 주십시오.
☆ ㉡ 또는 ㉢항을 선택한 분은 임대차계약서(전월세 계약서) 또는 사용허가서 사본을 첨부하여 주시기 바랍니다.
☆ ㉣ 또는 ㉤항을 선택한 분은 소유자 작성의 거주 증명서를 첨부하여 주십시오.

Ⅲ. 부채 상황

1. 채권자로부터 소송·지급명령·압류·가압류 등을 받은 경험(□ 있음 ■ 없음)

내 역	채권자	관할법원	사건번호

☆ 위 내역란에는 소송·지급명령·압류 등으로 그 내용을 기재합니다.
☆ 위 기재사항에 해당하는 소장·지급명령·압류 및 가압류결정의 각 사본을 첨부하여 주십시오.

2. 개인회생절차에 이르게 된 사정(여러 항목 중복 선택 가능)

(○) 생활비 부족　　( ) 병원비 과다지출
( ) 교육비 과다지출　　( ) 음식, 음주, 여행, 도박 또는 취미활동
(○) 점포 운영의 실패　　( ) 타인 채무의 보증
( ) 주식투자 실패　　( ) 사기 피해
(○) 기타 (* 다단계로 인한 채무 과다증대 및 이에 대한 원금 및 이자를 변제하기 위해 신용카드를 사용하게 되면서 채무 과다 증대)

3. 채무자가 많은 채무를 부담하게 된 사정 및 개인회생절차 개시의 신청에 이르게 된 사정에 관하여 구체적으로 기재하여 주십시오(추가기재시에는 별지를 이용하시면 됩니다).

저는 ○○○도 ○○읍 ○○리에서 1남 3녀중 막내로 태어났습니다. 고등학교를 졸업 후 20○○년도 중매로 지금의 남편을 만나 결혼을 하게 되었습니다. 당시만 해도 정말 행복한 가정을 이루고 살 것이라는 희망을 가지고 있었습니다. 항상 긍정적으로 생각하고 열심히 일을 했습니다. 이런 제가 이렇게 많은 채무가 생기게 되고 희망만 잃어가는 생활을 연연하게 된 것은 집안살림만 하던 저에게 남편

이 좋은 직업이 있다고 하여 같이 일을 하게 되면서부터 입니다. 남편은 열정적으로 일을 했지만 그 일이 다단계업무였습니다. 이로 인해 저희 부부는 엄청난 빚이 생기게 되었고 빚을 갚기 위해 정말 열심히 일을 했습니다. 하지만 제 수입으로는 빚에 대한 이자조차도 감당이 되질 않았습니다. 하루하루 빚은 눈덩이처럼 불어날 뿐 생활은 점점 더 힘들어져 갔습니다. 정말 지금껏 한 눈 한 번 팔지 않고 살아왔지만 결국 한 번의 실패로 삶의 희망만 잃어갈 뿐이었습니다. 저희 다섯 식구가 앞으로 어떻게 살아가야 할지 앞이 캄캄했습니다. 정말 지푸라기라도 잡고 싶은 심정으로 개인회생신청에 이르게 되었습니다. 제발 저에게 다시금 희망을 가지고 살아갈 수 있도록 기회를 주시길 간절히 부탁드립니다.

Ⅳ. 과거 면책절차 등의 이용 상황

절 차	법원 또는 기관	신청시기	현재까지 진행상황
□ 파산·면책절차 □ 화의·회생·개인회생절차			
□ 신용회복위원회 워크아웃 □ 배드뱅크			( )회 ( )원 변제

☆ 과거에 면책절차 등을 이용하였다면 해당란에 ■ 표시 후 기재합니다.

☆ 신청일 전 10년 내에 회생사건·화의사건·파산사건 또는 개인회생사건을 신청한 사실이 있을 때에는 그 관련서류 1통을 제출하여야 합니다.

자 료 송 부 청 구 서

채권자 : ○ ○ ○
주 소 : ○○시 ○○구 ○○로 222 ○○○미용실

청구인(채무자) ○ ○ ○
주민등록번호 123456 - 1234567
주 소 ○○시 ○○구 ○○로 ○○

채무자는 채무자 회생 및 파산에 관한 규칙 제82조에 기하여 채권자에게 채무자에 대하여 가진 개인회생채권의 존부 및 액수, 피담보채권액 및 피담보목적물의 가액, 담보부족전망액 등에 관한 자료의 송부를 청구합니다.

채권자는 별지 자료송부서에 의거하여 20○○. ○. ○.까지 송부하여 주시기 바랍니다.

20○○. ○. ○.

채무자 ○ ○ ○ (서명 또는 날인)

* 잔액증명 송달 및 팩스를 아래의 주소로 보내주십시오.

<table>
<tr><td rowspan="2">주 소</td><td></td><td>전 화</td><td></td></tr>
<tr><td></td><td>팩 스</td><td></td></tr>
</table>

붙임. 자료송부서 서식 1통

자료송부서

자 료 송 부 서

채무자	○ ○ ○	주 소	○○시 ○구 ○○로 ○○

1. 채권내역(기준일 : 20○○년 ○월 ○○일)

(단위 : 원)

	채권의 원인			원금 현잔액 (①)	이자 현잔액 (②)	합계 (①+②)
1	대출일자	대출과목	대출금액			
	20○○.2.20.	대여금	10,000,000	8,000,000	170,000	8,170,000
	채권의 내용 / ①, ② 산정근거 (이자율)					
2	채권의 원인			원금 현잔액 (①)	이자 현잔액 (②)	합계 (①+②)
	대출일자	대출과목	대출금액			
	채권의 내용 / ①, ② 산정근거 (이자율)					

2. 담보부 대출

채권 번호	피담보내용 및 목적물	피담보채권액	피담보 목적물 가액	담보부족예상액

주) 1. 위 1의 채권내역 중 담보부 대출을 기재함.

채권자명 : ○ ○ ○ (서명 또는 날인)
전화번호 : 000-000-0000

채무자 ○ ○ ○ 귀하

금지명령 신청서

금지명령 신청서

사 건 20○○개회○○○○○ 개인회생

채 무 자 이 름 : ○ ○ ○ (주민등록번호 123456 - 1234567)
(신청인) 주 소 : ○○시 ○○구 ○○로 ○○

신 청 취 지

신청인에 대한 이 법원 20○○개회○○○○○ 개인회생사건에 관하여 개인회생절차의 개시신청에 대한 결정이 있을 때까지 다음의 각 절차 또는 행위를 금지한다.

1. 개인회생채권에 기하여 신청인 소유의 유체동산과 예금반환채권(○○ : ○○○○○○-○○-○○○○○○○) 및 신청인이 사용자로부터 매월 지급받을 급료, 제수당, 상여금 기타 명목의 급여 및 퇴직금에 대하여 하는 강제집행·가압류 또는 가처분.
2. 개인회생채권을 변제받거나 변제를 요구하는 일체의 행위. 다만, 소송행위는 제외한다.

라는 결정을 구합니다.

신 청 원 인

1. 신청인은 귀원 20○○개회○○○○○호 개인회생 사건의 신청 채무자입니다.
2. 신청인은 위 개인회생 사건에서 신청인이 매월 (○○미용실)에서 지급받는 급여에서 생계비를 제외한 나머지 가용소득으로 채무를 변제하는 계획안을 제출하였습니다.
3. 현재 신청인 소유의 유체동산과 신청인이 사용자로부터 매월 지급받을 급여 및 퇴직금에 대하여는 아직 가압류 또는 압류의 집행이 없는 바, 채권자들이 신청인 소유의 유체동산이나 신청인의 급여 등에 대하여 강제집행·가압류 또는 가처분을 하게 되면 신청인의 개인회생 절차에 따른 변제계획의 수행에 큰 어려움이 생길 것입니다.
4. 또한, 채권자들이 신청인으로부터 개인회생채권을 변제받거나 변제를 요구하는 행위를 할 경우 채권자간의 형평을 해하게 되며, 신청인의 정상적인 생활에도 지장을 초래하게 될 것입니다.
5. 따라서 신청인은 신청인 소유의 유체동산과 급여 및 퇴직금에 대한 강제집행·가압류 또는 가처분과 개인회생채권의 변제요구행위를 금지시켜야 할 필요가 있으므로, 채무자 회생 및 파산에 관한 법률 제593조 제1항에 의해 이 신청에 이르게 되었습니다.

20○○년 ○월 ○일

신청인 : ○ ○ ○ (서명 또는 날인)
(연락처 : 000-000-0000)

대리인 법무법인 ○○ 담당변호사 : ○ ○ ○ (서명 또는 날인)
○ ○ ○ (서명 또는 날인)

○○지방법원 귀중

금지명령 결정문

○ ○ 지 방 법 원
결 정

사 건 20○○개회 ○○○○○ 개인회생

채무자 ○ ○ ○ (123456 - 1234567)
○○시 ○○구 ○○로 ○○
대리인 법무법인 ○○ 담당변호사 ○○○

주 문

채무자에 대한 이 법원 20○○개회○○○○○ 개인회생 사건에 관하여 개인회생절차의 개시신청에 대한 결정이 있을 때까지 다음의 각 절차 또는 행위를 금지한다.

1. 개인회생채권에 기하여 채무자 소유의 유체동산과 채무자가 사용자로부터 매월 지급받을 급료, 제수당, 상여금 기타 명목의 급여 및 퇴직금에 대하여 하는 강제집행·가압류 또는 가처분.
2. 개인회생채권을 변제받거나 변제를 요구하는 일체의 행위. 다만, 소송행위를 제외한다.

이 유

채무자 회생 및 파산에 관한 법률 제593조 제1항을 적용하여 주문과 같이 결정한다.

20○○. ○. ○.

판 사 ○ ○ ○

개인회생절차개시 결정문

○ ○ 지 방 법 원
결　　　정

사　건　　20○○개회 ○○○○○ 개인회생

채무자　　○ ○ ○ (123456 - 1234567)
○○시 ○○구 ○○로 ○○
대리인 법무법인 ○○ 담당변호사 ○○○

주　　　문

1. 채무자에 대하여 개인회생절차를 개시한다.
2. 개인회생채권에 관한 이의기간을 20○○. ○. ○.까지로 한다.
3. 개인회생채권자집회의 기일 및 장소를 20○○. ○. ○. 10 : 00 ○○지방법원 제○○○호 법정으로 한다.
다만, 위 채권자집회의 진행은 제○회생위원이 담당한다.

이　　　유

이 사건 신청은 이유 있으므로 채무자 회생 및 파산에 관한 법률 제596조에 의해 주문과 같이 결정한다.

20○○. ○. ○. 14 : 00

판 사 ○ ○ ○

개인회생절차개시 공고문

○ ○ 지 방 법 원
개인회생절차개시공고

사 건　　20○○개회 ○○○○○ 개인회생

채무자　　○ ○ ○(19○○. ○. ○○.생)
○○시 ○○구 ○○로 ○○
대리인 법무법인 ○○ 담당변호사 ○○○

위 사건에 관하여 이 법원은 개인회생절차개시결정을 하였으므로 채무자 회생 및 파산에 관한 법률 제597조에 의해 다음과 같이 공고합니다.

다　　음

1. 개인회생절차개시결정의 주문
   채무자에 대하여 개인회생절차를 개시한다.
2. 개인회생절차개시 결정일시 : 20○○. ○. ○. 14:00
3. 이의기간 : 20○○. ○. ○.까지
4. 개인회생채권자집회의 기일 및 장소
   ① 개인회생채권자집회의 기일 : 20○○. ○. ○. (○요일) 10:00
   ② 개인회생채권자집회의 장소 : ○○지방법원 제○○○호 법정
5. 개인회생채권자 목록의 내용에 관하여 이의가 있는 개인회생채권자는 위 이의기간 내에 자신 또는 다른 개인회생채권자의 채권내용에 관하여 서면으로 개인회생채권조사확정재판을 신청할 수 있다. 다만 개인회생절차개시 당시 이미 소송이 계속 중인 권리에 대하여 이의가 있는 경우에는 별도로 조사확정재판을 신청할 수 없고 이미 계속 중인 소송의 내용을 개인회생채권확정의 소로 변경해야 한다.

20○○. ○. ○.

○○지방법원

판 사 ○ ○ ○

이해관계인에 대한 개인회생절차개시결정 내역 통지

○ ○ 지 방 법 원
통 지 서

수 신 수신처 참조

사 건 20○○개회 ○○○○○ 개인회생

채무자 ○ ○ ○ (123456 - 1234567)
○○시 ○○구 ○○로 ○○
대리인 법무법인 ○○ 담당변호사 ○○○

이 법원은 20○○. ○. ○. 14:00 개인회생절차개시결정을 하였으므로, 채무자 회생 및 파산에 관한 법률 제597조 제2항, 제1항에 의해 다음 사항을 통지합니다.

다 음

1. 개인회생절차개시결정의 주문 : 채무자에 대하여 개인회생절차를 개시한다.
2. 이의기간 : 20○○. ○. ○.까지
3. 개인회생채권자집회의 기일 및 장소
   ① 20○○. ○. ○. (○요일) 10:00, ② ○○지방법원 제○○○호 법정
4. 유의사항
   ① 개인회생채권자목록의 내용에 관하여 이의가 있는 개인회생채권자는 이의기간 내에 자신 또는 다른 개인회생채권자의 채권내용에 관하여 서면으로 개인회생채권조사확정 재판을 신청할 수 있습니다. 다만 개인회생절차개시 당시 이미 소송이 계속 중인 권리에 대하여 이의가 있는 경우에는 조사확정재판을 신청할 수 없고 이미 계속 중인 소송의 내용을 개인회생채권확정의 소로 변경하여야 합니다.
   ② 모든 개인회생채권자는 직접 또는 우편으로 변제계획에 따른 변제예정액을 입금받을 계좌번호 신고서를 채권자집회기일 종료시까지 제○회생위원에게 제출해야 하고, 회기일의 종료시까지 법원에 이의진술서를 제출할 수 있습니다.
   [우편번호 : ○○○○○, 주소 : ○○시 ○○구 ○○로 ○○]
   ③ 채무자는 변제계획안에서 정한 가용소득을 제 ○회생위원의 지시에 따라 [ ] 은행 [ ]계좌에 임치하여야 합니다.

20○○. ○. ○.

판 사 ○ ○ ○

수신처 : 채무자, 회생위원, 개인회생채권자, 채무자의 재산을 소지하고 있거나 그에게 채무를 부담하는 자

채권부존재 확인서

채권 부존재 확인서

사 건 20○○개회 ○○○○○ 개인회생

채무자 ○ ○ ○ (123456 - 1234567)

위 채무자가 신청한 개인회생사건과 관련하여 신고된 당행채권 (채권번호 2, 3번)이 20○○년 ○월 ○일 매각처리되어 신청인에 대한 당행의 채무가 부존재함을 확인합니다. (○ 채권매수회사 : ○○○○기금, ○ 연락처 : ○○○○-○○○○)

붙임 : 1. 조회표 1부. 끝.

20○○년 ○월 ○일

채권자 : (주) ○○은행 여신관리지원센터 (인)
(T. ○○-○○○○-○○○○)

○○지방법원 제○회생위원 귀중

회생위원의 집회결과 등 보고서

회생위원 집회결과 등 보고서

1. 사건의 표시

사건번호 : 20○○개회 ○○○○○
신청인(채무자) : ○○○

2. 개인회생채권자집회의 진행

가. 개인회생채권자집회의 기일 : 20○○. ○. ○. (○요일) 10:00
나. 회생채권자집회의 장소 : ○○지방법원 제○○○호 법정
다. 개인회생채권자집회 진행 회생위원 : 제○회생위원 ○○○
라. 출석사항
채무자를 제외한 채권자들 불출석
마. 주요 내용
(1) 회생위원 : 채무자에게 변제계획안에 대하여 설명을 하지 않거나 허위의 설명을 한 때에는 채무자 회생 및 파산에 관한 법률 제620조 제2항 제2호에 의해 개인회생절차폐지의 사유가 된다고 고지한 후, 채무자에게 변제계획안에 관하여 설명할 것을 명.
(2) 채무자 : 20○○. ○. ○. 제출한 변제계획안의 기재와 같이 변제계획에 관하여 설명.
(3) 20○○. ○. ○.자 주식회사 ○○은행의 채무부존재신청서 진술간주
(4) 회생위원 : 이에 따른 보정권고 및 변제계획안 인가 여부에 대하여는 가까운 시일 내에 법원에서 인가요건을 검토한 후 선고할 것이라는 취지를 설명.

3. 채무자의 소득 및 가용소득 적립 여부

가. 채무자의 소득은 개시신청서에 첨부한 채무자의 수입 및 지출에 관한 목록 기재 수입과 같다.
나. 채무자는 보고서작성 현재일까지 총 300,000원을 입금하였다.

4. 채무자의 재산 및 청산가치

가. 채무자의 재산(개시결정일인 20○○. ○. ○. 기준)
개시신청서에 첨부한 재산목록 기재와 같다.
나. 청산가치
개인회생채권자들이 채무자가 파산하는 때에 배당받을 총액은 13,505,323원이다.

5. 변제계획 인가요건 충족 여부

개인회생채권에 대하여 변제계획안에 정해진 총 변제액이 18,000,180원으로서 그 현재 평가액이 채무자가 파산하는 때에 배당받을 총액보다 적지 않다.

6. 결 론

채무자가 제출한 변제계획안은 제614조 제1항 제4호의 요건을 충족합니다.

20○○. ○. ○.

제○회생위원 ○ ○ ○ (인)

○○지방법원 제○회생 판사 귀중

[붙임] 변제계획안

20○○개회○○○○호 채무자 : ○ ○ ○

변 제 계 획 (안)

20○○년 7월 21일 작성

1. 변제기간

[20○○]년 [7]월 [5]일부터 [20○○]년 [6]월 [5]일까지 [60]개월간

2. 변제에 제공되는 소득 또는 재산

가. 소 득

(1) 수 입

■ 변제기간 동안 [○○미용실]에서 받는 월 평균 수입 [3,068,125]원

□ 변제기간 동안 [ ]를 운영하여 얻는 월 평균 수입 [ ]원

(2) 채무자 및 피부양자의 생활에 필요한 생계비

(가) 채무자 및 피부양자 : 총 [4]명

(나) 국민기초생활보장법에 의한 가구별 기준 중위소득 : 월 평균 수입 [4,613,536] 원

(다) 채무자 회생 및 파산에 관한 법률에 따라 조정된 생계비 : 월 [2,768,122]원

(3) 채무자의 가용소득

기간 : [20○○]년 [7]월 [5]일부터 [20○○]년 [6]월 [5]일까지

① 월 평균 수입	② 월 평균 생계비	③ 월 평균 가용소득 (① - ②)	④ 변제 횟수 (월 단위로 환산)	⑤ 총 가용소득 (③×④)
3,068,125원	2,768,122원	300,005원	60	18,000,300원

나. 재산 : [해당 있음 □ / 해당 없음 ■]

3. 개인회생재단채권에 대한 변제 [해당 있음 □ / 해당 없음 ■]

가. 회생위원의 보수 및 비용 [해당 있음 □ / 해당 없음 ■]

□ 변제계획 인가 후 [ ]원을 지급

나. 기타 개인회생재단채권 [해당 있음 □ / 해당 없음 ■]

(1) 채권의 내용

채권자	채권현재액	채권발생원인	변제기

(2) 변제방법

변제계획 인가일 직후 원리금 전액을 일반 개인회생채권보다 우선하여 변제한다.

4. '일반의 우선권 있는 개인회생채권' 에 대한 변제 [해당 있음 □ / 해당없음 ■]

(1) 채권의 내용

채권자	채권현재액	채권발생원인(우선권의 근거)	변제기

(2) 변제방법

변제계획 인가일 직후 최초 도래하는 변제기일에 원리금 전액을 우선하여 변제한다. 남은 채권이 있을 경우에는 일반 개인회생채권의 매 변제기일에 우선하여 변제한다.

5. 별제권부 채권 및 이에 준하는 채권의 처리 [해당 있음 □ / 해당 없음 ■]

가. 채권의 내용

<table>
<tr><td rowspan="3">채권번호</td><td rowspan="3">채권자</td><td>① 채권현재액(원금)</td><td rowspan="2">③ 별제권행사 등으로 변제가 예상되는 채권액</td><td rowspan="2">④ 별제권행사 등으로도 변제받을 수 없을 채권액</td></tr>
<tr><td>② 채권현재액(이자)</td></tr>
<tr><td colspan="3">⑤ 별제권 등의 내용 및 목적물</td></tr>
<tr><td rowspan="3"></td><td rowspan="3"></td><td></td><td rowspan="2"></td><td rowspan="2"></td></tr>
<tr><td></td></tr>
<tr><td colspan="3"></td></tr>
<tr><td rowspan="3"></td><td rowspan="3"></td><td></td><td rowspan="2"></td><td rowspan="2"></td></tr>
<tr><td></td></tr>
<tr><td colspan="3"></td></tr>
</table>

☞ 개인회생채권자목록 부속서류 1의 내용을 그대로 옮겨 적습니다.

나. 변제방법

(1) 위 각 채권에 대하여 별제권 행사 등으로 변제가 예상되는 채권액(③)은 별제권 행사 등에 의한 방법으로 변제하고 이 변제계획상의 가용소득이나 재산처분에

의한 변제대상에서 제외한다.

(2) 위 (1)항 기재 각 채권 중 별제권행사 등으로도 변제받을 수 없을 채권액(④)은 미확정채권으로 보아 유보하였다가 아래 7항 기재와 같은 방법으로 변제한다.

(3) 별제권 행사 등으로도 변제받을 수 없을 채권액이 위 가의 ④항 기재 금액을 초과하는 것으로 확정된 경우에는, 채권자가 그 초과부분을 변제계획안의 변경 절차를 통하여 변제받을 수 있다.

6. 일반 개인회생채권에 대한 변제

가. 가용소득에 의한 변제

(1) 월 변제예정(유보)액 및 총 변제예정(유보)액의 산정

각 일반 개인회생채권의 [원금]의 액수를 기준으로 월 평균가용소득을 안분하여 산출한 금액을 각 일반 개인회생채권자에게 변제한다. 이를 기초로 산정한 월 변제예정(유보)액은 [300,003]원이고 총 변제예정(유보)액은 [18,000,180]원이다.

구체적 산정 내역은 별지 개인회생채권 변제예정액 표 참조.

(2) 변제방법

위 (1)항의 변제예정(유보)액은 다음과 같이 분할하여 변제한다.

(가) 기간 및 횟수

[20○ ○]년 [7]월 [5]일부터 [20○ ○]년 [6]월 [5]일까지 [60] 개월간 합계 [60]회

(나) 변제월 및 변제일

① [20○ ○]년 [7]월 [5]일부터 변제계획인가일 직전 [5]일까지 기간

■ 변제계획인가일 직후 최초 도래하는 월의 [5]일에 위 기간 동안의 변제분을 개인회생절차개시후 변제계획 인가 전에 적립된 가용소득으로 일시에 조기 변제

□ 기타 : [ ]

② 변제계획인가일 직후 최초 도래하는 월의 [5]일부터 [20○ ○]년 [6]월 [5]일까지 기간

■ 매월마다 [5]일에 변제

□ 매 [ ]개월마다 [ ]일에 각 변제

□ 기타 : [ ]

나. 재산의 처분에 의한 변제 [해당 있음 □ / 해당 없음 ■]

7. 미확정 개인회생채권에 대한 조치 [해당 있음 □ / 해당 없음 ■]

가. 변제금액의 유보

(1) 미확정 개인회생채권에 대하여는 변제를 유보하고, 별지 개인회생채권 변제예정액표에 기재한 금액을 해당 채권이 확정될 때까지 유보하여 둔다.

(2) 채무자는 이와 같이 유보한 금액도, 즉시 지급되는 다른 채권에 대한 변제금과 마찬가지로 아래 8항 기재 계좌에 입금한다.

나. 미확정 개인회생채권에 대한 변제

(1) 미확정 개인회생채권이 전부 그대로 확정된 경우
미확정 개인회생채권의 전액에 관하여 채권의 존재가 확정된 경우에는, 그 확정 직후 유보비율을 변제비율로 적용하여 변제를 개시하고 매월의 변제기에 그 해당금액을 변제하되, 이미 분할 변제기가 도래한 부분 즉 그동안의 유보액에 대하여는 곧바로 일시 변제한다.

(2) 미확정 개인회생채권이 전부 또는 일부 부존재 하는 것으로 확정된 경우
미확정 개인회생채권이 전부 또는 일부 부존재하는 것으로 확정된 경우에는, 그 확정 직후, 존재하는 것으로 확정된 [ ]의 인용 비율에 위 가항에 의해 지급을 유보한 금액을 곱하여 산출된 금액을 해당 개인회생채권자에게 일시에 변제한다. 유보금액 중, 미확정 개인회생채권의 일부가 존재하지 않는 것으로 됨에 따라 그 개인회생채권자에게 변제할 필요가 없게 된 나머지 유보금액은, 그 채권액 확정 직후 전체 일반 개인회생채권자들에게 각 [ ]의 액수를 기준으로 안분하여 변제한다.
향후의 매월 입금액을 분배하는 기준이 될 변제비율은 위 확정 원금들 사이의 비율에 따라 새로 계산하여 정하는데, 미확정 개인회생채권의 일부가 존재하지 않는 것으로 확정됨에 따라 향후 해당 개인회생채권자를 위한 유보가 불필요하게 된 변제기 미도래분에 대한 변제 유보예정액은, 향후 변제기 도래시 전체 일반 개인회생채권자들에게 그 각 [ ]의 액수를 기준으로 안분되도록 한다.

(3) 변제기간 종료시까지 미확정 개인회생채권이 미확정상태로 남는 경우에는 최종 변제기에 유보한 금액 전부를 일반개인회생채권자들에게 각 [ ]의 액수를 기준으로 안분하여 변제한다.

(4) 임대차보증금반환액수가 확정되지 않은 임대차보증금 반환채권은 미확정채권으로 보아 위 가, 나항에 따라 변제하되 그 액수가 확정되고 임차인이 임차목적물을 명도함과 동시에 변제한다.

8. 변제금원의 회생위원에 대한 임치 및 지급

채무자는 위 [6]항에 의해 개인회생채권자들에게 변제해야 할 금액을 개시결정시 통지

되는 회생위원의 예금계좌 {[ ]은행 계좌번호 [ ]}에 순차 임치하고, 개인회생채권자는 법원에 예금계좌를 신고하여 회생위원으로부터 변제액을 송금받는 방법으로 지급받는다. 회생위원은 계좌번호를 신고하지 않은 개인회생채권자에 대하여는 변제액을 적립하였다가 이를 연 1회 개인회생사건이 계속되어 있는 지방법원에 공탁하여 지급할 수 있다.

☞ 회생위원의 예금계좌는 신청 당시에는 알 수 없으므로 공란으로 두었다가 추후 보완합니다.

9. 면책의 범위 및 효력발생시기

채무자가 개인회생채권에 대하여 이 변제계획에 따라 변제를 완료하고 면책신청을 하여 면책결정이 확정되었을 경우에는, 이 변제계획에 따라 변제한 것을 제외하고 개인회생채권자에 대한 채무에 관하여 그 책임이 면제된다. 단, 채무자 회생 및 파산에 관한 법률 제625조 제2항 단서 각호 소정의 채무에 관하여는 그렇지 않다.

10. 기타사항 [해당 있음 □ / 해당 없음 ■]

[변제계획안 별지] 변제예정액표

20○○ 개회○○○○○호 채무자 ○ ○ ○

개인회생채권 변제예정액표

1. 기초사항

(단위 : 원)

(A) 월평균 가용소득	300,003	(B) 변제횟수	60	(C) 총 가용소득	18,000,180

2. 채권자별 변제예정액의 산정내역

(단위 : 원)

채권번호	채권자	(D) 개인회생채권액		(E) 월 변제예정(유보)액		(F) 총 변제예정(유보)액	
		확정채권액(원금)	미확정채권액(원금)	확정채권액(원금)	미확정채권액(원금)	확정채권액(원금)	미확정채권액(원금)
1	(주)○○ 금융공사	5,116,643		61,656		3,699,360	
2	(주)○○은행	7,770,000		93,629		5,617,740	
3	(주)○○은행	140,040		1,688		101,280	
4	○○축산업 협동조합	1,578,550		19,022		1,141,320	
5	○○○○○○ ○○전문(유)	4,000,000		48,201		2,892,060	
6	○○○○○○ ○○전문(유)	6,290,957		75,807		4,548,420	
합 계		24,896,190	0	300,003	0	18,000,180	0
총 계		(G)	24,896,190	(H)	300,003	(I)	18,000,180

3. 변제율 : 원금의 [72] % 상당액

4. 청산가치와의 비교

(단위 : 원)

(J) 청산가치	13,505,323

(K) 가용소득에 의한 총변제예정(유보)액	18,000,180
(L) 현재가치	16,093,001

채권자목록 수정허가 신청서

채권자목록 수정허가 신청

허	부

사 건 20○○개회 ○○○○○ 개인회생

채 무 자 ○ ○ ○

대 리 인 법무법인 ○○

신청인은 다음과 같은 사유로 20○○년 ○월 ○일 제출한 개인회생채권자목록을 별지와 같이 수정하고자 하니 허가하여 주시기 바랍니다.

신청이유 : 1. 20○○. ○. ○.자 기존 2번, 3번 채권자 ○○은행의 채권 매각으로 인한 부존재 확인서에 의한 채권자명 변경

다 음

1. 채무자가 개인회생채권자 목록을 귀원에 제출한 후, 채무자가 책임질 수 없는 사유(소명자료 별첨)로 인하여 그 목록에 누락하거나 잘못 기재된 사항이 발견되어 채무자 회생 및 파산에 관한 규칙 제81조 제1항에 따라 이를 별지와 같이 수정하고자 합니다.

20○○년 ○월 ○일

채무자 ○ ○ ○

위 신청인의 대리인 법무법인 ○○

담당변호사 ○ ○ ○ (인)

○○지방법원 회생(○)단독 귀중

[첨부서류] 개인회생채권자목록

개인회생채권자목록

채권현재액 산정기준일 : 20○○년 ○월 ○일 　　　　목록작성일 : 20○○년 ○월 ○일

채권현재액 총합계	56,462,607

담보부 회생 채권액의 합계		무담보 회생 채권액의 합계	56,462,607

※ 개시후이자 등 : 아래 각 채권의 개시결정일 이후의 이자·지연손해금 등은 채무자 회생 및 파산에 관한 법률 제581조 제2항, 제446조 제1항 제1, 2호의 후순위채권입니다.

<table>
<tr><th rowspan="4">채권번호</th><th rowspan="4">채권자</th><th colspan="2">채권의 원인</th><th colspan="2">주소 및 연락처</th></tr>
<tr><th colspan="3">채권의 내용</th><th>부속서류 유무</th></tr>
<tr><th>채권현재액(원금)</th><th colspan="3">채권현재액(원금) 산정근거</th></tr>
<tr><th>채권현재액(이자)</th><th colspan="3">채권현재액(이자) 산정근거</th></tr>
<tr><td rowspan="4">1</td><td rowspan="4">(주)○○
○○공사</td><td colspan="2">20○○. ○. ○.자 구 ○○군 신용협동조합 원화대출금액</td><td colspan="2">(주소) ○○시 ○○구 ○○로 111-11
○○빌딩 4층
(전화) ○○-○○○○-○○○○ (팩스)</td></tr>
<tr><td colspan="3">10,283,420원 및 이중 원금 5,116,643원에 대하여 20○○. 3. 31.부터 완제일까지 약정이율에 의한 금원</td><td>□ 부속서류
(1, 2, 3, 4)</td></tr>
<tr><td>5,116,643원</td><td colspan="3">부채증명서 참조(산정기준일 20○○. 3. 30)</td></tr>
<tr><td>5,166,777원</td><td colspan="3">부채증명서 참조(산정기준일 20○○. 3. 30)</td></tr>
<tr><td rowspan="4">2</td><td rowspan="4">(주)
○○○○
기금</td><td colspan="2">매각된 구 (주)○○은행 20○○. ○. ○.자 발급받은 신용카드 사용대금</td><td colspan="2">(주소) ○○시 ○○구 ○○대로 222
(전화) ○○○○-○○○○ (팩스)</td></tr>
<tr><td colspan="3">19,201,372원 및 이중 원금 7,770,000원에 대하여 20○○. 4. 7.자부터 완제일까지 약정이율에 의한 금원</td><td>□ 부속서류
(1, 2, 3, 4)</td></tr>
<tr><td>7,770,000원</td><td colspan="3">부채증명서 참조(산정기준일 20○○. 4. 6)</td></tr>
<tr><td>11,431,372원</td><td colspan="3">부채증명서 참조(산정기준일 20○○. 4. 6)</td></tr>
<tr><td rowspan="4">3</td><td rowspan="4">(주)
○○○○
기금</td><td colspan="2">매각된 구 (주)○○은행 20○○. ○. ○.자 법적절차 비용</td><td colspan="2">(주소) ○○시 ○○구 ○○대로 333
(전화) ○○-○○○○-○○○○ (팩스)</td></tr>
<tr><td colspan="3">140,040원 및 이중 원금 140,040원에 대하여 20○○. 4. 7.자부터 완제일까지 약정이율에 의한 금원</td><td>□ 부속서류
(1, 2, 3, 4)</td></tr>
<tr><td>140,040원</td><td colspan="3">부채증명서 참조(산정기준일 20○○. 4. 6)</td></tr>
<tr><td>0원</td><td colspan="3">부채증명서 참조(산정기준일 20○○. 4. 6)</td></tr>
</table>

<table>
<tr><td rowspan="4">4</td><td rowspan="4">○○
축산업
협동조합</td><td>20○○. 4. 26.자 특수채권금액
(○○○○/○○○○○○○○
○○○○○)</td><td>(주소) ○○○○도 ○○군 ○○리 111-1
(전화) ○○○-○○○-○○○○ (팩스)</td></tr>
<tr><td>6,272,356원 및 이중 원금 1,578,550원에 대하여 20○○. 3. 31.부터 완제일까지 약정이율에 의한 금원</td><td>□ 부속서류
(1, 2, 3, 4)</td></tr>
<tr><td>1,578,550원</td><td>부채증명원(총괄) 참조(산정기준일 20○○. 3. 30)</td></tr>
<tr><td>4,693,806원</td><td>부채증명원(총괄) 참조(산정기준일 20○○. 3. 30)</td></tr>
<tr><td rowspan="4">5</td><td rowspan="4">○○○○
○○유동
화전문
(유)</td><td>20○○. 10. 24.자 양수한 구 ○○카드 카드론 대출금액</td><td>(주소) ○○시 ○○○구 ○○○동 11-11
(전화) ○○-○○○○-○○○○ (팩스)</td></tr>
<tr><td>7,696,219원 및 이중 원금 4,000,000원에 대하여 20○○. 3. 31.자부터 완제일까지 약정이율에 의한 금원</td><td>□ 부속서류
(1, 2, 3, 4)</td></tr>
<tr><td>4,000,000원</td><td>부채확인서 참조(산정기준일 20○○. 3. 30)</td></tr>
<tr><td>3,696,219원</td><td>부채확인서 참조(산정기준일 20○○. 3. 30)</td></tr>
<tr><td rowspan="4">6</td><td rowspan="4">○○○○
○○유동
화전문
(유)</td><td>20○○. 10. 24.자 양수한 구 ○○카드 사용대금</td><td>(주소) ○○시 ○○○구 ○○○동 12-12
(전화) ○○-○○○○-○○○○ (팩스)</td></tr>
<tr><td>12,869,200원 및 이중 원금 6,290,957원에 대하여 20○○. 3. 31.자부터 완제일까지 약정이율에 의한 금원</td><td>□ 부속서류
(1, 2, 3, 4)</td></tr>
<tr><td>6,290,957원</td><td>부채확인서 참조(산정기준일 20○○. 3. 30)</td></tr>
<tr><td>6,578,243원</td><td>부채확인서 참조(산정기준일 20○○. 3. 30)</td></tr>
</table>

변제계획 수정안 제출서

변제계획 수정안 제출서

사　　건　　20○○개회 ○○○○○ 개인회생

채 무 자　　○ ○ ○

대 리 인　　법무법인 ○○

채무자는 다음과 같은 사유로 20○○년 ○월 ○일 제출한 변제계획안을 별지와 같이 수정하여 변제계획 수정안을 제출하니 인가하여 주시기 바랍니다.

다　　음

1. 채무자가 변제계획안을 제출한 후에, 착오로 잘못 기재된 사항이 발견되어(채권자 목록이 수정되어 / 법원의 변제계획안 수정명령이 내려져) 기제출한 변제계획안을 별지와 같이 수정하여 제출합니다.

2. 수정사항의 요지

□ 변제기간의 변경　　□ 가용소득의 변경　　■ 변제예정액표의 변경

■ 기타(1. 20○○. ○. ○.자 기존 2번, 3번 채권자 ○○은행의 채권 매각으로 인한 채권부존재 확인서에 의한 채권자명 변경)

20○○년 ○월 ○일

채무자 ○ ○ ○

위 신청의 대리인 법무법인 ○○

담당변호사 ○ ○ ○ (인)

○○지방법원 회생(○)단독 귀중

이해관계인에 대한 통지서

○ ○ 지 방 법 원
통　　지　　서

수　　　　신　　수신처 참조

사　　　　건　　20○○개회 ○○○○○
채무자(신청인)　　○　○　○ (123456 - 1234567)
　　　　　　　　　○○시 ○○구 ○○로 ○○
　　　　　　　　　대리인 법무법인 ○○ 변호사 ○○○

위 사건에 관하여 이 법원은 20○○. ○. ○. 14:00 개인회생절차개시결정을 하였으나 채무자가 20○○. ○. ○.에 새로 채권자목록 및 변제계획안을 작성하여 제출하였으므로 다음 사항을 통지합니다.

다　　　음

1. 이미 통지한 의의기간 및 개인회생채권자집회의 기일 등에는 변동이 없습니다.

2. 유의사항
   변제계획 인가시까지 더 이상의 변제계획 수정안의 제출이 없으면 이 변제계획 수정안이 인가의 대상이 됩니다.

3. 첨부서류
   (1) 수정허가된 채권자목록
   (2) 변제계획 수정안

20○○. ○. ○.

판 사 ○ ○ ○

수신처 : 개인회생채권자

변제계획인가결정

○ ○ 지 방 법 원

결 정

사 건 20○○개회 ○○○○○ 개인회생

채무자 ○ ○ ○ (123456 - 1234567)

○○시 ○○구 ○○로 ○○

대리인 법무법인 ○○

담당변호사 ○○○

주 문

별지 변제계획을 인가한다.

이 유

채무자 회생 및 파산에 관한 법률 제614조에 의해 주문과 같이 결정한다.

20○○. ○. ○.

판 사 ○ ○ ○

변제계획인가결정 공고

변제계획 인가결정 공고

사 건 20○○개회 ○○○○○ 개인회생

채 무 자 ○ ○ ○ (19○○. 2. 10. 생)
○○시 ○○구 ○○로 ○○
대리인 법무법인 ○○
담당변호사 ○○○

이 법원은 20○○. ○. ○. 위 채무자의 변제계획을 인가하였으므로 다음과 같이 공고한다.

다 음

1. 변제계획 인가결정의 주문 및 이유의 요지
   이 사건 변제계획을 채무자 회생 및 파산에 법률 제614조에 의해 인가한다.

2. 변제계획의 요지
   가. 변 제 율 : 일반개인회생채권 원금의 72% 상당
   나. 변제기간 : 36개월

20○○. ○. ○.

○○지방법원

판사 ○ ○ ○

채권압류 및 집행취소신청서(집행외관 제거절차)

채권압류 및 집행취소신청

사 건 20○○타채 ○○○○ 채권압류 및 추심명령

채 권 자 ○ ○ ○

채 무 자 ○ ○ ○

제3채무자 ○ ○ ○

채무자에 대하여 ○○지방법원 20○○개회○○○○○ 개인회생사건에 관하여 20○○. ○. ○.자 인가결정이 있으므로 채권압류 및 추심의 집행취소를 신청합니다.

첨 부 서 류

1. 집행취소신청서부본 2통
1. 말소할 채권의 표시 목록 5부
1. 개인회생인가결정정본 및 위 결정부본 각 1통
1. 송달료 : 우표 6,380원

20○○. ○. ○.

위 신청인 ○○○ (인)

○○지방법원 귀중

[사례 5] 개인회생(별제권부 채권이 있는 경우)

개인회생 신청 ○○○관련
(첨부서류 및 소명자료 일람표)

회생절차개시신청서

- 회생절차개시신청서(표지)
- 회생절차개시신청서
- 송달료·예납금 납부서·영수증
- 개인회생채권자목록
- 재산목록
- 수입 및 지출에 관한 목록
- 진술서
- 신청서 부본
- 신청인 본인의 예금계좌사본
- 위임장(대리인이 있는 경우)
- 금지명령신청서
- 중지명령신청서

변제계획안

- 변제계획안(표지)
- 변제계획안
- 개인회생채권 변제예정액표

개인회생절차 개시신청서(표지)

개인회생절차 개시신청서

신청인(채무자) ○ ○ ○

파산사건번호	
면책사건번호	
배당순위번호	
재 판 부	제 단독

인 지 대 : 30,000원

송 달 료 : 채권자수 (22) × 8 × 5,200 + 52,000원 = 967,200원

합 계 : 997,200원

○○지방법원 귀중

개인회생절차 개시신청서(본문)

개인회생절차 개시신청서

신청인	성 명	○ ○ ○	주민등록번호	000000-0000000
	주민등록상 주소	[우. 00000] OO시 OO구 OO로 OO		
	현 주 소	[우. 00000] OO시 OO구 OO로 OO		
	송 달 장 소	[우. 00000] OO시 OO구 OO로 OOO OO빌딩 O층		
	전화번호(집·직장)		전화번호(휴대전화)	OOO-OOOO-OOOO

대리인	성 명			
	사무실 주소			
	전화번호 (사무실)			
	이-메일 주소		FAX번호	

주채무자가(또는 보증채무자가, 연대채무자가, 배우자가) 이미 귀 법원에 파산신청 또는 개인회생절차 개시신청을 하였으므로 그 사실을 아래와 같이 기재합니다			
성 명		사건번호	

신 청 취 지

「신청인에 대하여 개인회생절차를 개시한다.」라는 결정을 구합니다.

신 청 이 유

1. 신청인은, 첨부한 개인회생채권자목록 기재와 같은 채무를 부담하고 있으나, 수입 및 재산이 별지 수입 및 지출에 관한 목록과 재산목록에 기재된 바와 같으므로, 파산의 원인사실이 발생하였습니다(파산의 원인사실이 생길 염려가 있습니다).
   ☑ 신청인은 정기적이고 확실한 수입을 얻을 것으로 예상되고, 또한 채무자 회생 및 파산에 관한 법률 제595조에 해당하는 개시신청 기각사유는 없습니다(급여소득자의 경우).
   ☐ 신청인은 부동산임대소득·사업소득·농업소득·임업소득 그밖에 이와 유사한 수입을 장래에 계속적으로 또는 반복하여 얻을 것으로 예상되고, 또한 채무자 회생 및 파산에 관한 법률 제595조에 해당하는 개시신청 기각사유는 없습니다(영업소득자의 경우).
2. 신청인은, 각 회생채권자에 대한 채무 전액의 변제가 곤란하므로, 그 일부를 분할하

여 지급할 계획입니다. 즉 현시점에서 계획하고 있는 변제예정액은 60 개월간 월 [198,012] 원씩이고, 이 변제의 준비 및 절차비용지급의 준비를 위해, 개시결정이 내려지는 경우 20○○. ○. ○.을 제1회로 하여, 이후 매월 25 에 개시결정시 통지되는 회생위원의 은행구좌에 동액의 금전을 입금하겠습니다.

3. 이 사건 개인회생절차에서 변제계획이 불인가될 경우 불인가 결정시까지의 적립금을 반환받을 신청인의 예금계좌는 OO은행 000-0000-0000-00 입니다.
4. 개인회생채권자목록 부본(개인회생채권자목록상의 채권자수 + 2통)은 개시결정 전 회생위원의 지시에 따라 지정하는 일자까지 반드시 제출하겠습니다.

첨 부 서 류

1. 개인회생채권자목록 1통
2. 재산목록 1통
3. 수입 및 지출에 관한 목록 1 통
4. 진술서 1통
5. 신청서 부본 1통(위 1 내지 4의 첨부서류 및 소명방법을 모두 포함한 것)
6. 예납금영수증 1통
7. 송달료납부서 1통
8. 신청인 본인의 예금계좌 사본 1통(대리인의 예금계좌 사본 아님)
9. 위임장 1통(대리인에 의해 신청하는 경우)

휴대전화를 통한 정보수신 신청서

위 사건에 관한 파산선고결정, 면책결정 등 정보를 예납의무자가 납부한 송달료 잔액 범위 내에서 휴대전화를 통하여 알려주실 것을 신청합니다.

▣ **휴대전화 번호 : 010-○○○○-○○○○**

20○○. ○. ○.

신청인 채무자 ○ ○ ○ (날인 또는 서명)

※ 개인회생절차 개시결정이 있거나, 변제계획 인가결정 후 월 변제액 3개월분 이상 연체시 위 휴대전화로 문자메시지가 발송됩니다.

※ 문자메시지 서비스 이용금액은 메시지 1건당 17원씩 납부된 송달료에서 지급됩니다(송달료가 부족하면 문자메시지가 발송되지 않습니다). 추후 서비스 대상 정보, 이용금액 등이 변동될 수 있습니다.

20○○. ○. ○.

위 신청인 ○ ○ ○ (인)

○○지방법원 귀중

20○○개회○○○○○ 채무자 ○○○(○○○○○○-○○○○○○○)

개인회생채권자목록

채권현재액 산정기준일: 20○○. ○. ○. 목록작성일: 20○○. ○. ○.

<table>
<tr><td>채권현재액 총합계</td><td>합계 283,690,200 원
원금 277,025,234 원
이자 6,664,966 원</td><td>담보부 회생 채권액의 합계</td><td>142,050,000원</td><td>무담보 회생 채권액의 합계</td><td>141,640,200원</td></tr>
</table>

※ 개시후이자 등: 아래 각 채권의 개시결정일 이후의 이자·지연손해금 등은 채무자 회생 및 파산에 관한 법률 제581조 제2항, 제446조 제1항 제1, 2호의 후순위채권입니다.

<table>
<tr><th rowspan="4">채권 번호</th><th rowspan="4">채권자</th><th colspan="2">채권의 원인</th><th colspan="2">주소 및 연락처</th></tr>
<tr><th colspan="3">채권의 내용</th><th>부속서류 유무</th></tr>
<tr><th>채권현재액(원금)</th><th colspan="3">채권현재액(원금) 산정근거</th></tr>
<tr><th>채권현재액(이자)</th><th colspan="3">채권현재액(이자) 산정근거</th></tr>
<tr><td rowspan="4">1</td><td rowspan="4">○○군 수산업협동조합</td><td colspan="2">2000.0.0. 부동산 담보대출
54,000,000원</td><td colspan="2">(주소) OO OO군 OO읍 OO길 OO
(전화) OOO-OOO-OOOO (팩스)</td></tr>
<tr><td colspan="3">49,862,904원 및 이중 원금잔액 금 52,000,000원에 대한 2000.0.0.부터 완제일까지 약정이율의 비율에 의한 금원</td><td>☑ 부속서류
(①, 2, 3, 4)</td></tr>
<tr><td>52,000,000원</td><td colspan="3">금융거래확인서 참조(산정기준일 2000.0.0.)</td></tr>
<tr><td>1,862,904원</td><td colspan="3">금융거래확인서 참조(산정기준일 2000.0.0.)</td></tr>
<tr><td rowspan="4">2</td><td rowspan="4">○○○</td><td colspan="2">2000.0.0. 임대차계약서상
임차인의 보증금 반환채권</td><td colspan="2">(주소) OO O구 OO로 OO
(전화) OOO-OOOO-OOOO (팩스)</td></tr>
<tr><td colspan="3">2000.0.0. 대항력 있는 임차보증금 반환채권
금 40,000,000원</td><td>☑ 부속서류
(①, 2, 3, 4)</td></tr>
<tr><td>40,000,000원</td><td colspan="3">임대차계약서 사본 참조</td></tr>
<tr><td>0원</td><td colspan="3"></td></tr>
<tr><td rowspan="4">3</td><td rowspan="4">○○농업 협동조합</td><td colspan="2">2000.0.0. 부동산 담보대출
54,000,000원</td><td colspan="2">(주소) OO OO시 OO로 OO
(전화) OOO-OOO-OOOO (팩스)</td></tr>
<tr><td colspan="3">40,641,454원 및 이중 원금잔액 금 40,641,454원에 대한 2000.0.0.부터 완제일까지 약정이율의 비율에 의한 금원</td><td>☑ 부속서류
(①, 2, 3, 4)</td></tr>
<tr><td>40,641,454원</td><td colspan="3">부채증명서 참조(산정기준일 2000.0.0.)</td></tr>
<tr><td>0원</td><td colspan="3"></td></tr>
<tr><td rowspan="4">4</td><td rowspan="4">○○농업 협동조합</td><td colspan="2">2000.0.0. 부동산 담보대출
10,000,000원</td><td colspan="2">(주소) OO OO시 OO로 OO
(전화) OOO-OOO-OOOO (팩스)</td></tr>
<tr><td colspan="3">10,420,886원 및 이중 원금잔액 금 10,420,886원에 대한 2000.0.0.부터 완제일까지 약정이율의 비율에 의한 금원</td><td>☑ 부속서류
(①, 2, 3, 4)</td></tr>
<tr><td>10,420,886원</td><td colspan="3">부채증명서 참조(산정기준일 2000.0.0.)</td></tr>
<tr><td>0원</td><td colspan="3"></td></tr>
</table>

5	□□□	2000.0.0. 임대차계약서상 임차인의 보증금 반환채권	(주소) OO O구 OO로 OO (전화) OOO－OOOO－OOOO (팩스)	
		2000.0.0. 대항력 있는 임차보증금 반환채권 금 10,000,000원		☑ 부속서류 (①, 2, 3, 4)
		1,000,000원	임대차계약서 사본 참조	
		0원		
6	OO신용 협동조합	2000.0.0. 부동산 담보대출 62,000,000원	(주소) OO O구 OO로 OO (전화) OOO－OOO－OOOO (팩스)	
		61,922,000원 및 이중 원금잔액 금 61,922,000원에 대한 2000.0.0.부터 완제일까지 약정이율의 비율에 의한 금원		☑ 부속서류 (①, 2, 3, 4)
		61,922,000원	부채확인서 참조(산정기준일 20○○.08.01.)	
		0원		
7	㈜OOO 저축 은행	2000.0.0. 자동차담보대출 3,809,192원	(주소) OO OO구 OO로 OO (전화) OO－OOOO－OOOO (팩스)	
		3,815,224원 및 이중 원금잔액 금 3,809,192원에 대한 2000.0.0.부터 완제일까지 약정이율의 비율에 의한 금원		☑ 부속서류 (①, 2, 3, 4)
		3,809,192원	부채확인서 참조(산정기준일 2000.0.0.)	
		6,032원	부채확인서 참조(산정기준일 2000.0.0.)	
8	OO카드 (주)	2000.0.0. 발급받은 신용카드 사용대금	(주소) OO O구 OO로 OO (전화) OOOO－OOOO (팩스)	
		5,432,488원 및 이중 원금잔액 금 5,097,361원에 대한 2000.0.0.부터 완제일까지 약정이율의 비율에 의한 금원		□ 부속서류 (1, 2, 3, 4)
		5,097,361원	부채확인서 참조(산정기준일 2000.0.0.)	
		335,127원	부채확인서 참조(산정기준일 2000.0.0.)	
9	□□카드 (주)	2000.0.0. 발급받은 신용카드 사용대금	(주소) OO O구 OO로 OO (전화) OOOO－OOOO (팩스)	
		2,389,430원 및 이중 원금잔액 금 2,389,430원에 대한 2000.0.0.부터 완제일까지 약정이율의 비율에 의한 금원		□ 부속서류 (1, 2, 3, 4)
		2,389,430원	부채확인서 참조(산정기준일 2000.0.0..)	
		0원		
10	OO기업 은행	2000.0.0. 발급받은 신용카드 사용대금	(주소) OO O구 OO로 OO (전화) OO－OOO－OOOO (팩스)	
		997,279원 및 이중 원금잔액 금 905,125원에 대한 2000.0.0.부터 완제일까지 약정이율의 비율에 의한 금원		□ 부속서류 (1, 2, 3, 4)
		905,125원	부채확인서 참조(산정기준일 2000.0.0.)	
		92,154원	부채확인서 참조(산정기준일 2000.0.0.)	
11	OO 축산업 협동조합	2000.0.0. 발급받은 신용카드 사용대금	(주소) OO OO시 OO로 OO (전화) OOO－OOO－OOOO (팩스)	
		1,056,980원 및 이중 원금잔액 금 985,556원에 대한 2000.0.0.부터 완제일까지 약정이율의 비율에 의한 금원		□ 부속서류 (1, 2, 3, 4)
		985,556원	결재대상금액조회 참조(산정기준일 2000.0.0.)	
		71,424원	결재대상금액조회 참조(산정기준일 2000.0.0.)	

12	◇◇카드(주)	2000.0.0. 발급받은 신용카드 사용대금	(주소) OO O구 OO로 OO (전화) OOOO－OOOO (팩스)	
		4,610,139원 및 이중 원금잔액 금 4,202,421원에 대한 2000.0.0.부터 완제일까지 약정이율의 비율에 의한 금원		□ 부속서류 (1, 2, 3, 4)
		4,202,421원	채무확인서 참조(산정기준일 2000.0.0.)	
		71,424원	채무확인서 참조(산정기준일 2000.0.0.)	
13	(주)○○크레디트대부금융	2000.0.0. 신용대출금 2,349,077원	(주소) OO OO구 OO로 OO (전화) OOOO－OOOO (팩스)	
		2,721,847원 및 이중 원금잔액 금 2,349,077원에 대한 2000.0.0.부터 완제일까지 약정이율의 비율에 의한 금원		□ 부속서류 (1, 2, 3, 4)
		4,202,421원	부채증명확인서 참조(산정기준일 2000.0.0.)	
		407,718원	부채증명확인서 참조(산정기준일 2000.0.0.)	
14	㈜○○○저축은행	2000.0.0. 신용대출금 4,159,911원	(주소) OO OO구 OO로 OO (전화) OO－OOOO－OOOO (팩스)	
		4,159,911원 및 이중 원금잔액 금 4,159,911원에 대한 2000.0.0.부터 완제일까지 약정이율의 비율에 의한 금원		□ 부속서류 (1, 2, 3, 4)
		4,159,911원	부채증명원 참조(산정기준일 2000.0.0.)	
		0원		
15	○○○○○○대부금융(유)	2000.0.0. 신용대출금 5,000,000원	(주소) OO OO구 OO로 OO (전화) OOOO－OOOO (팩스)	
		5,936,208원 및 이중 원금잔액 금 4,762,813원에 대한 2000.0.0.부터 완제일까지 약정이율의 비율에 의한 금원		□ 부속서류 (1, 2, 3, 4)
		4,762,813원	부채확인서 참조(산정기준일 2000.0.0.)	
		1,173,395원	부채확인서 참조(산정기준일 2000.0.0.)	
16	○○○캐피탈(주)	2000.0.0. 신용대출금 2,300,005원	(주소) OO OOO구 OO로 OO (전화) OOOO－OOOO (팩스)	
		2,922,547원 및 이중 원금잔액 금 2,300,005원에 대한 2000.0.0.부터 완제일까지 약정이율의 비율에 의한 금원		□ 부속서류 (1, 2, 3, 4)
		2,300,005원	부채잔액증명서 참조(산정기준일 2000.0.0.)	
		622,542원	부채잔액증명서 참조(산정기준일 2000.0.0.)	
17	(주)○○스위스저축은행	2000.0.0. 신용대출금 3,989,989원	(주소) OO OO구 OO로 OO (전화) OOOO－OOOO (팩스)	
		3,989,989원 및 이중 원금잔액 금 3,989,989원에 대한 2000.0.0.부터 완제일까지 약정이율의 비율에 의한 금원		□ 부속서류 (1, 2, 3, 4)
		3,989,989원	부채잔액증명서 참조(산정기준일 2000.0.0.)	
		0원		
18	○○○○파이낸셜대부(주)	2000.0.0. 신용대출금 3,898,308원	(주소) OO OO구 OO로 OO (전화) OOOO－OOOO (팩스)	
		3,898,308원 및 이중 원금잔액 금 3,898,308원에 대한 2000.0.0.부터 완제일까지 약정이율의 비율에 의한 금원		□ 부속서류 (1, 2, 3, 4)
		3,898,308원	부채증명서 참조(산정기준일 2000.0.0.)	
		0원		

<table>
<tr><td rowspan="4">19</td><td rowspan="4">(주)○○저축은행</td><td colspan="2">2000.0.0. 신용대출금
2,328,101원</td><td colspan="2">(주소) OO OO구 OO로 OO
(전화) OOO-OOO-OOOO (팩스)</td></tr>
<tr><td colspan="3">2,328,101원 및 이중 원금잔액 금 2,328,101원에 대한 2000.0.0. 부터 완제일까지 약정이율의 비율에 의한 금원</td><td>□ 부속서류
(1, 2, 3, 4)</td></tr>
<tr><td>2,328,101원</td><td colspan="3">부채증명확인서 참조(산정기준일 2000.0.0.)</td></tr>
<tr><td>0원</td><td colspan="3"></td></tr>
<tr><td rowspan="4">20</td><td rowspan="4">○○캐피탈(주)</td><td colspan="2">2000.0.0. 신용대출금
4,836,358원</td><td colspan="2">(주소) OO OO구 OO로 OO
(전화) OO-OOOO-OOOO (팩스)</td></tr>
<tr><td colspan="3">5,144,388원 및 이중 원금잔액 금 4,836,358원에 대한 2000.0.0. 부터 완제일까지 약정이율의 비율에 의한 금원</td><td>□ 부속서류
(1, 2, 3, 4)</td></tr>
<tr><td>4,836,358원</td><td colspan="3">부채증명서 참조(산정기준일 2000.0.0.)</td></tr>
<tr><td>308,030원</td><td colspan="3">부채증명서 참조(산정기준일 2000.0.0.)</td></tr>
<tr><td rowspan="4">21</td><td rowspan="4">○○○캐피탈대부(주)</td><td colspan="2">2000.0.0. 신용대출금
4,915,934원</td><td colspan="2">(주소) OO OO구 OO로 OO
(전화) OOOO-OOOO (팩스)</td></tr>
<tr><td colspan="3">5,956,136원 및 이중 원금잔액 금 4,915,934원에 대한 2000.0.0. 부터 완제일까지 약정이율의 비율에 의한 금원</td><td>□ 부속서류
(1, 2, 3, 4)</td></tr>
<tr><td>4,915,934원</td><td colspan="3">채무확인서 참조(산정기준일 2000.0.0.)</td></tr>
<tr><td>1,040,202원</td><td colspan="3">채무확인서 참조(산정기준일 2000.0.0.)</td></tr>
<tr><td rowspan="4">22</td><td rowspan="4">○○신용보증재단</td><td colspan="2">2000.0.0. "OOO"의
15,111,313원 채무 연대보증</td><td colspan="2">(주소) OO OO구 OO로 OO
(전화) OOO-OOO-OOOO (팩스)</td></tr>
<tr><td colspan="3">15,483,981원 및 이중 원금잔액 금 15,111,313원에 대한 2000.0.0. 부터 완제일까지 약정이율의 비율에 의한 금원</td><td>☑ 부속서류
(①, 2, 3, 4)</td></tr>
<tr><td>15,111,313원</td><td colspan="3">채무잔액확인서 참조(산정기준일 2000.0.0.)</td></tr>
<tr><td>372,668원</td><td colspan="3">채무잔액확인서 참조(산정기준일 2000.0.0.)</td></tr>
</table>

부속서류 1.

별제권부채권 및 이에 준하는 채권의 내역

(단위 : 원)

채권번호	채권자	①채권현재액(원금) ②채권현재액(이자)	③별제권행사등으로 변제가 예상되는 채권액	④별제권행사등으로도 변제받을 수 없을 채권액	⑤담보부 회생채권액
		⑥별제권 등의 내용 및 목적물			
1	○○군수산업협동조합	52,000,000 1,862,904	31,500,000	39,500,000	31,500,000
		20○○. 07. 11. 근저당권, 채권최고액 71,000,000원 [집합건물] OO O구 OO동 환가예상액(시가) 45,000,000원의 70% = 31,500,000원			
2	○○○	40,000,000 0	40,000,000	0	40,000,000
		20○○. 10. 05. 대항력있는 임차보증금 40,000,000원 [집합건물] OO O구 OO동 (임차물건용도 : 주거용) 환가예상액(시가) 85,000,000원의 70% = 59,500,000원 선순위 담보권 없음			
3	○○농업협동조합	40,641,454 0	19,500,000	27,300,000	19,500,000
		20○○. 10. 28. 근저당권, 채권최고액 46,800,000원 [집합건물] OO O구 OO동 환가예상액(시가) 85,000,000원의 70% = 59,500,000원			
4	○○농업협동조합	10,420,886 0	0	10,420,886	0
		20○○. 05. 03. 근저당권, 채권최고액 12,000,000원 [집합건물] OO O구 OO동 환가예상액(시가) 85,000,000원의 70% = 59,500,000원			
5	□□□	10,000,000 0	10,000,000	0	10,000,000
		20○○. 04. 07. 대항력있는 임차보증금 10,000,000원 [집합건물] OO O구 OO동 (임차물건용도 : 주거용) 환가예상액(시가) 70,000,000원의 70% = 49,000,000원 선순위 담보권 없음			
6	○○신용협동조합	61,922,000 0	39,000,000	41,600,000	39,000,000
		20○○. 04. 07. 근저당권, 채권최고액 80,600,000원 [집합건물] OO O구 OO동 환가예상액(시가) 70,000,000원의 70% = 49,000,000원			
7	(주)○○○저축은행	3,809,192 6,032	2,050,000	2,350,000	2,050,000
		20○○. 01. 26. 저당권, 담보한도액 4,400,000원 [자동차] OO버OOOO 차량번호 : 그랜져XG 환가예상액(시가) 4,100,000원의 50% = 2,050,000원			
합 계		214,793,532 1,868,936	142,050,000	121,170,886	142,050,000

부속서류 4.

기 타

1. 채무자가 연대보증인인 경우

채권번호	채권자	주채무자	채권현재액		채무자와의 관 계	비고
			원금	이자		
22	○○신용보증재단	○○○	15,111,313원	372,668원	배우자	신용채무

재 산 목 록

<table>
<tr><th>명 칭</th><th>금액
(시가)</th><th>압류등
유무</th><th colspan="4">비 고</th></tr>
<tr><td>현금</td><td>0</td><td></td><td colspan="4"></td></tr>
<tr><td rowspan="4">예금</td><td rowspan="4">0</td><td></td><td>금융기관명</td><td>계좌번호</td><td>잔고</td><td>질권설정액</td></tr>
<tr><td></td><td></td><td></td><td></td><td></td></tr>
<tr><td></td><td></td><td></td><td></td><td></td></tr>
<tr><td></td><td></td><td></td><td></td><td></td></tr>
<tr><td>보험</td><td>0</td><td></td><td colspan="4">별지기재와 같음
(예상환급금 393,050원 중에서 압류할 수 없는 보험금 393,050원 제외)</td></tr>
<tr><td>자동차/선박/오토바이</td><td>142,388</td><td></td><td colspan="4">별지기재와 같음</td></tr>
<tr><td>임차보증금</td><td>0</td><td></td><td colspan="4">별지기재와 같음</td></tr>
<tr><td>부동산</td><td>0</td><td></td><td colspan="4">별지기재와 같음</td></tr>
<tr><td>사업용 설비, 비품 등</td><td></td><td></td><td colspan="4"></td></tr>
<tr><td rowspan="3">대여금 채권</td><td rowspan="3">0</td><td rowspan="3"></td><td colspan="4">상대방 채무자 1 : 채권액 :</td></tr>
<tr><td colspan="4">상대방 채무자 2 : 채권액 :</td></tr>
<tr><td colspan="4">상대방 채무자 3 : 채권액 :</td></tr>
<tr><td rowspan="3">매출금 채권</td><td rowspan="3">0</td><td rowspan="3"></td><td colspan="4">상대방 채무자 1 : 채권액 :</td></tr>
<tr><td colspan="4">상대방 채무자 2 : 채권액 :</td></tr>
<tr><td colspan="4">상대방 채무자 3 : 채권액 :</td></tr>
<tr><td>예상 퇴직금</td><td>0</td><td></td><td colspan="4">근무처: ○○○○(주)</td></tr>
<tr><td>기타 ( )</td><td>0</td><td></td><td colspan="4"></td></tr>
<tr><td>합 계</td><td>142,388</td><td></td><td colspan="4"></td></tr>
<tr><td>면제재산 신청금액</td><td>0</td><td></td><td colspan="4">해당사항 없음</td></tr>
<tr><td>청산가치</td><td>142,388</td><td></td><td colspan="4"></td></tr>
</table>

[별지]

보 험

(단위 : 원)

명 칭	금액(시가)	압류등 유무	보험회사명	증권번호	해약시반환금
보 험	393,050	무	○○화재해상보험(주)		393,050

[별지]

자동차, 선박, 오토바이

(단위 : 원)

명 칭	금액 (시가)	압류등 유무	비 고
자동차 선박 오토바이	142,388	무	[자동차] ○○버○○○○ 그랜져XG 20○○연식 2,493CC, 시가 4,100,000 공동소유 지분 : 2분의1 20○○. ○. ○. 저당권설정 채권 현재액 3,815,224 담보한도액 4,400,000

[별지]

임차보증금

(단위 : 원)

<table>
<tr><th>명 칭</th><th>금액
(시가)</th><th>압류등
유무</th><th colspan="2">비 고</th></tr>
<tr><td rowspan="15">임차
보증금</td><td rowspan="3">0</td><td rowspan="3">유</td><td>임차/전세물건</td><td>OO O구 OO로 (OO동, OOOOOO 아파트)</td></tr>
<tr><td>보증금 및 월세</td><td>보증금 10,000,000, 압류금지 대상 소액보증금
10,000,000 제외
월세 800,000, 0개월 연체 공제후 보증금 잔액 0</td></tr>
<tr><td>차이나는 사유</td><td>압류금지 대상 소액보증금, 연체 월세 공제</td></tr>
<tr><td rowspan="3"></td><td rowspan="3"></td><td>임차/전세물건</td><td></td></tr>
<tr><td>보증금 및 월세</td><td></td></tr>
<tr><td>차이나는 사유</td><td></td></tr>
<tr><td rowspan="3"></td><td rowspan="3"></td><td>임차/전세물건</td><td></td></tr>
<tr><td>보증금 및 월세</td><td></td></tr>
<tr><td>차이나는 사유</td><td></td></tr>
<tr><td rowspan="3"></td><td rowspan="3"></td><td>임차/전세물건</td><td></td></tr>
<tr><td>보증금 및 월세</td><td></td></tr>
<tr><td>차이나는 사유</td><td></td></tr>
<tr><td rowspan="3"></td><td rowspan="3"></td><td>임차/전세물건</td><td></td></tr>
<tr><td>보증금 및 월세</td><td></td></tr>
<tr><td>차이나는 사유</td><td></td></tr>
</table>

[별지]

부 동 산

(단위 : 원)

명 칭	금액(시가)	압류등 유무	비 고	
부동산	0	유	소재지, 면적	OO O구 OO동 전유면적 : ㎡
			부동산의 종류	토지 ( ), 건물 ( ), 건물+토지 ( ), 집합건물 (○)
			권리의 종류	소유권, 단독소유
			환가예상액	70,000,000 재산가치=환가예상액-피담보채무액
			담보권설정된 경우 그 종류 및 담보액	근저당권1 : 채권최고액 80,600,000 채권현재액 61,922,000 임차권 1 : 임차보증금 10,000,000 채권현재액 10,000,000
	0	무	소재지, 면적	○○시 ○○구 ○○로 ○ 전유면적 : ㎡
			부동산의 종류	토지 ( ), 건물 ( ), 건물+토지 ( ), 집합건물 (○)
			권리의 종류	소유권, 단독소유
			환가예상액	45,000,000 재산가치=환가예상액-피담보채무액
			담보권설정된 경우 그 종류 및 담보액	근저당권1 : 채권최고액 71,000,000 채권현재액 49,862,904
	0	무	소재지, 면적	○○시 ○○구 ○○로 ○ 전유면적 : ㎡
			부동산의 종류	토지 ( ), 건물 ( ), 건물+토지 ( ), 집합건물 (○)
			권리의 종류	소유권, 단독소유
			환가예상액	85,000,000 재산가치=환가예상액-피담보채무액
			담보권설정된 경우 그 종류 및 담보액	근저당권1 : 채권최고액 46,800,000 채권현재액 40,641,454 근저당권2 : 채권최고액 12,000,000 채권현재액 10,420,886 임차권 1 : 임차보증금 40,000,000 채권현재액 40,000,000

개인회생재단에 속하지 않는 재산목록 제출서

사 건 20○○ 개회 ○○○○○호

신청인(채무자) ○ ○ ○

신청인은 다음과 같이 개인회생재단에 속하지 않는 재산목록(채무자 회생 및 파산에 관한 법률 제580조 제3항, 제1항 제1호, 제383조 제1항 소정)을 제출합니다.

순번	재산의 대상과 명칭	소재지	추정가액	압류금지의 근거조문	소명자료
1	압류할 수 없는 소액 임차보증금	OO시 O구 OO로 OO	10,000,000원	민사집행법 제246조 제1항 6호	임대차계약서
2	압류할수 없는 보험금	보험회사	393,050원	민사집행법 제246조 제1항 7호, 시행령 제6조 제1항	예상환급금 확인서

20○○. ○. ○.

신청인 ○ ○ ○ (인)

○○지방법원 귀중

수입 및 지출에 관한 목록

Ⅰ. 현재의 수입목록

(단위 : 원)

수입상황	자영(상호)		고용(직장명)	0000(주)
	업종	직장인	직위	직원
	종사경력	0년 3개월	근무기간	2000년 04월부터 현재까지
명목	기간구분	금액	연간환산금액	압류, 가압류 등 유무
급여	월 간	0,000,000원	00,000,000원	무
상여금 등		0원	0원	
연 수입 00,000,000 원				월 평균 수입 (0,000,000) 원

Ⅱ. 변제계획 수행시의 예상지출목록 (해당란에 ☑ 표시)

☑ **채무자가 예상하는 생계비가 보건복지부 공표 기준 중위소득의 60% 이하인 경우**

보건복지부 공표 (○)인 가구 기준 중위소득 (0,000,000)원의 약 (60)%인 (0,000,000)원을 지출할 것으로 예상됩니다(뒷면 표에 내역과 사유를 상세히 기재하십시오).

☐ **채무자가 예상하는 생계비가 보건복지부 공표 기준 중위소득의 60%를 초과하는 경우**

보건복지부 공표 ( )인 가구 기준 중위소득 ( )원의 약 ( )%인 ( )원을 지출할 것으로 예상됩니다(뒷면 표에 내역과 사유를 상세히 기재하십시오).

Ⅲ. 가족관계

관계	성 명	연령	동거여부 및 기간	직 업	월 수입	재산총액	부양유무
배우자	OOO	56	동거함 21년 8월	직장인	1,110,000	0	부양안함
자녀	OOO	21	동거함 21년 2월	학생	0	0	부양안함
자녀	OOO	19	동거함 19년 5월	학생	0	0	부양함

☞ 채무자가 예상하는 생계비가 보건복지부 공표 기준 중위소득의 100분의 60을 초과하는 경우

1. 생계비의 지출 내역

비 목		지출예상 생계비	추가지출 사유
생계비	식료품비		
	광열수도비		
	가구집기비		
	피복신발비		
	교양오락비		
	교통통신비		
	기타 비용		
	합 계		
주거비			
의료비			
교육비			
계		0	추가비율 : 0 %

2. 생계비 추가지출사유에 관한 보충기재사항

월평균소득 산출 내역서(20○○. 8. ~ 20○○. 7.)

(단위 : 원)

소득 내용	8월	9월	10월	11월	12월	1월	2월	3월	4월	5월	6월	7월	합계
기본금										0,000,000	0,000,000	0,000,000	0,000,000
													0
													0
													0
													0
													0
													0
													0
													0
													0
													0
													0
													0
													0
소득 합계	0	0	0	0	0	0	0	0	0	0,000,000	0,000,000	0,000,000	0,000,000

공제 내용	8월	9월	10월	11월	12월	1월	2월	3월	4월	5월	6월	7월	합계
소득세													0
주민세													0
건강 보험													0
국민 연금													0
고용 보험													0
노조비													0
													0
													0
공제 합계	0	0	0	0	0	0	0	0	0	0	0	0	0

실수령	0	0	0	0	0	0	0	0	0	0,000,000	0,000,000	0,000,000	0,000,000

연 소득총액(A)	3,000,000원	연 공제총액(B)	0원	연 실수령액(A-B)	0,000,000원

월평균수입	0,000,000원	최저생계비조정금액	000,000원	월평균가용소득	200,000원	연간총수입환산액	00,000,000원

진 술 서

Ⅰ. 경력

1. 최종학력

   20○○년 02 월 일 ○○여자고등학교(졸업)

2. 과거 경력 (최근 경력부터 기재하여 주십시오)

기간	20○○년 04월부터 현재까지 (근무)				
업종	직작인	직장명	○○○○(주)	직위	직원
기간	20○○년 01월부터 20○○년 07월까지 (근무)				
업종	직장인	직장명	○○○부동산	직위	직원
기간	20○○년 06월부터 20○○년 01월 일까지 (자영, 근무)				
업종	직장인	직장명	○○○떡복이	직위	직원
기간	년 월 일부터 년 월 일까지 (자영, 근무)				
업종		직장명		직위	

3. 과거 결혼, 이혼, 입양, 파양 경력

   20○○년 11월 02일 ○○○와 (결혼)

Ⅱ. 현재 주거상황

거주를 시작한 시점 (20○○○년 10월 11일)

거주관계(해당란에 표시)	상세한 내역
( ) ㉠ 신청인 소유의 주택	
( ) ㉡ 사택 또는 기숙사 (O) ㉢ 임차(전·월세) 주택	임대보증금 (10,000,000원) 임대료 (월 800,000원), 연체액 (0원) 임차인 성명 (OOO(본인))
( ) ㉣ 친족 소유 주택에 무상 거주 ( ) ㉤ 친족외 소유 주택에 무상 거주	소유자 성명 ( ) 신청인과의 관계 ( )
( ) ㉥ 기타( )	

Ⅲ. 부채 상황

1. 채권자로부터 소송·지급명령·전부명령·압류·가압류 등을 받은 경험(있음)

내 역	채권자	관할법원	사건번호
가압류	◇◇카드(주)	○○지방법원	20○○카단○○○○
가압류	◇◇카드(주)	○○지방법원	20○○카단○○○○
압 류	(주)○○크레디트대부금융	○○지방법원	20○○본○○○○
압 류	(주)○○○저축은행	○○지방법원	20○○본○○○○
가압류	○○신용보증재단	○○지방법원	20○○카단○○○○
가압류	○○신용보증재단	○○지방법원	20○○카단○○○○
가압류	○○신용보증재단	○○지방법원	20○○카단○○○○

2. 개인회생절차에 이르게 된 사정(여러 항목 중복 선택 가능)

( ) 생활비 부족　　( ) 병원비 과다지출

( ) 교육비 과다지출　　( ) 음식, 음주, 여행, 도박 또는 취미활동

( ) 점포 운영의 실패　　( ) 타인 채무의 보증

( ) 주식투자 실패　　( ) 사기 피해

(O) 기타 ( )

3. 채무자가 많은 채무를 부담하게 된 사정 및 개인회생절차 개시의 신청에 이르게 된 사정에 관하여 구체적으로 기재하여 주십시오. 별지 기재와 같음

Ⅳ. 과거 면책절차 등의 이용 상황

절차	법원 또는 기관	신청시기	현재까지 진행상황
□ 파산·면책절차 □ 화의·회생·개인회생절차			
□ 신용회복위원회 워크아웃 □ 배드뱅크			( )회 ( )원 변제

[별지] (위 Ⅲ-3 관련)

채무자가 많은 채무를 부담하게 된 사정 등에 관한 진술서

각 채무를 부담하게 된 부득이한 원인 및 채무금액, 현재의 생활 상황(자녀, 부모 부양 등), 월 소득현황(월급여, 사업소득 등), 신상에 관한 내역(질병, 수급자, 노령급여수급 등) 등 개인회생인가결정에 유리한 판단을 받기 위한 내역과 재판장님께 선처해 달라는 내용 등을 2~3장 정도로 서술식으로 작성하면 된다.

금지명령 신청서

금지명령 신청서

인 지
2,000원

사 건 20○○개회○○○○○호 개인회생

신 청 인 이 름 : ○○○
(채 무 자) 주 소 : ○○시 ○○구 ○○로

신 청 취 지

신청인(채무자)에 대한 이 법원 20○○개회○○○○○ 개인회생사건에 관하여 개인회생절차의 개시신청에 대한 결정이 있을 때까지 신청인에 대하여 그 결정 전의 원인으로 생긴 재산상의 청구권에 기하여 신청인의 급여, 유체동산 등에 대하여 하는 강제집행·가압류 또는 가처분행위를 각 금지한다.
라는 결정을 구합니다.

신 청 원 인

1. 신청인(채무자)은 귀원 20○○개회○○○○○ 개인회생 사건의 채무자입니다.

2. 신칭인은 위 개인회생 사건에서 채무자(신정인)가 매월 사용자 (아래기재)로부터 지급받는 급여에서 최저생계비를 제외한 나머지 가용소득으로 채무를 변제하는 계획안을 제출하였습니다.

3. 그런데 신청인의 채권자들은 신청인이 사용자(아래기재)로부터 매월 지급받을 급료, 제수당, 상여금 기타 명목의 급여, 퇴직금 및 신청인 소유의 유체동산 등에 대하여 하는 강제집행·가압류 또는 가처분 행위, 채권을 변제받거나 변제를 요구하는 행위를 하려하고 있습니다.

〈급여 등〉 상 호 : ○○○○(주)
주 소 : ○○시 ○○구 ○○로
대표자 : ○○○
〈주거용임차보증금 소재지 : ○○시 ○○구 ○○로
임대인 : ○○○〉

4. 만약, 일부 채권자가 위와 같은 행위를 할 경우 신청인의 급여소득을 기준으로 한 가용소득확보가 어렵게 되어 개인회생절차를 수행할 수 없고, 다른 채권자들에게 손해를 가할 염려가 있으므로 채무자 회생 및 파산에 관한 법률 593조 제1항에 의해 이 신청에 이른 것입니다.

20○○. ○. ○.

신청인 ○ ○ ○ (인)

○○지방법원 민사신청과 귀중

중지명령 신청서

중지명령 신청서

인 지
2,000원

사 건 20○○개회○○○○○ 개인회생

신 청 인 이 름 : ○○○

(채 무 자) 주 소 : ○○시 ○○구 ○○로 ○○

채 권 자 별지 "상대방(채권자)의 표시" 기재와 같음

신 청 취 지

신청인에 대한 이 법원 20○○개회○○○○○ 개인회생사건에 관하여 개인회생절차의 개시신청에 대한 결정이 있을 때까지 신청인에 대한 별지 "상대방(채권자)의 표시" 기재 사건의 압류 절차를 중지한다.
라는 결정을 구합니다.

신 청 원 인

1. 신청인은 귀원 20○○개회○○○○○ 개인회생 사건의 채무자입니다.
2. 위 사건의 개시결정 전에 별지 "상대방(채권자)의 표시" 기재 사건절차를 진행하게 되면 채권자간의 형평을 해하게 됨은 물론, 개인회생절차에 따른 변제계획의 수행에 큰 어려움이 생길 것입니다.
3. 따라서 신청인은 채무자 회생 및 파산에 관한 법률 제593조 제1항에 의해 이 신청을 하게 되었습니다.

소 명 방 법

1. 압류, 추심명령 결정문 1통

20○○. ○. ○.

신청인 ○ ○ ○ (인)

○○지방법원 민사신청과 귀중

[별지]

상대방(채권자)의 표시

구분	채권자 이름	채권자의 주소	내 역
1	(주)○○크레디트대부금융	○○시 ○○구 ○○로 ○○	○○지방법원 20○○본○○○○ 압류
2	(주)○○○저축은행	○○시 ○○구 ○○로 ○○	○○지방법원 20○○본○○○○ 압류

채권확인서(변호사가 개인파산 의뢰인으로부터 받아둘 자료)

확 인 서

1. 확 인 자 성 명 : ○ ○ ○ (123456－1234567)
주 소 : ○○시 ○○구 ○○로
집전화 : 휴대폰 : 010－1234－5678

2. 채무내용

순번	채무발생일자	채권자	채무원금	이 자	비 고
1	20○○.07.11	○○군수산업협동조합	52,000,000	1,862,904	별제권
2	20○○.10.05	○○○	40,000,000	0	별제권
3	20○○.02.17	○○농업협동조합	40,641,454	0	별제권
4	20○○.05.04	○○농업협동조합	10,420,886	0	별제권
5	20○○.04.07	□□□	10,000,000	0	별제권
6	20○○.04.07	○○신용협동조합	61,922,000	0	별제권
7	20○○.01.16	(주)○○○저축은행	3,809,192	6,032	별제권
8	20○○.10.16	○○카드(주)	5,097,361	335,127	
9	20○○.03.03	□□카드(주)	2,389,430	0	
10	20○○.01.21	○○기업은행	905,125	92,154	
11	20○○.08.06	○○축산업협동조합	985,556	71,424	
12	20○○.10.12	◇◇카드(주)	4,202,421	407,718	
13	20○○.12.15	(주)○○크레디트대부금융	2,349,077	372,770	
14	20○○.12.15	(주)○○○저축은행	4,159,911	0	
15	20○○.12.15	○○○○○○대부금융(유)	4,762,813	1,173,395	
16	20○○.06.29	○○○캐피탈(주)	2,300,005	622,542	

17	20○○.07.05	(주)○○스위스저축은행	3,989,989	0	
18	20○○.07.25	○○○○파이낸셜대부(주)	3,898,308	0	
19	20○○.07.25	(주)○○저축은행	2,328,101	0	
20	20○○.12.19	○○캐피탈(주)	4,836,358	308,030	
21	20○○.12.15	○○○캐피탈대부(주)	4,915,934	1,040,202	
22	20○○.09.13	○○신용보증재단	15,111,313	372,668	피보증인 ○○○
소 계			277,025,234	6,664,966	
합 계			283,690,200		

3. 귀 사무소에 개인회생 사건 의뢰를 함에 있어서 다음 사항을 확인합니다.
   1) 재산상태, 소득내용 등에 관하여 숨김없이 사실대로 진술하였습니다.
   2) 위 2항 기재의 채무내용 외 누락된 채무가 없습니다.
   3) 귀 사무소로부터 주채무, 보증채무의 누락시 면책받을 수 없다는 점, 재산(소득)은닉에 따른 벌칙, 허위진술로 인한 불이익 등에 관하여 고지를 받았습니다.

4. 위 확인사항에 근거하여 채무누락, 허위진술 등으로 인한 불이익은 전적으로 본인이 감수하겠습니다.

20○○년 ○월 ○일

위 확인자 (사건 의뢰인) ○○○ (인)

변호사 ○○○ 귀중

가용소득에 의한 총변제예정(유보)액의 산정내역

(단위 : 원)

채권번호	채권자	(D) 개인회생채권액		(F) 총 변제예정(유보)액	
		확정채권액 (원금)	미확정채권액 (원금)	확정채권액 (원금)	미확정채권액 (원금)
1	○○군수산업협동조합	0	39,500,000	0	2,558,640
2	○○○	0	0	0	0
3	○○농업협동조합	0	27,300,000	0	1,768,380
4	○○농업협동조합	0	10,420,886	0	675,060
5	□□□	0	0	0	0
6	○○신용협동조합	0	41,600,000	0	2,694,720
7	(주)○○○저축은행	0	2,350,000	0	152,280
8	○○카드(주)	5,097,361	0	330,240	0
9	□□카드(주)	2,389,430	0	155,200	0
10	○○기업은행	905,125	0	58,680	0
11	○○축산업협동조합	985,556	0	63,840	0
12	◇◇카드(주)	4,202,421	0	272,220	0
13	(주)○○크레디트대부금융	2,349,077	0	152,220	0
14	(주)○○○저축은행	4,159,911	0	269,520	0
15	○○○○○○대부금융(유)	4,762,183	0	308,520	0
16	○○○캐피탈(주)	2,300,005	0	149,040	0
17	(주)○○스위스저축은행	3,989,989	0	258,480	0
18	○○○○파이낸셜대부(주)	3,898,308	0	252,540	0
19	(주)○○저축은행	2,328,101	0	150,840	0
20	○○캐피탈(주)	4,836,358	0	313,320	0
21	○○○캐피탈대부(주)	4,915,934	0	318,480	0
22	○○신용보증재단	15,111,313	0	978,900	0
합 계		62,232,702	121,170,886	4,031,640	7,849,080
총 계		(G) 183,402,588		(I) 11,880,720	

공동담보채권 시가 기준 부동산별 안분 환산 내역

공동담보채권을 강제집행절차의 배당례에 의해 부동산별 시가 기준으로 안분환산한 내역은 다음과 같습니다.

○ 공동담보 채권자 : ○○산업주식회사

1) 안분 전 공담보채권 원금 100,000,000원, 이자 0원, 채권채고액 120,000,000원

2) 공동담보채권 부동산별 채무 원금, 이자, 채권최고액 안분 환산 내역

No	공담보로 제공된 부동산 소재지	소유자	시가	안분된 원금	안분된 이자	안분 채권최고액
1	OO OO시 O동	OOO	95,000,000원	17,117,117원	0원	20,540,541원
2	OO O구 OO동	OOO	460,000,000원	82,882,883원	0원	99,459,459원

개인회생재단에 속하지 않는 재산목록 제출서

사 건 20○○개회○○○○○호

신청인(채무자) ○○○

신청인은 다음과 같이 개인회생재단에 속하지 않는 재산목록(채무자 회생 및 파산에 관한 법률 제580조 제3항, 제1항 제1호, 제383조 제1항 소정)을 제출합니다.

순번	재산의 대상과 명칭	소재지	추정가액	압류금지의 근거조문	소명자료
1	압류할수 없는 퇴직금	○○대학교 ○○병원	57,096,160원	사립학교교지원연금법 제40조	예상퇴직금 확인서
2	압류할수 없는 퇴직금	보험회사	1,500,000원	민사집행법 제246조 제1항 7호, 시행령 제6조 제1항	예상환급금 확인서

20○○. ○. ○.

신청인 ○○○

대리인 변호사 ○○○ (인)

OO지방법원 파산과 귀중

월평균소득 산출 내역서(20○○. 8. ~ 20○○. 7.)

(단위 : 원)

소득 내용	8월	9월	10월	11월	12월	1월	2월	3월	4월	5월	6월	7월	합계
원천징수소득계												0,000,000	0,000,000
													0
													0
													0
													0
													0
													0
													0
													0
													0
													0
													0
													0
													0
소득 합계	0	0	0	0	0	0	0	0	0	0	0	0,000,000	0,000,000

공제 내용	8월	9월	10월	11월	12월	1월	2월	3월	4월	5월	6월	7월	합계
소득세												9,144	9,144
지방소득세												914	914
교직원연금												250,280	250,280
건강보험 및 보장성보험												200,441	200,441
													0
													0
													0
													0
공제 합계	0	0	0	0	0	0	0	0	0	0	0	460,779	460,779

실수령	0	0	0	0	0	0	0	0	0	0	0	0,000,000	0,000,000

연 소득총액(A)	00,000,000	연 공제총액(B)	0,000,000	연 실수령액(A-B)	00,000,000

월평균수입	0,000,000	최저생계비조정금액	0,000,000	월평균가용소득	0,000,000	연간총수입환산액	00,000,000

금지명령 신청서

금지명령 신청서

인 지
2,000원

사 건 20○○개회○○○○○호 개인회생

신 청 인 이 름 : ○○○
(채 무 자) 주 소 : ○○시 ○○구 ○○로 ○○

신 청 취 지

신청인(채무자)에 대한 이 법원 20○○개회○○○○호 개인회생사건에 관하여 개인회생절차의 개시신청에 대한 결정이 있을 때까지 신청인에 대하여 그 결정 전의 원인으로 생긴 재산상의 청구권에 기하여 신청인의 급여, 유체동산 등에 대하여 하는 강제집행·가압류 또는 가처분행위를 각 금지한다.
라는 결정을 구합니다.

신 청 원 인

1. 신청인(채무자)은 귀원 20○○개회○○○○○호 개인회생 사건의 채무자입니다.
2. 신청인은 위 개인회생 사건에서 채무자(신청인)가 매월 사용자(아래기재)로부터 지급받는 급여에서 최저생계비를 제외한 나머지 가용소득으로 채무를 변제하는 계획안을 제출하였습니다.
3. 그런데 신청인의 채권자들은 신청인이 사용자(아래기재)로부터 매월 지급받을 급료, 제수당, 상여금 기타 명목의 급여, 퇴직금 및 신청인 소유의 유체동산 등에 대하여 하는 강제집행·가압류 또는 가처분 행위, 채권을 변제받거나 변제를 요구하는 행위를 하려하고 있습니다.

   〈급여 등〉 상 호 : ○○대학교 ○○병원
   주 소 : ○○시 ○○구 ○○로 ○○
   대표자 : ○○병원장

4. 만약, 일부 채권자가 위와 같은 행위를 할 경우 신청인의 급여소득을 기준으로 한 가용소득확보가 어렵게 되어 개인회생절차를 수행할 수 없고, 다른 채권자들에게 손해를 가할 염려가 있으므로 채무자 회생 및 파산에 관한 법률 593조 제1항에 의해 이 신청에 이른 것입니다.

20○○. ○. ○.

신청인 ○○○
대리인 변호사 ○○○ (인)

○○지방법원 파산과 귀중

위 임 장

사 건 : 20○○개회○○○○○호 개인회생

신청인(채무자) : ○○○

위 개인회생 사건에 관하여 아래 수임인에게 신청대리를 위임하고 아래 권한을 수여합니다.

수 임 인 : 변호사 ○○○
○○시 ○○구 ○○로 ○○ ○○빌딩 ○층
(전 화 : ○○○-○○○-○○○○ 팩스 : ○○○-○○○-○○○○)

아 래

1. 일체의 신청
2. 신청의 취하
3. 항고의 제기 또는 포기
4. 복대리인의 선임
5. 채권자에 대한 본인채무자료 열람, 송부에 관한 일체의 권한

20○○. ○. ○.

위인인 신청인(채무자) : ○○○(123456-1234567) (인)
○○시 ○○구 ○○로 ○○

○○중앙 지방법원 파산과 귀중

[붙임] 변제계획안(표지)

가용소득만으로 변제하는 경우

변제계획안 제출서

사　　건　　20○○개회○○○○○ 개인회생

채 무 자　　○ ○ ○ (123456－1234567)

채무자는 별지와 같이 변제계획안을 작성하여 제출하니 인가하여 주시기 바랍니다.

20○○. ○. ○.

채무자 ○ ○ ○ (인)

○○지방법원 귀중

[붙임] 변제계획안(본문)

20○○개회○○○○○ 채무자: ○○○

변 제 계 획 (안)

20○○. ○. ○. 작성

1. 변제기간

[20○○]년 [10]월 [25]일부터 [20○○]년 [09]월 [25]일까지 [60]개월간

2. 변제에 제공되는 소득 또는 재산

가. 소득

(1) 수입

☑ 변제기간 동안 [○○○○(주)]에서 받는 월 평균 수입 [0,000,000]원

☐ 변제기간 동안 [ ]를 운영하여 얻는 월 평균 수입 [ ]원

(2) 채무자 및 피부양자의 생활에 필요한 생계비

(가) 채무자 및 피부양자 : 총 [○]명

(나) 국민기초생활보장법에 의한 가구별 기준 중위소득 : 월 평균 수입 [0,000,000]원

(다) 채무자 회생 및 파산에 관한 법률에 따라 조정된 생계비 : 월 [800,000]원

(3) 채무자의 가용소득

기간 : [20○○]년 [10]월 [25]일부터 [20○○]년 [09]월 [25]일까지 [60]개월간

① 월 평균 수입	② 월 평균 생계비	③ 월 평균 가용소득 (① − ②)	④ 월 회생위원 보수	⑤ 월 실제 가용소득 (③ − ④)	⑥ 변제 횟수 (월 단위로 환산)	⑦ 총 실제 가용소득 (⑤ x ⑥)
0,000,000원	800,000원	200,000원	2,000원	198,000원	60회	11,880,000원

나. 재산 : [해당 있음 ☐ / 해당 없음 ☑]

3. 개인회생재단채권에 대한 변제 [해당 있음 ☑ / 해당 없음 ☐]

회생위원의 보수 및 비용 [해당 있음 ☑ / 해당 없음 ☐]

☑ 인가결정 이전 업무에 대한 보수로 변제계획 인가 후 [150,000]원을 지급

☑ 인가결정 이후 업무에 대한 보수로 변제계획 인가 후 [채무자가 인가된 변제계획에 따라 임치한 금원의 1%]를 지급

4. '일반의 우선권 있는 개인회생채권'에 대한 변제 [해당 있음 ☐ / 해당 없음 ☑]

(1) 채권의 내용

채권자	채권현재액	채권발생원인(우선권의 근거)	변제기
	해당사항 없음		

(2) 변제방법

변제계획 인가일 직후 최초 도래하는 변제기일에 원리금 전액을 우선하여 변제한다. 남은 채권이 있을 경우에는 일반 개인회생채권의 매 변제기일에 우선하여 변제한다.

5. 별제권부 채권 및 이에 준하는 채권의 처리 [해당 있음 ☑ / 해당 없음 □]

가. 채권의 내용

채권번호	채권자	①채권현재액(원금) ②채권현재액(이자)	③ 별제권행사 등으로 변제가 예상되는 채권액	④ 별제권행사 등으로도 변제받을 수 없을 채권액
		별제권 등의 내용 및 목적물		
1	○○군 수산업 협동조합	52,000,000 1,862,904	31,500,000	39,500,000
		20○○.07.11. 근저당권, 채권최고액 71,000,000원 [집합건물] ○○ ○구 ○○로 ○○ 환가예상액(시가) 45,000,000원의 70% = 31,500,000원		
2	○○○	40,000,000 0	40,000,000	0
		20○○.10.05. 대항력 있는 임차보증금 40,000,000원 [집합건물] ○○ ○구 ○○로 ○○ 환가예상액(시가) 85,000,000원의 70% = 59,500,000원 선순위 담보권 없음		
3	○○농업 협동조합	40,641,454 0	19,500,000	27,300,000
		20○○.10.28. 근저당권, 채권최고액 46,800,000원 [집합건물] ○○ ○구 ○○로 ○○ 환가예상액(시가)85,000,000원의 70% = 59,500,000원		
4	○○농업 협동조합	10,420,886 0	0	10,420,886
		20○○.05.03. 근저당권, 채권최고액 12,000,000원 [집합건물] ○○ ○구 ○○로 ○○ 환가예상액(시가)85,000,000원의 70% = 59,500,000원		

5	□□□	10,000,000 0	10,000,000	0
		20○○.04.07. 대항력 있는 임차보증금 10,000,000원 [집합건물] ○○ ○구 ○○로 ○○ 환가예상액(시가) 70,000,000원의 70% = 49,000,000원 선순위 담보권 없음		
6	○○신용 협동조합	61,922,000 0	39,000,000	41,600,000
		20○○.04.07. 근저당권, 채권최고액 80,600,000원 [집합건물] ○○ ○구 ○○로 ○○ 환가예상액(시가) 70,000,000원의 70% = 49,000,000원		
7	(주)○○○ 저축은행	3,809,192 6,032	2,050,000	2,350,000
		20○○.01.26. 저당권, 담보한도액 4,400,000원 [자동차] ○○버○○○○ 차량번호 : 그랜져XG 환가예상액(시가) 4,100,000원의 50% = 2,050,000원		

나. 변제방법

(1) 위 각 채권에 대하여 별제권 행사 등으로 변제가 예상되는 채권액(③)은 별제권 행사 등에 의한 방법으로 변제하고 이 변제계획상의 가용소득이나 재산처분에 의한 변제대상에서 제외한다.

(2) 위 (1)항 기재 각 채권 중 별제권행사 등으로도 변제받을 수 없을 채권액(④)은 미확정채권으로 보아 유보하였다가 아래 7항 기재와 같은 방법으로 변제한다.

(3) 별제권 행사 등으로도 변제받을 수 없을 채권액이 위 가의 ④항 기재 금액을 초과하는 것으로 확정된 경우에는, 채권자가 그 초과부분을 변제계획안의 변경 절차를 통하여 변제받을 수 있다.

6. 일반 개인회생채권에 대한 변제

가. 가용소득에 의한 변제

(1) 월 변제예정(유보)액 및 총 변제예정(유보)액의 산정

각 일반 개인회생채권의 [원금]의 액수를 기준으로 월 평균가용소득에서 월 회생위원 보수를 차감한 월 실제 가용소득을 안분하여 산출한 금액을 각 일반 개인회생채권자에게 변제한다. 이를 기초로 산정한 월 변제예정(유보)액은 제1회부터 제60회까지는 [198,012]원씩이고 총 변제예정(유보)액은 [11,880,720]원이다.

구체적 산정 내역은 별지 개인회생채권 변제예정액 표 참조.

(2) 변제방법

위 (1)항의 변제예정(유보)액은 다음과 같이 분할하여 변제한다.

(가) 기간 및 횟수

[20○ ○]년 [10]월 [25]일부터 [20○ ○]년 [09]월 [25]일까지 [60]개월간 합계 [60]회

(나) 변제월 및 변제일

① [20○ ○]년 [10]월 [25]일부터 변제계획인가일 직전 [25]일까지 기간

☑ 변제계획인가일 직후 최초 도래하는 월의 [25]일에 위 기간 동안의 변제분을 개인회생절차개시후 변제계획 인가 전에 적립된 가용소득으로 일시에 조기 변제

☐ 기타 : [ ]

② 변제계획인가일 직후 최초 도래하는 월의 [25]일부터 [20○ ○]년 [09]월 [25]일까지 기간

☑ 매월마다 [25]일에 변제

☐ 매 [ ]개월마다 [ ]일에 각 변제

☐ 기타 : [ ]

나. 재산의 처분에 의한 변제 [해당 있음 ☐ / 해당 없음 ☑]

7. 미확정 개인회생채권에 대한 조치 [해당 있음 ☑ / 해당 없음 ☐]

가. 변제금액의 유보

(1) 미확정 개인회생채권에 대하여는 변제를 유보하고, 별지 개인회생채권 변제예정액표에 기재한 금액을 해당 채권이 확정될 때까지 유보하여 둔다.

(2) 채무자는 이와 같이 유보한 금액도, 즉시 지급되는 다른 채권에 대한 변제금과 마찬가지로 아래 8항 기재 계좌에 입금한다.

나. 미확정 개인회생채권에 대한 변제

(1) 미확정 개인회생채권이 전부 그대로 확정된 경우

미확정 개인회생채권의 전액에 관하여 채권의 존재가 확정된 경우에는, 그 확정 직후 유보비율을 변제비율로 적용하여 변제를 개시하고 매월의 변제기에 그 해당금액을 변제하되, 이미 분할 변제기가 도래한 부분 즉 그동안의 유보액에 대하여는 곧바로 일시

변제한다.

(2) 미확정 개인회생채권이 전부 또는 일부 부존재 하는 것으로 확정된 경우

미확정 개인회생채권이 전부 또는 일부 부존재하는 것으로 확정된 경우에는, 그 확정 직후, 존재하는 것으로 확정된 [원금]의 인용 비율에 위 가항에 의해 지급을 유보한 금액을 곱하여 산출된 금액을 해당 개인회생채권자에게 일시에 변제한다. 유보금액 중, 미확정 개인회생채권의 일부가 존재하지 않는 것으로 됨에 따라 그 개인회생채권자에게 변제할 필요가 없게 된 나머지 유보금액은, 그 채권액 확정 직후 전체 일반 개인회생채권자들에게 각 [원금]의 액수를 기준으로 안분하여 변제한다.

향후의 매월 입금액을 분배하는 기준이 될 변제비율은 위 확정 원금들 사이의 비율에 따라 새로 계산하여 정하는데, 미확정 개인회생채권의 일부가 존재하지 않는 것으로 확정됨에 따라 향후 해당 개인회생채권자를 위한 유보가 불필요하게 된 변제기 미도래분에 대한 변제 유보예정액은, 향후 변제기 도래시 전체 일반 개인회생채권자들에게 그 각 [원금]의 액수를 기준으로 안분되도록 한다.

(3) 변제기간 종료시까지 미확정 개인회생채권이 미확정상태로 남는 경우에는 최종변제기에 유보한 금액 전부를 일반개인회생채권자들에게 각 [ ]의 액수를 기준으로 안분하여 변제한다.

(4) 임대차보증금반환액수가 확정되지 않은 임대차보증금 반환채권은 미확정채권으로 보아 위 가, 나항에 따라 변제하되 그 액수가 확정되고 임차인이 임차목적물을 명도함과 동시에 변제한다.

8. 변제금원의 회생위원에 대한 임치 및 지급

채무자는 위 [3, 5, 6, 7]항에 의해 개인회생채권자들에게 변제해야 할 금액을 개시결정시 통지되는 회생위원의 예금계좌 {[ ]은행 계좌번호 [ ]}에 순차 임치하고, 개인회생채권자는 법원에 예금계좌를 신고하여 회생위원으로부터 변제액을 송금받는 방법으로 지급받는다. 회생위원은 계좌번호를 신고하지 않은 개인회생채권자에 대하여는 변제액을 적립하였다가 이를 연 1회 개인회생사건이 계속되어 있는 지방법원에 공탁하여 지급할 수 있다.

☞ 회생위원의 예금계좌는 신청 당시에는 알 수 없으므로 공란으로 두었다가 추후 보완합니다.

9. 면책의 범위 및 효력발생시기

채무자가 개인회생채권에 대하여 이 변제계획에 따라 변제를 완료하고 면책신청을 하여 면책결정이 확정되었을 경우에는, 이 변제계획에 따라 변제한 것을 제외하고 개인회생채권자에 대한 채무에 관하여 그 책임이 면제된다. 단, 채무자 회생 및 파산에 관한 법률 제625조 제2항 단서 각호 소정의 채무에 관하여는 그렇지 않다.

10. 기타사항 [해당 있음 ☑ / 해당 없음 □]

〈채무자가 연대보증인인경우 처리〉

채권번호 22번 채권자 ○○신용보증재단 채권은 채무자가 일반 개인회생채권에 대하여 다른 자와 가각 전부의 채무를 이행해야 하는 경우에 개인회생절차 개시결정 후 그 일부의 자의 변제 기타의 행위에 의해 개인회생채권이 모두 소멸하고 구상권자도 존재하지 아니하게 됨에 따라 그 개인회생채권에 관하여 변제할 필요가 없게 된 변제예정액은 향후 변제기 도래시 나머지 일반 개인회생채권자들에게 그 각 [원금]의 액수를 기준으로 안분되도록 한다.

〈변제기간의 단축〉

채권번호 1번 ○○군수산업협동조합, 2번 ○○○, 3번 ○○농업협동조합, 4번 ○○농업협동조합, 5번 □□□, 6번 ○○신용협동조합, 7번 (주)○○○저축은행의 별제권 예정부족액 확정결과에 따라 다른 일반 개인회생채권에 대한 월 변제예정액이 변동되어 [원금]의 전부를 변제하는데 필요한 기간이 단축되면, 변제기간은 그 단축된 기간으로 한다. 이 경우 최종 월의 월 변제예정액은 각 개인회생채권의 잔존 [원금]으로 한다.

[별지] 변제예정액표

개인회생채권 변제예정액표

1. 기초사항

(단위 : 원)

③ 월 평균 가용소득	200,000

④ 월 회생위원 보수	2,000

(A) 월 실제 가용소득 (③ - ④)	198,000

(B)변제횟수	198,012	60회

(C) 총 가용소득	11,880,720

2. 채권자별 변제예정액의 산정내역

별지기재와 같음

3. **변제율** : 원금의 [6.5]% 상당액

4. 청산가치와의 비교

(단위 : 원)

(J) 청산 가치	142,388

(K) 가용소득에 의한 총변제예정(유보)액	11,880,720
(L) 현재가치	10,728,660

제1회~제60회분 변제예정액(20○○.09.25~20○○.08.25)

(단위 : 원)

채권번호	채권자	(D) 개인회생채권액		(E) 월 변제예정(유보)액		(F) 총 변제예정(유보)액	
		확정채권액(원금)	미확정채권액(원금)	확정채권액(원금)	미확정채권액(원금)	확정채권액(원금)	미확정채권액(원금)
1	○○군수산업협동조합	0	39,500,000	0	42,644	0	2,558,640
2	○○○	0	0	0	0	0	0
3	○○농업협동조합	0	27,300,000	0	29,473	0	1,768,380
4	○○농업협동조합	0	10,420,886	0	11,251	0	675,060
5	□□□	0	0	0	0	0	0
6	○○신용협동조합	0	41,600,000	0	44,912	0	2,694,720
7	(주)○○○저축은행	0	2,350,000	0	2,538	0	152,280
8	○○카드(주)	5,097,361	0	5,504	0	330,240	0
9	□□카드(주)	2,389,430	0	2,580	0	155,200	0
10	○○기업은행	905,125	0	978	0	58,680	0
11	○○축산업협동조합	985,556	0	1,064	0	63,840	0
12	◇◇카드(주)	4,202,421	0	4,537	0	272,220	0
13	(주)○○크레디트대부금융	2,349,077	0	2,537	0	152,220	0
14	(주)○○○저축은행	4,159,911	0	4,492	0	269,520	0
15	○○○○○대부금융(유)	4,762,183	0	5,142	0	308,520	0
16	○○○캐피탈(주)	2,300,005	0	2,484	0	149,040	0
17	(주)○○스위스저축은행	3,989,989	0	4,308	0	258,480	0
18	○○○○파이낸셜대부(주)	3,898,308	0	4,209	0	252,540	0
19	(주)○○저축은행	2,328,101	0	2,514	0	150,840	0
20	○○캐피탈(주)	4,836,358	0	5,222	0	313,320	0
21	○○○캐피탈대부(주)	4,915,934	0	5,308	0	318,480	0
22	○○신용보증재단	15,111,313	0	16,315	0	978,900	0
합 계		62,232,702	121,170,886	67,194	130,818	4,031,640	7,849,080
총 계		(G) 183,402,588		(H) 198,012		(I) 11,880,720	

[사례 6] 개인회생('일반의 우선권 있는 개인회생채권'이 있는 경우)

개인회생 신청 ○○○관련
(첨부서류 및 소명자료 일람표)

회생절차개시신청서	변제계획안
• 회생절차개시신청서(표지)	• 변제계획안(표지)
• 회생절차개시신청서	• 변제계획안
• 송달료·예납금 납부서·영수증	• 개인회생채권 변제예정액표
• 개인회생채권자목록	• 변제계획안 요약
• 재산목록	
• 수입 및 지출에 관한 목록	
• 진술서	
• 신청서 부본	
• 신청인 본인의 예금계좌사본	
• 위임장(대리인이 있는 경우)	

개인회생절차 개시신청서(표지)

개인회생절차 개시신청서

신청인(채무자) ○ ○ ○

파산사건번호	
면책사건번호	
배당순위번호	
재 판 부	제 단독

신청대리인 변호사 ○○○

인 지 대 : 30,000원

송 달 료 : 채권자수 (13) × 8 × 5,200 + 52,000원 = 592,800원

합 계 : 622,800원

○○지방법원 귀중

개인회생절차 개시신청서(본문)

개인회생절차 개시신청서

신청인	성 명	○ ○ ○	주민등록번호	OOOOOO－OOOOOOO
	주민등록상 주소	[우. OOOOO] OO시 OO구 OO로 OO		
	현 주 소	[우. OOOOO] OO시 OO구 OO로 OO		
	송 달 장 소	[우. OOOOO] OO시 OO구 OO로 OO		
	전화번호(집·직장)		전화번호(휴대전화)	OOO－OOOO－OOOO

대리인	성 명	변호사 OOO		
	사무실 주소	[우. OOOOO] OO시 OO구 OO로 OO		
	전화번호(사무실)	OO－OOO－OOOO		
	이－메일 주소	kkkk1234@naver.com	FAX번호	OO－OOOO－OOOO

주채무자가(또는 보증채무자가, 연대채무자가, 배우자가) 이미 귀 법원에 파산신청 또는 개인회생절차 개시신청을 하였으므로 그 사실을 아래와 같이 기재합니다.			
성 명		사건번호	

신 청 취 지

「신청인에 대하여 개인회생절차를 개시한다.」라는 결정을 구합니다.

신 청 이 유

1. 신청인은, 첨부한 개인회생채권자목록 기재와 같은 채무를 부담하고 있으나, 수입 및 재산이 별지 수입 및 지출에 관한 목록과 재산목록에 기재된 바와 같으므로, 파산의 원인사실이 발생하였습니다(파산의 원인사실이 생길 염려가 있습니다).
   - □ 신청인은 정기적이고 확실한 수입을 얻을 것으로 예상되고, 또한 채무자 회생 및 파산에관한 법률 제595조에 해당하는 개시신청 기각사유는 없습니다(급여소득자의 경우).
   - ☑ 신청인은 부동산임대소득·사업소득·농업소득·임업소득 그밖에 이와 유사한 수입을

장래에 계속적으로 또는 반복하여 얻을 것으로 예상되고, 또한 채무자 회생 및 파산에 관한 법률 제595조에 해당하는 개시신청 기각사유는 없습니다(영업소득자의 경우).

2. 신청인은, 각 회생채권자에 대한 채무 전액의 변제가 곤란하므로, 그 일부를 분할하여 지급할 계획입니다. 즉 현시점에서 계획하고 있는 변제예정액은 60 개월간 제1회부터 제2회까지는 월 [630,000] 원, 제3회는 월 [630,005] 원, 제4회부터 제60회까지는 월 [630,006] 원씩이고, 이 변제의 준비 및 절차비용지급의 준비를 위해, 개시결정이 내려지는 경우 20OO. O. O.을 제1회로 하여, 이후 매월 25 일에 개시결정시 통지되는 회생위원의 은행구좌에 동액의 금전을 입금하겠습니다.

3. 이 사건 개인회생절차에서 변제계획이 불인가될 경우 불인가 결정시까지의 적립금을 반환받을 신청인의 예금계좌는 OO은행 OOO－OOOO－OOOO－OO 입니다.

4. 개인회생채권자목록 부본(개인회생채권자목록상의 채권자수 + 2통)은 개시결정 전 회생위원의 지시에 따라 지정하는 일자까지 반드시 제출하겠습니다.

첨 부 서 류

1. 개인회생채권자목록 1통
2. 재산목록 1통
3. 수입 및 지출에 관한 목록 1통
4. 진술서 1통
5. 신청서 부본 1통(위 1 내지 4의 첨부서류 및 소명방법을 모두 포함한 것)
6. 송달료납부서 1통
7. 신청인 본인의 예금계좌 사본 1통(대리인의 예금계좌 사본 아님)
8. 위임장 1통(대리인에 의해 신청하는 경우)

휴대전화를 통한 정보수신 신청서

위 사건에 관한 파산선고결정, 면책결정 등 정보를 예납의무자가 납부한 송달료 잔액 범위 내에서 휴대전화를 통하여 알려주실 것을 신청합니다.

▣ **휴대전화 번호 : 010-○○○○-○○○○**

20○○. ○. ○.

신청인 ○ ○ ○ (날인 또는 서명)

※ 개인회생절차 개시결정이 있거나, 변제계획 인가결정 후 월 변제액 3개월분 이상 연체시 위 휴대전화로 문자메시지가 발송됩니다.

※ 문자메시지 서비스 이용금액은 메시지 1건당 17원씩 납부된 송달료에서 지급됩니다(송달료가 부족하면 문자메시지가 발송되지 않습니다). 추후 서비스 대상 정보, 이용금액 등이 변동될 수 있습니다.

20○○. ○. ○.

위 신청인 ○ ○ ○

대 리 인 변호사 ○ ○ ○ (인)

○○지방법원 귀중

20○○개회○○○○○ 채무자 OOO(OOOOOO－OOOOOOO)

개인회생채권자목록

채권현재액 산정기준일: 20○○. 06. 21. 목록작성일: 20○○. 06. 21.

<table>
<tr><td rowspan="3">채권현재액 총합계</td><td>합계 44,098,737 원</td><td rowspan="3">담보부 회생 채권액의 합계</td><td rowspan="3">0원</td><td rowspan="3">무담보 회생 채권액의 합계</td><td rowspan="3">44,098,737원</td></tr>
<tr><td>원금 43,464,717 원</td></tr>
<tr><td>이자 634,020 원</td></tr>
</table>

※ 개시후이자 등: 아래 각 채권의 개시결정일 이후의 이자·지연손해금 등은 채무자 회생 및 파산에 관한 법률 제581조 제2항, 제446조 제1항 제1, 2호의 후순위채권입니다.

<table>
<tr><td rowspan="4">채권번호</td><td rowspan="4">채권자</td><td>채권의 원인</td><td colspan="2">주소 및 연락처</td></tr>
<tr><td colspan="2">채권의 내용</td><td>부속서류 유무</td></tr>
<tr><td>채권현재액(원금)</td><td colspan="2">채권현재액(원금) 산정근거</td></tr>
<tr><td>채권현재액(이자)</td><td colspan="2">채권현재액(이자) 산정근거</td></tr>
<tr><td rowspan="4">1</td><td rowspan="4">국민연금관리공단</td><td>20○○.07−20○○.05
국민연금보험료</td><td colspan="2">(주소) OO OO구 OO로 OO
(전화) OO－OOOO－OOOO (팩스)</td></tr>
<tr><td colspan="2">미납 국민연금보험료 금 1,367,520원 및 향후 가산금</td><td>□ 부속서류 (1, 2, 3, 4)</td></tr>
<tr><td>1,367,520원</td><td colspan="2">국민연금보험료납부고지서 사본 참조(산정기준일 20○○.06.18.)</td></tr>
<tr><td>0원</td><td colspan="2"></td></tr>
<tr><td rowspan="4">2</td><td rowspan="4">○○카드(주)</td><td>20○○.05.09. 발급받은 신용카드사용대금</td><td colspan="2">(주소) OO O구 OOO로 OO
(전화) OOOO－OOOO (팩스)</td></tr>
<tr><td colspan="2">4,347,964원 및 이중 원금잔액 금 4,272,714원에 대한 20○○.06.19.부터 완제일까지 약정이율의 비율에 의한 금원</td><td>□ 부속서류 (1, 2, 3, 4)</td></tr>
<tr><td>4,272,7140원</td><td colspan="2">채무확인서 참조(산정기준일 20○○.06.18.)</td></tr>
<tr><td>75,250원</td><td colspan="2">채무확인서 참조(산정기준일 20○○.06.18.)</td></tr>
<tr><td rowspan="4">3</td><td rowspan="4">○○카드(주)</td><td>20○○.05.09. 카드론
1,122,000</td><td colspan="2">(주소) OO O구 OOO로 OO
(전화) OOOO－OOOO (팩스)</td></tr>
<tr><td colspan="2">1,147,505원 및 이중 원금잔액 금 1,122,000원에 대한 20○○.06.19.부터 완제일까지 약정이율의 비율에 의한 금원</td><td>□ 부속서류 (1, 2, 3, 4)</td></tr>
<tr><td>1,122,000원</td><td colspan="2">채무확인서 참조(산정기준일 20○○.06.18.)</td></tr>
<tr><td>25,505원</td><td colspan="2">채무확인서 참조(산정기준일 20○○.06.18.)</td></tr>
<tr><td rowspan="4">4</td><td rowspan="4">(주)○○○○은행</td><td>20○○.03.27. 발급받은 신용카드사용대금</td><td colspan="2">(주소) OO O구 OO로 OO
(전화) OO－OOOO－OOOO (팩스)</td></tr>
<tr><td colspan="2">600,973원 및 이중 원금잔액 금 600,973원에 대한 20○○.06.19.부터 완제일까지 약정이율의 비율에 의한 금원</td><td>□ 부속서류 (1, 2, 3, 4)</td></tr>
<tr><td>600,973원</td><td colspan="2">부채잔액증명서 참조(산정기준일 20○○.06.18.)</td></tr>
<tr><td>0원</td><td colspan="2"></td></tr>
</table>

<table>
<tr><td rowspan="4">5</td><td rowspan="4">(주)○○은행</td><td colspan="2">20○○.05.16. 발급받은 신용카드사용대금</td><td colspan="2">(주소) OO O구 OO로 OO
(전화) OO－OOOO－OOOO (팩스)</td></tr>
<tr><td colspan="3">11,155,725원 및 이중 원금잔액 금 10,993,991원에 대한 20○○.06.19.부터 완제일까지 약정이율의 비율에 의한 금원</td><td>□ 부속서류
(1, 2, 3, 4)</td></tr>
<tr><td>10,993,991원</td><td colspan="3">부채증명서 참조(산정기준일 20○○.06.18.)</td></tr>
<tr><td>161,734원</td><td colspan="3">부채증명서 참조(산정기준일 20○○.06.18.)</td></tr>
<tr><td rowspan="4">6</td><td rowspan="4">(주)○○은행</td><td colspan="2">20○○.02.11. 신용대출금
4,246,764원</td><td colspan="2">(주소) OO O구 OO로 OO
(전화) OO－OOOO－OOOO (팩스)</td></tr>
<tr><td colspan="3">4,444,978원 및 이중 원금잔액 금 4,246,764원에 대한 20○○.06.19.부터 완제일까지 약정이율의 비율에 의한 금원</td><td>□ 부속서류
(1, 2, 3, 4)</td></tr>
<tr><td>4,246,764원</td><td colspan="3">부채증명 참조(산정기준일 20○○.06.18.)</td></tr>
<tr><td>198,214원</td><td colspan="3">부채증명 참조(산정기준일 20○○.06.18.)</td></tr>
<tr><td rowspan="4">7</td><td rowspan="4">(주)○○○○○저축은행</td><td colspan="2">20○○.06.29. 신용대출금
3,355,924원</td><td colspan="2">(주소) OO OO구 OO로 OO
(전화) OOOO－OOOO (팩스)</td></tr>
<tr><td colspan="3">3,391,689원 및 이중 원금잔액 금 3,355,9240원에 대한 20○○.06.19.부터 완제일까지 약정이율의 비율에 의한 금원</td><td>□ 부속서류
(1, 2, 3, 4)</td></tr>
<tr><td>3,355,924원</td><td colspan="3">부채증명 참조(산정기준일 20○○.06.18.)</td></tr>
<tr><td>35,765원</td><td colspan="3">부채증명 참조(산정기준일 20○○.06.18.)</td></tr>
<tr><td rowspan="4">8</td><td rowspan="4">○○○○파이낸셜대부(주)</td><td colspan="2">20○○.06.30. 신용대출금
5,000,000원</td><td colspan="2">(주소) OO OO구 OO로 OO
(전화) OOOO－OOOO (팩스)</td></tr>
<tr><td colspan="3">4,901,649원 및 이중 원금잔액 금 4,901,649원에 대한 20○○.06.23.부터 완제일까지 약정이율의 비율에 의한 금원</td><td>□ 부속서류
(1, 2, 3, 4)</td></tr>
<tr><td>4,901,647원</td><td colspan="3">채무확인증명서 참조(산정기준일 20○○.06.22.)</td></tr>
<tr><td>0원</td><td colspan="3"></td></tr>
<tr><td rowspan="4">9</td><td rowspan="4">○○캐피탈(주)</td><td colspan="2">20○○.07.28. 신용대출금
2,500,000원</td><td colspan="2">(주소) OO OO구 OO로 OO
(전화) OO－OOOO－OOOO (팩스)</td></tr>
<tr><td colspan="3">1,906,442원 및 이중 원금잔액 금 1,857,128원에 대한 20○○.06.21.부터 완제일까지 약정이율의 비율에 의한 금원</td><td>□ 부속서류
(1, 2, 3, 4)</td></tr>
<tr><td>1,857,128원</td><td colspan="3">부채증명서 참조(산정기준일 20○○.06.20.)</td></tr>
<tr><td>49,314원</td><td colspan="3">부채증명서 참조(산정기준일 20○○.06.20.)</td></tr>
<tr><td rowspan="4">10</td><td rowspan="4">○○대부(주)</td><td colspan="2">20○○.10.25. 신용대출금
4,656,834원</td><td colspan="2">(주소) OO OO구 OO로 OO
(전화) OO－OOO－OOOO (팩스)</td></tr>
<tr><td colspan="3">4,745,072원 및 이중 원금잔액 금 4,656,8348원에 대한 20○○.06.19.부터 완제일까지 약정이율의 비율에 의한 금원</td><td>□ 부속서류
(1, 2, 3, 4)</td></tr>
<tr><td>4,656,834원</td><td colspan="3">부채증명서 참조(산정기준일 20○○.06.20.)</td></tr>
<tr><td>88,238원</td><td colspan="3">부채증명서 참조(산정기준일 20○○.06.20.)</td></tr>
</table>

<table>
<tr><td rowspan="4">11</td><td rowspan="4">○○기업
은행</td><td colspan="2">20○○.04.09.카드론
2,470,000원</td><td colspan="2">(주소) OO O구 OO로 OO
(전화) OO－OOO－OOOO (팩스)</td></tr>
<tr><td colspan="4">2,255,000원 및 이중 원금잔액 금 2,255,000원에 대한 20○○.06.19.부터 완제일까지 약정이율의 비율에 의한 금원</td><td>□ 부속서류
(1, 2, 3, 4)</td></tr>
<tr><td>2,255,000원</td><td colspan="4">부채증명원 참조(산정기준일 20○○.06.18.)</td></tr>
<tr><td>0원</td><td colspan="4"></td></tr>
<tr><td rowspan="4">12</td><td rowspan="4">○○○○
텔레콤
(주)</td><td colspan="2">미납통신요금</td><td colspan="2">(주소) OO O구 OO로 OO
(전화) OO－OOO－OOOO (팩스)</td></tr>
<tr><td colspan="4">834,220원 및 이중 원금잔액 금 834,220원에 대한 20○○.06.19.부터 완제일까지 약정이율의 비율에 의한 금원</td><td>□ 부속서류
(1, 2, 3, 4)</td></tr>
<tr><td>834,220원</td><td colspan="4">채무확인서 참조(산정기준일 20○○.06.18.)</td></tr>
<tr><td>0원</td><td colspan="4"></td></tr>
<tr><td rowspan="4">13</td><td rowspan="4">○○○</td><td colspan="2">20○○.07.31. 대위변제금
3,000,000원</td><td colspan="2">(주소) OO O구 OO로 OO
(전화) (팩스)</td></tr>
<tr><td colspan="4">3,000,000원 및 이중 원금잔액 금 3,000,000원에 대한 20○○.08.30.부터 완제일까지 약정이율의 비율에 의한 금원</td><td>□ 부속서류
(1, 2, 3, 4)</td></tr>
<tr><td>3,000,000원</td><td colspan="4">대위변제확인서 참조(산정기준일 20○○.08.29.)</td></tr>
<tr><td>0원</td><td colspan="4"></td></tr>
<tr><td rowspan="4"></td><td rowspan="4"></td><td colspan="2"></td><td colspan="2"></td></tr>
<tr><td colspan="4"></td><td></td></tr>
<tr><td></td><td colspan="4"></td></tr>
<tr><td></td><td colspan="4"></td></tr>
<tr><td rowspan="4"></td><td rowspan="4"></td><td colspan="2"></td><td colspan="2"></td></tr>
<tr><td colspan="4"></td><td></td></tr>
<tr><td></td><td colspan="4"></td></tr>
<tr><td></td><td colspan="4"></td></tr>
<tr><td rowspan="4"></td><td rowspan="4"></td><td colspan="2"></td><td colspan="2"></td></tr>
<tr><td colspan="4"></td><td></td></tr>
<tr><td></td><td colspan="4"></td></tr>
<tr><td></td><td colspan="4"></td></tr>
</table>

재 산 목 록

<table>
<tr><th>명 칭</th><th>금액
(시가)</th><th>압류
등
유무</th><th colspan="4">비 고</th></tr>
<tr><td>현금</td><td>0</td><td></td><td colspan="4"></td></tr>
<tr><td rowspan="4">예금</td><td rowspan="4">0</td><td></td><td>금융기관명</td><td>계좌번호</td><td>잔 고</td><td>질권설정액</td></tr>
<tr><td>무</td><td>○○○농업
협동조합
○○역지점</td><td>000-0000-0000-00</td><td>0</td><td>0</td></tr>
<tr><td></td><td></td><td></td><td></td><td></td></tr>
<tr><td></td><td></td><td></td><td></td><td></td></tr>
<tr><td>보험</td><td>141,268</td><td></td><td colspan="4">별지기재와 같음</td></tr>
<tr><td>자동차/선박/오토바이</td><td>0</td><td></td><td colspan="4"></td></tr>
<tr><td>임차보증금</td><td>32,400,000</td><td></td><td colspan="4">별지기재와 같음</td></tr>
<tr><td>부동산</td><td></td><td></td><td colspan="4"></td></tr>
<tr><td>사업용 설비, 비품 등</td><td>1,000,000</td><td></td><td colspan="4">별지기재와 같음</td></tr>
<tr><td rowspan="3">대여금 채권</td><td rowspan="3">0</td><td rowspan="3"></td><td colspan="4">상대방 채무자 1: 채권액 :</td></tr>
<tr><td colspan="4">상대방 체무지 2: 채권액 :</td></tr>
<tr><td colspan="4">상대방 채무자 3: 채권액 :</td></tr>
<tr><td rowspan="3">매출금 채권</td><td rowspan="3">0</td><td rowspan="3"></td><td colspan="4">상대방 채무자 1: 채권액 :</td></tr>
<tr><td colspan="4">상대방 채무자 2: 채권액 :</td></tr>
<tr><td colspan="4">상대방 채무자 3: 채권액 :</td></tr>
<tr><td>예상 퇴직금</td><td>0</td><td></td><td colspan="4"></td></tr>
<tr><td>기타 (   )</td><td>0</td><td></td><td colspan="4"></td></tr>
<tr><td>합계</td><td>33,541,268</td><td></td><td colspan="4"></td></tr>
<tr><td>면제재산 신청금액</td><td>0</td><td></td><td colspan="4">해당사항 없음</td></tr>
<tr><td>청산가치</td><td>33,541,268</td><td></td><td colspan="4"></td></tr>
</table>

[별지]

보 험

(단위 : 원)

명 칭	금액 (시가)	압류등 유무	보험회사명	증권번호	해약시반환금
보 험	11,300	무	○○화재해상보험(주)		11,300
	129,968	무	○○생명보험(주)		129,968

[별지]

임차보증금

(단위 : 원)

<table>
<tr><th>명 칭</th><th>금액
(시가)</th><th>압류등
유무</th><th colspan="2">비 고</th></tr>
<tr><td rowspan="15">임차
보증금</td><td rowspan="3">26,000,000</td><td rowspan="3">무</td><td>임차/전세물건</td><td>OO OOO구 OOO로 OO</td></tr>
<tr><td>보증금 및 월세</td><td>보증금 52,000,000, 월세 0, 반환받을
보증금 52,000,000</td></tr>
<tr><td>차이나는 사유</td><td>배우자명의 보증금, 반환받을 보증금의 1/2
본인 재산으로 평가</td></tr>
<tr><td rowspan="3">6,400,000</td><td rowspan="3">무</td><td>임차/전세물건</td><td>OO O구 OO로 OO</td></tr>
<tr><td>보증금 및 월세</td><td>보증금 10,000,000, 월세 1,300,000, 반환받을
보증금 6,400,000</td></tr>
<tr><td>차이나는 사유</td><td>미납된 월세공제</td></tr>
<tr><td rowspan="3"></td><td rowspan="3"></td><td>임차/전세물건</td><td></td></tr>
<tr><td>보승금 및 월세</td><td></td></tr>
<tr><td>차이나는 사유</td><td></td></tr>
<tr><td rowspan="3"></td><td rowspan="3"></td><td>임차/전세물건</td><td></td></tr>
<tr><td>보증금 및 월세</td><td></td></tr>
<tr><td>차이나는 사유</td><td></td></tr>
<tr><td rowspan="3"></td><td rowspan="3"></td><td>임차/전세물건</td><td></td></tr>
<tr><td>보증금 및 월세</td><td></td></tr>
<tr><td>차이나는 사유</td><td></td></tr>
</table>

[별지]

사업용 설비, 재고품, 비품 등

(단위 : 원)

명 칭	금액 (시가)	압류등 유무	품 목	개수	구입시기	평가액
사업용설비 재고품, 비품등	500,000	무	테이블,의자 등 집기	8	20○○	500,000
	500,000	무	냉장고, 어항 등	3	20○○	500,000

수입 및 지출에 관한 목록

Ⅰ. 현재의 수입목록

(단위 : 원)

수입상황	자영(상호)	○○꼼장어	고용(직장명)	
	업종	음식점	직위	운영자
	종사경력	1년 2개월	근무기간	20○○년 04월부터 현재까지
명목	기간구분	금액	연간환산금액	압류, 가압류 등 유무
영업소득	월 간	0,000,000원	00,000,000원	무
연 수입		00,000,000원		월 평균 수입 (0,000,000) 원

Ⅱ. 변제계획 수행시의 예상지출목록 (해당란에 ☑ 표시)

☑ **채무자가 예상하는 생계비가 보건복지부 공표 기준 중위소득의 60% 이하인 경우**
보건복지부 공표 (4)인 가구 기준 중위소득 (0,000,000)원의 약 (60)%인 (0,000,000)원을 지출할 것으로 예상됩니다(뒷면 표에 내역과 사유를 상세히 기재하십시오).

☐ **채무자가 예상하는 생계비가 보건복지부 공표 기준 중위소득의 60%를 초과하는 경우**
보건복지부 공표 ( )인 가구 기준 중위소득 ( )원의 약 ( )%인 ( ) 원을 지출할 것으로 예상됩니다(뒷면 표에 내역과 사유를 상세히 기재하십시오).

Ⅲ. 가족관계

관계	성 명	연령	동거여부 및 기간	직 업	월 수입	재산총액	부양유무
배우자	OOO	32	동거함 3년 9월	회사원	2,000,000	52,000,000	부양안함
자녀	OOO	4	동거함 3년 8월	무	0	0	부양안함
자녀	OOO	2	동거함 2년 1월	무	0	0	부양함

☞ 채무자가 예상하는 생계비가 보건복지부 공표 기준 중위소득의 100분의 60을 초과하는 경우

1. 생계비의 지출 내역

비 목		지출예상 생계비	추가지출 사유
생계비	식료품비	0	
	광열수도비	0	
	가구집기비	0	
	피복신발비	0	
	교양오락비	0	
	교통통신비	0	
	기타 비용	0	
	합계	0	
주거비		302,325	
의료비		0	
교육비		0	
계		302,325	추가비율 : 32 %

2. 생계비 추가지출사유에 관한 보충기재사항

> 가게 보증금 일부를 추가 생계비로 요청드립니다.
> 보증금을 준비할 여유가 없어 월세를 높은 곳으로 시작하다보니 아직 한 번도 월세를 낸 적이 없습니다.
> 월세의 일부를 추가생계비로 인정해주시길 간곡히 부탁드립니다.

영업소득자 월평균 수입 산출내역서(예시 1)

1. 실질적인 월평균 수입

1) 총매출

신청인은 사업규모, 사업여건상 부가신고세 및 소득세 신고를 하지 않았습니다. 그러나 신청인이 실제 올리고 있는 수입내역, 지출내역, 월평균수입은 다음과 같습니다.

① 최근 1년간 월 평균매출은 6,187,133원 정도이고

② 최근 1년간 연간 총매출액은 6,187,133원 × 12개월 = 74,245,596원 정도 됩니다.

2) 영업비용: 최근 1년간 영업비용은 다음과 같습니다.

비 용 항 목	세 부 내 역	월 합 계 금	연 간 환 산 액
인건비 등		0,000,000원	00,000,000원
유지관리비 등		원	0원
재료비등		666,666원	7,999,992원
공과금등		533,333원	6,399,996원
기 타		166,666원	1,999,992원
비용합계			00,000,000원

3) 최근 1년간 실질적인 순수익은 총매출액 00,000,000원 - 영업비용 00,000,000원
= 00,000,000원이고

4) 최근 1년간 실질적인 월평균 수입은 연간순수입 00,000,000원 ÷ 12개월
= 0,000,000원입니다.

2. '고용형태별근로실태조사'에 의한 근로자 평균임금과의 비교

□ 신청인의 월평균소득은 고용형태별근로실태조사(구. 임금구조기본통계조사보고서)상의 유사직종, 유사경력 근로자의 평균임금을 상회하여 개시요건, 인가요건을 충족합니다.

□ 신청인의 월평균소득은 고용형태별근로실태조사(구. 임금구조기본통계조사보고서)상의 유사직종, 유사경력 근로자의 평균임금에 미달됩니다. 그러나 신청인의 월평균소득은 누락된 부분이 없고 진실에 부합되게 산출된 것임을 확인합니다.

3. 소득증빙서류 첨부

1) 고용형태별근로실태조사(구 임금구조기본통계조사보고서) 사본

2) 매입매출 관련자료 사본

영업소득자 월평균 소득 내역서(예시 2)

(20○○. ○.)

1. 매출 내역

순번	내 용	매출량	단위당 금액	매출액
1	○○○○	000,000	000,000	0,000,000
2	○○○○	000,000	000,000	0,000,000
3	○○○○	000,000	000,000	0,000,000
합 계				00,000,000

2. 공제할 영업비용

순번	내 역	지 출 액
1	물품대금	0,000,000
2	인건비	0,000,000
3	광고영업비	0,000,000
4	사업용설비 수선유지비	0,000,000
5	월임차료(부가세 포함)	0,000,000
6	소득세 및 주민세	0,000,000
7	건강보험료	0,000,000
8	산재보험료	0,000,000
9	고용보험료	0,000,000
10	전기 및 수도세	0,000,000
11	가스 및 유류대	0,000,000
12	전화요금	0,000,000
합 계		0,000,000

월 평균 소득 산출 내역서

(기간 : 20○○. 6. ~ 20○○. 5.)

(단위 : 원)

기 간	매 출 액	영업비용	순 수 입
20○○. 6.	00,000,000	0,000,000	00,000,000
20○○. 7.	00,000,000	0,000,000	00,000,000
20○○. 8.	00,000,000	0,000,000	00,000,000
20○○. 9.	00,000,000	0,000,000	00,000,000
20○○. 10.	00,000,000	0,000,000	00,000,000
20○○. 11.	00,000,000	0,000,000	00,000,000
20○○. 12.	00,000,000	0,000,000	00,000,000
20○○. 1.	00,000,000	0,000,000	00,000,000
20○○. 2.	00,000,000	0,000,000	00,000,000
20○○. 3.	00,000,000	0,000,000	00,000,000
20○○. 4.	00,000,000	0,000,000	00,000,000
20○○. 5.	00,000,000	0,000,000	000,000,000
합 계	000,000,000	00,000,000	00,000,000
월 평 균			0,000,000

* 첨부자료 : 월별 소득내역서 및 영수증

영업소득자 소득확인서(예시 3)

성 명	○○○	주민등록 번 호	000000-0000000
주 소	○○시 ○○구 ○○로 ○○○	전화번호	000-0000-0000
신청인과의 관계	같은 업종 사업자		
신청인을 알게 된 기간	15년		

상기 본인은 신청인 (○○○)의 월 평균소득이 (0,000,000)원임이 틀림없음을 확인합니다.

20○○. ○. ○.

보증인 ○○○ (서명 또는 날인)

○○지방법원 귀중

진 술 서

Ⅰ. 경력

1. 최종학력

19○○ 년 02 월 일 ○○○○○ 학교(중퇴)

2. 과거 경력 (최근 경력부터 기재하여 주십시오)

기간	2011년 04월부터 현재까지 (자영)				
업종	음식점	직장명	○○꼼장어	직위	운영자
기간	20○○년 05월부터 20○○년 05월까지 (근무)				
업종	도소매관리	직장명	○○수산	직위	직원
기간	20○○년 04월부터 20○○년 04월까지 (근무)				
업종	판매업	직장명	○○전자상가	직위	직원
기간	년 월 일부터 년 월 일까지 (자영, 근무)				
업종		직장명		직위	

3. 과거 결혼, 이혼, 입양, 파양 경력

20○○년 09월 17일 ○○○와 (결혼)

Ⅱ. 현재 주거상황

거주를 시작한 시점 (20○○년 06월 01일)

거주관계(해당란에 표시)	상세한 내역
( ) ㉠ 신청인 소유의 주택	
( ) ㉡ 사택 또는 기숙사 (○) ㉢ 임차(전·월세) 주택	임대보증금 (52,000,000원) 임대료 (월 0원), 연체액 (0원) 임차인 성명 (OOO(배우자))
( ) ㉣ 친족 소유 주택에 무상 거주 ( ) ㉤ 친족외 소유 주택에 무상 거주	소유자 성명 ( ) 신청인과의 관계 ( )
( ) ㉥ 기타( )	

Ⅲ. 부채 상황

1. 채권자로부터 소송·지급명령·전부명령·압류·가압류 등을 받은 경험(있음)

내 역	채권자	관할법원	사건번호
채권압류및추심명령	(주)○○○○주류	○○○○지방법원	20○○타채○○○○○

2. 개인회생절차에 이르게 된 사정(여러 항목 중복 선택 가능)

( ) 생활비 부족 ( ) 병원비 과다지출
( ) 교육비 과다지출 ( ) 음식, 음주, 여행, 도박 또는 취미활동
( ) 점포 운영의 실패 ( ) 타인 채무의 보증
( ) 주식투자 실패 ( ) 사기 피해
(O) 기타 ( )

3. 채무자가 많은 채무를 부담하게 된 사정 및 개인회생절차 개시의 신청에 이르게 된 사정에 관하여 구체적으로 기재하여 주십시오. 별지 기재와 같음

Ⅳ. 과거 면책절차 등의 이용 상황

절차	법원 또는 기관	신청시기	현재까지 진행상황
□ 파산·면책절차 □ 화의·회생·개인회생절차			
□ 신용회복위원회 워크아웃 □ 배드뱅크			( )회 ( )원 변제

[별지] (위 Ⅲ-3 관련)

채무자가 많은 채무를 부담하게 된 사정 등에 관한 진술서

각 채무를 부담하게 된 부득이한 원인 및 채무금액, 현재의 생활 상황(자녀, 부모 부양 등), 월 소득현황(월급여, 사업소득 등), 신상에 관한 내역(질병, 수급자, 노령급여수급 등) 등 개인회생인가결정에 유리한 판단을 받기 위한 내역과 재판장님께 선처해 달라는 내용 등을 2~3장 정도로 서술식으로 작성하면 된다.

금지명령 신청서

금지명령 신청서

인 지
2,000원

사 건 20○○개회○○○○○호 개인회생

신 청 인 이 름 : ○ ○ ○
(채 무 자) 주 소 : ○○시 ○○구 ○○로 ○○

신 청 취 지

신청인(채무자)에 대한 이 법원 20○○개회○○○○○ 개인회생사건에 관하여 개인회생절차의 개시신청에 대한 결정이 있을 때까지 신청인에 대하여 그 결정 전의 원인으로 생긴 재산상의 청구권에 기하여 신청인의 급여, 유체동산 등에 대하여 하는 강제집행·가압류 또는 가처분행위를 각 금지한다.
라는 결정을 구합니다.

신 청 원 인

1. 신청인(채무자)은 귀원 20○○개회○○○○○ 개인회생 사건의 채무자입니다.
2. 신청인은 위 개인회생 사건에서 채무자(신청인)가 매월 수익하는 월평균소득에서 최저생계비를 제외한 나머지 가용소득으로 채무를 변제하는 계획안을 제출하였습니다.
3. 그런데 신청인의 채권자들은 신청인 소유의 영업장소 임차보증금, 설비시설, 영업소득, 유체동산 등에 대하여 하는 강제집행·가압류 또는 가처분 행위, 채권을 변제받거나 변제를 요구하는 행위를 하려하고 있습니다.

   〈영업장소〉 상 호 : ○○꼼장어
   소재지 : ○○시 ○○구 ○○로

4. 만약, 일부 채권자가 위와 같은 행위를 할 경우 신청인의 영업소득을 기준으로 한 가용소득확보가 어렵게 되어 개인회생절차를 수행할 수 없고, 다른 채권자들에게 손해를 가할 염려가 있으므로 채무자 회생 및 파산에 관한 법률 593조 제1항에 의해 이 신청에 이른 것입니다.

20○○. ○. ○.

신청인 ○○○
대리인 변호사 ○○○ (인)

○○지방법원 파산과 귀중

중지명령 신청서

중지명령 신청서

인 지
2,000원

사 건 20○○개회○○○○○ 개인회생

신 청 인 이 름 : ○ ○ ○
(채 무 자) 주 소 : ○○ ○○구 ○○로 ○○

채 권 자 별지 "상대방(채권자)의 표시" 기재와 같음

신 청 취 지

신청인에 대한 이 법원 20○○개회○○○○○ 개인회생사건에 관하여 개인회생절차의 개시신청에 대한 결정이 있을 때까지 신청인에 대한 별지 "상대방(채권자)의 표시" 기재 사건의 압류 절차를 중지한다.
라는 결정을 구합니다.

신 청 원 인

1. 신청인은 귀원 20○○개회○○○○○ 개인회생 사건의 채무자입니다.

2. 위 사건의 개시결정 전에 별지 "상대방(채권자)의 표시" 기재 사건절차를 진행하게 되면 채권자간의 형평을 해하게 됨은 물론, 개인회생절차에 따른 변제계획의 수행에 큰 어려움이 생길 것입니다.

3. 따라서 신청인은 채무자 회생 및 파산에 관한 법률 제593조 제1항에 의해 이 신청을 하게 되었습니다.

소 명 방 법

1. 압류, 추심명령 결정문 1통

20○○. ○. ○.

신청인 ○ ○ ○
대리인 변호사 ○○○ (인)

○○지방법원 파산과 귀중

[별지]

상대방(채권자)의 표시

구분	채권자 이름	채권자의 주소	내 역
1	(주)○○○○주류	○○시 ○○구 ○○로 ○○	○○○○지방법원 20○○디채○○○○○ 채권압류 및 추심명령

위 임 장

사 건 : 20○○개회○○○○○ 개인회생

신청인(채무자) : ○ ○ ○

위 개인회생 사건에 관하여 아래 수임인에게 신청대리를 위임하고 아래 권한을 수여합니다.

수 임 인 : 변호사 ○○○
○○시 ○○구 ○○로 ○○ ㅁㅁ빌딩 ○층
(전 화 : ○○○-○○○-○○○○ 팩스 : ○○○-○○○-○○○○)

아 래

1. 일체의 신청
2. 신청의 취하
3. 항고의 제기 또는 포기
4. 복대리인의 선임
5. 채권자에 대한 본인채무자료 열람, 송부에 관한 일체의 권한

20○○. ○. ○.

위인인 신청인(채무자) : ○○○(123456－1234567) (인)
○○시 ○○구 ○○로 ○○

○○지방법원 파산과 귀중

채권확인서(변호사가 개인파산 의뢰인으로부터 받아둘 자료)

확 인 서

1. 확인자 성 명 : ○ ○ ○(123456 – 1234567)
주 소 : ○○시 ○○구 ○○로 ○○
집전화 : 휴대폰 : ○○○-○○○○-○○○○

2. 채무내용

순번	채무발생일자	채권자	채무원금	이 자	비 고
1	20○○. ○. ○.	국민연금관리공단	1,367,520	0	우선채권
2	20○○. ○. ○.	○○카드(주)	4,272,714	75,250	
3	20○○. ○. ○.	○○카드(주)	1,122,000	25,505	
4	20○○. ○. ○.	(주)○○○○은행	600,973	0	
5	20○○. ○. ○.	(주)○○은행	10,993,991	161,734	
6	20○○. ○. ○.	(주)○○은행	4,246,764	198,214	
7	20○○. ○. ○.	(주)○○○○○저축은행	3,355,924	35,765	
8	20○○. ○. ○.	○○○○파이낸셜대부(주)	4,901,649	0	
9	20○○. ○. ○.	○○캐피탈(주)	1,857,128	49,314	
10	20○○. ○. ○.	○○대부(주)	4,656,834	88,238	
11	20○○. ○. ○.	○○기업은행	2,255,000	0	
12	20○○. ○. ○.	○○○○텔레콤(주)	834,220	0	
13	20○○. ○. ○.	○○○	3,000,000	0	
소 계			43,464,717	634,020	
합 계			44,098,737		

3. 귀 사무소에 개인회생 사건의뢰를 함에 있어서 다음사항을 확인합니다.
1) 재산상태, 소득내용 등에 관하여 숨김없이 사실대로 진술하였습니다.

2) 위 2항 기재의 채무내용 외 누락된 채무가 없습니다.

3) 귀 사무소로부터 주채무, 보증채무의 누락시 면책받을 수 없다는 점, 재산(소득)은닉에 따른 벌칙, 허위진술로 인한 불이익 등에 관하여 고지를 받았습니다.

4. 위 확인사항에 근거하여 채무누락, 허위진술 등으로 인한 불이익은 전적으로 본인이 감수하겠습니다.

20○○년 ○월 ○일

위 확인자 (사건 의뢰인) ○○○ (인)

변호사 ○○○ 귀중

[붙임] 변제계획안(표지)

가용소득만으로 변제하는 경우

변제계획안 제출서

사 건 20○○개회○○○○○호 개인회생

채 무 자 ○ ○ ○ (123456－1234567)

채무자는 별지와 같이 변제계획안을 작성하여 제출하니 인가하여 주시기 바랍니다.

20○○. ○. ○.

채무자 ○ ○ ○

신청대리인 변호사 ○○○ (인)

○○지방법원 귀중

[붙임] 변제계획안(본문)

20○○개회○○○○○ 채무자: ○○○(123456-1234567)

변 제 계 획 (안)

20○○. ○. ○. 작성

1. 변제기간

[20○○]년 [09]월 [25]일부터 [20○○]년 [08]월 [25]일까지 [60]개월간

2. 변제에 제공되는 소득 또는 재산

가. 소득

(1) 수입

☐ 변제기간 동안 [ ]에서 받는 월 평균 수입 [ ]원

☑ 변제기간 동안 [○○꼼장어]를 운영하여 얻는 월 평균 수입 [0,000,000]원

(2) 채무자 및 피부양자의 생활에 필요한 생계비

(가) 채무자 및 피부양자 : 총 [○]명

(나) 국민기초생활보장법에 의한 가구별 기준 중위소득 : 월 평균 수입 [0,000,000]원

(다) 채무자 회생 및 파산에 관한 법률에 따라 조정된 생계비 : 월 [0,000,000]원

(3) 채무자의 가용소득

기간 : [20○○]년 [09]월 [25]일부터 [20○○]년 [08]월 [25]일까지 [60]개월간

① 월 평균 수입	② 월 평균 생계비	③ 월 평균 가용소득 (① - ②)	④ 월 회생위원 보수	⑤ 월 실제 가용소득 (③ - ④)	⑥ 변제 횟수 (월 단위로 환산)	⑦ 총 실제 가용소득 (⑤ × ⑥)
0,000,000원	0,000,000원	630,000원	0원	630,000원	60회	37,800,000원

나. 재산 : [해당 있음 ☐ / 해당 없음 ☑]

3. 개인회생재단채권에 대한 변제 [해당 있음 ☐ / 해당 없음 ☑]

4. '일반의 우선권 있는 개인회생채권'에 대한 변제 [해당 있음 ☑ / 해당 없음 ☐]

(1) 채권의 내용

채권자	채권현재액	채권발생원인(우선권의 근거)	변제기
국민연금관리공단	1,367,520	국민연금법 제98조에 의한 보험료 우선징수권	

(2) 변제방법

변제계획 인가일 직후 최초 도래하는 변제기일에 원리금 전액을 우선하여 변제한다. 남은 채권이 있을 경우에는 일반 개인회생채권의 매 변제기일에 우선하여 변제한다.

5. 별제권부 채권 및 이에 준하는 채권의 처리 [해당 있음 □ / 해당 없음 ☑]

가. 채권의 내용

<table>
<tr><td rowspan="3">채권
번호</td><td rowspan="3">채권자</td><td>① 채권현재액(원금)</td><td rowspan="2">③ 별제권행사 등으로
변제가 예상되는 채권액</td><td rowspan="2">④ 별제권행사 등으로도
변제받을 수 없을 채권액</td></tr>
<tr><td>② 채권현재액(이자)</td></tr>
<tr><td colspan="3">별제권 등의 내용 및 목적물</td></tr>
<tr><td rowspan="3"></td><td rowspan="3"></td><td></td><td rowspan="2"></td><td rowspan="2"></td></tr>
<tr><td></td></tr>
<tr><td colspan="3"></td></tr>
<tr><td></td><td colspan="4">해당사항없습니다.</td></tr>
<tr><td rowspan="3"></td><td rowspan="3"></td><td></td><td rowspan="2"></td><td rowspan="2"></td></tr>
<tr><td></td></tr>
<tr><td colspan="3"></td></tr>
<tr><td rowspan="3"></td><td rowspan="3"></td><td></td><td rowspan="2"></td><td rowspan="2"></td></tr>
<tr><td></td></tr>
<tr><td colspan="3"></td></tr>
<tr><td rowspan="3"></td><td rowspan="3"></td><td></td><td rowspan="2"></td><td rowspan="2"></td></tr>
<tr><td></td></tr>
<tr><td colspan="3"></td></tr>
</table>

나. 변제방법

(1) 위 각 채권에 대하여 별제권 행사 등으로 변제가 예상되는 채권액(③)은 별제권 행사 등에 의한 방법으로 변제하고 이 변제계획상의 가용소득이나 재산처분에 의한 변제대상에서 제외한다.

(2) 위 (1)항 기재 각 채권 중 별제권행사 등으로도 변제받을 수 없을 채권액(④)은 미확정채권으로 보아 유보하였다가 아래 7항 기재와 같은 방법으로 변제한다.

(3) 별제권 행사 등으로도 변제받을 수 없을 채권액이 위 가의 ④항 기재 금액을 초과하는 것으로 확정된 경우에는, 채권자가 그 초과부분을 변제계획안의 변경 절차를 통하여 변제받을 수 있다.

6. 일반 개인회생채권에 대한 변제

가. 가용소득에 의한 변제

(1) 월 변제예정(유보)액 및 총 변제예정(유보)액의 산정(4항 '일반의 우선권 있는 개인회생채권' 포함)

각 일반 개인회생채권의 [원금]의 액수를 기준으로 월 평균가용소득에서 월 회생위원 보수를 차감한 월 실제 가용소득을 안분하여 산출한 금액을 각 일반 개인회생채권자에게 변제한다. 이를 기초로 산정한 월 변제예정(유보)액은 제1회부터 제2회까지는 [630,000원], 제3회는 [630,005]원, 제4회부터 제60회까지는 [630,006]원씩이고 총 변제예정(유보)액은 [37,800,347]원이다.

구체적 산정 내역은 별지 개인회생채권 변제예정액 표 참조.

(2) 변제방법

위 (1)항의 변제예정(유보)액은 다음과 같이 분할하여 변제한다.

(가) 기간 및 횟수

[20○ ○]년 [09]월 [25]일부터 [20○ ○]년 [08]월 [25]일까지 [60]개월간 합계 [60]회

(나) 변제월 및 변제일

① [20○ ○]년 [09]월 [25]일부터 변제계획인가일 직전 [25]일까지 기간

☑ 변제계획인가일 직후 최초 도래하는 월의 [25]일에 위 기간 동안의 변제분을 개인회생절차개시후 변제계획 인가 전에 적립된 가용소득으로 일시에 조기 변제

☐ 기타 : [ ]

② 변제계획인가일 직후 최초 도래하는 월의 [25]일부터 [20○ ○]년 [09]월 [25]일까지 기간

☑ 매월마다 [25]일에 변제

☐ 매 [ ]개월마다 [ ]일에 각 변제

☐ 기타 : [ ]

나. 재산의 처분에 의한 변제 [해당 있음 □ / 해당 없음 ☑]

7. 미확정 개인회생채권에 대한 조치 [해당 있음 □ / 해당 없음 ☑]

가. 변제금액의 유보

(1) 미확정 개인회생채권에 대하여는 변제를 유보하고, 별지 개인회생채권 변제예정액표에 기재한 금액을 해당 채권이 확정될 때까지 유보하여 둔다.

(2) 채무자는 이와 같이 유보한 금액도, 즉시 지급되는 다른 채권에 대한 변제금과 마찬가지로 아래 8항 기재 계좌에 입금한다.

나. 미확정 개인회생채권에 대한 변제

(1) 미확정 개인회생채권이 전부 그대로 확정된 경우

미확정 개인회생채권의 전액에 관하여 채권의 존재가 확정된 경우에는, 그 확정 직후 유보비율을 변제비율로 적용하여 변제를 개시하고 매월의 변제기에 그 해당금액을 변제하되, 이미 분할 변제기가 도래한 부분 즉 그동안의 유보액에 대하여는 곧바로 일시 변제한다.

(2) 미확정 개인회생채권이 전부 또는 일부 부존재 하는 것으로 확정된 경우

미확정 개인회생채권이 전부 또는 일부 부존재하는 것으로 확정된 경우에는, 그 확정 직후, 존재하는 것으로 확정된 [ ]의 인용 비율에 위 가항에 의해 지급을 유보한 금액을 곱하여 산출된 금액을 해당 개인회생채권자에게 일시에 변제한다. 유보금액 중, 미확정 개인회생채권의 일부가 존재하지 않는 것으로 됨에 따라 그 개인회생채권자에게 변제할 필요가 없게 된 나머지 유보금액은, 그 채권액 확정 직후 전체 일반 개인회생채권자들에게 각 [ ]의 액수를 기준으로 안분하여 변제한다.

향후의 매월 입금액을 분배하는 기준이 될 변제비율은 위 확정 원금들 사이의 비율에 따라 새로 계산하여 정하는데, 미확정 개인회생채권의 일부가 존재하지 않는 것으로 확정됨에 따라 향후 해당 개인회생채권자를 위한 유보가 불필요하게 된 변제기 미도래분에 대한 변제 유보예정액은, 향후 변제기 도래시 전체 일반 개인회생채권자들에게 그 각 [ ]의 액수를 기준으로 안분되도록 한다.

(3) 변제기간 종료시까지 미확정 개인회생채권이 미확정상태로 남는 경우에는 최종변제기에 유보한 금액 전부를 일반개인회생채권자들에게 각 [ ]의 액수를 기준으로 안분하여 변제한다.

(4) 임대차보증금반환액수가 확정되지 않은 임대차보증금 반환채권은 미확정채권으로 보아 위 가, 나항에 따라 변제하되 그 액수가 확정되고 임차인이 임차목적물을 명도함과 동시에 변제한다.

8. 변제금원의 회생위원에 대한 임치 및 지급

채무자는 위 [4, 6]항에 의해 개인회생채권자들에게 변제해야 할 금액을 개시결정시 통지되

는 회생위원의 예금계좌 {[ ]은행 계좌번호 [ ]}에 순차 임치하고, 개인회생채권자는 법원에 예금계좌를 신고하여 회생위원으로부터 변제액을 송금받는 방법으로 지급받는다. 회생위원은 계좌번호를 신고하지 않은 개인회생채권자에 대하여는 변제액을 적립하였다가 이를 연 1회 개인회생사건이 계속되어 있는 지방법원에 공탁하여 지급할 수 있다.

☞ 회생위원의 예금계좌는 신청 당시에는 알 수 없으므로 공란으로 두었다가 추후 보완합니다.

9. 면책의 범위 및 효력발생시기

채무자가 개인회생채권에 대하여 이 변제계획에 따라 변제를 완료하고 면책신청을 하여 면책결정이 확정되었을 경우에는, 이 변제계획에 따라 변제한 것을 제외하고 개인회생채권자에 대한 채무에 관하여 그 책임이 면제된다. 단, 채무자 회생 및 파산에 관한 법률 제625조 제2항 단서 각호 소정의 채무에 관하여는 그렇지 않다.

10. 기타사항 [해당 있음 □ / 해당 없음 ☑]

해당사항 없습니다.

[별지] 변제예정액표

개인회생채권 변제예정액표

1. 기초사항

(단위 : 원)

③ 월 평균 가용소득	630,000

④ 월 회생위원 보수	0

(A) 월 실제 가용소득 (③ - ④)	630,000

(B) 변제 횟수	630,000	2회
	630,005	1회
	630,006	57회

(C) 총 가용소득	37,800,347

2. 채권자별 변제예정액의 산정내역

별지기재와 같음

3. 변제율(4항 '일반의 우선권 있는 개인회생채권' 포함)

원금의 [87]% 상당액

4. 청산가치와의 비교

(단위 : 원)

(J) 청산 가치	33,541,268

(K) 가용소득에 의한 총변제예정(유보)액	37,800,347
(L) 현재가치	33,795,279

제1회~제2회분 변제예정액(20○○.09.25~20○○.10.25)

(단위 : 원)

채권번호	채권자	(D) 개인회생채권액		(E) 월 변제예정(유보)액		(F) 총 변제예정(유보)액	
		확정채권액(원금)	미확정채권액(원금)	확정채권액(원금)	미확정채권액(원금)	확정채권액(원금)	미확정채권액(원금)
1	국민연금관리공단	1,367,520	0	630,000	0	1,260,000	0
2	○○카드(주)	4,272,714	0	0	0	0	0
3	○○카드(주)	1,122,000	0	0	0	0	0
4	(주)○○○○은행	600,973	0	0	0	0	0
5	(주)○○은행	10,993,991	0	0	0	0	0
6	(주)○○은행	4,246,764	0	0	0	0	0
7	(주)○○○○○ 저축은행	3,355,924	0	0	0	0	0
8	○○○○파이낸셜 대부(주)	4,901,649	0	0	0	0	0
9	○○캐피탈(주)	1,857,128	0	0	0	0	0
10	○○대부(주)	4,656,834	0	0	0	0	0
11	○○기업은행	2,255,000	0	0	0	0	0
12	○○○○텔레콤(주)	834,220	0	0	0	0	0
13	○○○	3,000,000	0	0	0	0	0
합 계		43,464,717	0	630,000	0	1,260,000	0
총 계		(G) 43,464,717		(H) 630,000		(I) 1,260,000	

제3회분 변제예정액(20○○.11.25)

(단위 : 원)

채권번호	채권자	(D) 개인회생채권액		(E) 월 변제예정(유보)액		(F) 총 변제예정(유보)액	
		확정채권액(원금)	미확정채권액(원금)	확정채권액(원금)	미확정채권액(원금)	확정채권액(원금)	미확정채권액(원금)
1	국민연금관리공단	1,367,520	0	107,520	0	107,520	0
2	○○카드(주)	4,272,714	0	53,030	0	53,030	0
3	○○카드(주)	1,122,000	0	13,926	0	13,926	0
4	(주)○○○○은행	600,973	0	7,459	0	7,459	0
5	(주)○○은행	10,993,991	0	136,450	0	136,450	0
6	(주)○○은행	4,246,764	0	52,708	0	52,708	0
7	(주)○○○○○ 저축은행	3,355,924	0	41,652	0	41,652	0
8	○○○○파이낸셜 대부(주)	4,901,649	0	60,836	0	60,836	0
9	○○캐피탈(주)	1,857,128	0	23,050	0	23,050	0
10	○○대부(주)	4,656,834	0	57,798	0	57,798	0
11	○○기업은행	2,255,000	0	27,988	0	27,988	0
12	○○○○텔레콤(주)	834,220	0	10,354	0	10,354	0
13	○○○	3,000,000	0	37,234	0	37,234	0
합 계		43,464,717	0	630,005	0	630,005	0
총 계		(G) 43,464,717		(H) 630,005		(I) 630,005	

제4회~제60회분 변제예정액(20○○.12.25~20○○.08.25)

(단위 : 원)

채권번호	채권자	(D) 개인회생채권액		(E) 월 변제예정(유보)액		(F) 총 변제예정(유보)액	
		확정채권액 (원금)	미확정채권액 (원금)	확정채권액 (원금)	미확정채권액 (원금)	확정채권액 (원금)	미확정채권액 (원금)
1	국민연금관리공단	1,367,520	0	0	0	0	0
2	○○카드(주)	4,272,714	0	63,943	0	3,644,751	0
3	○○카드(주)	1,122,000	0	16,792	0	957,144	0
4	(주)○○○○은행	600,973	0	8,994	0	512,658	0
5	(주)○○은행	10,993,991	0	164,530	0	9,378,210	0
6	(주)○○은행	4,246,764	0	63,555	0	3,622,635	0
7	(주)○○○○○ 저축은행	3,355,924	0	50,223	0	2,862,711	0
8	○○○○파이낸셜 대부(주)	4,901,649	0	73,355	0	4,181,235	0
9	○○캐피탈(주)	1,857,128	0	27,793	0	1,584,201	0
10	○○대부(주)	4,656,834	0	69,692	0	3,972,444	0
11	○○기업은행	2,255,000	0	33,747	0	1,923,579	0
12	○○○○텔레콤 (주)	834,220	0	12,485	0	711,645	0
13	○○○	3,000,000	0	44,897	0	2,559,129	0
합 계		43,464,717	0	630,006	0	35,910,342	0
총 계		(G) 43,464,717		(H) 630,006		(I) 35,910,342	

가용소득에 의한 총변제예정(유보)액의 산정내역

(단위 : 원)

채권번호	채권자	(D) 개인회생채권액		(F) 총 변제예정(유보)액	
		확정채권액 (원금)	미확정채권액 (원금)	확정채권액 (원금)	미확정채권액 (원금)
1	국민연금관리공단	1,367,520	0	1,367,520	0
2	○○카드(주)	4,272,714	0	3,697,781	0
3	○○카드(주)	1,122,000	0	971,070	0
4	(주)○○○○은행	600,973	0	520,117	0
5	(주)○○은행	10,993,991	0	9,514,660	0
6	(주)○○은행	4,246,764	0	3,675,343	0
7	(주)○○○○○ 저축은행	3,355,924	0	2,904,363	0
8	○○○○파이낸셜대부(주)	4,901,649	0	4,242,071	0
9	○○캐피탈(주)	1,857,128	0	1,607,251	0
10	○○대부(주)	4,656,834	0	4,030,242	0
11	○○기업은행	2,255,000	0	1,951,567	0
12	○○○○텔레콤(주)	834,220	0	721,999	0
13	○○○	3,000,000	0	2,596,363	0
합 계		43,464,717	0	37,800,347	0
총 계		(G) 43,464,717		(I) 35,910,342	

[사례 7] 개인회생(전부명령이 있는 경우)

개인회생 신청 ○○○관련
(첨부서류 및 소명자료 일람표)

회생절차개시신청서

- 회생절차개시신청서(표지)
- 회생절차개시신청서
- 송달료·예납금 납부서·영수증
- 개인회생채권자목록
- 재산목록
- 수입 및 지출에 관한 목록
- 진술서
- 신청서 부본
- 신청인 본인의 예금계좌사본
- 위임장(대리인이 있는 경우)
- 금지명령신청서
- 송달장소 및 송달영수인 선정 신고

변제계획안

- 변제계획안(표지)
- 변제계획안
- 개인회생채권 변제예정액표
- 변제계획안 요약

개인회생절차 개시신청서(표지)

개인회생절차 개시신청서

파산사건번호	
면책사건번호	
배당순위번호	
재 판 부	제 단독

신청인(채무자) ○ ○ ○

소송대리인 변호사 ○○○

(송달장소) ○○시 ○○구 ○○로 ○○

인 지 대 : 30,000원

송 달 료 : 채권자수 (16) × 8 × 5,200 + 52,000원 = 717,600원

합 계 : 747,600원

○○지방법원 귀중

개인회생절차 개시신청서(본문)

개인회생절차 개시신청서

신청인	성　　명	○ ○ ○	주민등록번호	OOOOOO－OOOOOOO
	주민등록상 주소	[우. OOOOO] OO시 OO구 OO로 OO		
	현　주　소	[우. OOOOO] OO시 OO구 OO로 OO		
	송 달 장 소	[우. OOOOO] OO시 OO구 OO로 OO		
	전화번호(집·직장)		전화번호(휴대전화)	OOO－OOOO－OOOO

대리인	성　　명	변호사 OOO		
	사무실 주소	[우. OOOOO] OO시 OO구 OO로 OO		
	전화번호(사무실)	OO－OOO－OOOO		
	이-메일 주소	kkkk1234@naver.com	FAX번호	OO－OOOO－OOOO

주채무자가(또는 보증채무자가, 연대채무자가, 배우자가) 이미 귀 법원에 파산신청 또는 개인회생절차 개시신청을 하였으므로 그 사실을 아래와 같이 기재합니다.			
성　명		사건번호	

신 청 취 지

「신청인에 대하여 개인회생절차를 개시한다.」라는 결정을 구합니다.

신 청 이 유

1. 신청인은, 첨부한 개인회생채권자목록 기재와 같은 채무를 부담하고 있으나, 수입 및 재산이 별지 수입 및 지출에 관한 목록과 재산목록에 기재된 바와 같으므로, 파산의 원인사실이 발생하였습니다(파산의 원인사실이 생길 염려가 있습니다).

   □ 신청인은 정기적이고 확실한 수입을 얻을 것으로 예상되고, 또한 채무자 회생 및 파산

에 관한 법률 제595조에 해당하는 개시신청 기각사유는 없습니다(급여소득자의 경우).

☑ 신청인은 부동산임대소득·사업소득·농업소득·임업소득 그밖에 이와 유사한 수입을 장래에 계속적으로 또는 반복하여 얻을 것으로 예상되고, 또한 채무자 회생 및 파산에 관한 법률 제595조에 해당하는 개시신청 기각사유는 없습니다(영업소득자의 경우).

2. 신청인은, 각 회생채권자에 대한 채무 전액의 변제가 곤란하므로, 그 일부를 분할하여 지급할 계획입니다. 즉 현시점에서 계획하고 있는 변제예정액은 60 개월간 제1회부터 제59회까지는 월 [2,020,007] 원, 제60회는 월 [2,020,007] 원, 개시결정이 통지되는 회생위원의 은행구좌에 동액의 금전을 입금하겠습니다.

3. 이 사건 개인회생절차에서 변제계획이 불인가될 경우 불인가 결정시까지의 적립금을 반환받을 신청인의 예금계좌는 OO은행 OOO-OOOO-OOOO-OO 입니다.

4. 개인회생채권자목록 부본(개인회생채권자목록상의 채권자수 + 2통)은 개시결정 전 회생위원의 지시에 따라 지정하는 일자까지 반드시 제출하겠습니다.

첨 부 서 류

1. 개인회생채권자목록 1통
2. 재산목록 1통
3. 수입 및 지출에 관한 목록 1통
4. 진술서 1통
5. 신청서 부본 1통(위 1 내지 4의 첨부서류 및 소명방법을 모두 포함한 것)
6. 송달료납부서 1통
7. 신청인 본인의 예금계좌 사본 1통(대리인의 예금계좌 사본 아님)
8. 위임장 1통(대리인에 의해 신청하는 경우)

휴대전화를 통한 정보수신 신청서

위 사건에 관한 파산선고결정, 면책결정 등 정보를 예납의무자가 납부한 송달료 잔액 범위 내에서 휴대전화를 통하여 알려주실 것을 신청합니다.

▣ **휴대전화 번호 : 010-○○○○-○○○○**

20○○. ○. ○.

신청인 ○ ○ ○ (날인 또는 서명)

※ 개인회생절차 개시결정이 있거나, 변제계획 인가결정 후 월 변제액 3개월분 이상 연체시 위 휴대전화로 문자메시지가 발송됩니다.

※ 문자메시지 서비스 이용금액은 메시지 1건당 17원씩 납부된 송달료에서 지급됩니다(송달료가 부족하면 문자메시지가 발송되지 않습니다). 추후 서비스 대상 정보, 이용금액 등이 변동될 수 있습니다.

20○○. ○. ○.

위 신청인 ○ ○ ○

대 리 인 변호사 ○ ○ ○ (인)

○○지방법원 귀중

20○○개회○○○○○ 채무자 ○○○(○○○○○○-○○○○○○○)

개인회생채권자목록

채권현재액 산정기준일: 20○○. 03. 28. 목록작성일: 20○○. 03. 28.

<table>
<tr><td rowspan="3">채권현재액 총합계</td><td>합계 159,127,733 원</td><td rowspan="3">담보부 회생 채권액의 합계</td><td rowspan="3">45,500,000원</td><td rowspan="3">무담보 회생 채권액의 합계</td><td rowspan="3">113,627,733원</td></tr>
<tr><td>원금 155,648,212 원</td></tr>
<tr><td>이자 3,479,521 원</td></tr>
</table>

※ 개시후이자 등: 아래 각 채권의 개시결정일 이후의 이자·지연손해금 등은 채무자 회생 및 파산에 관한 법률 제581조 제2항, 제446조 제1항 제1, 2호의 후순위채권입니다.

<table>
<tr><th rowspan="4">채권
번호</th><th rowspan="4">채
권
자</th><th colspan="2">채권의 원인</th><th colspan="2">주소 및 연락처</th></tr>
<tr><th colspan="3">채권의 내용</th><th>부속서류 유무</th></tr>
<tr><th>채권현재액(원금)</th><th colspan="3">채권현재액(원금) 산정근거</th></tr>
<tr><th>채권현재액(이자)</th><th colspan="3">채권현재액(이자) 산정근거</th></tr>
<tr><td rowspan="4">1</td><td rowspan="4">○○해상화재보험(주)</td><td colspan="2">20○○.09.22. 부동산담보대출
48,958,335원</td><td colspan="2">(주소) ○○ ○○구 ○○로 ○○
(전화) ○○○○-○○○○ (팩스)</td></tr>
<tr><td colspan="3">48,958,335원 및 이중 원금잔액 금 48,958,335원에 대한 20○○.03.30.부터 완제일까지 약정이율의 비율에 의한 금원</td><td>☐ 부속서류
(1, 2, 3, 4)</td></tr>
<tr><td>48,958,335원</td><td colspan="3">부채증명원 참조(산정기준일 20○○.03.29.)</td></tr>
<tr><td>0원</td><td colspan="3"></td></tr>
<tr><td rowspan="4">2</td><td rowspan="4">○○캐피탈(주)</td><td colspan="2">20○○.11.07. 자동차담보대출
3,000,000원</td><td colspan="2">(주소) ○○ ○○○구 ○○○로 ○○
(전화) ○○○○-○○○○ (팩스)</td></tr>
<tr><td colspan="3">2,595,627원 및 이중 원금잔액 금 2,595,627원에 대한 20○○.03.31.부터 완제일까지 약정이율의 비율에 의한 금원</td><td>☐ 부속서류
(1, 2, 3, 4)</td></tr>
<tr><td>2,595,627원</td><td colspan="3">부채확인서 참조(산정기준일 20○○.03.30.)</td></tr>
<tr><td>0원</td><td colspan="3"></td></tr>
<tr><td rowspan="4">3</td><td rowspan="4">○○카드(주)</td><td colspan="2">20○○.10.19. 발급받은 신용카드 사용대금</td><td colspan="2">(주소) ○○ ○구 ○○○로 ○○
(전화) ○○○○-○○○○ (팩스)</td></tr>
<tr><td colspan="3">398,863원 및 이중 원금잔액 금 396,570원에 대한 20○○.03.27.부터 완제일까지 약정이율의 비율에 의한 금원</td><td>☐ 부속서류
(1, 2, 3, 4)</td></tr>
<tr><td>396,570원</td><td colspan="3">부채증명서 참조(산정기준일 20○○.03.26.)</td></tr>
<tr><td>2,293원</td><td colspan="3">부채증명서 참조(산정기준일 20○○.03.26.)</td></tr>
<tr><td rowspan="4">4</td><td rowspan="4">○○카드(주)</td><td colspan="2">20○○.04.15. 발급받은 신용카드 사용대금</td><td colspan="2">(주소) ○○ ○구 ○○○로 ○○
(전화) ○○○○-○○○○ (팩스)</td></tr>
<tr><td colspan="3">2,583,459원 및 이중 원금잔액 금 2,333,608원에 대한 20○○.03.22.부터 완제일까지 약정이율의 비율에 의한 금원</td><td>☐ 부속서류
(1, 2, 3, 4)</td></tr>
<tr><td>2,333,608원</td><td colspan="3">부채증명서 참조(산정기준일 20○○.03.26.)</td></tr>
<tr><td>249,851원</td><td colspan="3">부채증명서 참조(산정기준일 20○○.03.26.)</td></tr>
</table>

<table>
<tr><td rowspan="4">5</td><td rowspan="4">○○상하이은행</td><td colspan="2">20○○.04.02. 신용대출금
27,000,000원</td><td colspan="2">(주소) OO O구 OO로 OO
(전화) OO－OOOO－OOOO (팩스)</td></tr>
<tr><td colspan="3">7,899,284원 및 이중 원금잔액 금 7,247,450원에 대한 20○○.03.22. 부터 완제일까지 약정이율의 비율에 의한 금원</td><td>□ 부속서류
(1, 2, 3, 4)</td></tr>
<tr><td>7,247,450원</td><td colspan="3">부채증명서 참조(산정기준일 20○○.03.26.)</td></tr>
<tr><td>651,834원</td><td colspan="3">부채증명서 참조(산정기준일 20○○.03.26.)</td></tr>
<tr><td rowspan="4">6</td><td rowspan="4">○○대부(주)</td><td colspan="2">20○○.09.18. 신용대출금
1,709,065원</td><td colspan="2">(주소) OO OO구 OO로 OO
(전화) OO－OOO－OOOO (팩스)</td></tr>
<tr><td colspan="3">1,740,800원 및 이중 원금잔액 금 1,709,065원에 대한 20○○.06.30. 부터 완제일까지 약정이율의 비율에 의한 금원</td><td>□ 부속서류
(1, 2, 3, 4)</td></tr>
<tr><td>1,709,065원</td><td colspan="3">잔고증명서 참조(산정기준일 20○○.06.29.)</td></tr>
<tr><td>31,735원</td><td colspan="3">잔고증명서 참조(산정기준일 20○○.06.29.)</td></tr>
<tr><td rowspan="4">7</td><td rowspan="4">○○○○○○카드(주)</td><td colspan="2">20○○.01.12. 발급받은 신용카드 사용대금</td><td colspan="2">(주소) OO O구 OO로 OO
(전화) OO－OOOO－OOOO (팩스)</td></tr>
<tr><td colspan="3">1,939,273원 및 이중 원금잔액 금 1,782,595원에 대한 20○○.03.22. 부터 완제일까지 약정이율의 비율에 의한 금원</td><td>□ 부속서류
(1, 2, 3, 4)</td></tr>
<tr><td>1,782,595원</td><td colspan="3">부채증명서 참조(산정기준일 20○○.03.26.)</td></tr>
<tr><td>156,678원</td><td colspan="3">부채증명서 참조(산정기준일 20○○.03.26.)</td></tr>
<tr><td rowspan="4">8</td><td rowspan="4">(주)○○은행</td><td colspan="2">20○○.01.14. 신용대출금
2,000,000원</td><td colspan="2">(주소) OO OO구 OO로 OO
(전화) OO－OOOO－OOOO (팩스)</td></tr>
<tr><td colspan="3">2,028,688원 및 이중 원금잔액 금 2,000,000원에 대한 20○○.03.21. 부터 완제일까지 약정이율의 비율에 의한 금원</td><td>□ 부속서류
(1, 2, 3, 4)</td></tr>
<tr><td>2,000,000원</td><td colspan="3">부채증명서 참조(산정기준일 20○○.03.26.)</td></tr>
<tr><td>28,688원</td><td colspan="3">부채증명서 참조(산정기준일 20○○.03.26.)</td></tr>
<tr><td rowspan="4">9</td><td rowspan="4">○○협동조합중앙회</td><td colspan="2">20○○.09.13. 발급받은 신용카드 사용대금</td><td colspan="2">(주소) OO O구 OO로 OO
(전화) OO－OOO－OOOO (팩스)</td></tr>
<tr><td colspan="3">3,8193,133원 및 이중 원금잔액 금 3,321,968원에 대한 20○○.09.26. 부터 완제일까지 약정이율의 비율에 의한 금원</td><td>□ 부속서류
(1, 2, 3, 4)</td></tr>
<tr><td>3,321,968원</td><td colspan="3">결재대상금액조회 참조(산정기준일 20○○.09.25.)</td></tr>
<tr><td>497,165원</td><td colspan="3">결재대상금액조회 참조(산정기준일 20○○.09.25.)</td></tr>
<tr><td rowspan="4">10</td><td rowspan="4">(주)○○은행</td><td colspan="2">발급받은 신용카드 사용대금</td><td colspan="2">(주소) OO O구 OO로 OO
(전화) OO－OOO－OOOO (팩스)</td></tr>
<tr><td colspan="3">1,450,000원 및 이중 원금잔액 금 1,450,000원에 대한 20○○.03.21. 부터 완제일까지 약정이율의 비율에 의한 금원</td><td>□ 부속서류
(1, 2, 3, 4)</td></tr>
<tr><td>1,450,000원</td><td colspan="3">부채증명서 참조(산정기준일 20○○.03.26.)</td></tr>
<tr><td>0원</td><td colspan="3">부채증명서 참조(산정기준일 20○○.03.26.)</td></tr>
</table>

11	(주)○○ 스탠다드 차타드 은행	20○○.06.28. 신용대출금 2,000,000원	(주소) OO OO구 OO로 OO (전화) OO-OOOO-OOOO (팩스)	
		15,041,219원 및 이중 원금잔액 금 14,680,465원에 대한 20○○.03.22.부터 완제일까지 약정이율의 비율에 의한 금원		□ 부속서류 (1, 2, 3, 4)
		14,680,465원	부채증명서 참조(산정기준일 20○○.03.26.)	
		360,754원	부채증명서 참조(산정기준일 20○○.03.26.)	
12	(주)○○ 스탠다드 차타드 은행	20○○.04.11. 신용대출금 32,000,000원	(주소) OO OO구 OO로 OO (전화) OO-OOOO-OOOO (팩스)	
		27,984,334원 및 이중 원금잔액 금 27,821,688원에 대한 20○○.03.22.부터 완제일까지 약정이율의 비율에 의한 금원		□ 부속서류 (1, 2, 3, 4)
		27,821,688원	부채증명서 참조(산정기준일 20○○.03.26.)	
		162,646원	부채증명서 참조(산정기준일 20○○.03.26.)	
13	○○○○ ○○○ 대부(주)	20○○.04.20. 신용대출금 2,993,989원	(주소) OO OO구 OO로 OO (전화) OO-OOOO-OOOO (팩스)	
		원금잔액의 기준일 현재 원금 2,993,989원에서 변제계획의 인가일까지 전부명령에 의해 변제에 충당된 돈을 공제한 잔액		□ 부속서류 (1, 2, 3, 4)
		2,993,989원	부채증명서 참조(산정기준일 20○○.03.26.)	
		446,307원	부채증명서 참조(산정기준일 20○○.03.26.)	
14	(주)○○ ○○은행	20○○.04.20. 신용대출금 13,953,248원	(주소) OO O구 OO로 OO (전화) OO-OOOO-OOOO (팩스)	
		14,147,542원 및 이중 원금잔액 금 13,953,248원에 대한 20○○.03.22.부터 완제일까지 약정이율의 비율에 의한 금원		□ 부속서류 (1, 2, 3, 4)
		13,953,248원	부채증명서 참조(산정기준일 20○○.03.26.)	
		194,294원	부채증명서 참조(산정기준일 20○○.03.26.)	
15	(주)○○ ○○○2 저축은행	20○○.01.10. 신용대출금 20,000,000원	(주소) OO OO구 OO로 OO (전화) OO-OOOO-OOOO (팩스)	
		19,488,568원 및 이중 원금잔액 금 19,323,393원에 대한 20○○.07.04.부터 완제일까지 약정이율의 비율에 의한 금원		□ 부속서류 (1, 2, 3, 4)
		19,323,393원	부채증명서 참조(산정기준일 20○○.03.26.)	
		165,175원	부채증명서 참조(산정기준일 20○○.03.26.)	
16	㈜○○○ ○○ 카드	20○○.04.12. 발급받은 신용카드 사용대금	(주소) OO OOO구 OO로 OO (전화) OOOO-OOOO (팩스)	
		5,612,312원 및 이중 원금잔액 금 5,080,211원에 대한 20○○.08.09.부터 완제일까지 약정이율의 비율에 의한 금원		□ 부속서류 (1, 2, 3, 4)
		5,080,211원	부채증명서 참조(산정기준일 20○○.03.26.)	
		532,101원	부채증명서 참조(산정기준일 20○○.03.26.)	

부속서류 1.

별제권부채권 및 이에 준하는 채권의 내역

(단위 : 원)

<table>
<tr><td rowspan="3">채권
번호</td><td rowspan="3">채권자</td><td>① 채권현재액(원금)</td><td rowspan="2">③ 별제권행사등으로 변제가 예상되는 채권액</td><td rowspan="2">④ 별제권행사등으로도 변제받을 수 없을 채권액</td><td rowspan="2">⑤ 담보부 회생채권액</td></tr>
<tr><td>② 채권현재액(이자)</td></tr>
<tr><td colspan="4">⑥ 별제권 등의 내용 및 목적물</td></tr>
<tr><td rowspan="3">1</td><td rowspan="3">OO해상화재보험(주)</td><td>48,358,332</td><td rowspan="2">45,500,000</td><td rowspan="2">14,500,000</td><td rowspan="2">45,500,000</td></tr>
<tr><td>0</td></tr>
<tr><td colspan="4">20ㅇㅇ. 09. 22. 근저당권, 채권최고액 60,000,000원
[집합건물] OO OO시 OO동
환가예상액(시가) 65,000,000원의 70%=45,500,000원</td></tr>
<tr><td rowspan="3">2</td><td rowspan="3">OO캐피탈(주)</td><td>2,595,627</td><td rowspan="2">0</td><td rowspan="2">2,595,627</td><td rowspan="2">0</td></tr>
<tr><td>0</td></tr>
<tr><td colspan="4">20ㅇㅇ. 11. 07. 저당권, 담보한도액 3,000,000원
[자동차] OOO 차량번호 : OO 가 OOOO
환가예상액(시가) 6,300,000원의 0%=0원</td></tr>
<tr><td rowspan="3"></td><td rowspan="3"></td><td></td><td rowspan="2"></td><td rowspan="2"></td><td rowspan="2"></td></tr>
<tr><td></td></tr>
<tr><td colspan="4"></td></tr>
<tr><td rowspan="3"></td><td rowspan="3"></td><td></td><td rowspan="2"></td><td rowspan="2"></td><td rowspan="2"></td></tr>
<tr><td></td></tr>
<tr><td colspan="4"></td></tr>
<tr><td rowspan="3"></td><td rowspan="3"></td><td></td><td rowspan="2"></td><td rowspan="2"></td><td rowspan="2"></td></tr>
<tr><td></td></tr>
<tr><td colspan="4"></td></tr>
<tr><td rowspan="3"></td><td rowspan="3"></td><td></td><td rowspan="2"></td><td rowspan="2"></td><td rowspan="2"></td></tr>
<tr><td></td></tr>
<tr><td colspan="4"></td></tr>
<tr><td rowspan="3"></td><td rowspan="3"></td><td></td><td rowspan="2"></td><td rowspan="2"></td><td rowspan="2"></td></tr>
<tr><td></td></tr>
<tr><td colspan="4"></td></tr>
<tr><td rowspan="3"></td><td rowspan="3"></td><td></td><td rowspan="2"></td><td rowspan="2"></td><td rowspan="2"></td></tr>
<tr><td></td></tr>
<tr><td colspan="4"></td></tr>
<tr><td colspan="2" rowspan="2">합 계</td><td>51,553,962</td><td rowspan="2">45,500,000</td><td rowspan="2">17,095,627</td><td rowspan="2">45,500,000</td></tr>
<tr><td>0</td></tr>
</table>

부속서류 3.

전부명령의 내역

(단위 : 원)

채권 번호	채권자	채권의 내용	전부명령의 내역
13	○○○○○○○○ 대부(주)	20○○. 04. 20. 신용대출금 2,993,989원	① ○○지방법원○○지원 ② 채무자 : ○○○ ③ 20○○타채○○○ ④ 급여 ⑤ 20○○.04.19. 확정

재 산 목 록

<table>
<tr><th>명 칭</th><th>금액
(시가)</th><th>압류
등
유무</th><th colspan="4">비 고</th></tr>
<tr><td>현금</td><td>0</td><td></td><td colspan="4"></td></tr>
<tr><td rowspan="4">예금</td><td rowspan="4">0</td><td></td><td>금융기관명</td><td>계좌번호</td><td>잔 고</td><td>질권설정액</td></tr>
<tr><td>무</td><td>○○은행(주)</td><td>000000-00-000000</td><td>0</td><td>0</td></tr>
<tr><td></td><td></td><td></td><td></td><td></td></tr>
<tr><td></td><td></td><td></td><td></td><td></td></tr>
<tr><td>보험</td><td>144,195</td><td></td><td colspan="4">별지기재와 같음
(예상환급금 1,644,195원 중에서 압류할 수 없는 보험금 1,500,000원 제외)</td></tr>
<tr><td>자동차/선박/오토바이</td><td>7,404,373</td><td></td><td colspan="4">별지기재와 같음</td></tr>
<tr><td>임차보증금</td><td>0</td><td></td><td colspan="4"></td></tr>
<tr><td>부동산</td><td>16,041,665</td><td></td><td colspan="4">별지기재와 같음</td></tr>
<tr><td>사업용 설비, 비품 등</td><td></td><td></td><td colspan="4"></td></tr>
<tr><td rowspan="3">대여금 채권</td><td rowspan="3">0</td><td rowspan="3"></td><td colspan="4">상대방 채무자 1: 채권액 :</td></tr>
<tr><td colspan="4">상대방 채무자 2: 채권액 :</td></tr>
<tr><td colspan="4">상대방 채무자 3: 채권액 :</td></tr>
<tr><td rowspan="3">매출금 채권</td><td rowspan="3">0</td><td rowspan="3"></td><td colspan="4">상대방 채무자 1: 채권액 :</td></tr>
<tr><td colspan="4">상대방 채무자 2: 채권액 :</td></tr>
<tr><td colspan="4">상대방 채무자 3: 채권액 :</td></tr>
<tr><td>예상 퇴직금</td><td>795,574</td><td></td><td colspan="4">근무처: (주)○○○○○○○
(예상퇴직금 1,591,148원 중 압류할 수 없는 퇴직금 795,574원 제외)</td></tr>
<tr><td>기타 ( )</td><td>0</td><td></td><td colspan="4"></td></tr>
<tr><td>합계</td><td>24,385,807</td><td></td><td colspan="4"></td></tr>
<tr><td>면제재산 신청금액</td><td>0</td><td></td><td colspan="4">해당사항 없음</td></tr>
<tr><td>청산가치</td><td>24,385,807</td><td></td><td colspan="4"></td></tr>
</table>

[별지]

보 험

(단위 : 원)

명 칭	금액(시가)	압류등 유무	보험회사명	증권번호	해약시반환금
보 험	0	무	○○생명보험(주)	*********0015	0
	0	무	○○생명보험(주)	*********0016	0
	609,137	무	○○생명보험(주)	****1164	609,137
	276,432	무	○○생명보험(주)	****3610	276,342
	294,466	무	(외)아메리카인터내셔날○○○○○	34074***	294,466
	232,940	무	○○화재해상보험(주)	50900488******	232,940
	760	무	○○화재해상보험(주)	51010614******	760
	21,310	무	○○○아메리칸화재해상보험(주)	DEN42100*****	21,310
	18,840	무	○○○아메리칸화재해상보험(주)	DEN42000*****	18,840
	190,400	무	○○○아메리칸화재해상보험(주)	DEN70300*****	190,400

[별지]

자동차, 선박, 오토바이

(단위 : 원)

명 칭	금액 (시가)	압류등 유무	비 고
자동차 선 박 오토바이	3,700,000	무	[자동차] 트라제 XG OO라OOOO 20OO연식 1991 CC, 시가 3,700,000
	3,704,373	무	[자동차] OOO승용차 OO가OOOO 20OO연식 1206 CC, 시가 6,300,000 2011.11.07. 저당권설정 채권 현재액 2,595,627, 담보한도액 3,000,000

[별지]

부 동 산

(단위 : 원)

<table>
<tr><th>명 칭</th><th>금액
(시가)</th><th>압류등
유무</th><th colspan="2">비 고</th></tr>
<tr><td rowspan="15">부동산</td><td rowspan="5">16,041,665</td><td rowspan="5">무</td><td>소재지, 면적</td><td>00시 00구 00로 00 전유면적 : 63.82㎡</td></tr>
<tr><td>부동산의 종류</td><td>토지( ), 건물( ), 건물+토지( ), 집합건물(○)</td></tr>
<tr><td>권리의 종류</td><td>소유권, 단독소유</td></tr>
<tr><td>환가예상액</td><td>65,000,000 재산가치=환가예상액-피담보채무액</td></tr>
<tr><td>담보권설정된 경우 그 종류 및 담보액</td><td>근저당권 1 : 채권최고액 600,000,000
채권현재액 48,958,335</td></tr>
<tr><td rowspan="5"></td><td rowspan="5"></td><td>소재지, 면적</td><td></td></tr>
<tr><td>부동산의 종류</td><td>토지( ), 건물( ), 건물+토지( ), 집합건물( )</td></tr>
<tr><td>권리의 종류</td><td></td></tr>
<tr><td>환가예상액</td><td></td></tr>
<tr><td>담보권설정된 경우 그 종류 및 담보액</td><td></td></tr>
<tr><td rowspan="5"></td><td rowspan="5"></td><td>소재지, 면적</td><td></td></tr>
<tr><td>부동산의 종류</td><td>토지( ), 건물( ), 건물+토지( ), 집합건물( )</td></tr>
<tr><td>권리의 종류</td><td></td></tr>
<tr><td>환가예상액</td><td></td></tr>
<tr><td>담보권설정된 경우 그 종류 및 담보액</td><td></td></tr>
</table>

개인회생재단에 속하지 않는 재산목록 제출서

사　　　건　　20○○개회○○○○○호

신청인(채무자)　　○○○

신청인은 다음과 같이 개인회생재단에 속하지 않는 재산목록(채무자 회생 및 파산에 관한 법률 제580조 제3항, 제1항 제1호, 제383조 제1항 소정)을 제출합니다.

순번	재산의 대상과 명칭	소재지	추정가액	압류금지의 근거조문	소명자료
1	압류할수 없는 퇴직금	(주)○○○○○○○○	795,574원	민사집행법 제246조 제1항	예상퇴직금 확인서
2	압류할수 없는 퇴직금	(주)○○생명보험	1,500,000원	민사집행법 제246조 제1항 7호, 시행령 제6조 제1항	예상환급금 확인서

20○○. ○. ○.

신청인 ○○○ (인)

○○지방법원 민사신청과 귀중

수입 및 지출에 관한 목록

Ⅰ. 현재의 수입목록

(단위 : 원)

수입상황	자영(상호)		고용(직장명)	(주)○○○○○○○○
	업종	제조업	직위	사원
	종사경력	17년 0개월	근무기간	20○○년 01월부터 현재까지
명목	기간구분	금액	연간환산금액	압류, 가압류 등 유무
급여	월 간	0,000,000원	00,000,000원	무
상여금 등		0원	0원	
연 수입 00,000,000원				월 평균 수입 (0,000,000) 원

Ⅱ. 변제계획 수행시의 예상지출목록 (해당란에 ☑ 표시)

☑ **채무자가 예상하는 생계비가 보건복지부 공표 기준 중위소득의 60% 이하인 경우**
보건복지부 공표 (4)인 가구 기준 중위소득 (0,000,000)원의 약 (60)%인 (0,000,000)원을 지출할 것으로 예상됩니다(뒷면 표에 내역과 사유를 상세히 기재하십시오).

☐ **채무자가 예상하는 생계비가 보건복지부 공표 기준 중위소득의 60%를 초과하는 경우**
보건복지부 공표 ( )인 가구 기준 중위소득 ( )원의 약 ( )%인( )원을 지출할 것으로 예상됩니다(뒷면 표에 내역과 사유를 상세히 기재하십시오).

Ⅲ. 가족관계

관계	성 명	연령	동거여부 및 기간	직 업	월 수입	재산총액	부양유무
배우자	○○○	35	동거함 8년 10월	무	0	0	부양안함
딸	○○○	8	동거함 7년 7월	무	0	0	부양함
딸	○○○	7	동거함 6년 7월	무	0	0	부양함

☞ 채무자가 예상하는 생계비가 보건복지부 공표 기준 중위소득의 100분의 60을 초과하는 경우

1. 생계비의 지출 내역

비 목		지출예상 생계비	추가지출 사유
생계비	식료품비	0	
	광열수도비	0	
	가구집기비	0	
	피복신발비	0	
	교양오락비	0	
	교통통신비	0	
	기타 비용	0	
	합 계	0	
주거비		321,673	
의료비		0	
교육비		0	
계		321,673	추가비율 : 26 %

2. 생계비 추가지출사유에 관한 보충기재사항

아파트 담보대출 이자와 공과금 등을 추가생계비로 요청드립니다.

선처를 부탁드립니다.

월평균소득 산출 내역서(20○○. 3. ~ 20○○. 2.)

(단위 : 원)

소득 내용	3월	4월	5월	6월	7월	8월	9월	10월	11월	12월	1월	2월	합계
기본금												0,000,000	0,000,000
상여금													0
													0
													0
													0
													0
													0
													0
													0
													0
													0
													0
													0
													0
소득 합계	0	0	0	0	0	0	0	0	0	0	0	0,000,000	0,000,000

공제 내용	3월	4월	5월	6월	7월	8월	9월	10월	11월	12월	1월	2월	합계
소득세													0
주민세													0
건강보험													0
국민연금													0
고용보험													0
노조비													0
													0
													0
공제 합계	0	0	0	0	0	0	0	0	0	0	0	0	0

실수령	0	0	0	0	0	0	0	0	0	0	0	0,000,000	0,000,000

연 소득총액(A)	0,000,000원	연 공제총액(B)	0원	연 실수령액(A-B)	0,000,000원

월평균수입	0,000,000원	최저생계비조정금액	0,000,000원	월평균가용소득	0,000,000원	연간총수입환산액	00,000,000원

진 술 서

Ⅰ. 경력

1. 최종학력

20○○ 년 02 월 일 ○○ 고등학교(졸업)

2. 과거 경력 (최근 경력부터 기재하여 주십시오)

기간	19○○년 ○월부터 현재까지 (근무)				
업종	제조업	직장명	(주) ○○○○○○○	직위	사원
기간	년 월 일부터 년 월 일까지 (자영, 근무)				
업종		직장명		직위	
기간	년 월 일부터 년 월 일까지 (자영, 근무)				
업종		직장명		직위	
기간	년 월 일부터 년 월 일까지 (자영, 근무)				
업종		직장명		직위	

3. 과거 결혼, 이혼, 입양, 파양 경력

20○○ 년 5 월 14 일 ○○○와 (결혼)

Ⅱ. 현재 주거상황

거주를 시작한 시점 (20○○년 6 월 1 일)

거주관계(해당란에 표시)	상세한 내역
(○) ㉠ 신청인 소유의 주택	
( ) ㉡ 사택 또는 기숙사 ( ) ㉢ 임차(전·월세) 주택	임대보증금 (원) 임대료 (월 원), 연체액 (원) 임차인 성명 ( )
( ) ㉣ 친족 소유 주택에 무상 거주 ( ) ㉤ 친족외 소유 주택에 무상 거주	소유자 성명 ( ) 신청인과의 관계 ( )
( ) ㉥ 기타( )	

Ⅲ. 부채 상황

1. 채권자로부터 소송·지급명령·전부명령·압류·가압류 등을 받은 경험(없음)

내 역	채권자	관할법원	사건번호
채권압류및전부명령	○○○○○○○대부(주)	○○지방법원○○지원	20○○타채○○○
채권압류및전부명령	○○○○○○○대부(주)	○○지방법원○○지원	20○○타채○○○

2. 개인회생절차에 이르게 된 사정(여러 항목 중복 선택 가능)
   ( ) 생활비 부족　　　　( ) 병원비 과다지출
   ( ) 교육비 과다지출　　( ) 음식, 음주, 여행, 도박 또는 취미활동
   ( ) 점포 운영의 실패　 ( ) 타인 채무의 보증
   ( ) 주식투자 실패　　　( ) 사기 피해
   (○) 기타 (　　　　　　　　　　　　　　　　　　　　)

3. 채무자가 많은 채무를 부담하게 된 사정 및 개인회생절차 개시의 신청에 이르게 된 사정에 관하여 구체적으로 기재하여 주십시오. 별지 기재와 같음

Ⅳ. 과거 면책절차 등의 이용 상황

절 차	법원 또는 기관	신청시기	현재까지 진행상황
□ 파산·면책절차 □ 화의·회생·개인회생절차			
□ 신용회복위원회 워크아웃 □ 배드뱅크			(　　　)회 (　　　　　)원 변제

[별지] (위 III-3 관련)

채무자가 많은 채무를 부담하게 된 사정 등에 관한 진술서

각 채무를 부담하게 된 부득이한 원인 및 채무금액, 현재의 생활 상황(자녀, 부모 부양 등), 월 소득현황(월급여, 사업소득 등), 신상에 관한 내역(질병, 수급자, 노령급여수급 등) 등 개인회생인가결정에 유리한 판단을 받기 위한 내역과 재판장님께 선처해 달라는 내용 등을 2~3장 정도로 서술식으로 작성하면 된다.

금지명령 신청서

금지명령 신청서

인 지
2,000원

사　　건　　20○○개회○○○○○호　개인회생

신 청 인　　이 름 : ○○○
(채 무 자)　　주 소 : ○○시 ○○구 ○○로 ○○

신 청 취 지

신청인(채무자)에 대한 이 법원 20○○개회○○○○○호 개인회생사건에 관하여 개인회생절차의 개시신청에 대한 결정이 있을 때까지 신청인에 대하여 그 결정 전의 원인으로 생긴 재산상의 청구권에 기하여 신청인의 급여, 유체동산 등에 대하여 하는 강제집행·가압류 또는 가처분행위를 각 금지한다.
라는 결정을 구합니다.

신 청 원 인

1. 신청인(채무자)은 귀원 20○○개회○○○○○호 개인회생 사건의 채무자입니다.

2. 신청인은 위 개인회생 사건에서 채무자(신청인)가 매월 사용자(아래기재)로부터 지급받는 급여에서 최저생계비를 제외한 나머지 가용소득으로 채무를 변제하는 계획안을 제출하였습니다.

3. 그런데 신청인의 채권자들은 신청인이 사용자(아래기재)로부터 매월 지급받을 급료, 제수당, 상여금 기타 명목의 급여, 퇴직금 및 신청인 소유의 유체동산 등에 대하여 하는 강제집행·가압류 또는 가처분 행위, 채권을 변제받거나 변제를 요구하는 행위를 하려하고 있습니다.

〈영업장소〉 상　호 : ㈜○○○○○○○
　　　　　주　소 : ○○ ○○시 ○○동
　　　　　대표자 : ○○○○

4. 만약, 일부 채권자가 위와 같은 행위를 할 경우 신청인의 급여소득을 기준으로 한 가용소득확보가 어렵게 되어 개인회생절차를 수행할 수 없고, 다른 채권자들에게 손해를 가할 염려가 있으므로 채무자 회생 및 파산에 관한 법률 593조 제1항에 의해 이 신청에 이른 것입니다.

20○○. ○. ○.

신청인 ○○○ (인)

○○지방법원 귀중

위 임 장

성 명 : 변호사 ○○○

주 소 : ○○시 ○○구 ○○로 ○○

전 화 : ○○－○○○－○○○○ 팩 스 : ○○－○○○－○○○○

위 사람을 대리인으로 정하고 다음의 사항을 위임한다.

다 음

개인회생절차개시신청서 작성 및 제출 행위

20○○. ○. ○.

신청인 ○○○ (인)

○○ 지방법원 파산과 귀중

송달장소 및 송달영수인 선정 신고

신청인(채무자) : ○ ○ ○

사　　　건 : 20○○개회○○○○○○호 개인회생

위 개인회생 사건에 관하여 신청인(채무자)는 다음과 같이 송달받을 장소와 송달영수인을 신고합니다. (민사소송법 184조, 제186조, 채무자 회생 및 파산에 관한 법률 제33조)

다　　　음

1. 송달장소 신고
   송달장소 : ○○시 ○○구 ○○로 ○○○
2. 송달영수인 선정 신고
   신청인(채무자)의 송달영수인 : ○○○

20○○. ○. ○.

신청인 ○○○ (인)

○○ 지방법원 귀중

[붙임] 변제계획안(표지)

가용소득만으로 변제하는 경우

변제계획안 제출서

사　　건　　20○○개회○○○○○호 개인회생

채 무 자　　○ ○ ○ (123456－1234567)

채무자는 별지와 같이 변제계획안을 작성하여 제출하니 인가하여 주시기 바랍니다.

20○○. ○. ○.

채무자 ○ ○ ○

대리인 변호사 ○○○ (인)

○○ 지방법원 귀중

[붙임] 변제계획안(본문)

20○○개회○○○○○ 채무자 : ○○○(123456－1234567)

변 제 계 획 (안)

20○○. ○. ○. 작성

1. 변제기간

이 사건의 변제계획안이 인가되는 날의 다음달 25일은 제1회로 하여 60회가 되는 달의 25일까지 [60]개월간

2. 변제에 제공되는 소득 또는 재산

가. 소득

(1) 수입

☑ 변제기간 동안 [(주)○○○○○○○○]에서 받는 월 평균 수입 [4,169,975]원

☐ 변제기간 동안 [ ]를 운영하여 얻는 월 평균 수입 [ ]원

(2) 채무자 및 피부양자의 생활에 필요한 생계비

(가) 채무자 및 피부양자 : 총 [4]명

(나) 국민기초생활보장법에 의한 가구별 기준 중위소득 : 월 평균 수입 [0,000,000]원

(다) 채무자 회생 및 파산에 관한 법률에 따라 조정된 생계비 : 월 [0,000,000]원

(3) 채무자의 가용소득

기간 : 이 사건의 변제계획안이 인가되는 날의 다음달 25일을 제1회로 하여 60회가 되는 달의 25일까지 [60]개월간

① 월 평균 수입	② 월 평균 생계비	③ 월 평균 가용소득 (① － ②)	④ 월 회생위원 보수	⑤ 월 실제 가용소득 (③ － ④)	⑥ 변제 횟수 (월 단위로 환산)	⑦ 총 실제 가용소득 (⑤ x ⑥)
0,000,000원	0,000,000원	2,020,000원	0원	2,020,000원	60회	121,200,000

나. 재산 : [해당 있음 ☐ / 해당 없음 ☑]

3. 개인회생재단채권에 대한 변제 [해당 있음 ☐ / 해당 없음 ☑]

4. '일반의 우선권 있는 개인회생채권'에 대한 변제 [해당 있음 ☐ / 해당 없음 ☑]

(1) 채권의 내용

채권자	채권현재액	채권발생원인(우선권의 근거)	변제기

	해당사항 없습니다.		

(2) 변제방법

변제계획 인가일 직후 최초 도래하는 변제기일에 원리금 전액을 우선하여 변제한다. 남은 채권이 있을 경우에는 일반 개인회생채권의 매 변제기일에 우선하여 변제한다.

5. 별제권부 채권 및 이에 준하는 채권의 처리 [해당 있음 ☑ / 해당 없음 □]

가. 채권의 내용

<table>
<tr><th rowspan="2">채권번호</th><th rowspan="2">채권자</th><th>①채권현재액(원금)
②채권현재액(이자)</th><th>③ 별제권행사 등으로 변제가 예상되는 채권액</th><th>④ 별제권행사 등으로도 변제받을 수 없을 채권액</th></tr>
<tr><th colspan="3">별제권 등의 내용 및 목적물</th></tr>
<tr><td rowspan="2">1</td><td rowspan="2">○○해상화재보험(주)</td><td>48,958,335
0</td><td>45,500,000</td><td>14,500,000</td></tr>
<tr><td colspan="3">20○○.09.22. 근저당권, 채권최고액 60,000,000원
[집합건물] OO시 OO구 OO로 OO
환가예상액(시가) 65,000,000원의 70%=45,500,000원</td></tr>
<tr><td rowspan="2">2</td><td rowspan="2">○○캐피탈(주)</td><td>2,595,627
0</td><td>0</td><td>2,595,627</td></tr>
<tr><td colspan="3">20○○.11.07. 저당권, 담보한도액 3,000,000원
[자동차] OOO 차량번호 : OOO OOOO
환가예상액(시가) 63,000,000원의 0%=0원</td></tr>
<tr><td rowspan="2"></td><td rowspan="2"></td><td></td><td></td><td></td></tr>
<tr><td colspan="3"></td></tr>
</table>

나. 변제방법

(1) 위 각 채권에 대하여 별제권 행사 등으로 변제가 예상되는 채권액(③)은 별제권 행사 등에 의한 방법으로 변제하고 이 변제계획상의 가용소득이나 재산처분에 의한 변제대상에서 제외한다.

(2) 위 (1)항 기재 각 채권 중 별제권행사 등으로도 변제받을 수 없을 채권액(④)은 미확정채권으로 보아 유보하였다가 아래 7항 기재와 같은 방법으로 변제한다.

(3) 별제권 행사 등으로도 변제받을 수 없을 채권액이 위 가의 ④항 기재 금액을 초과하는 것으로 확정된 경우에는, 채권자가 그 초과부분을 변제계획안의 변경 절차를 통하여 변

제받을 수 있다.

6. 일반 개인회생채권에 대한 변제

가. 가용소득에 의한 변제

(1) 월 변제예정(유보)액 및 총 변제예정(유보)액의 산정

각 일반 개인회생채권의 [원금]의 액수를 기준으로 월 평균가용소득에서 월 회생위원 보수를 차감한 월 실제 가용소득을 안분하여 산출한 금액을 각 일반 개인회생채권자에게 변제한다. 이를 기초로 산정한 월 변제예정(유보)액은 제1회부터 제59회까지는 [2,020,007원], 제60회는 [2,009,464]원씩이고 총 변제예정(유보)액은 [121,189,877]원이다.

구체적 산정 내역은 별지 개인회생채권 변제예정액 표 참조.

(2) 변제방법

위 (1)항의 변제예정(유보)액은 다음과 같이 분할하여 변제한다.

(가) 기간 및 횟수

변제계획안이 인가되는 날의 다음달 25일을 제1회로 하여 60회가 되는 달의 25일까지 합계 [60]회

(나) 변제월 및 변제일

① [ ]년 [ ]월 [ ]일부터 변제계획인가일 직전 [ ]일까지 기간

☐ 변제계획인가일 직후 최초 도래하는 월의 [25]일에 위 기간 동안의 변제분을 개인회생절차개시후 변제계획 인가 전에 적립된 가용소득으로 일시에 조기 변제

☑ 기타 : [변제계획안이 인가되는 날의 다음달 25일에 최초변제]

② 변제계획인가일 직후 최초 도래하는 월의 [25]일부터 60회가 되는 달의 [25]일까지

☑ 매월마다 [25]일에 변제

☐ 매 [ ]개월마다 [ ]일에 각 변제

☐ 기타 : [ ]

나. 재산의 처분에 의한 변제 [해당 있음 ☐ / 해당 없음 ☑]

7. 미확정 개인회생채권에 대한 조치 [해당 있음 ☑ / 해당 없음 ☐]

가. 변제금액의 유보

(1) 미확정 개인회생채권에 대하여는 변제를 유보하고, 별지 개인회생채권 변제예정액표에 기재한 금액을 해당 채권이 확정될 때까지 유보하여 둔다.

(2) 채무자는 이와 같이 유보한 금액도, 즉시 지급되는 다른 채권에 대한 변제금과 마찬가지로 아래 8항 기재 계좌에 입금한다.

나. 미확정 개인회생채권에 대한 변제

(1) 미확정 개인회생채권이 전부 그대로 확정된 경우
미확정 개인회생채권의 전액에 관하여 채권의 존재가 확정된 경우에는, 그 확정 직후 유보비율을 변제비율로 적용하여 변제를 개시하고 매월의 변제기에 그 해당금액을 변제하되, 이미 분할 변제기가 도래한 부분 즉 그동안의 유보액에 대하여는 곧바로 일시 변제한다.

(2) 미확정 개인회생채권이 전부 또는 일부 부존재 하는 것으로 확정된 경우
미확정 개인회생채권이 전부 또는 일부 부존재하는 것으로 확정된 경우에는, 그 확정 직후, 존재하는 것으로 확정된 [원금]의 인용 비율에 위 가항에 의해 지급을 유보한 금액을 곱하여 산출된 금액을 해당 개인회생채권자에게 일시에 변제한다. 유보금액 중, 미확정 개인회생채권의 일부가 존재하지 않는 것으로 됨에 따라 그 개인회생채권자에게 변제할 필요가 없게 된 나머지 유보금액은, 그 채권액 확정 직후 전체 일반 개인회생채권자들에게 각 [원금]의 액수를 기준으로 안분하여 변제한다.
향후의 매월 입금액을 분배하는 기준이 될 변제비율은 위 확정 원금들 사이의 비율에 따라 새로 계산하여 정하는데, 미확정 개인회생채권의 일부가 존재하지 않는 것으로 확정됨에 따라 향후 해당 개인회생채권자를 위한 유보가 불필요하게 된 변제기 미도래분에 대한 변제 유보예정액은, 향후 변제기 도래시 전체 일반 개인회생채권자들에게 그 각 [원금]의 액수를 기준으로 안분되도록 한다.

(3) 변제기간 종료시까지 미확정 개인회생채권이 미확정상태로 남는 경우에는 최종변제기에 유보한 금액 전부를 일반개인회생채권자들에게 각 [원금]의 액수를 기준으로 안분하여 변제한다.

(4) 임대차보증금반환액수가 확정되지 않은 임대차보증금 반환채권은 미확정채권으로 보아 위 가, 나항에 따라 변제하되 그 액수가 확정되고 임차인이 임차목적물을 명도함과 동시에 변제한다.

8. 변제금원의 회생위원에 대한 임치 및 지급

채무자는 위 [5, 6, 7]항에 의해 개인회생채권자들에게 변제해야 할 금액을 개시결정시 통지되는 회생위원의 예금계좌 {[ ]은행 계좌번호 [ ]}에 순차 임치하고, 개인회생채권자는 법원에 예금계좌를 신고하여 회생위원으로부터 변제액을 송금받는 방법으로 지급받는다. 회생위원은 계좌번호를 신고하지 않은 개인회생채권자에 대하여는 변제액을 적립하였다가 이를 연 1회 개인회생사건이 계속되어 있는 지방법원에 공탁하여 지급할 수 있다.

9. 면책의 범위 및 효력발생시기

채무자가 개인회생채권에 대하여 이 변제계획에 따라 변제를 완료하고 면책신청을 하여 면책결정이 확정되었을 경우에는, 이 변제계획에 따라 변제한 것을 제외하고 개인회생채권자에 대한 채무에 관하여 그 책임이 면제된다. 단, 채무자 회생 및 파산에 관한 법률 제625조 제2항 단서 각호 소정의 채무에 관하여는 그렇지 않다.

10. 기타사항 [해당 있음 ☑ / 해당 없음 □]

〈전부명령의 실효〉

① 채권번호 13번 채권자 ○○○○○○○대부(주)의 ○○지방법원○○지원 20○○타채○○○호 채권압류 및 전부명령 사건은 변제계획인가결정이 있는 때 효력을 상실한다. 위 채권의 금액은 개시신청 당시를 기준으로 한 금액으로 변제액을 산정하여 미확정채권으로 유보하되 변제계획안의 인가결정이 있으면, 확정된 금액을 산정하여 제7항(미확정채권에 대한 조치) 나. (2) 기재와 같은 방법으로 변제한다.

② 채무자는 인가결정 후 지체없이 개시신청 당시를 기준으로 한 전부채권자의 채권액에서 인가결정시까지 전부명령에 기하여 변제에 충당된 금원을 공제한 잔액이 기재되어 있는 전부채권자의 개인회생채권계산서와 그 확정액을 토대로 산정된 변제예정액표를 함께 법원에 제출한다.

〈3년 이상 5년 이하의 완전변제〉

신청인의 변제계획안은 3년 이상 5년 이하의 완전 변제하는 변제계획안으로써 개인회생사건 처리지침(재민 2004.4, 재판예규 제1103호) 제8조 제2항 4호에 의거 [원금]의 전부를 변제할 수 있는 기간까지로 한다.

〈변제기간의 단축〉

채권번호 1번 ○○해상화재보험(주), 2번 ○○캐피탈(주)의 별제권 예정부족액 확정결과에 따라 다른 일반 개인회생채권에 대한 월 변제예정액이 변동되어 [원금]의 전부를 변제하는데 필요한 기간이 단축되면, 변제기간은 그 단축된 기간으로 한다. 이 경우 최종 월의 월 변제예정액은 각 개인회생채권의 잔존 [원금]으로 한다.

11. 변제계획 인가시 실효될 압류(강제집행), 가압류 목록 [해당 있음 ☑ / 해당 없음 □]

채권번호	관할법원	사건번호	사건명	채권자	제3채무자, 부동산, 자동차, 유체동산 표시
13	○○지방법원 ○○지원	20○○타채 ○○○	채권압류및 전부명령	○○○○○○ ○대부(주)	○○○○○○○ 주식회사
13	○○지방법원 ○○지원	20○○타채 ○○○	채권압류및 전부명령	○○○○○○ ○대부(주)	○○○○○○○ 주식회사

[별지] 변제예정액표

개인회생채권 변제예정액표

1. 기초사항

(단위 : 원)

③ 월 평균 가용소득	2,020,000	④ 월 회생위원 보수	0

(A) 월 실제 가용소득 (③ - ④)	2,020,000	(B) 변제 횟수	2,020,007	59회	(C) 총 가용소득	121,200,000
			2,009,464	1회		

2. 채권자별 변제예정액의 산정내역

별지기재와 같음

3. 변제율

원금의 [100]% 상당액

4. 청산가치와의 비교

(단위 : 원)

(J) 청산 가치	24,385,807	(K) 가용소득에 의한 총변제예정(유보)액	121,189,877
		(L) 현재가치	108,359,466

채권자별 변제예정액의 산정내역(제1회~제59회)

(단위 : 원)

채권번호	채권자	(D) 개인회생채권액		(E) 월 변제예정(유보)액		(F) 총 변제예정(유보)액	
		확정채권액(원금)	미확정채권액(원금)	확정채권액(원금)	미확정채권액(원금)	확정채권액(원금)	미확정채권액(원금)
1	○○해상화재 보험(주)	0	14,500,000	0	241,687	0	14,259,533
2	○○캐피탈(주)	0	2,595,627	0	43,265	0	2,552,635
3	○○카드(주)	396,570	0	6,611	0	390,049	0
4	○○카드(주)	2,333,608	0	38,897	0	2,294,923	0
5	○○상하이은행	7,247,450	0	120,801	0	7,127,259	0
6	○○대부(주)	1,709,065	0	28,487	0	1,680,733	0
7	○○○○○○ 카드(주)	1,782,595	0	29,713	0	1,753,067	0
8	(주)○○은행	2,000,000	0	33,337	0	1,966,883	0
9	○○협동조합 중앙회	3,321,968	0	55,371	0	3,266,889	0
10	(주)○○은행	1,450,000	0	24,169	0	1,425,971	0
11	㈜○○스탠다드 차타드은행	14,680,465	0	244,695	0	14,437,005	0
12	㈜○○스탠다드 차타드은행	27,821,688	0	463,734	0	27,360,306	0
13	○○○○○○ 대부(주)	0	2,993,989	0	49,904	0	2,944,336
14	(주)○○○○은행	13,953,248	0	232,574	0	13,721,866	0
15	㈜○○○○○○ 2저축은행	19,323,393	0	322,084	0	19,002,956	0
16	(주)○○○○○카드	5,080,211	0	84,678	0	4,996,002	0
합 계		101,100,261	20,089,616	1,685,151	334,856	99,423,909	19,756,504
총 계		(G) 121,189,877		(H) 2,020,007		(I) 119,180,413	

채권자별 변제예정액의 산정내역(제60회)

(단위 : 원)

채권번호	채권자	(D) 개인회생채권액		(E) 월 변제예정(유보)액		(F) 총 변제예정(유보)액	
		확정채권액(원금)	미확정채권액(원금)	확정채권액(원금)	미확정채권액(원금)	확정채권액(원금)	미확정채권액(원금)
1	○○해상화재보험(주)	0	14,500,000	0	240,467	0	240,467
2	○○캐피탈(주)	0	2,595,627	0	42,992	0	42,992
3	○○카드(주)	396,570	0	6,521	0	6,521	0
4	○○카드(주)	2,333,608	0	38,685	0	38,685	0
5	○○상하이은행	7,247,450	0	120,191	0	120,191	0
6	○○대부(주)	1,709,065	0	28,332	0	28,332	0
7	○○○○○○카드(주)	1,782,595	0	29,528	0	29,528	0
8	(주)○○은행	2,000,000	0	33,117	0	33,117	0
9	○○협동조합중앙회	3,321,968	0	55,079	0	55,079	0
10	(주)○○은행	1,450,000	0	24,029	0	24,029	0
11	㈜○○스탠다드차타드은행	14,680,465	0	243,460	0	243,460	0
12	㈜○○스탠다드차타드은행	27,821,688	0	461,382	0	461,382	0
13	○○○○○○대부(주)	0	2,993,989	0	49,653	0	49,653
14	(주)○○○○은행	13,953,248	0	231,382	0	231,382	0
15	㈜○○○○○○2저축은행	19,323,393	0	320,437	0	320,437	0
16	(주)○○○○○카드	5,080,211	0	84,209	0	84,209	0
합 계		101,100,261	20,089,616	1,676,352	333,112	99,423,909	333,112
총 계		(G) 121,189,877		(H) 2,009,464		(I) 2,009,464	

가용소득에 의한 총변제예정(유보)액의 산정내역

(단위 : 원)

채권번호	채권자	(D) 개인회생채권액		(F) 총 변제예정(유보)액	
		확정채권액 (원금)	미확정채권액 (원금)	확정채권액 (원금)	미확정채권액 (원금)
1	○○해상화재보험(주)	0	14,500,000	0	14,500,000
2	○○캐피탈(주)	0	2,595,627	0	2,595,627
3	○○카드(주)	396,570	0	396,570	0
4	○○카드(주)	2,333,608	0	2,333,608	0
5	○○상하이은행	7,247,450	0	7,247,450	0
6	○○대부(주)	1,709,065	0	1,709,065	0
7	○○○○○○카드(주)	1,782,595	0	1,782,595	0
8	(주)○○은행	2,000,000	0	2,000,000	0
9	○○협동조합중앙회	3,321,968	0	3,321,968	0
10	(주)○○은행	1,450,000	0	1,450,000	0
11	㈜○○스탠다드차타드은행	14,680,465	0	14,680,465	0
12	㈜○○스탠다드차타드은행	27,821,688	0	27,821,688	0
13	○○○○○○대부(주)	0	2,993,989	0	2,993,989
14	(주)○○○○은행	13,953,248	0	13,953,248	0
15	㈜○○○○○○2저축은행	19,323,393	0	19,323,393	0
16	(주)○○○○○카드	5,080,211	0	5,080,211	0
합 계		101,100,261	20,089,616	101,100,261	20,089,616
총 계		(G) 121,189,877		(I) 121,189,877	

[사례 8] 개인회생(장래의 구상권 채권이 있는 경우)

개인회생 신청 ○○○관련
(첨부서류 및 소명자료 일람표)

회생절차개시신청서

- 회생절차개시신청서(표지)
- 회생절차개시신청서
- 송달료·예납금 납부서·영수증
- 개인회생채권자목록
- 재산목록
- 수입 및 지출에 관한 목록
- 진술서
- 신청서 부본
- 신청인 본인의 예금계좌사본
- 위임장(대리인이 있는 경우)
- 금지명령신청서
- 송달장소 및 송달영수인 선정 신고

변제계획안

- 변제계획안(표지)
- 변제계획안
- 개인회생채권 변제예정액표
- 변제계획안 요약

개인회생절차 개시신청서(표지)

개인회생절차 개시신청서

신청인(채무자) ○ ○ ○

파산사건번호	
면책사건번호	
배당순위번호	
재 판 부	제 단독

소송대리인 변호사 ○○○

(송달장소) ○○시 ○○구 ○○로 ○○

인 지 대 : 30,000원

송 달 료 : 채권자수 (23) × 8 × 5,200 + 52,000원 = 1,008,800원

합 계 : 1,038,800원

○○지방법원 귀중

개인회생절차 개시신청서(본문)

개인회생절차 개시신청서

신청인	성 명	○ ○ ○	주민등록번호	OOOOOO－OOOOOOO
	주민등록상 주소	[우. OOOOO] OO시 OO구 OO로 OO		
	현 주 소	[우. OOOOO] OO시 OO구 OO로 OO		
	송 달 장 소	[우. OOOOO] OO시 OO구 OO구 OO로 OO		
	전화번호(집·직장)		전화번호(휴대전화)	OOO－OOOO－OOOO

대리인	성 명	변호사 OOO		
	사무실 주소	[우. OOOOO] OO시 OO구 OO구 OO로 OO		
	전화번호(사무실)	OO－OOO－OOOO		
	이－메일 주소	OOOOO@naver.com	FAX번호	OO－OOOO－OOOO

주채무자가(또는 보증채무자가, 연대채무자가, 배우자가) 이미 귀 법원에 파산신청 또는 개인회생절차 개시신청을 하였으므로 그 사실을 아래와 같이 기재합니다.			
성 명		사건번호	

신 청 취 지

「신청인에 대하여 개인회생절차를 개시한다.」라는 결정을 구합니다.

신 청 이 유

1. 신청인은, 첨부한 개인회생채권자목록 기재와 같은 채무를 부담하고 있으나, 수입 및 재산이 별지 수입 및 지출에 관한 목록과 재산목록에 기재된 바와 같으므로, 파산의 원인사실이 발생하였습니다(파산의 원인사실이 생길 염려가 있습니다).
   - □ 신청인은 정기적이고 확실한 수입을 얻을 것으로 예상되고, 또한 채무자 회생 및 파산에관한 법률 제595조에 해당하는 개시신청 기각사유는 없습니다(급여소득자의 경우).
   - ☑ 신청인은 부동산임대소득·사업소득·농업소득·임업소득 그밖에 이와 유사한 수입을 장래에 계속적으로 또는 반복하여 얻을 것으로 예상되고, 또한 채무자 회생 및 파산에 관한 법률 제595조에 해당하는 개시신청 기각사유는 없습니다(영업소득자의 경우).

2. 신청인은, 각 회생채권자에 대한 채무 전액의 변제가 곤란하므로, 그 일부를 분할하여 지급할 계획입니다. 즉 현시점에서 계획하고 있는 변제예정액은 60 개월간 월 [630,010] 원씩이고, 이 변제의 준비 및 절차비용지급의 준비를 위해, 개시결정이 내려지는 경우 20○○. 10. 25.을 제1회로 하여, 이후 매월 25에 개시결정시 통지되는 회생위원의 은행구좌에 동액의 금전을 입금하겠습니다.

3. 이 사건 개인회생절차에서 변제계획이 불인가될 경우 불인가 결정시까지의 적립금을 반환받을 신청인의 예금계좌는 OO은행 OOO-OOOO-OOOO-OO 입니다.

4. 개인회생채권자목록 부본(개인회생채권자목록상의 채권자수 + 2통)은 개시결정 전 회생위원의 지시에 따라 지정하는 일자까지 반드시 제출하겠습니다.

첨 부 서 류

1. 개인회생채권자목록 1통
2. 재산목록 1통
3. 수입 및 지출에 관한 목록 1통
4. 진술서 1통
5. 신청서 부본 1통(위 1 내지 4의 첨부서류 및 소명방법을 모두 포함한 것)
6. 송달료납부서 1통
7. 신청인 본인의 예금계좌 사본 1통(대리인의 예금계좌 사본 아님)
8. 위임장 1통(대리인에 의해 신청하는 경우)

휴대전화를 통한 정보수신 신청서

위 사건에 관한 파산선고결정, 면책결정 등 정보를 예납의무자가 납부한 송달료 잔액 범위 내에서 휴대전화를 통하여 알려주실 것을 신청합니다.

▣ **휴대전화 번호 :** 010-○○○○-○○○○

20○○. ○. ○.

신청인 ○ ○ ○ (날인 또는 서명)

※ 개인회생절차 개시결정이 있거나, 변제계획 인가결정 후 월 변제액 3개월분 이상 연체시 위 휴대전화로 문자메시지가 발송됩니다.

※ 문자메시지 서비스 이용금액은 메시지 1건당 17원씩 납부된 송달료에서 지급됩니다(송달료가 부족하면 문자메시지가 발송되지 않습니다). 추후 서비스 대상 정보, 이용금액 등이 변동될 수 있습니다.

20○○. ○. ○.

위 신청인 ○ ○ ○

대리인 변호사 ○ ○ ○ (인)

○○지방법원 귀중

20○○개회○○○○○ 채무자 ○○○(○○○○○○－○○○○○○○)

개인회생채권자목록

채권현재액 산정기준일 : 20○○. 07. 09. 목록작성일 : 20○○. 07. 09.

<table>
<tr><td rowspan="3">채권현재액
총합계</td><td>합계 54,636,7313 원</td><td rowspan="3">담보부 회생
채권액의 합계</td><td rowspan="3">0원</td><td rowspan="3">무담보 회생
채권액의 합계</td><td rowspan="3">54,636,731원</td></tr>
<tr><td>원금 53,810,636 원</td></tr>
<tr><td>이자 826,095 원</td></tr>
</table>

※ 개시후이자 등 : 아래 각 채권의 개시결정일 이후의 이자·지연손해금 등은 채무자 회생 및 파산에 관한 법률 제581조 제2항, 제446조 제1항 제1, 2호의 후순위채권입니다.

<table>
<tr><td rowspan="4">채권
번호</td><td rowspan="4">채
권
자</td><td colspan="2">채권의 원인</td><td colspan="2">주소 및 연락처</td></tr>
<tr><td colspan="3">채권의 내용</td><td>부속서류 유무</td></tr>
<tr><td>채권현재액(원금)</td><td colspan="3">채권현재액(원금) 산정근거</td></tr>
<tr><td>채권현재액(이자)</td><td colspan="3">채권현재액(이자) 산정근거</td></tr>
<tr><td rowspan="4">1</td><td rowspan="4">(주)○○
○○은행</td><td colspan="2">20○○.12.19. 발급받은 신용카드 사용대금</td><td colspan="2">(주소) OO O구 OOO로 OO
(전화) OOOO－OOOO (팩스)</td></tr>
<tr><td colspan="3">2,705,180원 및 이중 원금잔액 금 2,654,116원에 대한 20○○.07.03.부터 완제일까지 약정이율의 비율에 의한 금원</td><td>□ 부속서류
(1, 2, 3, 4)</td></tr>
<tr><td>2,654,116 원</td><td colspan="3">부채잔액증명서 참조(산정기준일 20○○.07.02.)</td></tr>
<tr><td>51,064 원</td><td colspan="3">부채잔액증명서 참조(산정기준일 20○○.07.02.)</td></tr>
<tr><td rowspan="4">2</td><td rowspan="4">○○캐피탈(주)</td><td colspan="2">20○○.03.23. 양수금
4,996,470원</td><td colspan="2">(주소) OO OOO구 OOO로 OO
(전화) OOOO－OOOO (팩스)</td></tr>
<tr><td colspan="3">5,191,055원 및 이중 원금잔액 금 4,996,470원에 대한 20○○.07.03.부터 완제일까지 약정이율의 비율에 의한 금원</td><td>□ 부속서류
(1, 2, 3, 4)</td></tr>
<tr><td>4,996,470 원</td><td colspan="3">금융거래확인서 참조(산정기준일 20○○.07.02.)</td></tr>
<tr><td>194,585 원</td><td colspan="3">금융거래확인서 참조(산정기준일 20○○.07.02.)</td></tr>
<tr><td rowspan="4">3</td><td rowspan="4">○○카드
(주)</td><td colspan="2">20○○.10.23. 발급받은 신용카드 사용대금</td><td colspan="2">(주소) OO O구 OO로 OO
(전화) OOOO－OOOO (팩스)</td></tr>
<tr><td colspan="3">3,910,774원 및 이중 원금잔액 금 3,827,176원에 대한 20○○.07.04.부터 완제일까지 약정이율의 비율에 의한 금원</td><td>□ 부속서류
(1, 2, 3, 4)</td></tr>
<tr><td>3,827,176 원</td><td colspan="3">부채잔액증명서 참조(산정기준일 20○○.07.02.)</td></tr>
<tr><td>83,598 원</td><td colspan="3">부채잔액증명서 참조(산정기준일 20○○.07.02.)</td></tr>
<tr><td rowspan="4">4</td><td rowspan="4">○○은행
(주)</td><td colspan="2">20○○.09.16. 신용대출금
5,000,000원</td><td colspan="2">(주소) OO O구 OO로 OO
(전화) OOOO－OOOO (팩스)</td></tr>
<tr><td colspan="3">2,060,000원 및 이중 원금잔액 금 2,060,000원에 대한 20○○.07.03.부터 완제일까지 약정이율의 비율에 의한 금원</td><td>□ 부속서류
(1, 2, 3, 4)</td></tr>
<tr><td>2,060,000 원</td><td colspan="3">부채증명서 참조(산정기준일 20○○.07.02.)</td></tr>
<tr><td>0 원</td><td colspan="3"></td></tr>
</table>

4-1	○○보증재단중앙회	20○○.09.16. 채무자의 4번 채무를 연대보증(보증서 발급기관)	(주소) OO O구 OO로 OO (전화) OOOO－OOOO (팩스)	
		보증채무를 대위변제할 경우 대위변제금액 및 이에 대한 대위변제일 이후의 민사법정 이율에 의한 이자		□ 부속서류 (1, 2, 3, 4)
		장래의 구상금 미발생	보증한도액 1,751,001원에 대한 장래의 구상권	
		미발생		
5	○○○○캐피탈(주)	20○○.05.31. 신용대출금 6,000,000원	(주소) OO O구 OO로 OO (전화) OOOO－OOOO (팩스)	
		4,562,000원 및 이중 원금잔액 금 4,562,000원에 대한 20○○.07.04.부터 완제일까지 약정이율의 비율에 의한 금원		□ 부속서류 (1, 2, 3, 4)
		4,562,000 원	금융거래확인서 참조(산정기준일 20○○.07.03.)	
		0 원		
6	○○대부(주)	20○○.08.17. 신용대출금 2,267,245원	(주소) OO OO구 OO로 OO (전화) OO－OOO－OOOO (팩스)	
		2,335,076원 및 이중 원금잔액 금 2,267,245원에 대한 20○○.07.03.부터 완제일까지 약정이율의 비율에 의한 금원		□ 부속서류 (1, 2, 3, 4)
		2,267,245 원	잔고증명서 참조(산정기준일 20○○.07.02)	
		67,831 원	잔고증명서 참조(산정기준일 20○○.07.02)	
7	(주)○○저축은행	20○○.09.22. 신용대출금 2,506,000원	(주소) OO O구 OO로 OO (전화) OOO－OOO－OOOO (팩스)	
		2,506,000원 및 이중 원금잔액 금 2,506,000원에 대한 20○○.07.04.부터 완제일까지 약정이율의 비율에 의한 금원		□ 부속서류 (1, 2, 3, 4)
		2,506,000 원	자료송부서 참조(산정기준일 20○○.07.03)	
		0 원		
8	(주)○○저축은행	20○○.09.22. 신용대출금 4,679,344원	(주소) OO OO구 OO로 OO (전화) OOO－OOO－OOOO (팩스)	
		4,679,344원 및 이중 원금잔액 금 4,679,344원에 대한 20○○.07.05.부터 완제일까지 약정이율의 비율에 의한 금원		□ 부속서류 (1, 2, 3, 4)
		4,679,344 원	부채잔액증명서 참조(산정기준일 20○○.07.04.)	
		0 원		
9	(주)○○○저축은행관리인	20○○.09.23. 신용대출금 4,300,414원	(주소) OO OO구 OO로 OO (전화) OO－OOOO－OOOO (팩스)	
		4,501,904원 및 이중 원금잔액 금 4,300,414원에 대한 20○○.07.03.부터 완제일까지 약정이율의 비율에 의한 금원		□ 부속서류 (1, 2, 3, 4)
		4,300,414 원	부채잔액증명서 참조(산정기준일 20○○.07.02.)	
		201,490 원	부채잔액증명서 참조(산정기준일 20○○.07.02.)	

<table>
<tr><td rowspan="4">10</td><td rowspan="4">(주)○○저축은행</td><td colspan="2">20○○.09.23. 신용대출금
1,497,000원</td><td colspan="2">(주소) OO OO시 OO구 OO로 OO
(전화) OOO－OOO－OOOO (팩스)</td></tr>
<tr><td colspan="3">1,497,000원 및 이중 원금잔액 금 1,497,000원에 대한 20○○.07.04.부터 완제일까지 약정이율의 비율에 의한 금원</td><td>□ 부속서류
(1, 2, 3, 4)</td></tr>
<tr><td>1,497,000 원</td><td colspan="3">자료송부서 참조(산정기준일 20○○.07.03.)</td></tr>
<tr><td>0 원</td><td colspan="3"></td></tr>
<tr><td rowspan="4">11</td><td rowspan="4">○○파이낸셜(주)</td><td colspan="2">20○○.09.23. 신용대출금
3,000,000원</td><td colspan="2">(주소) OO OO구 OOO로 OO
(전화) OOOO－OOOO (팩스)</td></tr>
<tr><td colspan="3">2,478,673원 및 이중 원금잔액 금 2,478,673원에 대한 20○○.07.04.부터 완제일까지 약정이율의 비율에 의한 금원</td><td>□ 부속서류
(1, 2, 3, 4)</td></tr>
<tr><td>2,478,673 원</td><td colspan="3">부채잔액증명서 참조(산정기준일 20○○.07.03)</td></tr>
<tr><td>0 원</td><td colspan="3"></td></tr>
<tr><td rowspan="4">12</td><td rowspan="4">○○크레디라인대부(주)</td><td colspan="2">20○○.11.11. 신용대출금
2,840,000원</td><td colspan="2">(주소) OO OO구 OOO로 OO
(전화) OO－OOO－OOOO (팩스)</td></tr>
<tr><td colspan="3">2,840,000원 및 이중 원금잔액 금 2,840,000원에 대한 20○○.07.19.부터 완제일까지 약정이율의 비율에 의한 금원</td><td>□ 부속서류
(1, 2, 3, 4)</td></tr>
<tr><td>2,840,000 원</td><td colspan="3">부채증명서 참조(산정기준일 20○○.07.18.)</td></tr>
<tr><td>0 원</td><td colspan="3"></td></tr>
<tr><td rowspan="4">13</td><td rowspan="4">(주)○○○대부캐피탈</td><td colspan="2">20○○.02.02. 신용대출금
3,000,000원</td><td colspan="2">(주소) OO OO구 OO로 OO
(전화) OO－OOO－OOOO (팩스)</td></tr>
<tr><td colspan="3">2,793,904원 및 이중 원금잔액 금 2,758,630원에 대한 20○○.07.03.부터 완제일까지 약정이율의 비율에 의한 금원</td><td>□ 부속서류
(1, 2, 3, 4)</td></tr>
<tr><td>2,758,630 원</td><td colspan="3">금융거래상황확인서 참조(산정기준일 20○○.07.11.)</td></tr>
<tr><td>35,274 원</td><td colspan="3">금융거래상황확인서 참조(산정기준일 20○○.07.11.)</td></tr>
<tr><td rowspan="4">13-1</td><td rowspan="4">○○○</td><td colspan="2">20○○.02.02. 채무자의 13번 채무를 연대보증(채무자의 지인)</td><td colspan="2">(주소) OO OO구 OOO로 OO
(전화) OOO－OOOO－OOOO (팩스)</td></tr>
<tr><td colspan="3">보증채무를 대위변제할 경우 대위변제금액 및 이에 대한 대위변제일 이후의 민사법정 이율에 의한 이자</td><td>□ 부속서류
(1, 2, 3, 4)</td></tr>
<tr><td>장래의 구상금
미발생</td><td colspan="3"></td></tr>
<tr><td>미발생</td><td colspan="3"></td></tr>
<tr><td rowspan="4">14</td><td rowspan="4">(주)○○○상호저축은행</td><td colspan="2">20○○.02.02. 신용대출금
2,800,380원</td><td colspan="2">(주소) OO O구 O로 OO
(전화) OOO－OOO－OOOO (팩스)</td></tr>
<tr><td colspan="3">2,866,208원 및 이중 원금잔액 금 2,800,380원에 대한 20○○.07.04.부터 완제일까지 약정이율의 비율에 의한 금원</td><td>□ 부속서류
(1, 2, 3, 4)</td></tr>
<tr><td>2,800,380 원</td><td colspan="3">부채잔액증명서 참조(산정기준일 20○○.07.02.)</td></tr>
<tr><td>65,828 원</td><td colspan="3">부채잔액증명서 참조(산정기준일 20○○.07.02.)</td></tr>
</table>

14-1	○○○	20○○.02.02. 채무자의 14번 채무를 연대보증(채무자의 지인)	(주소) OO OO구 OOO로 OO (전화) OOO-OOOO-OOOO (팩스)	
		보증채무를 대위변제할 경우 대위변제금액 및 이에 대한 대위변제일 이후의 민사법정 이율에 의한 이자		□ 부속서류 (1, 2, 3, 4)
		장래의 구상금 미발생		
		미발생		
15	(주)○○ 저축은행	20○○.02.02. 신용대출금 1,782,604원	(주소) OO O구 OO로 OO (전화) OOO-OOO-OOOO (팩스)	
		1,782,604원 및 이중 원금잔액 금 1,782,604원에 대한 20○○.2.07.10.부터 완제일까지 약정이율의 비율에 의한 금원		□ 부속서류 (1, 2, 3, 4)
		1,782,604 원	부채증명서 참조(산정기준일 20○○.07.09.)	
		0 원		
15-1	○○○	20○○.02.02. 채무자의 15번 채무를 연대보증(채무자의 지인)	(주소) OO OO구 OOO로 OO (전화) OOO-OOOO-OOOO (팩스)	
		보증채무를 대위변제할 경우 대위변제금액 및 이에 대한 대위변제일 이후의 민사법정 이율에 의한 이자		□ 부속서류 (1, 2, 3, 4)
		장래의 구상금 미발생		
		미발생		
16	○○○캐피탈대부(주)	20○○.04.13. 신용대출금 3,000,000원	(주소) OO OO구 OO로 OO (전화) OO-OOO-OOOO (팩스)	
		3,063,399원 및 이중 원금잔액 금 2,999,475원에 대한 20○○.07.17.부터 완제일까지 약정이율의 비율에 의한 금원		□ 부속서류 (1, 2, 3, 4)
		2,999,475 원	부채잔액증명서 참조(산정기준일 20○○.07.02.)	
		63,924 원	부채잔액증명서 참조(산정기준일 20○○.07.02.)	
17	○○저축은행	20○○.04.12. 신용대출금 2,317,266원	(주소) OO OO구 OO로 OO (전화) OOOO-OOOO (팩스)	
		2,369,181원 및 이중 원금잔액 금 2,317,266원에 대한 20○○.07.12.부터 완제일까지 약정이율의 비율에 의한 금원		□ 부속서류 (1, 2, 3, 4)
		2,317,266 원	부채잔액증명서 참조(산정기준일 20○○.07.02.)	
		51,915 원	부채잔액증명서 참조(산정기준일 20○○.07.02.)	
17-1	○○○	20○○.04.12. 채무자의 17번 채무를 연대보증(채무자의 지인)	(주소) OO OO구 OOO로 OO (전화) OOO-OOOO-OOOO (팩스)	
		보증채무를 대위변제할 경우 대위변제금액 및 이에 대한 대위변제일 이후의 민사법정 이율에 의한 이자		□ 부속서류 (1, 2, 3, 4)
		장래의 구상금 미발생		
		미발생		

<table>
<tr><td rowspan="4">18</td><td rowspan="4">○○○○ 크레디트 대부(주)</td><td colspan="2">20○○.04.01. 신용대출금
2,483,843원</td><td colspan="2">(주소) OO OO구 OO로 OO
(전화) OOOO－OOOO (팩스)</td></tr>
<tr><td colspan="3">2,494,429원 및 이중 원금잔액 금 2,483,843원에 대한 20○○.07.03.부터 완제일까지 약정이율의 비율에 의한 금원</td><td>□ 부속서류
(1, 2, 3, 4)</td></tr>
<tr><td>2,483,843 원</td><td colspan="3">잔고증명서 참조(산정기준일 20○○.07.02.)</td></tr>
<tr><td>10,586 원</td><td colspan="3">잔고증명서 참조(산정기준일 20○○.07.02.)</td></tr>
<tr><td rowspan="4"></td><td rowspan="4"></td><td colspan="2"></td><td colspan="2"></td></tr>
<tr><td colspan="3"></td><td>□ 부속서류
(1, 2, 3, 4)</td></tr>
<tr><td></td><td colspan="3"></td></tr>
<tr><td></td><td colspan="3"></td></tr>
<tr><td rowspan="4"></td><td rowspan="4"></td><td colspan="2"></td><td colspan="2"></td></tr>
<tr><td colspan="3"></td><td>□ 부속서류
(1, 2, 3, 4)</td></tr>
<tr><td></td><td colspan="3"></td></tr>
<tr><td></td><td colspan="3"></td></tr>
<tr><td rowspan="4"></td><td rowspan="4"></td><td colspan="2"></td><td colspan="2"></td></tr>
<tr><td colspan="3"></td><td>□ 부속서류
(1, 2, 3, 4)</td></tr>
<tr><td></td><td colspan="3"></td></tr>
<tr><td></td><td colspan="3"></td></tr>
<tr><td rowspan="4"></td><td rowspan="4"></td><td colspan="2"></td><td colspan="2"></td></tr>
<tr><td colspan="3"></td><td>□ 부속서류
(1, 2, 3, 4)</td></tr>
<tr><td></td><td colspan="3"></td></tr>
<tr><td></td><td colspan="3"></td></tr>
<tr><td rowspan="4"></td><td rowspan="4"></td><td colspan="2"></td><td colspan="2"></td></tr>
<tr><td colspan="3"></td><td>□ 부속서류
(1, 2, 3, 4)</td></tr>
<tr><td></td><td colspan="3"></td></tr>
<tr><td></td><td colspan="3"></td></tr>
</table>

재 산 목 록

<table>
<tr><th>명 칭</th><th>금액
(시가)</th><th>압류
등
유무</th><th colspan="4">비 고</th></tr>
<tr><td>현금</td><td>0</td><td></td><td colspan="4"></td></tr>
<tr><td rowspan="4">예금</td><td rowspan="4">0</td><td></td><td>금융기관명</td><td>계좌번호</td><td>잔 고</td><td>질권설정액</td></tr>
<tr><td></td><td></td><td></td><td></td><td></td></tr>
<tr><td></td><td></td><td></td><td></td><td></td></tr>
<tr><td></td><td></td><td></td><td></td><td></td></tr>
<tr><td>보험</td><td>0</td><td></td><td colspan="4">별지기재와 같음
(예상환급금 146,254원 중에서 압류할 수 없는 보험금 146,254원 제외)</td></tr>
<tr><td>자동차/선박/오토바이</td><td>0</td><td></td><td colspan="4">별지기재와 같음</td></tr>
<tr><td>임차보증금</td><td>0</td><td></td><td colspan="4"></td></tr>
<tr><td>부동산</td><td>0</td><td></td><td colspan="4"></td></tr>
<tr><td>사업용 설비, 비품 등</td><td>0</td><td></td><td colspan="4"></td></tr>
<tr><td rowspan="3">대여금 채권</td><td rowspan="3">0</td><td rowspan="3"></td><td colspan="4">상대방 채무자 1 : 채권액 :</td></tr>
<tr><td colspan="4">상대방 채무자 2 : 채권액 :</td></tr>
<tr><td colspan="4">상대방 채무자 3 : 채권액 :</td></tr>
<tr><td rowspan="3">매출금 채권</td><td rowspan="3">0</td><td rowspan="3"></td><td colspan="4">상대방 채무자 1 : 채권액 :</td></tr>
<tr><td colspan="4">상대방 채무자 2 : 채권액 :</td></tr>
<tr><td colspan="4">상대방 채무자 3 : 채권액 :</td></tr>
<tr><td>예상 퇴직금</td><td>0</td><td></td><td colspan="4">근무처: ○○○○주식회사</td></tr>
<tr><td>기타 ( )</td><td>0</td><td></td><td colspan="4"></td></tr>
<tr><td>합계</td><td>0</td><td></td><td colspan="4"></td></tr>
<tr><td>면제재산 신청금액</td><td>0</td><td></td><td colspan="4">해당사항 없음</td></tr>
<tr><td>청산가치</td><td>0</td><td></td><td colspan="4"></td></tr>
</table>

[별지]

보　　험

(단위 : 원)

명 칭	금액 (시가)	압류등 유무	보험회사명	증권번호	해약시반환금
보 험	146,254	무	○○○생명보험(주)		146,254

개인회생재단에 속하지 않는 재산목록 제출서

사　　　건　　20○○개회○○○○○호

신청인(채무자)　　○○○

신청인은 다음과 같이 개인회생재단에 속하지 않는 재산목록(채무자 회생 및 파산에 관한 법률 제580조 제3항, 제1항 제1호, 제383조 제1항 소정)을 제출합니다.

순번	재산의 대상과 명칭	소재지	추정가액	압류금지의 근거조문	소명자료
1	압류할수 없는 퇴직금	○○○생명보험 주식회사	146,254원	민사집행법 제246조 제1항 7호, 시행령 제6조 제1항	예상환급금 확인서

20○○. ○. ○.

신청인　○○○

대리인　변호사 ○○○　(인)

○○지방법원　귀중

수입 및 지출에 관한 목록

Ⅰ. 현재의 수입목록

(단위 : 원)

수입상황	자영(상호)		고용(직장명)	○○○○주식회사
	업종	회사원	직위	사원
	종사경력	0년 7개월	근무기간	20○○년 10월부터 현재까지
명목	기간구분	금액	연간환산금액	압류, 가압류 등 유무
급여	월 간	0,000,000원	00,000,000원	무
상여금 등		0원	0	
연 수입 00,000,000원				월 평균 수입 (0,000,000) 원

Ⅱ. 변제계획 수행시의 예상지출목록 (해당란에 ☑ 표시)

☑ **채무자가 예상하는 생계비가 보건복지부 공표 기준 중위소득의 60% 이하인 경우**
보건복지부 공표 (4)인 가구 기준 중위소득 (0,000,000)원의 약 (60)%인 (0,000,000)원을 지출할 것으로 예상됩니다(뒷면 표에 내역과 사유를 상세히 기재하십시오).

☐ **채무자가 예상하는 생계비가 보건복지부 공표 기준 중위소득의 60%를 초과하는 경우**
보건복지부 공표 ( )인 가구 기준 중위소득 (   )원의 약 ( )%인(   )원을 지출할 것으로 예상됩니다(뒷면 표에 내역과 사유를 상세히 기재하십시오).

Ⅲ. 가족관계

관계	성 명	연령	동거여부 및 기간	직 업	월 수입	재산총액	부양유무
배우자	OOO	47	동거함 22년 4월	회사원	0,000,000	0	부양안함
자녀	OOO	21	동거안함	현역	0	0	부양안함
자녀	OOO	17	동거함 17년 4월	학생	0	0	부양함

☞ 채무자가 예상하는 생계비가 보건복지부 공표 기준 중위소득의 100분의 60을 초과하는 경우

1. 생계비의 지출 내역

비 목		지출예상 생계비	추가지출 사유
생계비	식료품비		
	광열수도비		
	가구집기비		
	피복신발비		
	교양오락비		
	교통통신비		
	기타 비용		
	합 계		
주거비			
의료비			
교육비			
계		0	추가비율 : 0 %

2. 생계비 추가지출사유에 관한 보충기재사항

해당사항 없습니다.

월평균소득 산출 내역서(20○○. 6. ~ 20○○. 5.)

(단위 : 원)

소득 내용	6월	7월	8월	9월	10월	11월	12월	1월	2월	3월	4월	5월	합계
기본금	2,413,525	2,401,145	2,401,145	3,885,073	3,729,746	0,000,000	0,000,000	2,267,788	0,000,000	2,728,707	2,847,757	2,055,787	00,000,000
상여금												527,894	527,894
전월 소급분												9,619	9,619
잔업 수당												252,268	252,268
													0
													0
													0
													0
													0
													0
													0
													0
													0
													0
소득 합계	2,413,525	2,401,145	2,401,145	3,885,073	3,729,746	0,000,000	0,000,000	2,267,788	0,000,000	2,728,707	2,847,757	2,055,787	00,000,000

공제 내용	6월	7월	8월	9월	10월	11월	12월	1월	2월	3월	4월	5월	합계
소득세												14,440	14,440
주민세												1,440	1,440
건강 보험												51,660	51,660
국민 연금												80,100	80,100
고용 보험												10,150	10,150
노조비													0
													0
													0
공제 합계	0	0	0	0	0	0	0	0	0	0	0	0	0

실수령	2,413,525	2,401,145	2,401,145	3,885,073	3,729,746	0,000,000	0,000,000	2,267,788	0,000,000	2,728,707	2,847,757	0,000,000	00,000,000

연 소득총액(A)	00,000,000	연 공제총액(B)	000,000	연 실수령액(A–B)	00,000,000

월평균수입	0,000,000	최저생계비조정금액	0,000,000	월평균가용소득	630,000	연간총수입환산액	00,000,000

진 술 서

Ⅰ. 경력

1. 최종학력
   19○○ 년 02 월 일 ○○ 고등학교(졸업)

2. 과거 경력 (최근 경력부터 기재하여 주십시오)

기간	20○○년 10월부터 현재까지 (근무)				
업종	회사원	직장명	○○○○주식회사	직위	사원
기간	20○○년 01월부터 20○○년 07월까지 (근무)				
업종	회사원	직장명	○○방직	직위	직원
기간	년 월 일부터 년 월 일까지 (자영, 근무)				
업종		직장명		직위	
기간	년 월 일부터 년 월 일까지 (자영, 근무)				
업종		직장명		직위	

3. 과거 결혼, 이혼, 입양, 파양 경력
   19○○ 년 3 월 31 일 ○○○와 (결혼)

Ⅱ. 현재 주거상황

거주를 시작한 시점 (20○○년 6 월 1 일)

거주관계(해당란에 표시)	상세한 내역
( ) ㉠ 신청인 소유의 주택	
( ) ㉡ 사택 또는 기숙사 ( ) ㉢ 임차(전·월세) 주택	임대보증금 (원) 임대료 (월 원), 연체액 (원) 임차인 성명 ( )
( ) ㉣ 친족 소유 주택에 무상 거주 (○) ㉤ 친족외 소유 주택에 무상 거주	소유자 성명 (○○○) 신청인과의 관계 (동생)
( ) ㉥ 기타( )	

Ⅲ. 부채 상황

1. 채권자로부터 소송·지급명령·전부명령·압류·가압류 등을 받은 경험(없음)

내 역	채권자	관할법원	사건번호

	해당사항 없습니다.		

2. 개인회생절차에 이르게 된 사정(여러 항목 중복 선택 가능)
   ( ) 생활비 부족　　　( ) 병원비 과다지출
   ( ) 교육비 과다지출　( ) 음식, 음주, 여행, 도박 또는 취미활동
   ( ) 점포 운영의 실패　( ) 타인 채무의 보증
   ( ) 주식투자 실패　　( ) 사기 피해
   (○) 기타 ( )

3. 채무자가 많은 채무를 부담하게 된 사정 및 개인회생절차 개시의 신청에 이르게 된 사정에 관하여 구체적으로 기재하여 주십시오. 별지 기재와 같음

Ⅳ. 과거 면책절차 등의 이용 상황

절 차	법원 또는 기관	신청시기	현재까지 진행상황
□ 파산·면책절차 □ 화의·회생·개인회생절차			
□ 신용회복위원회 워크아웃 □ 배드뱅크			( )회 ( )원 변제

[별지] (위 Ⅲ-3 관련)

채무자가 많은 채무를 부담하게 된 사정 등에 관한 진술서

각 채무를 부담하게 된 부득이한 원인 및 채무금액, 현재의 생활 상황(자녀, 부모 부양 등), 월 소득현황(월급여, 사업소득 등), 신상에 관한 내역(질병, 수급자, 노령급여수급 등) 등 개인회생인가결정에 유리한 판단을 받기 위한 내역과 재판장님께 선처해 달라는 내용 등을 2~3장 정도로 서술식으로 작성하면 됩니다.

금지명령 신청서

금지명령 신청서

인 지
2,000원

사 건 20○○개회○○○○○호 개인회생

신 청 인 이 름 : ○ ○ ○
(채 무 자) 주 소 : ○○시 ○○구 ○○로 ○○

신 청 취 지

신청인(채무자)에 대한 이 법원 20○○개회○○○○○호 개인회생사건에 관하여 개인회생절차의 개시신청에 대한 결정이 있을 때까지 신청인에 대하여 그 결정 전의 원인으로 생긴 재산상의 청구권에 기하여 신청인의 급여, 유체동산 등에 대하여 하는 강제집행·가압류 또는 가처분행위를 각 금지한다.
라는 결정을 구합니다.

신 청 원 인

1. 신청인(채무자)은 귀원 20○○개회○○○○○호 개인회생 사건의 채무자입니다.

2. 신청인은 위 개인회생 사건에서 채무자(신청인)가 매월 사용자(아래기재)로부터 지급받는 급여에서 최저생계비를 제외한 나머지 가용소득으로 채무를 변제하는 계획안을 제출하였습니다.

3. 그런데 신청인의 채권자들은 신청인이 사용자(아래기재)로부터 매월 지급받을 급료, 제수당, 상여금 기타 명목의 급여, 퇴직금 및 신청인 소유의 유체동산 등에 대하여 하는 강제집행·가압류 또는 가처분 행위, 채권을 변제받거나 변제를 요구하는 행위를 하려 하고 있습니다.

〈급여 등〉 상 호 : ○○○○주식회사
주 소 : ○○ ○○시 ○○로 ○○
대표자 : ○○○

4. 만약, 일부 채권자가 위와 같은 행위를 할 경우 신청인의 급여소득을 기준으로 한 가용소득확보가 어렵게 되어 개인회생절차를 수행할 수 없고, 다른 채권자들에게 손해를 가할 염려가 있으므로 채무자 회생 및 파산에 관한 법률 593조 제1항에 의해 이 신청에 이른 것입니다.

20○○. ○. ○.

신청인 ○ ○ ○

대리인 변호사 ○○○ (인)

○○지방법원 귀중

위 임 장

사　　　건 : 20○○개회○○○○○호 개인회생

신청인(채무자) : ○ ○ ○

위 개인회생 사건에 관하여 아래 수임인에게 신청대리를 위임하고 아래 권한을 수여합니다.

수 임 인 : 변호사 ○○○
○○시 ○○구 ○○로 ○○
(전화 : ○○-○○○-○○○○　팩스 : ○○-○○○-○○○○)

아　　래

1. 일체의 신청
2. 신청의 취하
3. 항고의 제기 또는 포기
4. 복대리인의 선임
5. 채권자에 대한 본인채무자료 열람, 송부에 관한 일체의 권한

20○○. ○. ○.

위임인 신청인(채무자) : ○○○ (123456－1234567) (인)
○○시 ○○구 ○○로 ○○

○○ 지방법원 민사신청과 귀중

채권확인서(변호사가 개인파산 의뢰인으로부터 받아둘 자료)

확 인 서

1. 확인자 성 명 : ○ ○ ○ (123456－1234567)
주 소 : ○○시 ○○구 ○○로 ○○
집전화 : 휴대폰 : 010－2222－3333

2. 채무내용

순번	채무발생일자	채권자	채무원금	이 자	비 고
1	20○○. 12. 19	(주)○○외한은행	2,654,116	51,064	
2	20○○. 03. 23	○○캐피탈(주)	4,996,470	194,585	
3	20○○. 10. 23	○○카드(주)	3,827,176	83,598	
4	20○○. 09. 16	○○은행(주)	2,060,000	0	
4-1	20○○. 09. 16	○○재단중앙회	0	0	
5	20○○. 05. 31	○○캐피탈(주)	4,562,000	0	
6	20○○. 08. 17	○○대부(주)	2,267,245	67,831	
7	20○○. 09. 22	(주)○○저축은행	2,506,000	0	
8	20○○. 09. 22	(주)○○저축은행	4,679,344	0	
9	20○○. 09. 22	(주)○○저축은행 관리인	4,300,414	201,490	
10	20○○. 09. 23	(주)○○저축은행	1,497,000	0	
11	20○○. 09. 23	○○파이낸셜(주)	2,478,673	0	
12	20○○. 11. 11	○○크레디라인대부(주)	2,840,000	0	
13	20○○. 02. 02	(주)○○대부캐피탈	2,758,630	35,274	
13-1	20○○. 02. 02	○○○	0	0	
14	20○○. 02. 02	(주)○○상호저축은행	2,800,380	65,828	
14-1	20○○. 02. 02	○○○	0	0	
15	20○○. 02. 02	(주)○○저축은행	1,782,604	0	
15-1	20○○. 02. 02	○○○	0	0	

16	20○○. 04. 13	○○캐피탈대부(주)	2,999,475	63,924	
17	20○○. 04. 12	○○저축은행	2,317,266	51,915	
17-1	20○○. 04. 12	○○○	0	0	
18	20○○. 04. 01	○○크레디트대부(주)	2,483,843	10,586	
소 계			53,810,636	826,095	
합 계			54,636,731		

3. 귀 사무소에 개인회생 사건의뢰를 함에 있어서 다음사항을 확인합니다.
   1) 재산상태, 소득내용 등에 관하여 숨김없이 사실대로 진술하였습니다.
   2) 위 2항 기재의 채무내용 외 누락된 채무가 없습니다.
   3) 귀 사무소로부터 주채무, 보증채무의 누락시 면책받을 수 없다는 점, 재산(소득)은닉에 따른 벌칙, 허위진술로 인한 불이익 등에 관하여 고지를 받았습니다.

4. 위 확인사항에 근거하여 채무누락, 허위진술 등으로 인한 불이익은 전적으로 본인이 감수하겠습니다.

20○○년 ○월 ○일

위 확인자 (사건 의뢰인) ○○○ (인)

변호사 ○○○ 귀중

[붙임] 변제계획안(표지)

가용소득만으로 변제하는 경우

변제계획안 제출서

사　　건　　20○○개회○○○○○호 개인회생

채 무 자　　○ ○ ○(123456－1234567)

채무자는 별지와 같이 변제계획안을 작성하여 제출하니 인가하여 주시기 바랍니다.

20○○. ○. ○.

채무자 ○ ○ ○

대리인 변호사 ○○○ (인)

○○지방법원 귀중

[붙임] 변제계획안(본문)

20○ ○개회○○○○○ 채무자: ○ ○ ○(123456－1234567)

변 제 계 획 (안)

20○○. ○. ○. 작성

1. 변제기간

[20○ ○]년 [10]월 [25]일부터 [20○ ○]년 [09]월 [25]일까지 [60]개월간

2. 변제에 제공되는 소득 또는 재산

가. 소득

(1) 수입

☑ 변제기간 동안 [○○○○주식회사]에서 받는 월 평균 수입 [1,685,348]원

☐ 변제기간 동안 [ ]를 운영하여 얻는 월 평균 수입 [ ]원

(2) 채무자 및 피부양자의 생활에 필요한 생계비

(가) 채무자 및 피부양자 : 총 [4]명

(나) 국민기초생활보장법에 의한 가구별 기준 중위소득 : 월 평균 수입 [0,000,000 원

(다) 채무자 회생 및 파산에 관한 법률에 따라 조정된 생계비 : 월 [0,000,000]원

(3) 채무자의 가용소득

[20○ ○]년 [10]월 [25]일부터 [20○ ○]년 [09]월 [25]일까지 [60]개월간

① 월 평균 수입	② 월 평균 생계비	③ 월 평균 가용소득 (① － ②)	④ 월 회생위원 보수	⑤ 월 실제 가용소득 (③ － ④)	⑥ 변제 횟수 (월 단위로 환산)	⑦ 총 실제 가용소득 (⑤ x ⑥)
0,000,000원	1,055,348원	630,000원	0원	630,000원	60회	37,800,000원

나. 재산 : [해당 있음 ☐ / 해당 없음 ☑]

3. 개인회생재단채권에 대한 변제 [해당 있음 ☐ / 해당 없음 ☑]

4. '일반의 우선권 있는 개인회생채권' 에 대한 변제 [해당 있음 ☐ / 해당 없음 ☑]

(1) 채권의 내용

채권자	채권현재액	채권발생원인(우선권의 근거)	변제기

	해당사항 없습니다.		

(2) 변제방법

변제계획 인가일 직후 최초 도래하는 변제기일에 원리금 전액을 우선하여 변제한다. 남은 채권이 있을 경우에는 일반 개인회생채권의 매 변제기일에 우선하여 변제한다.

5. 별제권부 채권 및 이에 준하는 채권의 처리 [해당 있음 □ / 해당 없음 ☑]

가. 채권의 내용

채권번호	채권자	① 채권현재액(원금) ② 채권현재액(이자)	③ 별제권행사 등으로 변제가 예상되는 채권액	④ 별제권행사 등으로도 변제받을 수 없을 채권액
		별제권 등의 내용 및 목적물		
	해당사항없습니다.			

나. 변제방법

(1) 위 가 채권에 대하여 별제권 행사 등으로 변제가 예상되는 채권액(③)은 별제권 행사 등에 의한 방법으로 변제하고 이 변제계획상의 가용소득이나 재산처분에 의한 변제대상에서 제외한다.

(2) 위 (1)항 기재 각 채권 중 별제권행사 등으로도 변제받을 수 없을 채권액(④)은 미확정 채권으로 보아 유보하였다가 아래 7항 기재와 같은 방법으로 변제한다.

(3) 별제권 행사 등으로도 변제받을 수 없을 채권액이 위 가의 ④항 기재 금액을 초과하는 것으로 확정된 경우에는, 채권자가 그 초과부분을 변제계획안의 변경 절차를 통하여 변제받을 수 있다.

6. 일반 개인회생채권에 대한 변제

가. 가용소득에 의한 변제

(1) 월 변제예정(유보)액 및 총 변제예정(유보)액의 산정

각 일반 개인회생채권의 [원금]의 액수를 기준으로 월 평균가용소득에서 월 회생위원 보수를 차감한 월 실제 가용소득을 안분하여 산출한 금액을 각 일반 개인회생채권자에게 변제한다. 이를 기초로 산정한 월 변제예정(유보)액은 제1회부터 제60회까지는 [630,010]원씩이고 총 변제예정(유보)액은 [37,800,600]원이다.

구체적 산정 내역은 별지 개인회생채권 변제예정액 표 참조.

(2) 변제방법

위 (1)항의 변제예정(유보)액은 다음과 같이 분할하여 변제한다.

(가) 기간 및 횟수

[20○ ○]년 [*10*]월 [*25*]일부터 [20○ ○]년 [*09*]월 [*25*]일까지 [*60*]개월간

(나) 변제월 및 변제일

① [20○ ○]년 [*10*]월 [*25*]일부터 변제계획인가일 직전 [*25*]일까지 기간

☑ 변제계획인가일 직후 최초 도래하는 월의 [*25*]일에 위 기간 동안의 변제분을 개인회생절차개시후 변제계획 인가 전에 적립된 가용소득으로 일시에 조기 변제

☐ 기타 : [ ]

② 변제계획인가일 직후 최초 도래하는 월의 [*25*]일부터 60회가 되는 달의 [*25*]일까지

☑ 매월마다 [*25*]일에 변제

☐ 매 [ ]개월마다 [ ]일에 각 변제

☐ 기타 : [ ]

나. 재산의 처분에 의한 변제 [해당 있음 ☐ / 해당 없음 ☑]

7. 미확정 개인회생채권에 대한 조치 [<u>해당 있음 ☐ / 해당 없음 ☑</u>]

가. 변제금액의 유보

(1) 미확정 개인회생채권에 대하여는 변제를 유보하고, 별지 개인회생채권 변제예정액표에 기재한 금액을 해당 채권이 확정될 때까지 유보하여 둔다.

(2) 채무자는 이와 같이 유보한 금액도, 즉시 지급되는 다른 채권에 대한 변제금과 마찬가지로 아래 8항 기재 계좌에 입금한다.

나. 미확정 개인회생채권에 대한 변제

(1) 미확정 개인회생채권이 전부 그대로 확정된 경우

미확정 개인회생채권의 전액에 관하여 채권의 존재가 확정된 경우에는, 그 확정 직후 유보비율을 변제비율로 적용하여 변제를 개시하고 매월의 변제기에 그 해당금액을 변

제하되, 이미 분할 변제기가 도래한 부분 즉 그동안의 유보액에 대하여는 곧바로 일시 변제한다.

(2) 미확정 개인회생채권이 전부 또는 일부 부존재 하는 것으로 확정된 경우
미확정 개인회생채권이 전부 또는 일부 부존재하는 것으로 확정된 경우에는, 그 확정 직후, 존재하는 것으로 확정된 [ ]의 인용 비율에 위 가항에 의해 지급을 유보한 금액을 곱하여 산출된 금액을 해당 개인회생채권자에게 일시에 변제한다. 유보금액 중, 미확정 개인회생채권의 일부가 존재하지 않는 것으로 됨에 따라 그 개인회생채권자에게 변제할 필요가 없게 된 나머지 유보금액은, 그 채권액 확정 직후 전체 일반 개인회생채권자들에게 각 [ ]의 액수를 기준으로 안분하여 변제한다.
향후의 매월 입금액을 분배하는 기준이 될 변제비율은 위 확정 원금들 사이의 비율에 따라 새로 계산하여 정하는데, 미확정 개인회생채권의 일부가 존재하지 않는 것으로 확정됨에 따라 향후 해당 개인회생채권자를 위한 유보가 불필요하게 된 변제기 미도래분에 대한 변제 유보예정액은, 향후 변제기 도래시 전체 일반 개인회생채권자들에게 그 각 [ ]의 액수를 기준으로 안분되도록 한다.

(3) 변제기간 종료시까지 미확정 개인회생채권이 미확정상태로 남는 경우에는 최종변제기에 유보한 금액 전부를 일반개인회생채권자들에게 각 [ ]의 액수를 기준으로 안분하여 변제한다.

(4) 임대차보증금반환액수가 확정되지 않은 임대차보증금 반환채권은 미확정채권으로 보아 위 가, 나항에 따라 변제하되 그 액수가 확정되고 임차인이 임차목적물을 명도함과 동시에 변제한다.

8. 변제금원의 회생위원에 대한 임치 및 지급

채무자는 위 [6]항에 의해 개인회생채권자들에게 변제해야 할 금액을 개시결정시 통지되는 회생위원의 예금계좌 {[ ]은행 계좌번호 [ ]}에 순차 임치하고, 개인회생채권자는 법원에 예금계좌를 신고하여 회생위원으로부터 변제액을 송금받는 방법으로 지급받는다. 회생위원은 계좌번호를 신고하지 않은 개인회생채권자에 대하여는 변제액을 적립하였다가 이를 연 1회 개인회생사건이 계속되어 있는 지방법원에 공탁하여 지급할 수 있다.

☞ 회생위원의 예금계좌는 신청 당시에는 알 수 없으므로 공란으로 두었다가 추후 보완합니다.

9. 면책의 범위 및 효력발생시기

채무자가 개인회생채권에 대하여 이 변제계획에 따라 변제를 완료하고 면책신청을 하여 면책결정이 확정되었을 경우에는, 이 변제계획에 따라 변제한 것을 제외하고 개인회생채권자에 대한 채무에 관하여 그 책임이 면제된다. 단, 채무자 회생 및 파산에 관한 법률 제625조 제2항 단서 각호 소정의 채무에 관하여는 그렇지 않다.

10. 기타사항 [해당 있음 ☑ / 해당 없음 □]

〈장래의 구상권 처리〉

채권번호 4-1번 채권자 ○○보증재단중앙회, 13-1번 채권자 ○○○, 14-1번 채권자 ○○○, 15-1번 채권자 ○○○, 17-1번 채권자 ○○○의 구상금채권은 채무자 회생 및 파산에 관한 법률 제581조 제2항, 제430조 제1항, 제2항의 규정에 의해 처리한다.

11. 변제계획 인가시 실효될 압류(강제집행), 가압류 목록 [해당 있음 □ / 해당 없음 ☑]

<table>
<tr><th>사건번호</th><th>압류(가압류)액</th><th>채권의 종류</th><th>비고</th></tr>
<tr><td></td><td></td><td></td><td></td></tr>
<tr><td></td><td></td><td></td><td></td></tr>
<tr><td></td><td></td><td></td><td></td></tr>
<tr><td></td><td colspan="2" rowspan="2">해당사항 없습니다.</td><td></td></tr>
<tr><td></td><td></td></tr>
<tr><td></td><td></td><td></td><td></td></tr>
<tr><td></td><td></td><td></td><td></td></tr>
<tr><td></td><td></td><td></td><td></td></tr>
<tr><td></td><td></td><td></td><td></td></tr>
<tr><td></td><td></td><td></td><td></td></tr>
</table>

[별지] 변제예정액표

개인회생채권 변제예정액표

1. 기초사항

(단위 : 원)

③ 월 평균 가용소득	630,000

④ 월 회생위원 보수	0

(A) 월 실제 가용소득 (③ - ④)	630,000

(B) 변제 횟수	630,010	60회

(C) 총 가용소득	37,800,600

2. 채권자별 변제예정액의 산정내역

별지기재와 같음

3. 변제율

원금의 [70.2]% 상당액

4. 청산가치와의 비교

(단위 : 원)

(J) 청산 가치	0

(K) 가용소득에 의한 총변제예정(유보)액	37,800,600
(L) 현재가치	33,795,279

제1회~제60회분 변제예정액(20○○.10.25~20○○.09.25)

(단위 : 원)

채권번호	채권자	(D) 개인회생채권액		(E) 월 변제예정(유보)액		(F) 총 변제예정(유보)액	
		확정채권액(원금)	미확정채권액(원금)	확정채권액(원금)	미확정채권액(원금)	확정채권액(원금)	미확정채권액(원금)
1	(주)○○외환은행	2,654,116	0	31,074	0	1,864,440	0
2	○○캐피탈(주)	4,996,470	0	58,498	0	3,509,880	0
3	○○카드(주)	3,827,176	0	44,808	0	2,688,480	0
4	○○은행(주)	2,060,000	0	24,118	0	1,447,080	0
5	○○○○캐피탈(주)	4,562,000	0	53,411	0	3,204,660	0
6	○○대부(주)	2,267,245	0	26,545	0	1,592,700	0
7	(주)○○저축은행	2,506,000	0	29,340	0	1,760,400	0
8	(주)○○저축은행	4,679,344	0	54,785	0	3,287,100	0
9	(주)○○○저축은행 관리인	4,300,414	0	50,349	0	3,020,940	0
10	(주)○○저축은행	1,497,000	0	17,527	0	1,051,620	0
11	○○파이낸셜(주)	2,478,673	0	29,020	0	1,741,200	0
12	○○크레디라인 대부(주)	2,840,000	0	33,250	0	1,995,000	0
13	㈜○○○대부 캐피탈	2,758,630	0	32,298	0	1,937,880	0
14	(주)○○○상호저축은행	2,800,000	0	32,787	0	1,967,220	0
15	(주)○○저축은행	1,782,604	0	20,871	0	1,252,260	0
16	○○○캐피탈 대부(주)	2,999,475	0	35,118	0	2,107,080	0
17	○○저축은행	2,317,266	0	27,130	0	1,627,800	0
18	○○○○크레디트 대부(주)	2,483,843	0	29,081	0	1,744,860	0
합 계		53,810,636	0	630,010	0	37,800,600	0
총 계		(G) 53,810,636		(H) 630,010		(I) 37,800,600	

가용소득에 의한 총변제예정(유보)액의 산정내역

(단위 : 원)

채권번호	채권자	(D) 개인회생채권액		(F) 총 변제예정(유보)액	
		확정채권액(원금)	미확정채권액(원금)	확정채권액(원금)	미확정채권액(원금)
1	(주)○○외환은행	2,654,116	0	1,864,440	0
2	○○캐피탈(주)	4,996,470	0	3,509,880	0
3	○○카드(주)	3,827,176	0	2,688,480	0
4	○○은행(주)	2,060,000	0	1,447,080	0
5	○○○○캐피탈(주)	4,562,000	0	3,204,660	0
6	○○대부(주)	2,267,245	0	1,592,700	0
7	(주)○○저축은행	2,506,000	0	1,760,400	0
8	(주)○○저축은행	4,679,344	0	3,287,100	0
9	(주)○○○저축은행관리인	4,300,414	0	3,020,940	0
10	(주)○○저축은행	1,497,000	0	1,051,620	0
11	○○파이낸셜(주)	2,478,673	0	1,741,200	0
12	○○크레디라인대부(주)	2,840,000	0	1,995,000	0
13	(주)○○○대부캐피탈	2,758,630	0	1,937,880	0
14	(주)○○○상호저축은행	2,800,000	0	1,967,220	0
15	(주)○○저축은행	1,782,604	0	1,252,260	0
16	○○○캐피탈대부(주)	2,999,475	0	2,107,080	0
17	○○저축은행	2,317,266	0	1,627,800	0
18	○○○○크레디트대부(주)	2,483,843	0	1,744,860	0
합 계		53,810,636	0	37,800,600	0
총 계		(G) 53,810,636		(I) 37,800,600	

[사례 9] 개인회생(근로소득자, 생활비 과다, 가용소득 및 재산처분으로 원금 일부만 변제)

개인회생 신청 ○○○관련

(첨부서류 및 소명자료 일람표)

회생절차개시신청서

- 법원기록철(표지등)
- 회생절차개시신청서(표지)
- 회생절차개시신청서
- 송달료·예납금 납부서·영수증
- 개인회생채권자목록
- 재산목록
- 수입 및 지출에 관한 목록
- 진술서
- 신청서 부본
- 신청인 본인의 예금계좌사본
- 위임장(대리인이 있는 경우)

변제계획안

- 변제계획안(표지)
- 변제계획안
- 개인회생채권 변제예정액표

개인회생절차 개시신청서

수입인지
30,000원

개인회생절차개시신청서

신청인	성 명	장 몽 룡	주민등록번호	123456-1234567
	주민등록상 주 소	대전 ○○구 ○○로 ○○ 우편번호: 25021		
	현 주 소	위와 같음	우편번호:	
	전 화 번 호 (집 · 직 장)	0000-0000	전화번호 (휴대전화)	010-0000-0000

대리인	성 명			
	사무실 주소	우편번호:		
	전 화 번 호 (사 무 실)			
	이-메일 주소		FAX번호	

주채무자가(또는 보증채무자가, 연대채무자가, 배우자가) 이미 귀 법원에 개인회생절차 개시신청을 하였으므로 그 사실을 아래와 같이 기재합니다.			
성 명		사건번호	

신 청 취 지

신청인에 대하여 개인회생절차를 개시한다. 라는 결정을 구합니다.

신 청 이 유

1. 신청인은, 첨부한 개인회생채권자목록 기재와 같은 채무를 부담하고 있으나, 수입 및 재산이 별지 수입 및 지출에 관한 목록과 재산목록에 기재된 바와 같으므로, 파산의 원인사실이 발생하였습니다.

☑ 신청인은 정기적이고 확실한 수입을 얻을 것으로 예상되고, 또한 채무자 회생 및 파산에 관한 법률 제595조에 해당하는 개시신청 기각사유는 없습니다(급여소득자 입니다).

☐ 신청인은 부동산임대소득·사업소득·농업소득·임업소득 그밖에 이와 유사한 수입을 장래에 계속적으로 또는 반복하여 얻을 것으로 예상되고, 또한 채무자 회생 및 파산에

관한 법률 제595조에 해당하는 개시신청 기각사유는 없습니다(영업소득자의 경우).

2. 신청인은, 각 회생채권자에 대한 채무 전액의 변제가 곤란하므로, 그 일부를 분할하여 지급할 계획입니다. 즉 현 시점에서 계획하고 있는 변제예정액은 36 개월간 월 505,555원 씩이고, 이 변제의 준비 및 절차비용지급의 준비를 위해, 개시결정이 내려지는 경우 2019. 7. 25.을 제1회로 하여, 이후 매월 25일에 개시결정시 통지되는 개인회생위원의 은행구좌에 동액의 금전을 입금하겠습니다.
3. 이 사건 개인회생절차에서 변제계획이 불인가될 경우 불인가 결정시까지의 적립금을 반환받을 신청인의 예금계좌는 농협 은행 000-00-000000 입니다.
4. 개인회생채권자목록 부본(개인회생채권자목록상의 채권자수+2통)은 개시결정 전 회생위원의 지시에 따라 지정하는 일자까지 반드시 제출하겠습니다.

첨 부 서 류

1. 개인회생채권자목록	1통
2. 재산목록	1통
3. 수입 및 지출에 관한 목록	1통
4. 진술서	1통
5. 변제계획안	1통
6. 신청서 부본	1통
7. 예납금영수증	1통
8. 송달료납부서	1통
9. 신청인 본인의 예금계좌 사본	1통
10. 위임장(대리인이 신청하는 경우)	1통

2019. 4. 5.

신청인 박 길 동 (인)

○○지방법원 귀중

注) 변제계획안은 개인회생절차개시신청서와 동시에 제출해도 되고, 이로부터 14일 이내에 따로 제출해도 된다.

[첨부서류 1] 개인회생채권자목록

채권현재액 산정기준일 : 2019. 4. 5. 목록작성일 : 2019. 4. 5.

채권현재액 총합계	106,150,842원

담보부 회생 채권액의 합계	0원	무담보 회생 채권액의 합계	106,150,842원

※ 개시후이자 등 : 아래 각 채권의 개시결정일 이후의 이자·지연손해금 등은 채무자 회생 및 파산에 관한 법률 제581조 제2항, 제446조 제1항 제1, 2호의 후순위채권입니다.

<table>
<tr><th rowspan="4">채권번호</th><th rowspan="4">채권자</th><th colspan="2">채권의 원인</th><th colspan="2">주소 및 연락처</th></tr>
<tr><th colspan="3">채권의 내용</th><th>부속서류 유무</th></tr>
<tr><th>채권현재액(원금)</th><th colspan="3">채권현재액(원금) 산정근거</th></tr>
<tr><th>채권현재액(이자)</th><th colspan="3">채권현재액(이자) 산정근거</th></tr>
<tr><td rowspan="4">1</td><td rowspan="4">(주)○○
은행</td><td colspan="2">20○○.9.4.
마이너스 통장 개설</td><td colspan="2">(주소) 광주 ○○구 ○○로 ○○길 ○○
(전화) 062) 111-2222 (팩스)</td></tr>
<tr><td colspan="3">마이너스통장 대출금 및 이에 대한 이자</td><td>□ 부속서류
(1, 2, 3, 4, 5, 6)</td></tr>
<tr><td>19,365,500원</td><td colspan="3">부채증명서 참조(산정기준일: 2019.4.1)</td></tr>
<tr><td>3,200,400원</td><td colspan="3">부채증명서 참조</td></tr>
<tr><td rowspan="4">2</td><td rowspan="4">(주) ○○
카드</td><td colspan="2">20○○.9.19.
카드대금 19,873,000원</td><td colspan="2">(주소) 서울 ○구 ○○대로 ○○번길 5가 211
(전화) 02) 1111-2222 (팩스)</td></tr>
<tr><td colspan="3">원금 잔액 17,873,000원 및 이에 대한 이자 4,000,000원</td><td>□ 부속서류
(1, 2, 3, 4, 5, 6)</td></tr>
<tr><td>17,873,000원</td><td colspan="3">부채확인서 참조(산정기준일: 2019.4.1.)
2018.4.1. 원금 2,000,000원 변제</td></tr>
<tr><td>4,000,000원</td><td colspan="3">부채확인서 참조(산정기준일: 2019.4.1)</td></tr>
<tr><td rowspan="4">3</td><td rowspan="4">○○캐피탈
(주)</td><td colspan="2">20○○.3.21. 신용대출금
18,456,300원</td><td colspan="2">(주소) 서울 ○구 ○○대로 ○○번길 3가
678-987
(전화) 02) 2222-3333 (팩스)</td></tr>
<tr><td colspan="3">원금 잔액 15,456,300원 및 이에 대한 20○○.○.○.부터 완제일까지 연체이율 20% 비율에 의한 이자</td><td>□ 부속서류
(1, 2, 3, 4, 5, 6)</td></tr>
<tr><td>15,456,300원</td><td colspan="3">부채증명서 참조(산정기준일: 2019.4.1)
2016.4.1. 원금 3,000,000원 변제</td></tr>
<tr><td>5,400,000원</td><td colspan="3">부채증명서 참조(산정기준일: 2019.4.1)</td></tr>
<tr><td>4</td><td>(주)○○
크레디트</td><td colspan="2">20○○. 07. 05.
대출거래약정 13,563,400원</td><td colspan="2">(주소) 12345 ○○시 ○○구 ○○로 ○○-○
○○빌딩 22층
(전화) 00-0000-0000 (팩스) 000-0000-0000</td></tr>
</table>

<table>
<tr><td rowspan="3"></td><td rowspan="3"></td><td colspan="2">원금잔액 13,563,400원 및 이에 대한 완제일까지 연 15%의 비율에 의한 금원</td><td>☑ 부속서류 (①, 2, 3, 4)</td></tr>
<tr><td>13,563,400원</td><td colspan="3">부채증명서 참조(산정기준일 20○○. 9. 1.)</td></tr>
<tr><td>4,884,170원</td><td colspan="3">부채증명서 참조(산정기준일 20○○. 9. 1.)</td></tr>
<tr><td rowspan="4">5</td><td rowspan="4">○○유동화전문(유)</td><td colspan="2">20○○. 01. 28.
대출거래약정 19,345,450원</td><td colspan="2">(주소) 12345 ○○시 ○○구 ○○로 ○○-○ ○○빌딩 16층
(전화) 00-0000-0000 (팩스) 000-0000-0000</td></tr>
<tr><td colspan="3">원금잔액 19,345,450원 및 이에 대한 완제일까지의 이자</td><td>☐ 부속서류 (1, 2, 3, 4)</td></tr>
<tr><td>19,345,450원</td><td colspan="3">부채증명서 참조(산정기준일 2010. 4. 20.)</td></tr>
<tr><td>3,062,622원</td><td colspan="3">부채증명서 참조(산정기준일 2010. 4. 20.)</td></tr>
</table>

※ 1. 채권자가 많아 이 용지에 다 적을 수 없는 경우에는 다음 장에 계속 적으면 된다.

2. 저당권, 전세권, 임대차보증금 등 별제권부 채권자 등이 있는 경우에는 '채권의 원인'란에 '부동산 담보대출', '전세권 설정', '가등기 담보대출', '임대차 계약' 등의 표시를 별도로 한 후, 부속서류의 '별제권부 채권 및 이에 준하는 채권의 내역'란에 기재하여 주면 된다.

3. 개인파산·회생실무, 서울회생법원, 양식편 인용 및 참고

[부속서류 1] 별제권부채권 및 이에 준하는 채권의 내역

(단위 : 원)

채권번호	채권자	① 채권현재액(원금) ② 채권현재액(이자)	③ 별제권행사 등으로 변제가 예상되는 채권액	④ 별제권행사 등으로도 변제받을 수 없을 채권액	⑤ 담보부 회생채권액
		⑥ 별제권 등의 내용 및 목적물			
합 계					

[부속서류 2] 다툼이 있거나 예상되는 채권의 내역

(단위 : 원)

채권번호	채권자	① 채권자목록상 채권현재액		② 채권자 주장 채권 현재액	③ 다툼이 없는 부분	④ 차이나는 부분 (② − ①)	⑤ 다툼의 원인
		⑥ 소송제기여부 및 진행경과, 집행권원 또는 종국판결의 존부					
		원금					
		이자					
		원금					
		이자					
		원금					
		이자					
		원금					
		이자					

[부속서류 3] 전부명령의 내역

(단위 : 원)

채권번호	채권자	채권의 내용	전부명령의 내역

[부속서류 4] 기 타

(단위 : 원)

「부속서류 4. 기타」란에는 채무자가 보증인인 경우에는 주채무의 내용(주채무자, 금액, 관계 등), 채무자 이외의 제3자가 물상보증을 제공한 경우 등 위의 부속서류에 기재하기 어려운 유형의 채권이 있는 경우에 기재합니다.

[첨부서류 2] 재산목록

재 산 목 록

<table>
<tr><th>명 칭</th><th>금액 또는
시가(단위 : 원)</th><th>압류등
유무</th><th colspan="2">비 고</th></tr>
<tr><td>현금</td><td>0</td><td></td><td colspan="2"></td></tr>
<tr><td rowspan="3">예금</td><td rowspan="3">0</td><td rowspan="3">무</td><td>금융기관명</td><td></td></tr>
<tr><td>계 좌 번 호</td><td></td></tr>
<tr><td>잔 고</td><td></td></tr>
<tr><td rowspan="3">보험</td><td rowspan="3">0</td><td rowspan="3">무</td><td>보험회사명</td><td></td></tr>
<tr><td>증 권 번 호</td><td></td></tr>
<tr><td>해약반환금</td><td></td></tr>
<tr><td>자동차(오토바이 포함)</td><td>0</td><td>무</td><td colspan="2"></td></tr>
<tr><td rowspan="3">임차보증금
(반환받을 금액을
금액란에 적는다)</td><td rowspan="3">10,000,000</td><td rowspan="3"></td><td>임 차 물 건</td><td>○○시 ○○구 ○○로 ○○ 소재 단독주택</td></tr>
<tr><td>보증금 및 월세</td><td>12,000,000원 및 월세 35만원</td></tr>
<tr><td>차이 나는 사유</td><td>월 차임 연체</td></tr>
<tr><td rowspan="5">부동산
(환가예상액에서
피담보채권을 뺀 금액을
금액란에 적는다)</td><td rowspan="5">17,846,545</td><td rowspan="5"></td><td>소재지, 면적</td><td>○○시 ○○구 ○○대로 ○○번길 ○○외 1필지</td></tr>
<tr><td>부동산의 종류</td><td>토지(○), 건물( ), 집합건물( )</td></tr>
<tr><td>권리의 종류</td><td>소유권</td></tr>
<tr><td>환가예상액</td><td>17,846,545</td></tr>
<tr><td>담보권의 종류 및 담보액</td><td></td></tr>
<tr><td rowspan="3">사업용 설비,
재고품, 비품 등</td><td rowspan="3"></td><td rowspan="3"></td><td>품목, 개수</td><td></td></tr>
<tr><td>구 입 시 기</td><td></td></tr>
<tr><td>평 가 액</td><td></td></tr>
<tr><td rowspan="2">대여금 채권</td><td rowspan="2"></td><td rowspan="2"></td><td colspan="2">상대방 채무자 1: ☐ 소명자료 별첨</td></tr>
<tr><td colspan="2">상대방 채무자 2: ☐ 소명자료 별첨</td></tr>
<tr><td rowspan="2">매출금 채권</td><td rowspan="2"></td><td rowspan="2"></td><td colspan="2">상대방 채무자 1: ☐ 소명자료 별첨</td></tr>
<tr><td colspan="2">상대방 채무자 2: ☐ 소명자료 별첨</td></tr>
<tr><td>예상 퇴직금</td><td></td><td></td><td colspan="2">근무처:</td></tr>
<tr><td>기타(　　　)</td><td></td><td></td><td colspan="2"></td></tr>
<tr><td>합 계</td><td>27,846,545</td><td></td><td colspan="2"></td></tr>
<tr><td>면제재산결정 내역</td><td></td><td></td><td colspan="2">면제재산 결정 내용:</td></tr>
<tr><td>청산가치</td><td>17,846,545</td><td></td><td colspan="2">민사집행법상 압류금지 예금, 보험 및 주택임대차보호법상 소액보증금 부분 제외</td></tr>
</table>

[첨부서류 3] 수입 및 지출에 관한 목록

수입 및 지출에 관한 목록

Ⅰ. 현재의 수입목록 (단위 : 원)

명목	기간구분	금액	연간환산금액	압류, 가압류 등 유무
급여	월간	2,316,020	27,792,240	
상여금	설날과 추석	각 2,000,000	4,000,000	
		연 수입	31,792,240	월 평균 수입: 2,649,353

Ⅱ. 변제계획 수행시의 예상지출목록

☑ **채무자가 예상하는 생계비가 보건복지부 공표 기준 중위소득의 60% 이하인 경우**

보건복지부 공표 (4)인 가구 기준 중위소득 (4,613,536)원의 약 (60)%인 (2,768,121)원을 지출할 것으로 예상됩니다(뒷면 표에 내역과 사유를 상세히 기재하십시오).

☐ **채무자가 예상하는 생계비가 보건복지부 공표 기준 중위소득의 60%를 초과하는 경우**

보건복지부 공표 (　)인 가구 기준 중위소득 (　　　)원의 약 (　　)%인 (　　　)원을 지출할 것으로 예상됩니다(뒷면 표에 내역과 사유를 상세히 기재하십시오).

Ⅲ. 가족관계

관계	성 명	연령	동거여부 및 기간	직 업	월 수입	재산총액	부양 유무
배우자	김 부 자	46	20○○. 7월부터 동거	무	무	0원	유
자	이 정 호	15	20○○. 7월부터 동거	학생	무	0원	유
자	이 난 실	13	20○○. 7월부터 동거	학생	무	0원	유

☞ 채무자가 예상하는 생계비가 보건복지부 공표 기준 중위소득의 100분의 60을 초과하는 경우

1. 생계비의 지출 내역

비 목	지출예상 생계비	추가지출 사유
생계비 ☞ 생계비에는 식료품비, 광열수도비, 가구집기비, 피복신발비, 교양오락비, 교통통신비, 기타 비용의 합산액을 기재합니다.		
주거비		
의료비		
교육비		
계		추가비율 : %

2. 생계비 추가지출사유에 관한 보충기재사항

생계비 추가지출사유가 있는 경우에 기재합니다.

3. 진술서(신청서 첨부서류 4) 작성방법

진술서에는 직업, 경력, 수입, 생활상황, 부채상황, 과거의 면책절차 등의 이용 상황, 기타 채무를 부담하게 된 사정 등을 있는 사실 그대로 기재하면 된다.

[첨부서류 4] 진 술 서

진 술 서

Ⅰ. 경 력

1. 최종학력

20○○년 2월 14일 대한전문대학교 (졸업, 중퇴)

2. 과거 경력 (최근 경력부터 기재하여 주십시오)

기간	20○○년 8월 일부터 20○○년 12월 일까지 (자영, 근무)				
업종	제조업	직장명	대한 주식회사	직위	평사원
기간	20○○년 8월 일부터 현재까지 (자영, 근무)				
업종	제조업	직장명	한국 주식회사	직위	평사원
기간	년 월 일부터 년 월 일까지 (자영, 근무)				
업종		직장명		직위	

3. 과거 결혼, 이혼 경력

20○○년 5월 3일 서부자 와 (결혼, 이혼, 입양, 파양)

년 월 일 와 (결혼, 이혼, 입양, 파양)

년 월 일 와 (결혼, 이혼, 입양, 파양)

Ⅱ. 현재 주거상황

거주를 시작한 시점 (20○○년 4월 3일)

거주관계(해당란에 표시)	상세한 내역
㉠ 신청인 소유의 주택	
㉡ 사택 또는 기숙사 ㉢ 임차(전·월세) 주택	임대보증금 (12,000,000원) 임대료 (월 35만원), 연체액 (200만원) 임차인 성명 ( )
㉣ 친족 소유 주택에 무상 거주 ㉤ 친족외 소유 주택에 무상 거주	소유자 성명 (김서희) 신청인과의 관계 (모)
㉥ 기타( )	

☆ ㉠ 또는 ㉣항을 선택한 분은 주택의 등기부등본을 첨부하여 주십시오.

☆ ㉡ 또는 ㉢항을 선택한 분은 임대차계약서(전월세 계약서) 또는 사용허가서 사본을 첨부하여 주시기 바랍니다.

☆ ㉣ 또는 ㉤항을 선택한 분은 소유자 작성의 거주 증명서를 첨부하여 주십시오.

Ⅲ. 부채 상황

1. 채권자로부터 소송·지급명령·전부명령·압류·가압류 등을 받은 경험(있음, 없음)

내 역	채권자	관할법원	사건번호

☆ 위 내역란에는 소송, 지급명령, 압류 등으로 그 내용을 기재합니다.
☆ 위 기재사항에 해당하는 소장·지급명령·전부명령·압류 및 가압류결정의 각 사본을 첨부하여 주십시오.

2. 개인회생절차에 이르게 된 사정(여러 항목 중복 선택 가능)

(○) 생활비 부족　　(○) 병원비 과다지출
(　) 교육비 과다지출　　(　) 음식, 음주, 여행, 도박 또는 취미활동
(　) 점포 운영의 실패　　(　) 타인 채무의 보증
(　) 주식투자 실패　　(　) 사기 피해
(　) 기타 (　　　　　　　　)

3. 채무자가 많은 채무를 부담하게 된 사정 및 개인회생절차 개시의 신청에 이르게 된 사정에 관하여 구체적으로 기재하여 주십시오(추가기재시에는 별지를 이용하시면 됩니다).

(채무를 부담하게 된 경우, 현재의 채무자의 상태, 선처호소 내용 등을 2~3장 정도로 작성하되, 통상 별지를 사용하여 작성함)

Ⅳ. 과거 면책절차 등의 이용 상황

절 차	법원 또는 기관	신청시기	현재까지 진행상황
□ 파산·면책절차 □ 화의·회생·개인회생절차			
□ 신용회복위원회 워크아웃 □ 배드뱅크			(　　)회 (　　)원 변제

☆ 과거에 면책절차 등을 이용하였다면 해당란에 ☑ 표시 후 기재합니다.
☆ 신청일 전 10년 내에 회생사건·화의사건·파산사건 또는 개인회생사건을 신청한 사실이 있는 때에는 그 관련서류 1통을 제출해야 합니다.

주) 진술서는 채무자의 경력, 현재의 주거상황, 부채상황, 과거 면책절차 등의 이용현황 등을 서식에 맞추어 있는 그대로의 사실을 기재하면 될 것이로되, 가급적이면 채무자의 어려운 사정을 부각시키게끔 작성하는 것이 현명할 것이다.

[붙임] 변제계획안 표지(가용소득 및 재산처분으로 원금 일부만 변제)

가용소득과 재산처분으로 원금 일부만의 변제에 제공하는 경우

변제계획안 제출서

사　　건　　20○○ 개회 ○○○○○ 개인회생

채 무 자　　문 춘 향

대 리 인

채무자는 별지와 같이 변제계획안을 작성하여 제출하니 인가하여 주시기 바랍니다.

2019. 4. 5.

채무자　　문 춘 향　　(서명 또는 날인)
대리인 변호사　　(서명 또는 날인)

○○지방법원 귀중

[붙임] 변제계획안(가용소득 및 재산처분으로 원금 일부만 변제)

20○○개회○○○○○ 채무자 문 춘 향

변 제 계 획 (안)

2019. 4. 5. 작성

1. 변제기간

[2019]년 [7]월 [25]일부터 [2022]년 [6]월 [25]일까지 [36]개월간

2. 변제에 제공되는 소득 또는 재산

가. 소 득

(1) 수 입

☑ 변제기간 동안 [(주)경인상사]에서 받는 월평균수입[3,273,676]원

☐ 변제기간 동안 [ ]을 운영하여 얻은 월 평균수입 [ ]원

(2) 채무자 및 피부양자의 생활에 필요한 생계비

(가) 채무자 및 피부양자 : 총 [4]명

(나) 국민기초생활보장법에 의한 가구별 기준 중위소득 : 월 평균 수입 [4,613,536] 원

(다) 채무자 회생 및 파산에 관한 법률에 따라 조정된 생계비 : 월 [2,768,121]원

(3) 채무자의 가용소득

기간 : [2019]년 [7]월 [25]일부터 [2022]년 [6]월 [25]일까지

① 월 평균 수입	② 월 평균 생계비	③ 월 평균 가용소득 (①−②)	④ 변제 회수 (월 단위로 환산)	⑤ 총 가용소득 (③×④)
3,273,676	2,768,121	505,555	36회	18,199,980

나. 재산 : [해당 있음 ☑ / 해당 없음 ☐]

순번	변제에 제공할 처분대상 재산	변제기한	변제투입 예정액
1	○○시 ○○구 ○○대로 ○○번길 ○○ 대지 ○○평	인가일부터 1년 내	17,846,543원
2	○○시 ○○대로 ○○번길 ○○ 전 ○○평		

3. 개인회생재단채권에 대한 변제 [해당 있음 ☐ / 해당 없음 ☑]

가. 회생위원의 보수 및 비용 [해당 있음 ☐ / 해당 없음 ☑]

□ 변제계획 인가 후 첫 변제기일에 [ ]원을 지급

□ 일반 개인회생채권의 매 변제기일에 [ ]원씩을 지급

나. 기타 개인회생재단채권 [해당 있음 □ / 해당 없음 ☑]

(1) 채권의 내용

채권자	채권현재액	채권발생원인	변제기

(2) 변제방법

변제계획 인가일 직후 그동안 적립된 가용소득으로부터 원리금 전액을 우선하여 변제한다. 남은 채권이 있을 경우에는 일반 개인회생채권의 매 변제기일에 우선하여 변제한다.

4. '일반의 우선권 있는 개인회생채권'에 대한 변제 [해당 있음 □ /해당 없음 ☑]

가. 채권의 내용

채권자	채권현재액	채권발생원인 (우선권의 근거)	변제기

나. 변제방법

변제계획 인가일 직후 최초 도래하는 변제기일에 원리금 전액을 우선하여 변제한다. 남은 채권이 있을 경우에는 일반 개인회생채권의 매 변제기일에 우선하여 변제한다.

5. 별제권부 채권 및 이에 준하는 채권의 처리 [해당 있음 □ / 해당 없음 ☑]

<table>
<tr><th rowspan="3">채권
번호</th><th rowspan="3">채권자</th><th>① 채권현재액(원금)</th><th rowspan="2">③ 별제권행사 등으로
변제가 예상되는 채권액</th><th rowspan="2">④ 별제권행사 등으로도
변제받을 수 없을
채권액 (①+②−③)</th></tr>
<tr><th>② 채권현재액(이자)</th></tr>
<tr><th colspan="3">⑤ 별제권 등의 내용 및 목적물</th></tr>
<tr><td rowspan="3"></td><td rowspan="3"></td><td></td><td rowspan="2"></td><td rowspan="2"></td></tr>
<tr><td></td></tr>
<tr><td colspan="3"></td></tr>
<tr><td rowspan="3"></td><td rowspan="3"></td><td></td><td rowspan="2"></td><td rowspan="2"></td></tr>
<tr><td></td></tr>
<tr><td colspan="3"></td></tr>
</table>

나. 변제방법

(1) 위 각 채권에 대하여 별제권 행사 등으로 변제가 예상되는 채권액(③)은 별제권 행사 등에 의한 방법으로 변제하고 이 변제계획상의 가용소득이나 재산처분에 의한 변제대상에서 제외한다.

(2) 위 (1)항 기재 각 채권 중 별제권행사 등으로도 변제받을 수 없을 채권액(④)은 미확정채권으로 보아 유보하였다가 아래 7항 기재와 같은 방법으로 변제한다.

(3) 별제권 행사 등으로도 변제받을 수 없을 채권액이 위 가의 ④항 기재 금액을 초과하는 것으로 확정된 경우에는, 채권자가 그 초과부분을 변제계획안의 변경 절차를 통하여 변제받을 수 있다.

6. 일반 개인회생채권에 대한 변제

가. 가용소득에 의한 변제

(1) 월 변제예정(유보)액 및 총 변제예정(유보)액의 산정

각 일반 개인회생채권의 [원금]의 액수를 기준으로 월 평균가용소득을 안분하여 산출한 금액을 각 일반 개인회생채권자에게 변제한다. 이를 기초로 산정한 월 변제예정(유보)액은 [505,555]원이고 총 변제예정(유보)액은 [18,199,980]원이다. 구체적 산정 내역은 별지 개인회생채권 변제예정액 표 참조.

(2) 변제방법

위 (1)항의 변제예정(유보)액은 다음과 같이 분할하여 변제한다.

(가) 기간 및 횟수

[2019]년 [7]월 [25]일부터 [2022]년 [6]월 [25]일까지 [36]개월간 합계 [36]회

(나) 변제월 및 변제일

① [2019]년 [7]월 [25]일부터 변제계획인가일 직전 [25]일까지 기간

☑ 변제계획인가일 직후 최초 도래하는 월의 [25]일에 위 기간 동안의 변제분을 개인회생절차개시후 변제계획 인가 전에 적립된 가용소득으로 일시에 조기 변제

☐ 기타 : [ ]

② 변제계획인가일 직후 최초 도래하는 월의 [25]일부터 [2022]년 [6]월 [25]일까지 기간

☑ 매월마다 [25]일에 변제

☐ 매 [ ]개월마다 [ ]일에 각 변제

☐ 기타 : [ ]

나. 재산의 처분에 의한 변제 [해당 있음 ☐ / 해당 없음 ☑]

7. 미확정 개인회생채권에 대한 조치 [해당 있음 □ / 해당 없음 ☑]

가. 변제금액의 유보

(1) 미확정 개인회생채권에 대하여는 변제를 유보하고, 별지 개인회생채권 변제예정액표에 기재한 금액을 해당 채권이 확정될 때까지 유보하여 둔다. 주의해야 할 점은 미확정 개인회생채권에 대해서도 변제계획안을 작성할 경우에는 그 채권의 성질에 따라 전액 또는 일부를 변제하는 내용으로 작성해야 한다는 점이다. 즉 재단채권이냐 '일반의 우선권 있는 개인회생채권'이냐 아니면 일반 개인회생채권이냐에 따라 구분하여 전액에 대한 변제로 작성하든지 일부만 변제하는 내용으로 작성하든지 해야 한다는 것이다.

(2) 채무자는 이와 같이 유보한 금액도, 즉시 지급되는 다른 채권에 대한 변제금과 마찬가지로 아래 8항 기재 계좌에 입금한다.

나. 미확정 개인회생채권에 대한 변제

(1) 미확정 개인회생채권이 전부 그대로 확정된 경우
미확정 개인회생채권의 전액에 관하여 채권의 존재가 확정된 경우에는, 그 확정 직후 유보비율을 변제비율로 적용하여 변제를 개시하고 매월의 변제기에 그 해당금액을 변제하되, 이미 분할 변제기가 도래한 부분 즉 그동안의 유보액에 대하여는 곧바로 일시 변제한다.

(2) 미확정 개인회생채권이 전부 또는 일부 부존재 하는 것으로 확정된 경우(※ 실무상 아래 [ ]란에는 거의 대부분 [원금]이라 기재)
미확정 개인회생채권이 전부 또는 일부 부존재하는 것으로 확정된 경우에는, 그 확정 직후, 존재하는 것으로 확정된 [ ]의 인용 비율에 위 가항에 의해 지급을 유보한 금액을 곱하여 산출된 금액을 해당 개인회생채권자에게 일시에 변제한다. 유보금액 중, 미확정 개인회생채권의 일부가 존재하지 않는 것으로 됨에 따라 그 개인회생채권자에게 변제할 필요가 없게 된 나머지 유보금액은, 그 채권액 확정 직후 일반 개인회생채권자들에게 각 [ ]의 액수를 기준으로 안분하여 변제한다. 향후의 매월 입금액을 분배하는 기준이 될 변제비율은 위 확정 원금들 사이의 비율에 따라 새로 계산하여 정하는데, 미확정 개인회생채권의 일부가 존재하지 않는 것으로 확정됨에 따라 향후 해당 개인회생채권자를 위한 유보가 불필요하게 된 변제기 미도래분에 대한 변제 유보예정액은, 향후 변제기 도래시 일반 개인회생채권자들에게 그 각 [ ]의 액수를 기준으로 안분되도록 한다.

(3) 변제기간 종료시까지 미확정 개인회생채권이 미확정상태로 남는 경우에는 최종 변제기에 유보한 금액 전부를 일반개인회생채권자들에게 각 [ ]의 액수를 기준으로 안분하여 변제한다.

(4) 임대차보증금반환액수가 확정되지 않은 임대차보증금 반환채권은 미확정채권으로 보아 위 가, 나항에 따라 변제하되 그 액수가 확정되고 임차인이 임차목적물을 명도함과 동시에 변제한다.

8. 변제금원의 회생위원에 대한 임치 및 지급

채무자는 위 [6, 7] 항에 의해 개인회생채권자들에게 변제해야 할 금액을 개시결정시 통지되는 개인회생위원의 예금계좌 {[ ]은행 계좌번호 [ ]}에 순차 임치하고, 회생위원은 이를 즉시 개인회생채권자들이 신고한 예금 계좌에 송금하는 방법으로 지급한다. 계좌번호를 신고하지 않은 개인회생채권자에 대하여는 변제액을 적립하였다가 이를 연 1회 개인회생사건이 계속되어 있는 지방법원에 공탁하여 지급할 수 있다.

☞ 회생위원의 예금계좌는 신청 당시에는 알 수 없으므로 공란으로 두었다가 추후 보완합니다.

9. 면책의 범위 및 효력발생시기

채무자가 개인회생채권에 대하여 이 변제계획에 따라 변제를 완료하고 면책신청을 하여 면책결정이 확정되었을 경우에는, 이 변제계획에 따라 변제한 것을 제외하고 개인회생채권자에 대한 채무에 관하여 그 책임이 면제된다. 단, 채무자 회생 및 파산에 관한 법률 제625조 제2항 단서 각호 소정의 채무에 관하여는 그렇지 않다.

10. 기타사항 [해당 있음 □ / 해당 없음 ☑]

[별지] 개인회생채권 변제예정액표(가용소득 및 재산처분으로 원금 일부만 변제)

개인회생채권 변제예정액 표

1. 기초사항

가. 가용소득

(단위 : 원)

(A) 월평균 가용소득	505,555

(B) 변제횟수	36회

(C) 총 가용 소득	18,199,980

나. 처분대상 재산

(단위 : 원)

순번	변제에 제공할 처분대상 재산	변제기한	변제투입 예정액
1	○○시 ○○구 ○○대로 ○○번길 ○○ 대지 ○○평	인가일로부터 1년 내	17,846,545
2	○○시 ○○대로 ○○번길 ○○ 전 ○○평		

2. 채권자별 변제예정액의 산정내역

가. 가용소득에 의한 변세내역

별표(1)과 같음

나. 재산처분을 통한 변제의 예상

별표(2)와 같음

3. 변 제 율

가. 가용소득에 의한 변제 : 원금의 [21]% 상당액

나. 재산의 처분에 의한 변제 : 원금의 [21]% 상당액

4. 청산가치와의 비교

(단위 : 원)

(J) 청산 가치	30,000,000

(K) 가용소득에 의한 총변제 예정(유보)액	18,200,100
(L) 현재가치	17,073,552

(M) 가용소득에 의한 총변제 예정(유보)액	17,846,545
(N) 현재가치	16,271,890

별표 (1) 가용소득에 의한 변제내역

(단위 : 원)

채권번호	채권자	(D) 개인회생채권액		(E) 월 변제예정(유보)액		(F) 총 변제예정(유보)액	
		확정 채권액 (원금)	미확정 채권액 (원금)	확정 채권액 (원금)	미확정 채권액 (원금)	확정 채권액 (원금)	미확정 채권액 (원금)
1	(주) ○○은행	19,365,500	0	114,368	0	4,117,248	0
2	(주) ○○카드	17,873,000	0	105,554	0	3,779,944	0
3	○○캐피탈(주)	15,456,300	0	91,281	0	3,286,116	0
4	(주) ○○크레디트	13,563,400	0	80,102	0	2,883,672	0
5	○○유동화전문(유)	19,345,450	0	114,250	0	4,113,000	0
합 계		85,603,650	0	505,555	0	18,199,980	0
총 계		(G) 85,603,650		(H) 505,555		(I) 18,199,980	

별표 (2) 재산처분을 통한 변제의 예상

(단위 : 원)

채권 번호	채권자	(D) 개인회생채권액		(O) 변제투입예정액	(P) 총 변제예정(유보)액	
		확정채권액 (원금)	미확정 채권액 (원금)		확정채권액 (원금)	미확정 채권액 (원금)
1	(주) ○○은행	19,365,500	0		4,037,296	0
2	(주) ○○카드	17,873,000	0		3,726,141	0
3	○○캐피탈(주)	15,456,300	0	17,846,545	3,222,311	0
4	(주) ○○크레디트	13,563,400	0		2,827,681	0
5	○○유동화전문(유)	19,345,450	0		4,033,116	0
합 계		85,603,650	0		17,846,545	0
총 계		(G) 85,603,650			(Q) 17,846,545	

부 록

◇ 개인파산 및 면책신청사건의 처리에 관한 예규 (재민 2005-1)

◇ 개인회생사건 처리지침(재민 2004-4)

[부록 1] 개인파산 및 면책신청사건의 처리에 관한 예규

개인파산 및 면책신청사건의 처리에 관한 예규(재민 2005-1)

개정 2022. 4. 18. [재판예규 제1805호, 시행 2022. 9. 1.]

제1조 (목적)

이 예규는 개인파산 및 면책신청사건의 처리에 필요한 사항을 정함을 목적으로 한다.

제1조의2 (개인파산 및 면책신청서의 양식)

① 「채무자 회생 및 파산에 관한 법률」 제302조 및 동규칙 제72조에 따른 파산 및 면책신청서, 진술서, 채권자목록, 재산목록, 채무자의 수입 및 지출에 관한 항목 및 현재의 생활상황의 표준 양식은 별지 제1호부터 제6호까지와 같다.

② 신청인은 별지 제7호의 자료제출목록에 기재된 자료를 제출하여야 한다. 다만, 법원은 필요한 경우 자료의 일부를 제출하지 않도록 할 수 있다.

③ 법원은 필요한 경우 신청인에게 별지 제7호 자료제출목록에 기재된 자료 이외의 추가 자료를 제출하도록 할 수 있다.

④ 법원은 제2항 단서 및 제3항에 따라 별지 제7호의 자료제출목록과 다른 별도의 자료제출목록(이하 "법원별 자료제출목록"이라 한다)을 작성·비치한 경우 법원행정처 회생·파산위원회(이하 "위원회"라 한다)에 송부하여야 한다.

⑤ 법원은 신청인이 신용회복위원회, 한국자산관리공사 등 법원 이외의 기관을 통하여 사적인 채무조정을 시도한 사실이 있는 경우로 이와 관련한 자료를 제출하는 때에는 그 제출된 자료가 별지 제7호의 자료제출목록 또는 법원별 자료제출목록에 기재된 자료와 중복되는 경우에는 그 제출을 면제할 수 있다.

⑥ 위원회는 제4항에 따라 송부된 법원별 자료제출목록을 취합한 결과를 법원에 배포할 수 있다.

⑦ 제1항에서 규정한 표준 양식 외의 신청서 표준 양식은 별지 제8호부터 제10호까지와 같다.

제2조 (파산·면책 동시신청의 접수 및 처리)

① 개인인 신청인이 파산·면책을 동시에 신청하는 경우에 면책신청시 제출하여야 하는 채권자목록은 파산신청시 제출하는 채권자목록으로 갈음할 수 있다.

② 파산신청사건의 사건부호는 "하단", 면책신청사건의 사건부호는 "하면"으로 하여 접수순서 별로 사건번호를 부여한다.

③ 제1항의 면책신청사건은 파산선고 후 진행하고, 파산선고와 면책심문기일 또는 면책신청에 대한 이의기간 지정결정의 공고와 송달은 동시에 할 수 있다.

제2조의2 삭제(2016.12.16.제1628호)

제2조의3 (파산관재인 선임을 희망한 경우 등의 처리)

법원은, 채무자가 파산신청을 하면서 파산관재인 선임을 희망하였거나 채무자에게 면제재산을 초과하는 재산이 있음이 밝혀진 때에는 특별한 사정이 없는 한 바로 파산선고 여부를 결정하여야 한다.

제2조의4 (예납기준)

개인파산사건에서 동시폐지를 하지 아니하는 경우의 예납금은 파산재단의 규모, 부인권 대상 행위의 존부와 수, 파산절차의 예상 소요기간, 재단수집의 난이도, 채권자의 수 등을 고려하여 정할 수 있다. 다만, 특별한 사정이 없는 한 500만 원을 넘을 수 없다.

제2조의5 삭제(2016.12.16.제1628호)

제3조 (처리기간)

① 법원은 특별한 사정이 없는 한 파산신청일부터 30일 이내에 파산선고 여부를 결정하여야 한다.

② 법원은 특별한 사정이 없는 한 면책신청일(파산신청과 동시에 면책신청을 한 경우에는 파산선고일)부터 60일 이내의 날짜로 면책심문기일 또는 면책신청에 대한 이의기간을 지정하여야 한다.

제4조 (면책신청사건 심리절차)

법원은 법 제562조 제1항의 면책신청에 대한 이의신청기간이 종료되면 다음 각호의 경우를 제외하고 14일 이내에 면책허가 여부를 결정하여야 한다.

1. 면책신청에 대한 이의신청이 있는 때
2. 파산이 취소된 때
3. 채무자가 절차비용을 예납하지 않은 때
4. 채무자에게 법 제564조 제1항 각호의 사유가 있음이 명백한 경우
5. 기타 특별한 사정이 있는 경우

제5조 (한국신용정보원의 장에 대한 통보)

① 법원은 다음 각호의 경우에는 한국신용정보원의 장에게 통보하여야 한다.

1. 면책결정이 확정된 경우
   통보할 사항: 사건번호, 채무자의 성명, 주민등록번호, 면책결정일, 면책결정 확정일
2. 면책취소결정이 확정된 경우
   통보할 사항: 사건번호, 채무자의 성명, 주민등록번호, 면책취소결정일, 면책취소결정 확정일

② 제1항의 통보는 전자통신매체를 이용하여 할 수 있다.

제6조 (등록기준지 통보)

① 법원은 개인인 채무자에 대하여 다음 각호의 사유가 있는 때에는 채무자의 신원증명업무 관장자인 등록기준지 시(구가 설치된 시에 있어서는 구)·읍·면의 장에게 그 사실을 통보하여야 한다. 다만, 제2호 내지 제4호의 사실은 제1호의 사실이 통보된 채무자에 한하여 통보한다.

1. 파산선고가 확정된 때. 다만, 채무자가 법 제556조제1항에 따른 면책신청을 하거나 동조제3항에 따라 면책신청을 한 것으로 보는 경우에는 그 면책신청이 각하·기각되거나 면책불허가결정이 내려지거나 면책취소의 결정이 확정된 때에 한하여 통보한다.
2. 법 제574조제1항제1·2호의 사유가 발생된 때
3. 복권결정이 확정된 때
4. 면책취소의 결정이 확정된 때

② 제1항의 통보는 전자통신매체를 이용하여 할 수 있다.

제7조 (공고의 방법)

① 개인파산 및 면책신청 사건에서의 공고는 전자통신매체를 이용한 방법에 의한 공고를 원칙으로 한다.

②「채무자 회생 및 파산에 관한 규칙」제6조 제1항 제2호의 규정에 따른 전자통신매체를 이용한 공고는 공고사항을 법원 홈페이지 법원공고란에 게시하는 방법으로 한다.

③ 삭제(2017.05.12 제1654호)

부 칙 (2022.04.18 제1805호)

이 예규는 2022. 9. 1.부터 시행한다.

[부록 2] 개인회생사건 처리지침

개인회생사건 처리지침(재민 2004-4)

개정 2022. 4. 18. [재판예규 제1804호, 시행 2022. 9. 1.]

제1조 (목적)
이 예규는 개인회생사건의 사무처리에 필요한 사항을 정함을 목적으로 한다.

제2조 (신청서 양식)
① 개인회생사건을 관할하는 회생법원은 다음 각호의 양식을 작성, 비치하여야 한다.
1. 개인회생절차개시신청서: [전산양식 D5100]
2. 재산목록: [전산양식 D5101]
3. 채무자의 수입 및 지출에 관한 목록: [전산양식 D5103]
4. 진술서: [전산양식 D5105]
5. 개인회생채권자목록: [전산양식 D5106]
6. 재산조회신청서: [전산양식 D5128]
7. 개인회생재단에 속하지 않는 재산목록 제출서: [전산양식 D5108]
8. 면제재산결정신청서: [전산양식 D5109]
9. 개인회생채권조사확정재판 신청서: [전산양식 D5124, 또는 전산양식 D5125]
10. 변제계획안: [전산양식 D5110, 또는 전산양식 D5111]
11. 변제계획안 간이양식: [전산양식 D5112]
12. 개시신청용 간이양식 모음:
간이양식에 의한 개인회생절차 신청서류 작성요령, 개인회생절차개시신청서 [전산양식 D5100과 동일], 재산목록 간이양식 [전산양식 D5102], 개인회생채권자목록 간이양식 [전산양식 D5107], 수입 및 지출에 관한 목록 간이양식 [전산양식 D5104], 진술서 [전산양식 D5105과 동일], 변제계획안 간이양식[전산양식 D5112과 동일]
13. 소득증명서 [전산양식 D5115]
14. 소득진술서 및 확인서 [전산양식 D5116, D5117]
15. 자료송부청구서 및 자료송부서 [전산양식 D5118, D5119]
16. 채권자 계좌번호 신고서 [전산양식 D5123]
17. 채권자 명의변경 신청서(채권양도·양수) [전산양식 D5129], 채권자 명의변경 신청서(전부·일부 대위변제) [전산양식 D5130], 채권자 명의변경 신청서(채권자 상호변경) [전산양식 D5131]

② 접수담당 법원서기관·법원사무관·법원주사 또는 법원주사보(다음부터 "법원사무관등"이라 한다)는 개인회생절차의 신청인, 개인회생채권자로 하여금 제1항 기재의 양식을 사용하도록 창구지도를 하여야 한다.

제3조 (접수 후 서류 심사 및 안내)
① 개인회생절차의 개시신청서를 접수한 다음 접수담당 법원사무관등은 신청서의 기재사항에 오류나 누락이 있는 경우 보정을 권고할 수 있고, 정확히 기재하도록 안내를 하여야 한다.
② 개인회생절차의 개시신청서를 접수한 다음 접수담당 법원사무관등은 「채무자 회생 및 파산에 관한 법률」(다음부터 "법"이라 한다) 제589조제2항 및 「채무자 회생 및 파산에 관한 규칙」(다음부터 "규칙"이라 한다) 제79조에 규정된 개인회생절차개시신청서에 첨부하여야 하는 서류가 첨부되어 있는지 여부를 확인하고, 제대로 첨부하도록 안내를 하여야 한다.
③ 채무자는 제2조 제1항 기재의 간이양식을 사용하여 개인회생절차의 개시신청을 할 수 있다. 간이양식을 사

용한 개시신청서를 접수한 다음 접수담당 법원사무관등은 그 채무자에게 제출할 필요가 있는 정식양식이 있는 경우에는 그 양식을 교부하고 작성요령을 안내하여야 한다.

④ 삭제(2012.02.24.제1382호)

제4조 (제출 서류)

① 규칙 제79조제1항의 규정에 따라 개인회생절차개시신청서에 첨부할 서류 중 관공서에서 작성하는 서류는 특별한 사정이 없는 한 신청일로부터 2개월 내에 발급받은 것이어야 한다.

② 개인회생절차를 신청하고자 하는 채무자가 개인회생채권자 발행의 부채확인서 등 채무 내역을 소명할 자료를 입수하려고 노력하였으나 입수하여 제출하기 곤란한 경우에는 규칙 제82조의 규정에 따라 개인회생채권자에 대하여 개인회생채권의 발생일, 원금, 원금 잔액, 이자 잔액, 이자율 등에 관한 자료의 송부를 청구한 다음 그 청구서 사본을 첨부하는 방법으로 소명자료에 갈음할 수 있다.

③ 개인회생채권자가 제2항의 청구에 따른 자료를 송부하여 온 경우에 채무자는 지체 없이 그 사본을 법원에 제출하여야 하며, 송부해온 자료를 검토한 후 필요한 경우에는 개인회생채권자목록의 기재를 수정하여 다시 제출하여야 한다.

④ 신청인은 별지 서식 자료제출목록에 기재된 자료를 제출하여야 한다. 다만, 법원은 필요한 경우 자료의 일부를 제출하지 않도록 할 수 있다.

⑤ 법원은 필요한 경우 신청인에게 별지 서식 자료제출목록에 기재된 자료 이외의 추가 자료를 제출하도록 할 수 있다.

⑥ 법원은 제4항 단서 및 제5항에 따라 별지 서식 자료제출목록과 다른 별도의 자료제출목록(이하 "법원별 자료제출목록"이라 한다)을 작성·비치한 경우 법원행정처 회생·파산위원회(이하 "위원회"라 한다)에 송부하여야 한다.

⑦ 법원은 신청인이 신용회복위원회, 한국자산관리공사 등 법원 이외의 기관을 통하여 사적인 채무조정을 시도한 사실이 있는 경우로 이와 관련한 자료를 제출하는 때에는 그 제출된 자료가 별지 서식 자료제출목록 또는 법원별 자료제출목록에 기재된 자료와 중복되는 경우에는 그 제출을 면제할 수 있다.

⑧ 위원회는 제6항에 따라 송부된 법원별 자료제출목록을 취합한 결과를 법원에 배포할 수 있다.

제4조의2 (보전처분 또는 중지·금지명령)

① 법원은 법 제592조의 규정에 의한 보전처분 또는 법 제593조의 규정에 의한 중지·금지명령의 신청이 있는 경우에는 특별한 사정이 없는 한 지체없이 그에 관한 결정을 하여야 한다.

② 삭제(2006.12.26.제1103호)

제5조 (변제계획안의 제출)

① 채무자는 개인회생절차개시신청을 한 날로부터 14일 이내에 법 제610조에 규정된 변제계획안을 제출하여야 한다. 다만, 채무자는 절차의 신속한 진행을 위하여 개인회생절차개시신청과 동시에 변제계획안을 제출할 수 있다.

② 삭제(2012.02.24.제1382호)

③ 회생위원은 변제계획안의 기재사항에 오류나 누락이 있는 경우 채무자에게 보정을 권고할 수 있다.

제6조 (공고의 방법)

① 개인회생절차에서의 공고는 전자통신매체를 이용한 방법에 의한 공고를 원칙으로 한다.

② 규칙 제6조제1항제2호의 규정에 따른 전자통신매체를 이용한 공고는 공고사항을 법원 홈페이지 법원공고란에 게시하는 방법으로 한다.

③ 삭제(2017.05.12 제1653호)

제7조 (채무자의 소득의 산정)

① 법 제579조제4호제가목의 소득의 합계금액은 다음과 같이 산정하되 특별한 사정이 있는 경우에는 증감할 수 있다.

1. 최근 1년간 직장의 변동이 없는 경우에는 1년간의 실제 소득액을 평균한 월평균 소득을 기초로 하여 산정하고, 직장이 변동이 있는 경우에는 직장 변동 이후의 실제 소득액을 평균한 월평균 소득을 기초로 하여 산정한다.
2. 영업소득자가 그 소득에 관한 소명자료가 없는 경우에는 임금구조기본통계조사보고서 등의 통계소득을 기초로 하여 산정할 수 있다.

② 법 제579조제4호제다목의 "국민기초생활보장법 제6조의 규정에 따라 공표된 최저생계비, 채무자 및 그 피부양자의 연령, 피부양자의 수, 거주지역, 물가상황, 그 밖에 필요한 사항을 종합적으로 고려하여 법원이 정하는 금액"은 국민기초생활보장법 제6조의 규정에 따라 공표된 개인회생절차개시신청 당시의 기준 중위소득에 100분의 60을 곱한 금액으로 산정하는 것을 원칙으로 하되, 특별한 사정이 있는 경우에는 적절히 증감할 수 있다.

③ 채무자는 법 제610조제1항에 규정된 변제계획안을 제출하면서 변제계획안의 인가이전이라도 변제계획안의 제출일로부터 60일 후 90일 내의 일정한 날을 제1회로 하여 매월 일정한 날에 그 변제계획안상의 매월 변제액을 회생위원에게 임치할 뜻을 기재함으로써, 그 변제계획안이 수행가능함을 소명할 수 있다.

제7조의2 (신청자격)

① 법 제579조 제2호의 급여소득자에는 아르바이트, 파트타임 종사자, 비정규직, 일용직 등 그 고용형태와 소득신고의 유무에 불구하고 정기적이고 확실한 수입을 얻을 가능성이 있는 모든 개인을 포함한다.

② 법 제579조 제3호의 영업소득자에는 소득신고의 유무에 불구하고 수입을 장래에 계속적으로 또는 반복하여 얻을 가능성이 있는 모든 개인을 포함한다.

제8조 (변제기간)

① 채무자는 법 제611조의 규정에 따른 변제계획에서 정하는 변제기간을 변제개시일로부터 3년을 초과하지 아니하는 범위 내에서 정할 수 있다.
다만, 법 제614조제1항제4호의 요건을 충족하기 위하여 필요한 경우 등 특별한 사정이 있는 때에는 변제개시일부터 5년을 초과하지 않는 범위에서 변제기간을 정할 수 있다.

② 채무자가 제1항의 변제기간을 정함에 있어서는 다음과 같이 하는 것이 바람직하다.
1. 채무자는 변제계획안에서 정하는 변제기간 동안 그 가용소득의 전부를 투입하여 우선 원금을 변제하고 잔여금으로 이자를 변제한다.
2. 채무자가 5년 이내의 변제기간 동안 제1호의 방법에 따른 변제로써 제1항 단서의 규정을 충족할 수 있는 때에는 그때까지를 변제기간으로 한다.
3. 삭제 (2018. 06.07 제1693호)
4. 삭제 (2018. 06.07 제1693호)
5. 삭제 (2018. 06.07 제1693호)

③ 채무자가 제2항제1호 및 제2호의 규정에 정한 기간보다 단기간을 변제기간으로 작성하여 제출한 경우에는 법원은 위 각호의 기간으로 변제기간을 수정할 것을 명할 수 있다. 다만, 법원은 법 제614조의 변제계획 인가요건, 채무자의 수입 등 제반 사정을 종합적으로 고려하여, 변제기간을 달리하여 수정을 명할 수 있다.

④ 채무자가 제7조 제3항의 규정에 의하여 변제계획안의 인가 전에 매월 변제액을 회생위원에게 임치한 경우에는 그 임치한 기간을 위 각 항의 변제기간에 산입한다.

⑤ 농업소득자, 임업소득자 등 소득이 매월 발생하지 않는 채무자는 채무를 매월 변제하지 아니하고 수개월 간격으로 변제하는 것으로 변제계획안의 내용을 정할 수 있으며, 법원은 법 제611조제4항의 규정에 따라 이를 허가할 수 있다.

제8조의2 (채권자집회의 진행)

① 법원은 특별한 사정이 없는 한 개인회생채권자집회를 직접 진행하여야 한다.

② 법원이 직접 개인회생채권자집회를 진행하는 경우에는 회생위원은 개인회생채권자집회의 기일 전에 규칙 제88조제1항제1호 및 제7호의 사항을 기재한 보고서를 법원에 제출하여야 한다.

제9조 (회생위원의 선임과 사임)

① 법원은 특별한 사정이 없는 한 법 제601조제1항 각호에 해당하는 사람 중 1인을 회생위원으로 선임한다.

② 개인회생사건을 관할하는 회생법원의 법원장은 회생위원 업무를 담당할 인원이 여러 명 있는 경우에는 그 사람들에게 번호를 부여하여야 한다.

③ 법원은 회생위원의 선임시에 제2항 기재의 번호를 부여하여야 한다. 삭제(2006.12.26.제1103호)

④ 회생위원은 법원의 허가를 받아야 사임할 수 있으며, 회생위원이 사임을 원하는 경우 법원은 미리 후임 회생위원을 물색하여 둠으로써 업무수행에 공백이 없도록 조치하여야 한다.

⑤ 회생위원으로 선임된 때 또는 사임하거나 퇴임한 때에는 지체없이 자신의 직위와 성명을 관리은행에 통지하여야 한다.

제9조의2 (법원사무관등이 아닌 회생위원의 위촉 등)

① 법원행정처장은 법 제601조제1항제1호, 제3호 내지 제7호에 해당하는 사람을 개인회생사건을 관할하는 회생법원의 회생위원 업무를 담당(이하 "비전임회생위원"이라 한다)하거나, 전임하여 담당(이하 "전임회생위원"이라 한다)하도록 위촉할 수 있다.

② 법원행정처장은 다음 각호의 경우에는 제1항에 의한 회생위원(이하 "법원사무관등이 아닌 회생위원"이라 한다)을 해촉할 수 있다.

1. 품위를 잃은 행위를 한 경우
2. 법원에 대한 보고의무를 다하지 아니하는 등 회생위원 업무 처리가 불성실한 경우
3. 그 밖에 회생위원으로서 계속 활동하기 어렵다고 인정할 상당한 이유가 있는 경우

③ 법원사무관등이 아닌 회생위원의 위촉기간은 2년으로 하되, 재위촉할 수 있다.

④ 법원사무관등이 아닌 회생위원이 위촉기간 중 해촉되어 새로이 법원사무관등이 아닌 회생위원을 위촉하는 경우 새로 위촉된 법원사무관등이 아닌 회생위원의 위촉기간은 해촉된 법원사무관등이 아닌 회생위원의 잔여 위촉기간으로 한다. 다만, 특별한 사정이 있는 경우에는 위촉기간을 이와 다르게 정할 수 있다.

⑤ 전임회생위원은 법원행정처장의 허가 없이 영리를 목적으로 하는 다른 직무를 겸할 수 없다.

⑥ 법원행정처장은 전임회생위원의 효율적인 개인회생사건 처리를 위하여 필요하다고 판단하는 때에는 개인회생사건을 관할하는 회생법원의 법원장으로 하여금 전임회생위원에게 그 업무의 수행에 필요한 사무실 등 물적 시설을 제공하게 할 수 있다.

⑦ 개인회생사건을 관할하는 회생법원은 매년 1회 이상 정기적으로 법원사무관등이 아닌 회생위원이 수행한 업무의 적정성을 평가하여야 한다. 이 경우 법원은 관리위원회의 의견을 들어야 한다.

⑧ 법원은 전항의 평가결과를 위원회에 통보하여야 한다.

⑨ 법원사무관등이 아닌 회생위원의 업무에 관한 구체적인 사항은 개인회생사건을 관할하는 회생법원의 내규로 정한다.

⑩ 개인회생사건을 관할하는 회생법원의 법원장은 법원사무관등이 아닌 회생위원에게 제2항 각호의 사유가 있다고 판단될 경우 법원행정처장에게 해촉을 건의할 수 있다.

제9조의3 (법원사무관등이 아닌 회생위원의 선발 등)

① 법원행정처장은 법원사무관등이 아닌 회생위원 위촉후보자의 선발 및 법원사무관등이 아닌 회생위원의 위촉, 해촉 등(이하 "선발 등"이라 한다)의 심사를 위원회에 요청할 수 있다.

② 위원회는 상임위원을 포함하여 3인 이상을 심사위원으로 지정하되, 개인회생사건을 관할하는 회생법원의 부장판사, 변호사, 대학교수, 학식과 경험이 있는 자를 심사위원으로 참여하게 할 수 있다.

③ 삭제(2016.12.16.제1629호)

④ 삭제(2016.12.16.제1629호)

⑤ 삭제(2016.12.16.제1629호)

⑥ 심사위원에게는 예산의 범위에서 수당을 지급할 수 있다.

제9조의4 삭제(2016.12.16 제1629호)

제9조의5 삭제(2016.12.16 제1629호)

제9조의6 (법원사무관등이 아닌 회생위원을 선임할 사건)

① 법원사무관등이 아닌 회생위원이 위촉되어 있는 회생법원에서는 법 제579조의 규정에 의한 영업소득자인 채무자의 개인회생절차개시신청사건에 대해서는 법원사무관등이 아닌 회생위원을 선임한다. 다만, 접수 사건수의 추이, 위촉된 회생위원의 수 등 여러 사정을 고려하여 법원사무관등이 아닌 회생위원을 선임하는 것이 적당하지 않다고 판단되는 경우에는 그러하지 아니하다.

② 법 제579조의 규정에 의한 급여소득자인 채무자의 개인회생절차개시신청사건의 경우에도 부인권 대상 행위의 존부, 접수 사건수의 추이 등 여러 사정을 참작하여 법원사무관등이 아닌 회생위원을 선임할 수 있다.

제10조 (회생위원의 보수)

① 회생위원이 법원사무관등인 경우에는 보수를 지급하지 아니하는 것을 원칙으로 한다.

② 삭제(2012.02.24.제1382호)

③ 법원사무관등이 아닌 회생위원의 보수는 [별표 1]의 보수기준액으로 정하되, 변제액, 사안의 난이, 회생위원이 수행한 직무의 내용 등을 참작하여 적절히 증감할 수 있다. 다만, 특별한 사정이 없는 한 [별표 1]의 보수상한액을 넘을 수 없다.

④ 제9조의6에 따라 법원사무관등이 아닌 회생위원을 선임하는 개인회생사건의 채무자는 규칙 제87조에 따라 [별표 1] 중 인가결정 이전 업무에 대한 보수기준액 상당 금액을 예납하여야 한다.

제11조 (변제액의 임치와 지급)

① 개인회생사건의 회생위원으로 선임되면 지체 없이 대법원장이 지정하는 각 법원별 관리은행(다음부터 "관리은행"이라 한다)에 별단예금 계좌를 개설하여야 한다. 이 계좌에는 법원코드, 회생위원번호, 사건번호를 표시하여야 한다.

② 대법원장이 지정하는 각 법원별 관리은행은 [별표 2]와 같다.

③ 제7조제3항과 법 제617조제1항의 규정에 따른 임치는 제1항의 별단예금 계좌의 입금계좌번호에 송금하는 방법으로 한다.

④ 법 제617조제2항의 규정에 따른 지급은 규칙 제84조에 따라 신고된 계좌로 송금받는 방법으로 하는 것을 원칙으로 한다.

⑤ 규칙 제84조제1항에 따라 신고된 계좌번호에 대하여 번호오류 등의 사유로 송금할 수 없는 경우에는 규칙 제84조제2항과 같은 방법으로 공탁할 수 있다.

제11조의2 (계좌번호의 신고방법)

① 개인회생채권자가 규칙 제84조의 규정에 따른 변제액을 송금받기 위한 금융기관 계좌번호의 신고를 회생위원에게 하는 경우에는 전자소송 홈페이지를 통한 제출, 이메일, 팩스 또는 우편의 방법으로 할 수 있다.

② 개인회생채권자가 이메일의 방법으로 제1항의 신고를 하는 경우에는 채권자계좌번호신고서[전산양식 D5123]를 작성하여 이메일에 첨부하는 방법에 의하여 하여야 한다.

③ 회생위원은 개인회생 인가결정 이전에 전자소송 홈페이지 또는 이메일의 방법에 의한 신고가 된 경우에는 전자소송 홈페이지를 통해 제출된 신고서 또는 이메일에 첨부된 채권자계좌번호신고서를 출력하여 기록에 편철하여야 한다.

④ 개인회생채권자는 원칙적으로 자신이 예금주인 금융기관 계좌번호를 신고하여야 하고, 자신이 예금주가 아닌 경우에는 인감증명서를 첨부하는 등으로 계좌번호 신고서가 자신의 의사에 따라 작성된 것임을 소명하여야 한다.

제11조의3 (회생위원의 변제계획 불수행 보고 등)

① 회생위원은 변제계획에 따른 변제가 지체되고 그 지체액이 3개월분 변제액에 달한 경우에 변제계획 불수행

보고서 [전산양식 D5505]를 작성하여 법원에 보고하여야 한다.

② 회생위원은 채무자가 인가된 변제계획을 수행하지 아니하는 때에는 전화, 전자우편, 팩시밀리 등 적절한 방법으로 그 사유를 파악하고 변제수행을 독려하여야 한다. 다만, 채무자가 인가된 변제계획을 이행할 수 없음이 명백한 때에는 그러하지 아니하다.

제11조의4 (제3채무자에 대한 통지)

가압류 또는 압류에 따라 제3채무자가 채무자에게 지급하지 아니하고 보관 중인 적립금을 변제에 투입할 뜻과 그 적립금을 관리하고 처분할 권한이 회생위원에게 있다는 뜻을 채무자가 변제계획안에 기재한 경우, 회생위원은 변제계획인가결정 후 바로 통지서 [전산양식 D5507]를 이용하여 제3채무자에게 변제계획의 취지를 통지한다.

제11조의5 (개인회생공탁 등)

① 회생위원은 변제액을 송금받기 위한 금융기관 계좌번호를 신고하지 아니한 채권자(신고한 계좌번호에 오류가 있는 채권자도 포함한다. 다음부터 "미신고 채권자"라고 한다)에 대하여는 규칙 제84조제2항(2006. 3. 31. 이전에 개인채무자회생법에 따라 개인회생절차개시신청을 한 사건은 개인채무자회생규칙 제18조제2항) 및 변제계획에 따라 연 1회(변제계획인가일부터 1년이 지날 때마다 1회) 변제액을 공탁할 수 있다.

② 회생위원은 채무자가 개인회생절차개시신청서에 기재한 금융기관 계좌번호와 전화번호에 오류가 있고, 채무자의 소재불명 등의 사유로 채무자와 연락이 되지 않는 경우에는 법 제617조의2에 따라 임치된 금원을 공탁할 수 있다. 이 경우 사전에 채무자용 공탁예정통지서[전산양식D5508-1]를 발송할 수 있다.

③ 회생위원은 미신고 채권자에 대하여는 전화, 전자우편, 팩시밀리 등 적절한 방법으로 계좌번호를 신고하도록 촉구하여야 하고, 제1항의 공탁을 하기 전에 공탁예정통지서 [전산양식 D5508]를 발송하여 통지서를 송달받은 날부터 1주일 안에 계좌번호를 신고하지 아니하면 변제액을 공탁한다는 점을 알려주어야 한다. 다만, 해당 채권자에 대하여 법 제10조에 따라 송달에 갈음하는 공고를 한 경우에는 그러하지 아니하다.

④ 제1항 또는 제2항의 공탁은 「공탁사무 문서양식에 관한 예규」제1-1호 양식에 의하여 「공탁규칙」이 정한 절차에 따른다. 이 경우 회생위원은 계좌입금에 의한 공탁금 납입을 신청하여야 한다.

⑤ 공탁관의 공탁 수리 후 회생위원은 「가상계좌에 의한 공탁금 납입절차에 관한 업무지침」에 따라 공탁금을 납입한다. 이 경우 회생위원은 법원과 공탁금 보관은행 사이에 연계된 전산시스템을 이용하여 공탁예정액을 지정된 계좌에 입금하는 방식으로 공탁금을 납입한다.

⑥ 공탁관이 공탁서를 교부하면 회생위원은 공탁서 사본을 해당 사건기록에 편철하고, 공탁서 원본은 연도별, 사건번호순으로 별도 보관한다.

⑦ 제1항 또는 제2항의 공탁금을 출급받으려는 채권자 또는 채무자가 있을 경우 회생위원은 「공탁규칙」제43조에서 정한 절차에 따라 공탁관에게 지급위탁서를 보내고 지급받을 채권자 또는 채무자에게 그 자격에 관한 증명서를 주어야 한다.

제11조의6 (미확정 개인회생채권에 관한 통지절차)

회생위원은 미확정 개인회생채권에 관하여 다음 각호의 어느 하나에 해당하는 사유가 있는 경우 해당 채권자에게 각 전산양식을 이용하여 통지서를 발송하거나 전화, 전자우편, 팩시밀리 등 적절한 방법으로 채권확정 신고를 하도록 촉구하여야 한다.

1. 변제계획 인가일부터 1년 6월이 지날 때까지 그 확정 여부가 판명되지 아니한 때[전산양식 D5509]
2. 변제계획에 따른 변제를 완료하거나 개인회생절차 폐지결정이 있는 때까지 그 확정 여부가 판명되지 아니한 때[전산양식 D5509-1]

제12조 (임치금의 반환 등)

① 채무자가 제7조제3항의 규정에 따라 변제계획안의 인가이전에 금원을 임치하였으나 변제계획안이 인가되지 못하고 개인회생절차가 종료된 경우에는 회생위원은 임치된 금원을 채무자에게 반환하여야 한다. 이 때에는 채무자가 미리 신고한 금융기관의 예금계좌에 송금하는 방법으로 반환하는 것을 원칙으로 한다.

② 회생위원이 임치금의 공탁, 반환 등을 위하여 제7조제3항, 법 제617조 및 법 제617조의2의 규정에 따라 임

치된 금원을 출금하려는 때에는 미리 법원의 허가를 받아야 한다.

③ 제1항 및 제11조4항의 규정에 의하여 임치금을 반환 또는 지급하여야 하는 경우에 당해 임치금의 현금출급 사유가 발생한 때에는, 회생위원은 관리은행에 사건번호, 출급금액, 출급청구자 및 그 대리인의 성명·주소·주민등록번호(법인인 경우에는 사업자등록번호), 출급의 구분, 출급허가일 등 현금출급지시사항을 전송하고 출급청구자에게 개인회생환급(변제)금 출급지시서 [전산양식 D5511]를 교부하여 이를 관리은행에 제출하게 하여야 한다.

④ 관리은행이 출급청구자의 청구에 의하여 임치금을 반환 또는 지급한 때에는 즉시 그 지급내역을 회생위원에게 전송하여야 한다.

⑤ 제1항 내지 제4항의 규정은 제7조제3항 또는 법 제617조제1항에 따라 임치된 금원에 과오납이 있을 경우 그 반환에 관하여 준용한다.

제13조 (회생위원이 선임되지 않은 경우의 변제액의 지급)

① 회생위원이 선임되지 않은 경우에는 채무자는 인가된 변제계획의 내용에 따라 개인회생채권자에게 변제하여야 할 금원을 개인회생채권자에게 지급한다.

② 채무자는 변제액의 지급시마다 그 지급사실을 증명할 수 있는 서면(영수증 또는 입금확인서 등)을 받아 법원에 제출하여야 하고, 법원사무관등은 이를 기록에 철하여 두어야 한다.

제14조 삭제(2006.03.29 제1065호)

제15조 (면책취소신청과 채무자의 심문)

법 제626조제1항의 규정에 따라 면책취소 여부를 결정하는 경우에 법원은 채무자를 심문하여야 한다.

제16조 (법률상의 제재의 고지)

회생위원은 법 제591조의 규정에 따라 채무자에게 보고, 조사, 시정의 요구, 기타 적절한 조치를 하는 경우에는 그에 위반할 때에는 법 제649조제5호의 규정에 따라 처벌될 수 있음을 고지하여야 한다.

제17조 (열람·등사 등 청구의 절차 및 비용)

개인회생사건의 열람·복사에 관하여는 법 제28조에 규정된 사항 이외에는 「재판기록 열람·복사 규칙」과 「재판기록 열람·복사 예규」(재일 2003-3) 및 비밀보호를 위한 열람 등의 제한 예규(재일 2004-2)를 준용한다.

제18조 (한국신용정보원의 장에 대한 통보)

① 법원은 다음 각호의 경우에는 한국신용정보원의 장에게 통보하여야 한다.

1. 법 제614조에 규정된 변제계획안 인가결정을 한 경우
   통보할 사항: 사건번호, 채무자의 성명, 주민등록번호, 인가결정일
2. 법 제624조제1, 2항에 규정된 면책결정이 확정된 경우
   통보할 사항: 사건번호, 채무자의 성명, 주민등록번호, 면책결정일, 면책결정의 확정일, 면책결정의 종류(제624조제1항 면책인지, 제624조제2항 면책인지를 명시함)
3. 법 제621조에 규정된 개인회생절차 폐지결정이 확정된 경우
   통보할 사항: 사건번호, 채무자의 성명, 주민등록번호, 폐지결정일, 폐지결정의 확정일

② 제1항의 통보는 전자통신매체를 이용하여 할 수 있다.

제19조 (항고 보증 공탁물 출급 또는 회수 절차)

변제계획불인가 또는 개인회생절차폐지의 결정에 대한 항고를 할 때에 항고인이 보증으로 공탁한 현금 또는 유가증권의 출급 또는 회수의 절차는 다음과 같다.

1. 파산재단에 속하게 된 경우의 출급 절차
   항고가 기각되고 채무자에 대하여 파산선고가 있거나 파산절차가 속행됨으로써, 보증으로 공탁한 현금 또는 유가증권이 파산재단에 속하게 된 경우에는, 파산관재인이 위 사항을 증명하는 서면 [파산사건 담당 재판부의 법원사무관등이 발급한 것에 한한다. 전산양식 D4500]을 첨부하여 공탁물 출급청구를 할 수 있다.

2. 공탁자의 회수 절차
항고가 인용된 경우 또는 항고가 기각되고 채무자에 대하여 파산선고가 없으며 파산절차가 속행되지 않는 경우에는, 공탁자가 공탁서와 항고 인용의 재판이 확정되었음을 증명하는 서면 또는 채무자에 대하여 파산선고가 없으며 파산절차가 속행되지 않음을 증명하는 서면[개인회생사건 담당 재판부의 법원사무관등이 발급한 것에 한한다. 전산양식 D5515]을 첨부하여 공탁물 회수청구를 할 수 있다.

부 칙 (2022.04.18 제1804호)

이 예규는 2022. 9. 1.부터 시행한다.

별표 1

법원사무관 등이 아닌 회생위원 보수기준표

항 목	보수기준액	보수상한액
인가결정 이전 업무에 대한 보수	15만원	30만원
인가결정 이후 업무에 대한 보수	인가된 변제계획안에 따라 채무자가 실제 임치한 금액의 1%	인가된 변제계획안에 따라 채무자가 실제 임치한 금액의 5%

[전산양식 D5129]

채권자 명의변경 신청서(채권양도 · 양수)

사건번호 : ○○○○개회○○○○○
채 무 자 : ○○○
신청인(채권양수인) : ○○○

채권번호	법원기재사항 번
변제수행회수	법원기재사항
변경회차	법원기재사항 회부터
전산입력	법원기재사항
회생위원	법원기재사항

1. 취득 권리, 권리취득의 일시 및 원인

(취득)채권번호	채권자목록상의 채권번호 기재
채권양도인	
채권양수인(신청인)	
채권양수도 계약체결일	2○○○년 ○○월 ○○일

2. 신청인(채권양수인) 연락처, 계좌번호 신고

채권자명		(취득)채권번호	채권자목록상의 채권번호 기재
송달장소(주소)			
전화번호		FAX 번호	
계좌번호			
예금주		**금융기관명**	

첨부서류 : 1. 채권양수도계약서(채권양도증서) 1부.
2. 채권양도통지서 1부.
3. 법인등기부등본(주민등록등본) 1부.

20○○년 월 일

신청인(채권양수인) ○○○○

○○○○**지방법원** ○○**재판부 귀중**

[전산양식 D5130]

채권자 명의변경 신청서(전부 · 일부 대위변제)

사건번호 : ○○○○개회○○○○○
채 무 자 : ○○○
신청인(대위변제자) : ○○○

채권번호	법원기재사항 번
변제수행회수	법원기재사항
변경회차	법원기재사항 회부터
전산입력	법원기재사항
회생위원	법원기재사항

1. 취득 권리, 권리취득의 일시 및 원인

(대위변제) 채권번호	채권자목록상의 채권번호 기재
(원) 채권자	
신청인(대위변제자)	
보증 비율	원금대비 ○○%
대위변제일	2○○○년 ○○월 ○○일

2. 신청인(대위변제자) 연락처, 계좌번호 신고

채권지명		(대위변제) 채권번호	채권자목록상의 채권번호 기재
송달장소(주소)			
전화번호		FAX 번호	
계좌번호			
예금주		**금융기관명**	

첨부서류 : 1. 대위변제증서 사본 1부.
2. 법인등기부등본(주민등록등본) 1부.

20○○년 월 일

신청인(대위변제자) ○○○

○○○○지방법원 ○○재판부 귀중

서식/기재례 색인

[서 식]

[기재례]

사 항 색 인

ㄱ

ㅅ

ㅊ

ㅌ

ㅍ

ㅎ

저 자 약 력

저 자 : **장 종 운**

- 전남대학교 법과대학 및 동 법과대학원
- 법학박사

경력) 대한법률구조공단 (25년)
법무사
기업회생경영사
곡성일보 수석논설위원

〈주요저서〉

- 「개인도산개론」
- 「신 부인권 실무」
- 「신 일반회생 실무」
- 「법인회생사건 처리실무」
- 「신 법인파산실무」 외 다수

〈주요논문〉

- 「개인채무자의 도산절차와 면책에 관한 연구」(박사학위논문)
- 「보장성보험채권에 대한 압류금지와 강제해지성 여부」
  (연세대 '법학연구', 2019년 제29권 제1호)

[제3판] 실무이론 및 사례중심 **신 개인파산·회생실무**

저 자 장 종 운
발 행 인 양 진 수
발 행 처 진 원 사

2013년 3월 15일 초 판 발행
2020년 2월 21일 제2판 발행
2023년 3월 30일 제3판 인쇄
2023년 4월 14일 제3판 발행

서울시 송파구 법원로 9길 26, C동 1107호 (문정동, H비즈니스파크)
전화 : 02) 916-1850 / 팩스 : 02) 916-3442
신고번호 제2018 - 000026호
http://www.jinwonsa.co.kr
e-mail : hhansin@hanmail.net

ISBN : 978-89-6346-623-1 93360

정가 99,000 원